杨良宜 莫世杰 杨大明 著

仲裁法

从1996年英国仲裁法到国际商务仲裁

法律出版社
LAW PRESS · CHINA
北京

图书在版编目(CIP)数据

仲裁法:从1996年英国仲裁法到国际商务仲裁 / 杨良宜,莫世杰,杨大明著. -- 北京:法律出版社,2006.5(2025.4重印)
ISBN 978-7-5036-6381-9

Ⅰ.仲… Ⅱ.①杨…②莫…③杨… Ⅲ.仲裁法-研究 Ⅳ.D915.704

中国版本图书馆CIP数据核字(2006)第043122号

仲裁法:从1996年英国仲裁法到国际商务仲裁
ZHONGCAIFA:CONG 1996 NIAN YINGGUO ZHONGCAIFA DAO GUOJI SHANGWU ZHONGCAI

杨良宜
莫世杰 著
杨大明

责任编辑 吴 昉
装帧设计 乔智炜

出版发行 法律出版社
编辑统筹 法律教育出版分社
责任校对 郑怡萍
责任印制 刘晓伟
经　　销 新华书店

开本 720毫米×960毫米 1/16
印张 74.75 **字数** 1400千
版本 2006年5月第1版
印次 2025年4月第14次印刷
印刷 唐山玺诚印务有限公司

地址:北京市丰台区莲花池西里7号(100073)
网址:www.lawpress.com.cn
投稿邮箱:info@lawpress.com.cn
举报盗版邮箱:jbwq@lawpress.com.cn
销售电话:010-83938349
客服电话:010-83938350
咨询电话:010-63939796

书号:ISBN 978-7-5036-6381-9
定价:128.00元

杨良宜 男，1948年生于上海，5岁时移居香港。现任海事、商事仲裁员；香港国际仲裁中心（Hong Kong International Arbitration Centre，简称HKIAC）主席；中国政法大学、大连海事大学及香港城市理工大学等十余所著名大学客座教授。主要著作有：《国际商务仲裁》（中国政法大学出版社）、《英美合约法》（中国政法大学出版社）、《国际商务游戏规则：英美证据法》（法律出版社）等。

莫世杰 男，1970年生于香港。1991年毕业于香港理工学院(现称香港理工大学)航海学系，修读船务学。曾于一间香港的独立船舶管理公司当练习生。1992年受聘于华珠国际有限公司至今，负责合约、保险、诉讼及仲裁事宜。现为英国特许仲裁学会(MCIArb)会员、英国特许保险学会(ACII)会员、英国特许船舶经纪人学会(MICS)会员及伦敦海事仲裁员协会支持性会员(supporting member)。自2001年起兼职仲裁员，接受香港及伦敦仲裁的委任。

杨大明 男,1977年生于香港。1995～1998年在英国伦敦大学学院（University College London）修读法律。在英国以律师（Solicitor）身份执业多年，并获得上庭辩护资格（Solicitor Advocate），处理大量国际仲裁和英国法院诉讼案件。与杨良宜教授合著《禁令》（中国政法大学出版社）及《国际商务游戏规则：英美证据法》（法律出版社）。在多份法律刊物发表文章，如中国海商法年刊，大连海事大学学报，Journal of Business Law，Arbitration（Journal of the Chartered Institute of Arbitrators），Maritime Advocate，Asian Dispute Review等。在2001年（纽约）和2004年（伦敦）举行的国际海事仲裁员大会（International Congress of Maritime Arbitrators）发表文章，而将会在2007年在新加坡举行的大会上担任论题与议程委员会（Topics and Agenda Committee）成员之一。2005年底从伦敦回到香港执业，继续处理国际海事、贸易和商务仲裁（包括在伦敦及香港）及英国/香港法院诉讼案件。（Email: ernest_yang@hotmail.com）

前　言

本书针对英国1996年《仲裁法》,原因有好几个。第一是完全出于实际需要,一般认为参与国际商务游戏就必须熟悉英国法,而参与国际商务仲裁就离不开伦敦仲裁。第二是英国商务仲裁历史悠久,在一百多年前就已经有仲裁法的立法,是其他国家(即使是先进国家)无法相比的。此外,英国仲裁法律与做法影响深远,一旦掌握就能在任何其他地点(如美国、新加坡、加拿大、澳大利亚、香港地区等)的仲裁中驾轻就熟了。换言之,掌握了英国仲裁就掌握了国际仲裁。第三是中国开放后,越来越多的公司/单位去伦敦仲裁,据悉吃了很大的亏,屡屡败诉。问题可能出在多个方面,但笔者坚信缺乏知识是关键的原因。这也不光是中国,也是其他发展中国家所面对的困境。所以希望本书能对参与伦敦仲裁或其他国际仲裁的人士——不论他/她是什么身份(订约方、当事人、代表律师、专家证人、仲裁员等)——能有所帮助。

英国仲裁与国际仲裁在近二三十年中有很大的发展,仅在1996年《仲裁法》之后就有了好几百个案例。所以,从本书的字数之多可知道内容之丰富。本书也只是上卷,另有下卷。分两卷的原因除了控制本书的厚度,是笔者有意等待两三年看看英国对1996年《仲裁法》在1997年1月生效后十年的检讨。笔者估计会有很多宝贵的总结以及1996年《仲裁法》进一步的改善。同时,联合国国际贸易法委员会(UNCITRAL)也有许多国际仲裁方面的工作,在接下去的一二年中会有成果,可在下卷介绍。由于分上、下卷,就难免要把其中的一些题目放在下卷,这包括了开庭审理、裁决书的草拟、利息的计算、双方当事人诉讼费用的分摊与核算、裁决书的执行与1958年《纽约公约》等。笔者知道这些也是部分中国同胞渴望了解的内容,但实际上没办法加在上卷。最后一点是,在上卷的第九章介绍了很多的案例,可供读者借鉴其他人的各种教训。

本书由三位作者共同完成。其间,杨大明律师由于从伦敦搬回香港工作,所以这一本书他只是写了第三章的委任仲裁员,但他在其他的许多章节作出了补充与建议。莫世杰先生写了第十章的中间措施、第十一章的费用担保及第十三章的机密,并同时在其他章节作出了补充与建议。其余的章节主要由杨良宜先生完成。由于起初是各自分开来写,难免有些地方有重复,但很难把这些地方合并在一起。而且,虽然有重复也是各有各的侧重点,希望读者予以注意。

由于本书已经太厚,所以笔者决定不再编入1996年《仲裁法》,读者可以在网上取得这份文件。恐怕不容易在网上找得到的是另一份文件,就是立法小组对1996年

《仲裁法》的报告(Departmental Advisory Committee on Arbitration Law, Report on the Arbitration Bill 或简称 DAC 报告)。所以,笔者把该份文件作为本书上卷唯一的附录。

本书的完成要感谢几位学生帮助录入,包括后期几位——司嘉、余君逸、陈淑玲。最后想谈一点写这本书的感想,就是 1996 年《仲裁法》刻意以简单明了的英语表达,拆开来看每一个字,学过英语的人都明白,但合在一起该立法的全面思维与理念是很少人能够掌握的。曾经听过一位欧洲大陆著名的国际仲裁员说 1996 年《仲裁法》只有少数的英国人知道它在讲什么。这个信息给中国现在正在狂热地学英语的青年的启示是:语文不解决根本问题,提高思维才是唯一的出路。

在此还要感谢法律出版社及丁小宣先生的大力帮助及高效率的工作,令本书在他们的手中很短的时间内就可以出版。

杨 良 宜 序

1979 年我第一次去北京讲座，题目是“1924 年《海牙规则》”。在那之后我已在中国内地的各城市举办过无数次的讲座。记得在高峰期的 2002 年与 2003 年，光是大学每年就去过 20 所以上。与讲座同步进行的还有各种其他学术上的活动，例如写书、赠书、设立奖学基金、资助海商法论文评选等。我记得在 1982 年初次去大连海事大学讲学，发觉图书馆内稍微有用的书籍也找不出一本，这令我很为学生担忧，因为有用的书籍是知识的最主要来源。于是激发了我之后大量赠书的念头。在接下来的一二年，我以分期付款的方式送书给大连海事大学，包括全套的《劳氏法律报告》（Lloyd's Law Report），这是学习英国商法的最重要的材料。另外，我也送了全套的《美国海事法律报告》（American Maritime Cases）与其他的几十本海事与法律书籍。赠书的做法发展下去是我陆陆续续总共赠送给中国各大学共 40 套全套的《劳氏法律报告》。到了 20 世纪 90 年代初期，我开始感觉到绝大部分的中国学生是无法直接从《劳氏法律报告》与英文法律书籍中吸收到精髓与系统的理念。加上这些书籍实在是太昂贵了，无法在中国内地青年中普及，所以兴起了自己写中文书的想法。这一写作过程持续至今 19 年不曾间断，占了我大量的工作时间与假期/周末。但我从中也取得了不少的收获，第一就是自己知识的提高，熟能生巧；第二就是深深领会了中国古代智者的格言如“书中自有黄金屋，书中自有颜如玉，书中自有千钟粟”。可以说，我从一个混沌的中国青年成长为一个狂热追求知识与不断提高思维的人士，以前从没想到原来是这么“好玩”的事。现在经常有亲友建议我进行各种休闲娱乐，例如打高尔夫球或者坐游轮。说真的我感觉“好玩”程度比追求知识与提高思维差得远了。

我也知道凭一己之力是难以大面积地帮助中国青年提高思维，但在过去的二三十年间仍不懈努力。20 世纪 90 年代初，我开始出版自己写的中文书籍并大量赠送给听课的学生。尤其是近几年，听课的学生会有好几百人甚至上千人，每次讲座赠送的中文书籍就需要五六万元。而赠送的书籍中，我最喜欢送的就是《国际商务游戏规则：英美证据法》、《国际商务游戏规则：英国合约法》、《国际商事仲裁法》与《禁令》等几本书，因为它们可帮助提高中国青年的思维，不论他们是从事何种行业。但这方面的发展也开始放慢，原因有几个。第一是我自己感觉到讲两整天的课体力开始有点吃不消（对大学讲课一般在周末，为了不耽误学生上课。通常一个题目都要连续讲两天才勉强能够讲出一些实质内容）。在此我要特别感谢香港的资深大律师郑若骅女士，最近几年来她多次与我一起分担两天连续的讲座，令我轻松不少。第二是我担任了香港国际仲裁中心主席后时间越来越少。第三是近两年在大学的讲座成效非常反复。我一向强调人数要多，因为时间/机会宝贵，通常人数少于三百个学生的讲座我是不答应去讲座与赠书的。以前一向也做得到，令我十分满意，但近一两年来,反复变化很大。既有十分惊喜的情况(例如哈工大的2500人在大礼堂听一天的英美证据法),也有令我十分失望的例子(例如邀请时答应是400个学生但实际上只来了40~100个学生)。事实上,我也发觉影响学生出席的因素也越来越多,例如有招聘会、考公务员、考托福、考司法考试等。我的讲座时间近年来经常与此冲突,大受影响。这一来,我也只好减少去大学讲座并改为多写一些希望是好的中文书籍。

我这二三十年来推广提高中国青年思维的"事业"除了占用大量时间,也占用了大量的金钱。根据粗略的统计与众所周知的花费如40套《劳氏法律报告》就大约是三四百万元;资助十届的海商法论文评选100万元;给大连海事大学、上海海事大学与广东省航海学会的奖学金加在一起约100万元,等等。当然这些钱与小部分大富豪的捐赠不能相比,除了能力不同之外,也涉及捐赠的用途完全不一样。前者的捐赠一般都放在"硬件"的建设,而我的捐赠是亲力亲为与重点放在"软件"的建设。我深信中国内地青年所欠缺的不是一座美丽的图书馆而是图书馆内的一流藏书与激励大家去看这些书的大环境。在这里值得一提的是,这些年来也有不少热心的朋友说要在经济上支持我去推进该项"事业",但我能够婉拒就尽量婉拒。这倒不是因为我有太多的财富,而是我考虑到部分朋友不一定知道这个"事业"要投入多少金钱与心血,如果经济援助的细节谈下去他们可能只会是三五万元,对我来讲也是杯水车薪。记得在2004年11月,有一位企业家朋友答应全力在经济上支持我,结果经过时间颇长的讨论后,捐出了10万元。但在同期2004年11月份内,我个人汇给赠书教育基金(由司玉琢教授托管)以及《国际商务游戏规则:英美证据法》一书的捐赠结算款项就有14万元。到了2005年2月我又汇出20万元给大连海事大学的赠书教育基金。

我也知道自己的年岁已大,恐怕在精力上能够去继续大力推进该"事业"的时间也顶多是五年十年。令我感到遗憾的是这些年来一直也得不到业务单位领导层次的支持(不光是在金钱上),令"事业"无法更进一步推广,使更多中国青年受益。但这也是发展中国家的通病,因为业务单位领导没有这种国际层次的思维也不会知道它的分别、重要性与怎样去提高(甚至面对他的孩子)。我这一生如果不能完成大业,只能希望下一代中国青年能够接过火把。所以我非常高兴有莫世杰与杨大明参与本书的写作,因为我相信他们会是其中两位有能力并有决心接过火把的人。说实在的,我并不在乎生死,我这种只相信优质证据的人士也不会根据一些劣质传言去相信极乐世界或者是十八层地狱,反正就是希望有最后一口气也要放在帮助中国青年在竞争非常激烈与残酷无情(但经常被高思维但贪念无穷的人士包装得十分漂亮)的世界上找到一条出路。

杨良宜

2006年2月

莫世杰序

2003年夏天，老师刚完成《船舶融资与抵押》一书。我因为一些工作上的问题，向老师请教，大家很自然便谈到英国1996年仲裁法立法后的发展，当时老师说他下一部、也是他最重要的一部著作将会是商务仲裁，希望我能协助他完成此书。早在老师写《期租合约》一书时，便已参与部分输入及校稿的工作，我不以为然，随口便答应了。过了一个多星期，老师重提此事，大家都认为早期的《国际商务仲裁》一书已过时，而且内容比较初阶，跟不上老师后期的作品，也未能切合市场需要，因此十分支持老师出书的计划，并提出在制作上提供帮助。老师当时说："不如跟我及杨大明一起写此书吧！"当时想了一二天，便答应了，之后却又有点后悔，心知老师对这本书的期望，怕力有不逮。但既然答应了，只好尽力而为。

认识老师始于工作关系。我受雇的公司从事竞争激烈而又十分国际化的干货轮业务，这行业有一特别之处，就是经常发生争议，就如家常便饭般，银码有多有少，而仲裁往往是合约双方同意的解决争议的方法。老师早期为公司提供法律意见及索赔顾问服务，我俩因此结缘。我对老师渊博的海商法知识，以及与实务结合的灵活、简洁有力、考虑周详的处理手法，十分敬佩。20世纪90年代中期，老师决定减少办案，以便专心写书教育。老师著书的目的是希望将自己大半生走出来的足迹，以文字记录，为中国人留下一套深入而又有系统、条理分明、结合实务的商务法律丛书。他既出钱（自资出版）又出力（写书、讲书及赠书），只希望中国在庞大的对外海运、国际贸易当中，懂得保护自己。这懂与不懂，往往是成败的关键。这些年来，多与西方人士或公司打交道，发觉他们普遍对法律有一定的认识，个别的当事方对海商法以及仲裁方面的知识，熟稔程度往往不下于他们的法律代表。要把这一知识的差距拉近，就好像要拉近贫富悬殊这一社会现象一样，唯一的，也是最有效的，但却又是花费甚巨的就是教育。知识不会从天而降，只有透过教育、学习及实践，才会有机会提升。老师对教育的付出，已不用多说，作为一个旁观者，十分明白老师在这一艰苦的工程上所需要的支持，也许就是这原因，驱使我参与本书的写作。

尽管任何人都可以搞仲裁、当仲裁员，但无可否认的是，中国人在国际仲裁这范畴上担当位置的数目不多（其他亚洲国家及地区亦如是），这情况不能言佳，尤其是中国对外的贸易、合营等国际性商业活动越趋频繁。这令人担忧的情况主要是由于这方面知识的获取成本高昂，不论是在金钱上（一本讲述仲裁的外国书籍已是四五千块钱，更不要说最重要的法律案例报告），或是在时间上，或是在语言上（主要的有关仲裁的书籍都是英文著作），以及缺少实际参与机会，当然还有其他原因，但我相信知识的贫乏往往是导致其他原因出现的主因。必须明白，仲裁的知识和经验是需要时间浸淫的，它们是互相紧扣、不可或缺的。我们所缺乏的、不重视的（或是重视了，但找不到方向、门路），正是西方社会珍而重之的。这种差别造就了今天国际仲裁服务上的严重倾斜，这种不平衡不论从任何角度看，都不利于我们。老师希望借着本书，提供廉价而又充实的中文仲裁书籍，提高华人社会在这方面的知识，让读者全面认识国际商务仲裁，希望将来仲裁的气候有所改变。

能够与老师及杨大明合作此书，是我的荣幸。尽管写作艰辛，牺牲工余时间在所难免，但对自己来说，倒是一个既难得而又有趣的学习体验。

最后，要感谢公司这些年来在工作上对我的信任及支持，得以累积实践的经验。说到底，对我来说，仲裁是一套解决争议的游戏规则，而非单纯书本上的学问。

莫世杰

2006 年 1 月 19 日

杨大明序

“故用兵之法，无恃其不来，恃吾有以待也；
无恃其不攻，恃吾有所不可攻也。”

——《孙子兵法·九变篇》

经过最近半个世纪发展，仲裁已成为解决商务、航运和贸易纠纷的舞台。以前法律纠纷必须由法院解决，由律师处理。商业人士无法亦无须在这方面大量参与。随着仲裁的普及化，这观点也有所改变。仲裁的原意是鼓励商业纠纷由一些懂事务也懂法律的“内行人”去解决。

也是仲裁这个舞台给了我敬爱的父亲机会成材及对无数年轻人留下深远的影响。父亲没有经过所谓传统法律教育（即经过获得法律学士或硕士学位然后作执业律师），但经过多年在事业岗位上接触到无数法律疑难得到磨炼（包括全职作仲裁员的生涯），透过精通事务和法律的特别组合，父亲在国际商务仲裁领域享有崇高地位，得到大量国际商业和法律人士尊敬。

法律是一个“贵族”行业。用英国作例子，学习法律是非常昂贵的，而大学对于英文水平的要求也过于严谨。之后如要在英国进入一些世界著名的律师事务所或以大律师身份成功执业也并非易事；在英国被邀请做法官是更困难的事。所以，现在高层法官和律师绝大部分都是英国本土人，没有什么外族人士有机会升到高位（甚至绝少女士）。如果仲裁没有普及化，我想，我父亲、莫世杰先生和我自己的发展空间也会受限制。

但处理纠纷的学问本不应受国界限制。中国商务、航运和贸易量惊人，而且在不断增加。国际商场如战场，中国与世界各地密切联系也必然会产生大量纠纷。中国人不能逃避纠纷，不可能指望“竞争者”不会来。我们唯一的方法是依靠自己严阵以待，这就需要拥有强大实力和知识。在这方面，一个必然的要素是培养一批既懂事务又懂法律的华人精英，能在仲裁的舞台上发挥作用。

虽然仲裁给了一些华人小小的立足机会，但要在这方面培养人才仍然是非常困难的。目前国际商务、航运和贸易仲裁被西方人垄断。虽然一般仲裁条款不会规定仲裁员国籍或其他特色，华人仲裁员被委任还是少见，目前不成气候。至于代表律师，也没有规定必须在某些地方执业的律师才可处理仲裁（甚至当事人根本不需有律师代表）。当然，当事人应该对委任的人选有绝对自由，但若华人没有机会发挥，培养人才的梦想也不能达成。

虽然不多，但也开始有华人（主要是律师）处理国际性的仲裁，而华人在这些案件担任仲裁员也不是绝对没有的。华人积极参与仲裁的舞台是绝对值得鼓励的。但愿我们能向这方面继续发展,不要浪费仲裁所供给的学习和锻炼的机会。

最后,我觉得非常荣幸能与父亲和莫世杰先生合作。这对我是一个宝贵的学习机会。我也希望向一些多年来无条件支持我的人致谢。这包括黎穗贞女士、杨大志先生、刘姗姗小姐和梁志辉先生。

杨大明

2006 年 1 月 20 日

目　　录

第一章　仲 裁 条 文

1. 仲裁条文应该有的内容与相关的问题

仲裁条文的重要性是众所周知的。一条仲裁条文如果拟订得好,它不但有效,而且在操作上也可避免任何的困难;如果有一方当事人想去扯皮也无从入手。这道理实在是与其他合约条文一致,但可惜商业人士订约水平差异很大,这也是他们对合约法与专业知识的了解上的差异,导致经常出现争议与水平差的一方上当。本段讨论的是:一条好的仲裁条文应该有怎样的内容。笔者在《国际商务仲裁》第三章中,已经对这一个课题进行了广泛的介绍,也涉及了一些有关内容,例如:仲裁法定地点、仲裁员人数、适用实体法的规定、用字要广泛,等等。在此增加一些在上述书中没有谈到的内容,例如:当事人的身份地位(capacity)、相对性(mutuality)、多层次仲裁(multi-tier arbitration)、机构与随意仲裁(institutional and ad hoc arbitration)、约定谁是仲裁员或者排除谁是仲裁员、仲裁员资格、所用的语言、合并仲裁、明示机密或者不机密、费用分摊、给仲裁庭额外的特殊权力、当事人破产与清盘对仲裁的影响,等等。

1.1　规定仲裁员的资格

众所周知,世界上多数的国家对仲裁员的资格都没有作出规定。但是,法律没有规定或很难有效且有针对性地规定,不表示在个别的合约仲裁条文中,不可以对仲裁员的资格作出规定。对于个别合约,双方都清楚知道合约是针对什么,对仲裁员的资格作出规定也是明智之举。好像上诉庭的 Pan Atlantic v. Hassneh Insurance (1992) 2 Lloyd's Rep. 120,一个再保合约就规定有仲裁员的资格是"the Arbitrators … shall be disinterested executive officials of insurance or reinsurance companies…"。上诉庭判这资格的要求只适用在委任时,之后在仲裁仍未完结前该仲裁员退休而失去资格也不影响他继续作为该案的仲裁员。但需要注意的是规定仲裁员资格不要过严,否则就会造成委任的困难。笔者记得有位英国律师曾经说他有一个案件对仲裁员的要求是有三年工程师(在一个特殊的专业,不是一般工程师)再加三年律师的资格,但这两个行业又不走在一起,结果他找了三年还没有找到这样的仲裁员去委任。恐怕找到而对方开出天价该律师的客户也要去接受了。笔者也见过一条香港仲裁条文要求的仲裁员是如下:

"(a) admitted to practice law as a Barrister in Hong Kong for not less than five years;

(b) appointed as Senior Counsel; and

(c) devotes the predominant part of his practice in the area of commercial law."

这个条文规定了仲裁员必须是一个资深大律师,在香港至少有5年执业经验,而且主要在商业法领域。这一规定的缺陷是:如果有一个更适合而且相对便宜的英国或者澳大利亚御用大律师,在商业法方面又非常有地位,可就因为没有在香港有5年执业经验就无法担任仲裁员了。但这对一个仲裁员适合不适合有什么关系呢?再说如果有关合约是一个技术性高的,再加上争议也是技术性高的,而不是在法律方面,这一个仲裁条文关于资格的规定就显示仲裁的优越性了。

1.2 针对仲裁员的国籍/种族

在一些大型或者有政治味道的国际仲裁中,经常在三人的仲裁庭是各方当事人各自委任自己国家或者种族的仲裁员。但第三位仲裁员或者首席就会是委任来自第三个中立国家,好像主持公正的希望全寄托在他/她头上。这种规定也出现在一些著名的仲裁规则中,例如在著名的伦敦国际仲裁院(London Court of International Arbitration或简称LCIA)就在Article 6.1说明首席或者独任仲裁员不能是与双方当事人(如果他们是来自不同国家)同一个国籍。照说英国的1996年《仲裁法》已经规定了仲裁员(不论是首席或者是独任)都必须遵守自然公正的天条。看来规定仲裁员的国籍也就是对这一点不放心。但如果真有这个文化背景不同(cultural difference)的担忧,也不是光靠国籍能够解决的,种族更加关键。例如英、美、加拿大、澳大利亚的盎格鲁、萨克逊都是来自同一种族,有相似的文化背景,他/她们之间相互非常放心。但估计在这些国家的阿拉伯裔公民就难以放心得下,特别是在"9·11"与伦敦地铁的恐怖事件后,这也完全可以理解。在香港这个特区,由于历史的原因,也有不少人士(例如笔者)拥有英国国籍,西方人士也不见得会放心得下。所以,光是在仲裁条文加上一句有时候会出现的说法:"The [sole arbitrator/chairman of the tribunal] shall not be a citizen of either…or…. [指的是双方当事人国家]"恐怕也不解决问题。在一些国际性的仲裁会议(包括2004年5月在北京的ICCA会议与2005年11月在香港的CIETAC/HKIAC联合会议),都见到有针对"贸仲"的提问,有关仲裁庭成员,特别是首席的国籍。也见到"贸仲"或其他发言人作出非常恰当的回应,例如是出于费用与其他方面等的考虑。但这也不光是"贸仲"的问题,事实上笔者也知悉"贸仲"最近已经在不少仲裁案件中委任第三国家或者西方人为首席,例如来自美国、加拿大、澳大利亚及欧洲的人士。相对而言,笔者没有见过欧洲包括英国的仲裁机构曾经委任过亚洲人,特别是中国人为首席仲裁员。伦敦海事仲裁员协会(London Maritime Arbitrators' Association或简称LMAA)更有不成文的规定,不接受不居住在英国的人士为准会员(full member)。笔者(杨良宜)曾经在2005年初,申请为准会员而被友好地拒绝了。看来,离真正与实质的世界大同恐怕还有非常遥远的一段路。据闻,"贸仲"在拟定2005年新的仲裁规则时,也受到一些怂恿去加上好像LCIA的Article 6.1去明文规定在双方当事人来自不同国家时就必须委任第三国家的首席仲裁员。这样一来,由于去"贸仲"的案件总会有一方是中方当事人,这就意味着今后首席仲裁员一定不会是中方人士来担任了。可见客观情况"贸仲"与 LCIA 是完全不一样的。首先,案件的数量已经很不一样,LCIA 大概是每年只有 60 件。另外是案件的本质就是已经说过的,"贸仲"总会有一方是中方当事人,但 LCIA 手中的案件很少有一方是英国当事人。再说在西方国家,就算有一方是英国当事人,LCIA 也可以去委任第三国家人士为首席或者是独任仲裁员,而这第三国家可以是加拿大或者是澳大利亚,它们大量地存在例如在伦敦著名律师事务所的合伙人,在东方人看来根本也就是英国人,这情况暂时不会存在于中国,变成"贸仲"一旦要委任第三国家的首席仲裁员就只能转去寻找真正的西方国家人士了。这样一来就会令中方当事人不安,因为与西方国家当事人对垒,仲裁庭变成是有两位西方人士为仲裁员,就是对方当事人所委任的仲裁员与首席仲裁员,不管这西方人士是来自澳大利亚、加拿大,或者是英美。而这种担忧是 LCIA 案件中的英国当事人不会有的。这大概也是由于中华民族的文化是强调一个国家,但对英国人来说他们不管你有什么国家的称号,而更关心自身利益的实质保障。

1.3 明示排除一些特定仲裁员

有一些情况是仲裁条文规定了谁做仲裁员或者排除某一些仲裁员。笔者已经见过三四次仲裁员的名字是加在一条仲裁条文中,也就是双方同意在有了争议去委任谁做仲裁员。很幸运的是,笔者(杨良宜)曾经一度见过一个租约的仲裁条文,是双方约定了委任杨良宜为仲裁员。但这样写法要非常小心,因为约定的仲裁员如果死亡就会带来该仲裁条文/协议的受阻(frustration)。本来仲裁员死亡根据仲裁法是不会受影响,这规定在 1996 年《仲裁法》之 Section 8。换言之,一位仲裁员死亡可另去委任一位替代人士,只要没有去限定是谁。另一个危险是,限定了谁是仲裁员,如果该仲裁员不安好心,例如乱收费就会令当事人被鱼肉了。所以,去限定谁是仲裁员也必须另有支援(back-up)。例如,该仲裁员死亡或者无能力去担当(incapacity),例如精神或身体出了重大问题,或者他/她提出了不合理条件才肯去担当,就可让国际仲裁中心另委任一个作为后援(back-up)。现在去讲另一个相反的现象就是笔者已经见过三四次有仲裁条文规定不准委任谁做仲裁员。这些情况都出现在伦敦海事仲裁,因为通常委任的都会是 LMAA 名单中的十个八个准会员(full members)。笔者见过的少数几次是在租约中的仲裁条文指名道姓说明不准委任一两名著名的准会员(恕笔者不能在此说明是谁),这一句是:"Both parties agree not to appoint Mr. X as the Arbitrator."本来不喜欢 Mr. X 的一方当事人可以自己不去委任,但这不能保证对方当事人不委任 Mr. X,或者是 Mr. X 被委任为第三位或首席仲裁员。只有在仲裁条文明示才可以绝对地排除 Mr. X 出现在仲裁庭成员名单的可能。笔者去打听后知悉是一位在伦敦的著名犹太裔船东首先开始了这个做法,大概是对 Mr. X 深恶痛绝,可能由于 Mr. X 曾经在一个大案里判它败诉。这个趋势也是令其他的仲裁员受压,大概剩下的还没有被排除在外的仲裁员以后要善待这家船公司。如果不光是一家船公司而是来自一家著名的互保协会，这种压力恐怕是更加巨大与不恰当，因为世界没几家，而海事仲裁的案源主要就是来自互保协会。当然对一家船公司或者承租人坚持在租约中明示不准委任某某人例如是 Mr. X，它也要小心不良后果。这不良后果主要来自其他没有被排除的 LMAA 准会员内心感到的不快/不满，他们其中总会有一位被委任在将来的三人仲裁庭，他们更会是 Mr. X 的好友。这一来，就会带来对排除 Mr. X 适得其反的后果。更直白地说，如果想排除 Mr. X 是中远或者是马士基，又或是 ExxonMobil（上述笔者所说排除 Mr. X 的并非这三家著名的公司，仅以此举例说明问题），它们经常在委任海事仲裁员，就会对没有被排除的海事仲裁员造成压力。但如果没有被排除的海事仲裁员是 Mr. X 的好友，加上厌恶这种做法，就会对中远/马士基/ExxonMobil 严重不利了。所以，这是一个零和游戏（zero sum game），这些公司如果这样做也要想清楚它们是否有这个分量。笔者的确在近期与一家船公司的领导吃饭时说到他对另一两位著名的 LMAA 准会员十分不满，因为判它败诉而且十分没道理，并问笔者这样做的不良后果是什么，笔者就说明了这一点。

1.4　仲裁的语言

这是一个问题。因为翻译的费用十分昂贵，加上文件很多，还有开庭时证人需要翻译更是昂贵与费时。这对中国的当事人来说必须小心，因为他们一定有大量文件都是中文。1996 年《仲裁法》规定，双方如果不能同意仲裁的语言，就由仲裁庭去作出决定。这是在 Section 34（2）（b）："the language or languages to be used in the proceedings and whether translations of any relevant documents are to be supplied."可以想象，在伦敦仲裁最后由仲裁员决定就几乎一定会使用英语。这一点在香港因为有双语水平的仲裁员比较多，就带来一定的方便。例如在最近的一个案件，一方当事人是中国律师代表，他坚持使用中文。另一方是一家英国的跨国律师事务所代表，但所内有精通中文的律师，但他坚持使用英语。至于在仲裁庭的三位成员，除了笔者外，一位是中国内地的律师，另一位是精通中文的美国人。笔者作为首席仲裁员在双方无法达成协议后，发出了以下的传真：

"The Tribunal refers to the parties' latest faxes copied to the Tribunal.

The use of language in this instance is a very small matter. All parties can master both English and Chinese. Protracted discussion over it is a waste of time and money.

If the parties cannot agree, it is for the Tribunal to decide, the Tribunal believes it is better to allow both languages to be used in correspondence, at parties' option. As a matter of fact, even the Tribunal wishes to maintain this flexibility. The writing of an Award, for instance, is better to be in English, in case further action is necessary before the HK High Court. Furthermore, the Tribunal may work a little quicker in English, which can save costs for the parties.

It is hoped that the parties will now be in a position to press ahead with the reference. The Tribunal looks forward in receiving the Statement of Case or Claim Submissions."

在规定了语言也可以同时规定翻译的费用由谁出,因为这是相当昂贵的一笔费用。一般说如果有规定会说明双方各一半,或者是需要提出证据(不论是证人或者是文件)的一方应该先去承担这笔费用。当然最后的分摊是根据谁败诉谁要全部承担诉讼费用的大原则。

1.5 仲裁程序与作出裁决书的各种时限

注意在这里并不是针对要开始仲裁的时效(time bar)问题,而是越来越多仲裁条文出现了一个针对仲裁已经开始了而规定仲裁程序必须完结甚至必须作出裁决书的规定。目的显然是为了防止仲裁程序的拖延,但操作起来也有它的困难。在法律默示的地位下,1996年《仲裁法》已在 Section 33(1)(b)中加在仲裁庭头上一个避免不必要延误的责任。另在 Section 41(3)可允许仲裁庭在原告延误的时候把索赔撤销(strike out claim for want of prosecution)。至于被告延误抗辩更是无法得逞,因为仲裁庭在 Section 41(7)(c)可以作出一个缺席裁决书。但上述的默示地位都存在很大弹性与不肯定。例如,仲裁员在开庭后久久不去作出裁决书,心焦的当事人要等多久才能去法院成功地把仲裁员赶走(remove)?这方面也的确有成功的案例与香港的 Kailay Engineering Co. v. Charles W. Farrance (1999) CACV 33/1999。在英国有个 Pratt v. Swanmore Builders (1980) 2 Lloyd's Rep. 504 把仲裁员赶走的先例,这是在1996年《仲裁法》生效前,而在生效后估计在新的理念下更难把仲裁员赶走。所以就有了想法,在仲裁条文中规定必须在3个月或者6个月做完仲裁程序的裁决书,希望能约束仲裁员。以下谈谈有这种时限规定的几种情况与它们的效力:

(a) 首先说明是立法中也有唯一的一种情况规定了仲裁庭作出裁决书(只针对发还的情况)的3个月(或长或短)时限,在1996年《仲裁法》Section 71(3)中:"Where the award is remitted to the tribunal, in whole or in part, for reconsideration, the tribunal shall make a fresh award in respect of the matters remitted within three months of the date of the order for remission or such longer or shorter period as the court may direct."

(b) 如果遇到机构仲裁,在国际商会(International Chamber of Commerce 或简称 ICC)就有 Article 24 规定了整个仲裁程序包括作出裁决书要在6个月内完成,除非获得 ICC 的延长。条文如下:"(1) The time limit within which the Arbitral Tribunal must render its final Award is six months. Such time limit shall start to run from the date of the last signature by the Arbitral Tribunal or by the parties of the Terms of Reference or, in the case of application of Article 18(3), the date of the notification to the Arbitral Tribunal by the Secretariat of the approval of the Terms of Reference by the Court. (2) TheCourt may extend this time limit pursuant to a reasoned request from the Arbitral Tribunal or on its own initiative if it decides it is necessary to do so."据悉在"贸仲"的2005年新规则中也有一条类似的规定。

(c) 笔者也见到越来越多的随意仲裁条文规定了时限,例如:"The tribunal must publish the award within 3 months after the hearing or request by both parties to proceed to an award."

在上述的三种不同情况中，显然(a)最为有效，因为是法院作出的命令仲裁庭就不敢怠慢。再者，这时限的命令也很现实与准确，因为法官可以根据发还裁决书估计需要的合理时间作出比3个月更长或更短的不同时限。但可惜该规定只能针对发还裁决书的局限情况，其他的变数例如开庭后作出裁决书实在太多，无法硬性规定。

在(b)的情况，作用就小得多了。现实中ICC经常要延长6个月的时限，再说如果有了延误，ICC也不见得能够做什么，总不能在这最后的阶段把仲裁庭撤换。

在(c)的情况，毛病显而易见，就是在双方订约时很难预见将来会出什么争议。别说把时限定在整个仲裁的程序，就算局限在开庭后作出裁决书的时限(的确目前在伦敦的海事仲裁中这是最严重的延误，有好几位忙碌的仲裁员拖延一两年才作出裁决书是不足为奇的)，也经常是无法现实与准确。比方说在一个大争议要开庭一个月与一个小争议不必开庭，它们所需要作出裁决书的时限就已经是相差甚远了。又比方独任仲裁员或者是3人的仲裁庭也可能有很大的差别，尤其在3人的仲裁庭，大家意见不一需要长时间的探讨与协调。固然在实际的案件中无法在3个月内作出裁决书，双方当事人可以去更改合约延长时限。但问题是被告如果扯皮或者缺席呢？在John Mowlem Construction plc v. Secretary of State for Defence (2000) C. I. L. L 1655，就有一条文说明仲裁员必须马上召开一个预先会议(preliminary meeting)并且必须在6个月内完成整个仲裁，除非双方同意(without the consent of the parties, exceed a period of six months from the date of that preliminary meeting)。但该争议是一个8000万英镑的大型建筑争议，Steel大法官说这是非常困难甚至没有希望在时限内完成仲裁。如果超出了3个月时限作出了裁决书(例如在The "Kitsa" [2005] 1 Lloyd's Rep. 432中，就在开庭后一年才作出裁决书而被法院批评)，而这违反了双方在仲裁条文中的约定时限，就会带来疑问，该裁决书是否是仲裁条文下有效与有管辖权的裁决书。所以在1996年《仲裁法》下，针对这个情况，允许仲裁庭或者当事人向法院申请延长仲裁条文中的时限，在Section 50中规定如下：

"(1) Where the time for making an award is limited by or in pursuance of the arbitration agreement, then, unless otherwise agreed by the parties, the court may in accordance with the following provisions by order extend the time.

(2) An application for an order under this section may be made-

(a) by the tribunal (upon notice to the parties), or

(b) by the party to the proceedings (upon notice to the tribunal and the other parties).

But only after exhausting any available arbitral process for obtaining an extension of time.

(3) The court shall only make an order if satisfied that a substantial injustice would otherwise be done.

（4）The court may extend the time for such period and on such term as it thinks fit, and may do so whether or not the time previously fixed (by or under the agreement or by a previous order) has expired."

看来,如果不怕多花点钱与去法院申请,并在仲裁条文中加上一个时限以防止严重的延误,毕竟还是有一定作用。因为仲裁庭在法院下了命令延长后,也会在受压下赶紧作出裁决书。

1.6　仲裁费用的分摊

众所周知,在英国法律下,大原则是谁败诉就要承担自己与胜诉方的费用,所谓的"costs follow the event"。该大原则被认为是公共政策,所以双方当事人最初在订约时约定如何分摊仲裁费用是无效的。该规定在1996年《仲裁法》之Section 60中:"An agreement which has the effect that a party is to the whole or part of the costs of the arbitration in any event is only valid after the dispute in question has arisen."这Section 60的说法也是有点取巧,说有了争议后去分摊费用就有效,但有了争议就很难同意了。笔者现实中的确也见过不少仲裁条文多加一句说:"In any event, the costs of arbitration shall be equally divided between the parties."或者说:"Each party shall be responsible for their own costs."这些条文其实是完全无效的。英国这个大原则据悉是为了防止原告在提出索赔前考虑到即使胜诉也要承担昂贵的费用而导致对一些金额不大的索赔却步。笔者个人的感觉是这理由并不充分,不必为此去作出英国法律所罕见的干预订约自由。不少其他国家例如美国与欧洲大陆法国家,包括中国内地,是没有这个大原则,而是要双方当事人各自承担自己的诉讼费用,而这些国家不见得令原告为此而却步,美国更是世界上诉讼最多的国家。但无可否认的是双方善意订约时,除非是想欺骗对方的少见情况,总会想到将来如果向对方索赔时,可否同时把索赔的仲裁费用也一并取回来。而且,妙的是双方都会这样想:将来会向对方索赔,而不是被对方索赔。这大概是人性吧,总认为自己是对的而对方是错的。所以去问问一些尚没有争议的订约方,其中很大部分人都会希望是"costs follow the event",而不喜欢各自承担自己的费用。为此,笔者见过不少的仲裁条文,特别是在美国仲裁,会多加一句说:"The costs of arbitration shall be for the account of the losing party."或者是说:"The tribunal is empowered to award and assess costs to the winning party in this arbitration."该仲裁条文对于去美国仲裁就非常重要,除非双方当事人不想适用"costs follow the event"。有了上述明示的授权,美国仲裁庭也就有权给胜诉方取回仲裁的费用了。但英国法律下这一句就无效而且不必要,因为本来默示的大原则就是"costs follow the event"。最后值得一提的是在"贸仲"2005年的新仲裁规则中也全面承认与依从该大原则,即"costs follow the event"。在以前的"贸仲"仲裁规则中只是部分承认,就是胜诉方可向败诉方取回仲裁的费用,但局限在索赔金额的10%。这就带来很多不妥的情况,例如工作量大,因为争议复杂,但索赔金额并不大。又或者是一些针对责任宣告的裁决书(declaratory award),根本没有索赔金额,哪里来的10%。

1.7 对仲裁机密的明示规定

这是一个复杂的问题,本书第十三章将全面介绍,此处不再重复。仲裁的机密是一直以来被接受,但没有案例去依从或者仔细的针对,直至最近的十几年才开始出现 Dolling-Baker v. Merrett (1991) 2 All ER 891, Hassneh Insurance v. Mew (1993) 2 Lloyd's Rep. 243, Insurance Company v. Lloyd's Syndicate (1995) 2 Lloyd's Rep. 272, London & Leeds Estates Ltd. v. Paribas Ltd. (No. 2) (1995) 2 EG 134。从这些案例看来,英国法律是非常强调仲裁的机密性。甚至在一些敏感性很高的案件中,即使去法院寻求救济(例如去撤销),英国法院也会采取十分不寻常的措施保密,例如不公开聆讯或者不许去报道判决,见 The City of Moscow v. International Industrial Bank (2004) 2 Lloyd's Rep. 179。但另一个重要的普通法国家澳大利亚却有不同的看法:Esso Australia Resources Ltd. v. Minister for Energy and Minerals (1994) ADRLJ 214; Commonwealth of Australia v. Cockatoo Dockyard Pty Ltd. (1995) 36 NSWLR 662.。但这个问题的复杂性远远不止是英国与澳大利亚有不同的看法。就是在英国本国,也必须考虑到机密不是绝对而只能是相对,例外的情况多不胜数。比如说该裁决书要向法院寻求救济,就必须要让法院看。同样,要执行该裁决书,就要让世界上任何会去执行的法院看。如果是涉及政府部门作为一方当事方而且败诉,就会需要向有关部门申请拨款,在香港就会需要向立法局申请,免不了需要把裁决书披露。如果是一个公司,在每年的审计(auditing)就难逃要给审计师看,否则一大笔的收入或者支出的金钱怎会没有任何证据就被接受。如果公司会被收购,想收购的一方肯定会去查账(due diligence search),又难逃要把裁决书给对方看。这些例子一路数下去是数之不尽的。所以在1996年《仲裁法》拟定时,Saville 勋爵最后决定不去为机密作出任何规定,而准备让普通法,也就是个别的案件,去进一步发展,例如会有什么其他的重要例外,在有了更完善的思维结构后再立法针对。但话又说回来,已经有不少国家(例如新西兰)或仲裁机构加上了明示的机密条文。例如像 ICC 在仲裁规则的附件一之 Article 6 是这样规定的:"The work of the Court is of a confidential nature which must be respected by everyone who participates in that work in whatever capacity. The Court lays down the rules regarding the persons who can attend the meetings of the Court and its Committees and who are entitled to have access to the materials submitted to the Court and its Secretariat."

而在另一个著名的仲裁机构 LCIA 其 Article 30 如是说:"(1) Unless the parties expressly agree in writing to the contrary, the parties undertake as a general principle to keep confidential all awards in their arbitration, together with all materials in the proceedings created for the purpose of the arbitration and all other documents produced by another party in the proceedings not otherwise in the public domain—save and to the extent that disclosure may be required of a party by legal duty, to protect or pursue a legal right or to enforce or challenge an award in bona fide legal proceedings before a state court or other judicial authority. (2) The deliberations of the Arbitral Tribunal are likewise confidential to its members, save and to the extent that disclosure of an arbitrator's refusal to participate in the arbitration is required of the other members of the Arbitral Tribunal under Articles 10, 12 and 26. (3) The LCIA Court does not publish any award or any part of an award without the prior written consent of all parties and the Arbitral Tribunal."

这些明示的规定看来都有缺陷,或者太宽松或者太苛刻。它们也没有说明可能会面对例外情况需要去放弃机密。以LCIA为例,它说明的例外是法律责任(legal duty),但在简单的介绍例外情况中"due diligence search"就已经说不上是法律责任了。所以,加一条明示条文(等同是接受了机构仲裁与它的仲裁规则),是要小心它可能严重的后果。但会有情况是涉及合约本身就已经是非常敏感(不论在政治上还是在商业上)的,导致机密是至高无上的重大考虑,就不妨在订约时约定一条明示的机密条文,并作出非常局限的例外,例如是执行时所需,应是一个对机密非常有保障的做法。

最后讲一个笔者不久前的经历,就是立法局有关香港修改仲裁法的批准。当时香港发生了一宗社会上的大事,就是香港政府在与一家海底隧道公司在一个专营合约中的仲裁中败诉,导致后者可以提高收费。香港社会上普遍对提高收费不满,而纷纷发表各种意见,例如要求司法复审(judicial review)。但这是外行话,因为不光是香港法律,国际上也没有这种说法,例如《纽约公约》。但话又说回来,凡事都有例外。曾经有少数的立法仲裁(statutory arbitration)是有过司法复审的案例。但在隧道公司提高收费的案件,司法复审时在第一审很快被拒绝了,判定该仲裁只是私人协议,即使涉及香港政府与公众利益。但据悉该案件去了上诉庭并且被排在2007年审理,估计到那个时候,香港人也忘掉了这件事,再不见得有什么公众利益可言了。

一位立法局议员向笔者问及在香港《仲裁法》中可否规定不许机密。因为时间关系,笔者只能非常简略地回答说机密是国际上认可的地位,香港不能反其道而行之,加上的确有不少性质的仲裁是需要机密。但仲裁并非是天上掉下来的,而是要双方约定。所以香港政府如果在一些涉及重大社会问题的合约中,公开与透明十分重要,大可以在约定时说明香港法院有管辖权或者就算去仲裁也可以加一条明示条文说明完全透明,没有机密,该明示条文就超越了默示地位。

1.8 给仲裁员额外的特定权力

照说在1996年《仲裁法》这一方面的规定已经算是非常完善的了,不需要以明示条文赋予一些额外的权力。这不像1950年《仲裁法》,连仲裁庭经常会面对的费用担保也是没有权力,要以明示条文或者仲裁规则赋予。但在1996年《仲裁法》中也开始有一些问题或者是不明确情况出现,例如Section 44(2)(d)有关出售争议货物的法院权力。这种情况在航运或者外贸经常会发生,例如,买家以货不对版拒绝收货,但卖家坚持没有货不对版或者程度并不足够容许买家拒货。这一来,一票贵重或者易腐的货物就会被放置在卸港的仓库,没有一方想去碰,因为他们都坚持自己不拥有货物所有权,除非双方能够明智约定作出一些无损害(without prejudice)的安排去处置货物,但又是老毛病就是双方在争议之时很难作出任何约定。为了避免损失扩大,通常会有其中一方例如是买家(毕竟他通常已用信用证支付了货价,加上货物已卸港且在他控制下)会去向法院申请把货物出售,并把出售的钱存放在法院,留待后来的买卖双方诉讼结果。注意在香港的《仲裁法》中该出售货物的权利在仲裁员头上:Section 2GB(1)(e)(i)。至于为什么有这个分别是在所有权并不明确的情况下把货物出售给善意的第三者,把所有权转让,是一件重大的事情,让法院处理比较恰当吧。但这会带来一定程度的不明朗,就是仲裁庭有权力在 Section 48(5)(b)下作出合约的履约命令(specific performance)。这出现在一个近期的案件中,就是笔者(杨大明)向一个很有经验的伦敦仲裁庭申请下令船舶进港留置货物与卸货。在该案件中,笔者(杨大明)是中国货方的法律代理人,而一条外轮装了一票贵重的货物拒绝接近中国港口,说是要在公海留置货物,而要求的金额是漫天开价。这就迫使笔者向仲裁庭申请向船东作出履约命令,就是要马上进港,即使是要留置货物也在进港后去行使。但船东却申请要出售货物,估计这样把仲裁庭搞混乱了就拒绝作出任何命令。这案子结果去了英国法院,变成英国法院作出命令船舶进港。但照说英国法院并没有这种管辖权,可见这些方面不知道是因为 1996 年《仲裁法》仍是在早期的操作中大家并不是太熟悉,还是的确在有些情况下难以区分。反正是一个做法,就是把出售货物的法院权力移交给仲裁庭,因为 Section 44 一开始就说明可以有订约自由(Unless otherwise agreed by the parties),让仲裁员作出的要求买卖双方合作去出售货物的命令。

在 1996 年《仲裁法》中也有提到仲裁员的一些权力是双方同意才会有,例如作出临时的裁决(provisional award)。这是在 Section 39,节录如下:

"(1) The parties are free to agree that the tribunal shall have power to order on a provisional basis any relief which it would have power to grant in a final award.

(2) This includes, for instance, making –

(a) a provisional order for the payment of money or the disposition of property as between the parties, or

(b) an order to make an interim payment on account of the costs of the arbitration.

(3) Any such order shall be subject to the tribunal's final adjudication; and the tribunal's final award, on the merits or as to costs, shall take account of any such order.

(4) Unless the parties agree to confer such power on the tribunal, the tribunal has no such power.

This does not affect its powers under section 47(awards on different issues, &c)."

这一权力是容许仲裁庭去协助一方当事人的资金流动,因为对方当事人拒绝支付而造成的。这种协助不涉及争议本身的是非曲直,这要等稍后审理。所以临时需要对方当事人支付部分或者全部被积压的资金并非是最后定论,要在最后裁决时作出准确的结算与调整。也是这个原因,这种临时裁决书应该是不能以《纽约公约》去执行,因为不是终局的。据悉,这种情况在某些行业常常发生,例如建筑行业中分承建商(sub-contractor)被积压资金,这些仲裁条文就要明示给予仲裁庭这种权力。对该条文的进一步解释,不妨节录 Merkin 教授一书的说法:

"Section 39 is new and empowers the arbitrators to grant interim relief by way of provisional award, including provisional orders for payment of money representing anticipated liability or costs. Section 39(2) specifies that the final award must take into account the sums awarded under any provisional order, so that payment is not duplicated. The section is not intended to empower arbitrators to make orders the equivalent of Mareva injunctions or Anton Piller orders: its purpose is rather more limited and it would typically be used to grant interim financial relief, thereby preserving the claimant's cash flow (see the DAC's February 1996 Report, para. 201) in proceedings which he is bound to win but for an-at the time-unascertained amount.

The power of the arbitrators to make a provisional award is to be distinguished from their power to make an award on a limited aspect of the dispute-referred to misleadingly under the 1950 Act as an interim award-finally disposing of a severable matter. Such limited awards are full awards in their own right, and are so treated by section 47 of the 1996 Act.

Under the July 1995 Bill, the interim power was exercisable in all cases. As a result of consultation, the provision was amended so that the power becomes exercisable only where it has been conferred upon the arbitrators by the agreement of the parties."

1.9 排除对裁决书内法律观点可去上诉法院的权力

法院对双方争议的法律问题有权作出最后判决,众所周知,英国在一百多年的仲裁法立法中都保留了这个权力。但到了 1979 年就有了首次的根本性的改变,就是允许双方可以一条豁免条文(exclusion agreement)去排除英国法院的插手。这主要是为了吸引一些庞大的仲裁案件,如一方当事人是国家或者国有机关/国营企业,因为它们害怕在其他国家法院曝光,这就是所谓的"supranational contracts"。这方面在笔者《国际商务仲裁》一书第十二章 7.5 段中有详细介绍。

要看合约的性质,像租约/提单绝少会涉及国家秘密或者领导人,所以这种合约通常就没有必要摆一条豁免条文,现实中也很少见到。毕竟在 1979 年《仲裁法》加上 Nema Guidelines 也很难取得上诉批文。但像大亚湾核电厂或者是三峡水库等大型工程,中方当事人就可能不会想在英国法院公开被审理。这样一来,为了保险,如果去伦敦仲裁的话就必须在仲裁条文中加上这一条豁免条文了。

这种豁免法院权力的条文可举以下例子:

(1) Any award(s) rendered by the arbitrators shall be final and binding on the parties, and each party hereby waives to the fullest extent permitted by law any right it may otherwise have under the laws of any jurisdiction to any form of appeal or collateral attack.

(2) The award shall be final and binding on the parties, who undertake to carry it out

without recourse to any judicial proceedings in any jurisdiction whatever seeking vacatur, annulment, setting aside, modification, or any diminution or impairment of its terms or effect.

(3) The parties hereby agreed that all arbitration awards shall be unreasoned.

另外,合并了ICC仲裁规则也会有同样豁免法院权力的结果,这是因为在规则的Article 24.2,它是说明:"By submitting the dispute to arbitration by the International Chamber of Commerce, the parties shall be deemed to have undertaken to carry out the resulting award without delay and to have waived their right to any forms of appeal insofar as such waiver can be validly made.":Arab African Energy Corporation Ltd. v. Olieprodukten Nederland BV (1983) 2 Lloyd's Rep. 419。换言之,把这一个条文抽出来摆进一个非ICC的仲裁条文,作出一定修改后,也是一条有效的豁免法院权力条文。

有了这一条豁免条文,就通常会把所有的裁决书,不论是中间或者是最后裁决书,都会包括在内:Marine Contractors Inc. v. Shell Petroleum Development Co. of Nigeria Ltd. (1984)2 Lloyd's Rep. 77。

1996年《仲裁法》它没有像1979年《仲裁法》在Section 3说明有关豁免法院权力条文与它的内容。但理念上应该没有改变,就是双方当事人可以在约定合约的仲裁条文时,同意裁决书的法律观点不准上诉英国法院。Section 69 (1)规定如下:

"Unless otherwise agreed by the parties, a party to arbitral proceedings may (upon notice to the other parties and to the tribunal) appeal to the court on a question of law arising out of an award made in the proceedings.

An agreement to dispense with reasons for the tribunal's award shall be considered an agreement to exclude the court's jurisdiction under this section."

上述开始一句"除非双方同意"(unless otherwise agreed)就说明了双方可以约定豁免法院权力去接受上诉。看来唯一的要求是这个约定必须依照Section 6以文书作出。在Section 69 (1)的最后一句也介绍了一种情况就是双方如果约定是没有原因的裁决书(unreasoned award),这种情况也等同是一条豁免条文。在LMAA的小金额索赔程序(Small Claim Procedure或简称SCP)就有这样的规定。但双方当事人即使想去同意一条豁免条文,也不一定喜欢以这种形式。一是据说没有原因的裁决书在有些国家法院执行会有一定的猜疑,虽然在1958年《纽约公约》并没有规定必须有充分原因的裁决书才可执行。二是仲裁庭可能不给原因,或者只给简短且言之不详的机密原因,令败诉方败得更加不服,不光是上诉不上诉的问题。所以在上述介绍过的其他措辞的豁免法院权力条文仍可在1996年《仲裁法》下考虑继续使用。

笔者感觉自2005年以来,英国法院开始放宽了上诉批文(leave to appeal),虽然在文字上仍是不变,依然是1996年《仲裁法》之Section 69。但这带来了另一个危险,像Covington Marine Corp & Ors v. Xiamen Shipbuilding Industry Co. Ltd. [2005] EWHC 2912 (Comm)的案例,仲裁庭的三位成员(包括两位退休的英国大法官与笔者)经过了7天以上的审理,得出的对事实的认定却很轻易地被一位大法官在一天半的审理中推翻,说是对法律的上诉,感觉上还是对事实认定方面。一位大法官在如此短时间内就推翻了三位有经验的仲裁员花了五倍以上的时间所作出的裁决,难免让人感到草率与沮丧,但再想上诉至英国上诉庭就十分困难,它再也不是一个自动的权利(automatic right),更不用说上诉至英国贵族院。英国1996年《仲裁法》之Section 69(8)规定:

"The decision of the court on an appeal under this section shall be treated as a judgment of the court for the purpose of a further appeal.

But not such appeal lies without the leave of the court which shall not be given unless the court considers that the question is one of general importance or is one which for some other reason should be considered by the Court of Appeal."

如果上诉庭有三位大法官也支持高院的一位大法官,更不用说加上贵族院的五位勋爵,用同样的7天以上时间去推翻仲裁庭的三个成员所作出的裁决,这样的话,即使推翻仲裁庭的裁决,也令人信服。看来英国对裁决书的上诉在制度上目前也是有问题,就是上诉至高院开始很容易,但再上一层楼就相当难,希望这不是笔者(杨良宜)因为自己的裁决书上诉至高院被推翻而产生的主观不满。要预防这种危险,看来办法就是在仲裁条文中加入一条上述的排除法院条文(exclusion agreement),例如中国一些造船合约约定去伦敦仲裁。

与exclusion agreement相反的是仲裁条文会有一条说明在裁决书之后有法律问题要让法院复核(review)。这种订约的心态是什么是难以了解的,因为不想以仲裁为终局何不直接去法院诉讼?在美国的LaPine Tech. Corp. v. Kyocera Corp. 130 F. 3d 884, 887 (9th Cir. 1997)先例中,有以下的一条类似条文:"The decisions and awards of arbitrators may be enforced by the judgment of the [designated court] or may be vacated, modified or corrected by the [designated court] (a) based upon any grounds referred to in the [applicable arbitration law], or (b) where the arbitrators' findings of fact are not supported by substantial evidence, or (c) where the arbitrators' conclusions of law are erroneous."也会是简单的一句话:"The parties shall have the right to seek judicial review of the tribunal's award on points of law before the English Court."这样一来,1996年《仲裁法》之Section 69有关上诉法院必须取得上诉批文(leave to appeal)不再适用了,因为双方已经同意/约定。

1.10 针对美国仲裁同意把裁决书作出一个判决(enter a judgment)

先说明一些常见的仲裁条文的特殊规定是针对个别国家的特殊情况。例如去美国仲裁,就经常会有一条条文说明法院要对裁决书作出一个判决,在期租租约著名的纽约土产格式NYPE第17条内有这样说法:"and for the purpose of enforcing any award, this agreement may be made a rule of the Court."笔者在现实中经常见到在伦敦或者香港仲裁条文也加上了这一句,其实是毫无必要的。在美国仲裁有这个需要是因为在美国《联邦仲裁法》之 9 USC 9 规定:"if the parties in the agreement have agreed that a judgment of the court shall be entered upon the award … then the court may confirm the award."美国法院也曾经判决没有这一句在仲裁条文中,法院就没有管辖权去执行该裁决书:Harry Hoffman Printing Inc. v. Graphic Communications, Int'l Union, Local 261, 912 F. 2d 608 (2d Cir. 1990)。但另有案例是在 1958 年《纽约公约》下执行一个其他签约国的裁决书,就不受这个要求的约束:McDermott Int'l, Inc. v. Underwriters at Lloyd's, 120 F. 3d 583 (5th Cir. 1997)。所以,即使是一个伦敦或者香港仲裁可能将来去美国执行裁决书,也不必在仲裁条文中加上这一句。

1.11　针对美国仲裁的惩罚性赔偿(punitive damage)

众所周知,美国有惩罚性赔偿(punitive damage)的做法,这是英国法律基本上不允许的,这方面请看《国际商务游戏规则——英国合约法》第十四章第 6 节。一去惩罚,就会令许多美国判决带来天文数字的赔偿金额,例如世界上最大的石油公司 ExxonMobil 在 The "Exxon Valdez"的油污案件中面对一个惩罚性判决,金额达到 50 亿美元,是世界上没有几个国家能支付得起的。虽然,近年来笔者也听说了一些美国最高法院(The Supreme Court)限制惩罚性赔偿的判决,如 BMW of North America v. Gore (517 US 559 [1996])与 Cooper Industries v. Leatherman Tool (121 SCt 1683 [2001])。美国最高法院在这些案件中确立了三个指引(guideposts)来决定惩罚性赔偿的高低或者倍数:一是被告的行动可恶与不可原谅的程度;二是对原告受害方真正造成的损失;三是与同类案件的比较。这在另一个最高院案子 State Farm Mutual Automobile Ins Co. v. Campbell (2003) US Lexis 2713,最高院更是说过度的惩罚性赔偿是违反了美国宪法第 14 条修改的 Due Process Clause。在该先例,最高院把一亿四千五百万美元的赔偿减为一百万美元。但要注意的是,美国并没有说不可以作出惩罚性赔偿,顶多只是说幅度应该减小。这使不少商业人士感到不满,并经常听说有各种说法,例如是惩罚只属于刑事的范畴,举证责任也和民事诉讼完全不同,等等。对仲裁危险之处是已经有不少案件作出过惩罚性赔偿并获得法院的支持:Baravati v. Josephthal, Lyon & Ross Inc., 28 F. 3d 704 (7th Cir. 1994) 等。在纽约海事仲裁也有不少同类案件,并获得法院支持:Thyssen Inc. v. The Fortune Star, 777 F. 2d 57, 1986 AMC 1318 (2d Cir. 1985)与 Muratore v. The Scotia Prince, 663 F. Supp. 484, 1988 AMC 859 (D. Me. 1987)。像一些油轮船东盗用承租人装载的燃油或者无提单放货等都是一些可能面对这种危险的情况。记得大约十年前像纽约海事仲裁员协会(Society of Maritime Arbitrator 或简称 SMA)也充分了解国际航运对这方面做法的忧虑,并作出保证说,绝大部分仲裁员是不会倾向去行使作出惩罚性赔偿的权力。但这不是保证,该协会也不能代表所有美国海事仲裁员作出承诺性的讲话。所以,如果去美国仲裁,而对这方面感觉忧虑,就可以在仲裁条文中多加一句如下:

"The parties hereto expressly waive and forego and right to punitive, exemplary or similar as a result of any controversy or claim arising out of, relating to or in connection with this agreement, or the breach, termination or validity thereof."

1.12 针对美国仲裁局限太广泛的披露

美国有非常广泛的披露,包括在诉讼行动前的披露,这就要在仲裁条文中把它局限,例如:"The parties agree that there shall be no discovery or disclosure except otherwise demanded or ordered by the arbitral tribunal."

1.13 扩大披露

这是针对一些合约是重要文件,但只有一方当事人手中拥有而对方不会有的情况。这也会针对一些仲裁条文适用了一些仲裁规则被认为针对披露方面太局限,特别是大陆法背景的仲裁员更会对披露这方面不会宽松对待。这种情况可有两种办法去对待,一种是由一条附加条文说明一方当事人有权在任何时间向对方要求某些文件,例如在 Hiscox Underwriting & Ors v. Dickson Manchester & Co. Ltd. & Ors [2004] EWHC 479 (Comm.)第 15 条文说:"the right without restriction or limitation to inspect and audit any of your records relating to insurances bound at any time during reasonable business hours and have the right to make copies of or take extracts from any such records."在船舶保险,如果发生船损的情况下,即使保险公司认为有疑问,也会无法抗拒船东的船损索赔,因为它没有任何证据。如果只是泛泛在抗辩请求中说有怀疑,需要将来在船东提供全面的披露后才能知道有什么抗辩,就会有危险马上面对法院去作出简易判决(summary judgment),根本不会有进一步走下去的披露与开庭等诉讼程序。所以,在法院的诉讼程序中早有一段专门针对这个情况,就是法院可下令要船东先交出所有有关的船舶文件,保险公司才需要作出抗辩请求。但如果保单从法院诉讼改为仲裁,而仲裁普遍不会适用法院诉讼程序,加上仲裁庭不一定会作出同样的提前披露命令或个别仲裁员不了解海上保险,就会在仲裁条文中增加与扩大披露的责任。这些文字/措辞可以如下:

In addition to the power conferred to the arbitral tribunal to order disclosure, the parties hereby agree that the arbitral tribunal shall have the addition power to order disclosure and production of ship's documents as demanded by the insurance company at any stage of the proceedings even in the course of pleadings before the service of defense.

1.14 订立仲裁条文的能力(capacity)

仲裁协议即使在独立原则下,仍然是合约的一种,所以要适用所有有关合约的理论,例如订约的能力。但由于绝大部分仲裁条文是主合约的一部分,所以一有订约能力的争议,也变成主合约亦面对同样的争议。这是挑战/质疑管辖权的一种,做法上通常是由仲裁庭先根据独立原则审理,然后可去上诉法院作出最后决定。只是针对仲裁协议是否有能力去订立,而不涉及主合约,倒是在一些针对现在的争议(present dispute)所达成的 ad hoc submission to arbitration 中涉及主合约。在这种协议下,败诉方会去争议说它的仲裁协议是没有能力去订立。这种案例并不多,但也不表示没有,下面举一个例子,在 Irvani v. Irvani [2000] 1 Lloyd's Rep. 412 中,案情是有关两兄弟在一个合伙协议(partnership agreement)中,有了争议。两兄弟在一个 ad hoc submission to arbitration 中同意由他们的姐姐作为仲裁员,结果裁决书出来对原告不利。原告于是在 Georgia 开始了诉讼想分摊合伙的资产,并声称同意仲裁是无效的,因为当时他受药物影响(drug addiction)。另一位胜诉的兄弟去英国法院要求宣告仲裁有效。上诉庭判决仲裁协议有效,因为没有证据显示它有问题,而且败诉的原告本身是一个非常有经验的生意人,不会没有能力去约定仲裁。

有关公司的法人能力方面,有关争议案例多数是涉及主合约的问题,虽然在最终结果也包括了仲裁条文订立的能力方面。近期的一个先例是 Continental Enterprises Limited v. Shandong Zhucheng Foreign Trade Group Co. [2005] EWHC (92),这是有关被告的中国公司在中国法律,也就是原外经贸部的规定下是无权做进口业务,另外它的公司章程也不包括进口业务。这被英国法院接受了,虽然同样的抗辩在英国法律适用下无法成功,因为英国的《公司法》(Companies Act 1989)之 Section 35 说明:"The validity of an act done by a company shall not be called into question on the ground of lack of capacity by reason of anything in the company's memorandum."其他先进国家的公司法,也不准公司以公司章程下没有能力而不履约,但中国《公司法》并没有这样的规定。

另一个例子是香港法院的 Hebei Peak Harvest Battery Co. Ltd. v. Polytek Engineering Co. Ltd. [1998] 1 HKC 676,这是在执行的时候败诉方提出抗辩说,胜诉方没有订约能力,因为当时公司还没有组成。上诉庭虽然觉得有疑点,但最后还是执行了裁决,估计认为证据并不明确或者是提出管辖权质疑太晚。

1.15 双方的约定(mutuality)

仲裁条文一直以来是要求双方同意以仲裁解决争议进而排除了法院的管辖,而不能是单方面的选择(option)。这个情况到了 1989 年开始宽松起来,首先在:Pittalis v. Sherefettin [1986] 1 Q. B. 868,上诉庭的 Fox 大法官说:"There is a fully bilateral agreement which constitutes a contract to refer. The fact that the option is exercisable by one of the parties only seems to me to be irrelevant. The arrangement suits both parties … the landlord is protected, if there is no arbitration, by his own assessment of the rent as started in his notice: and the tenant is protected, if he is dissatisfied with the landlord's assessment of the rent, by his right to refer the matter to arbitration. Both sides have, therefore, accepted the arrangement and there is no lack of mutuality."

这之后有很多的案例有关只有单方面选择的仲裁条文被判是有效的。其中一个特点就是没有选择的一方是想作为原告就不能开始仲裁而是要去法院起诉。这种条文据说在银行已经开始普遍地被使用,简称为"split clause",就是银行有了争议可以选择去香港法院或者去香港仲裁。据悉,银行一贯对法院的诉讼比较有信心。但最近有一些因素导致了一些看法的改变,譬如说,债务人的资产分布在世界各地,所以银行作为债权人手中有一个裁决书执行起来就容易得多。听说这个在大陆的银行也有一些同样的看法,就是一些坏账的客户在中国内地再也没有什么资产,但很有可能在香港有小金库,但到香港特别行政区来执行,中国内地法院的判决书作用不大或者没有,但仲裁裁决书就完全不一样了。

最近的一个有关案例是 NB Three Shipping Ltd. v. Harebell Shipping Ltd. [2004] EWHC 2001 (Comm.),它的有关条文(称为"Law, Jurisdiction and Arbitration Clause")是:

47. 02 The courts of England shall have jurisdiction to settle any disputes which may arise out of or in connection with this Charterparty but the Owner shall have the option of bringing and dispute hereunder to arbitration.

47. 10 Any dispute arising from the provision of this Charterparty or its performance which cannot be resolved by mutual agreement which the Owner determines to resolve by arbitration shall be referred to arbitration in London or, at Owner's option, in another city selected by the Charterers who shall reach their decision by applying English law. If the arbitrators so appointed shall not agree they shall appoint an umpire to make such decision.

在该租约中,双方出了有关利息的争议,承租人先突然去了英国法院申请履约指令(specific performance),时间为2004年6月22日。船东在考虑了他的立场后,在6月30日告知了承租人他选择去仲裁,并将向法院申请中止。在7月6日船东委任了他的仲裁员并于同一天向法院申请中止,依据的是1996年《仲裁法》之Section 9(1):

A party to an arbitration agreement against whom legal proceedings are brought (whether by way of claim or counterclaim) in respect of a matter which under the agreement is to be referred to arbitration may (upon notice to the other parties to the proceedings) apply to the court in which the proceeding have been brought to stay the proceedings so far as they concern that matter.

承租人抗拒中止,说在他先一步去法院开始诉讼之时,船东还没有选择伦敦仲裁,所以Section 9(1)并不适用,也并非是必然要去仲裁(is to be referred to arbitration),因为船东可以不选择或者太晚才选择构成了弃权。

但Morison大法官不同意,因为47.10条文说明双方先要去试图同意(mutual agreement),估计谈不拢双方也会同意到底去法院诉讼或者仲裁,当然船东另有一个额外的权利可以去仲裁。所以47.10条文的结构是双方应先去试图同意,而不能不走这一步承租人就去否定仲裁条文的选择,并以突击(ambush)的办法在英国法院诉讼。如果承租人这样做,船东就可以不作出仲裁的选择并去参与法院诉讼(take a step in the proceedings),但不应剥夺船东的选择仲裁权利,即使他不去参与法院诉讼。该案件的必然结果就是法院诉讼被中止。表面看来这结果也显示了法院越来越支持仲裁,不惜让出法院的管辖权。但Morison大法官所用的理由就是47.10条文有"Mutual agreement"一词,笔者在想,如果同样的条文就少了这一词,看来就可与上述先例作出区分了(distinguish)。

1.16 友好仲裁条文(equity clause)

“友好仲裁条文”(equity clause)身份一直不大明确,这“友好”一词有各种不同的拉丁文写法,如 ex aequo et bono,amiable compositeur 等。比较详细一点的句子就是如要求仲裁员去裁决但根据公平与良心(according to equity and good conscience)。

另一种本质一样的仲裁条文是要求伦敦仲裁庭去漠视英国法律(“arbitrator not to be bound by the law”clauses)。它可以说是一个君子协议,如在 Home and Oversea Insurance v. Mentor Insurance (1989) 1 Lloyd's Rep. 473 先例中的一条仲裁条文说:

… The Arbitrators and Umpire shall interpret this Reinsurance as an honourable engagement and they shall make their award with a view to affecting the general purpose of this Reinsurance in a reasonable manner rather than in accordance with a literal interpretation of the language…

另外的形式是要求仲裁员去根据贸易习惯(usages and customs of the trade)或者商人法律(lex mercatoria)。

这种条文都带来一些大问题,例如,订约双方是否想有一个法律后果的合约/仲裁协议关系:Rose & Frank Co. v. JR Cromopton Bro Ltd. (1925) AC 445? 该条文是否违反了公共政策而变得无效:Czarnikow Ltd. v. Roth, Schmidt & Co. (1922) 12 Lloyd's Rep. 195? 读者会记得在《国际商务仲裁》一书中之第二章 1.2.2 段提到了该著名先例中的一句名言:“There must be no Alsatias in England where the King's writ does not run”,把这句话意译可以是“中国内地不允许有一个梁山泊是最高人民法院管辖不到的”。这的确是早期的判法,例如在 Orion Compania Espanola de Seguros v. Belfort Maastschappij Voor Algemene Verzekgringeen (1962) 2 Lloyd's Rep. 257 中,Megaw 大法官判这种仲裁条文无效,说:

… If this provision has any effect at all, in effect, as I see it, would be that there would be no contract, because the parties did not intend the contract to have legal effect-to affect their legal relations. If there were no contract, there would be no legally binding arbitration clause, and an “award” would not be an award which the law would recognize.

同样的看法是在 Home & Oversea Insurance v. Mentor Insurance (1989) 1 Lloyd's Rep. 473 先例中,Parker 大法官说:

I have no hesitation in accepting … That a clause which purported to free arbitrators to decide without reference to law and according, for example, to their own notions of what would be fair would not be a valid arbitration clause.

但由于这种仲裁条文大量出现在各种合约,特别是保险合约中,这就使法院有了不同的看法。首先是 Eagle Star Insurance Co. Ltd. v. Yuval Insurance Co. Ltd. (1978) 1 Lloyd's Rep. 357, Denning 勋爵说这条文有效,它只是“去免除技术性与严格的解释合约”(only ousted technicalities and strict constructions),但实质内容是什么倒也没有说明,例如在这种仲裁条文下可免除一些什么。Mustill & Boyd 在《Commercial Arbitration》一书中建议可以漠视一些轻微的破坏条件条文带来合约中断，也可漠视一些轻微的误述(misrepresentation)或者不披露(non-disclosure)。也可能包括一些无关或不造成损失的一些保险保证(warranty)的破坏。

但接受这种仲裁条文也会带来其他的问题，例如没有说明它是属于一种在1979年《仲裁法》下的豁免上诉法院条文(exclusion clause)。这一来，如果上诉至法院，难道法院也对上诉的友好观点也去友好一番吗?

该问题算是在1996年《仲裁法》得到大部分的解决，就是在Section 46(1)(b)中以立法形式承认这种仲裁条文："The tribunal shall decide the dispute- … if the parties so agree, in accordance with such other considerations as are agreed by them or determined by the tribunal."而这种裁决是不准上诉也不会取得Section 69的上诉批文。这是在DAC报告中的223段有如下说明：

There appears to be no good reason to prevent parties from agreeing to equity clause. However, it is to be noted that in agreeing that a dispute shall be resolved in this way, the parties are in effect excluding any right to appeal to the Court (there being no "question of law" to appeal).

但依然不明确的就是仲裁庭在这种仲裁条文下可偏离英国法律到什么程度，例如双方当事人都有部分错误，只是错多错少的分别，而仲裁庭能否去分摊损失而不是要错多的一方承担全部的损失？这个问题在笔者的《国际商务游戏规则——英国合约法》第十四章第13节有详谈，包括介绍有关先例，如：Vesta v. Butcher (1986) 2 Lloyd's Rep. 179。

1.17 同意交易签署多个合约，各有不同仲裁条文或者部分没有仲裁条文的情况

在一个交易中，双方签署了多个合约，而其中只有一个是有一条有效的仲裁条文。本来，这是不应该的混乱做法，因为有了一个合约后在接下去的紧密有关的追加协议应该是说明它与上一个合约的关系。例如，追加协议是全面替代原先的合约，例如中断原来合约并约定赔偿，就应在文字上说得清清楚楚原来合约变为无效。如果追加协议是片面改变原先合约的部分条文，例如是增加或者减少租金，这通常会以原来合约的附件(addendum)的形式记录这一方面的改变，并会说明其他原来合约的条文维持不变(all other terms and conditions remain unchanged)。如果追加协议是让第三者接受原来的合约作为履约方，这是合约的变更(novation)，也是要说明这种关系就是在合约变更后，被取代的原来一方订约方就不再有合约的责任与权利。反正是，既然只有一宗交易，在两位当事人之间是不应该针对同一件事出现多个独立合约，造成混乱与无所适从。

举例说，在香港法院的New Sound Industries Ltd. v. Meliga (HK) Ltd. CA No. 63 of 2004 (unreported)，就是针对同一事情双方有两个合约，而两个合约都有仲裁条文。但后来又出了第三个合约，第三个合约把一位第三者也牵扯进来，变成了一个三方协议(tripartite agreement)，但该合约中没有仲裁条文。但在香港的上诉庭说这不影响第三个合约与起初两个是有紧密的联系,所以有争议也是要仲裁,这不受第三者加入的影响。看来笔者这是有一点勉强与过度支持仲裁。

这种有多个合约针对同一件事的情况其他的案件中也有出现,例如在 El Nasharty v. J Sainsbury plc [2003] EWHC 2195 (Comm.),就有了两个协议:1999 年协议与 2001 年协议,后者是为了延长时间。法院判决在 1999 年的协议中仲裁条文有管辖权去处理 2001 年协议下的争议。

但更大的毛病是如果涉及同一个交易有几个不同又看来是独立的合约,而且更要命的是它们之间有不同的仲裁条文,这就更无所适从了。由于争议与每个合约都有关系,也很难切割开来分别在不同仲裁处理。笔者最近就遇到一个案子是同一个交易中,双方共签订了 5 个看来是独立的合同,也没有文字把它们串起来,而其中一个合约说明是美国的 American Arbitration Association 或简称 AAA 仲裁,而后来另一个合约是香港仲裁。但出的争议是关系到两个合约,而笔者作为仲裁员却面对管辖权的争议。这都是对合约法一窍不通的当事人所造成的恶果。

如果有明显与严重的欺诈与犯法,是否会影响一条有效与十分广泛的仲裁条文?这可先介绍 Harbour Assurance v. Kansa Gen. Insurance [1992] 1 Lloyd's Rep. 81,它就是著名的先例,确认了仲裁条文的"独立原则"(separation principle)。但在第一审的时候,Steyn 大法官曾经判决这一原则下,只有一个例外,就是非法,也就是在这种仅有的情况下,法院可以漠视一条有效的仲裁条文,拒绝中止法院程序。这与英国的 1950 年《仲裁法》Section 24(2)也有一样的理念,它是说如果争议涉及欺诈(fraud),法院可漠视仲裁条文或者撤销仲裁员的权力。这一个 Section 已经不在 1996 年《仲裁法》的条文中出现。涉及欺诈与犯法由法院来处理更恰当,原因在于举证责任不相同,所以也需要更全面的披露,一般的或者正常的披露不一定足够。反正这种问题不适合由商业仲裁员来处理。但之后,上诉庭推翻了 Steyn 大法官的说法,判定一条广泛的仲裁条文的独立原则是全面的。

在 1996 年《仲裁法》中,Section 7 立法对待独立原则说:"Unless otherwise agreed by the parties, an arbitration agreement which forms or was intended to form part of another agreement (whether or not in writing) shall not be regarded as invalid, non-existent or ineffective because that other agreement is invalid, or did not come into existence or has become ineffective, and it shall for that purpose be treated as a distinct agreement."

这样看来,就算不是用字很广泛的仲裁条文,例如只说"London Arbitration",也适用这独立原则。唯一例外的是"unless otherwise agreed by the parties",这会是仲裁条文说:"disputes under the contract"。另外,在这立法下也反映了独立原则同时适用在欺诈与非法的情况下,这种问题也是在仲裁庭管辖权下。当然这不表示合约如果真是非法,该裁决书会被获得在后来的执行。但这也不会是绝对的,就是遇上有显而易见(palpable)的非法——例如通敌卖国的合约、职业杀手向雇主追索酬金——等罕见情况,英国法院可能就会让独立原则止步。在 Soleimany v. Soleimany (19 Fab.

1998)(1998) The Times,3 March,上诉庭的 Waller 大法官说:

“It may be that in the case of palpable illegality … an English court would declare that there was no arbitrable dispute, or refuse to grant a stay in favour of arbitration, on the ground that an arbitrator could not lawfully enforce the contract … There may be classes of contract-trading with the enemy was cited as a plausible example, and the robbers referring their dispute would be another-where the making of the contract will itself be an illegal act, and where the court would be driven nolens volens to hold that the arbitration clause was itself void.”

在后来的上诉庭案件 O'Callaghan v. Coral Racing Ltd.,(1988)(未被报道)中上诉庭的 Hirst 大法官也判定一条仲裁条文不予承认,因为:

“In the present case the gaming transaction is declare null and void by [the Gaming Act 1845, s 18]. Thus it is manifest that the arbitrator (if such he is) would be obliged to hold that the gaming transaction was void. He would also be obliged to acknowledge, under the second limb of [s 18], that he was debarred from awarding any sum of money alleged to have been won on the bet. Consequently, it seems to me that this is a case where, having regard to the terms of the statute, this clause must be treated, like the clause in the Joe Lee case, as an integral part of the terms on which alone Coral was willing to do business with the appellant, and consequently cannot be separated from the rules and treated as distinct and apart. In other words the clause must be treated as part and parcel of the void agreement, and so cannot survive.”

从这些案例来看,可以得出一个结论就是在以下的三个条件下会使一条仲裁条文的独立原则不被接纳:

(a) 对案件的事实没有争议,因为一有争议就只有仲裁庭可去裁决;

(b) 有关的非法也没有争议,就是可从一个十分表面的观察有关事实与法律就可以得出结论该合约是非法;

(c) 该非法是违反公共政策并会导致一条仲裁条文受影响(这是在 Joe Lee Ltd. v. Lord Dalmeny (1927)1 Ch 300)。

1.18 多位当事方的仲裁(multi-party arbitration)

在这个方面会有两种情况,第一种是在同一个合约内不止两位当事人,而是有三四位或者更多。第二种情况是在同一个交易内涉及多个合约,即所谓的合约链(chain of contracts)。例如,在货物买卖就是有卖方、中间商与买方;在租船就有船东、承租人/二船东与分承租人;在建筑工程就有发展商、承建商与分承建商。

1.18.1 一个合约有多位当事方的情况

英国法律并没有限定一个合约只能有两位订约方,这是有完全的订约自由。当然如果有更多的订约方,它们都需要有一些构成有效合约的基本条件,如想法一样(meeting of minds)才会受到约束。当然,如果不是必需的话,笔者就觉得没有必要去多加订约方,例如在一个集团去把母公司拖进来。这是因为合约内的好处作为订约方的子公司可以在集团以内或者以外去随意转让(assign),但合约同时带来的责任就可局限在订约方的子公司而不会影响母公司。要知道,合约订得不好会带来庞大的合约责任。笔者也见过中国内地的船厂通过中国的贸易公司与外国船东达成造船合约,这像日本的做法。可是,造船合约把船厂和贸易公司同立为卖方。本来贸易公司如果只是代理,大可以在造船合约中被看做是代理人,收取佣金。如果贸易公司确实想作为合约方,等同于货物买卖的中间商,船厂就不必加入与外国公司的合约内。一旦把两个公司都加入合约内作为卖方,就可能会十分不利。将来发生了索赔,外国船东就会把两个公司都作为被告,外国船东胜诉时也会对两个公司同时执行。一家公司倒闭另一家公司仍要全部承担。

在这里笔者想谈谈在仲裁中常遇到的一些毛病。例如,在一开始原告委任了它的仲裁员并要求被告委任仲裁员。由于仲裁条文写明被告只是委任一位仲裁员以构成三位仲裁员的仲裁庭,就马上遇到了麻烦。有一次中国内地的贸易公司坚持委任笔者(杨良宜)为被告仲裁员,但船厂坚决反对并坚持委任其他的西方仲裁员。由于双方相持不下,而离被告必须作出委任的时限越来越近,结果原告根据1996年《仲裁法》之Section 17(2)作出进一步的威逼:对被告发出了7天通知,扬言再不委任就会把原告自己的仲裁员变为独任。在该船厂的案件中,两位被告总算在最后关头达成一致委任笔者为被告仲裁员。但笔者知道另有案子是几位被告最后还是争执不下,结果原告的仲裁员变为了独任,令几位被告全部丧失了委任仲裁员的权利。本来几位被告也就应该是在同一阵线,否则即使委任了仲裁员,以后的路也难走,难道有四位被告就各自不同的给四份抗辩请求吗?所以,各个被告自己委任自己的律师,各自行事,不以同一阵线对付索赔,反而是窝里斗,而且好像不嫌律师费用昂贵,去找了好几家,笔者深感不可理解。

在另一个近期的案件中,也是有四位中国内地的被告,因为它们都是订约方。幸亏起初四位被告同时委任了两家律师所(A与B),并作出了被告仲裁员的委任。之后原告与被告的仲裁员委任了笔者为首席。但再想进一步推进仲裁程序之时,其中一位被告(第四被告)传真说:"本人已解除律师所B的委任与关系,新的律师行正在寻找之中。本人未对仲裁员进行过指定,因此需要委任了新的律师行之后再对仲裁员人选进行委任。"这一来,使仲裁庭的管辖权也有了疑问。其中被告的仲裁员由于不是四位被告都同意的,而笔者的首席也有了缺陷。结果笔者在向有关律师都查问了之后,知道较早前被告的仲裁员是怎么委任的,就发出了一份传真给第四被告并抄本给所有其他有关人士说:

"You have failed to come back promptly to confirm and clarify the matter of appointment. You cannot delay the reference indefinitely.

Furthermore, in (被告律师所A的) fax of 23 November, it is now confirmed that you have agreed to appoint (被告仲裁员), prior to your termination of your lawyer (第四

被告律师所 B),

In that case, it is certainly not for you to unilaterally say that you do not want(被告仲裁员)to be your arbitrator. Obviously if you have better reason, you are fully entitled to challenge(被告仲裁员的)appointment before this Tribunal and eventually before the Hong Kong High Court. It is going to be a challenge on jurisdiction.

Accordingly, this Tribunal declares on the face, it has jurisdiction and the Tribunal was properly constituted."

事情发展下去,第四被告果然委任了一家著名的英国律师所,后者向仲裁庭确认我们有管辖权而整件事不了了之。但随即又出了另一件事,就是被告律师所 A 向仲裁庭说第三被告终止了它们的对法律代表的委任。这一来,笔者只能马上发出一个传真给所有有关人士,但加上了第三被告的传真号码(习惯做法是当事人有了法律代表就只与法律代表联系),说:

"Thank you for your fax of 16 December 2005 and noted that your firm ceased to act for the 3rd Respondent. But this reference cannot and ought not be further delayed by reason of such conduct, reasonable or otherwise.

The Tribunal takes it that the agreed timetable set out in(原告律师所的)fax of 9 December 2005 is known to the 3rd Respondent. In that case, it is for the 3rd Respondent to come up with the Points of Defence before the deadline. If the 3rd Respondent fails to do so, the Tribunal can only proceed without the benefit of its defence.

But as long as the 3rd Respondent remains a party to this reference, the Tribunal demands that all future correspondence with the Tribunal must be copied to it.

Furthermore, if the 3rd Respondent requires the correspondence to be in Chinese language, I shall be grateful if it will come back promptly confirming the request. Otherwise the Tribunal take the 3rd Respondent can fully understanding the correspondence in English."

1.18.2 一个交易有多个合约的情况

这种情况在现实中越来越多。例如在一个建筑工程中有发展商、承建商、分承建商与分分承建商。一旦有了争议,能把他们都拖在一起就可以省钱、省事,有全面的证据,肯定最后的裁决是稳定与一致等等的好处。这通常是被说成仲裁比不上法院的重大缺点,就是仲裁只是双方私下的协议。但其实这个重大的缺点可以以恰当的合约条文来解决。但它有许多难题要去解决,例如:仲裁庭怎样成立?由于事前很难知道要合并多少位的当事人,所以由每一位当事人自己去委任一位仲裁员是不可行的,否则会使仲裁庭规模太大。要求大家同意一位独任仲裁员也是不可行的。但如果由一个仲裁机构去作出最后全权组成一个仲裁庭就会好得多。所以在 20 世纪 90 年代已经有一些大的仲裁机构与 ICC、LCIA、AAA 都拟订了针对多位当事方的仲裁。其中委任仲裁庭的条文可以是:

“Any controversy, dispute or claim arising out of or in connection with this Agreement, or the breach or termination thereof, shall be finally settled by arbitration under the Rules of Arbitration of the International Chamber of Commerce (“ICC”) by three arbitrators, one appointed by the claimant, one appointed by the respondent, and one appointed by two party-appointed arbitrators. In the event that there are multiple claimants and/or multiple respondents, all claimants and/or all respondents shall attempt to agree upon their respective appointment(s). In the event that all claimants and all respondents cannot agree upon their respective appointment(s), all appointments shall be made by the President of the ICC International Court of Arbitration. The place of arbitration shall be [city/state].”

当然这只是针对其中一个大问题,即组成一个多人仲裁的仲裁庭,但还有其他的条文要针对,例如把第三方当事人扯进来或者第三方当事人主动想加进来,都要尽早地进行,否则组成的仲裁庭就难以对他们约束且会带来其他的不便,例如仲裁程序已经推进了一半。所以仲裁机构如 ICC 的规则都要去仔细地规定如下:

“Any contracting party may, either separately or together with any other contracting party, initiate arbitration proceedings pursuant to this clause by sending its notice of arbitration to the ICC and to all other contracting parties.

Any respondent named in a notice of arbitration or counterclaim or crossclaim hereunder may join any other contracting party to any arbitral proceedings hereunder, provided that (i) such joinder is based upon a dispute, controversy or claim substantially related to the dispute, controversy or claim in the relevant notice of arbitration or counterclaim or crossclaim, and (ii) such joinder is made by written notice to the ICC and to all other contracting parties within either [30] days from the receipt by such respondent of the relevant notice of arbitration or counterclaim or crossclaim or such longer time as may be determined by the ICC or the arbitrators.

Any contracting party may intervene in any arbitral proceedings hereunder, provided that (i) such intervention is based upon a dispute, controversy or claim substantially related to the dispute, controversy or claim in the relevant notice of arbitration or counterclaim or crossclaim, and (ii) such intervention is made by written notice to the ICC and to all other contracting parties within either [30] days from the receipt by such party of the relevant notice of arbitration or counterclaim or crossclaim or such longer time as may be determined by the ICC or the arbitrators.

Any joined or intervening party may make a counterclaim or crossclaim against any contracting party, provided that (i) such counterclaim or crossclaim is based upon a dispute, controversy or claim substantially related to the dispute, controversy or claim in the relevant notice of arbitration or counterclaim or crossclaim, and (ii) such counterclaim or crossclaim is made by written notice to the ICC and to all other contracting parties within either [30] days from the receipt by such party of the relevant notice of arbitration or counterclaim or such longer time as may be determined by the ICC or the arbitrators.

Any joined or intervening party shall be bound by any award rendered by the arbitral tribunal even if such party chooses not to participate in the arbitral proceedings.

The award(s) of the tribunal shall be final and binding, and judgment upon the award(s) may be entered in any court of competent jurisdiction."

1.18.3 中间当事人败诉后向另一合约方寻求补偿的做法

这也是经常有的做法,就是夹在当中的当事人面对一方的索赔去作出抗辩,但结果失败而去向另一方在另一个背靠背合约中去向它寻求补偿。这方面在《国际商务仲裁》一书第十章第13段已有介绍,包括了相关的先例 The "Stargas" (1994) 1 Lloyd's Rep. 412。这种做法难的一处是很难保证补偿行动的仲裁庭会是与较早的仲裁庭成员相同,这一来作出不同裁决结果的危险就大增。固然中间的当事人会去委任在较早败诉仲裁庭的其中一位成员,希望他会保持一致的裁决。但另一方的被告可就有很多人选,会去委任较早仲裁庭的另一位成员只会是罕见的碰巧。这一来,涉及了中间的当事人可否有法律的支援去强制在补偿的仲裁中必须尊重较早败诉的裁决书,并以此作出补偿。以下简单一提在 The "Stargas"先例后另两个十分相关的先例。

第一个先例是 The "Mass Glory" (2002) 2 Lloyd's Rep. 244,是 Navios 把船租给 Goldbeam 再转租给 Glencore,大家发生了船期延误的索赔。仲裁庭判定 Glencore 的违约迫使 Goldbeam 要对 Navios 违约,所以有责任全部补偿 Goldbeam 赔给 Navios 的损失。上诉至法院 Moore-Bick 大法官说:

"both as a matter of principle and authority whether Glencore was liable to indemnify Goldbeam in full against its liability to Navios depended not only on whether Glencore's breach of contract caused Goldbeam to incur that liability but on whether the liability was such as to be within the reasonable contemplation of Glencore at the time it entered into the contract; insofar as the loss suffered by Navios and therefore by Goldbeam was not within Glencore's reasonable contemplation, Glencore could not be held liable to indemnify Goldbeam in respect of it; and since the arbitrators made no findings in relation to the extent of Golbeam's knowledge or as to what circumstances were or were not within its reasonable contemplation at the time it entered into the charter with Goldbeam; nor considered whether the loss claimed by Goldbeam was too remote the award would be remitted to the arbitrators to consider these issues."

第二个先例是 Lincoln National Life Insurance Co. v. Sun Life Assurance Co. of Canada, American Phoenix Life and Reassurance Co. and Phoenix Home Life Mutual Insurance Co. [2004] EWHC 343 (Comm.),Lincoln 根据1996年《仲裁法》之 Section 69 向英国高院上诉,有关的法律问题是第二个仲裁是否必须依上一个仲裁的裁决书。

Toulson 大法官认为这个问题要分析两点：一是上一个仲裁作出了什么样的认定；二是这些认定与第二个仲裁的关系。他说：

"In considering whether and to what extent the findings of a competent tribunal in proceedings between A and B should be able to be relied upon by or against B in proceedings between B and C, there is a strong argument for saying that the real administration of justice into disrepute. The fact that C was not a party to the earlier proceedings (and normally, although not invariably, will therefore have had no opportunity to influence them) would in many cases make it unfair that the earlier judgment should be relied upon by B, but not necessarily against B, although … circumstances can vary greatly. Among other things, one could imagine circumstances in which it might make a difference in terms of justice whether the earlier decision was the product of an informal arbitration, in which the arbitrator had not properly addressed the arguments, compared with proceedings in which the issues had been fully and properly investigated and addressed in a reasoned decision. Where the previous decision was an arbitration award, the confidentiality of the arbitration proceedings could also be a relevant factor."

这案例之后去上诉：Sun Life Assurance Co. of Canada and Ors v. Lincoln National Life Insurance Co. [2004] EWCA Civ. 1660。上诉庭认为法院诉讼与仲裁在这方面有很大差别，法院诉讼为了避免有不同判决是可以加进第三者。但仲裁只是一个双方约定的私下解决争议办法，第三者无法加进来。所以对一些密切相关的争端，出现不同的仲裁与不同的结果不足为奇。每一个仲裁都会去委任不太相同的仲裁庭，而第三者即使知道有这样的仲裁（第一个仲裁）在进行，也会难以加入或者取得相关的资料，因为有仲裁的机密性。

1.19　有先决条件的仲裁条文

仲裁条文/协议规定一些先决条件的情况，首先想到的就是 Scott & Avery (1856) 5 HL Cas. 811，这个课题已经在《国际商务仲裁》一书之第九章第 9 段与本书第十章有详细介绍，不再重复。在这里不妨讲讲其他的仲裁条文会有的先决条件，一种常见的就是要双方友好和谈的先决条件，谈不拢才能去仲裁。这种先决条件可以漠视，因为法律认为 agreement to agree 太不肯定了，所以不予承认。另一种先决条件是要双方先调解（mediation）。这些方面稍后会详谈。

先决条件会是千奇百怪各取所需，例如，在建筑合约就有一条说明工程完毕才可仲裁，在 Smith v. Martin (1925) 1 KB 745 与 May v. Mills (1914) 30 TLR 287，合约就有一条文说："reference shall not be opened until after completion of work."在这种条文下，工程没有完结，即使作出了裁决书也是无效。该条文其中一个大原因是不去耽误工程的进度。这一来就造成了建筑仲裁经常是十分昂贵且为大案件，动不动就会有几十个或者几百个不同争议，都留待最后处理，而且文件非常多且花了很多时间去保留证据。这与海事和外贸处理争议的做法很不一样，海事争议一出就马上处理，甚至经常有即时仲裁(instant arbitration)的做法去防止损失进一步的扩大。笔者见过建筑行业的朋友说一出事情就马上处理与解决在他们的行业中一样可以这样做,但就是习惯与某些人的想法而导致目前的做法。笔者不是这一行业的专家也无从评论。

一种常见的先决条件是要双方友好谈判试图和解,失败后才能仲裁。本来英国法律的地位是针对一些仲裁条文中经常会提到先要双方友好解决或者是和解失败后才能开始仲裁,认为要进一步谈判与同意的约定(agreement to agree)是太不肯定而不给予它解释的。法院也不承认这是仲裁前的一个先决条件,这里可见:The "Jing Hong Hai" [1989] 2 Lloyd's Rep. 522,Steyn大法官说:"the submission by the charterers that it was a condition precedent to the submission to arbitration that the parties would be unable to reach amicable settlement would be rejected."

原因是认为这太不肯定与无法强制双方要再进一步谈判达成怎样的约定。例如一方态度强硬或者不安好心,他/它开出的谈判条件是要对方完全投降甚至要加倍赔偿,总不能说他/它是违反了一个"agreement to agree"与要作出怎样的赔偿。这在Courtney & Fairburn Ltd. v. Tolaini Bros (Hotels) Ltd. [1975] 1 W. L. R. 297,Denning勋爵说:"If the law does not recognize a contract to enter into a contract (when there is a fundamental term yet to be agreed) it seems to me that it cannot recognize a contract to negotiate. The reason is because it is too uncertain to have any binding force. No court could estimate the damage because no one can tell whether the negotiation would be successful or would fall through; or if successful what the result would be. It seems to me that a contract to negotiate, like a contract to enter into a contract, is not a contract known to the law."

在近期的Petromec Inc. v. Petrleo Brasileiro (2005) EWCA Civ. 891,Longmore大法官也说:"The traditional objections to enforcing an obligation to negotiate in good faith are (1) that the obligation is an agreement to agree and thus too uncertain to enforce, (2) that it is difficult, if not impossible, to say whether, if negotiations are brought to an end, the termination is brought about in good faith or bad faith, and (3) that, since it can never be known whether good faith negotiations would have produced an agreement at all or what the terms of any agreement would have been if it would have been reached, it is impossible to assess any loss caused by breach of the obligation."

就算加了一些文字比方说要求双方订约方都去尽力(best endeavours)谈判与同意,结果也是一样。Millett大法官在Little v. Courage Ltd. (1994) 70 P. & C. R. 469中说:"An undertaking to use one's best endeavours to try to agree, however, is not different from an undertaking to agree, to try to agree, or to negotiate with a view to reaching agreement; all are equally uncertain and incapable of giving rise to an enforceable legal obligation."

话说回来,这"Agreement to agree"是无效的说法也有不同看法或者例外情况,例如在 The Queensland Electricity Generating Board v. New Hope Collieries Ltd. [1990] 2 Lloyd's Rep. 526 与 The "Didymi" [1988] 2 Lloyd's Rep. 108 等。特别是双方已经约定了一个解决谈判谈不拢的机制,例如将来才同意的价格,就会使谈不拢交给仲裁员/庭去决定,这一来,法院还是倾向于支持一个"agreement to agree"。

本书不是讲合同法,所以不再探讨下去,只是指出一贯的看法是在仲裁条文中如果有这种先要双方谈判和解或者调解的约定,视为无效或者无法强制。所以一位原告如果觉得被告是蛮不讲理,去找他谈判也是对牛弹琴。又或者是原告咄咄逼人,如果先去要求对方谈判就会减少这种威胁。更或者是,时效已快届满。这都会令原告去马上开始仲裁,而笔者遇过不少情况是被告埋怨原告没有作先一步的谈判和解或者调解,有时候更会进一步挑战/质疑仲裁员/庭的管辖权。但这些被告不会成功,因为这些所谓的先决条件都是"agreement to agree"。

1.20 多层解决争议办法的仲裁条文(multi – tier arbitration)

这种仲裁条文在某种程度上与上一种仲裁条文相似。这种多层解决争议办法也等于是多种先决条件要双方一步步去走才最后达至一个仲裁。这种设计,例如先要双方试图谈判或和解的其中一个目标是希望双方先去经过一个冷静期(cooling period)才在失败后去以诉讼解决。笔者见过最多的多层解决争议办法是有四种之多要求双方有了争议去一步步走。这种条文的草拟最重要的就是要防止其中扯皮的一方无限期拖延,所以最好规定了时限,从一步走向另一步。另外也要将每一步怎么走的办法写得清清楚楚。例如在 Ashgar/Mughal/Asghar & Co. v. The Legal Services Commission/ The Law Society(2004)EWHC 1803(Ch)的案例中就有四层,第一层是 14 天内提出内部审核(internal review),第二层是 21 天内提出审核(review),第三层是 14 天内提出调解(mediation),第四层也是最后一层是 21 天内提出仲裁(arbitration)。这是要一步步走完,当然即使仲裁之后仍会有可能要到英国法院寻求救济,包括对法律观点的上诉。

像上述这么复杂的四个层次的仲裁条文在现实中并不多见,常见的倒是要求在仲裁前先去进行其他解决争议的非诉讼办法/程序(ADR—alternative dispute resolution),这是两层解决争议办法的仲裁条文。ADR 有许多不同办法,调解(mediation)最为普及。当然仲裁条文也可以只是要求双方进行友好谈判,失败后才去仲裁。这些做法其中一个主要的目标是要求双方当事人有一段冷静期(cooling period)。

但这种条文最不好的就是有了争议无法马上启动仲裁,使紧急的事件无法向仲裁庭求助,例如要求履约指令(specific performance)。当然双方合作是可以更改仲裁条文,把调解等步骤删除,但这不一定会成功。另外如果求助的是一些中间措施,例如检查船舶以保存证据,照说也可以根据 1996 年《仲裁法》之 Section 44 向法院求助。怕的是一些法院没有这种权力,而仲裁又不能马上开始,就会有麻烦了。这种会是像履约指令(specific performance),仲裁庭在 Section 48 (5)有这个权力,但法院就没有。看来,对一些外贸海事等合约,经常有紧急的事情会发生,这种 multi-tier 仲裁条文好像不太适合。

1.20.1 多层解决争议之一:调解/和解后才能去仲裁

以下节录伦敦海事仲裁员协会与 BIMCO 最新建议的一条仲裁条文如下:

"BIMCO/LMAA Arbitration Clause

(a) This Contract shall be governed by and construed in accordance with English law[1] and any dispute arising out of or in connection with this Contract shall be referred to arbitration in London in accordance with the Arbitration Act 1996[2] or any statutory modification or reenactment thereof save to the extent necessary to give effect to the provisions of this Clause.[3]

The arbitration shall be conducted in accordance with the London Maritime Arbitrators Association (LMAA) Terms current at the time when the arbitration proceedings are commenced.[4]

The reference shall be to three arbitrators,[5] a party wishing to refer a dispute to arbitration shall appoint its arbitrator and send notice of such appointment in writing to the other party requiring the other party to appoint its own arbitrator within 14 calendar days of that notice and stating that it will appoint its arbitrator as sole arbitrator unless the other party appoint its own arbitrator and give notice that it has done so within the 14 days specified,[6] if the other party does not appoint its own arbitrator and give notice that it has done so within the 14 days specified, the party referring a dispute to arbitration may, without the requirement of any further prior notice to the other party, appoint its arbitrator as sole arbitrator and shall advise the other party accordingly,[7] the award of a sole arbitrator

---

〔1〕 这一句针对合约适用实体法。

〔2〕 这一句是针对仲裁法定地点在伦敦与 1996 年《仲裁法》作为程序法。

〔3〕 这一句是针对将来如果有立法的改动或修改,也同样适用。这是因为这种常用的标准格式与标准条文不会去频频与及时重印,而立法是会有可能频繁的修改,特别是立法拟订得并不妥善而导致在后来的实际操作中发现重大缺陷。例如,1996 年《仲裁法》在生效 10 年后,就准备作出全面的检讨。

〔4〕 这里是合并了伦敦海事仲裁员协会(LMAA)的仲裁规则,目前是 2002 年版本,但说不定什么时候又会有新的版本。而这一句是说明了不论哪个版本,只要在开始仲裁时是有效版本就可以适用。

〔5〕 这一句针对仲裁员人数,是三位。

〔6〕 这一句针对如何委任仲裁员去组成仲裁庭。就是原告在委任自己的仲裁员之后发出文书通知对方,也就是被告,要求后者在 14 天内作出委任被告仲裁员,否则原告仲裁员就会变为独任仲裁员,这等于是有一个缺席机制(default mechanism)。

〔7〕 这里的缺席机制说明过了 14 天被告不委任自己的仲裁员,原告就可以委任他的仲裁员为独任仲裁员后,才通知被告仲裁庭的组成。这是改变英国《仲裁法》下的同样缺席机制是需要多给被告一个 7 天通知才能把原告自己的仲裁员变为独任,这是 Section 17 (1)。

shall be binding on both parties as if he had been appointed by agreement.[8]

Nothing herein shall prevent the parties agreeing in writing to vary these provisions to provide for the appointment of a sole arbitrator.[9]

In cases where neither the claim nor any counterclaim exceeds the sum of US $50,000 (or such other sum as the parties may agree) the arbitration shall be conducted in accordance with the LMAA Small Claims Procedure current at the time when the arbitration proceedings are commenced.[10]"

注意这一条文接下去的(b)是针对在仲裁前先去调解(mediation),内容十分详细。这是针对当今世界的大潮流,包括英国法院在CPR下的鼓励双方当事人先去调解。如果不这样做,就会面对费用的惩罚,例如Frank Cowl and Ors v. Plymouth City Council (2001) EWCA Civ. 1935; Dunnett v. Railtrack plc (2002) EWCA Civ. 303。在此顺便一提,就算是在仲裁条文中没有规定先要去调解,仍不能阻挡一方当事人向另一方当事人提出调解。如果被另一方无理拒绝,这仍会带来费用的惩罚,如:Burchell v. Bullard [2005] Building Law Rep. 330。所以,在目前调解的大热潮下,当事人应该懂得做戏。即使不愿意去调解或者觉得是无望,也不要贸然去断然地拒绝。

照说,双方同意要去调解也类同上述所说"agreement to agree"而无效。但由于近年来英国法院大力支持调解/和解,所以出现了态度的改变。特别是在一条十分详尽的调解条文(例如LMAA/BIMCO标准条文之[b])或者约定一些著名调解机构(例如英国著名的Centre for Effective Dispute Resolution简称CEDR)的调解规则,法院就不会不给它任何解释了。当然,调解毕竟是一种谈判希望达成和解的做法,英国法院不能去强制双方达成什么样的结果:Nokia Corporation v. Interdigital Technology Corporation(2005)EWHC 2134(Pat),但至少在其中一方拒绝走这一步,或者在过程中十分不合理,就会面临在将来的诉讼中被作出费用的惩罚,即使他最后胜诉:Burchell v. Bullard (2005) EWCA Civ. 358等许多案例明确了这一点。理由是,如果他能一早进行调解,双方可能会节省大量的诉讼费用,或许可以避免了。注意:美国与澳大利亚法院是有权强制双方在诉讼前进行调解的。

例如在Cable & Wireless plc v. IBM United Kingdom Ltd. (2002) 2 All ER (Comm.) 1041,Colman大法官就支持了一条条文是:"the parties shall attempt in good faith to resolve the dispute or claim through an alternative dispute resolution (ADR) proce-

---

〔8〕 这里是说在缺席机制下,独任仲裁员的裁决书对双方的约束好像独任仲裁员本来就是双方同意了一样。

〔9〕 这一句是说虽然有以上的规定但不影响双方以文书去更改上述条文,把三个仲裁员改为只有一个。这一句话作用也不大,因为双方如果有了争议仍然可以同意的话,是什么人都阻挡不了的。

〔10〕 这是针对小金额争议的简化程序,在本书第十二章有详细介绍。这里是放了一个金额针对5万美元以下的争议,但笔者见过当事人把5万美元改为100万美元。这虽然是省了仲裁员与可能要付给对方律师的费用,但不一定是明智地把很大的一笔钱以十分简单的办法处理掉。

dure as recommended to the parties by the Centre of Effective Dispute Resolution,"认为条文足够肯定要履行。Colman 大法官说：

"The engagement can therefore be analysed as requiring not merely an attempt in good faith to achieve resolution of a dispute but also the participation of the parties in a procedure to be recommended by CEDR. Resort to CEDR and participation in its court readily to ascertain whether they have been complied with. Thus, if one party simply fails to co-operate in the appointment of a mediator in accordance with CEDR's model procedure or to send documents to such mediator as is appointed or to attend upon the mediator when he has called for a first meeting, there will clearly be an ascertainable breach of the agreement in clause 41.2. …

This may seem a somewhat slender basis for distinguishing this type of reference from a mere promise to negotiate. However, the English courts should nowadays not be astute to accentuate uncertainty (and therefore unenforceability) in the field of dispute resolution references. There is now available a clearly recognized and well-developed process of dispute resolution involving sophisticated mediation techniques provided by trained mediators in accordance with procedures designed to achieve settlement by the means most suitable for the dispute in question."

但要小心的是会被执行与强制履约的条文或者作为仲裁条文的先决条件不能泛泛地要求双方去尝试 ADR,最好提出具体做法。否则仍会有危险被认为是不太肯定而无效,正如"agreement to agree",Colman 大法官曾说：

"contractual references to ADR which did not include provision for an identifiable procedure would not necessarily fail to be enforceable by reason of uncertainty, an important consideration would be whether the obligation to mediate was expressed in unqualified and mandatory terms or whether, as is the case with the standard form of ADR orders in this court, the duty to mediate was expressed in qualified terms 'shall take such serious steps as they may be advised'. The wording of each reference will have to be examined with these considerations in mind. In principle, however, where there is an unqualified reference to ADR, a sufficiently certain and definable minimum duty of participation should not be hard to find."

前文已经谈到如果法院承认一个足够肯定的调解协议,就会对拒绝调解的一方当事人也就是违约方作出费用的惩罚,这是因为难以计算出违约会带来其他什么样的损失。但这个问题也变得相当复杂,因为难免会带来争议的是,拒绝方不认为在当时的案情下调解会有什么帮助,甚至是不合理与浪费金钱。在 Halsey v. Milton Keynes General NHS Trust (2004) EWCA Civ. 576,拒绝方曾经五次拒绝对方邀请进行调解。他后来向法院提出抗辩的理由包括与争议有关的法律问题,所以是想由法院判决。另外理由是像调解的费用会比诉讼的费用高与对方要求调解来得太晚,是在诉讼开始的三四年后才提出,而当时已经花了不少诉讼费用。在该先例中上诉庭的 Dyson 大法官强调了要剥夺胜诉方的费用,事后指称他拒绝调解,就必须由败诉方去证明胜诉方的拒绝是不合理的。其中一些合理或者不合理的指引如下:

(a) 争议的本质——有些案件并不适合调解,因为一方当事人合理要求法院去对一个法律观点判决,这应该是一个合理的拒绝。

(b) 案件的"是非曲直"(merits)——如果一方当事人合理地认为他有一个强而有力的索赔而拒绝调解,特别是大致上正确,这会有足够理由合理拒绝。至于怎样是这种情况要根据具体情况来说,例如拒绝方是否委任了称职的律师与是否客观。相反,如果是不合理的拒绝调解就另当别论了。

(c) 是否有其他的和解要约——如果曾经有过和解的要约但不成功,因为对方漫天要价,可以认为调解也不会有结果,所以拒绝方应该有理。

(d) 调解费用比例上太高——这会出现在争议金额太低,导致调解会带来很多的费用。

(e) 延误——提出调解的建议不应该太晚,否则接近开庭就最少会带来两个问题:一是双方已经花了不少费用,调解不调解已无法挽救,令调解也失去了意义;二是可能会迫使开庭押后/改期。

(f) 调解是否有一个合理机会成功。

在该先例中,上诉庭认为 Miss Halsey 虽然向对方作出了五次调解的建议,但这只是一种策略。而对方拒绝调解是有好几个合理原因,例如对方认为他有一个强而有力的案子并且确实如此。对方也合理认为调解的费用会与索赔的金额加上诉讼费用不成比例。Miss Halsey 也无法证明即使去调解会有一个合理的机会成功。最后 Dyson 大法官认为 Miss Halsey 的代表律师其实是投机性地想去索赔一笔和解的小金额(an attempt to extort a sum … in settlement of a very small claim which, at best, was speculative)。

这种同类的案例还有很多,显示了 Dunnett v. Railtrack plc (2002) EWCA Civ. 303 先例的严格惩罚拒绝去进行调解的一方当事人在费用方面已经有所放宽:Corenso (UK) Ltd. v. The Burden Group plc LTL 21 August 2003 (一方提出调解在时间上已经太接近开庭审理而变为不现实,判定拒绝调解合理);Societe International de Telecommunications Aeronautiques SC v. Wyatt [2002] EWHC 2401 (Ch) (被判定提出调解只是策略性与意图施加不合理的压力给对方所以拒绝调解合理);Valentime v. Alan and others [2003] EWCA Civ. 1274(判定拒绝有理,因为调解成功的机会是没有) McCook v. Lobo and others [2002] EWCA Civ. 1760(判定拒绝合理因为争议没有去和解的余地,它是对法律观点的上诉,而事实已经双方同意),等等。

1.20.1.1　调解与时效的关系

再讲一个关于调解带来的时效问题,就是要开始诉讼或者仲裁才能去保护马上届临的时效(不论是英国 Limitation Act 1980 的 6 年时效还是往往是很短的合约时效)。但如果原告被迫先要去进行调解然后才能开始仲裁,就会令时效过去。这个问题,一个解决办法是在一些拟订很细的仲裁条文中加上一个“standstill agreement”,协议说明在双方谈判或者和解的期间不算在时效之内。但很少会写得这么细,所以有一些案例就以禁止翻供为由说明双方去参与谈判就可令时效暂时停止。这在Merkin教授主编的《Arbitration Law Monthly》,2005年3月刊之11页有提到说:“there are decided cases in which no standstill agreement has been reached and the court has been asked to rule that the defendant has, by participating in negotiations, become estopped from relying upon the Limitation Act 1980 or contractual limitation period.”

但这仍不能解决这一方面的疑点,就是精明的被告进行调解的同时说明这对即将届临的时效是无损害(without prejudice)的。这一来,很难去说衡平法的禁止翻供仍然可以适用。看来原告进行调解的同时,又能安全地开始仲裁只为了保护时效。但这个仲裁是否是一个有效的仲裁不无疑问,因为它第一层(first tier)的解决争议办法/程序,也就是调解,仍没有走完。在这种情况下就算时效已经过去,而在调解失败后要开始仲裁,原告可根据1996年《仲裁法》之Section 12向法院申请延长时效以开始仲裁。但问题是法院只有权延长合约时效,并没有权延长立法的时效。所以,也不能解决问题。这方面笔者还没有看见有先例,估计总会有一个合理解释不会硬去把原告逼死。但在目前的情况下,笔者建议原告除非是有一个standstill agreement,否则就尽量提早一点启动调解,并让调解失败后仍会有足够的时间开始仲裁并能保护时效。再退而求之就是开始仲裁只是为了保护时效,毕竟被告不是每人都有这样的警觉去提出仲裁无效或者没有管辖权。

欧共体在2004年10月曾发表了一个草拟的指示有关调解,并企图在2007年10月22日生效。其中有关这一方面倒是有很好的规定说明时效在双方同意或者法院或者当地法律要求下进行调解的时间停止计算。而如果无法达成调解协议,时效会重新继续计算,“如果一方或者双方当事人或者调解人宣布调解中断或者有效撤出”(when one or both of the parties or the mediator declares that the mediation is terminated or effectively withdraws from it)。

1.20.1.2 调解与机密

这是一个大问题,因为调解不是司法程序,不要求自然公正(natural justice)。所以经常有调解员(mediator)单方面进行游说,一步一步把双方的差距缩小。笔者曾经有过轮流单方面向当事人游说的成功经验,主要指出他/她的案子弱点,并提出了各种诉讼的风险并成功地把双方的万丈雄心降低。但这一来也会经常听到一些一方当事人所讲的可能是心里话或者是假话,反正对方当事人没有听到所以也不会有机会去反驳。这一来,如果调解失败的话,该调解员换一个帽子变为仲裁员,就可能受到不良影响,除非他能够去洗脑。正因为这样,英国法院认为这样做不可行,是违反自然公正:Glencot v. Barret (2001) All ER 384。也有一些仲裁机构的规则严禁同一位人士在一个案子中担任调解员与仲裁员。但在中国内地,这是通常的做法。这也影响了香港《仲裁法》在 Section 2B 有同样的规定。针对担任调解员之时所听到的一方当事人提供的机密资料，在变为仲裁员之前，他/她是有披露的责任，这是在 Section 2B(3)：

"Where confidential information is obtained by an arbitrator or umpire from a party to the reference during conciliation proceedings and those proceedings terminate without the parties reaching agreement in settlement of their dispute, the arbitrator or umpire shall, before resuming the arbitration proceedings, disclose to all other parties to the reference as much of that information as he considers is material to the arbitration proceedings."

这方面的危险近期在一个新西兰的案件中出现：Acorn Farms Ltd. v. Schnuriger [2003] 3 NZLR 121。案例是调解员在调解失败后转为仲裁员并作出了裁决书，但之后败诉方向法院申请把裁决书撤销，理由是两种不同程序令败诉方混乱。但法院不接受这个理由，认为双方当事人完全知道大家在干什么，但法院却作出了五点提示以保障这种"med-arb"的解决争议办法/程序：

(i) 必须一开始让双方当事人清楚明白如果调解达不成协议，接下去就会有一个有约束力的裁决书；

(ii) 调解员/仲裁员不可以去单方面接受一方当事人的陈述与资料，除非让对方知道，这显然是自然公正的天条。但问题是这一点令调解的单方面秘密会议再难以进行，而令调解成功机会大减；

(iii) 双方当事人必须在一开始被警告他们任何与调解员/仲裁员讲的话都会被当做裁决书的考虑内容，例如在谈判中作出的和解要约与机密资料；

(iv) 调解员/仲裁员必须避免去表达任何最终的看法直到所有证据与争议完成；

(v) 进入仲裁程序，必须让双方当事人有充分机会去陈述、举证与争辩，这也包括了一个清楚的时间是从调解进入仲裁。

就算调解员与仲裁员是不同人士担任，也要防止调解员因为掌握一些机密资料而被强制传召出庭。为此，在欧共体上述提到的草拟指引中，有一段针对调解中出现资料的保密，如下：

"Mediators as well as any person involved in the administration of mediation services, shall not in civil judicial proceedings give testimony or evidence regarding any of the following:

(a) An invitation by a party to engage in mediation or the fact that a party was willing to participate in mediation;

(b) Views expressed or suggestions made by a party in a mediation in respect of a possible settlement of the dispute;

(c) Statements or admissions made by a party in the course of the mediation;

(d) Proposals made by the mediator;

(e) The fact that a party had indicate its willingness to accept a proposal for a settlement made by the mediator;

(f) A document prepared solely for purposes of the mediation."

1.20.1.3 结论

据悉,调解成功比例非常高,但先决条件就是要去迫使他们走这一步。有人说这好像是逼小孩子不去看电视要多去看好书一样,而不去强迫他是不会走这一步,但走了这一步会有不少孩子发现是一条好的路。在2005年北京召开的世界法律大会中,有几位讲者(speakers)都强调了调解的重要性与必须双方都愿意这样做才会成功。但后来CEDR的主席对笔者说他不同意,认为走第一步往往是需要一些强制。这也是今天英国法院强制双方先进行调解与上述详谈的支持仲裁条文中的调解协议。这个趋势与CEDR受理的调解的案子大增有很大关系(由1998年257个案子到2005年的693个案子),而成功率高达70%。

1.20.2 多层解决争议之二:专家判断后才能去仲裁

这种条文是规定先找专家判断(expert determination)后才能走第二步的仲裁,估计是适用在技术性十分高的工程合约中,需要专家先去作一个判断,至少会解决大部分争议或者提供了一个更明确的基础后才去提交仲裁比较适合。这种条文出现在著名英伦海峡隧道的Channel Tunnel v. Balfour Beatty [1993] 1 Lloyd's Rep. 291,有关条文是:

"1. Any dispute … shall … in the first place be referred in writing to and settled by a Panle of three persons (acting as independent experts but not as arbitrators)…

2. … the Contractors and Employer shall both give effect forthwith to every such decision of the Panel … unless and until the same shall be revised by arbitration …

3. … all disputes or differences … shall be finally settles under the Rules of Conciliation and Arbitration of the International Chamber of Commerce by three Arbitrators appointed under such Rules … The seat of such arbitration shall be Brussels.

4. The construction validity and performance of the contract shall … be governed by and interpreted in accordance with the principles common to both English law and French law …"

另一个常见的专家判断条文如下:"If any dispute or difference arises out of or in connection with the project, either party may by notice in writing to the other party require that the dispute be referred to expert determination. The expert must act as an expert and not a judge. The expert shall provide a written determination within 28 days of appointment, unless extended by agreement. The expert's written determination is final and binding on the parties but if either party disputes such determination, which arbitration cannot commence until completion of the contract, unless both parties consent."

以专家判断去解决争议或者可能有的争议在海事与外贸也经常发生。在海事最常见的就是造船合约，它往往有两条解决争议条文，一条是仲裁条文（通常是伦敦仲裁），另一条是针对造船过程中当场出现的技术性争议，是由在场的船级社检验师作出决定。后者正是一种专家判断，也的确是恰当做法。别说仲裁庭不一定有这方面的技术，就算有也过程太慢，远水救不了近火，反而会导致延误工程的进度。

另一个例子是，油轮经常会有一个条文，即卸货后去检查有多少原油卸不下来，承租人就以相关的货价在运费中扣除。这检查也是通常由专家判断，有关的条文可看 The"Olympic Brilliance"（1982）2 Lloyd's Rep. 205：

"In the event that any cargo remains on board upon completion of discharge, charterers shall have the right to deduct from freight an amount equal to the FOB port of loading value of such cargo plus freight due with regard thereto provided that the volume of cargo remaining on board is liquid and pumpable and reachable by vessel's pumps as determined by an independent surveyor whose estimate shall be final and binding …"

至于在外贸，经常会发生在装港或者卸港对货物的质量判断不论是否已出现争议，也会使用专家判断的办法。例如在近期的 Galaxy Energy International Lrd. v. Eurobunker SpA [2001] 2 Lloyd's Rep. 725 的有关低硫磺燃油，规定了流点（pour point）是 3°C，有关专家判断的条文是："… pour point to be … retested at disport on the basis of a ship's composite sample taken before discharge by [SII]（这是双方同意的专家名字）whose results to be final and binding for both parties save fraud or manifest error."

专家判断并非是一个诉讼程序，更不是一个仲裁条文：Cott UK Ltd. v. Fe Baker Ltd.（1997）3 All ER 540。这就带来了许多重大的分别，例如自然公正（natural justice）的天条并不适用在专家判断的过程。经常会有专家自己为自己找证据，进行调查，也不会把调查结果告诉双方并邀请双方作出陈述后才使用在自己的报告书内。专家与一方当事人讲话而另一方并不在场也不足为奇。专家也没有必要披露一方当事人交给他的证据给另一方：Sutcliffe v. Thackray[1974] 1 ALL ER 859。所以，专家判断如果是想要对双方公平与不受一方当事人过度的影响，是需要双方通过合约中的谈判去争取。例如，不要让一方当事人去委任专家，除非是每人各自委任一个然后来一个共同检验。若是委任独任的专家，就必须双方同时委任与承担费用，这才可以令专家不自觉地变得更加公平，因为他不知道向谁效忠，毕竟专家不同于法官或者仲裁员，他/她对自己要保持公正的理念不会太强烈。另外，专家是谁也可以去预先约定，通常会是找一些双方都放心得下的公司或者人士，例如中国内地的买卖合约大可以去同意商检。但涉及外方与中方的交易，估计有部分外方就会对约定商检作为专家判断有一定的保留了。在 Veba Oil Supply and Trading GmbH v. Petrotrade Inc., December 2001（未报道）先例，有关的专家判断条文是：

"Quantity and quality to be determined by a mutually agreed independent inspector at the loading installation, in the manner customary at such installation. Such determination shall be final and binding for both parties save fraud or manifest error. Inspector to be appointed by Seller. Costs to be shared equally between buyer and seller."

该条文对买家不利是由卖家单方面去选专家,但费用要共同承担而且作出的专家判断是最终的且对双方有约束力。此外,由卖家在装港选出的专家是谁也没有规定。

专家判断也不受1996年《仲裁法》的约束、监督或者协助。这表示了专家判断的所有效力都是根据合约法,双方怎么样同意就会被法院或者仲裁庭怎么样解释。专家除了作出判断外,也不会有仲裁员的各种权力(powers),例如在1996年《仲裁法》之Section 41的惩罚权力等。作出专家判断的专家也不像仲裁员可享有豁免权(immunity):在Section 29。这表示专家如果作出了判断,如果涉及是疏忽,就有可能被不满的当事人起诉:Arenson v. Casson Beckman Rutley & Co.(1975) 3 WLR 815,还有Nikko Hotels (UK) Ltd. v. MEPC Pic (1991) 28 EG 86。最近还有一个先例:AIC Ltd. v. ITS Testing Services (UK) Ltd. (2005) EWHC 2122 (Comm.),还在去上诉庭的途中,第一审就已经明确要专家负责疏忽责任。当然,光是作出了判断但看不出有什么疏忽,而这判断肯定会令一方不利并非是一个向专家起诉的理由。另一点重要的不同是专家判断的结论是不能依1958年《纽约公约》去强制执行,这不是一份裁决书。需要执行的话也要对专家判断再来一次仲裁并在一个裁决书中确认。

由于专家判断的条文经常结论是最终与有约束性(final and binding)的,但这个结果并非来自立法例如《仲裁法》,它纯是合约的解释。目前的法律也非常支持合约怎样写就怎样解释,重开专家判断报告的结论是不容易的。但凡事总有例外(特别是在社会科学),英国法律在三种情况之下不愿意接受专家判断的结论是最终与有约束性的:(1)专家判断太不合理,任何其他合理的专家都不会得出这样的结论,也可以有另一个说法,就是判断有重大错误(manifest error)。(2)专家重大偏离(material departure)了双方约定的做法,例如检验办法不对或者时间不对(说明在卸货后24小时内进行检验但真正检验是过了好几天或者说明检验是要在日间进行,但真正检验是在晚上,等等)。(3)如果专家涉及贪污受贿这种不法行为,则更是明确,因为不管合约怎样说,欺诈超越一切(fraud unravels all)。

为以上的部分说法举一些先例,在Galaxy Energy International Lrd. v. Eurobunker SpA [2001] 2 Lloyd's Rep. 725,Thomas大法官试图解释什么是重大错误(manifest error),基本上就是指错误是"清晰与明了的"(plain and obvious),如下:

"Although the term 'manifest error' is now not infrequently used in clauses relating to certification in contracts for the supply of oil, so far as the researches of Counsel had gone there is no decided authority on meaning of the term. However the applicable principles were not seriously in dispute:

(i) It is important for the operation of commerce that commercial men and bankers can rely upon the finality of a certificate: in Teopfer v. Continental Grain Co., [1974] 1 Lloyd's Rep. 11 Lord Denning put the position in the following terms:

Apart altogether from authority, I am clearly of the opinion that a mistake by the certifier, even when afterwards admitted by him to be a mistake, does not invalidate the certificate. It remains binding as between seller and buyer all down the chain … it must be remembered that numerous persons act on the faith of the certificate, such as buyer, sub-buyers, bankers lending money and so forth. Good sense requires that the finality of the clause should be upheld by arbitrators and the Courts in full.

(ii) Even if the certifier admits that he has made a mistake, the Court should uphold the finality of the certificate (see the passage quoted above).

(iii) The exception of manifest error should be construed in this commercial context.

(iv) 'manifest' meant in ordinary language 'plain and obvious'.

(v) The manifest error must relate to the certificate or the procedure that led to the making of the certificate; for example it would be a manifest error if a plain and obvious mistake of transcription had been made or plain and obvious error had been made in testing or sampling or in mixing the samples.

(vi) In deciding whether there was a manifest error the Court should take into account the technical knowledge that parties would have about the testing procedure."

另外在 Veba Oil Supply and Trading GmbH v. Petrotrade Inc., December 2001(未报道)先例中有针对什么是一个重大偏离(material departure)双方约定的做法。在该先例中,双方约定是用一种 ASTM D1298 的测试办法,但专家使用的是一种更新与更准确的 D4052 测试办法。上诉庭的 Simon Brown 大法官总结这方面的大原则时说:

"(i) A mistake is one thing; a departure from instructions quite another. A mistake is made when an expert goes wrong in the course of carrying out his instructions. The difference between that and an expert not carrying out his instructions is obvious.

(ii) Under the old law a mistake would vitiate the expert's determination if it could be shown that it affected the result. Not so, however, with regard to a departure from instructions.

(iii) Under the modern law the position is the same as it was with regard to a departure from instructions, different with regard to mistakes … if an expert makes a mistake whilst carrying out his instructions, the parties are nevertheless bound by it for the very good reason that they have agreed to be bound by it. Where, however, the expert departs from his instructions, the position is very different: in those circumstances the parties have not agreed to be bound.

(iv) The test of materiality devised for identifying vitiating mistakes does not carry across to the quite separate field of departures from instructions.

(v) Older cases such as Dean v. Prince [1954] Ch 409 and Frank H Wright (constructions) Limited v. Frodoor [1967] 1 WLR 506—although rightly decided—were no longer to be regarded as authoritative with regard to experts' mistakes as they could not stand with Jones v. Sherwood [1992] 1 WLR 277.

(vi) Once a material departure from instructions is established, the court is not concerned with its effect on the result, and the determination in those circumtances is simply not binding on the parties. Given that a material departure vitiates the determination whether or not it affects the result, it could hardly be the effect on the result which determines the materiality of the departure in the first place.

Any departure is material unless it can truly be characterized as trivial or de minimis in the sense of it being obvious that it could make no possible difference to either party [emphasis added]."

这里是说明,专家判断如果犯错是要"重大错误"(manifest error)才会被法院干预这个结果,但偏离双方约定的判断方法/做法就严格得多,虽然它被称为重大偏离(material departure),就是在最后所说的只有是极轻微与不可能造成任何分别才会是不受法院干预结果。这种情况很少会出现。在 Veba Oil Supply and Trading GmbH v. Petrotrade Inc., December 2001(未报道),上诉庭判定专家没有犯"重大错误"(manifest error)但没有依照双方同意了的检验办法 D1298。为什么双方同意一种办法而不同意另一种办法的原因法院不去猜测,反正这不是双方所同意的,专家判断的结果也就不能对双方有约束力,说用另一种更新更准确的办法并不能代表什么。这有点接近仲裁员根据仲裁条文是否有管辖权的争议了。

1.21 机构与随意仲裁条文(institutional/administered and ad hoc arbitration)

有关这两种的不同做法已是耳熟能详,已在《国际商务仲裁》一书之第四章有详尽的阐述,不再重复。

1.21.1 两种仲裁方式的优劣

机构仲裁的好处是:

(1) 仲裁机构都有详尽的仲裁规则,这可以被给予一定的肯定性,不像随意仲裁只是靠仲裁庭的裁量权(discretion),不同仲裁员作出的仲裁程序决定会有很大的差异。

(2) 仲裁机构会有仲裁员名单可供选择,他/她们会经过严格的挑选,也可能有不断的培训。

(3) 机构仲裁如果是一个著名的国际机构,例如 ICC(国际商会)会给双方订约方,尤其是在一个长期合约中有一个安心的因素(comfort element)。

(4) 仲裁机构可以提供仲裁案件的管理与协助,以弥补部分仲裁员因为经验不足或者太忙而出现的缺陷。

(5) 仲裁庭之间成员如果有不同意见或者个别人士延误,例如经常不回复其他成员的询问,或者不合作,随意仲裁十分难解决,因为只有法院可以给予救济,但如非极端仲裁庭是不会家丑外传的。机构仲裁有秘书处监督管理就容易解决这种问题。

例如笔者经历至少两次就是在一方当事人委任他的仲裁员后,就要笔者与他同意一位首席或者第三位仲裁员。最近一次的共同仲裁员是一位退休的印度法官,笔者在一个月内打了二十多次电话给他,并建议了几位国际上十分有名望的人作为第三仲裁员(例如一位退休的英国大法官)。笔者也曾经叫他提出人选以供自己同意,但他迟迟不回答,过了大概三十天没有得到他的合作,就婉转地告诉 ICC,因为这是 ICC 机构仲裁,ICC 根据它的仲裁规则作出了一个十分恰当的委任,组成仲裁庭。如果是随意仲裁的话,就麻烦得多了,笔者很有可能要向双方当事人特别是原告披露两位双方当事人各自委任的仲裁员(party-appointed arbitrators)无法同意第三位仲裁员的委任,让原告去劳民伤财向英国法院(在香港就是 HKIAC)作出申请才能完成仲裁庭的组成。

(6) 在一些比较麻烦的仲裁,例如多方当事人(multi - parties)仲裁的情况下,机构仲裁好得多,例如组成一个中立的仲裁庭。

随意仲裁的好处是:

(1) 通常认为随意仲裁比机构仲裁省钱,因为免了支付仲裁机构费用,况且有些仲裁机构收费并不低廉。

(2) 管理仲裁毕竟不是管理一个跨国的大公司,所以对一个有经验的仲裁员来说仲裁的管理是游刃有余,并不需要仲裁机构的协助。况且在管理一个仲裁的过程中,法律知识比管理水平更重要。例如,作出一个命令推动仲裁程序,仲裁员要顾及自然公正与怎样做或者怎样说才可避免招致法院的干预。

(3) 仲裁机构的规则许多都是十分简陋的,能去针对的中间程序不多,所以能作出的指引有限。这与法院有厚厚的三本白皮书(white books)去针对法院诉讼的程序是不能相提并论的。再加上仲裁的程序有伸缩性,不必依照法院的一套,本来就是一个很显著的优点。毕竟每一个案子都有不同的案情与事实,很难硬性处理。有一些是要很快甚至是马上作出决定(instant arbitration),有些是需要全面针对与全面披露或者开庭审理。不同争议的金额常会需要不同的处理方法,如根据文件审理。这些随意仲裁比较容易做得到。再说一定要用仲裁规则作为指引,随意仲裁也可以使用 UNCITRAL Model Rules。而机构仲裁的规则拟定得不好或者已经过时也常有听闻,如 AHT v. Tradigrain (2002) 2 Lloyd's Rep. 512。

(4) 至于仲裁员的水平,有说法认为机构仲裁根据名单来委任会比较有保障。但这种说法也比较粗糙,因为凭什么说是一个仲裁机构必然能招揽与保持有高水平的仲裁员进它的名单?这里涉及好几个关键的因素,首先是仲裁机构自己要有水平知道谁好谁不好,这是关键因素。另外仲裁机构要提供环境与培训,例如 CPD(Continuous Professional Development),这在香港国际仲裁中心(HKIAC)是常做的工作,因为仲裁的知识与发展日新月异,名单中的仲裁员需要不断学习。再说,也有机构仲裁是任由当事人自己去委任,而不一定在名单中挑选,据悉,“贸仲”2005 年修改的仲裁规则也作出这方面的修改。所以不论是机构仲裁或者随意仲裁要挑选好的仲裁员或者防止对方委任莫名其妙的仲裁员都面临同样的问题。但在《国际商务仲裁》一书第六章第4段已有详细介绍。在法院的监督下,其实浑水摸鱼的仲裁员是不容易生存的。最后,以香港为例,《仲裁法》赋予香港国际仲裁中心(HKIAC)以权力作出委任,而HKIAC有自己的仲裁员名单。这表示随意仲裁在香港也不见得会让鱼目混珠的人被委任为仲裁员。

(5)一个说法是仲裁机构通常在向双方当事人宣布作出裁决书之前,要有一个委员会进行审核(vetting)。当然,这只能局限在格式与用词不清等文书方面,实质内容只是仲裁庭的决定,仲裁机构是没有发言权的。一些仲裁机构自夸经过vetting的裁决书根据《纽约公约》执行起来会有很高的成功机会,也比较受多个国家法院的信任。笔者只说这种说法虽然是有可能,问题是程度上的分别是否如其所说的这么大。毕竟在《纽约公约》下签约国是要执行所有的裁决书,并不区分机构仲裁或者随意仲裁。再说,美国与欧洲法院会尊重像ICC或者LCIA这种机构仲裁的裁决书,并不见得会同样尊重中国一个小地方的仲裁委员会的裁决书,虽然它们都属于机构仲裁。所以,不能简单地区分在执行中到底机构仲裁裁决书比随意仲裁裁决书会被执行地法院更重视。

在此不妨举两个案例,美国法院提到了对ICC作出的裁决书信任:(1) Carte Blanche (Singapore) Pte., Ltd. v. Carte Blanche International Ltd. 888 F. 2d 260, (2d Cir. 1989)所说:"Furthermore, the final damages award was approved by the Court of the ICC in accordance with Article 21 of the Rules … As the district court pointed out, "(t)he ICC Court is the best judge of whether its procedural rules have been satisfied, and when it certified the award as final, it certified that the procedural rules had been complied to its satisfaction."(2) Appolo Computer Inc., v. Bere 886 F. 2d 469. 473 (1st Cir. 1989)所说:"Ordinarily, (a party) would be entitled to have these issues resolved by a court. By contracting to have all disputes resolved according to the Rules of the ICC, however, (the party) agreed to be bound by Article 8. 3 and 8. 4. These provisions unmistakably allow the arbitrator to determine her own jurisdiction when, as here, there exits a prima facie agreement to arbitrate whose continued existence and validity is being questioned."

至于vetting的工作,笔者听过两位伦敦非常著名的仲裁员说反话。一位说他的裁决书紧急要发放给当事人,但由于vetting而拖延了时间,令他感到很恼火。另一位说他被ICC挑出一个文书"错误",就是要把claimants的s去掉,因为原告是一家公司的法人。他也十分恼火,因为他是英国人,竟然是被法国的ICC挑出毛病。换了是笔者,英文不是母语,对这些事情就会十分看得开,要改就改,改好就更佳了。

1.21.2 仲裁员收费的比较

众所周知,随意仲裁是根据工作量收费,而在委任时所能问到仲裁员的也不过是每小时的费率,总的收费是要根据将来的工作量来定,而工作量或多或少谁也说不准。这带来对当事人的不肯定,也经常在小案件中造成仲裁员费用加上律师费用超出了争议的金额的情况。随意仲裁也要小心坏账,这种事情经常发生,仲裁员经常要留心,例如在发放裁决书之前是要留置与不要泄露裁决结果直到取到所有费用。

机构仲裁如国际商会(ICC)或者"贸仲"是根据不同案件的争议金额去收取一个百分比,然后从这个百分比分摊部分给仲裁庭。当然仲裁机构也不是统一的做法,如伦敦国际仲裁院(LCIA)就任由仲裁员根据时间向当事人收费。在ICC的收费有说法是对当事人特别是原告最不好是有一个大案子,上千万上亿美元的争议,但所争议之处十分简单,例如只解释合约中的一条条文。如果是随意仲裁,恐怕花不了10个小时就完成工作,仲裁员每小时的费率怎么样高总数也不会多到哪里去。但如果这个案子到ICC,这收费就可能要好几百万美元了。另一个情况是在仲裁开始后很快或者在中间就双方达成和解协议。这一来,在随意仲裁收费很有限,因为工作不会多,而笔者更是经常不收这种中间费用(interlocutory charges),省得麻烦。但机构仲裁由于一开始就要支付一大笔费用给仲裁机构,半途和解了也不一定退还或者全部退还。由于机构仲裁是一开始收了当事人费用,对仲裁员的好处是从来不必怕坏账,更不必去留置裁决书。

笔者现在讲一些有趣的近期经历。

第一宗是随意仲裁。笔者被委任后要求原告支付委任费(appointment fee)1800港元,但后来发觉除了这笔钱,原告同时汇出15万港元的一笔金额。这是一笔很大的钱,由于案件看来十分简单,可以依文件处理。笔者当然是绝不会默不作声,于是发电传给双方当事人(等于让被告知悉此事),并向原告询问这笔钱的用途。原告律师十分机灵,很快回电解释这笔钱是作为一个定金(deposit),因为他的中国内地客户有外汇管制,申请汇款不容易。加上希望一发出裁决书就能够马上取得,不会被留置。笔者于是发出第二个传真给双方当事人询问被告是否有异议,如果有,笔者很愿意退还这笔定金给原告或者把这笔钱转交给HKIAC存放。总之,这种事情需要十分小心,以避免将来被告败诉后以接受原告提供的好处为借口去指称仲裁员违反自然公正。笔者也确实知道一个仲裁庭,成员是笔者的一些好朋友,也面对过这种情况,结果把这笔钱退还原告。

第二宗是在韩国首尔的机构仲裁,有关机构是韩国商业仲裁协会(KCAB),笔者是被两位当事人仲裁员委任为首席。但事后知悉KCAB所支付的仲裁员费用极低,这有点类似英国以前古老的传统,就是仲裁员的工作是一种荣耀,不该收费。笔者最怕就是这个案件会是一宗大案件,令这件荣耀的事困扰我今后的十年,所以拒绝了委任。其后美国一方的当事人表示愿意承担笔者的差额,也就是KCAB所支付的与笔者正常收费的差额。笔者觉得这可以接受,也不会导致我对美方有任何潜在的偏袒,因为我真正拿到手的也只是正常的收费,不是额外好处,加上笔者也不是没有工作做。但这件事最终因KCAB反对批准这个做法而不了了之。

第三宗是ICC的机构仲裁,笔者被委任了一个印度卖方通过香港中间商卖矿砂给中国内地的案件。在委任时,笔者粗略知悉案情后估计金额也不会小,因为说是货款并没有支付。但案件发展下去,是印度卖家不支付费用给 ICC 而导致所有的争议金额只是在香港中间商的一笔几万美元索赔。本来印度卖方是有 300 万美元的货价反索赔,但因为它不支付费用而被 ICC 撤销。之后双方要求开庭一个星期,笔者已经感到十分担忧,因为只有几万美元索赔所算得出来的费用恐怕连支付使用费也很勉强。但印度卖方坚持要开庭,绝不肯依文件审理。当时笔者也遇上了一位很有经验的 ICC 仲裁员,告诉笔者他正在抗拒一宗小案件,收费有限,但双方当事人要求 40 天的开庭。到了开庭前,笔者动员仲裁庭的首席去试图说服印度卖方马上支付 300 万美元反索赔的费用给 ICC,可让我们去一起审理。这可以保证统一的裁决,而且再来一次仲裁肯定是劳民伤财,况且印度卖方会面对香港中间商提出一事不再理(issue estoppel)等抗辩。结果在开庭一开始提了出来,印度卖方很诧异,看来是误会了这一个仲裁可同时判它的 300 万美元反索赔。结果印度卖方估计还是为了省这笔大钱马上就开始了与香港中间商的和解谈判。笔者也听说过另一宗大的 ICC 案件中,由于支付给 ICC 的钱已经不足,因为工作量很大,结果三位仲裁员都在拼命找借口想辞职。看来固定的一笔费用也有它的问题,如果按时收费就不会面临上述的问题了。

1.21.3 如何区分机构或者随意仲裁的条文

不少人问在伦敦或者在香港怎么样区分机构或者随意仲裁?这其实十分简单,机构仲裁必须说明有关机构的名字。特别是在伦敦,它的仲裁机构可真是不少,最著名也是最古老的是伦敦国际仲裁院(London Court of International Arbitration 或简称 LCIA)。它成立于 1892 年 11 月,原名是 London Chamber of Arbitration。其他处理仲裁(光是针对商品)的伦敦机构有:

1. Cocoa Association of London Ltd (它每年处理 200 至 400 宗货物质量仲裁)
2. Federation of Oils, Seeds and Fats Associations Ltd. (FOSFA)
3. Grain and Feed Trade Association Ltd. (GAFTA)
4. Coffee Trade Federation
5. National Federation of Fruit and Potato Traders Ltd.
6. Sugar Association of London and Refined Sugar Association of London
7. Tea Brokers' Association of London
8. London Metal Exchange

以上只是部分处理商品的仲裁机构,如果把其他行业与专业的机构加进来,这名单就更加长了。所以不把机构名字在仲裁条文中写明,根本无所适从。所以一条简单的条文如"伦敦仲裁",一定只能解释为随意仲裁条文。

要注意的是即使是仲裁机构,它们也不一定是管理仲裁。例如笔者最熟悉的两三个机构,就是这种情况。像伦敦海事仲裁员协会(LMAA),它在 1960 年成立,主要的目的有十项,包括提高专业知识,促进会员之间的交流,拟定与修改仲裁规则,等等。但就是没有一项是管理仲裁,LMAA 也没有固定的人员去做这件事,因为像主席与秘书长都是一些荣誉职位。所以,仲裁条文如果说去伦敦仲裁并由 LMAA 去管理是一句不可能实现的空话。香港国际仲裁中心(HKIAC)也是如此,但情况比 LMAA 为佳,因为有七八个固定人员,并可随意增加。所以也在 2005 年中发布了一套管理仲裁的仲裁规则与收费标准,放在 HKIAC 的网站上。这表示如果有仲裁条文说明是由 HKIAC 去管理(administered by HKIAC),笔者也的确见过几次,HKIAC 也就可以应对与作出服务了,不必像 LMAA 要坚决地回绝。最后值得一提的是英国特许仲裁学会(The Chartered Institute of Arbitrators),它只是一个学会,主要是为了推广仲裁的教育与培训,所以也不是一个管理仲裁的机构。虽然它也管理了一些小金额的行业仲裁(scheme arbitration)例如旅游业等,但这只是该学会很小部分的工作。

1.22　仲裁与国家豁免权(sovereign immunity)

该问题与发展中国家如中国内地有密切关系,因为它们大量以国家或者国有企业名义与西方国家订合约。现在普遍接受的说法是一个国家接受了一条仲裁条文是对国家豁免权的放弃,这一说法也包括了 ICSID 仲裁(后详)。但一般说法是这个弃权只针对仲裁庭的管辖权,并不包括对裁决书的执行。事实上,在 1965 年的《华盛顿公约》Article 55 说明了这一点:Article 54 的承认与执行一个裁决书不是"be construed as derogating from the law in force in any Contracting State relating to immunity of that State or of an foreign state from execution"。

面对这个问题,在 1988 年美国国会修改了 1976 年的《Foreign Sovereign Immunity Act》,加了一句说:"that an agreement to arbitrate constitutes a waiver of immunity in an action to enforce that agreement or the resultant award."但问题是美国法院认为它不适用仲裁协议是去美国以外的国家进行仲裁。所以,如果与主权国家打交道的商业合约会出现一条去美国的仲裁条文,也说明国家的一方当事人放弃了这个权利。

首先介绍海牙的 The Permanent Court of Arbitration(PCA)所建议的一条简单条文如下:

"This agreement to arbitrate constitutes a waiver of any right to sovereign immunity from execution to which a party might otherwise be entitled with respect to the enforcement of any award rendered by an arbitral tribunal constituted pursuant to this agreement."

另外一条比较复杂一点的也提到美国立法的条文如下:

"Waiver of immunity. [State Party] agrees that, to the extent that the [State Party] or any of its revenues, assets or properties shall be entitled to any immunity from suit, from the jurisdiction of any court, from set-off, from attachment prior to judgment, from attachment in aid of execution of judgment, from execution of a judgment or from any other legal or judicial process or remedy, and to the extent that in any such jurisdiction there shall be attributed such an immunity, [State Party] irrevocably waives such immunity to the fullest extent permitted by the laws of such jurisdiction (and consents generally for the purposes of the U. S. Foreign Sovereign Immunities Act of 1976 to the giving of any relief or the issue of any process in connection with any related proceedings or related judgment). [Such waiver of immunities constitutes only a limited and specific waver by [State Party] for the purposes of [designated documents] and under no circumstances shall it be construed as a general waiver by [State Party] or a waiver with respect ot proceedings unrelated to the [designated documents] [State Party] reserves the right to plead sovereign immunity with respect to actions brought against it in any court of or in the United States of America under any United States federal or state securities law. With respect to [State Party], the term 'property,' as used herein shall not apply to any property of [State Party] which is used for military, diplomatic or national security purposes."

1.23 默示的仲裁条文

基本上仲裁条文都是要明示的,这也是1958年《纽约公约》、《联合国示范法》或者1996年《仲裁法》所要求的。但有一种情况就是没有明示,而只有默示的仲裁条文。这基本是发生在被告本来可去成功挑战/质疑仲裁员的管辖权,因为没有一条有效的书面仲裁条文,但被告没有这样做,或者及时这样做。相反,被告也主动在仲裁中采取了第一步行动(takes the first step)。这一来,就会被视为弃权了,也可以说是产生了一条默示的仲裁条文。而这在1996年《仲裁法》之Section 31(1)有针对。

为了更加明确与避免争议,伦敦海事仲裁员协会(LMAA)的仲裁规则中第5段明确了在这种情况下参与仲裁的双方达成了一个仲裁协议,内容如下:

"Whenever a sole arbitrator or both the original arbitrators have been appointed on the basis referred to at (b) [ie, appointment on the basis that the LMAA Terms apply to the appointment], such appointments or the conduct of the parties in taking part in the arbitration thereafter shall constitute between the parties an agreement that the arbitration agreement governing their dispute has been made or valid so as to incorporate these Terms and shall further constitute authority to their respective arbitrators so to confirm in writing on their behalf."

这一方面有关的争议也有不少,例如在Westminster Chemicals & Produce, Ltd. v. Eichholz & Loeser [1954] 1 Lloyd's Rep. 99,The "Amazonia" [1990] 1 Lloyd's Rep. 236,The "Almare Prima" [1989] 2 Lloyd's Rep. 376与The "World Umpire" [1990] 1 Lloyd's Rep. 374。另外在LG Caltex Gas Co. Ltd. v. National Petroleum Corporation [2001] 2 All ER (Comm.) 97也有相关的争议,上诉庭确认在1996年《仲裁法》下,这方面的地位没有改变。

1.24 双方没有文书仲裁协议的仲裁(non-signatories arbitration)

众所周知,仲裁员的管辖权来自双方私下约定的一条文书仲裁条文,而条文的文字用词宽紧也决定了仲裁员的管辖权到什么地步。但现在也有了越来越多的所谓"non-signatories arbitration",也就是仲裁的原告与被告之间根本没有合约关系,纯粹是根据法律被拖在一起。这一来,这种裁决书在执行的时候可能会遇上一定的问题,因为1958年《纽约公约》并没有针对这种情况。

这种“non-signatories arbitration”是来自两个或者多个主权国家之间的协议，最著名的是本章下一段要介绍的 ICSID Arbitration。

另一种情况来自立法的转移(statutory transfer)，而最著名的就是根据《提单法》把提单持有人与承运人(carrier)双方硬拖在一起所产生的合约关系。这一来，如果提单也同时印上或者合并了一条仲裁条文，他们双方之间的所有争议，包括货损货差或者滞期费等，都要以该仲裁条文规定去解决争议，虽然他们从来没有接触过与进行任何的谈判去导致该仲裁条文/协议的约定。这些方面的详论请看本书第五章管辖权的第 3.4.5 段。

同样来自立法的转移是英国的 1999 年《Contracts (Rights of Third Parties) Act》，这个立法是为了绕过普通法的合约相互关系(privity of contract)的大原则，该立法在笔者(杨良宜)的《国际商务游戏规则——英国合约法》中第四章 4.3.5 段有详细介绍。立法是允许合约中明示给与第三者利益或者权利去直接起诉承担责任的合约方，虽然他/她并不是合约方。希望能解决一些重大的社会与商业问题。简单举一个例子，人寿保险只是受保人与保险公司之间订的合约，但说明是受保人如果死亡，保险公司要把赔付支付给他/她的孩子，甚至可能是该孩子尚未出生。这一来，如果受保人真的死亡，保险公司不去履行合约也可能令受益人(孩子)无法起诉索赔，因为该孩子是合约的第三者，也不会是侵权的关系。这些问题虽然有后来的立法去更改，但仍是不能大幅度解决问题。例如受保人想把保险利益给另外一位私生子，就不在立法中包括了。但问题是，受保人应该有充分的权利决定把保险利益给谁，不论是非法不非法或者是一个好朋友。通过这个 1999 年立法，这些问题就可以有解决办法。就是身为第三者的受益人直接有权起诉保险公司。该 1999 年立法也规定了原来的合约如果有一条仲裁条文(在上述例子就是保单内有一条仲裁条文的情况下)，受益的第三者也就必须通过同样的仲裁程序取得合约内的利益或权利。这方面稍后再去详谈。

再一种的“non-signatories arbitration”是来自普通法与衡平法的发展，而在英国，最常见的情况是来自合约利益的转让(assignment)。就是受让人(assignee)向债务人(debtor)追偿，他必须依照转让人(assignor)与债务人之间(他们是合约关系)所约定的仲裁条文。当然在英国以外的国家，会有更多这一类的情况，例如在美国(包括中国)的保险代位(subrogation)可让保险公司以自己的名义去向造成受保人损失的第三者责任方直接索赔，虽然英国法律(1906 年《海上保险法》)并不是同样的说法，而要求保险公司在行使代位权的时候必须以受保人的名义去起诉。只有在转让该索赔权益后，保险公司才有可能以自己的名义去向责任方索赔。但在美国，即使保险公司以自己的名义根据代位权起诉，也必须依照有关合约内的仲裁条文(如果有)，这又等同是两位当事人并没有任何合约关系但必须以仲裁去解决争议或索赔。在法国与国际商会(ICC)仲裁也另有一种撕破集团公司面纱(pierce corporate veil)的做法，就是把一家大集团的有关子公司都拖进同一个仲裁内。英国法律坚决抗拒这种做法，因为每一家不同的子公司根据公司法都应该是独立的法人。

1.25 仲裁条文与不完整的合约(incomplete contract)及能否创造合约(creation of contract)

众所周知,一个有效与有约束性的合约只会在双方全面谈妥他们想达致协议的所有条件才会出现。除非是,他们明示地把一些将来的事留待以后再去谈妥,例如在一个长期的期租合约中,把还船的燃油价格留待将来再谈。通常只会是小事才会去这样做,但大事就不会不谈妥,例如租金、运费或者货价。也有说法认为重大的条件仍没有谈妥就不会有约束性的合约。例如 Denning 大法官在 British Bank for Foreign Trade v. Novinex, (1949) 1 K. B. 623 中所说:

"The principle to be deduced form the cases is that if there is an essential term which has yet to be agreed and there is no express or implied provision for its solution, the result in point of law is that there is no binding contract. In seeing whether there is an implied provision for its solution, however, there is a difference between an arrangement which is wholly executory on both sides, and one which has been executed on one side or the other. In the ordinary way, if there is an arrangement to supply goods at a price 'to be agreed', or to perform services on terms 'to be agreed', then although, while the matter is still executory, there may be no binding contract, nevertheless, if it is executed on one side, that is, if the one does his part without having come to an agreement as to the price or the terms, then the law will say that there is necessarily implied, default of agreement, a reasonable sum is to be paid."

但现实中经常会出现一种不完整的合约,这就是有一些或大或小条件仍未谈妥,但也没有明示将来再谈,看来好像是他们忘掉了。但若是他们双方开始履行,就再也很难说是没有合约关系。问题就在于尚未谈妥的条件是什么与怎么办?通常情况下,如果有非常重要的条文仍未谈妥,而把一个不完整的合约说成是合约说不过去,就会判定合约仍没有达成。如果真的开始履行了部分,也要以法律默示这些工作应得的报酬,即所谓根据 quantum meruit。例如,在一个航次租约双方根本还没有谈拢运费,或者买卖合约双方没有谈拢货价。这方面是有一个早期的贵族院先例明确了这一点,判定买卖合约无效:May & Butcher v. R [1934] 2 KB 17n。贵族院认为仲裁条文只针对买卖合约下的争议,而不是双方还没有达成协议的争议。到了近期也另有一个先例是同样的判法,认为仲裁员没有权力去为双方创造或者产生一个有效的协议:Mamidoil-Jetoil Greek Petroleum SA v. Okta Crude Oil Refinery AD 2000(未被报道)。但在这一方面,英国法律也有过不同的看法令这一方面的法律并不稳定。就是说如果双方在当时已经谈妥了一条仲裁条文,通常会被法院认为是有了机制去解决这些尚未谈妥的条件,这包括关键性的重要的货价。以下举几个有关例子:

(1)在 Foley v. Classique Coaches (1934) 2 KB 1,上诉庭判决双方没有约定提供的汽油价格并不会令合约无效,因为仲裁庭可定下价格。

（2）F & G Sykes（Wessex）Ltd. v.，Fine Fare Ltd.（1967）1 Lloyd's Rep 53，一个合约有关提供家禽，但没有说明是多少只，上诉庭也是判双方已经有一个约束性合约而遗漏掉的条件可由仲裁庭去解决。

看来，如果同意了仲裁条文就更容易去解释与支持一个不完整的合约让仲裁庭去填补空档。

1.26　公司被接管或者清盘与仲裁

对一个英国公司而言，根据《Insolvency Act 1986》之 Sections 8—27，在公司被接管的情况下，法院下了"administration order"，债权人是不能向它开始仲裁，除非接管人或者法院同意：Sections 11（3）（c）&（d）。但是接管人可以接管公司的名义向其他人士开始仲裁并提出索赔。在公司被强制清盘的情况下，清盘人会拒绝履行无利可图的合约并可在法院或者清盘委员会（liquidation committee）开始仲裁与推进程序。在清盘法院下了"winding-up order"，除了法院批准，债权人是不能向它开始仲裁：《Insolvency Act 1986》，Section 130（2）。但如果是自动的清盘，这就不需要法院的批准了：在 Section 165（3）。这里是会有可能出现复杂的情况，就是债权人虽然不是有担保债权人（secured creditor），但他手中对他的索赔有第三者的担保，例如银行或者互保协会出的保函，所以希望继续去推进仲裁一直到拿到一个胜诉的裁决书向第三者要求支付。但清盘人不想出现这种情况，就可能会通过清盘法院出禁令去阻止仲裁的推进。这可能是国际的事件，例如美国的清盘法院下令伦敦或者香港的仲裁庭停止推进仲裁程序，否则会作出惩罚。

1.27　公司注册被撤销与仲裁

与公司被接管或者清盘不同，反而是接近自然人，就像仲裁的其中一方当事方死亡。在自然人死亡的情况，1996 年《仲裁法》有所针对，问题并不复杂。Section 8（1）规定：

"Unless otherwise agreed by the parties, an arbitration agreement is not discharged by the death of a party and may be enforced by or against the personal representatives of that party."

换言之，一方当事人的死亡并不带来仲裁协议的受阻。自然人的死亡对公司法人而言是公司被解散（dissolved）与被公司注册处除名（removed）。这一来，公司在法律上不再继续存在，它也无法继续参与仲裁程序，也无法再有法律代表。这情况比起自然人的死亡是没有在 1996 年《仲裁法》有所针对，情况也复杂得多。

笔者记得好几年前的一宗案件：一位著名的英国律师代保险公司处理一个代位（subrogated）的货损索赔，但背后的货方在中途就不再存在了，但该律师与保险公司并不知情而继续在推进法院诉讼行动，反而被对方律师无意中挑了出来，结果要该律师与委任他的保险公司承担这起诉讼浪费的费用，因为没有授权（want of warrant of authority）是严格责任。

一些海事律师处理的案子，往往他们的客户是一船公司（巴拿马、利比里亚等），如果船舶出售或者沉没后,但仲裁仍在继续,这些代表的律师就要很小心,提醒他的客户不要把公司注册除名,例如不缴注册费用,就是怕这一方面。

这个问题对仲裁的影响在近期的 Union Trans-pacific Co. Ltd. v. Orient Shipping Rotterdam BV [2002] EWHC 1451 (Comm.)先例出现。案情是一个租约纠纷,船东是一家百慕大公司,在 1996 年 3 月开始了伦敦仲裁索赔五十多万美元。在仲裁的中途,由于行政上的疏忽,在 1997 至 1998 年期间漏了支付公司注册费而导致在 1998 年 6 月 12 日被百慕大公司注册处除名。根据百慕大的《公司法》(Bermuda Companies Act 1981)之 Section 261,船东是可以采取行动,清付欠下的款项,而恢复注册,而且有二十年之久的时间可以这样做。在百慕大的《公司法》之 Section 261(6),也说明了公司一经恢复注册,就被视为从来没有除名一样:"the company shall be deemed to have continued in existence as if its names had not been struck off."这就是说,在公司被除名的时间内所做的事情仍然是有效的。这基本上与英国的《公司法》(Companies Act 1985)一样。事实上,在船东发觉被除名的一年后,也就马上在百慕大采取行动去恢复注册。但这个事情被对方的承租人,也就是被告,知道了,就通知船东,进行中的仲裁已经告一段落。而船东如果想另去开始一个仲裁就会面临时效已过的问题。这一来,争议就得到法院去解决。

可先去看看不是仲裁而是法院诉讼是怎样处理这些问题。首先是 Tynan's v. Craven [1952] 2 QB 100,就是说一个恢复命令(restoration order)是可令所有以前被除名后以公司名义所做的事情都去追加它们的有效性。另外在 Steans Fashions v. Legal and General Insurance [1995] 1 BCLC 332 与 Top Creative v. St Alban's District Council [2000] 2 BCLC 370,法院诉讼期间如果发现一方当事人的公司注册被除名,法院诉讼就会被中止并等待该当事人去恢复注册。一经恢复,整个诉讼就可以继续推进,好像什么事情都没有发生一样。

Teare 大法官引用同样的道理去仲裁,认为公司除名并不会带来仲裁的自动中断。而且也不接受承租人说船东的公司解散构成了毁约(repudiation)。毁约的行动是要表露一个意图不再受仲裁合约的约束(evincing an intention no longer to be bound by the arbitration agreement),在本案例中明显船东是没有这个意图,因为除名的整件事只是一个行政疏忽。

1.28 什么是争议可去开始仲裁

有情况是有关仲裁条文只在双方有了争议才可以有一个有效且有管辖权(jurisdiction)的仲裁。众所周知仲裁条文可以有两种:一是针对已经产生了的争议(present disputes),所谓的"ad hoc submission to arbitrate";另一是针对将来的争议(future disputes),这通常是一个主合约的仲裁条文。ICC 曾经做过调查称它的仲裁绝大部分(大约 97%)是来自主合约仲裁条文,来自 ad hoc submission 的只有大约 3%。这符合现实情况,因为一旦出了争议大家再去同意就很困难,也经常会有一方当事人想去扯皮。比较常见的情况是双方无法不去仲裁,因为已经受主合约的仲裁条文约束,去同意根据情况作出部分更改。例如,仲裁条文是伦敦仲裁,但双方为了方便改为香港仲裁。或者仲裁条文是三位仲裁员,但由于争议金额不高,而同意改为独任,等等。

但无论怎样,必须有争议才可以正式启动仲裁,否则这个仲裁是空的。这也是逻辑,没有争议怎会去仲裁呢?但就这样一个问题也带来许许多多的"争议",即什么才算是争议。

英国在三十年前还没有太善待仲裁,这可以从1975年的英国《仲裁法》,也就是根据1958年的《纽约公约》而制定的仲裁法,在英国法院面对是否要中止(stay)法院程序而把处理有关争议的管辖权让给双方约定的仲裁庭去处理,而除了在《纽约公约》已经有说明的例外外(就是仲裁协议是空的,无效与无法履行)又多加了一个例外,就是双方当事人事实上没有真正的争议。这整句话针对可以不中止的例外是:"agreement is null and void, inoperative and incapable of being performed or that there is not in fact any dispute between the parties with regard to the matter agreed to be referred, shall make an order staying the proceedings."这导致了许多案件的原告为了逃避仲裁而以这个理由去法院申请作出简易的判决(summary judgment)。通常说索赔的责任与金额十分明确不存在真正的争议。这也包括了在海事经常会发生的以前欠下的运费(freight):The "Cleon"(1983)1 Lloyd's Rep. 586。照说《纽约公约》是国际公约,签约国无权删除或者增加内容。但英国不认为它有权这么做,就是因为仲裁本来就是针对一个争议,只是把话说清楚而已。

这带来了许多批评,由于支持仲裁的声音越来越大,就不认同英国法院剥夺仲裁庭的管辖权。也有说法是双方当事人到底是否有真正的争议也是由仲裁庭来决定的,而不是由法院越俎代庖。反正是到了1996年《仲裁法》,已经把这加上去的《纽约公约》的例外排除掉了,在Section 9(4),说法是:"On an application under this section the court shall grant a stay unless satisfied that the arbitration agreement is null and void, inoperative, or incapable of being performed."所以在1996年《仲裁法》生效后,去英国法院申请一个简易的判决并绕过仲裁条文几乎是不可能的:Halki Shipping Corporation v. Sopex Oil Ltd. (1998) 1 Lloyd's Rep. 49。

但仍会出现没有争议的情况,所以不妨去看看目前的法律地位。首先,如果被告或者债务人在过了合理时间不予理睬、保持沉默的情况下是否有争议?这是经常见到的现状,问题是原告能否去法院或者去启动一个可能是空的仲裁?答案是,法律应该明确这是一个争议:The "M Eregli" (1981) 2 Lloyd's Rep. 169;Ellerine Brothers (Pty) Ltd. v. Klinger (1982) 2 All ER 737;Erith Contractors Ltd. v. Costain Civil Engineering Ltd. (1994) ADRLJ 123;Acada Chemicals Ltd. v. Empresa Nacional Pesquera SA (1994) 1 Lloyd's Rep. 428。在Ellerine Brothers先例,Templemen大法官说:

"The fact that the plaintiff make certain claims which, if disputed, would be referable to arbitration and the fact that the defendant then does nothing (he does not admit the claim, he merely continues a policy of masterly inactivity) does not mean that there is no dispute. ”

如果被告或者债务人回答并拒绝索赔,但理由明显是严重不足或者是歪理、废话,这明显又是一个争议:Halki Shipping Corporation v. Sopex Oil Ltd. (1998) 1 Lloyd's Rep. 49。

那什么才算是没有争议呢?答案是,如果原告向被告索赔,被告要求原告多提供一些资料。但原告如果是太心急或者咄咄逼人而启动了仲裁,这时双方仍不存在有争议:Cruden Construction Ltd. v. Commissioner for the New Towns (1995) 2 Lloyd's Rep. 387。这仲裁应是空的。这也可以是说光是原告通知被告有一个索赔但没有任何迹象表明后者会拒绝,这会导致原告过早地启动仲裁。危险是,在将来被告挑战成功,原告再想去重新开始另一个新仲裁就可能面临时效已过的问题。

最近有了一个十分典型的有关什么算是争议的上诉庭先例:Amec Civil Engineering Ltd. v. Secretary of State for Transport [2005] EWCA Civ. 291。在一审,Jackson 大法官给了7个要点说明何为争议如下:

"1. The word 'dispute' which occurs in many arbitration clauses should be given its normal meaning. It does not have some special or unusual meaning conferred upon it by lawyers. (争议是一般性的解释,并没有一些律师给它的特殊或者非一般的解释)

2. Despite the simple meaning of the word 'dispute', there has been much litigation over the years as to whether or not disputes exited in particular situations. This is litigation has not generated and hard-edged legal rules as to what is or is not a dispute. However, the accumulating judicial decisions have produced helpful guidance. (有过不少先例可对何谓争议作出指引)

3. The mere fact that one party … notifies the other party … of a claim does not automatically and immediately give rise to a dispute. It is clear, both as a matter of language and from judicial decisions, that s dispute does not arise unless and until it emerges that the claim is not admitted. (一方当事人通知对方一个索赔不会自动与马上带来一个争议。从文字上与先例可清楚看到争议不会产生直至一个阶段索赔不被接受)

4. The circumstances from which it may emerge that a claim is not admitted are Protean. For example, there may be an express rejection of the claim. There may be discussions between the parties from which objectively it is to be inferred that the claim is not admitted. The respondent may prevaricate, thus giving rise to the inference that he does not admit the claim. The respondent may simply remain silent for a period of time, thus giving rise to the same inference. (这种索赔不被接受的情况会出现千变万化。这会在双方的探讨中可客观看得出一个索赔并没有被被索赔方接受。被索赔方也可以撒谎或者推搪,可推断是他并不接受索赔。被索赔方也可以保持沉默并过了一段时间,可作出同样的推断)(这一段十分重要,说明客观看的情况是出了争议)

5. The period of time for which a respondent may remain silent before a dispute is to

be inferred depends heavily upon the facts of the case and the contractual structure. Where the gist of the claim is well known and it is obviously controversial, a very short period of silence may suffice to give rise to this inference. Where the claim is notified to some agent of the respondent who has a legal duty to consider the claim independently and then give a considered response, a longer period of time may be required before it can be inferred that mere silence gives rise to a dispute.（被索赔方或者被告可以保持沉默的时间是多久才能说是有争议要看每一个案件的不同事实与合约结构。[例如欠运费与其他的金钱会不一样，特别是后者还需要让被告去调查或者计算] 如果被告已经知道了索赔是什么，与索赔本身的确有争议性，一个很短的时间保持沉默已经足够去推断有争议，但如果争议是通知被告的代理人，例如律师，他需要去对索赔独立地考虑与小心地回复，就会有更长的时间可去沉默才会产生一个争议）

6. If the claimant imposes upon the respondent a deadline for responding to the claim, that deadline does not have the automatic effect of curtailing what would otherwise be a reasonable time for responding. On the other hand, a stated deadline and the reasons for its imposition may be relevant factors when the court comes to consider what is a reasonable time for responding.（如果索赔方的原告定下了一个时限要求回复，这时限并不能替代法律认为是合理时间要求被告答复。[本来单方面作出的最后通牒就没有法律效力，毕竟原告可以定下一些十分短暂的答复期限] 当然如果原告作出的时限合理并有合理解释，这会是一个考虑因素去决定被告要回复的期限）

7. If the claim as presented by the claimant is so nebulous and ill-defined that the respondent cannot sensibly respond to it, neither silence by the respondent not even an express non-admission is likely to give rise to a dispute for the purpose of arbitration or adjudication.（如果原告提出的索赔是十分混乱与不清楚的，令被告无法合理作出回复，这一来，被告保持沉默甚至不接受也不一定会产生一个争议可去开始仲裁）"

上诉庭的判决支持了 Jackson 大法官的 7 个要点。这种争议危险之处在 Amec Civil Engineering Ltd. 案例中可见，它的 6 年索赔时效是在 2002 年 12 月 23 日届满。Highway Agency 在 12 月 11 日开始解决争议程序，而另一方当事人 Amec Civil Engineering Ltd. 说在较早的谈判中并没有产生争议，但法院不同意。否则要再去重新启动 6 年时效就届满了。

比较有争议与法律地位不完全明确的是被告承认了对索赔的责任（admit liability），只是以其他非法律的原因例如说没有钱而不支付，甚至承认了责任就是不支付，这是否有一个争议呢？对此是有案例判过说是没有争议，例如英国法院曾经有两个先例。一是 The "M Eregli" [1981] 2 Lloyd's Rep. 169，Kerr 大法官如此说：

"… there is no dispute between the parties if the claim has been admitted to party due and payable. Such an admission would, in effect, amount to an agreement to pay the claim, and there would then clearly be no further basis for referring it to arbitration …"

二是 Ellerine Brothers (Pty) Ltd. v. Klinger (1982) 2 All ER 737,Templeman 大法官说:“There is a dispute until the defendant admits that the sum is due and payable.”

另外在香港法院有:Joong and Shipping Co. Ltd. v. Choi Chong-Sick (1994) 1 HKLR 439。但笔者有一定的疑问,原因是承认了责任可以在后来反悔,例如在咨询了律师后。在法律上除非这反悔会造成对方遭受损害而构成禁止翻供,又或者是已经有了判决变成了定案等原因,承认了责任后来反悔是被允许的,毕竟承认责任是在误解自己的立场下作出的大有可能。这在笔者的《国际商务游戏规则——英国合约法》第十一章4.4段有详细介绍,只节录一小段如下:

“……如果已正式公开认了错,他能否到时候反悔?当然,如果已有一个和解协议约束,去反悔怕是太迟了。否则,表面上应可反悔(prima facie right to resile from an admission of liability),每一个人有改变主意的自由。但看来如果对方已因依赖了这个认错(admission of liability)而受到损害(prejudice 或 detriment),法官可以弃权和禁止翻供不准认错方反悔。”

看来这也是 Merkin 教授的看法,他在书中是这样说的:“A more difficult question is whether there is a dispute where the defendant has admitted liability. The better view would seem to be that there is a dispute even in that situation: this matter is discussed in detail in Chapter six.”

而且也有同样想法的判例就是 Clarke 大法官在 The “Halki” [1998] 1 Lloyd's Rep. 49 说:“Even in such a case I can see an argument for saying that a claimant would be entitled to award if the respondent then refused to pay.”

显然站在支持仲裁的角度去看,是应该接受 Clarke 大法官的说法。否则有危险在仲裁员针对被告承认的其中一笔债务作出一个中间裁决书后(这是仲裁庭经常做的事),该裁决书会被被告指控是空的,因为承认了的债务是没有争议的。

1.29 仲裁协议的中断

仲裁协议本身既然是一个独立的合约,它当然与主合约及其他合约一样可以以各种办法中断,例如履行(performance),双方当事人更改(variation)或者取消(cancellation),合约受阻(frustration),毁约(repudiation),等等。

1.29.1 仲裁程序中途的中断

首先谈谈仲裁程序的推进中是否会发生这种令仲裁协议中断的情况。看来仲裁协议是特别的不容易,因为在仲裁协议下双方有同样的责任去推进仲裁。这更在1996年《仲裁法》之 Section 40(1)有说明:

“The parties shall do all things necessary for the proper and expeditious conduct of the arbitral proceedings.”

这一来,在一些原告以懈怠为由撤销诉讼请求(strike out claim for want of prosecution)有关的案件中,这方面的争议都不被法院接受。例如在仲裁协议能否受阻(frustration),如程序有太严重的延误。但双方当事人都有错,这就不会构成受阻了。

同样的道理,不容易构成双方不推进仲裁程序的行为可构成双方默示同意放弃(abandon)仲裁:The "Hannah Blumenthal" (1983) 1 Lloyd's Rep. 103。本来放弃仲裁或者一份合约,这等于是取消。最明确的就是双方明示同意,一方当事人向另一方作出一个要约(offer),另一方也接受(accept)。除了明示,双方也可默示或者以行动作出同意,当然这就比较不肯定了。但针对一个仲裁协议,以默示的形式更加困难。目前的法律并不认为原告不去推进仲裁是一个放弃的要约,也不认为被告默不作声是一种接受。最近在澳大利亚也有一个有关放弃仲裁的案例,作出同样的结论:Multiplex Constructions Pty Ltd. v. Suscindy Management Pty Ltd [2000] NSWSC 484。

看来,一方当事人指控对方毁约,也同样困难,因为它自己不是无辜的受害者,它也是犯了同样的错去拖延仲裁。

幸亏,立法已经针对这种原告在推进仲裁程序中延误的问题,在1996年《仲裁法》之Section 41(3)中规定允许仲裁庭把原告的索赔撤销,近期在LMLN 676(2005)有这种案件的报道。当然这一立法在1991年已经存在,1996年《仲裁法》只是把它搬了过来。

1.29.2 仲裁程序开始的中断

如果是较早在委任与构成仲裁庭的时候,被告拒绝依照仲裁协议去委任它自己的仲裁员,这是否会构成毁约呢?原告可否因此转去法院提出起诉,因为它想借此避开仲裁。估计这也难以如愿,因为立法或者仲裁条文会用缺席机制(default mechanism)对付这种情况。

再换一种情况就是原告去国家法院起诉,而不顾合约内的有效仲裁条文,被告是否可以此行为视为毁约呢?笔者觉得这是否构成毁约意义不大,因为被告若接受毁约而中断了仲裁协议,这就与去国家法院应诉并且不申请中止法院程序的结果一样。换一种情况是被告向国家法院申请中止程序,这就表示不接受毁约了,变得国家法院如果真去中止,要求双方回到约定的仲裁,被告是不能再说原告较早向法院起诉是毁约行为了。

比较有希望成立对方当事人毁约而不必再受仲裁条文的约束是原告向被告施压与诱导,导致被告开口说明怎样不去仲裁了或者睁眼说瞎话指称没有仲裁协议。这一来,原告会在被告的坚持不仲裁情况下去接受中断有关仲裁协议,转向去国家法院提起诉讼。这可以以Downing v. Al Tameer Establishment [2002] EWCA Civ. 712为例。该上诉庭先例的案情是有关Downing的原告声称发明了分开原油与水的办法并且去登记了专利,但由于没有资金去发展与生产,无法变为一盘有利可图的生意。在1991年,Downing与沙特阿拉伯的Al Tameer公司订了一份合约,由后者提供资金并合作发展。合约内有一条写得并不好的仲裁条文(主要是三位仲裁员的委任),如:

"Should there be any difference of opinion between the parties hereto, or if any other dispute arise as to any matter provided for herein, the parties shall endeavour to settle the difference or dispute in an amicable manner or through mutual consultation. In case the difference cannot be settled through mutual consultation, the matter shall be submitted for arbitration by three arbitrators to be appointed by each of the parties hereto whose award shall be find and binding."

不久后 Al Tameer 对这方法进行测验,但不及格,于是 Al Tameer 就中断了合约。到了 1994 年 12 月,Downing 以文书通知 Al Tameer 称双方有一个争议并要求后者委任仲裁员。Al Tameer 回答说是 Downing 自己违约。Downing 接下去要求双方调解,因为这是仲裁条文中的第一步,但 Al Tameer 对此保持沉默。在双方与他们的代表律师后来的来往通讯中,Al Tameer 多次表达他不认为双方之间有合约,也拒绝委任仲裁员。到了 1997 年 2 月 12 日,Downing 以文书通知 Al Tameer 称他接受了毁约(应该是指仲裁协议),并在英国法院开始了诉讼。但 Al Tameer 的回应是向英国法院申请中止,理由是双方有一个有效的仲裁协议。这是 1996 年《仲裁法》之 Section 9(1)。

英国法院认为,Al Tameer 的确是对仲裁协议毁约,但不认为 Downing 是接受了毁约去中断仲裁协议。Downing 说他去英国法院作出的告票(claim form)就是接受毁约的行为,但一审法院不同意,认为这不足够是一种不可扭转的接受(unequivocal acceptance),因为去法院是人人都有的权利,只是仲裁给了被告一个权利可在事后申请中止。

之后,去了上诉庭。上诉庭确认并同意一审法院对 Al Tameer 对仲裁协议的毁约,这是根据双方通讯往来所显示出来的。但上诉庭不认同一审法院的说法,即 Downing 并没有接受毁约去中断仲裁协议。在该案中,上诉庭认为 Downing 去法院诉讼,因为仲裁无法开始,整体上看是一种接受毁约的行为。所以结果是,Al Tameer 申请的中止法院程序被拒绝。

2. 有缺陷的仲裁条文/协议

2.1 合约解释规则(rules of construction)

仲裁条文现在在国际商贸合约中几乎是必然有的一条重要条文,这也是最常见的一种仲裁协议。它的解释也是与一份合约的其他条文基本一样,即根据一些所谓的合约解释规则(rules of construction)。由于订约自由以及今天的法律强调双方意愿(party autonomy),所以双方合约里讲什么就算什么。法官与仲裁员不是订约方,他/她们是无权增加、删除或者重写一份合约的任何条文,包括仲裁条文。他/她们唯一能做的就是在双方关于条文如何解释有争议的时候根据合约解释规则客观找出双方订约时的意愿。所以在合约法下所谓的"公平",完完全全取决于订约方在订约时为自己争取的一份对自己公平的合约,并不存在从天掉下来的"公平"。

所以了解合约法十分重要,特别是一些重要的合约解释规则。笔者经常遇到的问题与处理的案子(包括做仲裁员),十之八九是有关这一方面。对一位从业人员来说,也是要掌握这些合约解释规则,才能把合约条文写好,能够清楚无误地表达自己的订约意图与/或保障自己。有关这一方面,在《国际商务游戏规则——英国合约法》一书之第十章有详细介绍,不在这里重复。笔者只讲几条最常用的合约解释规则,因为它们与稍后要举的例子在如何解释有缺陷的仲裁条文有密切关系。

第一条是著名的Reid勋爵在Schuler v. Wickman (1973) 2 Lloyd's Rep. 33先例中所说的:"The fact that a particular construction leads to a very unreasonable result must be a relevant consideration. The more unreasonable the result, the more unlikely it is that the parties can have intended, and if they do intend it, the more necessary it is that they should make that intention abundantly clear."(如果有一方当事人所坚持的解释得出的结论是十分不合理,这是一个很有关的考虑。这是由于去假设双方会同意的东西都应该是对双方而言合情合理。如果这个结论越不合理,就越不大可能是双方在订约时想达至的结论。如果这真是双方所想的约定结论,他们就必须用清楚无误的文字把它说明,这一来也不至于引起订约双方不理解自己接受了原来对他是很不合理的条文)。

第二条是《The interpretation of Contract》一书第3版所说的:"The reasonableness of the result of any particular construction is a relevant consideration in choosing between rival constructions."(在一个合约中,如果用词不明确或者看来有矛盾的条文,争议双方各有不同的对自己有利的解释,而且都讲得通。法院或者仲裁庭应去选择的是一个相对比较合理与符合商业常识[business sense]的解释为准。道理是应该假设双方不想约定一些不合情理的事情,除非双方都选择用一些明确无误,也不可能有第二种解释的文字/措辞,这是与第一条合约解释规则相吻合的)

第三条是《Chitty on Contracts》一书第29版,12—078段所说的:"an effort should be made to give effect to every clause in the agreement and not to reject a clause unless it is manifestly inconsistent with or repugnant to the rest of the agreement."(应该尽量给一份合约内的每一条文都有一个综合性解释,而不要拒绝或删除一条条文,除非它是一条明显与合约其余部分有正面冲突或者正面矛盾)

第四条是Glynn v. Margetson & Co. (1893) A. C. 351先例所说的:"Looking at the whole of the document, and seeing what one must regard … as its main purpose, one must reject words, intended whole provisions, if they are inconsistent with one assumes to be the main purpose of the contract."(这里是指如果有一条条文或者文字与合约的主要目的起正面冲突,就会是一种罕有的情况必须删除或者限制前者的解释。举例是双方订立了一份航次租约,约定是装运一船容易腐烂的水果。但同时租约内又另有一条十分广泛的绕航条文允许船东去全世界绕一圈也不会违约,但明显如果不去直航,这船水果就无法完好地运到目的港,但这正是合约的主要目的。这一来,去综合

解释，就是要删去这一条绕航条文，不给它任何解释）

第五条是 Goff 勋爵在 Yien Yieh Commercial Bank Ltd. v. Kwai Chung Storage Co. Ltd.（1989）2 HKLR 639，PC 先例所说的："Their Lordships wish to stress that to reject one clause in a contract as inconsistent with another involves a rewriting of the contract which can only be justified in circumstances where the two clauses are in truth inconsistent …"（贵族院要强调删除一条合约内的条文，不给它解释，说它与其他条文相矛盾等于重写一份合约。这是法官与仲裁庭作为"非订约方"无权这样做的。它只在一种情况可被接受就是起冲突的两条条文是真正与正面的，又无法协调的冲突）

第六条是《The interpretation of Contract》一书第 3 版所说的："One should be reluctant to hold that parts of a contract are inconsistent with each other, and will give effect to any reasonable construction which harmonizes such clauses."（法官和仲裁员应该抗拒去说合约的某一部分与另一部分有冲突，他/她们应该去协调这些部分的条文并给予一个综合性合理解释）

第七条是《The interpretation of Contract》一书第 3 版所说的："Where parties expressly incorporate terms into a contract, the incorporated terms must be construed as if they had been written out in full in the contract, and accordingly must be construed in the context of the contract into which they have been incorporated."（如果双方当事人明示地去合并了其他条文或者规则，它们就被视为全部被合并进来，好像是一条一条写在被合并的合约里一样，只是双方为了省力省时去以合并的方式拟订合约。当然被合并的条文或者规则是要配合合约内容去解释，这表示会需要有一些合情合理的调整［manipulation］，例如租约经常以"首要条文"［clause paramount］去合并《海牙规则》就需要把《海牙规则》中的承运人［carrier］视为租约的船东［owner］，而收货人与提单持有人则视为租约的承租人：The "Saxon Star"［1958］1 Lloyd's Rep. 73）

第八条是 Buckley 大法官在 Modern Buildings Wales Ltd. v. Limmer and Trinidad Ltd.［1975］1 W. L. R. 1281 先例所说的："Where parties by an agreement import the terms of some other document as part of their agreement those terms must be imported in their entirety, in my judgment, but subject to this: that if any of the imported terms in anyway conflicts with the expressly agreed terms, the latter must prevail over what would otherwise be imported."（这里再次强调一合并，就会把所合并的文件中的条文全部带进该份合约。但如果合并的条文中与双方明示约定的条文有冲突，当然是后者优先/超越。这是一个合理的推断，例如双方在合并《海牙规则》或者是 UCP 500，会有一方或者双方当事人根本没有详细看过有关的文件规定/条文。但相对在约定时当场所约定的明示条文总应会看到与想到才加入，想对或者想歪的差异通常只在于双方水平）

第九条是 Mocatta 大法官在 The "Athinoula"［1980］2 Lloyd's Rep. 481 先例所说的："Clause 18. … is a type clause, whereas cl. 8 is a printed clause; and where there is a conflict between two such clauses it is well established that the typed clause should prevail."（这是一条十分熟悉的合约解释规则，在实践中也经常遇到。双方在合约的谈判中经常会使用一些标准格式合约或者条文简化与加速谈判的过程。另外双方也经常会另有附加条文的约定，而这些约定有相当一部分更会是该合约的主要目标[main object]。至少，附加条文肯定会是双方看过与谈过，但对格式合约就有很大可能是没有看过或者只是以前学习时看过。所以，解释合约既然是找出双方订约时的真实意图，并给它一个综合性解释，就明显应给附加条文有更大的重量。但要注意的是这只适用在有真正冲突的时候，否则还是应该尽量去协调，并给两条条文都有综合性的解释。在这里也可以顺便谈谈在给不同条文定重量的时候，也不光是在格式条文与附加条文有冲突的情况。其他情况是：(1)一条条文是用显著的颜色，例如保单会有一条红色的"Red Line Clause"。(2)一条条文是用显著的字体，例如是黑体字或者是大一点的字。(3)一条条文用文字说明是首要，例如是租约经常有的去合并《海牙规则》的首要条文(Clause Paramount)。这些文字也可以在一开始说明不管其他合约条文怎样说"Notwithstanding anything to the contrary in this Contract …"。(4)也有一个说法，但分量不重，是说越放在后面的条文会比较早的条文重量稍高。但笔者很难接受如果同样是附加条文，第 54 条会比第 50 条更能显示双方订约的真实意图。(5)但如果稍后是指在时间方面，例如是后来去作出对较早条文的更改或追加，这明显是时间上稍后约定的条文会比之前约定的重量要高。例如合约经常会有附加协议的 Addendums，它的效力就显然是超越原来的合约。最后去指出是会有情况混合了上述的几种情况，导致给多少重量不容易肯定。例如在期租合约最常见的 1946 年 NYPE 标准格式中的，它有一条印本的首要条文[Clause Paramount]，但为了防止后来的附加条文会起冲突，导致格式合约中写明是"首要"也变了"不首要"。所以在小心拟订期租合约的船东与承租人会把该印本的首要条文删除，另在附加条文的后部分重复首要条文）

第十条是在《The Interpretation of Contracts》一书提到的有关默示条文必须符合一些先决条件，说：

"In order for a term to be implied the following conditions must be fulfilled:

(1) it must be reasonable and equitable;

(2) it must be necessary to give business efficacy to the contract so that no term will be implied if the contract is effective without it;

(3) it must be so obvious that it goes without saying;

(4) it must be capable of clear expression;

(5) it must not contradict any express term of the contract.

The conditions may overlap. It is not clear whether conditions (2) and (3) are alternative or cumulative."

（这是一条重要的解释规则。它的一些大原则包括法院/仲裁庭不是订约方，所以无权去重写[rewrite]一份合约条文,这包括不得任意删除一些合约内的文字/条文,也包括不得任意增加在合约中没有出现的文字/条文。所以如果要默示条文,这其实就是增加内容,就只能是在必须这样做的情况下,这是上述第2条所说。而且默示必须是在客观看双方在订约之时与尚未出现争议时如果有第三者提醒的话都会同意,这就是上述第3条所说的。唯一不需要有这种考验[test]的是一些法定的默示,例如像仲裁法对仲裁人数与如何委任的一些默示规定。另外是已经提到的第一条合约解释规则说到明示文字/条文的解释都是要合情合理,除非双方用清楚无误的语言明示了不合理的解释,而且这是唯一的解释。这在第二条合约解释规则又说明如果该不合理的解释不是唯一而有另一个比较合理的解释就选择后者。既然明示语言也要这样解释,这一来默示明显就只能要是合理的。举一个经常见到的例子就是在双方的履约责任没有说明一个时间表,这一来就必须默示一个时间表,而这时间表一定是一个合理时间。举例是没有说明在什么时间必须开出信用证或者支付一笔钱,就去默示在合理时间内,而什么是合理时间就要视情况而定。例如对一家香港公司就会比一家中国内地公司的合理时间表来得短,因为香港没有太多的程序与外汇管制。这是上述的第1条先决条件的意思。但重要的是双方如果已经清楚地明示了一个清楚无误的时间表,即使这个时间表是十分不合理甚至是办不到的时间,例如一方中国内地公司明示了在当天内支付一笔数额巨大的款项,而客观来说是在外汇管制下无法做到。但由于已经是清楚明示了,也就无法再去默示双方有另外的订约意图,也就无法在有明示条文下再默示一个合理时间表。这是上述第5条的先决条件,也包含了第4条所说的情况。既然本书是针对仲裁条文,也简单举一个同样理念的例子。如果仲裁条文没有针对仲裁员人数与委任方法,就可在1996年《仲裁法》找出默示的地位。但如果双方约定了独任或者是3人的仲裁庭,就必须照办,因为这明确表示了双方订约的意愿。除了再也不能默示外,像香港国际仲裁中心可根据香港《仲裁法》之Section 34 [c]也无权去决定仲裁员人数了)

第十一条规则是解释一份签署了的合约(executed contract)是不应去考虑较早谈判时的事实。这些谈判时的证据被称为"parol evidence",属于不可接纳的证据。原因之一是它会带来不稳定,也很难去从中找出双方最后订约的意向,因为谈判时双方各自的地位是很快变化的。这可节录P. O. Lawrence大法官在Jacobs v. Batavia and General Plantations Ltd. [1924] 1 Ch. 287先例所说的:"It is firmly established as a rule of law that parol evidence cannot be admitted to add up, vary or contradict a deed or other written instrument. Accordingly, it has been held that (except in case of fraud or rectification, and except, in certain circumstances, as a defence to an action for specific performance) parol evidence will not be admitted to prove that some particular term, which had been verbally agreed upon, had been omitted (by design or otherwise) from a written instrument constituting a valid and operative contract between the parties."(虽然节录的话中只提到双方口头谈判的证据,但实际上这"parol evidence rule"包括了所有谈判

的证据,包括了较早时草拟的合约(draft contract):Leggott v. Barrett [1880] 15 Ch. D. 306)原因之二是会带来其他的不肯定,例如律师无法根据一份合约去给任何意见,而是要先把整个谈判过程全面掌握了解。这是 Tindal 大法官在 Shore v. Wilson (1842) 9 Cl. & F. 355 先例所说的:"If it were otherwise, no lawyer would be safe in advising upon the construction of a written instrument, nor any party in taking under it; for the ablest advice might be controlled, and the clearest title undermined, if , at some further period, parol evidence of the particular meaning which the party affixed to his words, or of his secret intention in making the instrument, or of the objects he meant to take benefit under it, might be set up to contradict or vary the plain language of the instrument itself."

第十二条规则是一个主要的例外让法院或仲裁庭考虑 parol evidence,这就是订约时的语境(The matrix of fact),这个问题也已经在《国际商务游戏规则——英国合约法》一书第十章 3.2 段有介绍,不再重复。大原则仍是准确找出双方订约时的意图,而这不一定在一份合约中的措辞清楚与准确明示,而要把谈判也加在一起考虑就会得到更准确的解释。最早提出的是 Wilberforce 勋爵在 Prenn v. Simmonds (1971) 1 WLR 1381 先例所说的:"In my opinion, then, evidence of negotiations, or of the parties' intentions, and a fortiori of [the plaintiff's] intention, ought not to be received, and evidence should be restricted to evidence of the factual background known to the parties at or before the date of the contract, including evidence of the 'genesis' and objectively the 'aim' of the transaction."例如在《国际商务游戏规则——英国合约法》也提到了一个案件是航期租约中有两条冲突的附加条文,一条说明船东可在装港的新奥尔良加 700 至 800 吨燃油,另一条是常见的条文,说船东加油不能影响装卸操作。承租人指控船东不能加这 700 吨燃油,因为导致他不能多装 700 吨货。结果仲裁庭裁决承租人胜诉,因为迫使承租人少装了 700 吨货是明显并严重地影响装货。但这并非是一个好的解释,因为它否定了说明船东可加 700 吨燃油的有同等重量的附加明示条文。要去协调,可以限制加油不能影响装卸操作的广泛意思,就是只是指装货码头如果不允许或者不方便同时加油,或者船舶要移船装货令加油半途必须停顿等情况,船东必须让步,但不包括让船东多加 700 至 800 吨燃油。这样一来,就两条有同等重量的条文都有它们的一定解释了。但更重要的是双方在谈判时,船东曾经一度坚持要在装港添加廉价的燃油,因为差价比运费还要高。但承租人拒绝,因为这影响了他会少装 700 吨货。结果双方中断谈判,但估计承租人过了一个星期还找不到其他船舶可租,结果又回来面灰灰地答应船东并去签署了租约,内中有上述的两条条文。所以如果这些 parol evidence 可让仲裁庭看到与加以考虑,恐怕判法就会不一样与更能表达双方在上述两条条文的真正意图。但这语境的规则也带来很多额外的争议与不稳定就是合约虽然清楚写明,但双方仍把谈判中的证据引进来,而结果通常是毫无帮助。而笔者在一个近期的仲裁中,就在裁决书中讲了以下的一段话:

"I see it as a warning not to be influenced by what is in truth a finding of the subjective intention of the parties at the relevant time (which was, in this, more than 5 years ago), instead of carrying out what I believe should be the correct exercise of determining objectively the intent of the parties from the words of the documents in the fixture file in the light of the circumstance surrounding the transaction."

第十三条规则是法院/仲裁庭也不能在解释合约时看双方在合约后的一些行动与说法,毕竟他们会是错误了解了合约条文。这是 Reid 勋爵在 James Miller and Partners Ltd. v. Whitworth Street Estates(Manchester) Ltd. (1970) A. C. 583 先例所说的:"I must say that I had thought it now well settled that it is not legitimate to use as an aid in the construction of the contract anything which the parties said or did after it was made. Otherwise one might have the result that a contract meant one thing the day it was signed, but by reason of subsequent events meant something different a month or a year later."

第十四条规则是不允许一方当事人的错误行为导致合约中断或者获利。Diplock 勋爵在 Cheall v. APEX (1983) 2 A. C. 181 先例所说的:"the well known rule of construction that, except in the unlikely case that the contract constrains clear express provisions to the contrary, it is to be presumed that it was not the intention of the parties that either party should be entitled to rely upon his own breaches of his primary obligations as bringing the contract to an end."

另外,在《The Interpretation of Contracts》一书有同样的说法:"A contract will be construed so far as possible in such a manner as not to permit one party to it to take advantage of his own wrong."比方说在一些合约经常有的后决条件(condition subsequent)就比先决条件(condition preceding)有不一样的解释。因为后者是在谈判的阶段,双方谁想中断就中断。但前者是已经有了合约,就这一条规则适用了。例如造船合约通常有一个条文说明了一些后决条件,如船厂无法取得出口证或者进出口银行提供的担保,已签署的合约就会中断。但事后如果是船厂根本不去申请出口证或者进出口银行担保,这就变成了违约。相反,如果船厂作出了申请但被有关当局或进出口银行拒绝,这一来后决条件生效而令造船合约中断就不是违约了。同样的精神也可适用于仲裁,这就是在著名的贵族院先例 Bremer Vulkan v. South India Shipping (1981) 1 Lloyd's Rep. 253。在该先例中原告开始了仲裁但之后好几年不去推动仲裁,结果想去推动时被告就以原告懈怠为由撤销诉讼请求(strike out claim for want of prosecution),但被贵族院否定。注意这里不涉及时效,因为仲裁已经开始。本来在法院是有这种做法,而且十分严厉地对待原告在推进程序中的怠慢。但对于仲裁,由于仲裁条文是双方的约定,所以一直有说法是双方都有义务遵守该条文,合理推进程序(这在 1996 年《仲裁法》之 Section 40)与败诉时作出支付。所以贵族院判被告也有责任在原告不推进的时候去推进,否则被告也有错,不能以任何理由向法院取得救济。但这是与实际做法及人性不符的,因为被告怎会主动去推进仲裁程序?除非他提供了一大笔担保或者有一个信心十足的反索赔。这普通法带来的困难最后是以立法解决，在 1996 年《仲裁法》之 Section 41(3)说：

"If the tribunal is satisfied that there has been inordinate and inexcusable delay on the part of the claimant in pursuing his claim and that the delay –

(a) gives rise, or is likely to give rise, to a substantial risk that is not possible to have a fair resolution of the issues in that claim, or

(b) has caused, or is likely to cause, serious prejudice to the respondent, the tribunal make an award dismissing the claim."

第十五条规则是总结解释合约的基本精神就是从双方表达的文字/措辞中客观找出双方的订约意图。Diplock 勋爵在 the "Nema" (1981) 2 Lloyd's Rep. 239 先例说："The object sought to be achieved in construing any contract is to ascertain what the mutual intentions of the parties were as to the legal obligations each assumed by the contractual words in which they sought to express them."这表示双方在订约时的真正意图在解释合约时实际上是无关，这方面的证据也不被接纳。从公道看，如果一方当事人词不达意地表达自己，对方也就会在有误解的情况下订约了。此外，如果接受双方在这方面的证据，就会有太多的情况得出的结论就是双方的想法不一致(meeting of minds)导致整个合约的基础就有问题了。这是 Donaldson 大法官在 Summit Investment Inc. v. British Steel Corporation (1987) 1 Lloyd's Rep. 230 先例说："their actual intentions are happily irrelevant, since, were it otherwise, many, and perhaps most, disputes upon points of construction would be resolved by holding that the parties were not ad idem."

第十六条规则是在《The Interpretation of Contracts》一书所说的："The canons of construction are no more than pointers to discovering the presumed intention of the parties to a written contract. They are not to be slavishly applied, and where they point in different directions the court must select those which will produce a reasonable and just result."这是总结合约解释的规则(rules of construction)只是规则，不是强制性的法律。这好几十条的规则只为了提供法院/仲裁庭在解释合约时的指导方向。由于每一份合约都会有情况是双方的用词并不一致，导致每一次的争议都经常不会有一模一样的先例。许多时候，对有经验的法官/仲裁员而言，会在看了一份合约后所得出的总的印象，包括什么条文应给更大的重量。当然，解释合约属于法律问题，可以上诉至法院。如果法院不认同这样的解释，例如删除一条条文但事实上可在整个合约中与其他条文协调，就会推翻裁决书。由于这种情况太多，也造成大量的裁决书被上诉，造成额外费用与拖延，也违反了双方的意愿是去仲裁。这造成 1979 年《仲裁法》与后来普通法的"Nema Guidelines"加以对上诉作出限制。这些方面已经基本上在 1996 年《仲裁法》之 Section 69 (3)重复了，就是解释合约如果是对大众有重大影响的案件，例如是解释一份多人使用的标准合约，就会较宽松地考虑批准上诉。但如果是一些一次过的(one-off)解释条文，例如罕见的附加条文，就会是非常严格，甚至是没有希望取得上诉批文。

在上述的合约解释规则下,笔者探讨一些千奇百怪写法的仲裁条文。

2.2 有缺陷仲裁条文例子之一:没有“仲裁”一词

笔者以往有的信念就是一条有效的仲裁条文是必须出现“仲裁”(arbitration)一词,以能清楚无误地表达双方以这种办法解决争议,并排除法院的管辖。毕竟排除法院管辖是属于一种不正常的做法,所以条文必须说清楚,解释起来才会获得支持。这是第一条规则中 Reid 勋爵的话。但随着近年来英国法院越来越支持仲裁,也就使解释变得十分宽松。近年来有案例说不要“仲裁”一词也可以是一条有效的仲裁条文。这是在 David Wilson Homes Ltd. v. Survey Services Ltd. & David Jonathan Marshall (Civil Division) (Judgment delivered 18 January 2001)先例中,保单内的仲裁条文说:

“Any dispute or difference arising hereunder between the Assured and the Insurers shall be referred to a Queen's Counsel of the English Bar to be mutually agreed between the Insurers and the Assured or in the event of disagreement by the Chairman of the Bar Counsel.”

大家注意条文中没有“仲裁”一词,甚至也没有任何说明御用大律师(Queen's Counsel)的意见是终局性与约束性(final and binding)。这大可以被解释为向御用大律师取得一个法律意见作为双方谈判和解的基础。事实上,在第一审也的确是这样判的,说这并非是一条有效的仲裁条文。但去了上诉庭,该条文被解释与判为是一条有效的仲裁条文。但要小心这同一的条文如果换了是有争议让一位船舶经纪人或者是一位建筑师决定,而不是一位御用大律师,就很可能会有不同的解释。所以,这种不明确条文应该避免,双方如果是想去仲裁以解决争议,就应把“仲裁”一词明确地写出来。

2.3 有缺陷仲裁条文例子之二:仲裁员委任不明确

在 Downing v. Al Tameer Establishment (2002) EWCA Civ. 721 先例的仲裁条文说:

“… In case the difference cannot be settled through mutual consultation, the matter shall be submitted for arbitration by three arbitrators to be appointed by each of the parties hereto whose award shall be final and binding.”

上述条文差劲的地方是它规定了三位仲裁员的仲裁庭,但只有两位当事人,各自委任一位也只是有两位仲裁员,不可能是三位。根据一般的做法包括《联合国示范法》之 Article 11 (3) (a),第三位仲裁员是由两位当事人委任的仲裁员委任,如果两位仲裁员无法同意,就由法定机构作出,在香港就是“香港国际仲裁中心”(HKIAC)。但如果说整条条文因为这个小矛盾而删除或当做无效会实在太过分,这在上述的合约解释规则中也作过介绍,就是不轻易删除,重写一份合约。这样一来,就要给它一些可以说得通的综合性解释。看来在三位的仲裁庭,两位仲裁员的委任是不成问题,困难只在第三位仲裁员。可能的一种解释办法是要求第三位仲裁员不是由当事人仲裁员(party-appointed arbitrators)委任,而是由两位当事人把第三位仲裁员的人选也去协商与同意作出委任。在无法委任同意的情况下,才向法定机构申请作出委任。

2.4 有缺陷仲裁条文例子之三:把仲裁与法院混在一起

笔者一向认为:要么去法院要么去仲裁,不要拖泥带水,因为如果在条文中区分得不够明确,只会带来更麻烦与昂贵的扯皮争议。例如笔者曾经见过一条仲裁条文说是十万美元以下去伦敦仲裁,而十万美元以上去英国法院。但条文又没有说清楚这十万美元是否只是指争议的本金,是否包括利息与有关的律师费用,更没有说明是否包括反索赔。还有,如果半途要作出索赔文书的修改(amendment)是要把原来十万美元以下的索赔金额增加至十万美元以上,又是否要中断仲裁程序并转去法院诉讼呢?若是原告为免去麻烦把新增加的索赔金额留待另一个仲裁,则会肯定面对定案(Res juducata)及一事不再理(Issue estoppel)原则,可见在操作上也十分不现实。

现在再举一个例子就是曾经见过一条条文简单说:"Arbitration in Hong Kong before the Court."这带来的问题是怎样去解释与协调条文,既提到了香港仲裁,也提到了香港法院。如果解释只是把它当做香港仲裁,而漠视了香港法院(before the Court),这就是删除了这几个字,不给它任何解释,这显然不是一个好的合约解释做法。

笔者后来问其中一方的当事人为何这样写,答案是订约双方都对香港的司法制度有信心,这包括法院与仲裁,所以想把两种办法的好处合并起来,以为有最好的结果。

幸亏在香港《仲裁法》之 Section 13 (a)与英国的 1996 年《仲裁法》之 Section 93 都有提到一种做法,就是可委任一位法官为仲裁员。这当然是要经过首席大法官批准,其中一个最大考虑是法院的工作繁忙程度。这一来在法官被委任为仲裁员之后,将来开庭也是在法院的内庭进行。以这个办法就能够给上述的条文中每一个双方约定的文字或措辞都有了合理的综合解释。

2.5 有缺陷仲裁条文例子之四:协调法院与仲裁的矛盾之一

在 Smith Ltd. v. H & S International [1991] 2 Lloyd's Rep. 127 先例中涉及的是一个名牌运动服专卖合约,它解决争议的条文有两条,其中第 13 条文是去 ICC 仲裁,但第 14 条文说是英国法院有管辖权。它们的文字与措辞如下:

"13. SETTLEMENT OF DISPUTE If any dispute or difference shall arise between the parties hereto concerning the construction of this Agreement or the rights or liabilities of either party hereunder the parties shall strive to settle the same amicable but if they are unable to do so the dispute or difference shall be adjudicated upon under the Rules of Conciliation and Arbitration of the International Chamber of Commerce by one or more Arbitrators appointed in accordance with those Rules.

14. LANGUAGE AND LAW This Agreement is written in the English language and shall be interpreted according to English Law. The Court of England shall have exclusive jurisdictions over it to which jurisdiction the parties hereby submit."

双方有关支付专利费有了争议,原告企图中断合约。被告向 ICC 申请与提出仲裁,但原告抗拒说仲裁条文是无效的。ICC 作出了裁决指称该仲裁条文有效,于是原告去了英国法院要求法院对仲裁条文的有效性作出一个宣告(Declaration)并同时作出禁令去阻止 ICC 仲裁程序的推进。这种做法是在 1996 年《仲裁法》生效前的一贯做法。

原告指 ICC 仲裁条文无效的主要原因是第 13 条文与第 14 条文有直接与正面的矛盾与冲突,所以在考虑到法院是正常的程序解决争议,而如果要仲裁是要清楚说明才能排除法院的管辖,在本案例中就应该否定 ICC 仲裁条文。这是合约解释规则(rules of construction)第一条。

Steyn 大法官认为第 13 条文与第 14 条文并非有真正的矛盾与冲突,而是可以协调并给一个综合的合理解释。首先他认为第 13 条文是一条十分广泛与措辞严谨的 ICC 仲裁条文,所以不能把它排除。而第 14 条文大可以解释为第一部分约定的是合约的适用实体法,也就是英国法。而第二部分是说明英国法院有管辖权,这管辖权只是局限在对该 ICC 仲裁的监督,而不是取代 ICC。而在英国进行的 ICC 仲裁,程序法是英国仲裁法,但同时照顾到双方明示的 ICC 仲裁规则。这一来,第 13 条文与 14 条文综合针对了实体法,程序法与仲裁规则。

2.6 有缺陷仲裁条文例子之五:协调法院与仲裁的矛盾之二

另一个同一判法的案例是涉及租约仲裁条文是否有合并进去提单的热门话题,案例是 The "Nerano" (1994) 2 Lloyd's Rep. 51。在该货损货差的争议,相关提单有两条条文。在提单前面是有一条写明说:"The conditions as per relevant charterparty dated 02. 07. 1990 are incorporated in this bill of lading and have precedence if there is a conflict, English law and jurisdiction applies."可见这条条文是罕见的情况,把合并的租约日期也写明,并且它谈到英国法院的管辖。这一来,它就与提单背面的一条把租约仲裁合并的条文起了表面的冲突。这一条条文是印在最普遍使用的 Congenbill 1994 格式的散货提单,说:"All terms and conditions liberties exceptions and arbitration clause of the Charterparty, dated as overleaf, are herewith incorporated."

既然提单是收货人与船东之间的运输合约,解释表面看来有冲突的条文就应该看看是否有真正无法协调的冲突与矛盾。结果 Clarke 大法官判是可以作出协调,英国法院起的作用就是监督一个伦敦仲裁。他说:

"the correct course was to give effect to all the provisions of the bill; if that attempt was made it led to the conclusion that effect could be given to both the clause and on the front and the clause on the back of the bill of lading; there was some overlap but there was no conflict; the notion of English jurisdiction was not inconsistent with a submission to arbitration if only because the English Court retained a supervisory jurisdiction over the arbitration which according to cl. 36 was to take place in England; there was no reason to disregard the specific reference in cl. 1 to the incorporation of the arbitration clause;"

这判法与 Smith Ltd. v. H & S International [1991] 2 Lloyd's Rep. 127 先例的判法一致。

2.7　有缺陷仲裁条文例子之六:标题与内容不符

在 Cott UK Ltd. v. F E Barber Ltd. [1997] 3 All E. R. 540 的先例,它有一条解决争议的条文如下:

"Arbitration

Any dispute or difference arising from the construction or performance of the agreement shall be referred to the decision of a person to be appointed by the Director General of the British Soft Drinks Association. The person chosen or appointed shall be an independent consultant and shall act as an expert and not as an arbiter and his decision shall be final and binding on the parties."

上述条文产生直接矛盾的地方是条文标题说是仲裁,但内容是针对另一种解决争议的办法,即专家决定(expert determination)并且说明他不是做仲裁员(not as an arbiter)。虽然有证据显示了双方在谈判时确实有想过仲裁,但重要的还是要看双方签署了合约的语言,它才能代表双方最后约定的意愿。结果法院判定上述条文并非是仲裁条文。

这里也可以讲得远一点,就是英国法院和仲裁庭并不重视标题,这毕竟只是合约条文的一部分。要解释是要全面解释,而内容是多得多了。所以如果一定要排除一些直接的矛盾或者冲突,也只应是标题的"仲裁"一词。这种做法就是英国法院重视实质内容多于一个标题或者名称,多不胜数,这大概也显示了英国的民族性是重视实质内容。反过来看中国近代的民族性,就很重视标题和名称,相等于看表面,而不重视实质内容。笔者二三十年前到中国内地,当时有两批著名海商法学者在争论到底应该翻译英文的"lien"为"优先权"或者"留置权",当时笔者大惑不解,到今天笔者仍是不理解。毕竟"lien"的解释已经有很多的先例,在不同的情况下有许多的内容,根本不是简单的一两个字的名称可把它包罗万象的,所以,只要不是太离谱,翻译为什么名字又有什么关系呢?

2.8　有缺陷仲裁条文例子之七:有两处仲裁地点

仲裁条文的有效性通常在法院被支持多于被否定,特别在今天的大气候下。其中一个少见的先例是 Lovelock, Ltd. v. Exportles [1968] 1 Lloyd's Rep. 163。在该 CIF 买卖合约中,仲裁条文竟然出现了两个部分,第一部分是去英国仲裁,第二部分是去俄罗斯根据 Russian Chamber of Commerce Arbitration Rules 仲裁。这又是在同一条文中起冲突而且又不能说谁超越谁,例如是手写条文超越印本条文。在第一审支持了该条文的有效性,说是第一部分适用。但去了上诉庭被推翻,Denning 勋爵说这两部分起了直接冲突,也无法说谁超越谁或者可设法协调,只能把它否定,争议最终是在英国法院审理。

同样情况笔者(杨良宜)在 2003 年也曾遇到过。先是笔者收到一个英国律师的电话,他代表原告并对笔者说希望笔者宽容地接受委任为原告仲裁员,因为租约的仲裁条文写得并不明确。笔者要求原告律师把有关的租约传真一份给笔者考虑。不久后,该租约果然来了,笔者发觉第48条文如下:

"Arbitration in Hong Kong with English Law to apply.

All disputes arising out of this contract which can not be amicably resolved shall be referred to arbitration in London.

Arbitrator to be appointed by each party, the reference shall be to two arbitrators. But if one party falling to appoint arbitrator within 7 days after another party has appointed one, then it will become sole arbitrator for the arbitration."

而严格地说,依照 Lovelock, Ltd. v. Exportles 先例,上述的矛盾仲裁条文也应被视为无效。双方当事人只能去法院解决争议,当然去什么法院也是天知道的,因为一方是中国内地机构而另一方是巴拿马船东,估计已经没有船舶可扣了,可见仲裁条文有效性的重要性。加上解释合约条文由于用字与措辞不会完全一致,所以也谈不上是有直接的先例约束。大可以用不同文字与环境的区分(distinguish)去偏离先例,当然这区分是要合情合理才会有说服力与被有关法院所支持。笔者考虑到:(1)今天比起20世纪60年代的大气候是更加支持仲裁;(2)双方以仲裁解决争议的意图是明确,起冲突的只是仲裁地点;(3)笔者是可以在香港与伦敦两地仲裁;(4)即使是没有说明仲裁地点的情况下,根据英国1996年《仲裁法》之 Section 3 (c)也可由双方委任的仲裁庭决定,这就要看被告在收到仲裁通知后是否会委任自己的仲裁员组成仲裁庭;(5)也可能被告根本不去提出这一个矛盾或者冲突,就去推进香港或者是伦敦的仲裁程序,这也构成了对管辖权异议的弃权或者禁止翻供。在上述的各种考虑下,笔者接受委任为原告的仲裁员并作出以下的电传:

"Thank you for your telephone call and fax a while ago. I reconfirm that I am happy to accept the appointment as your client's arbitrator in respect of all disputes arising out of this contract.

As you have kindly pointed out, the arbitration clause is not well drafted. But the parties' intention to go to arbitration in resolving disputes is clear and certain. Furthermore I can arbitrate both in Hong Kong and London, and I am a member (supporting member) of the LMAA. Therefore, wherever is ascertained or agreed as the proper seat of the arbitration, I will be able to continue in the reference.

Thank you for your kind appointment."

这个案件结果也是很快地告一段落,即原告律师在给了仲裁通知及要求被告在7天内作出被告仲裁员的委任后,据悉,中方被告马上就作出和解提议,并为原告接受而令整个仲裁马上就圆满结束。笔者等于也没干过什么工作或者收过什么费用。但这正是一个香港仲裁应该提供好的服务与喜欢见到的结果。如果笔者一开始就先提出各种质疑导致原告无法走出第一步地委任原告仲裁员,也自然无法作出仲裁通知与要求被告下一步的委任被告仲裁员,原告就可能被迫放弃可能是一个很有利的索赔或者只能去中国法院向中国被告起诉了,这都会对原告造成不公平。

2.9 有缺陷仲裁条文例子之八:如何协调明示仲裁条文与合并仲裁条文之间的冲突

这是一种经常见到的情况，就是双方当事人明示地同意了伦敦或者香港的仲裁，但同时合并了一个标准合约的格式，而它的另一款不同内容的印本仲裁条文没有被删除。简单地解释当然是明示同意的仲裁条文应该超越合并的印本仲裁条文，问题是如果印本仲裁条文有其他的内容，例如仲裁员人数，如何委任仲裁员、时效等的方面，而这是明示仲裁条文并没有去针对的，这些内容是否应该保留并给予综合的解释？毕竟，大原则是不应该轻易排除双方约定的任何内容，这包括合并了的内容。现在先举第一个例子：笔者在2003年收到了一份传真被委任为原告仲裁员，原告是船东，要向承租人索赔约450万美元的滞期费。原告的律师在委任时向笔者指出双方明示的仲裁条文十分简单，只说“Arbitration London, English Law to apply”，但租约同时合并了Asbatankvoy格式，这是一份十分常见的油轮标准租约格式，其中第24条文是去美国仲裁并说明仲裁庭有三位与双方当事人各自委任的仲裁员。众所周知，如果光是根据简单的Arbitration London，就在1996年《仲裁法》之Section 15（3）默示为独任仲裁员。所以如果明示条文是完全超越了Asbatankvoy格式的仲裁条文，委任就要依据1996年立法的默示地位了，这会是去英国法院申请委任，会对原告带来不便与费用。但如果认为明示的伦敦仲裁只超越了合并Asbatankvoy格式的纽约仲裁，而其他内容有关仲裁员人数与委任方法仍然保留，笔者就可以接受委任了。结果，笔者在接受同时所发出的电传是说：

“Thank you for your fax of today. I confirm it is my pleasure to accept appointment as your Client's/Owners' arbitrator.

I noticed the dispute has to do with outstanding demurrage. I also noticed the Fixture Note provided for arbitration in London but because of the incorporation of Asbatankvoy form, therefore you say cl. 24 therein should be read together, causing the arbitral tribunal to be of 3 persons.

At the moment and for the purpose of appointment, I accept your explanation. I will however keep an open mind if it is to become an issue in future days.

Thank you again for the kind appointment.”

这个案件最后顺利地推进与以双方和解满意终结了有关争议。

2.10 有缺陷仲裁条文例子之九:如何协调明示仲裁条文与合并仲裁条文中时效的冲突

另一个案件是面对几乎同样的问题,就是既有明示条文但双方又经常漏了把合并进来的标准格式中矛盾的条文删除。可是在本案件最后笔者作出解释的结果是很不一样。案情是双方简单地明示同意了伦敦仲裁,但双方又合并了一个法国标准租船格式,条文中有一条印本的仲裁条文是去巴黎仲裁并且必须在卸货后6个月内提出,否则索赔无效。笔者面对的问题是到底明示伦敦仲裁条文超越了整条印本仲裁条文,还是只是巴黎仲裁的部分?如果6个月的时效仍是有效,原告/船东向承租人的索赔就刚好超出了时效。笔者作为仲裁员的考虑有以下几点:(1)与上一个例子不同的是这里针对时效,这是个十分严重的问题,也会很不合理,这与仲裁员人数与如何委任是两码事,不能相提并论。正如第一条合约解释规则所说,越不合理的事情越要写得清楚无误。(2)这里有两个不同解释,船东的解释当然是明示的仲裁条文整条超越了印本仲裁条文,双方在订约时根本没想到或者看到这条印本仲裁条文,笔者估计这也是事实。正如第二条合约解释规则所说,在双方两个不同的解释下,笔者有权去选一个合情合理的解释为准。结果笔者是判时效部分也被明示仲裁条文一并超越,但由于索赔金额不大,结果也没有被败诉的法国承租人去上诉英国法院,所以笔者也无法知道这样解释是否为法院所支持。

2.11 有缺陷仲裁条文例子之十:仲裁条文明示了一个不存在的仲裁机构

这种情况也是遇过不少,例如在1982年一个被报道的仲裁名为 Aminoil v. Government of Kuwait (1982) XXI I. L. M. 976,仲裁条文说明第三位仲裁员是由一个名为 British Political Resident in the Gulf 所委任,但此官员已经不存在。另外在多个地方的法院也有过同样情况的判决,例如在香港就有 Lucky-Goldstar International v. Ng Moo Kee Engneering Limited [1993] 2 HKLR 73 先例,仲裁条文就提到了不存在的仲裁机构名为"International Commercial Arbitration Association"。香港法院判定仲裁条文完全有效,这是在明示仲裁条文显示了十分明显的意愿,至于不存在的仲裁机构,由于无法调整(manipulate),因为没有比较相近名字的仲裁机构,也就只好把它删除了。这在英国也同样有过这种案例名为 Gatoil International v. National Iranian Oil Company (p. 587, Vol. XVII Yearbook of Commercial Arbitration),Gatehouse 大法官也作出同样的结论。在美国也有同样的判决,如 Laboratories Grossman v. Forest Laboratories 295 New York Supp,Warnes S. A. v. Harvic International Ltd. and Another, United States District Court, Sweet D. J. , 22 June 1993。

在巴黎的国际商会也曾经对1987年的237个ICC仲裁案件的仲裁条文作出过分析,其中有接近10%的仲裁条文明示了错误的仲裁机构,通常是说ICC苏黎世,或者是日内瓦,更或者是斯德哥尔摩等。但其实ICC只有巴黎的独此一家。当然国际商会是宽松地解释这种笔误,都认为是有效的ICC仲裁条文。

笔者曾经处理过一个仲裁案件并需要作出裁决书针对有关的管辖权质疑/挑战。该合约的仲裁条文是说"In the event of dispute in the execution of this Contract by both parties, they should to resolve it by International Arbitration Body in Hong Kong"。香港并没有这样一个仲裁机构,但名字相对接近的香港国际仲裁中心(HKIAC),而且这是法定的仲裁机构,这等于排除 International Arbitration Body 的不存在机构或者调整(manipulate)为 HKIAC,得出的结论都是一样,就是有关的仲裁机构应该就是 HKI-

AC,这也是笔者的裁决,裁决书也没有被上诉至法院。

在仲裁条文包括了一个不存在的机构时,正确的做法是不应该删除整个仲裁条文。如果该不存在的机构名字与一个存在的仲裁机构相近,则甚至可能是笔误导致的,而双方仲裁的意愿是明显的,只要简单地调整即可。但如果扯不上一个存在的仲裁机构,就不能乱来,强加给双方当事人根本没有想到与约定的存在的仲裁机构。这样一来,正确的解释是排除有关不存在仲裁机构的部分。

在这样分析下,就可以看到中国《仲裁法》的严格性,即双方必须约定仲裁机构而且名称必须准确无误。如果有错,就由双方当事人同意改正。如果不能同意,仲裁条文就变得无效。本来也无须通过立法规定双方同意改正,因为双方如果在争议时能够同意的话也不必劳烦法律的指令了。加上在现实中一有了争议,双方能够同意(方便原告顺利开展仲裁)的机会是极微的。这样看来,中国《仲裁法》并非拟订得太支持仲裁的行业。

2.12 有缺陷仲裁条文例子之十一:仲裁条文明示了已经过时的仲裁规则

这种情况也是在现实中经常遇到,这都是一些商业人士在不了解情况下乱订合约的结果。事实上笔者至今还是会见到不少伦敦仲裁条文说明是1950年甚至更早的《仲裁法》适用。这问题在程序法上是不大,因为1996年《仲裁法》已经是说明了一些重要的立法条文是强制性的(mandatory)。但如果双方明示了一些已经是过时或者不存在的仲裁规则(rules),这问题就比较大了,因为这涉及了订约自由与当事人意愿被尊重的问题。

首先对一些不存在的仲裁规则,也无法跟一些常见与有效的仲裁规则扯得上边,唯一的办法就是把这来一部分删除。但对一些过时的仲裁规则,只是有了新版本,令旧版本不能再适用。这样一来合理的解释应该不是删除而是把它调整(manipulate),这应该更加接近双方在订约时的意愿。"贸仲"(CIETAC)在1989年曾经改名并把它的仲裁规则更新了,而且因为是机构仲裁,"贸仲"是不肯再去使用旧版本以管理仲裁案件,不管当事人合约怎样写。这在执行裁决书之时带来了有关的争议,在英国及香港都曾经有过法院的判决。

在英国有China Agri v. Balli (1998) 2 Lloyd's Rep. 76,Longmore大法官判决是双方当事人同意去中国内地仲裁,并且是根据有关仲裁机构(贸仲)的仲裁规则,由于"贸仲"不再接受以往的仲裁规则去管理有关案件,所以合理的解释就是双方所同意的旧仲裁规则应可调整为新的继承规则。

香港同样的案例但有不同判法(判定新规则下的裁决书不符合仲裁条文,也等于是管辖权出问题)是:Tai Hing(Asia)Promotion Company Limited v. Trinity (China)Supplies Limited, HC Action No. A6585 of 1987。这一个判法曾经被批评与"贸仲"怀疑是香港法院不支持北京仲裁。幸亏这一个问题已在后来两个香港法院判例中被纠正过来:Guangdong New Technology Import & Export Corporation Jiangmen Branch v. Chiu Shing trading as BC Property & Trading Company, MP No. 1625 of 1991 和

Shenzen Nan Da Industrial and Trade United Co. Ltd. v. FM International Ltd., MP No. 1249 of 1991。

当然这问题也不光是发生在“贸仲”,其他的仲裁机构也出过同样的问题。今天法律及环境改变很快,确实造成了仲裁规则修改过密,否则很容易过时。例如 Ranko v. Antarctic June 12 (1998)未被报道,英国法院也是判决双方订约的意图是如果适用在有争议的时候有新版本,就一定是包括了新版本。

2.13 有缺陷仲裁条文例子之十二:仲裁条文包括了两个不同适用法

笔者见过一条新加坡仲裁条文,在同一条文连接下去是说:“The rights and obligations of Party A shall be decided according to English Law, while the rights and obligations of Party B shall be decided according to Korean Law.”看来这又是双方不懂法律的当事人制造出来的麻烦,表面看很公道,一方当事人是韩国人,它要求对他在合约中承担的义务和责任以他比较熟悉的韩国法律为准,而另外一位是马来西亚人就以他比较熟悉的英国法为准。但他们不了解一个合约是不可以有两套法律体系由头到尾解释,毕竟两套法律体系不会相互配合。加上 Party A 的权利也就是 Party B 的义务,怎能区分得开?这样一来到底是以英国法还是以韩国法解释呢?在这一方面英国的其中一个有关判例是 The “Iran Vojdan” (1984) 2 Lloyd's Rep. 380,Bingham 大法官说:“I think, clear and not disputed that this clause in the bill of lading is bad insofar as it envisages what may be called a ‘floating proper law’ … The proper law is something so fundamental to questions relating to the formation, validity, interpretation and performance of a contract that it must, in my judgment, be built into the fabric of the contract from the start and cannot float in an indeterminate way until finally determined at the option of one party. As I say, it is, as I understand, common ground that as a matter of English Law effect cannot be given to that part of this clause. That is, however, the limit of the common ground.”

看来唯一的解释办法就是否定了整个条文,除了是新加坡仲裁条文。至于什么是合约的适用法(proper 或 governing law)就要根据新加坡的法律冲突解释规则(conflict of laws rules)去寻找了。

2.14 有缺陷仲裁条文例子之十三:不熟悉合并仲裁机构有关条文的危险

在一个实例中,合约的有关仲裁条文是说:“Any disputes arising between the parties shall be finally settled by two arbitrators, one to be appointed by party A and another by party B. If the arbitrators do not agree, an umpire shall be appointed by ICC. Arbitration takes place in Thailand according to ICC Rules.”

表面看来,这一仲裁条文是清楚说明以泰国作为法定地点(seat),适用泰国的仲裁程序法。但同时明示合并了 ICC Rules,所以泰国仲裁法可被明示条文改变或者超越的地方,也就是以明示条文为准。但这个条文的问题是在说明委任仲裁员是以英国海事仲裁及立法(1950 年《仲裁法》)一贯的做法为准,就是两位当事人委任的仲裁员如果在任何地方不能同意,就去共同委任一位“公断人”(umpire)。公断人是把整个案件接过来并犹如一位独任仲裁员一样作出裁决,而两位当事人委任的仲裁员也就再不具有仲裁员的身份了。即使是他们同意的地方,公断人也不必尊重,大可以自己全权决定。这实际上是在波罗的交易所(Baltic Exchange)以往的一贯做法,也一直在影响英国《仲裁法》的立法。

但问题是,国际商会(ICC)是在巴黎,不受英国这种做法的影响,所以 ICC 规则内以及做法上是没有公断人这回事。结果这一上述仲裁条文被 ICC 解释为公断人实际上是指首席仲裁员,并委任了一个三人的仲裁庭。这一来,所作出的裁决书也不光是只有公断人一人签字作出,而是由三位或者多数的两位签字作出。结果该裁决书在泰国上诉至最高院(Supreme Court)被最高院否定(2005 年),认为是仲裁庭的组成与仲裁协议并不一致,这也是《纽约公约》在 Article V(1)(d)可以拒绝执行签约国裁决书的理由。这方面危险之处是类似的仲裁条文仍普遍存在于泰国政府签订的合约内,看来为了避免出现这种局面,要不就是把这条文改掉,要不就 ICC 改变做法,接受英国法律的公断人做法。但看来目前并没有迹象做出这种改变。

说实在的,这里也得出一个大道理,即合并等于是去明示一条条文,双方订约方都应该清楚了解他们到底是同意或者合并了一些什么东西,否则就会上当。

2.15　有缺陷仲裁条文例子之十四:仲裁所包括的权限受了限制

经常见到有条文写得并不广泛,例如:“Any dispute regarding performance of this contract shall be finally settled under ICC Rules.”(这是机构仲裁的条文)或者:“Any dispute regarding performance of this contract shall be finally settled in Hong Kong Arbitration.”(这是随意仲裁的条文)。上述仲裁条文只允许履行合约(performance of the contract)以仲裁解决争议,但如果是不履行合约呢(non performance)? 这更不要说如果也涉及了侵权,仲裁员的管辖权就会遇到质疑与挑战。笔者也见过航运的一些十分局限仲裁条文,例如说有关滞期费的争议去伦敦仲裁,这也是不好的条文,原因是:(1)滞期费与船期损失有时候很难区分,前者是议定赔偿金额(liquidated damage)而后者是不议定赔偿金额(unliquidated damage)。但局限在滞期费的仲裁条文,就没有管辖权去处理船期损失的争议了,但两者经常混在一起很难区分。(2)如果有分得开的争议,一个争议是有关滞期费,另一个争议是有关适航,前者争议就必须仲裁,但后者争议因为没有仲裁条文的管辖就必须去法院。导致明明可以放在一起的两个争议,在同一个诉讼解决,结果硬要拆开来分两场官司去处理,导致劳民伤财。

笔者多次强调:要么就去仲裁,要么就不去,别拖泥带水。如果去仲裁的话就要摆一条广泛的仲裁条文令所有的有关该合约的争议都可包括在仲裁的管辖下,这就可以省了昂贵的争议费用,也避免了一方当事人(通常是被告)的扯皮。这广泛权限的措辞是:“arising out of”,也就是整句的仲裁条文是:“any disputes arising out of this contract shall be finally settled in Hong Kong Arbitration.”这几个字已在 Harbour Assurance v. Kansa Insurance (1993) QB 701 判定包括了主合约是否存在的争议。另外在

Abdullah M Fahem v. Mareb Yemen Insurance Co. Ltd. (1997) 2 Lloyd's Rep. 738 也判定包括了侵权的索赔。可以说,这是十分广泛与恰当的措辞。

2.16 有缺陷仲裁条文例子之十五:把法律问题与事实问题的审理硬拆开

这是在一条仲裁条文说是香港仲裁,但加了一句说:"Any possible legal questions are concerned shall be decided by the court."看来这些文字的意图是法律问题要叫出来给香港法院审理,留下给仲裁审理的只能是事实问题。这又是莫名其妙的写法,因为多数争议是既有事实问题也有法律问题,怎么能分得开?

2.17 总结

由于有订约自由再加上商业上有太多莫名其妙的订约方,导致这种有缺陷仲裁条文(与其他合约条文)的例子数不胜数。这也导致了今天的仲裁实务中有大量的管辖权争议,因为有缺陷的仲裁条文就会带来这方面争议。一般而言,仲裁条文要写得细一点,笔者也的确是见过一些很厚的合资合约,光是仲裁条文就有好几张纸,几乎把香港《仲裁法》一半的内容抄入在条文中,这其实是毫无必要的。笔者是觉得对不是太懂得仲裁的订约方而言,最好就是不要多说,因为说多错多,倒不如简单的一句说是:香港仲裁(Arbitration Hong Kong),然后所有欠缺的地方(gap)例如仲裁员人数与怎样委任,都由《仲裁法》条文默示地填补。但话说回来,同样的一句说是伦敦仲裁(Arbitration London),虽然有效但就不是一条好的条文。因为1996年《仲裁法》下是默示一位仲裁员,并且在双方当事人不能同意的时候由英国法院委任。这比起香港仲裁由香港国际仲裁中心(HKIAC)作出委任会是费时与昂贵得多了。看来伦敦仲裁应多加几个字在条文中,以下不妨节录伦敦海事仲裁员协会与BIMCO最新建议的一条仲裁条文如下:

"BIMCO/LMAA Arbitration Clause

(a) This Contract shall be governed by and construed in accordance with English Law[11] and any dispute arising out of or in connection with this Contract shall be referred to arbitration in London in accordance with the Arbitration Act 1996[12] or any statutory modification or reenactment thereof save to the extent necessary to give effect to the provisions of this Clause.[13]

The arbitration shall be conducted in accordance with the London Maritime Arbitrators Association (LMAA) Terms current at the time when the arbitration proceedings are com-

---

〔11〕 这一句针对合约适用实体法。

〔12〕 这一句是针对仲裁法定地点在伦敦与1996年《仲裁法》作为程序法。

〔13〕 这一句针对将来如果有立法的改动或修改,也同样适用。这是因为这种常用的标准格式与标准条文不会去频频重印,而立法是会有可能频繁地修改,特别是立法拟定的并不妥善而导致在后来的操作中发现重大缺陷。例如,1996年《仲裁法》在生效十年后,就准备作出全面的检讨。

menced.[14]

The reference shall be to three arbitrators,[15] a party wishing to refer a dispute to arbitration shall appoint its arbitrator and send notice of such appointment in writing to the other party requiring the other party to appoint its own arbitrator within 14 calendar days of that notice and stating that it will appoint its arbitrator as sole arbitrator unless the other party appoint its own arbitrator and give notice that it has done so within the 14 days specified,[16] if the other party does not appoint its own arbitrator and give notice that it has done so within the 14 days specified, the party referring a dispute to arbitration may, without the requirement of any further prior notice to the other party, appoint its arbitrator as sole arbitrator and shall advise the other party accordingly,[17] the award of a sole arbitrator shall be binding on both parties as if he had been appointed by agreement.[18]

Nothing herein shall prevent the parties agreeing in writing to vary these provisions to provide for the appointment of a sole arbitrator.[19]

In cases where neither the claim nor any counterclaim exceeds the sum of US $50,000 (or such other sum as the parties may agree) the arbitration shall be conducted in accordance with the LMAA Small Claims Procedure current at the time when the arbitration proceedings are commenced.[20]"

注意这一条文接下去的(b)是针对在仲裁前先去调解(mediation),内容十分详细。这是针对今天世界的大潮流,包括英国法院在 CPR 下鼓励双方当事人先去调解。如果不去这样做,就会面对费用的惩罚,例如 Frank Cowl and Ors v. Plymouth City Council (2001) EWCA Civ. 1935; Dunnett v. Railtrack plc (2002) EWCA Civ. 303。这一方面已在本章 1.20.1 小段有详论。

---

〔14〕 这里是合并了伦敦海事仲裁员协会(LMAA)的仲裁规则,当时是 2002 年版本,但现在已经有了 2006 年版本。而这一句是说明了不论哪个版本,在开始仲裁时的有效版本适用。

〔15〕 这一句针对仲裁员人数,是三位。

〔16〕 这一句针对如何委任仲裁员组成仲裁庭。就是原告在委任自己仲裁员之后发出文书的通知给对方,也就是被告,要求后者在 14 天内作出委任被告仲裁员,否则原告仲裁员就会变为独任仲裁员,这等于有一个缺席机制(default mechanism)。

〔17〕 这里的缺席机制说明过了 14 天被告不委任自己的仲裁员,原告就可以委任他的仲裁员为独任仲裁员后,才通知被告仲裁庭的组成。这是改变英国《仲裁法》下的同样缺席机制是需要多去给被告一个 7 天通知才能把原告自己的仲裁员变为独任,这是 Section 17 (1)。

〔18〕 这里是说在缺席机制下,独任仲裁员的裁决书对双方的约束好像独任仲裁员本来就是双方同意了一样。

〔19〕 这一句说虽然有以上的规定但不影响双方以文书去更改上述条文,把三位仲裁员改为只有一个。这一句话作用也不大,因为双方如果有了争议仍然可以同意的话,是什么人都阻挡不了。

〔20〕 这是针对小金额争议的简化程序,在本书其他地方有详细介绍。这里是放了一个金额针对 5 万美元以下的争议,但笔者见过当事人把 5 万美元改为 100 万美元。这虽然是省了仲裁员与可能要付给对方律师的费用,但不一定是明智把很大的一笔钱以十分简单的办法处理掉。

本来英国法律的地位是针对一些仲裁条文中经常会提到先要双方友好解决或者是调解失败后才能开始仲裁,但英国法律对这种所谓要进一步谈判与同意的约定(agreement to agree)是不给予它解释的。原因是认为这是太不肯定与无法强制双方要在进一步谈判达成怎样的约定。例如一方态度强硬或者不安好心,他/她开出的谈判条件是要对方完全投降甚至要加倍赔偿,总不能说他/她是违反了一个"agreement to agree"。这些方面都已经在本章 1. 20. 1 小段详论过,不再重复。

3. 外国投资协议仲裁(investment treaty arbitration)

3.1 《华盛顿公约》与 ICSID 仲裁

首先说明笔者不是这方面的专家,也绝少涉及这种仲裁,但由于这是一种新兴的、十分重要的及跟中国内地关系十分紧密的仲裁,所以,简单地在本书提及。

在半个世纪前,在外国投资是一件风险极大的事,特别在动荡的发展中国家,因为随时会面临政权改变,充公,没有保偿或只有象征性的保偿的国有化,等等,而导致血本无归。外国投资者遇上这样的情况,只有两条路可以走,而且都不是很有效:一是去投资的国家,所谓 host country 的法院寻求救济;二是期望投资者自己的国家,所谓 home country 寻求在政治与外交交涉的协助。

在过去的五十年,西方国家或者在国际法已经建立了一套十分完整的保护在外国投资的国际法律与机制。可以说今天的跨国投资者所受到的保护可能比他在自己 home country 投资的保障和利润有过之而无不及。以下谈谈这些国际上对外国投资者的保护机制。

这套机制实际上也与其他西方国家的说法例如经济一体化(globalization)相联系。而推动最主要依赖三个组织,即国际货币基金组织(IMF)、世界银行(World Bank)和国际贸易组织(WTO)。这几个组织几乎全部由先进国家垄断,发展中国家是没有任何发言权。其中 IMF 与 World Bank 更是主导了这二十多年来的发展中国家经济命脉,因为也只有这些国家是紧急需要经济援助。世界银行的座右铭是"Our dream is a world without poverty"(我们的梦想是一个没有贫穷的世界)。但事实证明世界贫富差距越来越大,世界银行自己的统计是在 1990 年,有 27 亿人口生活在不到 2 美元一天的水平,但到了 1998 年,人口已增加至 28 亿。看来要不是世界银行的领导人(传统一直是美国人)水平差劲,或者更有可能就是他们只是和发展中国家开玩笑而已。看来,也有不少抱有怀疑的发展中国家人民,导致近年来这三个机构在世界各地开大会总是带来严重的示威与冲突,而不是表面看来应该受到夹道欢迎与鲜花。

再谈有关外国投资方面的法律机制。首先要提的是这方面的国际公约,即著名的 1965 年《华盛顿公约》,英文全名是"The Washington Convention on the Settlement of

Investment Disputes Between States and Nationals of other States”。它目前已经有超过140个国家成为签约国,其中包括了中国。《华盛顿公约》主要是通过在华盛顿的世界银行(World Bank)成立了一个对付这种争议解决的仲裁机构,名为“the International Centre for Settlement of Investment Disputes”,简称为ICSID。所以,《华盛顿公约》被称为ICSID公约。ICSID是一个机构仲裁,秘书处对仲裁的管理是十分严谨。而ICSID作出的裁决书也并非是1958年《纽约公约》所管辖,而是经过政治压力与也是国际公约的《华盛顿公约》要求签约国执行。加上由于ICSID同世界银行挂钩,令不去执行裁决书的国家肯定会受到世界银行的制裁,这个是对发展中国家十分强有力的手段。ICSID在公约(Article 25)下有管辖权去处理所有来自签约国或者它的代理人与其他签约国的国民(包括法人与自然人)之间的投资争议。至于对何谓投资争议(investment dispute)的解释与范围往往是十分广泛,它也部分取决于两国之间或者多国之间的投资协议(Bilateral Investment Treaty或简称BIT)的内容。如果这些协议中接受投资的主权国家同意了ICSID仲裁解决投资的争议,而投资者事后书面也接受了,ICSID就有了管辖权。

ICSID仲裁开始受到国际仲裁圈子重视是在1995年的Freshfields, Bruckhaus, Deringer著名国际律师所的合伙人Jan. Paulsson所发表的一文“Arbitration Without Privity”。而ICSID第一个案件是在1990年的Asian Agricultural Products Ltd. (AAPL) v. Republic of Sri Lanka (ICSID Case No. ARB/87/3), Final Award, June 27, 1990。它是一家香港公司AAPL投资在斯里兰卡的虾养殖场。在1987年1月28日,斯里兰卡军队向养殖场发动攻击,说是藏有泰米尔(Tamil Tiger)叛军,并破坏了养殖场。但刚好在1980年,英国与斯里兰卡签订了一份BIT,而香港当时仍属英国的殖民地,所以包括在内。而BIT的Article 8.1提到有关政府保护外来投资的条文是说:“Each Contracting Party hereby consent to submit to the International Centre for the Settlement of Investment Disputes … for settlement by conciliation or arbitration … any legal disputes arising between that Contracting Party and a national or company of the other Contracting Party concerning an investment of the latter in the territory of the former.”AAPL就是根据这一条文成功通过ICSID仲裁向斯里兰卡政府索赔损失,因为它没有保护(full protection and security)外来投资。

ICSID仲裁的案件次数在最近十几年来数量猛增,已经变成国际仲裁的一个重要新兴力量与种类。加上还有不少ICSID仲裁的结果根本没有被公开报道,或者是仲裁前双方已经和解,可以知道国家作为被告(它们不可能是原告)在ICSID仲裁是频频发生的。

不妨先节录2005年底的Volume 22的ICSID通讯中所报道的所有ICSID仲裁,如下:

Compania de Aguas del Aconquija S. A. and Vivendi Universal v. Argentine Republic (Case No. ARB/97/3)-Resubmission

Victor Pey Casado and President Allende Foundation v. Republic of Chile (Case No. ARB/98/2)

Wena Hotels Limited v. Arab Republic of Egypt (Case No. ARB/98/4)-International Proceeding

Patrick Mitchell v. Democratic Republic of the Congo (Case No. ARB/99/7)-Annulment Proceeding

Consortium P. F. C. C. v. Kingdom of Morocco (Case No. ARB/00/6)-Annulment Proceeding

World Duty Free Company Limited v. Republic of Kenya (Case No. ARB/00/7)

Antoine Goetz & others v. Republic of Burundi (Case No. ARB/01/2)

Enron Corporation and Ponderosa Assets, L. P. v. Argentine Republic (Case No. ARB/01/3)

MTD Equity sdn. Bhd. and MTD Chile S. A. v. Chile (Case No. Arb/01/7)-Annulment Proceeding

CMS Gas Transmission Company v. Argentine Republic (Case No. ARB/01/8)

Repsol YPF Ecuador S. A. v. Empresa Estatal Petroleos del Ecuador (Petroecuador) (Case No. ARB/01/10)-Annulment Proceeding

Noble Ventures, Inc. v. Romania (Case No. ARB/01/11)

Azurix Corp. v. Argentine Republic (Case No. ARB/02/12)

F-W Oil Interests, Inc. v. Republic of Trinidad & Tobago (Case No. ARB/01/14)

Fireman's Fund Insurance Company v. United Mexican States (Case No. ARB[AF]/02/1)

LG&E Energy Corp., LG&E Capital Corp. and LG&E International Inc. v. Argentine Republic (Case No. ARB/02/1)

Aguas del Yunari S. A. v. Republic of Bolivia (Case No. ARB/02/3)

PSEG Global Inc., The North American Coal Corporation, And Konya Ilgin Elektrik Uretim ve Ticaret Limited Sirketi v. Republic of Turkey (Case No. ARB/02/5)

SGS Societe Generale de Surveillance A. A. v. Republic of the Philippines (Case No. ARB/02/6)

Hussein Nuaman Soufraki v. United Arab Emirates (Case No. ARB/02/7)-Annulment Proceeding

Siemens A. G. v. Argentine Republic (Case No. ARB/02/8)

Champion Trading Company and Ameritrade International, Inc. v. Arab Republic of Egypt (Case No. ARB/02/9)

Salini Costruttori S. p. A. and Italstrade S. p. A. v. The Hashemite Kingdom of Jordan (Case No. ARB/02/13)

CDC Group plc v. Republic of the Seychelles (Case No. ARB/02/14)-Annulment Proceeding

Ahmonseto, Inc. and others v. Arab republic of Egypt (Case No. ARB/02/15)

Sempra Energy International v. Argentine Republic (Case No. ARB/02/16)

AES Corporation v. Argentine Republic (Case No. ARB/02/17)

Tokios Tokeles v. Ukraine (Case No. ARB/02/18)

Camuzzi International S. A. v. Argentine Republic (Case No. ARB/03/2)

Impregilo S. p. A. v. Islamic Republic of Pakistan (Case No. ARB/03/3)

Lucchetti S. A. and Luchetti Peru, S. A. v. Republic of Peru (Case No. Arb/03/4)

Metalpar S. A. and Buen Aire S. A. v. Argentine Republic (Case No. ARB/03/5)

M. C. I. Power Group, L. C. and New Turbine, Inc. v. Republic of Ecuador (Case No. ARB/03/6)

Camuzzi International S. A. v. Argentine Republic (Case No. ARB/03/7)

Consortium Groupement L. E. S. I. -DIPENTA v. Algeria (Case No. ARB/03/8)

Continental Casualty Company v. Argentine Republic (Case No. ARB/03/9)

Gas Natural SDG, S. A. v. Argentine Republic (Case No. ARB/03/10)

Joy Mining Machinery Limited v. Arab Republic of Egypt (Case No. ARB/03/11)-Annulment Proceeding

Pioneer Natural Resources Company, Pioneer Natural Resources (Argentina) S. A. and Pioneer Natural Resources (Tierra de Fuego) S. A. v. Argentine Republic (Case No. ARB/03/12)

Pan American Energy LLC and BP Argentina Exploration Company v. Argentine Republic (Case No. ARB/03/13)

Miminco LLC and others v. Democratic Republic of the Congo (Case No. AARB/03/14)

EI Paso Energy International Company v. Argentine Republic (Case No. ARB/03/15)

ADC Affiliate Limited and ADC & ADMC Management Limited v. Republic of Hungary (Case No. ARB/03/16)

Aguas Provinciales de Santa Fe, S. A. , Suez, Sociedad General de Aguas de Barcelona, S. A. and Interagua Servicios Intergrales de Agua, S. A. v. Argentine Republic (Case No. ARB/03/17)

Aguas Cordobesas, S. A. , Suez, and Sociedad General de Aguas de Barecelona, S. A. v. Argentine Republic (Case No. ARB/03/18)

Aguas Argentinas, S. A. , Suez, Sociedad General de Aguas de Barcelona, S. A. and Vivendi Universal, S. A. v. Argentine Republic (Case No. ARB/03/19)

Telefonica S. A. v. Argentine Republic (Case No. ARB/03/20)

Enersis, S. A. and others v. Argentine Republic (Case No. ARB/03/21)

Electricidad Argentina S. A. and EDF International S. A. v. Argentine Republic (Case No. ARB/03/22)

EDF International S. A. , SAUR International S. A. and Leon Participaciones Argentinas S. A. v. Argentine Republic (Case No. ARB/03/23)

Plama Consortium Limited v. Republic of Bulgaria (Case No. ARB/03/24)

Fraport AG Frankfurt Airport Services Worldwide v. Republic of the Philippines (Case No. ARB/03/25)

Inceysa Vallisoletana S. L. v. Republic of EL Salvador (Case No. ARB/03/26)

Unisys Corporation v. Argentine Republic (Case No. ARB/03/27)

Duke Energy International Peru Investments No. 1 Ltd. v. Republic of Peru (Case No. ARB/03/28)

Bayindir Insaat Turizm Ticaret Ve Sanayi A. S. v. Islamic Republic of Pakistan (Case No. ARB/03/29)

Azurix Corp. v. Argentine Republic (ICSID Case No. ARB/03/30)

TG World Petroleum Limited v. Republic of Niger (ICSID Case No. CONC/03/1)

Corn Products International, Inc. v. United Mexican States (Case No. ARB[AF]/04/1)

Total S. A. v. Argentine Republic (Case No. ARB/04/1)

Western NIS Enterprise Fund v. Ukraine (Case No. ARB/04/2)

Cemex Asia Holdings Ltd. v. Indonesia (Case No. ARB/04/3)

SAUR International v. Argentine Republic (Case No. ARB/04/4)

Compagnie d'Exploitation du Chemin de Fer Transgabonais v. Republic of Gabon (Case No. ARB/04/5)

OKO Osuuspankkien Keskuspankki Oyi and others v. Republic of Estonia (Case No. ARB/04/6)

Sociedad Anonima Eduardo Vieira v. Republic of Chile (Case No. ARB/04/7)

BP America Production Company and others v. Argentine Republic (Case No. ARB/04/8)

CIT Group Inc. v. Argentine Republic (Case No. ARB/04/9)

Alstom Power Italia and Alstom S. p. A. v. Republic of Mongolia (Case No. ARB/04/10)

Russell Resources International Limited & others v. Democratic Republic of the Congo (ICSID Case No. ARB/04/11)

ABCI Investments N. V. v. Republic of Tunisia (ICSID Case No. ARB/04/12)

Jan De Nul N. V. and Dredging international N. V. v. Arab Republic of Egypt of Egypt (ICSID Case No. ARB/04/13)

Cargill, Incorporated v. Republic of Poland (Case No. ARB[AF]/04/2)

Wintershall Aktiengesellschaft v. Argentine Republic (Case No. ARB/04/14)

Telenor Mobile Communications A. S. v. Republic of Hungary (Case No. ARB/04/15)

Mobil Exploration and Development Inc. Suc. Argentina and Mobil Argentina S. A. v. Argentine Republic (Case No. ARB/04/16)

Interbrew Central European Holding B. V. v. Republic of Slovenia (Case No. ARB/04/17)

France Telecom S. A. v. Argentine Republic (Case No. ARB/04/18)

Gemplus, S. A., SLP, S. A. and Gemplus Industrial, S. A. de C. V. v. United Mexican States (Case No. ARB[AF]/04/3)

Talsud, S. A. v. United Mexican States (Case No. ARB[AF]/04/4)

Archer Daniels Midlands Company and Tate & Lyle Ingredients Americans, Inc. v. United Mexican States (Case No. ARB[AF]/04/5)

Duke Energy Electroquil Partners and Electroquil S. A. v. Republic of Ecuador (Case No. ARB/04/19)

Vannessa Ventures Ltd. v. Bolivarian Republic of Venezuela (Case No. ARB[AF]/04/6)

RGA Reinsurance Company v. Argentine Republic (Case No. ARB/04/20)

Motorola Credit Corporation, Inc. v. Republic of Turkey (Case No. ARB/04/21)

Daimler Chrysler Services AG v. Argentine Republic (Case No. ARB/05/1)

Compania General de Electricidad S. A. and CGE Argentina S. A. v. Argentine Republic (Case No. ARB/05/2)

LESI, S. p. A. and Astaldi, S. p. A. v. Algeria (Case No. ARB/05/3)

I&I Beheer B. V. v. Bolivarian Republic of Venezuela (Case No. ARB/05/4)

TSA Spectrum de Argentina, S. A. v. Argentine Republic (Case No. ARB/05/5)

Bernardus Henricus Funnekotter and others v. Republic of Zimbabwe (Case No. ARB/05/6)

Saipem S. p. A. v. The People's Republic of Bangladesh (Case No. ARB/05/7)

Parkerings-Compagniet A. S. v. Republic of Lithuania (Case No. ARB/05/8)

Togo Electricite v. Republic of Togo (Case No. CONC/05/1)

Empresa Electrica del Ecuador, Inc. (EMELEC) v. Republic of Ecuador (Case No. ARB/05/9)

Malaysian Historical Salvors, SDN, BHD v. Malaysia (Case No. ARB/05/10)

Asset Recovery Trust S. A. v. Argentine Republic (Case No. ARB/05/11)

从上述名单看来,当前最重要甚至几乎所有的ICSID仲裁被告都是在拉丁美洲与非洲。特别是阿根廷,当然这也可以想象得到,因为它不久前的经济危机影响了外国投资。中国内地目前是没有在ICSID仲裁被起诉,但估计由于中国在与荷兰和德国的BIT全面接受了ICSID仲裁,导致与其他国家所有的BIT都可能会去ICSID仲裁起诉中国政府要求索赔,再加上一些跨国公司可以借助荷兰与德国以及与中国的BIT去ICSID仲裁等的原因,中国政府实在要关心这一方面的大问题。目前经济发展看来还算是很好,大问题不会大量出现。但如果中国遇上像阿根廷这种经济危机(经济总会有起伏吧),就有危险像阿根廷一样是兵败如山倒。中国吸引外资之多与国家之大，远远超越阿根廷，笔者不希望有一天会见到 ICSID 仲裁的名单中有 400 个（十倍于阿根廷）案件，每一个索赔都是数以千万美元甚至上亿美元。一想到这样的局面，就感觉到中国的外汇储备并不是很大的一笔钱。

总之，由于投资者绝大部分是来自先进国家，而发展中国家只是接受投资，这导致了 ICSID 仲裁被发展中国家认为是过度偏袒投资者而对它们不利并且大幅度影响了它们国家的主权与施政。加上 ICSID 仲裁可以避开了接受投资的发展中国家法律，而可以完全以西方国家观念的国际法律理念去处理。现实环境是，发展中国家不加入这个公约会是不利于吸引外国投资。本来笔者也绝不认为外国投资、经济一体化与外贸是坏事，但毕竟是好是坏还是要看有关负责人员的水平，例如是有能力去签订一个公平合理的合约，因为任何公平是要靠个别人士自己有水平去争取，不是天上掉下来的。所以最不公平的是笔者认为发展中国家根本没有水平与能力去为自己争取公平。例如中国与大部分的发展中国家在与跨国公司谈判与签订的数以千万或上亿美元价值的投资与外贸合约，通常是由一些对合约法"ABC"的基本原则都一窍不通的当权人士把持与处理。相对在跨国公司都是一些精明过人而且受过严格法律培训的人士在把持与处理。这一来，最后的合约与将来的履行能够有公平实在是"缘木求鱼"了。

3.2 双边与多边协议(BIT & MIT)

ICSID 有管辖权的投资争议是双方当事人以文书同意与约定以 ICSID 仲裁解决。这种协议可以是涉及两个国家以双边协议约定的"Bilateral Investment Treaties"或简称 BIT，或者多于两个国家之间的多边协议"Multilateral Investment Treaties"或简称 MIT。MIT 著名的有美国、加拿大与墨西哥等参与的 1992 年"North America Free Trade Area"或简称 NAFTA，另外有印尼、马来西亚、菲律宾、新加坡、泰国、越南等参与的 1987 年"Asian Agreement for the Promotion and Protection of Investments"。但主要的 ICSID 仲裁是出于 BIT，而不是 MIT（除了 NAFTA）。

可以说以 BIT 这种方法保护跨国投资是一个非常有创见性的做法。通过 BIT，可把外国投资者与接受投资的主权国/东道国（host country）串连在一起，令他们之间即使没有直接合约关系，也可让前者向后者提出索赔，而且往往是金额庞大。加上有世界银行协助执行，更加是无往不利。

这种协议的内容一般说明在两国和多国之间的投资会受到公平待遇与获得全面的保护与保证，不会受到比本国或者第三国家更低的同等待遇。当然，这些投资与财产也不能被国有化（nationalization）或者没收（expropriation），除非作出足够的金钱赔偿。这些协议内通常会有一个对投资的定义，这会宽会紧。举例在英国与俄罗斯的 BIT 有关条文是在 Article 1 (a)：

"the term 'investment' means every kind of asset and in particular, though not exclusively, includes:

(i) Movable and immovable property and any other related property rights such as mortgages;

(ii) shares in, and stock, bonds and debentures of, and any other form of participation in, a company or business enterprise;

(iii) claims to money, and claims to performance under contract having a financial value;

(iv) intellectual property rights, technical process, know-how and any other benefit or advantage attached to a business;

(v) rights, conferred by law or under contract, to undertake any commercial activity, including the search for, or the cultivation, extraction or exploitation of natural resources."

从上述条文可见,这定义是十分广泛,难怪有说法是现在的跨国投资几乎没有多少是不受到 BIT 的保障的。而跨国公司更加是想起诉某一个主权国(host country)更往往可以有好几个不同签约国的 BIT 去挑选一个对自己最有利的为准。

显然,如果对投资的定义与范围有所争议,或者对赔偿金额的高低有所争议,这些都会是 ICSID 仲裁的管辖。当然这仍要看这些 BIT 或 MIT 的写法,它会把争议交给 ICSID,只要在 BIT 是约定了争议交给 ICSID 仲裁。个别 BIT 也会是混合了 ICSID 仲裁与国家法院的管辖,例如在英国与 Antigua 的 BIT。另可以介绍一个近期的有关美国与厄瓜多尔的英国仲裁为例(这就不是 ICSID 仲裁),就是 Occidental Exploration & Production Company v. The Republic of Ecuador(2005)EWCA Civ. 1116,该争议原告的美国著名石油公司在厄瓜多尔投资石油钻探,但由于厄瓜多尔对出口石油征税,导致原告损失或利润减少,于是原告根据美国与厄瓜多尔签订的双边协议开始仲裁并索赔。在两国的双边协议中,仲裁是根据 UNCITRAL Arbitration Rules 与仲裁地点是任何 1958 年《纽约公约》的国家。在成立了一个国际仲裁庭后,仲裁庭选择伦敦为仲裁地点(seat)。双方主要的争议是索赔是否在双边协议对投资的定义内。换言之,如果不包括的话,就表示该仲裁庭是没有管辖权。结果仲裁庭判定有管辖权,而该报道的案例就是败诉的厄瓜多尔根据英国 1996 年《仲裁法》之 Section 67 上诉至英国法院。

今天,世界上绝大部分的投资都会受到《华盛顿公约》与贸易协议的保障。至今,世界上至少有 2000 多份以上的 BIT。而 ICSID 仲裁的有关投资争议也在快速增加。在 1998 年 ICSID 作为仲裁机构只有 8 个新案件与 19 个待审案件。到了 2003 年,它已经有 30 个新案件与 63 个待审案件。加上其他的投资仲裁,听说每个星期都会有投资的仲裁裁决书作出。

据悉,中国与上百个国家也签订了 BIT,其中规定了责任由中国法院管辖审理,只是在有责任后才把赔偿金额的高低交给 ICSID 仲裁。这样一来,就导致了外国投资不敢在中国法院向中国政府起诉,导致了中国面对的 ICSID 仲裁过去没有听说过。但据悉最近(2005 年下半年)这有了变化,就是中国与荷兰及德国的 BIT 中,同意了所有投资争议交出给 ICSID 仲裁。根据 BIT 通常有的是要给予本国与另一个第三国家同等的待遇(这是所谓的最惠国待遇条文与国民待遇),如英国与埃及 BIT 的条文说:"Neither Contracting Party shall in its territory subject investments or returns of investors of the other Contracting Party to treatment less favorable than that which it accords to investment or returns of its own nationals or companies or to investments or returns of nationals or companies of any third State."这一来,表示中国今后再也不能在其他 BIT 坚持责任由中国法院先审理。这一来,对外国投资是大喜事,一些专门处理跨国投资的国际律师所据说也在摩拳擦掌等待大量这种案件的到来,不论是向中国政府索赔还是代表中国政府抗辩或者两者兼有,而且是 ICSID 仲裁。而这些案子涉及的金额会是上千万甚至上亿美元,比比皆是。

当然,这一方面笔者也是有疑问,光是以英美合约法精神来看,是要看整个合约来作出综合性的解释,也尽量不要否定任何条文。而 BIT 本身就是一个国与国之间的合约。所以,疑点是:(1)怎会是面对广泛的一条最惠国待遇条文可超越并完全否定一条在中国法院管辖,而只去 ICSID 针对金额的特定明示条文?(2)不是说仲裁条文是独立的吗?这一来,怎会给一条主合约的最惠国待遇条文干预一条 ICSID 仲裁仅有局限管辖权的条文?(3)到底管辖与适用法等条文算不算是最惠国待遇条文所针对的待遇也不无争论。但笔者不去深究,只是随口谈谈。

BIT 内容也通常有条文针对投资者的利润、分红、收费等资金,只要与投资相关,都可以进出主权国。像美国与阿根廷的 BIT 的有关条文是说:"Permit all transfers related to an investment to be made freely and without delay into and out of its territory."在这条文下,可令外国投资者不受外汇管制或者其他主权国要采取的货币政策。但好像在 1998 年亚洲金融危机后,马来西亚政府所采取的一连串外汇管制行动,就恐怕会在 BIT 之下不容易操作了。

BIT 除了会有 ICSID 仲裁条文外,往往也会有适用法条文。这会是约定以主权国的法律为准,但再加上国际法,例如英国与阿根廷 BIT 是说:"The arbitral tribunal shall decide the dispute in accordance with the provisions of this Agreement, the laws of the Contracting Party involved in the dispute, including its rules on conflict of laws the terms of any specific agreement concluded in relation to such an investment and the applicable principles of international law …"在现实中,ICSID 仲裁十分重视国际法,由于 BIT 本身是一个国际性的协议,而国际法显然是对国际投资者有利。也有看法是在 BIT 之下,签约国是有责任把本国的法律向国际法靠拢,这一来,导致了主权国(host country)的法律其实只有一个很轻的分量。对于这个现象,也有不满意的声音,例如 Michael Reisman 教授的一文"The Regime for Lacunae in the ICSID Choice of law Provision and the Question of Its Threshold"(2000)15 ICSID Review-Foreign Investment Law Journal 362。这可举个简单例子就是在中国作为主权国的 BIT,如果依照中国法律,据悉在《中华人民共和国合同法》之第 54 条第 2 款说"一方以欺诈、胁迫的手段或者乘人之危,使对方在违背真实意思的情况下订立的合同"是无效。另外在《中华人民

共和国民法通则》第59条也说到显失公平的合同无效。这看来比起国际法(主要就是英美法)对合约的解释会有不一致,可能在中国法律下推翻一个合约机会更大,特别在中国像欺诈的指控与成立恐怕也不会像国际法这么严格。

3.3 BIT与私人投资协议内仲裁条文的冲突与协调

言归正传,笔者现在介绍个别投资者(例如美国或者英国公司)的私人投资合约中往往有的一条仲裁条文,这可以是ICC仲裁或者是"贸仲"仲裁条文,它也会是在香港的随意仲裁条文,它们与ICSID仲裁所起的冲突与相互关系,因为中国与美国/英国也签订了双边协议。照说,它们的分界应该是明确的。例如投资被中国国有化或者没收(例如美国的投资涉及中国要保护的敏感行业,在政策放宽后再度被收紧),这明显是ICSID所管辖的范围。但如果只是在合约中的一些争议有关履行方面,这显然是私人投资合约中的仲裁条文所管辖。但这也不是在所有情况都能明确。另外也要看外国投资者的期望,例如认为向中国政府索赔比向投资合约的对方中国企业索赔更有效。

这等于是外国投资者可以有两种不同的仲裁的选择:第一种就是根据《华盛顿公约》的ICSID仲裁,是一个主权国家(host country)在双边协议(BIT)或者多边协议(MIT)中作出的一个要约(open offer)去ICSID仲裁有关的投资争议。如果外国投资者根据这open offer去ICSID仲裁,双方当事人之间是没有一条明示的文书仲裁条文,双方只是根据BIT去ICSID仲裁,这是一种"non-signatories"的典型仲裁,这种仲裁的裁决书(award)最后去执行也不是根据1958年《纽约公约》,而是根据主权国家的BIT或者MIT。如BIT与ICSID相近的做法,也是主要为了针对两国之间的投资争议,包括了著名的"Iran-United States Claims Tribunal"。Iran-US Claims Tribunal是在1981年在伊朗的推翻孔雀皇朝革命(revolution)与美国伊朗大使馆52位人质被释放的一连串国际事件后达成的联合国协议去解决两国之间的投资争议。总共涉及的案件有4000宗之多。已经提到过这些裁决书是以政治力量去执行,不是根据《纽约公约》。

新中国在解放时也发生过同类事情,但当时没有《华盛顿公约》,也不存在要向外国人赔偿,否则这笔账就不知道怎么算了。在现在国际法已经越来越严谨的情况下,绝对不能再来一次,否则后果不堪设想,会是延祸所有中国人的子子孙孙。

第二种是外国投资者与投资对象的私人协议(private contract)与BIT的关系。在"SGS v. Pakistan",SGS是跨国检验公司,本身是瑞士公司。瑞士与巴基斯坦的BIT说:"Either Contracting Party shall constantly guarantee the observance of the commitment it has entered into with respect to the investments of the investors of the other Contracting Party"。SGS向ICSID仲裁庭提出的索赔是巴基斯坦在检查合约的违约,仲裁庭判定没有管辖权针对违约,BIT也不足广泛提升与包括。另外在"Joy Mining v. Egypt"与Compania de Aguas del aconquija S. A. Compagnie Generale Des Eaus v. Argentine Republic (ICSID Case No. ARB/97/3), Award, November 21, 2000, (2001)也是

同样的结论。

在 Salini v. Jordan ICSID Case No. 02/13，BIT 是有一句说："Create and maintain in its territory a legal framework apt to guarantee to investors the continuity of legal treatment, including the compliance in good faith of all undertakings assumed with regard to each specific investor."原告指称这包括了合约违约在 BIT 的违约，但这被 ICSID 仲裁庭拒绝。

粗略看来在上述的 ICSID 裁决书中是不容许避开私人合约的仲裁而跳向国家索赔。一般在个别投资合约的承诺并不会提升为国与国之间的公约关系。

3.4　没收(expropriation)与投资国家施政的区分

本来本章只是讲仲裁条文，但由于不会在本书其他地方提到这个 ICSID 仲裁的问题，所以也讲讲有关《华盛顿公约》下令接受外来国家的投资在施政上受到很大阻碍的原因。特别是发展中国家的施政更加会受到影响，因为它们是主要的接受外国投资对象，加上施政通常不精明，例如喜欢自说自话，黑箱作业，离国际上所要求的自然公正与适当程序(natural justice & due process)很远。这一来，往往对抗外国投资者的索赔也就更加难以成功了。

应该肯定，主权国家是不能国有化或者没收外国投资者的资产。国有化(nationalization)应该是明了，在今天现实中也不经常会发生。这可举"Agip v. People's Republic of Congo, ICSID arbitral award November 30, 1979, Riv. dir. Int. 1981, 863"。在该案件中刚果政府把 Agip 石油公司的财产收归国有，并派出军队进占它的办公室并禁止带走任何文件。

但另一种的没收(expropriation)就十分不明朗了。它现在也有了很多不同叫法包括像间接没收(indirect expropriation)，实际没收(de facto expropriation)，推定没收(constructive expropriation)或者形同没收行为(measures tantamount to expropriation)等。例如这在 NAFTA Article 1110(1)有说明是：

"No party may directly or indirectly nationalize or expropriate an investment of an investor of another Party in its territory or take a measure tantamount to nationalization or expropriation of such an investment ("expropriation"), except [···]."

这方面会影响主权国(host country)施政的原因是它与该政府的行政，立法与管理不容易区分开。正如 Brandeis 大法官在美国最高院的 Pennsylvania Coal Co. v. Mahon 260 U. S. 363 (1922)说："If regulation goes too far, it will be recognized as a taking."(立法如果过分就等同是没收)

在国际投资被视为合法的没收是一些正常操作的行政措施，例如税收或者金融波动。这在 1961 年的 Harvard Draft Convention on the International Responsibility of States for Injuries to Aliens 有说到如下：

"An uncompensated taking of an alien property or a deprivation of the use or enjoyment of property of an alien which results from the execution of tax laws; from a general change in the value of currency; from the action of the competent authorities of the State in the maintenance of public order, health or morality; or from the valid exercise of belligerent rights or otherwise incidental to the normal operation of the laws of the State shall not be considered wrongful."

另外在1987年American Law Institute作出的Restatement (Third) of Foreign Relations Law of the United States很能代表西方国家的观点，等同国际法，也有说明接受投资国家合法能够做的事情如下：

"A state is not responsible for loss of property of for other economic disadvantage resulting from bona fide general taxation, regulation, forfeiture for crime, or other action of the kind that is commonly accepted as within the policy power of states, if it is not discriminatory [···], and is not designed to cause the alien to abandon the property to the state or sell it at a distress price."

综合上述的两种说法，就可引述Too v. Greater Modesto Insurance Associates, 23 Iran-U. S. cl. Trib. Rep. 378 (1989)的仲裁案件，涉及一位伊朗投资者在美国的投资因为欠美国政府的所得税，导致资产被没收并以低价拍卖。仲裁庭判定美国政府不需要赔偿，因为这个结果是来自善意的税务问题，也不存在是歧视性征税以迫使外国投资者要去放弃他的财产。

至于什么是一些不合法的没收，是要主权国家(host country)作出赔偿也在American Law Institute作出的Restatement (Third) of Foreign Relations Law of the United States有提到如下：

"A state is responsible for an expropriation of property [···] when it subjects alien property to taxation, regulation, or other action that is confiscatory, or that prevents, unreasonably interferes with, or unduly delays, effective enjoyment of an alien's property of its removal from the state's territory."

著名的ISCID仲裁员L. Yves Fortier先生在香港的12届Goff Lecture曾说道一个主权国家怎样才算是干扰程度达到要去对外国投资者作出赔偿如下：

"(1) unreasonable; (2) an interference that renders rights do useless that they must be deemed to have been expropriated; (3) an interference that deprives the investor of fundamental rights of ownership; (4) an interference that makes rights practically useless; (5) an interference sufficiently restrictive to warrant a conclusion that the property has been 'taken'; (6) an interference that deprives, in whole or in significant part, the use or reasonable-to-be-expected economic benefit of the property; (7) an interference that radically deprives the economic use and enjoyment of an investment, as if the rights related thereto had ceased to exit; (8) an interference that makes any form of exploitation of the property disappear (i. e. it destroys or neutralize the economic value of the use, enjoyment or disposition of the assets or rights affected); and (9) an interference such that the property can no longer be put to reasonable use."

3.5 有关投资仲裁案例的介绍

以下介绍一些有关的仲裁判决，首先是介绍一个在2000年的NAFTA仲裁Pope & Talbot v. Canada，原告（Pope & Talbot）投资在加拿大一家分公司生产软木三夹板到美国。在1996年，加拿大与美国签订了一个双边协议限制加拿大软木三夹板的进口。原告指称加拿大的措施等同于没收（expropriation），因为它剥夺了原告可出售它的产品到美国这个传统与理所当然的市场。加拿大抗辩说，这个限制并非是歧视性针对原告，不应该有赔偿损失的责任。但加拿大的争辩被仲裁庭否定并定下了以下的准则说明是否存在没收：

"In determining whether a particular interference with business activities amounts to an expropriation, the test is whether that interference is sufficiently restrictive to support a conclusion that the property has been 'taken' from its owner."

在另一个NAFTA的案子Metaclad Corporation v. United Mexican States, ICSID Case No. ARB(AF)/97/1，涉及一家美国公司在墨西哥投资设立一个危险垃圾收集场。在投资之前，美国公司已经取得了所有有关的墨西哥政府批文。美国公司是在1994年开始动工并在1995年完工，但之后却无法操作，因为当地的政府拒绝批准，说会给环境带来不良影响。这是与较早的联邦政府说法不一样的。结果仲裁庭判定墨西哥政府违反了NAFTA，形同没收投资，要作出赔偿。

另一个是近期在2005年5月所作出的CMS Gas Transmission Co. v. Argentine Republic（ICSID N. ARB/01/8），裁决书是判阿根廷败诉要赔偿美元1.33亿给CMS这家公司，因为根据美国与阿根廷的BIT，阿根廷没有给予CMS公平的对待。案情是CMS收购了一家阿根廷的国有能源公司TGN 30%的股份。在收购后，阿根廷发生了严重的经济危机。这导致了阿根廷政府要暂时中止了一些对能源投资的优惠政策（例如收费不能再以美元计算而是要以当地货币比索计算）。在2001年阿根廷政府立法限制了从银行账户取出存款的权利。到了2002年1月，阿根廷又去改革外汇交易。CMS说这些政府的措施都降低了它在阿根廷投资的价值，所以根据BIT与ICSID公约向阿根廷政府起诉。阿根廷抗辩说，它的私有化计划出售TGN并没有保证不会发生贬值。而且在招股书中也特别警告了不担保政府政策上的改变不会影响投资者。但这些反而被ICSID视为出售股份给CMS的时候已可以预见到的风险，所以对提出的不可抗力抗辩不被接受。该ICSID仲裁庭说，接受投资的主权国家要做到对投资者公平地对待就必须保持稳定与可预见，而与主权国是否是恶意造成并没有关系。

3.6 发展中国家作出过的抗拒

最后值得一提的是，在20世纪发展中国家曾经多次抗拒上述的有关投资的国际法说法。首先是前苏联作出抗拒称外国投资者应遵守投资国家的法律而不是所谓的国际法。另外拉丁美洲国家依赖了"Calvo doctrine"（Calvo先生是阿根廷的法学家）

说国际投资者只应受到与本地投资者同等的待遇，而且政府要作出的赔偿应该依本地的法律，这样一来赔偿金额自然低很多。这“Calvo doctrine”甚至在联合国的文件中包括，即1974年的United Nations General Assembly in Article 2(2) of the Charter of Economic Rights and Duties of States (G. A. Res. 3281, 29 U. N. GAOR Supp. No. 31 at P. 50, U. N. Doc. A/9631。这大概是发展中国家在国际事务中少有发言权的黄金时代，现在好像不再有人提倡了，反正吸引外资就算是吃毒药仍是好事。

第二章　国际仲裁有关的不同法律与冲突

1. 与仲裁相关的法律

在《国际商务仲裁》一书之第五章第1段，详细介绍过一个仲裁会涉及或者相关的不同法律，不再重复。此处简单说有几种的法律体系与一个仲裁有关系。第一种就是程序法（procedural or curial law），第二种是合约的实体法（substantive, governing or putative law）或适用法（proper law），第三种是仲裁协议的法律（governing law of the arbitration agreement）。当然会有更多的其他不同法律出现在国际商务仲裁，例如，第四种就是委任仲裁员本身就涉及一个独立的合约关系，这样一来就会有不同的明示适用法或者关系最密切的法律，例如，在曼谷委任一位泰国人为仲裁员就有可能适用泰国法。第五种就是去外国执行一个裁决书往往根据1958年《纽约公约》，执行地点法院会有它自己的一套法律，很可能不同国家，例如发展中国家与西方国家会是对《纽约公约》作出不同的解释，这完全可以理解。本章只打算集中讲第一种到第三种的不同法律体系。

以下引述一些在这些方面的权威讲法，首先是Mustill勋爵在Channel Tunnel v. Balfour Beatty (1993) 1 Lloyd's Rep. 291的权威说法有关仲裁会有不同的实体法，仲裁协议法律与程序法如下：

"It is by now firmly established that more than one national system of law may bear upon an international arbitration. Thus, there is the proper law which regulates the substantive rights and duties of the parties to the contract from which the disputes has arisen. Exceptionally, this may differ from the national law governing the interpretation of the agreement to submit the dispute to arbitration. Less exceptionally it may also differ from the national law which the parties have expressly or by implication selected to govern the relationship between themselves and the arbitrator in the conduct of the arbitration: the 'curial law' of the arbitration, as it is often called … Certainly there may sometimes be an express choice of a curial law which is not the law of the place where the arbitration is to be held: but in the absence of an explicit choice of this kind, or at least some very strong pointer in the agreement to show that such a choice was intended, the inference that the parties when contracting to arbitrate in a particular place consented to having the arbitral process governed by the law of that place is irresistible."

上述 Mustill 勋爵的说法可解释为：国际仲裁由于尊重当事人意愿（party autonomy）与订约自由（freedom of contract）的大原则下，导致这三种法律经常出现不同的合约规定，产生困难与复杂的情况。在以往的情况例如在笔者熟悉的海事与外贸，经常就是简单约定伦敦仲裁与英国法为适用法（London arbitration, English law to apply）的条文。这就是十分简单的情况，因为三种法律都是英国法，包括了英国合约法、英国仲裁法、英国证据法，等等。但一作出不同的合约的规定，情况就会复杂了。

在 Sumitomo v. Oil & Natural Gas (1994) 1 Lloyd's Rep. 45 先例双方当事人约定的适用法是印度法但仲裁地点是伦敦，Potter 大法官首先解释这三种不同的法律与针对的事项如下：

"(1) The proper law of the underlying contract, i. e. the law governing the contract which creates the substantive rights and obligations of the parties out of which the dispute has arisen.

(2) The proper law of the arbitration agreement, i. e. the law governing rights and obligations of the parties arising from their agreement to arbitrate and, in particular, their obligation to submit their disputes to arbitration and to honor an award. This includes inter alia questions as to the validity of the arbitration agreement, the validity of the notice of arbitration, the constitution of the tribunal and the question whether an award lies within the jurisdiction of the arbitrator.

(3) The proper law of the reference, i. e. the law governing the contract which regulates the individual reference to arbitration. This is an agreement subsidiary to but separate from the arbitration agreement itself, coming into effect by the giving of a notice of arbitration from which point a new set of mutual obligations in relation to the conduct of the reference arise upon lines canvassed in the Bremer Vulkan Schiffbau und Maschinenfabrik v. South India Shipping Corporation, (1981) 1 Lloyd's Rep. 253 at p. 263 and developed by Mr. Justice Mustill (as he then was) in black Clawson International Ltd. v. Papierwerk Waldhof-Aschaffenburg A. G., (1981) 2 Lloyd's Rep. 446. That law governs the question of whether by reason of subsequent circumstance the parties have been discharged (whether by repudiation or frustration) from their obligation to continue with the reference of the individual dispute, while leaving intact the continuous agreement to refer future disputes pursuant to the arbitration agreement.

(4) The curial law, i. e. the law governing the arbitration proceedings themselves, the manner in which the reference is to be conducted. It governs the procedural powers and duties of the arbitrators, questions of evidence and the determination of the proper law of the contract."

上述 Potter 大法官的说法（1）就是实体法，（2）就是仲裁协议的法律，而（4）就是程序法。它还多了一个(3)就是个别案件提交仲裁的法律,但这通常不是有太大问题,所以不会在本章重点去探讨。但可节录 The"Amazonia"(1990)1 Lloyd's Rep. 236,Staughton 大法官在 244 页对此"Proper law of the reference"有更详尽的解释,如下:

"This suggests that, even when the parties have concluded what is called a 'continuous agreement' for arbitration, there is a further contract, called the 'individual agreement', when they take steps to arbitrate a particular dispute. What then if one party flatly refuses to enter into the individual agreement, when the other calls on him to do so? That, it seems, is not how the second contract is formed. The analysis is, I think, that each party by the continuous agreement makes an offer to agree to an individual reference if, when and as often as the other party calls upon him to do so; the offer is irrevocable and supported by consideration from other terms in the continuous agreement.

I hope that I have correctly stated the doctrine. It has the advantage of providing a route whereby a particular reference to arbitration can be discharged by frustration or an accepted reputation, without bringing to an end the possibility that any further dispute may arise will probably be, on the facts, very remote; but still it is allowed for."

而在上述三种不同的法律,在多数的仲裁,(1)(2)(3)通常都会是一样,但(4)就经常由于选择仲裁地点不同,导致与(1)不一致。Potter 大法官是这样说的:

"In respect of many arbitrations, the applicable law will be the same in all four cases. (1) will usually be decisive as to (2), in the absence of an express contrary choice; (2) and(3) will very rarely differ. However, as to (4), it is not uncommon to encounter the incidence of a different curial law in cases where the parties have made an express choice for arbitration (frequently in London) in a jurisdiction divorce from the jurisdiction with which the contract in(1) has most real connection."

2. 订约自由(freedom of contract)与当事人意愿(party autonomy)的大原则

要明白为什么会有这种复杂的问题,首先就是要明白订约自由和国际上对仲裁协议强调当事人意愿的一些大原则。对国际协议而言在订约自由方面英国法律的做法是完全放任,英国法院或仲裁员的责任只是解释双方约定的条文。所以,说英国法律是公平,对国际协议是有一个先决条件的,就是合约当事人自己订合约的时候要为自己争取公平甚至有利的合约条文。否则英国法院是不会和你重写(rewrite)合约条文以让一方当事人得到更多公平。这个和英国本土的是法律不一样的,本土有各种法律去保护弱小的消费者,未成年人,甚至老年人,如果他们答应了不公平的合约条文。也有如“unconscionable conduct”的说法作出救济。但一涉及国际协议就完全没有这些保护与救济,导致发展中国家与先进国家订约时吃了大亏,同意一个足以致命的合约比比皆是。原因不难明白,发展中国家人士思维水平与对合约法的认识事实上是比不上在英国的消费者或者是未成年人士。这是笔者常常关心的事,因为中国内地不少人士与外商谈判与约定上千万甚至上亿美元的合约时,竟对英美也就是国际的一套合约法一无所知,他们往往也有重大误解,以为合约不合理就可以不必遵守。这种理念笔者感觉在中国的《合约法》也有所显示。这与国际的一套(也就是英美的一套)是有重大差异的。

英国不会接受国际商务合约可以合理不合理否定或扭曲,这也有它的道理。试想在过去几年(2002~2005年),商品与航运市场有历史上罕见的波动,船舶租金会从7000美元一天涨到7万至10万美元以上一天。显然光看数字就知道有一个五年的租约,租金定在2万美元一天,就会在一些时候对承租人太不合理,另一些时候对船东太不合理了。毕竟,商业合约都是为了钱,几乎所有合约条文都可量化,而违约可以金钱赔偿作出足够救济,所以这市场应是对吃亏一方造成重大的“不合理”。如果合理不合理可去否定就不会有比较长期一点的合约了。

英美法下唯一会去否定个别条文甚至整个合约的情况是它违反了公共政策,这主要是非法或者是欺诈等。所以像走私贩毒娼妓等的有关合约,法院都不予执行。涉及商贸/航运的只有例如在租约约定去倒签提单(back-date bills of lading),或者有损坏的货装上船,但发货人要求签发清洁提单和作出的保函,都涉及欺诈银行和收货人,也是无效与不能执行。

在这简单的大原则下,可见是仲裁条文去怎样写,例如是伦敦仲裁但仲裁程序与法院救济属于英国以外其他国家,也不能说是违反了公共政策,因为根本想不出有什么有关的公共政策。这在Union of India v. McDonnell Douglas (1993) 2 Lloyd's Rep. 48,Saville大法官说:“It was clear from the authorities that English Law did admit at least the theoretical possibility that the parties were free to choose to hold their arbitration in one country but subject to the procedural laws of another.”

3. 同一仲裁但约定不同法律体系针对的例子

在上述所讲的一些大原则下,并随着仲裁条文越写越复杂,以及世界上有很多地方都想做仲裁中心,引致同一国际仲裁案件会有许多不同的法律来针对已是这一二十年的热门问题。这种例子越来越多,例如:

(1)在International Tank and Pipe SAK v. Kuwait Aviation Fuelling Co.,(1975) QB

224,适用法是英国法,但仲裁地点应该是科威特,根据 ICC 仲裁规则。

(2) 在 Black Clawson International Ltd. v. Papier werkeWaldhof-Aschaffenburg A. G. , (1981) 2 Lloyd' s Rep. 446,买卖合约的适用法与仲裁是英国法与苏黎世(Zurich)仲裁,根据 ICC 仲裁规则。

(3)在 DST v. Rakoil (1987) 2 ALL ER 769,默示的适用法应该是 Ras Al Khaimah,但仲裁地点约定在瑞士日内瓦。

(4)在 Channel Tunnel v. Balfour Beatty (1993) 1 Lloyd' s Rep. 291,由于是涉及英法的隧道,所以适用法条文更是英法的法律共同原则(principles common to both English and French Law)。而仲裁地点则是在布鲁塞尔,根据 ICC 仲裁规则。

(5)在 XL Insurance Ltd. v. Owens Corning (2000) 2 Lloyd' s Rep. 500,适用法是纽约法,但仲裁地点是在伦敦。

(6)在 Peterson Farms Inc. v. C&M Farming Ltd. (2004) EWHC 121 (Comm.),适用法是美国的阿肯色州(Arkansas)法,但仲裁地点是在英国,根据 ICC 仲裁规则。

这种问题是数不胜数的,在接下来本章会介绍更多的例子。而它们所带来的问题也是十分复杂的,例如简单提一下其中一个问题就是 DST v. Rakoil (1987) 2 ALL ER 769 与 XL Insurance Ltd. v. Owens Corning (2000) 2 Lloyd' s Rep. 500,都涉及了什么是仲裁条文的适用法律。以 XL 先例为例,如果是纽约法就仲裁条文无效,但依英国仲裁法条文就完全有效。同样在 DST 先例,以 Ras Al Khaimah 法律,该仲裁条文无效,而且 Rakoil 已在该地法院取得一个胜诉的判决。但根据瑞士法律,该仲裁条文完全有效,而且 DST 也取得了一个胜诉的缺席裁决书。所以什么法律适用会是生死之别。同一道理,笔者见过仲裁条文只是简单说"Hong Kong Arbitration PRC Law"。这根据香港仲裁法而言,是一个完全有效的随意仲裁条文。但如果根据中国内地的仲裁法去解释的话,它是世界少见的严厉针对何为有效仲裁条文。这一条简单条文既没有说明仲裁机构名字,加上中国内地不承认随意仲裁,这条简单条文就变得无效了。

4. 程序法与实体法的区别

简单地说,程序法针对的是仲裁的程序,英国主要的程序法自然是 1996 年《仲裁法》了。当然英国是普通法国家,所以在 1996 年立法没有针对的情况,这可能是漏掉或者故意不去针对,因为希望等待多发展一些案例后成了体系才立法针对(例如仲裁的机密[confidentiality],转让[assignment]等)。也会是 1996 年立法有针对但在文字或者措辞上仍需要法院进一步解释。这样一来就有了大量的案例,例如在 1996 年的立法生效后的短短七八年时间就有了 200 个以上的有关案例。它们(1996 年立法加上 200 多个案例)就是英国仲裁程序法的体系。

实体法是针对主合约本身的解释,例如,对合约条文明示或者默示的合约义务(contractual obligations),责任分摊,损失计算,限制责任或者免责条文,等等。像一个航运的租船合约,总会有条文针对船舶的适航责任(seaworthiness)或者付租金或者运费。这些方面 1996 年《仲裁法》都不会找到答案。又比如说,一个国际货物买卖合约,总会有条文针对货价是 CIF 或者 FOB,这也不会是 1996 年《仲裁法》提到的,而是合约法与海商法等的范畴。

在合约实体法/适用法,英国在 1999 年通过了《Contracts (Applicable Law) Act 1990》,这是根据欧共体的《罗马公约》(《Rome Convention 1980》)。

《罗马公约》(Rome Convention)有说明合约实体法,也即是适用法所包括的是:

"1. The law applicable to a contract … shall govern in particular:

(a) interpretation;

(b) performance;

(c) within the limits of the powers conferred on the court by its procedural law, the consequences of breach, including the assessment of damages in so far as it is governed by rules of laws;

(d) the various ways of extinguishing obligations, and prescription and limitation of actions;

(e) the consequences of the nullity of contract.

2. In relation to the manner of performance and the steps to be taken in the event of defective performance regard shall be had to the law of the country in which performance take place."

根据英国法律,合约实体法不包括的事项是:(1)有关公司法问题与公司注册地点的法律,这包括了公司的登记,清盘与董事的个人责任,等等。有关案例如 Union Trans-pacific Co. Ltd. v. Orient Shipping Rotterdam BV [2002] EWHC 1451 (Comm.),因为是百慕大公司,所以是依据百慕大法律,在第一章有介绍。(2)公司法人的授权(warrant of authority)问题,例如代理人是否可以去约束一家公司。有关案例如 Continental Enterprises Limited v. Shandong Zhucheng Foreign Trade Group Co. [2005] EWHC (92),由于被告是中国公司,所以要看中国的公司法,也在第一章有介绍。(3)信托(trusts)。(4)证据与程序方面。(5)仲裁条文与管辖权条文。(6)其他。

显然,这两种法针对的时段也很不一样。在仲裁程序的推进有了问题是去找程序法能提供的答案。但到了裁决的时候,仲裁庭的脑子所想的就应该是实体法或适用法(这是《罗马公约》所用的措辞)了。

但这两种法也会遇上分不开的情况,例如在 International Tank and Pipe SAK v. Kuwait Aviation Fuelling Co.,(1975) QB 224 先例中,合约涉及建造一个在科威特机场的加油站,但仲裁条文有一个 90 天时限,而原告的承建商超出了这个时限。这样一来，原告就要考虑有什么救济了，在当时的英国1950年《仲裁法》是有一条Section 27准许法院延长合约时效，只要有过度困境(undue hardship)，这方面在笔者的《国际商务仲裁》第七章有详细介绍。但问题是仲裁地点应该是科威特，它没有类似1950年《仲裁法》的条文，也不会适用英国的立法进行仲裁。这样一来，就带来了疑问，这个延长合约时限到底是实体法(英国法)还是程序法(科威特法)？英国上诉庭判定应该适用英国法解释这90天时限，这等同于解释合约条文，并说：

"Suppose the arbitration clause had said that the claim had to be made within three months, and then there was an agreement as to whether 'months' meant lunar or calendar months. That dispute would have to be solved according to English law. Take next the question here, that is, whether a sufficient 'communication' had been made to the engineer within 90 days. That, too, would have to be decided by English law. Similarly it seems to me that is for English law to say whether or not section 27 of the Arbitration Act 1950 can be invoked."

但在1996年《仲裁法》通过后，延长时限的条文是Section 12，而且是强制性条文，双方不能去以订约自由改变，它也只适用在伦敦仲裁。所以在上述案例的同样事实，由于是科威特仲裁，也就有不同判法了。

另如英国早期针对时效(time bar)视为程序法的问题，后来参加了欧共体才明确是实体法。另外在Lesotho Highlands Development Authority v. Impregilo S. p. A. (2003) EWCA Civ. 1159(此案例在本书第九章详细介绍)，涉及裁决书使用的货币与利率到底是程序法或者是实体法之争。

5. 程序法与实体法不一致的困难

这两种法律在正常情况下应该走在一起，例如，去伦敦仲裁就应该适用英国的实体法了。这也是合理与省钱的做法。但由于有订约自由(freedom of contract)的大原则，就是订约方写什么都可以，不管合理不合理，除非是违反了英国的公共政策，法院或者仲裁庭的责任就是解释与执行双方约定了的合约。所以，在伦敦或者香港仲裁也常会面对一些仲裁条文如："Arbitration in London subject to French law"，"Arbitration in Hong Kong and PRC law is the governing law of the contract"，等等。这样一来，经常在伦敦仲裁委任的是只熟悉英国实体法的仲裁员，但他不会知道法国实体法，这就会让当事人增加费用去委任熟悉法国法的专家证人去指出并说服仲裁员法国法与英国法不同的地方，让仲裁员以约定的法国法来作出裁决。如果不这样做，在英国法下是允许伦敦仲裁员以英国法的理念作出裁决，因为没有当事人提出差异之处，就可默示为在有关方面法国法与英国法没有差异。这也是合理与实际的做法，总不能让伦敦仲裁员先念5～10年法国法并换了一个脑袋才能作出裁决：Hussman v. Al Ameen (2000) 2 Lloyd's Rep. 83。再换一种情况说，就是委任一个熟悉法国法的仲裁员去伦敦仲裁，反正两地距离也不远。但这也会遇上另一个问题，就是他/她有很大可能不熟悉英国仲裁程序法，导致轻易会在程序中犯错。所以，再次强调合理与省钱的做法就是如果去伦敦仲裁就应该适用英国实体法，当事人如果很想适用法国法或者中国法，那就去巴黎或者北京仲裁好了。当然，这里的难处就是想发展成为仲裁中心的国家与地点很多，但个别国家建立如英国一套完整与接受性颇高的商法就恐怕十分困难了。这导致像香港也经常有仲裁条文说明用英国法作为合约适用法，幸亏在1997年以后，虽然香港与英国已不是同一国家，但在一国两制下，法律上基本没有什么差异，所以在香港仲裁也不存在需要专家证人提供英国法律的意见。

6. 仲裁程序法

6.1　没有明示规定就根据双方约定的仲裁地点(seat)为准

现实中，当事人会在仲裁条文说明适用的仲裁程序法情况不多，一般只是约定仲裁的地点。这样一来，仲裁法定地点是哪里就适用该地的程序法（有关仲裁法），已经在国际上有共识。这里先节录一些这方面的主要仲裁地点的判决/先例：

(i) PT Garruda Indonesia v. Bergen Air [2002] 2002－1 S. L. R. 393.

法院说："clearly, if it was established that the parties had agreed to change the 'place of arbitration' to Singapore, then it must follow that the curial law would be Singapore law."

(ii) Union of India v. McDonnell Douglas Corp. [1993] 2 Lloyd's Rep. 48,51.

法院说："by their agreement (which specified England as the location of the arbitration) the parties have chosen English law as the law to govern their arbitration proceedings."

(iii) Sumitomo v. Oil & Natural (1994) 1 Lloyd's Rep. 57.

法院说："As to (4), the curial law, it seems to me plain that it is the law of England. There is, it is true, no express choice of curial law. However, there is a clear requirement that the arbitration proceedings be held in London. In the absence of express agreement, there is a strong prima facie presumption that the parties intend the crucial law to be the law of the 'seat' of the arbitration, i. e. the place at which the arbitration is to be conducted, on the ground that that is the country most closely connected with the proceedings-see Mustill and Boyd, 2nd ed., p. 64."

(iv) Raguz v. Sullivan [2000] N. S. W. C. A. 240; 2000 NSW LEXIS 265, 44.

法院说:“Where the parties have failed to choose the law governing the conduct of the arbitration it will prima facie be the law of the country in which the arbitration is held because that country is the most closely connected with the proceedings.”

(v) Bay Hotel and Resort Ltd. v. Cavalier Construction Co. Ltd. [2001] 2001 U. K. P. C. 34, 25 (Transcript).

法院说:“Under English and therefore Turks and Caicos Island law, there is a strong prima facie presumption that the law to be applied to the procedure of an arbitration is that of the place where the arbitration has its seat.”

(vi) John Holland Pty Ltd. v. Toyo Engineering Corp. [2001] 2001 –2 S. L. R. 262, 11.

法院说:“While parties may adopt certain rules of arbitration, the law of the arbitration is normally determined by the law of the situs or the seat of the arbitration.”

(vii) Minmetals Germany GmbH v. Ferco steel Ltd. [1999] 1 All ER (Comm) 315 (Transcript), 1999 WL 249913.

法院说:“In international commerce a party who contracts into an agreement to arbitrate in a foreign jurisdiction in bound not only by the local arbitration procedure but also by the supervisory jurisdiction of the courts of the seat of the arbitration.”

(viii) The Lady Muriel 1995-2 H. K. C. 320; 1995 H. K. C. LEXIS 620,8.

法院说:“England has not adopt the UNCITRAL Model Law. Hong Kong has … Since the seat of the arbitration in our case is not Hong Kong, but in England, it follows that the provisions of the [UNCITRAL] Model Law do not generally apply to it.”

(ix) Regia Autonoma de Electricitate Renel v. Gulf Petroleum International Ltd. [1996] 2 All ER 319; [1996] 1 Lloyd's Rep. 67.

贵族院说:“The parties have by electing London as the seat of the arbitration made it clear that in general English legal procedure should apply to the conduct of the arbitration.”

(x) American Diagnostica Inc. v. Gradipore Ltd. [1998] 1998 N S W LEXIS 1051, 28.

法院说:“The seat of the arbitration is not necessarily where it is held, although where the parties have failed to choose the law governing the conduct of the arbitration it will prima facie be the law of the country in which the arbitration is held because that is the country most closely connected with the proceedings.”

6.2 找出仲裁法定地点(seat)

找出到底什么是仲裁法定地点的重要性是该地点的程序法适用,例如,法定地点是伦敦,就适用英国1996年《仲裁法》。法定地点是香港,就适用香港《仲裁法》。接下来就是当事人从一开始要寻找法院协助委任仲裁员直至要寻找法院协助作出救济,例如要把仲裁员赶走或者对仲裁庭作出的裁决书撤销也是以法定仲裁地点的法院(所谓 supervisory court)为准了。再进一步探讨,不妨先节录英国仲裁法 Section 3 如下:

"In this Part 'the seat of the arbitration' means the juridical seat of the arbitration designated-

(a) by the parties to the arbitration agreement, or

(b) by any arbitral or other institution or person vested by the parties with powers in that regard, or

(c) by the arbitral tribunal if so authorized by the parties,

or determined, in the absence of any such designation, having regard to the parties' agreement and all the relevant circumstance."

上述法律条文的三种找出仲裁法定地点方法之(a)是明显不过也就是通常的情况,由双方当事人在仲裁协议中约定。

6.2.1　由仲裁机构决定

在(b)可以国际商会仲裁为例,通常双方会约定如:"根据国际商会仲裁条文处理双方争议(Arbitration per ICC rules)",而没有说明哪里作为仲裁法定地点,这样一来,ICC 就会要作出选择了。据说 ICC 的仲裁有大约 15% 就是这种情况,要 ICC 作出选择。其余的 85% 都是双方当事人在仲裁条文说明了仲裁法定地点如:"ICC arbitration in London" 或者是"ICC arbitration in Hong Kong",这样一来当事人明示的意愿必须尊重,即仲裁机构是由 ICC 巴黎管理这个仲裁,但仲裁法定地点是伦敦或者香港。

在此值得一提的是,国际商会与许多机构仲裁不同之处是它并不与所在地国家挂钩,例如 AAA 是与美国,SIAC 是与新加坡或"贸仲"是与中国等。国际商会(ICC)是一个国际机构仲裁,它的所在地在法国巴黎就如同联合国在美国纽约一样。据悉中国法院近期(2005 年)在执行一个香港作出的 ICC 仲裁裁决书,拒绝以中国内地与香港特别行政区之间的 1999 年两地之间协议去执行,认为该仲裁既是 ICC 就是一个法国裁决书,结果以 1958 年《纽约公约》去执行。这在国际与香港人士认为是中国内地法院对 ICC 仲裁的不了解所引致。

6.2.2　由仲裁庭决定

而上述的(c)由仲裁庭决定就是由双方委任的仲裁庭去指定。仲裁庭可以是独任仲裁员,但得通过双方同意。也可以是两人或者三人的仲裁庭,双方当事人各自有委任自己的仲裁员去组成一个仲裁庭(tribunal)。这样一来,如果仲裁协议没有约定法定地点或者法定地点十分矛盾,根本无法解释的情况下,该被委任的仲裁庭就可作出决定了。当然,仲裁庭在听取双方不同意见后,才作出决定。否则将来大家对什么程序法适用在该仲裁也无所适从。

曾经有一个案例是因仲裁条文太不明确以致无法解释而判定无效:Lovelock v. Exportles (1968) 1 Lloyd's Rep. 163。该合约有两条附加的仲裁条文(rider clauses),

一条是去莫斯科仲裁,另一条是去伦敦仲裁。要知道这种情况非常普遍,就是同一合约内有两条互相矛盾与直接冲突的条文。但通常是因为合并了一些标准格式合约,而该格式内有一条印本仲裁条文,但同时双方又约定了特定的仲裁条文,却忘了把印本仲裁条文删去。例如在租约经常会有一条附加条文(rider clause)说明伦敦仲裁,但不删去合并的纽约土产(NYPE)租约格式内的纽约仲裁条文。但这种情况很容易解释,明显是特定的附加条文更能显示了双方的合约意愿,应该超越印本仲裁条文。但在 Lovelock 先例,两条起冲突的仲裁条文都是附加条文,谁也不超越谁,所以在当时的法院相对不是太大力支持仲裁的年代,上诉庭就判定仲裁协议无效了。但到了今天,英美法院大力支持仲裁,加上有 1996 年《仲裁法》的说法,情况就会大不一样了。笔者举一个自己的例子如下:

先是笔者收到一家英国律师所的合伙人打电话来要求笔者接受委任为原告的仲裁员,但指出有关租约的仲裁条文拟订得并不太好。不久后,笔者收到传真中一份租约,它的第 48 条是说:

"Arbitration in Hong Kong with English law to apply.

All disputes arising out of this contract which cannot be amicably resolved shall be referred to arbitration in London.

Arbitrator to be appointed by each party, the reference shall be to two arbitrators. But if one party falling to appoint arbitrator within 7 days after another party has appointed one, then it will become sole arbitrator for the arbitration."

读者可明显看到该条文比 Lovelock 更矛盾与差劲,因为它在同一条文中提到了香港仲裁与伦敦仲裁。这样一来,特别针对原告,他/它应去什么仲裁地点呢?但笔者认为在今天的大气候是大力支持仲裁,而双方多次提到仲裁,显示了以此方法解决争议的决心非常强烈,只是文字上拟定得不对。此外,至少在英国的 1996 年《仲裁法》已提供了一条出路,如果被告一作出委任他的仲裁员,仲裁庭就可以决定到底在哪里进行仲裁,进而决定了适用什么仲裁法(英国或香港)。再说,就是自己接受原告的委任是管辖权有很大问题,也不影响组成仲裁庭后在被告提出质疑的情况下,再去全面考虑这个预先争端(preliminary issue)的问题,然后作出中间裁决书(partial award)让法院最后定夺。也有可能被告根本不提出质疑,但参与仲裁程序作出抗辩等,这也就构成了弃权。在上述的想法下,笔者作出以下的文书回应,确认接受原告委任为仲裁员:

"Thank you for your telephone call and fax a while ago. I reconfirm that I am happy to accept the appointment as your client's arbitrator in respect of all disputes arising out of this contract.

As you have kindly pointed out, the arbitration clause is not well drafted. But the parties' intention to go to arbitration in resolving disputes is clear and certain. Furthermore I can arbitrate both in Hong Kong and London, and I am a member (supporting member) of the LMAA. Therefore, wherever is ascertained or agreed as the proper seat of the arbitration, I will be able to continue in the reference."最后该案圆满结束,以被告很快作出和解结案。

6.2.3 根据案件情况决定

最后仲裁法定地点根据情况而定可举例子是 Dubai v. Paymentech (2001) 1 Lloyd's Rep. 65。案情涉及众所周知的 VISA 信用卡。VISA 公司是在美国的加州,它与所有会员签订的标准合约规定了有争议去 VISA 公司仲裁解决,但规则中并没有说明仲裁法定地点是哪里。其中一种会员是银行,它们发行 VISA 信用卡并负责结算。另一种会员是商户,它们接受信用卡的支付并按时通过 VISA 结算。这里面会出争议,例如是在本案例,发信用卡的银行 Dubai Islamic Bank 通知了 VISA 取销某一张信用卡,但很快有人用该信用卡在美国一个珠宝店的商户买了上百万美元的珠宝。这一来,商户要求结算,但 Dubai 银行拒绝了。根据 VISA 的仲裁一审,这是在美国加州进行,Dubai 银行败诉。但根据 VISA 仲裁规则,金额大的案件可以去上诉。上诉是去一个 VISA 的国际董事会(VISA International Board of Directors),上诉是完全以书面进行的。可是定期举行的国际董事会每次都会在世界不同的地方开,碰巧本案例是在伦敦。结果判决下来仍是判 Dubai 银行败诉。这一来,Dubai 银行想去法院寻找救济,包括上诉申请。根据英国 1996 年《仲裁法》,这时间也非常短,必须在裁决书作出后的 28 天内向法院提起申诉。

在 Dubai 银行提出申请后,美国的商户 Paymentech 提出抗拒,马上面对的问题就是这是否是伦敦仲裁,因为法定地点决定了 1996 年《仲裁法》是否适用。如果美国加州才是仲裁法定地点,这一来,Dubai 银行要及时去加州法院寻求救济。但这几乎是无望,因为美国的《联邦仲裁法》是不允许以裁决书的法律问题上诉法院,而英国的 1996 年《仲裁法》至少还是有可能成功取得上诉批文。

结果是,Aikens 大法官判伦敦并非是法定地点,因为 VISA 国际董事会每次开会都是在不同地点,这次在伦敦纯属巧合。法定地点应该可能是在加州(Aikens 大法官不去说死,因为这个问题是由加州法院去判决)。他说,有关情况几乎全部指向加州:

"If I consider those matters then it is clear that the 'seat' of the appeal arbitration process is not in England, but is probably located in California. Thus: (1) Paymentech is based in Texas. The bank is based in Dubai. VISA is based in California. (2) The VISA regulations have no express proper law provisions either as to substantive regulations or as to the appeal arbitration process between members. (3) The VISA worldwide payment card scheme has its headquarters in California. (4) The dispute arose out of the transaction (as issuer) through Basingstoke, (acquirer) through California. (5) The regulations appear to contemplate that the appeal arbitral process will be handled through the VISA offices in California. Thus it is contemplated that notifications will be sent there; The process will be handled by the arbitration and compliance department in California. The merits will be considered by the arbitration committee which is based at VISA headquarters in the California before being considered by the board. It is contemplated that the board will consider the merits of the appeal at a board meeting which could be anywhere in the world. (6) The regulations appear to contemplate that notification of the result of the appeal process will be handled by VISA headquarters in California."

另一个重要因素就是双方当事人都同意了受 VISA 仲裁规则的约束，VISA 是来自美国加州。最后一个观察是一审仲裁应毫无疑问是在美国加州，只在上诉仲裁有争议，但仲裁法定地点不会自动改变，除非是双方同意更改（vary）。

6.3 找出仲裁法定地点（seat）的重要性

已经提过找出仲裁法定地点就可以明确仲裁的程序法，例如伦敦就是由 1996 年《仲裁法》适用。它同时也明确了监督的法院（supervisory court）。这是十分重要的，因为一切需要法院监督与协助的申请就是向该法院作出。至于对一个伦敦仲裁，英国法院有什么监督与协助，在本书第四章有详述，不再重复。

只举一个例子，就是在"可仲裁性"（arbitrability）的第六章之 1.11 段有提到印尼在一个天文数字败诉的瑞士仲裁中，错过了时限去向瑞士法院（这是正确的监督法院）提出对败诉裁决书的救济，结果去了印尼法院把裁决书撤销。但该合约所约定的印尼法只是实体法，并不令印尼法院成为监督法院。所以按裁决书去执行，都不被美国法院或香港法院接受是《纽约公约》下的有效撤销（set aside），因为印尼法院没有权力这样做。

在此顺便提一下就是在英国 1996 年《仲裁法》下，另有一个仲裁程序的地点（place of arbitration），这是由仲裁庭来决定，这是在 Section 34(2)(a) 说："when and where any part of the proceedings is to be held."而且可以在整个仲裁程序中出现几个不同的仲裁地点，例如，开庭在新加坡，但这不会改变法定仲裁地点是双方约定的伦敦。甚至是有几次不同的开庭，而第一次是新加坡，第二次是吉隆坡，第三次是曼谷，等等。这都不会影响整个仲裁的法定地点是伦敦与程序的适用法是英国 1996 年《仲裁法》。另一个重要仲裁程序会是裁决书的拟定与签字。仲裁庭由不同的仲裁成员组成，他们会是来自不同国家或者地区。这会带来的不稳定就是裁决书到底算在哪里作出，因为在执行的时候会是有问题的，例如算是本国的裁决书或者是《纽约公约》下的裁决书 Hiscox v. Outhwaite (1991) 2 Lloyd's Rep. 435。允许仲裁庭随意选择恰当的地方处理仲裁程序的主要目的是为了方便双方当事人与省钱，所以可以是随意改变。例如，笔者就已经有好几次的经验，一个香港仲裁案件去深圳市蛇口开庭。在早期是为了当事人与证人签证困难，到后来是为了省钱。笔者也见过有仲裁员与双方当事人律师飞去韩国向总统取证，因为他是一宗有关直升机买卖争议的主要证人，但国家领导人不可以要求他随便出国作证。而笔者试过多次在香港作出伦敦的裁决书，期间从来没有踏足英国。这在 1996 年《仲裁法》生效前有一定疑问，但现在就完全可以了。

总结说，Seat 就是双方约定了后不会再自动或单方向改变，说明是伦敦也就令1996 年《仲裁法》适用，涉及向法院申请救济就必须去英国法院。但 Place of Arbitration 就哪里都行，反正双方当事人同意或者不能同意就由仲裁庭决定，而仲裁庭决定的考虑因素主要就是省钱省时间，与一些少见的情况顾及自然公正。

这 Seat 与 Place 的叫法也会有差异，但道理一样。例如，在国际商会的"Rules of Arbitration"，Article 14 的叫法是 Place 与 Location，条文说：

"1. The place of the arbitration shall be fixed by the Court unless agreed upon by the parties.

2. The Arbitral Tribunal may, after consultation with the parties, conduct hearings and meetings at any location it considers appropriate unless otherwise agreed by the parties.

3. The arbitral Tribunal may deliberate at any location it considers appropriate."

6.4　有明示规定程序法并与双方约定的仲裁地点不一致

这种情况不应该发生但却是越来越多见，但在订约自由原则下，又不得不给予所有的文字/措辞合理解释。如果是在伦敦仲裁条文明示了外国的程序法适用，这带来的不合理及困难就很大了。又或者倒过来说，是一个东京或者首尔仲裁但明示规定了适用英国 1950 年《仲裁法》，也是同样很大程度上不合理与难于操作。例如，想去把首尔的仲裁庭成员赶走，当事人是去英国法院申请还是去韩国法院申请？谁才是管辖的法院？英国法院因为管辖权延伸不到首尔也不会愿意这样做。难怪 Mustill 大法官在 Black Clawson International Ltd. v. Papierwerke Waldhof-Aschaffemburg A. G. （1981） 2 Lloyd' s Rep. 446 说这种情况可笑（absurd），在该先例中双方约定的仲裁条文是 Zurich 仲裁地点但明示适用英国 1950 年《仲裁法》。Mustill 大法官这样说：

"Common sense suggests that this provision cannot have been intended to apply the whole of the 1950 Act to an arbitration which was from the outset designed to take place abroad. For otherwise the arbitrators would have been obliged to state a special case from their Zurich arbitration to the English Court; and the latter Court would have power to set aside or remit the award, and to make interlocutory orders for discovery, security for costs, interim preservation and so on; all in potential conflict with the powers exercisable by the local Court. Such a result would be absurd."

这种情况笔者也遇过，仲裁条文说："Hong Kong Arbitration per English Arbitration Act 1950."

以下再多介绍几个出名的有关案例：

6.4.1　案例一：Union of India v. McDonnell Douglas

在这一个案例（Union of India v. McDonnell Douglas [1993] 2 Lloyd' s Rep. 48）中，在一个涉及人造卫星发射的协议中，有第 8 条的仲裁条文规定如下：

"In the event of a dispute … arising out of or in connection with this agreement … the same shall be referred to an Arbitration Tribunal … The arbitration shall be conducted in accordance with the procedure provided in the India Arbitration Act of 1940 or any reenactment or modification thereof. The arbitration shall be conducted in the English language … The seat of the arbitration proceedings shall be London, United Kingdom …"

另外在第 11 条的合约条文说:"本协议以印度法适用与解释"(the agreement is to be governed by,interpreted and construed in accordance with the laws of India)。

明显看来,合约实体法是根据第 11 条的印度法。但第 8 条说明要依照印度的 1940 年《仲裁法》可就要给它一定的解释了,好的合约解释就是尽量给双方约定的条文与文字一个合理解释,不随意去删除或否定,因为法官或仲裁员不是订约方。如果是作为程序法来解释,就会带来非常不满意的结果,例如动不动要去印度法院寻求救济。在 1940 年《仲裁法》,印度仍是允许裁决书通过"特殊案件"(special case)在法律问题自动上诉法院,但英国已经是 1979 年《仲裁法》,需要上诉批文才能上诉。这只是许多差异其中一样,可见是情况令人非常不满意与不确定。所以,Saville 大法官说:

"The choice of a procedural law different from the law of the place of arbitration will at least where that place was England, necessarily mean that the parties had actually chosen to have their arbitrable proceedings at least potentially governed both by their express choice and by the laws of England; such a state of affairs was clearly highly unsatisfactory and the question was whether the parties had agreed to such a potentially unsatisfactory method of regulating their arbitration proceedings."

结果,Saville 大法官判定明示的印度仲裁法只能针对仲裁的内部操作(internal conducts),而外部的法院监督(external supervision)仍是英国法院而不是印度法院。估计这样做起来意味着是把印度仲裁法当做仲裁规则(arbitration rules)来解释。而这个解释主要是依赖第 8 仲裁条文中的一个"操作"(conducted)一字,Saville 大法官说:"I agree 'conducted' is more apt to describe the way in which the parties and the Tribunal are to carry on their proceedings than the supervision of those proceedings by the Indian Court."

英国法律有说法把双方当事人之间及双方当事人与仲裁庭之间的关系当做内部法律(internal law),而针对国家通过法院与参与一个仲裁的人士之间关系是外部法律(external law)。

6.4.2 案例二:ABB v. Keppel

在这一个案例(ABB v. Keppel [1999]2 Lloyd's Rep. 24),涉及的是新加坡船厂 Keppel 去建造一个海上储油船舶的合约,它的条文如下:

"37.1 This contract shall be governed by and interpreted in accordance with English Law.

37. 2 Disputes arising in connection with or as a result of the contract, and which are not resolved by mutual agreement, shall be referred to the London Court of International Arbitration. Disputes shall be settled in accordance with Singapore Law. ”

这又是一个十分困难的解释,因为合约实体法是明显依据 37. 1 条文去适用英国法。没有这一条,37. 2 条文提到的新加坡法应该指合约的实体法了。现在 37. 2 条的新加坡法就必须另外给它一个合理解释。它比上一个先例更难的是它不是说新加坡仲裁法,但既然与 37. 2 仲裁条文放在一起,就应该与仲裁相关。

读者也会注意到这 37. 2 仲裁条文并没有约定仲裁法定地点(seat),只提到仲裁机构就是 London Court of International Arbitration(LCIA)。LCIA 的仲裁规则针对仲裁地点有以下条文:

“7. 1 The parties may choose the place of arbitration. Failing such a choice, the place of arbitration shall be London, unless the tribunal determines in view of all the circumstance of the case that another place is more appropriate.

7. 2 The tribunal may hold hearings and meetings anywhere convenient, subject to the provisions of article 10. 2, and provided that the award shall be made at the place of arbitration. ”

换言之,至少根据 LCIA 的仲裁规则,即使双方当事人没有约定或者无法同意仲裁地点,规则也明确了是伦敦。但别忘了,本先例中双方虽没有约定新加坡,但已同意了新加坡法律。在该案例中,Keppel 是被告,它委任的英国律师曾在一开始向原告律师说准备同意仲裁地点是在伦敦与仲裁庭是 3 位仲裁员等。但后来就发生了争议,要法院判决仲裁法定地点是伦敦或者是新加坡。

ABB 的律师争辩说 37. 2 仲裁条文的新加坡法律规定是非常局限地针对内部操作(internal conduct),例如仲裁条文是否有效或可仲裁性方面,这是 Union of India v. McDonnell Douglas (1993) 2 Lloyd ' s Rep. 48 先例的同样说法。而根据 37. 2 条文的第一句,在约定的 LCIA 仲裁规则下,双方不能同意就是伦敦仲裁,而不是新加坡仲裁。

但代表 Keppel 的大律师说 37. 2 仲裁条文的第一句没有帮助去找出仲裁法定地点。反而是第二句已经明示约定了新加坡法律作为程序法(实体法已经另有 37. 1 条文针对)就可以根据 Naviera Amazonica Peruana S. A. v. Compania International de Seguros del Peru, (C. A.)(1998) 1 Lloyd ' s Rep. 116 的先例去倒过来找出双方意向的仲裁地点,就是在新加坡仲裁。

结果是,Clarke 大法官判决仲裁法定地点是伦敦,适用英国 1996 年《仲裁法》。首先在 37. 2 的仲裁条文解释,Clarke 大法官倾向于接受 Keppel 的争议,认为 LCIA 仲裁规则主要还是说让双方同意,并没有清楚说明是伦敦,而在本案双方也的确约定了新加坡的程序法。但 Clarke 大法官认为在 Keppel 律师曾一度同意去伦敦以 LCIA 规则仲裁的情况下,便构成了更改(vary)仲裁协议,从新加坡去了伦敦的仲裁法定地点。换言之,就是以更改为由避开了解释的困难。

6.5 1996 年《仲裁法》如何针对这种问题

先节录有关的条文如下:

Section 2

(1) The provisions of this Part apply where the seat of the arbitration is in England and Wales or Northern Ireland.

(2) The following sections apply even if the seat of the arbitration is outside England and Wales or Northern Ireland or no seat has been designated or determined-

(a) sections 9 to 11 (stay of legal proceedings, &c), and

(b) section 66 (enforcement of arbitral awards).

(3) The powers conferred by the following sections apply even if the seat of the arbitration is outside England and Wales or Northern Ireland or no seat has been designated or determined-

(a) section 43 (securing the attendance of witness); and

(b) section 44 (court powers exercisable in support of arbitral proceedings);

but the court may refuse to exercise any such power if, in the opinion of the court, the fact that the seat of the arbitration is outside England and Wales or Northern Ireland, or that when designated or determined the seat is likely to be outside England and Wales or Northern Ireland, makes it inappropriate to do so.

(4) The court may exercise a power conferred by any provision of this Part not mentioned in subsection (2) or (3) for the purpose of supporting the arbitral process where-

(a) no seat of the arbitration has been designated or determined, and

(b) by reason of a connection with England and Wales or Northern Ireland the court is satisfied that it is appropriate to do so.

(5) Section 7 (separability of arbitration agreement) and section 8(death of a party) apply where the law applicable to the arbitration agreement is the law of England and Wales or Northern Ireland even if the seat of the arbitration is outside England and Wales or Northern Ireland or has not been designated or determined.

Section 3

In this Part "the seat of the arbitration" means the juridical seat of the arbitration designated

(a) by the parties to the arbitration agreement, or

(b) by any arbitral or other institution or person vested by the parties with powers in that regard, or

(c) by the arbitral tribunal if so authorized by the parties,

or determined, in the absence of any such designation, having regard to the parties' agreement and all the relevant circumstance.

Section 4

(1) The mandatory provisions of this part are listed in Schedule 1 and have effect notwithstanding any agreement to the contrary.

(2) The other provisions of this Part (the "non-mandatory provisions") allow the parties to make their own arrangements by agreement but provide rules which apply in the absence of such agreement.

(3) The parties may make such arrangements by agreeing to the application of institutional rules or providing any other means by which a matter may be decided.

(4) It is immaterial whether or not the law applicable to the parties' agreement is the law of England and Wales or, as the case may be, Northern Ireland.

(5) The choice of a law other than the law of England and Wales or Northern Ireland as the applicable law in respect of a matter provided for by a non-mandatory provision of this Part is equivalent to an agreement making provision about that matter.

For this purpose an applicable law determined in accordance with the parties' agreement or which is objectively determined in the absence of any express or implied choice, shall be treated as chosen by the parties.

This Act may be cited as the Arbitration Act 1996.

SCHEDULE 1: MANDATORY PROVISIONS OF PART 1 SECTION 4(1)

sections 9 to 11 (stay of legal proceedings);

section 12 (power of court to extend agreed time limits);

section 13 (application of Limitation Acts);

section 24 (power of court to remove arbitrator);

section 26 (1) (effect of death of arbitrator);

section 28 (liability of parties for fees and expenses of arbitrators);

section 29 (immunity of arbitrator);

section 31 (objection to substantive jurisdiction of tribunal);

section 32 (determination of preliminary point of jurisdiction);

section 37 (2) (items to be treated as expenses of arbitrators);

section 40 (general duty of parties);

section 43 (securing the attendance of witness);

section 56 (power to withhold award in case of non-payment);

section 60 (effectiveness of agreement for payment of costs in any event);

section 66 (enforcement of award);

sections 67 and 68 (challenging the award: substantive jurisdiction and serious irregularity), and sections 70 and 71 (supplementary provisions; effect of order of court) so far as relating to those sections;

section 72 (saving for rights of person who takes no part in proceedings);

section 73 (loss of right to object);

section 74 (immunity of arbitral institutions, &c.);

section 75 (charge to secure payment of solicitors' costs).

The provisions listed in this Schedule are mandatory and cannot be ousted by the agreement of the parties. The Schedule refers back to section 4 of the Act.

在上述的条文中,可简单介绍解决的办法如下:

(a)首先重点是放在仲裁法定地点(seat),Section 3 就说出了四种找出该地点的方法。

(b)如果法定地点是英国(包括威尔士和北爱尔兰但不包括苏格兰,因为苏格兰有自己的法律体系包括仲裁法是依照《联合国示范法》),根据 Section 2 (1)就是要适用 1996 年英国《仲裁法》。

(c)根据 Section 4,1996 年《仲裁法》的条文区分为强制性(mandatory)与非强制性(non-mandatory)两种,而前者是不能以订约自由去排除。而后者由 Section 4 (5)作出解释,就是约定外国程序法就等于约定作出改变。

(d)强制性的条文是在 Schedule 1 中详细列出,这包括一些法院的监督权力与基本精神,例如对裁决书的各种救济,赶走仲裁员,管辖权争议,仲裁员的自然公正责任与豁免权,等等。(但注意不包括 Section 69 之上诉法院的批文申请,这可由双方约定排除)

(e)这样一来,即使仲裁法定地点说明是伦敦,但仲裁条文同时引进了外国的仲裁程序法,也无法排除强制性条文,只能好像仲裁规则一样对一些非强制性的条文作出改变。对于英国以外的仲裁法定地点或者没有约定,与英国也毫无关系,因为在 1958 年《纽约公约》的责任下,英国法院要终止法院程序强制仲裁协议/条文,与帮助执行裁决书,所以在 Section 2 (2)说明了英国法院这两个责任。

(f)至于其他英国以外的仲裁法定地点或者没有约定但很可能是在英国以外,英国法院在个别案件中如果认为不恰当(例如在外国法定地点的法院完全可以作出协助,英国法院不应插手),另外该仲裁与英国没有一点点联系,可以拒绝协助这些外国仲裁。例如,协助取证的 Section 43 或者其他的多项协助在 Section 44。这是不论外国仲裁在条文中有没有说明适用 1996 年《仲裁法》,这是在 Section 2(3)。

6.6 总结英国立法下的仲裁法定地点(seat)与仲裁程序法的关系

在著名的 Merkin 教授所著一书中,他也总结了所有有关条文说(说法在 ABB v. Keppel [1999] 2 Lloyd's Rep. 24 先例被法院接受):

"The obvious conclusion to be drawn from section 2(3)(b) is that the parties should not agree that the seat is to be in one jurisdiction when the law governing the procedure is to be that of another jurisdiction. Put another way:

(a) where the seat and procedural law are English law, the Act applies in its entirety; (如果仲裁法定地点与仲裁程序法都是英国,全部适用 1996 年《仲裁法》)

(b) where the seat is England, the Act applies irrespective of the chosen or applicable curial law, by virtue of s. 2(1), and the court must apply the mandatory parts of the Act listed in Schedule 1 to the Act-as regards the non-mandatory aspects of the Act, under section 4(5) any express or implied choice of another law operates to oust the Act insofar as that choice applies to those mandatory aspects-in the absence of such a choice , the fact that some other law is found to be applicable will not have the effect of disapplying the non-mandatory aspects of the Act; (如果仲裁法定地点是英国,即使双方当事人选择或适用其他国家的程序法,1996 年《仲裁法》的强制条文仍然适用,不受订约自由的改变或约束)

(c) where the seat is abroad but the curial law is English law (by express choice-English law would almost certainly refuse to make such an implication) ①, the procedures in section 44 of the Act are available (so that, for example, interim relief can be granted in respect of a foreign arbitration) but the English courts can refuse to act by virtue of the proviso to section 2(3) if the necessary link with the domestic jurisdiction is missing; (如果仲裁法定地点是英国以外的国家,但明示适用 1996 年《仲裁法》——注意这必须是明示,而不会是默示,因为默示是不会适用在这种不合理的安排——则只有 1996 年《仲裁法》之 Section 44 会适用,即英国法院会给予中间措施的协助,例如紧急情况之下保留证据或下令把易腐的货物出售,因为有关证据与货物是在英国境内。但如果与英国的关系是欠缺,英国法院可以根据 Section 2[3]拒绝施加援手)

(d) where both the seat of the arbitration and the curial law are those of foreign jurisdictions, there is on the whole no basis upon which the Act can apply other than in respect of stay and enforcement, in accordance with section 2(2), although in appropriate circumstances it will be possible to obtain protective interim relief from the English courts in respect of foreign arbitration. (如果仲裁法定地点与仲裁程序法都是英国以外的国家,例如香港仲裁根据香港仲裁法,这样一来,可以说与英国的 1996 年《仲裁法》是毫无关系了,除了该立法下的终止法院程序与执行裁决书。这是在 Section 2 [2]所说明。但在特殊情况下,英国法院仍可以去援助这种外国仲裁,例如 Section 11 之扣船或冻结令[freezing injunction]以取得索赔担保。另在 Viking v. Rossdale [2002]1 Lloyd's Rep. 219,涉及一个纽约仲裁与适用纽约的仲裁程序法,可以说是与英国毫无关系。而纽约的仲裁庭向英国法院发出一封要求信[letter of request],向住在英国的两位人士下令接受盘问。Moore - Bick 大法官认为在 1996 年《仲裁法》之下,它是有权这样做去协助纽约仲裁员,说:

"It appears from the witness statement of David Kroeger, one of the lawyers acting for Viking in the arbitration, that arbitrators in New York have the power under s. 7of the United States Federal Arbitration Act to subpoena witness to give deposition evidence in the form of oral testimony. They may also have the power to direct that a person give evidence to an examiner, although nothing is said about that. However, the fact that the witnesses in the present case are resident in this country means that they are beyond the effective jurisdiction of the tribunal. The requirements of sub-s. [5] of s. 44 are therefore met. I am satisfied, therefore, that the Court does have jurisdiction to make an order of the kind sought by Viking in the present case, even though the seat of the arbitration is in New York and the curial law of the arbitration is the law of New York.

However, the Court has a discretion to refuse to exercise its powers and it does not follow that it would be appropriate to make such an order.

In Channel Tunnel Group Ltd. v. Balfour Beatty Construction Ltd. Lord Mustill pointed out the dangers inherent in making orders in relation to foreign arbitrations, especially those whose crucial law is not the law of England. It is no doubt for this reason that s. 2 [3][b] expressly preserves the Court's discretion to refuse to exercise its powers where the seat of the arbitration is broad. In his valuable commentary on the 1996 Act Professor Robert Merkin suggests that where both the seat of the arbitration is broad and the curial law is that of a foreign jurisdiction there is on the whole no basis upon which the Act can apply other than in respect of stay and enforcement. Very often I think that will be the case, but each case has to be considered on its merits. The exercise of the Court's powers under s. 44 may not be inappropriate in a case where the relevant procedures of the curial law are similar to those of English law."

7. 合约实体法(substantive law)/ 适用法(proper law)

有关主合约的实体法或者适用法针对或包括什么与不包括什么在本章之4段已有略及,不再重复。也已提到英国是根据欧共体的《罗马公约》所立的合约法(Contacts [Applicable Law] Act 1990)为合约适用法的依据。由于该立法是针对全球,并不只是欧共体国家,所以对中国内地的涉外合约是同等重要,因为绝大多数这些合约都是明示或是默示适用英国法。以下分析一下这方面的各种问题。

7.1 如何解释明示合约实体/适用法条文

正规做法,仲裁条文与合约适用法条文是针对两方面相关但不同的事情,应该是不同的条文。但经常有合约把它们放在同一条文。而且往往没有说得太清楚,例如,上述例子的"Arbitration in London subject to French law"或者"Arbitration London, PRC law to apply"。看来 French Law 或者 PRC law 没有说明是实体法或者是程序法,那是指什么呢？照说，说明是伦敦仲裁的法定地点应该已足够显示是英国程序法。故同一句子的下半部分提到的 French Law 或 PRC law，应该合理的解释是，它是指实体法，因为经常有国际合约会明示合约实体法，但明示程序法就绝无仅有了，而且是更加不合理与麻烦，也没有必要。众所周知，解释合约的一条重要规则（rules of construction）是越不合理的事就要有更明确的文字与措辞去表达，或者说，一个文字/说法有两种解释，一个是比较合理与另外一个是更不合理，就应该选择前者。这样一来就解释了如果只说明简单的 French law 或者 PRC law，没有说明是实体法或者是程序法，一般选择是指实体法。如果指的是程序法，就要明确写为："Arbitration in London but all arbitration proceedings shall follow the PRC Arbitration Act"。这样一来，即使有效（但事实上不会有效，尤其是在 1996 年《仲裁法》生效后，在较早时已经详及），做起来会是非常困难，例如，对裁决书的救济不是向英国法院寻求，而是要去中国法院了，中国法院会不会理睬在伦敦作出的裁决书也是未知数，笔者也相信有很多国家法院是不予理睬。看来这也是水平不高订约人自找麻烦的结果。

英国以前也有过些案例是实体/适用法条文无法解释，太不肯定，这样一来，根据合约法的精神就只好去漠视该条文。在 Compagnie D' Armement Maritime S. A. v. Compagnie Tunisienne de Navigation S. A. (1970) 2 Lloyd's Rep. 99，它的适用法条文是：

"The contract shall be governed by the laws of the Flag of the Vessel carrying the goods, except in cases of average or general average, when same to be settled according to the York - Antwerp Rules, 1950."

但该租约是一个涉及 35 万吨原油的多航次租约，运输涉及多艘船，各有不同船旗，但适用法条文是说租约的法律是根据船旗国法律。所以贵族院判定该租约条文没办法去判断合约的适用法条文也是无效。

另一个不肯定的情况是在合约中约定一条所谓的"浮动"法律条文（floating governing or proper law clause），因为英国法律并不予承认：The "Iran Vojdan" (1984) 2 Lloyd's Rep. 380。该明示的条文如下：

"all disputes arising under or in connection therewith shall, in the option of the carrier to be declared by him on the merchant's request be governed either by Iranian law with the exclusive jurisdiction the courts in Teheran, by German law with the exclusive jurisdiction of the courts of Hamburg or by English law with the exclusive jurisdiction of the courts of London."

Bingham 大法官说，合约的适用法应该一开始就肯定，不论是明示或者是默示（例如通过法律冲突规则去寻找，由于英国是先处理争议的地点，所以它是以英国的法律冲突规则解释：Amin Rasheed v. Kuwait Insurance [1984] A. C. 50），因为双方应该照该适用法合法地操作与行动。所以"浮动"的法律条文会因为不肯定而无效。看来，这与浮动的仲裁条文规定的由一方当事人选择有所不同，后者可以是有效：The

"Star Texas"(1993)2 Lloyd's Rep. 445;NB Three Shipping Ltd. v. Harebell Shipping Ltd. (2005)1 Lloyd's Rep. 509。

当然,如果只是小错,合约法精神仍是要给一条明示条文解释。所以在 The "Laertis"(1982)1 Lloyd's Rep. 613,有关适用法条文是与仲裁条文合并在一起说:

"Arbitration if any is to be settled in London according to British law in its customary manner."

但事实上是没有 British law 这回事,因为有苏格兰的不同法律体系。这等于是没有 US law 这回事。因为美国有很多不同的州的法律体系。但明显是不应该漠视双方当事人约定去伦敦仲裁并约定适用 British law,明显是想适用英国的实体法,所以也就这样解释了。

7.2 如何寻找合约实体/适用法条文

在英国加入了欧共体后,也就通过了英国的 1990 年《合约法》(Contracts [Applicable Law] Act),这是根据欧共体的《罗马公约》(Rome Convention),虽然立法的适用性是全面的,包括针对非欧共体国家,例如中国。在针对合约实体法时,《罗马公约》之 Article 3 是说一个合约适用的实体法是由双方订约方选择,而该选择一定要明示或者可以根据其他合约条文与案件的环境去合理肯定是什么选择。如果双方没有 Article 3 的选择,这就要根据 Article 4 的合约最密切关系国家的法律了。这等于是有三步曲去找出合约的适用法,可以先节录权威的 Giuliano-Lagarde Report 有关《罗马公约》如下:

"The choice of law by the parties will often be express but the convention recognizes the possibility that the Court may, in the light of all the facts, find that the parties have made a real choice of law although this is not expressly stated in the content. For example, the contract may be in a standard form which is known to be governed by a particular system of law even though there is no express statement to this effect, such as a Lloyd's policy of marine insurance. In other cases a previous course of dealing between the parties under contracts containing an express choice of law may leave the court in no doubt that the contract in question is to be governed by the law previously chosen where the choice of law clause has been omitted in circumstances which do not indicate a deliberate change of policy by the parties. In some cases the choice of a particular forum may show in no uncertain manner that the parties intend the contract to be governed by the law of that forum, but this must always be subject to the other terms of the contract and all the circumstances of the case. Similarly reference in a contract to specific Articles of French Civil Code may leave the court in no doubt that to the parties have deliberately chosen French law, although there is no expressly stated choice of law. Other matters that may impel the court to the conclusion that a real choice of law has been made might include an express choice of law in related transaction between the same parties, or the choice of a place where disputes are to be settled by arbitration in circumstances indicating that the arbitrator should apply the law of that place.

This Article does not permit the court to infer a choice of law that the parties might have made where they had no clear intention of making a choice. Such a situation is governed by article 4."

有关这方面，在笔者其他的书里也有提到或详论，例如《信用证》一书的第九章之3.1段与《禁令》一书的第六章之3.2.3.3段。在此不再重复。

7.2.1　第一步之明示双方订约方选择

这一方面不必多谈及，只说双方订约方的选择往往表现在一条明示条文，它可能与仲裁庭条文写在一起，也可能分开。分开的例子顺手拈来，可介绍如：Union of India v. McDonnell Douglas (1993) 2 Lloyd's Rep. 48 先例中，它的仲裁条文是 Article 8，但适用法条文是 Article 11，写作："The agreement is to be governed by, interpreted and construed in accordance with the laws of India."

只要双方约定清楚，在订约自由与当事人意愿的大精神下，应该是必须尊重的。

7.2.2　第二步之根据其他合约条文去找出双方订约方的默示选择(implied choice)

在《罗马公约》Article 3 中可去寻找合约其他条文与案件的环境能否有合理肯定双方订约方选择的是什么实体法。这可称为一种默示的选择(implied choice)，这是没有明示条文/选择下的第二步。在案件的环境能否找出双方的默示选择，可举：Marubeni Corporation v. Government of Mongolia [2002] 2 All E. R (Comm) 873 (Aikens J.)先例。在该案例中只有明示条文说明英国法院对所有争议有管辖权，但没有适用法条文。而且双方在谈判的时候曾经把合约中原来有的一条英国适用法条文删除了。但 Aikens 大法官根据谈判的环境与过程最后仍是判英国适用法是双方的默示选择，因为有证据显示双方在谈判中拒绝接受蒙古法律(被告是蒙古政府)。这些谈判中的证据属于不可接受(inadmissible)的证据，可称为"parol evidence"，作为解释一份已经是签署了的文书合约(executed contract)，但看来可使用在《罗马公约》之 Article 3 为找出双方的默示选择有关适用法条文。

再去谈另一种双方默示选择适用法条文，是根据合约的其他条文，这其他条文主要是明示仲裁条文，特别是在它的仲裁地点。

在 Compagnie D'Armement Maritime S. A. v. Compagnie Tunisienne de Navigation S. A. (1970) 2 Lloyd's Rep. 99 案例中，贵族院说，双方约定去伦敦仲裁是一个考虑双方意向的合约适用实体法重要因素，虽然这一点并不是结论性的。但后来发展下去，特别是仲裁条文变化多端的情况下，已经很难从中去合理肯定双方意向的合约适用实体法，甚至不会扯得上任何关系。例如在 The "Star Texas" (1993) 2 Lloyd's Rep. 445，仲裁条文是说由被告选择去伦敦或者北京仲裁，这样一来，怎样才能找出双方意向的适用实体法？到底是英国法还是中国法呢？另一个典型的例子是国际商会(ICC)仲裁条文,仲裁地点是由巴黎的ICC去选定,这样一来,又怎样才能从中找出双方意向的合约适用实体法?这一方面在 Egon v. Liberia (1996)1 Lloyd's Rep. 380,Clarke大法官提到了普通法与《罗马公约》在这方面的看法其实相差不远。而仲裁条文中能否找出双方有默示选择了哪种实体法要视情况而定,并节录了 Dicey & Morris 权威的《法律冲突》一书之1226页,如下:

"… secondly, an arbitration clause which clearly demonstrate that the arbitration will take place in a particular country and that the arbitrators will be of that nationality of carrying on business in that country will permit an inference that the parties intended that the law of that country should be applied; thus an arbitration clause providing for arbitration in London by English maritime arbitrators, or by London brokers, or by a local association or exchange may be regarded as an implied choice of law; thirdly, the indication of an implied choice of law will be much weaker where the arbitration clause, although it specifies a place of arbitration, does not provide for a method of identifying the arbitrators except through an appointment by an international arbitral body such as the International Chamber of Commerce."

与合约中仲裁条文有同等甚至分量更重的依据双方的默示选择适用法就是一条国家法院管辖条文,即所谓"exclusive jurisdiction clause"。其他有关的例子是 Armadora v. Mann Ins. (1977) 2 Lloyd's Rep. 406(保单中的'follow London' clause),The "Stolt Marmaro"(1985) 2 Lloyd's Rep. 429 等。

7.2.3 第三步之最密切关系国家的法律

这是根据多项因素而定,特别是合约的本质。通常考虑的一些因素是订约方的居住地点,合约在哪里订立,合约在哪里履行与管理,等等。这方面案例可参阅 Atlanti v. Milano (1979) 2 Lloyd's Rep. 241。

7.2.4 总结找出合约实体/适用法的重要性

由于确定到底什么适用/实体法才能推进仲裁,例如是否需要委任外国法专家证人或者索赔的时效是否已经过了(例如中国法如果适用,只有短短的两年时效,会比香港的6年时效短多了)。所以如果实体法不明确,它往往是仲裁程序中第一个要处理掉的预先争端(preliminary issue)。这不论是根据《罗马公约》的 Article 3 去寻找一个双方默示选择(implied choice),或者是 Article 4 的合约最密切关系国家的法律,都会免不了这一步,即浪费时间与金钱。就算像 Giuliano-Lagarde Report 中所提到的劳合社保单应适用英国法,这也是英国普通法的同等说法:The "Al Wahab"(1983)2 Lloyd's Rep. 365,这仍会难免让扯皮方发生争议,劳民伤财。所以,唯一能避免的最好办法仍是以明示条文写明合约适用/实体法。这就是世界上最大船东组织 BIMCO(它拟定了航运与外贸的一些著名格式,例如金康租约与使用的最多 Conlinebill 提单),在英国 Contracts (Applicable law) Act(1990)生效后,去把它的标准仲裁条文加上了标准适用/实体法,即伦敦仲裁适用英国实体法的原因。在现实中,订立国际合约时一想到这一点,双方十之八九都会同意去明示约定英国法为适用的实体法,如同双方在文字上会使用英文去拟订合约做法一样。

7.3　国际合约中约定南亚国家的实体/适用法但在伦敦仲裁的困境

这种情况笔者发觉出现也不少,所以在此一提。近年来中国与印度的贸易很多,包括从印度进口矿砂,而这些合约有部分是规定适用法是印度,但仲裁地点则在伦敦、新加坡,或者香港。中方订约方可能会认为印度法与英国法应该相同,可接受为合约的实体/适用法。但印度仲裁十分缓慢,加上不能接受在合约的一方地点诉讼,所以就必须另约定在一个中立地点。但这些都是比较表面的看法,真正情况会是复杂得多。

例子是一家中国公司与一家在新加坡的印度人开的公司约定了有争议去伦敦仲裁,而合约适用法是印度法。这样一来引出了争议,想索赔的中方公司开始去伦敦仲裁,印度人公司会有不同的反应。如果它不想或者不懂扯皮,甚至它有反索赔,就会去开始了的伦敦仲裁应诉。但如果它想扯皮,就根据情况可能提出或真或假的管辖权挑战,这可能是说它的代理人在没有它的授权下去订立该份合约,或者指称这些争议是在伦敦仲裁条文以外,等等。印度人公司的被告可能进一步去印度法院申请一个阻止伦敦仲裁推进的止诉禁令。照说仲裁的法定地点(seat)是伦敦,应该是英国法院才是监督法院(supervising court),对这种仲裁程序方面有管辖权,印度法院不应该有这个权力只因为实体法中约定适用印度法。但经常有这种情况发生,例如在Sumitomo Heavy Industries Ltd. v. Oil and Natural Gas Commission (1994) 1 Lloyd's Rep. 45,就是被告向孟买(Bombay)高院申请作出禁令阻止伦敦仲裁的推进,并判决仲裁协议的范围(scope)与有效性。在国际仲裁中,有好几个国家都会做同样的事情,比如被报道的有印度、巴基斯坦、印尼、孟加拉等。这是有一定历史原因的,在稍后详述。而中方原告可能回应的行动是尽快推进伦敦仲裁,特别被告在印度以外的其他地方有资产时,例如被告是在新加坡有资产的印度人公司。但如果被告在新加坡与其他地方都没有资产,除了在印度,这涉及在拿了伦敦裁决书之后要去印度执行,就不能漠视印度法院作出过的禁令了。这就会要去印度法院申请终止与撤销禁令,但如果中方原告对这个做法实在没有信心,而且很容易拖上十年以上的时间,就会考虑直接去英国法院申请一个止诉禁令(anti-suit injunction),并同时宣告伦敦仲裁条文有效。这样一来,就变为是把英国法院摆上桌面,让它去与印度法院对抗,互相作出禁令。是否有效也要看被告与伦敦将发生的关系,例如被告无法保证将来不踏足英国与欧洲,就会让步的可能性极大了,毕竟中方原告与伦敦仲裁员不踏足印度的机会明显大得多。

这种情况确是在一个国际商会(ICC)仲裁中发生,并在国际上被报道(例如Michael Kerr大法官在《Arbitration International》Vol. 13 No. 2一文),涉及一家法国公司与巴基斯坦的合约,约定是以巴基斯坦法作为实体法在新加坡仲裁。其中的争议是有关法定时效,因为巴基斯坦是3年,但新加坡是6年。根据巴基斯坦法就索赔时效已过,但新加坡法就没有这个问题。可是巴基斯坦没有参加欧共体,它以前依照英国的法律仍是把时效作为程序法,这变为6年,可见这分别是生死之间。该ICC仲裁庭的三位仲裁员是英国人(住在马来西亚)、爱尔兰人与巴基斯坦人。在该仲裁开始与推进不久后,巴基斯坦法院在巴基斯坦当事人(也是被告)申请下,作出了禁令阻止仲裁的推进,并把仲裁员同时列为法院的当事人。这样一来,巴基斯坦人的仲裁员拒绝再去参与该仲裁程序,因为他明显要顾及巴基斯坦法院的命令。之后不久,另一方的法国当事人去新加坡法院取得了另一个命令/禁令要求仲裁庭推进仲裁。这样一来,仲裁庭也就被挤在两个不同禁令当中。加上至少有两位西方仲裁员是本来准备漠视巴基斯坦的禁令,结果继续由该两位推进仲裁并作出裁决书,算是多数人意见的裁决书。而该裁决书最后也被ICC的国际仲裁庭(International Arbitration Court)确认。

解释一下为什么印度与巴基斯坦等会干预在外国进行的仲裁,包括作出中间禁令与对裁决书事后作出各种救济等。已经说过,这是有历史原因,因为它们都曾是英国殖民地,也就顺理成章地依从英国的法律(包括仲裁法)。1902年,英国曾经有一个上议院的先例:Spurrier v. La Cloche [1902] A. C. 446,它把一个Jersey的判决撤销掉,认为争议应该去伦敦仲裁,因为合约有一条"Scott v. Avery"仲裁条文。照理说,这只是一个判决强制执行与保护伦敦仲裁。但它竟然导致了在1930年的英国《仲裁法》在Section 6 (b)加上了如下一句:

"Nothing in this part of the Act shall-…

(b) apply to any award make on an arbitration agreement governed by the law of England."

这一条文到了1950年《仲裁法》变成Section 40 (b)。但到了1975年《仲裁法》,这一条文就没有踪影了,因为该立法是把1958年的《纽约公约》立法成为英国法律。英国认为在《纽约公约》之下再不能把外国签约国地点作出的裁决书去以本国法律当做本土的裁决书。这在1961年的Fifth Report by the Private International Law Committee的报告(有关英国接受《纽约公约》)中,说明:

"It seems reasonably clear … that no State may exclude awards made in the territory of other Contracting States on the ground that they are regarded as 'domestic' under its own law."

但在印度与巴基斯坦等约30个英联邦国家(以前是殖民地),并非是所有国家都把有关法律更新。所以,即使在伦敦、新加坡或者香港的仲裁,只要有关合约约定了是印度的实体法,就有了法律根据让印度法院把该仲裁当做本土的仲裁,可作出解释、中间禁令与对裁决书作出救济。这种案子多得不得了,导致有不少英国律师与国际仲裁院不敢去这些国家,因为他们都犯了藐视法院的刑事罪。笔者在伦敦有一位朋友是知名的海事仲裁员,他头上目前有4个印度禁令,禁止他推进仲裁,但他没有理睬。看来,这也算是做国际仲裁员的风险吧。

这个问题看来在印度与巴基斯坦会在它们的新的仲裁立法得以改善，笔者也听说了巴基斯坦是最近（2005 年下半年）承认了 1958 年的《纽约公约》的一个国家。

8. 仲裁协议/条文的适用法（proper law of the arbitration agreement）

最后讨论仲裁协议的适用法,这也是笔者认为最难掌握的问题。仲裁协议有两种,一种是出现了争议才由双方当事人约定一个仲裁协议或者是更改原来已经有的仲裁协议,这可以称为 ad hoc submission to arbitration。这显然是一个完全独立的协议,完全可以有自己的适用法。这种协议也经常另有一条适用法条文,它大可以是与原来的双方主合约有不同的适用法。第二种仲裁协议是针对将来会出现的争议,它的形式往往就是在主合约的其中一条条文。但由于有了独立原则(principle of separability)的说法,所以仲裁条文被说成是协议中的协议(a contract within a contract)。所以,理论上可以有不同的适用法。固然,在订约自由下,双方当事人可以明示规定仲裁协议适用什么法律去解释,但这非常罕见,导致在实体法或适用法与仲裁程序法不一样的情况下,仲裁协议的适用法应该是跟谁?因为答案可以是完全不一样,包括像仲裁条文的有效性(validity)、解释(construction)、可仲裁性(arbitrability)、仲裁管辖的范围(scope)、独立原则(separability)等方面。这些答案在各个不同国家的法律下都会有不同的解释,例如在中国内地。其他也可举一些例子:

(1)在比利时的 Matermaco v. PPM Cranes (2000) XXV Yearbook commercial Arbitration, September 20, 1999, tribunal de Commerce, Brussels,有关合约的明示实体法是美国的威斯康星州法律,但仲裁地点是比利时。法院判定仲裁条文的解释以比利时法律为准。

(2)在瑞典的 Bulgarian Foreign Trade Bank Ltd. v. Al Trade Finance Inc. (2001) XXVI Yearbook Commercial Arbitration 291, Swedish Supreme Court, October 27, 2000, Case No. T 1881-99,案情是有关保加利亚银行与一家奥地利银行,合约中明示了以奥地利法律为实体法。保加利亚银行指仲裁条文无效,这就涉及了仲裁条文本身的适用法。瑞典法院判定仲裁条文根据瑞典法律是有效的,说:

"… no particular provision concerning the applicable law for the arbitration agreement itself was indicated [by the parties]. In such circumstances the issue of the validity of the arbitration clause should be determined in accordance with the law of the state in which the arbitration proceedings have taken place, that is to say, Swedish law."

这个问题在 1958 年《纽约公约》也有涉及,这在 Article V (1) (a)所说的有关仲裁协议所作出的裁决书要看是否有效，是"under the law which the parties have subjected it"或者是没有任何显示的话就"under the law of the country where the award was made"。前者是指双方明示的法律，后者就是作出裁决书的仲裁地法律。同样的说法也出现在《联合国示范法》(UNCITRAL Modal Law)之 Article 34。它的第一句是尊重双方的约定，但如果只看独立的仲裁协议/条文，现实中，是绝少有订约方去把主合约约定一个适用法，另仲裁条文又约定另一个适用法。这样一来，应是以仲裁法定地点(seat)，也就是作出裁决书的地点的程序法去看待仲裁协议是否有效。

8.1 仲裁条文的形式(form)差异

举一个例子，仅仲裁条文的形式要求，世界各国已经有很大的差别。仅以香港为例，在1997年《仲裁法》作出修改前，因为在国际仲裁接受了《联合国示范法》对书面仲裁条文的狭窄定义，导致了一些否定仲裁条文有效性的案例如：Hissan Trading Co. v. Orkin Shipping Corp. (1992), Commercial List No. 39(针对提单的仲裁条文)；H. Smal Ltd. v. Goldroyce Garment Ltd. (1994) 2 HKC 526(针对买卖合约)。这导致香港在1997年作出修改，而其中一项最主要的就是放宽对仲裁条文的书面形式要求，这是在当今仲裁法的 Section 2AC，而基本上就是从1996年《仲裁法》之 Section 5 抄过来。这些方面已经在笔者的《国际商务仲裁》第三章14.3段详及。所以在同一个管辖权也可以因为法律的修改而从紧变宽或由宽变紧，更不用说不同国家了。看来，这种狭窄的仲裁条文解释也在纽约州的法律存在：XL Insurance v. Owens Corning (2000) 2 Lloyd's Rep. 500。

但总的世界潮流是对仲裁条文有宽松的解释，特别是英国，毕竟这是支持仲裁事业的做法。

对仲裁条文的形式要求最严谨的国家应是中国内地了。中国仲裁法要求要规定准确的仲裁机构名称，也不承认随意仲裁的有效性。这与全世界的法律都不一样。据悉，有法院案例判定在"上海仲裁委员会"多加了一个"市"字也被判定为无效的仲裁条文。

这样一来，可以看出用法律去解释一条仲裁条文在形式上的有效性是多么重要。如果在一个国际合约中的实体/适用法是英国法，而仲裁法定地点是伦敦，这就没有什么争议了，也没法去将 PRC law 扯进来，即使一方当事人是中方。

但如果说明合约的实体/适用法是 PRC law，但仲裁法定地点(seat)是在伦敦，甚至说明适用1996年《仲裁法》，这就已经产生争议了。因为该有关的随意仲裁条文以 PRC law 去解释是无效的，但根据英国1996年《仲裁法》是完全有效的。所以，可以看到这个问题是生死攸关的。

8.2 情况一：主合约有明示的实体/适用法条文

按理说，合约如果明示了主合约实体/适用法是英国法(或中国法)，没有另去说明仲裁条文适用法是法国法，就合理解释起来主合约中的仲裁条文适用英国法。毕竟，仲裁条文是一个独立的协议只是近年来的说法。这方面的案例有 The "Parouth"

(1982) 2 Lloyd's Rep. 351, Sumitomo v. Oil & Natural Gas (1994) 1 Lloyd's Rep. 45, Egon Oldendorff v. Liberia Corporation (1995) 2 Lloyd's Rep. 64, Peterson Farms Inc. v. C&M Farming Ltd. (2004) EWHC 121 (Comm)与 Tonocstar Ltd. v. American Home Assurance Co. (2004) EWHC 1234 (Comm.)。它们都是判仲裁条文的适用法是与主合约的适用法一致。

正如 Mustill 勋爵在 Channel Tunnel v. Balfour Beatty (1993) 1 Lloyd's Rep. 291 先例中所说的:"Exceptionally, this (指主合约的实体/适用法) may differ from the national law governing the interpretation of the agreement to submit the dispute to arbitration."

Potter 大法官在 Sumitomo v. Oil & Natural Gas (1994) 1 Lloyd's Rep. 45 先例中认为在绝大部分情况下,(1)的适用法与(2)的仲裁条文适用法一样都是印度法:

"In this case, as to (1), the parties have made an express choice of Indian law is the proper law of the contract. As to (2), it seems to me likely (although it is not necessary finally to decide) that the proper law of the arbitration agreement is similarly Indian law, since the arbitration agreement is part of the substance of the underlying contract and the terms of cl. 17.1 are clear in that respect."

另在 Sonatrach Petroleum Corporation (BVI) v. Ferrell International Ltd. [2002] 1 All E. R. (Comm) 627 中说:

"Where the substantive contract contains an express choice of law, but the agreement contains no separate choice of law, the latter agreement will normally be governed by the body of law expressly chosen to govern the substantive contract."

笔者节录 Merkin 教授在《Commercial Arbitration》一书之 7.12 段所说:

"The agreement to go to arbitration, while being an obligation distinct from the contract under which the dispute arises-a principle codified by s 7 of the Arbitration Act 1996-may (and in practice often will) nevertheless physically from a part of the underlying agreement. In such a case, a choice of law clause for the entire agreement is likely to be construed as equally applicable to the arbitration clause **unless there is a strong contrary indication in the arbitration clause itself**."(黑字是笔者所加,而这种例外情况会在 8.4 段详论)。

另外 Julian Lew 教授在 1998 年 ICCA Congress 所发表的"The Law Applicable to the Form and Substance of the Arbitration Clause"一文中说:

"There is a very strong presumption in favour of the law governing the substantive agreement which contains the arbitration clause also governing the arbitration agreement. This principle has been followed in many cases. This could even be implied as an agreement of the parties as to the law applicable to the arbitration clause."

下面介绍引用这个原则的几个案例

8.2.1 案例一:Peterson Farms Inc. v. C & M Farming Ltd. (2004) EWHC 121 (Comm.)

在该先例中,双方约定的仲裁条文是在英国的仲裁法定地点并依照国际商会(ICC)仲裁规则,但另有条文说明是合约的实体/适用法是美国的阿肯色州。结果,Langley大法官判仲裁条文的解释也是要根据阿肯色州的法律。

8.2.2 案例二:Tonicstar Ltd. v. American Home Assurance Co. (2004) EWHC 1234 (Comm.)

这是一个再保合约,实体/适用法是英国法,也被判定仲裁条文以英国法去解释,不受独立原则影响。

8.3 情况二:主合约没有明示的实体/适用法条文

此处要稍微解释一下的就是《罗马公约》不包括仲裁在内,这是因为考虑到欧共体个别国家都已经签署了1958年《纽约公约》,就不能以地区性公约去超越国际公约了。这也解释了为什么英国法院至今仍为保护伦敦仲裁向欧共体国家当事人敢作出anti-suit injunction,但对英国法院管辖权就不敢作出同样的保护了。这样一来,如果在合约内没有明示的适用实体法条文,而要去依赖《罗马公约》的最密切关系地点的法律,以找出合约实体/适用法,就不一定能够在仲裁条文的另一个独立协议内适用。可以说,仲裁条文的适用法是以普通法原则,而不是《罗马公约》的原则去寻找。它虽然仍是去找出最密切关系地点的法律,但显然对仲裁而言该地点就是在仲裁地了。这方面可节录一些有关的先例:Hamlyn & Co. v. Talisker Distillery [1894] A. C. 202, Lord Herschell L. C. at 208 and Lord Ashbourne at 215 (governing law of the arbitration agreement), James Miller v. Wbitworth Estates [1970] A. C. 583。

另外David Joseph QC在2005年所著的《Jurisdiction and Arbitration Agreement and their Enforcement》一书的6.31段中说:"Where the parties have made an agreement for the resolution of their disputes but no express choice as to the governing substantive law or the law governing the dispute resolution agreement, then the governing law of the dispute resolution agreement will normally be held to be the law of the place in which the proceedings are to be held."

这表示一个合约没有明示实体/适用法条文,但只有一条伦敦仲裁条文,这一条文的解释(包括有效性等方面),就要以英国法律来解释了。毕竟整个合约也没有把其他国家的法律扯进来。对一个仲裁的法定地点作出选择是否也能明确主合约的实体/适用法,这方面并不明确:Sumitomo Heavy Industries Limited v. Oil & Natural Gas Commission (1994) 1 Lloyd's Rep. 45。但只是去明确仲裁协议/条文的适用法应是足够明显。

8.3.1 案例一:DST v. Rakoil (1987) 2 All ER 769

该案例的主合约是没有明示的实体/适用法条文,但有仲裁条文是双方约定了日内瓦仲裁。英国上诉庭判定仲裁条文的有效性是根据仲裁地点的法律,也就是瑞士法律，而不是主合约的默示适用法 Ras Al Khaimah（简称 RAK）。在该先例中，仲裁条文根据 RAK 法律无效，但根据瑞士法律则是有效的。而 DST 的原告在日内瓦已经获得了一个胜诉的裁决书要在英国执行，所以仲裁条文是根据什么法律去决定它的有效性是生死攸关的问题。当然最后是原告胜诉。

Merkin 教授在《Commercial Arbitration》一书之 7.13 段特别提到主合约是否有明示的实体/适用法条文的分别如下：

"It will be noted that in DST v. Rakoil there had not been any express choice of law in relation to the underlying agreement; had this been otherwise, it is arguable that the Court of Appeal would have been less willing to give independent effect to the choice of venue in the arbitration clause."

8.4　情况三：独立的仲裁协议/条文有不同规定的适用法

这种情况是不应该发生的，但偏偏仍是会存在。这样一来，在订约自由的大原则下，如果仲裁条文写明的适用法是跟主合约有所不同，也只能给它们作出解释。

在 Merkin 教授的《Commercial Arbitration》一书之 7.8 段有说：

"The starting point is whether the parties have made an express choice of the law which is to govern their arbitration agreement. If there is such an express term, that choice will be regarded as conclusive even if the nominated law has no connection with the underlying contract to which it relates, given the divisibility of the arbitration agreement and the underlying contract. Indeed, the courts have been prepared to accept that disparate parts of a single agreement may be governed by different applicable laws."

8.4.1　案例一：ABB v. Keppel[1999]2 Lloyd's Rep. 24

最好的例子就是较早介绍过的：ABB v. Keppel[1999]2 Lloyd's Rep. 24，它的实体/适用法条文明示是英国法，但另一条的 London Court of International Arbitration（LCIA）仲裁条文却说"dispute should be settled in accordance with Singapore Law"。这样一来，能给新加坡法律什么解释呢？如果双方同意去伦敦仲裁，它不可能是新加坡的程序法，因为 1996 年《仲裁法》中已经有很多仲裁条文是强制适用，这一来，新加坡法律的引进在该合约只能解释为仲裁条文作为一个独立协议的适用法，也就是解释该仲裁条文的有效性等方面。当然在这些方面新加坡法律与英国法律基本上是一样的，例如是十分宽松地解释一条仲裁条文，但如果新加坡换了用中国内地的法律解释仲裁条文的话，这是与英国法律有天壤之别的，麻烦可就大了。

8.4.2　案例二：Union of India v. McDonnell Douglas (1993)2 Lloyd's Rep. 48

比较 ABB v. Keppel 案例含糊的情况就是仲裁条文有说明根据外国仲裁法，而该外国是与仲裁法定地点（例如伦敦）不一样的。也很可能该合约已经另外有一条主合约的实体/适用法条文。这一来，该明示的外国仲裁法到底指的是什么呢？它不能是指仲裁法定地点的程序法，因为 1996 年《仲裁法》对伦敦仲裁是强制性适用的。在 Union of India v. McDonnell Douglas (1993)2 Lloyd's Rep. 48 先例中，虽然 1996 年立法尚未生效，Saville 大法官已经作出解释说双方约定明示的外国仲裁法是解释仲裁条文内部的法律(internal law)。这一先例已经在较早的6.4.1段详及，不再重复，只节录 Saville 大法官说到仲裁条文的适用法要依照印度法律(因为仲裁条文明示合并了1940年印度《仲裁法》)，如下：

"an arbitration clause in a commercial contract was an agreement inside an agreement; the parties made their commercial bargain but in addition agreed on a private tribunal to resolve any issue that might arise between them; by art 11 the parties had chosen the law of India not only to govern the rights and obligations arising out of their commercial bargain but also the rights and obligations arising out of their agreement to arbitrate; in legal terms the proper law of both the commercial bargain and the arbitration agreement was the law of India.

The fact that India law was the proper law of the arbitration agreement did not necessary entail that the law governing the arbitration proceedings themselves was also Indian law unless there was in that agreement some effective express or implied term to that effect."

8.4.3 案例三：XL Insurance v. Owens Corning (2000) 2 Lloyd's Rep. 500

同一解释在 XL Insurance v. Owens Corning (2000) 2 Lloyd's Rep. 500 先例。在该保险合约中，有一条文说明保单根据纽约州的法律去解释"Policy shall be construed in accordance with the internal laws of the State of New York …"。另外有一条伦敦仲裁条文说明是"under the 1996 Arbitration Act"。双方在英国法院争议有关仲裁条文的有效性是根据什么法律，因为根据纽约州法所针对的文书仲裁协议(arbitration agreement in writing)，被告认为是该保险合约的仲裁条文并不符合法律规定，所以无效。但根据英国1996年《仲裁法》之 Section 5 的广泛定义针对文书(in writing)，该保险合约的仲裁条文完全有效。结果 Toulson 大法官判定由于仲裁条文扯上了1996年《仲裁法》，所以适用英国法解释仲裁条文的有效性。Toulson 大法官这样说："by stipulating for arbitration in London under the provisions of the Arbitration Act, 1996 the parties chose English law to govern the matters which fell within those provisions including the formal validity of the arbitration clause and the jurisdiction of the arbitral tribunal; and by implication chose English law as the proper law of the arbitration clause."

8.4.4 仲裁庭在非强制性条文必须依照双方约定外国仲裁法

在这里只简单提一下就是在遇到 Union of India v. McDonnell Douglas 的例子时，伦敦仲裁庭对1996年《仲裁法》强制性条文固然是非依照不可。但对于非强制性的条文，双方约定的外国仲裁法就等于约定一些仲裁规则(arbitration rules)一样，应该照双方约定的去做，否则该仲裁庭由于违反了 Section 68(2)(c)而严重不正常(serious irregularity)。

9. 总　　结

希望通过本章的介绍,使读者对仲裁里面的各种法律体系有深入的了解。对中国内地而言,笔者也听说有很多不同的理解。但如果中国法院也是和世界上看法一致的话,就是尊重双方当事人意愿(party autonomy),迟早总会遇上一个合约说明实体/适用法是英国法,但仲裁法定地点是在上海,并且明示说明仲裁条文的适用法是英国法的情况。这一来,中国会是怎样对待这一条仲裁条文呢?因为该条文是随意仲裁,也没有说明上海仲裁委员会的机构的名字。笔者希望在没有重大利益要保护的原则下,中国法律最好与国际看齐,这才可以避免很多讲不通和引起误会且吃亏的情况。

第三章　委任仲裁员和启动仲裁的程序

1. 序言（introduction）

在法院程序下，虽然法官是免费的（英国商业法庭已经开始收取费用），双方完全没有权力选择要哪个法官来审理案件。正常的程序是开庭前几天（甚至几个小时前）才知道法官是谁。所以，有时候甚至因为法官的特色不同而需要临时调校策略。

与法院相比，虽然仲裁员费用需要当事人自己支付，仲裁程序的一个特点是双方一般会对仲裁员的身份有些影响。有多少影响往往要看仲裁条文的内容，会在以下详细探讨。

有权选择仲裁员可以是一个重要的策略（tactic）。虽然有水平与有地位的仲裁员一般是会公平处理案件的，无论是谁委任的，他们都是“人”，会因为他们自己的经验或处境有一些可能是自己也未察觉的潜意识的看法。在法院程序下，因为双方都无法选择法官，变得双方都无法在这方面占优势。但在仲裁程序下，如果一方只是用“点指兵兵”或者碰运气的方法选择仲裁员的话，另一方就可能凭着选择一个对它比较适当的仲裁员而占优势。

当提到此题目时，往往会令笔者想起一个笑话，问题就是怎样区分一个好和一个杰出的律师。答案是好律师熟悉法律，杰出律师熟悉法官（a good lawyer knows the law, a great lawyer knows the judge）。虽然这是笑话，但未必是没有道理的。法官对外接触一般不算多（因为比较敏感需要保持独立和公正），但仲裁员对外接触就比较多了，时不时都见到他们与不同的仲裁客户和委任律师见面，吃饭和饮酒（这是因为仲裁员与法官不一样——前者需要仲裁客户和律师委任才能生存或维持生计）。虽然有水平的人一般都懂得隐藏自己潜意识的想法和偏见，当一与他们接触增多，对这方面都会有些“线索”与突破口。这些数据对于在不同案件委任适当仲裁员是很有帮助的。当然，有机会在不同仲裁员面前处理案件甚至与他们一起做仲裁员也可以更加深入地了解他们的思维方式与爱好。

所以，选择适当仲裁员是十分重要的。但除了仲裁员身份之外，更重要的是委任仲裁员和通知对方的行动也在英国法下被定为仲裁程序的开始。因此，虽然委任仲裁员和通知对方的行动好像是非常容易（事实上如果懂得程序的话亦的确是非常简单的），其实不应轻视。这是因为如果委任和通知程序出错，而变得仲裁员或仲裁程序无效,是管辖权质疑的一种(1996年《仲裁法》之Section 30[1][b]),这可带来严重后果,以下会详细探讨。

最后,笔者也会探讨香港仲裁的做法和在一些仲裁机构(arbitration institutions)委任仲裁员的方式。

2. 委任仲裁员的程序(procedure for appointing arbitrators)

2.1 序言(introduction)

当合约的某一方决定启动仲裁程序的时候,第一步必须获得整份包括了仲裁条文的合约,然后精密地研究仲裁条文的要求。如果争议已经发生了一段时间才开始仲裁,笔者在委任仲裁员前会再次查清楚仲裁条文的要求。在航运的租约里,也要看清楚附加条文(rider clauses),因为除了标准格式(standard form)的条文之外,往往会有附加条文去改变或补充标准格式仲裁条文的规定(笔者甚至见过附加条文订明争议是由英国法院处理,所以虽然双方没有排除标准格式的仲裁条文,实际上效果也是一样,因为解释起来前者超越后者)。

必须了解清楚的是究竟仲裁庭(tribunal)需要由多少仲裁员组成。其他比较常见的规定是针对包括仲裁员的资格(qualification),国籍(nationality)或居住的地方(residence)。这些在合约里订明的各规定必须全部遵守,否则可能有十分严重的管辖权后果,导致仲裁失去时效,或者花了很多钱拿到的裁决书由于没有管辖权而一场空,等等。

了解清楚合约明确的规定后,第二步是了解争议的性质和内容。这是因为争议的性质会影响选择哪一位仲裁员比较适合。虽然这些因素表面看来没有以上明确规定重要,因为没有不代表仲裁程序本身可能受到欠缺管辖权的威胁,但重要性在于增加仲裁的胜算,十分值得细心考虑清楚。

一旦考虑清楚而决定委任哪一位仲裁员之后,笔者一般做法是先与仲裁员通电话。这可以比较快速与容易查问仲裁员会否有利益冲突(这方面之后详细探讨)。如果了解到没有利益冲突的话,就可以在客户的授权下再打电话马上委任他做仲裁员(假设是二人或三人仲裁条文,各方有权去自由选择它自己的仲裁员)。在海事仲裁,一般仲裁员都会说他按照(最新的)伦敦海事仲裁员协会规则(London Maritime Arbitrators' Association或简称LMAA Terms)接受委任。(注意LMAA不是机构仲裁,所以LMAA Terms只是针对一些与管理机构仲裁无关的方面如一重要方面是保障仲裁员的收费)

之后,笔者就会马上书面向该仲裁员确定这一委任,通常是以电传(fax)或者电邮。这是值得做的因为有过案例争议究竟仲裁员是否正确地被委任(例如有关仲裁员说忘了是否被委任,因为最近工作太忙),这带来举证的困难,因为委任仲裁员的一方没有书面确定委任,而仲裁员自己的电话录音也已经没有保存,变得没有证据:The "Elikon" [2003] 2 Lloyd's Rep. 430。

当一方正确地委任了仲裁员之后,他必须把已经委任了仲裁员的事实通知对方,同时要求对方委任他自己的仲裁员。如果是一个/独任仲裁员的情况,想启动仲裁的一方(也就是原告)应该在委任仲裁员之前提议给对方一个或者多个人选,并要求对方同意委任哪一位作为独任仲裁员,因为独任仲裁员不是自己一方可以自说自话地委任。仲裁通知(notice of arbitration)的细节之后会详细探讨。

2.2　规定一:仲裁员数目(requirement 1: number of arbitrators)

2.2.1　一个/独任仲裁员(sole arbitrator)

在伦敦仲裁程序中,双方在仲裁条文中是有绝对自由决定用多少仲裁员去处理合约下的争议:英国1996年《仲裁法》(Arbitration Act 1996) Section 15(1)。一般情况,会有几种情形下仲裁员数目会只是一位,这是:

2.2.1.1　仲裁条文没有规定仲裁员数目

在这种情况下,如果仲裁条文没有明示仲裁员数目,甚至是非常简陋的(例如只有写"Arbitration in London"),仲裁条文是有效的,而英国1996年《仲裁法》是假设或默示仲裁员是一个人。这是在Section 15(3)清楚写明的:

"If there is no agreement as to the number of arbitrators, the tribunal shall consist of a sole arbitrator."

这是简单的合约法理论:在订约自由与"当事人意愿"(party autonomy)下,解释合约条文先考虑明示条文。若是没有,才去法律(立法或案例法)找默示(implied)条文或地位。因此,好的《仲裁法》是针对每一个在仲裁中会出现的问题,往往是双方不会明示,并给予一个合理可行的默示地位,让仲裁程序一出问题即可有解决的办法。

在笔者经验中,这是最常见的遇到一个/独任仲裁员的情况,当双方尚未考虑清楚对仲裁员的规定或没有运用一条比较详细包括有仲裁员人数的仲裁条文。

就算仲裁条文没有清楚表明人数,如果条文有提到是按照"平常做法"("in the usual way")或按照"习俗方法"("in the customary manner"),以前英国法院觉得伦敦贸易和海事仲裁的习惯是有两个仲裁员,双方各委任一个,他们之间意见不一致才再去委任一位公断人(umpire)。所以双方的意图并非是一位,而是两位仲裁员:Scrimaglios v. Thornett & Fehr [1924] 18 Ll. L. Rep. 148; The "Laertis" [1982] 1 Lloyd's Rep. 613。但要说清楚的是其实这些用词非常简陋,而且是不值得鼓励的。这是因为不同行业有不同的习惯,所以会带来不明朗的情况。以上的案子也全部是1996年《仲裁法》之前判决的。这些用词会令不合作的一方可通过向法庭抗议或抵抗执行裁决书的方法给索赔或胜诉的一方当事人带来麻烦。毕竟,平常做法也在不断改变，以前的两位仲裁员加上公断人已在今天的海事仲裁中，由于广泛使用纽约土产租约（NYPE）而变为是三位的仲裁庭。

当英国立 1996 年《仲裁法》的时候，立法院用一个仲裁员作为默示情况（implied position）的理由是不愿意强迫双方花费委任多一个或几个仲裁员除非双方明显地愿意这样做。但需要记得的是除非双方是比较合理或熟悉的（一旦发生争议就难保证），这长远希望节省到的金钱可能会带来短期委任仲裁员的麻烦。

2.2.1.2 仲裁条文规定是一位仲裁员

在这种情况下，很明显的就是双方已经同意仲裁员数目是一位。在有些罕有的情况下，甚至仲裁员的名字或委任方式都会清楚地在仲裁条文中列出来。

有时候，委任方式是通过写明某些适用的仲裁规则，例如如果伦敦海事仲裁员协会的小额索赔程序（LMAA Small Claims Procedure 简称 LMAA SCP）适用，就由伦敦海事仲裁员协会的义务主席（LMAA Honorary President）收到适当通知后去委任一个/独任仲裁员去审理案件。

伦敦海事仲裁员协会提议在适当情况下使用以下的小金额索赔程序条文：

"Where the amount claimed by the claimants is less than US $50,000 [注：可以用其他金额], excluding interest, or such other sum as the parties may agree, the reference shall be to a sole arbitrator and the arbitration shall be conducted in accordance with the LMAA Small Claims Procedure."

除非是以上的做法，容许伦敦海事仲裁员协会的义务主席委任仲裁员，一般指定一个/独任仲裁员的条文在海事仲裁比较少见，因为如果双方不同意委任哪个独任仲裁员（而当双方发生争议的时候一般会比较难同意任何事情），这个僵局就会需要一方向法庭要求作出判决（之后详细探讨）。虽然这一程序一般不会非常昂贵但仍是不值得的，至少会拖慢仲裁的进展与迫使原告去委任英国律师。所以，除非同时明示了一个适当的委任仲裁员机构（如伦敦还是仲裁员协会），仅明示一位独任仲裁员并非是好的仲裁条文。

虽然是这样，一个/独任仲裁员条文时常会见到。例如，在 Shelltime 4 格式的法律与诉讼（Law and Litigation）条文中，任何一方可以随时选择把诉讼提交给一位仲裁员审理（一个明显的假设是这一位仲裁员仍然需要双方同意或法院任命的）。以下是该条文的有关部分：

"…either party may, by giving written notice of election to the other party, elect to have any such dispute referred to the arbitration of a single arbitrator in London in accordance with the provisions of the Arbitration Act 1950, or any statutory modi-fications or re-enactments thereof for the time being in force."

2.2.1.3 当在二人仲裁条文一方弃权没有在时限内委任自己的仲裁员

在这种被告弃权没有在明示或默示（1996 年《仲裁法》之 Section 16[4]是默示了 14 天）时限内委任自己的仲裁员的情况下，原先开始仲裁的一方（也就是原告）委任了的人选就可作为独任的仲裁员。这在以下详细探讨。

在以上独任仲裁员的情况下(除了被告弃权的情况之外),笔者会在发出适当仲裁通知(notice of arbitration)(之后详细探讨)前,先去联络想向对方推荐的一个或几个仲裁员,虽然这不是必需的。这是为了先查明是否有利益冲突,也是礼貌上的做法。当仲裁员一同意批准把他/她的名字推荐给对方(而他们一般都会的),原告就可以马上发出仲裁通知了。

如果对方(被告)同意委任被推荐的仲裁员,那么双方就可以共同草拟一份委任这一位仲裁员的书面通知,清楚确定委任谁作为独任仲裁员。这份书面通知是非常重要的,因为以后如果对仲裁员是否按照适当程序被委任或其他有关他/她管辖权的范围,此书面通知就是重要证据。

有关以上最后一点,如果对方时限过了而没有委任第二位仲裁员,开始仲裁的一方应该在追加一个书面的7天通知(排除周末与假期)后(依据1996年《仲裁法》之Section 17[1]与[2]),马上把自己委任了的人选变为独任的仲裁员。最好是当时限一过就马上通知仲裁员和对方因为时限已过,而对方没有委任第二位仲裁员,按照1996年《仲裁法》,原本委任了的人选可变为独任的仲裁员。

2.2.2 两个仲裁员(two arbitrators)

以上已经提到,英国法院是觉得伦敦贸易和海事仲裁的习惯是有两个仲裁员,一方当事人委任一个。在笔者经验中,两位仲裁员是非常普遍的,会在下列这些情况下发生:

(1)最明显的是当合约内有二人仲裁条文。有这种仲裁条文的标准格式合约包括NYPE 93,Amwelsh 93,Stemmor 83和Centrocon租约等。以下就是NYPE 93的二人仲裁条文的措辞,可供参考:

"All disputes arising out of this contract shall be arbitrated at London and …be referred to the final arbitrament of two Arbitrators carrying on business in London who shall be members of the Baltic Mercantile & Shipping Exchange and engaged in Shipping, one to be appointed by each of the parties, with power to such Arbitrators to appoint an Umpire …"

(2)以上虽然并非是最常用的租约,但一个常见的情况是三人仲裁条文(之后详细探讨),例如最普遍的Gencon 76和NYPE 46(它是NYPE 93的前身,但目前仍被普遍使用),双方已经委任了的仲裁员会提议把三人仲裁条文直至开庭时暂时改变为二人仲裁条文,变得除非两位仲裁员无法同意中间程序上的指示或需要开庭了,就无须花费在第三位仲裁员身上。如果是以文件作出裁决书,也会在当事人同意下只有两位作出裁决书,只要他们同意,就等于三人仲裁条文中的第三位仲裁员自始至终没有被委任过。这在伦敦仲裁经常发生,由于"LMAA Terms 2002"在第8条规定了两位当事人委任的仲裁员(party appointed arbitrators)可在之后任何时间如果意见有分歧才去委任第三位仲裁员,而不必马上去依照仲裁条文组成三人仲裁庭方能去推进仲裁程序。

(3)另外一种两个人组成仲裁庭的情况是由于仲裁条文没有清楚写明仲裁员数目,但仲裁员是用复数(plural)来表达的。例如,在 Fletamentos v. Effjohn [1995] 1 Lloyd's Rep. 311 一案中,仲裁条文是这样表达的:

"This Agreement shall be governed by English law. Any dispute concerning the interpretation or application to this agreement shall be finally decided by arbitrators in London according to the English Arbitration Act as amended."

法院觉得这是代表仲裁庭,应该是由两个人组成的。笔者觉得这是合理的,因为可以避免早期内强制双方花费委任三个仲裁员。

在二人仲裁员的情况下,仲裁条文一般会写明委任这两位仲裁员的程序。如果有这方面的明示规定,双方就必须遵守。1996 年《仲裁法》之 Section 16(1)是容许双方约定委任仲裁员的程序的。

如果双方没有同意任何特别程序,1996 年《仲裁法》之 Section 16(4)就规定每一方可以委任自己的仲裁员。所以,笔者同时会在发出适当仲裁通知前通过电话来委任适合的仲裁员,然后以书面的方式与他确定委任。以上已经提到如果对方没有在明示或默示时限内委任仲裁员的话,原先开始仲裁的一方(原告)就可以马上委任自己的人选作为唯一的独任仲裁员。这其实是一种对待不合作被告的缺席机制(default mechanism)。

2.2.3 委任主席或公断人(appointment of a chairman or umpire)

每逢规定二人仲裁员(或其他非常少有双数如四位或者六位仲裁庭),一个必须考虑的问题是如果两位仲裁员对案件有分歧,怎样避免僵局而作出裁决。

为了解决这个问题,1996 年《仲裁法》之 Section 15(2)是假设或默示每逢规定二人或双数的仲裁员条文(例如,只说双方当事人各自委任自己的仲裁员),就需要委任第三位仲裁员,而这位仲裁员将会成为仲裁庭的主席(chairman),除非双方清楚表明其他做法,例如是在另一个仲裁庭重新再审或干脆上法院。有时,双方会同意安排这位主席专门决定中间程序上的问题(interlocutory matters)。一般中间程序是不会有太大争议的。所以用一个人的时间去处理是比较合适的。当然,如果双方争议比较严重,或其中一位当事人委任的仲裁员不易相处,事事过问,就可能会有大量中间程序的争议,有全部仲裁员的参与会比较适当。

这个假设的问题就是推翻双方想要两位仲裁员的意愿,因为有了主席其实就是把仲裁员数目从二人变为三人。所以,有很多二人仲裁条文写明只有当两位仲裁员有分歧的时候才可委任一位公断人(umpire)。这便会带来另一种不同做法,是海事仲裁在波罗的交易所(Baltic Exchange)的一贯做法。除非双方清楚表明其他做法,1996 年《仲裁法》Section 21 规定当双方原本委任的两位仲裁员有分歧的时候(即使只有很小的分歧而大部分他们两位意见一致),他们就应该把这个事实通知委任他们的双方当事人,然后委任一位公断人。这位公断人有权作为独任的仲裁员(sole arbitrator)来作出裁决书。原本的两位仲裁员就没有正式的角色了(拉丁文的 functus officio)。虽然他们可以尝试说服公断人,但后者可以不理会前者而有完全自由选择怎样作出裁决,即使两位仲裁员已经达成一致也可不予理会。这种做法与主席(Chairman)在一个三人仲裁庭有决定票(deciding vote)有时候是有分别的,因为第三位公断人可能对案件的看法与前两位仲裁员都不一样,即使是他们同意了的。但作为一个三人仲裁庭的主席,就明显不能不去理会两位仲裁员已经同意了的东西,因为这已经是多数人意见。举一个公断人的例子,如果第一位仲裁员觉得没有违约,第二位仲裁员觉得有违约而应该下履行指令(specific performance),而公断人觉得有违约但只应该用金钱赔偿(monetary damages),公断人有完全自由决定用金钱对违约作出赔偿。

另外一个需要考虑的问题是两位仲裁员的分歧是什么时候发生的。如果分歧是有关一些中间程序上的问题(interlocutory matters)或如果仲裁是用文件审理形式举行的(documents-only),公断人就比较容易接手,因为他只需要看有关文件就可以了解案件的来龙去脉。但如果案件开庭审理 (oral hearing),而分歧是开庭后草拟裁决书的时候发生,如果公断人没有参加开庭程序,那就变得很麻烦因为他无法再次感受开庭时的经历与取证(口头证据)。就算再次开庭的话(不考虑浪费的费用),证人第二次提供证据会与第一次有分别,并不科学。

所以,为了避免这种情况的发生,1996 年《仲裁法》Section 21 清楚表明除非有其他安排,公断人有权参加开庭,而双方应该给公断人一套完整的文件。该立法规定是因为曾经有过案例,两位仲裁员没有发生异议是不应该花钱去委任公断人,邀请他/她参与开庭:Fletamentos v. Effjohn Int'l (1995) 1 Lloyd's Rep. 301。直至两位仲裁员有分歧,公断人只是一位旁观者,无权参与程序,他/她之所以参加开庭纯粹是预防开庭后对裁决书合议时两位当事人委任的仲裁员出现或大或小的分歧,已了解案情证据的公断人可以马上接手完成裁决书。这就代表在开庭审理时就算公断人有一些想问的问题都不能发表或两位仲裁员把他/她拖在一起商讨。所以既然公断人的费用已无可避免,往往开庭前在两位仲裁员建议下,通常双方当事人会同意容许公断人转变为第三位仲裁员,变得可在整个开庭的程序中都能够参与。

2.2.4 三个仲裁员 (three arbitrators)

从以上看来,虽然委任一个或两个仲裁员会稍为便宜,委任三个仲裁员的仲裁程序显然是最方便的。每一方只须考虑到委任一位自己选择的仲裁员,然后这二人就会自动委任第三位人选,成立仲裁庭。在笔者经验中,三位仲裁员在国际仲裁(不仅指海事)是最常见的,会在以下情况中发生:

(1)最明显的是当合约内有三人仲裁条文。在航运里最常用到的标准格式合约,NYPE 46(期租)和 Gencon 76(程租)都是包含三人仲裁条文的。以下就是 NYPE 46 第 17 条的三人仲裁条文,可供参考:

"That should any dispute arise between Owners and the Charters, the matter in dispute shall be referred to three persons at [London] one to be appointed by each of the parties hereto, and the third by the two so chosen; their decision or that of any two of them, shall be final, and for the purpose of enforcing any award, this agreement may be made a rule of the Court. The Arbitrators shall be commercial men."

(2)虽然之前提过有时仲裁庭会提议仲裁条文从三人变为两人,亦见过不少仲裁庭提议从二人(加公断人)变为三人条文。理由是因为第三位仲裁员从开始就能参与仲裁,包括一切中间程序上的问题 (interlocutory matters)。这比较适合一些程序上比较复杂的案件,例如一些多位当事人同一争议(multi-party dispute)或同步开庭(concurrent hearing)的情况。

如果双方同意了三人仲裁条文,双方自己委任的两位人选必须委任第三位仲裁员才会构成完整的仲裁庭。这是因为就算这两位仲裁员意见完全一致,他们还未委任第三位仲裁员之前的任何命令和裁决书都是无效或者没有管辖权的,除非是像 LMAA Terms 2002 第 8 条的规定(之后详细探讨)或者双方当事人同意这样做。在 Poliakoff v. Brown Products (1921) 8 Ll L Rep. 501 一案,法院觉得就算这两位有多数票(majority)的仲裁员已经作出决定,而第三位仲裁员若意见不合则使前者变成了少数 (minority),后者可能会有宝贵的见解或意见会令前两位改变主意:

"Nothing to my mind could be clearer on that submission that this, that the arbitration was to be before three arbitrators and, therefore, it would be necessary to appoint a third before there were any sittings in the arbitration. The submission shows that the three must consider it and that then the majority of two can decide against the minority of one. And although the two may agree, and not agree with the third, the advice and information and argument of the third arbitrator may be of great value. We know quite well that though two Judges may be inclined to agree, the advice of the third who is sitting with them is often of the greatest value and often of sufficient influence to induce them to say their inclination was wrong."

当然在没有 LMAA Terms 适用的情况下,若仲裁庭提议了推迟委任第三位仲裁员直至开庭前,而双方同意,这两位仲裁员对于开庭前中间程序上的问题的命令是有效的。以上已经提到有时两位仲裁员会得到双方同意把委任第三位仲裁员的时间延迟到有争议或开庭的时候,而在伦敦海事仲裁里,当委任仲裁员时都已经接受了适用的伦敦海事仲裁员协会规则 (LMAA Terms),在 2002 年修订的 Paragraph 8(b)容许双方委任了的仲裁员可以任何时候委任第三位仲裁员,只要他们一有分歧时马上委任或在针对实质争议的开庭前委任("…before any substantive hearing or forthwith if they cannot agree on any matter relating to the arbitration …")。

1996 年《仲裁法》Section 16(5)(b)清楚表明委任第三位仲裁员是双方委任了的两位仲裁员的责任。这样看来,他们是有绝对权力选择谁做第三位仲裁员的,而他们可以不理会任何一方当事人对第三位仲裁员人选的要求。所以任何一方当事人作出这样要求都是白费精力的,甚至有可能得罪这两位仲裁员。

但如果有个别仲裁员显然不适合做第三位仲裁员(例如有利益冲突),某一方当事人最多应该做的就是客气地指出这样的事实给这两位仲裁员看,但尽量不要有想影响第三位仲裁员人选的印象,然后看这两位仲裁员的反应。有时候仲裁庭会不理会,但一旦有了书面记录,以后能够上诉的机会就会增加。亦是因为这个理由,这两位仲裁员除非有强硬意见,他们可能宁愿选择另一个可能比较中立的第三者,避免麻烦。

实际做法中,两人的仲裁庭委任第三位仲裁员之前通常会礼貌地告诉双方当事人有关人选,就是给双方当事人机会提出一些仲裁庭不知情的利益冲突。如果言之有理就可以马上作出补救,另找人选。

2.2.5 多过三个仲裁员 (more than three arbitrators)

多过三个仲裁员的情况是极少的。普通航运或贸易合约都只会规定三位或以下,更多仲裁员参与亦没有特别作用。唯一想象到会有多过三个仲裁员参与的情况是在一些大型多方合作的合约,而每一方都想有权委任自己的仲裁员,或有些贸易协会(trade associations)的上诉程序(appeal procedure),例如 GAFTA 或 FOSFA 有 5 人的上诉仲裁庭。

在这些情况下,在合约或贸易协会规则内都应该会清楚表明委任每位仲裁员的方式。如果没有规定的话,而这些情况极少,1996 年《仲裁法》没有特别规定怎样做,只有说任何一方可按照委任程序失败(failure of appointment procedure)的方式去向法庭要求指示(之后会详细探讨这种情况)。

2.3 规定二:仲裁员资格 (requirement 2: qualification of arbitrators)

2.3.1 伦敦海事仲裁员协会或其他组织会员 (members of the LMAA or other organisations)

因为仲裁是一个双方约定的程序 (consensual process),而背后的精神是容许大家有完全自由选择怎样解决争议,除非有特别规定,双方是有完全自由选择谁做仲裁员的。

1996 年《仲裁法》是没有任何限制的,除了一些极少的规定容许在一些极端的情况下法院可以赶走(remove)仲裁员。最明显的情况是如果仲裁员并非是中立的(impartial),例如某一方委任其配偶或兄弟做仲裁员,或仲裁员实质上或精神上无能力(physically or mentally incapable)审理仲裁,例如某一方委任一位五岁小孩做仲裁员。除了在这种极端的情况下,1996 年《仲裁法》容许法院赶走(remove)仲裁员之外(之后会详细探讨),法律对于仲裁员的身份是完全没有意见或限制的。

所以,如果双方想对仲裁员对案件的合适程度有所限制,他们就要靠在仲裁条文里明显地加上特别规定。对于海事有关的合约,例如有些租约,如果双方同意伦敦仲裁的话,他们有很大机会订明需要仲裁员是伦敦海事仲裁员协会的会员 (members of the LMAA)。在多数情况下,这个要求都是在附加条文内,因为在标准格式内会容许双方选择伦敦、纽约或其他地方仲裁,而不同地方会有不同的有关组织。一般都是当双方已经选择了伦敦仲裁之后,觉得合约类型适合,才会加入仲裁员是伦敦海事仲裁员协会的会员的规定。所以,在了解仲裁员资格的时候,必须查清楚整份合约,包括一切附加条文。

这方面的仲裁员资格很少有争议。某位仲裁员是否伦敦海事仲裁员协会会员,一看协会网页就可查阅到。在笔者经验中,唯一在这方面有些争议的问题是"会员"是否只包括比较少数的全面性或准会员(full members)或也包括人数更多和国际性的支持性会员(supporting members)。当然,如果仲裁条文订明"会员"但没有其他条件,这应该代表包括任何会员,包括全面性和支持性的会员。

虽然如此,笔者经历过几次对方怀疑会员究竟是否包括支持性会员。这是因为支持性会员的性质是他们支持伦敦海事仲裁员协会达到目标("… those who are in sympathy with, and wish to lend their support to, the achievement of the objects of the association …",而他们一般不会做仲裁员或公断人的("… those who not as a general rule practice as umpires or arbitrators …")。最近亦听见一位著名伦敦海事仲裁员说仲裁应该是全面性或准会员做的,而支持性会员只是一些支持伦敦仲裁的人士。但如果这是正确的话,就代表世界很大部分的海事案件都是十几位在英国居住的西方人士(主要是英国人)去判。到现在还没有案件或者对 LMAA 章程的修改明确显示"会员"不包括支持性的会员。所以,直到有这样的判决,就算仲裁条文表明要求仲裁员是伦敦海事仲裁员协会的会员,笔者会(如果案件适合的话)继续委任支持性的会员。

2.3.2　"商业人士"或"受雇在海事与/或谷物贸易"("commercial men" or "engaged in the shipping and/or grain trades")

仲裁在早期创立的一个主要原因是容许一些行业中的人士判案。特别是一些非常专业的商业行为,包括航运和国际贸易,商人觉得一些对行业熟悉的人士会比一些通才的法官判断和订下商业惯例和规矩会更适当。

所以,为了这个理由,有些标准格式是表明仲裁员必须是商业人士而不是法律人士,例如在 NYPE 46 里的仲裁条文。在 Centrocon 租约有一条类似的仲裁条文规定仲裁员需要在海事或谷物贸易当中工作。

英国法院在 The "Myron" [1969] 1 Lloyd's Rep. 411 一案对 Centrocon 内的"engaged in the shipping and grain trades"作出如下定义:

"A person who is actively engaged throughout all available working hours in maritime arbitrations is regarded in practice as being engaged in the shipping trade."

在 Pando v. Filmo [1975] 1 Lloyd's Rep. 560 一案中,法院需要决定一位著名律师究竟是否是一位类似 NYPE 规定的"commercial man",虽然他已经退休了而且已经专门做仲裁员。Donaldson 法官接受以上在 The "Myron"的定义是同样适合用来解释"commercial men"。他继续表达了这些观点:

"It does not matter whether or not the arbitrator has retired from commerce or is still engaged in it. What matters is his practical commercial experience. It is well known that the shipping industry has two sides: the marine side and the commercial side. The parties to this charterparty wish the arbitrators to be chosen from the commercial rather than from the marine side. In some other case it may be necessary to decide whether commercial experience which is unrelated to the carriage of goods by sea-the retail distributive trade, for example-is sufficient under such a clause, but that does not arise in the present case. The use of the words 'commercial men' would also exclude those whose experience is solely as practising members of the legal profession. Some of them can rightly be described as 'commercial lawyers', but whilst they serve the commercial world they are not of it."

所以,当选择一位商业人士做仲裁员的时候,必须确定他有实际商业经验。一般在船务或贸易公司工作的人士都会符合这个要求。在互保协会(Protection and Indemnity Association 简称 P&I Club)工作的人士都应该适合。当然,一些正职是做海事仲裁员的人士都没有问题,就算他们前职是律师。唯一需要避免的是一些目前做律师的人士,特别是一些以前没有在有关行业内工作过的。

最后,需要提及 The "Bede" [1967] 2 Lloyd's Rep. 261。在这个案例中,仲裁条文要求仲裁员和公断人是"… commercial men and not lawyers …"。所以,因为两位仲裁员委任了一位大律师做公断人,他们判定的裁决书完全无效。但笔者觉得该条文更严谨因为清楚要求仲裁员不是律师("not lawyers")。所以,就算一位律师的经验不限于法律(例如他以前是在船公司工作的),而按照 Pando v. Filmo 是"commercial men"因为关键是他的经验不只限于法律"whose experience is solely as practising members of the legal profession",但在 The "Bede"的这种条文下这位人士是不能做仲裁员的。

笔者觉得这些限制太严格了,当然首先要怪的是约定这种仲裁条文措辞的当事人。到最后,仲裁是法律程序,而仲裁员应该对合约法、证据法、商业法、公司法等都有所了解。好像一位只懂法律,不懂商业的人士不会是一位好仲裁员,一位只懂商业,不懂法律的人士同样也不会是一位好的仲裁员。所以,笔者觉得"commercial men"的定义应该需要更广阔来包括这些商业法律双通的人士。

2.4 规定三:仲裁员国籍和所在地(requirement 3: nationality and residency of arbitrators)

另外一种常见的规定是关于仲裁员的国籍或他们工作或居住的地方。这些规定是由两种原因带来的,一个是比较实际的考虑,另一个是比较潜意识的。

笔者曾见过一些伦敦仲裁条文表明仲裁员必须"设在"伦敦("based in London"),即代表仲裁员的居住或工作地点应该是在伦敦。这个要求的最大理由是为到需要开庭或其他初步开会(preliminary meeting)的时候会比较方便和可以节省费用。

但这样考虑已经从科技的进步变得越来越微不足道了。大多数的初步开会已经可以通过电话或者视频会议(telephone/video conferencing)来举行。需要开庭时,飞机的速度和廉价代表仲裁员从外地飞去伦敦已经比以前容易得多了。况且,大部分海事仲裁都不需要开庭,而很多时候双方都可以同意基本仲裁的程序而不需要初步开会。对于这些文件上的仲裁(documents-only),因为传真、速递和电邮那么方便,一个住在外国的仲裁员进跟一个住在伦敦的仲裁员同样能够处理案件。事实上,因为伦敦楼价昂贵,有很多所谓设在伦敦的仲裁员实际上是居住和工作在伦敦以外的郊区,只在需要的时候搭乘火车进入伦敦的。

另外一个比较潜意识的考虑是双方希望避免仲裁员因为与当事人的国籍相同而有偏袒某一方的现象。笔者见过有仲裁条文这样表达:

"The Sole Arbitrator shall not be a citizen of either countries of the parties (Japan and USA)."

虽然世界大同和没有民族偏见应该是有远见人士的理想,而英国法律要求仲裁员尽量客观判案,现实中这种美好的理想能否实现呢?这时候应该用 The "Catalina" (1938) 61 Ll L Rep. 360 一案例作为警醒。这一案例在开庭程序当中,有一方提到该案件是针对一艘意大利船。有一位仲裁员马上提到有关的证人不是意大利人,而是挪威人。他继续说意大利和葡萄牙的人全都说谎,但在他的经验中,挪威人一般是诚实的,而因为此理由他完全接收这些挪威证人的口供。结果这种仲裁员被法院赶走。这种情况难以置信,但的的确确在判例汇编中写出来的,如下:

"[The witnesses] … are not Italians. The Italians are all liars in these cases and will say anything to suit their book. The same thing applies to the Portuguese. But the other side here are Norwegians, and in my experience the Norwegians generally are a truthful people. In this case I entirely accept the evidence of the master of the [relevant ship]."

此案件可以说是例外吗?毕竟仲裁员是人,会受常人偏见的影响。The "Catalina"一案是一些非常罕有的情况,仲裁员愚蠢到会把这些心里话都说出来的。现实上会有更多情况仲裁员或法官没有说出这些有偏见(或甚至种族歧视)的话,而令无法知道或证明他们有没有受偏见影响。由此推想,今天西方世界全面在丑化中国内地,试想如果中国证人面对西方国家证人,作为西方人的仲裁员会相信谁就不言而喻了。

虽然这样,除非是针对一些非常大型和重要的国家合约,一般不会需要针对仲裁员的国籍作出明显的规定,在海事仲裁条文中就很少规定这一方面。但当选择自己的仲裁员的时候,委任仲裁员的一方绝对应该考虑刚刚提到的种族或文化的因素(之后会详细探讨)。

2.5　没有按照正确委任仲裁员程序的后果(consequences for failing to follow the correct appointment procedure)

2.5.1　仲裁程序完全无效(proceedings null and void)

以上已经提到仲裁是一个双方约定的程序(consensual process)。只有一个严格依照双方同意了的仲裁庭判定的裁决书才会有约束力。所以,如果某一方没有完全按照仲裁条文规定的要求去做,之后所得的裁决书都是无效的。例如,如果仲裁条文规定仲裁员必须是商业人士,一位法律人士的裁决书是无效的。

所以,无论仲裁条文内的规定多么无意义或荒谬,除非双方后来同意改变(vary)条文内的要求,他们都需要按照条文的规定去委任仲裁员。例如,如果仲裁条文需要商业人士,就算争议是法律性质的而一方当事人去委任一位法律人士做仲裁员,裁决书仍属无效。

仲裁条文内的规定也必须严谨遵守。就算规定是无关紧要的,如果一方没有遵守,都会有裁决书无效的危机。例如, 如果仲裁条文需要居住在伦敦的人士,就算一位住在香港的仲裁员能同样方便地做文件上的仲裁或坐飞机到伦敦开庭,裁决书都会有无效的危机。

后果看来非常严重,特别是如果不符点是非常微小的,而某一方是故意等到最后一刻(例如执行裁决书的时候)来作出挑战。该方可能对这个不符点没有特别异议(因为他没有受到什么真正的损害),但只想用这个不符点来逃避责任。特别如果索赔时效已过了或仲裁程序已进展很久了,这可带来十分不公平的情况,因为不能再重新来一次即使肯去多花钱。

所以现在的1996年《仲裁法》有特别的程序针对没有按照正确委任仲裁员程序的后果,会在以下探讨。

2.5.2　失去抗议的权利和"弃权"(loss of right to object and "waiver")

英国1996年《仲裁法》之Section 73要求任何对仲裁员管辖权(jurisdiction)的抗议必须马上(forthwith)提出,否则会失去这一权利,规定说:

"If a party to arbitral proceedings takes part, or continues to take part, in the proceedings without making, either forthwith or within such time as is allowed by the arbitration agreement or the tribunal or by any provision of this Part, any objection-

(a) that the tribunal lacks substantive jurisdiction,

(b) that the proceedings have been improperly conducted,

(c) that there has been a failure to comply with the arbitration agreement or with any provision of this Part, or

(d) that there has been any other irregularity affecting the tribunal or the proceedings,

he may not raise that objection later, before the tribunal or the court, unless he shows that, at the time he took part or continued to take part in the proceedings, he did not know and could not with reasonable diligence have discovered the grounds for the objection."

这一条文是说挑战仲裁员管辖权需要马上提出,已经在本书有关管辖权的第五章详细探讨了。因为仲裁条文一般不会提到要挑战某一方没有按照条文委任仲裁员的时间和程序,要作出挑战的一方必须马上提出抗议。

如果提出抗议的理由只能从裁决书内容中才明显看到,那提出挑战的一方只能在有了裁决书才能去根据 Section 67 向法院挑战管辖权。但如果作出挑战的理由在组成仲裁庭之时或者在仲裁程序中已经显露出来了,那么挑战的一方就要马上提出来,不能等到出了裁决书知道自己是胜是败才行动,否则就有可能丧失挑战的权力。

2.5.3 提出抗议的程序 (procedure for raising objection)

当某一方知道挑战的基础时,他应向仲裁庭和对方清楚表明对仲裁庭的构成作出抗议(objection),而把原因凭着他的理解(to the best of his knowledge) 说出来。只是空泛地提到有关事件是不足够的。在 Rustal Trading v. Gill & Duffus [2000] 1 Lloyd's Rep. 14 先例(已经在本书第七章与第九章分析了),挑战的一方写信向有关仲裁机构提到仲裁员和他们以前的生意关系可能会影响到仲裁员的中立和公正(independence and impartiality)。但因为挑战的一方没有实质向仲裁员作出抗议,这是不足够的。但有关抗议不一定需要书面表达。在 Hussman v. Al Ameen Development & Trade Co. [2000] 2 Lloyd's Rep. 83,因为挑战的一方当事人开庭前刚知道抗议的基础,他只能在开庭的第一天提出抗议,但法院不觉得太迟。最重要就是有明显地说是对仲裁庭的构成作出抗议。

当某一方对仲裁庭的构成提出抗议时,对方或仲裁员一般都会叫挑战的一方解释抗议的理由。仲裁庭会希望这一争论点可以尽快得到解决,因为如果这是有理的抗议,继续仲裁花的钱都会浪费了。一般这样的争议都是由仲裁庭通过 1996 年《仲裁法》之 Section 30 的权力来自己决定有没有管辖权去继续审理案件。仲裁庭运用的程序一般会是叫提出挑战的一方向仲裁庭先提出申请(application)与背后的证据(supporting evidence),然后对方当事人就有权作出抗辩 (response),而最后挑战的一方应该可以作出回答(reply)。仲裁庭就可以凭着这些证据决定自己的构成是否完全按照仲裁条文的规定。仲裁庭的决定,无论通过管辖权裁决书(jurisdiction award)或裁定(ruling)的方式都能够通过 1996 年《仲裁法》之 Section 30(2)来上诉的。

当一方明显地提出抗议之后,挑战的一方就算是对仲裁程序不合作也会是很难做到的。这是因为就算他不愿意作出申请递交证据,仲裁庭可以自己安排对这一管辖权的争议作出立即的判断,而仲裁庭一有给挑战的一方合理机会提交证据之后(而是他自己没有把握机会),就可以作出裁决了。当然挑战的一方如果不进一步提交挑战理由与提交证据,也会被视为弃权。反正在这种情况下,仲裁庭很可能判定或者认定自己是有管辖权的。虽然管辖权裁决书或裁定都可上诉的,法院都应该会对于挑战的一方没有在仲裁庭面前作出主张感到怀疑,也很大机会觉得他是用这一程序来"拖时间"的。

2.5.4 仲裁员在那时要合乎资格 (time when qualifications have to be met)

除非特别表明,当仲裁条文是需要仲裁员合乎某些资格,他们在被委任时合乎这些资格就足够满足这条文的要求了。在 Pan Atlantic v. Hassneh Insurance [1992] 2 Lloyd's Rep. 120 先例中, 仲裁条文要求仲裁员是"和事件无关的保险或再保险公司行政官员”(disinterested officials of insurance or reinsurance companies)。有关的仲裁员在委任时是合乎资格的但之后从这一职位退下来而变为独立顾问。虽然这样,法官觉得仲裁员在被委任时合乎资格就可以了。这一判决是合理的因为有些案件需要数年时间审理,而仲裁员的情况会在此期间改变的。如果仲裁员必须在整个仲裁过程都要保持同一资格的话会带来多种困难。如果双方当事人是想有这种不合理的安排,就要在仲裁条文明确约定了。

2.6 选择仲裁员要考虑的其他因素(other factors when choosing arbitrators)

2.6.1 熟法律或熟业务?(legal or practical?)

只要看不同仲裁员的背景就会了解他们有些是比较熟法律(包括前任法官,律师或法律顾问,而有些是比较熟业务的(包括前任专家、船长、经纪人或其他行内人士)。同时,争议也会有比较法律性或比较业务性的。要委任有适当专长的仲裁员去处理案件是一件应该注意的事。

当然,有些争议是比较简单的,而且混合法律和业务的因素,所以大部分声誉好的仲裁员都能够审理好。但是有些争议是非常专业的(无论是法律上或是业务上)而一位没有这些专长的仲裁员(就算听了双方的专家证据和争论)都会有可能犯错的。

最近笔者在一件关于造船合约有否构成的争议被委任作为仲裁员。另外两位仲裁员是前任英国法官。虽然他们有崇高的法律专长和地位,但对于造船合约谈判和构成的程序没有实质经验。幸好笔者在这方面有经验,而这两位仲裁员亦有接受笔者的提议和贡献。

笔者也有案件针对仲裁条文是否有效地被合并到提单内。笔者是代表被告,而希望是仲裁条文没有被合并。如果没有的话,其他可能有管辖权的法庭对原告是非常不利的,或在这些地方索赔时效已经过了。所以,笔者提议被告委任一位比较有法律专长的人士做仲裁员,是希望他会对英国法律上对合并仲裁条文的严格性有所了解。否则,一位比较“业务”性的仲裁员可能会对这方面的要求看得比较轻松。

当然,以上的例子亦引出了一个重点,这就是决定委任有什么专长的仲裁员是要看自己的立场。如果案件是对自己有利的,选择有正确专长的仲裁员是十分重要的,因为他会比较容易理解自己的立场,而会减少判错的概率。相反,如果知道案件对自己不利,委任一位有正确专长,能够马上看穿自己案件的弱点的仲裁员是没有好处的。在这一劣势情况下,更好的方法是委任一位没有这方面专长的仲裁员,然后(如果无办法庭外和解)用大量的专家证据和争论尽量把事情“搞乱”,而希望仲裁员“判错”。

2.6.2 文化背景(cultural background)

以上已经提到有时候仲裁条文会对仲裁员的国籍有所要求。这反映了一个重要的事实,那就是不同文化背景的仲裁员会对不同的事实和证据作出不一致的分析、理解和判断。特别是不同国籍或文化背景的当事人产生了争议。在这种情况下,就算仲裁条文没有清楚对仲裁员的国籍作出任何要求,当事人亦应该考虑选择一些了解自己文化背景的人士作为自己的仲裁员,特别在有大量事实争议的案件。

笔者听过有些人说在伦敦仲裁就必须委任一位本地英国人去做仲裁员。但这是一个外行人普遍的误解。除非仲裁条文规定,否则当事人有权委托任何人做仲裁员。英国没有(亦不能有)法律禁止一位中国或其他外籍人士在伦敦做仲裁员。所以,其实没有什么能阻止一家中国公司委任一位中国人去审理伦敦仲裁的。

其实笔者了解有不少希腊船公司当参与伦敦仲裁时委任希腊人做仲裁员。他们明白至少有一位了解希腊人/希腊公司一般做法的人在仲裁庭内是非常占便宜的。希腊公司对支持"自己人"做仲裁员的程度可令至少三位希腊仲裁员长期定居英国来审理案件。当然,这些希腊仲裁员不只是审理与希腊有关的案件,但按笔者理解他们至少一部分的案件是希腊公司委任的,而这些案件让他们能够建立经验和声誉。

同样,一家中国公司委任一位有水平中国人做仲裁员是有利的。虽然委任中国人不是叫他偏袒中国公司,但一位中国仲裁员会比较了解中国公司的某些做法。笔者时常记得听见中国人说外国人对中国和他们的某些习惯和制度不了解,甚至有偏见。委任一位中国人做仲裁员就能避免或者减少这些事情了。这些问题不是笔者凭空想出来的,而是有实例的。可分两方面来谈:

2.6.2.1 不同文化背景与了解

众所周知,认定争议事实是要靠证据(evidence)与证据的分量(weight),即使在完全没有不妥的情况下,亦难免有不自知的主观或/与偏见,例如说某位仲裁员熟悉与惯听的话(即口头证据),更容易被接受(即给予较重分量)。这些话更大可能是来自与仲裁员同文化同种族的人士或同胞,而不是一位异族的证人。但也有例外,例如听过与见过部分中国人更喜欢听与更接受西方人士讲的话,即使可能想到西方人可能会有不同的想法(hidden agenda),这是缺乏自信的发展中国家的悲剧。这方面不必多加解释,只举下列例子:

2.6.2.1.1 例子之一

不少中国人不了解或不重视证据,但西方人不了解或不愿意了解这个事实,结果会造成了更大的敌意。例如,有一次涉及中方船东与欧洲承租人之间的"滞期费"(demurrage)争议,船舶是抵港后7天才靠挂码头,在靠泊(berthing 或 alongside)后,收货人(算是承租人代表或代理)才签收一份书面文件的"通知书"(Notice of Readiness 简称 NOR)。但租约条文通常说明在递交 NOR 后才开始计算卸货时间并累积滞期费,这样一来在抵港至靠泊的7天算不算(金钱涉及十几万美元)就关系到船舶一抵港是否另有一份以传真等方式递交的 NOR。笔者(杨良宜)在船上工作过,养成的习惯是船舶一抵装卸港锚地(anchorage),就马上以电文递交 NOR,以电文是因为无法上岸亲自递交。之后(3天5天不等或更长时间)到靠泊才有机会上岸与承租方代表或代理见面,通常会另给一份 hard-copy 的 NOR,并且例行手续式地要求对方签字。但这一般不影响较早以电文递交的 NOR。从抵港至靠泊的3天5天不等时间通常照算装卸时间或滞期费。

在该争议中,中方船东的代表律师一直在“讲故事”,指称承租人若是在船舶抵达港口的锚地时没有收到 NOR,怎会在 7 天后卸货码头一空出来知道去马上安排“引水员”(pilot)与拖轮去让船舶靠泊? 话虽是听来有理,但为何不提出证据,就是在抵港的一份电文/传真 NOR? 毕竟,租约明言是 NOR 递交后才始算装卸时间,没有说是承租人知悉船舶抵达后亦可开始起算。加上,有可能(但可能性低)是没有递交 NOR,但承租人从其他途径知道船舶抵港,例如通过港务局。

笔者在该仲裁是其中一位仲裁员,另一位承租人委任的是伦敦著名海事仲裁员。他起初想判中方船东败诉也不相信中方律师讲的“故事”(因为没有证据),但笔者由于自己的船上经验,认为船舶没有在一抵港以电文递交 NOR 的机会很低,试图并成功地说服他去向中方船东查问与要求一份电文/传真 NOR。之后笔者代表仲裁庭向中方律师要求这份电文 NOR,几天后中方律师回应说查问过正在上海休假的船长,确有一份传真 NOR 在船上,正在设法向船上要并交给仲裁庭。当时,代表承租人的英国律师表示了不满,但又不好说,因为在 1996 年《仲裁法》之 Section 34(2)(g)下仲裁庭有权去主动查问真相/事实。

但约 1 个月后,中方船东回来说电文/传真 NOR 已被毁灭,因为事发后一年刚过,而中国内地公司一般做法是在一年后毁灭档案文件。此时,伦敦共同仲裁员又开始怀疑中方船东,因为以西方眼光看来难以置信一家公司会把时效尚未届(中国法可能是 2 年,英国法是 6 年)的档案文件毁灭,特别是已经有诉讼在进行,更不用说这份传真 NOR 本应一早自动抖出来。

笔者也不知道事实真相(即有否递交过电文/传真 NOR),但比较了解中国内地公司的一些混乱制度与对证据不了解的事实,所以会比伦敦共同仲裁员对中方船东的敌意较低,于是向他建议是否进一步对中方船东说你既然没有文件证据,可否考虑提供该正在休假船长的口头证据,并接受对方律师盘问。但说下去大家都怕承租人的英国律师会有更强烈的反应,误认为仲裁庭在举证方面偏袒中方船东,所以最后笔者放弃了。

之后双方当事人要求仲裁庭以文件审理。可想得到,在这一项争议是判定中方船东败诉,因为没有任何证据,只有争辩/陈词(submissions)指称 NOR 已经一早递交,这并不足够。

2.6.2.1.2 例子之二

笔者曾与一位英国退休大法官在同一仲裁庭,他对我说他永远不相信一位当事人不去马上反驳对方提出的“指控”(allegation),但在出事后才说对方指控不正确或并非事实。读者试想中国公司有多少是不去马上以书面回应对方不正确的指控或指称,说是不想麻烦。例如,对方或真或假以电文/传真确认说在电话双方已同意了并达成协议/合约,可中方却默不作声,但后来被对方指出毁约(repudiation)时才提出并没有在电话口头同意协议/合约。再试想,在该类英国退休大法官的仲裁员面前,中方证人会被相信的机会恐怕是接近零吧!

2.6.2.1.3　例子之三

笔者曾亲历一次开庭,中方证人在有关约两年前的谈判过程被对方英国律师严厉的反盘问下突然自认是当时“在讲谎话”(I told liar)。这样一来,对方有了意外的惊喜,成功去“彻底摧毁”(totally discredit)这位主要证人。笔者的两位英国共同仲裁员自然是敌意极深,在一起吃中饭时不断称该中方证人为“骗子”。笔者自问敌意没有这么深,但也不好讲话。敌意不深是因为:

(1)中方证人其实根本不必自认说谎,被反盘问之处很容易就能解释过去。加上已发生了两年与有关矛盾之处是一份英文电文,而中方证人不懂英语。他自认说谎根本就是严重过火。

(2)中方公司领导绝少有受过法律培训,不像对方的负责人(也是主要证人)是一位美国律师的背景。两人走在一起举证并接受反盘问,优劣立分。

(3)中国人更有怕麻烦与“抗拒从严,坦白从宽”的心态,变得容易动不动承认犯错,甚至承认说谎。

(4)笔者更重视是“当场的文件证据”(contemporary documentary evidence),它在该案中明确显示中方证人并不像说谎。

但这些文化背景怎会是另两位英国共同仲裁员所知道与感受到,如果笔者想去解释,也恐怕会被他们视为想偏袒中方证人,导致我话都不敢说。

2.6.2.1.4　例子之四

在一个数千万美元索赔的仲裁案件,中法双方当事人唯一争议的是是否达成协议。若有,中方不履行即毁约,要赔上好几千万美元。否则,双方仍停留在谈判,任何一方可随意退出谈判。该案件中,中法双方已在巴黎签署了合约,仅看这事实对中方明显不利。但中方声称在签署之前,法方说明只是例行公事让大家好交代,若另有的几点(如在担保)随后谈不拢,将不会有合约。而法方自然是否认有这样说。显然,法方若真有说过,中方可坚持双方仍在谈判,或以合法理由逃避该签置了的“合约”,如根据“附属协议”(collateral agreement),“误述”(misrepresentation)或“误导”(wrongful inducement)。

在被法方代表大律师反盘问时问及:“若是在巴黎尚未有达成协议,为何签署合约?”中方的主要证人(去巴黎的团长与签置合约的中方副总)回答说:“花了国家不少钱去了一次巴黎(注:共有八人的中方团员来回机票与约十天的住宿),所以签了合约更好在回中国后向领导交代。”对这个回答笔者的两位西方共同仲裁员很不以为然,认为若是仍在谈判,岂非是不签合约是更好的交代?

笔者比较中性对待这句重要的证言,因为能感受到中国人的“报喜不报忧”的习惯,加上部分中国领导人无法去说理,导致花了钱一事无成的去巴黎走一趟不能接受,不会去分析没有谈妥前合约万万不能签署这个理由。笔者更重视的反而是中方证人回到中国后与法方的书面通信往来,明确显示了双方仍是在二三点上延续谈判。直至双方谈判破裂法方才突然挑出已签署合约的事实,要求中方履行,否则面对毁约的损失赔偿。所以,笔者与两位西方共同仲裁员得出不同事实的推断,而且大家(特别包括笔者)相信或自问完全是公正与诚意的,完全不涉及不公正或者偏私的问题。

2.6.2.1.5 例子之五

第五个例子是有关一份运货合约(contract of affreightment)的争议。笔者(杨大明)代表中国货方的法律代理人,对方是俄罗斯船东。货物是从南美洲运到中国。双方在运货合约下产生了严重争议,而船东不愿意容许船舶驶进中国境内的卸货港。他的理由是因为中国法律不会承认船东的留置权。案件发展下去而因为货物是易腐的,船东向英国法庭申请批准把货物送到俄罗斯,把它卖掉,而把收益放入共同银行户口作为担保。运货合约本身规定争议是伦敦仲裁,并适用英国法。

在英国法庭提到大量关于中国内地的法律和程序,而货方需要提供大量证据证明例如船东能够在中国境内的卸货港行使留置权,在卸货港是有保税仓库(bonded warehouse)而中方是无法短期内供给俄方一份大银码的外国银行美金担保(因为在中国大量有关的程序和外汇管制)。结果,因为俄方对于在俄罗斯卖货的程序一点证据都没有,法官先作出一个合理的判决要求船舶去中国而如果留置货物无效而要出售,一切把货卖掉的收益放入中国法院托管。虽然双方无法选择谁是法官,但可想象如果有一位了解中国的人士作出判决,事情就容易得多了,而不需要花大量时间和金钱来向一位对中国法律和程序不熟悉(甚至抱有怀疑)的外国人士举证关于一些其实是非常简单的事实。

在英国法院下了要求船舶去中国的命令之后几天,俄罗斯船东通知中方船舶产生故障,不能移动而无法去中国卸货。船舶需要被拖到最近的避难港,是在韩国境内。在韩国检验时发觉有些鱼网和类似杂物阻碍螺旋桨操作。中方检验师认为问题可以透过潜水员简单解决,但俄罗斯船东与俄罗斯船级社坚持船舶需要在韩国卸货然后进行严重修理。船东甚至拒绝容许潜水员尝试把这些杂物除去,虽然这是必经之路(就算船舶是需要严重修理),而如果没有中国的因素,船东为了节省时间一定就会要求潜水员开始工作了。

俄罗斯船东最后向法庭申请改变(vary)之前的命令,要求船舶在韩国卸货而一切把货卖掉的收益放入在伦敦的共同银行户口作为担保,反正就不把钱放在中国的法院作为担保。中方抗辩说船东明显想用故障作为借口不把船舶驶到中国。俄方的证据是有多方面的隐瞒和矛盾。例如,俄罗斯船级社检验师的报告提到潜水员报告说把这些杂物除去会对船造成危险,但潜水员报告绝对没有这样说。他们的看法其实是完全相反的,而是非常有信心把杂物除去。

结果,俄罗斯船东成功把法庭命令改变了。审案的法官也变了立场,因为原本的法官繁忙,新的法官完全没有考虑到故障的巧合性,而没有怀疑或批评俄方不合作和利用这种情况作为借口来不服从英国法庭命令。相反,他觉得担保金不应该放在中国法院,而最好放在伦敦的共同银行户口,笔者强烈的感受是他对中国法院有偏见,不予信任。结果,虽然在韩国卖货会向中方带来极大损失,新的法官照样把之前法庭的命令改变。这一判决带来极大的不公,而含着“大英帝国”主义(好像在其他地方[特别在发展中国家]的担保是不可靠的),所以难想象一位了解中国与没有种族偏见的人士会有这种判决,毕竟,双方约定的租约与航次就是去中国卸货。法官对俄方的完全信任也是难以置信的,笔者想,若是俄方对抗的不是中国公司而是英美公司,是否结果又会不同。

笔者目前只提到俄方向英国法庭的申请,但最后对于双方的对错(merits)是需要背后的仲裁(underlying arbitration)来解决的,因为租约有伦敦仲裁条文。仲裁庭需要研究例如俄方船东能否在中国行使留置权而他们坚持不进港是否合理来决定船舶在公海等了几个月时间损失要谁负责。在这方面,虽然笔者大力建议委任一位中国仲裁员(最好是处理过在中国行使留置权的中国律师并知道完全可行),可惜中方客户坚持委任一位英国人做仲裁员。现在要向一些不了解中国并可能对中国海事法院有偏见的仲裁庭成员解释中国的情况并说服他们并非易事,也会需要大量时间和金钱。现在中方客户后悔委任了一位英国人做仲裁员亦太迟了,因为要把仲裁员赶走(remove)是非常困难的事。

2.6.2.1.6 例子之六

这个例子是有关一些买卖大豆的合约(soybean contracts)。笔者(杨大明)代表中国买方,对外国卖方(是世界四大粮食贸易商之一)起诉,因为前者没有执行这些合约。中方的辩护是因为执行合约的期间,外国卖方是被中国进出口检验检疫总局(CIQ)放在黑名单(blacklist)而被禁止进口巴西大豆入中国,所以错是在外国卖方。读者亦可能会记得在2004年5月大豆在中国与国际的价格大涨大落,而能够不执行这些合约对中方也是有利的。

为了取得诉前担保与向中方施加压力,外国卖方向英国法庭申请了一个全球冻结禁令(worldwide freezing injunction 或 worldwide Mareva injunction),防止中方把自己的财产调走或隐藏。如果中方不理会这禁令,就可构成蔑视英国法庭而要罚款或坐监(如果中国买方在英国或欧洲有生意来往或它的主管人员进入英国或欧洲境内就会有麻烦)。同时,英国法庭命令中方24小时内把自己价值高过十万美元的资产透露给外国卖方。外国卖方然后把全球冻结禁令和透露资产命令在9月30日(十月国庆的一周假期前一日)送达中方办公室。

因为各种原因,包括时间严重不足,中方没有好好保存财务记录和中国法对某些“财产”的定义与英国法不同(中方的立场是,按照中国法,它们投资在其他公司的金钱是属于这些公司的资产,但英国法认为这些投资应该是中方的资产),中方结果迟了给自己的财产作出披露,而且披露出来的财产是不完整的。

对于英国法院其实根本应不应该拒绝外国卖方单面之词的申请(without notice 或 ex parte application),透过中方的调查,发现外国卖方最关键的“证据”实质是一些不可靠的市场谣言。外国卖方宣称中方对自己的资产做了一些可疑的事,但其实这些不是中方做的,而是一些与中方无关的其他公司做的。所以,中方应该有十分好的机会去在重审日(return date)把禁令推翻(discharge)。可惜结果因为法院认为中方透露财产不足的原因,就算外国卖方原本申请冻结禁令的证据其实是不可靠的,法官也决定把冻结禁令延续下去。可惜的是如果外国卖方用可疑的证据去申请冻结禁令一早被法院看穿,就不会有下一步要求中方把所有的财产作出披露。英国法院也会有一些不自觉的对中国人怀疑。加上,如果作出判决的是一位了解中国的人士而不是一位外国的法官,笔者觉得他会比较明白要从中国拿出大量数据是有难处的而且往往需要时间,特别在国庆或其他假日期间。这些官僚制度的种种问题并不代表中方是有什么要隐瞒的。

2.6.2.1.7 例子之七

笔者(杨良宜)曾与一位著名的伦敦海事仲裁员(英国人)共同在一个仲裁庭,大家也是认识很久的朋友。原告是中方船东,他向被告的一家欧洲食糖贸易商(也是承租人)索赔一大笔滞期费(demurrage)。在仲裁程序的早期,他突然来了一份传真说:

"By way of background to this dispute I should explain that these Charterers are one of the major sugar and molasses traders in Europe. They are not people who in my experience pick arguments for the sake of it. However, they know their business. Much of that business concerns shipments from Australia to various discharge ports in Asia. It may be irrelevant for the purpose of the issues in this case, but I start out from the position that they would not dispute demurrage on the grounds that the ship had problems unless they genuinely thought that to be the case…

…This is a claim for a substantial amount of money and these Charterers are regular users of London arbitration. The Charterers have already taken advice from an engineering expert and I have little doubt that unless he genuinely thought that there was a problem, they would not be assisting with these requests."

这份传真的背景是:案情初步看对中方船东有利,在卸货遭至延误时,船舶无法把货物的糖浆(molasses)泵上岸,就马上邀请承租人来一个共同检验(joint survey),找出卸不上岸的原因。这样处理得很好,但承租人拒绝参与,结果中方船东委任了一位卸港著名的检验公司(survey firm)当场作了一个全面检查,并出了一份约10页纸的报告,结论是与船无关,一切操作良好。这份报告附在"索赔请求"(claim submissions),是一份十分重要的当场文件(contemporaneous document),大家都应看到。承租人以船舶有毛病为由抗辩,但显然什么证据也没有,他既没有参与共同检验,也没有事后要求(向船东)或强制(向法院)申请上船检查。他只在仲裁中要求中方船东披露大量文件,例如有关对泵浦等几年来的维修保养记录。笔者认为承租人在拖时间与在"钓大鱼"。共同仲裁员是在这种背景下发出上述传真给笔者。

传真有几个大问题:

(1)先去假设欧洲承租人是"好人",该赔就赔,不会找中方麻烦。首先,这不会是笔者多年来与欧洲人打交道的感受。再说,笔者相信任何人面对一个庞大索赔都会想去拖去赖。欧洲人或亚洲人/中国人都不例外,差别只在拖赖的水平,是否做得漂亮。而且,会涉及承租人要向买方追偿这笔卸港滞期费,在成功之前,承租人夹在当中不会想先支付船东,所以能拖能赖是人之常情。此外,一开始把承租人当做好人,相比之下中方船东就是“坏人”或“较坏”了,这公平吗?

(2)承租人即使是天下第一“好人”,也经常在伦敦仲裁,这也不是本案件的“是非曲直”(merits)或是“有关证据”(relevant evidence)。去加以考虑正是典型的偏私。

(3)最后一句说到承租人委托了专家证人,承租人若是没有道理,专家证人不会帮助他。这里有几个问题:首先是笔者没有被告知有关专家证人的参与,故可推断他私下与承租人在谈及本案所以会知道。其次是把笔者当小孩子,笔者不会相信任何当事人肯付钱,不论案件好坏,会找不到肯帮助他抗辩的律师,大律师或专家证人。

这样一来,由于两位仲裁员不同意见,即使在中间程序的阶段,也只能多去委任第三位仲裁员(third arbitrator)。这是伦敦仲裁,委任另一位英国人。最后承租人成功以中方船东披露文件让专家证人出一份报告,意见是应该属船舶的毛病,把滞期费索赔全部否定了。而笔者只是少数的不同意见(dissenting)仲裁员。

话又说回来,这只是绝少见的笔者认为不正常情况。而且,这么高水平人士绝少会去留下文书证据,永远抵赖不掉。这是另一个典型的 The “Catalina” (1938) 61 Ll L Rep. 360, 估计要几十年后才会再出现吧。

2.6.2.1.8　例子之八

文化差异的问题也不仅是针对中国人,笔者(杨良宜)最近就遇到一个案子涉及斯里兰卡(Sri Lanka)。双方当事人是香港船东与英国承租人,承租人也同是 CIF 的卖家。租约是装糖去斯里兰卡,当时为了压制通货膨胀,斯里兰卡政府对白糖豁免进口税,但对黄糖仍然要抽取进口税。而该批货出的提单是写白糖,但到了卸港科伦坡(Colombo),在卸下部分货物后不久,斯里兰卡海关不准继续卸货,并把船舶扣押,指控船上这批糖是黄糖,进口商意图逃税。结果船舶在卸港耽误了两个多月,船东在当地委任了律师并亲自去卸港活动,总算把余下的糖从船上卸下来继续被扣押在岸上的仓库,而船舶就允许离开。这样一来,船东就要向承租人索赔一大笔滞期损失费(damage for detention)。表面看来,船东是完全无辜的,而承租人即使本人没有涉及逃税(笔者也相信这是事实),也难逃要对买家或者收货人的过错负责。但承租人的英国律师仍然提出一大堆的抗辩理由,而其中关键是有一条条文说明:

“Strikes and Force Majeure-In the event that whilst at or off the loading place or discharging place the … discharging of the vessel is prevented or delayed by any of the following occurrences: strikes, riots, civil commotions, lockouts of men, canal by ice or frost, mechanical breakdowns at mechanical loading plants, government interferences, vessel being inoperative or rendered inoperative due to the terms and conditions of employment of the Officers and Crew, time so lost shall not count as laytime or time on demurrage or detention."

笔者是与英国一位十分出名的仲裁员作为两人的仲裁庭,到了合议的时候竟然是在每一争议都有相反的看法。而其中在上述的关键理由,该英国仲裁员坚持:(1)承租人没有错;(2)斯里兰卡海关贪赃枉法,所以是一种政府干预,承租人可以免责。笔者却认为免责条文除非清楚地写明,否则有过错的一方是不可以依赖该免责条文的,特别是写明了 Force Majeure。而在卸港卸货是收货人的错,责任仍是在承租人的头上,等于承租人也要替小工或者他的代理人等的过错向船东负责。另外是政府干预(government interferences)在 Czarnikow v. C. H. Z (1977) 2 Lloyd's Rep. 201 与其他案件说明是指政府有错的干预,而不是指政府正常的依法操作。这也很有道理,否则港务局为了安全而不准船舶在晚上航行也会变成是政府干预。换言之,两位仲裁员基本上同意,如果事件是由于斯里兰卡海关贪赃枉法而造成,这就是政府干预,承租人也可免责。但如果斯里兰卡海关只是为了执行海关法下的工作,则不会是政府干预。令笔者不安的是英国仲裁员一口咬死斯里兰卡海关贪赃枉法,笔者就追问他凭什么证据。毕竟对这么严重的指控就必须要有强有力的证据才可置信。他回答说是根据英国承租人派去斯里兰卡的一位英国代表所作出的证人证言其中一段提到,另外是斯里兰卡总统因为这件事情在当地闹大,曾提出要求调查海关有否做对做错。但笔者看是有许多其他的证据证明问题是出在白糖与黄糖之间的税收问题,特别是斯里兰卡已经有了一审的判决支持海关说货物是黄糖,也没有半句话提到海关有什么不法的事情。该法院判决是有收货人的律师大力提出抗辩与海关代表律师对抗所作出的,双方争议的主要是在白糖与黄糖之间的测试等技术问题。所以如果海关有任何贪污受贿的证据,没有理由收货人不提出来。再说,逻辑上也不通。如果斯里兰卡海关曾经向收货人/买家要钱不果,而刁难船货,后者为什么不在伦敦仲裁通过承租人律师提出来?毕竟承租人与买家关系良好。但如果说海关不是想向收货人/ 买家索贿,那到底是向谁要钱以引起这事件呢?

在讨论中,笔者感觉到英国仲裁员十分相信承租人的证人证言(witness statement)。这就是笔者感到危险的地方,因为仅是以文件审理,证人证言其实只是"讲故事"。就算有开庭,有了口头的反盘问,情况是会比较好一点。但也好不了多少,因为西方大公司的高级行政人员都很擅长应对这种考验。加上同样一句话或者回答,听在不同人的耳朵里会有不同的效果。这一点也是笔者在近年来感觉到国际仲裁的不满意趋势,很多西方人提供的证据就是"讲故事"的证人证言,但当场的文件就不肯抖出来,或者只是部分抖出来。而这种情况是比较困难在法院出现,例如香港法院仍要双方当事人自动与全面的文件披露。

此外,笔者也感觉到该英国仲裁员根本不相信斯里兰卡法院的判决,只说收货人/买家会上诉,这是承租人律师所讲的。但有矛盾的是该英国仲裁员却相信斯里兰卡总统的一句话说要去调查是否有不法行为。笔者感觉就是喜欢听的就听,不喜欢听的就不听。而且有就是不相信发展中国家的味道。

笔者也考虑到英国律师十分有水平,而且笔者特别提到过如果有新的重要证据(例如上诉后的判决或者总统下令的调查结果),而等待的时间不会太长,承租人可提出申请。但承租人律师从来没有提出过,这不会是因为他不懂。

上述的各种原因导致笔者凭良心是无法与该英国的仲裁员达成一致的意见的,最后只能去委任公断人或者第三位仲裁员了。但笔者根本不认识香港的船公司,相反英国承租人是一家十分出名的公司,是笔者早已知道并曾经有认识的朋友。可见,这不是文化差异(cultural differences)是什么呢?

2.6.2.1.9　例子之九

笔者(莫世杰)在一个伦敦仲裁被中国船东委任为其仲裁员,而承租人则委任了一位著名的伦敦海事仲裁员,其中一个争议为船长基于进港航道及港口有冰而拒绝进港的决定是否合理。案情是这样的,由于受冰冻影响,港口当局为了航运交通安全宣布"冰冻情况",但会否影响船舶进港的安全取决于当时航道及港口的实际冰冻状况。刚好船东的船抵港,中国船长大为紧张,从一开始便要求承租人代理确认进港航道及港口没有冰才肯进港,承租人代理的回复是港内有碎冰,但绝不影响进出港。船长不理会,说管理航道的机构(不是港口当局)说有硬冰(这就会影响船舶安全),继续要求承租人代理确认没有冰。不难想象,承租人对船期延误十分焦急,便向船东施压,但船东指出进港与否是船长的决定,租约有相关规定,请承租人找船长。承租人问船长,船长只是继续要求承租人代理确认,并叫承租人联络船东。这样一等,便是好几天,最终承租人代理向船长确认没有冰,船长才同意进港,但其时"冰冻情况"还未撤销。

租约中的确是有三条有关冰冻的条文,而且内容倾向保护船东,当中一条指只要船长在适当的机构的指引下,合理地认为"冰冻情况"会损害船舶,便可以决定是否进港,而任何由于冰冻而引起的时间损失,须由承租人负责。但这些条文中,倒没有一条规定船在没有冰的情况下,才需要进港,如果有这种规定,又哪用订下那么多的冰冻条文。

在合议时,伦敦仲裁员认为船东及船长拒绝进港的做法不合理,因为他们只是对得到代理的没有冰的确认感兴趣,但代理根本不可能作出这样的保证,因为当时港内的确有冰。问题是租约下没有规定船长只有在没有冰的情况下才需要进港,尽管其中一条条文允许船长本人对是否进港作出最后的决定。解释起来这种决定必须合理(reasonable),合理应表示船长需要有客观、可信与合理的理由才能决定是否进港。自始至终,当场文件证据显示船长只愿意在得到没有冰的确认下才肯进港,不像他有认真考虑向其他适当的机构查询实际的冰冻情况,也没有看到他对承租人代理、其他船长以及港口当局提供的资料作出评估。而当获得承租人代理的确认便可进港,但当时港口当局的"冰冻情况"还没撤销,等于情况没有变,但没有证据显示该船舶当时进出港口遇到什么危险,因此更倾向相信承租人代理对港内"冰冻情况"的描述,即只有一些不影响船舶碎冰。这令伦敦仲裁员认为船长不进港的决定不合理。至于船长从管理航道的机构被告知有硬冰的说法,该伦敦仲裁员认为很难凭船长的一己之言就接受该有关说法，因为该查询是通过电台进行，该机构事后又没有作出书面证明。又指该机构说在该天早上后一点时间冰块已被破掉，认为这是不吻合的说法。再加上船长从一开始至最后决定进港，无间断地坚持承租人代理作出没有冰的确认，令伦敦仲裁员不相信船长对当时的"冰冻情况"作出过合理的评估。最后，伦敦仲裁员说他所能见到的文件证据，很难令他相信当时有硬冰的说法。因此伦敦仲裁员认为船长拒绝进港的决定不合理，违反租约条文的规定，船东需要对承租人的时间损失负责。起初伦敦仲裁员对上述的看法语气十分肯定地说：

"Unfortunately, at the moment, I am not persuaded by your reasoning …

… on balance it seems to me that in this case the master's insistence that the port be ice free was not justified by th echarterparty terms or the totality of the evidence available to him …

… on balance I am not persuaded that the master acted reasonably …

I am conscious of the fact that my present views run contrary to your carefully thought through views and so I shall be interested to hear whether my comments persuade you to change your mind!"

无可否认的是，从当场的文件证据看，表面上船东与船长的处理手法实在令人气结，尽管不知船东及船长在事发时做了或没有做某些事情如有否对港口情况进行调查，但在提交仲裁庭的文件中，所能看得到而又看得最多的就是船长要求承租人代理确认没有冰才进港这份电传，又没显示船东及船长对"冰冻情况"作出认真调查。但对笔者来说，中国船长的反应，是可以预料的。由于遇事时既怕麻烦，又怕自己下决定将来要承担后果（因此常见一些中国船长把自己的问题推到别人身上），不管有用没用总是要向人家拿个担保/保证，例如本案中船长（或船东）满以为得到承租人代理的担保确认，便能将责任转移。加上自己不了解租约有关条文，中方船东又没有详说，只泛泛地叫他现场掌握，以及沟通上的困难，往往只是有一句没一句地说，总体都给局外人一种不讲理的感觉。这不是说其他国籍的船长不会有这种心态，只是他们的处理手法高明得多。例如若换了希腊或者挪威船长，他会要求承租人及代理提供详细的冰冻数据给他作出考虑，在有怀疑时又会主动询问，更多时会以文字留下对自己有利的记录，给局外人的感觉是既积极又合理，这种做法的好处是作出合理的询问而带来时间损失很难被说成不合理。他也不会仅仅凭承租人代理的确认，便没有主见地认为进港安全，毕竟承租人代理并不是什么权威性的相关机构，反正就是做法看来十分合理。但对笔者（作为共同仲裁员）来说，中国船长的外在表现如何拙劣是一回事，更重要的是他为什么会有这样过火的表现？他有没有向有关机构作出查询？他为什么会过火地坚持等待没有冰时才进港？证据显示，不争的事实是船长确与有关机构不断保持联络，而有关机构是管理进出航道的法定机构，更是船长进港必须联系的机构，其权威性毋庸置疑。而船长向该机构查询后的报告是当场（contemporaneous）作出的，这使笔者很难作出否定性的看法。船长获得的信息是在该等候期间航道及港口有硬冰,这直接影响其不进港的决定。至于伦敦仲裁员对船长向船东发出的电传报告的解读,对笔者来说是错误的,但这不能怪他,因为该报告是以典型的中文式简单英文所写,实际是说在早上有某轮要求破冰船协助。这对笔者来说,容易理解,因为习惯看中国船长的"简报"。但对以英语为母语的英国人来说, 加上他又不一定能去了解中国船长欠缺法律水平以致无法准确表达,那只能引起误解与闹笑话。但这笑话的代价对船东来说大得很,因为一点一滴的证据加起来都在针对船长,最终只会直接影响伦敦仲裁员对船长的看法。

笔者尝试向伦敦仲裁员作出详细解释,并指出租约条文中所指的"合理"是指基于恰当的机构提供的冰冻资讯与指引后船长对进港会否造成船舶损害的评估是否合理。另外伦敦仲裁员对两份由当天的气象机构发出的(对船东有利)有关当时对"冰冻情况"描述的报告,给予极轻的分量,甚至是漠视。这种种反应显示了该伦敦仲裁员大受船长当场表现的影响,导致他对船长当时其他行为,例如向管理航道的机构查询与其他有利证据,全盘否定。

笔者对所有证据的看法与伦敦仲裁员完全相反,自问与偏袒不偏袒完全没有关系,只是出于理解中国船长的表现与反应,不感到奇怪,也没有太大的反感,自问反而更能客观去考虑所有的文件证据,看中国船长当时的决定不进港到底有没有违反租约的规定。在合议时,笔者便这样向伦敦仲裁员以电传提到(部分相关内容):

"I agree with you that this case is finely balanced and it is easy, at least I am so thinking, to speak for either party. For instance, it is easy to criticize the Master for over-cautious in refusing to enter port, especially on the face of his repeatedly requests for confirmation that the port was ice free(没有冰). His conduct may have given people an impression that he cared nothing but for such confirmation. It might be annoying in the eyes of the Charterers and their agents (and I am sure that they had this feeling at the time of the incident). However, I would say that what he said and acted should be considered in the context of what he perceived at that time. I tend to accept that the reason why the Master decided not to enter port was because of the advice from the(管理航道的机构) that there was hard ice(硬冰) in the channel and port …

… My view is that (as I have stated in my draft award)(管理航道的机构) is the competent ice authority as per the term of the C/P. Given its statutory duty is to control the navigation through the channel, it is the most reliable and independent authority which could advise, objectively, the ice situation in the channel and port (I can confirm this from my own experience gained from my company's vessels trading in that area). As I can see from the contemporaneous evidence, the Master did keep a constant contact with it for ice information. Obviously, he was influenced by its advice for its authoritative nature. I therefore find it difficult to accept that he just sat and waited for the ice free guarantee/confirmation from the agents without evaluating the situation by himself. It may be true if he had never contacted（管理航道的机构）. Although you said that there is no direct evidence of what was being told to the Master by（管理航道的机构）, there is due to the fact that they were communicating by VHF. The Master said that（管理航道的机构）advised that the channel and port were affected by hard ice. This was conhtrary to the information from the agents …

… The matters had been developed since the declaration of the ice situation. The Master was in close dialogue with the Charterers and their agents since then in respect of the ice condition. The Charterers were fully aware of the contractual requirements/criteria (as can be seen from the exchanges of correspondence). Their agent, being a ship's agent, should be in a much better position to assist the Master in obtaining information from such competent authorities for his consideration. Indeed, from a practical point of view, this kind of situation required the cooperation between the Msater and the local agent, as the Master, who was a 'foreigner' to the port, relied very much on the assistance of the agent, who were responsible for arranging the berthing and departure of the vessel and had every contact which was not known to the Master. However, most of the ice information that the agents had provided was self-serving and without evidence to support. They kept on saying that there was loose ice in the port but（管理航道的机构）repeatedly advised hard ice …

… I have chosen to accept the Master's contemporaneous evidence, not only because of the quality of information he had received as per the term of the C/P, but that he would not have such a grave concern if not of（管理航道的机构）advice of hard ice. Given its advice, I would say that the Master's fear of damage to the vessel is reasonable in accordance with the C/P terms …

… With regard to the Master's report to the shipmanager, he said that a vessel asked for 'ice broken' at 0940 LT (through VHF-the Master must be listening) and（管理航道的机构）replied that 'ice broken' would arrive at 2400 hours. It did not say that ice was broken in the port at 0940 LT. The words 'ice broken' in his message meant ice breaking service, the message was written in a very simplified Chinese way—the way they used to communicate with each other—which is understandable in this part of the world. This may shed some light on the ice situation at that time …"

经讨论后，伦敦仲裁员最终被笔者说服，同意船长的决定按租约冰冻条文是合理的。可见，若该案件只由两位伦敦仲裁员审理，很难会相信他们之间会有不同的看法，这与是否偏私无关。正如该伦敦仲裁员愿意改变其看法可看出，他是完全想去公正裁决。只是因文化差异而对同一件事得出不同的看法，而基于不同看法撰写出来的裁决书一样可以说得头头是道。

2.6.2.1.10 对上述例子的总结

笔者希望上述八个例子可说明这一关键问题,虽然笔者的经验中仍有很多甚至更严重的经历可介绍,但限于篇幅。毕竟,西方高层次人士也公认世界上"文化差异"(cultural differences)的严重问题。这已在笔者参加的多次国际大型会议公开讨论。最后,笔者另提两个经验与感受如下:

(1) 多年前,笔者问一位很好的朋友(著名伦敦仲裁员)有关他与其他共同伦敦仲裁员是否经常能够同意或统一在证据的推断(infer)与重量(weight)方面,例如是否相信一个证人?我问的原因是因为发觉许多案件的"事实认定"(finding of facts)通常是"一致"(unanimous)。即使有"不同意见"(dissenting opinion)也较多出现在法律方面,例如解释合约条文。笔者的好朋友回答肯定的"是",并多讲一句表示对此稳定感到自豪。但之后当笔者又去伦敦担任仲裁员后,案件若涉及中方或亚洲公司与西方公司的争议,笔者经常(一半机会吧)出现与西方共同仲裁员或多或少不统一的看法。照说,这不能批评笔者与西方共同仲裁员的道德问题,我并不认识中方或亚洲公司,也不管它们的死活,加上许多争议金额也不高。另也不能说笔者不了解英美证据法吧!看来,唯一好的解释就是大家之间存在文化上的差异。

(2) 在香港或其他中国人地方有部分长期居住的西方仲裁员,只要不是特殊原因对中国大陆有太大敌意,已经比只住在西方的仲裁员好多了。例如,一次在香港仲裁中涉及中方抖不出一份重要文件,笔者的西方共同仲裁员对笔者私下并随口说中国内地的公司管理水平就是这个样子。换言之,不会有过分的敌意对待或推断这一事件。但换了是住在西方的仲裁员就会以为中方公司是故意隐瞒。另外值得一提的是香港也有部分中国人并不了解中国大陆的习惯与文化,等于英美长大的"香蕉"青年(外黄内白)一样。所以,也不能以人种去一概而论,主要还是文化差异(cultural differences)。

(3)"文化差异"(cultural differences)的危险在仲裁员不自知。无可否认,这种种族偏见经常见到或感受到。例如,从自己亲友处就听过个别人公开的说不相信黑人或印度人,说起来好像是挺光荣或者有原则的事。这令笔者痛心,中国人在这世界近二三百年来是种族偏见的主要受害人之一,大力反对与避免也来不及,怎会去加深这个严重、不当与危险问题?

但这方面问题的存在应是无可异议,而且日趋严重。例如,在以色列与阿拉伯人之间或西方人与回教徒之间(特别在英美的反恐行动发生后)。西方国家高层次人士(如总统/首相等人)会在口里说得中立客观,不会去一概而论。但即使他们是言行一致,心里也是同口里一样,读者相信会没有个别仲裁员是心口不一的吗?近年来西方国家的媒体一直在丑化中国内地已是人所共知,难道仲裁员是不看电视、不看报章、不食人间烟火的人吗?

(4) 一个仲裁主要就是处理证据认定事实,法律问题就算涉及也往往不存在有文化差异,因为不会有两套不同的法律,一套适用在英国人一套适用在亚洲人。文化差异的危险主要就是在证据的处理与给予什么分量。上诉的例子已经说明了看见一份同样的证据(证人或者文件)会有十分不同的事实认定。这也应该说明了为什么中方当事人去伦敦仲裁有高达95%的败诉率。

2.6.2.2 总结

要强调是委任自己同文同种人士或者了解自己文化背景人士做仲裁员,也不是说中方当事人随便找一个中国人就行。他/她必须有水平,至少有水平能去与西方的共同仲裁员去说理,甚至能成功说服他们。说实在的能去说服英国/美国高层次人士的中国人不会很多吧。所以,光是委任一位没有水平的中国人去一个国际仲裁,他也只是马上被架空。说到底,中国要强大还是需要真正的人才辈出。

最后要总结说:撇开上述因素,支持自己同文同种的人是十分重要的。像希腊船东就大力支持希腊的仲裁员、律师、经纪人等专业人才。这导致近年来,国际级的希腊人才快速成长,进而导致希腊船东更强大。像笔者之一的杨良宜,这些年来主要在一家印度尼西亚华侨的船公司与一家中国内地的公司支持下得以成长。对早期支持的公司或人士,笔者心存感激。笔者学好后对中国内地的回报是写了一二十本中文书,这是笔者没有磨炼机会绝对写不出来的。至于这些书对中国航运及中国青年是否有帮助,这要问看过的人士了。

2.6.3 生意和社交上的关系(business and social connections and affiliations)

以上已经提到英国法律制度容许当事人选择仲裁员,但不能选择法官(一般其他法律制度也是同样的)。法官类似政府官员,收定期薪金来审理分配给他们的案件。他们收入(相对而言)不是相当高(有很多律师开玩笑说被委任做法官要减人工的),但亦并非少。他们一被委任了做法官就相当难被革职。所以他们不需为工作或收入有任何的忧虑,亦是因为这理由可以独立地审理案件,什么企业、机构,甚至政府都不怕。

仲裁员的经济模式非常不同。他们是需要当事人或律师去委任做仲裁员才会有收入的。他们大多数是独立经营的(sole practitioner),而没有机构给他们什么固定薪金。他们是按小时收费,做法好像律师和专家。所以,仲裁员与法官的区别就是他们自己承担生意的风险。如果没有人委任的话,他们就没有收入,但如果多人委任的话,仲裁员的收入可超越法官。这是一个在伦敦有不少法官改做仲裁员的趋势的理由。

如果仲裁员是需要当事人或律师的支持才能有收入的话,那对他们的独立性有没有影响呢?首先要提到的就是在英国有些法例去保障法官或仲裁员的独立和公正(在本书第七章有提到)。所以,一位明智的仲裁员是不会明显地偏袒委任自己的一方的。如果在程序上明显地偏袒委任自己的一方或他们法律上应当败诉都判定他们胜诉,对方可能会上诉。如果上诉成功而仲裁员被法官在公开案例报道里批评,这位仲裁员的事业生涯恐怕会受到严重打击。

虽然明智的仲裁员不会明显偏袒一方,但这不代表他们不会对委任自己的一方的立场比较"同情"或有"好感"(sympathetic)。这可以由很多不同的方法显露出来。

在航运,笔者知道有些仲裁员是被内行人列为“船东”的仲裁员,有些是“租家”的仲裁员。这当然不代表委任“船东”的仲裁员就船东赢。但因为他们可能在船东或互保协会(P & I Club)工作多年,生意和社交上的关系与船东或互保协会密切,甚至他们大部分的委任都是从船东或互保协会来的,难道他们不会对船东的困境特别“同情”或有“好感”吗？当然，越有“船东”仲裁员的名誉,越少“租家”会委任他,导致他越要依靠船东或互保协会的委任。有些“承租人”仲裁员也是同样的。当然,一位明智的仲裁员不会做得太明显。但随着这一二十年来船东也去租船进来,拥有货源的承租人也拥有自己的船舶,导致身份已经是分不开,所以伦敦已经少了明显的“船东”或者“承租人”仲裁员了。笔者倒有点害怕随着种族问题越来越严重,就会开始有一些与种族挂上号的仲裁员。

仲裁员受大机构的影响是不可低估的。笔者知道有一家希腊背景的伦敦船东在他的标准格式仲裁条文写明不可委任某一位在伦敦非常著名的仲裁员。因为这是对仲裁员“资格”一个明示的要求,不遵守可令仲裁程序完全无效。笔者不知道船东对仲裁员为什么不友好的细节。虽然这件事对于这位著名仲裁员没有严重影响,难以想象其他仲裁员是否会愿意得罪一些在市场大有势力的公司。

始终，当事人和律师通常都会委任自己用惯用熟的几位仲裁员。这可保障审理案件的水平,也可加强与仲裁员的感情,有时候会在程序上占优。从中国公司在伦敦仲裁来看,它们绝对可以委任一些自己熟悉而有水平处理伦敦仲裁的中国人与了解中国国情的西方人去做仲裁员。除了能够给中国人机会去培养仲裁专长（特别因为外国公司绝少会委任中国人做仲裁员),中方委任中国或华裔的仲裁员会令外国对手有所忌讳，甚至在以后谈判和解的情况下略占优势，因为外国方会觉得难判断中国或华裔仲裁员的心理想法。

2.6.4　有空程度和对案件的集中力（availability and commitment)

仲裁员有时间和能够集中处理案件是非常重要的。一般原告当事人都想把诉讼尽快解决,而不想拖下去。就算一位不愿抗辩的被告(reluctant respondent)都应该小心长期把案件拖下去会令律师费增加的危机。

仲裁员的人选往往会影响到仲裁的速度。当仲裁员接受委任的时候,他们一定说有空接受新委任,不会打破自己饭碗的。但实际上,笔者觉得有一些在伦敦的仲裁员已经接受太多案件了,使得他们效率有损。对于一些仲裁员,要等一至两年才拿到裁决书是经常发生的事。

笔者之一(杨大明)在一案件等了九个月才有裁决书,客户等得非常不耐烦。仲裁员也明显地对九个月前开庭时,证人的表现大部分忘记了。不止是笔者,而在互保协会(P&I Club)监管这案件的英国人都对伦敦仲裁表达极大失望。在另外一个小金额仲裁（LMAA Small Claims Arbitration),已经等了十一个月都没有裁决书,显然仲裁员觉得案件重要性不高,所以放到一边。笔者也听过其他很差的经历(例如最近报道的 The “Kitsa” [2005] 1 Lloyd’s Rep. 432 一案,仲裁员因工作忙碌需要一年才能作出裁决书，结果在案件上诉时被法官批评）。但因为笔者委任仲裁员时一般小心，幸好较少碰到。

除了等待裁决书，安排开庭都会带来烦恼。一些繁忙的仲裁员通常在以后好几个月都没有时间开庭。如果要三个繁忙的仲裁员同时能够开庭，就会造成更大的延误。对于一个需要尽快解决的案件这是不可行的。

笔者接受仲裁员繁忙程度是非常难平衡的。因为案件时常庭外和解，仲裁员需要不少案件才可以有足够好的报酬。同时，当有些仲裁员每天与笔者律师所的一个部门在高达五至十个案子有书信来往，这极大可能代表这些仲裁员接受了太多案件。除了一些仲裁机构下管制，例如 FOSFA（Federation of Oils, Seeds and Fats Association）仲裁规则表明委任的仲裁员不能同时手头上多过 10 个案件，法律对于仲裁员能够同时处理多少案件是没有管制的。所以，如果当事人需要案件非常迅速被审理，只好自己小心选择适当人士做仲裁员。

2.6.5 年龄和健康（age and health）

仲裁员是没有退休年龄（retirement age）的。有些仲裁员（特别是退了休的英国高院法官）七十岁甚至八十岁都能继续审理案件，因为审理仲裁案件是需要知识和经验而不是体力劳动的工作，一般这是没有问题的。年龄和健康的关系也不是必然的。

唯一要特别考虑到仲裁员的年龄和健康的是如果案件是非常大和将要审理多年。笔者知道伦敦有些大案件可以长达 5 至 10 年。如果仲裁员中途过世或因大病不能继续，要代替他是很昂贵的，特别在开庭当中，有可能会导致案件全部或一部分需要重审。伦敦保险市场对这种风险可以投保，但即使官司费用受到保障也不解决需要重审的麻烦与延误。所以，笔者不久前听说一位著名的仲裁员在开庭后但尚没有出裁决书之前去世，结果双方当事人同意不去开庭重审，而委任另一位仲裁员并要求他根据过世仲裁员的笔记与手中文件而作出裁决书。另外，笔者也听说遇上这样的情况，双方当事人也就草草地达成和解协议去结案。最后值得一提的是笔者知道伦敦有一些专业的学会例如“测量师学会”，它们经常要委任仲裁员，部分就有仲裁规则规定不得委任年龄超过 65 岁的仲裁员。

2.7 委任仲裁员之前面试（interviewing arbitrators prior to appointment）

因为在国际诉讼争议的金额可以非常大，越来越多的公司（特别是美国公司）会在委任仲裁员前要求几位人选参加面试。对一些当事人，表面上面试是用来了解仲裁员资格是否适合去审理案件，但实际上面试目的是去试探哪一位仲裁员对当事人的立场有好感，甚至会在仲裁庭内拥护当事人的立场。但不能否定，有部分规矩的当事人是想去面试看看这一位可能被委任的仲裁员是否合格，因为仅仅看书面的履历是不可靠的。这也有道理，毕竟一家公司要委任高级行政人员是要十分重视面试而不会仅仅去看书面的履历。

笔者（杨良宜）曾经有两三次被面试。记得有一次是一家美国著名的烟草公司，因为它与一家印尼的公司有一个昂贵的争议,而合约是规定了香港仲裁。结果,该美国公司的法律部领导飞来香港与笔者见面。面试是在一家著名的律师事务所,有合伙人的参与并且有会议记录。面试维持了约半个小时,记得大家从来没有讲过的一句话是关于香烟,除了笔者曾笑言:“我不吸烟,我也不认识 Judith Mackay(她是香港著名的禁烟发言人)。”美国公司的法律部领导一路就是跟我谈香港仲裁的现况,估计是想摸笔者的底,看看是否对仲裁熟悉。另外也曾问笔者对英国合约法是否熟悉,并和大家讨论了一些合约法的课题。说实在的,笔者不觉得这样的面试有什么问题,毕竟美国公司要委托你做仲裁员关于一个金额庞大的案件,有这样的要求也应该是无可厚非。

面试可以带来非委任方的担心,就是对该仲裁员会否偏袒(bias)委任方或有否在面试中已经讨论该案件的实质争议,甚至已经先作出判断(pre-judge) 的怀疑。所以,有名与不愁案源的部分仲裁员不一定愿意面试(往往可以推说工作忙碌, 无法抽空),除非案件可以带来很大收益。一般他们只会把履历(curriculum vitae [CV] 或 resume)给想委任他的一方,说全部有关他工作经验都在内。当然,这样一来会被成功委任的机会也相应降低。

一些新出道或者案源不足的仲裁员就未必可以这样做了。如果真需要去面试,他们可以要求一些防御措施。他们或者可以要求通知另外一方或他们的律师(如果已被委任)关于面试,邀请他们同时出席。但这个要求可能过分,要求面试的当事人很可能会拒绝。比较可行的做法是要求会面一方当事人在一个比较中立的地方,例如是他的代表律师所,并要求负责案件的律师同时出席,反正就不要只有两位私下见面。最好亦应该要求用摄影机把面试录下来或有专业抄写员 (transcriber)记录下来这个会谈过程,避免以后有争议。如果真有争议,被非委任方提出,该仲裁员就可以交出录像带或者会议记录。最后是,面试当然应该简短,而不应该提及任何案件的内容与细节。

2.8 委任仲裁员的用词 (what wording to use when appointing arbitrators)

英国法对于委任仲裁员方面没有程序上的要求(formalities)。这与发给对方的仲裁启动通知(arbitration notice)不同(请看以下)。

其实,要正确委任仲裁员在两人或者三人的仲裁庭是非常简单的。第一,需要联络仲裁员让他/她知道被当事人委任审理案件。第二,仲裁员需要接受委任并作出确认。第三,该当事人需要通知对方当事人。这在 Tradax Export v. Volkswagenwerk AG [1970] 1 Lloyd's Rep. 62 中显示出来:

“What is necessary to constitute the appointment of an arbitrator? I think the answer is this: First, it is necessary to tell the other side…Second, it is necessary to tell the appointee himself. That is obvious because he often has to start acting at once. Third, it is necessary that he should be willing to accept the appointment.”

以上的通知可以是口头的,而不需要是书面或有什么特别用词的。当达到这些要求之后,仲裁员就会正式被委任了,而不能轻易地被赶走(除非有法律上允许的特别理由)。毕竟,委任仲裁员的整个程序一般都会有书面确定。这是因为除了委任仲裁员,委任的一方一般想同时启动仲裁程序,而在这方面法律要求它把委任了仲裁员的事实和身份用书面告诉对方,而同时要求对方在 14 天内委任仲裁员(请看以下)。当然,有清楚和确实的书面记录也能减少误解或以后有争议的可能性。

2.9 接受委任 (acceptance of appointment)

2.9.1 应否接受委任 (whether to accept appointment)

仲裁员一般都会要求一些基本数据才能决定应否接受委任,例如委任方和对方(也就是所有当事人)的名称,还有是什么样的争议需要用仲裁的方式去解决。双方的身份可让仲裁员在接受委任前明确没有直接利益冲突而不能接受委任。在一些有经验的委任方,特别是一些律师代表,更会把非当事人但与案件有密切关系的公司或者人士(例如主要证人)也一并告知想委任的仲裁员,让他/她一并考虑。争议的资料可让仲裁员了解他/她对这方面是否有足够专长去审理案件(虽然在大部分情况下有经验的或者有法律背景的仲裁员都会觉得有!),他们绝少会拒绝生意的。但这也不一定,笔者(杨良宜)就公开说明不接受建筑案件的委任,因为是外行也不愿意花时间去学习。不久前,曾有一宗金额庞大的有关股权转让的仲裁案件,笔者也因为不是内行人,加上工作忙碌而推辞了。

但当提供这些数据给仲裁员时必须小心查清楚是否准确。作为代表律师必须清楚了解代表谁委任仲裁员,否则仲裁员可能欠缺管辖权而被挑战。如果案件时效已经过了,那这挑战可能会是致命的。

律师代表当事人正确委任仲裁员不一定是易事,特别在航运、船东或承租人可能是皮包公司通过几层的管理公司或其他代表去订约,亦会通过类似的管理公司,经纪人或代表去委任律师。这件事后可能会带来合约表面上的当事人其实没有授权所谓的代表去订约,这使得由代表所委任的法律代表也是没有授权而负对浪费掉的官司费用的严格责任。在这些情况下必须特别小心。

争议的类型一般不会构成问题的。委任的一方通常会委任仲裁员审理一切有关合约的分歧("… all disputes arising out of or in any way connected with the contract …")而这用词能包括一切在委任时的争议。如果委任的一方只想仲裁员审理一个特别议题(而不是一切有关合约的争议)就必须清楚把这议题表示给仲裁员,因为仲裁员只能有管辖权审理一些双方委托给他的争议,这是双方合约的一些简单原则。此外,委任方在通知对方当事人之时,也必须说明委任的仲裁员只是有局限的管辖权(例如欠下的滞期费),这可以让对方当事人警惕他的反索赔(例如货损货差)不能在同一个仲裁程序中去处理,而要另外开始一个仲裁以保护时效。在 The "Standard Ardour" (1988) 2 Lloyd's Rep. 159,Saville 大法官曾说明在局限了委任仲裁员的管辖权情况下必须告知对方当事人,否则无效。这些问题在《国际商务仲裁》一书之第七章第 9 段有详述。

2.9.2 接受委任的条件 (terms of acceptance of appointment)

当仲裁员决定接受委任时，除了得到仲裁员的地位，他同时与委任他的一方成立合约关系。简单来讲，仲裁员按时间收费的形式来提供他们审理案件的知识与经验给一些正在争议的当事人。

每份提供服务的合约都需要有明示或默示的条文针对一些主要的项目，例如报酬(remuneration)，而仲裁员也不例外，甚至对他们来讲这是更加敏感的问题因为他们的报酬是从当事人收取的，但同时他们应当是完全公正地审理案件。

除非清楚表明，否则英国法律允许仲裁员收合理服务费(reasonable fee)。很多时候，仲裁员也会一被委任后马上收一笔委任费(appointment fee)，这是向他/她的委任方收取。但之后的工作所累积的费用，根据1996年《仲裁法》，Section 28 (1)规定双方当事人对仲裁庭成员的费用有连带责任(joint and several liability)。

英国有案例，Turner v. Stevenage [1997] ADRLJ 409，容许仲裁员针对已经作出的工作去中途收费(interim fees)，但仲裁员不能太迟有这方面的要求，否则会对当事人有压力而给仲裁员有不公平的谈判力量。

英国也有案例，Wicketts and Sterndale v. Brine Builders 2001(未被报道)确定仲裁员有权对于他的费用要求担保(security)。但在本案例法院不容许仲裁员向双方当事人同时要求各自提供100%担保，因为这会给仲裁员双重保障(double security)。

但在K/S Norjarl A/S v. Hyundai Heavy Industries [1991] 1 Lloyd's Rep. 524一案，当双方邀请仲裁员在一宗有关大型海上钻油台(drilling rig)的争议预定十二星期后用做开庭时间，两位著名的御用大律师仲裁员要求双方当事人在预定这段时间之前先支付一部分的费用，称为“保障费”(commitment fee)，来保障如果案件开庭前和解，他们不会因为之前不能在预定期间接生意(其他案件)而受到损失。但被告不愿意支付这笔保障费，认为这些著名的仲裁员不会有问题，因为会由很多生意等他们接的。法院觉得除非当仲裁员被委任时说明这条件，否则他们没有法律权利收取保障费。加上，如果一方不愿意，仲裁员不能只向愿意付的当事人收取保障费，因为这会带来潜意识的不公正的危机。

另外一样有关的敏感情况是如果当事人不付费时仲裁员能否辞职(resign)？如果没有协议或者双方当事人同意(这也是一种协议)，仲裁员必按照1996年《仲裁法》之Section 25 (3)向法院申请而得到批准才能这样做。如果仲裁员没有这批准就擅自辞职，这会构成违约，会带来严重后果，就是被当事人索赔损失，也包括仲裁员自己不能为之前的工作收费。

所以，为了避免这些问题，海事仲裁员应当接受委任作出伦敦仲裁时都会坚持按照最新伦敦海事仲裁员协会规则(LMAA Terms)去接受。这些规则是伦敦仲裁员为保护自己利益来拟定的，笔者建议一些著名的仲裁机构也不妨采纳，例如香港国际仲裁中心(HKIAC)。有了这种针对委任的规则，以后香港的仲裁就可让仲裁员接受委任时说明委任是根据HKIAC Terms，就简单得多了，因为HKIAC是中立与著名的，不会被委任的当事人所猜疑。但如果仲裁员去拟定了私下的Terms，肯定就会被当事人仔细去研究并会作出讨价还价,带来时间上的延误与大量的工作。在2002年的LMAA Terms特别有一部分条文针对仲裁员收费和辞职的权利,这是法律与1996年《仲裁法》所没有的,故要以合约条文的形式(因为仲裁员在接收委任时是以LMAA Terms为准)去约束委任的当事人。此项规则容许仲裁员:

(1)中途收费——仲裁员有权定期收费,但期间不能少于三个月(LMAA Terms 2002 Schedule A paragraph B)。他们的发票(invoice)会先给委任他的一方(第三位仲裁员或公断人会发给双方当事人各一半),虽然到最后双方对全部仲裁员的费用是有连带责任的。例如,被告突然之间倒闭或者撤出了仲裁程序,不再理睬,当然也不会去支付被告委任仲裁员的发票。这样一来,这笔钱就要原告来支付了。原告不能推说被告仲裁员不是他委任的,或者推说他自己也损失惨重,无法向被告成功索偿。

(2)辞职——如果费用28天内没有支付,仲裁员有权通知双方当事人要求14日内支付,否则他有权辞职。如果委任仲裁员的一方不愿支付,非委任方有权先付来避免仲裁员辞职(这是因为仲裁员辞职会带来延误。如果非委任方对自己案件有信心,他先付亦无妨,因为如果胜诉,仲裁员费用可向败诉方取回)。再说,非委任方也有责任去这样做因为是连带责任。但如果在14天后都没有任何一方当事人支付,条文写明仲裁员照样可为他已经提供了的服务收费,这是欠下的钱,而他对辞职带来的任何后果不负责。

(3)保障费或定金 (booking fee)——如果当事人要求仲裁员预定日子开庭,他们有权收固定的定金。这是向要求开庭的一方当事人所收取的(或一方一半如果双方都要求开庭)。定金多少可以经常改变,只说在2005年的下半年每一位仲裁员每天的定金是425英镑。

3. 透过送达仲裁通知来启动仲裁程序
(commencing arbitration by service of arbitration notice)

3.1 启动仲裁的重要性 (the significance of commencement of arbitration)

正确启动仲裁的重要性是很明显的。这是仲裁的第一步,也是必经之路。所以,如果原告想通过仲裁的途径向被告索赔,他必须正确启动仲裁去组成仲裁庭,否则程序可能变为无效。在1996年《仲裁法》,Section 30 (1)(b)说明准确组成仲裁庭是挑战/质疑管辖权的其中一大类。而且,原告如果胜诉,要执行裁决书可能会在1958年《纽约公约》遇上抗拒。

这变得特别重要如果索赔时效逼近。如果合约内有仲裁条文,正式启动仲裁程序是唯一能够保护时效的方法(好像一般其他情况在法庭出告票一样)。在其他管辖地区内启动的法院或仲裁程序(包括扣船)是不会保护原告在英国法下的时效的。

启动“错误”的法律程序不能保护时效是非常明显的道理,最近在 Thyssen v. Calypso Shipping [2000] 2 Lloyd's Rep. 243 再次确定。

应该澄清的是这只针对在英国的时效。如果原告不理仲裁条文而在其他地方开始诉讼,那他只要顺从那地方对时效的管制。例如,在有些国家(如加拿大和美国)有法例,为了保护本地收货人,容许他们不理会提单内的仲裁条文而在本地法庭允许收货人对承运人开始诉讼。这些原告所以只须理会本地对时效的规定。但他们必须理解,如果案件被终止(stay),伦敦仲裁的时效就没有被保护了。这种问题也非常困扰中国内地的收货人与代位的保险公司,特别是在中国海事法院对提单内的仲裁条文有效性并不明朗。现在提单去合并了租约的仲裁条文已经是越来越普及,因为标准格式的 Congenbill 1994 被普遍使用。如果有一船货到了中国发生严重货损货差,惯常的中国收货人与保险公司的做法就是在中国港口扣船并且在海事法院提起诉讼。而外国船东的惯常对策就是根据提单的仲裁条文要求中国海事法院中止诉讼,至于成功与否,据悉在不同海事法院有不同答案,而且需要时间,特别进一步上诉至省高院或者最高院。如果中止成功了,也就是有关的法院逼使中国收货人与保险公司去伦敦仲裁,往往该索赔也就失败了,因为难以避免的就是《海牙规则》和相关法律的 1 年的索赔时效早已逝去。

可能一个办法是中国收货人与保险公司去伦敦及时启动仲裁,例如委任了笔者为仲裁员,并通知外国船东。但启动后却不去推进仲裁程序,并对外国船东说明这样一步只是为了保护时效而对中国海事法院的诉讼是“无损害”(without prejudice),也无意去放弃。但这样一来,外国船东就可自己去作出委任仲裁员组成仲裁庭,并且去推进仲裁。例如申请要一个宣誓裁决(declaratory award)或者先提出运费或者滞期费等的反索赔。这样一来,很有可能伦敦仲裁会推进得比中国的法院快,毕竟后者还要面对外国船东中止诉讼的申请。即使最终中国法院拒绝中止申请,并去实质处理案件,它的判决也绝对有可能比伦敦裁决来得慢。这样一来,根据国际上的说法,先一步的伦敦裁决书才是有效的,令后来对同一争议的中国法院判决变得一事不再理(res judicata)。这种情况出现在 The “Joanna V” [2003] 2 Lloyd's Rep. 617,就是宁波法院拒绝了外国船东的中止申请,并认为提单仲裁条文不包括有关的争议,并且最后判定船舶不适航要负责。但伦敦仲裁动得更快,并裁决了船东不须负责,而且反索赔成功。由于当事人之一是人保,而且人保在伦敦有资产,所以裁决书也先一步被执行了。

顺便一提是英国法院为保护伦敦仲裁不遗余力,其中显示在频频作出 anti-suit 禁令。以前估计是因为政治敏感而不会出这种禁令的情况下,今天英国法院也毫不犹豫地作出。例如在 The “Mathilde Malrsk” [2005] 2 Lloyd's Rep. 170 中,根据加拿大的立法,收货人有权在加拿大起诉船东。但英国法院也漠视了友好国家的立法权力而作出 anti-suit 禁令。看来,中国将来即使去立法规定了提单的仲裁条文无效,而允许中国收货人与保险公司在中国海事法院起诉外国船东,这问题仍是不会罢休。

估计英国法院照样会对中国收货人与保险公司作出 anti-suit 禁令,只要英国法院认为有一条有效的伦敦仲裁条文合并在提单内。即中国法院要反应就是作出 anti-anti-suit 禁令,令整个问题最终要两国政治磋商去解决。

除了一些法律上的时效(在航运最普遍的是普通合约的 6 年时效和海牙与海牙威斯比规则内的 1 年时效),有些合约里会特别明示时效(通常是更短的时效)。在航运一般提到的例子是在 Centrocon 租约的仲裁条文,表明要求任何索赔都需要在最后卸货 3 个月内书面提出而原告仲裁员被委任,否则索赔就会被放弃和拒绝。这些合约内的时效管制是有效的所以货方必须小心。

3.2 仲裁通知(the arbitration notice)

3.2.1 仲裁通知的内容(contents of the arbitration notice)

草拟适当的仲裁通知其实没有特别巧妙的。首先要研究的是仲裁条文的内容要了解有什么要求。然后需要参考 1996 年《仲裁法》Section 14 查阅法律上在不同情况下要求仲裁通知有什么内容:

(1)如果仲裁条文表明仲裁员名称(罕有),Section 14(3)要求启动仲裁的一方当事人书面通知另一方当事人而在通知内写明要另一方当事人把争议递交给这位仲裁员。("Where the arbitrator is named or designated in the arbitration agreement, arbitral proceedings are commenced in respect of a matter when one party serves on the other party or parties a notice in writing requiring him or them to submit that matter to the person so named or designated.")。

(2)条文需要双方同意一位仲裁员,或各自委任自己的仲裁员,是最普遍的。在这种情况下,Section 14(4)要求启动仲裁的一方当事人(原告)书面通知另外一方(被告)而在通知内写明要另外一方同意一位仲裁员(如果是一人/独任条文)或写明自己已经委任了的仲裁员的名称而同时要求对方委任他的仲裁员(如果是二或三人条文)("Where the arbitrator or arbitrators are to be appointed by the parties, arbitral proceedings are commenced in respect of a matter when one party serves on the other party or parties notice in writing requiring him or them to appoint an arbitrator or to agree to the appointment of an arbitrator in respect of that matter.")。

(3)如果条文需要仲裁员被第三者(主要是仲裁机构)委任,Section 14(5)要求启动仲裁的一方书面通知第三者要求他协助去委任一位仲裁员("Where the arbitrator or arbitrators are to be appointed by a person other than a party to the proceedings, arbitral proceedings are commenced in respect of a matter when one party gives notice in writing to that person requesting him to make the appointment in respect of that matter.")。这与一些机构仲裁条文的说法也是一致的,例如国际商会(ICC)的仲裁条文在 Article 4 的"Request for Arbitration"之(2)说:"The date on which the request is received by the Secretariat shall, for all perposes, be deemed to be the date of the commencement of the arbitral proceedings."换言之,如果原告把所需要的资料去提供给 ICC,并作出仲裁申

请,同时抄本给被告,也就是启动了仲裁并保护了时效。

3.2.2 英国法院宽松对待仲裁通知的内容

最终,如果能在不同的情况下该仲裁通知能够表达到所需的内容,英国法律对仲裁通知的格式与内容是非常宽松对待的。它们接受仲裁会有很多时候是没有法律训练的商业人士自己去处理的,甚至有些人的母语不是英文,所以应该避免过度复杂或形式化。故此即使仲裁通知的内容不足或者有小错,大部分英国案例都会尽力去令通知有效。以下概括介绍这些案件:

(1)在 The "Agios Lazaros" [1976] 2 Lloyd's Rep. 47,针对一条独任仲裁员的仲裁条文,这一用词被判足够启动仲裁:"Please advise your proposals in order to settle this matter, or name your arbitrators. Expecting your reply."照说,这通知有毛病,因为独任的仲裁员是由双方所同意,怎会是原告去要求被告"name your arbitrator"呢?但法院觉得这通知默示地要求对方同意委任仲裁员。值得留意的是当时,时效仍没有过之前,仲裁员还没有被委任。但 1996 年《仲裁法》Section 14(4)只需要原告递交书面仲裁通知要求对方委任仲裁员或同意一位仲裁员被委任,而不需要仲裁员已经被委任,这已足够启动仲裁与保护时效。

(2)在 Vosnoc v. Trans Global Projects [1998] 1 Lloyd's Rep. 711 是针对一条三人仲裁条文,这一用词就不足够了:"… by this letter the dispute between our respective companies is referred to the arbitration of three arbitrators in London."法院觉得因为通知没有要求被告委任他的仲裁员,因为 1996 年《仲裁法》对这方面有明显的要求,仲裁通知是无效的。这严格要求与以上 Nea Agrex 一案比较灵活的看法有严重冲突。但在这个案例后,有一连串的案例都持不同看法,所以在这个案例的 Raymond Jack 大法官的看法明显不是主流的看法。

(3)在 The "Baltic Universal"[1999] 1 Lloyd's Rep. 497,针对一条二人仲裁条文,重申以下用词就足够了:"We hereby notify you that in view of the expiration of the statutory time bar, we have appointed Mr. Michael Baskerville [地址和联络方法] as arbitrator on behalf of our clients, Allianz, SFI Rotterdam BV and Overseas FSC BV in connection with all disputes arising under the three bills of lading referred to above."被告对于这一用词提出激烈反对,因为内容中没有要求他去委任被告仲裁员(其实是英国律师拟定该仲裁通知的,显示律师也会犯"错")。但 Moore-Bick 大法官同意 Nea Agrex 的宽松对待仲裁通知而反对 Vosnoc 的严格看法,觉得原告用什么语言都可以,总之能够表达他想启动仲裁而要求被告作出相应行动来容许仲裁庭的组成就足够保护时效了。

(4)在 The "Smaro"[1999] 1 Lloyd's Rep. 225,针对一条二人仲裁条文,Rix 大法官认为此仲裁通知的用词,实在是发给仲裁员并只是抄本给被告业已足够启动仲裁并保护时效,说:"We should be grateful if, for the avoidance of doubt, you would also accept appointment as arbitrator, again in respect of all disputes arising under the above captioned

MOA with Charles M Willie … on behalf of Ocean Laser"。虽然看来仲裁通知的对象也不是针对被告,但在宽松的解释下,被告其实了解它所要做的行动来让仲裁启动。

(5)在 Seabridge Shipping v. A. C. Orssleff's Eftf's [1999] 2 Lloyd's Rep. 685,针对一条二人仲裁条文,Thomas 大法官再次确认用副本给对方通知是可接受的(用词如下):"Would owners who read in copy please indicate if they are prepared to accept you (sic) sole arbitrator, alternatively, attend to the appointment of their arbitrator within 7 days of this fax, failing which charterers will seek to have you appointed as sole arbitrator."同时,Thomas 大法官觉得通知中有要求被告去同意委任仲裁员，所以足够启动仲裁程序。

这样看来，英国法对于仲裁通知的要求非常宽松。唯一把要求看得严格的案例，Vosnoc,都已经不被视为主流了。要注意的是上述的都是高院的判决,谁也不能超越谁。只是一般说后来的判决会比早的判决更受到重视,因为前者有机会考虑后者后才作出决定。再说,有几位很有分量的大法官(Moore-Bick ,Rix 与 Thomas 大法官)都是统一的看法与说法。但虽然这样,为避免争议的可能性,原告当按照以上 1996 年《仲裁法》之 Section 14 所明确要求的方法委任仲裁员与书面发通知给被告,并有恰当的内容,才能完全避免争议与风险。这通知最重要是说明原告想启动仲裁程序,而明显地要求对方同意委任一位仲裁员(甚至可以在通知内提出几位人选供被告选择即令通知更加明确)或要求被告委任自己的仲裁员(这要看仲裁员的不同人数和仲裁条文有没有其他特别规定)。

当然,仲裁通知必须正确说出在委任仲裁员时的有关资料,例如当事人的名称和原告仲裁员被委任审理什么争议(例如局限了的管辖权:The "Standard Ardour" [1988] 2 Lloyd's Rep. 159),虽然对于这方面出错的后果严重性有不稳定的地方,因为法院总会是能宽松就宽松。例如,在之前已经提过的 The "Elikon" [2003] 2 Lloyd's Rep. 430,如果委任律师代表错误的原告启动仲裁，仲裁程序就会作废而变成无效。但在 The "Lapad" [2004] 2 Lloyd's Rep. 109，法院认为虽然原告在仲裁通知中错误地根据提单(其实他与被告的合约关系是订单[booking note]而不是提单,但委任律师疏忽地看漏这一点),但原告在仲裁通知内已经足够清楚地把争议显示(particularise)出来。这是特别考虑到英国法律对仲裁通知的要求比较宽松的政策。笔者认为如果有一些重要数据(例如原告/被告的身份,争议的内容或有关合约)而且是真正不明朗甚至会引起被告混乱的仲裁通知，例如 The "Elikon",仲裁程序就会有问题。但如果这些资料是明确的,而只是原告或委任律师把这些数据疏忽地在仲裁通知内说错,但不会引起被告混乱,例如 The "Lapad"，法院一般会尽量宽松对待的。

在这里也顺便提一下英国法律对通知内容的要求宽松或者严格,是不稳定与混乱的。相比较在期租合约的因为晚付租金而船东有选择权撤船的反技术条文(anti-techenicality clause)就有非常严格的内容要求,虽然这通知也是商业人士所发出的。这严格要求的第一个先例 The "Rio Sun" (1981) 2 Lloyd's Rep. 489 直至最近的 The

“Li Hai”（2005）2 Lloyd’s Rep. 389，都说明了通知少一句相关内容也令通知无效。

3.2.3　UNCITRAL arbitration rules 所要求的严格仲裁通知

有时双方会同意合并联合国仲裁规则（UNCITRAL Arbitration Rules）在仲裁条文中，这一套仲裁规则经常用在随意仲裁（ad hoc arbitration）中。不论在伦敦或者香港仲裁都会看到有这种仲裁条文，这样一来，在伦敦的仲裁就会同时受 1996 年《仲裁法》与 UNCITRAL Arbitration Rules 的约束。大致上，如果《仲裁法》与仲裁规则都有针对的仲裁程序，就要看《仲裁法》是否有强制性（mandatory）。如果有，以《仲裁法》为依据。如果没有，就以仲裁规则为依据，因为把它合并了就等于合约的明示条文。在 UNCIRAL Arbitration Rules 之 Article 3，对于仲裁通知的规定比较深入。这项规则条文是要求仲裁通知“必须”（shall）包括以下不同的资料：

（1）把争议提交到仲裁（“A demand that the dispute is referred to arbitration”）；

（2）双方名字和地址（“The names and addresses of the parties”）；

（3）把有关仲裁条文或协议提出（“A reference to the arbitration clause or the separate arbitration agreement that is invoved”）；

（4）把有关合约提出（“A reference to the contract out of or in relation to which the dispute arises”）；

（5）索赔性质和金额，如果是金钱上的纠纷（“The general nature of the claim and an indication of the amount involved, if any”）；

（6）寻找的救济方式（“The relief or remedy sought”）；和

（7）对于仲裁员人数的提议（即一或三位），如果双方之前没有同意（“A proposal as to the number of arbitrators [i. e. one or three], if the parties have not previously agreed thereon”）。

规则没有清楚表明通知需不需要书面的，但如果需要列出以上数据，规则应该假设通知需要书面的。

这危险的地方在笔者（杨良宜）处理的一个澳大利亚仲裁中显示。该案例是涉及一个货物买卖从澳大利亚去巴基斯坦，但由于货物被拒（reject of cargo），结果货物去了另一个国家卸掉。之后，巴基斯坦买家就启动了仲裁，他先去委任英国著名的仲裁员 Bruce Harris 先生，并发出了仲裁通知给澳大利亚卖家要求他委任被告的仲裁员。澳大利亚卖家随即委任了著名的 Ron Salter 先生，而他们两位委任了笔者为第三位仲裁员组成仲裁庭。

这第一个仲裁通知完全有效，比上述的 The “Baltic Universal”[1999] 1 Lloyd’s Rep. 497 等先例都明确多了，但就是没有 UNCIRTRAL Arbitration Rules 所要求的所有各项资料。有关买卖合约的仲裁条文是有一个在卸货后 3 个月的时效，而这一个仲裁通知是刚好在 3 个月内发出，故可去保护时效。但不到 1 个月，在巴基斯坦买家委任了律师后，估计发现这个仲裁通知不满足 UNCITRAL Arbitration Rules 的要求，就另发出第二个仲裁通知并包括了所有各项的资料。但这样一来，被告澳大利亚卖家就提出了管辖权的质疑/挑战，指称仲裁通知无效，而有效的仲裁通知却已经错过了时效。

之后在仲裁庭的合议，三位仲裁员都各有看法。一个看法是 UNCITRAL Arbitration Rules 之 Article 3(3)说明了是“必须”(shall)，就不能去宽松对待，少了任何一项内容都不是有效的仲裁通知。另一个看法是就算少了仲裁通知，但双方当事人在仲裁之前有过商讨有关索赔，故可以去从中默示与补充一些必须要有的资料(例如索赔金额)。还有一个看法是宽松对待仲裁条文使法律的地位可不必严格依照 UNCITRAL Arbitration Rules，虽然这一看法其实只是随便提提。结果仲裁庭一致意见是用另外一个办法去逃避这个难题，就是说第二个仲裁通知才有效，而它是在卸货后 3 个月内作出，但这 3 个月不是从巴基斯坦该卸没卸的时间算起，而是从另一个国家真正把货卸下后才起算这 3 个月，变了两个仲裁通知都是在时效内作出。如果没有这特殊的事实，这个仲裁庭就非得去面对这第一个仲裁通知书是否有效的难题了。

上述的仲裁庭成员名字都明言是因为该管辖权裁决书(jurisdictional award)正在澳大利亚的墨尔本法院上诉，案件已变了公开资料(public domain)。

另说，这 UNCITRAL Arbitration Rules 的仲裁通知如果是被送达到长期居住地点(habitual residence)，工作或收信地点(place of business or mailing address)或如果做了合理调查以上之一都找不到，被告最后所知道的居住地点或工作或收信地点(last-known residence or place of business)，就会被当做送达的那天收到。这与英国的立场非常接近(虽然不是完全一样)，所以若时效逼近，原告必须清楚理解要求而按着去做。

3.2.4 仲裁通知的送达 (service of the arbitration notice)

双方有权在合约内同意仲裁通知是应该怎样送达的。如果没有在合约针对，1996 年《仲裁法》Section 76(3)要求原告用任何有效方法(“any effective means”)把仲裁通知送达。

这用词是非常广泛的，而容许原告用任何方法去通知被告，唯一需要的是被告真正收到通知。而如果在这方面有什么争议，看来原告需要证明被告有效地收到通知。所以，一般的做法笔者不会用电话通知对方，因为举证困难。同时，电邮也危险，因为不可靠。笔者比较常用传真方法。但话说回来，用电邮送达仲裁通知是完全有效：Bernuth Lines Ltd. v. High Seas Shipping Ltd. , Case No. 2005 FOLIO 684, English Comm. , QBD。

1996 年《仲裁法》之 Section 76(4)表明如果通知是用预付邮件(“prepaid and delivered by post”)的方法，原告只须(如果被告是自然人)把通知寄到最后所知道他/她所在的住宅地址(“last-known principal residence”)或(如果被告是做贸易，专业或其他生意的)，最后所知道他所在的主要工作地址(“his last-known principal business address”)或(如果被告是公司)，它的注册或主要办事处(“registered or principal office”)，在法律上原告就会被当做成功地把仲裁通知送达给被告(“it shall be treated as effectively served”)。所以，如果时效就快要过，笔者会把仲裁通知用速递(courier)

方式送达到1996年《仲裁法》Section 76(4)表明的地址,确保安全。(有可能传真出问题,例如被告只收到白纸而原告没有在时效过之前再发通讯)

一般仲裁通知会直接送给被告,但1996年《仲裁法》没有规定原告把仲裁通知送达给律师或互保协会无效。如果这是一个通知被告的有效方法(例如他们会把仲裁通知马上转达给被告),在法律上这是没有问题的。所以,如果时效马上要过,笔者也不会依靠这方法。虽然在伦敦海事仲裁员协会规则(LMAA Terms)的2002年修订的paragraph 27容许通知送达给律师(如果那一方有委托律师)。但当仲裁员(估计也会以LMAA Terms接受委任)还未全部委任令LMAA Terms还未适用时,这规则这时可能还未有效。顺便提一下就是这仲裁通知千万别去送给经纪人或者代理人要求他们转送给被告,即使这是惯常的双方通讯渠道。就算一定要这样做,也同时去抄本给被告方为万全之策。

3.2.5 电邮送达是否有效与送达的时间

在近期的Bernuth Lines v. High Seas Shipping Ltd. (2005) EWHC 3020 (Comm.)先例中,仲裁中的原告(High Seas)的仲裁通知是通过一个新的被告(Bernuth)电邮地址,而该电邮地址是从一个2005年"劳氏海事通讯录"(Lloyd's Mariitime Directory)所记载的。Bernuth声称该电邮地址只是用来揽货用途,仲裁通知被送达该电邮地址是不会被公司有关部门与人士(估计是指法律部门与高层人士)所注意的,所以仲裁通知无效。但Clarke大法官不同意送达无效。认为该电邮一点不像是垃圾电邮,而且内容十分严肃,不应该被漠视。但显然,对原告要送达仲裁通知,并避免任何争议,最好还是以传真直接送达给被告。

这个先例确认了电邮与传真等文书的通讯办法在法律上并没有不同的对待。但要小心的是电邮的出错机会更多,首先电邮地址要正确,当然这与传真地址要正确道理一样。如果被告有好几个电邮地址甚至是身在好几个不同地点,原告最好是查明后发去准确的电邮地址,或者把所有电邮地址都包括在内,以免出现像Bernuth Lines这类的争议。另外是电邮不要被退还(reject),这也是与传真道理一样。再是邮件的标题要让收件人马上可分得出不像是垃圾电邮,有一定的严肃性甚至标明是"紧急"(urgent)电邮。

这里倒不妨讲讲何谓送达的时间,因为接下去的时限(例如是7天或者14天)从哪一天算起会带来争议。这是因为发的时间与收的时间会不一样,而更大的混乱就是可让被告看得见的时间难以确定,特别是发的时间是在周末或者长假之前。这里的混乱也是存在于目前的英国法律,在此不妨略微介绍。

首先,通知的发与收时间在以前只有靠邮递(post)与电报(telegram)送达的年代是个大问题,因为发出至收到往往相隔好几天,所以出了一个所谓的"postal rule"。这个问题到了电传(telex)与传真(fax)的出现后,已经基本上解决,因为以这种办法去通讯可以同时发收。这问题到了电邮的出现,又会带来一些同样的问题,顶多是程度上不像邮递那么严重。因为看网络情况,发收可能会有一些延迟,导致半夜前发出的电邮可能在第二天的凌晨才收到。这种争议据说已经发生,但好像没有明确的先例。有些说法是以前的"postal rule"会适用在电邮,但这仍是难以预测。

更大的问题是通知发出的时间是在周末或者长假之前的情况,令收件人看到可能是时限已届或者已逝。针对仲裁通知而言,曾经有 The "Pendrecht" [1980] 2 Lloyd's Rep. 56,仲裁通知在原告星期五发出的一天是刚好能够保护索赔的时效,但在星期一被告看见了这个仲裁通知,刚好索赔时效已逝。结果判定仲裁通知的送达是不必理会该通知到底是在什么时候被被告真正看到。这也是与法院的告票做法一样,原告光是去法院出了一张告票并不足够启动法院诉讼,原告还要去送达给被告。但只要送达的地址正确就不存在再去追究被告是什么时候真正看到这份告票。

但在其他的通知,特别是涉及很大的一笔钱,会有不同的对待。这最好是举 The "Pamela" (1995) 2 Lloyd's Rep. 249 一案,案情是船东发出了一个稍微过早的有关撤船的"反技术"(anti-technicality)通知,早了 19 分钟,所以理论上无效。但由于这是在半夜发出,所以只会在第二天早晨上班时才会被承租人看见,而到了那个时候这通知就不会是过早而变成有效了。Gatehouse 大法官判定:

"(1) What matters was not when the notice was given/sent/dispatched/issued by the owners but when its contents reached the attention of the charterers; if the telex was sent in ordinary business hours the time of receipt was the same as the time of dispatch because it was not open to a charterer to contend that it did not in fact come to his attention.

(2) The arbitrators were entitled to find that a notice which arrived at 23 41 on a Friday night was not to be expected to be read before opening hours on the following Monday and that was a conclusion of fact arrived at as a matter of commercial common sense; the arbitrators were right to find that the notice under cl. 27 was not received by charterers until the opening of business on Dec. 5 and was not premature or invalid."

看来有一些合约的通知是需要被收件人看到才算有效(must be communicated),这样一来如果是办公时间发出(这可以推断是马上被收件人看到)与非办公时间发出(这可以推断是过了周末或者第二天上班才被收件人看到)是有区别的。但对本书只探讨仲裁的问题而言,看来仲裁通知是不同对待,虽然也是一个十分重要的通知,但法律地位应该是只针对原告的发出,而不必理会收件人/被告是什么时候去真正查看该仲裁通知。

3.3 延迟启动仲裁的时间(extension of time for commencing arbitration)

3.3.1 1996 年《仲裁法》Section 12 如何适用(applicability of section 12 of the arbitration act 1996)

1996 年《仲裁法》之 Section 12 的主要规定:

"(1) Where an arbitration agreement to refer future disputes to arbitration provides that a claim shall be barred, or the claimant's right extinguished, unless the claimant takes within a time fixed by the agreement some step-

(a) to begin arbitral proceedings, or

(b) to begin other dispute resolution procedures which must be exhausted before arbitral proceedings can be begun, the court may be order extend the time for taking that step.

(2) Any party to the arbitration agreement may apply for such an order (upon notice to the other parties), but only after a claim has arisen and after exhausting any available arbitral process for obtaining an extension of time.

(3) The court shall make an order only if satisfied-

(a) that the circumstances are such as were outside the reasonable contemplation of the parties when they agreed the provision in question, and that it would be just to extend the time, or

(b) that the conduct of one party makes it unjust to hold the other party to the strict terms of the provision in question."

1996年《仲裁法》Section 12 只有法院有权力在适当情况下延长合约内约定的时效(contractual time bars),而不包括立法上的时效(statutory time bars)。所以,航运常见的法律时效,例如在英国管制时效的"Limitation Act 1980"针对合约的六年时效(适用在租约、船舶买卖、货物买卖等合约)和海牙与海牙威斯比规则内的一年时效(适用在提单),都不能通过法律途径延迟。当然,双方能通过协议(by agreement)延长任何(无论合约内或立法上)的时效。[如果海牙或海牙威斯比规则是通过首要条文(Clause Paramount)合并入合约的,那这就变为合约时效而能够通过1996年《仲裁法》Section 12 去延迟了。]时效是一个复杂的问题,在《国际商务仲裁》一书之第七章有详细的介绍,包括时效的四大种类,在此不再重复。

1996年《仲裁法》之 Section 12 只针对启动仲裁或其他仲裁中的解决争议程序的时效。有时仲裁条文要求双方尝试调停(mediation)或其他程序失败才容许双方运用仲裁程序。这会包括在1996年《仲裁法》之 Section 12 内。不包括在内的是一些其他对于启动仲裁无关的时效,例如一些要求一方在某段期间内提出索赔而提供有关文件[航次租约与国际买卖合约就经常会有条文如在卸货后一个月不等提出滞期费索赔并同时提供通知书(notice of readiness)与港口事实记录(statement of facts)]。

在 The "Oltenia" [1982] 2 Lloyd's Rep. 99, 法院认为在 Asbatankvoy 租约内要求承租人90日内对于租约下一切索赔提出并同时提供有关文件,否则船东免责的条文(是与仲裁条文不同的另一条文)不能通过1996年《仲裁法》之 Section 12 延长。在 The "Medusa" [1986] 2 Lloyd's Rep. 328,法院有同样结论。

但如果这类型要求书面把索赔提出的条文与启动仲裁连在一起,情况就可能不同。在 The "Luka Botic" [1984] 1 Lloyd's Rep. 145,针对 Centrocon 仲裁条文,法院觉得因为在3个月内要用书面提出索赔和委任仲裁员的时效是在同一条仲裁条文表明,这一切要求都是有关启动仲裁的时效,所以能够延长。说到底这也没有什么大奥妙,完全是去解释条文(construction of contract)。只不过是由法院解释了,就变成是法律的一部分。

另外,如果合约或仲裁规则给仲裁员权力去决定应否延长时间(例如在 GAFTA 和 FOSFA 的仲裁程序),双方必须先用尽这程序才可向法院求助。这等于如果 GAFTA 和 FOSFA 已经同意延长时间,就可以不必再去法院了,只有在延长被拒绝后才能去法院。但如果仲裁员已拒绝延长时效,受影响当事人能去法院把这决定推翻的机会实际上是比较微弱的,主要是今天法院能支持仲裁庭就尽量支持。

3.3.2 双方合理考虑之外(outside the reasonable contemplation of the parties)

上诉庭在 Harbour & General v. Environmental Agency [2000] 1 Lloyd's Rep. 65 尝试解释1996年《仲裁法》之 Section 12 背后的道理。目前的法律和1996年前《仲裁法》的"过度困境"(undue hardship)考虑完全不同。在目前的法律,就算原告能证明他会受"过度困境"(如果法院不去延迟时效),这也是不足够的。他必须证明带来需要延迟时效的情况是当双方同意有关时效条文时,超出他们合理考虑之外的。换言之,在延长方面,1996 年《仲裁法》已比 1950 年《仲裁法》的相关条文大幅度的收紧。这表示面对这种危险的当事人要特别谨慎,例如不要轻易在合约内答应太短的时效,特别将来会是"原告"多过"被告"的当事人。

这主要是反映1996年《仲裁法》的政策去容许双方有高度自治(party autonomy)去决定一切仲裁程序,而把法院的干扰(interference)双方订下的合约内容减到最少。Waller 大法官在 Harbour & General v. Environmental Agency 内的以下一段判决把这考虑说出来:

"The sub-section is concerned with party autonomy. Its aim seems to me to be to allow the Court to consider an extension in relation to circumstances where the parties would not reasonably have contemplated them as being ones where the time bar would apply, or to put it the other way round, the section is concerned not to allow the Court to interfere with a contractual bargain unless the circumstances are such that if they had been drawn to the attention of the parties when they agreed the provision, the parties would at the very least have contemplated that the time bar might not apply; it then being for the Court finally to rule as to whether justice required an extension of time to be given."

所以,除非法院觉得,如果双方在订约时考虑到的话,他们都会同意时效不应该在某些特殊环境或有关情况下适用,否则法院是不会延迟时效的。这是类似应否默示条文的考虑——法院要考虑如果同意时效条文时,也就是在订约的时候,有一位多管闲事的旁观者(officious bystander)说在某些情况下时效是否适用,双方的答案是什么。只有估计双方的答案统一是"适用"时,法院才会默示。

以下案例能帮助显示这道理怎样应用出来:

(1)在以上已提到的 Vosnoc v. Trans Global Projects [1998] 1 Lloyd's Rep. 711,法院认为原告在仲裁通知的用词不足启动仲裁,所以时效已过。在这类型的案件,原告一般会说如果他们首要的观点不被接受(即是法院认为时效已过),他们会另外争议(in the alternative)法院应该把时效延迟。Raymond Jack 大法官认为 1996 年《仲裁法》之 Section 12 适用在一些特别情况,例如一些不寻常的通讯问题(unusual failure of communication)或代表原告处理案件的人突然生病(sudden illness of the person handling the matter for the claimant)。对于这案例,法官觉得因为用词的错误很小,而只是差一点点不能启动仲裁以保护时效("near miss"),这是双方在订约时无法预测到有这种"near miss"的,所以法院应该延长时效。从接下去的其他案例能看出这法官在这方面的判决会是过度宽松,不代表主流看法。

(2)在 The "Catherine Helen" [1998] 2 Lloyd's Rep. 511 一案中,针对以上提到的 Centrocon 仲裁条文(虽然在这案例中 3 个月时效已改为 1 年),因为船东(原告)在 1 年时效刚过之后才收到货方根据提单的起诉,他需要在 1 年时效过了之后才能向承租人(被告)提出补偿 (indemnity)。法院拒绝延迟时效。其实船东一早已经知道货方会提出索赔的可能性,因为他们的互保协会已经给了货方担保。法院觉得船东有足够资料去向承租人及时提出索赔,或要求宣誓(declaration)的裁决去说如果货方索赔成功的话,承租人需要负责补偿。船东没有这样做是他或他的法律代表出错,不去及时保护时效。法律上出错(就算非常细微)是双方绝对能够在订约时能够预测到的事,所以绝对不是双方合理考虑之外。法院亦不愿意好像 The "Vosnoc"一案用宽松态度去延长时效让原告能作出起诉。

这是一个常见的问题,因为虽然货方一般也面对 1 年时效(如果海牙或海牙威斯比规则适用),如果他们拖到最后一刻才发仲裁通知,或在法院出告票(而更迟把告票送达),船东可能不够时间向承租人在 1 年内提出补偿要求。所以,为了解决这问题,在 NYPE 租约内的互保协会的内部协议(Inter-Club Agreement)最新的 1996 年修订版本,容许双方 2 年时间提出补偿要求(主要针对海牙或海牙威斯比规则国家)或如果汉堡公约适用,双方有 3 年时间提出补偿要求。如果租约内没有这 Inter-Club Agreement而仲裁条文是有 1 年的时效,就应该去更细的多加一句说明这 1 年不适用在要求补偿(indemnity)的争议。

(3)在 The "Seki Rolette" [1998] 2 Lloyd's Rep. 638, 双方争议海牙规则,包括 1 年时效,有否被首要条文(Clause Paramount)合并入租约内。这首要条文表示:"The following Paramount Clause to apply and to be inserted in all Bills of Lading issued under the Charter Party …"另外一个争议是,除了适用于载在船上的货物,这 1 年时效是否适用于承租人自己在船上的物品,例如燃油(bunkers)。法院认为这 1 年时效适用,而因为原告发觉的时候时效已经过了,原告需要申请延长时效。但法院不愿延长,认为海牙规则的 1 年时效适用或双方错误理解法律的可能性是双方在订约时完全能想到的,所以不应该把时效延长。法官认为 Vosnoc 先例其实反映 1996 年《仲裁法》前的做法,而拒绝在这方面抱宽松的态度。

(4)在以上已提到的 Harbour & General v. Environmental Agency[2000] 1 Lloyd's Rep. 65 一案,是针对一条非常复杂在土木工程协会(Institute of Civil Engineers)适用

的仲裁条文。这条文带入很多不同程序,全部受自己时效管制,包括先把争议交给一位独立土木工程师,收到他意见后才能经过调解(conciliation)程序或直接启动仲裁程序。这是在本书第一章之1.20讲到的multi-tier arbitration。因为程序复杂,原告疏忽地在时效过了几天后才启动仲裁程序。上诉庭不愿为这理由延长时效,认为这条文在土木工程行业非常普遍而这错失时效的过失完全在原告控制范围内。法院也觉得超出时效很少或原告应否受责备不是有关考虑因素。细微的错误时常发生,而不能说这是在双方订约时合理考虑之外。

(5)在以上已提到的Thyssen v. Calypso Shipping[2000] 2 Lloyd's Rep. 243一案,一位美国收货人不理解提单合并了一条在租约内的伦敦仲裁条文。所以他在美国法院向船东提出起诉,同时意图占有地利。结果在1年时效过了以后,才发觉有关租约内,被合并到提单的伦敦仲裁条文。但法官拒绝原告延长时效的申请,因为觉得美国收货人其实想用这方法去占有地利。如果他比较迅速地推进美国法院程序或积极调查租约的存在或内容,很可能会在1年时效过去之前发觉租约和伦敦仲裁条文的存在。所以法院不愿延长时效。

(6)在Union Trans-Pacific Co. Ltd. v. Orient Shipping Rotterdam BV (2002) EWHC 1451 (Comm)(未被报道),因为行政问题,原告在仲裁程序进行中在公司注册处的注册被除去(因为公司没有贸易活动)。这是大问题,因为如果公司在注册处的登记被除去,就如同自然人死了一样,无法用自己身份作出诉讼。虽然原告的行政人员马上把公司再次放到登记册上,被告认为之前的仲裁程序是无效的,而因为时效问题原告无法重新启动仲裁。法院认为当原告公司重新进入登记册时,原本的仲裁就具有追溯效力地(retrospectively)恢复了。虽然这代表法院不需决定是否把时效延长,法院认为在这种情况下会延长时效,因为这种情况会在双方订约时合理考虑之外。

(7)在Van Oord v. The Port of Mostyn (2003),(未被报道),也是针对土木工程协会适用的仲裁条文,被告想用仲裁程序把独立土木工程师的意见推翻。原告争议被告启动仲裁程序的通知没有送达原告的主要工作地址。因为被告拖到最后一刻才送达通知,所以没有机会在时效过之前把通知送达其他地址。法院认为被告把通知送达正确地址而所以有效,但觉得如果地址错误,这不是双方不能合理考虑到的事。双方绝对会了解如果等到时效过之前最后一刻才递交通知,这是高风险行为,因为如果通知送达错误地址,情况就无法挽回了。

3.3.3 一方的行动令他坚持对方时效已过并不公平(conduct of one party makes it unjust to nold the other to the time bar in question)

另外一个(也是唯一与最后的)延长时效的理由是如果有一方的行动使得情况非常不公平,如果允许他坚持索赔时效已过。在以上提到的Harbour & General v. Environment Agency[2000] 1 Lloyd's Rep. 65一案,法院认为至少这需要行动直接使得另外一方没有准时递交仲裁通知("… there must, in my judgment, at the very least be conducted which is proved somehow to have led the claimant to omit to give notice in time …")。

最明显的情况是如果有行动能够成为弃权(waiver)或禁止翻供(estoppel), 例如在谈判过程中有一方说他不会乱去挑战时效的,但当谈判失败后,另外一方晚了启动仲裁,原先的承诺不去挑战时效的对方却反口。(虽然在谈判时一般最安全的做法是正式协议延长时效,但不表示没有这弃权和禁止翻供的说法。)

虽然在这段提到的行动理论上不只限于弃权或禁止翻供的情况,实际上如果某一方的行动达不到弃权或禁止翻供的程度,法院一般都不会责备他,而所以不会为这理由延长时效。最明显探讨过的是原告不能责备被告没有提醒他时效就要过了。以上已提过的案件,包括 Vosnoc,The "Seki Rolette"和 Harbour & General v. Environment Agency,全部认为原告不可自己不警觉时效但同时怪责被告没有提醒他。被告不可因为沉默就被视为避免原告准时递交通知。

一个比较特殊的情况是之前提过 Van Oord v. The Port of Mostyn (2003)(未被报道)一案。原告认为被告原本把通知送达到的地方不是他主要工作地址。法院不同意,但就算那地方不是原告主要工作地址,法院认为原告的行为令他坚持被告时效已过不公平。在这案例中,原告其实知道(但不承认) 通知已经送达那地址了,但他积极地阻止通知通过内部程序送到另外一个原告自己承认是他的主要工作地址。所以,如果需要的话,法院说它无疑地会延长时效。

3.3.4　其他考虑的因素 (other factors in the exercise of discretion)

就算原告能够成立以上两个理由(即使情况在双方合理考虑之外或一方的行动令他坚持对方时效已过不公)之一,这并不代表法院就一定要延长时效。法院有完全自由裁量权(discretion)去决定就算它有权力去延长时效(当这两个理由任何一个成立)它应否行使这权力。

以下介绍一些有关因素,按照笔者认为的重要性排列(包括一些 1996 年《仲裁法》生效前的原则,因为这方面没有大改变):

(1)对被告的损害(Prejudice to the Defendant)。一个时效存在的重要理由是让事件过了一段时间后有个了断。被告可能时效过了之后就不保留有关文件了,认为事件已经告一段落。有关证人也可能忘记有关事由了。如果时效过了之后被告能表现他会受损害,法院应该就算以上的两个理由之一成立都不会延长时效。如果被告有受损害,差不多肯定延长时效的申请失败,这不代表被告如果没有损害(例如他知道原告想起诉而有保留证据),法院就会自动愿意延长时效。原告继续要表现他值得需要法院帮助,令成功机会加大。

(2)延误多少(Length of the delay)。延误多少是有两部分的。第一部分是时效过了多少时间原告才发觉。第二部分是发觉时效过了之后等多少时间才向法院作出申请。

先针对第二部分,如果发觉时效过了都不马上向法院作出申请,这对原告延长时效的申请是致命的：The “Simonburn”（No. 2）［1973］2 Lloyd's Rep. 145（几个月时间太长）。一般当发觉后不叫律师在一两个星期内作出申请都会是非常危险的。看来，这对西方的公司是没有大问题，但在中国大陆的那些比较官僚的公司或者企业就很麻烦了。

关于第一部分，被告有否因原告时效过了才作出起诉而受损害与原告在这两方面延误多少会有关系。如果原告过了几天或几个星期就发觉过了时效而马上向法院申请的话，被告有损害的机会会非常小，所以法院一般比较宽松对待：The “Aristokratis”［1976］1 Lloyd's Rep. 552（2个月的时间不算长）；The “Aspen Trader”［1981］1 Lloyd's Rep. 273（2个半月的时间不算长）；The “Stena Pacifica”［1990］2 Lloyd's Rep. 234（19天的时间不算长）。虽然很难概括地讲，一般如果最多于半年或1年时间，延长时效的申请都会无望的：以上的 Thyssen v. Calypso Shipping（一年半太长了）。但也需要考虑时效本身的期间。如果时效本身很短，那过了不长时间已经会对原告延长时效的申请有严重打击：European Grain v. Dansk Landbrugs［1986］1 Lloyd's Rep. 163（对于一个28天时效7个月的延误太长了）；Emson Contractors v. Protea Estates（1988）4 Const L. J. 119（对于一个14天时效20个星期的延误太长了）。注意上述不少案例是1950年《仲裁法》，到了1996年《仲裁法》更是有3.3.2小段与3.3.3小段的严格要求，虽然符合了要求也要考虑这申请延长时效是否延误。

（3）原告或代表律师的行为（Conduct of the Claimant or its representatives）。如果原告对于过了时效起诉是完全无辜的，这当然是比较好的。但如果原告有错，或无法解释为什么没有及时提出起诉，这对延长时效申请不利。如果不是原告，但是他的代表律师出错，这也会令法院更加愿意延长时效，因为原告是无辜的，而就算他可向律师提出索赔（因为律师疏忽），这一般会比仲裁程序昂贵和麻烦：The “Baiona”［1991］2 Lloyd's Rep. 121。但这也不代表一切，因为无论原告怎么无辜，到最终带来要延长时效的因素必须是不在双方订约时合理考虑中，但律师疏忽往往是双方能够预测到的事。

（4）案件好坏（Merits of the dispute）。案件好坏一般不会有太大影响，因为法院在决定应否延长时效时不会有时间与机会去真正了解案件和一切背后证据，能了解到的都是皮毛与表面故事。但如果原告案件明显是好的，这会有影响，因为法官都是人，会不想见到一个非常强而有力的案件因为时效过了而无法追求（当然其他因素都要对原告有利才行）。相反，如果原告案件明显是站不住脚的，法院会考虑拒绝延长时效，避免要双方继续花律师费，最后一场空。

（5）索赔金额（Amount at stake）。索赔金额一般也是非常细微的因素之一。在 The “World Agamemnon”［1989］2 Lloyd's Rep. 316 一案中，法院认为3万多英镑虽然不多，但足够值得延长时效。但在1996年《仲裁法》后，可能如果原告受的损失比双方在订约时的合理考虑高，这可能会有影响。

3.3.5 1996年《仲裁法》之 Section 13 的关系 (the relevance of section 13 of the arbitration act 1996)

1996年《仲裁法》之 Section 13(1)再次清楚表明法律上的时效适用于仲裁,而保护时效是用发出仲裁通知代替法院出告票。

1996年《仲裁法》之 Section 13(2)表明了一种情况就是裁决书如果被撤销或者是宣布无效的情况下(这是发生在法院的救济在 Section 67 [3][c]或者是 Section 68 [b]和[c]),原来的仲裁就要重来一次,这在本书第四章之2.3.4.3.1小段有详论。但问题是原来的仲裁恐怕已经占用了很多时间,变了裁决书因作出救济被撤销后,重来一次甚至在新的仲裁庭面前恐怕十之八九会是时效已过。立法现在说明在原来的仲裁是属于无效程序的时间(abortive time),不算在法律时效之内。所以如果原来的仲裁是在时效过之前启动的,新的仲裁程序也不会有问题。但注意是这一条文只是说"The court may order",这表示并非是自动会发生,而是涉及法院的裁量权。笔者认为法院会在一些原告比较冤枉的情况下,例如因仲裁庭管辖权或者仲裁庭发生严重不正常所导致的裁决书被撤销,但与原告本人无关情况下,才会使用自由裁量权去把时效延长。

1996年《仲裁法》之 Section 13(3)针对 Scott v. Avery (1856) 5 HL Cas. 811 一案。在这案例的保单中的仲裁条文说明受保人不能作出任何起诉直至争议被仲裁员审理,而受保人只能为仲裁员裁定的金额作出起诉。(贵族院第一次认定这 Scott v. Avery 条文是没有违反公共政策,并带起仲裁的气候。)但如果没有法律规定,法律上的时效怎样适用在这条文是不明朗的。如果时效只在受保人获得裁决书后才有6年时间去法院起诉,那就代表仲裁程序不算在时效内。所以,1996年《仲裁法》之 Section 13(3)表明当法院计算法律上的时效,仲裁会代替法院程序,而原告必须在时效内启动仲裁才获得保障。

4. 如果一方对委任仲裁员不合作的程序
(default procedure where a party fails to appoint an arbitrator)

4.1 如果是一人/独任仲裁庭 (appointment of a sole arbitrator)

虽然一人/独任仲裁庭无可否定是费用比较低,一人/独任仲裁条文的一个大毛病是如果被告不合作同意某一个仲裁员,原告就要花钱向法院通过1996年《仲裁法》之 Section 18 作出申请,要求法院作出适当委任。

当然,双方可以同意其他费用比较低的委任程序。例如,在伦敦海事仲裁员协会(LMAA)的小金额索赔程序(Small Claim Procudure),双方同意伦敦海事仲裁员协会的主席作出委任。另如果 LMAA 主席愿意(他没有理由不愿意),双方可以在同意下请他在任何大小金额的案件作出委任。

对于一人/独任仲裁条文,原告必须发出书面通知要求被告同意委任一位人选作仲裁员。双方按照1996年《仲裁法》之Section 16(3)有28天去同意一位人选。如果双方不能这样做,原告就应该马上向法院作出申请。向法院申请委任仲裁员一般不会是过分困难的程序。法官会按着案件的特色与仲裁条文所要求的资格(Section 19)去委任一位适当的仲裁员。法官会考虑的因素包括仲裁员的经验、资格、水平和有没有时间审案:The "Villa" [1998] 1 Lloyd's Rep. 195。至于送达外国的被告(这是在国际仲裁中经常会有的情况),麻烦是在法院的送达涉及了国际公约、双边协议与其他严格的程序。所以做起来需要时间与花费。通常送达也要依照被送达被告所在地的国家的法律去行事,这也会引起各种争议。在香港的Karaha Bodas Co. LLC v. Pertamina HCCT 28/2002, 5 Aug 2002(未被报道),涉及把香港法院的文件送达印尼的Pertamina就有这种争议说是送达不依照印尼的法律。最后香港法院行使裁量权判是送达有效,因为Pertamina的确已经收到这些文件而且领导也已经看过。为了避免送达外国被告的麻烦与耗时,在香港委任仲裁员的权利已经从法院转交给香港国际仲裁中心(HKIAC)。这样一来,各种仲裁通知的送达就可以简单地以传真或者快递,甚至以电邮:Bernuth Lines Ltd v. High Seas Shipping Ltd., Case No. 2005 FOLIO 684, English Comm., QBD。

另外要提到的是法院有自由裁量权决定应否作出委任。在大多数情况下法院都会这样做的。虽然理论上如果原告等了很长时间才作出申请,这会令法院拒绝申请。但在R Durtnell and Sons Ltd v. The Secretary of State for Trade and Industry [2001] 1 Lloyd's Rep. 275,法院不觉得半年时间算长。笔者认为需要很长的延误才会令法院拒绝申请,因为这与不支持仲裁与不容许仲裁程序发生的后果相等,这不是今天的大气候。但当然是原告越早申请越好。另外,法院有的自由裁量权也不伸展去委任多一位仲裁员——法院只能决定这一位仲裁员是谁:请看以上提过的The "Villa"。最后只一谈是英国这些权力在香港已经从法院转交给香港国际仲裁中心(HKIAC),后详。

4.2 如果是两人或三人仲裁庭(appointment of two or three arbitrators)

如果仲裁条文规定两个或三个仲裁员(要求每一方委任自己的仲裁员)而被告没有合作与及时地作出委任,原告使用的程序就比较方便了。

对于两人或三人仲裁条文,原告必须发出书面通知要求被告委任一位仲裁员。被告按照1996年《仲裁法》之Section 16(4)有14天去委任自己的仲裁员。如果被告没有这样做,原告就可以按照1996年《仲裁法》之Section 17(1)和Section 17(2)再次发出书面通知警告被告把原告自己的仲裁员委任成唯一的仲裁员,也等于是立法的缺席机制把两人或三人仲裁条文变为独任仲裁条文。如果被告不在7天(clear days)内委任仲裁员(即是不包括给通知的一日,也不包括周末或公众假期,这计算办法在Section 78 [5]有说明)原告就可以委任自己的仲裁员作唯一仲裁员。(所以,如果8

月1日星期一第一次发出仲裁通知,8月15日星期一是14天期限的最后一天。原告在8月16日星期二就可给7天通知,而8月25日星期四是被告可以委任自己仲裁员的最后一天。在8月26日星期五原告就可以委任自己的仲裁员成为一人/独任仲裁庭,而被告也因为自己没有及时委任仲裁员而丧失了权利。类似情况是出现在稍后介绍的 Minermet v. Luckyfield Shipping［2004］2 Lloyd's Rep. 348 案例。)

但在这方面双方需要小心仲裁条文的用词。有些条文,例如金康(Gencon)租约内的仲裁条文表示:

"On the receipt by one party of the nomination in writing of the other party's arbitrator, that party shall appoint their arbitrator within 14 days, failing which the decision of the single arbitrator appointed shall be final."

在 Minermet v. Luckyfield Shipping［2004］2 Lloyd's Rep. 348,法院认为以上的金康仲裁条文是明显容许原告委任自己的仲裁员作一人仲裁庭,如果被告没有在14天内作出委任,而无须再给7天通知。因为有了明示合约的规定,1996年《仲裁法》之 Section 17(1)和 Section 17(2)就不适用了。本案例的详细介绍是在本书的第九章。

如果原告是通过因为被告没有回复的情况下委任了自己的仲裁员作为一人/独任仲裁庭,被告理论上能够通过1996年《仲裁法》之 Section 17(3)挑战。英国目前没有案件解释法院会在什么情况下会运用这权力。笔者认为这权力只会在非常特殊的情况下使用,例如该位仲裁员有不中立或不公正的危机(虽然未必会有实质证据否则可以通过其他途径把他赶走,例如是1996年《仲裁法》之 Section 24),或者如果有实质证据证明两人或三人仲裁庭变为一人仲裁庭将会带来严重的执行困难,因为部分外国的执行法院不一定愿意接受英国立法的缺席机制,把双方明示约定的两人或三人仲裁条文在被告没有及时委任的情况下自动改成一人/独任仲裁庭。

虽然在大部分正常情况下两人或三人仲裁条文非常简单,易于操纵启动仲裁与组成仲裁庭,也会有一些特别情况会带来困难。笔者碰过一份运货合约是有几家不同公司作为船东,也有几家不同公司作为承租人/货主。所以这些全部都是共同原告和被告。虽然原告全部能够同意委任一位仲裁员,几位被告原本有两位人选,不能同意一位作全部被告的仲裁员。结果他们能够作出协调。但如果他们没有这样做,双方就会需要向法庭作出申请委任,来把这问题解决。这种 multi-party arbitration 的困难在本书第一章1.18.1小段有详细介绍。

5. 替代仲裁员(substitution of arbitrators)

5.1　会带来需要替代的情况(circumstances leading to the need to substitute)

虽然不常会发生,但在以下情况会令仲裁庭出现空缺(vacancy)而需要重新委任仲裁员来替代:

(1)如果双方同意把仲裁员权力废止(Revocation of arbitrator's authority)。1996年《仲裁法》之 Section 23 表明在双方同意的情况下可以把已经委任的仲裁员废止权力。如果没有双方同意,某一方不能独自把已经委任的仲裁员废止权力,而会需要向法院申请把仲裁员赶走(当然假设不会把仲裁员杀掉)。废止仲裁员权力在第四章 2.3.3.3 小段有详论。

如果双方争议得非常厉害,很难想象他们会同意把某一位仲裁员废止权力或者同意接收仲裁员辞职(即使仲裁员肯去辞职)。那位仲裁员如果审理案件的做法或态度对一方不利,这就可能对另外一方有利,所以后者不会同意把仲裁员废止权力。但在特殊情况如果仲裁员非常忙碌,或完全没有水平或能力审理仲裁,而双方都同意这是对仲裁程序有害(例如拖长程序和带来更大费用),最容易把仲裁员废止权力的方法就是双方当事人同意这样做,并委任另外一位人选代替。

(2)如果法院决定把仲裁员赶走(Removal of arbitrator by the Court)。1996 年《仲裁法》之 Section 24 表明任何一方都可以向法院申请把仲裁员赶走,如果:

(a) 有情况出现带来对仲裁员的公平/公正有合理怀疑("circumstances exist that give rise to justifiable doubts as to his impartiality");

(b) 仲裁员没有仲裁条文明示要求的资格("he does not possess the qualifications required by the arbitration agreement");

(c) 仲裁员身体或精神状况令他不能审理案件或有其他因素令他处理案件的能力受到怀疑("he is physically or mentally incapable of conducting the proceedings or there are justifiable doubts as to his capacity to do so");

(d) 仲裁员拒绝或无法适当地处理案件或用合理速度处理案件或准备裁决书,这已经或将会令申请人受到严重不公平("he has refused or failed—(i) properly to conduct the proceedings, or (ii) to use all reasonable despatch in conducting the proceedings or making an award, and that substantial injustice has been or will be caused to the applicant")。

(3)如果仲裁员自己决定辞职(Resignation of the arbitrator)。1996 年《仲裁法》之 Section 25 容许仲裁员向法院申请批准辞职,这是在无法取得双方当事人的同意下的做法。但有一些仲裁员也会合并一些规则(例如伦敦海事仲裁员协会规则)容许他在某些情况下(多数是如果他的费用没有被支付),不需要双方当事人同意或向法院申请都能够自动辞职。

(4)如果仲裁员去世(Death of the arbitrator)。1996 年《仲裁法》之 Section 26 表明如果仲裁员去世,另外一位仲裁员必须被委任。审理案件的权力都会因他去世而被中断。这段只应用于仲裁员死亡。如果他重病或瘫痪而导致不能处理案件,即使他提出了辞职,仍要双方同意才能去接受。双方若能同意的话,其实不需要仲裁员提出辞职也可以把他的权力废止。现实中的问题往往是有一方扯皮,不合作与不同意,迫使想推进仲裁的另一方当事人最终只能向法院申请赶走不能处理案件的仲裁员。

5.2 替代的程序(procedure for substitution)

1996 年《仲裁法》之 Section 27 说明双方当事人有完全自由去决定(free to agree)如果需要的时候怎样去替代仲裁员,但这一般不会出现在仲裁条文内容内,因为双方绝少在订约时会想到这么细微的事。这如果是在出事时,也就是仲裁员在程序半途死亡时,双方才能去决定找谁去作为替代人选,但往往在这个时候就很难同意了。这表明 1996 年《仲裁法》之 Section 16 和 Section 18 的一些委任与缺席机制就应该适用。所以如果是需要代替一人/独任仲裁庭,原告应该按照 1996 年《仲裁法》之 Section 16 先要求被告同意一位仲裁员来替代。如果被告不合作,原告就需要按照 1996 年《仲裁法》之 Section 18 向法院作出申请。如果在两人或三人仲裁庭需要代替原告自己死亡的仲裁员,那非常容易,原告只须作出委任替代人选然后通知被告就重新有了一个完整的仲裁庭。

需要注意的是 1996 年《仲裁法》之 Section 17 不适用,所以如果在两人或三人仲裁庭需要代替被告刚死亡的仲裁员,而被告不合作,原告不能因为被告不去委任一位代替的人选就把自己的仲裁员变为一人/独任仲裁庭,更不可能越俎代庖去为被告委任一位替代人选。原告照样需要向法院申请委任。

当考虑替代仲裁员的程序时,法院会尽量运用双方在合约内对于委任仲裁员已订下的程序,希望能反映双方的订约自由。在 Federal Insurance v. Transamerica Occidental Life Insurance [1999] 2 Lloyd's Rep. 286,因为仲裁条文容许被告有 30 天作出委任,就算这条文只是针对当初的委任而不是针对后来需要替代的仲裁员,法院认为这条文照样适用,而给被告 30 天(而不是 1996 年《仲裁法》之 Section 16 的 14 天)去作出委任。

6. 在香港委任仲裁员的程序 (appointment procedures in Hong Kong)

6.1 基本原则(general principles)

因为香港和英国法律通过历史缘故有大量相似的地方,大部分对于委任仲裁员和启动仲裁程序的大原则是非常一致的。

但有一方面与英国不同的是香港又分两个不同的制度,一个针对有国际因素的案件,另外一个针对香港本土的案件。这两个制度不同的地方已经通过 1996 年香港《仲裁法》的修改[Arbitration (Amendment) Ordinance 1996]大量统一化,虽然细节有

些区别,之后会介绍。但以下先介绍一些对于在香港委任仲裁员和启动仲裁程序的大原则(绝大部分与英国相同):

(1)双方有完全自由去决定仲裁庭的数目,仲裁员资格,国籍,居住的地方等因素,而当委任仲裁员时同样需要小心注意仲裁条文对这方面的明示要求,否则仲裁程序可变成无效,也就是这样的仲裁庭是没有管辖权的。

(2)考虑委任适当仲裁员的其他因素,例如熟悉法律或熟悉业务,文化背景,生意和社交上的关系,有否时间提供服务和对案件的集中力、年龄和健康(之前已经提过)照样适用。对于香港仲裁,特别如果双方当事人都是中国的,绝对没有理由不去找有水平的中国人做仲裁员。这甚至容许双方要求仲裁员用中文审理案件(如果这比较方便),而不需要浪费金钱把中文文件翻译成英文。

(3)原告也需要把适当的仲裁通知送达给被告才能保护时效。同样,原告可以向法院申请延长合约内的时效(contractual time bar)但不能延长法律上(如"Limitation Ordinance"的6年或者《海上货物运输法》的1年,等等)的立法时效(statutory time bar)。延长时效的考虑也是与英国法院一样的。

6.2 香港国际仲裁中心(the Hong Kong International Arbitration Centre,简称 HKIAC)的地位

香港在协助组成仲裁庭占优的一点是透过香港国际仲裁中心的操作。香港国际仲裁中心是一个独立和非营利性(在香港注册为慈善机构)透过保证的有限公司(company limited by guarantee),在1985年成立。虽然香港政府和商业界都对中心有一定的支持(例如地方是由香港政府所提供),中心是完全自给自足的。

香港国际仲裁中心的存在就是为了推广与支持香港仲裁,提供给用户不同的数据和帮助(例如怎样去拟定适当的仲裁条文或回答任何其他有关仲裁的咨询),香港国际仲裁中心对于组成仲裁庭与委任仲裁员方面提供两大立法服务,因为这种服务的权力是来自香港《仲裁法》。

第一是去决定(如果双方没有明示)仲裁庭应该由一位或三位人士组成。这是由于在《联合国示范法》之 Article 10(2)说明在没有明示人数的情况下,仲裁庭的人数是三位仲裁员。这等于是香港《仲裁法》默示的人数,当然《联合国示范法》只适用香港国际仲裁,例如大量航运与外贸的仲裁。简单介绍,一条仲裁条文只说"香港仲裁"(Arbitration in Hong Kong),仲裁庭人数就是三位。但由于航运与外贸存在大量的中小型金额的争议,例如滞期费等争议,这三位的仲裁庭就带来很多的麻烦,例如费用昂贵,组成仲裁庭与推进仲裁缓慢进程与三位熟悉海事的仲裁员共事一个仲裁庭也在香港不容易组成。所以香港在1990年引进了《联合国示范法》后,由于很多海事律师的投诉,结果在1996年 Section 34 C (5)去多加了一句条文如下:"If the parties to an arbitration agreement to which this Part applies fail to agree as to the number of arbitrators that is to determine a dispute arising under the agreement, the number of arbitrators is to be either 1 or 3 as decided by HKIAC in the particular case. This subsection applies to the exclusion of Article 10(2) of the UNCITRAL Model Law."注意的是如果已经有明示条文说明是独任或者是三人仲裁条文,HKIAC 就无法根据立法作出更改,这也违反了当事人自治(party autonomy)。

第二是帮助委任仲裁员去组成仲裁庭,如果在双方不合作的情况下不能自己做到。对于这方面,在其他国家/管辖权,例如英国,想启动仲裁的一方当事人就要向法院求助,而这会是比较昂贵和时间比较长的程序,特别是要把法院的传票去送达给外国的对方当事人(被告)。至于为什么英国不像香港不去把帮助委任仲裁员的服务从法院转交给一个有权威的仲裁机构,可以省钱省时间作出委任,而且往往更能够选择恰当的仲裁员?估计是英国有太多悠久历史与有权威的仲裁机构,难以作出选择。这不像香港去选定 HKIAC 为委任仲裁员的立法机构是没有什么其他机构可以提出异议的。话说回来,据悉英国在考虑 1996 年《仲裁法》生效后 10 年作出适当的修改中也会考虑这一方面。

以下介绍香港国际仲裁中心怎样提供这些服务。

6.3　国际仲裁制度(international arbitration regime)

绝大部分有关航运和外贸的仲裁,因为有跨国的因素(例如某一方或合约内的义务在不同国家操作或履行),所以由国际仲裁制度掌管。香港的国际制度适用《联合国示范法》(UNCITRAL Model Law),虽然大原则相似,但程序需要注意以下:

(1)以上已经提过双方有完全订约自由去决定仲裁员的数目,资格,国籍,居住的地方等因素,而这会受到尊重。

(2)较早已经简单提过如果双方没有明示仲裁员的数目,《联合国示范法》默示三位仲裁员,与英国默示一位仲裁员的立场不同。但因为香港逐渐了解坚持三位仲裁员的立场不够灵活而在金额小的案件令程序比较昂贵,香港通过 1996 年香港《仲裁法》的修改把情况改变为容许 HKIAC 决定仲裁庭应该由一位或三位仲裁员组成。决定应该是一位或三位仲裁员并非易事,特别如果双方有不同意见。为了遵守自然公正,HKIAC 会容许双方有合理机会表达自己意见才作出决定。HKIAC 会特别考虑到以下六个因素:

(i) 双方争议的金额(金额越少就会越大压力坚持一人仲裁庭);

(ii) 案件的复杂性和需要的救济(案件越复杂,关系到很多不同方面的专业,就比较适合三人仲裁庭);

(iii) 案件的性质和有否包含特别贸易和商业惯例(例如以上提过英国贸易和海事仲裁的惯例是两人仲裁庭——虽然 HKIAC 不会有立法权力委任两位仲裁员,只能选择一位或三位。其他行业会有不同惯例);

(iv) 双方的国籍(如果双方不同国籍而案件可能有这方面的敏感问题,例如关乎双方不同种族或国籍证人的可信度,可能会需要三位仲裁员,容许双方委任不同种族或国籍的人士作仲裁员);

(v) 决定多少人的仲裁庭也需要考虑香港或仲裁员名单中有多少适合人选可担

任该特殊案件的仲裁员；

（vi）案件紧急性（案件越紧急，越会考虑一人/独任仲裁庭因为行动一般比较迅速）。

这个做法在1997年开始之后，HKIAC操作应是良好，当然在摸索中也找出一些道路。例如现在有不成文的说法就是争议金额少于100万美元的就通常只会是决定独任仲裁员（其实是把默示的三位仲裁员改为一位）。其他特殊的情况，例如时间上紧急与有这方面资格的仲裁员人数不多，即使在金额超过100万美元的案件，仍会去决定独任仲裁员。这些考虑因素都已经提过，这样一来，向HKIAC提出申请的当事人（由默示的三位仲裁员改为一位）几乎是10宗中有8或9宗得到批准。如果申请人同时要求作出委任，HKIAC也会在决定了独任仲裁员的人数之时一并作出委任。这种申请HKIAC每年有15到20宗。这个做法也带来了另外一个好处，就是当事人很难在合约的仲裁条文中预测将来可能的争议是复杂或者简单，金额是大是小，但出了争议又无法再去作出任何同意。显然是，复杂与金额大的争议会由一个三人仲裁庭比较适合。相反，金额小的争议就由独任仲裁员去处理才符合比例（proportionality）与实际。既然出了争议双方无法再同意，即使是一些合理的事情，现在就由HKIAC可根据争议的性质与情况作出人数的决定。

如果需要香港国际仲裁中心（HKIAC）帮助对仲裁员数目作出决定，申请方需要填写表格（Form 2可从中心网页获取〈www. hkiac. org〉），并与仲裁条文及把表格已送达给另外一方的证明一起提交给HKIAC。同时，申请人需要支付手续费（目前HK＄4,000）但如果考虑到HKIAC需要在这方面花的时间，其实收费绝对不高。

（3）当任何一方对于委任仲裁员程序不合作时，香港国际仲裁中心（HKIAC）也会扮演重要角色。《联合国示范法》表示对于一人/独任仲裁庭，如果原告发出通知而双方不能在30天内同意一位人选（在英国期限是28天），原告就能够要求HKIAC帮忙作出委任。对于两人或三人仲裁庭，如果原告发出通知而委任了自己的仲裁员后30天被告都没有行动，原告也能要求HKIAC帮助被告作出委任（在英国期限是14天，而原告可尝试运用程序把自己已委任的仲裁员转为一人/独任仲裁庭）。决定适合作仲裁员的人选也并非易事。在HKIAC内有小组负责选择适当仲裁员（这些角色轮流担任），而他们会考虑以下六个因素：

（i）争议的性质和双方的身份（不同性质的争议会需要不同专业的仲裁员，而双方的身份可能会令某些人选不适合在这特定案件作仲裁员）。

（ii）仲裁员是否有空（如果仲裁员没有时间，他就不适合被委任了）。

（iii）仲裁员是否独立和不偏袒任何一方当事人（如果有理由令仲裁员有危机会偏袒某一方，他就不适合被委任了）。

（iv）仲裁条文内容和有没有特别要求（如果有的话就必须完全遵守）。

（v）双方可能会提议人选，虽然这方面是非常敏感的，因为一方提议的人选可能另外一方不愿意接受，而HKIAC需要完全中立。起初的做法是HKIAC避开一方当事人(通常是申请一方当事人)所提议的名字,怕这样做就不像太公正。但不久后,HKIAC 感觉到当事人会比 HKIAC 对案情了解得多很多,变了提议的人选,特别是有一定名气的仲裁员,会更加适合有关的案情,而这是 HKIAC 无法知道的。所以,做法上改变过来是 HKIAC 现在非常愿意接受当事人对仲裁员的合理要求。这种要求现在常见的是:仲裁员必须精通中英文,仲裁员收费不能太高,仲裁员必须懂英国法律或者中国法律,某仲裁员因为他已经处理过一个同类案件因此作为仲裁员会更了解,等等。HKIAC 在一方提议仲裁员的名字后,在作决定前一定会先去问另一方。有时候另一方也会马上同意,这样一来决定仲裁员人选是来自双方当事人而不是 HKIAC 了。但更多的情况会是另一方拒绝,如果拒绝的原因是合情合理,HKIAC 就会去避开被提议的名字/人选。但如果另一方只是拒绝但不说原因或者说不出原因,HKIAC 仍有很大可能会委任被提议的名字作为仲裁员人选,因为立法说明最终决定权是在 HKIAC 而不是在任何其他人。

(vi) 其他有关文件。

当小组选择了适当人选后,HKIAC 会马上通知双方当事人,要求他们如果有什么异议就需要在 14 天内提出。之后,HKIAC 会开特别委员会来确定委任。一般整个程序需要一个月至一个半月完成(从收到以下提及的 Form 1 开始计算)。

如果需要 HKIAC 帮助作出委任,申请方需要填写表格(Form 1 也可从 HKIAC 网页获取),并与仲裁条文及把表格已送达给另外一方的证明一起提交给 HKIAC。申请人也需要支付手续费(目前也是 HK $4,000)。

HKIAC 时常在委任仲裁员时面对不同种类的异议,例如被告声称没有仲裁协议,仲裁协议因为各种理由无效或按照仲裁条文应该是其他仲裁机构管理的。HKIAC 一般态度是尽可能都会作出委任,而根据独立原则(separation principle)让仲裁员决定自己有没有管辖权审理这案。

(4) 如果任何一方当事人想作出挑战/质疑,《联合国示范法》要求(如果仲裁条文没有其他明示)那一方在 15 天内把挑战/质疑的理由由书面表达出来,容许仲裁庭作出对管辖权的裁决。之后,如果败诉方不接受裁决,他可向香港第一审法院(Hong Kong Court of First Instance)提出上诉,但第一审法院的判决就不能再上诉。如果某一方过度延误(undue delay)地提出挑战,他有很大机会被视为放弃(waive)挑战的权利。

因为有 15 天内提出挑战/质疑的要求,《联合国示范法》的立场比英国法严谨。但在英国,挑战方的延误可令他放弃一切挑战的权利,而在《联合国示范法》,弃权条文不适用于一些不能订约排除(derogate)的规定(例如仲裁员必须独立和不偏袒某一方)。在这些情况下,双方不能因为延误就愿意接受一位不公正的仲裁员,虽然笔者认为法院会因为挑战方过迟把问题提出而觉得可疑(认为这是用来拖时间的手段),会因此拒绝申请。

(5)对于仲裁通知的要求,《联合国示范法》比英国的态度宽松,而只要求原告邀请被告把争议提交到仲裁审理(“… a request for that dispute to be referred to arbitration …”)。当被告收到通知时,仲裁就启动了,时效也保护了。

6.4　本地仲裁制度(domestic arbitration regime)

香港本地仲裁制度是从以前英国法律演变过来的,目前是通过1963年香港《仲裁法》(“Arbitration Ordinance” 1963)和以后的修改管辖的。以下介绍在这方面的特点:

(1)双方继续有完全订约自由去决定仲裁员的数目,资格,国籍,居住的地方等因素。

(2)如果双方没有表示仲裁员的数目,1963年香港《仲裁法》默示一人仲裁庭,与英国立场一样。

(3)如果双方需要同意一位仲裁员而一方不合作,另外一方可给7天时间通知要求合作,否则可要求香港国际仲裁中心(HKIAC)帮助作出委任。如果是两人或三人仲裁庭,原告已经委任仲裁员但被告不合作,原告也可给7天时间。如果被告不理会,之后原告可委任自己的人选作为一人/独任仲裁庭。1963年香港《仲裁法》在这方面比《联合国示范法》的30天的规定短得多。但问题是只有7天是否太短?例如仲裁通知是年假刚开始一天去送达给中方被告,他肯定在7天内是无法委任自己的仲裁员。他的委任权就被剥夺了。

(4)1963年香港《仲裁法》没有对于把挑战/质疑仲裁员是否被正确委任因为延误提出而被当做弃权作出什么明示规定(没有按照英国1996年《仲裁法》改变),看来,香港是按照英国在1996年《仲裁法》之前的地位,就是管辖权问题是在任何时间都可以被法院重新考虑:“the position under English law had been that an award on jurisdiction was always capable of being reopened by the courts”,在案例:Svenska Petroleum Exploration AB v. Government of the Republic of Lithuania [2005] EWHC 9 (Comm.)有提到。但当然是挑战方越早提出越好。

(5)对于仲裁通知的要求,1963年香港《仲裁法》要求原告通知被告邀请他委任或合作委任一位仲裁员,或如果仲裁员名称在条文明示了(罕见情况),同意把争议递交给他/她审理[“a notice requiring (the other party or parties) to appoint or concur in appointing an arbitrator, or where the arbitration agreement provides that the reference shall be to a person named or designated in the agreement, requiring him or them to submit the dispute to the person so named or designated”]。同时,1963年香港《仲裁法》也应该是假设仲裁通知要书面的。

这封仲裁通知如果是被送达被告本人,放在他在香港平常或最后所知道的居住地点(the usual or last known place of abode in Hong Kong)或用挂号邮寄(by post in a registered letter)送达他在香港平常或最后所知道的居住地点,就会被视为在送达的那天收到(除非被告能证明收不到)。这也是有些不同的,所以必须小心时效逼近的情况。

(6)对于替代(substitute)仲裁员,1963年香港《仲裁法》立场也是适用原本用来委任那位(被替代的)原仲裁员的程序。法例特别表明如果双方没有在这方面合作,任何一方可给对方7天通知,然后要求香港国际仲裁中心(HKIAC)帮助作出委任替代仲裁员。

7. 结论(conclusion)

委任适当仲裁员的重要性是时常被轻视的。在订仲裁条文时,双方一般不会想到如果有争议时怎样办,所以条文会订得简陋,或只会适用一些标准条文,没有考虑是否符合自己的需要。例如,笔者见过有些条文要求仲裁员居住在英国,但对于中方这适合吗?特别是在一个合约涉及双方都是亚洲的当事人。当争议发生后需要作出委任时,双方对于仲裁员人选也往往不感兴趣,认为全部仲裁员都是一样,没有多大区别,特别仲裁员是一个西方人的名字。

当事人会有这种想法因为除非有经过多次诉讼的经验,很难去感受不同仲裁员的特色,例如快慢、水平、文化背景,等等。一般有身份的仲裁员都想作出公正的裁决,而就算对某一方当事人有特别好感,都会是潜意识的偏向。而他们都会把任何偏见小心隐藏,而且有身份的仲裁员都有水平能做得到。另外,如果只是一位第三者(没有经过案件的发展)去看法庭判决或仲裁员裁决书,往往是看不出不公平之处的。因为整个情节是法官/仲裁员撰写的,大可以避重就轻,也可以说是相信原告不相信被告,令没有一起听审取证的第三者根本无法去异议,再加上他们是高水平,令整个判决/裁决书十分有说服力。

希望通过本章的介绍,中国内地的当事人与代表律师能够更清楚地了解怎样去拟定一条好的仲裁条文,以及在有了争议/索赔后,知道怎样去委任对自己有利与适当的仲裁员以组成仲裁庭,作好仲裁程序开始的第一步。

第四章　法院与仲裁的关系

1. 序　　言

仲裁来自当事人的意愿(party-consensus)与合约关系,当事人有自主权(party-autonomy),仲裁地法院最好不插手,或尽量少插手,特别是对于国际仲裁,这已是近二三十年以来被普遍接受的说法。但仲裁毕竟是一种“司法行为”(judicial process),它可保护法定时效(《Limitation Act 1980》),并且裁决的结果可以像法院判决一样得到强制执行。所以,很难想象法院会对仲裁完全撒手不理,任由它自生自灭,发展为无法无天,贪污腐败的一套“地下”做法。显然,这不是好的做法,更不会是仲裁当事人的意愿。

像《联合国示范法》(UNCITRAL Model Law,简称为 UML),它的倾向是明确减少仲裁地法院的干涉,但仍剩下不少的情况非要依赖法院不可。至于英国仲裁的做法,则一向被批评为英国法院干预仲裁太多,也有人“危言耸听”地说这样对英国/伦敦仲裁的发展有害。结果这带来了匆匆的 1979 年《仲裁法》立法,主旨是减少英国法院在某一方面的干涉(实体法观点的上诉)。这是历史性的改变。而到了 1996 年《仲裁法》立法更是进一步朝这方面发展,例如把原属法院管理的一些“中间措施”(interim measures)中的“中间程序”(interlocutory proceedings)交给了仲裁员,令英国仲裁员的“权力”(powers)大增。但是,1996 年立法生效后不久,英国法律界已有呼声要求英国法院“走回头路”多插手仲裁的法律观点,多容许上诉。笔者 2004 年 5 月在伦敦参加的一个大型会议,伦敦市长(原来是做律师)、上诉庭庭长(Master of Rolls)与首席贵族院法律勋爵(Senior Law Lord)异口同声赞成“走回头路”。伦敦市长更是明确说,即使英国是世界上唯一不让裁决书“说了算”的国家,但是可就法律观点向法院提出上诉,“就让它去”(so be it)。

这些方面稍后再予详论,在此只说不管法院插手仲裁是多是少,永远都是一种平衡做法。这一平衡做法也会随时间与环境而改变。平衡得好,就会起到支持本国仲裁的持续发展与增加国际竞争力的作用,会受到国际上的欢迎与信任,保证本国仲裁制度不会变坏,增强对本国仲裁制度的信心,培养人才等,也会照顾到其他“非仲裁”的方面,例如法律(特别是商法)的持续发展,与国家法院如何合理分摊工作量等。

2. 英国法院插手仲裁的权力

2.1　1996 年《仲裁法》的大原则

1996 年《仲裁法》之 Section 1,写明了大原则、大精神(general principles)。它共有 3 条,第 1 条的 Section 1(a)说明仲裁目标是防止不必要的延误与费用,以一个不偏私的仲裁庭去公平解决争议(The object of arbitration is to obtain the fair resolution of disputes by an impartial tribunal without unnecessary delay or expense)。这就列明了三个仲裁程序的主要之处:一是“自然公正”(natural justice);二是防止或避免延误;三是防止或避免不必要的费用。

第 2 条的 Section 1(b)说明英国 1996 年《仲裁法》尊重当事人有自主权(party-autonomy):“The parties should be free to agree how their disputes are resolved …”

第 3 条的 Section 3(c)与本章有很大的关系,它严格地局限了法院能去插手的权力。它说除非本《仲裁法》写明可以这样做,则英国法院不准插手(in matters governed by this part the court should not intervene except as provide by this part)。该条在 1996 年立法前不存在(即 1950 年《仲裁法》或更早的《仲裁法》都没有)。这表示立法没有写明的事情,主要忘了立法或立法不够用字宽松/准确的地方,法院一样可去插手,因为在一个法治社会,有争议或问题都是向法院寻求解决或澄清/宣示。这是法院的“剩余管辖权”(residual jurisdiction)。但 1996 年《仲裁法》的 Section 1(c)条文,等于把英国法院的“剩余管辖权”给剥夺了。这表示立法更要小心,需法院插手之处都须清楚明确列出,不要有所遗留或含糊。举例说,1950 年《仲裁法》之 Section 10 只针对法院有权力去委任独任仲裁员,与 2 位或 3 位的仲裁庭因当事人仲裁员无法同意委任谁做“公断人”(umpire)或“第三位仲裁员”(third arbitrator),而去插手代委任等情况作出规定。但 1950 年《仲裁法》没有想到去针对 4 位、5 位仲裁员的仲裁庭成立的情况,它只有在 Section 6、8 与 9 针对了独任 2 位与 3 位的仲裁庭。如果 1996 年《仲裁法》不能写得更好更广,就会在罕见的 4 位、5 位仲裁员(例如像 GAFTA 的上诉仲裁庭)条文缺乏明示权力去插手。

顺便一提的是 1996 年《仲裁法》之 Section 1(c)的大原则、大精神也反映在联合国示范法(UML)之 Article 5:“In matters governed by this law no court shall intervene except where so provided in this Law.”

但即使有了严格的局限,英国法院在 1996 年《仲裁法》下要明示插手的事情仍是不少。它们可区分为“支持任务”(supportive role)与“监督任务”(supervisory role),接下段节会详论。

2.2 法院支持任务(supportive role)

在这类型的任务下,有以下各项:

2.2.1 支援之一:中止法院程序让出管辖权给仲裁

这是在1996年立法之Section 9,它把1975年《仲裁法》的1958年《纽约公约》照搬进来。它与生效前适用的1950—1979年《仲裁法》有以下主要的分别:

2.2.1.1 分别之一:再没有简易判决的做法

英国的1975年《仲裁法》下,有一种十分流行的做法是在笔者的《国际商务仲裁》一书之75页有详及,可节录如下:

但英国在它1975年的仲裁法,纯粹是把1958年的纽约公约立法,但画蛇添足地多加了一个例外可以拒绝中止,这是(在纽约公约的唯一例外后加):

"or that there is not in fact any dispute between the parties with regard to the matter agreed to be referred, shall make an order staying the proceedings."

英国当时认为没有改动纽约公约,只是更清楚地说明了有争议(dispute)才有仲裁,才会去中止。

但这带来不明朗,特别是早期法院尚未明显支持仲裁。这不明朗是原告动不动去法院起诉索赔,被告来中止时,原告反驳说没有真正的争议存在。例如被告的抗辩非常软弱(weak defence),根本站不住脚,所以法院不应去中止:The "Fuoshan Maru" (1978)1 Lloyd's Rep. 24.

甚至是对运费(freight)的争议,因为法律对准时准数付运费很重视,一般不准对冲扣除,所以原告船东也可成功避开仲裁协议直接去法院取得一个简易判决(summary judgment,在高院程序规则的Order 14),根本不必担心被告(承租人)会中止成功:The "Cleon"(1983) 1 Lloyd's Rep. 586.

运费之外,连对滞期费这种最有争议的项目,也试过法官自说自话认为没有什么好争议的,拒绝中止让双方去伦敦仲裁,进而作出一个简易判决:香港法院的The "Heruvim"(1989)。

在1996年的《仲裁法》之Section 9,已照足《纽约公约》,再没有1975年《仲裁法》多加的一句。另外,何谓"争议"(dispute)有十分宽松的解释或定义:请看《Commercial Arbitration》第2版之127、128页。这导致1996年立法生效后再没有去法院申请简易判决的做法,除非是被告"毫不争议"的承认债务:《Commercial Arbitration》一书中之128页。但被告既然申请中止,即使以前承认的欠下债务也会改口,所以不会发生。即使被告空口或乱说的拒绝欠钱,这仍是"争议"。反正在1996年《仲裁法》下仲裁员被视为有足够权力作出类似法院简易判决的做法,例如很快作出"中间裁决"(interim award)。明确这方面的先例有Halki Shipping Corp. v. Sopex Oils Ltd. (1998) 1 Lloyd's Rep. 465(CA). 另可去看Secretary of State for Foreign and Common

Wealth Affairs v. The Percy Thomas Partnership (1998) CILL 1342.

2.2.1.2 分别之二:不再区分本土与国际仲裁

英国法院以前一直对待合约中的仲裁条文是中止与否属法官的裁量权(discretion):请看1950年《仲裁法》之Section 4。这适用于所有英国的仲裁。到了1975年的《仲裁法》,由于是把1958年的《纽约公约》立法,对于国际仲裁(涉及其他公约国的当事人),英国法院就必须强制性下令中止。由于《纽约公约》不适用于本土仲裁,这导致本土与国际仲裁之间产生了不同待遇:前者中止是法官的裁量权,后者中止是强制性。前者裁量权下令拒绝中止的例子(除了上一小段例子有):

(i)有可能会涉及第三者。这是因为法院审理没有合并的困难,可把第三者拖进来作为共同原告或共同被告,但仲裁在这方面困难太大了。

(ii)针对消费者。(会有情况如"法律援助"只在法院诉讼适用但不在仲裁适用,而法援对"弱小"的消费者十分重要。)

在1996年的立法中,立法小组考虑到:

(A)一个英国仲裁中,双方当事人都是英国公司,或者双方当事人是"一英一中"(也可以是其他国家),会产生不同待遇,这不合逻辑,也没有必要。

(B)英国进了欧共体,法律必须把欧洲公司/人士视为平等,不得歧视,何谓"本土",何谓"外国",待遇有何不同,可能是敏感课题。

(C)在大潮流把仲裁的当事人有自主权(party-autonomy)视为至高无上的情况下,干预本土仲裁也不是明智之举。

结果是,立法对待本土仲裁存在不同(1996年《仲裁法》之Section 85—87),但再让Section 88把有关的3条条文排除(repeal)。

2.2.1.3 1996年《仲裁法》下法院唯一可拒绝中止的情况

这是由1996年《仲裁法》之Section 9(4)规定的,文字/措辞与《纽约公约》一致。法院可拒绝中止的情况是法院"满意仲裁条文是无效与空的,不能实施或不能去履行"(unless satisfied that the arbitration agreement is null and void, inoperative, or incapable of being performed)。而且在支持仲裁的大气候下,这种情况会是十分严格与局限的解释。

2.2.1.3.1 对管辖权有争议的做法

"无效与空的(null and void)不包括双方当事人对管辖权有争议,而争议是一方指称没有主合约,也没有仲裁条文(例)。这是因为依据Section 30的"正途"做法,也依照"独立原则"(separation principle),是由仲裁庭初步裁定。所以,法院仍应该中止。但会有情况不涉及证据或太多证据,法院在处理是否中止申请时可很快作出最后定论(判决)。这样一来,中止然后再回来让法院讲最后一句话(Section 67)看似多余。故此,在Birse Construction Ltd. v. ST. David Ltd. (1999) BLR 194先例,同意此做法法院有如下几种不同程序的做法(任由法官选择):

(1)双方当事人之间确有有效仲裁条文(这样一判,仲裁庭也无须再去裁定管辖权了,这种做法近期越来越多,也是法院倾向的做法)。

(2)中止法院程序让仲裁庭依据 Section 30 去初步裁定。(这是正途,尤其是有许多争议证据,法院更应如此去做。)

(3)不去马上判决,另去择日再审。

(4)判决没有有效仲裁条文,这是(1)的反面。这样一来,中止的申请也就被拒绝(dismiss)了。

2.2.1.3.2　仲裁条文太矛盾、太不肯定

根据合约法,一条太不肯定与/或矛盾的条文(包括仲裁条文)也有可能被视为"无效与空的"(null and void)。但这样去解释合约条文并非是好的做法,因为双方既然同意了约束的合约条文,总应先去假设它有一定的意思或意图,应去客观找出来。但总会有一个极端地步是无法作出任何解释。这种情况不多,在笔者(杨良宜)的《国际商务仲裁》一书之 113 页曾举了一个罕有的例子,就是 Lovelock (ETR) Ltd. v. Exportels (1968) 1 Lloyd's Rep. 163。它的合约中有一条文说"Any dispute and/or claim"去伦敦仲裁,另一条文说"Any other dispute"去莫斯科仲裁,上诉庭判决仲裁条文太矛盾、太不肯定而无效。但它是 1968 年的先例,到了今天对仲裁更宽松、更支持的大气候下,同样案情下会否有不同判法?再说,1996 年《仲裁法》之 Section 30 规定了管辖权争议的"正途"做法,而这类争议正是管辖权争议的一种。故此,法院若是有疑问但无意去作最后判决,仍应去中止让双方当事人在仲裁庭面前去争辩这个疑问。笔者本人也是采取这种积极态度以支持仲裁,做法是接受在这种仲裁条文下的委任为仲裁员,之后等待进一步发展。

2.2.1.3.3　仲裁条文可否以毁约被接受为由而变得不能实施?

任何合约可以因一方"毁约"(repudiation)而被无辜的对方"接受"(accept)后中止/中断。典型的"毁约"是拒绝履行合约或拒绝依照合约规定履约。这可能是一方主观认为合约不存在而拒绝履约。但客观看(例如法院的判决或仲裁庭的裁决)这合约的确存在,主观的一方由于错误判断不构成毁约。至于无辜方的"接受",即不再坚持对方履约而改为将来索赔损失作为救济,方式可以是明示的一句:"我接受你的毁约",或是以行动来表示。这一重要课题,在笔者(杨良宜)的《国际商务游戏规则——英国合约法》一书之第十三章有全面详论,请参阅。另在本书第一章也有详论。

照说,仲裁条文是合约条文一种,应该可以通过毁约被接受而中止/中断。但危险是,毁约情况现实中很多。经常是,认为合约不存在一方(一般是被告)或是扯皮、不合作一方(也往往是被告)对原告的仲裁通知不理睬或是拒绝仲裁。这样一来,若是原告可以被告毁约并加以接受后转而向法院(任何适合法院)起诉,因为再不受仲裁条文约束,这显然对仲裁的发展是很坏的事。特别是,这种争议本是管辖权争议,1996 年《仲裁法》已经设计了一套对待它的做法(例如 Section 30),也鼓励被告去合作并委任仲裁员[在 Section 31(1)说明这一行动不构成弃权],之后才在仲裁庭面前争议。故此,

1996 年立法若有想到,是不会支持原告可以被告“毁约”而去逃避仲裁的。

这不幸的情况在 Downing v. Al Tameer Establishment (2002) EWCA Civ 721 的英国上诉庭判决出现,已在第一章提到。案情是 Downing 先生(D)发明了一种可分离油与水的设计,并登记了专利权。但 D 没有资金去进一步投产与打开市场。在 1991 年 2 月,D 与一家沙特阿拉伯公司 AL Tameer Est. (AT)合作,并由后者提供资金。合作的协议中明言适用英国法,并且有一条差劲的仲裁条文说:

“… In case the difference cannot be settled through mutual consultation, the matter shall be submitted for arbitration by three arbitrators to be appointed by each of the parties hereto whose award shall be final and binding.”

上述条文差劲之处是它规定了 3 人的仲裁庭,但由每一位当事人委任一人。可是合约只有两位当事人,这第三位仲裁员该如何委任呢?这种没有深思熟虑的明示条文,倒不如不写,让 1996 年《仲裁法》下的默示地位去解决。这是 Section 16 (5)(b)之:

“If the tribunal is to consist of three arbitrators… (b) the two so appointed shall forthwith appoint a third arbitrator as the chairman of the tribunal.”

说实在的,上述差劲条文会给不合作一方指称条文太不肯定、无法解释,故此是“无效与空的”(null and void),或是仲裁条文“无法实施”(inoperative)。虽然条文中有“仲裁”二字,法院会在今天的大气候下尽力去支持/维护仲裁的有效性,但仍会带来劳民伤财的麻烦。

在本先例,争议倒不在这些方面,而在“毁约”(repudiation)。

案情发展下去,AT 自己对设计进行测验并发现或声称设计不合格。至此,AT 再不肯履约与注资而最终双方去各自委任了律师处理。起初,AT 否认双方仍有任何合约关系,整件事已告终结。到了 1997 年 2 月 12 日,D 以信函“接受”了 AT 的毁约并在英国法院作出告票起诉。在告票送达后,AT 的律师作出中止申请,指称有仲裁条文。

在此不妨去估计一下 D 与 AT 在上述行动的背后想法。D 放弃仲裁而去英国法院起诉,估计主因是律师告诉 D 在合约中的仲裁条文十分差劲,将来在组成仲裁庭之时会面临麻烦,不如干脆去法院。当然这样做会有不利之处,主要不像仲裁裁决书,有 1958 年《纽约公约》之助,可在胜诉后去沙特阿拉伯向 AT 执行。但若是知道,AT 是大公司,在英国有资产,有银行户口等,这分别也就不大。

至于 AT 提出中止申请,可能是想法真有了改变。更有可能是起初否认有任何合约关系,也拒绝委任仲裁员,但到了法院告票送达后,AT 自知不合作难不倒 D,一场恶斗在所难免,这一来倒不如回去仲裁解决。不知道 AT 的背景也或是,AT 喜欢仲裁的机密吧。最后,也不否定 AT 作为被告只是无意识的“唱反调”的可能。

在英国高院与上诉庭,认为 AT 否认仲裁条文与拒绝委任仲裁员等的早期作为,构成了毁约。而上诉庭与高院不一致是上诉庭认为 D“接受”了 AT 对仲裁协议的

“毁约”，进而令仲裁条文“不能实施”(inoperative)。估计在本先例，上诉庭也会想到这差劲的仲裁条文中止后去了仲裁也会再回到法院，故对AT的中止申请有所抗拒。但问题是，这是一个危险与困扰的先例，将来让更多的原告可以通过被告毁约去逃避仲裁。

2.2.2 支援之二：作出anti-suit禁令以保护伦敦仲裁

Anti-suit禁令是笔者(杨良宜与杨大明)的《禁令》一书第六章详论的课题，不在此重复。只说是英国法院这种做法有10年以上的历史了。第一个先例是Continental Bank v. Aeakos (1994) 1 Lloyd's Rep. 505。案情涉及希腊船东与美国银行之间的一份贷款合约，合约中有一英国管辖条文(不是“仲裁条文”)。希腊船东欠债不还，但他比美国银行快一步，先在希腊法院起诉美国银行，指称美国银行违反商业道德(希腊法才有的说法)。这导致美国银行向英国法院申请anti-suit禁令，禁止希腊船东继续在希腊法院诉讼。

这种情况在欧共体是根据Brussels Convention 1968规定的，它在Article 21说明“慢一步”(second-seised)的法院(在此是英国法院)应中止程序，先让给“快一步”(first-seised)的法院(在此是希腊法院)审理。但审理中若发现另一地方法院更为适当(例如是英国法院)，“快一步”的法院就应中止并让出管辖权。

看来，这个制度下是要假设各公约国(欧共体)法院都十分君子，坦白互信，没有私心以及看法一致。比方说，英国法院信任希腊法院在审理中发觉贷款合约写明了英国管辖条文，即会去尊重并中止审理。

但英国法院看来内心不信任，故拒绝被动地等待希腊法院审理。上诉庭认为本案件的违约太明显，而且在希腊法院的诉讼是“恶意与压迫性”(vexatious and oppressive)的。故此，上诉庭不依照Article 21判决，维持作出anti-suit禁令。这样一来，就对希腊船东有压力了，因为有民事诉讼变刑事诉讼的危险，希腊船东也很难永远不再踏足英国。

至于针对保护伦敦仲裁的同类先例是The “Angelic Grace” (1995) 1 Lloyd's Rep. 87。它涉及租约，内有一条广泛的伦敦仲裁条文。船舶在意大利靠泊时把承租人的泊位碰坏，承租人在意大利法院起诉，而船东向英国法院申请anti-suit禁令。英国上诉庭认为租约仲裁条文包括这类争议，故作出了anti-suit禁令阻止意大利承租人继续在意大利法院的诉讼。Millett大法官有以下指导性的话：

“In my judgment, where an injunction is sought to restrain a party from proceeding in a foreign court in breach of an arbitration agreement governed by English law, the English court need feel no diffidence in granting the injunction, provided that it is sought promptly and before the foreign proceedings are too far advanced.”

近期的变化是，在针对欧共体国家法院的情况中，一直存在的疑问是这是否符合欧共体规定的Council Regulation 44/2001/EC与公约的Lugano Convention 1989，这一问题在2个欧共体的决定中获得肯定。一是Erich Gasser GmbH. v. MISAT Srl, December 2003(未被报道)。欧洲法院(European Court of Justice)否定了英国法院作出anti-suit禁令对待欧共体国家"快一步"(first-seised)的法院。二是欧共体检察总长(Advocate General)在Turner v. Grovit, 29.11.2003所作出的决定,该决定坚决认为anti-suit禁令违反欧共体法。最后,欧洲法院完全同意检察总长的意见。这令有些法律人士认为anti-suit禁令的观念被毁灭了(the death of anti-suit injunction)。

当然,上述只是针对欧共体国家法院。在针对非欧共体国家(如中国)anti-suit禁令做法会继续,只要英国法院认为根据合约中的管辖条文或/与其他考虑,英国法院是适当的法院。

至于伦敦仲裁,则英国法院更是肯定不会拒绝作出anti-suit禁令了。在The "Atlantic Emperor"(1994)2 Lloyd's Rep. 287,欧洲法院(European Court of Justice)判定仲裁条文不像法院管辖条文,不受Council Regulation 44/2001/EC约束。至于英国先例是Toepfer Int'l v. Molino Boschi (1996) 1 Lloyd's Rep. 510;Toepfer Int'l v. Societe Cargill France (1998) 1 Lloyd's Rep. 379; Navigation Maritime Bulgare v. Rustal Trading Ltd. (2002) 1 Lloyd's Rep. 107与贵族院的Donohue v. Armco Inc (2002) 1 Lloyd's Rep. 425 (HL)等。

也是如此,有说法是合约与其订明英国法院管辖,倒不如订明伦敦仲裁来得肯定,不必害怕被其他欧共体国家法院先把案件"劫持"(hijack)了。

2.2.3　支援之三:延长开始仲裁的时效/时限

合约中时效/时限的问题十分重要与常见,这在笔者的《国际商务仲裁》一书第七章已有详论,已讲过的内容不重复。只说,在§2段提到时效分4大种类:(1)来自英国立法之Limitation Act 1980与其他个别立法如《海上运输法》等;(2)来自其他国家适用法;(3)合约内规定一个时效必须开始仲裁;(4)合约内规定一个时效必须做一些事,如作出通知或正式索赔。

涉及《仲裁法》允许延长时效只有一种:就是(3)的"合约时效"(contractual time bar)。而由于订约自由,所以"合约时效"喜欢订多久就多久,一两个小时内也无妨。事实上,《仲裁法》自1934年版本已有条文允许延长"合约时效",起因也是不满Centrocon租约中太短的"合约时效":请参阅The "Angeliki" (1973) 2 Lloyd's Rep. 226。

在1996年《仲裁法》之Section 12,一开始也说明是针对"合约时效",说:

"(1) Where an arbitration agreement to refer future disputes to arbitration provides that a claim shall be barred, or the claimant's right extinguished, unless the claimant takes within a time fixed by the agreement some step…

(a) to begin arbitral proceedings, or…"

香港《仲裁法》之Section 2 GD也有类同英国法的条文,唯一不同的是香港规定有权延长时效的是仲裁庭/仲裁员,而英国是法院。所以"香港国际仲裁中心"(HKIAC)可根据香港立法委任仲裁员,而不理会反对委任的被告声称索赔时效已逝。原因是即使属实稍后原告仍会获得仲裁庭同意延长时效。但由仲裁庭/仲裁员去决定是否延长，会有利益上的矛盾或/与宽松而导致错判。在 Downer & Co Ltd. v. Airport Authority，February 2000，仲裁员大概是可惜错过了时效不久的争端（申请人弄错了时效，以为是 16.3.1998，但实是 13.3.1998），同意让申请人延长时效。但对方不服而向法院上诉，因为这不可能符合立法的要求："The circumstances were such as to be outside the reasonable contemplation of the parties when they entered into the arbitration agreement, and that it would be just to extend the period"。高院与上诉庭均同意此法律观点十分重要，故给予批文上诉（leave to appeal）。但请注意这是一个建筑的本土仲裁，它有上诉法院的管制/约束。若换了国际仲裁的一套，适用《联合国示范法》（UNCITRAL Model Law），没有上诉，仲裁员怎样乱来也管不了。

即使在英国，过了时效也不表示仲裁庭没有管辖权，不必组成仲裁庭。所以，原告不向法院申请延长时效，而向法院起诉，被告要求中止，法院仍会同意中止：The "Siki Riolette"（1999）1 WLR 708。反正被告可以以仲裁时效已逝作为抗辩。

1996 年《仲裁法》在可延长时效的情况方面相比 1950 年《仲裁法》相关条文有了很大的局限。1950 年《仲裁法》Section 27 是说在有"过度困境"（undue hardship）的情况下，即可作出延长时效的救济。而后来先例对这情况有一个十分宽松的解释，例如，The "Pegasus"（1967）1 Lloyd's Rep. 302 与 The "Aspen Trader"（1981）1 Lloyd's Rep. 273 都解释"undue hardship"一词十分宽松，甚至原告（申请人）有过错导致时效逝去也不影响。但到了 1996 年的立法，想法有了改变，认为既是双方当事人所同意，就不应去"自说自话"硬插手把条文改变（延长合约时效）。这样一来，1950 年《仲裁法》之 Section 27 的"过度困境"在 1996 年立法被抛弃不用，代而取之的是 1996 年《仲裁法》的新严厉准则，是在 Section 12（3），如下：

"（a）情况是双方订约时合理预料之处（that the circumstances are such as were outside the reasonable contemplation of the parties when they agreed the provision in question）；

或（b）一方当事人的行为导致不公正强加在另一方当事人严格的时效规定（that the conduct of one party makes it unjust to hold the other party to the strict terms of the provision in question）。"

在上述 Section 12（3）（a），笔者（杨良宜）的《国际商务仲裁》一书之 291—292 页曾说及：

"（a）是绝少发生，双方是开了眼睛去同意协议一个时效条文，不论多长多短，怎能说时效已过，这不在双方'合理预计内'（outside the reasonable contemplation）？Bruce Harris 先生曾参与 1996 年《仲裁法》的立法，他给了一个例子：租约内协议有 12 个月的时效条文，而提单也一般有一年时效，这是根据海牙规则或有关法律。收货人因提单合约起诉船东须在一年内，这样一来，船东应在租约内同一时效开始仲裁，以保障这 12 个月（一年）在合约内的时效，将来可向承租人对此货损货差要求补偿（indemnity），否则时效一过则无法延期。但是，如提单是在一年后收货人才起诉（可以是告票在一年内出，但在告票的有效期内送达，如出了告票的三四个月后）。而船东一知道此事已是租约时效已过，Harris 先生认为这是 Section 12(3)(b)所包括的，法院会延长时效。但将来实际判例如何，仍要等着瞧。”

不久后果然出了类似先例，名为 The “Catherine Helen”(1998) 2 Lloyd's Rep. 511。法院判定船东向承租人寻求补偿，错误处理仲裁条文与委任仲裁员没有包括补偿不是订约时无法合理预料的事情，故拒绝了船东的延期申请。

另外也有其他被拒绝延长时效的先例，如：

(i)在 Fox & Widley v. Guram (1998) 3 EG 142，涉及房东/房客之间的合约。内中规定了房东提高租金并给了通知，房客要在 3 个月的时效内提出“反通知”(counter-notice)等。该先例中房东大幅度提高租金，但房客错过了时效。法院判定大幅度提高租金并非是订约时不能合理预料的情形。

(ii)在 The “Siki Rolette”(1999) 1 WLR 908，案例涉及有关时效条文是通过合并加进来，故令原告不警觉，很晚才发觉有时效条文而因此错过了。此外，因开始仲裁稍晚，原先是适用 1950 年《仲裁法》(适用哪一版本的仲裁法以开始仲裁日期为准)，但现在是适用 1996 年《仲裁法》(1996 年立法适用在 31. 1. 1997 当天与之后开始的英国仲裁)。已经说过，1950 年立法之 Section 27 对时效延长十分宽松。但法院判定这些事情都不是订约时无法合理预料的情形。

(iii)在 Harbour and General Works Ltd. v. The Environment Agency (1999) 2 All ER (Comm.) 953 (CA)，判决只要有疏忽遗漏，即使是极轻微的延误，法院仍是无法与“合理预料之外”的事扯得上关系。上诉庭指出了 Section 12(3)(a)的作用是：“让法院去考虑延期在一些情况下是双方当事人订约时无法合理预料到时效会适用”(to allow the court to consider an extension in relation to circumstances where the parties would not reasonably have contemplated them as being ones where the time bar would apply)。

幸亏，也曾经有过一个先例同意给予延长时效。但知道了案情，可理解到这是“万中无一”的特殊情况，它是 Union Trans-Pacific Co. Ltd. v. Orient Shipping Rotterdam BV (2002) EWHC 1451(Comm)。有关仲裁本是在有效期内开始，但半途发觉原告的公司注册在无意中被吊销，令原告再没有任何身份，这意外马上获得补救，仲裁也就重新开始，但时效已逝。Nigel Teare 暂委大法官认为这情况在订约时无法预料，也不会想到在这种情况下适用时效，故同意延期。

至于另一种延长时效准则的 Section 12(3)(b)，同样是适用情况罕见。被告光是沉默或不去提醒原告有关时效条文(如 Harbour and General Works Ltd.)，不足以构成本准则的适用情形。

讲到这里，笔者不禁问：既然如此局限，何不干脆取消延长时效的做法，以免带来“美丽的误会”？

对当事人而言，笔者的建议或警告是：

(A)在合约内的时效条文，多去想想后果/变数才好同意。例如将来有机会要索赔对方，就必须有足够时间的时效。如会有补偿行动的可能性，对时效条文应分开针对像《海牙—威斯比规则》(Hague-Visby Rules)的国际公约一样多了一句针对补偿的时效是在出了诉因(cause of action)后的另一段时间才是时效/时限。

(B)在操作中要警觉,行动快以及习惯仲裁。例如,补偿(indemnity)有可能,即使原诉讼(primary action)仍在进行,补偿行动仍未成熟,也要保护时效先在补偿行动申请一个"宣告"(declaration)有关补偿责任。这对大部分的外国/西方公司是理所当然的事,但对部分中国公司(不管是国营或是民营)可就做不到了。光是习惯仲裁,把它视为国际业务的一部分工序,对部分中国公司的领导也是很遥远的事。近年来,照说中国更开放,大部分人有更多机会接触喜欢动不动打官司的西方人,应该更熟悉、更习惯仲裁才是。另外,在一些国际上公认为"诉讼风险高"(litigious)的行业,如外贸航运,仲裁已是业务的一部分,不懂仲裁就是不懂业务。但笔者感觉有越来越多的中国公司领导太害怕仲裁,毫不习惯。一遇上麻烦,要对西方人对抗,"投降主意"马上冒出来。笔者曾遇过几次时效即逝,为了保护必须开始仲裁,否则一切完蛋了。要开始仲裁本是十分容易与不花钱的事情,没有什么大不了,对西方公司是"例常公事"。但笔者遇过的几次经验是中国公司领导坚持不开始仲裁,不打官司。笔者"苦口婆心"试图说服他们,指出将来是否推进仲裁程序主动权完全在自己,这不是去诉讼,即使对方的西方公司愿意继续与你谈判和解,也千万不能让时效过去;甚至笔者自动放弃收费,以示没有私心,但笔者记忆中有成功说服的例子,也有未成功说服的例子。

2.2.4 支援之四:协助仲裁庭的组成

仲裁庭(tribunal)的组成是重要的一步。虽然时效保护了(根据 Limitation Act 1980,只要原告给了被告正确仲裁通知并要求后者委任自己的仲裁员或同意一位独任仲裁员等即算是开始了仲裁并且保护了时效),但这离开完成仲裁庭的组成仍有一段距离。而仲裁庭一天不组成,仲裁程序就一天不能启动。因为只是委任了一位仲裁员(原告仲裁员),但仲裁条文规定是 3 人的仲裁庭,他/她无权(管辖权)自己一个人下中间程序的命令以推进仲裁。

仲裁条文会有千变万化的规定在这方面,一条好的明示条文所包括的内容会有仲裁庭的人数,如何去组成,如谁有权委任每一位不同的仲裁员(如首席仲裁员应如何委任),一方当事人(通常是被告)不合作委任的"缺席机制"(default mechanism),不同争议的不同对待办法[例如近期的海事/租约仲裁条文经常有一条"小金额索赔仲裁条文"(Small Claim Procedures 或简称 SCP),极受业界欢迎],等等。

但一条好的明示条文不容易去拟订,仲裁外行人绝难做到。这往往带来在委任仲裁庭之时(及其他之时,例如在申请法院中止程序)的极大困难、延误与花费。所以,笔者建议,如果没有太大必要,加上没有把握能拟订一条好的明示仲裁条文,倒不如不写这方面的内容(人数、委任、缺席机制等),或只写有限的方面(如仲裁人数等),其余留待《仲裁法》的"默示地位"(implied position)对待。众所周知,解释合约是明示的地位最优先,没有明示才看默示地位。考虑到英国或香港的《仲裁法》在这方面已有了颇为全面与完善的条文去针对各方面,表示"默示地位"其实不错;如果"明示地位"不是必要,或不能写得更好,倒不如不写,只是简单的一句"伦敦仲裁"或"香港仲裁",人数与委任等各方面全部留待《仲裁法》的"默示地位"对待。

首先,简单的仲裁条文如"伦敦仲裁"或反正没有提到人数的仲裁条文在1996年《仲裁法》的"默示地位"是只有一位独任仲裁员[请看 Section 15(3)条文]。至于如何委任/产生这位独任仲裁员,《仲裁法》规定先是任由双方当事人去协商同意。但现实中双方能去同意谁做独任仲裁员的情况不多,原因是缺乏互信。即使是被告积极参与组成独任仲裁员的仲裁庭,也会对原告建议的人选有怀疑。反过来原告对被告建议的人选一样抱有怀疑。一种做法是原告与被告各自去建议3个或5个人选,然后同时交换,从中看有否相同的人选。但由于没有这么巧合而导致挑选是一个漫长的过程。更可能的是,双方当事人一开始就不同意这种挑选的做法。这样一来,默示的"缺席机制"是:

(1)根据 Section 16(30),若是在仲裁通知后的28天内双方当事人无法同意委任谁做独任仲裁员,则下步做法是:

(2)根据 Section 18(2),向英国法院申请请求支持。法院在 Section 18(3)(d)有权作出委任。根据 Section 18(4),这委任如同是双方当事人同意该独任仲裁员一样。

上述在1996年《仲裁法》的"默示地位"会有以下缺点:

(i)估计这28天的等待是免不了的。除了时间颇长外,它没有像 Section 17(1)只针对双方当事人各自委任仲裁员的情况(换言之,仲裁员人数不只是一位),说明一方当事人如果马上回绝了委任,另一方可不必再去"干等"。

(ii)由法院委任在涉及外国(指英国)当事人时须把传票"送达外国"(serve out of jurisdiction),这会是劳民伤财与需时的工作。(虽然《仲裁法》之 Section 77 有针对这方面, 在本章2.2.13小段详及。)

(iii)既涉及英国法院,就难逃要指定英国律师。应说明,仲裁的处理本来是不必指定英国律师,任何人都可处理或代理,包括外国律师:请看1996年《仲裁法》之 Section 36。

估计上述做法(即申请法院委任独任仲裁员)的大概费用是4,000~5,000英镑。更麻烦的是,原告本来不打算要昂贵的英国律师去代理/处理伦敦仲裁。但既然指定了法院委任独任仲裁员,也不好意思收回,只好让英国律师继续处理下去。

所以,去伦敦的仲裁条文若明示是独任仲裁员,或是对仲裁员人数沉默(这样一来默示是独任仲裁员),都不是好的仲裁条文。除非是,明示规定如何从速与廉宜地委任该独任仲裁员。例如,在"伦敦海事仲裁员协会"的"小金额索赔程序"(LMAA SCP),它明示规定独任仲裁员由该协会的主席(LMAA President)去委任。

在这方面香港是优胜多了。先说明香港默示地位。首先是人数,香港国际仲裁的程序是以《联合国示范法》(UNCITRAL Model Law)为准,在 Article 10(2)说明是3位仲裁员的仲裁庭。但3位仲裁员过于昂贵,不适用于大量较小金额索赔/争议的案件,故在1996年的修改中,多加了一条Section 34c(5),可让“香港国际仲裁中心”(HKIAC)决定个别案件的“默示”人数是维持3位仲裁员,或减少为1位独任仲裁员。这表示去香港仲裁,最好仲裁条文中不要明示人数,干脆让默示地位去代取。这带来一定程度的伸缩性,因为有情况是3位仲裁员较佳,也有情况是独任仲裁员较佳。若明示人数,双方当事人在不知道将来会出现什么争议(是大是小)下就必须“说死”是独任或是更多位的仲裁员,这在本书第三章第6段有详论。出了争议才让HKIAC决定人数,毕竟只是一个十分简单、快速与廉宜的申请。

在其他委任仲裁员方面,香港也比英国优胜。主要是香港《仲裁法》之Section 34 c (3)说明了在这方面的工作,HKIAC代取了香港高院。这省去了法院要把传票送达外国等程序,而且外国当事人/律师可以直接向HKIAC申请。例如,以传真向HKIAC同时申请把仲裁员人数减为独任,并作出委任,甚至提明或建议人选(最后决定权在HKIAC)。

照说,如果香港是较佳的做法,英国《仲裁法》为何不遵循一样的做法?笔者估计一个原因是英国/伦敦著名且历史悠久的仲裁机构很多,这法定权力从英国高院交出给哪一个或几个仲裁机构将难以决定。另外,规定伦敦仲裁的条文一般会拟订得更好、更细致,如海事的BIMCO标准仲裁条文。这些仲裁条文回避或超越了默示地位,需要英国法院插手去支持仲裁庭的组成。相比以香港作为仲裁地(seat)的仲裁条文,既没有太多的标准条文可供使用/合并,双方当事人也不会拟订或写得太“精密”(sophisticated)。所以,尽量完善默示地位确有必要。

英国法院支持与协助仲裁庭的组成与保存除了独任仲裁员的情况外还有许多其他的情况,如:

(i)双方当事人委任的仲裁员不能同意委任谁做第三位仲裁员或公断人(看仲裁条文而定):Section 18(3)(b)与(d)。

(ii)仲裁员死亡或有其他原因(如不肯再做下去)而需要替代人选,但又没有明示谁去委任。

(iii)有明示委任的机构(如某当地的商会),但该机构拒绝委任。

(iv)其他千奇百怪的情况。

在上述(iv),变化无穷的情况/例子多不胜数,故1996年《仲裁法》不去一一说明,而是在Section 18给予法院广泛的权力。这权力不只是委任仲裁员,也包括看了仲裁条文等后作出“指示”(directions)。这权力在1950年《仲裁法》中是不明确有的。

笔者只要节录Section 18(3)有关法院的权力,读者即可明了:

“(3) Those powers are:

(a) To give directions as to the making of any necessary appointments[1];

---

〔1〕 指示如何作出必要的委任。(这里无可避免要对仲裁条文作出解释,一旦指示了,当事人也不必再在仲裁庭面前去争议这方面的管辖权,因为已有“定论”。)

(b) to direct that the tribunal shall be constituted by such appointments (or any one or more of them) as have been made〔2〕;

(c) to revoke any appointments already made〔3〕;

(d) to make any necessary appointments itself.〔4〕"

上述法院广泛的权力使用起来可以较早介绍的 Downing v. Al Tameer Establishment (2002) EWCA Civ 721 为例。它的仲裁条文是3位仲裁员，并明示说明每一位当事人委任一位。但由于只有2位当事人，组成不了一个3人的仲裁庭。这样一来，原告可以尽快向法院申请。法院根据 Section 18(3)(d)会作出指示应怎样去解释有关仲裁条文，例如第三位仲裁员的委任是由原告、被告同意，若不能同意，则由法院委任，如同双方当事人同意一样[Section 18 (4)]。

多举一个例子，HKIAC 近年来遇过几次申请独任仲裁员的情形，而仲裁条文是说："香港仲裁，适用伦敦海事仲裁员协会的小金额索赔程序"(Hong Kong arbitration, LMAA Small Claims Procedures to apply)。这 LMAA SCP 很受欢迎，可以很低于肯定的费用去解决争议，当事人再不必害怕高昂的官司费用或/与失控。在没有明示条文另去规定时，LMAA SCP 说明是适用于 50,000 美元或以下的争议。本来，当事人的意向是既想是香港仲裁，也希望这 LMAA SCP 合并在内。但这疏忽了 HKIAC 也同样的 SCP，合并进来更为配合。一旦合并 LMAA SCP，马上出现不协调。就是，LMAA SCP 说明是独任仲裁员由 LMAA 的主席委任(除非双方当事人另能同意)。但香港《仲裁法》的默示地位是由 HKIAC 委任。这样一来，谁超越谁？照说，明示地位超越默示地位是合约法的 ABC 说法。但只是泛泛合并 LMAA SCP 而不是把有关条文每一个字合并进来能否享有同样分量？但 HKIAC 面对申请仍得下决定结果是"让步"建议申请的律师所向 LMAA 申请委任。但 LMAA 也不知道怎样做，结果在 2004 年曾 3 次委任笔者(杨良宜)为独任仲裁员，笔者后来也作出了裁判书。显然 LMAA 主席认为这样做可对"香港仲裁"一词作出一点解释。但问题是，香港《仲裁法》允准任何人士担任仲裁员，委任笔者(杨良宜)可以解决问题吗？更妥善与安全的办法是去英国法院申请要求作出"指示"(direction)与委任。但可惜这些案件的"仲裁地点"(seat)是香港，不适用 1996 年《仲裁法》的程序。而 HKIAC 与 LMAA 的"看法"不是法院的"判决"，不权威、不约束。危险之一是这些裁决书会在执行之时被败诉方拿出来对抗/争议，指称 HKIAC 与 LMAA 对有关仲裁条文的意见与委任错误。

---

〔2〕 指示仲裁庭的组成应作出什么样的委任。(这与第一项权力大同小异。)

〔3〕 取消任何已经作出的委任。[这常会发生在缺席委任，是原告依据 Section 17 或明知仲裁条文委任了缺席仲裁员，但若法院不认为应去剥夺被告的权力或以 Section 79 的权力去延长时效(即使时效已逝)，即需要取消已经委任了的独任仲裁员，令他/她变回原来身份(原告仲裁员)。这种情况请参阅先例：Minermet SpA Milan v. Luckyfield Shipping Corp (2004) EWHC 729(Comm)。]

〔4〕 法院自己作出仲裁员的委任。

2.2.5 支援之五：处理仲裁员的辞职

1996年《仲裁法》在Section 25增加了一个法院的功能或权力，是1950年《仲裁法》或是《联合国示范法》所没有针对，甚至没有想到的。估计不以立法特别规定，法院不会有此权力，因为它涉及干预/插手仲裁员与当事人之间的合约关系。

但现实中，这一种情况（即仲裁员辞职）很多，故此增加了Section 25应是好事。

首先说明，仲裁员与当事人是合约关系：前者为后者提供服务的合约。其中一位当事人委任仲裁员，他们之间的合约关系应是明确的。但仲裁员与另一位当事人（非委任方）到底是什么关系呢？他们之间肯定也有关系，否则仲裁员为了推进仲裁程序而作出的命令，凭什么非委任方要去遵从？又或是，仲裁员作出的裁决书对委任方或非委任方均有约束力。这不会是侵权关系吧？所以，仲裁员与非委任方仍是一个合约关系。只是这份合约不是通过双方谈判与同意的程序达成的，而是通过案例法/普通法的默示地位而确立：K/S Norjarl v. Hyundai (1991) 1 Lloyd's Rep. 524。

换言之，委任仲裁员的合约关系是与两位当事人的合约关系，有说法是这是一份“三位当事人的合约”（tripartite contract）。估计由其他机构或法院作出的委任，仲裁员与当事人之间的关系亦是如此。

这些关系可以从仲裁员的费用谁要负责的角度去分析。先说1996年《仲裁法》之Section 64 (1)，在当事人没有同意下，仲裁员只能收取“合理费用与开支”（reasonable fees and expenses）。“合理与否”得视每一个不同情况而去客观的认定，而不同情况可能千变万化，虽然“合理与否”会有不同看法，故此不容易去肯定，但好处是以此准则不让仲裁员过度的乱收费。而且，法院在Section 64(2)有权去认定/核算（assess）合理费用与开支的金额，只要是仲裁庭没有去认定/核算。这样一来，仲裁员更加不敢乱来，因为法官不是随便从马路上挑选一个不懂法的路人，可向他/她“杂七杂八”的某一情况的“合理与否”乱发表意见/看法。法官有逻辑与全面的思维，加上有许多相关或接近的先例提供了何谓“合理”的指引，如Kurkjian v. Marketing Exchange (No. 2) (1986) 2 Lloyd's Rep. 618与Agrimex Ltd. v. Tradigrain SA (2003) 2 Lloyd's Rep. 537。

接下来是介绍1996年《仲裁法》之Section 28(1)，它写明是双方当事人均要去“共同与独自”（jointly and severally）承担仲裁员这笔“合理”费用与开支。这好像双方当事人同去委任一位“检验员”（surveyor）去共同进行一个检检（joint survey），也完全配合大家之间均有合约关系，所以有支付的合约责任。

但由于有“订约自由”（freedom of contract）的大原则，所以会有委任方私下答应被委任仲裁员一些不算太合理的条件的情况，这主要在费率。这情况会发生在笔者身上，例如笔者太忙，或是不太想做某类的案件，或是知道共同的仲裁员（已被委任的）收费高昂而不想被“比下去”等原因，笔者会在被委任时要求一个比平日更高的费率。比方说，不是平日的每小时4000港元而是每小时6500港元。这样一来，难说6500港元是“合理”的收费，被质疑下笔者只能坦白承认该案件是大幅度提高了费用,简直是“敲竹杠”或者更准确说是高价待沽。但从合约法角度看,只要在委任的“谈判”中说明,而委任方同意仲裁员的要求(即笔者要求的6500港元),法院怎能去干预或否定这种“你情我愿”的私人协议?问题是,委任方的当事人是“你情我愿”,难去抵赖支付责任。但非委任方的当事人呢?显然,要他也去“共同与独自”(jointly and severally)承担这6500港元的费率并不公道。公道是:非委任方仍只局限于支付“合理”费用,而委任方则受到他所作出的承诺(如果确有发生)的约束。

以笔者的例子作简单说明:若笔者被被告委任,而且被告接受了6500港元的每小时费率,则被告对笔者的支付责任以6500港元为准,而原告(非委任方)的支付责任只在4000港元。这表示原告如果先支付了笔者以6500港元为准的仲裁费用(一般情况是为了取得裁决书),并发觉在裁决书中败诉而且要承担官司费用。原告可向笔者要求或/与干脆向法院申请要求把这费用加以考虑与调整/核算:Section 28(2)。这调整会是:败诉的原告只承担4000港元的差价。若是被告不肯支付或破产/倒闭,笔者只能去自己承担损失,因为原告的“共同与独自”支付责任不包括“不合理”的收费部分。

有关仲裁员费用说了这么多,只是为说明仲裁员与双方当事人均有合约关系及合约责任。这合约责任包括许多在1996年《仲裁法》中所规定的各条文,如Section 33公正、快速与省钱的推进仲裁程序,Section 58作出裁决书等。若是这服务合约“半途而废”,而原因来自仲裁员想去辞职并坚决提出,从合约法角度看这会是违约/毁约(repudiation)。除非双方当事人均同意仲裁员的辞职(一经大家同意中断合约自然是可以这样做),否则仲裁员会面对严重后果,因为律师费昂贵,在不恰当时间内坚决提出的辞职会造成一方或双方当事人的巨大损失。换了另一位仲裁员,有可能要在部分的程序重来一次(例如是部分开了庭)。另一提是Section 29的“仲裁员豁免责任”(Immunity of Arbitrator)并不能帮助辞职(毁约)仲裁员面对损失索赔。Section 29说明豁免的只是仲裁员在“履行或目的为去履行仲裁员的工作/任务”(the discharge or purported discharge of his functions as arbitrator)中的错漏。况且,有Section 29(3)说明这一点。

现实中,仲裁员半途要去辞职的情况也不少,例如:

(i)仲裁拖得太长,仲裁员本人的环境起了重大变化,例如是身体状况起了变化,或是想退休并移居他地/他国,或是大律师仲裁员荣升大法官,或是独生子因故身亡而变得“万念皆灰”,等等。故十分“负责任”地提出请辞。

(ii)自知对仲裁员工作不能胜任。本来,这“自知”应是早在接受委任时即适用,即早知道自己“不行”就不接受委任。至于“行”或“不行”亦可以作出客观的与依据证据的判断。例如,自己阅读了多少有关仲裁的好书,甚至有否写过/发表过仲裁的书籍与文章?有否担任仲裁员的经验并在多人仲裁庭中担任积极与困难的“带头”(lead)工作,如草拟裁决书?但可惜在现实中太少人有自知之明。做仲裁员与做单位领导人有一点相似之处,就是不少人认同是有面子、有地位、有好处的职务。只要有人委任,他/她绝少会退一步想想自己是否干得来,或是马上去接受委任。这里也有另一个重要因素,就是不懂与无经验的人士不知道将来会面对什么复杂/困难之处。反正是,一到了真正的仲裁程序的推进,缺乏经验的独任仲裁员突然面对"排山倒海"的双方代表律师尖锐的争议与各式各样的申请(如费用担保、特定披露等),是他/她一点都不明白但又非要去作出决定,届时他/她会想以辞职作为逃避的心很可能,也很自然会浮起。

(iii)仲裁员在"随意仲裁"(ad hoc arbitration)中的收费方式一般是以每小时费率乘所有的实际工作时间(以总小时计算)。他/她只会在特殊的情况下才去一笔一次收费,不论将来实际工作量是多是少。例如,"小金额索赔程序"(Small Claims Procedures 或简称 SCP)即规定了定额收费。像 LMAA SCP 是局限在 1,250 英镑的定额仲裁员收费。至于机构仲裁更普遍的是定额仲裁员收费,因为仲裁机构也只是向当事人收取定额仲裁费用(内含机构收费与给仲裁员收费)。这些机构会像北京贸易仲裁(CIETAC)或巴黎的国际商会(ICC)。当然,也有仲裁机构如"伦敦国际仲裁庭"(London Court of International Arbitration 或简称 LCIA)让仲裁员按实际工作小时收费,反正是不同理念带来不同规定,不同规定又带来不同做法。总之笔者要讲的是一有定额收费,该仲裁员即会幸运或不幸运,因为他/她不知道会面对什么样的工作量。若遇上复杂与漫长的案件与麻烦难缠的双方当事人代表律师,仲裁员作出或申请了多少中间裁决,一个是管辖权争议,一个是合约适用法,再一个是时效等。另有外国法院乱对仲裁员作出禁令/命令阻止(Sumitomo Heavy Industries v. Oil & Natural Gas Commission (1994) 1 Lloyd's Rep. 45),等等。总之,仲裁员一看苗头不对,划不来,就想打退堂鼓了,即使他/她其实可以胜任。近期(2004 年)ICC 就有一个仲裁案件遇上上述情况,据闻仲裁庭的 3 位仲裁员都想辞职不干。其中一位以他的儿子在其中一方当事人的代表律师的巴黎分所工作,所以以利益冲突为由要求 ICC 允许他辞职,但不为 ICC 接受。

上述情况(或其他未有提及情况)有部分值得考虑给仲裁员辞职的救济,毕竟硬要他/她干下去对大家都不好。但也有双方当事人不同意或不作声(如缺席的被告)。所以在 1996 年《仲裁法》就加上了这 Section 25。但报道的案例好像没有。估计即使有此情况,也不会太多,而且多数情况下双方当事人会同意(特别是有好原因,如出现了利益冲突的事)。较少会有一方当事人敢去硬要仲裁员继续审理,不让他/她辞职,即使明知会得罪他/她。

最后一提下列几点:

(A)仲裁员若被允许辞职,他/她可能已经干了不少有用的工作,不是浪费。故此法院可去衡量与核算,应否让他/她收取费用与收多少钱:Section 25(1)(a)。

(B)法院审理在内庭,以保持机密。

(C)一审告终,仲裁员要有批准才能上诉至上诉庭:Athletic Union of Constantinople v. National Basketball Association and Ors (2002) EWCA Cir. 830。

(D)笔者(杨良宜)多年前曾一度在接受委任时明示保留辞职权力即选择权。但这又会影响被委任机会,因为委任方肯定不愿意。但笔者不得不这样做是因为想去回避一位住在香港但也常被委任的仲裁员,不知道是笔者的原因或是他的原因,两人就是难以合作。此外,笔者若是被告委任,委任时可以知道原告已经委任了谁。困难的是在笔者被原告所委任,将来被告会委任谁难以预料。所以笔者需要保留辞职的选择权,但必须在仲裁庭组成后的一个星期内行使选择权,以免令委任方不高兴。

(E)部分仲裁机构对这一问题有不同规定。例如ICC的仲裁条文Article 12(1)规定由ICC仲裁院去决定。在伦敦作为仲裁地的ICC仲裁,不获批准的仲裁员应可进一步向英国法院提出申请,依据是1996年立法之Section 25。另在LCIA,它在Section 10(1)规定/说明仲裁员可辞职。

2.2.6　支援之六:对仲裁员/仲裁庭有否管辖权作最终决定

有关这个重要与复杂的问题,本书在第五章详述,在此尽量少重复。

(1)虽然在competence-competence的说法下,对管辖权争议主要的做法是先由仲裁员自己决定:在1996年《仲裁法》之Section 30。但考虑到会涉及利益冲突,任由仲裁员"自说自话"地决定自己有否管辖权有违反"自然公正"的天条之嫌,故设计了仲裁员对管辖权的决定(在中间或最后裁决书)可自由上诉至法院,让法院最后作最终决定:Section 67。

(2)《联合国示范法》也有相同规定/做法:Article 16。

(3)但也有情况是法院提前对管辖权争议作出了最终决定。第一种情况是在本章之2.2.1.3.1小段所详及的一方当事人在法院起诉,但另一方当事人申请中止法院程序,而应否去中止的关键在是否有一条有效的仲裁条文。

(4)另一种情况是在Section 32,当事人可跳过仲裁员直接向英国法院要求对管辖权争议作出最终决定。但由于1996年《仲裁法》的本意是让仲裁员先作决定,所以刻意把Section 32定得局限与先决条件多,只是当做一种次选做法。这在Section 32(2)列明的先决条件中可见,如下:

"An application under this section shall not be considered unless:〔5〕

(a) it is made with the agreement in writing of all the other parties to the proceedings,〔6〕 or

(b) it is made with the permission of the tribunal〔7〕 and the court is satisfied:〔8〕

---

〔5〕 在本段的申请不会被法院考虑,除非是……

〔6〕 第一是双方当事人同意。(这是理所当然的,因为是民事诉讼。但现实中很少发生,争议双方很难在这件事情上达成共识。)

〔7〕 第二是获得仲裁庭批准。(这种情况会较多发生,例如管辖权争议涉及复杂的法律问题,仲裁庭自己没底,干脆让法院去决定。)

〔8〕 但光是仲裁庭批准并不足够,还得要法院满足下列3个条件。

(i) that the determination of the question is likely to produce substantial saving in costs,[9]

(ii) that the application was made without delay,[10] and

(iii) that there is good reason why the matter should be decided by the court.[11]"

由于 Azov Shipping Co. v. Baltic Shipping. Co. (1999) 2 Lloyd's Rep. 159 与其他先例判决法院在 Section 67 的上诉,是对整个案情"重审"(retrial),这带来重大官司费用浪费与对证据的裁量/决定要分两次由不同人士(仲裁庭与法官)作出,绝不科学。所以,管辖权争议,涉及复杂的法律问题固然适合适用本 Section 32。但涉及复杂的事实问题,有大量证据(特别是口头/专家证据),更适合适用本 Section 32,以避开 Section 67 的重审。

注意:《联合国示范法》没有类似规定/做法。

(5)原来普通法的惯常做法,就是一方(或双方)当事人向法院申请对管辖权争议作一个"宣示判决"(declaratory judgment),这一做法已不再允许:ABB Lummus Global Ltd. v. Keppel Fels Ltd. (1999) 2 Lloyd's Rep. 24。

2.2.7　支援之七:对仲裁庭最后命令的强制执行

仲裁庭或仲裁员一直以来有(也只有)推进程序与完成一个仲裁的权力。这些权力包括双方当事人的文书请求,修改与澄清,披露文件,交换证人证言与专家报告,开庭审理,等等。在 1996 年《仲裁法》仲裁员的权力大增,主要在:

(i)传统的仲裁程序权力中,虽然不少已在行使中,也未受到质疑,但不完全肯定明确,故在 Section 34 列明。例如在部分的仲裁程序(如部分开庭),为了方便在不同地点进行,或以什么语言为准,或文书请求采取的形式/方式[以法院的一套正规/简式做法(skeleton pleadings)或非正式的文书请求(informal submissions)],等等。

(ii)在传统的仲裁程序权力中,也增加了两项重要权力,是 1996 年立法生效前所没有的。一是 Section 34(2)(g)的询问制,这是大陆法,即仲裁员可采取主动对事实与法律方面的质询,这与普通法的对抗制不同。二是 Section 34(2)(h),是否允许开庭审理与取证。

(iii)另有一大堆的辅助权力(ancilliary powers),传统是由英国法院行使,与仲裁员无关。这些权力包括针对双方当事人之间的担保(如被告向原告要费用担保以及原告向被告要索赔担保),出售货物,保存证据(如强制检查、拍照、取样本等)与其他方面(如作出履约指令或禁令等)。这种辅助权力,或称"中间措施"(interim measures),在 1996 年立法之 Section 38 与 48,已经是主要与大部分转交给仲裁员行使这方面权力。

---

[9]　这样做更能省钱。

[10]　向法院申请没有延误。

[11]　有好的原因要去这样做。

但这种下放权力不像香港的《仲裁法》那么全面，如在后者的Section 2GB(b)给仲裁员权力要求为索赔提供担保(requiring money in dispute to be secured)，英国立法之Section 38就没有，除了有限的“费用担保”(security for costs)。另在香港立法之Section 2GB(e)(1)允许下令去拍卖/出售货物(sale of property)，但英国立法之Section 38 (4)(a)没有这种说法，权力仍在法院。要出售货物会有多种情况发生，最常见的是买卖合约中的买方指称“货不对板”，并拒绝收货(reject cargo)。但卖方经常不认同，也不肯收回转售，这就成了僵局。为避免扩大损失，由法院或仲裁庭(看谁有授权)下令出售，但不影响双方地位与权益(without prejudice to parties' rights)应是最好及最快的解决办法了。另一情况是船东被欠运费把船上货物留置(lien)后仍不解决问题，就只得去申请出售货物了。同样情况也可能是收货人久久不出现，而船上货物在腐烂。注意后两种情况，货物主权属第三者，船东出售，为避免构成“侵占他人财产”(conversion of property)，亦必须取得法院的指令，才会使行动合法化。

在行使上述权力(指有权的部分)，对仲裁员的约束有Section 38(1)与48(1)的以双方当事人的协议为准(只要双方在争议中仍能够为仲裁程序达成协议)。另外仲裁员必须考虑到在Section 33的一些大原则、大精神，包括：(1)遵守自然公正；(2)防止不必要的延误；(3)防止不必要的费用。

仲裁员行使上述权力作出的命令，若不能在限期内获得遵守，仲裁员应作出另一个“最后命令”(peremptory order)：Section 41(5)。只在最后命令仍未有被遵守的情况下，仲裁员才可以作出惩罚(这也是一种权力)。

这惩罚权力在Section 41(6)与(7)。在Section 41(6)是特定的针对费用担保的命令被漠视，惩罚是十分严厉的，原告的索赔会被撤销。但其他方面的命令被漠视/不从命，在Section 41(7)的惩罚权力看来是温和的多了。这惩罚权力有四种，各有不同针对。

(a)是不准漠视或不从命一方去依赖他的指控或材料，若这与命令有关。这惩罚最适宜适用在一方当事人向对方提出含糊不清或不完整的指控或材料，对方不能明确肯定或知道他所面对的是什么，难以去准确抗辩，在仲裁员认同下并作出了命令与最后命令要求“澄清”(clarifications)或“进一步提供详情”(further and better particulars)，但被全部或局部漠视。毕竟，要求不肯定/明了的对方当事人去面对含糊不清的指控(例如泛泛的指称“不适航”)更加不公正，所以等于要局部撤销这些不清楚或不完整的指控或材料。

(b)是对不从命的行为作出不利推断。这惩罚最适宜适用在一方当事人被下令去“特定披露”(specific disclosure)一份或多份文件，但下的命令与最后命令(peremptory order)被漠视或被推三推四(但理由是仲裁员不接受)。

(c)是根据目前已经恰当提供的材料作出裁决书。这惩罚最适宜并通常适用在一方当事人(通常是被告)缺席(default)，即从一开始或中途不再参与仲裁，不加理会，而仲裁员的命令与最后命令(如在限期前必须送达抗辩请求)被漠视。这样一来,仲裁员可以手头有的文书材料(一般是原告所恰当提供的索赔请求与附上的文件证据)作出裁决书,其结果可想而知。

(d)是对漠视的一方当事人作出浪费费用的惩罚。这可以适用在许多不同情况,例如一方当事人漠视或对特定披露的命令与最后命令漠视或推三推四,但最终仍交出来。仲裁员觉得"不利推断"(adverse inferences)并不再是恰当惩罚,即会改作浪费费用(在申请披露过程中花的时间)的惩罚。当然浪费费用有限, 这惩罚也没有太大阻吓力。

上述四种惩罚权力没有太大新意,它们在1996年立法生效前已被仲裁庭普遍使用。顶多是,立法说明了仲裁庭必须在作出了第二个的"最后命令"(peremptory order)被漠视后才能行使这种权力。另外,行使惩罚权力也必须考虑Section 33的三项大原则、大精神。

由于上述惩罚权力比较温和,加上它们并不适用于许多在1996年《仲裁法》所增加的"辅助权力"(ancilliary powers)。例如,如果仲裁庭下了禁令,在一个船舶买卖的争议中禁止卖方/船东把船舶出售,以保持"现状"(status quo)直至审理完毕。但卖方加以漠视,就很难想到有什么样的上述四种惩罚会适用在此情况。所以,有必要去加固仲裁员作出的命令。这是1996年立法之Section 42,做法是把仲裁庭作出的最后命令变为法院的命令。在Section 42(1)说:

"Unless otherwise agreed by the parties, the court may make an order requiring a party to comply with a peremptory order made by the tribunal."

至于向英国法院作出申请的人士在Section 42(2)中说明。一是仲裁庭,但这很少发生,因为仲裁员不会想承担律师费而若双方没有行动,仲裁员无需无事献殷勤。二是一方当事人在获得仲裁庭的批准下,这是最普遍的情况。三是双方当事人同意,而这也极少会发生,因为争议双方极难同意,特别是违反最后命令的一方。

把仲裁庭命令变为法院命令的好处是增加权威性。而且漠视或不从命令会有刑事的后果,即"蔑视法院"(contempt of court)。这带来的威吓力是与仲裁员的惩罚权力不能相提并论的。

当然,它的实际效果仍要看个别案件的不同事实而定。例如,被告若是不在英国法院的管辖内,是非欧共体的外国公司,特别是背后有什么人士在操纵也难以证明/发觉的方便国(如巴拿马)公司,英国法院命令的威吓力就几乎没有或极少。相反,被告若是英国公司或人士或资产,或与英国有密切业务(如开设有伦敦分公司),威吓力会非常高。如果被告是英国上市公司或/与涉及有头面人士,则威吓力更强。

这样一来,像上述的仲裁庭禁令禁止卖方/船东出售船舶直至审结案件会被漠视的情况,一旦变为法院禁止令,被遵守的机会就大大提高了。

另一种情况是新增加的"辅助权力"(ancilliary powers)。其中一项是笔者经验较多的,就是为了取证及保留证据而对有关财产(包括船舶)进行检查:Section 38(4)(a)。过程是原告的承租人(也是CFR的卖方)指称被告的船东在装港检验船舱时不被美国农业部通过装粮,原因不详。结果船东立即把船舶开走,去了南美进坞。承租人因船东的中断租约蒙受损失,但不肯定将来对抗索赔的船东会提出什么借口来为自己从装港开走辩护。另外,承租人又很强烈地怀疑船舶有严重不妥才匆匆开去南美进坞。所以为取证,曾要求船东允许在干坞修理期间,派人上船对船舱检查或进行共同检查,但被拒绝。故承租人转向仲裁庭申请命令。笔者作为仲裁员在听取了双方的争辩陈词后(船东反对,但理由十分勉强无力,例如说快要修完开航,但又说不出日子),下令船东必须马上允许承租人的检验师上船检查有关方面或进行共同检查。但考虑到即使仲裁庭另作出一个最后命令,船东若是漠视,大不了仲裁庭只能作出依据 Section 41(7)(b)的惩罚,即是作出"不利推断"(adverse inferences)。但承租人害怕这不管用或不足够阻吓船东,就会想根据本 Section 42 向英国法院求助,把仲裁员命令变为法院命令。

再多举一个情况为例,涉及特定文件披露。仲裁庭亦已下了命令与最后命令要求一方当事人(可能是原告,也可能是被告)作出文件披露,例如是一些公司内部账目,但这被漠视,估计原因不外是:

(i)他不怕不利推断,或是认为它重要性不高,或另有更直接与有利证据可对冲或超越。

(ii)他怕不利推断,但更怕披露某些文件,因为它的内容中有重大的不可告人的秘密。例如,涉及做假账或逃税,他在社会上有头面,被披露出来会自招灭亡。或许,他可以"自证其罪特权"(self-incrimination privilege),抗拒披露,但他连提也不敢提。故在权衡利弊下,宁可漠视特定披露命令与最后命令。

但反过来对方不满足这种仲裁庭的不利推断,这太空泛与不肯定。另外,对方闻到这些特定要披露的文件是该当事人极其不愿意抖出来的味道。这样一来,对方即使不明了真正的背后原因,但自然的战斗中反应是:"你越不肯抖出来,我越要强迫,估计内中有对你很不利或对我很有利之处。"故此下一步行动就会想到以本 Section 42 向英国法院申请把这特定披露的最后命令变为法院命令。这样一来,被下令的当事人再去权衡利弊就不光是仲裁庭的不利推断,而是会犯上刑事的"蔑视法院"(contempt of court)了。

这样,案件的发展会急转直下。被下令当事人在左右两难下可能作出全面投降,很快向对方(若是被告)寻求协议去赔钱或是同意撤销索赔,并会同意承担已花的律师费。若对方是原告,被下令当事人会向对方寻求一个给对方十分优待的庭外和解。反正,务求在法院命令的最后限期前达成和解协议,就可避免两难局面。

总结,笔者至今很少看见有关或类似的申请,所以也不知道英国法院会怎样操作。例如,会不会将仲裁庭最后命令一概变为法院命令而不理是对是错?

2.2.8　支援之八:把证人传到庭

这不是 1996 年《仲裁法》的新事物,只是在 1996 年立法之 Section 43 中写得更明确,考虑得更全面,《联合国示范法》也有一条相同的 Article 27。

2.2.8.1 作用:强制第三者

首先简单说明为何需要法院在这方面的支持。当事人面对诉讼时多数情况会涉及调查取证,这包括向第三者调查取证。但第三者不一定合作,例如交出一份重要文件,也可能是,需要一位第三者出庭作证,是一位重要事实证人,但被拒绝。在上述情况下,该当事人向仲裁员求助并没有用,因为仲裁庭对第三者没有管辖权,更谈不上去强制别人。故唯一办法是向法院求助。

可为上述情况举一个实例说明。船东与货方有争议,在伦敦仲裁,争议涉及对货物的检验报告,对船东不利。但船东公司有人认识有关的检验公司(survey firm)的一位职员,后者偷偷地通风报信说曾经出了一份对船东有利的报告,但由于客户(货方)不满意,结果另出了一份不同说法的报告。显然,船东很想取得这份原先的报告,但估计不可能通过正常的披露程序向对方取得,对方肯定抵赖有它的存在。故船东一度想怂恿通风报信的职员去把该报告偷一份出来。但这是差劲的做法,除了会害死该职员(如果他答应去做),如被检验公司辞退或/与犯上官非及刑事罪,船东自己也会惹上麻烦。这样一来,本 Section 43 就会适用了,船东可以向英国法院请求协助去下令强制该检验公司出庭并交出原先的一份报告。颇类似情况还出现在一个先例:The “David Agmashenebeli”(2000) LMLN # 553。

这种做法早在1950年《仲裁法》就有,是 Section 12(4),而在1996年《仲裁法》中变为 Section 43。有关先例包括 The“Lorenzo Halcoussi (1988) 1 Lloyd's Rep. 180; Wakefield v. Outhwaite (1990) 1 Lloyd's Rep. 157”等。

至于要第三者出庭,若涉及向法院求助强制,该第三者肯定是“不愿意证人”(unwilling witness)。这样一来,强制他/她出庭作证会十分危险。一是不知道他/她会讲什么,肯定他/她不会合作地事前作出书面“证人证言”(witness statement)。二是“不愿意证人”很容易变成“敌意证人”(hostile witness),即作证中说一些对己方不利的话。由于措手不及,也没有时间去调查取证,可能无法反驳。这样一来,去申请强制一位敌意证人出庭的己方可说是“自讨苦吃”了。故此,这种冒险做法的当事人不多。但也会有例外情况,如第三者的证据是关键,也没有其他证据可代取。而且,该第三者不久前曾经与己方的调查员见过面,并签了一份“证言”(statement)。只是他不久后改变主意,拒绝出庭作证。有可能是,己方会在权衡利弊下把他强制传召到庭。在他作证中若变为敌意证人,也可将他不久前的证言拿出来反盘问他、丑化他。

2.2.8.2 Section 43 的其他

Section 43 也针对了以下各方面:

(i) Section 43(2)说明向法院申请必须获得仲裁庭批准或双方当事人的同意。这是考虑到仲裁庭会在聆听了双方当事人争辩后仍作出批准,表示(1)仲裁庭认同强制第三者交出的文件有必要或有帮助;或(2)仲裁庭准备开庭审理向证人取纳口头证据,这是因为 Section 32(2)(h)让仲裁庭有权决定是否取纳口头证据。故此,有了批准要求就不会有矛盾,如:法院把第三者传到庭作证,仲裁庭却下令以文件审理,不开庭。

(ii) Section 43(3)说明这个支持的做法适用在(1)被传召的证人是在英国,因为这种要求英国法院才有管辖权。这表示在较早举的例子中,检验公司(survey firm)必须是英国公司或在伦敦等地的分公司。(2)是针对在英国(主要在伦敦)进行的仲裁程序,即英国法院无意在1996年《仲裁法》下为外国的仲裁协助在英国强制取证。

这样来看在国际案件仍是颇为局限,因为虽是伦敦仲裁,但一方当事人希望想去强制的第三者证人可能身在世界各地。例如承租人怀疑船东偷偷利用他的时间在新加坡加油时多停留1或2天私下修理,但欠缺证据,也知道光靠伦敦仲裁中的披露无法逼出不利船东的文件,而估计最好的方法是能通过法院逼新加坡船东代理把所有文件与通信抖出来,就真相大白了。这样一来,就无法以本Section 43向英国法院求助。这里涉及海外取证的问题,在笔者(杨良宜与杨大明)的《国际商务游戏规则——英美证据法》一书中有详及,在第二章之§5。这个问题也会在本书第十章之2.2.4段谈及并介绍有关先例 Viking v. Rossdale (2002) 1 Lloyd's Rep. 219。

(iii) Section 43(4)说明有关证据(文件或口头)若是第三者可以在任何法律程序中不去抖出,就不能去强制。这里主要是指各种"特权"(privileges)证据,此课题也在《英美证据法》一书之第十章6.7小段有详谈,不再重复。

特权是公共政策,是天条,不能去碰。故这 Section 43(4)的例外可以理解。以较早举的例子,货方或/与检验公司可能以两种或之一的特权作为抗拒船东向法院的申请。一是"自证其罪"(self-incrimination)特权,因为原来一份检验报告抖了出来,会导致第二份改变了的报告有"欺诈"(deceit)之嫌。但法院不一定会接受可享有特权,因为检验公司改变想法,前后作出了两份完全不同的检验报告,而即使改变完全错误,这离以它去证明刑事的欺诈罪仍是十分遥远。二是"诉讼特权"(litigation privilege)。这要求有关文件(检验报告)的产生/制作主要是为了诉讼。看来,原来那份检验报告不像是这种文件。而即使是,也存在货方自动披露了第二份检验报告,等于是对特权"弃权"(waiver)。一旦弃权,就不能对连贯的同类文件去选择性地抖出。这一点请参阅《英美证据法》一书之第二章6.8小段。

2.2.8.3　Section 43的范围:可否强制第三者事前披露有关文件?

Section 43肯定可适用在开庭时把第三者强制传到庭作出口头证据或出示有关文件。但若能事前就强制第三者"披露"或交出有关文件,可能是更有效的做法。毕竟,现在仲裁不少根本不开庭。固然,无辜第三者的利益也要顾及,例如交出的文件数量尽量减少等。对这一点,Section 43并不明确,而DAC(法律改革小组)报告中也没有讲清楚,只说是来自1950年《仲裁法》之Section 12(4)与12(5)。但Section 12(4)与12(5)只针对"传到庭"(subpoena)。而在1950年《仲裁法》之Section 12(6)会让法院命令第三者与当事人交出文件,是1996年《仲裁法》之Section 43没有顾及的。该Section 12 (6)说:

"The High Court shall have, for the purpose of and in relation to reference, the same power of making orders in respect of … (b) discovery of documents and interrogatories."

固然,1950 年《仲裁法》之 Section 12(6)的大部分内容,特别是"保存证据"(the preservation of evidence),已变为 1996 年立法之 Section 44(后一小段详及)。但 Section 44 没有针对向第三者强制披露文件,而"保存证据"不算是"披露文件"。加上,1950 年立法的有关披露文件部分已经被 Courts and Legal Services Act 1990 年所剥夺,以局限法院去插手披露的权力。这样一来,就有疑问法院可否在 1996 年《仲裁法》下这样做以支持仲裁?

2.2.8.3.1 法院诉讼可以去强制

先指出英国的法院诉讼可以这样做,这是根据法院程序法 CPR 之 31.17,如下:

"Orders for disclosure against a person not a party

31.17 (1) This rule applies where an application is made to the court under any Act for disclosure by a person who is not a party to the proceedings(2).

(2) The application must be supported by evidence.

(3) The court may make an order under this rule only where

(a) the documents of which disclosure is sought are likely to support the case of the applicant or adversely affect the case of one of the other parties to the proceedings; and

(b) disclosure is necessary in order to dispose fairly of the claim or to save costs.

(4) An order under this rule must-

(a) specify the documents or the classes of documents which the respondent must disclose; and

(b) require the respondent, when making disclosure, to specify any of those documents-

(i) which are no longer in his control; or

(ii) in respect of which he claims a right or duty to withhold inspection.

(5) Such an order may-

(a) require the respondent to indicate what has happened to any documents which are no longer in his control; and

(b) specify the time and place for disclosure and Inspection."

2.2.8.3.2 1996 年《仲裁法》的 Section 43 有关措辞

为了方便阅读并加强语气,笔者节录 Section 43(1)如下:

"A party to arbitral proceedings may use the same court procedures as are available in relation to legal proceedings to secure the attendance before the tribunal of a witness in order to give oral testimony or to produce documents or other material evidence."

可见,这里并未清楚写明。它想与法院程序看齐,但由于文件披露(当事人或第三者之间)的立法演变,存在疑问。在近期的 BNP Paribas v. Deloitte and Touche LLP (2003) EWHC 2814(Comm),这有了答案。

2.2.8.3.3　BNP Paribas 先例介绍

BNP Paribas(法国第一大银行)在 2000 年收购了著名的出租车公司 AVIS。之后,BNP Paribas 指称 AVIS 做假账,导致前者在收购价格中多付了好几亿美元。

它们之间的收购协议中有一条以伦敦作为仲裁地点(seat)的国际商会(ICC)仲裁条文。在 2002 年初,BNP Paribas 开始了仲裁,并在不久后成立了 3 人的仲裁庭。

在文书的抗辩请求中,AVIS 否认曾做假账或误导/误述。并指出 BNP Paribas 自己曾通过 Ernst and Young 会计师所查账(due diligence search)。此外,AVIS 的 1999 年与 2000 年等账目均为德勤会计师所(Deloitte & Touche)核实,并提供了一份证人证言证实这一点,该证人是该会计师所的合伙人。这诱发了 BNP Paribas 想向德勤会计师所寻求披露文件。首先,依据 Section 43(2)的要求,向仲裁庭申请批准,而仲裁庭确也批准,说:

"… are or may be relevant to the issues in dispute in this arbitration and gives its permission to the parties to request their production from(德勤), if necessary, pursuant to section 43 of the Arbitration Act (1996)."

到了法院,德勤会计师所的代表律师指称 1996 年立法之 Section 43 根本没有这个权力,而该立法之 Section 1(c)是不让法院插手,除非立法清楚明示说明。德勤说 Section 43 既没有向当事人命令披露的权力,也没有向第三者命令披露的权力,而法院诉讼的 CPR r. 31. 17 并不适用。Section 43 只针对"传到庭"(subpoena),这包括要求第三者证人在传到庭时才交出有关文件(subpoena duces tecum)。

Morison 大法官同意德勤的说法,即在 Section 43 他没有该权力。同时,法院程序的 CPR r. 31. 17 也不适用于仲裁。在该案例中,Morison 大法官说他十分同情 BNP Paribas 并且会下令,如果他真有权力。这可让 BNP Paribas 为开庭的反盘问作准备(例如,盘问有关德勤合伙人为何有一份十分可疑的笔记)。最后笔者提出此先例与稍后在 2.2.9.2 小段介绍的 Hiscox Underwriting Ltd. v. Dickson Mancester & Co., Ltd. (2004) EWHC 479(Comm.)有一点矛盾。

2.2.8.4　传到庭交出文件不能太多

即使是传到庭要求第三者证人交出的文件也必须清楚说明(是"specific, identifiable"文件)及数量有限。这一点在 BNP Paribas 先例中也为 Morison 大法官所强调。在这方面不准"钓鱼"(fishing expedition),这情况是指申请人自己也不知道会找到什么,只希望接下去会运气好挑出有用资料。

这一点以前先例也有涉及,如 The "Lorenzo Halcoussi" (1988) 1 Lloyd's Rep. 180 涉及申请人要求船东的互保协会在"传到庭"交出共两个半箱子关于船舶保养/维修的文件,法院自然拒绝了。所以,传到庭交出文件与强制披露文件有所不同,前者必须清楚说明文件,因为违反后果严重:Tajik Aluminium Plant v. Hydo Aluminum AS, Case No.: A3 2005, 2052 Eng. App。

另外 In re Asbestos Insurance (1985) 1 WLR 331,也区分了要求的是某一类文件

(a class of documents)将不批准。但要求只是特定文件(specific documents)将获准批准传到庭交出。

2.2.9 支援之九:法院的辅助仲裁权力

在本章2.2.7小段提到,1996年《仲裁法》的重要改变之一是把一贯属法院的"辅助权力"(anciliary power)或"中间措施"(interim measures)交给仲裁庭。这里涉及保存证据作出禁令等。

2.2.9.1 法院要插手情况

但法院把权力交出不表示可完全撒手不理。因为有情况是仲裁庭仍未组成,或仲裁半途中暂时无法运行(例如一位仲裁员死亡或失踪),但一方当事人等不及,马上需要作出命令辅助。例如一船的香蕉被买方拒绝,但由于买/卖双方有争议可否拒货而导致货物主权属谁不明朗,故此须由仲裁庭或法院马上下令出售该批香蕉以免腐烂而变为全损。另多举一例是产生争议的财产(例如一船被指称有缺陷的商品)将被对方处置掉而令证据失去,故需要马上留下商品样本(sample)以供将来分析/化验,但对方不合作。

除了上述的仲裁庭仍未构成或暂时无法运行,也另有情况是仲裁员/仲裁庭行使不了这种辅助权力,如:

(i)1996年《仲裁法》的Section 38与48(给予仲裁庭这些"辅助权力")属于"非强制条文"(non-mandatory provisions),即双方当事人可以订约自由剥夺仲裁庭在这方面的权力。比方说,以一条十分局限的仲裁条文。这样一来,也只有英国法院才有辅助权力了。请看Section 44(5)。

(ii)在Section 44(5)的另一情况是仲裁庭有权也"暂时无法"(unable for the time being)有效行动。这可以Hiscox Underwriting Ltd. v. Dickson Manchester & co Ltd. (2004) EWHC 479 (Comm.)为例(后详)。

(iii)仲裁庭拒绝处理,或认为法院去处理更为恰当等情况。例如,原告想申请一个"冻结令"(freezing orders)(以前称为"Mareva"禁令),把被告的银行账户冻结。但为了避免打草惊蛇,这种禁令的申请都会以"一面之词"(ex parte)作出:请参阅笔者(杨良宜与杨大明)的《禁令》一书第四章。仲裁庭听取一面之词并不适当,完全不符合自然公正。在Kastner v. Jason(2004) EWHC 572(Ch),涉及仲裁庭下令被告不得把唯一的财产(房子)出售。报道看来它并非是以一面之词作出决定。Lightman大法官判仲裁员在1996年立法之Section 49(5)(a)的"作出命令/禁令权力"(to order a party to do or refrain from doing anything)不包括有权力作出冻结令为仲裁取得诉前保全(no power as security for the arbitration)。

2.2.9.2 有哪些辅助仲裁的权力?

法院在这方面的权力基本是与仲裁庭在Section 38与48的权力重叠,除了1、2项作出禁令会更广泛(如作出"冻结令")与/或进入第三者地方检查与/或出售货物与/或委任"接管人"(receiver)。但也有权力只属于仲裁庭,不再属于法院,这就是

费用担保。而关键的区别在对待第三者,因为仲裁庭没有管辖权。这些权力不妨列明如下[在 Section 44(2)]:

"(2)Those matters are-

(a)the taking of the evidence of witnesses;[12]

(b)the preservation of evidence;[13]

(c)making orders relating to property which is the subject of the proceedings or as to which any question arises in the proceedings;[14]

(i)for the inspection[15] photographing,[16] preservation,[17] custody or detention of the property,[18] or

(ii)ordering that samples be taken from,[19] or any observation be made of or experiment conducted upon, the property;[20]

And for that purpose authorizing any person to enter any premises in the possession or control of a party to the arbitration;[21]

---

〔12〕 向证人取证。[这是强制情况,若证人肯合作,也不必劳烦法院下令了。这与本章2.2.8小段所讲的不一样。2.2.8小段的"把证人传到庭"是在开庭审理,一般会在事发后一段时间(可能很久)才发生。但刚事发时已有向事实证人取证的必要,如灾难的旁观者。这可让当事人了解真相与自己的地位,也可以趁证人记忆犹新时保留证据,至于取证的形式可以是"口供书"(deposition)等。]

〔13〕 保存/保留证据。(这包括一种名为"民事搜查令"的"Anton Pillar Orders":请看笔者的《禁令》一书之第五章。)

〔14〕 对诉讼有关的财产作出下列命令。

〔15〕 对该财产进行检查。[这种情况经常发生在海事争议。例如,一发生货损货差或其他事故,货方怀疑是船舶不适航所引致。但只停留在"怀疑"层面上是毫无意义的。货方不应犹豫不决是否起诉船东(或二船东)或起诉了也不能光以"讲故事"(submissions)可以胜诉。所以货方不能懒惰或"一毛不拔",不去调查取证。一旦上船发觉船舶确不适航,如舱盖严重锈蚀/漏水,船东(或二船东)会马上投降赔钱,根本不必去继续诉讼。]

〔16〕 对该财产拍照。(这应该包括录像或复印文件。例如,货方怀疑船长授权倒签提单或乱出清洁提单,调查取证的好办法之一是强制上船把航海日志与装港的大副收据等有关文件复印一份。)

〔17〕 保存,托管或扣留该财产。

〔18〕 保存,托管或扣留该财产。

〔19〕 命令取样本。(这经常会发生在买/卖双方或货方/船东之间的争议,例如,有关货物质量之争或货损货差之争。这样一来,能在该货物被处置掉之前取得样本会十分重要,但奈何拥有货物的对方不合作,故需要法院协助去强制进行。)

〔20〕 对该财产作出检查或进行实验。[这也包括像 The "Pamphilos"(2002) 2 Lloyd's Rep. 68 先例中的船东拒绝承租人的要求去对船底进行共同检查。]

〔21〕 为上述目的,法院可以授权进入仲裁的另一方当事人占有或控制的地方/物业。[另一方当事人若是抗拒,即是蔑视法院了。另请注意,《仲裁法》之 Section 38(4)的仲裁庭只能对仲裁当事人下令,但法院根据高院程序法 CPR Rule. 25.1 与 8.34(3)的"Supreme Court Act 1981"可伸延去向第三者下令。]

(d) the sale of any goods the subject of the proceedings;[22]

(e) the granting of an interim injunction[23] or the appointment of a receiver. "[24]

在上述的辅助仲裁权力下,会有各种不同做法/手段。可举以下近期案例为例:

一是 Copsa Enterprises Ltd. v. Tecnomarine Spa(未被报道,Cresswell 大法官,25/9/1998)。案情涉及仲裁庭命令一艘游船的卖方必须保管与投保该游船,也不能出售/处置它,直至有了裁决书后。这实在是一种禁令。法院倒不是去"加固"仲裁庭作出的禁令:请看本章之2.2.7 小段。而是买方(原告)以 Section 44 向法院申请下作出一个与仲裁庭一致的命令/禁令。

二是 Hiscox Underwriting Ltd. v. Dickson Manchester & Co. Ltd. (2004) EWHC 479 (Comm.)。案情涉及 Hiscox 授权 DM(劳合社保险经纪人)为它去承保"专业补偿保险"(professional indemnity insurance)的业务。双方的协议中有一条文要求 DM 保存一份完整的保单记录,以供 Hiscox 随时检查与核算。在 2003 年 12 月 31 日,DM 被一家美国德州的公司 HCC 收购。这样一来,Hiscox 紧张了,因为业务会被 HCC 抢去。故除了中断与 DM 的协议外(有一条明示条文容许在30 天内通知后中断合约),要求马上检查保单记录。只有在检查后,Hiscox 才能知道手中有什么业务,有哪些客户,有否赚钱保单快要到期必须去续保,等等。但 DM 不合作,Hiscox 紧急向英国法院作出申请命令,根据是 Section 44(2)的(c)与(e)。已经介绍了,Section 44(2)(c)是检查有关财产,而 Section 44(2)(e)是作出中间禁令。表面看来,这些权力都可强制 DM 容许检查保单记录。但其实是有疑,因为 Section 44 (3)说明法院"可作出上述命令为了保存证据或资产"(The court may, on the application of a party or proposed party to the arbitral proceedings, make such orders as it thinks necessary for the purpose of preserving evidence or assets)。而针对 DM 并非是为了保存证据,而是提前要求 DM 作出"披露"(disclosure)。在该先例中,Cooke 大法官强烈支持 Hiscox 有权检查自己的业务,而 DM 只是代理人。Cooke 大法官也不认为立法[Section 44 (3)]对他的权力有所局限,因为立法用的字是"可以"(may)而不是"必须"(shall)。在这一方面后来在 Cetelem SA v. Roust Holdings Ltd. (2005) EWCA Civ 618 有了改变在本书另章详及。

---

〔22〕 出售有关诉讼的财产。(这种情况在此前已提到,就是把一船香蕉尽快售出,以免损失扩大。即使不会腐烂的货物,由于仓库费用高昂与诉讼结束时才有结果,故早日出售仍是最佳选择。其实把扣押的船舶强制出售亦是同一理念,与被告的船东最终会否胜诉无关。此外,另有其他情况需要出售财产,如船东留置船上货物但收货人不予理睬。)

〔23〕 作出中间禁令。[注意"中间禁令"才是辅助仲裁,若是"最后禁令"(final injunction)就变成救济的一种,是裁决书的内容,与法院在 Section 44 权力无关。需要作出中间禁令的情况千变万化,多不胜数。已提到的"冻结令"与"民事搜查令"只是其中的一些例子。]

〔24〕 法院委任接管人。(这种情况很少发生,但也会有,例如合伙人之间起争议。接管的课题在笔者的《船舶融资与抵押》一书第五章之4.2.2.7 小段有详及。接管人在接管了资产业务后,会公平处理直至仲裁有最后结果。)

2.2.9.3 排除法院辅助仲裁的权力

有趣的是，Section 44 一开始说明这一条文属“非强制性”(non-mandatory)，即可以订约自由排除法院的权力。它也这样说明：

“44 (1) Unless otherwise agreed by the parties, the court has for the purposes of and in relation to arbitral proceedings the same power of making orders … as it has for the purposes of and in relation to legal proceedings.”(除非当事人另外同意，法院为了与有关仲裁程序有同样作出命令的权力，如同是为了与有关法院程序有同样作出命令的权力)。

当然要以订约自由排除法院的权力，明示条文必须十分明确肯定才能达到效果。这在现实中很少见到，也想不出当事人排除法院的权力有什么好处。

但这不表示没有过相关案例。在 Re Q's State (1999) 1 Lloyd's Rep. 931 仲裁条文说仲裁庭“有完全的管辖”(to have exclusive jurisdiction)，判定该条文并不是排除法院作出“冻结令”的权力。另一个不成功排除的例子是 A. Meredith Jones & Co. Ltd. v. JSC Innovatsia(未被报道，Toulson 大法官，17/2/1999)。它的适用仲裁规则不准当事人去法院采取行动，“除为了担保”(other than to obtain security for a claim)。

2.2.9.4 法官与仲裁员之间的分工

由于仲裁员在 1996 年《仲裁法》之 Section 38 与 48 也有类似的辅助仲裁权力或“中间措施”(interim measures)权力，所以，就有必要清楚分工，也可让当事人知道应该向谁作出申请。在 1996 年立法，它的区分在于：(1)申请是否紧急；(2)仲裁庭是否有权或能够去行使权力？

2.2.9.4.1 申请是紧急情况

这在 Section 44 (3)说明，如下：

“(3) If the case is one of urgency〔25〕, the court may, on the application of a party〔26〕 or proposed party〔27〕 to the arbitral proceeding, make such orders as it thinks necessary for the purpose of preserving evidence or assets.”〔28〕

2.2.9.4.2 申请不是紧急情况

这在 Section 44 (4)说明，如下：

“(4) if the case is not one of urgency〔29〕, the court shall act only on he application of

---

〔25〕 若是紧急情况(例如证据或财产不马上保存即会失去就是典型例子)。

〔26〕 在仲裁程序的一方当事人申请下。

〔27〕 或是可能的一方当事人(这是指仲裁程序未开始，即可申请这种“中间措施”命令)。

〔28〕 法院可作出它认为需要的命令为了保存证据或资产。[注意在 Hiscox Underwriting Ltd. v. Dickson Mancester & Co. Ltd. (2004) EWHC 479 (Comm.), Cooke 大法官认为法院权力不在本条文下只局限在保存证据。该先例涉及文件披露，不是保存，法院仍作出本条的命令。]

〔29〕 若不是紧急情况。

a party to the arbitral proceedings (upon notice to the other parties and to the tribunal)〔30〕 made with the permission of the tribunal〔31〕 or the agreement in writing of the other parties."〔32〕

2.2.9.4.3 仲裁庭是否有权或能够行使权力

不论是紧急或不紧急,也要看仲裁庭是否有权或是否能够去行使中间措施的权力。这在 Section 44 (5),如下:

"In any case〔33〕 the court shall act only if or to the extent that the arbitral tribunal〔34〕, and any arbitral or other institution〔35〕 or person vested by the parties with power in that regard, has no power〔36〕 or is unable for the time being to act effectively."〔37〕

上述条文的"无权"(no power)已在 2.2.9.1 小段涉及。这包括是像委任"接管人"(receivers),出售财产/货物,或以"一面之词"(ex parte)作出申请的"冻结令"为取得索赔担保。加上,这种申请在时间上总是紧迫,因为怕资产/金钱流失,故显然是 2.2.9.4.1 小段适合,可跳过仲裁庭直接向法院申请。

"无权"也包括了用字局限的仲裁协议或机构仲裁条文。在订约自由的大原则下文字/措辞可以千变万化。

至于"无能力在当时有效行动"(unable for the time being to act effectively),最常见的情况是仲裁庭仍未组成,法院要去暂代尚不存在的仲裁庭作出"中间措施"的命令。但在 Hiscox Underwriting Ltd. v. Dickson Manchester & Co. Ltd. (2004) EWHC 479 (Comm.), Cooke 大法官说,即使是仲裁庭已成立(该先例中仲裁庭是在向法院申请中途组成),但由于需要时间去熟悉案情,故法院决定继续暂代处理该紧急申请。

实际上,仲裁与法院在辅助权力和中间措施的分工仍是非常不明朗的。仲裁庭和法院对它们权力(jurisdiction)的分界线或事情是否足够紧急会有不同看法。在有些情况,当事人要决定去仲裁庭或法院申请救济是不容易的,有时候会使仲裁庭认为

〔30〕 法院只能行动在仲裁程序中的一方当事人作出申请,并要作出通知给对方当事人与仲裁庭。这里说明了两件事。一是在仲裁程序仍未开始已要作出申请,总应是紧急情况,故不属本条(4)的范围内。二是申请人不能背后作出申请,而必须通知对方当事人。这表示一些必须是"单方面"(ex parte)作出的申请如"冻结令"(Mareva 禁令)或"民事搜查令"(Anton Piller Orders)也不在本条(4)的范围,而属(3)条的"紧急情况"。

〔31〕 申请必须要有仲裁庭的批准。(这显示仲裁庭如果认为自己有权力作出有关"中间措施",也愿意适合自己作出,就不会批准申请人向法院求助了。)

〔32〕 对方当事人会书面同意申请的情况在现实中少见。

〔33〕 在任何情况下(这包括紧急或不紧急情况)。

〔34〕 法院只会行动,如果仲裁庭[注意"只会"(only)一词]。

〔35〕 也会有仲裁机构在仲裁规则下有权行使部分"中间措施"的权力。

〔36〕 但无权。

〔37〕 或没有能力在当时有效行动。

自己没有权力而推给法院,或法院推给仲裁庭,或互相推,令当事人无辜花律师费并浪费时间。实际例子请看第十章的中间措施(interim measures)。

2.2.10　支援之十:法院决定初步法律观点

2.2.10.1　法院与英国实体法

众所周知,英国与其他许多国家/地区(英国与许多《联合国示范法》的管辖地)在仲裁法上的其中一个重大区别是:英国或紧或松,但就是不完全放弃对裁决书中的实体"法律观点"(point of law)或"法律问题"(question of law)的控制。这不光是为了纠正仲裁庭的错误裁决,更重要是为了发展英国"商法"(commercial law)。要发展就必须有大量案例上诉至法院,光是停留在仲裁是不行的,因为外人不会知道(仲裁机密),而且裁决书不是法律,对其他人不会有约束力或者是没有说服力。顺便一提:实体法规定的是关于例如滞期费怎样算或买方可否拒货等问题,这些是《仲裁法》的程序法没有针对的。

笔者一向敬畏英国人的精明判断与眼光远大。笔者也了解一些国家/人士对英国的批评,认为英国法院干预仲裁太多,感到莫名其妙或认为他们了解不足。今天英国法院/伦敦仲裁几乎在一些重要商业行业的仲裁(如保险、海事或商品买卖等)完全垄断了。在10年至15年前,全球海事仲裁大概只有60%~70%去伦敦,但今天不少人估计已高达90%。像纽约与香港等中心也有式微之感。这样一来,外国凭什么去批评英国?

上诉做法令英国有完整一套的商法,并且与时并进。如期租合约,期租做法是第二次世界大战后才普及。通过仲裁裁决书的法律观点上诉,这几十年来已累积足够案例可全面写一本厚厚的Time Charters,而这本书也就成为世界上唯一针对这一课题的权威性与指导性书籍。任何人士(船东、承租人、学者、律师等)一有这方面问题,就去这本书中寻找答案。这样一来,世界上形成一种对英国商法的信任与依赖,连带伦敦仲裁、英国法院与英国律师等也无往不利,世界上任何其他国家难以匹敌,甚至被迫衰落。

香港号称是一个法律与仲裁中心(亚洲中心),但在2004年只有约8个案例与仲裁有关。不去说这些案例是否复杂有趣,而且判得好令世界业内人士心服,这8个案例与好几百个案例的英国相比,可以明确知道香港是几乎建立不了一套体系的。故此,香港勉强能令人稍有信心或肯定性,就得毫无保留地依附英国法律。一旦偏离,自己又成不了体系,笔者相信会很快式微。

2.2.10.2　本条文起的作用与有关考虑及协调

接下来讨论本小段的课题。既然裁决书的实体法律观点有可能会最终上诉法院,何不去法院提前对此法律观点作出指导性判决,这就会避免仲裁庭先去裁决,上诉后被法院推翻而走漫长的冤枉路。更可能是,一经法院作出初步判决,双方当事人可马上结案和解,再也不必继续仲裁了。这些原因,在1979年《仲裁法》之Section 2已有了这种做法,而在1996年《仲裁法》之Section 45中有写得更明确的法院"决定初步法律观点"(Determination of Preliminary Point of Law)。

有了这个做法,更难的是要去全面考虑并与其他条文配合。例如,1979 年《仲裁法》允许双方当事人排除上诉法院。这在以前的法律会被视为违反公共政策,若排除了英国法院的管辖:Czarnikow v. Roth, Schmidt & Co. (1922) 2 KB 478。

1979 年的立法加上后来进一步作出解释的"Nema Guidelines"[The "Nema" (1981) 2 Lloyd's Rep. 239 与 The "Antaios" (1981) 2 Lloyd's Rep. 284 著名先例],在 1996 年《仲裁法》之 Section 69 中延续。

故此,在 Section 45 的做法下,也不应适用于合约仲裁条文/协议明示排除了上诉法院的情形。

在 Section 69 之(3)(c)(ii)提到了有关法律观点是"对一般大众重要"(one of general public importance)才会较易批准上诉法院。故此在 Section 45 也要去配合,在 Section 45 的最后一段有同样说明。所以,"一次过"(one-off)的罕见法律观点不会适用 Section 45 的做法。

Section 45(1)也有明确说明该法律观点除了对大众重要,也对有关案件中的双方当事人影响重大,例如涉及不少金钱。这一要求在 Section 69(3)(a)中是这样规定的:

"That the determination of the question will substantially affect the rights of one or more of the parties."

在 Harris、Phanterose 与 Tecks 合著的《The Arbitration Act 1996-A Commentary》第 3 版一书之 235 页,作者认为 Section 45 的做法下法院需要考虑这一点。

Section 45 另要顾及的考虑因素是 Section 69 不必顾及的有:

(i) Section 69 要先取得法院"批文"(leave)才能去上诉法院,而且在 Nema Guidelines 下不易取得。在这方面取得平衡,以免太多的申请,设计了申请必须是双方当事人同意(这是理所当然,他们去同意怎样办都可以,这是民事诉讼),或是(or)获得仲裁庭批准的两个关卡。

(ii)只有仲裁庭批准的关卡才适用,就是说法院仍要同时满足这样做可以省钱与申请尽快作出两个要求。

(iii)省大量官司费用的情况如:(a)法院提前判决后,双方达成和解,仲裁甚至不必继续下去。即使继续下去也可节省了以后作出裁决书,不再需要申请批准上诉法院。(b)若是做不到这一点(例如争议涉及许多可能明显是对大众重要的法律观点,提前只去判决 1、2 个方面,难以肯定作出了裁决书后败诉方仍去申请上诉批文并且成功取得)。这样一来, Section 45 的做法仅是对双方当事人增加了费用与工作量,因为多走了一步。

(iv)尽快作出申请,否则也难节省大量官司费用。若仲裁已接近尾声,裁决书即将作出,才向法院申请,这样一来,法院索性先去看了裁决书才考虑批不批准上诉的做法会更好。

以下节录 Section 45 即可进一步明了整个做法的考虑与协调:

"(1) Unless otherwise agreed by the parties, the court may on the application of a party to arbitral proceedings (upon notice to the other parties) determine any question of law arising in the course of the proceedings which the court is satisfied substantially affects the rights of one or more of the parties.[38]

An agreement to dispense with reasons for the tribunal's award shall be considered an agreement to exclude the court's jurisdiction under this section.

(2) An application under this section shall not be considered unless[39]

(a) it is made with the agreement of all the other parties to the proceedings[40], or

(b) it is made with the permission of the tribunal and the court is satisfied[41]

(i) that the determination of the question is likely to produce substantial savings in costs[42], and

(ii) that the application was made without delay.[43]

(3) The application shall identify the question of law to be determined and, unless made with the agreement of all the other parties to the proceedings, shall state the grounds on which it is said that the question should be decided by the court.[44]

(4) Unless otherwise agreed by the parties, the arbitral tribunal may continue the arbitral proceedings and make an award while an application to the court under this section is pending.[45]

(5) Unless the court gives leave, no appeal lies from a decision of the court whether the conditions specified in subsection (2) are met.[46]

(6) The decision of the court on the question of law shall be treated as a judgment of

---

〔38〕 除非双方当事人另有协议,法院在仲裁程序中的一方当事人申请下(要通知另一方当事人)可判决任何在程序中出现的法律观点,是法院认为/满足这会对一方或双方当事人有重大影响。

〔39〕 申请不被考虑除非是……

〔40〕 一是所有程序中当事人的同意。

〔41〕 二是仲裁庭的批准加上法院满意的两个条件。

〔42〕 条件(i)是这样做很可能会节省大量官司费用。

〔43〕 条件(ii)是尽快作出申请。

〔44〕 申请必须指出什么法律观点需要决定以及说明凭什么理由要求法院去决定该观点,除非是在(1)的所有当事人同意的情况下。

〔45〕 除非双方当事人另外同意,仲裁庭可继续仲裁程序,作出裁决书,即使有本条文下的向法院申请仍待判决。(这是为了避免延误,例如申请法院决定的法律观点只影响部分争议。)

〔46〕 这里说明高院在本条文下一旦判决,再不能上诉,除非有批文[这是为了不去拖慢仲裁程序,加上要与裁决书内的法律观点、上诉法院的做法协调:请看 Section 69(8),故虽涉及英国实体法,也不允许自动上诉。在没有高院的批文下,上诉庭没有管辖权:Athletic Union of Constantinople v. National Basketball Association and Ors (2002) EWCA Civ 830 (未被报道,上诉庭,28.5.2002)]。而高院是否批批文,主要考虑该法律观点是否对一般大众重要与程度高低。

the court for the purposes of an appeal.[47]

But no appeal lies without the leave of the court which shall not be given unless the court considers that the question is one of general importance, or is one which for some other special reason should be considered by the Court of Appeal."[48]

2.2.10.3 由法院决定初步法律观点与上诉法律观点的比较

在1996年《仲裁法》下,有两个渠道向英国法院要求对争议的法律观点作出权威性的决定,一是Section 45的初步法律观点,二是作出了裁决书之后根据Section 69的上诉法院,这里就谈谈到底哪一种做法比较好。首先在实践上,Section 45肯定是在仲裁的早期,但Section 69发生在裁决书之后。这一点也并非不重要,例如不少中方公司都害怕昂贵的律师费与法院,加上怕事,就有能拖则拖的心理,一般就不大愿意采用Section 45。

另一重大的区别是Section 69会被法院命令申请人(也是败诉方)把裁决书中要赔付的金钱提供担保以交换允许给予上诉批文。这笔金钱会非常巨大,动不动就几千万甚至上亿美元。估计中国公司会无法作出这种担保,加上会有个别公司想将来在中国法院执行时留一手,导致无法取得上诉批文。但Section 45就不会有此困境,因为当时仲裁胜负尚没有定论。

另一个同样重大的区别是根据Section 69,不一定能够成功取得上诉的批文(leave to appeal)。加上已经有了裁决书并对败诉方作出不利的裁决,特别是在证据方面,会导致法律观点即使改变了也对裁决的结果不会有区别,这也导致了难以取得上诉批文。另外在今天的大气候下,法院毕竟还是能支持裁决书就尽量支持。但如果是根据Section 45,法院不会有这种心态,因为裁决书根本没有作出。当然Section 45也不是自动的,其中一个条件是要取得双方同意,否则就要向仲裁员申请并希望能够获得批准了。所以Section 45发生的情况也并不是太多。笔者在最近一个英国商会的仲裁中,由于仲裁庭对中方当事人非常不友善,加上法律观点的确也是比较复杂,笔者最终说服了中方当事人向对方原告的国际贸易商建议以Section 45向法院取得初步的法律观点。至于对方同意是出于几个考虑,一是觉得这几个复杂的法律观点最终难逃由英国法院来决定,二是希望在这些法律观点被权威性地决定后双方可以尽早和解。

2.2.11 支援之十一:法院延长时效去完成裁决书

这里有关的条文是1996年《仲裁法》之Section 50,但笔者估计适用的实际例子

---

〔47〕 本条文下虽然主旨是协助仲裁程序中的当事人在面对重大法律问题,但上诉仍是被视为一审的判决。[注意Section 93的"法官仲裁员"(judge-arbitrator)情况。这样一来,本条文的申请再也不是去高院而是上诉庭。而上诉庭若给予批文上诉,则是去贵族院了:Sched 2, para, 20。这方面有关案例:Henry Boot Construction Ltd. v. Alstom Combined Cycles Ltd. (2005) EWCA Civ 814。]

〔48〕 这里说明上诉批文只会给予在有关法律问题对一般大众有重大影响与有其他特别原因应让上诉庭有机会考虑(例如,一个可能的特别原因是在同一的法律问题争议由不同法官已判了几个不同结果,只能靠上诉庭进一步考虑,进一步去协调/统一有关法律的各种不同判决,才能令法律有更大肯定性)。

不多，因为本来就不多见到对完成裁决书定下限期。再说，1996 年立法在 Section 79 下本来有权力去延长时效在“任何关系到仲裁程序的事情”(any matter relating to the arbitral proceedings)。这样一来,就更难明白为什么要另有一条 Section 50 去针对一种颇为罕见的事情,即未能及时完成裁决书。

2.2.11.1 默示的时效

1996 年《仲裁法》中唯一针对完成裁决书的时效的是 Section 71(3)，它针对的是原来的裁决书被法院“发还”(remit)后，必须在 3 个月内另作出一个新的裁决书。

至于其他大多数的正常情况下作出裁决书，《仲裁法》没有规定。换言之，是“合理”(reasonable)时间，这要看每一个不同案件的事实与情况而定。这也正确，笔者自己也经历过，作出的裁决书或许只有短短的两三张纸，但也可能有一本书的厚度，有上百页。所以，怎能去一概而论。

看来,若是仲裁庭没有在默示的合理时间内作出裁决书，就会构成“不良行为”(misconduct)并面对被法院赶走的危险：Pratt v. Swanmore Builders Ltd. and Baker (1980) 2 Lloyd's Rep. 504；Kailay Engineering Co. v. C. W. Farrance (1999) CACV 33/1999。

至于 1996 年《仲裁法》Section 24(d)(ii) 确是针对这种情况说：

“that he has refused or failed：… (ii) to use all reasonable dispatch in conducting the proceedings or making an award.”

但接下去另有一个额外要求说：

“and that substantial injustice has been or will be caused to the applicant”(与对申请人已造成或会造成重大不公平)。

这样一来，若是仲裁庭未能在法律默示的时效内完成裁决书，但刚告诉双方当事人快要作出裁决书，顶多再半个月。笔者就很怀疑怎能去成功说服英国法院下令把仲裁庭赶走，因为怎会“已造成或会造成对申请人的重大不公平”。

2.2.11.2 明示的时效

这会来自两种情况:一是双方当事人在仲裁条文中说明作出裁决书的时效;二是双方同意的仲裁机构有仲裁条文规定一个明示时效，如国际商会(ICC)仲裁。

在仲裁条文中说明时效/时限并不普遍,也往往不恰当。已经说过，案件会大会小,裁决书会是简短或冗长，怎能在订约时预见并硬性规定时效。但现实中仍有发生，如 John Mowlem Construction plc v. Secretary of State for Defence (2000)(未被报道)先例中的仲裁条文有一句说：

“the arbitrator was to give his award within three months of the completion of the proceedings”(仲裁员要在开庭后 3 个月内作出裁决书)。

上述一句实是不错，因为开庭过后，仲裁员趁记忆犹新就马上动笔写裁决书是良好的做法，做起来也快得多。加上，3 个月的时间算是合理,也在大部分情况适用。小部分伦敦海事仲裁员与香港仲裁员在开庭审理后迟迟不出裁决书，确是不当：Kailay Engineering Co. v. CW Farrance (1999) CACV 33/1999。当然，上述条文并没有说明如果有延误会有什么后果。什么是恰当的惩罚或阻吓也不容易想到，例如说晚了的裁决书是无效又会令昂贵的开庭白白浪费了。也别忘了仲裁员有豁免权，无法向他/她索赔损失。故此或多加一句说（这会是很有效的办法，但大大增加委任仲裁员的困难）：

"If there is delay to the publication of the award, then unless the parties agree to the delay or relief can be obtained from the court, the arbitrator shall not be entitled to his fees for the work done."

至于在 ICC 仲裁规则中的 Article 24，它要求整个仲裁在 6 个月内完成。这样一来，仲裁条文若去合并了 ICC 仲裁规则或规定了 ICC 的机构仲裁，Article 24 也就适用了。

在仲裁条文中若有明示时效/时限，若是仲裁庭不及时完成裁决书而双方当事人又不能同意延期，会连它过时作出的裁决书的管辖权也受到挑战。

2.2.11.3 法院有权去延长时效之 Section 50

1996 年的《仲裁法》Section 50 正是让法院延长时效。条文中要注意下列几点：

（A）本条文可以明确/清楚地以明示条文排除法院的权力：John Mowlem Construction plc v. Secretary of State for Defence (2000) CILL 1655。

（B）Section 50(2)的最后一句是说明当事人先要去有关的仲裁程序/机制中不能取得延长时效才能向法院申请。即是，当事人不能跳过有关程序/机制就马上去法院。很好的例子是 ICC 的仲裁规则有延长 6 个月时效的做法，也经常有申请延期，而 ICC 也宽松对待。这表示延期先向 ICC 提出，失败后才向法院提出。

（C）Section 50(3)是说明法院只在满意了不延期会造成重大不公平的情况下才去延长时效。例如，若不延期会造成重大浪费，因为不久前开了大半个月的庭可能是白干了。

（D）可向法院提出申请的人士在 Section 50(2)有说明。一是(a)的仲裁庭自己；二是(b)的任何一方当事人。

（E）Section 50(4)说明在延长时效的同时，可作出法院认为恰当的条件。

2.2.11.4 或可用来向延误仲裁员/仲裁庭施压

现实中，拖延太久才出裁决书不是新闻。笔者在想，对心急的原告（也会是提供了担保或有更大反索赔的被告）有什么好办法去催促呢？一般只是在差不多一段时间就发出一份电文/信函给仲裁庭查问裁决书估计什么时候会有。但怕得罪的情况下，话不会强硬，所以功效有疑。顶多说发信总比什么都不做为佳。

另一办法是像 Kailey Engineering Co. v. CW Farrance (1999) CACV 33/1999 去以"不良行为"（香港法）为由把延误的仲裁员赶走（remove）。但除了不易成功外（特别在更严格的英国 1996 年《仲裁法》下），把仲裁员在最后的一步赶走，另找一位"替代仲裁员"（substitute arbitrator）再来一次亦非是心急的原告（或被告）所愿意的结果。

在 Section 50 下,有没有提供一个好办法？也就是说，心急的原告(或被告)以仲裁员过了或会过明示时效为由向法院申请延期，并要求法院同时作出一个适当条件如只准延长 3 个星期。这样一来，就可能迫使该仲裁员/仲裁庭优先作出该案件的裁决书，因为在法治社会，法院作出的命令是谁也不敢开玩笑的。

但本小段只是讨论而已，因为在海事合约的仲裁条文中，很少见到有明示的时效/时限，特别针对作出裁决书。所以，Section 50 根本不适用。

2.2.12　支援之十二：法院在其他方面延长时效

在上一段已有提及，1996 年《仲裁法》有 Section 79 去广泛地延长时效/时限，照说可以不必另有 Section 50。在这一小段是探讨 Section 79。

2.2.12.1　可延长的时效/时限

广泛归广泛，也不是仲裁程序中所有会遇到的时效均可延长。可延长的情况，更需看 Section 79(1) 所说如下：

"… the court may by order extend any time limit agreed by them in relation to any matter relating to the arbitral proceedings〔49〕 or specified in any provision of this Part having effect in default of such agreement. "〔50〕

上述包括的第一种情况最常见是针对被告拖延委任自己的仲裁员，引致仲裁庭迟迟组成不了，故预先在订约时设下时限与"缺席机制"(default mechanism)，例如在 Minermet SpA Milan v. Luckyfield Shipping Corp. (2004) EWHC 729 (Comm.) 先例。稍后去详论这方面 (2.2.12.2 小段)。

第二种情况是 1996 年《仲裁法》之 Part I (即 Section 1 至 Section 84) 中所涉及的时效/时限，都会适用。除了已经有其他特定 sections 去针对，如 Section 12 (针对开始仲裁，已在本章之 2.2.3 小段详及)，或是 Section 50 (针对完成裁决书，已在本章之 2.2.11 小段详及)，或是 Section 80(5) (针对挑战，质疑或/与上诉裁决书,将稍后详及)。

总的来说,不包括的情况是：

(i)仲裁庭在仲裁程序中作出的时限与最后的时限命令。(显然,法院若延长这种时限等于是插手仲裁庭的正常程序工作。)

(ii)合约时效/时限(contractual time bar)针对开始仲裁,因为有 Section 12 特别针对,而且是否行使裁量权去延长时效的考虑因素也不一样,如"情况是双方缔约时合理预料之外"等。这已在本章 2.2.3 小段详及,不重复。

(iii)完成裁决书的时限,这也因为已有 Section 50 针对。已提及,这里延长时限的考虑因素在 Section 50 与 Section 79 一样,其实不必有 Section 50。

---

〔49〕 第一种情况是双方当事人同意了针对仲裁程序的时效/时限。

〔50〕 第二种情况是在 1996 年《仲裁法》第一部分(Section 1 至 Section 84) 中的各种时效/时限。

（iv）挑战，质疑或/与上诉裁决书也有 Section 80（5）特别针对，后详。

2.2.12.2 可延长时限的第一种情况：双方当事人合约同意/约定

合约约定/明示的时限，又与仲裁有关的最普遍的是针对开始仲裁。例如，著名的 Centrocon Arbitration Clause 规定了卸完货的 3 个月内（后来延长至 12 个月）必须进行仲裁，否则索赔无效/放弃权利。又例如，租约经常会去以"首要条文"（Clause Paramount）去合并 1924 年的《海牙规则》进入租约：Seabridge Shipping v. Orssleff's（1999）2 Lloyd's Rep. 685。该公约的 1 年时效/时限［Article iii（6）规定］也会一并合并，这方面在笔者（杨良宜）的《期租合约》一书之 45.3 段有详及。反正它也是合约明示的时限，因为《海牙规则》纯是以合约理论去合并适用租约。这一切的时效/时限延长都以 1996 年《仲裁法》之 Section 12 为准。在 2.2.3 小段也详及了 Section 12 下成功延长是殊不易，要比 Section 50 或 Section 79 的延长困难多了：The "Catherine Helen"（1998）2 Lloyd's Rep. 511。

另一种较常见的明示时限是针对被告必须去委任仲裁员，这是因为现实中被告不理不睬或拖延的情况很多，故在合约中加了一条"缺席机制"（default mechanism），说明被告在一个时限内（如 7 天、14 天、21 天不等）不去委任仲裁员或同意一位独任仲裁员，原告即可启动缺席机制。这机制在订约自由下会千变万化，例如，原告可去"改变"他原先委任的"原告仲裁员"（claimant's arbitrator）为"独任仲裁员"（sole arbitrator），或是原告可代被告委任一位仲裁员以尽快组成仲裁庭，又或是原告可向某仲裁机构申请代被告委任一位仲裁员。

例如，在海事普遍适用的 BIMCO Dispute Resolution Clause 就有明示的缺席机制，如下：

"A party wishing to refer a dispute to arbitration shall appoint its arbitrator and send notice of such appointment in writing to the other party requiring the other party to appoint its own arbitrator within 14 calendar days of that notice and stating that it will appoint its own arbitrator within 14 calendar days of that notice and stating that it will appoint its arbitrator as sole arbitrator unless the other party appoint its own arbitrator and gives notice that it has done so within the 14 days specified. If the other party dose not appoint its own arbitrator and give notice that it has done so within the 14 days specified, the party referring a dispute to arbitration may, without the requirement of any further prior notice to the other party, appoint its arbitrator as sole arbitrator and shall advise the other party accordingly. The award of a sole arbitrator shall be binding on both parties as if he had been appointed by agreement."

笔者另一个近期看到的例子是有关条文说：

"… If one party fails to appoint an arbitrator, whether originally or by way of substitution for, two weeks after the other party , having appointed their arbitrator, has by telex, fax or letter, called upon the defaulting party to make the appointment, the president for the time being of the London Maritime Arbitrator' Association (LMAA) shall, upon application of the other party, appoint an arbitrator on behalf of the defaulting party and that arbitrator shall have the like power to act in the reference and make an award as if he had been appointed by the defaulting party."

照理说,英国《仲裁法》已有"缺席机制"(default mechanism),这默示(implied)适用于伦敦仲裁,又何必"多此一举"去明示(express)? 道理总会有。在1950年的《仲裁法》之Section 7 (b),只有7天即可启动缺席机制。但7天太短,例如,中国内地的春节与劳动节假期即会超出7天。外国原告可以在假期刚开始时给予被告仲裁通知,并警告在7天以后以Section 7 (b)行事。反正,可以此手法剥夺中国被告委任自己仲裁员的权利。故此,有明确条文把7天延长至14天,而明示条文是超越默示条文的。到了1996年《仲裁法》,同样的条文是Section 16 (4)与(5),其中7天变成了14天。若被告不理不睬,原告在14天后可以启动缺席机制,这是Section 17 (1)与(2)。原告再要向被告作出书面通知,说明会委任他的仲裁员为独任仲裁员。然后,要等足7天后[注意:根据Section 78 (4),7天要排除周末与假日]才能启动缺席机制。这样加起来是14天+7天+2天(周末)+可能有的假日,可能几乎一个月后才能完成缺席机制,这对部分人来说又太长了,作为原告会感到不耐烦。所以,仍不满意这个默示地位。所以像BIMCO仍要设计明示条文,说明是14天,而且是"日历天"(calendar days),包括周末与假日,也不受1996年《仲裁法》的Section 78 (4) 影响,计算容易。

综上所述例子中,明示14天或默示的"14天+7天+2天"都可以在Section 79 (1)下向法院申请延长时效/时限。

笔者多举一个双方当事人明示时限的例子。在Equatorial Traders Ltd. v. Louis Dreyfus Trading Ltd. (2002) EWHC 2003 (Comm.),双方当事人的咖啡买卖合约内同意由"咖啡买卖协会"(Coffee Trade Association或简称CFA)仲裁。它的仲裁规则中针对上诉有两个时限。第一个是在30天内作出上诉通知;第二个是在21天后(从上诉通知的那天始算)递交"陈述书"(statement of case)与有关文件证据。仲裁规则的35条给予CFA权利去延长时限。但估计可能是订得不好,权利只在30天的上诉通知而没有针对第二个时限的21天。

在第一审败诉的Louis Dreyfus (LD) 按时给予上诉通知(注意这上诉仍然是在CFA的仲裁制度内,并非上诉法院)。但由于LD的负责人事后背痛,导致错过了第二个21天的时限。LD先是向CFA申请延长时限,而CFA也不自知地给予延长。但事后对方当事人(Equatorial Traders或简称ET)指CFA没有管辖权这样做。在上诉裁决书中,判定LD上诉成功。ET马上向法院申请把上诉裁决书撤销,理由是Section 67的"欠缺管辖权"(want of jurisdiction)或/与Section 68的"严重不正常"(serious irregularity)。HHJ Chambers大法官同意CFA无权延长21天的时限。而LD本可以1996年《仲裁法》之Section 79向法院申请延长这种属于合约的时限,但由于LD拖延太久,故判决撤销上诉裁决书。

2.2.12.3 可延长时限的第二种情况:《仲裁法》的规定

在1996年《仲裁法》的第一部分(Section 1 至 Section 84)有不少的时效/时限,例如上一小段就介绍了 Section 17 加 Section 18 的14天+7天+2天(周末)的默示规定,之后原告才能完成启动缺席机制。若被告想委任自己的仲裁员,但因发生一些特殊原因(如意向仲裁员出游或生病),导致时间不足,向原告要求延长时限又被原告所拒。这样一来,被告只能向法院申请延长,而依据就是 Section 79。

被告申请时时限已届,原告也业已要求他委任的仲裁员变为独任仲裁员,而该仲裁员也同意了。这样一来,被告的权利被剥夺了。但 Section 79 (4)明言法院可以在"时限将届或已届时行使延长权利"(may be exercised whether or not the time has already expire)。故此,法院要同时撤销有关独任仲裁员的委任。这在 Section 17(3)有说明如下:

"where a sole arbitrator has been appointed under subsection (2), the party in default may … apply to the court which may set aside the appointment."

Section 79 (2) (b)也允许仲裁庭向法院申请延长时限。这种情况的发生不会多,但不是没有。如 Section 57 (5)的修改仲裁书必须在申请的28天内作出。另一个是 Section 57 (6)的多作出一个"追加裁决书"(additional award),是要在原裁决书作出一天后之56天内完成。再一个更有可能要申请延长法定时限的情况是在 Section 71 (3),有关把仲裁书"发还"(remit)给仲裁庭重新考虑然后另作出一个新的裁决书代替原来的裁决书,而时间只有3个月。要看个别案件的复杂性,这3个月时间会不会够。但上述情况大部分是双方当事人会同意延长时限,不必麻烦法院。

1996年立法中有情况是先由仲裁庭决定是否延期,这是 Section 31 (3) 的有关挑战/质疑仲裁庭的管辖权迟了向仲裁庭提出,但仲裁庭可延期接纳,说:

"The arbitral tribunal may admit an objection later than the time specified in subsection (1) or (2) if it considers the delay justified."

若是仲裁庭拒绝当事人(他想质疑仲裁庭的管辖权)的延期理由,不服的当事人仍可以 Section 79 向法院申请延期。但估计,除非有很好的理由,法院是不会轻易否定或改变仲裁庭的裁量权的。

2.2.12.4 对裁决书向法院申请救济的时限问题

现实中最可能发生的错过时限/时效是对裁决书不满意而向法院申请各种"救济"(remedies)。这些救济第一种是 Section 67 的管辖权挑战/质疑(因为最后一句话是在法院:Azov Shipping v. Baltic Shipping (1999) 1 Lloyd's Rep. 68;Aoot Kalmneft v. Glencore International (2002) Lloyd's Rep. 128;等)。第二种是 Section 68 的在仲裁程序中或裁决书理由中有"严重不正常"造成了"重大不公正",要把裁决书撤销(set aside)或发还重审(remission)。而第三种是 Section 69 针对裁决书中"实体法律问题"(issue of substantive law)申请上诉。

2.2.12.4.1 立法规定的时限

这些申请法院要求作出救济的时效/时限现在一概是28天,从裁决书作出/签署

的一天始算。这在1996年立法之Section 70 (3)有说明如下:

"70 (1) The following provisions apply to an application or appeal under Section 67, 68 or 69 …

(3) Any application or appeal must be brought within 28 days of the date of the award …"

所有救济一概是28天的时效/时限是很有道理的,因为不少申请是把所有的不同救济都包括在内。例如在2.2.12.3小段介绍的Equatorial Traders Ltd. v. Louis Dreyfus Trading Ltd. (2002) EWHC 2003 (Comm.) 就同时申请两种救济,包括了Section 67与68。

2.2.12.4.2 时效/时限错过的原因

时效/时限最容易错过,而且一错过将事关重大。例如,Section 67的管辖权质疑,裁决书内容矛盾,错漏百出,估计去法院重审一定会有改变。又如裁决书有严重的误解证据或仲裁庭自说自话乱判,依据Section 68把该裁决书撤销应有一定把握。这样一来,需要申请救济的一方当事人(往往是败诉方)可真要珍惜这28天的时效/时限了。但这28天经常错过,最主要的原因是仲裁庭对他/她们的收费作出对裁决书的留置(依据Section 56)。故此在仲裁庭作出/签署了裁决书后,会马上以书面形式通知双方当事人,简短说明这个事实与仲裁庭收费是多少。应该是不必说得太多,但说明也可以如:"The award can be released upon the payment of our fees of £150,000,00"。当然,仲裁庭千万不要把裁决书结果告知当事人。否则他们会不再需要该裁决书了,可去和解或清付。

双方当事人在收到裁决书已作出的通知后,以下会是一些常见的延误情况:

(i)原告心急知道内容/结果,准备掏钱取得裁决书。虽然只是暂时预付,不影响最后谁该负责(即谁会败诉),原告仍是心有不甘,希望与被告各付50%以取得裁决书。

(ii)心急的被告也会这样做,这些被告会有反索赔或提供了担保。

(iii)要命的是对方不是马上一口回绝,而是给一丝希望如说要请示领导,然后过了七八天回应说领导决定不作出任何预付。

(iv)即使对方同意各预付50%,但对方迟迟未支付。

(v)这迟付也会发生在己方,例如在外汇管制、手续繁多的国家如中国内地。

(vi)有时会去要求仲裁庭解释裁决书为何如此昂贵或/与要求减价。这样一来,往往又会浪费七八天。

(vii)双方当事人在最后一秒钟试图和解谈判。

反正原因很多,但即使取得了裁决书,而且仍在28天时限内,又会轮到想寻求对裁决书救济当事方自己的延误。这也有许多原因,而且一些原因是自己"该死",这种情况主要有:

(A)败诉方不懂,不知所措。本来世界上许多莫名其妙的事表面看来是错事、坏事,其实最正确与最好的解释是不懂、无知与愚蠢。

(B)即使是精明、效率高的败诉方,在真正作出决定向法院申请前也要取得律师/大律师有关行动的估计费用与成功机会多少的意见。

(C)中国大陆的公司/单位还有一种做法就是必须向领导人请示。本来走这重要的一步前请示一下也无妨。但问题在部分领导人除了不懂外,也是思维混乱与不知自量。所以解释十分困难,而最后的决定也往往与专家的建议不相同,大概为显示他/她的"英明神武"。举例,笔者(杨良宜)一个惨痛的教训是在一个伦敦仲裁败诉,争议有关小工在装卸作业中把船舶损坏的估计修理费用。希腊船东向中方承租人索赔修理费(金额不多)加上12天的修理时间(这笔钱很高)。但船舶始终没有修理,而且在出事的1年后卖去印度折了船。希腊船东没有披露这个事实,是后来调查所知而且对方在开庭的反盘问也承认了。这样一来,笔者本来大胜(因为责任与赔偿合理修理费用一直没有去争议/抗拒),而且仲裁员也判决希腊船东不能索赔修理时间的12天。但接下去裁决书说是以一个船东专家证人的估价修理费作为赔偿金额为佳,也这样判了。但问题是,该专家证人的该估价也包括了12天的修理时间。裁决书前后有明显的矛盾,是笔者至今最有信心去成功申请救济的案例之一。救济首先要求仲裁庭解释,若被拒绝或对方阻难,估计会向法院申请把裁决书发还(remit)给仲裁庭重新考虑。但在该案件中,笔者遇上的领导人拒绝支持。笔者眼看28天一天一天的逝去,到后来几乎是"声泪俱下"的哀求下仍不成功,令败诉成了定局。笔者也有过其他经验是最后解释/说服成功,但届时28天时限早已错过,变成了再想申请救济就先要申请延期。

2.2.12.4.3　1996年《仲裁法》对延误原因的考虑

这个问题1996年《仲裁法》的立法小组(Departmental Advisory Committee或简称DAC)也有考虑到,特别是因为仲裁员/仲裁庭为了自己的费用而去留置裁决书的做法而导致的延误通常使双方当事人无辜受害。办法是:

(i)把时限延长。

(ii)时限从双方当事人收到裁决书的那天始算,而不是从裁决书作出的那天始算。

(iii)宽待没有自己"犯错"(default)的申请方延长时效/时限。

在(i),1996年立法已经从1950年《仲裁法》的21天多加了7天,再增加也有困难。一是说不准加多少天才可以大幅度减少这方面的问题;二是要平衡大部分的裁决书没有问题,应尽快支付或执行,但一天时限未过,胜诉方很难提出支付要求或去执行。

在(ii),以"收到"(receipt)裁决书的那天始算会带来许多不稳定与额外争议。例如,败诉方一口咬定说没有收到或是很晚才收到,这时候很难去反证。笔者一般做法是收到"裁决书费用"后(例如钱已汇入笔者银行账户),马上把裁决书以挂号或快递(特别是外国当事人)寄出,另外把裁决书传真给双方当事人,务求他们尽快能看到裁决书的内容与结果，即使只是“传真副本”（fax copy）。但难保所有仲裁员都是同样做法。

所以，在1996年《仲裁法》的构思，仍是采取（iii）的办法。这可节录DAC报告之294段，说：

“294. The time limit in Clause 70(3) runs from the date of the award, or, where applicable, the date when a party was notified of the result of any arbitral process of appeal or review. ① It has been suggested that difficulties might arise if an award is held back by the arbitrators, pending payment by the parties (i. e. under Clause 56). It is possible that the time limit in Clause 70(3) will have expired by the time an award is released. However, the DAC is of the view that the day of the award is the only incontrovertible date from which the time period should run. Any other starting point would result in great uncertainty (e. g. as to the exact point at which an award is “released” or “delivered”). Further, any difficulties arising from specific circumstances can be easily remedied by way of any extension of time under Clause 79. ”②

在上述的节录中只需对两处多讲几句。①是针对一些商会仲裁或劳合社海事救助报酬的仲裁，都设计了内部上诉机制。这样一来，先要完成了这个约定的上诉后如果不服，才轮到下一步向法院求助。

至于②，提到了Section 79（未立法前是Clause 79），可见DAC原意是想以Section 79针对所有的延长时效/时限，只除了Section 12（针对开始仲裁时限）。但由于用字不当，有了意外，这在下一小段详及。

2.2.12.4.4 申请裁决书救济去延长时限的立法条文

上一小段提到Section 79(1)用字不当，这可节录DAC报告之382段，如下：

“It has been pointed out to us（法律改革小组之DAC）that clause 79(1) as presently drafted could be said to be inapplicable to, for example, Clause 70(3) where the time stipulated is not one having effect in default of agreement between the parties. We agree with this comment and suggest that Clause 79(1) be amended along the following lines:

‘… the court may by order extend any time limit agreed by them in relation to any matter relating to the arbitral proceedings or applicable by virtue of any provision of this part.’”

但可惜1996年《仲裁法》通过与生效，并没有依从DAC的建议去修改Section79(1)的用字与措辞。这在Merkin教授的《Arbitration Act 1996—An Annotated Guide》一书中有提及（在114页）：

“However, one possible restriction on the scope of Section 79(1) is that it appears, by its wording, not to apply to a time limit laid down by the Act which applies other in default of agreement by the parties: perhaps the most important illustration is the 28 days limit in Section 70(3) for the bringing of application and appeals against awards under Sections 67 to 69 of the Act. The DAC in its February 1996 Report, para. 382, recommended that the Bill be amended so that Section 79 applied to any time limit applicable under the Bill, but this recommendation was not carried into effect."

但幸亏,Section 79(1)不一定适用,有关申请与上诉法院另有 Section 80(针对法院程序)可延长时效/时限。在 Section 80(5),它是这样表述的:

"Where any prevision of this part requires an application or appeal to be made to the court within a specified time, the rules of court relating to the reckoning of periods, the extending or abridging of periods …, apply in relation to that requirement."

有关法院的命令是 Order 73, Rule 22。在 Ranko Group v. Antarctic Maritime SA (1998) LMLN 492,法院判定在此法院命令下与1996年《仲裁法》Section 80(5),它有权延长时效/时限允许一个对裁决书救济的申请。

2.2.12.4.5 行使延长时限裁量权的考虑因素

这方面考虑因素 Colman 大法官在 Kalmneft JSC v. Glencore International AG (2001) 2 All ER Comm. 577 总结如下:

(i) the length of the delay;(延误的长短。)

(ii) whether, in permitting the time limit to expire and the subsequent delay to occur, the party was acting reasonably in all the circumstances;(当事人让时限错过,延误产生,是合理行事?)

(iii) whether the respondent to the application or the arbitrator caused or contributed to the delay;(对方当事人或仲裁员有否造成或参与延误产生?)

(iv) whether the respondent to the application would, by reason of delay, suffer irremediable prejudice in addition to the mere loss of time of the application were permitted to proceed;(若允许申请救济去推进,会否令对方当事人造成除了时间损失外的无可补救的损害?)

(v) whether the arbitration has continued during the period of delay and, if so, what impact on the progress of the arbitration or the costs incurred the determination of the application by the court might now have;(仲裁有否在延误时间中继续推进,如果有,决定申请对这继续推进中的仲裁与花费了的费用有什么冲击?)(这情况之一是:申请救济的是针对管辖权的中间裁决。过了28天的时效/时限,仲裁庭与对方当事人的原告以为已成定局,就是裁决书判有管辖权,于是继续推进下去处理实质争议的责任与赔偿金额。殊不知过了一段时间,被告向法院申请延长时限,依据 Section 67 向法院申请救济。这样一来,法院可要考虑已多花在处理实质争议的费用与工夫怎样办——如果申请成功。)

(vi) the strength of the application;(申请救济本身理由的强弱,即申请成功机会大不大。)

(vii) whether in the broadest sense it would be unfair to the applicant for him to be denied the opportunity of having the application determined?（广泛看来，否定申请人有一个机会向法院申请救济有否不公平之感觉？）

以上总结的考虑因素被 Thomas 大法官完全接受，并适用于 PICC v. Vysanthi Shipping Co. Ltd.（2003）EWHC 1655（Comm.）先例。该先例十分有趣而且与中国大陆密切相关，它涉及阿根廷黄豆进口中国，装港是 San Lorenzo。在离开装港中途，有关船舶（名“Joanna V”）搁浅，需要救助。在救助成功后，船舶只提供了船价部分的救助报酬担保，并要求货方尽快提供货价部分的担保。在延误了几天后，最终由货物保险公司的“人保”（PICC）提供了担保，船/货才能继续航行去中国卸港卸货。到了 1996 年 9 月，船舶抵达中国，它被货方/收货人扣船并提供了 P&I 担保。到了 1996 年 10 月 24 日，收货人在宁波海事法院起诉船东，要求补偿他对救助人的支付报酬责任（因为已直接提供了担保）。

但 5 天前，船东已根据提单合并的租约仲裁条文（2 位仲裁员加公断人）在伦敦对收货人开始仲裁，索赔是共同海损分摊的 367,138.86 美元加上因迟了提供救助担保的船期损失 28,500 美元。看来，这又是一宗令中方损失惨重之“提单合并租约仲裁条文是否有效”的热门话题的有关案件。

船东曾在宁波海事法院依据 1958 年的《纽约公约》申请中止，但被法院拒绝，估计原因是不认为提单有效合并租约的伦敦仲裁条文。船东一直上诉至最高院仍被拒绝。这样一来，变了同一争议有两套诉讼同时在进行，一是宁波海事法院，另一是伦敦仲裁。

结果可猜想到，而且令人对国际上是否存在真正与客观的公正抱有怀疑。就是，在宁波海事法院判定 PICC（人保在赔付了收货人后代位）胜诉，但在伦敦仲裁被独任仲裁员判定 PICC 败诉，这一进一出钱不少。

在伦敦仲裁，收货人起初不予理睬，所以船东（原告）可以顺利去启动“缺席机制”（default mechanism）把自己委任的仲裁员变为“独任仲裁员”（sole arbitrator in default）。后来，估计在英国律师的建议下，PICC 在抗议管辖下参与仲裁，提出抗辩与反索赔，但可惜败诉。

再接下去是执行：船东申请执行裁决书而 PICC 申请禁令不准船东执行裁决书。其中涉及了该裁决书也包括了对管辖权裁定 PICC 向法院以 Section 67 申请救济。问题是：28 天时效/时限早已错过了 20 个月之久。

Thomas 大法官根据 Kalmneft JSC v. Glencore International AG 先例的总结考虑因素判定 PICC 败诉并允许执行裁决书。这些理由包括了 20 个月延误实在太久，PICC 看来故意不行动，船东与/或仲裁员对这延误无关，并且如果允许申请会对船东产生无可补偿的损害（令船东无法及时对中国法院管辖权提出异议）。

看来，船东与他背后的 P&I（互保协会）还有一招“高招”，可更早去行使，就是针对 PICC 申请英国法院作出一个“anti-suit 禁令”：这请参阅本章之 2.2.2 小段。

综上，延长时效/时限在 1996 年《仲裁法》之 Section 80（5）看来并不容易。但这不是新闻,在1950年《仲裁法》下的普通法已十分严格。在笔者(杨良宜)的《国际商务仲裁》一书之538页即介绍了The“Archipelagoes”(1979) 2 Lloyd's Rep. 289与The“Faith”(1993) 2 Lloyd's Rep. 408的两个先例。更何况1996年立法与当今的英国法院更是追求效率,避免与打击任何延误。所以在2.2.12.4.2小段提到的部分中国公司/单位领导人所导致的错过时限/延误,想以Section 80 (5)去申请延长时效/时限会难上加难。

2.2.12.5 Section 79 延长时限裁量权的考虑因素

再回去探讨Section 79会否延长时限的考虑因素,它也是基本精神与上一小段的Section 80 (5)一致,十分严格。例如,Section 79 (3) (b)是一个法院考虑因素,必须说服他这样才可以避免“重大不公正”(substantial injustice),措辞是:

“(3)The court shall not exercise its power to extend a time limit unless it is satisfied:

…

(b)that a substantial injustice would otherwise be done.”

有了这必须因素,法院考虑会否延长的因素基本上也与Section 80(5)差不多,如会否令对方当事人造成“无可补救损害”(irremediable prejudice),申请本身理由的强弱等。难怪DAC想把所有除了Section 12的延长时效/时限都归纳于Section 79,但不成功。

Section 12不同之处是考虑因素已在《仲裁法》中明示,非常局限,如必须是“情况是双方订约时合理意料之外”(that the circumstances are such as were outside the reasonable contemplation of the parties when they agreed the provision in question)。

举Equatorial Traders Ltd. v. Louis Dreyfus Trading Ltd. (2002) EWHC 2023 (Comm.)先例为例,若是负责人背痛或其他个人事故导致时效/时限错失或发生延误,而该公司是小公司,除了他这位负责人外没有其他人懂或参与处理。在这些事实下,加上该公司动得快,马上向法院申请延长时效。估计在Section 79与80(5)下都会成功延长时效/时限。唯独Section 12除外,因为负责人生病或任何人生病不应是订约时合理意料之外的情况。

2.2.12.6 总结

《联合国示范法》没有类似Section 12、50、79与80(5)的规定,并同时在Article 5剥夺了法院插手的剩余权力。但它的内容亦有不少时效/时限,若错过与产生延误,会毫无救济可言。

2.2.13 支援之十三:协助送达文件

为了符合“自然公正”(natural justice)的天条,所有法院诉讼中的文件都应送达给对方当事人,让他知道后并作出抗辩。唯一例外是以“一面之词”(ex parte)所作出的申请,但它必须符合两个条件:一是紧急情况;二是申请的本质不能预先让对方(被告)知道,如“冻结令”(freezing injunction)。但这种申请也不否定被告会有他的申辩,故申请成功,也往往只是暂时的法院命令,命令中并会订下期限(return date)让被告在事后的送达后一段时间内（如 14 天内）向法院申请撤销或更改原先的命令，如“冻结令”，虽然双方一般会同意延长期限，允许有时间准备。

笔者虽然没有见过有关的统计，但曾听一位英国法官说过很大部分的“冻结令”申请都会成功（估计原告律师也会劝阻当事人去进行无望的申请）。但也有相当一部分的“冻结令”在被告被送达并作出抗辩后被撤销或更改（改为较宽松的）。由此可见听“一面之词”的危险。

在一般正常的法院诉讼，一开始的告票或传票都必须“送达”（service）给被告才能正式启动诉讼程序。被告若在送达后抗辩，难免要委任代表律师，并在英国法院记录在案。这样一来，双方都有代表律师，双方都可向对方律师互相送达，也非要接受送达不可，故送达再不是问题，除非一方当事人把代表律师撤掉又不另换新委任的律师。另一情况是被告在送达后仍决定不理睬，这样一来，原告若已把“索赔请求”（statement of claim）与告票（writ）（现在改称为“claim form”）同时送达，即可以在期限过后申请法院根据索赔请求作出一个判决。这所谓“缺席判决”（default judgment）一般是照索赔请求的内容“抄写”，也不会要求原告进一步解释或对一些声称的重要事实举证。显然，这是只听“一面之词”，有绝大可能不公平或者不正确。或是索赔全部或部分在抗辩下不能成立，或部分认定事实有错，又或是索赔金额被夸大。但法院也没有办法，谁叫被告获通知后仍然不去抗辩呢？若是不作出“缺席判决”，岂非被告不出现、不理睬是最佳的抗辩办法？

送达对“有头有面”的被告都不会有问题。有水平的被告绝不会让原告在背后以“一面之词”向法官作出任何申请或陈词，所以一定会在送达告票或传票后，及时去委任适合与能干的代表律师作出抗辩/反击。

针对外国（英国的外国）的被告，送达更可能是一个昂贵与耗时的一步。因为涉及国际关系，所以英国法院去强制外国被告（一家公司或一位自然人）前来接受审理前，先要去审核一下是否恰当的案件，例如表面看来是否有管辖权，才作出批文容许向外国被告送达。

原告有了批文，仍要走下一步，把告票或传票真正送达外国被告手中。这里要顾及外国（被告所在地）可能有的相关规定/法律，又须顾及将来要满足英国法院。例如送达给一位韩国被告，原告即需要把所需送达的文件翻译为韩文，然后通过外交途径把文件送达。原告会在几个月后，收到英国驻韩国的大使馆证明文件，即证明业已送达。若在期限内韩国被告或他/她的代表律师仍不出现，原告即可以证明与满足英国法院业已送达，并可推进法院诉讼程序。关于送达外国被告的困难，近期的案例可参阅：Karaha Bodas Co. LLC v. Pertamina HCCT 28/2002, 5 Aug. 2002（未被报道）。

上述简单介绍只是针对法院，不针对仲裁。但在 1996 年《仲裁法》，仍有不少方面或难题是要向英国法院申请求助，如延长时效，或赶走仲裁员，或质疑仲裁庭管辖权，或质疑仲裁庭收费，或寻求各种对裁决书的救济，等等。这些法院行动仍难免要走这一个昂贵与耗时的步骤。在国际仲裁，面对外国（英国的外国）被告居多，送达外国更是在所难免。在1996年《仲裁法》之Section 24(1)、28(2)、67(1)、68(1)、69(1)等等,都有一句说:“要通知对方当事人与仲裁庭成员”(upon notice to the other parties and to the tribunal)。在这种行动,法律绝不容许原告以“一面之词”向法院申请,这是符合“自然公正”(natural justice)的天条。

现实中,有时候会觉得法院正式的送达太麻烦、太形式化。例如,双方当事人不停地在接触,或是在和解,或是其他事项。这种接触会以电子通讯(传真或电邮)方式,或通过经纪人。这样一来,原告只要以此方法告知对方有关法院的行动,被告肯定知悉,又何必多此一举去正式送达法院文件?但这一步“例行公事”仍在所难免,也难以改变,因为有政治考虑。所以,在1996年《仲裁法》之Section 76对有关仲裁程序中的文件送达作了十分宽松的规定[例如在Section 76 (3) 说明可以“任何有效办法”(any effective means)去送达],另在Section 76(5)中说明了不适用于法院的行动,如下:

“This section does not apply to the service of documents for the purposes of legal proceedings, for which provision is made by rules of court.”

对上述所讲可举一个与仲裁相关的例子,就是以前1950年《仲裁法》之Section 12(6)(a)规定只有英国法院才能下令要原告提供给被告仲裁诉讼的“费用担保”(security for costs)。这种情况到了1996年《仲裁法》才完全改变,在Section 38 (3)是仲裁庭才有权下令,反而是法院管不了。

在法院尚未把此权力下放的年代,在伦敦(或香港)的国际仲裁经常有一种关于“送达”(service) 的游戏。被告向原告提出要求提供费用担保,精明的原告几乎肯定拒绝自动提供。于是被告向仲裁庭提出,答案也几乎一定是:“我们仲裁庭无权去管。”被告被迫向英国(或香港,若是香港仲裁)的法院求助。但由于原告是外国公司(如巴拿马、印度尼西亚或巴西),于是被告代表律师问原告在伦敦仲裁的代表律师可否接受法院传票的送达(accept service),可省却向外国送达的花费与时间。但大部分精明的原告律师都会刁难地回答说:“我只是原告在伦敦仲裁的代表律师/代理人,原告并没有授权我去接收传票的送达”(We are the claimant's solicitor in London arbitration, but we are not authorized to accept service of court proceedings)。这样一来,被告被迫采取一连串的行动把法院传票送达外国的原告。但由于需要时间,加上原告律师在伦敦仲裁程序中逼得紧,导致仲裁推进很快。所以被告只能再向仲裁庭提出申请说:“我已在英国法院申请要求原告提供费用担保,但由于原告留难,不授权代表律师去接收传票,所以我被迫去向外国送达。这业已在进行中,但估计需时几个月,请仲裁庭暂缓或暂停推进。”但又几乎肯定内行的仲裁庭会回答说:“我们仲裁庭有责任去推进仲裁,不会暂缓或暂停,除非是法院下令”(The tribunal has a duty to progress with arbitration proceedings. Unless ordered by the court, the tribunal will not slow down or stay the proceedings)。毕竟,仲裁庭怎能去听取被告把仲裁程序暂缓或暂停。若真是这样做,被告在没有压力下慢慢去拖,慢慢去送达,仲裁庭也无法知悉或将来在什么时候再去不顾一切重新启动仲裁程序。结果，会造成部分被告索性放弃这一步。也出现一些案件是仲裁已经作出了裁决书，有了最后结果，但费用担保的申请仍在法院悬而未决的可笑情况。幸亏，在1996年《仲裁法》下，这种送达传票游戏针对费用担保已经消失。[51]

已经说过，仲裁的文件送达是宽松多了，也没有一定的形式或格式，如“仲裁通知”（notice of arbitration）（这相当于法院的告票或传票）。在1996年立法之Section 76(3)是可以“任何有效办法”（any effective means），这包括了以传真、电邮、邮寄，或通过对方当事人的律师，或通过经纪人。当然，笔者建议重要的仲裁通知/文件尽量避免通过经纪人或中间人。他们确会忘了/漏了转交给对方当事人（例如是被告）。而且，也较难在稍后去说服仲裁庭业已有效送达，对方业已知道。1996年《仲裁法》之Section 76 (4)(b)有说到若以邮寄方式送达，地址必须是对方当事人（若是公司）的注册或主要办公地点。

一方当事人（例如是原告）若是稍后向仲裁庭申请推进仲裁程序，例如作出“最后命令”（peremptory order）或“缺席裁决”（default award），只要满足对方当事人/被告业已或应会接获通知，不论以任何通讯方式，也不计较形式，即会积极回应并继续推进仲裁。

但这不表示仲裁没有送达的问题。这会发生在一些赖债或不懂的被告，又不舍得花律师费去抗辩（即使案件本身是很有机会抗辩成功），于是采取一种笔者认为是低劣的回避办法，就是回绝一切仲裁文件的送达。做法可能各式各样，笔者见过的手法包括有：更换传真机号码；派人把守传真机，一看见有关仲裁文件立即去中断传送；或一概把邮件退回（return to sender）。而到了将来面对一个缺席裁决的执行时，试图以没有合理通知去抗拒执行。

这种被告估计多数是发展中国家的中小型公司。但在少有的例子中，也会见到有头有面的发展中国家大公司也这样做，估计是他们不懂加上怕打官司，所以采取这种既不光彩，也很短视的做法。英国这些先进国家当然不会任由这些发展中国家公司或赖皮被告乱来。所以在1996年《仲裁法》中针对这一情况加上了Section76与77。

首先Section 76说明了十分宽松的仲裁文件送达，除非是双方的合约中另有明示条文说明送达办法，例如送达给双方在伦敦委任的代表律师。现实中，针对伦敦仲裁很少会有这种明示条文。一般只会在受英国法院管辖的由律师草拟的大型合约（即没有仲裁条文）中出现，因为送达只对法院程序造成麻烦，故须以明示条文对付。

接下去Section 77说明了若无法以Section 76向对方送达（这包括双方合约中有约定，但办不到，例如被明命的律师说没有被对方当事人/被告委任），即可向法院申请。注意这Section 77的申请无须去通知对方当事人与/或仲裁庭成员。法院即可下令它认为适合、可以有把握通知到对方当事人的通知办法。当然，这办法是由申请的

---

〔51〕 此处，英国新的法院“民事诉讼法”（Civil Procedural Rules或简称CPR）也已刻意针对了这方面，允许法院文件送达给当事人在仲裁的代表律师：CPR Part 6.8。

原告提供,并要说服法院。例如,去通知对方当事人以往委任过的律师、经纪人、代理人或保险公司等。甚至,以刊登在报刊代替送达任何人。在极端的情况,更可在 Section 77 (2)(b)下免除送达。这种情况作出来的"缺席裁决"在英国(或一些友好国家如美国)执行,败诉被告应该很难再以没有获得合理通知为由抗拒执行。

法院诉讼也有"替代送达"(substituted service)的做法,但不像上述的做法如此宽松容易。

2.2.14 支援之十四:协助裁决书的强制执行

裁决书必须能去执行才会带来实质好处,否则只是废纸一份。执行一般是把裁决书内败诉方要赔偿的金钱取到手。在较少见的裁决书内是给予胜诉方一个"最后禁令"(final injunction)的救济,执行就变成是去强制败诉方不敢不依禁令行事或不行事(例如不去再侵犯机密或知识产权),否则会有刑事起诉的牵连。

仲裁员对执行裁决无能为力,这必须借助仲裁地的法院。若是国际上的执行,就要借助各《纽约公约》1958 年的签约国国家法院。

在本章,只是简单探讨在英国《仲裁法》下如何规定有关在英国(与外国)作出的裁决书,英国法院会怎样去协助执行。

2.2.14.1 普通法下的裁决书执行

普通法(common law)下可去执行裁决书,诉因(cause of action)是败诉方违反了一个默示合约责任去遵守裁决书的裁决(an implied obligation to perform the award)。正如 Colman 大法官在 Hassneh Insurance Co. of Israel v. Mear (1993) 2 Lloyd's Rep. 243 之 247 页所说:

"In so far as it awards that one party shall pay, or do something for the benefit of the other, it gives rise to an independent contractual obligation to perform the award."

这种所谓的"对裁决书的行动"(action on the award)实是一个正常的法院诉讼,所以会需时与较麻烦以此办法执行裁决书。若执行成功,法院会对裁决书欠下的金额作出一个法院判决(judgment)。在此行动,法院会把一个表面看来良好与有效的裁决书接受为"表面证据"(prima facie evidence),败诉方要去抗拒执行有举证责任:Kianta Osakeyhtio v. Britain & Overseas Trading Co. (1954) 1 Lloyd's Rep. 247。在此行动或同一诉讼,胜诉方也会面对败诉方的其他债项或反索赔:Glencore Grain Ltd. v. Argos Trading Co. (1999) 2 Lloyd's Rep. 410。法院会暂时"中止执行"(stay of execution)或只准对部分裁决书金额去执行:E. D. & F. Man v. S. A. T. U. R. S. (1970) 2 Lloyd's Rep. 416。

照说,《仲裁法》下与《纽约公约》有更简易的执行办法,何苦仍要去根据普通法?特别是在 1996 年《仲裁法》下更有 Section 81 保留普通法的做法:

"81(1) Nothing in this Part shall be construed as excluding the operation of any rules of law consistent with the provision of this Part, in particular, any rule of law as to-

…

(b) the effect of an oral arbitration agreement; or

…"

上述可见是普通法承认有口头仲裁协议(正如其他种类的协议/合约),但由于1996年《仲裁法》与1958年《纽约公约》只承认"文书仲裁协议"(written arbitration agreement),所以这种裁决书只能以普通法去执行了。

至于执行起来,败诉方提出的抗拒理由基本上一样。但《仲裁法》与《纽约公约》下都不多不少列明了抗拒理由的清单。但普通法下的抗拒理由就没有清单,故也没有上限。此外,它们之间会有较隐蔽的差异,例如"公共政策"(public policy)的解释。在《纽约公约》不少的西方说法是它属国际公约,所以公共政策应指国际认可项目不多的公共政策(例如人权、反恐等)。该说法是针对发展中国家被指称常以本土/本国的理由作为公共政策去拒绝执行外国的裁决书。

在英国,近年的相关先例是 Westacre Investments Inc. v. Judoimport-SDPR Holding Co. Ltd. & ors (1998) 2 Lloyd's Rep. 111 与 Soleimany v. Soleimany (19 Feb. 1998) (1998) The Times, 3 March。它们将在本书第六章有关裁决书执行详论,在此略过。

2.2.14.2 1996年《仲裁法》下的裁决书执行

2.2.14.2.1 适用于所有英国/外国裁决书

英国的1996年《仲裁法》有一专门条文针对裁决书在英国的执行,即 Section 66,它基本来自1950年《仲裁法》之 Section 26。注意该条文同时适用于英国或外国作为仲裁地(如北京或香港)的裁决书,因为1996年立法之 Section 2(2)说明:

"2(2) The following sections apply even if the seat of the arbitration is outside England and Wales or Northern Ireland or no seat has been designated or determined-

…

(b) section 66 (enforcement of arbitral awards)."

至于外国裁决书为何要去英国执行,道理是再明显不过。由于英国伦敦是国际上最主要的商业与金融中心,国际或地区性银行在伦敦开设分行比比皆是,所以在伦敦能找到败诉方资产的机会高,故胜诉方在伦敦执行裁决书的机会大增。

2.2.14.2.2 Section 66 内容与简介

为方便阅读,可先节录 Section 66 并给予简介,如下:

"(1) An award made by the tribunal pursuant to an arbitration agreement may, by leave of the court, be enforced in the same manner as a judgment or order of the court to the same effect.

(2) Where leave is so given, judgment may be entered in terms of award.

(3) Leave to enforce an award shall not be given where, or to the extent that, the person against whom it is sought to be enforced shows that the tribunal lacked substantive jurisdiction to make the award.

The right to raise such an objection may have been lost (see Section 73).

(4) Nothing in this section affects the recognition or enforcement of an award under any other enactment or rule of law, in particular under Part II of the Arbitration Act 1950 (enforcement of award under Geneva Convention) or the provisions of Part III of this Act relating to the recognition and enforcement of awards under the New York Convention or by an action on the award."

Section 66(2)说明裁决书可以像法院判决一样,不光是一个诉因,可以在法院批准下,马上去执行。这是主要的执行办法,它快速、简单、省钱,所以通常称为"简易执行"(summary enforcement)。

Section 66(2)提供了另一种(但不多用的)执行办法,它是在法院批准下把有关裁决书变为英国法院判决。这尤其对英国作出的裁决书有一点用处,例如需要去非《纽约公约》国家或与英国有相互承认法院判决的国家执行。若外国是欧共体国家,则可依赖《Jurisdiction Regulation》。另一情况是败诉方面临清盘,因为1986年《破产法》(Insolvency Act)主要针对"判决债务"(judgment debt)。

Section 66(3)是说明被执行方指出仲裁庭若是没有管辖权,则英国法院将不给予执行的批准。除非是根据Section 73,被执行方(败诉方)已被视为弃权。[这是在明知应去挑战/质疑仲裁庭的管辖权但默不作声并去参与仲裁程序,或是及时挑战/质疑了,仲裁庭并已作出中间裁决书说明自己有管辖权,但被执行方不再进一步上诉,法院推翻该裁决书。这样一来,管辖权问题不准在后来另一个针对实质与金钱上争议的裁决书执行时再跳出来。故此,能在本条文执行时提出仲裁庭没有管辖权并说服法院不给予执行批准,只在Section 72所指的没有参与仲裁程序或缺席的被执行方,或是Section 73所指的很晚(出了裁决书后)才发觉管辖权问题。]

照说,也不光是仲裁庭没有管辖权的情况英国法院才不批准执行。在DAC报告中之373段就提到了其他两种情况。一是裁决书影响第三者;二是裁决书针对"不能仲裁"(non-arbitrable)事项(如监管小孩)。但DAC报告认为立法在目前的写法(即要法院批准的"by leave of the court"),实是给了法院一个裁量权(discretion)是否去批准执行裁决书。故不必说明,法院也可在适合的情况/案件中予以拒绝批准执行裁决书。这Section 66(3)并不像Section 68对"严重不正常"(serious irregularity)去列了一份完整的清单(closed list),从(a)到(i)。这样一来,法官不得再以自己的裁量权去增加清单了。

最后,Section 66(4)针对外国(英国的外国)作出的裁决书可以国际公约(《日内瓦公约》与《纽约公约》)执行,这由1996年《仲裁法》之Section 99至104去针对。现实中,《日内瓦公约》(Geneva Convention,1927)已完全被《纽约公约》(New York Convention,1958)所替代,不再重要。

2.2.14.2.3 执行的做法

英国法院的执行申请必须通过英国律师代劳,故本书针对中国读者不必多讲,只作简略介绍。

Section 66 的执行是根据“民事程序法”(CPR)之 Part 62、Rules 62.17—62.21。申请是以一份“仲裁索赔表格”(arbitration claim form),另以一份申请人律师的“宣誓书”(affidavit)或“证人证言”(witness statement)支持申请。该宣誓书或证人证言要附上仲裁协议与裁决书。宣誓书或证人证言内容要说明被执行人(败诉方)的名字与习惯或最后所知地址(或若是公司,则为公司注册地址),另外也要说明在申请的一天裁决书未有被遵守或只是部分遵守(付钱)。若是申请人也要索赔不包括在裁决书内的裁决书作出后至成功执行一天的利息(所谓的“judgment debt interest”),同时要作出一份证明(certificate)计算出多少利息。最后是准备两份草拟好的法院执行命令(draft enforcement order),以方便法院。

上述文件同时递交法院以供法官考虑。根据 CPR Part 62.18(1) 文件暂不必送达被执行方(败诉方)。法官之后会决定作出执行命令,或若对裁决书有疑问,希望先听听被执行方的陈词抗辩才会下令申请人先送达有关文件给被执行方。

如果法院作出了执行命令,该命令必须送达被执行方(败诉方),后者有 14 天时间向法院申请把命令“撤销”(set aside)。若被执行方不予理睬,执行命令可在 14 天后进行各种执行的手段/行动。

被执行方(败诉方)若提出理由去抗拒执行,而理由涉及事实的争议,法院会下令执行申请须先开庭审理。但也可能被执行方所提出的理由只是一个简短的法律问题,去考虑是否批准执行的法官可以马上决定。这样一来,可以不必拖延至改天再开庭审理,可马上决定是批准或不批准执行裁决书。正如 Hirst 大法官在 Curacao Trading Co. BV v. Harkisandas & Co. (1992) 2 Lloyd's Rep. 186 之 192 页说:

“it will be absurd for the Court, having heard all the arguments, to decline to adjudicate and insist upon a full trial, where the same arguments would be duplicated at considerable extra expense.”

2.2.14.2.4 对协议裁决书(consent award)的执行

“协议裁决书”(consent 或 agreed award)是通过双方当事人的庭外和解,并把该和解协议(settlement agreement)转为一个裁决书的做法:1996 年《仲裁法》之 Section 51(2)。它不涉及仲裁庭的裁决,故此也没有裁决的原因:Section 52(4)。但它完全可像其他的裁决书一样,马上执行,如 Section 66 的简易执行:Section 57(3)。这也是把“和解协议”马上转为一个“协议裁决书”吸引人的地方,因为前者只是合约/协议一份,若支付方反悔/违约,充其量只带来另一个“诉因”(cause of action),离执行之路仍很遥远。

协议裁决书有一个特殊之处,就是责任保险人(例如是船东的互保协会)一般只对判决或裁决(不论对错)负责,但不一定对受保人私下的和解协议负责(除非是有保险人参与与同意)。这样一来,为了保护仲裁过程中不知情的责任保险人,DAC 报告之 378 段曾建议在 Section 66 多加一条,即申请执行一个“协议裁决书”必须预先告知法院。378 段这样说:

“There is one further point. It seems to us that there is much to be said for a suggestion that the Court must be informed on an application for enforcement if the award is an agreed award (see Clause 51) if this is not apparent from the award itself, and that any enforcement order or judgment of the Court should also state that it is made in respect of an agreed award, thus putting everyone concerned on notice of that fact and avoiding the risk that third parties might be misled into believing that the award was one made at arm's length. We suggest that these requirements be added to Clause 66.”

但在最终的立法,该草案中的 Clause 66 变为 Section 66 并没有作出增加。估计是这方面危险不大,笔者见过的“协议裁决书”都会写明白是“Consent Award”,很难误导第三者/责任保险人。此外,在执行的做法上,一开始的“仲裁索赔表格”(arbitration claim form)与后来法院作出的“执行命令”(enforcement order)都会说明,故误导不了人。

2.2.14.3　执行的各种手段与做法

对裁决书的执行与对法院判决的执行一样。

首先在涉及海事方面,“判决债务人”(judgment debtor)是船东、债权人会先想到诉船与扣船。毕竟,1996 年《仲裁法》之 Section 11 允许以此办法取得索赔担保。但执行并不再是为了担保,而且两者格格不入,因为诉船是“诉物”(in rem),而裁决书或转为判决是“诉人”(in personam),即“原告”与“被告”。故在 The “Bumbesti”(1999) 2 Lloyd's Rep. 481,Aikens,大法官撤销扣船命令,并说裁决书的争议虽然是租约纠纷,但这在裁决书作出后已变得不够直接或太间接。而现在的问题在败诉方破坏了默示协议应去遵守裁决书的裁定,这不是海事管辖,可去诉船/扣船。

但同是诉人行动的“冻结令”(freezing injunction)却不受上述的局限,可去“冻结”败诉方的船舶,借助来协助执行。

要知道,取得裁决书(或法院判决)并不能令债权人的地位提高。如果他不是“优先债权人”(secured creditor),裁决书并不能帮助他。故遇上公司清盘(这是执行手段之一),“判决债权人”(judgment creditor)很可能“两手空空”,因为它即使有一点资产,也大部分偿付了优先债权人(他们有各种“物权担保”,通常是银行)。所以,取得裁决书唯一的好处是法律允许执行。但若“判决债务人”(judgment debtor)没有钱,是光棍一个或是皮包公司,有了一个胜诉裁决书或判决也变不了钱。相反,若是“判决债务人”有钱有资产,则在法律允许的各种执行手段/办法下,也不容易去藏匿、逃避、转移等。

简单介绍,执行手段/办法如下:

(i)如果对“判决债务人”的财力了解不足,想知道多一点与想摸底,可向法院申请向他查问“examination of judgment debtor”。这里的威吓力在“判决债务人”不敢不出庭或/与不敢不讲或不讲真话,否则很容易会“民事”(欠债)变“刑事”(蔑视法庭或发假誓)。一般标准的问题可由法院提出。但若“判决债权人”知道一些东西是法院不了解的,如“判决债务人”的经营或业务、有些什么老客户等,最好是自己去问去打听。当然,调查“判决债务人”的财力另有其他办法,如通过“调查员”(enquiry agent)。

(ii)如果“判决债务人”是一个“法人”(有限公司),一个执行办法是申请把它强制清盘:“liquidation and winding-up of companies”。固然,债权人追债在一开始亦可采取同样手法。但“债项”(debt)仍有争议时,不易申请成功。当债项变了“判决债务”(judgment debt),就不会有此顾虑了。当然,清盘本身是一个昂贵(申请人要负责“包底”)与费时的过程。而且已经说过,清盘公司即使有一点资产/金钱,也会先偿付给有担保的债权人。所以,比强制清盘更好的是用它来作为一种威吓或/与压力去迫使“判决债务人”自动作出支付。后者如果不想“突然死亡”,或是怕惊动其他债权人(特别是借贷银行),就算是“银根紧”也会被迫千方百计找钱作出支付。当然,真要走过清盘的过程,将来也可能会通过法院指定“清盘人”(liquidator)找出清盘公司的不法/不妥的经营手法而进一步向公司董事追究个人责任,例如明显合理知道公司还不起债务,仍继续订约经营。

(iii)如果“判决债务人”有住处(自然人)或办公地点(公司),而且知道如通过亲身或调查员造访知道有些财产,如家具、装置、设备或/与存货(stock),再加上债务数目不大(因为一般性财产在出售后会剩下不多钱),一个执行手段/办法是申请法院派出“执达吏”去扣押债务人财产,并安排出售:“execution or the bailiffs”。

(iv)如果能知道第三者(可以是客户、生意伙伴、银行或另一宗诉讼中要赔钱的对手等)欠“判决债务人”一笔钱,可向法院以宣誓书申请一个名为“Garnishee order”把这笔钱冻结并强制转支付给“判决债权人”。若是第三者不服(例如他/她另有反索赔要对冲)可把这笔钱存入法院并提出抗辩。在此行动,银行经常是第三者对象,但“判决债务人”要逃避判决债务,恐怕经济也不会太好,所以常会是银行出具一份证明说明客户账号“没有钱”(no funds)。

(v)如果查出“判决债务人”有房产(例如自拥有办公楼),可以宣誓书向法院申请对该房产作出一个“押记”(charging order)。押记是“物权担保”(security interest)的一种,可以令申请人变为一位“有担保债权人”(secured creditor)。这一课题在笔者(杨良宜)的《船舶融资与抵押》一书之第二章有详论,不重复。一旦下了押记并作出登记,有关房产再难出售或用作融资。债权人可以在同时申请法院把房产出售(order for the sale)或委任“接管人”(receiver)代收租金以清还债务。至于采取什么行动又要看情况:房价会是低潮,出售不一定划算。若是刚巧有一个中长期租约,由接管人代收租金会是更好办法。最后,上述执行办法也不光是针对房产,也包括诸如股票等财产。

(vi)在上一段提到“接管人”(receiver)的做法也可适用于“判决债务人”有一盘赚钱生意,不断有现金进账,但没有什么资产。如果把它清盘(把公司弄死)没有意思,不如去通过“接管人”(一般是有处理破产经验的会计师)把生意与收入接过来,用作还债。这种生意会是贸易(trading),主要靠“判决债务人”的生意上人际关系与

"内行"。也会是一家餐厅,值钱资产欠缺,但餐厅有一定名气,而且每天现金收入滚滚而来。这个执行办法不好之处是接管人的收费不便宜(这要申请债权人"包底"),而且债权人要先去把情况查得清清楚楚才在委任接管人之时可以明确要求接管人做些什么。

除了上述办法外,还有其他如冻结"判决债务人"的工资,如果他有一份工作:"attachment of earning order"。但这与本书所针对(主要是法人)关系少,不去多提。而在世界层次,各国还会有其他的执行手段/办法可使用,笔者在此略过。

2.3　法院监督任务(supervising role)

在这种类型的任务下,有以下各项:

2.3.1　监督之一:针对仲裁员的收费

2.3.1.1　简介在仲裁的收费人士

诉讼费用高昂不是新闻,但几乎每一个参与诉讼的收费人士,都会有一定的监督与制衡。例如是专家证人,他/她们收费不便宜,但若是乱来收费,会有委任方的代表律师去盯得紧去提出质疑。至于律师自己若被委任的当事人怀疑乱收费,英国(与香港)的法院更有机制可对该律师的收费作出核算,以找出合理金额。此外,当事人更可以在诉讼中途自由更换不满意(包括对收费不满意)的律师。故此,律师收费也难以乱来,因为有制衡。至于律师费高昂的原因是,律师本来就是收费较高的专业人士,而且诉讼会涉及复杂/繁重的大量工作。

至于败诉方要支付胜诉方律师的收费,也不必太怕有乱收费的情况。因为一直以来有制衡,败诉方不同意数字就会迫使胜诉方去向仲裁庭或法院申请核算他的费用(主要是律师费)。一旦通过第三者核算,胜诉方律师就难以乱来。在1996年的《仲裁法》,这种一贯的做法在Section 63有说明:

"(3) The tribunal may determine by award the recoverable costs of the arbitration on such basis as it thinks fit …

(4) If the tribunal does not determine the recoverable costs of the arbitration, any party to the arbitral proceedings may apply to the court …"

剩下来的主要收费人士就是仲裁员了。今天不像很久以前会有才干人士肯不收费用,以为社会服务的态度去担任仲裁员。今天漫长、复杂与繁重的仲裁程序也不会适合这种"业余"与半桶水的仲裁员去处理。但即使要收费,仲裁员亦不得乱来。而且,"不怕一万,只怕万一",所以好的仲裁法仍得要有机制去监督与制衡。特别是对待仲裁员,由于在最后裁决书仍未作出前,双方当事人都不敢太得罪仲裁员,也难赶走他/她(这不像代表律师或专家证人等,委任了也可随意更换)。所以,当事人需要法院的保护,以免被贪心与乱收费的仲裁员"鱼肉"。

但一直以来,这方面的机制十分不足。直至1996年的《仲裁法》,才在Section 28中详尽地设计了一套十分完整的机制,后详。至于香港的《仲裁法》、国际仲裁的《联合国示范法》根本没有同类的条文,所以不存在任何机制去监督与制衡仲裁员别乱收费。

2.3.1.2 仲裁员的收费标准

仲裁员的收费可分两种做法:一是收取一笔固定的总数,例如是 1 万港元,之后工作多少,反正都只有这笔钱;二是按实际工作量收费。这里首先有一个每小时的收费标准,高低因人而异,例如是 1000 港元。然后,去看每一宗案件的工作量,最后加起来是多少个小时。两个数字去乘后就会有最后要收的总数。

这两种做法在现实中都有。像固定的"一笔过"收费,不论工作量多少出现在:

(i)国际商会仲裁(ICC arbitration)。

(ii)贸仲/海仲仲裁(CIETAC/CMAC)。

(iii)小金额索赔程序(Small Claims Procedure 或简称 SCP)。(这在伦敦海事仲裁员协会有很受欢迎的"LMAA SCP"、在香港国际仲裁中心亦有"HKIAC SCP"。)

(iv)其他。

而按实际工作量收费更是大量在随意仲裁中(ad hoc arbitration)存在,像笔者就是主要以这种收费接受委任。机构仲裁也有,如"伦敦仲裁院"(LCIA)。若在委任前当事人想知道笔者的收费,笔者会告知的也就是自己每小时的收费,例如每小时 4000 港元。也会有仲裁员把收费订得较为复杂,例如一般的工作是每小时 3500 港元,开庭是每小时 4500 港元或甚至是每天收费 3 万港元等。但最终的一笔总数是多少仍要看工作量,这是仲裁员被委任时无法得知的。

2.3.1.3 固定收费与按工作量收费的利弊比较

至于两种收费做法优劣如何,应不难分析:

(1)固定的"一笔过"收费有赌博的感觉。对仲裁员或对当事人都会赚会亏。笔者最近听说一宗 ICC 仲裁,由于太麻烦与拖得太长,结果仲裁庭的 3 位仲裁员都尽力去要求让他们辞职,而据闻 ICC 则努力去挽留,维持仲裁庭的完整等。另可以"小金额索赔程序"(SCP)为例,笔者近年来被多次委任,或是以 LMAA SCP,或是以 HKIAC SCP。以 HKIAC SCP 为例,笔者在 2004 年作出了 3 个裁决书。在此程序下,固定费用是 15,000 港元,先由原告支付。被告只在提出反索赔才多要支付给仲裁员 7500 港元。在笔者的 3 个裁决书中,十分幸运的是 2 个属"缺席裁决书"(default award),即被告不予理睬,这令笔者的仲裁员工作十分容易与简单。但有 1 个裁决书却十分麻烦,工作量多,双方当事人有七八个不同争端/争议,而且斗得厉害,令笔者不易照 SCP 去控制,结果笔者亏大本。

(2)若仲裁员亏大本,可能有一个间接的恶果,就是仲裁员会马虎去草草了事。

(3)从推广仲裁的角度看来,按实际工作量收费会比固定一笔收费为佳。要去固定先付一笔,金额总不会太少,而且将来即使是半途达致和解,也不会有退回全数或多数的可能。所以原告会努力寻求和解,到了无法可想才开始仲裁(如 ICC 仲裁),硬着头皮掏出这笔固定费用。若是为了保护时效等原因而非要开始仲裁,这就太不幸了。但按工作量收费的仲裁就没有这个忧虑,原告当事人可以"收发自如",

昂贵费用只在将来产生大量工作才会出现,与开始仲裁无关。这导致按实际工作量收费的仲裁案件会在数字上较多,因为对原告更有吸引力动不动开始仲裁。

(4)笔者从经验中感觉到熟悉、习惯仲裁的公司(如国际贸易商或西方船东),比较喜欢能“收发自如”,一定程度上能控制仲裁员收费高低(如采取简单一点的仲裁程序、双方当事人尽量合作去少向仲裁员提申请等)。而不熟悉、少经历仲裁的公司为了肯定以及惧怕无底的昂贵诉讼费用,则会较喜欢固定的“一笔过”收费。

2.3.1.4　什么情况下有不同的收费做法

这会有许多不同情况,难以一概而论。例如,若说“机构仲裁”(institutional arbitration)是固定收费,但“随意仲裁”(ad hoc arbitration)是按工作量收费,这并不准确。例如,与国际商会(ICC)齐名的“伦敦国际仲裁院”(London Court of International Arbitration 或简称 LCIA),它的仲裁规则中是让仲裁员按工作量收费。

而受欢迎的 LMAA SCP 与 HKIAC SCP,他们只供随意仲裁使用,LMAA 根本没有管理机构仲裁的做法。

像笔者,中间既接受以固定“一笔过”收费为准的委任(如 ICC 仲裁,或以 LMAA SCP/ HKIAC SCP 的仲裁程序等),也更多接受委任是以工作量为准的收费做法。反正是,每次看情况而定(包括像自己的工作多寡、委任案件的性质等)。

但一般的随意仲裁委任,也不适用任何规则,要去收固定一笔费用就要去重新开始谈判了。仲裁员要得高,委任方想付得少,可说是双方都会感到尴尬的谈判。所以,现实中发生不多。

本来,仲裁员收费要多少与委任方愿不愿支付只是他们之间的事,有订约自由,法院不管。唯一例外是固定的收费与仲裁结果的金额挂上钩,例如是赔偿金额的20%,便是“多赔多付”。这样一来便是严重的不公正了,肯定违反自然公正,法院也要参与救济了。

2.3.1.5　按时收费的合理金额

2.3.1.5.1　双方同意/约定费率的情况

近年来的仲裁员委任,不论是来自当事人或来自仲裁机构,总会先问及每小时收费或费率是多少。虽然,这数字并不能作准,因为更关键是要看工作量多少,而这是连当事人自己也难以准确估计的。显然,每一个人的费率的高低是根据许多因素来决定的,例如他/她的名气、经验、身份等等。反正这是个人决定,他/她可以“自视甚高”,只肯“高价待沽”,绝不会“自降身份”,而碰巧也有当事人吃这一套。这样一来,会是“一谈即合”就委任妥当了。这是订约自由,别人管不了。但现实中也有在委任时双方没去谈判与同意收费标准/费率。例如只来了一份传真委任笔者为仲裁员,要求马上接受,而笔者也接受了。双方其中从未谈及笔者的费率是多少。原因会是多样的,如委任方不久前才在另一宗案件中委任过笔者,所以知悉笔者的收费标准;又可能是,曾向 HKIAC 打听过;也可能是遗漏了。但无论怎样,事实是双方没有同意一个费率。这样一来,法律的说法是将来收费以“合理费率”(reasonable fee)为佳。这在1996年《仲裁法》之Section 28（1）有说明：

"to pay to the arbitrators such reasonable fees and expenses (if any) as are appropriate in the circumstances."

2.3.1.5.2　律师的合理费率

这种收费办法/做法与香港/英国的律师一样。像英国高院(Supreme Court Costs Office)在2004年对"事务律师"(solicitor)在核算收费上也有指引有关他们的合理平均的收费/费率。

事务律师接案后会由所内不同律师去处理或涉及,如高级合伙人或助手。故很少事先与客户约定/同意谁干活与他们的不同费率。这样一来,有一个合理费率的指引会有很大帮助。该指引把律师分为4个等级,第一级(A)是有8年以上诉讼经验的资深律师;第二级(B)是有4年以上的诉讼经验;第三级(C)是其他的律师;第四级(D)是"实习律师"(trainee solicitor)。接下去的区分是地区,因为不同地区的成本会很不一样,例如租房。故此,在伦敦商业区的"City of London",各级律师每小时的合理平均费率是:(A)342英镑;(B) 247英镑;(C) 189英镑;(D) 116英镑。相比,一到了如南安普敦(Southampton),就下降为(A)175英镑;(B)155英镑;(C)130英镑与(D)95英镑。

2.3.1.5.3　如何决定仲裁员的合理费率

针对仲裁员的合理平均费率更难,也不可能有指引。仲裁员人数不多,而且背景各人大不相同。例如Appleton v. Norwich Union Fire Insurance Society Ltd. (1922) 13 Lloyd's Rep. 345, Salter大法官判决一位是御用大律师的公断人可收取比其他两位当事人委任的仲裁员更高的费率。他们一位是"初级律师"(junior counsel),另一位是"检验师"(surveyor)。

这明显是"合理"的,但在其他许多方面就不容易决定了,因为考虑因素太多,正如Megaw大法官在Government of Ceylon v. Chandris (1963) 1 Lloyd's Rep. 214所说有关收费(其中包括费率):

"I think that it would be undesirable for me to express any general view as to the appropriate scale of fees in arbitrations such as this. The fees which are fair and appropriate depend on many factors, and generalizations would be unsatisfactory and dangerous."

在Kurkjian v. Marketing Exchange(No. 2)(1986)2 Lloyd's Rep. 618先例,就涉及许多因素与考虑,例如不同的行业、全职与业余、仲裁员的分别、争议金额高低、案件的长短,等等。

2.3.1.5.4　不同行业的考虑

在Kurkjian v. Marketing Exchange (No. 2)(1986) 2 Lloyd's Rep. 618先例,是一个商会仲裁,机构是伦敦的"可可协会"(Cocoa Association Ltd.)。败诉的买方挑战/质疑上诉委员会的个别仲裁员费率。他们的费率是大约每小时75英镑(时为1984/1985年),首席因为主要是他干活多收了一点,这也正常。证据显示"可可协会"上诉委员会的成员在时间短的案件是大约100英镑费率,而时间长的案件大约75—80英镑费率。

但在同期间,另一个同性质的商会:“散粮与饲料协会”(Grain and Feed Trade Association Ltd.或简称GAFTA)的仲裁员收费只是30—45英镑的费率。但GAFTA的名气比可可协会大多了。看来,可可协会的仲裁员费率比其他商会的平均收费高。他自己的解释是:(1)他的上诉委员会成员都是一些十分资深的贸易商;(2)他不委任退休人士,怕他们与现状脱节(大概是退休人士收费较廉)。这与其他商会有一些不同。但笔者不感觉这些解释有太大说服力。

另外该先例也提到了伦敦的海事仲裁员,他们费率较高,在80—120英镑之间。

综上,证据显示在伦敦的仲裁员费率有颇大幅度或范围,从30—100英镑之间。而Staughton大法官判决称无法说可可协会上诉委员会成员的75英镑每小时费率有何不合理之处。

2.3.1.5.5 全职与业余仲裁员的考虑

当前在仲裁热点,特别是在伦敦,已有了不少全职的仲裁员,即他/她没有其他的正职与收入,就只是做仲裁员。固然,要养得活全职的仲裁员,必须有大量源源不绝的案件。这也只会在少数很多仲裁案件的行业中出现,如海事。所以,伦敦养得起10多位海事全职仲裁员。他们每一位的工作量都十分惊人,每人一年有几百个仲裁案件,几乎天天开庭(好像法官一样,但近年在减少,因为越来越多的以文件形式审理),作出的裁决书一个跟一个,有时要等上两年之久。可以说他们一个人的案件数目或仲裁工作,比一个仲裁机构要多得多,如日本的“东京航运交易所”(Tokyo Shipping Exchange)、中国的海仲、香港的HKIAC(指海事这一块)。

笔者(杨良宜)在过去10年也可自称为全职/专职海事仲裁员。但看来香港养我一个人也养不起。不但海事仲裁的案件有限,而且往往是质量不够高(往往是小案件,争议局限,乱来的船东与承租人导致是一笔糊涂账与水平较低的代表律师或者没有代表律师)。所以,为了学得更好,过去10年笔者也有接受伦敦仲裁的委任。由于海事仲裁有80%以上的案件以文件形式处理,所以笔者住在香港去处理伦敦仲裁完全没有困难,也不增加费用。这一点1996年《仲裁法》也完全允许,Section 34(2)(a)说到仲裁庭可去决定,除非双方当事人另有约定/同意,其中包括:

“when any where any part of the proceedings is to be held.”

换言之,“仲裁地”(seat)是在Section 3中规定了,它通常在仲裁条文已经约定了,也改变不了。如同意了“伦敦仲裁”那伦敦就是“仲裁地”,这重要之处是仲裁程序取决于仲裁地,故伦敦仲裁就适用英国的1996年《仲裁法》,这是稳定的、不变的。笔者在香港处理的伦敦仲裁仍受英国法院管辖,例如把笔者作出的裁决书撤销。但“仲裁程序地点”(place of arbitral proceedings)是在Section 34(2)(a),这可以变来变去,取决于仲裁庭或当事人的决定或约定。当然,仲裁庭的决定要顾及大原则/大精神的Secton 1(a),就是不浪费金钱。例如,双方当事人与代表律师及多位证人是在亚洲，但合约约定是伦敦仲裁（这情况经常有）。其中，笔者是仲裁员之一，另一位住在伦敦，第三位尚未委任，可委任伦敦或亚洲人士。这样一来，开庭显然在香港举行更是方便/廉宜，只有一位伦敦仲裁员要远行，他也愿意。

不离题太远，现在回来讨论全职仲裁员的合理费率。看来，他们费率很高，这相比业余仲裁员，更被普遍接受为合理。在 Kurkjian v. Marketing Exchange (No. 2) (1986) 2 Lloyd's Rep. 618 先例，其中涉及伦敦海事仲裁员收费(约 80—100 英镑)比"可可协会"的(约 75 英镑)与 GAFTA 的(约 30—45 英镑)仲裁员为高。Staughton 大法官说不能比，因为前者是全职，后者是业余。他是这样说的：

"But in London, maritime arbitrations are frequently conducted by professionals as a whole-time occupation, whereas in cocoa the members of the Board of Appeal have other employment and other remuneration."

至于为何全职仲裁员的合理费率可以较高，原因是：

(i) 全职仲裁员或多或少有固定成本，例如办公楼或助手。

(ii) 全职仲裁员工作量与收入不稳定，经常有起伏/波动。这好像是好莱坞明星的苦恼，所谓"Hollywood Syndrome"，就是拍完了一部电影不知道下一部电影什么时候有人来雇用。故此，全职仲裁员必须像好莱坞电影明星一样，有工作就拼命干，多收费，以便"积谷防饥"。

(iii) 更重要的是，全职仲裁员没有业余仲裁员其他的待遇与福利。

(iv) 另一个不好说的重大原因是全职仲裁员一般比业余仲裁员在仲裁与法律的水平方面，了解与熟悉的程度更高。这里证据很容易找，更容易去推理。一项重要证据是很多的全职仲裁员或多或少都曾有过一些重要、高质量的著作，如 Lord Mustill、Bruce Harris、Donald Davies 等。

要知道，要写一本"好"的、全面的著作并非易事，并非只是片面的一篇文章可比。这也不是指一些抄来抄去、没有新意或怪论处处的书籍。至于怎样区分，一到高水平与眼睛雪亮的国际层次圈子，就难以混得过去。

至于推理是：业余仲裁员有他/她的正职，需要其他方面的知识与工作量，不能光懂仲裁及法律。他/她即使对仲裁十分喜爱，自己也好学，每天在下班后能去坚持花上一两个小时阅读、钻研或写作是很了不起的了。但全职仲裁员每天花的所有时间都在仲裁上，即使下班后不再阅读或写作，也比业余仲裁员在学习、累积经验与提高仲裁水平快得多。

"熟能生巧"，连带工作效率也往往是全职仲裁员动得快、动得准。

在笔者的仲裁生涯中，就在这方面有很强烈的感觉。遇过不少业余仲裁员，除非他的正职就是诉讼(例如是律师或公司的法律部)，往往在仲裁庭作不出贡献。即使他社会/行内地位高，例如是著名国际公司的总裁，也没有太大不同。而且，他什么都不干，不出主意反而是好事。他若是主观，再加上对仲裁程序或有关法律不熟悉与效率不高，就会令其他的懂行的仲裁员十分为难，经常要花费大量时间去解释、说服。

这样一来,笔者心里会想:你凭什么与我的收费/费率一样,就只靠社会地位高?

(v)另一个不好说的原因是,全职仲裁员因为靠仲裁生活,所以会顾及名誉与在仲裁界的竞争力。特别是通过当事人的律师。一宗案件与一位当事人只是小事,将来也不多机会再碰面。但诉讼律师常会“山水有相逢”,所以别把有效率、勤快与水平高的名誉搅坏。但业余仲裁员就较少关心。

最后一提的是,业余仲裁员的合理费率一是看他/她的正职工资加上公司在他/她身上付出的其他金钱,如福利、退休金、私人秘书、办公地点的租金(按比例)等。这表示每小时收费 75 英镑就相当于年薪 120,000 英镑。

2.3.1.5.6 争议金额高低的考虑

争议金额高低本来不影响争议本身的处理,即是,常会遇到金额不高但争端可能很复杂的案件。相反,也有争议金额很高但争端其实是相对简单的案件。当然,争议金额高对收费人士如律师或仲裁员总是好事,反正稍有水平的律师都会“小事变大事”(笔者绝不是指绝大部分律师会这样干,违反专业操守)。仲裁员在“对抗制”(adversarial system)下很难早点插手把事情搅大,但见到争议金额高,也会放心在裁决书上多写几句吧?

争议额低可就比较麻烦。虽然经常会遇到花的诉讼费用超出(甚至是大大超出)争议金额的不幸情况,但当事人处理得好应该可以避免或大幅度减少这种情况。例如,经常有人问笔者多少钱的争议值得去仲裁?笔者的答案是要看几方面因素,如:

(i)是否同意了“小金额索赔程序”(Small Claim Procedures 或简称 SCP)?

(ii)仲裁条文是否操作昂贵,如约定是 3 人的仲裁庭?

(iii)被告是否说得通,是否是懂行的公司?(懂比不懂的肯定好,不会乱来,不会乱斗/超额战争。)

(iv)自己的案件实质方面是否合理,胜诉高否?(这样一来,你怕律师费,但对方会更怕,因为对方心里也清楚,最后承担双方费用的结果更高,故会作出让步。)

(v) 案件本质, 例如存在许多事实的争议, 这就会便宜不了。

总之,在适当与胜诉高的案件,笔者认为 5000 ~ 10,000 美元也值得仲裁。但要不想出现不幸局面,就要:

(a)当事人自己处理,不能委任代表律师。

(b)独任仲裁员,而且费率不高,例如不能是一位著名御用/资深大律师。

(c)不能开庭。

(d)别过度争议/斗争,如管辖权也争,披露也争,所有想得到的争端(issues)与/或关系遥远的“替代争辩”(alternative arguments)都去挖出来等。

至于仲裁员自己的收费,在争议的金额太低也会感到为难。在 2003 年笔者的一个仲裁,在索赔与反索赔对冲后,只有几千美元的裁决金额。笔者一方面顾及香港仲裁的名誉,一方面顾及当事人的感受与友善态度,便自动把委任中约定的 3500 港元的费率在裁决书中减为2500港元。

在英国的判例中，Staughton大法官在Kurkjian v. Marketing Exchange (No. 2) (1986) 2 Lloyd's Rep. 618曾说，争议金额高可多收一点（提高费率），因为责任提高。他说：

"my answer is that they may charge somewhat more than the fees which would otherwise be appropriate when the amount is conspicuously high, because their responsibility is greater."

但相反若是争议金额低是否可以降低费率，Staughton大法官与Mustill勋爵有不同看法。Mustill勋爵在他的著作《Commercial Arbitration》一书中第236页的注脚说：

"The argument that parties who choose to appoint distinguished men cannot complain if they are expensive, ought not be carried too far.[52] Where there are two arbitrators, each party will have chosen only one and may not have been consulted on the choice of an umpire.[53] If a distinguished men agrees to arbitrate in a small matter, he cannot necessarily expect his usual fee."[54]

但Staughton大法官在Kurkjian先例明言不同意说："I do not wholly accept the statement in Mustill & Boyd on Commercial Arbitration."他认为仲裁金额低也不必去调低费率，说："I do not think that they are obliged by law to charge less than the fees which would otherwise be appropriate, if the amount in dispute is small."

看来，法官之间对什么是"合理"也有不同看法，这也正常。笔者是倾向接受Staughton大法官的看法/说法，因委任时仲裁员一般不会被告知争议金额是多少。之后才知道会是太迟或辞职不被一方或双方当事人接受。

2.3.1.5.7　案件长短的考虑

在Kurkjian v. Marketing Exchange (No. 2) (1986) 2 Lloyd's Rep. 618，提到"可可协会"(Cocoa Association Ltd.)的仲裁员一般做法是，短的案件每小时收费100英镑，但长的案件每小时收费75—80英镑，道理是什么也没有在判决中说明。但笔者不理解，因为长的案件往往可能是麻烦、复杂与工作繁重的案件。看来，这又是对"合理"有不同理解。

2.3.1.6　实质工作量是多少?

实质工作量是找出合理的与真正所花的时间有多少用在处理有关案件的仲裁程序上，开庭审理（如果有）与写裁决书等。做法上，仲裁员与事务律师(solicitor)接近/

---

〔52〕 指称当事人自己选择委任知名人士不能抱怨他收费太高并非是完全正确或说得通。

〔53〕 因为要有两位仲裁员，一方当事人只能委任一位。而在委任公断人（也可以是首席），因为是两位当事人仲裁员同意，故此当事人往往不会有机会参与委任。［意思是，一方当事人不委任知名人士（如全伦敦最昂贵的御用大律师），但难防对方委任，或乱来，或是在委任公断人乱来。但胜负未分，最后谁要承担这笔昂贵的费用难料。故指责非委任当事人既然委任知名人士就不得抱怨说不通。］

〔54〕 所以在合理"费率"的考虑下，若是争议金额低，知名人士不能收他/她惯常的高费率。

相同。以下笔者挑几方面谈谈：

2.3.1.6.1 大/小案件的不同对待

看来，大/小案件可以有不同对待。小案件所花的几个小时可进行粗略的处理，但大案件就必须小心对待。由于后者的总收费肯定高，所以仲裁员面对质疑或/与核算的机会也相应提高。所以，笔者在大案件会小心记录所有有关工作与所花费时间，一旦面对质疑/核算可以回应。

在 Kurkjian v. Marketing Exchange (No.2) (1986) 2 Lloyd's Rep. 618，Staughton 大法官说（虽是针对律师，但也可适用在仲裁员）：

"For a small bill their taxation process can be summary. But in this case I consider that they should certainly have demanded a detailed bill and examined it carefully."

2.3.1.6.2 详细的工作与花费时间记录

这也是可以理解的，也是事务律师一定会做的事。有了记录，才可在核算时看看/考虑所声称花费的时间会否是事实（或即使是真实，是否合理）。例如在 Government of Ceylon v. Chandris (1963) 1 Lloyd's Rep. 214，Megaw 大法官在质疑公断人收费中说：

"The umpire, in his affidavit put in evidence by the claimants, does indeed mention various matters, such as that he had to read carefully through the documents put in evidence; and the transcript of the arguments on two occasions; that he had to have many consultations with the solicitors whom he instructed to settle the draft award; and that he had extensive correspondence with the parties' representatives.〔55〕

It would have been better if the umpire had seen fit to specify more fully the time which was reasonably occupied by him on the work involved in these aspects together with any other special factors."〔56〕

在该先例，Megaw 大法官不信该公断人并作出"发回"(remit)裁决书要求他重新考虑/核算的救济。但在这救济下，该公断人要么大幅度减少收费（否则再去法院就会面对裁决书在公断人收费一项被撤销），要么交给法院核算（但该公断人没有时间记录的情况下会面对大幅度减扣，甚至否定）。

最后要提到的是：对实质的工作量与所花费时间的解释及其合理性，举证责任在仲裁员。

2.3.1.7 仲裁员夸大工作时间的情况

律师夸大工作时间的事件听说不少，其实仲裁员有同样危险，事件也有不少，甚至更多，原因后详。

---

〔55〕 公断人在呈交给法院的宣誓书解释说他所做的工作，如小心阅读文件证据、双方两次的争议的书面记录、多次向律师咨询（律师被委托去草拟裁决书）和大量与当事人代表通讯。

〔56〕 如果公断人能去说明他在有关工作所花的合理时间就更好了。

一个有关律师的笑话是：一位著名的伦敦律师死后去了天堂。圣彼得在门口迎接说："你不但是第一位前来天堂的律师，而且150岁也是最老的人士。"看来，天堂不会是"法治"的。该律师很奇怪，回应说："我的确是律师，但说我有150岁就不对，我只有85岁。"圣彼得也很奇怪，只能回去查他手中的一本"生死册"。过了一会再跟该律师说："我找到了算错的原因了：我把你一生所收费的小时全加起来了。"看来，把角色改为仲裁员当做是仲裁员笑话也无妨。

笔者有时遇上这样的合伙仲裁员（co-arbitrator），笔者怀疑其夸大工作时间但又无能力去说服他去减少，也会感觉十分苦恼。是否夸大是双方当事人或他们的代表律师不会知道或感觉可疑的，因为不知道仲裁庭谁在干什么或是否产生许多讨论/有不同意见，这些都是完全机密的。但仲裁员之间心中有数。例如，所有工作都是笔者在干，另一位合伙仲裁员什么都不干，去追问他也只是草草的回应。草拟好裁决书转给他看，但他在1个小时后立即回答说："同意，没有意见。"但随后笔者欲自己再去查阅，在"草拟裁决书"（draft award）挑出许多文书错误或事实错漏，这都显示了合伙仲裁员没有细看，也没有对照文件证据，所以他不可能多花时间。但后来去问及他的收费与工作小时，以加起来作为"裁决书费用"（cost of award），他提出的数字竟然比笔者高，笔者就感觉怀疑了，但苦恼的是无法告诉双方当事人或任何人，除非碰巧有仲裁机构如LCIA涉及。

笔者记得多年以前香港曾有一位先生经常在海事案件被委任为仲裁员，常与笔者同一个仲裁庭。在几次交手后，笔者发觉很难合作，但是"有冤无处诉"。其中主要一点是感觉他夸大收费，例如笔者要收2万港元，但他要收5万到6万港元，差异很大，但又不觉得他比我工作多。这一多，对笔者也有不良影响，例如当事人认为香港仲裁太贵，把笔者也算在内。此外，笔者也不愿意在一份裁决书写作是已经"核算与厘定"（tax and settle）了一笔"裁决书费用"（cost of award），但其实不正确，因为笔者事实上没有去核算合伙仲裁员的收费，而这是不对的：Government of Ceylon v. Chandris (1963) 1 Lloyd's Rep. 214。笔者尝试过请他解释收费的根据但遇到不礼貌的回应。结果，曾有一段时间笔者自己生意太好，也不在乎，索性就回避他。在被委任时（一般是被告）一知道他已被原告委任，笔者就拒绝接受。但若是被原告先去委任，就难知道将来被告会委任谁。所以笔者在接受委任时加一个条件说有权去辞职，但必须在仲裁庭组成后的7天内，以避免委任方反感/与不便。幸亏，这情况维持不久。

笔者认为，仲裁员更大地夸大其工作时间的危险原因在于：

（1）工作量透明度低。

（2）没有或很少存在监督，直至1996年《仲裁法》（这方面后详）。

（3）当事人能去与敢去质疑仲裁员收费过高的机会或时机不多，大部分时间都怕得罪仲裁员。

（4）人心不古与贪恋无穷。

2.3.1.8　仲裁庭在核算与厘定自己的收费做法

这里一直有一种做法。就是“自己”去“核算与厘定”(tax and settle)“自己”的收费。听起来这很有问题,有点明显违反“自然公正”(natural justice)。本来,“核算与厘定”的定义是要求独立思考收费与满意工作时间的公平准确与合理。此处,要去把所有有关人士,包括付钱的当事人的利益一起考虑。即是,考虑费率与合理工作时间要兼顾仲裁员自己与当事人的共同利益。Megaw 大法官在 Government of Ceylon v. Chandris (1963) 1 Lloyd's Rep. 214 说:

“Both 'tax' and 'settle' involve the application by the umpire (亦可以是仲裁员) of his own independent mind and judgment to the work done in order to be satisfied. That the fees are fair and reasonable, bearing in mind the interests of the party who will have to pay them, as well as the legitimate interests of the arbitrators.”

2.3.1.8.1 三种做法

在 1996 年《仲裁法》生效前,仲裁员可以有三种做法:

其一,自己去核算与厘定,权力来自 1950 年《仲裁法》之 Section 18(1):

“…every arbitration agreement shall be deemed to include a provision that the costs of the … award shall be in the discretion of the arbitrator or umpire … and may tax or settle the amount of costs to be so paid or any part thereof …”

其二,仲裁员自动让法院核算与厘定,这是根据 1950 年立法之 Section 18(2):

“Any costs directed by an award to be paid shall, unless the award otherwise directs, be taxable in the High Court.”

其三,这也是让法院去核算与厘定,与第二种做法的分别只是要求不是来自仲裁员自己,而是当事人把仲裁员要的一笔收费(否则不发放裁决书)存放在法院,然后让法院去慢慢核算与厘定。这是 1950 年立法之 Section 19 的规定,条文颇长,稍后另段详及,不在此节录。

上述三种做法中,显然对诚实而且十分希望给别人看到诚实的仲裁员或害怕自己会有不知觉的偏见,会喜欢第二种做法。

但现实中,笔者从来没有看见过有人去这样做。

笔者在想,在上一小段介绍的笔者曾经怀疑乱收费的合伙仲裁员的不幸经历,是否正确?是否有效的做法就是索性连自己的费用也不核算与厘定了,迫使大家一起去香港法院核算与厘定?当然,这会更加得罪他,但会是笔者想尽责必须去这样做。这做法在英国 1996 年《仲裁法》下可以,但在《联合国示范法》下就不行,变成是仲裁员“无法无天”了。

2.3.1.8.2 仲裁员之间的核算与厘定做法及实例

由于“裁决书收费”(cost of award)得去向当事人要,并说明其“已核算与厘定”,这表示仲裁员之间有互相去核算与厘定的责任。例如公断人只去把两位当事人仲裁员的收费加在一起,想也不想,这在 Government of Ceylon v. Chandris (1963) 1 Lloyd's Rep. 214 被判不能接受。公断人说他以为这是“一般做法”(usual practice),Megaw

大法官不接受说:

"I have no doubt that the umpire genuinely believed that this was an accepted and proper practice, and that that is why he followed it. If, however, that is the usual practice, it is in my judgment a practice which is wrong and unjustifiable and which should not be followed. It is contrary to the meaning and intent of Section 18 (1) of the Act. It is by virtue of that sub-Section that an umpire has power to fix the amount of any costs to be awarded, including the arbitrators' fees. The power is 'to tax or settle'."

笔者另举一个实例,是笔者被另两位伦敦合伙仲裁员(一位是首席)质疑收费过高,要求给予时间记录与解释。以下是笔者作出的解释电文:

"I am also troubled by my high fees. Whilst your fees are wholly reasonable (having worked together, I appreciate the extent of your work), I do not understand mine. But I have said that I am fully prepared to be flexible. The question is to what extent.[57]

Allow me to first say that the hourly rate I have quoted to my appointment or prior to my appointment was at HK $3000—4000.[58] In this reference, I initially charged HK $4,000 for my trip to London for the hearing and the rest, mostly at HK $3500.[59]

In London, I charged for the 4 days at 8 hours per day. I did not charge for the traveling time/flight time.[60]

I also clocked up a lot of hours in our subsequent dialogue. I have also ended up doing a lot of work, now appearing to be wasteful. The fact that I am a slower reader/writer, plus the 'intimidation' that I might be the partial dissenting party, caused me to do a lot of reading.[61] I charged at HK $3500 per hour.

What I propose now to do is:[62]

1) For my hearing in London, I will only charge at the hourly rate of HK $3500 and no disbursements will be added apart from business-class return air ticket.[63]

2) For other work, especially post-hearing, I will also reduce my hourly rate from HK $3500 to HK $3000.[64]

---

〔57〕 笔者自己也不明白为何费用高。但笔者愿意弹性处理,问题是减多少。

〔58〕 在委任时笔者告诉委任方我的收费在每小时3000港元至4000港元之间。

〔59〕 在本仲裁笔者去伦敦开庭是以4000港元为准,而其他工作多以3500港元为准。

〔60〕 伦敦开庭4天每天8小时以4000港元计算,但不加上飞行时间[这表示笔者收费不比伦敦仲裁员高(或高太多),即使是要开庭]。

〔61〕 在该仲裁笔者与其他两位合伙仲裁员有很严重的不同意见,开庭后争论很激烈,笔者长篇大论写妥了"异见"(dissenting opinion),总之多做了许多工作。这些工作时间以3500港元计算。

〔62〕 笔者建议是去。

〔63〕 在伦敦开庭的时间减为以每小时3500港元。另加上公务舱机票。

〔64〕 在其他工作时间,从3500港元减为3000港元。

3) I will not add any more billable hours, such as, for the work today and future until the Award is released.[65]

4) I will continue to use the exchange rate of HK $15 to Pds. 1, even though there has been some fluctuations lately.[66]

This reduced my fees, after deducting POA, from the earlier Pds. 24,175.00 to Pds. 20,000.00 (rounding up)."[67]

2.3.1.8.3 仲裁员自己核算与厘定自己收费的危险

已经说过,也容易想到,这是十分危险的做法。曾一度被视为违反自然公正的天条,认为仲裁员无权这样做：Re Coombs and Freshfield and Fernley (1850) 4 Exch 839; Roberts v. Eberhardt (1857) 3 CBNS 482, 28 LJCP 74; Fernly v. Branson (1851) 20 LJQB 178。直至1889年《仲裁法》(1950年《仲裁法》前身)有了针对后,普通法地位已是无关。

这个危险已经有无数大法官清楚并强硬地说到,如：

(i) 在 Appleton v. Norwich Union Fire Insurance Society, Ltd. (1922) 13 Lloyd's Rep. 345, Salter 大法官说：

"Arbitrators are bound to act conscientiously[68] and with a proper regard to the interests of the parties,[69] and if they dishonestly subordinate the interests of the parties to their own,[70] and take money from the parties in excess of what is just,[71] I cannot myself doubt that that would be misconduct."[72]

(ii) 在 Government of Ceylon v. Chandris (1963) 1 Lloyd's Rep. 214, Megaw 大法官说：

"It has to be realized that a serious responsibility rests upon one who is put in a position to assess his own reward…"(要清楚一位人士在某一个位置上去核算他自己的酬劳,这要担负一个严重的责任。)

(iii) 在 Rolimpex v. Dassa & Sons (1971) 1 Lloyd's Rep. 380, Donaldson 大法官说：

"Finally, I should mention the order as to costs. Section 18(1) of the Arbitration

---

[65] 笔者不再加工作时间,包括今天所干的工作。

[66] 英镑与港元兑换率以15为准,但笔者会吃点亏。

[67] 这把笔者原先的收费从24,175英镑减低为20,000英镑。如果后来笔者再遇上当事人在法院质疑笔者收费,这些文件就会是很有说服力的证据,因为曾有过"核算与厘定"(tax and settle)的做法。

[68] 仲裁员必须凭良心处事。

[69] 顾及所有人士的利益。

[70] 如果他们不诚实而把当事人的利益放在他们自己的利益之下。

[71] 从当事人那里取得过分多的金钱。

[72] 我毫不怀疑这是不良行为。

Act, 1950, gives arbitrators and umpires power to "tax or settle" any part of the costs of the arbitration, including the costs of the award itself, i. e., the sum payable to them for their services including reimbursement of expenditure incurred by them. As Mr. Justice Megaw pointed out in Government of Ceylon v. Chandris [1963] 1 Lloyd's Rep. 214, at pp. 229 and 230, this is a judicial power which must be exercised with independence and a proper regard for the interests not only of those who will receive the costs, but also of those who will have to pay them. The exercise of this power in relation to the tribunal's own remuneration is obviously as difficult as it is invidious, at least if there are no scale fees applicable. The burden of so doing is well nigh intolerable if it is done in circumstances in which there is no appeal to an independent review body."

请注意最后的两句是说,仲裁庭自己核算自己的报酬是困难并容易招怨的,特别是在收费准则无所适从下(相比律师就有)。这是很重的负担,特别是不能上诉到一个独立的审议机构。

2.3.1.9　当事人与法院质疑与惩罚仲裁员收费的两种做法

这两种在1996年《仲裁法》生效前的做法是:

2.3.1.9.1　做法之一:把裁决书全部或部分撤销

Salter大法官在Appleton v. Norwich Union Fire Insurance Society, Ltd. (1922) 13 Lloyd's Rep. 345曾清楚说明:"我毫不怀疑这是不良行为"(I cannot myself doubt that that would be misconduct)。这表示任何一方当事人可在取得裁决书后对仲裁员收费不满可去质疑,要尽快向法院申请把裁决书部分或全部撤销。至于能否成功,主要是看有否明确的证据:Bristish Metal Corpn Ltd. v. Ludlow Bros (1913) Ltd. (1938) 61 Lloyd's Rep. 351之359页。这也不光是指称法院若去核算会有不同数字这么简单,而要去证明仲裁员乱来,甚至是不诚实。这方面最好去节录Mustill & Boyd之《Commercial Arbitration》一书第2版之240至241页,如下:

"The nature of the remedy granted will depend upon the degree of the misconduct which has occurred.[73] If the facts are so extreme as to show that the arbitrator has acted dishonestly, the Court may conclude that he cannot be trusted to have decided any part of the dispute in a proper manner, and hence will set aside the entire award.[74] In less extreme cases, the Court will set aside the part of the award which related to costs, leaving the remainder to stand.[75] Finally, where the Court simply forms the view that the arbitra-

---

〔73〕 什么救济办法要看不良行为的程度。

〔74〕 若是看仲裁员不诚实太严重,法院对他不再信任,法院会把裁决书整个撤销:Appleton v. Norwich Union Fire Insurance Society, Ltd. (1922) 13 Lloyd's Rep. 345。

〔75〕 在没有那么严重的情况下,法院会只把裁决书的费用部分撤销,但其他部分有效。(若是仲裁员已经收费,应不难以两者的合约关系或复原要求仲裁员退还。)

tor may have mistaken the principles which he should apply, the award may be remitted for reconsideration of the taxation.[76] This gives the arbitrator the choice between retaining the figure as originally taxed, substituting a new figure, of deleting the taxation altogether, and thus opening the way for a taxation in the High Court under Section 18 (2).[77] Alternatively the award may be set aside so far as it comprises the offending taxation, so that the costs must be taxed in the High Court if the challenge to them is maintained.[78]

If a party considers that the fee charged by the arbitrator is excessive, he should not immediately invoke the help of the Court.[79] He should first invite the arbitrator to explain how the fee was calculated.[80] He may find on reflection that the explanation is convincing.[81] If he does not, then the explanation should be laid before the Court as part of his evidence on the application for relief.[82] If the arbitrator declines to explain how his fee is calculated, or gives insufficient particulars, this may lead the Court to infer that the discretion has not been properly exercised.[83]

If the party decides to carry his complaint to the High Court, he should serve notice of proceedings on the arbitrator. The latter is entitled to be heard on any taxation under Section 19(1), and even if he is not strictly entitled as of right to be present on an application to set aside or remit the award of costs, justice demands that he should be given an opportunity to appear and be represented in Court.[84]

2.3.1.9.2 做法之二:把仲裁员通过留置裁决书要的费用存放法院并要求核算

在"随意仲裁"(ad hoc arbitration),仲裁庭在作出了裁决书以及自己去核算与厘定收费后,即会通知双方当事人裁决书已经备妥并可去"发放"(release),但先要付清收费与它的金额。这相当于是暗示:若不支付,休想取得裁决书。也正是留置的

〔76〕 若只是仲裁员对一些准则/原则了解错误,法院对他有信任可去改正,会把裁决书发还给他重新考虑:Government of Ceylon v. Chandris, (1963) 1 Lloyd's Rep. 214。

〔77〕 这可让仲裁员重新核算与厘定一次并作出不同金额数字(应是减少)或是交出让法院以 Section 18(2)核算。

〔78〕 另把裁决书的费用部分撤销,也迫使仲裁员非要让法院核算收费不可。

〔79〕 当事人若认为仲裁员收费过高,他不应马上去法院求助。

〔80〕 他应先要求仲裁员解释。

〔81〕 他会想起来发觉解释有说服力。

〔82〕 如果没有说服力,这份仲裁员的解释可在向法院申请救济时作为证据。(可见做一个成功的仲裁员,一定要有水平去作出有说服力的解释:请看 2.3.1.8.2 小段的例子。这不光是道德问题,即不乱收费,主要还有技巧/ 能力。)

〔83〕 如果仲裁员不肯解释收费,或不肯提供足够细节(只去泛泛地解释),法院会推断是有问题。

〔84〕 这里是说当事人向法院申请救济是要通知仲裁员,这是为了公平,可让被质疑的仲裁员反驳、解释并委任律师代表。(一般是,仲裁员会以宣誓书向法院作出解释,但避免委任律师出庭以防止昂贵的律师费用。)

做法。

本来,在任何留置他人财产除非去支付一笔欠债/费用,但被留置的人士认为要支付的钱太高,有争议,他可向法院寻求救济。做法是把留置方要的钱存放法院作为担保,法院会下令留置方归还财产,然后通过诉讼解决争议。香港高院规则之 Order 29, Rule 6 说:

"Recovery of personal property subject to lien, etc.

6. Where the plaintiff…claims the recovery of specific property…and the party from whom recovery is sought does not dispute the title of the party making the claim but claims to be entitled to retain the property by virtue of a lien or otherwise as security for any sum of money, the Court, …may order that the party seeking to recover the property be at liberty to pay into Court …the amount of money in respect of which the security is claimed…and that, upon such payment being made, the property claimed be given up to the party claiming it."

在 1950 年的《仲裁法》中,Section 19 有相同的做法,它说:

"19(1) If in any case an arbitrator or umpire refuses to deliver his award except on payment of the fees demanded by him, the High Court may, on an application for the purpose, order that the arbitrator or umpire shall deliver the award to the applicant on payment into court by the applicant of the fees demanded, and further that the fees demanded shall be taxed by the taxing officer and that out of the money paid into court there shall be paid out to the arbitrator or umpire by way of fees such sum as may be found reasonable on taxation and that the balance of the money, if any, shall be paid out to the applicant."

上述条文的实际做法,已在笔者(杨良宜)的《国际商务仲裁》一书第九章之 5.5.3 小段详及,不去重复。只说,这条文提供的保障很有限,首先支付仲裁员要求的一笔钱而不质疑,不把钱存放法院的一方当事人(通常是原告)也不表示他满意。他会是:

(i) 十分心急要取得裁决书。在此顺便一提:所有提出救济办法的时限都是从裁决书作出(与通知当事人)之日起算。

(ii) 不清楚是否多收费,直至看到了裁决书。它可能只有几页纸或厚至一本书。

(iii) 自己以为胜券在握,但看了裁决书后才知悉自己败诉。

这样一来,多付了钱的当事人(通常是原告)即使后来想去质疑仲裁庭收费,但 Section 19 的时机已逝。此外,更会有许多其他情况是 Section 19 根本不适用的,如:

(A) 仲裁庭一早有了费用担保,例如是一大笔钱存放在香港国际仲裁中心(HKIAC)。这种情况越来越多见到,导致担保若是足够支付仲裁员收费,他就可以在一作出裁决书后就发放给双方当事人,根本没有留置裁决书这回事。然后在担保中支取。

（B）不是首先支付仲裁员收费的一方当事人（通常是被告）在看到了裁决书后发觉自己是败诉方，并且也要承担一笔认为是过高的仲裁员收费。要知道，原告胜诉后，如果被告不去乖乖地自动支付裁决书下令的赔偿金额与有关费用（一般加上仲裁庭收费），就会面对强制执行。所以，届时被告即使想质疑仲裁员收费，但 Section 19 时机已逝。

上述的情况很多，但 Section 19 的适用情况实际中不多。这在不少案例中也有提及，如 Megaw 大法官在 Government of Ceylon v. Chandris（1963）1 Lloyd's Rep. 214 说：

"Section 19（1）of the Act provides that, if the delivery of the award is made conditional upon payment to the umpire, a party desiring delivery of the award may apply to the High Court, which may order the delivery of the award to the applicant on his payment into Court of the full amount of the fees demanded. There is then a taxation of the fees and the amount in Court is paid out according to the result of the taxation. The umpire can, of course, appear and be heard on such taxation. That is, no doubt, a useful provision, but it leaves a gap. If the party who turns out to be the successful party has taken up the award and paid the fees, the Section does not apply. The other party, who in fact has to bear the burden of the fees, cannot apply to the Court. Thus, under the Section as it now stands, it is largely a matter of chance whether or not a party can make use of this statutory protection in respect of fees which he claims to be excessive."

另在 Rolimpex v. Dossa & Sons（1971）1 Lloyd's Rep. 380，Donaldson 大法官说：

"In most cases in which a tribunal taxes and settles its own fees, it will exercise a lien upon the award to compel payment. In such cases there is sometimes an effective right of appeal under sect. 19 of the Arbitration Act, 1950. This Section entitles any party to apply to the High Court for an order that, upon payment into Court by the applicant of the fees demanded, the award be delivered to the applicant, that the fees be taxed by the Court and such sum as may be found reasonable be paid to the tribunal, the balance being repaid to the applicant. This right is rendered ineffective where the application of the dissatisfied party is forestalled by the other party taking up and paying for the award. This can and does happen where one party is reasonably certain that the award is in his favour and will require the other party to reimburse him the costs of the award, for in such circumstances his interest in the amount of the costs is limited."

看来，如果要去完善或更佳地监督与控制仲裁员自己"核算与厘定"（tax and settle）带来的弊病与危险，法律有必要设计另一套全新做法，这的确在 1996 年的《仲裁法》中出现。

2.3.1.10　1996 年《仲裁法》的做法

1996 年《仲裁法》有好几条条文规定针对法院在各种不同情况下对仲裁员收费

的多少有权插手的问题,例如在 Section 24 (4)是在赶走(remove)仲裁员的同时可否让他/她收费与收多少。或是,在 Section 25 (3)(b)是在允许仲裁员辞职(resign)的同时可否收费与收多少。由于 Section 1(c)规定法院除了《仲裁法》明示可去插手的情况,一概不能干预/插手有关仲裁。所以,立法要小心考虑所有会出现的"怪事",是会需要法院去插手,都加进在《仲裁法》,不得遗漏。此外,1996 年立法已把"不良行为"(misconduct)收紧为"严重不正常"(serious irregularity)与"重大不公正"(substantial injustice),这导致 2.3.1.9.1 小段的质疑做法之一已是"此路不通"。这表示法院若是去继续监督仲裁员收费,必须另外设计新做法/机制。

在该《仲裁法》中,对仲裁员收费的新监督与控制做法/机制主要是在 Section 28。以下是有关部分节录:

"28 (1) The parties are jointly and severally liable to pay to the arbitrators such reasonable fees and expenses (if any) as are appropriate in the circumstances.〔85〕

(2) Any party may apply to the court (upon notice to the other parties and to the arbitrators)〔86〕 which may order that the amount of the arbitrators' fees and expenses shall be considered and adjusted by such means and upon such terms as it may direct.〔87〕

(3) If the application is made after any amount has been paid to the arbitrators by way of fees or expenses,〔88〕 the court may order the repayment of such amount (if any) as is shown to be excessive,〔89〕 but shall not do so unless it is shown that it is reasonable in the circumstance to order repayment …"〔90〕

在上述的新做法/机制下,大部分在 1950 年《仲裁法》下的局限性、缺陷,都已获得解决。例如,在 1950 年《仲裁法》之 Section 19, 现在的做法是当事人在被通知裁决书已作出/备妥但先要支付仲裁员一大笔的收费(也即是行使留置权),当事人可以 Section 28 (2)与 Section 56(3)向法院申请救济,做法大致与以前的 Section 19 相同。

但在 1950 年《仲裁法》束手无策的情况如:(1)多支付了仲裁员费用,事后感到后悔;(2)没有支付仲裁员费用但最终因败诉而要承担,因为 Section 28 (2)是写明"任何当事人"(any party)都可以挑战/质疑;(3)仲裁员有担保或预付,收费不必通过留置或再向当事人要等,现在有 Section 28 (3)可去救济。即是,照样在事后质疑仲裁员收费,若多收了法院可下令退还给当事人。

---

〔85〕 双方当事人是共同与独立负责仲裁员"合理"的费用与使费(如果有)。

〔86〕 任何一方当事人可向法院申请(要通知对方当事人与仲裁员)。

〔87〕 法院可以命令仲裁员的费用与使费要再去考虑和调整。(这就由法院去核算与厘定了。本条针对情况是尚未支付仲裁员。)

〔88〕 如果申请是已经支付给了仲裁员。

〔89〕 法院可以下令仲裁员多收的部分(如果有)要退还给当事人。

〔90〕 但法院只会这样做,在情况合理下。(一种不合理情况是当事人向法院申请太晚,其间仲裁员已把收费花了。)

2.3.1.10.1 仲裁员如何应对?

显然,对仲裁员而言这方面要小心。要防备判了败诉的一方当事人为了“报仇”,找麻烦,事后去质疑仲裁员收费。当然,要去吃这口饭(做仲裁员),在国际商务仲裁中面对世界最高层次与厉害的人士(包括律师与当事人),要有心理准备遇上这种挑战并能够去应付。固然,事前的准备工夫也要做得好,就是在2.3.1.8.2小段介绍的例子,好好去记录工作时间与所干的工作,有合理的“核算与厘定”(tax and settle)等。这样一来,面对法院质疑就可去解释/回应。

更要小心的是,在这个行动下,仲裁员被视为唯一的被告,非要去应讯不可。这不像其他申请法院的行动例如是仲裁员被指称“不良行为”(1950年立法的老说法),这会是“非申请方”与仲裁员并列为被告。由于非申请方必定会抗辩以防止法院给予救济,如果把他胜诉的裁决书撤销,仲裁员可在原告(申请人)同意下不出庭应讯。这样一来,可省下麻烦与律师费。至于仲裁员想对“不良行为”的指责作一些解释,他可以书面的宣誓书(affidavit)作出,并通过非申请方交给法院。但这只是在质疑仲裁员收费的申请下,“非申请方”可能不出庭应讯,与他无关,如 Agrimex Ltd. v. Tradigrain (2003) 2 Lloyd's Rep. 537。只有仲裁员要去面对/应讯,故他/她必须小心昂贵的律师费,因为一旦“败诉”要退还部分收费,他/她也会被法院下令要承担双方的律师费。所以,被质疑的仲裁员应尽早看看是否有必要作出一个“和解要约”(offer),说明是“without prejudice save as to costs”,以保护律师费。当然,offer的金额一定比“实收”的金额低才能起到作用。所以,有可能“offer”马上被原告接受,而仲裁员仍要去退还部分过高费用,例如只是与委任方同意的“特高费率”。

2.3.1.10.2 受监督的仲裁员类别

在伦敦做仲裁员,在收费方面犹如头上顶着一把刀,就是这1996年《仲裁法》下的 Section 28。这类仲裁员也包括是:

(i)尚未“接手”的“公断人”(umpire):Section 28 (6)。未接手的原因是两位当事人委任的仲裁员尚未有不同意见,故没有必要让公断人插手。但在要开庭审理的情况下,为了大局考虑先把公断人委任并一起参加开庭。这样一来,将来开庭完毕要拟订裁决书,而这也是最可能产生不同意见的时候,公断人可以在两位当事人仲裁员一发生异议就接手处理,完成裁决书。在 Section 28 (6)说明他/她被邀请参加开庭,但尚未“接手”,也未成为仲裁庭的一分子,也可以收费,而费用成为“裁决书费用”(cost of award)的一部分。当然,他/她若多收,一样会被法院质疑或下令退还多收的部分。这种争议在1996年《仲裁法》生效前出现过:Fletamentos Maritimos S. A. v. Effjohn International B. V. (1995) 1 Lloyd's Rep. 311。

(ii)已经不再担任仲裁员,不是他/她拟订裁决书。例如在公断人“接手”后,原来的两位当事人仲裁员即同时不再是仲裁庭的成员了。而他/她们的收费(总会干了一些工作并要收费)会与公断人的一并加在一起,一笔数当做是“裁决书费用”(cost of award)。而公断人有“核算与厘定”(tax and settle)这些收费的责任:Government of Ceylon v. Chandris，(1963) 1 Lloyd's Rep. 214。并且，当事人可在 Section 28 再进一步向法院申请质疑或/与退还部分过多收费。

(iii)另还包括已经收过费用，但不再继续做到底的仲裁员，如半途被撤销权力(revocation of authority)：Section 23；半途被赶走(remove)：Section 24；辞职(resignation)：Section 25 与死亡(death)：Section 26。

2.3.1.10.3　仲裁员收费过高但委任前获得同意的情况

还可能有一种情况是，个别仲裁员收费过高，但绝非是不诚实，甚至也不是错误核算与厘定，而是由于在委任之时委任方同意其高收费。这可以是每小时的费率，例如一般收费是 4,000 港元，但在个别案件仲裁员被委任前要求 6,000 港元，而委任方也同意。虽然现实中很少见到，仲裁员要求一笔固定收费如 10 万港元，只要委任方同意也无妨。只要这种固定收费不与仲裁结果挂钩在一起，就不违反自然公正。

基于订约自由，这样去做无可厚非，别人管不了，法院也难去插手。至于为何仲裁员在个别案件提高收费才接受委任呢？原因有许多，例如是：

(i)他/她工作太忙，应接不暇，故提高收费作为推挡新工作。笔者(杨良宜)自己也试过这样做。(但有时抬高了费率还推挡不了委任，因为有个别委任方的领导只会简单地考虑问题，就是收费越高就越好或越名牌。)

(ii)不排除贪心的可能，就是委任前知悉案件中争议金额很大，有上千万或上亿美元，就漫天开价。(虽是贪心，但他/她仍算是"诚实"，因为在委任前说明。这样做，也要冒委任方可能转向委任其他人的危险。)

由于接受委任实际是去订约(一个服务合约)，而且仲裁员的其他订约方是双方当事人(原告与被告)，是一个"三方的合约"(tripartite contract)：K/S Norjarl v. Hyundai (1991) 1 Lloyd's Rep. 524，所以就有了谁要承担这笔过高的收费之争。

这里的分摊也在 1996 年《仲裁法》之 Section 28 加上 Sections 63/64 有了解决办法，就是：

(A)在 Section 64 (1) 规定除非当事人另有约定/同意，仲裁员只能收取"合理"费用。另在 Section 28 (1) 规定双方当事人只是对"合理"费用有"共同与独立"(jointly and severally)的支付责任。

(B)若是委任时没有特别同意，仲裁员只能收取合理费用。而根本没有机会同意或不同意的非委任方，更加肯定只要承担合理费用。

(C)随意仲裁的公断人或是首席或是第三位仲裁员，一般由两位当事人仲裁员同意下委任，由于他/她们通常不会先与双方当事人同意，也只能收取合理费用。但有可能是，两位当事人仲裁员在同意了人选后，在委任前先把名字与费率告诉双方当事人看看有否异议或不知内里的利益冲突。这样一来，双方当事人接受了就再不能事后挑战/质疑收费/费率过高。

(D)故法院若面对这种申请，而申请人是非委任方，会以"合理"收费为准去核算与厘定：这是 Section 64 (2)。并会要退还过高/过多部分收费给非委任方，而仲裁员只能转向委任方收取。即使委任方是胜诉方,本来不必承担"裁决书费用",但谁叫他在委任时同意了仲裁员过高费率/ 收费。

2.3.1.10.4 使费也要合理

当然,小的使费问题不大,但大笔的使费仲裁庭就要小心。其一,小心是否合理;其二,尽量让当事人去直接支付;其三,若要自己承担就必须有预付或担保。

使费(expenses or disbursements)要合理,例如不应加上行政费用、秘书费用或打印费用[这一点可参阅 Hussman v. AL Ameen (2000) 2 Lloyd's Rep. 83],这些应包括在每小时费率中的固定成本。

Section 37 允许仲裁庭/仲裁员委任专家或法律顾问等,这会是一大笔钱,不是开玩笑。此外,是仲裁员去委任,他/她们就只会针对仲裁员收费,但可能十分危险。仲裁员自己干了活收不到费用还比较吞得下或承受得了,再去欠一屁股债可万万不能。另外,合理性将来会受质疑。所以安全办法是在委任前先告知双方当事人,看看他们有没有异议(如规定 3 天内不回答就去委任)。另外最好是要求当事人直接支付,或预付一笔钱,或提供担保。

笔者见过独任仲裁员由于文笔不成(通常不是律师或不熟悉仲裁),去委任一位律师草拟裁决书。这样做十分危险,会来自两方面:一是下决定/裁决是独任仲裁员,不是另一位律师,所以除非有足够事实/证据证明最终仍是独任仲裁员下决定/裁决,而不光是照足另一位律师的草拟,会构成 Section 68 的"严重不正常"(serious irregularity)而令裁决书被撤销。二是这笔使费看来并不合理。所以,必须要去这样做,仲裁员更要预先告知双方当事人并取得同意。

在租用开庭审理场地时,例如是酒店/饭店或香港国际仲裁中心(HKIAC),仲裁员最好让当事人自己租用与付钱。但如果双方当事人或/与他们的代表律师都在外国,不方便安排,仲裁员代办就要预付使费或提供担保了。

还有可能是,仲裁员来自外国,这涉及飞机票等使费。照说,这笔使费的合理性应该不是问题。

但现实中仍经常有争议,像笔者被委任在伦敦仲裁,非委任方的代表律师就会提出抗议,并说明不负责笔者的额外使费。照说这个抗议很难成立。除了道理上难以支持外,英国的法律如《仲裁法》并没有排除外国/外地的仲裁员。一旦委任外国/外地仲裁员,总会多多少少产生额外使费。再说,香港仲裁由 HKIAC 或一方当事人去委任伦敦仲裁员(或其他国家或地方如北京等地仲裁员)的例子不少。另海事案件有一个更大的原因是,80% 案件是以文件形式审理,不用开庭。故极少数的案件需要开庭与需要花费飞机票,不能说是过分与不合理吧。

笔者为了怕这种挑战/质疑,会让步不把飞行的时间收费,这可去参阅2.3.1.8.2小段的实例。这不是小的让步,飞去伦敦来回的时间常会达两三天之多。说真的,笔者也不想去伦敦开庭,既怕长途飞行,也怕时差。但笔者喜欢去参与伦敦的高水平"文件仲裁"(documents only arbitration)。但接受了委任后发觉或演变为需要开庭,笔者也得干下去完成工作/责任,总不能不负责地辞职。

说到飞行,公务舱机票是合理的应该毫无疑问。但笔者见过一些仲裁员坚持要头等舱机票,甚或是夫人也要在一起,理由是开庭时间太长需要夫人照顾。这种合理性就有争议,但不妨以 ICC 的做法为例,如果飞行要超出 8 个小时,ICC 支付的是头等舱机票。但低于 8 小时的飞行只是公务舱机票。精明的仲裁员会在同意去外国/外地开庭前先告知双方当事人,并要求同意或甚至代购机票。由于双方当事人届时仍怕得罪仲裁员,会“被迫”同意头等舱机票,甚至包括夫人随行。

2.3.1.11 法院可否监督仲裁机构或使用仲裁规则订的费用?

不少仲裁机构或它们的仲裁规则会订下仲裁员的收费标准或厘定办法。这样一来,若是订得太高,法院可否以 Section 28 去监督/控制? 这疑问在 Merkin 教授的书中有提及:

“The Arbitration Act, unlike the Arbitration Bill, does not refer expressly to fees as determined by an arbitral body, but it must be assumed that acceptance of the terms of such a body amounts to an agreement to pay fees and expenses in accordance with those terms.”

这解释很有说服力:双方当事人在仲裁条文接受了贸仲或 ICC,就表明同意了他们厘定/规定的收费(包括仲裁庭收费)办法。无知永远不是一个好借口。

但看来,法院会不会根据 1996 年《仲裁法》之 Section 28 去插手,仍得看该仲裁机构或他的仲裁规则是如何写法,是否清楚与肯定。这一点在 Hussman v. AL Ameen (2000) 2 Lloyd's Rep. 83 先例获澄清。

该先例的仲裁适用是“欧洲—阿拉伯仲裁机制规则”(Euro-Arab Arbitration System Rules)。根据规则,在仲裁完结后由“委员会”(the Board)去决定收费,考虑因素包括案件的复杂性、争议金额高低等。

Thomas 大法官判定,仲裁庭收费若在委任时已有厘定的办法或规定,而且双方当事人事先可知道与/或计算得到,厘定的办法或规定清楚且肯定,法院不应以 Section 28 插手。但反之,例如事后/仲裁后才厘定,令双方当事人无法预先知道,而且有危险会面对毫无止境/没有限制的收费,这并不是清楚与肯定的厘定办法,法院可以 Section 28 插手。Thomas 大法官说:

“This is because any such agreement with an arbitrator or an arbitral body has to be clear. In my view the rules of the Euro-Arab arbitration system do not have that clear effect and there is nothing express in those rules which provides an obligation to pay the fees in whatever amount the board decides at the end of the proceedings; nothing in art. 29 gives the board that power. It seems to me implicit in art. 29.4.1 (read in the light of art. 29.4.2) that the board was to fix the fee on appointment so that the parties would know where they stood; were it otherwise, they were entering into an open ended commitment constrained only by the very board terms of Appendix Ⅱ. The board did not fix the fees when the arbitrators were appointed. In my view therefore there was no contractual agreement to pay whatever the board demanded within the range of Appendix Ⅱ.”

另一个先例也显示了仲裁机构在这方面像一般仲裁员一样,受法院监督。它若是去核算仲裁庭的收费,厘定“裁决书费用”(cost of award),不满的当事人也同样可去法院质疑,做法与质疑仲裁员一样。

该先例涉及著名的英国“散粮与饲料协会”(Grain and Feed Trade Association或简称GAFTA)。先例中也详细介绍了该协会,例如它的机构仲裁规则与机制是内部上诉。它的一审仲裁员/仲裁庭一般以文件形式审理,之后败诉方可以上诉(内部上诉),数字显示20%的一审案件会去上诉。而上诉是有5位仲裁员合议。这之后败诉方才去法院试图寻求进一步的救济。上诉一般是开庭审理,双方可以派出代表争辩,但一般不能由律师出庭。

GAFTA大约有70位在册仲裁员,他们大部分住在英国,只有很少数来自外国。仲裁员的所需资格是“贸易商”(trader),不是法律人士。这在早期的仲裁,争议通常涉及货物质量,由这些“内行人”进行仲裁要适合得多。但随着时代与人心的改变,万事(特别是争议)也越变越复杂。大部分没有受过法律训练的贸易商仲裁员就感到力不从心了,这导致不少GAFTA裁决书被法院批评或给予救济。在2001年11月至2002年4月的短短5个月内,GAFTA有5个裁决书被法院“发还”(remit),因为败诉方成功以1996年《仲裁法》之Section 68向法院取得救济。这样一来,GAFTA十分关心仲裁员水平,特别是拟订裁决书这项最困难工作,期望千万别留下太多漏洞给败诉方挑出毛病。

GAFTA也特别关心仲裁员的培训。它在一所伦敦大学(London Guildhall University)协助下举办课程。课程涉及仲裁规则、仲裁程序、1996年《仲裁法》与合约条文的理解。但很难培训的是怎样去写好一个裁决书。笔者也有同感,写好一个裁决书需要高水平、高思维、逻辑性强与表达能力强。另不可或缺的是熟练,“熟能生巧”是硬道理。这与写其他严肃的东西道理一样,例如笔者(杨良宜)这十到二十年来不断大量写书,今天写出的书在任何方面比以往都有长足的进步、提高与改善。

对一般的“贸易商”或“商人”(commercial man)去干仲裁员,若没有过特殊培训或/与经历,是很难把裁决书拟写好的。这不是英语水平的问题,而是实质方面。例如若是不熟悉“证据法”与“自然公正”,一位贸易商仲裁员会把自己个人经历或私下调查取证的过程一字不漏地写进裁决书,一点也不知道避忌。

但是一位有经验、有水平、有法律背景的仲裁员首先不会做这种事,而即使是做了也不会讲。

其他问题,如词不达意、前后矛盾、把话说死或是过火、说服力不够、不必要地得罪人甚至构成诽谤,等等,都是没有法律培训与修养的商人仲裁员作出的裁决书中经常会出现的毛病。

所以,GAFTA认为很难培训怎样写好一个裁决书。笔者完全同意,因为这要“全面改造”一位完全成年、很可能有很强的主观思想、也不会有太多空闲时间去学习的商人仲裁员。

介绍了 GAFTA 后，现在转入正题，就是 Agrimex Ltd. v. Tradigrain S. A (2003) 2 Lloyd's Rep. 537 的先例。争议是有关滞期费（demurrage），涉及金额只有 50,000 美元左右。在第一审是被告的卖方胜诉，买方不服上诉（这是指 GAFTA 内部，有 5 位仲裁员的上诉机制）。在上诉的仲裁庭，把结果反过来，判决买方胜诉。这样一来，败诉的卖方自然是不高兴了，加上要负担有关的上诉仲裁费用，所以卖方质疑该收取 19,364.25英镑的“裁决书费用”（cost of award）。说真的，这的确是高昂的。一般 GAFTA 的一审是 2500 至 5000 英镑，而上诉是 5000 至 10,000 英镑左右。而高的上限会是适用于一个十分复杂的案件，不像本案件。

首先是卖方要求 GAFTA 为这笔钱给予“细项”（breakdown）。GAFTA 不敢不回应，说明 GAFTA 收的是 2359.30 英镑，上诉仲裁庭（共有 5 位仲裁员）是 7688.75 英镑，另有“法律费用”（legal fees）9336.20 英镑。卖方继续质疑这笔“法律费用”，因为一个 GAFTA 仲裁怎会有这种花费？接下去卖方在英国法院，以 1996 年《仲裁法》之 Section 28 (2) 与 (3) 作出申请。而两位被告，一是买方，二是 GAFTA。他们均委任了律师应讯。

这笔“法律费用”原来是上诉仲裁庭要求 GAFTA 找一位“法律起草人”（legal draftsman）协助拟写裁决书。估计是 GAFTA 也关心要提高裁决书的质量，所以去找来了一位伦敦律师所的合伙人，他每小时收费是 190 英镑。他被邀请去一起开庭审理与草拟裁决书，估计大部分工作是他去干的。

在英国法院，Thomas 大法官大加批评这一笔收费。在 1996 年《仲裁法》下，Section 37 是允许仲裁庭雇用“法律顾问”（legal advisor），但本案不像是这个用途。否则，该律师最早草拟的是专家顾问的报告，要向双方当事人披露。若只是为草拟裁决书，该律师也不应该出庭，只需要仲裁庭在开庭后告诉该律师他们的初步决定即可。Thomas 大法官也强调了收费亦要顾及“利弊比例”（proportionality），本案争议简单，金额不高，根本不应该花这笔钱，仲裁庭应自己去拟写裁决书。结果，下令 GAFTA 归还给卖方这笔钱的多余部分。

2.3.1.12　法院在 Section 28 做法的实例介绍

在 Hussman v. Al Ameen (2000) 2 Lloyd's Rep. 83 先例中，3 人仲裁庭以一份一起签字的书面的证言（statement）给法院解释了他们收费的时间与有关工作。总的收费是 70,000 英镑，其中首席收取了 30,000 英镑，其他两位各收 20,000 英镑。首席声称花了 185 小时，另两位仲裁员声称花了 160 小时与 150 小时。这算起来的每小时费率平均约 140 英镑。

至于有关工作，有开庭前在 1997 年 11 月至 1998 年 11 月这段时间的书信往来、考虑“书面请求”（pleadings）与文件证据、起初对抗辩送达的反对与仲裁庭的裁定、文件披露、证人证言与专家委任等仲裁程序。这之后是 5 天开庭。再之后是草拟与作出裁决书。首席解释裁决书虽然是一致（unanimous）的决定，但决定前其实仲裁员之间有多次会面与激烈的讨论与争辩，很花时间，但由于机密，所以细节也不好说。

提出质疑的当事人接受140英镑的费率,但不接受所花时间的合理性。认为开庭审理只是4天半,每位仲裁员只应是花27小时。另只是首席处理开庭前的仲裁程序,时间应只花上10小时。由于本案中文件证据有限,要考虑的时间只应是24小时。最后,草拟/作出裁决书的时间是10小时。加起来,总共合理工作时间是首席77小时,其他两位55小时,而并非是实收的185+160+150小时。

笔者看来,质疑当事人"乱来",例如,只给10个小时草拟/作出裁决书。案例报告中提到裁决书有68页,5天开庭后的裁决书不应太短吧!笔者最近的一个文件仲裁,没有开庭,共有23页单行(single-space)的裁决书,草拟后再反复读了两次,作不少修改后最后敲定,共花了17个小时。另一个是开庭10天后由首席草拟,首席是一位英国的退休大法官,笔者只是其中一位共同仲裁员,故书写不会慢或有任何困难。裁决书约70页厚,而首席说是花了/记录了90个小时以上。笔者感觉,一些当事人与他们的律师可能低估了草拟一个裁决书的困难与费时。这不能与拟订一份传真或一封信函相比较。笔者对每一份传真或信函顶多再看一次就算了。但裁决书是会看上三四遍的,每个字推敲,每笔数目即使双方不争议也要再算一遍/再加一次。因为明知道将来会被有敌意或/与高水平人士挑毛病,他们包括是败诉方律师、仲裁地法院、执行地法院等。

反正是,Thomas大法官认为本案例仲裁庭收费虽然感觉很贵/很高,但仍说不出仲裁庭的书面解释有什么不正确(看来,这是重要一步),故决定不去调整这70,000英镑的收费。Thomas大法官是这样说的:

"75. I have set out in par. 60 the evidence of the tribunal as to the hours they spent; it was, of course, accepted that they did in fact spend those hours. The complaint of HCN (质疑当事人) was that they should not have spent as long and when the overall fee was looked at, it was excessive in relation to the complexity of the arbitration and the time which it should have taken. Although I accept that the fees are quite extraordinary high for what was, in my judgment, a straight forward arbitration, nonetheless the arbitrators did spend a very large number of hours and their rate for those hours is not challenged. Although I have very considerable sympathy with the submission that arbitrators should have been able to deal with what was involved in this arbitration in substantially less time than these arbitrators in fact spent, it is clear from the affidavit of the chairman that a unanimous award only followed on from discussion between the arbitrators. The time those discussions took and their course is a matter of confidentiality between the arbitrators and is not a matter that can be enquired into. Furthermore there can be little doubt that they were all extremely conscientious; it must be remembered that the chairman gave of his own free time to undertake the work and derived no financial benefit at all; that benefit will go to HM Treasury. A suggestion was made that the tribunal had unnecessarily spent time with Dr. Al-Qasem; I have considered the issue relating to the tribunal's conduct in relation to his evidence as issue 2(a). Although I consider that the tribunal was in error in the respects I have identified, this is not, in the circumstances relevant; the fact that an arbitrator makes an error is not ordinarily a ground for an adjustment to his fee for the time taken as a result of that error.

76. Given the fact that there is no challenge to the arbitrators' evidence that they did spend the amount of time say they spent, that they have explained the time spent, that a material amount of time was spent in the confidential discussions leading to the award and that the time spent had been spent in a conscientious attempt to produce a detailed award, I have, in all the circumstances come to the view that I should not adjust the fees of £ 70,000 charged."

另一个有趣的先例是 Wicketts and Sterndale v. Brine Builders (2001)(未被报道)涉及一位被赶走仲裁员的厘定合理收费与怎样下令双方当事人应"共同与独立"(jointly and severally)承担。在本书另章详及,不在此重复。

2.3.1.13 香港《仲裁法》缺乏这方面监督

看了英国的一套新监督与控制办法,不妨比较一下香港的《仲裁法》。香港目前的法律是把仲裁一分为二,一是"本土仲裁"(domestic arbitration),适用的是沿用的一套,也就是跟从英国的 1950—1979 年《仲裁法》。二是"国际仲裁"(international arbitration),在 1990 年始适用《联合国示范法》。

已在 2.3.1.9.2 小段说过,1950 年《仲裁法》只有很局限的 Section 19。这正是目前在香港本土仲裁的情况。但国际仲裁更加差劲,因为《联合国示范法》根本没有任何针对。加上,示范法的 Article 5 亦是不准法院插手,除非有明言许可之处。这表示不论情况如何坏,即便是仲裁员的收费是在"明火打劫",法院仍是想管而管不了。

笔者由于知道有个别贪心仲裁员乱收费,也间接损害与影响香港仲裁的名誉(如太昂贵)。所以,1996 年一次的修改,笔者(与其他的立法小组成员)大力建议加上类同英国的监督/控制机制。事实上,早几份草稿都有类同 1996 年英国《仲裁法》之 Section 28 的条文。但在最后一次提交给立法局前的会议,有成员提出取消这一条,因为怕国际著名仲裁员因此而不想来香港仲裁,结果就这样否定了。可惜笔者刚巧没有参加该次会议,所以对此改动不知情直至后来才知道。如果笔者在场,至少会反驳这种说法。哪一个国际著名仲裁员会不在伦敦仲裁?他/她还不是要面对英国法院的监督。但来香港就香港法院不能或不应去监督他/她们,这怎能说得通?但不论如何,这就是今天的现实情况。

2.3.2 监督之二:对仲裁员/仲裁庭是否有管辖权

这一问题已在本章之 2.2.6 小段提及,该小段把它当做是法院支持仲裁的角度来探讨。但这方面亦可以是法院监督仲裁员/仲裁庭的角度去看。这尤其在 1966 年《仲裁法》生效前的很长一段时间,做法上一直是想挑战/质疑仲裁员管辖权的一方当事人(通常是被告)去英国法院要求一个"宣示判决"(declaratory judgment),宣示是否有管辖权。在这期间，为了阻止仲裁程序继续推进，造成浪费与被告有矛盾，不知道应否去仲裁应讯或"抗议下"(under protest)应讯，所以往往同时申请一个禁令，禁止仲裁员继续推进仲裁程序。而一直来，英国法院也愿意这样做，如古老的先例在 Malmesbury Railway Co. v. Budd (1876) 2 Ch. D 113; Beddow v. Beddow (1878) 9 Ch. D 89；或较近的先例在 Siporex Trade SA v. Comdel Commodities Ltd. (1986) 2 Lloyd's Rep. 428。在 Compagnie Europeene De Cereals SA v. Tradax Export SA (1986) 2 Lloyd's Rep. 301，涉及一个 GAFTA 仲裁，被告指称其中一个索赔时效已错过。该时效问题已被法院判决，仲裁员再去处理是"超出他们的管辖权"(excess of jurisdiction)。Hobhouse 大法官作出了一个禁令去阻止仲裁继续在该索赔案中推进，以免被告受"骚扰"(harassment)。

到了更近期，一些英国法官已表露不愿意干扰仲裁的进行。例如在著名的 Bremer Vulkan v. South India Shipping Corp. (1981) 1 Lloyd's Rep. 253，贵族院已说明法院对仲裁没有"一般性的监督管辖权"(a general supervisory jurisdiction)，除了在《仲裁法》规定。另在 The "Leonidas D"(1983) 2 Lloyd's Rep. 411, Mustill 大法官说他不同意法院有这种权力，因为会抢去了仲裁员的决定：

"To recognize such a jurisdiction would be 'to pre-empt the decision of the arbitrator', even though the parties have referred on him alone the power to adjudicate upon the issue."

到了 1996 年《仲裁法》的生效，这种不干预的地位更加明确。但这不表示法院完全丧失了这个权力，因为在 Section 72 (1) 说明在一方当事人(被告)不去参与仲裁程序的话，他有两种权力。一是 Section 72 (1) 向法院申请禁令与宣示(这相当于以往的做法)，二是在裁决书执行时抗辩，这是在 Section 72 (2)。但注意，被告若是在仲裁抗辩，参与仲裁程序，就会根据 Section 31 (1) 与 73 被视为对挑战管辖权弃权。

为了容易阅读，节录 Section 72 (1) 如下：

"72(1) A person alleged to be a party to arbitral proceedings but who takes no part in the proceedings may question-

(a) whether there is a valid arbitration agreement,

(b) whether the tribunal is properly constituted, or

(c) what matters have been submitted to arbitration in accordance with the arbitration agreement, by proceedings in the court for a declaration or injunction or other appropriate relief.

(2) He also has the same right…"

所以说，英国法院对仲裁员是否拥有管辖权的监督权力并没有因 1996 年《仲裁法》的生效而完全丧失。这种作出禁令的管辖权仍是个别法官的裁量权。其中一个考虑是对“便利的平衡”(balance of convenience),例如被告是否尽早申请[91]与禁令可能产生的损害。但一般来说,这方面考虑会最终拒绝作出禁令,因为大部分对管辖权的争议可以通过 Section 30 取得裁决书,再由 Section 67 让法院作最后判决。

最后一提的是,本文不像 1996 年立法的许多其他条文(包括同是去针对管辖权的 Section 32 与 67),结尾常有一句说:“再上诉去上诉法院/上诉庭必须要有高院批准”(The leave of the court is required for any appeal from a decision of the court under this Section)。在 Athletic Union of Constantinople v. National Basketball Association (2002) EWCA Civ. 830 (未被报道,上诉庭,28. 5. 2002),判决没有批准的情况下,上诉庭无权去审理。但在本条文下没有这个局限:Inco Europe Ltd. v. First Choice Distribution (2000) 1 Lloyd' s Rep. 467 (HL)。

2.3.3　监督之三:仲裁半途把仲裁员废止权力或赶走

常有的情况是,需要法院在仲裁半途(或迟或早)插手把已委任的仲裁员赶走(remove)或废止权力(revocation)。这两种做法并不一样,但也有密切关系。例如,1996 年《仲裁法》,Section 23 是针对废止权力,而 Section 24 是针对赶走。在以前的 1950 年《仲裁法》,也有不同的条文针对:Section 1 针对废止权力,Section 23 针对赶走。

2.3.3.1　废止权力(revocation)与赶走(remove)的区别

它们之间的区别如下:

(1)在 1996 年《仲裁法》,废止仲裁员权力一种做法是必须双方当事人同意。但常出现的情况是,一方不合作或扯皮,例如仲裁员不推进仲裁程序,可能对被告而言是求之不得的。这样一来,另一方当事人的原告只能向法院寻求救济了,包括把不肯动的仲裁员赶走。

(2)虽然赶走仲裁员不一定是他/她个人犯错,例如是因为不符合仲裁协议的明示资格或重病/神经错乱,但不少情况下却还是涉及他/她个人犯错或无能。例如是“合理怀疑他/她的公正”(justifiable doubts as to his/her impartiality)、“无能”(incapacity)去胜任仲裁员的工作;例如是不懂/水平低甚或是因严重罪行坐牢、没有去“适当与以合理快的速度推进仲裁或作出裁决书”(properly and use all reasonable dispatch in conducting the proceedings or making an award)等。相反废止仲裁员权力一般发生在与仲裁员本人无关的情况。例如,仲裁协议在非法压迫(duress)下达成,故原告的已委任仲裁员被被告申请废止他的权力,并中止仲裁程序:The “Ithaka”(1939) 64 Ll. L. Rep. 259。

---

〔91〕　有关尽早申请,这本来是所有禁令的考虑因素之一。在 Zaporozhye Production Aluminium Plan Open Shareholders Society v. Ashly Ltd. (未被报道,Tomlinson 大法官,25. 6. 2002),法院拒绝在本条文下作出一个中间禁令阻止仲裁的推进,因为第二天就开庭审理,而申请方首次突然提出管辖权问题,指称是在没有他的授权下订约。法院认为这么晚才作出禁令是完全不适合的。

另在 The "Maritime Winner"(1989)2 Lloyd's Rep. 506,被告以原告延误仲裁程序为由提出一大堆理由设法中止仲裁,如"双方同意放弃仲裁"(consensual abandonment)等,并同时申请法院废止仲裁庭权力。

所以,像"香港国际仲裁中心"(HKIAC)就会对名单中曾被法院赶走的仲裁员(英文是:"has been removed or criticized by any state court")进行"纪律调查"(disciplinary enquiry),并根据调查结果决定是否把他/她除名。这种情况最近在 Sea Containers Ltd. v. ICT Pty Ltd. (2002) NSWCA 84 案例发生,澳大利亚法院因仲裁庭"乱收费"把三位仲裁员赶走(remove)。其中一位 A. A. de Fini 先生是在 HKIAC 名单之列,这样就要对其进行纪律调查并在《Asian Dispute Review》期刊(2005 年 4 月)中刊登结果。

2.3.3.2　这种救济的利弊

时间上,这种救济的做法一定发生在仲裁程序中途。它不会发生在仲裁庭作出了"最后裁决书"(final award)之后,因为到了这一步,仲裁已是告终,仲裁员也是"功成身退"的"functus officio",根本不存在要把他/她赶走或废止权力的必要。

当然,很有可能发生在作出"中间裁决书"(interim/partial award)之后。该裁决书会是只针对双方责任,作出后,仍需要继续针对损失计算,所以仍在仲裁程序中途。但在此时,胜负已定,败诉方可能只是多赔少赔的问题。所以,败诉方会想尽办法在程序上或在中间裁决书内容里挑仲裁员过错。一旦有理由或借口,向法院申请的救济会是两方面:一是把中间裁决书撤销(set aside);二是把仲裁员赶走。

也有可能是这种救济做法发生在仲裁的开始,因为马上可发觉有不妥情况。例如,扯皮的一方当事人委任的仲裁员是他的哥哥或弟弟,可以合理推断不合适,会有"潜在偏私"(potential bias)危险。对方当事人一知道,可以先去:(1)说服或/与要求当事人委任的仲裁员自动辞职(resign);(2)说服对方当事人同意废止该仲裁员的权力。但若都不成功,也只能走最后一步:向法院申请把仲裁员赶走。

这种做法的好处或有利之处是马上解决问题,可避免昂贵的诉讼继续下去,避免造成严重浪费。更可能是,若是无辜的原告没有这种救济,就不敢继续下去,令一个优质索赔被迫放弃,造成明显的不公平。

但它的危险或坏处/弊端也不少,大致如下:

第一,几乎必定会得罪那些要去丑化、希望成功把他/她赶走的仲裁员。若能成功赶走或是"败局已定"(例如已作出了针对责任的中间裁决书),得罪也没有关系。但若是不能成功,再要继续下去的申请一方当事人可就心寒了。随着今天的英国法院大力保护仲裁员(特别是有名气的人士),以免他/她们受攻击,可以说成功机会绝对不高,如:Fletamentos v. Effjohn (1997)1 Lloyd's Rep. 295; Laker v. FLS (1999) 2 Lloyd's Rep. 45; Rustal v. Gill & Duffus(2000)1 Lloyd's Rep. 14 与 AT&T v. Saudi Cable (2000) 2 Lloyd's Rep. 127 等著名先例都以失败告终。

第二,事实上,法律也更为严格。正如在 The "Petro Ranger" (2001) 2 Lloyd's

Rep. 348，法院提到并依从了1996年《仲裁法》的DAC报告中所说：

"105. We have included, as grounds for removal, the refusal or failure of an arbitrator properly to conduct the proceedings, as well as failing to use all reasonable dispatch in conducting the proceedings or making an award, where the result has caused or will cause substantial injustices to the applicant.[92] We trust that the courts will not allow the first of these matters to be abused by those intent on disrupting the arbitral process.[93] To this end we have included a provision allowing the tribunal to continue while an application is made.[94] There is also clause 73 which effectively requires a party to "put up or shut up" if a challenge is to be made.[95]

106. We have every confidence that the courts will carry through the intent of this part of the Bill,[96] which is that it should only be available where the conduct of the arbitrator is such as to go so beyond anything that could reasonably be defended that substantial injustice has resulted or will result.[97] The provision is not intended to allow the Court to substitute its own view as to how the arbitral proceedings should be conducted.[98] Thus the choice by an arbitrator of a particular procedure, unless it breaches the duty laid on arbitrators by Clause 33, should on no view justify the removal of an arbitrator, even if the court would not itself have adopted that procedure.[99] In short, this ground only exists to cover what we hope will be the very rare case where an arbitrator so conducts the proceedings that it can fairly be said that instead of carrying through the object of arbitration as stated in the Bill, he is in effect frustrating that object.[100] Only if the court confines itself in this way can this power of removal be justified as a measure supporting rather than subverting the ar-

〔92〕 我们(指以Saville勋爵为首的立法小组)增加了一个赶走仲裁员的理由,是仲裁员拒绝或做不到适当推进仲裁程序,与没有以合理快的速度推进仲裁程序或作出裁决书,造成的结果是对申请救济一方当事人已造成或会造成"重大不公正"。

〔93〕 我们相信法院不会允许被人利用去作为破坏仲裁过程的滥用手段。

〔94〕 在此,我们多加一条说,在向法院申请中,仲裁员可以继续推进仲裁程序。(这是为避免一方当事人,例如是被告,以此手段去延迟仲裁。这是在1996年《仲裁法》之Section 24[3]说明。)

〔95〕 另在Section 73要求质疑/挑战一方必须马上行动,"要就提出,要就闭口"。

〔96〕 我们有信心法院会去贯彻此立法草案的意图。

〔97〕 赶走仲裁员只适用在他/她的行为是完全无法合理辩护/解释的,并且已造成或会造成"重大不公正"。

〔98〕 此条文意图不是让法院以自己的看法去替代仲裁员看法并在仲裁程序中应如何推进。(即是,大原则仍是仲裁员才是"程序的主人"[master of the procedure]。)

〔99〕 故此,仲裁员选择某些程序,除非它违反了Section 33的"自然公正"要求,法院不应去赶走他/她,即使法院不会这样做。

〔100〕 简短说,该救济只用在十分罕见的案件中,是仲裁员在处理程序中可说是完全做不到本立法草案所讲的仲裁目标,甚至违背了这些目标(如"自然公正"、快速/省时、省钱等)。

bitral process."[101]

第三,已提到了1996年《仲裁法》之Section 73,它是针对提出质疑/挑战的一方当事人在一知道处理不妥,必须"立即"(forthwith)提出,否则以后就再不能提出。正如DAC报告所讲,这是要求"要就提出,要就闭口"(put up or shut up)。在Wichetts and Anor v. Brine Builders and Anor (2001) CILL 1805,"forthwith"被解释为"尽快"(promptly)或"没有不必要的延误"(without unnecessary delay)。确实,近来笔者参与的伦敦仲裁都动得很快。它有好的地方,但对发展中国家的一些公司/机构,就会造成广东人说法的"吊颈也不让你透一口气"的现象。不少发展中国家(包括中国)的公司/机构存在人员素质不高、管理不善、决定下不了等严重问题,导致它们无法适应今天快速的商业节奏,包括仲裁的快速推进。例如在仲裁半途,仲裁员讲错了一句话,如"我不相信中国证人",是天上掉下来的好机会,把该对中方看似有敌意的仲裁员赶走。但这要动得快,而笔者(杨良宜)对中方部分公司或机构的经验是:负责办事人员下不了决定,也不敢下决定,必须请示领导。本来,该办事人员最了解整件事,也有一定水平,由他/她下决定最好不过。外国大公司恐怕都会把这些细节(即使是重要细节)交给办事人员(如法律部)去决定,不会上报至董事长或总裁去下决定。而即使有此必要,董事长或总裁也会听取办事人员汇报后,不觉得有太大不妥,就依照该办事人员的建议去下决定。但部分中方公司/机构的领导就很不一样。首先他们做不到"用人不疑,疑人不用",以致办事人员经常不能说服他的领导,而需要请代表的外国律师或笔者飞去见领导作进一步的解释。要知道,这是十分昂贵与耗时的一步。即使是能在该会面中说服领导下决定马上行动向法院作出申请把该犯错仲裁员赶走,恐怕也"为时已晚",被法院以Section 73的不是"立即"(forthwith)行动为由拒绝给予救济。更不用说有些领导很难说服/解释,这会是一连串的原因造成:如他们要摆领导的架子,喜欢"唱反调",怕打官司,怕去法院,最关键的原因是不懂与思议不足等。反正,要么下不了决定,要么不接受建议。结果眼睁睁看黄金机会失去/逝去。

总结上述所讲的各种危险或弊端(或好处,看是什么角度去针对同一事实),可多举一个例子说明想提出申请一方的矛盾。比如,在开庭中途看见仲裁庭的3位仲裁员有2位呼呼大睡。自己若是代表一方当事人,比方说是被告,就会有以下的考虑:

(1)要否借此突发的机会去法院寻求救济,把有关仲裁员赶走?毕竟,自己的客户是被告,能去拖慢甚至破坏仲裁的推进符合被告利益与增加跟原告和解谈判(在背后同时进行中)的筹码。

(2)会严重得罪有关的2位仲裁员,他们一直的态度不像对被告有太大敌意。

(3)文件证据看来,被告不是没有胜诉机会。(因为仲裁员在口头证据时睡着了,将来在拟订裁决书时会更要依赖文件证据。)

---

[101] 只有法院这样做才能说赶走仲裁员的权力是一种支持的手段而不是破坏仲裁过程。

(4)有关仲裁员肯定会自辩没有睡觉,只是闭目考虑证据,是被告看错了,误解了。

(5)估计原告/对方当事人很不友善,不会同意仲裁员睡觉的事实,会唱反调与借机/讨好有关仲裁员。

(6)更难祈望原告会同意以1996年《仲裁法》废止有关仲裁员的权力(revocation of authority)。

(7)估计也难向法院证明,即使仲裁员睡觉,对被告/申请人已造成了或会造成什么重大不公正。例如,漏听的陈词或/与证据,有什么关键之处是绝不能漏听的,比方说原告的主要证人在当时的反盘问曾自认说谎,加上,该次开庭没有安排开庭记录。

总之,小心与怕事(也怕花律师费)的被告在上述的考虑后很有可能放弃行动,不了了之。

当然,也会有明显不妥、证据确凿、调查得一清二楚、无法抵赖的少数案件/情况。这样一来,唯一小心的是不要有"不必要的延误",要尽快向法院申请救济,应该是有问题仲裁员难逃被法院赶走。例如在 Mathew v. Ollerton (1963) 4 Mod Rep. 226,该有问题仲裁员是其中一方当事人。另是在 Ranger v. Great Western Railway Co. (1854) 2 HL Cas 72, 有问题仲裁员是一方当事人的股东之一。再另一有关航运先例是 Veritas Shipping Corp. v. Anglo-Canadian Cement Ltd. (1966) 1 Lloyd's Rep.,[102]被告是承租人,他去委任了一位 Dr. Wallersteiner 为仲裁员,估计他是被告公司的"老总"。在他不肯自动引退/辞职后,原告船东只得向英国法院申请以1950年《仲裁法》之 Section 23 把他赶走,并另委任一位以组成"仲裁庭"(tribunal)。McNair 大法官毫不犹豫地把 Dr. Wallersteiner 赶走,并在原告呈交的另外3位候选仲裁员名单中挑了一位 John Chesterman 先生为被告的"替代仲裁员"(substituted arbitrator)。另外,所有法院的行动费用都要被告承担。

2.3.3.3　废止仲裁员权力(revocation)

2.3.3.3.1　普通法地位与1950年《仲裁法》

再回去讲这一课题。废止权力的做法很早已有案例,如:Vivion v. Wilde (1609) 2 Brownl 290; Re Rouse & Co. Ltd. v. Meier & Co. Ltd. (1871) LR 6 CP 212; Randell, Saunders & Co. Ltd. v. Thompson (1876) 1 QBD 748; Re Smith & Service and Nelson & Sons (1890) 25 QBD 545;等等。但这普通法地位并不令人满意,因为任何一方当事人都可在仲裁中途任何时间把任何一位仲裁员(不论是谁委任)的权力废止。当然,该普通法地位已无关紧要,因为在1950年《仲裁法》已把这权力从当事人手中剥夺并交给了法院。Section 1 是说:

"The authority of an arbitrator of umpire appointed by or by virtue of an arbitration a-

〔102〕 有两件事去强调。

greement shall, unless a contrary intention is expressed in the agreement, be irrevocable except by leave of the High Court or a judge thereof."

这样改也有令人不满意之处。例如笔者知悉曾有一宗案件因为独任仲裁员对自己收费"狮子大开口",令双方当事人都极不满意。但由于涉及的争议金额不高,都不想去法院花钱申请废止仲裁员权力。结果双方同意的做法是把刚开始的仲裁"按兵不动",但另再去开始一个,另委任别的仲裁员,然后由第二个仲裁解决双方争议。

在 The "Ermoupolis" (1990) 1 Lloyd's Rep. 160, Steyn 大法官说这一步是"最后的救济办法只在完全例外情况是基本上妨碍了仲裁过程的公平与适当功能时才考虑去行使权力"(It must be considered to be a remedy of last resort which is only to be exercised in wholly exceptional circumstances which fundamentally impair the fair and proper functioning of the arbitral process)。

The "Ermoupolis" 先例有关货物(原油)短缺。提单持有人/收货人根据提单的伦敦仲裁条文起诉。船东以 1 年时效已过作为抗辩,而仲裁庭作出了一个中间宣示裁决书,宣示 1 年时效已过。但收货人随即向仲裁庭申请修改索赔请求,在原有的提单合约索赔(contractual claim)中多加了一个侵权诉因:侵占货物(conversion of cargo)。原因是合约索赔只有 1 年时效,但侵权有 6 年;这个"空子"到了"海牙—威斯比规则"(Hague -Visby Rules)才得到填补。

再回去该案例,仲裁庭允许了修改索赔请求的申请。这自然令船东极不满意,向英国法院作出多样救济的申请,其中包括把仲裁庭权力废止与命令仲裁条文失效。Steyn 大法官说:

"In the present case there is no suggestion of misconduct by the arbitrators or anything of the kind. Mr. Johnson QC appearing for the owners, put in the forefront of his argument that the arbitrators erred in allowing the amendment in the light of the fact, as he submitted, that the conversion claim, even if governed by a six-year period, had also expired before the amendment was granted. It would be wrong, in my judgment, and contrary to every principle of our arbitration law, for me to attempt during the course of the reference to review the arbitrators' decision on matters plainly within their jurisdiction, and to consider the correctness of the view which they have taken, whether that view be final or tentative. I decline to do so."

换言之,船东的申请失败。法院是不理会仲裁庭作出的仲裁程序指令/命令的(本案是修改索赔请求加入侵权诉因)。仲裁员是"程序的主人"(master of procedure),除非是违反"自然公正"(natural justice)。

2.3.3.3.2 1996 年《仲裁法》的地位

到了 1996 年《仲裁法》,这个废止仲裁员权力(revocation)的权力又有了改变,就是把 1950 年立法的法院才有的权力归还给双方当事人。

在 Section 23 (1),条文首先说明双方可约定在什么情况下废止仲裁员的权力

(The parties are free to agree in what circumstances the authority of an arbitrator may be revoked)。这种情况/做法现实中不多见。

2.3.3.3.2.1　立法中两种废止权力做法

若是没有这方面约定,Section 23 (3)就说明有两种做法,如下:

"The authority of an arbitrator may not be revoked except:

(a) by the parties acting jointly, or (双方当事人一齐行动)

(b) by an arbitral or other institution or person vested by the parties with powers in that regard.[由一个仲裁或其他(如专业)组织或人士被双方当事人授权去拥有这方面权力]"

在上述(a),它与普通法不一样,是要双方一齐行动才能废止仲裁员权力,光是一方当事人并不足够。这也对,否则扯皮的被告就可以不断废止仲裁员权力而令程序永远起步不了。已经说过,若是双方同意/合作不了,加上仲裁员有问题,不满的一方当事人也只能去申请法院把该仲裁员赶走了。

在此一提的是,在仲裁庭没有完全组成前(假设是3人仲裁庭),当事人(例如是原告)有权去单方面废止他自己委任的仲裁,不必要双方/被告同意。这是因为直至组成仲裁庭,仲裁员推进仲裁的权力才开始。Merkin 教授在《Arbitration Law》一书之10.79段说:

"Thus, if the parties to an arbitration agreement are each to appoint an arbitrator, it is arguable that party A, having appointed his arbitrator, may revoke the appointment at any time before party B has made an appointment. In Bright v. Durnell (1836) 4 Dowl 756, a party was held to be entitled to revoke the authority of his arbitrator without reference to the court before the two appointed arbitrators had, as required, appointed a third arbitrator before entering onto the reference."

这情况也多次发生在笔者(杨良宜)身上,就是在香港仲裁被原告委任为他的仲裁员后,原告后来才发觉香港仲裁法之 Section 34(c) (5)条文允许 HKIAC 去把3人仲裁庭改为1人或独任。这样一来会省钱、省时。但由于已委任了笔者,也难要求 HKIAC 把笔者从"原告仲裁员"的身份改为"独任仲裁员"的身份。所以,干脆请笔者辞职或单方面把笔者权力废止,以利向 HKIAC 作出申请,从零开始。

另在上述 Section 23 (3) (b),现实中常有仲裁机构的仲裁规则详细明言有此权力,并会说明在废止了现有仲裁员的权力后应该怎样做。在国际商会(ICC)的仲裁规则,Article 12 针对这方面。

2.3.3.3.2.2　废止了权力怎样办?

首先,在双方当事人的共同行动下把仲裁员废止权力,应不难同时约定之后怎样办。例如,另去委任一位仲裁员。又或是,双方在情况的新发展下同意争议最好去法院审理,故在废止仲裁庭权力的同时,也同意把整个仲裁中止,改去法院。

若是机构仲裁或合并一些仲裁规则(如《联合国仲裁规则》),规则中会有针对,一般是另外委任一位替代被废止权力的仲裁员。

如果没有约定怎样委任替代仲裁员，也假设没有相关的仲裁规则，就要适用1996年《仲裁法》之Section 27了。Section 27针对"空缺位子的填补"（Filling of vacancy, &c），它一开始说的"如果一位仲裁员停止了在位"（where an arbitrator ceases to hold office）。这"ceases to hold office"一词正是"废止权力"（revocation of authority）的一种情况。

根据Section 27(3)，是去适用Section 16与18，好像最初/原来委任仲裁员成立仲裁庭一样。在Section 16(3)，它是针对独任仲裁员的委任。Section 16(4)是针对2位仲裁员的仲裁庭委任。而Section 16(5)则是针对3位仲裁员的委任。至于独任、2位或是3位仲裁员的仲裁庭，是要看双方仲裁协议/条文的写法或默示地位。至于Section 18是针对"无法委任"（failure of appointment）的情况，如双方无法同意一位独任仲裁员，或者被告扯皮不去委任自己的仲裁员，Section 18(3)(d)规定由英国法院来委任。而在香港，该法定权力已从法院交出给了"香港国际仲裁中心"（HKIAC）了。

总之，重新建立/组成一个替代仲裁庭，做法上与原来成立（但被废止了权力）的仲裁庭一样。

2.3.3.3.2.3　新组成的仲裁庭是重新再来或是继续原来程序？

这一点在1996年立法之Section 27 (4)有针对，说：

"The tribunal (when reconstituted) shall determine whether and if so to what extent the previous proceedings should stand.（当重组后的仲裁庭有权去决定以前程序是否依然有效或有效到什么程度。）

This does not affect any right of a party to challenge those proceedings on any ground which had arisen before the arbitrator ceased to hold office.（这不影响一方当事人的权力去挑战一些由上一位仲裁员虽然是已被废止权力所产生的事由。例如，上一位仲裁员的中间裁决书在法院被申请救济。）"

上述的规定也很有道理，废止原来仲裁员的权力并委任另一位仲裁员会发生在仲裁程序的早期或很晚，若是很晚，可能大部分的工作都已经完成了，如文书请求的交换（exchange of written submissions）、文件披露（disclosure）、交换专家报告（exchange of experts reports），等等。如果不去接受要重新再来一次，这又何必呢？别忘了：1996年立法在Section 1(a)就已说明了大原则之一是"避免不必要的花费"（without unnecessary expense）。

当然，新组成的替代仲裁员也要小心别冒犯另一条大原则，是"天条"的"自然公正"（natural justice）。例如已开了庭，听了部分或全部口头证据。但换上了新组成的替代仲裁员，他/她决定不去"重听一次"（rehearing）就以"开庭记录"（transcript）作出裁决书。他/她要小心，裁决书败诉方会提出这样做是违反自然公正的，属"严重不正常"（serious irregularity）。除非双方当事人同意这样做。不久前伦敦有一位著名仲裁员病逝,遗留下来未完成的仲裁案件不少,有刚开始的,也有接近完成只欠写裁决书的。所以,替代仲裁员各有不同做法。其中一宗案件只欠写裁决书,而开庭时也没有记录。但重审开庭实在太昂贵、太浪费。结果,双方当事人同意替代的仲裁员以上一位遗留下来的开庭笔记加上其他文件作出一个最后裁决书。据闻,效果最后也不错。

2.3.3.3.2.4 被废止权力仲裁员的收费

在不少情况下被废止权力(revocation of authority)的仲裁员本人没有犯错。这样一来,他/她已经做了的工作应由双方当事人"共同与个别"(jointly and severally)负责:Section 28。但若是该仲裁员犯了错(例如,他中途"狮子大开口"要求双方当事人各存放50万港元在他的银行账号。这激发双方当事人一齐去行动废止他的权力),那么他不能再向双方当事人收取费用,估计他去法院起诉也是枉然。当然,当事人去告该仲裁员损失(例如在替代仲裁员,整个仲裁程序要重来一遍,造成浪费),恐怕也难以成功,因为除非是"恶意"(bad faith),根据 Section 29 他可享有犯错的豁免权(immunity)。

最后,如果已支付了他部分费用而当事人想去向他取回,最好不要一齐同意废止他的权力。而应以 Section 24 向法院申请把他赶走 (remove)。当然,要赶走仲裁员通常要他犯了错(在 Section 24[1][a]至[d]的4种,会后详)。所以像上述提到的想中止仲裁去法院而把仲裁庭废止权力,这是无法以赶走的做法去替代废止权力的。反正是,一旦赶走,法院可根据 Section 24(4)决定赶走仲裁员是否能获支付费用/使费及多少,与要去归还当事人已预先支付的钱。条文是这样说:

"Where the court removes an arbitrator, it may make such order as it thinks fit with respect to his entitlement (if any) to fees or expenses, or the repayment of any fees or expenses already paid."

2.3.3.4 赶走仲裁员(removal)

这一做法已在前面大量提及,在此只主要介绍4种情况/理由可向法院申请把仲裁员赶走。读者要注意理由归理由,还要有其他额外考虑(如2.3.4.2小段提到的:已造成或会造成"重大不公平"[substantial injustice]。这一点也在1996年《仲裁法》之 Section 24 [1]有说明)。

2.3.3.4.1 4种情况/理由

这4种情况/理由是在 Section 24(1)的(a)至(d),可先节录如下:

"24(a) that circumstances exist that give rise to justifiable doubts as to his impartiality; (情况出现带来对仲裁员的公正性有合理怀疑;)

(b) that he does not possess the qualifications required by the arbitration agreement; (他不拥有仲裁协议/条文中所要求的资格;)

(c) that he is physically or mentally incapable of conducting the proceedings or there are justifiable doubts as to his capacity to do so; (他在身心方面没有能力去操纵/推进仲裁程序或有合理怀疑他没有这个能力;)

(d) that he refused or failed-

(i) properly to conduct the proceedings, or

(ii) to use all reasonable despatch in conducting the proceedings or make an award.
[仲裁员拒绝或没有做到(i)适当操纵/推进仲裁程序,或(ii)使用所有的合理快的速度操纵/推进仲裁程序或作出裁决书。]

Section 24 (1)条文最后加一个补充,是适用在(d)的 (i)与 (ii)之情况,说:"对申请人已造成或会造成重大不公正。"(and that substantial injustice has been or will be caused to the applicant.)

接下来,笔者分析上述的4个情况/理由可让法院赶走仲裁员。

2.3.3.4.2 情况之一:对仲裁员的公正性有合理怀疑

这方面已在本章提及,例如在2.3.4.2 小段提到一些这方面问题的以前先例,如 Ranger v. Great Western Railway Co. (1854) 2 HL Cas 72; Mathew v. Ollerton (1963) 4 Mod Rep. 226 与 Veritas Shipping Corp. v. Anglo-Canadian Cement Ltd. (1966) 1 Lloyd's Rep. 76 等等。另也提到了一些近期的 Fletamentos v. Effjohn (1997) 1 Lloyd's Rep. 295; Laker v. FLS (1999) 2 Lloyd's Rep. 45; Rustal v. Gill Duffus (2000) 1 Lloyd's Rep. 14; AT&T v. Saudi Cable (2000) 2 Lloyd's Rep. 127; ASM Shipping Ltd. v. TTMI Ltd. (2005) LMLN 680 等先例。这些先例都涉及仲裁员的身份有问题或以往与一方当事人或他的代表律师曾有过节。这些事实都是客观存在的(例如是一方当事人的总裁或股东),一旦调查出来赖也赖不掉。现在的仲裁案件涉及金额越来越大,数以千万或上亿美元比比皆是,而仲裁员是成败最关键的人士。所以,已听闻在一些仲裁案件中,一方当事人对一位仲裁员(一般是对方委任)有怀疑,会去找私家侦探调查他/她的背景与行动。所以,想做仲裁员的人士要小心这方面"自然公正"问题,以免被人掌握证据去法院申请救济,把事实公布于世,而导致身败名裂。

当然,对公正性有合理怀疑也会在仲裁中途或后期出现。例如,贪污受贿。又或是,仲裁员与一方当事人去"卡拉 OK"。千变万化的情况可多举一个先例,它是"Catalina" v. "Norma"(1931) 61 Lloyd's Rep. 360。案件中是在开庭中途,仲裁员随口说"我相信挪威人,不相信意大利人,他们都是骗子"的话,而案件中证人正是这些国家人士。所以一认定这事实,该仲裁员就难逃被法院赶走的命运。但一般在这种情况下,证据不易到手,因为"随口说"通常不会有稳定/肯定的证据/文件证据,仲裁员事后辩解他不是这样说的,会不会听错?就很难想象法院仍会接受申请人的指称是事实,而把仲裁员赶走。相比仲裁员的身份有问题类型案件,往往能取到的证据(书面/文件证据)要稳定/肯定多了。

自然公正问题在本书多章详及,如第七章的"自然公正"(natural justice),第八章的"国际大律师协会"(International Bar Association 或简称 IBA)的有关仲裁员的利益冲突规定,第九章的40多个近年的有关违反自然公正的先例/案例介绍等。而在第九章,本小段提到的近期先例都有详述。所以,笔者不再重复或多讲。

2.3.3.4.3 情况之二:仲裁员不拥有要求的资格

这情况涉及仲裁员“管辖权”(jurisdiction)问题,这带来几个问题,例如,1996 年立法之 Section 31、32 与 67 有了对管辖权挑战/质疑的另一种救济做法。这样一来,它们与赶走仲裁员之间是什么关系呢?是谁先谁后呢?这些方面稍后去探讨。首先讲讲有关资格问题。

2.3.3.4.3.1 仲裁员的资格问题

先要说明:英国《仲裁法》从来没有对仲裁员资格有什么要求,这包括 1996 年《仲裁法》。香港法律也是一样。所以,没有“默示”(implied)资格这回事。的确,仲裁使用于大大小小的各行各业,实难规定什么是资格。泛泛的在法律规定如“大学毕业”(笔者杨良宜/莫世杰并不算是)、“英文流利”或“社会知名人士”(这曾是台湾仲裁法的规定)等,只是扰民,根本无法保证水平。或者是,笔者若被委任在一个台湾仲裁而对方提出质疑问:“你是否上过电视亮相?”答案是没有。但这是否会表示笔者不是“社会知名人士”而导致笔者“知难而退”或导致另一场有关管辖权的官司?

当然,没有“默示”,不表示不能有“明示”(express),这就是合约约定。看合约本身是针对什么,若是航运有关合约明示仲裁员是“shipping man”;若是租约会明示是“波罗的交易所会员”或“LMAA 会员”;若是商品合约则是某商会会员或“trader”;若是保险合约则是“保险公司高级职员”或“Lloyd's Underwriting Member”;若是建筑合约则是“合格建筑师或测量师”;等等。

若是一方(往往是找麻烦的被告)知悉对方的仲裁员不拥有明示资格,可提出要他/她自动辞职。明显的情况是,他/她若不肯辞职,则对方当事人也不敢抗拒,因为失败(即他的仲裁员被法院赶走)是要承担有关官司费用。这样一来,在双方同意下,也可以“废止权力”(revocation)而把该仲裁员“变相”赶走。

有一个很明显的案情,例如仲裁员根本没有仲裁条文明示的资格要求,最好是乖乖地自动辞职/同意辞职。当然,也不是所有的资格要求都写得十分明显,例如很空泛的“商业人士”(commercial man)要求即带来了 3 个著名的先例:The “Bede”(1967) 2 Lloyd's Rep. 261; Pando Compania Naviera v. Filmo SAS (1975) 1 Lloyd's Rep. 560 与 The “Myron” (1969) 1 Lloyd's Rep. 411。香港也曾有同类先例:Vincor Shipping Co. Ltd. v. Transatlantic Schiffahrtskontor GmbH (1987) HKLR 613。

在伦敦海事仲裁的条文中,经常会明示要求仲裁员是“伦敦海事仲裁员协会”(London Maritime Arbitrators Association)的会员。该协会的“准会员”(full members)大约有 30 多位,内中一半是全职仲裁员,估计他们囊括了大部分的伦敦海事仲裁。虽然他们大多数是英国人,但也有欧洲人,如好几位希腊人士。但有一个要求就是必须住在英国。故此,这几位希腊人士也是住在伦敦的“London Greek”。也因为这个限制,导致“准会员”没有一位亚洲人,虽然亚洲(特别是中国内地)应是伦敦海事仲裁案子的主要来源之一。幸亏该协会另有一类会员称为“支持会员”(supporting member),笔者也是成员之一。所以,不少标准格式的航运合约,如著名的"BIMCO Disputes Resolution Clause"就有此资格规定,仲裁员是LMAA会员,但这难不倒笔者。问题是航运市场已开始出现仲裁条文写明资格要求是"LMAA Full Member"或"仲裁员必须在英国居住"。这摆明是防止像笔者这种来自"外国"(英国人的眼中)人士去参与伦敦仲裁,即使案件本身是日本对南韩或中国对印度尼西亚的当事人。另一种可能会发生的防止/阻碍办法是LMAA修改规定,不再把"supporting member"当做会员的定义。但估计这样做会遇上不少阻力,例如已在大量案件担任仲裁员的英国或欧洲"支持会员",而笔者因为香港仲裁案件已忙不过来反而伦敦海事仲裁只是少量参与。也不是所有人士都对此现象满意,笔者两三年前曾在一个上海的会议听到一位著名互保协会的负责人呼吁说LMAA必须开放并走向世界。故在2004年年底,笔者受到LMAA委员会(committee)中的朋友的怂恿与鼓励,正式向LMAA申请为"full member"。但最终在委员会开会后被多数人否定,因为要居住在英国的政策不能改。这对笔者毫无影响,因为已经说过,目前情况下,"supporting member"的身份已在大部分情况下足够接受成为伦敦仲裁的一员。加上笔者主要是做香港的仲裁员。最后提一下,LMAA不接受居住在英国以外人士为"full member",表面的理由是因为会增加开庭使费(飞机票、住宿等)。但这些费用有限,而且在海事仲裁中越来越多(轻易便是80%以上)纯以文件处理,不存在需要飞来飞去开庭的问题。

再回去讲救济的办法,就是笔者若是资格不足或不符,因为仲裁条文明言要求居住在英国或伦敦的仲裁员,但受到挑战/质疑又不肯辞职,挑战方就只能向法院申请把笔者赶走。当然,稍有名气的案例永远不是如此简单明了的事实。例如事实是仲裁条文说明仲裁员必须是一位律师,就不能去委任一位已退休的律师,不论他是如何资深或曾是一位顶尖律师。要去委任退休人士,就要像GAFTA的规定(Rule 3.4)说明:"他/她涉足或曾涉足在此行业(商品买卖)"(shall be a person engaged or who has been engaged in the Trade …)才成。但问题是:委任时尚未退休,可符合仲裁条文要求的明示资格,但仲裁中途,该仲裁员离任退休。这样一来,他会不会丧失资格,可让敌意一方当事人去法院要求"宣示"(declaration),或干脆申请把他赶走?这问题在Pan Atlantic Group Inc. v. Hassneh Insurance Co. of Israel Ltd. (1992) 2 Lloyd's Rep. 120出现。该先例仲裁条文说仲裁员资格是"dis-interested executive officials of insurance or reinsurance companies"。在1988年12月委任时,有关仲裁员符合资格。但到了1991年7月,他在保险公司辞了职退休。上诉庭判决仲裁员的资格要求只适用在委任时,法律不会默示他/她不能在一天仲裁未完,他/她就不可以转换工作或退休,这太不合理,毕竟一个仲裁案件会拖很长时间。

法律默示是上述地位,但"默示"(imply)一般会被"明示"(express)所超越。故此仲裁条文对仲裁员的资格是写作:"must at all time be a lawyer"或"a person at all time be engaged in the trade",解释起来就会不一样了。

既然仲裁员资格要求只是适用在委任时,又会带来另一个"地雷"。就是,常有明示要求仲裁员是某专业团体/组织的会员(member of trade or professional body)。显然,不符合要求的人士,即使他能完全胜任,也不能被委任为仲裁员:Jungheim, Hopleins & Co. v. Foukelmann (1909) 2 KB 948。但会有机会或有可能性在委任的一天,他/她因迟交会费或其他技术性问题被短暂中止会员资格。若这问题一直没有人知道/觉察(有可能),也不会出事。怕就怕将来在无意中抖出来或查出来,可就是大问题了。

再多举另一种情况为例:也有不少仲裁条文把仲裁员的委任权交给某一个组织或机构的主席(如"工程师学会会长",或"伦敦海事仲裁员协会主席"等)。笔者曾见过由于改选或主席/会长突然死亡或辞职等事故,结果是秘书长或其他人士顺手委任,但这又会在资格与管辖权方面出大问题。

2.3.3.4.3.2 第三者的委任仲裁员要顾及明示资格要求

这"第三者"可以是双方当事人约定有权去委任仲裁员(独任或缺席方仲裁员等),例如是"工程师学会会长"或"HKIAC 主席"或"LMAA President"等。若没有约定,则默示是英国法院(1996 年《仲裁法》之 Section 16)或在香港《仲裁法》下是"香港国际仲裁中心"(HKIAC)。

这些有权去委任的第三者都必须顾及合约中明示的资格要求,别去委任一位没有管辖权的仲裁员。这在 1996 年立法之 Section19 有明确规定:

"…the court shall have due regard to any agreement of the parties as to the qualifications required of the arbitrators."

2.3.3.4.3.3 可否赶走自己委任的仲裁员?

向法院申请"赶走"(remove)对方或第三者委任的不拥有明示要求资格的仲裁员当然是天公地道的。但若是自己的申请人一方委任的呢?

首先是没有明示资格要求,但法律也没有默示要求,照说委任了仲裁员就不能以此条文去赶走他/她。在 Continental Grain Co. v. China Petroleum Technology & Development Corp. (1998, 未被报道),合约/仲裁协议没有明示资格,但申请人说他误以为委任的仲裁员有"法律资格"(legal qualified)。Mance 大法官拒绝说这种"单方面犯的错"(unilateral mistake)不是赶走仲裁员的理由。

若合约有明示资格要求呢?照说,Section 24 (1) (b)没有排除申请人自己委任的仲裁员。这样一来,估计只有"弃权与禁止翻供"(waiver & estoppel)的一般性法律(general law)理论可适用。这是衡平法理论,讲究公平合理。所以,证明在委任时申请人查问过或客观看不应怀疑仲裁员的资格,则在后来发现后仍应成功申请把仲裁员赶走。反之,申请人会有困难了。

2.3.3.4.3.4 赶走仲裁员与其他救济办法的关系

已在一开始说过,这方面问题也属管辖权问题:请看 1996 年《仲裁法》之 Section 30 (1) (b)。管辖权问题另有不同救济,这在本书第五章有过详论。反正是,这带来疑问是它们之间的关系。

看来,这种情况赶走仲裁员的救济只是另一种选择(alternative)。这要看申请人想的结果是什么。若是想去质疑这方面，但手中证据不是太明显，加上可能想去拖慢仲裁程序或较低程度的得罪有关仲裁员等，会以 Section 31（4）向仲裁庭提出挑战/质疑管辖权。或者在仲裁庭批准下，向法院提出：Section 32。在前者做法中，仲裁庭作出的有关“管辖权裁决书”（jurisdictional award）尚可以自动以 Section 67 上诉法院，让法院“重审”（retrial）同一问题：Azov Shipping v. Baltic Shipping（1999）1 Lloyd's Rep. 68；Astra SA Insurance v. Sphere Drake Insurance（2002）2 Lloyd's Rep. 550；AOOT Kalmneft v. Glencore International AG（2002）1 Lloyd's Rep. 128；Peterson Farms Inc. v. C &M Farming Ltd.（2004）EWHC 121（Comm.），等等。

但会有一种情况是，有证据确凿证明对方（如果是被告）委任的仲裁员不拥有资格，原告认为法官看了申请理由与证据，会很快与很肯定把被告仲裁员赶走，就会选择这一种最后的救济办法了。

另一情况是对方当事人是原告，他委任的仲裁员不明确拥有资格，被告会不加理睬等待“缺席裁决书”（default award）作出后才把它申请“撤销”（set aside）：这是在 Section 72。又或是，在仲裁中途，被告参与了部分仲裁程序后才发觉该仲裁员资格问题，被告可以抗议声称再不参与仲裁程序，然后等待进一步发展如作出“缺席裁决书”后才申请把它撤销。

反正做法上会有不少变化。

也许要问，可不可以两样救济办法都用？例如，赶不走仲裁员后再回去向仲裁庭提出管辖权的挑战/质疑。答案是在 Section 31（1）说明向仲裁庭提出必须不能迟过申请人（申请质疑管辖权）在仲裁程序中“采取了第一步”（takes the first step）。所以，除非在申请法院赶走仲裁员之时，整个仲裁程序停顿等待结果，否则应是“走了好几步”了而构成了这立法弃权。

另一情况是，倒过来申请人不马上向仲裁庭提出管辖权的挑战，并“采取了第一步”：这一方面请看第五章之 8.8.4 小段。而仲裁庭拒绝接受这延误的提出：请看 Section 31（3）。申请人可否改变向法院申请赶走有关仲裁员？答案应是在 Section 73（1）（c）。

2.3.3.4.4 情况之三：仲裁员身心方面没有能力操纵/推进仲裁程序或有合理怀疑他没有这能力

这第一种情况不是没听说过，就是仲裁员的身心出问题，而且不是短暂地而是在合理时间内没有能力再去操纵/推进仲裁程序与作出裁决书。故此，仲裁员小病并非是赶走他/她的理由。但一涉及大病，也不像会康复，特别是像“老年痴呆症”这类病症，法院应是会给予救济。其他情况是像染上精神病、失明/失聪、坐牢等。

第二种情况是针对仲裁员没有能力、没有水平、不懂行。这种“外行人士”笔者也有时遇上同在一个“仲裁庭”（tribunal），也很容易觉察他们是外行。例如，他不知道有 1996 年《仲裁法》或著名的“Nema Guidelines”。你对他说要去“核算”（tax）费用，他以为涉及税务问题。他们部分人士会是在本行（与争议有关）很有地位，只是对仲裁与有关法律完全没有涉足。他们也可能为人十分友善、坦率，一开始就向笔者承认没有仲裁经验、没有能力去推进仲裁程序。这也好办，若是 2 人的仲裁庭，笔者就作为“带头仲裁员”（lead arbitrator）去推进仲裁程序，如同是独任仲裁员一样。

怕是怕不懂，但十分主观，不合作与喜欢事事唱反调的“共同仲裁员”（co-arbitrator）。当然，他也不大会造成损害。若是 2 人的仲裁庭，笔者会尽快去委任一位“公断人”（umpire）把整个仲裁接手过来。若是 3 人的仲裁庭，笔者会尽快去委任第三位仲裁员，可在以后的仲裁程序中，以 2 比 1 多数意见去压倒不懂的“共同仲裁员”。若在委任公断人或第三位仲裁员时，该“共同仲裁员”坚持要委任他的兄弟或一位仲裁界“名不见经传”人士，笔者肯定不同意。笔者下一步会以“公开传真”（open fax）告诉双方当事人 2 位仲裁员无法同意委任谁做公断人（或第三位仲裁员），请他们或其中一方申请法院去作出委任（这是英国的做法）。若是香港仲裁，就要向 HKIAC 申请了。

上述可见，不懂行的仲裁员很快会被架空，起不了什么作用。就算在 3 人的仲裁庭里，他也是没有能力去在任何地方说服其他 2 位仲裁员。不像笔者有经验曾说服英国退休大法官或者御用大律师的共同仲裁员与其他著名仲裁员，令结果完全改观，胜变负或负变胜。但笔者完全是以事论事，不去理会谁是当事人。笔者对这种成功经验/经历很骄傲，因为这种人士绝难以理或以英国法说服他们。此外，样子/语言不会显示出来，但估计他们的心中多少会轻视像笔者这种来自亚洲发展中国家的人吧！

在 2004 年 5 月因中国政府短暂地禁止巴西大豆进口，导致多家中国进口商（公营、私营都有）被西方的几家著名国际粮商（international traders）起诉索赔，总共有好几十宗，都是在伦敦的 FOSFA 仲裁（因为买卖合约有一条 FOSFA 仲裁条文），涉及金额高达一二十亿美元。中方被告很难找适合的仲裁员委任，因为他们估计或据悉 FOSFA 的仲裁员都与这些原告的国际粮商有千丝万缕的关系，而 FOSFA 仲裁规定的仲裁员资格必须是会员。有一天一位律师朋友来电问笔者（杨良宜）是否是 FOSFA 会员，能否担任仲裁员？笔者回答说“不是”。他大概有点失望，告诉笔者他的中方客户坚持委任一位中国人仲裁员，但找不到。他曾造访香港两三位 FOSFA 会员公司（它们生产食油）负责人，曾有一位表示不懂仲裁，但很希望试试。该律师朋友后来建议客户千万别委任他，因为不懂行就完全起不了作用，只因为他是中国人只是“自欺欺人”。后来，该律师朋友代委任了一位表面看来与这些国际粮商关系较疏远的英国人为仲裁员。这不保证什么，但也只能做到这里，笔者是完全认同他的思路。

总之，在 2 人或 3 人的仲裁庭，就算有一位能力/水平不足、不懂行，也往往不会坏事。而不懂行的一位除非在预先会面（preliminary meeting）或开庭时乱讲话显示了他/她的无知，一般当事人也不会有证据赶走他/她。

但“独任仲裁员”（sole arbitrator）就关键了，仲裁庭只有他/她一位。照说，独任仲裁员的委任来自双方当事人同意，或是英国法院，或是 HKIAC（香港仲裁），委任了一位不懂行的仲裁员恐怕机会不高吧。这笔者同意，但双方当事人同意委任一位

“浪得虚名”的独任仲裁员也不是没有过。会另有一种委任是双方在仲裁条文同意了交给一个商会或专业机构/组织（如工程师学会、测量师学会、总商会等）。大概是这些双方约定的组织不是吃仲裁饭的，所以据悉通过它们委任的独任仲裁员会有水平上的极大差异。最近才在一个酒会中遇到一位诉讼律师公开大力赞美“香港国际仲裁中心”（HKIAC）委任的仲裁员又快又有水平。但其他不少组织都乱来，即使它们部分有一份所谓仲裁员名单，往往会是在自己的会员中“拉杂成军”。而委任时，可能根本不考虑案件的性质与个别人士的水平/适合性，随便照名单上轮流委任一位。

这样一来，冒出一位不懂行的独任仲裁员不是没有可能。可以说，这个仲裁能够公平，合理与懂行的顺利推进的机会就绝微了。若是该独任仲裁员不肯辞职（resign），加上对方被告借机会扯皮，令双方无法同意废止他的权力（revocation），要是加上已经预付给了他一笔钱想去取回，就只有申请法院把他赶走（remove）这条路了。

在1996年《仲裁法》与今天保护仲裁的大气候下，申请法院把一位仲裁员（特别是有名气的）以此理由赶走是殊不容易，申请人必须要提得出“怀疑仲裁员能力的数据”（basis to doubt the arbitrator's ability）：上诉庭在 Miller Construction Ltd. v. James Moore Earthmoving（2001）2 All ER（Comm.）598（CA）。而且，这数据（basis）也不是1个或2个。笔者见过一个案件，以仲裁员不懂“费用担保”（security for costs）为由，但法院认为不足以说明他（本身没有受过法律训练）无能力去做好仲裁员的工作，包括作出一个裁决书针对实质争议。要成功赶走就要像 Wicketts and Sterndale v. Brine Builders（2001）（未被报道）的案例，HHJ Seymour QC 大法官认定了独任仲裁员累积犯了以下的错：

（1）没有作出指示就过早作出最后命令（making a peremptory order without first having issued directions）；（显示他可能不了解什么是“最后命令”。）

（2）作出指示有关双方和解协议应有的条文（issuing directions dictating the terms of any settlement）；（显示他不懂也不应插手双方的和解谈判属“特权”［privilege］资料。）

（3）命令双方当事人各自提供100%仲裁员费用的担保（ordering each party to provide security for 100% for arbitrator's fee and expenses）；（要200%的担保没有必要。）

（4）原告没有申请要被告为他的反索赔提供费用担保，就自说自话要求双方互相提供费用担保；（这又显示他不懂正确处理程序。）

（5）仲裁拖了一年以上；（这一点与不懂无关，而是另一个可赶走仲裁员的理由，在 Section 24［1］［d］［ii］，后详。）

（6）虽然开了庭，但7天只聆听了原告的证据。（这表示仲裁员没有管理好一个开庭，这会是水平不足或/与没有适当去操纵/推进仲裁程序，两种情况都是赶走仲裁员的理由。）

HHJ Seymour QC 大法官认为不把该仲裁员赶走，很可能他在余下的仲裁程序中“continue to demonstrate a wholly inadequate grasp of the nature of his functions and powers”。

最后一提的是：笔者的国内朋友曾表示对英美、香港等地主流类型的“随意仲裁员”（ad hoc arbitrators）怀疑，这在中国《仲裁法》也可看到持有这种怀疑或是敌意。理由据知是“没有人管怎么行，水平怎能保证”？在此小段可见，英美、香港等地的随意仲裁员不是没人管。这样一来，反而关键是管的人（仲裁机构或英美、香港法院）谁管得好、谁水平高、谁轻重掌握好与谁透明度高（可让大家看见公正行事与仲裁员深刻知道什么能干、什么不能干）等。

2.3.3.4.5　情况之四：仲裁员拒绝或没有做到适当与合理快速地推进仲裁程序

这种情况已在上一小段提及。在 Wicketts and Sterndale v. Brine Builders (2001)（未报道），其中认定仲裁员累积多项犯的错中就包括了“没有做到适当推进仲裁程序”（failed…properly to conduct the proceedings）与仲裁程序拖了 1 年，没有合理快速地推进仲裁程序。至于“拒绝适当地推进仲裁程序”（refused…properly to conduct the proceedings），可举例子是独任仲裁员要求双方当事人各自先给他 50 万元作为担保后他才去推进仲裁程序，否则他不动。当然，这是严重犯错。一是除非委任时双方同意，仲裁员无权坚持提供担保。二是担保金额要得太高，不合理。三是仲裁员没有考虑双方当事人的经济，特别是被告。四是被告会不会、愿不愿意提供，毕竟被告想扯皮，乐得延误仲裁程序。五是被告若不提供，仲裁员能怎样做？难不成去剥夺被告的抗辩权或是决定判被告败诉？这当然错得更离谱。

另一个赶走仲裁员的理由是 Section 24 (1) (d) (ii)的不用合理快的速度操纵/推进仲裁或作出裁决书。上段已举了 Wicketts and Sterndale 先例有关推进仲裁的延误，在此多举一种情况。笔者（杨良宜）近年涉及小量非海事的国际商业仲裁，其中会遇上毫不认识或听说过的人士被委任为笔者的共同仲裁员。难免有时双方很难合作推进仲裁程序。笔者一向习惯是伦敦的 LMAA 仲裁或香港的海事仲裁，通常遇上的共同仲裁员都会认识或熟悉。此外，LMAA 的做法是大家都知道的，没有太大理由都会去依照。例如，LMAA 有一种“领导仲裁员”（lead arbitrator）的做法，一般程序由他去推进与下命令。这命令是名义上由“仲裁庭”（tribunal）作出，但事实上他并没有与另一位共同仲裁员事事商谈。这“领导仲裁员”通常由“原告仲裁员”（claimant's arbitrator）担任。若是共同仲裁员（被告仲裁员）有意见，他/她大可自由地向“领导仲裁员”提出看法，后者是不会不尊重的，因为命令是以仲裁庭作出，2 位仲裁员有同等分量的意见/看法。最近笔者（杨良宜）就不满伦敦的“lead arbitrator”作出过严的时限要求，中方被告回应原告作出的申请，只给予 1 天。笔者传真给该“领导仲裁员”说，1 天时间难以有足够时间让香港代表律师向中国内地客户（被告）查询再向仲裁庭回应，要求或再追加询问被告代表律师 1 天时间是否足够。反正是，有了这“领导仲裁员”（lead arbitrator）的做法，推进仲裁程序会快多了，也省钱，因为减少仲裁庭工作量或其中一位在外游。

回来讲笔者与一些毫不认识或听过的人士在同一仲裁庭处理非海事的国际仲

裁,会遇上各种困难,其中是延误。记得有一次,一位日本人士被被告一方当事人(日本公司)委任为仲裁员。之后在原告送达索赔文书后,向仲裁庭申请下令要被告在28天内作出抗辩。笔者当然不敢自说自话去“领导”(lead),因为这不是LMAA仲裁,日本共同仲裁员不一定会认同这种做法。笔者于是传真给他,十分客气地介绍自己与建议回应原告的申请。几天后没有答复,笔者再发出第二个传真。反正长话短说,在接下去的1个月,笔者没有20个也应有15个传真发出,也打过好几个电话,但总之无法取得一字的答复。而期间原告代表律师也追问发展,令笔者感觉有必要告诉原告延误不在笔者,其实笔者也没有办法推进仲裁程序。公开告诉了双方当事人之后,笔者也不再自动接触日本共同仲裁员,静待发展。这发展应是原告向香港法院申请赶走该日本仲裁员。但最后这件事不了了之,估计是原告放弃索赔。

同一情况不久前又出现在一个国际商会(ICC)的仲裁,不回答与不理睬的是一位印度法官的仲裁员。他只有电话,没有传真机与电邮。可以想象,找他不是易事。电话倒有几次找到他,交谈不像有问题,他也爽快答应以他孩子的电邮回复,但之后总是没有一个字。笔者最终只能向ICC投诉,要求协助。在英国1996年《仲裁法》之Section 24 (2),要赶走仲裁员先让仲裁机构决定后,英国法院才会插手。而幸亏ICC仲裁规则之Article 8(4)可由ICC去委任并组成仲裁庭,总算解决了问题。

最后提一提有关作出裁决书的延误,这方面的相关先例有Pratt v. Swanmore Builders Ltd. and Baker (1980) 2 Lloyd's Rep. 504, the "Kitsa" (2005) 1 Lloyd's Rep. 432与Kaily Engineering Co. v. Charles W. Farrance (1999) 2 HKC 765,案情在本书他处如第九章有过详及,不在此重复。笔者倒是想讲讲其他方面。一般说,笔者总是尽快作出裁决书当做重要责任。这是目前《仲裁法》加在仲裁庭的责任:Section 1(a)。加上若一个仲裁开过庭,如果过了两三个月仍未作出裁决书,笔者会很担心,因为对开庭的记忆与印象很快会减退,会令昂贵的开庭“白开”。别说仲裁的开庭不一定安排“开庭记录”(transcripts),就算是有,也难从中看得出一些枝节。如一方证人对一个十分简单与一定应该知道的反盘问问题迟疑很久才回答,令仲裁员产生不好印象。

一个影响速度的因素是仲裁庭是独任或是2位到3位。若是3位,通常会比独任慢。因为速度是取决于最慢的一位,而独任就不必等待共同仲裁员的回应了,可自由行动。若是3人仲裁庭中无法统一意见,更会有多次内部磋商、会谈、把草拟好的裁决书改来改去等工作,肯定会带来延误。这是双方当事人不会知道的内幕。但独任仲裁员也会慢,甚至很慢。这可能因为他/她不负责任、工作太忙、生病或出其他事故(但不是死亡)、效率不高等情况。这样一来,倒不如3人仲裁庭会有其一成员有时间去草拟裁决书并督促其他仲裁员回应,让他/她也可早日收费。在3人仲裁庭,即使有主席,也不一定由他/她草拟裁决书(这是繁重的工作)。通常在开庭后(如果有开庭)会问谁有时间草拟裁决书,以作为始点让大家进一步考虑磋商。

前面曾说到LMAA仲裁程序因为有“领导仲裁员”(lead arbitrator)做法而推进很快。LMAA仲裁唯一严重的延误是少数仲裁员作出裁决书太慢。这慢不是一两个月，而会是开庭后一两年。原因很简单：世界上90%海事仲裁案件今天去伦敦，LMAA准会员（full member）只有30至40位，内中有10至15位是全职仲裁员，他们（因为LMAA准会员没有一个女性）在大部分的仲裁案件被委任。一位英国律师曾告诉笔者在他的部门（他的律师所有几个涉及诉讼/仲裁部门），一星期内与几个著名的海事仲裁员个别人有10个或近10个不同的仲裁案件的通讯往来。以此去推算在伦敦有的海事律师所，再加上海外或/与互保协会直接的委任等等，这几位仲裁员可能每人有上百个在“频密活动”（active）案件。而在“沉睡”但随时会“睡醒”的案件更是不计其数。

要知道，正常推进仲裁程序容易也不必动脑筋。真正繁重、花时间与伤脑筋的工作是考虑与草拟裁决书。而且，这工作是不能假手他人的，非要自己做不可。笔者（杨良宜）若手中有三四个完成所有程序只待作出裁决书的案件，也会心烦，不知自己什么时候能腾出一两天不受其他事情干扰的日子（会是周末）安静的坐下来开始看争辩文件去作出裁决书。但这少数几位著名伦敦仲裁员随时会有10个以上等待作出裁决书的案件在手，换上是笔者也会“心烦意乱”，不知从何开始。难怪，好几年前已听说有一位伦敦海事仲裁员要在开庭或双方当事人程序完结后近两年才作出裁决书。但近年来，已听说有几位伦敦海事仲裁员是如此。看来，他们是扯皮被告的最好选择。

若是拖上1年，在Kaily Engineering Co. v. Charles W. Farrance (1999) 2 HKC 765的香港先例中仲裁员已遭法院严惩被赶走。但这情况在少数几位伦敦海事仲裁员身上经常发生，可从未听说有当事人向英国法院申请把他们以此理由赶走。大概是怕得罪他们或/与估计英国法院会尽量低调处理或不愿意处理吧，特别是对待这几位著名的海事仲裁员与为了伦敦海事仲裁名声的大局。

2.3.3.4.6　赶走了仲裁员怎样办？

基本上，这方面与“废止权力”（revocation）一样：请看本章之2.3.4.3.2小段。重新替代被赶走的仲裁员，先要看被赶走的是谁。若被赶走的是独任仲裁员（Kaily Engineering Co. v. Charles W. Farrance (1999) 2 HKC 765）或整个3人的仲裁庭（Sea Containers Ltd. v. ICT Pty Ltd. (2002) NSWCA 84），就要像起初开始仲裁一样组成仲裁庭。若被赶走的是原告仲裁员，一般想推进的原告会自动另去委任一位去替代。另若被赶走的是被告仲裁员，原告可发出通知要求被告在14天内作出委任替代仲裁员：请看Section 16 (4)、(5)与(6)。若被告扯皮不去委任，可以Section 17对付。

2.3.4　监督之四：作出裁决书后申请把它撤销或发还重新考虑

2.3.4.1　序言

在1996年《仲裁法》生效前法院的管制/监督权力是1950年《仲裁法》的Section 23(2)说：

“Where an arbitrator or umpire has misconducted himself or the proceedings, or an arbitrator or award has been improperly procured, the High Court may set the award aside.”

以“不良行为”（misconduct）为由把裁决书（中间或最后裁决书）撤销（set aside）或

发还(remit)曾有很多著名案例,部分内容在笔者的《国际商务仲裁》一书之第六章有过介绍。固然,严重至贪污受贿的仲裁员是“不良行为”。但一些仲裁员谈不上有错的情况也会构成“不良行为”,让法院作出救济,如:K/S Norjarl v. Hyundai (1991) 1 Lloyd's Rep. 524; Indian Oil Corporation (IOC) v. Coastal Ltd. (1990) 2 Lloyd's Rep. 407。

显然,这带来批评指英国法院太多干预仲裁,不适合当今的国际仲裁大气候。这一点在立法小组的 DAC 报告中之 282 段,也承认有此缺点。故此,在 1996 年《仲裁法》中,已有立法希望大大减少这种干预。做法主要有:

(1)把“不良行为”(misconduct)改为更严格的“严重不正常”(serious irregularity)。

(2)这不正常的程序不但要严重,而且在 Section 68(2)列出了一份(a)至(i)构成“严重不正常”的 9 项理由或情况。这 9 项的清单是包罗万象了,是一份“所有的清单”(closed list),法院不得增加。例如,开庭审理后或作出裁决书后有了新证据(如 Eastcheap Dried Fruit Co. v. N. v. Gebroeders Catz [1962] 1 Lloyd's Rep. 283; The “Stainless Patriot” [1979] 1 Lloyd's Rep. 589),以前有机会获得法院救济,往往是发还裁决书给仲裁庭重新考虑。但在 1996 年《仲裁法》下,由于 9 项的清单中没有一项有关新证据,所以再无法获得救济。这 9 项是什么稍后再详细针对。

(3)再多加一把锁是这“严重不正常”更要是“已造成或会造成重大不公平”(has caused or will cause substantial injustice)。这“重大不公平”在 DAC 报告之 280 段说有了这要求,表示“只是一些远离双方在同意仲裁条文时无法合理预见/估计得到的不正常情况”(it is only in those cases where it can be said that what has happened is so far removed from what could reasonably be expected of the arbitral process…)。

该 280 段继续说:“该选了去仲裁,双方当事人就不能抱怨有重大不公平,除非是有此选择也不应有此不正常的完全不能接受的后果”(Having chosen arbitration, the parties cannot validly complain of substantial injustice unless what has happened simply cannot on any view be defended as an acceptable consequence of that choice.)

这一立法要求是以前 1950 年《仲裁法》的不良行为所没有的。不良行为只针对“错误处理仲裁或程序出现不幸会带来重大公正不能伸张的危险”(likelihood of a substantial miscarriage of justice, either because the arbitration has been mishandled …, or where there has been some other ‘procedural mishap’, even one due to the fault of the party seeking remission, or his representative…: IOC v. Coastal (1990) 2 Lloyd's Rep. 407 至 416 页)。不良行为并不理会结果会如何。但 1996 年《仲裁法》有了“重大不公平”(substantial injustice)这把锁,就令申请救济的败诉方即使证明有过“严重不正常”(serious irregularity),这不正常也不像会影响裁决结果,就没有“重大不公平”的产生。例如,败诉方欠下运费(freight),但抗辩中没有一个法律能接受的可以不支付的理由。这样一来,败诉方即使证明仲裁员开庭时睡觉或曾经出言不逊/不当,也不足够获得救济,因为欠运费本质上难逃败局。这方面先例不少,如: The “Capricorn I” (1998) 2 Lloyd's Rep. 379; Sanghi Polyesters Ltd. v. The International Investor

KCFC (2000) 1 Lloyd's Rep. 480; Canadian Forest Navigation Co. Ltd. v. Minerals Transportation Ltd. (2001)(未被报道);Warborough Investments Ltd. v. S Robinson & Sons (Holdings) Ltd. (2003) EWCA Civ 751; Checkpoint Ltd. v. Strathclyde Penson Fund (2003) EWCA Civ 84; Icon Navigation Corporation v. Sinochem International (2004) 1 All ER (Comm.) 405; 等。

而即使"严重不正常"会对结果造成影响,但估计影响轻微(de minimis),这也不足以构成"重大不公平":Groundshire Ltd. v. VHE Construction plc (2001) BLR 395。

同在 Groundshire Ltd. 先例,HHJ Bowsher,QC 大法官说到可把当事人估计要花的昂贵律师费,以把"严重不正常"纠正过来,去比较涉及的争议金额一起考虑值不值得。这种比较或"比例"(proportionality)考虑也在 Mohsin v. Commonwealth Secretariat (2002) EWHC377 (Comm.) 出现。

2.3.4.2 法院对裁决书的救济办法

先讲讲英国法院对作出的裁决书(中间或最后裁决书)如何监督以及会作出怎样的"救济"(remedies)。最早的救济是在 1698 年的《仲裁法》(Arbitration Act, 1698),它是把"不适当方法"(undue means)所获得的裁决书"撤销"(set aside)。到了 1889 年版本的《仲裁法》,"不适当方法"改为"不良行为"(misconduct)。再到了 1934 年的版本,为了显示"不良行为"并不针对或主要针对仲裁员的"道德"(moral)或"不恰当"(impropriety),所以在"不良行为"前多加了几个字,说是"the arbitrator has misconducted himself or the reference"。到了 1950 年的《仲裁法》,基本是追随 1934 年的版本,除了把"reference"一词改为"proceedings",照说这两个词是同义。故在 1950 年《仲裁法》之 Section 23(2),它是说:

"Where an arbitrator or umpire has misconducted himself or the proceedings, or an arbitration or award has been improperly procured, the High Court may set the award aside." (仲裁员或公断人若有或在程序上有不良行为,或一个仲裁或裁决书以不适当办法获得,高院可把该裁决书撤销。)

另 1950 年《仲裁法》之 Section 22(1)提到了另一个高院可在"所有"仲裁程序作出的救济办法:

"In all cases of reference to arbitration the High Court or a judge thereof may from time to time remit the matters referred, or any of them, to the reconsideration of the arbitrator or umpire."[在所有仲裁程序的事情高院或法官可以(即有裁量权)把有关事情发还给仲裁员或公断人重新考虑。]

有关上述所讲,可节录 Bingham 大法官在 Zermalt Holdings SA v. Nulife Upholstery Repairs Ltd. (1985) 2 EGLR 14 所讲的名言作为总结:

"It is perhaps right to emphasis two things. 76 The first is that , as a matter of general approach, the courts strive to uphold arbitration awards.[103] They do not approach them with a meticulous legal eye endeavouring to pick holes, inconsistencies and faults in awards and with the objective of upsetting or frustrating the process of arbitration.[104] Far from it. The approach is to read an arbitration award in a reasonable and commercial way, expecting, as is usually the case, that there will be no substantial fault that can be found with it.[105] The second point is this.[106] The jurisdiction of the court (to set aside or remit an award) rests on what is, most unfortunately, called "misconduct".[107] That give the impression that some impropriety or breach of professional conduct or lack of integrity or incompetence is involved.[108] In 99 cases out of 100 an application (to set aside or remit an award) involves nothing of the kind.[109] It involves, usually, merely a procedural lapse of a kind that any arbitrator or magistrate or judge may be guilty of."[110]

2.3.4.3 救济办法之一:撤销裁决书

一个裁决书若被撤销,整个仲裁也就变为一场空,好像从来没有过该裁决书,要重新再来。显然,这会造成重大的浪费,因为双方当事人花的律师费、专家费等等可能价格不菲。所以,法院是审慎对待这一个救济办法。以下探讨一些有关问题。

2.3.4.3.1 撤销后怎样办?

撤销了裁决书后怎样办?没有太多案例可供参考,所以地位并不明确。大致上会有三种做法:

一是让原来的仲裁庭再审理一次,因为撤销裁决书后是一场空,就表示有关争议仍在,未曾判决或裁决,而仲裁员本人也不是"functus officio"。再者,撤销裁决书的行动不等于赶走仲裁员。只会在申请撤销的是一个"中间裁决书"申请人才会同时/一并申请把仲裁员赶走。但考虑到不少严重到要撤销裁决书是涉及仲裁员本人的问题,例如是他无能(Bremer Handelsgesellschaft GmbH v. Ets Soules et Cie (1985) 1 Lloyd's Rep. 160)再让他重来一次几乎肯定是灾难。所以,Neill 大法官在 Stockport Metropolitan Borough Council v. O'Reilly (1983) 2 Lloyd's Rep. 70 之 80 页说:

"…assumed that the arbitrator could not resume his jurisdiction over the matters dealt with in the award after it was set aside unless the court remitted them to him for his recon-

---

[103] 第一是法院通常支持裁决书。

[104] 法院不会吹毛求疵在裁决书中挑毛病,试图推翻仲裁。

[105] 法院以合理与商业化的看法对待裁决书,并不预计在裁决书中会有大错。

[106] 第二是。

[107] 法院有权/管辖权去对裁决书作出救济是以"不良行为"这个不幸的名称作为根据的。

[108] 不幸的是,因为它这叫法给人的印象是涉及仲裁员的不恰当或违反专业行为或没有诚信或无权。

[109] 100 个有 99 个案件并非如此。

[110] 不良行为通常只是在程序上有一点偏差,这是仲裁员或法官都会犯的小毛病。

sideration under Section 22."

但在罕有情况下仲裁庭没有错,但由于时隔很久(离上次开庭),估计发还裁决书不是良策,仲裁庭不会记得证据,就会在撤销后让原仲裁庭重审:Ascot Commodities NV v. Olam International Ltd. (2002) CLC 277。

二是把裁决书撤销的同时,把合约的仲裁协议也一并判为无效,然后法院把整个争议拿来法院去审理。但这有点说不通,也不是支持仲裁的态度。

三是由一个新的仲裁庭(依照原来方式去委任)处理。如果时效已逝,法院可在撤销裁决书的同时延长时效。这看来应是法院希望的做法。在 Mustill & Boyd 的《Commercial Arbitration》第 2 版,565—566 页的注脚说:

"This must be the result which the courts have intended to produce. The mechanisms are not clear. The setting-aside of the award does not automatically result in the removal of the arbitrator··· The point is of no real practical importance. If the court decides to order setting-aside because it considers that the dispute can be more satisfactorily decided by a different arbitrator, an order for removal or revocation of authority··· Would be granted as of course, if ask for, together with an order, if necessary, under s. 34 (5) of the Limitation Act 1980 extending time for commencing proceedings before the new tribunal."

在 1996 年《仲裁法》已有 Section 13(2)去作出针对,允许法院可命令原来的仲裁程序所花的时间不计算在时效的期限内。等于原来的仲裁只要是在期限内启动,在裁决书被撤销后,要重新启动另一个仲裁也不会在时效已过的情况下面对困难,只要法院下了命令。

2.3.4.3.2　是撤销还是去对抗执行?

若在仲裁发生了问题,例如是严重到仲裁员贪污受贿。在问题发觉后,显然是败诉方可以此理由去撤销刚作出的裁决书(例如是 28 天内)。但稍后该裁决书的执行,也一样可以同样理由对抗执行。在 1958 年的《纽约公约》,仲裁员贪污受贿明显违反"公共政策"(public policy)。这样一来,败诉方应去做哪一样?或是两样都做?

以不少中方败诉方的想法,笔者估计是会想留待至执行裁决书之时才去对抗。一方面想省律师费,另一方面是想能拖就拖。但这有危险,因为将来执行地的法院会认为败诉方应该事先在仲裁地法院把裁决书撤销。而执行地(会是找到败诉方资产)会是与整个仲裁毫无关系,该地法院不应该插手间接撤销裁决书。

在香港案例的 Shenzhen Nan Da Industrial and Trade United Co. Ltd. v. FM International Ltd., Unreported, MP No. 1249 of 1991,是有关一个贸仲的裁决书在香港法院执行,Kaplan 大法官说败诉方应在中国法院申请撤销:

"It is to be noted that the defendants have not taken any steps to seek the setting aside of this award in the courts of China ···

It is also important to appreciate that the enforcing country and court may have no connection at all with the parties, the subject matter of dispute or the law of the contract. In this case, one party happens to be a Hong Kong company. But the defendants could have had assets in say the Philippines…in which case this application could have been made there.

Various decisions have made clear that the Convention(纽约公约) is not applicable for setting aside awards. The court of the country of origin of the award is the only court competent to rule."

另在2003年美国的Karaha Bodas Co. LLC v. Pertamina, No. H01—0634, S. D. Texas, Houston Div, 也判决撤销裁决书应是海牙法院(因为仲裁地是海牙), 不应是印度尼西亚法院, 说:

"It is the general rule that the procedural law of the place of arbitration governs an arbitration … The place of arbitration in this sense is determined by the parties in their arbitration agreement."

若该是这样的普遍看法,岂非在执行裁决书时,败诉方提出的对抗理由,不论是如何有理与明确的证据支持,都会被执行地的法院质问:"你为何不在仲裁地撤销裁决书?"若是败诉方说是下了决定时,28天的时限(1996年《仲裁法》之Section 70[3])已过,这仍是"难辞其咎"。只会在罕有的情况下,例如是仲裁地没有对管辖地作出的裁决书进行监督(想不出有例子)或是仲裁员的贪污受贿是在作出裁决书后很长一段时间才曝光,已来不及去仲裁地法院撤销,才可以在执行地法院理直气壮地提出没有机会在仲裁地法院采取行动。

延伸下去,又有另一个问题。就是,对同一事实不同人来看有不同结论。换言之,仲裁地法院的看法会与执行地法院的看法不一致。在极端与证据明确的事实如仲裁员的贪污受贿,估计看法会是一致或接近。但大多数情况不是这样,而是"边沿案件"(borderline cases),例如指仲裁员在仲裁程序中违反了"自然公正"(natural justice)。而"自然公正"可以提升至"公共政策",作为《纽约公约》下对抗裁决书执行的理由之一。这样一来,若是申请仲裁地法院的救济但被拒绝,将来执行地法院可否再来一次呢,毕竟有不同看法的可能性肯定有。

例如,英国法院在1996年《仲裁法》十分支持仲裁,很难成功地申请像撤销裁决书的救济。这种大力支持仲裁的态度在1996年立法生效后有了很明显的转变,十到二十年前在1950年《仲裁法》不是这样。这样一来,英国本身的一个大气候发生转变,又怎能企望世界各地执行地法院会与今天的英国法院看法一致呢?

再说,1958年《纽约公约》没有跟任何一国的《仲裁法》挂上钩。它虽然提到裁决书的撤销(就不能执行),但没有提到对抗理由的提出有先决条件,就是先要在仲裁地法院申请撤销。也没有提到申请撤销失败,同样理由不能在执行裁决书时再度提出。看来,有了《纽约公约》,国际间的友好、互相了解配合与尊重仍是重要。

这一方面在第七章"自然公正"之3.7.2.5段有详论,如介绍香港终审庭的Hebei Import & Export Corp. v. Polytek Engineering Ltd. (1999) 2 HKC 205等,请参阅。

2.3.4.3.3 撤销带来当事人的损失可否向仲裁员要?

这在1996年《仲裁法》已经明确,因为Section 29给予仲裁员豁免疏忽/不当的责任,除非是恶意。条文说:

"29(1) An arbitrator is not liable for anything done or omitted in the discharge or purported discharge of his functions as arbitrator unless the act or omission is shown to have been in bad faith."

这表示裁决书的撤销是因为仲裁员不正确对待证据,例如"偷偷"私下取证,像著名的Fox v. P. G. Wellfair (1981) 2 Lloyd's Rep. 514先例,仲裁员不必担心要面对当事人的索赔。而他/她已经收了的费用(因为作出的裁决书已经发放),也是"袋袋平安"。

但如果裁决书的撤销是因为仲裁员贪污受贿,这应属明显"恶意(bad faith)",仲裁员就会面对当事人(估计是无辜,没有参与贪污的一方吧)的索赔。已经说过,一场仲裁直至作出裁决书会是双方当事人各花上数以百万港元的律师费。裁决书一旦撤销,就变为一场空。仲裁员面对这种金额的索赔会"倾家荡产",实有必要谨慎对待,千万别行差踏错。

2.3.4.4 救济办法之二:发还裁决书让仲裁员重新考虑

由于撤销裁决书的极端与浪费,所以法院在面对质疑裁决书的申请时往往首先想到可否以"发还"(remit)裁决书让原来的仲裁员重新考虑并作出一个新的与准确的裁决书。若是可以,就会挽救一个本来有"缺陷的裁决书"(defective award)。仲裁员在作出"最后裁决书"(final award)后已不再是仲裁员,他/她已完成职责,是"functus officio"。所以,法院发还最后裁决书让他/她重新考虑的做法被称为能使不再是仲裁员的权力"复活"(resurrect)过来。另在仲裁员作出裁决书后,想更改结果(例如,承认犯错,漏看了一份重要文件就作出了裁决),唯一的可能就是法官把该裁决书发还给他/她。当然,法院在这种情况下会十分愿意发还。该理由也在1996年《仲裁法》之Section 68 (2) (i)有过说明"any irregularity…in the award which is admitted by the tribunal…"

2.3.4.4.1 法院对撤销或发还之间的抉择

已经说过,法院会优先考虑发还(remission)的救济,这是它的裁量权。但在下列情况下就会不这样做,只能撤销裁决书:

(1)一方或是双方当事人客观去看是合理(reasonable)与有道理(justifiable)对原来仲裁庭失去信心。这方面先例有The "Elissar" (1984) 1 Lloyd's Rep. 206; Tracomin v. Gibbs Nathaniel (1985) 1 Lloyd's Rep. 586; Lovell Partnership (Northern) Limited v. A. W. Construction plc (1996) 81 BLR 83; Miller Construction Ltd. v. James Moore Earthmoving (2001) 2 All ER (Comm.) 598 (CA)等。在Lovell Partnership先例,Mance大法官对这一准则或考验(test)是说:

"where a reasonable person would no longer have confidence in the present arbitrator's ability to come to a fair and balanced conclusion on the issues if remitted."

举例说，若涉及仲裁员贪污受贿，法院是几乎绝不可能发还裁决书，因为无辜的一方当事人不会对该仲裁员再有信心。

（2）在同一道理下，仲裁员若有可能对一方当事人不公正，也只能撤销裁决书：Retidswell（1863）33 Beav 213；Fratelli Schiavo di Gennaro v. Richard J Hall Ltd.（1953）2 Lloyd's Rep. 169；Bremer Handelsgesellschaft GmbH v. Ets Soules et Cie（1985）1 Lloyd's Rep. 160；Damond Lock Grabouski v. Laing Investments（Bracknell）（1992）60 BLR 112；等。

（3）也在上述（1）的同一道理下，即使不存在不公正的问题，但仲裁员显示了无能、没有经验等的水平素质问题，也只能是撤销裁决书一条路：Bremer Handelsgesellschaft GmbH v. Ets Soules et Cie（1985）1 Lloyd's Rep. 160。去看仲裁员是否无能很容易，裁决书的拟订是困难的工作，水平差的仲裁员可能一句像样的话也写不出来。在一个高水平的英国大法官眼中，很容易区分一个高水平与有说服力的裁决书（即使它有缺陷，例如是漏看了重要证据，但表面看不出来）。同一道理，这些大法官更容易觉察一个低水平、说不通、错漏百出与前言不搭后语的裁决书。现实中，水平低的人永远不会把一件复杂的事件办好，这是千古不变的硬道理。故此，把裁决书发还给一位水平低的仲裁员，希望他/她会有机会能纠正错误是完全不现实的判断/做法；倒不如干脆撤销该裁决书。

（4）对待证据仲裁员犯了"严重的偏差造成不公正"（serious miscarriage of justice）。例如，仲裁员自说自话私下取证或使用自己的非一般性知识，但不事先告诉双方当事人；Fox v. P. G. Wellfair（1981）2 Lloyd's Rep. 514；Zermalt Holding SA v. Nu-Life Upholstery Repairs Ltd.（1985）2 EGLR 14。当然，有一些不严重的情况，例如裁决书依赖了一些"不被接受"（inadmissible）[例如是"无关"或是"有特权"（privileged）]或"没有披露"（undisclosed）的证据。总而言之，法院要客观考虑若发还给原来的仲裁员，结果会是如何，是好是坏？这方面先例有：Youroveta Home & Foreign Trade Co. v. Coopmanv（1920）3 Ll. L. Rep. 242；Sugar Subbly Commission v. Kwik Hoo Tong（1922）38 TLR 684；Road Rejuvenating and Repair Services v. Mitchell water Board（1992）ADRLJ 46。

（5）发还的结果会要开庭审理，如 Henry Sotheran Ltd. v. Norwich Union Life Assurance Society（1992）ADRLT 245。或要再度开庭重审，如 Eastcheap Dried Fruit Co. v. NV Gebroeders Catz Handelsvereeniging（1962）1 Lloyd'd Rep. 283。在 Henry Sotheran 先例，一方当事人要求开庭审理，但独任仲裁员坚持以文件形式审理，不开庭。这在 1996 年《仲裁法》之 Section 34（2）（h）允许仲裁员坚持，除非双方当事人都同意了要开庭。但在 1996 年立法生效前坚持，仲裁员就是犯上了严重的"不良行为"（misconduct），因为他剥夺了当事人口头争辩与举证的权利。原因是，既然不能简单与省时地发还裁决书更正，再要开庭，倒不如撤销让另一位新的仲裁员重来一次。

（6）另会在少见的情况下，仲裁庭没有错，但由于作出救济时间相隔太久，估计原仲裁庭无法记得以前的开庭，而这是发还更正需要的。故法院撤销裁决书让原仲裁庭再次开庭重审：Ascot Commodities NV v. Olam International Ltd.（2002）CLC 2770。

2.3.4.4.2 1996年《仲裁法》生效前的发还裁决书情况/理由

在1996年《仲裁法》生效前一直有四个传统情况或理由（four traditional grounds）可让法院发还裁决书给仲裁员。这四个传统理由更是进一步扩展或放宽：King v. Thomas McKenna Ltd.（1991）1 ALL ER 633；IOC v. Coastal（1990）2 Lloyd's Rep. 407。这放宽被称为"程序上不幸"（procedural mishap）。由于英国法院有了更大权力可作出裁决书的救济，导致插手干预更多。这到了1996年《仲裁法》生效后才告一段落，接下来的段节会详论。

2.3.4.4.2.1 传统四个发还裁决书情况/理由

首先简单介绍四个传统情况/理由可导致法院的发还，它们在笔者（杨良宜）早期的《国际商务仲裁》一书之267页也提到过，如下：

（1）仲裁员的"不良行为"（misconduct），但程度不严重，可以不必撤销裁决书，重头来过。

（2）裁决书有明显或潜在错误，例如当事人身份被搞错；内容没有作出决定而只有表达意见，无法执行；裁决不是终局或不肯定；内容前后有矛盾之处；漏去判利息或是争议的其中一项/一个争端；等。

（3）仲裁员自己承认裁决书有错漏，但自己改不了，非要法院下令发还才可重新考虑：The "Montan"（1984）1 Lloyd's Rep. 389；The "Gina Juliano"（1984）2 Lloyd's Rep. 477。在The "Gina Juliano"，Bingham大法官说：

"I am left in no doubt whatever that there was a mistake and that there was a mistake which should be the subject of remission as requested… All three arbitrators have sworn affidavits in which they have candidly and very clearly acknowledged that an error of calculation …"

（4）在开庭后或裁决书作出后，一方当事人有了新的与重要的证据，并能证明他（a）无法在较早时间合理取得这新证据；（b）也无法去拖慢仲裁程序来等待这新证据；（c）这新证据对案件结果有大影响：The "Stainless Patriot（1979）1 Lloyd's Rep. 589；The "Eleftheria Niki"（1980）2 Lloyd's Rep. 252。

一直以来，法院抗拒把发还裁决书的权力扩大或把作出救济的四种情况放宽，以免裁决书作出后仍然拖延，不是终局。例如，在上诉庭的Finagrain SA v. P. Kruse（1976）2 Lloyd's Rep. 508之543页，Roskill大法官说：

"The circumstances in which the Court will send a special case back to an arbitral tribunal, either of its own motion or at the instance of one or other of the parties, has been considered again and again in this Court[111] and it is well established that merely because a party has an adverse finding of fact or has failed to get a finding of fact that that party sought, the Court will not send the award back.[112] In my view, the Court owes a duty to arbitral tribunals not to send awards back unless it is necessary in the overall interests of justice that this should be done.[113] Unless the modern practice where parties state before a tribunal what facts they seek to have found and they do not then get the findings that they need, they must accept the conclusions of the tribunal of fact for better or worse.[114] They cannot expect the Court to encourage them to try again a second time. "[115]

2.3.4.4.2.2 程序上不幸(procedural mishap)

在1996年《仲裁法》生效前，有过一些案例是:法院拒绝扩大或放宽传统的四个发还裁决书情况或理由。这方面较近期的有:Stone v. Licenses and General Insurance Co. Ltd (1941) 71 Ll. L. Rep. 256; The "Apollon" (1985) 1 Lloyd's Rep. 597。

但看来有更多案例认为法院有一个更全面的权力去发还裁决书以纠正仲裁程序上的任何不正常,以防止"公正造成偏差"(miscarriage of justice)。这些案例认为传统的四个理由只是为了显示背后更大的法院权力: Universal Cargo Carriers Corporation v. Citati (1957) 2 Lloyd's Rep. 191; Franz Haniel A. G. v. Sabre Shipping Corporation (1962) 1 Lloyd's Rep. 531; Aktiebolaget Legis v. Berg & Sons Ltd. (1964) 1 Lloyd's Rep. 203; GKN Centrax Gears Ltd. v. Marbro Ltd. (1976) 2 Lloyd's Rep. 555; The "Kavo Peiratis" (1977) 2 Lloyd's Rep. 344; Bulk Oil (Zug) AG v. Sun International Ltd. (1984) 1 Lloyd's Rep. 531; The "Marina Di Cassano" (1984) 2 Lloyd's Rep. 577; The "Montan" (1985) 1 Lloyd's Rep. 189。

这种"公正造成偏差"也可能发生在仲裁庭完全正确处事、没有任何犯错的情形。反而是,错误或遗漏是在一方当事人或他的代表律师。例如,忽略了一项争议或一份证据。一旦扩大或放宽,这种情况也会导致法院把裁决书发还重审。

例如在 The "Aristides Xilas" (1975) 2 Lloyd's Rep. 402,申请救济的一方当事人不熟悉伦敦仲裁,加上代表律师辞职而碰巧对方当事人委任了一位同名的仲裁员,导致申请人猜疑与不知所措,结果没有全面争辩。法院同意发还裁决书重审。

另在 Compagnie Nationale Algerienne De Navigation v. Hecate Shipping Co. (1985) 2 Lloyd's Rep. 588,因为邮递延误了证据的呈交,也被法院发还。

---

〔111〕 法院已多次考虑到什么情况下才把裁决书发还给仲裁庭。

〔112〕 已经确立是事实的认定如果对一方当事人不利或漏了对一个事实的认定,法院不会发还裁决书。(这是由于事实的认定无法上诉法院,不同是错漏在法律的裁定可去上诉法院纠正。)

〔113〕 法院对仲裁庭有责任不去随意发还裁决书,除非涉及整体的公正非要这样做。

〔114〕 最新的做法是双方当事人说明要仲裁庭认定一些什么事实。除非结果没有取得这些认定,双方当事人必须好歹接受仲裁庭的结论。

〔115〕 他们不能企望法院会鼓励他们再来尝试第二次。

注意的是，上述两个案例不涉及申请人有错，而仲裁庭更是没有错。但之后有案例是，申请当事人有错但也不影响给予救济，其中最著名的是 IOC v. Coastal (1990) 2 Lloyd's Rep. 407。此先例在笔者的《国际商务仲裁》一书之 273—274 页有过介绍，如下：

"……在该案，Coastal Ltd.（买方）向 IOC（卖方）索赔一笔庞大的迟交货损失（delay in delivery）。但 IOC 指出在较早的滞期费谈判，双方的口头协议是 IOC 付清装港滞期费，Coastal 将不再追究迟交货损失。

在开庭时，仲裁庭曾提醒并给予 IOC 一个机会去修改多加一项抗辩，为'弃权与禁止翻供'（waiver and estoppel）。即是就算没有口头协议，因为 Coastal Ltd. 曾极力暗示会再不追究迟交货损失，以求 IOC 付清滞期费，所以构成'弃权与禁止翻供'。但不知为何原因，IOC 决定只是以口头协议来抗辩，不去修改。结果 IOC 败诉，判决没有口头协议。但裁决书中也表明了如果 IOC 也去争辩'弃权与禁止翻供'，它可能会成功抗辩。

照说，这只是 IOC 代表律师的错，漏了一项抗辩理由。但法院仍是把裁决书发还重审。"

该案例中，Evans 大法官也说了以下的话来支持他的判决去插手把裁决书发还，说：

"… where there is a likelihood of a substantial miscarriage of justice,〔116〕 either because the arbitration has been mishandled (misconduct)〔117〕 or where there has been some other 'procedural mishap'〔118〕 even one due to the fault of the party seeking remission, or his representative.〔119〕 These do not detract from the agreed finality of the award,〔120〕 because the agreement was subject to the arbitration proceeding without mishandling and mishap,〔121〕 likely to lead to substantial injustice,〔122〕 and more strictly was subject to the court's powers to remit."〔123〕

在与 IOC v. Coastal 案例同时间另有 King v. Thomas Mckenna Ltd. (1991) 1 All ER 633，案情是笔者经历过的，并与《国际商务仲裁》一书之 271—272 页详细介绍过的例子十分接近。就是告诉了仲裁庭先去裁决争议的责任与赔偿金额，但暂缓对官司/仲裁费用作出裁决。背后原因显然是一方当事人曾经作出过一笔金额的和解提

〔116〕 若有可能是重大的公正有了偏差。（重大是事实，IOC 本来会胜诉却变成了败诉。）

〔117〕 或因仲裁处理不当（不良行为）。

〔118〕 或因其他的"程序上不幸"。

〔119〕 即使是由于申请发还的一方当事人或他的代表律师的错所引起。

〔120〕 这不影响对裁决书所同意的终局。

〔121〕 因为这仲裁协议是取决于仲裁程序没有处理不当或有不幸。

〔122〕 可能会造成重大不公正。

〔123〕 更严格说是取决于法院的权力发还裁决书。

议的"sealed offer"或"Calderbank offer"以保护费用,但又不想说得太白,以免给仲裁庭一个曾"示弱"的印象。对有经验的仲裁员而言,一有些要求(暂缓对费用裁决)也会马上想到很可能是这个原因。但欠缺经验的仲裁员在不警觉下会忽略了这个要求。

在这一过程中,若有忽略(即裁决书仍是对费用作出裁决,根据大原则的"败诉方要承担胜诉方费用",而漠视了,也不会知道,败诉方曾作出过的有效和解提议以保护费用),错误会是提出要求暂缓费用裁决的一方当事人,因为他说得不清楚,用字不肯定,或在对方反对下不去坚持。但错误/遗漏也会在仲裁时忽略了这个要求。

在 King v. Thomas Mekenna Ltd. 先例,正是这种情况。仲裁庭在不警觉有"秘密提议"(sealed offer)的情况下,作出了对费用的裁决。结果,案件被法院发还裁决书以重新考虑有关费用的问题。此先例本来是与 IOC v. Coastal 一并去上诉庭,但 IOC v. Coastal 的双方当事人和解了,剩下只有 King 去了上诉庭。在上诉庭,Donaldson 大法官讲了以下的话:

"In my judgment the remission jurisdiction extends beyond the four traditional grounds to any cases where,〔124〕 notwithstanding that the arbitrators have acted with complete propriety, due to mishap of misunderstanding,〔125〕 some aspect of the dispute which has been the subject of the reference has not been considered and adjudicated upon as fully or in a manner which the parties were entitled to expect〔126〕 and it would be inequitable to allow any award to take effect without some further consideration by the arbitrator.〔127〕 In so expressing myself I am not seeking to define or limit the jurisdiction or the way in which it should be exercised in particular cases,〔128〕 subject to the vital qualification that it is designed to remedy deviations from the route which the reference should have taken towards its destination (the award)〔129〕 and not to remedy a situation in which, despite having followed an unimpeachable route, the arbitrators have made errors of fact or law and as a result have reached a destination which was not that which the court would have reached.〔130〕 This essential qualification is usually underlined by saying that jurisdiction to remit is to be invoked, if at

---

〔124〕 我的判决是发还裁决书的权力超越了其他案件/案情四个传统理由。

〔125〕 即使仲裁庭的行为完全适合,也由于不幸或误解。

〔126〕 争议的部分没有被全部考虑与裁决,这不是仲裁当事人有权去企望的方式。

〔127〕 不公平让裁决书有效,不给仲裁员进一步考虑。

〔128〕 这样表达,我并非是对发还权力作出定义或范围,或是在一些案件应怎样做。

〔129〕 除了一个重要准则是它("发还"的做法)设计去补救仲裁程序走向目的地(裁决书)的道路中没有偏差/绕航。

〔130〕 不是补救一种情况是"道路"(即仲裁程序)完全无可批评,但仲裁庭在认定事实或裁定法律犯了错,"目的地"(即裁决书)并非与法院一样。

all, in relation to procedural mishaps or misunderstandings.[131] This is, however, too narrow a view since the traditional grounds do not necessarily involve procedural errors.[132] The qualification is however of fundamental importance.[133] Parties to arbitration, like parties to litigation, are entitled to expect that the arbitration will be conducted without mishap or misunderstanding and that, subject to the wide discretion enjoyed by the arbitrator, the procedure adopted will be fair and appropriate.[134] What they are not entitled to expect of an arbitrator any more than of a judge is that he will necessarily and in all circumstances arrive at the 'right' answer as a matter of fact of law."[135]

总而言之,Donaldson 大法官在上述的话与 IOC v. Coastal 案例都受到批评,因为这与国际仲裁的大气候(即:法院不去/少去干预仲裁与仲裁裁决书终局)背道而驰。而事实上,发还权力一旦扩大,也的确带来更多的救济申请与法院行使权力,这一直维持至 1996 年《仲裁法》生效。

2.3.4.4.2.3 发还裁决书其他考虑因素是否适合

英国法院面对救济申请,除了有撤销或发还裁决书的裁量权(在 2.3.5.4.1 小段详及),也另有发还或不发还、让裁决书完全与马上有效的裁量权。这涉及更多的一些考虑因素。

这些考虑因素在 Ledwood Construction Ltd. v. Kier Construction Ltd. (1996) CILL 1176 先例说到是:

"…I should, finally, before deciding on the exercise of my discretion,[136] assess the situation as a whole,[137] particularly in the light of the question whether it would be equitable to allow the … award to take effect without any further consideration by the arbitrator.[138] The assessment involves taking into account, among other factors, the number and importance of items in question in relation to the total dispute,[139] the time and expense

---

〔131〕 这重要准则通常被说成是发还裁决书的权力只是有关程序上的不幸或误解。

〔132〕 但这是太狭窄的看法,因为传统理由也不只是针对程序上的错误。(例如,仲裁员自己承认错误或出现新证据就往往是实质方面而不只是程序方面。)

〔133〕 这准则十分重要。

〔134〕 去仲裁的当事人,好像去法院诉讼,有权企望仲裁的推进不会有不幸或误解与仲裁员虽然有广泛的裁量权,但他/她定的程序是公平与适合。

〔135〕 他们当事人不能企望仲裁员(法官也是一样)能在所有情况下都会在事实或法律上达至百分百正确的答案。

〔136〕 在决定行使裁量权前。

〔137〕 要去核算整体情况。

〔138〕 特别是让裁决书有效,不让仲裁员再度考虑,是否公平?

〔139〕 其中考虑之一是有问题的项目(这会要去发还)占整体争议项目的多少与重要性。(这表示若有 100 项争议在该建筑仲裁,但只有 1 或 2 项出问题,金额不高,就应避免发还。)

likely to be entailed in remission,[140] the fact that the findings in the second and third awards will be on the basis for the hearing and award on the remaining issues[141] and the existence and nature of the outstanding applications on both sides.[142]

Having carried out the assessment, I have come to the conclusion that I should exercise my discretion in favour of remitting the matters identified in this judgment to the reconsideration of the arbitrator."[143]

多谈一种情况/变数就是,法院想发还的原仲裁庭有成员死亡或其他原因无法重审/重新考虑。这样一来,在1996年《仲裁法》下是无权发还裁决书给其他人士。这样一来,除非双方当事人能同意,法院会被迫撤销裁决书:Re Fuerst and Stephenson (1951) 1 Lloyd's Rep. 429。

另外在 Lovell Partnerships v. AW Construction plc (1996) 25 BLISS 5 也说到仲裁员若是有严重与本质上不妥(如不诚实或没有水平)的"不良行为"(misconduct),也不应发还而应撤销裁决书,原因是:

"it would, in the circumstances, be inappropriate to require (the arbitrator) to try to redetermine what he has already once determined on a wrong basis."(不适合发还给仲裁员试图要他重新决定他已经以错误基础决定过的争议。)

2.3.4.4.3 发还的缺点与部分补救

发还裁决书的许多缺点或不足之处业已提及或想象得到。例如,已提到原仲裁庭没有水平/不懂或是不诚实、严重偏私等大问题,再发还给原仲裁庭让他重新考虑或重审也是徒然。而想象得到的缺点是,发还会导致多花钱与拖延时间。所以,英国《仲裁法》一贯以来都规定仲裁庭要在发还的3个月内作出一个新的裁决书,这也是立法中唯一规定作出裁决书的时限。事实上,在2.3.5.4.2.3小段的 Ledwood Constrction Ltd. v. Kier Construction Ltd. (1996) CILL 1176 先例也说到发还后带来的时间与费用是考虑发还与否的因素之一。

在笔者的《国际商务仲裁》一书之269—270页,提到了另一个缺点与不足之处,并举了例子。以下是部分节录:

"发回重审的本意是好的,为了挽救整个仲裁,但往往因为仲裁员的主观性强,不肯认错以致削弱这种做法的优越性。我自己的经历就有这种感觉,我可举两个例子。

第一个是一位伦敦海事仲裁员被任命为独任仲裁员,争议是在一个期租的 Time-

[140] 另一考虑是发还后会带来的时间与费用(去重新考虑重审)。

[141] 另外在较早裁决书对事实的认定会对剩余争端的开庭与裁决造成的基础。(即整体来看已认定的事实会对发还后重审的影响。)

[142] 与双方仍待决定的申请本质。(例如申请本质是否不适合发还的救济?)

[143] 在核算进行后,我得出的结论是:我应该行使裁量权发还裁决书让仲裁员重新考虑在本判决所针对的有问题的事情。

Charter-Trip(TCT),承租人意图去装散化肥。在洽谈时,承租人问船舶的'散装容积'(grain capacity),船东准确报上数字,而这数字也就定明在后来拟订的租约中。但该船的散装容积是包括了上翼两侧倾倒的散装舱(top bleeding wing tanks),它们可以装散粮,但装散化肥便会装了进去也漏不出来。所以,其结果是承租人在这TCT少装了货,对船东提出索赔,而诉因是船东误述(misrepresentation)。但在船东立场看来这明显是租船人自己不懂或是疏忽,租错了船,怎能怪他,指他误述了船舶的散装容积?况且,船舶所有登记证件都确认了这个数字为散粮容积,哪能误述?

在裁决书给予后发觉船东败诉。而且,在承租人指控的误述,仲裁员确认船东没有违反。但是仲裁员自说自话地指船东明知承租人要去装散化肥,所以在租船人询问关于散粮容积时,应有一'默示责任'来提醒他船舱内有'top bleeding wing tanks',只能装散粮,所以容积包括在内,但不能去装散化肥。这'默示责任'是双方当事人从来未在文书控辩中提过半句,所以船东跳起来,马上向英国法院提出把裁决书撤销(set aside)或是发回(remit),自然的结果是发回重审。

但这已对船东带来很大的不公道,因为这提醒了承租人要在'默示责任'上大做文章,是以前想也未想到的。本来,船东在这一点上仍然信心十足,也有大律师等意见支持。因为承租人指船东在洽谈(negotiation)时已被告知要去装散化肥,证据很弱,说是在一个电话中告诉经纪人,但没有文书记录。而该唯一经纪人更作证说他并不知道这个意图,更不要说是船东本人了。而且,装散化肥也只是'意图'(intention),随时可改,而期租本身是允许承租人装所有合法货物,包括散粮。在法律方面,要默示(imply)也非常不容易,要是必须为了'商业效用'(business efficacy)才成。而在本案,连最起码的合理也谈不上,因为承租人如果有足够对船舶的知识与小心,一问就知道,何需加这个默示责任在船东身上?

可惜的是,该仲裁员的裁决书仍是判决船东败诉,当然表面上是这次双方已有充分争辩举证的机会。仲裁员只是单单地裁决他认为承租人确已电话中通知船东代理人(唯一的经纪人)要装散化肥,后来问的散粮容积(grain capacity)是针对这批货而言,所以船东有默示责任云云。"

在上述不幸案件中,笔者作为当事人能十分肯定毛病出在:(1)仲裁员高傲,对我方当事人在败诉后向法院申请救济不满,因为多少影响他的名誉,所以迫使他重审/重新考虑也在不自觉中有了偏见甚至想向申请人的当事人报复。(2)承租人既然没有在原先提出过"默示责任"这一争端,就不能在发还重审去提出,作为一个新争端,而且是来自仲裁员的"不良行为"(misconduct)。笔者当时觉得很不公平,但奈何客户不会支持再去法院寻求答案,毕竟争议的钱也不算多。

在(1)的毛病,笔者不知道有什么良策去对付人性的缺点。只能希望法院在决定发还裁决书之时,要小心考虑可能的后果。另外,尽量在发还命令中说清楚,面收得窄,去减少原仲裁庭的任意性。

另在(2)的毛病,倒有了这方面的指导先例,可在将来避免同样不公平毛病。这是在 The "Avala" (1996)2 Lloyd's Rep. 311 中，Rix 大法官在 316 页说：

"…It seems to me that, prima facie, a limited remission to an arbitrator will be a remission for the arbitrator to reconsider matters on the issues pleaded or otherwise (even informally) before him at the original hearing.[144] Otherwise a remission arising out of matters before an arbitrator could be made the ground and opportunity for a party to entirely change the scope of an arbitration.[145] It does not seem to me to matter for these purposes that an arbitrator may of course originally (i. e. on the original reference of a dispute to him) have had jurisdiction to allow in his discretion a broadening of the issues pleaded before him by way of amendment.[146]

Once, however, an arbitrator has made his award, he is functus officio, and his jurisdiction is revived only to the extent of the Court's remission.[147] I do not think that, prima facie, it should be thought likely that in remitting a matter to an arbitrator the Court does intend to remit to him matters which had not been pleaded nor were otherwise informally before him previously, but which could only be raised before him by way of amendment.[148] A remission is not an original reference.[149] An original reference is a reference of a given dispute in general, and the arbitrator has jurisdiction in general to allow any amendment which falls within the general scope of the dispute referred.[150]

When, however, a Court remits an award to an arbitrator, it is not remitting a whole dispute,[151] unless upon the terms of the order it expressly does so.[152] It generally remits something narrower,[153] and where it does so against the background of an arbitration which has already been defined by pleadings and argument before an arbitrator,[154] it is some one or more of the issues so defined within the scope of the reference that in general must be considered to be the subject matter of the remission."

另较早的 The "Vimeira" (1985) 2 Lloyd's Rep. 410，上诉庭的 Ackner 大法官也

---

〔144〕 发还只有限度，针对在原来文书请求或原来开庭中涉及的争端。

〔145〕 发还不是有一个机会去把原来的仲裁范围全部再来一次。

〔146〕 这与原来仲裁中可通过修改文书请求、增加新争端不一样。

〔147〕 作出仲裁的裁决书后，仲裁员已卸下职责。他的管辖权只是通过法院发还的命令才依据命令的范围重生。

〔148〕 法院下命令时不会考虑一些以前没有请求与争辩过的争端，本可在原来程序中通过修改文书而增加。

〔149〕 发还不是原来的仲裁程序。

〔150〕 原来程序是泛泛的双方争议，仲裁员有权容许文书上请求的修改/增减。

〔151〕 但发还不是整个的双方争议。

〔152〕 除非命令写清楚。

〔153〕 一般发还只是狭窄方面。

〔154〕 并且是根据已知道的原仲裁程序与相关争端。

有同样说法如下：

"…the court may … remit the matters referred, or any of them, to the reconsideration of the arbitrator or umpire… the court can, and frequently does, restrict the reconsideration of the tribunal to a particular aspect of a matter referred … the arbitration tribunal becomes functus officio upon the making of the award; and the effect of the remission is to revive their jurisdiction. But their jurisdiction is, in our judgment, not necessarily revived in its entirety. The extent to which it is revived will depend upon the order of the court. Where, for example, an award is remitted to an arbitrator to reconsider one of the matters referred, the court may, by the order for remission, expressly or impliedly restrict the revival of the arbitrator's jurisdiction …

So, for example, where an award is remitted for an arbitrator to correct an admitted mistake in his award, his jurisdiction will generally only be revived so far as is necessary for him to make that correction, but no more …"

2.3.4.4.4　申请发还(或撤销)的有关时限

发还裁决书有两个时限要注意。一是向法院提出申请的时间必须是在作出裁决书(它的日子)或,若有文书上修改(即"slip rule"),在修改后的28天内,这是在1996年《仲裁法》之Section 70 (3)。注意是Section 70适用在所有Section 67—69的申请裁决书救济,所以在此所讲适用在任何种类申请。二是在法院下令发还后的3个月内(除非法院下令时另有规定)作出一个新的裁决书,这是在Section 71 (3)。

2.3.4.4.4.1　申请救济时限与延长

由于向法院提出申请必须在裁决书日子的28天内提出(这方面已经在2.2.12.4.2有详论),中国(或其他亚洲)当事人的时限会十分紧迫,所以在此再谈谈延长时限的可能性。别以为28天是很长时间,从被通知已作出裁决书并要求支付仲裁庭费用才发放裁决书,然后要公司领导批准后申请汇款,等等,在中国28天内难以做到。何况有了裁决书,仍要细读/研究、委任英国律师、听取大律师意见、报告公司/单位领导、等待拍板等等的延误。所以,笔者看来这28天时限只适用在效率高、懂行与下决定快的西方先进国家。对发展中国家而言,加上有外汇管制等的大问题,笔者建议是在大案件,而且预见会要去法院寻求救济(例如与一位国际贸易商在他有很大影响力的商会仲裁对抗,害怕将来的裁决书会有不公平/会有毛病。例如在本章2.2.10.3小段的FOSFA),多心/小心的中方当事人最好提前存一笔钱在他的英国或香港律师所(如果有委任)以避开外汇管制延误。若过了时限要向法院申请延长,根据Section 79是可以的,但会很不容易。这问题已在本章之2.2.12.4.2有详论,不再重复。

发还的救济会比撤销裁决书的救济稍宽,但好不了太多:Broadgate Square plc v. Lehman Bros Ltd. (1995) 33 EG 89。总的来说,申请人必须显示给法院有以下的原因/情况:

(A)延误的原因与延误多久:The "Archipelagos" and the "Delfi" (1979) 2

Lloyd's Rep. 289; The "Aros" (1978) 1 Lloyd's Rep. 456; Arnold v. National Westminster Bank plc (1993) 1 EG 94; 等。另外,申请人与他的代表律师对延误是否要负责。申请人若等待至裁决书执行时才赶紧提出申请是不会获得法院同情的:Industria de Oleos Pacembu SA v. Bunge (1982) 1 Lloyd's Rep. 490。一般说,如果延误出于申请人的控制以外情况,法院会善待: Bennet v. Skardon (1829) 5 M&R 10; Guadiano v. Brown (1856) 2 Jur NS 358; Ken Forward Engring Ltd. v. Weltime Hong Kong Ltd. (2002) 650 HKCU 1; 等。所以,中方当事人若遇上外汇管制的延误,只要留下证据,或许会成功申请机会较大。但几乎肯定是等待公司/单位领导的拍板导致延误就难以让法院宽容了。最后说,若对延误有其他好的解释,法院也会善待:The "Marques de Bolarque" (1980) 2 Lloyd's Rep. 1860。

(B)救济申请人有一个表面"良好论据案情"(a good arguable case)。显然,一个表面看来无望的申请(例如,根本不是1996年《仲裁法》之Section 68 [2] [a]至[i]的情况/理由之一),也是不必再延长申请时限了。这方面先例有The "Archipelagos" and the "Delfi" (1979) 2 Lloyd's Rep. 289; Bord na Mona v. John Sisk & Son Ltd. (1992) ADRLJ 163; Mount Charlatte Investments v. Prudential Assurance (1995) 10 EG 129;等。

(C)要平衡一下对双方当事人的利弊,而结果是对申请人(败诉方)有利。显然,对非申请人(胜诉方)的弊处是发还裁决书带来支付或执行的延误。但照说延误不久,而且有利息作出补救。若是"非申请人"指出申请人会用这买来的时间把资产变卖移走以逃避债务,法院可以1996年《仲裁法》之Section 70 (7) 要求申请人提供败诉金额的担保,否则不予考虑延长时限申请救济:Peterson Farms v. C&M Farming Ltd. (2003) EWHC 2298 (QB)。中方当事人/申请人要特别小心这一点,因为长期以来丑化中国人(或真或假吧),西方的非申请人估计十分容易说服英国法院在中方的申请上加上这种先决条件。相信在目前中央控制外汇与对外担保的情况下,难以做到。这样一来,申请也就完蛋了。所以,再强调中方要小心这28天非常短的时限。这方面的利弊平衡,先例有:Univeral Cargo Carriers Corp. v. Pedro Citati (1957) 1 Lloyd's Rep. 174; The "Marques de Bolarque" (1980) 2 Lloyd's Rep. 186; Citiland Ltd. v. Kanchan Oil Industries PVT Ltd. (1980) 2 Lloyd's Rep. 274; Mitsubishi v. Bremer Handelsqesell-schaft GmbH (1981) 1 Lloyd's Rep. 107。败诉金额的大小显然是一个重要考虑因素。因为败诉金额大,本可作出对裁决书的救济(发还或撤销或上诉),只因为提出申请过了28天的时限,法院不去延长时限会对申请人太不利、太不公平:Broadgate Square plc v. Lehman Bros (1995) 33 EG 89。

上述介绍不少先例是在1996年《仲裁法》生效前,但由于考虑各种因素基本相同(除了在1996年立法下更去关心避免延误与减少费用,令延误长或涉及金额小的申请更难成功),所以以上的讨论并非无关。

以下介绍1996年立法生效后的两个先例作为终结。一是Dubai Islamic Bank

PJSC v. Paymentech Merchant Services Inc.（2001）1 Lloyd's Rep. 65；二是 AOOT Kalmneft v. Glencore International AG（2001）2 ALL EC（Comm）577。

在 Dubai Islamic Bank 先例，延误是 1 个月左右，原因在 Dubai 律师与委任的英国律师之间的延误，文件送来送去，英国大律师草拟申请救济文件、额外证据等。Aikens 大法官说延误应可以原谅，而且"非申请人"没有因此受到不利/损害。

另外在 AOOT Kalmneft 先例，延误是 14 个星期（3 个多月），延误主要是由于申请人很晚才寻求有关 1996 年《仲裁法》的法律意见，这不是合理或者可接受的原因，故 Colman 大法官拒绝延长时限，并给了考虑是否延长的指引（guideline）如下：

"[A]lthough each case turns on its own facts, the following considerations are … likely to be material: (i) the length of the delay;[155] (ii) whether, in permitting the time limit to expire and the subsequent delay to occur, the party was acting reasonably in all the circumstances;[156] (iii) whether the respondent to the application or the arbitrator caused or contributed to the delay;[157] (iv) whether the respondent to the application would by reason of the delay suffer irremediable prejudice in addition to the mere loss of time if the application were permitted to proceed;[158] (v) whether the arbitrator has continued during the period of delay and, if so, what impact on the progress of the arbitration or the costs incurred the determination of the applicant by the court might now have,[159] (vi) the strength of the application;[160] and (vii) whether in the broadest sense it would be unfair to the applicant for him to be denied the opportunity of having the application determined."[161]

2.3.4.4.4.2　发还后作出新裁决书的期限与延长

在《仲裁法》一直有一个 3 个月期限加在原仲裁庭头上作出一个新的裁决书，这应是保证仲裁不会因"发还"（remission）而被拖延太久。

在 1950 年立法，Section 22（2）是说：

---

〔155〕 考虑一是延误长短。

〔156〕 二是申请人是否合情合理。

〔157〕 三是对方当事人或仲裁员是否对延误有部分责任。（如仲裁员作出裁决书后晚了通知；账号不全；收了钱/费用以平邮寄出裁决书而且不先去传真一份给对方当事人，令申请人在 2～3 星期后才看到裁决书内的不妥内容；等等。）

〔158〕 四是对方当事人会否受延误的不利/损害。

〔159〕 五是若在申请期间，仲裁程序是不是继续？如果是，法院考虑对申请的决定会对进行中的仲裁程序带来什么影响？（这会是针对中间裁决书的救济申请。例如，中间裁决书针对责任。因为申请人的申请延误，仲裁庭已在作出中间裁决书的 28 天后开始推进"赔偿金额"[quantum]的最后裁决书，而且已做了不少工作。这样一来，若延长对中间裁决书的救济申请时限[如 28 天后过了 3 个月]，表示对中间裁决书作出的救济[撤销或发还裁决书]会令责任大变，也表示这 3 个月期间的工作与已花费在赔偿金额争议白费了。毕竟，或多或少是错在申请人，谁叫他延误了 3 个月呢？）

〔160〕 六是申请的强弱。（想得极端的情况是掌握了仲裁员贪污受贿证据，这是必须要作出救济的。）

〔161〕 七是广泛去看剥夺申请人寻求救济是否会不公平。

"Where an award is remitted, the arbitrator or umpire shall, unless the order otherwise directs, make his award within three months after the date of the order."

上述文字不妥当好像只适用于整个裁决书被发还,但裁决书可能只是部分被发还,其余的部分完全有效:Carter v. Simpson Associates (Architects) Ltd. (2004) UKPC 29。所以,在1996年立法,Section 71(3)说:

"Where the award is remitted to the tribunal, in whole or in part, for reconsideration, the tribunal shall make a fresh award in respect of the matters' remitted within three months of the date of the order for remission or such longer or shorter period as the court may direct."

由于这3个月或长或短的期限来自法院命令,一般仲裁员都会严肃对待,不敢怠慢,所以很少听说发还后有重大延误作出一个新的裁决书。若是发还有很多工作(例如有开庭审理的必要),有经验的法院也会相应作出比3个月更长的期限。但期间遇上仲裁员因为生病或私人事务而来不及,他/她可以根据Section 79向法院申请延长期限。

2.3.4.4.5 被发还的裁决书可否执行?

裁决书若被发还,它的地位如何有不同的说法。一是说它"失效"(nullity):"Mustill & Boyd"一书之567页。二是说它被"暂缓生效"(suspend):Johnson v. Latham (1851) 20 LJQB 236。三是说它"有效只是不能去执行"(valid but unenforceable):Shield Properties & Investments Ltd. v. Anglo Overseas Transport Co Ltd. (1986) 279 EG 1088。

在Huyton v. Jakil (1999) 2 Lloyd's Rep. 83,上诉庭的Brooke大法官判决裁决书一经被发还,就会"暂缓生效"。到了第二个裁决书(可称为"revised award")作出后,就完全替代了原来的裁决书。Brooke大法官说:"It was accepted on all sides in argument in that case that following a remission of any of the matters in anaward, the first award is suspended (and in that sense is no longer binding adjudication on any of the matters referred during the period of suspension). Once the second award (which must include the unremitted parts of the first award) is published, the first award must fall away and become null …"

不去深究,应该大家都同意直至新裁决书作出,原来被发还的裁决书不能执行。

但会有情况是,部分的债务不受发还的影响。这样一来,可申请法院在下令发还时加上附加条件作出部分的支付。法院应有此权力,正如Congimex SARL (Lisbon) v. Continental Grain (1979) 2 Lloyd's Rep. 346先例一样。它是有关18船次付运的大豆,买方指称买卖合约受阻。但在GAFTA仲裁,买方败诉。鉴于仲裁庭拒绝考虑买方的另一项抗辩,它只影响其中5次的付运(指卖方在"拨归"[appropriation]通知延迟了),结果裁决书因此"不良行为"被发还。但Donaldson大法官附加的条件是买方要支付没有争议的其余13船次的损失。此判决被上诉庭支持。

同一精神下,英国上议院(Privy Council)有 Carter v. Simpson Associates (Architects) Ltd. (2004) UKPC 29 的判决。案情有关一个裁决书因为“格式”(form)问题而被“发还”(remit)重写,但其中的败诉金额加上利息不受发还影响。胜诉方于是开始强制执行的法院程序。但败诉方指称发还令原来的裁决书变为“无效”(null and void)。上议院认为发还的裁决书仍然有效,可以执行,说:

“The general principle is that the powers and duties of the arbitrator cannot exceed what is necessary to give effect to the order for remittal.〔162〕 If the award is remitted for one specific purpose, such as to amend a name, the arbitrator has no power to amend the award in any other way〔163〕 …The remittal of the award does not deprive it of legal effect.〔164〕 It continues to operate so as to make the arbitrator functus officio, unable to alter his award, on those matters which were not remitted. ”〔165〕

2.3.4.4.6　申请救济的有关费用

首先是有关救济(撤销或发还或上诉批文)的 28 天时限已逝,先要延长时限的申请。由于这个延长申请可以不必作出通知对方当事人,加上是申请人自己的问题。所以,申请成功或失败有关费用都要申请人自己承担。

至于真正的救济申请,想得到的是 1996 年《仲裁法》之 Section 68 (1)要求申请人在申请同时“通知对方当事人与仲裁庭”(upon notice to the other parties and to the tribunal)。对方一经被通知,肯定会出庭去阻止有关救济的给予,以保留仲裁胜诉的成果。而有关的申请费用应是申请人承担若是申请失败。反之,若是对方当事人(被告)阻止失败,就是他要去承担了。

至于作出该裁决书的仲裁庭/仲裁员若被列名为共同的被告,他/她有两个选择。他/她可选择加入为被告之一去抗辩,因为申请的救济(撤销裁决书)很可能是指控他/她本人犯了“严重不正常”(serious irregularity),并造成“重大不公平”(substantial injustice)。这会与他/她的名誉有关,要去大力抗辩。但这样做的弊病是仲裁员要承担沉重的律师费,特别是在申请人(原告)成功获得法院救济的情况下。所以,绝大多数仲裁员选择不出庭抗辩,尤其是对他/她的指控很足够以一份“宣誓书”(affidavit)向法院解释情况即可。故然,仲裁员不出庭也另有“非申请人”抗辩,不会有“缺席”(default)的情况出现。但为了安全,仲裁员仍会要求双方当事人(特别是申请人)不要求他/她出庭。这些方面,可参阅 Port Sudan Cotton Co. v. Chettiar (1977) 1 Lloyd's Rep. 166 先例。有关这方面,请另去看本章之 2.3.5.7.2.2 小段有关在“仲裁索赔表格”(Arbitration Claim Form)与其他对裁决书救济申请的做法。

---

〔162〕 大原则是仲裁员不能超越发还命令。

〔163〕 如果发还是为了一个特定理由,例如改名字,仲裁员无权修改裁决书的其他地方。

〔164〕 发还并不剥夺裁决书的法律效力。

〔165〕 原仲裁员仍然失去了仲裁员的职权,除了发还部分,不得去更改已作出的裁决书。

2.3.4.5 1996年《仲裁法》下能获撤销或发还裁决书救济的情况/理由

这里详细分析在1996年《仲裁法》下可获法院救济的情况/理由。这是列在Section 68 (2)之(a)至(i)。注意即使发生了这种情况，它仍要达致“重大不公平”(substantial injustice)(这方面在本章2.3.5.1小段有过介绍)法院才作出救济。所以即使有过“严重不正常”(serious irregularity)，但发还裁决书让仲裁庭重新考虑也应该不会改变最后败诉结果，就不会有发还的救济了。

至于撤销和发还两种救济之间的抉择，应该与1996年立法生效前大致相同，这在2.3.4.4.1小段有过介绍。大致上，会首先考虑发还，以挽救裁决书，不导致整个诉讼/仲裁“前功尽弃”。但这要视不同的情况/理由而定，特别是，仲裁庭犯的错误或严重不正常会不会令法院与双方当事人对他信心全失。

另需重提的是，这9项情况/理由是一份“完整的清单”(closed list)，法院不得在个别案件发现不公道而去增加。这在DAC报告之282段有说：

“…setting out a closed list of irregularities (which it will not be open to the Court to extend) …”

所以，在1996年《仲裁法》生效前的仲裁程序中“有些事情错了”(something has gone wrong)的“程序上不幸”(procedural mishap)，特别是与仲裁庭无关，例如是一方当事人或代表律师看漏或争漏了的情况，以前可获发还救济，但1996年立法下就不再在9项的清单内。

另一种同样的情况是作出裁决书后，败诉一方当事人有了新证据。这在以前是一个情况/理由可获救济(一般是发还裁决书)，在1996年《仲裁法》就不再是了：Profilati Italia SRL v. Paine Webber Inc. (2001) 1 Lloyd's Rep. 715。

以下各小段看看这9项情况/理由。

2.3.4.5.1 情况/理由之(a)：仲裁庭没有遵守Section 33的“自然公正天条”等方面的通用责任

在1996年《仲裁法》，Section 33明示规定了仲裁庭的“通用责任”(general duty)，其中最重要的是“自然公正”(natural justice)的“天条”。在此天条下，仲裁庭必须“公平与不偏私”(fairly and impartially)对待双方当事人并给予他们有合理机会去陈词/举证与反驳对方的指控。另外，采取的仲裁程序必须是提供一个“公平的办法”(fair means)解决有关争议。这一切都以浅白的英文在Section 33写明。但这天条或大原则有许多细节，绝不能以几句话说明。由于本书另有章节针对这一方面，所以在此不多去讲。

在1996年《仲裁法》生效前或生效后，指称仲裁庭或仲裁程序违反自然公正最常见的是向法院申请救济的理由。但在1996年的立法下，申请归申请(以Section 68为依据)，但成功获法院救济的例子寥寥可数。这在本书的第九章详细介绍约40个案例，如The “Robin” (1998) LMLN 492(仲裁员不下令披露一份说是重要的文件)；Egmatra AG v. Marco Trading Corporation (1999) 1 Lloyd's Rep. 862(仲裁庭拒绝一方当事人去给专家证据)；The “Pamphilos” (2002) 2 Lloyd's Rep. 681(仲裁庭没有预先告知双方当事人就自己对事实作出一些推断)等。

即使违反了自然公正,在 1996 年立法下难以成功获得救济(撤销或发还裁决书)的原因总结如下：

(i)最最重要的是在 Section 68 多加了一把锁,是要证明“已造成或会造成重大不公平”(has caused or will cause substantial injustice)。另外在 DAC 报告中,280 段是对一些无法合理预见/估计得到的仲裁不正常情况才能给予救济。要知道“立法”(legislation)与对立法的解释(即 DAC 报告)超越或高于普通法/案例法,法院必须依服,不得偏离。

(ii)今天法院的心态是大幅度偏向“裁决书应是终局”(award is final)与支持伦敦的仲裁员(特别是有名的仲裁员)。英国大法官水平高,他们总写得出一份表面有说服力的判决,不论给予或不给予救济。所以,知道他们的心态与取向很重要。由于获法院支持,笔者参与的伦敦仲裁案件明显觉得“共同仲裁员”(co-arbitrator)近年来越来越强硬/自信,如拒绝文件披露的申请或下令十分紧迫地推进仲裁程序等。

(iii)个别情况以往被视为严重违反自然公正,例如拒绝一方当事人要求开庭审理：Henry Sotheran Ltd. v. Norwich Union Life Assurance Society (1992) ADRLJ 245。但现在观念改变了或环境改变了,仲裁庭重视的是文件证据与为了省钱。所以 1996 年《仲裁法》之 Section 34 (2) (h)让仲裁员决定是否接受一方当事人的开庭审理要求,拒绝不再算是违反自然公正。

最后值得一提的是 Section 33 除了有自然公正的责任,仲裁庭也必须“避免不必要的延误或费用”(avoiding unnecessary delay or expense)。

但这些情况又将造成或会造成“重大不公平”(substantial injustice)。在 Conder Structures v. Kvaerner Construction Ltd. (1999) ADRLJ 305, 败诉方申请把裁决书撤销。其中一个理由是“延误”(delay),因为仲裁员在裁决书判决直至工程实质完成,他不能去进行与推进仲裁。Dyson 大法官说将来的裁决书会给予利息,这足以补救延误的问题。所以,光是泛泛的指称延误并不足够。

2.3.4.5.2　情况/理由之(b)：仲裁庭超越了权限(但不包括管辖权)

这情况/理由与 1996 年《仲裁法》之 Section 67 的挑战/质疑管辖权十分接近。DAC 报告之 278 段也提到会有这种区分的困难。有关仲裁庭的“管辖权”(jurisdiction),例如一项狭义的仲裁条文是否包括有关争议,是以 Section 67 为准。仲裁庭以“competence-competence”的原则作出的裁决,也可自动上诉至法院重审一次：Azov Shipping Co. v. Baltic Shipping Co. (1999) 2 Lloyd's Rep. 159。这在本书第五章详及。

在 Section 68 (2) (b), 针对的应只是仲裁庭在程序中的各种“权力”(powers)。本来,powers 与 jurisdiction 是两码事。

相比 1950 年的立法,1996 年《仲裁法》已大大增强了仲裁庭的权力。著名的例子是“费用担保”(security for costs),这方面权力已从法院完全转给了仲裁庭,见 Section 38 (3)。

虽然权力大增,仲裁庭仍会在程序方面超越权限,例如:

(1)条文明示减少仲裁庭的权力,但仲裁庭忽略或漠视了。例如,下令费用担保的仲裁庭权力可以明示排除或剥夺:Section 38 (1)。又或是,仲裁条文合并了某仲裁规则,内中只有“特定文件披露”(specific disclosure),但仲裁庭下令去“全面披露”(full disclosure)。

(2)1996 年《仲裁法》下之 Section 44 是针对法院的权力。在 Section 44 (2) (d) 的“出售货物”(the sale of any goods the subject of the proceedings)与 Section 44 (2) (e)的“作出禁令或任命接管人”(the granting of an interim injunction or the appointment of a receiver),是 Section 38 针对仲裁庭权力所没有/欠缺的。在香港的《仲裁法》,仲裁庭权力又比英国高(在这方面),例如可下令拍卖/出售有关货物,笔者也曾下令把买卖双方僵持的一批钢材出售。但一转去伦敦仲裁,就应警觉 1996 年立法没有这个权力,可以马上告诉申请的一方当事人向英国法院申请。否则,仲裁庭真下令出售货物可能是超越了权限。这不是天方夜谭,不久前笔者才见到一所伦敦著名的海事律师所,因代表船东长期留置船上货物,又无法与收货人达成和解或提供担保协议,心一横向伦敦仲裁庭申请下令出售船上货物,结果绕了弯路,也浪费时间/费用。

(3)仲裁庭的权力也会受普通法或其他说法的限制。例如,仲裁不能把没有经双方同意的第三者卷进来。所以,仲裁庭下令“合并仲裁”(consolidation)或“同步仲裁”(concurrent references)即超越权限。

另外,仲裁也不能理会其他合约,即使互有关系。例如,当事人之间提供的索赔担保。这种担保是由银行或船东互保协会作出,管辖该担保合约争议是根据它内中的条文,例如仲裁条文或受英国法院管辖的条文。但在原仲裁中,仲裁庭常会面对申请要求下令把担保金额减少或在裁决书中明示下令退还担保。这又是超越权限的例子。

最后举的例子是在 Ronly Holdings v. JSC Zestafoni G Nikoladze Ferroally Plant (2004) EWHC 1354 (Comm),仲裁员在裁决书中用胜诉的金额扣减了败诉方(被告)在另一合约中指称原告欠下的一笔钱(尚未证明)。Gross 大法官指出仲裁员无权这样做。有关不同合约之间的债务“对冲”(set-off),英国法律容许一种名为“同一交易对冲”(transaction set-off)在不同合约之间对冲。但另一种“独立对冲”(independent set-off),法律并不容许。它们的区别与有关问题在本书第九章之 6.3.3.3 小段详及,Ronly Holdings 先例时有谈及,不在此重复。

2.3.4.5.3 情况/理由之(c):没有依照双方当事人同意的程序推进仲裁

这一情况/理由与上一小段之(b)有很大程度的重复,因为仲裁庭的权限/权力来自双方当事人同意的仲裁协议所给予的管辖权。双方可以同意,也可去修改(amend)或增加(add)仲裁协议/条文的任何内容。例如,去适用某些仲裁规则如“联合国示范规则”(UNCITRAL Model Rules 或简称 UMR)或“香港国际仲裁中心本土仲裁规则”(HKIAC Domestic Arbitration Rules),等等。一经双方同意,仲裁庭必须依从,否则既违反了(b)的超越了权限,也违反了(c)的没有依照双方当事人同意的仲裁程序。这些情况都可能导致法院作出救济。

其他情况像:

(1)双方同意了开庭审理,但仲裁庭以文件去审理。

(2)在双方同意/约定的某仲裁规则中只容许有限度的文件披露,但仲裁庭却下令“全面披露”(full disclosure)。

(3)一方当事人要求仲裁庭稍后再针对费用,裁决书先去针对争议责任与索赔金额;而另一方当事人也没有反对,即是默认了。这一来,若是仲裁庭忽视或漠视不去“reserve position on costs”,而去贸然一起裁决了,又会是属于本小段(c)的情况。这种情况出现在 King v. Thomas McKenna Ltd. (1991) 1 ALL ER 633,在本章之2.3.5.4.2.2 小段有详及。

(4)这种情况也可在双方同意了不索赔利息或原告没有要求利息,但仲裁员给予利息。这既是没有“管辖权”(jurisdiction),也是“严重不正常”(serious irregularity): Werstland Helicopters Ltd. v. Sheikh Salah Al-Hejailan (2004) EWHC 1625 (Comm)。

(5) 其他。

但由于有额外要求的“重大不公平”(substantial injustice),所以在上述(1)与(2)的情况下,笔者怀疑证明会不容易。除非是,在(1)能说明口头证据十分重要,文件证据完全不足,会导致胜变了负,负变了胜。而在(2)的情况是更难,因为全面披露除了多花费,总不会比有限度披露差劲,怎会有重大不公平呢?再说,DAC 报告之280 段更有要求是“只是一些远离双方在同意仲裁条文时无法合理预见/估计得到的不正常情况”(it is only in those cases where it can be said that has happened is so far removed from what could reasonably be expected of the arbitral process),法院才应作出救济。

谈论另一话题,就是双方当事人同意的程序是仲裁庭不愿意采纳与认为不妥当应怎样办?首先,仲裁庭可尝试说服双方当事人改变初衷。因为双方对仲裁庭尊重或至少不敢冒犯,所以仲裁庭只要合情合理地作出解释,一般而言可以解决问题。例如,双方同意了文件审理,仲裁庭可告诉双方文件证据看来不足,加上有各执其辞的双方专家证人,以致没有开庭的反盘问难以作出较准确的判断。也见过有双方当事人的代表律师在开庭前同意以“高院程序”(Rules of High Court)为准则,但最后被独任仲裁员说服去放弃。

但有的情况是当事人与仲裁庭之间有一定的利益冲突,故后者难以说服前者。例如,在委任后双方当事人为了省钱,同意争议以“香港国际仲裁中心小金额索赔程序”(HKIAC Small Claims Procedure 或 HKIAC SCP)处理。要知道,HKIAC SCP 下仲裁员只有15,000港元的固定收费。若HKIAC SCP是在仲裁条文内,仲裁员在委任前已知道,这还有道理,因为接受委任时明知收费有限。但若在委任后双方才达成约定就对仲裁员不公平了。固然,仲裁员仍会先去试图说服双方放弃,例如指出HKIAC SCP做法十分简单,如被告只准一次"抗辩请求"(statement of defence)即不准再陈词,不准文件披露,不准开庭,裁决书不会有足够/充分原因,等等,不适合目前上百万美元的看似复杂的争议。但若是无法去说服,看来仲裁员只能去请辞(resign)。如果双方当事人不肯"放人",仲裁员只能以Section 25向英国法院申请辞职了,这方面在本章之2.2.5小段详及。

2.3.4.5.4 情况/理由之(d):没有考虑所有提出的有关争议的事情

这种情况/理由一直以来都被视为"不良行为"(misconduct),会经常导致"发还"(remit)裁决书的救济。这种情况常有,1996年《仲裁法》生效后仍不断有案例。如:Hussman v. Al Ameen (2000) 2 Lloyd's Rep. 83; The "Petro Ranger" (2001) 2 Lloyd's Rep. 348; Ascot Commodities NV v. Olam International Ltd. (2001)(未曾报道); The "Midnight Hunter" (2004) LMLN 638; Fidelity Management SA v. Myriad Int'l Holdings BV (2005) EWHC 1193 (Comm),等。它们在本书第九章有详尽案情介绍,不在此重复。

这里不妨谈谈这Section 68 (2) (d)情况与在1996年立法中其他条文的关系,因为Section 70 (2)有说明如下:

"An application … may not be brought if the applicant or appellant has not first exhausted-

(a) any available arbitral process of … review, and

(b) any available recourse under Section 57 (correction of award or additional award)."

上述(a),是指一些仲裁机构会有内部的审查裁决书机制,这一步先要走完才能向法院提出救济申请,不得置之不理。

至于上述(b),可去节录Section 57之(3)至(6),如下:

"(3) The tribunal may on … the application of a party[166]

(a) correct an award so as to remove any clerical mistake or error arising from an accidental slip or omission[167] or clarify or remove any ambiguity in the award,[168] or

(b) make an additional award in respect of any claim (including a claim for interest

〔166〕 仲裁庭可在一方当事人申请下……

〔167〕 修改或更正裁决书以消灭任何文书上的错误或无意中的错漏。

〔168〕 或澄清或消灭任何在裁决书中不明朗之处。

or costs) which was presented to the tribunal but was not dealt with in the award.[169]

…

(4) Any application for the exercise of those powers must be made within 28 days of the date of the award or such longer period as the parties may agree.[170]

(5) Any correction of an award shall be made within 28 days of the date the application was received by the tribunal or[171] …

(6) Any additional award shall be made within 56 days of the date of the original award or such longer period as the parties may agree. "[172]

即,如果 Section 57 适用,应先适用,要是仍有必要,例如仲裁员拒绝更正,才能以 Section 68 向法院申请救济。

例如,在《国际商务仲裁》一书之第五章 10.5 小段,举例说是裁决书把索赔金额的 US $ 写为 HK $,不去修改会令索赔无端地大幅度减少,故应先向仲裁庭申请“修改”(slip),修改后也就没有问题了,不必再去申请法院救济,如发还裁决书重审。但会有情况是仲裁庭自己吃不准,不敢或不肯去修改/更正,这样一来,只能向法院申请救济了:The “Montan” (1985) 1 Lloyd' s Rep. 189。

Section 57 (3) (a)也提到了“澄清或消灭裁决书不明朗之处”,这是在裁决书没有写清楚到底索赔的其中哪一个争端(issue),提出了但不知道有否考虑过。这也应先去向仲裁庭要求“澄清”(clarification):Torch Offshore LLC v. Cable Shipping Inc (2004) 2 ALL ER (Comm) 365。澄清不了或仲裁庭自己更正不了但承认有遗漏,下一步才向法院申请救济如发还重新考虑。重要的是注意 1996 年《仲裁法》的 Section 70(2) 说明向法院作出申请的先决条件是先要做了在仲裁能做的事(如要求仲裁庭自己作出更正):

“An application or appeal may not be brought if the applicant or appellant has not first exhausted-

(a) any available arbitral process of appeal or review, or

(b) any available recourse under Section 57 (correction of award or additional award)."

事实上,在向法院申请所递交的“仲裁索赔表格”(Arbitration Claim Form)(与以前的“传票”相同),必须加上一句如下:

“There is no arbitral process of review and the award cannot be corrected or rescinded

---

〔169〕 针对任何已经向仲裁庭提出了但没有在已作出的裁决书内处理的索赔(包括索赔利息或费用)作出一个“追加裁决书”。

〔170〕 申请有 28 天时限。

〔171〕 修改要在接获申请后 28 天内作出。

〔172〕 追加裁决书要在原来裁决书期限的 56 天内作出,除非双方当事人另有约定。

by an additional award pursuant to Section 57 of the Arbitration Act 1996."

最后,申请人代表律师还要加签一个"真实声明"(Statement of Truth),可见这方面的重要性。

若在裁决书漏了一项请求过的争议/索赔,包括利息或费用,Section 57(3)(b)另有办法是向仲裁庭申请多作出一个"追加裁决书"(additional award)。但这样做,必须是与原来裁决书已作出的裁决没有关系或必须独立。因为,已作出的裁决仲裁员自己不能改变,他/她已是 functus officio,非得要法院发还才有机会去重审与更正。所以,如果漏了一项争议(如双方之间有否一个合约)中的几个"替代争端"(alternative issues),比方说是(a)没有授权;或(b)重要条文没有谈拢;或(c)没有约因/对价。这一来,漏了其中的(a)、(b)或(c)不能以"追加裁决书"补救,因为它会影响在原裁决书中的结果(有没有一个合约),所以必须向法院申请救济(一般是发还重审)。

要区分遗漏一项重要争议/争端(essential issues)是属于 Section 68 (2) (d),但遗漏在裁决书中提到双方当事人所提出的所有争辩陈词(这会是很多)与呈交的所有证据(这会是更多)并不属于 Section 68 (2)(d),也不是"严重不正常"(serious irregularity),不会有法院救济。这种案例很多,显示情况经常发生。如下:

(i) Weldon Plant v. Commission for New Towns (2001) 1 All E. R. (Comm) 264, Humphrey Lloyd QC 大法官在 279 页说:

"…s. 68 (2) (d) is not to be used as a means of launching a detailed enquiry into the manner in which the tribunal considered the various issues. It is concerned with a failure, that is to say where the arbitral tribunal has not dealt at all with the case of a party so that substantial injustice has resulted e. g. where a claim has been overlooked or where the decision cannot be justified as a particular key issue has not been decided which is crucial to the result. It is not concerned with a failure on the part of the tribunal to arrive at the right answer to an issue. In the former instance the tribunal has not done what it was asked to do, namely to give the parties a decision on all issues necessary to resolve the dispute or disputes (which does not of course mean a decision on all the issues that were ventilated but only those required for the award). In the latter instance the tribunal will have done what it was asked to do (or will have purported to do so) but its decision or reasoning may be wrong or flawed. The arbitral tribunal may therefore have failed to deal properly with the issues but it will not have failed to deal with them."

(ii) Ascot Commodities N. V. v. Olam International Ltd. (2002) 2 Lloyd's Rep. 277, Toulson 大法官在 284 页说:

"Nor is it incumbent on arbitration to deal with every argument on every point raised. But an award should deal, however concisely, with all essential issues. One of the heads of serious irregularity recognized in s. 68 (2) (d) is 'Failure by the tribunal to deal with all the issues that were put to it'. The central point raised by Ascot on its appeal was that if the bills of lading were pledged as security, as appears on the face of the October, 1998 contract, Olam's loss was not to be approached in the same way as if they were beneficial owners of the cargo. The point has, with respect, not been addressed."

(iii) Hussman (Europe) Ltd. v. Al Ameen Debelopment & Trade Co., (2002) 2 Lloyd's Rep. 83, Thomas 大法官在 97 页说:

"I do not consider that s. 68 (2) (d) requires a tribunal to set out each step by which they reach their conclusion or deal with each point made by a party in an arbitration. Any failure by the arbitrators in that respect is not a failure to deal with an issue that was put to it. It may amount to a criticism of reasoning, but it is no more than that."

(iv) Margulead Ltd. v. Exide Technologies. (2004) EWHC 1019 (Comm), Colman 大法官说:

"Deficiency of reasoning in an award is therefore the subject of a specific remedy under the 1996 Act. It is accordingly self-evident that:

(a) failure to deal with an 'issue' under s. 68 (2) (d) is not equivalent to failure to deal with an argument that had been advanced at the hearing and therefore to have omitted the reasons for rejecting it;

(b) Parliament cannot have intended to create co-extensive remedies for deficiency of reasons one of which (s. 68) was a general remedy which might involve setting aside or remitting the award in a case of serious injustice and one of which [s. 70 (4)] was designed to provide a specific remedy for a specific problem;

(c) the court's powers under s. 68 (2) being engaged only in a case where the serious irregularity has caused substantial injustice, the availability of the facility to apply for reasons or further reasons under s. 70 (4) would make it impossible to contend that any 'substantial injustice' had been caused by deficiency of reasons."

另外在 World Trade Corporation v. C Czarnikow Sugar Ltd. (2005) 1 Lloyd's Rep. 422, Colman 大法官提到了"认定事实"(findings of fact)完全是仲裁庭的事情,不在裁决书提及部分证据(担心遗漏)或是不知道给一些证据多少分量并不属于"严重不正常",而属非常"正常"的事。另外当事人也无权以 Section 57 (3) (a)去向仲裁庭澄清。这在现实中会发生:不服气的败诉方向仲裁庭查询有否考虑某些证据,等等。看来,仲裁庭可以/应该不加理睬这种败诉方的所谓"澄清"。Colman 大法官是这样说的:

"They (仲裁庭) are under no duty to deal with every possible argument on the facts and to explain why they attach more weight to some evidence than to other evidence. Unless their award is so opaque that it cannot be ascertained from reading it by what evidential route they arrived at their conclusion on the question of fact there is nothing to clarify."

注意另一方面是时限:根据 Section 70(3)向法院申请救济(撤销或发还)要在裁

决书时限的28天内。这一来,如果先要走 Section 57 这一步,这28天时限应在仲裁机构审查裁决书完毕或仲裁庭作出修改/澄清或仲裁庭作出“追加裁决书”(或者拒绝这样做)这一天算起。

最后提两点,如下:

(i)没有在原仲裁庭提出的争端/要点(points)不能获救济:CR Sugar Trading Ltd. v. China National Sugar and Alcohol Group (2003) 1 Lloyd's Rep. 279;Pirtek (UK) Ltd. v. Deanswood Ltd. and another (2006) 1 Lloyd's Rep. 11。

(ii)若是裁决书的裁决“原因”(reasons)有缺陷,救济是根据 Section 70 (4)申请法院下令仲裁庭给予足够的原因或补加原因,而不是适用本小段的 Section 68 (2) (d):Margulead Ltd. v. Exide Technologies (2004) EWHC 1019。

2.3.4.5.5 情况/理由之(e):仲裁机构或其他人(不是仲裁员)超越权限

仲裁机构参与一宗案件的程度各有不同。会有少数仲裁机构去全面操纵仲裁程序的推进,这一来,它会遇上与 Section 68 (2) (b)相同的问题,即仲裁庭超越了权限。

能称得上是仲裁机构,最基本与最通常的工作应是委任仲裁员以组织一个仲裁庭。若有错漏,这会是管辖权(jurisdiction)问题,挑战做法/质疑或救济应在1996年《仲裁法》之 Sections 30、31、32 与67等,而很少适用本小段之 Section 68 (2) (e)去法院寻求救济。毕竟,这种错漏也不大会造成“重大不公平”(substantial injustice)。

委任仲裁员的错漏包括资格要求,错误解释仲裁条文,给错通知,算错日子等。这些都是管辖权问题。

举例,“香港国际仲裁中心”(HKIAC)就好几次遇上一条仲裁条文,很简单地说:“Hong Kong Arbitration according to LMAA Small Claims Procedure (SCP).”根据香港《仲裁法》,香港仲裁的仲裁员委任是交给了 HKIAC, 这是法律默示地位。但默示地位应让位给明示条文。而明示条文是合并了 LMAA SCP,在 SCP 的规则下,独任仲裁员是由 LMAA(伦敦海事仲裁员协会)的主席(President)委任。这应是明示地位,只因为靠合并不清楚而已。当然,这样去解释仲裁条文是对是错也难说,没有相同先例。但有经验的是 HKIAC 请向它申请的律师所转向 LMAA 申请委任仲裁员,但没有被心甘情愿地接纳。固然,若是 HKIAC 这个解释错了,由 LMAA 委任的独任仲裁员又将面对管辖权的问题。

上述一些情况仲裁机构不一定有错,但若有错,也将根据1996年《仲裁法》之 Section 74 豁免责任(immunity)。

2.3.4.5.6 情况/理由之(f):裁决书不肯定或含糊不清

这种情况与2.3.5.5.4 小段的 Section 68 (2) (d)情况一样,与 Section 57 (3) (a) 以及 Section 70 (4)有协调必要。

Section 57 (3) (a) 规定先向仲裁庭澄清或消灭裁决书不明朗之处。这一来,在本小段所讲的 Section 68 (2) (f)是针对一些“不肯定或含糊不清”(uncertainty or ambiguity)，光是靠澄清或"文书修改"(slip rule)是不够的，必须"发还"(remit)裁决书重新考虑。另有情况是向仲裁庭澄清但仲裁庭拒绝或者不予理睬(这可能是合理也可能是不合理，因为败诉当事人可能以澄清为借口向仲裁庭提出一些非常不适合与不友善的问题)，这一来，又是只能向法院申请救济了。

Section 70 (4)也是一样道理，法院下令仲裁庭给予足够或补加"原因"(reasons)但不解决问题，必须把裁决书发还重审。

今天法院支持仲裁，所以是以"仁慈的"(benevolent)态度去解释与看待一个裁决书：General Feeds Inc. v. Slobodna Plovidba Yugoslavia (1999) 1 Lloyd's Rep. 688 之 695 页。

Moore-Bick 大法官也在 Tongyuan (USA) International Trading Group v. Uni-Clan Ltd. January 2001(未曾报道)说：

"The court should not … be astute to find difficulties of construction in awards … where none really exists."

根据该先例，裁决书中下令交还一台机器。申请人指称裁决书没有讲明要去"交出"(delivered) 或来"接收"(collected)与怎样归还货款。Moore-Bick 大法官说这些太琐碎，不足以令裁决书不能执行。

2.3.4.5.7　情况/理由之(g)：以欺诈或违反公共政策取得裁决书

马上想到在此情况/理由的最佳例子是以贪污受贿获得一个胜诉的裁决书，若是"东窗事发"，应难逃被法院撤销裁决书的救济。若是 28 天的时限已过，在这种情况下也不难向法院去以 Section 79 取得延长时限。当然，这要在裁决书尚未执行的前提下。若已执行，可以其他途径/行动去讨回支付掉的金钱，不必再对裁决书进行救济了。

除了贪污受贿，也另会有在欺诈或违反公共政策的情况下获得裁决书。以下举 4 个例子：

(1)在 Profilati Italia Srl v. Paine Webber Ine (2001) 1 All ER (Comm) 1065，Moore-Bick 大法官说若有证据胜诉方是"故意隐瞒"(deliberately withheld)重要证据，这会构成"欺诈性拒绝披露"(fraudulent non-disclosure)。这一来，可以本小段之 Section 68 (2) (g)把裁决书撤销或发还。注意是：第一，这不是出现/发觉新证据的情况，在 1996 年《仲裁法》已经没有救济。第二，一般的不披露根据今天的"有限披露"(limit disclosure)经常发生，或是败诉方自己没有要求，或是无法说服仲裁庭对有关文件下特定披露命令等。这些都不是欺诈性拒绝披露。第三，"欺诈"(fraud)不容易成立，有刑事犯罪的味道。即使是仲裁庭下了命令披露某份文件，但胜诉方推说不存在，在后来"东窗事发"，胜诉方也不见得没有话说。例如说是误解了；弄错了；命令写得不清楚；文件的确在当时找不到，后来才出现；不懂法律；愚蠢；等等。这离证明"欺诈"仍很远。第四，不能忘记 Section 68 有"已造成重大不公平"(has caused substantial injustice)与 Section 70 (3)的 28 天时限。这表示故意隐瞒的证据不是一般性，而是可能会导致胜变败，败变胜。而要在短短的 28 天内成功调查取证对方欺诈性拒绝披露也不大可能,必须要有天上掉下来的机遇。例如胜诉方有不愉快离任的员工通风报信;或是,胜诉方主要证人自认为是在贪污或被恐吓下作伪证。

(2) 在 The "Mariana" (2005) 1 Lloyd's Rep. 640 中,案情是有关船上火灾把货物毁坏,货方败诉,但事后指称有新证据说明船长及船员作伪证(fraud or perjury),并以此 Section 68(2)(g)向法院申请救济,但没成功。Cooke 大法官说到难处:"In the present case the claimants would have to establish on the balance of probabilities that there was fraud or prejury in the procurement of the award, at least on the part of the master, officers and crew. To do that would require a trial where the evidence put forward was tested. In the circumstances, the claimants' application was bound to fail and would be dismissed."

Cooke 大法官也说对这种申请的掌握尺度可以比较英国法院判决在同样情况下是如何会被撤销:

"The Court's approach to the admission of fresh evidence in applications under s. 68 (2)(g) of the 1996 Act was to be determined by reference to the express criteria contained in ss. 68 and 73 of the Act. Nevertheless, the approach adopted in relation to applications to set aside domestic judgments on the basis that they were obtained by fraud or prejury was a useful comparator."

(3) 在 The "Marine A" (2001) 1 Lloyd's Rep. 707 中,涉及承租人指称船东在背后偷偷取得一个胜诉的裁决书,"不公平"(unconscionable)行事,但承租人证明不了。若证明是这种情况,法院可以"欺诈"(fraud)理由去作出救济,把船东的胜诉裁决书撤销。当然,光是船东"狡猾"(cunning)、"精明"(shrewd)、口头误导了承租人不去推进仲裁但事后不承认,等等,离"欺诈"(fraud)也是有相当距离的。

(4)在香港的 JJ Argo Industries Ltd. v. Texuna International Ltd. (1992) 2 HKLR. 391,涉及一位主要证人被对方以武力绑架,无法去坦诚作证。该裁决书因违反"公共政策"被香港法院拒绝执行。同样道理,英国法院作为仲裁地点(伦敦)的监督法院也会在同样情况下以 Section 68 (2) (g)作出救济,撤销裁决书。

2.3.4.5.8 情况/理由之(h):裁决书不符合正规要求的格式或内容

根据 Section 68 (2) (h)的救济,一般"发还"(remit)给仲裁庭去另作出一个新的裁决书业已足够。

先说格式,1996 年《仲裁法》并没有特定要求。而事实上,不同行业甚至不同仲裁员所作出的裁决书在格式/写法方面都有不同之处,这不重要。但若是裁决书在格式/写法是"无法执行"(unenforeable),法院就不得不作出救济了。例如,在裁决书的"认定[事实]"(finding)与"确认[法律]"(holding)部分,通常总结说(例):"I FIND AND HOLD that the Claimant succeeds in the sum of US $ 1,000,000 and no more"。但接下去的"行动部分"(operative part),应马上去说明这 1 百万美元怎样办,是谁给谁或是部分/全数对冲掉?什么时候支付?马上(forthwith)或将来的某一天,有没有其他先决条件等。没有这一连串的命令,只说谁胜谁败,英国法院或其他执行法院将无法协助裁决书的执行。所以,裁决书的"行动部分"应马上接下去说:"I THEREFORE AWARD AND DIRECT that the Respondent（败诉方）shall forthwith pay the Claimant（胜诉方）the said US $1,000,000 TOGETHER with interest …"现实中,笔者见过裁决书遗漏了作出行动的命令,导致裁决书无法执行。这样一来,仲裁地法院只能去作出发还重写的救济。这种情况发生在 Margulies Bros. V. Dafinis Thomaides & Co.（UK）Ltd.（1958）1 Lloyd's Rep. 205,另外在近期的 Carter v. Simpson Associstes（Architects）Ltd.（2004）UKPC 29 也确认了在这种情况下发还的救济。当然,这种情况也可同时以 Section 68（2）（f）的理由要求救济。或说,这种情况何必花钱劳驾法院下令发还?双方当事人同意就成了。但举一种常见情况,就是被告缺席,不理不睬,这样一来,怎样取得对方同意?

在裁决书内容方面,1996 年《仲裁法》的正规要求是:

（i）Section 52（3）的"文书"（in writing）;这推翻了普通法承认口头裁决书亦有效的规定:Thompson v. Miller（1867）15 WR353。

（ii）Section 52（3）的"所有仲裁庭成员签字"（signed by all the arbitrators）或"所有同意裁决书成员签字"（all those assenting to the award）。后者显示有"异议"（dissent）并且不合作,不肯签字的"异议仲裁员"（dissenting arbitrator）已对一个有效裁决书（多数意见为准）起不了影响。同时,也容许一位有异议并且名字不想正式曝光的仲裁员拒绝签字。

（iii）Section 52（4）的有裁决原因（reasons）,除非是一个"协议裁决书"（agreed award）或双方同意不要原因。协议裁决书来自双方当事人要求仲裁庭作出一个裁决书记录双方的和解协议,完全不涉及仲裁庭任何考虑/裁决,所以不会有原因。至于其他情况双方同意不要原因,现实中很少见。一同意,就表示放弃上诉法院的机会/可能性。注意"伦敦海事仲裁员协会"（London Maritime Arbitrators Association 或简称 LMAA）的仲裁规则（LMAA Terms, 2002）说明在当事人要求下才给予裁决书公开原因。故此同意或接受了 LMAA Terms,2002,等于明示同意不要或放弃裁决原因,失去上诉机会:请看本章之 2.3.5.5.3 小段。

"原因"的定义根据 The "Niedersachsen"（1986）1 Lloyd's Rep. 393,是说明仲裁员的认定（findings）与根据这些认定而作出的结论。"说明"要明确让法院了解与决定这些"结论"（conclusion）是什么。"原因"并不需要太多的枝节,例如列出双方所有的文件证据内容:Celfetra BV v. Alfred C. Toepfer International GmbH（1994）1 Lloyd's Rep. 93;Transcatalana v. INCOBRASA（1995）1 Lloyd's Rep. 215。如果判决或者裁决没有原因将是很大的不公道,这在 Benaim（UK）Ltd. v. Davies Middleton & Davies Ltd.［2005］EWHC 1370（TCC）先例中有提到。所以,裁决书不给原因或者不给足够原因也包括在 Section 68 中,可让法院作出救济。要注意在 Section 70（4）,法院有权去命令仲裁庭给予原因或者多给予原因,而这可以适用在所有种类的向法院申请的救济,包括 Section 68。

(iv) Section 52 (5)的必须说明仲裁地点(seat)。仲裁地点在 Section 3 中有说明,一般来自仲裁协议。如"伦敦仲裁"(London arbitration)就是伦敦,"香港仲裁"(Hong Kong arbitration)就是香港。仲裁地点的重要性表明适用该地仲裁程序法,而该地法院也成为有管辖权的"监督法院"(supervising court)。所以,仲裁地点是伦敦,不必说明也适用 1996 年《仲裁法》与一切申请(协助或救济)都向英国法院提出。至于仲裁其中一步程序本身,可以在任何方便地点(place)进行,这也动不了/改变不了已确定下来的仲裁地点(seat)。在程序方面,Section 34 (2) (a)说明仲裁庭有权决定:"什么时候与在哪里进行程序的任何部分"(when and where any part of the proceedings is to be held),例如在哪里开庭。另在 Section 53 中说明:"不论裁决书在任何地点签署,发出或交给当事人"(regardless of where it was signed, dispatched or delivered to any of the parties),也不影响英国的仲裁地。这样一来,像 Hiscox v. Outhwaite (1991) 2 Lloyd's Rep. 534 先例的情况不再会发生,就是独任仲裁员在一个伦敦仲裁把草拟妥的裁决书带去了巴黎,在巴黎签字并将裁决地写为巴黎,结果导致一个争议是关于裁决书是英国还是法国的裁决书,与 1958 年的《纽约公约》是否适用? 在 1996 年立法下,把裁决书带去巴黎签字无妨,但仲裁员仍应将仲裁地写为伦敦。事实上,笔者处理过一个伦敦仲裁,但一切程序都发生在香港,这完全可以。或说,既是如此为何双方当事人不干脆更改(vary)香港作为仲裁地(seat)? 这当然可以,但会遇上双方当事人极度不合作或被告不出面的"缺席情况"(default situation)。这一来,必须以原来在双方合约中已同意了的伦敦作为仲裁地点为准了。

(v) Section 52 (5)的必须说明裁决书作出的日子(date)。这一内容的重要性是一些重要时限,如申请法院作出救济的 28 天(Section 70 [3])是从该日子算起。

上述 5 种法定裁决书内容要求,有可能先要以 Section 57 (3)的"修改"(slip)去解决问题,这些方面在 2.3.5.5.4 小段详及。修改可包括在裁决书原因不足或欠缺的情况下:Groundshire v. VHE Construction (2001) BLR 395;Al Hadha Trading Co. v. Tradigrain SA (2002) 2 Lloyd's Rep. 512 与 Torch Offshore LLC v. Cable Shipping Inc. (2004) 2 All ER (Comm) 365。此外,若裁决书的格式或内容不符合要求,但不影响它的执行,笔者也看不出怎样会有"重大不公正"(substantial injustice)。

2.3.4.5.9 情况/理由之(i):仲裁庭自己承认裁决书有错漏

在本章之 2.3.5.4.2 小段已提到这是 4 个传统理由(four traditional grounds)作出救济的其中的一种。在 1996 年《仲裁法》之 Section 68 (2) (i),这是 9 个情况/理由作出救济的最后一项。

法院救济一般是发还裁决书,不会撤销。仲裁庭自己承认有错漏,发还后肯定会更正,这是最令法院安心作出救济的情况。

虽然仲裁庭自己承认错漏是最佳的证据证明有地方要去"更正"(correct),但由一方当事人去提出这种错漏并申请发还也可行:The "Trade Fortitude" (1985) 2

Lloyd's Rep. 583。

当然, Section 57 也可针对部分裁决书错漏,但必须先行一步,这包括文书的修改(slip),“澄清”(clarification)与“追加裁决书”(additional award),已在2.3.5.5.4小段详及。但它们都无法针对已经裁决,但仲裁庭随即发觉该裁决有错漏,需要去重新作出一个结果可能是很不同(如“胜变败,败变胜”的结果)的新裁决书。以文书修改为例,它不包括仲裁庭改变想法/结论的更改。这只能靠Section 68 (2) (i)向法院申请作出救济(发还)。

而且,即使可以通过修改(slip)去补救错漏,也会遇上犹豫不决或拒绝去做的仲裁员,这又要以向法院申请作出救济作为唯一的补救了:The “Montan” (1984) 1 Lloyd's Rep. 389,另请看 Danae Air Transport SA v. Air Canada (1999) 2 Lloyd's Rep. 547。

最后,为了兴趣来谈一谈这种救济漫长的历史。早期做法是由仲裁庭为承认的错漏作一个“宣誓书”(affidavit),然后让法院协助去更正:Anderson v. Darcy (1812) 18 Ves Jr 447; William v. Jones (1829) 5 Man & Ry KB3; Phillips v. Evans(1843) 12 M&W 309; 等。之后才有了另一种救济做法,就是“发还”(remit)裁决书让仲裁庭自己去更正:Flynn v. Robertson (1869) LR 4 CP324。

2.3.5 监督之五:对裁决书内法律观点的上诉

2.3.5.1 序言

这个重要问题已在笔者(杨良宜)的《国际商务仲裁》一书多处有详论。它包括在第二章之1.2.2小段介绍普通法地位是不容许去“排除”(oust)英国法院对实体法(substantive law)的管辖与最后发言,认为违反公共政策,合约明示同意也无效:Czarnikow v. Roth Schmidt & Co. (1922) 12 Lloyd's Rep. 195。总而言之,对英国实体法的最后一句话是由法院说了算,不准仲裁庭说了算。

接下去在第二章之2.2.3小段介绍了法院管制裁决书的两种做法。

第一种“特殊事项”(special case 或 case stated)的做法,是把有关的法律观点交给法院决定。这在1950年《仲裁法》之 Section 21 有立法规定。在一方当事人的要求下,即使是再清楚不过的法律观点,仲裁庭仍必须要以“特殊事项”交给法院去决定,否则是“不良行为”:The “Dione” (1980) 2 Lloyd's Rep. 577。另是在 The “Lysland”(1973) 1 Lloyd's Rep. 296,一审的 Kerr 大法官认为有越来越多的高水平专家仲裁员,不适宜下令他/她们必须以“特殊事项”把法律问题交给法院,除非是对一个十分重要的法律问题。但在上诉庭,这种观点不被接受,认为法院应下令,不管仲裁员“专不专”,或是争议金额不高,或是有关的法律问题其实不重要。这上诉庭判决显示了在“特殊事项”的做法下,法律问题可去上诉法院是在所难免的。

第二种法院对实体法律管制的做法是在裁决书中挑法律问题(也包括事实问题)的表面错误,一挑出来,就把它撤销:Kent v. Elstob (1802) 3 East 18; Re Webb (1818) 8 Tount 443; Anderson v. Fuller (1838) 4 M&W 470; Re Jones and Carter's

Arbitration (1922) 2 Ch. 599。而仲裁员想出来对抗的做法是作出"不给原因裁决书"(unreasoned award)或一个"机密原因"(confidential reasons)裁决书。这种做法一直延至今天仍普遍在伦敦海事仲裁中存在。

上述情况一直维持至1979年《仲裁法》才把1950年立法的"特殊事项"部分条文放弃或推翻(repeal),从无条件/无节制地自动上诉法院变为有条件才批准上诉法院。在后来的"Nema Guidelines"或称为"Nema/Antaios指引"下,这条件更是十分苛刻,令上诉案件大为减少:The "Nema" (1981) 2 Lloyd's Rep. 239 (HL)与The "Antaios" (1981) 2 Lloyd's Rep. 284 (HL)。

另在该书的第三章之4.3小段与第十二章之7.5小段也有这方面内容。

在此,笔者打算去重新探讨这一重要课题与《国际商务仲裁》一书没有涉及的一些最新发展。

首先,笔者认为拟定一个"有原因裁决书"(reasoned award)是仲裁员最费时与困难的工作,它也是主要被败诉方依赖去法院寻求救济的基础。故此仲裁员应熟悉Bingham大法官在Bulk Oil v. Sun International (1984) 1 Lloyd's Rep. 531所列举的根据1979年《仲裁法》法院对裁决书能或不能作出的救济,大原则如下:

(1) The findings of fact of an arbitrator are binding on the Court and the Court cannot go behind these findings so far as they are questions of fact (Gillespie Bros. & Co. v. Thompson Bros. & Co. (1922) 12 Ll. L. Rep. 519); (Oleificio Zucchi v. Northern Sales (1965) 2 Lloyd's Rep. 496). An arbitrator does not misconducted himself merely because he makes an error of fact (Moran v. Lloyd's (1983) 1 Lloyd's Rep. 472). There is no surviving jurisidction to set aside or remit an award for error of fact on the face of the award (1979 Act, s. 1(1)). There is nothing in the 1979 Act which enables a Court to give leave to appeal because an award is wrong, or obviously wrong, in fact (The "Vimeria" (1983) 2 Lloyd's Rep. 424).

(2) An appeal lies to the Court on a question of law arising out of an award if, but only if, the appellant meets the conditions contained in s. 1 of the 1979 Act, as interpreted in The "Nema" (1981) 2 Lloyd's Rep. 239 and a series of later cases which include The "Rio Sun" (1981) 2 Lloyd's Rep. 489; The "Kerman" (1982) 1 Lloyd's Rep. 62 and The "Antaios" (1983) 2 Lloyd's Rep. 473. The old special case procedure is abolished (1979 Actm s. 8(3)). There is no surviving jurisdiction to set aside or remit an award for error of law on the face of the award (1979 Act, s. 1(1)). The Court will continue to set its face against entertaining questions of law framed in the form of a question whether there was any evidence to support a particular finding (Mondial Trading Co. v. Gill & Duffus (1980) 2 Lloyd's Rep. 376 at p. 379; Hayn Roman v. Cminter (1982) 2 Lloyd's Rep. 458 at p. 462; The "Vimeria" (1983) 2 Lloyd's Rep. 424 at p. 429; Mustill & Boyd, Commercial Arbitration at p. 541).

(3) The Court has a discretion under s. 1(5) of the 1979 Act, where an award does not or does not sufficiently set out the reasons for the award, to order an arbitrator to state the reasons for his award in sufficient detail to enable the Court, should an appeal be brought, to consider any question of law arising out of the award. The power to order reasons to be given refers not only to "reasoning" but also to the relevant facts upon which the arbitrator's conclusion is based (The "Oinoussian Virtue" (1981) 1 Lloyd's Rep. 533 at p. 539), but may not or should not be used to order the arbitrator to set out all the evidence and was never intended for that purpose. (The "Vimeira" at p. 429).

(4) The Court retains its power under s. 22 of the 1950 Act to remit a matter referred to arbitration to the reconsideration of the arbitrator。This section may still be used where clarification of an award is sought, but its use for this purpose is largely superseded by s. 1 (5) of the 1979 Act. It may still be used where there has been a procedural mishap, not involving misconduct, in the conduct of the arbitration and the applicant can show that the mishap has, or may have, caused him injustice." (GKN Centrax Gears Ltd. v. Matbro Ltd. (1976) 2 Lloyd's Rep. 555 at pp. 581—582; The "Aros" (1978) 1 Lloyd's Rep. 456 st p. 463).

上述大原则在 1996 Act 生效后仍适用。

另外介绍"有原因裁决书"(reasoned Award)应如何作出，笔者颇喜欢 Mance 大法官在 Transcatalana v. INCOBRASA (1995) 1 Lloyd's Rep. 215 所讲的，他批评一个 GAFTA 的 41 页有原因裁决书，但内容都是抄写双方的陈述(submissions)与文件证据/通讯往来，只有 5 行的简单原因，如下：

"This approach to the preparation of reasoned award almost inevitably leads to uncertainty and argument about what, if anything, the arbitrators have accepted by way of evidence or decided on important issues of fact or law. The function of a reasoned award is not simply to identify and determine a point which the arbitrators ultimately considered to be decisive. It is to enable the parties and the Court (a) to understand the facts and general reasoning which led the arbitrators to conclude that this was the decisive point and (b) to understand the facts, and so consider the position with respect to appeal, on any other issues which arose before the arbitrators. Where distinct issues have been argued, the award should thus indicate the nature of findings and reasoning on each, including those which the arbitrators may not themselves have thought to be determinative. Further, it serves no useful purpose, and can be positively unhelpful, to recite at great length messages exchanged or submissions made …"

2.3.5.2 事实问题与法律问题的区分

绝大多数的诉讼(法院或仲裁)都涉及两方面的争议。一是"事实问题"(matter of fact)，二是"法律问题"(matter of law)。它们之间的重大区别之一是：事实问题的认定(finding of facts)是根据证据(文件、口头与专家意见证据);而法律问题的确认(holding of law)是根据先例、立法、权威书籍的论说与合约条文的解释等。一般诉讼考虑的做法是先认定事实,然后套在确认的法律后找出"是非成败"的结论。

2.3.5.2.1 实例介绍

例如一个货损案件,事实问题包括:货损是什么原因?(海水浸坏);装上船之前是否有这种损坏?(清洁提单);损坏货物是装在船舶哪里?(第一货舱);航次中遇到天气与海面情况如何?(最坏的一两天是8级风浪,在大西洋十分正常,状况良好的船舶应完全能面对);第一货舱是否水密?(根据当场的共同检验报告,发现舱盖有严重的生锈与裂缝,海水从舱盖进入货舱的可能性颇大);船舶有否每天测量第一货舱的舱底水?(如果有,看测量记录的结果);如果测量后知道有大量积水,为何不去抽干以减少货物损坏的程度与面积?(船员疏忽或"邦浦"/管道损坏或失灵);等等。这一切的事实根据证据认定后,得出的结论是:

(A)船舶不适航,由于舱盖漏水。

(B)这不适航是开航前已存在,因为严重生锈不是一两天的事。

(C)货损是上述不适航引致。

(D)不存在不能合理预见的坏天气,这不是造成货损的原因。

(E)货损扩大是由于船员的疏于职责,因为没有按时测量舱底水或抽干舱底积水。

认定有关事实后,下一步套用相关的法律。若有关合约是提单合约,而且该航次强制适用《海牙规则》(Hague Rules),则该条文 Article 3 (1)要求船舶必须在开航前"恪尽职责使船舶处于适航状态"(exercise due diligence to make the ship seaworthy)。根据重要的先例 The "Muncaster Castle" (1961) 1 Lloyd's Rep. 57 (H. L.),贵族院解释了何谓"恪尽职责"(due diligence),它对船东/承运人十分严格,而这职责无法委派在别人身上(non-delegable)。故就本案看来,船东/承运人应是"凶多吉少",对货方(原告)赔偿责任难逃。

但换一份原告与被告之间的合约,例如是一份"金康租约"(Gencon Charter-party)",在同一事实认定下又会有很不同的法律结果。金康租约下的船舶适航责任十分宽松,只有在船东"本人应尽的职责没有尽到"(personal want of due diligence)才会有责任:The "Brabant" (1965) 2 Lloyd's Rep. 546。这比《海牙规则》的"恪尽职责"(due diligence)宽松/轻松得多。所以在同一认定的事实下,例如第一货舱的裂缝导致海水进入,而船东本人无法合理知悉(新裂缝或/与船长没有告知),法律上《海牙规则》还仍是难逃责任,但金康租约在这一事实认定下就可能免责了。

2.3.5.2.2 外国的适用法是事实还是法律?

已经说过,事实的认定是根据"证据"(evidence):这一重要课题笔者(杨良宜与杨大明)的《国际商务游戏规则——英美证据法》一书有详论,不再重复。

若是法律问题,英国法院(与仲裁)是不允许当事人去找英国法律专家证人的

(英国的大法官也不会在这方面需要专家协助),所以不存在去根据或依靠证据。

但如果不是英国实体法,而是外国法(英国的外国),伦敦仲裁庭或英国法院就不大可能会熟悉,而必须依靠外国的法律专家前来给出意见了。所以外国法律是一个"事实问题"(matter of fact),要以证据认定。至于为什么一个伦敦仲裁要适用外国法律? 这是因为在订约自由下,一个合约大可以约定适用法是中国法而管辖争议是伦敦仲裁。此外,会有其他情况涉及外国法律,如"法律冲突"(conflict of law)或个别争端如转让、授权或非法等。

2.3.5.2.2.1　英国法院/仲裁庭如何正确对待适用外国法律案件

针对外国法律,英国(也包括香港)有一个做法是:"外国法律被视为与英国法律一样直至被事实证明有所不同"(foreign law is assumed to be the same as English law unless the contrary is demonstrated by evidence of fact):Hussmann v. AL Ameen (2000) 2 Lloyd's Rep. 83。该先例中,Thomas 大法官说:

"Experience has shown that in many cases, recourse to foreign law adds very considerably to the expence of an arbitration and in very many cases makes little difference[173] …A general request to a foreign lawyer to review the entire case and opine on the principles of foreign law where the parties have not raised specific issues is a course that a prudent tribunal should not embark on without considerable hesitation.[174]

It was suggested that, as s.46 (1) (1) of the Arbitration Act, 1996 requires the arbitral tribunal to decide the dispute in accordance with the law chosen by the parties as applicable to the substance of the dispute,[175] a mandatory requirement was imposed on a tribunal sitting in London where the proper law was a law other than the law of England and Wales to obtain general evidence and guidance in relation to that foreign law.[176] I do not accept that construction of the Act.[177] If there is no suggestion by the parties that there is an issue under the applicable system of law which is different from the law of England and Wales,[178] or the tribunal does not itself raise a specific issue,[179] then the tribunal is free to decide the matter on the basis of the presumption that the applicable system of law is the

---

〔173〕 经验显示案件若引用外国法律会十分昂贵而且最终没有什么分别。(这也是笔者的经验,毕竟外国法律与英国法律在一些大精神上没有太大差异。)

〔174〕 所以一个适用外国法律的仲裁,而双方当事人没有提出特定之处不同,小心的仲裁庭不应去主动要求以外国法律来看整个案件。

〔175〕 有说法是 1996 年《仲裁法》之 46(1)(a)条文要求仲裁庭必须以双方当事人同意的法律去考虑争议。

〔176〕 这强制一个伦敦仲裁庭取得适用外国法律的证据与指导。

〔177〕 我(Thomas 大法官)不接受这个解释。

〔178〕 除非当事人提出有一特定争端在适用的外国法律与英国法律上存在不同。

〔179〕 或仲裁庭自己提出。

same as the law of England and Wales.[180] To hold otherwise would mean that international arbitrations held in London would be encumbered with the considerable extra expense of obtaining general evidence of foreign law relevant to the matters in issue in every case where the proper law of the contract was not the law of England and Wales.[181]

In may view the correct course to have been followed by the tribunal was to have asked the parties whether there were any points where the law of Saudi Arabia[182] differed from the law of England and Wales or to have itself raised with the parties specific points on which they might need assistance…"[183]

2.3.5.2.2.2 外国法律的认定能否上诉法院?

应是清楚的,事实问题的认定(finding of facts)是不能上诉法院,是一审终局。所以,外国法律的认定应是不能上诉英国法院的。但若是根据上一小段所讲,仲裁庭以假设与英国法律一致去考虑争议,而英国法律可上诉英国法院,岂非可以这样去推理,在外国法律适用的案件但没有出现特定在这方面争议也应该允许上诉,因为事实是以英国法去考虑?在 Reliance Industries Ltd. v. Enron Oil and Gas India Ltd. and Oil & National Gas Corporation (2002) 1 Lloyd's Rep. 645,争议适用法律是印度法律,但仲裁庭裁决是根据英国法律原则与先例(在印度倒也承认),Aikens 大法官仍视为是事实问题,不是英国法律适用问题。

适用外国法律的合约不少,近年的先例有:Sanghi v. TII (2000) 1 Lloyd's Rep. 480(回教 Shari'a 法律);AEK v. NBA (2002) 1 Lloyd's Rep. 305 与已介绍的 Hussmann 与 Reliance 先例等。

2.3.5.2.3 事实问题的认定不能上诉法院的原因

这方面原因应是:

(1)不像法律问题,个别案件的事实问题都有不同之处,永远不会完全相同,将来不能去适用/乱套,对大众也没有兴趣,故一审判对判错属个别事件,也无所谓,不像适用法律。

(2)事实认定依靠证据,而对同一样的证据会在不同人的眼中有不同的分量与结论。所以,难有准则去说上诉法院对事实作出的结论比仲裁庭的结论更好,更接近事实真相。这样一来,一贯的做法是尽量尊重下一级法院或仲裁庭对事实认定的裁量权,不去再来一个臆猜"second guess"。

(3)十分重要的一点是:若有口头证据,只能听一次,再听一次就不科学了。证

---

〔180〕 仲裁庭可假设适用的外国法律与英国法律一致。(故仲裁庭不必刻意去委任一位专家协助)

〔181〕 不这样做会令伦敦仲裁在外国法律是合约的适用法时,要花大量费用以取得适用外国法律在案件的每一个争端的证据。

〔182〕 我认为正确做法应由仲裁庭去问双方当事人对于沙特阿拉伯法律有否问题(是 Hussmann 先例的合约适用法)。

〔183〕 与英国法律不同,或需对双方当事人提出特定问题要求协助。

人有了一次经验与磨炼,知道反盘问会是什么内容与应该怎样去回应,就会在第二次不再迟疑,回避与对答如流了。这可能令上诉法院对有关证人的可信程度得出与仲裁庭(或一审法院)完全相反的结论。

(4)若是法律与事实都能上诉重审,一审法院或仲裁庭还有什么空间?还有什么作用?

(5)这样做也会非常延误、昂贵。开庭审理本来就是最昂贵的程序。要去对同样证据重复,费用与延误更是不得了。

(6)法律要建立一个体系,所以要有上诉机制让更高水平的"法律专家"去复核、想透、协调(与以前的矛盾先例)、统一(一审法院或仲裁庭会对同一法律观点有不同意见)等。但事实问题毫无必要。

上述的原因在许多先例中有涉及,笔者只节录以下两个例子:

(1)在 G. K. N. v. Matbro (1976) 2 Lloyd's Rep. 555,Denning 勋爵说:

"The weight of evidence and the inferences from it are essentially matters for the arbitrator. I do not think that the awards of arbitrators should be challenged or upset on the ground that there was not sufficient evidence or that it was too tenous and the like. One of the very reasons for going to arbitration is to get rid of technical rules of evidence and so forth. They should not be brought up on a case stated. Take this very case. There were 37 days of evidence. We cannot possibly go into all these and review the findings of fact. It must be left to the arbitrator."

(2)另外在 Bulk Oil v. Sun Int. (1984) 1 Lloyd's Rep. 531,Bingham 大法官说:

"I shall, accordingly summarize what I understand the relevant principles to be, not comprehensively …

(1) The finding of fact of an arbitrator are binding on the Court and the Court cannot go behind these findings so far as they are questions of fact (Gillespie Bros. & Co. v. Thompson Bros. & Co. (1922) 13 Ll. L. Rep. 519; Oleificio Zucchi S. p. A. v. Northern Sales Ltd. (1965) 2 Lloyd's Rep. 496). An arbitrator does not misconduct himself merely because he makes an error of fact (Moran v. Lloyd's (1983) 1 Lloyd's Rep. 472…) There is no surviving jurisdiction to set aside or remit an award for error of fact on the face of the award (1979 Act, s. 1(1)). There is nothing in the 1979 Act which enables a Court to give leave to appeal because an award is wrong, or obviously wrong, in fact (The 'Vimeria' (1983) 2 Lloyd's Rep. 424)."

2.3.5.2.4 事实问题会变成法律问题的例外

唯一的例外是错误对待证据,任何"合理仲裁员"(reasonable arbitrator)不会得出这种结论(如黑说是白,白说是黑,"指鹿为马"):Universal Petroleum Co Ltd v. Handels-Und Transport Gesellschaft mbH (1987) 1 Lloyd's Rep. 517 (CA)。另一例外是毫无证据(不光是不足):Benain (UK) Ltd. v. Davies Middleton & Davies Ltd. (2005)

EWHC 1370 (TCC)与 Frence Gate v. NEL Construction (2001) 82 Con. L. R. 41。再一例外是"错误的方向"(misdirect),比方说:"我一看证人就知道他不老实。"也可说这是一些原则性犯错。遇上这种情况,法院会对裁决书中的事实问题插手,或作出救济(撤销或发还裁决书)或视为法律问题可以批准上诉:The "Nema" (1981) 2 Lloyd's Rep. 239 (H. L.)。这方面在 Mustill & Boyd 之"Commercial Arbitration"一书第2版之560—561 页有提到说:

"To arrive at a wrong conclusion of fact or to exercise a discretion on a wrong principle is at most an error of law, and does not found an application for relief except by those mechanism which are available for appeals on questions of law …

It is conceivable that where the state of the evidence is such as to show, not merely that no reasonable arbitrator would reach a particular conclusion of fact upon the basis of it, but also that there is no evidence at all to sustain the finding, the award can be attacked-either on the ground that the arbitrator has acted unjudicially, or on the ground that by deciding that contrary to the obvious fact he has taken the parties by surprise, and hence been guilty of misconduct."

上述说法是在1996年《仲裁法》生效前。现在,同样情形下去寻求法院作出撤销或发还裁决书救济的大门应该已经关上。因为这不是在 Section 68 (2) (a)至(i)的9个情况/理由之一。但把这种问题视为法律问题并以 Section 69 上诉仍可以。这在 Professor Merkin 的"Arbitration Law"一书之21.11 段说:

"While it is now settled that an award cannot be challenged for error of law on the basis that there was insufficient evidence to support the arbitrator's factual findings, distinction was drawn by HHJ Thornton QC in Fence Gate Ltd. v. NEL Construction Ltd. (2001) 82 Con LR 41, between unsufficient evidence and a complete lack of evidence: the court's view was that in the latter case an award could be challenged on the ground of error of law."

在 Fence Gate 先例,HHJ Thornton QC 大法官说:

"…an absence of supporting evidence can give rise to a question of law."

在后来另一先例的 Guardcliffe Properties Ltd. v. City & St. James (2003) EWHC 215(Ch)也是同一说法。

"Arbitration Law"一书21.11 段总结说有3种情况可变为法律问题上犯错(error of law),如下:

"(a) The arbitrator had misconstrued his legal power.

(b) A discretion conferred upon the arbitrator was exercised perversely by taking into account irrelevant factors and disregarding relevant factors, resulting in a decision which no reasonable arbitrator could have reached.

(c) There was a complete absence of evidence to support the arbitrator's findings."

但在上述的情况,法院要非常小心不要让申请人利用作为借口去实质要求法院把证据重审一次。

2.3.5.3 裁决书法律观点上诉法院:1979 年《仲裁法》下的地位

在序言已简单介绍到 1979 年《仲裁法》,在此对此立法多讲几句。

2.3.5.3.1 首次立法排除法院对法律问题的全面管制

它是 1889 年英国第一次为仲裁立法"Arbitration Act, 1889"以来首次以立法形式去排除或改变普通法在 Czarnikow v. Roth Schmidt & Co. (1922) 12 Lloyd's Rep. 195 的说法,就是不让法院再在法律问题上去管制与有最后发言权,否则即违反"公共政策"(public policy)。

1979《仲裁法》明确排除法院一直以来管制裁决书内的法律问题所用的两种手法:这在序言中提到。1979 年立法之 Section 1 (1)所说:

"In the Arbitration Act 1950…Section 21 (statement of case for a decision of the High Court) shall cease to have effect and, without prejudice to the right of appeal conferred by subsection (2) below, the High Court shall not have jurisdiction to set aside or remit an award on an arbitration agreement on the ground of errors of fact or law on the face of the award."

2.3.5.3.2 首次引入机制有条件地批准上诉法院

换言之,法院全面管制裁决书内的法律问题虽然已被排除,但仍保留了局限的(limited)与有条件的(conditional)管辖权去管制法律问题,做法是通过"上诉"(appeal)。这里法院的管辖权是根据 1979 年《仲裁法》之 Section 1 (2),有说明如下:

"Subject to subsection (3) below,[184] an appeal shall lie to the High Court on any question of law arising out an award made on an arbitration agreement;[185] And on the determination of such an appeal the High Court may by order[186]

(a) confirm, vary or set aside the award;[187] or

(b) remit the award to the reconsideration of the arbitrator or umpire[188] together with the court's opinion on the question of law which was the subject of the appeal[189] …"

2.3.5.3.3 批准上诉法院有什么条件?

这方面规定在 1979 年《仲裁法》之 Section 1 (3)与 1 (4)。Section 1(3)是说:

---

〔184〕 这句表示以(3)小段为准(该小段主要说明上诉必须先获得批文/批准,并不是自动有的权力)。

〔185〕 可上诉高院在根据仲裁条文作出裁决书内的法律问题。

〔186〕 在高院决定后,它可以命令去。

〔187〕 确认,改变或撤销裁决书。

〔188〕 或可把裁决书发还给原仲裁庭去重新考虑。(这在一些情况是法院决定了法律问题,但最后结果仍不是非黑即白,不能光去改变裁决书就能解决问题。例如是"适用的举证责任"[applicable burden of proof]有了法院指引,需要让仲裁庭去根据已认定的事实来确认是否成功卸下举证责任[discharge burden of proof],等。)

〔189〕 法院同时对上诉的法律问题作出意见与指引。

(a)仲裁的双方当事人/所有当事人同意(with the consent of all the other parties to the reference)。(这是理所当然,在大家同意下,中断仲裁改去法院诉讼,或作出的裁决书不算数,等等,都可以并享有订约自由。但估计这种协议有但不会多:The "Golden Victory" [2005] 1 Lloyd's Rep. 443 是一例。达成这种上诉协议要在裁决前,胜败未知,或有了裁决书后双方都不满意。若是明显一胜一败,胜方应不会同意上诉去增加变数,如果同意也会是条件多多如要求败方提供败诉金额的担保。)

(b)有法院的批准/批文(with the leave of the court)。

接下去在 Section 1(4)就说到 1 (3) (b)的批文在什么情况下法院才会给予。这是:

"The High Court shall not grant leave under subsection 3 (b) above unless it considers that, having regard to all the circumstances[190], the determination of law concerned could substantially affect the rights of one or more of the parties to the arbitration agreement;[191] and the court may make any leave which it gives conditional upon the applicant complying with such conditions as it considers, appropriate."[192]

注意在 1979 年《仲裁法》生效的早期,申请人上诉批文很多。看来,1979 年《仲裁法》的目的没有达到。因为去说服法院在裁决书内改变有关法律,肯定会有重大影响(胜变败,败变胜)并不困难,甚至是理所当然。加上,争议金额高。而这正是 1979 年立法批准上诉关键的条件/要求。

所以,在 The "Nema" (1981) 2 Lloyd's Rep. 239 (H. L.)中,高院一审著名 Goff 大法官给予上诉批文。该裁决书内法律观点或问题是,合约受阻是否必须及于整个合约或可以分开受阻。显然,上诉后若是法院改变了裁决书对该法律问题的裁决,一定会对双方当事人产生重大影响:胜变败,败变胜。基于 1979 年《仲裁法》这样的文字/措辞,Goff 大法官只能判决,给予上诉批文(leave to appeal)。

但这一著名先例一直上诉至贵族院,Diplock 勋爵否定了给予上诉批文,并针对上诉批文的申请就高院将来如何行使裁量权作出了一连串的指引,这就是著名的"Nema 指引"(Nema guidelines)。

"Nema 指引"把法律问题一分为二:第一种是在实际中很少遇到的"一次过"(one-off)法律问题,这种能获上诉批文的机会接近于零。第二种是有普通广泛影响的法律观点,例如解释一份重要标准合约格式的其中一条条文,或是中东的以埃战争导致苏伊士运河封闭是否令预期通过该运河的买卖合约或租约受阻等,这种能获上诉批文的机会较高。

---

〔190〕 高院不应该给予批文/批准除非是考虑了整体情况。

〔191〕 认为判决有关法律会严重影响一方或多方当事人的权益。

〔192〕 高院可在给予批文/批准的同时订下适当的先决条件(例如要申请人,一般也是败诉方,先要把败诉金额存放在法院作为担保)。

“Nema 指引”其实没有加在 1979 年《仲裁法》的内容,它是贵族院后来的补充,认为这样才体现了 1979 年立法的本意。但到 1996 年《仲裁法》,这“Nema 指引”已被加上成为立法的部分,是在 Section 69(3)。

2.3.5.3.4 1979 年立法下的有原因或没有原因裁决书

1979 立法下法院既然不能再在裁决书中挑出法律问题与事实问题的表面错误然后去撤销(set aside)它,仲裁庭也没有必要作出只有“机密原因”的“没有原因裁决书”(unreasoned award)了。但在伦敦的海事仲裁员仍是这样做,因为有了另一说法或理据。即,在 1979 年《仲裁法》下,Section 1(6)(a)要求其中一方当事人(或双方当事人)事先要求仲裁庭去作出一个“有原因裁决书”(reasoned award),有了原因可让法院从裁决书中看到申请上诉的相关法律问题,才能决定批不批准(grant leave to appeal)。若当事人不去事先要求,仲裁庭没有必要作出“有原因裁决书”,败诉当事人也就没有机会就法律问题出错或有疑点(这方面在“机密原因”看出)上诉法院去更正了。伦敦海事仲裁员,包括“伦敦海事仲裁委员协会”(London Maritime Arbitrations’ Association 或简称 LMAA)的理据是:任何一方当事人想上诉法院,应事先下决定,提出要求一个“有原因裁决书”,不能作出了裁决书后发觉败诉才想到上诉去扭转败局,“再来一次”(have a second bite of the cherry)。这种心态,到了 1996 年《仲裁法》仍在延续,这方面后详:请看 2.3.5.5 小段。

2.3.5.3.5 事先要求一个有原因裁决书的相关问题

已经说过要去事先要求一个“有原因裁决书”的重要性,特别在伦敦的海事仲裁,除非有一方当事人决定不去上诉法院,无论裁决书内容是如何错误或/与令人意外,导致惨败。这样的情况通常只发生在索赔/争议金额很低,所以胜败也就算了。故此在 LMAA 的“小金额索赔程序”(Small Claims Procedure 或简称 SCP),就规定只作出“没有原因裁决书”排除上诉法院的可能性。注意事后(在裁决书作出后)提出要求原因无效:Three Valleys Water Co. v. Binnie (1991) CSW 90。

至于如何向仲裁庭提出,仲裁一向不要求什么形式或格式。会有当事人在“索赔请求”(claim submissions)或“抗辩请求”(defence submissions)结束前加一句说:“我要求一个有原因的裁决书”(I ask for a reasoned award)。或是:“请作出一个有原因的裁决书”(Please issue an award with reasons)。但太早提出,又怕仲裁庭会忽略,所以在开庭结束前当事人会再提醒一下或事后以书面提醒一下。

若是提出了要求,但仲裁庭仍不给予裁决书原因,或现实更有可能,就是仲裁庭的原因太简单,言之不详的情况,法院的救济根据 1979 年《仲裁法》之 Section 1(5)即,法院可下令仲裁庭给予足够原因。Section 1 (5)是说:

“…it appears to the High Court that the award does not or does not sufficiently set out the reasons for the award, the court may order the arbitrator or umpire concerned to state the reasons for his award in sufficient detail to enable the court, should an appeal be brought under this Section, to consider any question of law arising out of the award.”

一个有趣的小问题是原仲裁庭作出或多作出原因,这些工作/时间能否去收费。由于当时很可能原仲裁庭已是 functus officio,与双方当事人再没有联系。加上,要求作出或多作出原因来自法院命令,不是任何一方当事人,原仲裁庭必须去办,以免犯法。故此,除非法院命令中有所针对,原仲裁庭会是“白干”。这到了 1996 年《仲裁法》才有所改善:Section 70 (5)。

现实中,伦敦海事仲裁员若被当事人要求作出“有原因裁决书”(reasoned award),就估计到将来有申请上诉的一步与法院可能会下令多作出原因。故此,干脆一开始就在裁决书中尽量写得细、写得详尽,以免将来被法院下令。所以,伦敦海事仲裁员有说法是作出一个“有原因裁决书”比一个“机密原因裁决书”昂贵。

最后值得一提的是水平不高人士最好避免在伦敦做仲裁员。因为拟订裁决书,头头是道与有说服力地去针对双方当事人的每一个争端绝非易事。但在 1979 年《仲裁法》下,又无法含糊其词,蒙混过关,因为法院会下令。相比之下,香港立法之《联合国示范法》(UNCITRAL Model Law)也要求仲裁庭作出“有原因裁决书”,但由于没有英国 1979 年立法机制,就出现不少这种裁决书,含糊其辞或随口一句“我接受原告的争议/说法”,但不讲接受的充分理据,可是不满的当事人一点办法也没有。

2.3.5.3.6 豁免上诉协议(exclusion agreement)

1979 年《仲裁法》主要目的之一是想去吸引可能有政治味道的商业合约,即一方或双方当事人是某国的政府或国有企业的所谓“supra-national contracts”。例如,大亚湾核电厂或北京奥运会与外商订的相关工程或提供设备等合约都会属于这类合约。这种合约有政治味道,因为在各方面例如涉及国家机密或有领导人参与拍板,需要作证等。这样一来,为了面子或/与不想在公众曝光,就只能接受伦敦仲裁但决不能接受英国(或任何其他国家)法院的管辖。

虽然在 1979 年立法下加上“Nema 指引”,成功申请上诉并非易事,但风险仍有,故不足以吸引“supra-national contracts”去伦敦仲裁。唯一的办法是允许它们在订约时完全豁免上诉的可能性。这规定在 1979 年《仲裁法》之 Section 3。它的有关文字/措辞是:

“3(1)(a)The High Court shall not, under Section 1 (3) (b) above, grant leave to appeal with respect to a question of law arising out of an award,[193] …

if the parties to the reference have entered into an agreement in writing (in this Section referred to as an ‘exclusion agreement’)[194] which excludes the right of appeal under Section 1 above in relation to that award…”[195]

该豁免上诉协议在文字/措辞可以(但不肯定,也没有相关先例)只是在合约的

---

〔193〕 高院不应给予上诉批文/批准。

〔194〕 如果仲裁的双方当事人已订了/约定了一个书面的豁免上诉协议。

〔195〕 排除了对该裁决书上诉的权利。

仲裁条文中(如“伦敦仲裁”多加一句说:“裁决将具有最终约束力,任何一方当事人不得上诉法院”(The award shall be final and binding, neither party shall appeal to the court)。这种协议在1979年《仲裁法》生效前属于违反公共政策而视为无效:Czarnikow v. Roth Schmidt & Co. (1922) 12 Lloyd's Rep. 195。

另一个有趣的例子是有关“国际商会”(International Chamber of Commerce 或简称 ICC)1988年版本的仲裁规则,Article 24 说:

“…by submitting the dispute to arbitration by the International Chamber of Commerce, the parties shall be deemed to have undertaken to carry out the resulting award without delay and to have waived their right to any form of appeal insofar as such waiver can validly be made.”

这一条文在3个英国先例中被判是有效的“豁免上诉协议”(exclusion agreement)写法:Arab African Energy Corporation Ltd. v. Olieprodukten Nederland N. V. (1983) 2 Lloyd's Rep. 419;Marine Contractors Inc. v. Shell Petroleum Development Co. of Nigeria (1984) 2 Lloyd's Rep. 77; Sanghi v. TII (2000) 1 Lloyd's Rep. 480。

2.3.5.3.7　不准豁免协议的例外

众所周知,伦敦是国际商务仲裁的中心。由于许多仲裁是“随意仲裁”(ad hoc arbitration),所以案件数目只能去估计。在1986/1987年笔者有过一个数字,是 Margaret Rutherford 女大律师的一文“Arbitration:be there dragon?”, 84 Law Society's Gazette, p. 2422 (2.9.1987)说到伦敦每年有50,000个仲裁员的委任并作出共10,000个裁决书。估计这20年来至今,这个数字以倍数增加也十分可能。可见,伦敦确是世界上最最重要的商务仲裁中心。英国也因此赚取大量的无形出口(invisible export),在1986年说是9,375,000,000英镑。在伦敦的仲裁,大多有涉外因素。而且,与“英国商业法院”(Commercial Court)关系密切。估计商业法院的一半工作量与仲裁有关:The “Lysland” (1973) 1 Lloyd's Rep. 296 的 Kerr 大法官说:“That probably more than half of the work of the Commercial Court arises out of reference to arbitration.”

自然的后果是:英国商法的发展与来自仲裁的法律观点/问题上诉关系密切。反过来,英国商法的发展、完善与追上时代更吸引大家去伦敦仲裁,造成了一个互动的良性循环。以租船为例,近20/30年来以期租形式为主。它主要使用的标准格式是美国的“纽约土产”(NYPE)。但由于英国商业法院案例多,足够去写一本厚厚的《Time Charters》权威书籍以针对每一方面细节。反而是美国由于《联邦仲裁法》基本上不允许上诉,所以再没有期租案例,更无法去成体系写一本书。美国如此,其他国家更不必提。这一来,频频出现争议的期租合约只能去参考英国法的“Time Charters”一书,这就在不知不觉中更加信赖英国法,更愿意让伦敦仲裁去解决争议。由于这个原因,加上其他原因,令近年来纽约海事仲裁大大落后于伦敦海事仲裁。

英国有识人士了解这方面的重要,知道若去把裁决书上诉法院的大门完全关掉,会有危险走美国的路,令商法的发展与完善几乎完全停顿。所以,规定了一些例外,不准该类合约(被称为“special categories”)去约定“豁免协议”(exclusion agreement)排除上诉法院。除非是,在开始仲裁后才约定的豁免上诉协议。这是“滑头话”,因为到了这个地步双方当事人绝少能达成任何实质性协议。若是能,他们也会去和解,不必关心将来可能的上诉法院应否去排除这个遥远的问题。

这些例外在1979年《仲裁法》之Section 4,是:

“(a) a question of claim falling within the Admiralty jurisdiction of the High Court, or(海事索赔)

(b) a dispute arising out of a contract of insurance, or(保险合约争议)

(c) a dispute arising out of a commodity contract(商品买卖合约争议).”

立法的意图是依靠这3类的商业合约,足够去协助英国商法的发展,“与时俱进”与完善。这3类合约,特别是海事(提单、租约等)早已是英国商法(也包括了合约法、仲裁法等)完善的主要支柱。而且,它们不像supra-national contracts,一般不怕去法院曝光。巧的是,笔者工作涉及所有这3类合约。这也表示通过笔者走的这条途径可以去全面学好与了解英国商法。希望中国青年也明白走同样的路是一条前途光明的道路。

另一种不准去豁免上诉法院的是根据“本土仲裁协议”(domestic arbitration agreement)作出的裁决书。这是在1979年《仲裁法》之Section 3 (6),说:

“An exclusion agreement shall be of no effect in relation to an award made on, or a question of law arising in the course of a reference under, an arbitration agreement which is a domestic arbitration agreement…”

而对“本土仲裁协议”的定义是在Section 3 (7),即在订约时双方当事人都是英国人(自然人或法人)。这也公道,他/它们是“义不容辞”应受英国法院管辖。

2.3.5.4　裁决书法律观点上诉法院:1996年《仲裁法》下的地位

1996年的立法不像1979年,1996年立法是全面替代与革新1950年的《仲裁法》,而1979年的《仲裁法》,只以“有条件的上诉”去主要替代了1950年立法之“特殊事项”(case stated或special case)。其他方面的仲裁程序仍是依照1950年《仲裁法》的“主法”(main或principal Act),故通常被称为“1950—1979 Act”。而1996年《仲裁法》,正是全面替代了“1950—1979 Act”。当然,今天仍有仲裁案件适用“1950—1979 Act”,因为它们开始仲裁的日子早于1996年《仲裁法》的生效日(是1997年1月1日)。

至于在1996年《仲裁法》中就裁决书内的法律观点/问题上诉到法院的做法或机制与1979年《仲裁法》大致相似。当然,1996年立法仍有一些重要的改变(如把“Nema指引”加进了立法,强制要求仲裁庭作出“有原因的裁决书”而不必当事人先提出要求等),这在接下去段节详及。

2.3.5.4.1　裁决书内的法律问题错误可在有批文的情况下上诉到法院的做法不变

在做法/机制上,1996年《仲裁法》追随1979年立法,维持不变。这是在Section

69(1)至(2),如下:

"(1)Unless otherwise agreed by the parties, a party to arbitral proceedings may (upon notice to the other parties and to the tribunal) appeal to the court on a question of law arising out of an award made in the proceedings …

(2)An appeal shall not be brought under this Section except:

(a) with the agreement of all the other parties to the proceedings, or

(b) with the leave of the court."

上述(a)的第一种情况有但是不多。这方面已在本章2.3.5.3.3小段谈及,并介绍了这种情况的案例 The "Golden Victory" (2005) 1 Lloyd's Rep. 443。这种情况下不必再申请上诉批文的(b)。接下去的段节是有关(b)的上诉批文申请。

2.3.5.4.2　批准上诉法院有什么条件?

这是在1996年《仲裁法》之 Section 69(3),说:

"Leave to appeal shall be given only if the court is satisfied-[196]

(a) that the determination of the question will substantially affect the rights of one or more of the parties;[197]

(b) that the question is one which the tribunal was asked to determine;[198]

(c) that, on the basis of the findings of fact in the award-[199]

(Ⅰ) the decision of the tribunal on the question is obviously wrong, or[200]

(Ⅱ) the question is one of general public importance and the decision of the tribunal is at least open to serious doubt, and[201]

(d) that, despite the agreement to resolve the matter by arbitration, it is just and proper in all the circumstance for the court to determine the question."[202]

接下去的段节探讨这4个批准上诉法院的条件。

2.3.5.4.2.1　第一条件:重大影响一方或多方当事人权益

---

[196] 批准/批文的给予只会在法院满意下列要求/条件。

[197] 第一是法律问题的决定重大影响了一方或多方当事人的权益。

[198] 第二是有关法律问题已向仲裁庭提出要裁决(原因之一是让仲裁庭审理争议,法院不该去抢来审理,所以不能去"上诉"新争议或争端。二是新争议或争端往往涉及一些事实作为背景,而事实的认定必须靠仲裁庭。正如Thomas大法官在The "Agamemnon" [1998] 1 Lloyd's Rep.675所说:"…it would be unjust to allow the arguments to be raised …This is because the arbitrators will have to make findings of fact by reference to that case. If it is not made before the arbitrators, it will not be possible to make it on an appeal")。

[199] 第三是根据裁决书所认定的事实(接下去是著名的"Nema 指引")。

[200] 仲裁庭对问题的决定明显错误。

[201] 对一般大众有重要性的问题,以及仲裁庭的决定有严重疑点(即在这类法律问题尺度有一点宽松)。

[202] 第四是尽管同意仲裁解决争端,但考虑了所有该案件的环境,认为让法院考虑法律问题是公道与适当的。

这个条件也是1979年《仲裁法》之Section 1(3)(b)的唯一条件。已在本章之2.3.5.3.3小段讨论,"重大影响"(substantially affect)应是令当事人"胜变败,败变胜"。而且,涉及争议金额大,这会是最重要的一个考虑因素。另一反面例子是事实问题,已判了败诉方"死刑",法律问题/观点已是无关紧要。

2.3.5.4.2.2　第二条件:有关法律问题已向仲裁庭提出要裁决

这个立法条件推翻了Petraco (Bermuda) Ltd. v. Petromed International SA (1988) 2 Lloyd's Rep. 357先例。它判定法院有裁量权让新想到的法律问题上诉到法院。

在1996年《仲裁法》下,法院不允许上诉一个"新的"(new)或"面更广"(wider)且在后来想到(如换了律师)的法律问题/争议,这些问题在仲裁庭面前没有提出过;The "Seta Maru" (2000) 1 Lloyd's Rep. 367之377页。这是一个有关造船合约的仲裁。该造船合约内有一些常见的条文针对交船后发现缺陷的情况,例如12个月内发现的"担保修理"(guarantee repairs)与一条十分广泛保护船厂的免责条文(IX.3),即除了担保修理外一切损失不负责任,包括像缺陷导致的间接损失、特殊损失,等等。在交船后的3年(即担保修理期满后的2年),发觉船底烧焊有缺陷,导致进水并造成事故。船东于是向船厂索赔损失(包括修理费与船价下跌)。在仲裁中途,船厂要求仲裁庭先对一个"事先争端"(preliminary issue)作一个中间裁决。即,即使船东证明了船厂对船底烧焊与所有有关损失有责任,但根据免责条文IX.3,船厂是否要负责呢?结果,仲裁庭的裁判对船厂不利,船厂于是以1996年《仲裁法》之Section 69上诉法院,有关法律问题/观点是免责条文之IX.3的解释与合约下什么损失可索偿。

在仲裁中,文书请求已有一些指控如船厂提醒焊工船东会对什么地方作出检查,即示意这些地方要小心。另有一次船级社曾要求"电子检查"(radio-graphic inspection)烧焊,但船厂没有跟进。总之,船底烧焊缺陷是大事件,会有灾难性后果。

去了法院,船东(买方)把在仲裁中所争辩的地方扩大(根据事实仍是一样)。虽然不至于指船厂欺诈(明知船舶严重不适航仍让它交船启航),但争辩十分严重的违约(以前一度称为"基本违约")可能导致免责条文无效/不适用。在这一点,判决是说:

"At the hearing before the Court, the buyers took a wider position, though they made it clear that they were not advancing a claim for fraud or deceit. They referred to a passage in the 10th ed. of Professor Sir Guenter Treitel's treatise on the Law of Contract (1999) at p. 205 ff. where there is a discussion of the question of the seriousness of a breach of contract in relation to an exemption clause; a difficult question remained unresolved as to the effect of the decisions in Suisse Atlantique Société d' Armement Maritime S. A. v. N. V. Rotterdamsche Kolen Centrale, [1966] 1 Lloyd's Rep. 529 and Photo Productions Ltd. v. Securicor Transport Ltd., [1980] 1 Lloyd's Rep. 545; [1980] A. C. 827 on a number of cases where the seriousness of the breach had been a ground for holding an exemption clause did not apply. The discussion then analysed the question of seriousness by reference to the nature of the term broken, the consequences of the breach and the manner of the breach."

而 Thomas 大法官同意船厂的说法是根据 1996 年《仲裁法》,船东(买方)不能去扩大争辩。这是一个针对"事先争端"的法律问题上诉,若去容许扩大,加入新争端,会像法院抢了仲裁庭的裁决权。Thomas 大法官这样说:

"I consider that there is force in the argument that the Court should not consider the issue on a wider basis than that argued before the arbitrators. This is an appeal under the Arbitration Act solely on a question of law on a preliminary issue in an arbitration. The determination reached by the arbitrators to hear a preliminary issue and their decision on that issue was on a much narrower basis than the basis on which it became clear before the Court that the buyers' claim was actually made. It seems to me that it is for the arbitrators to decide whether it is now impermissible (as the builder contended) for the buyers to advance the case actually contained in their pleadings, whether a preliminary issue is appropriate in those circumstances and what course to adopt. These are procedural matter within the jurisdiction of the arbitrators and not within the jurisdiction of the Court on an appeal on a question of law. It is not for the Court to pre-empt that decision by determining the question in the preliminary issue on the basis that actually emerged from the pleadings, given the position taken by the builder in relation to whether it is permissible for the buyers to advance that case."

向法院提出申请,一定要申请人作出一个"证人证言"去列出有关证据以满足 Section 69 的要求,例如仲裁庭被要求去裁决的申请上诉法律观点。法院喜欢先去看裁决书并以它的内容做出决定。若是裁决书的裁决并不清楚,法院会允许额外证据,例如仲裁中的文书请求。最后一提是在仲裁中,如果双方当事人没有法律代表,则法院会较宽松,即使是有关法律观点没有特别提出:Dwr Cymru Cyf v. Jones Bros (Henllan) Ltd., 4.4.1999 (Humphry Lloyd, QC 大法官)。

2.3.5.4.2.3　第三条件:Nema 指引或 Nema / Antaios 指引

这来自普通法的指引,已在 1996 年《仲裁法》被立法吸收。指引把案件一分为二:

(1) 仲裁庭的裁决明显错误。

(2) 法律问题对一般大众有重要性,以及法院对仲裁庭的决定有严重疑问。

2.3.5.4.2.3.1　1979 年立法与 1996 年立法相比

1996 年立法基本上跟从 1979 年立法,并加上普通法增加的"Nema 指引",但其应是更严格控制上诉法院的机会。改变有以下两点:

(1) 取消了在 2.3.5.3.7 小段所介绍的 3 种"special categories"合约(即海事索赔、保险合约争议与商品买卖合约争议)。即它们亦可为豁免上诉而订协议(如何做法后详)。

(2) 1996年《仲裁法》已不去区分本土与国际仲裁。

但在 The "Northern Pioneer" (2003) 1 Lloyd's Rep. 212 却另有看法。上诉庭的 Phillips 勋爵,MR,认为1996年立法相比 Diplock 勋爵在 The "Nema" (1981) 2 Lloyd's Rep. 239 (H. L.)说法"更宽松"(broader)。他说:

"The criterion for granting permission to appeal in s. 69(3)9(c)(ii) was that the question should be one of general public importance and that the decision of the arbitrators should at least be open to serious doubt: those words imposed a test which was broader than the requirement that permission to appeal should not be given unless the Judge considered that a strong prima facie case had been made out that the arbitrator had been wrong in his construction."

上述的后一句话是 Diplock 勋爵在 The "Antaios" (1984) 2 Lloyd's Rep. 235 所说,针对是解释标准合约,这也是被认为对一般大众有重要性,如下:

"My Lords, I think that your Lordships should take this opportunity of affirming that the guideline given in The "Nema" that even in a case that turns on the construction of a standard term, "leave should not be given…unless the judge considered that a strong prima facie case had been made out that the arbitrator had been wrong in his construction."

笔者本来没去想到文字上有差别,以为是1996年《仲裁法》的"Nema 指引"部分跟从了"1979年立法加上普通法增加的 Nema 指引"。但看过 The "Northern Pioneer" 上诉庭判例后再去想想,确是法院认为(这是裁量权)有"严重疑点"(open to serious doubt)比认为"表面看来强烈认为仲裁员错了"(strong prima facie case had been made out that the arbitrator had been wrong in his construction)较宽松(broader)。前者是1996年《仲裁法》的文字/措辞,后者是 The "Antaios"贵族院先例的判词。分别可以 The "Northern Pioneer"案情为例:它涉及解释一条在"纽约土产"(NYPE)期租合约内的"战争消约条文"(war cancellation clause),该法律问题/观点显然对一般大众(航运界)有重要性。该"战争消约条文"的国家中包括了德国,这也是 The "Northern Pioneer"的船旗国。条文说明这些国家一旦涉及战争,船东或承租人可取消/中断租约。在1999年3月,德国作为"北约"(NATO)成员派出军队去东欧前南斯拉夫的 Kosovo 维持和平。估计是运费市场不好,承租人借机取消合约。在伦敦仲裁,仲裁庭有3位著名成员。名字是 Christopher Staughton, Adrian Hamilton 与 Kenneth Rokison。他们都是十分资深的御用大律师。Staughton 先生更是上诉庭退休大法官。

仲裁的结果是2:1,多数意见/裁决是(除了 Staughton 先生):Kosovo 发生的事件并非是"战争",而德国也谈不上是参与。另外,也裁决了承租人若有权取消合约,也拖了太久,过了合理时间,算是弃权,而这一点是三位一致的裁决。

在承租人以 Section 69 申请上诉批文,高院的 Tomlinson 大法官拒绝给予批文/批准。

去了上诉庭，Phillips 勋爵作出了上述所讲的分析并认为 1996 年《仲裁法》应是更“宽松”（broader）。以本先例为例，三位著名高水平仲裁员之间有不同意见，这不正是对多数人意见为准的裁决书有了“严重疑点”（serious doubt）吗？但要“表面看来强烈认为这多数仲裁员的裁决是错了”恐怕是难得多了。不论是什么意见/决定，是正是反，在水平高的仲裁员都能说得头头是道，怎会是裁决书看来强烈认为是错了？不能头头是道争辩的一方并非是真理一定不在他那里，而是因他没有水平，是文盲的农民。英国有一句名言，在 Toprak v. Finagrain（1979）2 Lloyd's Rep. 98 最后一段提及说：“… the adage that no case, however impossible, is unarguable.”

但上诉庭最终没有以 1996 年《仲裁法》的“Nema 指引”（Section 69[3][c][ii]）给予上诉批文，因为仲裁庭已一致裁决承租人过了合理时间去取消租约（即使是有权），构成弃权。这一来，Kosovo 是否“战争”与德国有否参与已是无关，左判右判，承租人是“死定”了。这不符合第一条件之“重大影响一方或多方当事人权益”：在 2.3.5.4.2.1 小段。

所以，可节录 Phillips 勋爵在这方面的说法，如下：

“The difference of view between the experienced arbitrators on the meaning of war provided of itself ground for contending that the decision of the majority was at least open to serious doubt; had it not been for the fact that the arbitrators' decision on the 'time' issue rendered the question academic; and it would have been open to Mr Justice Tomlinson in accordance with s. 69 of the Act to follow his inclination and give permission to appeal.”

换言之，光在这一点（解释“战争消约条文”），上诉庭认为高院应批准/给予批文上诉法院。

这一个重要先例给了笔者一些想法，如下：

（A）这是第一炮显示了“反潮流”的趋势，就是倾向放宽对裁决书申请上诉法院的批准/批文。这个趋势近期十分明显，稍后再详论。

（B）看来，裁决书有一个少数不同意见，特别是来自一位著名/有水平的仲裁员，已有 The “Northern Pioneer”先例说明这构成了“有严重疑点”（open to serious doubt）。只要有关法律问题/观点是对一般大众有重要性与重大影响权益，上诉批文的给予应不成问题。故此，裁决书的“不同意见”（dissent）十分关键。

（C）但多数的意见（也是裁决的结果）才是裁决书本身，不同意见并非是裁决书的一部分。故在 Cargill v. SIMSA（1998）1 Lloyd's Rep. 489，上诉庭判是由多数决定是否容许少数不同意见去附加在裁决书后，说：

“It was for the majority to decide whether the courtesy to allow a dissenting opinion to be attached to the reasons of the majority should be extended to the dissenting arbitrator; and unless the rules or arbitration agreement were to provide expressly to the contrary a dissenting arbitrator had no right to insist on his dissenting reasons forming part of the reasons for an award.”

但这个法律地位也难不倒笔者(若是在裁决书上持不同意见),就是公开把不同意见传真给双方当事人,说明因为多数的仲裁庭成员不容许在裁决书加上不同意见,故只能以此办法告知双方当事人。估计败诉当事人一样可以有办法去利用这份传真。

(D) 关键的仍是"不同意见"(dissenting opinion)要写得好,写得有说服力,公正与公道,这才能令法院产生一个"严重疑点"。另外也可写上像:"this case raises a question upon which it is well known that there is a division of view between leading London arbitrators"的字样,更会增加上诉批文给予的机会。

2.3.5.4.2.3.2 一次过(one-off)与对一般大众有重要性案件的区分

这种区分有十分实际的重要性,因为"一次过"(one-off)案件的上诉批文申请成功率几乎是零或极少。但对一般大众有重要性的案件,机会应是大多了,特别在今天英国法院普遍在放松上诉批文的给予,主要为发展与完善英国商法。的确,对一般大众有重要性的法律观点/问题才起到这个作用,而一次过的法律观点就关系不大或少多了。难怪,不少上诉批文的申请首先力争的是案件属于哪一类。

"一次过"案件上诉难处可引用一些主要先例的名言作为说明。

首先是 The "Rio Sun" (1981) 2 Lloyd's Rep. 489, Griffiths 大法官说:

"That in a 'one-off' case in the absence of special circumstances, leave should not be given[203] unless on the conclusion of agreement on the application for leave the court has formed the provisional view that the arbitrator was wrong[204] and considers that it would need a great deal of convincing that he was right."[205]

另外在 The "Kerman" (1982) 1 Lloyd's Rep. 62, Parker 大法官在节录"Nema 指引"后说要光看裁决书就有结论仲裁员"明显犯错"但不排除会被后来的争辩改认为是"正确":

"It also contemplates immediate refusal of leave unless (1) on merely looking at the award the Judge concludes that the arbitrator was obviously wrong[206], (2) in cases where although on perusal of the award the Judge's impression is that the arbitrator was obviously wrong, he regards it as possible that he might be persuaded by argument that the arbitrator might be right[207]. It must be rarely, if ever, that a Judge can exclude the possibility that

---

[203] 在"一次过"案件,除非有特殊情况,批文不应该给予。

[204] 除非在双方当事人争辩后,法院达成一个暂时看法是仲裁员判错了(暂时看法是申请只有 15 分钟至半小时左右的聆讯,不是全面的开庭审理)。

[205] 或虽要许多的游说才会被说服仲裁员是判对了(这显然只会在全面开庭审理后才发生)。

[206] "Nema 指引"是要马上拒绝上诉批文除非仅看裁决书就有结论仲裁员明显犯错。

[207] 第二是法官印象仲裁员明显错了,但有可能他会被说服,在双方全面争辩后改为认为仲裁员会是正确。

he might be persuaded by argument that the arbitrator might be right[208]. It may be that he considers it unlikely, but it appears to me that such a possibility must nearly always exists[209]. On this basis, no one would ever get leave in a 'one-off' case in the absence of special circumstances[210] and I can't think that this is what the House of Lords intended ..."[211]

到了1996年《仲裁法》,对"一次过"案件已说明准则是"明显犯错"(obviously wrong)。在 Egmatra v. Marco (1999) 1 Lloyd's Rep. 862, Tuckey 大法官是这样解释的:

"The test to be applied is clear.[212] It is not enough to say maybe they were wrong[213] or even that there is only a possibility that they were right[214]. The Court has to be satisfied that the arbitrators were obviously wrong on a question of law."[215]

要知道,有水平的仲裁员即使犯错,也懂得避重就轻,不利事实/证据不提,表面上说得头头是道,自圆其说。所以光凭看裁决书就能发现明显犯错的可能性很小,笔者见过上百上千的裁决书,粗略估计这种明显情况不到三四回。即使有"不同意见"(dissenting opinion),而且批评尖锐,也只是感觉仲裁庭意见不同/对立,但表面看各有道理,通常不足以下结论说裁决书的多数意见明显犯错,而少数的不同意见则明显正确。裁决书能光凭看看就认定有明显犯错往往发生在水平差的仲裁员,他们判对了但也说不出令人信服的理由或原因。这也有点像高水平的政客,他/她们的话说得动听,有说服力,但话的背后并不代表正确。

另外在 Egmatra v. Marco 先例,Tuckey 大法官有不同与更严格的说法,就是"只有一点可能性是正确"也不足以让法院去插手。

这样一来,造成了"一次过"(one-off)案件的上诉批文申请几乎是无望。当然,凡事有例外。笔者曾遇到过一次裁决书先是长篇大论说承租人小工损坏了船舶,但由于不影响适航,可押后至船进干坞年检时一并修理,所以不能索赔估计修理时间损失,只赔估计修理费,并举一些案例支持。至此,裁决书完全正确。但接下去独任仲裁员接受了船东的专家证人所估计的修理费。这本来也是无所谓,因为承租人愿意

---

〔208〕 很少会有情况是一位法官敢去排除任何可能性他会被说服。

〔209〕 他(法官)认为不太可能,但看来可能性总会存在(当然了,这是社会科学,总不能说死)。

〔210〕 在这基础上,没有人能够在"一次过"案件会获得上诉批文,除非是特殊情况(特殊情况是如争议金额非常庞大)。

〔211〕 我不相信这是"Nema 指引"的贵族院所想……

〔212〕 适用的准则很清楚。

〔213〕 说仲裁庭可能犯错是不够的。

〔214〕 或是只有一点可能性仲裁庭会是正确的(注意,这说法与 Parker 大法官在 The "Kerman"有点不同)。

〔215〕 仲裁庭必须在法律问题上明显犯错,才会满足上诉法庭要求。

承担这笔钱。但问题出在仲裁员一并接受了估计修理的时间损失。这一来,变成前后矛盾。在这种情况下,首先应去做的是先向仲裁员提出“文书修改”(slip rule),这是根据1996年《仲裁法》之Section 57(3)(a),说:

“The tribunal may…on the application of a party-

(a) correct an award so as to remove any clerical mistake or error arising from an accidental slip or omission or clarify or remove any ambiguity in the award…”

基本精神是:如果仲裁庭没有实质性改变,就应可以“slip rule”作出更正:The “Montan” (1985) 1 Lloyd's Rep. 189。但如果有实质性改变,仲裁庭想去更正判错之处,这就不能自己去“独行独断”了,非得要法院去“发还”(remit)裁决书重审才有唯一机会。

但由于Section 57(3)(a)包括什么裁决书错误、有不明朗或可争议之处,这不是“1加1等于3”的明显文书错误:请参阅World Trade Corporation v. C. Czarnikow Sugar Ltd. (2005) 1 Lloyd's Rep. 422。加之仲裁庭会自己吃不准而拒绝更正错误。所以,笔者(在该案件中代表承租人)想“两手准备”,因为作出裁决书后28天的时限将届满。但可惜的是,笔者说服力不足,加上中方承租人大概怪笔者起初大力支持说船东的船期/时间损失是胜诉无望,但结果并非如此,故有点怪责笔者。结果,两件事情(向仲裁庭申请“slip rule”更正与向法院同时申请Section 68与69的救济)都没有做中方船东就“投降”了。

另一罕有例外是一个建筑案例的Newfield Construction Ltd. v. Tomlinson (2004) EWHC 3051 (TCC)。它是有关费用的裁决。简单说,Coulson QC大法官指仲裁员“明显犯错”(obviously wrong),因为:

“His obvious error of law was apparent from the face of the award because he had upheld the defendants' case, rejected the claimants' case but then deprived the defendants of their costs”。

2.3.5.4.2.3.3 什么是一次过(one-off)案件?

这里主要是看个别案件或案情的“本质”(nature)与“特征”(characteristics)。大致上如下:

(A)“非标准合约条文”(non-standard contractual clause)的条文解释(construction/ interpretation)。照说,一份常用的标准合约印本应该不会是“一次过”,但合约的附加条文(rider clause)是双方当事人特别拟定后加上即应是“一次过”。但内中的争议或是疑点仍有不少,如:

(I) 一份极少人在使用的标准合约印本是否“一次过”? 例如,在租船的期租合约,大家普通使用“纽约土产”(NYPE)格式,百分比在90%—95%。BIMCO在几年前曾出版了另一份版本名为“Gentime”,但迄今据知仍没有人或绝少人去使用。这一来,出了一个“Gentime”印本的其中一个条文的争议是否算“一次过”? 估计是申请上诉一方当事人会争辩说近期“Gentime”被使用得少,但不表示将来情况不会改变。

毕竟,BIMCO 花了很大心血拟定了这一份复杂的合约,再花了不少钱去推广,总不会明知无望去白做吧？看来,能去说服法院这并非是“一次过”的机会不低,而是否给予上诉批文最终仍是法院的“裁量权”(discretion)。

(II) 私人(一家公司)合约格式(private form)是否“一次过”呢？照说,它不会对大众有关,只是有关的私人才会使用,但这也难说,像油轮租用的 Asbatankvoy 是 Exxon 的私人租约格式,但油轮租船市场上有高达 70% 的使用率。

(III) 在一份常用的标准合约内,一条“印本条文”(printed clause)被当事人加上了一些罕有的内容或文字,而争议正出在这些内容上。举例,在一份二手船买卖的“挪威格式”(Norwegian Sale Form)的“消约条文”(cancelling clause)出了争议,肯定不是“一次过”案件。但买方/卖方多加了一句说交船迟于 5 月 30 日卖方每天补偿 50,000 美元。消约条文本身的消约日是 6 月 15 日,但双方后来同意延至 6 月 30 日。这一来,卖方争议说每天 50,000 美元只适用于 5 月 30 日至 6 月 15 日,而后来延至 6 月 30 日的 15 天不包括在内。这种争议应属于“一次过”,将来难以重见。同时,一些常见的附加条文(rider clause),例如在海事的租船合约中附加条文常有的 Interclub Agreement(这是有关船东与承租人互保协会在期租发生货损如何分摊的协议),Stevedove Damage(这是针对装卸小工因疏忽造成船舶损坏的各种要求)等都不会马上被视为“一次过”,虽然有个别争论可能是特殊的,导致上诉批准拿不到。

(IV) 虽是一份常用的标准合约内印本条文,但适用在非常罕见、不寻常或特殊的案情,将来不大可能再发生/重演。这可举 The “Kerman” (1982) 1 Lloyd's Rep. 62 为例,提单合约有一条文说:

“The shipper expressly authorizes the carrier to load cargo on deck, being the acceptance and signature of the present bill of lading as written authorization… in case the carrier makes use of this faculty, he should cover at his own expense the insurance of the extra risk of jettison and or washing overboard…”(发货人授权承运人可把货物装在甲板,但承运人想这样做必须去加保。)

这种条文也会在其他船公司的提单格式中出现。但 The “Kerman”案情是双方(发货人与承运人)早已同意把货物装在甲板。半途中,部分货物被大浪冲走。而事实上是承运人没有为货物加保,反而是货方为甲板货加了保。但货方保险人以“代位”(subrogation)向承运人起诉,指称后者违反了这第 11 条文,没有去加保。但承运人抗辩说第 11 条文不适用,因为本案件是根据双方一早的协议去装甲板货,并非是第 11 条文的承运人事后在已获授权下私下去把货物装在甲板。结果仲裁的独任仲裁员也同意了承运人的说法。这样一来,败诉的货方保险人向法院申请上诉批文。Parker 大法官认为这只是“一次过”案件,因为针对的并非是第 11 条条文本身的解释,而是能否去适用在一个已经早有了协议去装货在甲板的独特的案情。Parker 大法官说:

“The arbitrator held that there was an antecedent agreement that the cargo in question should be loaded on deck, and, consequently, that it was not loaded on deck pursuant to the authorization or faculty, and there was, therefore, no obligation (to insure) in the present case. On the face of it this is a classic 'one-offer' case. The question for the arbitrator was simply whether the clause applied where there was a positive antecedent oral agreement to load on deck."

Parker 大法官也说到(66 页左):

"If the question of law concerns the application of a standard clause to 'one-off' events, the criteria to be applied are similar to those prevailing in cases involving the construction of 'one-off' clause."

(IV)虽是一些重要的法律原则,但适用在一些特殊的案情/事实即会是"一次过"案件。例如,合约受阻(frustration)的适用。若有关争议的案情/事实是影响大众,有广泛重要性,就应给予上诉批文。在"Nema 指引",Diplock 勋爵就提到了"苏伊士运河"(Suez canal)因以埃战争引起的封闭会否令相关买卖合约/租约受阻的好例子。笔者可多提一个例子,中国在 2004 年 5 月短暂禁止进口部分国际粮商巴西大豆事件,导致中国进口商纷纷以合约受阻违约,结果被国际粮商在伦敦以仲裁起诉索赔数以十亿美元,案件有好几十宗。看来,这也不是"一次过"案件。相关的受阻,国际粮商是否有错(以前进口有毒的巴西大豆导致列进黑名单),免责条文,损失的计算等的法律问题一经上诉,即会对其他跟随的同类案件有澄清与肯定的作用。但若是受阻争议只发生在个别事件,例如有一位进口商因涉及违规被禁止进口,这就会是"一次过"案件了。Parker 大法官在 The "Kerman"(在 66 页左)说:

"In case of frustration, particularly where the events relied upon are 'one-off', the judge should normally ask himself this question[216]: Does it appear from a perusal of the award either that the arbitrator misdirected himself in law[217] or that his decision was such that no reasonable arbitrator could reach."[218]

上诉法官自问的两点,其实已是把有关案件视为"一次过",只在仲裁员"明显犯错"(obviously wrong)的情况下才去批准上诉。举例说,受阻不适用在金钱可补救、顶多只是损失大小的情况。但有关仲裁员裁判则适用,可一并考虑。这即是对有关法律"捉错路"(misdirect),令原属"一次过"案件也会成功获得上诉批文了。

在这类情况的案件(即重要法律原则但案情特殊)可另举 Kansa General Insurance v. Bishopsgate Insurance (1988) 1 Lloyd's Rep. 503. 该先例中,Hirst 大法官说:

"Here the sole question is whether the arbitrators correctly applied C. T. I. principles

---

〔216〕 在受阻案件,特别是案情属"一次过"时,法官应扪心自问:

〔217〕 仅看裁决书能否看出仲裁员错用受阻法律的原则。

〔218〕 或这结论是不是一位合理的仲裁员不可能会达致的。

on the facts of this particular reinsurance contract[219], which is essentially a one-off case[220]. Thus the correct test for any application for leave to appeal will be the more stringent one…"[221]

（V）有一些问题"混合了事实与法律"（mixed fact and law）。例如，一些损失是否"遥远"（remote）？这涉及一些事实的认定，例如订约时对方应拥有的知识，如合理人士应否知道违约可能会产生这类损失。又例如，合约因延误而受阻。以两伊战争为例，有八九十条船舶被关在 Shatt-el-Arab 河，无法离开。它们不少是有租约在身，但由于战争令延误变得遥遥无期，所以有关租约纷纷受阻。照说，有关受阻法律只有一套。但即使是同样的法律正确地适用在不同租约与案情，结论也不一样。有租约受阻日子较早，也有租约受阻日子较迟。但这是正常，因为每个案件的事实都不同，所以去混合受阻法律，结论并不一样。例如，租约的租期有长有短。又例如，一个租约已受阻，但在同一日子，另一个租约的承租人正在安排在巴士拉（Basrah）卸货等。

总的说，这种"混合了事实与法律"的案件一般被视为"一次过"。会批准上诉申请只在仲裁员明显犯错，在法律问题的适用"捉错路"（misdirect）或是"一位合理仲裁员不会如此决定"（no reasonable arbitrator could decide in such a way）。这是与上述（iv）的准则一样。

（VI）若涉及立法或国际公约的适用在一个案情独特的案件，也会是"一次过"案件。以 Egmatra v. Marco（1999）1 Lloyd's Rep. 862 为例，适用"维也纳货物销售公约"（Vienna Convention），涉及 38 与 39 条文，有关"货不对版"与"买方拒货的权利与做法"。货物是"铝块"（aluminum slags），根据有关质量的检验证明（the Alex Stewart quality certificate），是说铝成分超出 97%。买方后来通知卖方该货物因质量而被拒货。这涉及几个问题，如 97% 的"铝成分"（aluminum content）是否属于买卖合约部分，令买卖以该"描述"（description）成交？另有关问题是买方在公约下是否有权在合理时间内作出拒货通知，或者因为转售而留待最后买方去对货物进行检查故造成延误？仲裁庭判买方胜诉，败诉的卖方向英国法院申请上诉。但被 Tuckey 大法官拒绝批准，指称卖方无法说服他该裁决书是"明显犯错"（obviously wrong），这正是"一次过"案件的准则。

2.3.5.4.2.3.4 什么是对一般大众有重要性的案件？

针对这类案件的法律观点/问题去申请上诉批文比较容易已是明了。要了解这

---

〔219〕 这里唯一的问题是仲裁庭是否准确适用 C. T. I. 原则在特殊再保合约的事实。（C. T. I. 原则是有关保险的自动披露问题，来自 Container Transport International Inc. v. Oceanus Mutual Underwriting Assn [Bermuda] Ltd. [1984] 1 Lloyd's Rep. 476。案情是有关受保人应否自动披露给保险人有关以往的不良赔付记录。此上诉庭的案例，后来被贵族院的 Pan Atlantic Insurance Co. Ltd. v. Pine Top Insurance Co. Ltd [1995] 1 AC 501 所超越。）

〔220〕 这主要是"一次过"案件。

〔221〕 所以针对上诉申请的正确判定是较为严格的。

类案件包括些什么，更好的办法是去了解它背后的意向。这方面可节录 The "Antaios" (1984) 2 Lloyd's Rep. 235 的著名先例，Diplock 勋爵说到，批准上诉是"针对一些特别案件会带来增加、澄清或采纳现有的上诉法院指引的一些做法的改变"(in the particular case in his view called for some amplication, elucidation or adaptation to changing practices of existing guidelines laid down by appellate courts)。

这正是在本章之2.3.5.3.7小段详及的英国重视商法的发展完善与追上时代。所以，能够在裁决书表面看来不像明显有重大错误的情况而被批准上诉法院"几乎"都是能在这方面起到作用，即能去增加、澄清或采纳一些做法上的新改变可以改善一些现有的法律。说是"几乎"是因为总有例外(虽是极少的例外)，马上想到的是欧共体法律就不受"Nema 指引"的约束：Bulk Oil AG v. Sun International Ltd. (1983) 1 Lloyd's Rep. 655。

上文已经详细介绍过什么是"一次过"(one-off)案件，其中涉及了什么是"对一般大众有重要性"(of general public importance)案件。再次重复的是：

(i)解释标准合约格式的条文或相关规定。众所周知，标准合约格式(standard form contracts)通常是由相关商会所拟定以供市场使用。例如，航运的许多标准合约格式就是由一个世界最大的船东组织 BIMCO(Baltic and International Maritime Council)的文件委员会所拟定。这些不同的标准合约格式针对了所有不同的航运环节。最重要环节自然是租约：程租有"金康"(Gencon)，期租有"Gentime"与"Baltime"，光租有"Barecon"。另外还有区分不同货物或经营的租约如木材、水泥、散粮、矿沙、煤炭、集装箱(Boxtime)、海上供应(Supplytime)，等等。其他环节有提单(Congenbill)，燃油供应(Fuelcon)，船舶修理(Repaircon)，等等。

这些标准合约格式受欢迎的程度相异。像金康格式一直很受欢迎，但 Gentime 就不太成功，原因是市场上有强大竞争者，就是"纽约土产"(NYPE)的另一个期租标准合约格式。

这些标准合约格式若有了解释的问题/争议，例如涉及其中的一条条文(如免责条文)，显然这是对一般大众有重要性的案件。或说这不是 NYPE 而是少人用的 Gentime，但笔者不认为这方面是太重要的因素，因为难去预见 Gentime 永远不会受市场欢迎。而且，有了案例去解释 Gentime 更会令它加速受市场欢迎。同样的，解释结果不令人满意，BIMCO 也会设法重写有关条文。

至于合约的"相关规定"，例子可以是信用证普遍合并的国际商会(ICC) UCP500 的规定。显然，这些规定的解释也是对一般大众有重要性的法律问题/观点。

(ii)一些普及性的事件(events of general character)，是许多其他人士/案件同样遇上的。这些例子已经提过，如苏伊士运河封闭、两伊战争、巴西大豆禁止进口，等等。

(iii)一些可以有"严肃争议"(serious argument)与影响面广的"法律原则"(legal principle)问题。

(iv)若是一个重要法律问题/观点曾有过矛盾的高院判决或大法官之间看法/判法不同,这一来以上诉最终在上诉庭或贵族院统一法律地位也是有必要的。在 The "Antaios" (1983)2 Lloyd's Rep. 473,上诉庭的 Donaldson 大法官说:

"…that leave to appeal should be granted where it is known that there are differing schools of thought about a question of law of general interest, each could claim adherents amongst the judiciary.[222] My reason for expressing this view, was of course, that the whole purpose of allowing judicial review of commercial awards is to remove doubts about such questions in the general interests of the trade concerned…[223]

It is not in the interests of arbitrators or the commercial community that a situation should be allowed to continue in which there are conflicting decisions, each of which binds all commercial arbitrators."[224]

要去强调的是:即使有此情况出现(即有互相冲突的判决),也不表示肯定能获上诉批文。因为 1996 年《仲裁法》之 Section 69(3)(c)(ii)仍有其他的要求,就是裁决书显示了决定是有"严重疑点"(serious doubt)。这通常也不会发生。这在本章之 2.3.5.4.2.3.1 小段介绍了 The "Northern Pioneer" (2003) 1 Lloyd's Rep. 212,重要性在只要有一位仲裁员头头是道地持不同意见,即可构成有"严重疑点"而获上诉批文。

2.3.5.4.2.4　第四条件:案件的环境认为是公道与适合允许上诉法院

这一个条件只是加强法院对是否允许上诉批文有完全的"裁量权"(discretion)。就是,即使其他 3 个条件(包括了"Nema 指引")都完全符合,但法院认为环境并不是"公道与适合"(just and proper)允许上诉法院,则仍会拒绝给予上诉批文。在此顺带一提的是一审法院决定是给予或拒绝上诉批文即使终结,不能上诉试图改变。除非是一审法院认为有重大意义,对一般大众有重要性,才会批准上诉(这只是针对上诉批文的申请,不是有关的实质法律问题/观点)。这种情况在 The "Northern Pioneer" (2003) 1 Lloyd's Rep. 212 先例出现。这方面可节录 1996 年《仲裁法》之 Section 69(6)所说:

---

〔222〕 若针对某一法律观点有两种不同想法,令双方当事人各自称自已立场有依照先例,(法院)应给予上诉批文。(这种情况会发生在高院,因为有多位大法官,大家会有不同想法与判法。这直至上诉庭或贵族院有机会去定论后,大家才统一想法,不管个别 1/2 位大法官喜欢不喜欢,因为这是制度。另外,不是上诉庭或贵族院判决的一部分,只是"随口说说"(obiter),这不能约束下面的高院。"随口说说"会是重要的想法,例如 The "Nema" (1981) 2 Lloyd's Rep. 239 (H. L.) 的"Nema 指引"就是 obiter。故若是显示了有不同想法,也适合去批准上诉。

〔223〕 允许裁决书的司法复核/重审的原因就是为了减免对法律问题的疑点,为了贸易的利益。

〔224〕 如果任由相互冲突的判决存在对仲裁员与商界都不好,而它约束仲裁员。(因为高院判决约束仲裁员,这一来两个相互冲突的高院案例都约束仲裁员。现实中,若遇上这种情况,仲裁员也不至于无所适从,他/她可以自由选择一个信服的案例去依从。一般是在时间上较后的案例,因为它更深思熟虑,考虑了较早的案例后才做出裁决。)

"The leave of the court is required for any appeal from a decision of the court under this section to grant or refuse leave to appeal."

在没有一审法院批准上诉的情况下，上诉庭根本没有管辖权去插手：Boot Construction v. Malmasion (2000) 2 Lloyd's Rep. 625。

有什么案件的环境是不公道与不适合（unjust and improper）去允许上诉法院呢，即使所有其他条件符合？笔者分析以下情况：

(i)争议金额不高——这一点已有另一条件的约束或限制，就是第一条件的"重大影响"（substantially affect）一方或多方当事人权益，所以不必再去包括在此条件内。

(ii)双方当事人同意一个马上的裁决（instant arbitration）——海事仲裁有一种马上裁决，以帮助僵持的双方当事人肯定谁该让步或如何行事的十万火急案件。例如，船长是否有权在提单上加一个批注？或是，承租人在租约下有无权利命令船舶去装运一种危险品或驶往一处敏感/危险港口等。这种裁决会很快速，从委任仲裁员至作出裁决书只有半天。这种案件即使是完全符合了其他条件也不会允许上诉法院，因为一去上诉延误是难免的。在 The "Kerman" (1982) 1 Lloyd's Rep. 62，Parker 大法官说：

"It is plain that where the parties have sought and obtained a quick decision by arbitration in order to determine their future conduct, as opposed to seeking relief in respect of events long past, that fact alone will normally result in leave being refused."

事实上，"Nema 指引"的 The "Nema" (1981) 2 Lloyd's Rep. 239 (H. L.) 正是一个马上裁决。在独任仲裁员（Donald Davies 先生）被双方当事人委任时，随即被要求第二天开庭。双方当事人根本不去进行文书请求的交换或文件披露等的"中间程序"（interlocutory proceedings）。显然，马上裁决是需要双方当事人在程序上的合作，否则无法成事。而且争议不能涉及事实，因为取证聆讯需要时间。争议只应在法律问题/观点如租约的某一条文如何解释。

据知，事情十分紧急，匆忙中 Davis 先生把他学法律的女儿也带去开庭聆讯，之后他作出裁决书。

虽然该案件涉及重要法律原则，即一份合约可否去"部分受阻"（partial frustration），而且涉及的金钱也会不少，但众所周知是贵族院拒绝了上诉批文的申请，并给予了著名的"Nema 指引"。

(iii)双方当事人所同意的仲裁员身份带来的启示——这可以 The "Kerman" 为例，Parker 大法官在 67 页又说：

"Although the arbitration had started with commercial arbitrators,[225] the parties had

[225] 仲裁开始时双方当事人各自委任了有商业背景的仲裁员。

by agreement substituted Mr. Hallgarten as sole arbitrator.[226] This I regard as, if anything, indicative of an intention that the award should be find.[227] The parties recognized that the points were purely legal and requiring no special commercial expertise or knowledge, they therefore chose a very experienced and distinguished Q. C. to determine their differences."

上述情况不大会发生。注意如果当事人自己各自委任仲裁员,不论委任的人士是什么身份都不重要。因为即使有意向(裁决书是终局),这也只是单方面的意向。

(iv)其他情况/环境——这会是千变万化,笔者无意也无能去凭空猜测,或只举一个想得到的例子,这是双方当事人在仲裁程序后期原则上约定不要求“有原因仲裁书”(reasoned award)。在1996年《仲裁法》下,这相当于1979年《仲裁法》的“豁免上诉协议”(exclusion agreement)。但由于各种原因如大家忘了去通知仲裁员,或是仲裁员自己漏了眼,结果作出了一个“有原因裁决书”,败诉方不服申请上诉批文并指称双方较早的约定是有缺陷或另有条件等。

2.3.5.4.3　上诉法院案件的干枯造成对英国商法的损害

“Nema指引”与1996年《仲裁法》对批准上诉法院的门槛定得太高,难怪这些年来上诉法院的案件寥寥可数。这可去看劳合法律报告(Lloyd's Law Report)就明了,它主要报道英国商法/海事法案例。九、十年前,几乎每期(月刊)都有租约、提单、国际货物买卖等案例,而且通常不只一宗,但今天就不多见了。大问题是商法需要随着时代前进。或是因为科技的改进,例如电邮(email)在替代传真(fax)或邮件(post)就带来新问题,如发收不一定是同一时间。又或是有了新标准合约格式或规则,需要有权威性解释。例如,国际商会不久后即会推出UCP600去替代目前的UCP500。更或是商贸的做法上有了新改变,例如“反恐”就对外贸与航运带来了不少新影响。要是英国商法与时代脱了节,笔者同意这对商界、航运界、律师与仲裁员等都没有好处,因为大家无所适从。今天的商业世界十分复杂,不能仅靠泛泛的“合理不合理”一句可解决问题。

针对这个局面,也有人士提出各种应对办法。在海事方面就有人士大力建议去公开伦敦的海事仲裁书,好像纽约海事仲裁一样,以便业内人士没有案例看,也可以

---

〔226〕 但后来双方同意去改为委任Hallgarten先生为独任仲裁员。(Anthony Hallgarten先生当时是一位著名御用大律师,后来升任为法官,现在业已退休并且做仲裁员,曾与笔者[杨良宜]共事。)

〔227〕 这显示了双方意向是裁决书是终局。(道理是,双方当事人争议是在法律问题/观点,也只是这方面才能上诉。开始委任有商业背景的仲裁员,一般他们的法律水平应不比著名御用大律师。但若意向是可能最终上诉法院,则谁是仲裁员关系不大,反正最后一句话是法院讲了才算数。故同意换一位著名御用大律师,也可以是一位退休大法官,就多少显示了双方不想在裁决书内的法律问题/观点判错,因为它是终局。当然,笔者也不觉得这道理太有说服力,毕竟笔者与Halgarten先生及Daimond先生这两位退休大法官的一致裁决书就被上诉法律观点全部改变了:Covington Marine Co. & Ors v. Xiamen Shipbuilding Industry Co Ltd [2005] EWHC 2912 [Comm])

有仲裁裁决书看，跟上时代。撇开许多其他问题如“机密”(confidentiality)、费用高(因为伦敦的裁决书数目比纽约多8倍、10倍)等等，笔者认为最大问题仍是裁决书的法律观点与决定没有约束力，水平参差，欠缺权威性等，无法与法院先例去相提并论。别说一位仲裁员或一个仲裁庭作出的裁决书无法用来说服另一位不同的仲裁员或仲裁庭，笔者曾经历过同一位仲裁员也不去理会他以前作出的裁决书，而是做了180度的改变。这方面也可去看纽约海事仲裁，没有人会把这些裁决书当做是法律一样去“引经据典”地运用。

这种令人不满意的现状，可举一个好例子。在期租合约有一条文清楚地说明若是租金不准时与足额支付，船东可以撤船。这一条文对承租人十分危险，在航运市场节节高涨时(例如在2003至2005年)，一份两年期租可以让承租人赚上千万美元。若让船东“合法”撤了船，这笔巨大利润也就化为泡影。由于租金晚了一分钟也是不准时，少了10美元也是不足额，船东很容易取巧。毕竟有些情况是承租人本人没有疏忽，而毛病出在汇款的银行，如它们发生延误或多扣了手续费。可以说，这违背了该条文的本意是去主要针对承租人赖皮或者疏忽不支付或者延误支付租金的情况。这一来，市场出了另一相辅的条文要求船东在撤船前，先给承租人48/72小时不等的“宽限期”，(grace period)通知有关租金支付或支付不足，让承租人有机会马上作出补救。这条文被称为“反技术”(anti-technicality)条文，因为它去对付船东的技术性取巧撤船。但该“反技术”条文本身变了另一个愈加“技术性”条文。

先介绍贵族院的The“Afovos”(1983)1 Lloyd's Rep. 335，该先例有了一个新规定可称为“子夜规定”(midnight rule)。即，直至应该支付租金的一天结束(即过了子夜)，不能说死承租人未付租金或支付不足，故之前给予承租人的通知属于太早(premature)而无效。船东若去撤船，也变为不合法而要面对承租人千万美元的索赔。照说，只要过了银行办公时间(下午5点)，承租人几乎是不可能去汇款给船东的，又何必等待到当天子夜？但法律具有这样的地位，正如Hailsham勋爵说(在340页)：

“I take it to be a general principle of law not requiring authority that where a person under an obligation to do a particular act has to do it on or before a particular date he has the whole of that date to perform his duty. No doubt as the hours pass it becomes less and less likely that he will be able to do it. That is the risk he runs. But he is not actually in default until that time arrives.”

但令该“反技术条文”变得更加“技术性”与不合理的是The“Pamela”(1995)2 Lloyds Rep. 249。这一先例适用在1996年《仲裁法》生效前，但之后再难有同样案件去上诉法院(因为“Nema/Antaios指引”与1996年立法Section 69的规定)已经作出改善或澄清。

The“Pamela”案例中，船东的“反技术条文”通知是在最后要支付租金的一天(星期五)23点41分时以电传(telex)发出给承租人。根据The“Afovos”先例，这是不合法与过早(premature)的通知。但在The“Pamela”争议是通知在什么时候才算生效

(effective),因为这一通知是到了星期一早上才被承租人看见的。结果 The"Pamela"判星期一早上通知才有效。至于与 The"Afovos"先例的区别,The "Pamela"先例的 Gatehouse 大法官说:

"What matters is not when the notice is given/sent/dispatched/issued by the owners[228] but when its content reaches the mind of the charterer[229]. If the telex is sent in ordinary business hours, the time of receipt is the same as the time of dispatch[230] because it is not open to the charterer to contend that it did not in fact then come to his attention."[231]

但 The"Pamela"判例就令这方面英国法律地位很不明朗与不肯定。承租人在办公时候作出的通知就马上可以生效,始算这 48 小时或 72 小时不等的"宽限期"(grace period)。但一在办公时间以外作出的通知,就要估计承租人会在什么时候才会看见/知道,然后才能始算宽限期。显然,这是十分不稳定与危险的,也不令人满意。难怪,在著名的"Time Charters"一书第 5 版之 279 页,它说到 The "Pamela" 先例是:

"That this decision be treated with caution pending affirmation by a higher court that it is indeed consistent with The 'Afovos'"(该判决与贵族院先例的 The "Afovos"是否一致有疑,要待进一步肯定)。

而在 The "Western Triumph" (2002) 2 Lloyd's Rep. 1 的仲裁庭,就认为两个先例并不一致,因为 The "Afovos" 只针对通知发出与收到的时间,而 The "Pamela"复杂化了,区分了办公与不办公(上班)时候。照说,The "Pamela"只是高院作出,但 The "Afovos"是贵族院作出,前者应服从后者。不去依从约束性先例,一种办法就是去"区分"(distinguish)两者之间的不同事实。正如 Halsbury 勋爵在 Quinn v. Leatham (1901) AC495 所说:

"Every judgment must be read as applicable to the particular facts proved, or assumed to be proved,[232] since the generality of the expressions which may be found there are not intended to be expositions of the whole law but govern and are qualified by the particular facts of the case in which such expressions are found."[233]

---

〔228〕 重要的不是船东在什么时候给予/发出/送出/作出该通知(注意:这与 The"Afovos"贵族院先例不一致)。

〔229〕 而是通知内容在什么时候让承租人知道。

〔230〕 如果电传是办公时候收到,则发出与承租人收到的时间是一致(电传与传真[fax]均是"马上的通讯"[simultaneous communication])。

〔231〕 承租人就不能说是没有看到办公时候收到的电传。

〔232〕 每一个判决一定要以该案件的证明或估计证明了的事实去看待。

〔233〕 因为一般法院在判决中的广泛表达不会是意图当做在所有不同事实下都适用的总体通用法律地位。

但问题在于用 The "Pamela" 先例去区分 The "Afovos" 十分差劲与欠缺说服力。这等于去说原来先例当事人是男的,本案例是女的,无法令人信服。

The "Pamela" (1995) 2 Lloyd's Rep. 249 另一处不令人满意的是有关这"反技术条文"通知。首先,可去举另一个贵族院判例有关这类通知的要求,这是 Mannai Investment Co. Ltd. v. Eagle Star Life Assurance Co. Ltd. (1997) AC749。它是有关一个房客通知房东中断房子的租约,本质上这与"反技术条文"通知差不多。贵族院判的通知没有什么格式(form)或措辞,只要清楚表达房客/住客的意思,而准则是一位合理与"知道内情"(well-informed)的房东(如果知道房子租约相关条文)客观去看应否明白通知的意思。

但"反技术条文"通知看来在措辞上或格式上要求多多,好像去刁难,似乎与 Mannai Investment 先例不一致。本来在 The 'Afovos', 上诉庭的说法看似是相对接近。如 Griffths 大法官说:

"Withdrawal is so serious a matter for the charterer that it is the duty of the owner to give a clear and unambiguous notice of his intention to withdraw the ship.[234] It should state that payment has not been received and give the charterer 48 hours to pay or lose the ship,[235] see the observations of Lord Denning MR in The "Rio Sun".[236] Of course no special wording is required but it is surely not too much to expect men of commerce dealing in huge sums to make their meaning clear."[237]

在提及的 The "Rio Sun" (1981) 2 Lloyd's Rep. 489, Denning 勋爵说(在 496 页):

"… a notice must be as clear as an ultimatum. It must tell the charterer: 'Unless you pay the hire due within 48 hours, we will withdraw the vessel'." ("通知要像最后通牒同样的清楚。它一定要去告诉承租人'除非你在 48 小时内支付租金,否则我们会撤船'。")

到了 The "Pamela", 这种要求的格式或措辞更趋严格,远离了 Mannal Investment 先例的准则。例如,船东的通知是:"根据第 X 条文(反技术条文)的要求我在此给你承租人通知"(We hereby give you notice in accordance with clause X),这应是足够让一位合理与"知道内情"的承租人明白该通知是什么意思与有什么危险,因为"反技术条文"的通知是什么意思承租人不会不知道。但在 The "Afovos"先例看来这并不足够。在 The "Pamela",通知更清楚,是说:

---

〔234〕 撤船对承租人是十分严重的事件,船东有责任去给一个清楚与不含糊的通知说明他的撤船意向。

〔235〕 通知应说明租金没有收到与给承租人 48 小时去支付,否则会失去有关的船舶。

〔236〕 请看 Denning 勋爵在 The "Rio Sun"的看法。

〔237〕 当然,没有特别的文字或措辞要求,但要求商业人士(船东)在针对巨款时要小心去把自己的意思表达清楚。

“Please inform charterers they are in breach of contract due to non-receipt of hire. Also please notify charterers of withdrawal of the vessel。”

但注意上述通知没有说明第 27 条文(反技术条文)的 48 小时“宽限期”(grace period)。

先在仲裁,多数的仲裁庭判通知已足够明确,说:

“They (the majority) believe that the charterers should know their own contract and must have realized what the significance of the notice was. This is the construction which a commercial man would put on it.”

但去了高院,该通知被批评是“隐闭、文法不对与不合情理”(very cryptic, not grammatical and not sensible)。文法不对是指撤船是将来在 48 小时宽限期后,故应用“将来时”(future tense) 而不是“现在时”(present tense)。而高院的 Gatehouse 大法官也同意了,把裁决书推翻,判船东胜诉。Gatehouse 大法官说:

“But I have come to the conclusion that it is not enough to enquire whether the particular charterers must have known, from the surrounding circumstances, what the notice was impliedly saying. In my view, authority has laid down, as a matter of law, the minimum requirements of an anti-technicality clause in the present form. In addition to the notification that hire is overdue, the notice itself must clearly tell the charterers that the owners require them to remedy their default within 48 hours or risk losing the vessel … The bare message ‘please notify charterers of withdrawal of the vessel’ is not sufficient. I therefore agree with the dissenting arbitrator because in my view the law prescribes that every such notice must be in the form of a clear and unambiguous ultimatum; it is not enough to establish that, as a matter of fact, the particular charterer ought to have realized the significance of a cryptic message.”

总结说:

(i) The “Pamela” 在两处重要方面的法律地位非常令人不满意,一是在通知的有效时间(非办公时间发出),二是在通知的格式与措辞。

(ii) 这种不满普遍存在伦敦海事仲裁员与海事律师。据悉有上诉庭法院的大法官应允有适合上诉案件会去改良有关法律。

(iii) 由于 The “Pamela” 是直接先例针对这两方面,仲裁庭应受约束。虽然仲裁庭或可以“区分”(distinguish)或另有更高的不一致先例为由去逃避 The “Pamela”约束,但估计情况不多。

(iv) 近两年来航运市场高涨,船东撤船的仲裁案件很多。

(v) 但由于 1996 年《仲裁法》之 Section 69(3)(c)的“Nema 指引”对待上诉法院申请实在太严格,导致上诉庭或贵族院想去改良有关法律,否定 The “Pamela”案例,也没有机会。

(vi) 据悉曾有裁决书中大力呼吁高院给予上诉批文,但在申请时,高院认为看不出裁决书有"严重疑点"(serious doubt)(这已把有关法律当作是对一般大众有重要性),并认为是十分正确去依从 The "Pamela" 先例,故只能拒绝上诉批文的申请。

(vii)看来,法律若不改变,只能靠某一仲裁庭去漠视 The "Pamela" 先例才会获得上诉批文。但仲裁员有责任去公平合理处事。若有一方当事人(承租人)在现有法律地位应胜诉,但去刻意判他败诉,只因为希望借此去改良/完善英国商法并不正确。若希望上诉后法院会改正/纠正,这不一定现实。可能一方或双方当事人不愿意花钱上诉法院呢。这种情况出现在 LMLN 684(2006)所报道的一个伦敦仲裁,说:

"The tribunal unanimously suggested that further clarification of the law on the extent of and basis of The Albazero exception was a matter of general public importance. Whether or not the decision of the majority was 'at least open to serious doubt', the tribunal noted that the fact of a dissent was considered relevant by lord Phillips MR in The 'Northern Pioneer' [2003] 1 Lloyd's Rep.[238] (In the event, the owner did not apply for permission to appeal.)"

所以说,在本小段的标题可看到上诉法院案件就是在干枯中。别说是少机会去完善英国商法,并追上时代。就是以前有可能错判或不满意的地方/法律地位,也欠缺机会去改良/改变。这种情况并非偶然,笔者知悉"伦敦海事仲裁员协会"(LMAA)的主席(Michael Baker-Harber)近期也有同样经历。案情细节笔者不知情,是有关无单放货与承租人出的担保。也是仲裁庭在裁决书明言有关法律问题/观点对一般大众十分重要,请给予上诉法院。但高院挑不出有"严重疑点"(serious doubt),在受立法约束下,只能去拒绝申请上诉批文。

2.3.5.4.4　不久的将来对上诉法院的展望

笔者在 2004 年参加了伦敦的"国际海事仲裁员大会"(International Congress of Maritime Arbitrators),深深感觉到英国法律界统一与强烈看法是上诉法院批文必须去放松以利发展、完善、追上时代与/或改良英国商法。笔者遇到的法律勋爵、大法官、律师、仲裁员等几乎是异口同声。其中有 3 位重量级人士更是在公开发言中强调这一点:包括是贵族院之首的"资深法律勋爵"(Senior Law Lord) Bingham 勋爵,上诉庭庭长的 Phillips 勋爵与伦敦市长 Robert Finch 先生(他是律师出身)。其中,Phillips 勋爵讲到他以前做海事大律师的时候与英国商业法院有十分密切工作关系,他希望这种日子能尽早到来。

而 Robert Finch 先生更在发言中多次强调,笔者部分节录如下。首先,他引述了一句名言,是 Atkin 勋爵在 Ras Behari Lal v. The King-Emperor (1933) 50 T. L. R. 1 先例所说的"Finality is a good thing but justice is better"。这是因为去禁止或减少上诉法院的一大理由是为了仲裁一审终局(finality)。Robert Finch 先生是在以 Atkin 勋爵的话去反击这"finality"说法。

---

[238]　第一缺点是目前制度任由错误的裁决生效,无法去改正与阻碍了商法的发展。

至于另一大理由是仲裁的机密性(confidentiality)。众所周知,案件一上法院即会对大众曝光,判决更变了是英国法律体系的一部分,供大家任意参阅钻研,否则发展与完善法律也无从说起了。去保护裁决书的机密性,近期有较罕见的一个案例:Moscow City Council v. Bankers Trust Co.（2003）EWHC 1377（Comm）。Cooke 大法官在一审认为该案情有政治与商业的敏感,不适宜去公开法院判决。他说(41 段):

"In the context of an arbitration claim, where no real issues of law arise and where the material is of a highly sensitive nature whether politically and commercially… The fact that all the hearing involved confidential information is a dominant factor."

Cooke 大法官认为法院必须公开主持公正与刊登/发表判决的说法不适用在仲裁案件中,属民事规则之 r. 62. 10 要去保密(The presumption of open justice and publication of judgments was not directly applicable to arbitration claims which fell within the privacy provisions of CPR r. 62. 10)(这方面在第十三章第 8 段有详论)。

在上诉庭(2004) EWCA Gv 314, 它支持了 Cooke 大法官的机密判决。但这是因为该案例的特定事实。上诉庭的 Mance 大法官另去强调仲裁案件要作出公开判决的重要因素。故此,这只是个别事件。

回去继续介绍 Robert Finch 先生的发言。他认为机密的重要性被过分夸大。再说,上诉法院可以采取"闭门开庭"(private hearing)形式。另报道先例可以"隐姓埋名"(sanitized)方式把当事人名字与船名以 A、B、C 等替代,好像目前报道一些伦敦海事裁决一样。而最敏感案情的案例,如 Moscow City Council,更可特殊处理。以下是 Robert Finch 先生的话:

"In my view the degree to which confidentiality in fact exists is overrated. It is often common knowledge within an industry that particular parties are involved in arbitration. In any event confidentiality can be preserved to the same extent on appeals to the court by the use of 'private hearings' similar to those used in applications for search orders and freezing injunctions. Confidentiality could also be preserved through the sensitive reporting of cases: a system akin to the Lloyd's Maritime Law Newsletter could be adopted, whereby arbitrations were reported using a number, and the names of parties and ships were redacted."

当然,要把所有案例"隐姓埋名"(sanitized),不让第三者看出来,是困难与繁重的事情/工作。加上,判决的内容也要经常作出删除,否则很容易被人觉察谁是有关当事人。例如说:"A 是世界上最大饮料公司"就可马上想到 A 是"可口可乐"公司。所以说起来容易,做起来可艰难了。

再一大理由是说要尊重双方当事人的意愿或/与自主(party autonomy),因为他们自愿约定一有争议以仲裁去解决。这样一来,若仲裁不是终局,而是最后发言在法院,就违反这"party autonomy"了。但 Robert Finch 先生认为这一说法是"凭空想出来的怪论"(myth),因为仲裁条文通常印在标准合约格式内,大家使用这些合约格式也就糊里糊涂地一并同意了该印本内的仲裁条文,并不存在真正"意愿"或/与"自主"。

再说,若真有"意愿"或/与"自主"(只想以仲裁解决争议,不想法院插手),何不去说明"排除"(opt-out)法院插手,即去加一条"豁免上诉协议"(exclusion agreement)? 即一旦不去排除,表示法院可随意去插手了,因为看不出当事人的意愿或/与自主。Robert Finch 先生说:

"This is something of a myth because arbitration clauses are commonly incorporated into contracts by standard terms. In such cases it cannot be said that the parties 'choose' to arbitrate because it is not a term which has been individually negotiated. I doubt whether when making a 'deal' the parties are really concentrating on the choice of forum in the event that something goes wrong with the 'deal': they are businessmen conducting business. In any event, to the extent that party autonomy exists, it can be preserved by allowing an 'opt-out' provision."

接下去,Robert Finch 先生谈到了目前制度(1996 年《仲裁法》)的几个主要缺点,如下:

"The majority of commentators, albeit for diametrically opposite reasons, would agree that the present system is unsatisfactory. In my view, the present system is unsatisfactory for four reasons.

First, it allows erroneous decisions to go uncorrected and inhibits the development of commercial law. 212 As a solicitors' in-house newsletter put it:

"So few arbitrated disputes now reach the courts that one wonders how English commercial law will develop, all appealed awards being private matters. This is particularly worrying in the context of some of our key markets, such as ship chartering and, of course, reinsurance, where standard form contracts or clauses are widely used, the effect of which impacts on many of our clients."

There is a real concern, which I share, that the present very restrictive system of appeals from arbitration is having a stultifying effect on the development of English commercial law and there is a danger that if this situation persists it may do long term damage.[239] Further, the choice of law governing the contract is often linked with the choice of jurisdiction.[240] If parties wish to opt to have their contracts governed by the law of a country which has a more developed commercial law, will they choose English law in 20 years time if there is a dearth of relevant modern decisions on current areas of commercial law?[241]

---

〔239〕 这是个大问题,目前十分局限的上诉仲裁裁决制度会令英国商法变得愚蠢,这样持续下去有危险,会造成永久性伤害。

〔240〕 而且,一般选择合约实体法与选择管辖是连在一起的。

〔241〕 如果当事人想选一个比较先进的商法作为他们合约中的法律,而在 20 年后若英国没有新案例涵盖有关商法的新发展,他们还会选英国商法吗?

Secondly, it is contrary to the principle of arbitration to refer questions for decision by those who are not experts in the field.[242] One of the advantages of arbitrating maritime disputes is that tribunal can be made up of experts in the shipping world. However, questions of law arise upon most substantial arbitrations, particularly in the maritime sphere. Often tricky questions of law are not highlighted until after the appointment of arbitrators who may have legitimately been chosen for their commercial and technical rather than their legal training: legal questions are therefore determined not by legal experts.[243] This undermines one of the central objectives of arbitration: the determination of a dispute by an expert.[244]

Thirdly, it ignores the growing complexity of disputes.[245] Arbitration is no longer simply a question of "scratching and sniffing" a commodity to decide whether it is fit for purpose. Maritime arbitrations often involve highly complex contracts, difficult technical issues of maritime engineering, work practices, the application of a wealth of international codes such as SOLAS and ISM, and in addition legal questions.

The disadvantages of the present system detract from London as a center for international dispute resolution. The London market would be boosted by a growth in appeals."[246]

再接下去 Robert Finch 先生谈到这方面的前景是要放松上诉批文申请，让商业法院有不断的案源，这才能去发展与完善英国商法。这表示要去检讨 1996 年《仲裁法》之 Section 69 并作出修改。当然也要考虑到 20 世纪 70 年代的问题（如上诉案件太多，来不及审理，严重延误。这是部分原因带来了 1979 年《仲裁法》），并在立法中作出应对。Robert Finch 先生是这样说的：

"In my view it is vital to the reputation of London as a center of international expertise and commercial excellence that changes are made to the 1996 Act regarding appeals on points of law. The Commercial Court needs to have a regular through flow of commercial cases derived from the sort of everyday commercial disputes that arise in arbitrations in order to continue to develop and refine English commercial law in a way that is most relevant to the market. Section 69 should be revised to give parties to arbitration agreements the opportunity of real choice and appropriate appeals. Some sort of filter would still be needed so as to prevent the problems which occurred in the 1970s. One could take an alternative ap-

---

[242] 第二，没有找专家去作决定，违反了仲裁的原则。

[243] 因为许多艰深的法律问题往往在委任仲裁员后才出现，而被委任了的仲裁员会对海事商事很了解，但他/她们不是法律专家：导致在仲裁中法律问题往往不是由法律专家去判。

[244] 这违背了仲裁的目的：争议让专家去决定。

[245] 第三是今天的争议越来越复杂，不像以前。

[246] 增加上诉会促进伦敦（仲裁）市场。

proach, simply to modify s. 69. If judges were to take a different approach to the application of the Act there might be a sufficient shift to satisfy the demand for more appeals. The point is that s. 69 depends on what satisfies a judge on various matters. That is a subjective standard. One judge may be more easily satisfied than another. If they all loosened up a bit and were more easily satisfied, the problem might go away. This would also avoid the knotty problem of finding a formula that would give what is felt to be needed without opening the floodgates."

估计,这日子很快会到来(去放松上诉法院),因为在1996年《仲裁法》生效的10年(2007年之1月1日),会检讨这个立法有什么缺点与漏洞要去更改或填补。据说,"伦敦海事仲裁员协会"(LMAA)就在积极收集意见。另英国也刚在2006年初成立了一个检讨委员会,主席是Bruce Harris先生。估计,这方面(上诉批文的申请)会有大变。当然,在这之前,已有个别事情在朝这方向走,如在2.3.5.4.2.3小段所介绍的The "Northern Pioneer"(2003) 1 Lloyd's Rep. 212上诉庭先例。

看来,将来有当事人想去排除英国法院插手(即使是在仲裁不明不白败诉),估计只能在订约时约定要"没有原因裁决书"(unreasoned award)。

2.3.5.5 在1996年《仲裁法》下的"有原因"裁决书

较早在本章之2.3.5.3.4小段已略及1979年《仲裁法》下的"有原因裁决书"(reasoned award),"没有原因裁决书"(unreasoned award)与"机密原因"(confidential reasons)。1979年《仲裁法》的做法,即Section 1(6)(a)是其中一方或双方当事人事先要提出要求,仲裁庭才会去作出一个"有原因裁决书",它已在1996年《仲裁法》被改变为当事人不必去要求,仲裁庭也必须去主动作出"有原因裁决书"。这是在Section 52(4):

"The award shall contain the reasons for the award unless it is agreed or the parties have agreed to dispense with reasons."(裁决书必须要有原因除非是双方和解而达成的约定裁决书[这种"agreed"或"consent award"只去记录双方的和解协议,不存在仲裁庭的任何决定]或是双方当事人同意放弃要求原因。)

这与《联合国示范法》(UNCITRAL Model Law)的要求一致:在Article 31(2)。

2.3.5.5.1 有关裁决原因的历史

一直以来,英国仲裁的立法没有去强制或规定仲裁庭要作出"有原因裁决书"(reasoned award)。所以,特别是在伦敦海事仲裁,一贯有作出"没有原因裁决书"(unreasoned award)的做法,或严格说是只有"机密原因"(confidential reasons)。这是为了防止去在裁决书的原因内挑法律或/与事实问题然后去撤销裁决书:Cent v. Elstob (1802) 3 East 18等先例,在本章之2.3.5.1小段已略及。普通法只去鼓励但不强制仲裁庭作出或给予原因:Bremer Handelsgesellschaft mbH v. Westzucker GmbH (No. 2) (1981) 2 Lloyd's Rep. 130~132页。唯一办法是双方当事人同意了并通知仲裁庭必须要有裁决原因:Faiclough Building Ltd. v. Vale of Belvoir Superstore Ltd.

(1993) ADRLJ 12。仲裁庭才不得不依服,否则变成是“不良行为”(misconduct),法院可以通过把裁决书“发还”(remit)给仲裁庭,间接去取得原因。

上述情况到了1979年《仲裁法》才有改变,即其中一方或者双方当事人必须事先要求一个有原因裁决书,这样一来仲裁庭才必须作出或给予原因:这在本章之2.3.5.3.4与2.3.5.3.5小段已有详及。这样一来,若仲裁庭仍是忽略或者漠视,法庭可以下令强制仲裁庭给予裁决原因或更多的原因。这样做纯是为了去看原因中有否在实体英国法律方面犯错:Kaffeehandelsgesellschaft KG v. Plagefim Commercial SA (1981) 2 Lloyd's Rep. 190。法院看到有否法律犯错,才能去进一步考虑是否给予“上诉批文”(leave to appeal)。而法院能去强制仲裁庭给予原因或更多原因,也纯是出于这一个方面,即“方便考虑上诉”(facilitate an appeal):The “Oinoussian Virtue” (1981) 1 Lloyd's Rep. 533;The “Niedersachsen” (No.2)(1986)1 Lloyd's Rep. 393。但在 Ananda Non-Ferrous Metals Ltd. v. Ridgeway Resources Ltd. (1997)(未曾报道),是罕有的在给予上诉批文后法院才下令仲裁庭给予原因。但这是在大家同意下,估计法院这样做是出于“裁量权”(direction)而不是1979年《仲裁法》的“授权”(jurisdiction)。

2.3.5.5.2 1996年《仲裁法》在裁决原因方面的改变与做法

1996年立法有两个重大改变。

一是已经略及,它强制仲裁庭在没有当事人(一方或者双方)事先要求下也必须去自动作出或者给予“有原因裁决书”(reasoned award):在 Section 52(4)。背后的道理是双方当事人不论是胜败都有权知道是什原因。这大概也是与大气候有关,例如在1998年《人权法》(The Human Rights Act),说明一个基本权利是每人有一个“公平聆讯”(fair hearing)。这表示任何实质的判决/裁决都应有原因支持:Mousaka Inc. v. Golder Seagull Maritime Inc. (2001) 2 Lloyd's Rep. 65;North Range Shipping Ltd. v. Seatrans Shipping Corp., 18.4.2002 (C.A.)。

法院去怎样强制呢?这在立法的 Section 70(4)所说:

“If on an application or appeal it appears to be the court that the award-

(a) does not contain the tribunals' reasons, or

(b) does not set out the tribunal's reasons in sufficient detail to enable the court properly to consider the application or appeal, the court may order the tribunal to state the reasons for it's award in sufficient detail for that purpose。”

所以,在本章2.3.5.3.5小段所说,水平不高人士最好避免在伦敦做仲裁员,因为法院会下命令,无法蒙混过关,必须有能力把裁决原因头头是道写出来。

二是另一重大改变是 Section 70(1)说明该条文所有规定适用在 Section 67(质疑管辖权)、Section 68(严重不正常)与 Section 69(法律问题上诉法院批文)。这表示 Section 70(4)的强制仲裁庭作出或给予原因或更多原因再不像1979年《仲裁法》的强制原因只是“方便为了考虑上诉”(facilitate an appeal)。估计仲裁庭没有依照 Section 52(4)去作出/给予裁决书原因,而当事人仍不能肯定挑战/质疑在哪一方面,一个正确做法是以 Section 68(2)(h)的"failure to comply with the requirements as to the form of the award"为由(这请看本章之2.3.5.5.8小段),申请法院把裁决书"发还"(remit)给仲裁庭,去追出原因。

这显示了与1979年《仲裁法》的不同结果,如:

(i)即使双方当事人协议豁免上诉法院(exclusion agreement)或是一个"马上裁决"(instant arbitration),只要不是协议不要求裁决书原因,他们仍有权要求原因,因为原因不再只是为了上诉之用途。

(ii)仲裁员工作量会大增,因为1996年《仲裁法》的起点是要求作出"有原因裁决书"(reasoned award)。加上,通过 Section 68(2)(h) 与 Section 70(4)强制仲裁员给予原因或更多原因的机会也增加。幸亏,在 Section 70(5)仲裁员这种额外工作是有报酬的。

2.3.5.5.3 伦敦海事仲裁员协会规则(LMAA Terms)的裁决原因规定

在本章2.3.5.3.4小段提到"伦敦海事仲裁员协会"(LMAA)的想法或理据是:任何一方当事人想去上诉法院,应事先下决定,提出要求"有原因裁决书",不能在作出裁决书后发觉败诉才想到上诉去扭转败局,"再来一次"(have a second bite of the cherry)。

当然,这并非是唯一真理,它只代表一种想法。反驳的话也可以"头头是道",如:一方当事人本来是不想上诉法院,因为他与他的代表律师认为胜券在握。但看了裁决书后,发觉不只是败诉,而且是莫名其妙或错判得离谱,就只能向法院寻求主持公正,作出救济了。

估计在 Saville 勋爵主持的1996年《仲裁法》立法小组(Departmental Advisory Committee 或简称 DAC),代表 LMAA 的 Bruce Harris 先生无法说服其他委员不去强制仲裁员自动给予裁决原因。虽说双方当事人可以同意"放弃原因"(dispense with reasons),但这种情况不多,有了争议后能去达成这种协议更少,因为一方或双方都想去为"万一败诉""留一手"。

所以,LMAA 在它的 LMAA Terms (2002)的22条文中规定:

"(a) If before the award is made one or more parties to the reference shall give notice to the tribunal that a reasoned award is required , the award shall contain the reasons for the award.[247]

(b) The parties agree to dispense with reasons in all cases where no notice shall have been given to the tribunal under paragraph (a) before the award is made.[248]

(c) Where in accordance with paragraph (b) the parties have agreed to dispense with reasons the tribunal will issue an award without reasons together with a document which does not form part of the award but which gives, on a confidential basis, an outline of the

---

[247] 规定要求一个"有原因裁决书"的当事人必须事先通知仲裁庭。

[248] 否则,双方当事人同意放弃要求原因。

reasons for the tribunal's decision (hereafter called 'privileged reasons').[249]

(d) Unless the court shall otherwise determine, the document containing privileged reasons [referred to in paragraph (c)] may not be relied upon or referred to by either party in any proceedings relating to the award."[250]

要解释一下 LMAA Terms (2002) 怎会被双方当事人接受/同意,进而去接受/同意第 22 条文之(b)去放弃要求裁决书原因,除非事先在(a)通知了仲裁庭。在租约中的仲裁条文,会详细到规定伦敦仲裁的仲裁员必须是 LMAA 的"会员"(member)与适用 LMAA Terms (2002)。但即使没有这种仲裁条文,只是简单的一条伦敦仲裁条文,委任一位属 LMAA 的海事仲裁员他几乎一定在接受委任时说明是"根据现有的 LMAA Terms"(subject to current LMAA Terms)。笔者在接受伦敦海事仲裁的委任亦是同样做法。而伦敦的一些著名 LMAA 仲裁员更是在他的信函/传真文件上印上这一句"subject to current LMAA Terms"。这一来,如果只有一方当事人委任的仲裁员约定了"subject to current LMAA Terms",仍是不足。但若是双方当事人委任的仲裁员都同意了是"subject to current LMAA Terms",这就是大家接受/同意了第 22 条文之(b),即"放弃原因"(dispense with reasons)了。

这种普遍做法(也是 1979 年《仲裁法》的做法),也只有伦敦海事仲裁才成,因为 LMAA 的垄断力量太强大了,可把 LMAA Terms (2002) 去"强加"在几乎所有去伦敦海事仲裁的当事人头上。其他类型/行业的仲裁没有这种 Terms,也难要求双方的仲裁员接受委任时一致地以这种 Terms 作为依据或基础。这一来,任由争议中的双方当事人去同意"放弃原因"(dispense with reasons)是不大可能,双方都想"留一手",这就造成结果是非要去作出"有原因裁决书"(reasoned award),以符合立法之要求:在 Section 52(4)。

上述做法是在委任 LMAA 仲裁员之时双方当事人同意了"放弃原因",除非是事先提出要求原因。但另有一早在双方当事人约定仲裁条文时,已同意的做法。这是合并 LMAA 的"小金额索赔仲裁程序"(The LMAA Small Claims Procedure 或简称 LMAA SCP)。这种做法在海事领域十分普遍,例如著名的 BIMCO/LMAA 解决争议的标准条文就是如此的措辞/写法。一般是 5 万美元或 10 万美元不等的争议金额下,适用 LMAA SCP。在 LMAA SCP 之第 4 条文豁免了上诉法院,如下:

"RIGHT OF APPEAL EXCLUDED

The right of appeal to the Courts is excluded under this procedure. By adopting the

---

[249] 仲裁庭在作出"没有原因裁决书"的同时,另附有一份文件但它不是裁决书的一部分,它给予一个有关仲裁庭裁决原因的纲要,是在机密基础下(称为"特权原因")(有趣的是:"机密"并不能保证将来不会抖出来,因为法院可以下令披露。只有"特权"文件或资料才是连法院也无权去下令披露,但特权来自公共政策的考虑,不是只靠双方约定。故 LMAA 规则说是"特权原因",其实仍只是属"机密原因")。

[250] 除非法院另有决定,该有特权原因的文件不能在任何与该裁决书有关的程序中使用(的确,有关 Section 68 的申请"严重不正常"的救济,但不是 Section 69 的申请上诉法院救济,由于是强制性立法条文,法院可下令去看裁决书的特权或机密原因:The "Easy Rider" [2004] 2 Lloyd's Rep. 626)。

Small Claims Procedure the parties shall be deemed to have agreed to waive all rights of appeal."

接下去在"评述"(Commentary),它有以下的解释:

"Under the Arbitration Act 1996 there is no restriction on the parties to excluded the right of appeal. An agreement to arbitrate under the LMAA Small Claims Procedure will automatically be treated as an agreement to exclude the right of appeal. In view of this a Reasoned Award will not be published, but the arbitrator will give brief, privileged, reasons for his decision."

换言之,适用 LMAA SCP 的裁决书一定是"没有原因"(unreasoned),只有一份简单的"机密原因",不能用在上诉批文的申请。它与 LMAA Terms (2002)之第22条文不同之处是 LMAA SCP 一早已完全"放弃原因"(dispense with reasons),单方面不能事先通知仲裁庭改变为要求裁决原因。

2.3.5.6 1996年《仲裁法》下的豁免上诉协议

在本章之2.3.5.3.6小段介绍了1979年《仲裁法》的"豁免上诉协议"(exclusion agreement),为吸引"supra-national contracts"去伦敦仲裁。另在2.3.5.3.7小段介绍了3种例外,称为"special categories",是不准去豁免上诉协议。另也提到"本土仲裁协议"(domestic arbitration agreement)亦不准去约定豁免上诉。

但在1996年《仲裁法》,豁免上诉协议已是"中门大开"。首先,立法已不去区分"本土仲裁"与"涉外仲裁"。此外,也不再区分"supra-national"与"special categories"的合约。反正是,若想去豁免上诉法院,只要双方同意"放弃原因"即可。这同意可在订约时,如同去合并 LMAA SCP 的做法。事实上,1996年立法再没有像1979年立法有"exclusion agreement"的说法。而在 Section 69(1),有一句说明:

"An agreement to dispense with reasons for the tribunal's award shall be considered an agreement to exclude the court's jurisdiction under this section."

这立法规定带来一个与1979年《仲裁法》微妙的差异。本来,在1979年立法下,一个双方当事人同意/约定下作出的"没有原因裁决书"也是无法成功申请上诉批文,因为不能去判断内中的法律问题是否有错或严重有疑。但会有情况是通知了仲裁庭或已清楚写明在仲裁条文中,但仲裁员仍去作出了一个"有原因裁决书"。在1979年立法下,法院虽是不情愿,但仍有权去看这个"不请自来"(unwanted)的裁决原因,找出是否有法律问题的错误:Michael I Warde v. Feedex International Inc. (1984) 1 Lloyd's Rep. 310; The "Niedersachsen" (No. 2) (1986) 1 Lloyd's Rep. 393。但到了1996年立法,即使遇上这种"不请自来"裁决原因的情况,法院也不能去看了,因为立法已规定"放弃原因"协议即是"豁免上诉"协议。

2.3.5.7 申请上诉批文做法

2.3.5.7.1 时限

首先说明上诉批文的申请有28天的时限(从裁决书作出的一天始算)。这是在1996

年《仲裁法》之 Section 70(3)。已较早在质疑仲裁庭的管辖权(Section 67)与“严重不正常”(Section 68)提到这 28 天时限对中国公司/当事人并不足够,令人担忧。但不去重复。

2.3.5.7.2 申请上诉(或质疑裁决书)的做法

2.3.5.7.2.1 过程的介绍

由于本书不是写给英国律师看的,所以本小段从略。

首先说明申请上诉(Section 69)与其他对裁决书的救济申请(Section 67 与 68)的做法基本上一致,这也包括了 28 天的时限。毕竟,申请人(一般是败诉方)会去同时提出多过一种救济。经常有的是根据 Section 69 申请上诉法院的同时,也根据 Section 68 去提出“严重不正常”质疑或/与 Section 67 去质疑管辖权。举一个例子,其中一个争端双方当事人已经中途和解并告诉了仲裁庭,但仲裁庭在最后裁决中仍对该不再存在的争端作出了不同的裁决。这一来,先涉及是 Section 67 的仲裁庭有否管辖权,也涉及 Section 68 的严重不正常,受影响当事人希望把该裁决书撤销或者发还。也会有 Section 69 的上诉有关法律观点,因为仲裁庭所作出的不同裁决涉及一个重大的法律问题,可能判错。如果 Section 67 不成功,例如因为所谓的和解并不明确。加上 Section 68 也不成功,例如因为所谓的和解通知也不明确,仲裁庭谈不上犯错。这样一来,Section 69 就会适用了。如果有案件是需要多于一种救济,申请的当事人就别忘了在裁决书后的 28 天内在“仲裁索赔表格”(arbitration claim form)中全部去列明。

针对各种救济谁先谁后法院会作出指引。通常适合先去针对“严重不正常”的质疑,再考虑上诉批文的申请。原因是,若先能根据 Section 68 去把裁决书“发还”(remit)给仲裁员,就再也不必去考虑 Section 69 的上诉法院了。正如 Siberry QC,暂委大法官在 Omnibridge Consulting Ltd. v. Clearsprins (Management) Ltd., October 2004(未曾报道)所说:

“Where remission under Section 68 is an available remedy, the Court should not proceed under Section 69.”

这样做符合双方当事人的意愿或/与自主(party autonomy)大原则。他们约定/同意是仲裁,不是法院。发还可以做到最终去更正/重审的是仲裁庭,但一去上诉,最终决定变成了是法院。

但这也不一定,在 Newfield Construction Ltd. v. Tomlinson (2004) EWHC 3051 (TCC); (2005) 97 Con LR 148, 法院先是批准上诉的申请才考虑“严重不正常”的质疑,而事实上没有这种必要(因为在不批准上诉申请下去考虑“严重不正常”可否成立才有意义)。加上,申请人也不会再有“重大不公平”(substantial injustice)了。

以前法院行动是以作出一份“行动通知”(notice of motion)开始。但在“民事程序规则”(Civil Procedure Rules 或简称 CPR)生效后,变成是以一份“仲裁索赔表格”(arbitration claim form)代替传票。格式内会填上资料,包括原被告与代表律师名字与地址, Section 67—69 的哪一种救济的申请与理由,加上一个“真实声明”(statement of truth),等。申请的理由(Grounds of Appeal)一般要十分详尽,因为申请上诉是非常困难而这是申请人唯一有机会把自己的观点表达出来。之后的回答(reply)只能针对抗拒上诉被告提出的新观点(new points)。申请的理由只会针对有关法律问题。如果有什么事需要附带提出,就必须在提交仲裁索赔表格同时提交一份"证人证言"(witness statement)。一般内容会针对有关合约/条文在市场上的普及使用或重要性。另附上有关文件证据,例如裁决书副本,仲裁庭不同意见(dissenting opinion)与申请人代表律师的一份"证人证言"(witness statement)或"宣誓书"(affidavit)。所有在Section 67—69的申请都必须通知所有有关人士,即对方当事人与仲裁庭的成员。对方当事人若有英国律师代表在伦敦仲裁,可以简化地依据paragraph 3.1 of the Practice Direction-Arbitration and CPR Part 6.8去把填妥的"仲裁索赔表格"与其他文件送达给该代表律师。但若是对方当事人加上是外国公司没有伦敦代表律师(这在仲裁完全可能与常见),就非得去往外国送达了(serve out of jurisdiction)。

对方当事人(在法院程序中便是"被告")会稍后作出同样一份"证言"(statement),内容当然是去抗拒申请人提出的申请理由与证据。

至于在程序的时限方面,被告应在送达后21天内作出证言(或在被告递交送达确认[acknowledgement of service]。之后,申请人有7天时间作出答辩(Practice Direction on Arbitration, paragraph 6.1)。法院随即安排开庭,虽然法院一般会用书面决定而不开庭的(paragaraph 12.4,反映在1996年《仲裁法》之Section 69 [3]——参看以下部分)。

2.3.5.7.2.2 仲裁员的应对

仲裁员虽然亦被申请人送达一份同样的"仲裁索赔表格"(arbitration claim form)与文件,但他/她不是一位法院程序的当事人,并不是"被告"。所以,他/她也不会去参与。唯一例外是申请理由涉及了指责仲裁员的不当(一般是Section 68的"严重不正常"质疑),这一来,仲裁员可以根据Practice Direction on Arbitration, paragraph 4.1要求参与成为一位当事人,作为第二被告(当然这要花代表律师费用)或只向法院呈交一份文书"证言"(witness statement)解释有关的指责。

2.3.5.7.2.3 开庭

这要看是什么种类的申请,若只是Section 69的上诉批文申请,则法院的开庭不一定有(为了省钱与省时),这是根据1996年《仲裁法》之Section 69(5)说:

"The court shall determine an application for leave to appeal under this Section without a hearing unless it appears to the court that a hearing is required."

但Section 67的"质疑管辖权"(jurisdiction challenge),就会是一个"重审"(retrial):Azov Shipping Co. v. Baltic Shipping Co. (1999) 2 Lloyd's Rep. 159。加之常会有事实的证据。所以,开庭聆讯会是难免。

而Section 68的"严重不正常质疑"(serious irregularity challenge),也常会看证人/口头证据,开庭也是难免,因为无法以文书判决。

由于Section 69的提出也同时包括了Section 68(通常),故开庭仍是难免,好像是Mackie大法官在Sanghi v. TII (2000) 1 Lloyd's Rep. 480中说:

“Mr Justice Cresswell directed an oral hearing of the application under s. 69 as there would be one under s. 68 anyway.”

这里会有策略上的考虑,因为光是 Section 69 的申请只靠一个裁决书会太粗糙,而法院也只会自己想当然的通常在半小时内作出裁量(discretion)是否给予上诉批准。多了一个 Section 68 的申请,又多了开庭,会更容易与有机会向法院说明问题。但当然会有情况是完全不涉及 Section 68,也就无法去节外生枝了。

2.3.5.7.2.4 申请救济是否给予裁决原因?

1979 年《仲裁法》生效以来,法院对待申请上诉法院批文的判决都不给予原因。但出了《人权法》(Human Rights Act, 1998),被指是不符合公平审理的大原则:Mousaka Inc. v. Golden Seagull Maritime Inc. (2001)2 Lloyd's Rep. 657; North Range Shipping Ltd. v. Seatrans Shipping Crop. 18 April 2002 (C. A.)。所以,做法有了改变,现在的上诉申请成败都有判决原因。

2.3.5.7.2.5 申请能否上诉

至于这一审的判决能否去上诉呢?虽然,上诉成功机会极微:Aden Refinery Co. Ltd. v. Ugland Management Co. Ltd. (1986) 2 Lloyd's Rep. 336 ~ 344 页。这在 1996 年《仲裁法》之 Section 69(6)与(8)有说明,可节录如下:

“(6) The leave of the court is required for any appeal from a decision of the court under this Section to grant or refuse leave to appeal.

(8) The decision of the court on an appeal under this Section shall be treated as a judgment of the court for the purposes of a further appeal.

But no such appeal lies without the leave of the court which shall not be given unless the court considers that the question is one of general importance or is one which for some other special reason should be considered by the Court of Appeal.”

换言之,再上诉去上诉庭并非是自动,而是需要一审的高院批准。这也有理,这毕竟不是上诉本身的实质争议,只是针对是否批准上诉,应尽快尽量省钱去决定。像 The “Northern Pioneer” (2003) 1 Lloyd's Rep. 212 (C. A.)(在本章 2.3.5.4.2.3 小段有详细介绍)即可以是高院批准下去上诉庭的案例。

当然,高院会批准上诉必须符合 Section 69(8)的第二段的两个条件之一。两个条件一是法律问题“对一般公众有重要性”(general public importance)。二是“特殊原因”(special reason)。对何谓“general public importance”,大家应该比较明了,在本章之 2.3.5.4.2.3.4 小段有详及。但何谓“special reason”就不明了,要靠将来的案例组织起来才会来有头绪。在 Pedra Shipping v. Petroship SA, The Times, 7 May 1985,判中,大法官与一个十分有经验的仲裁庭有不同意见/看法并不构成去上诉庭的“特殊原因”。

最后值得一提的是“质疑管辖权”(jurisdiction challenge)与“严重不正常质疑”(serious irregularity challenge)的上诉去上诉庭也是一样的。在 Section 67(4)与 Section 68(4)都写明:

"The leave of the court is required for any appeal from a decision of the court under this Section."

2.3.5.7.2.6 申请上诉批文与上诉的法官是不同人士

在批准上诉法院批文后真去上诉有关实质法律问题争议时，一般情况是由另一位大法官去审理。原因是怕批准上诉的大法官会已"先入为主"，觉得裁决书表面看来要不是"明显犯错"（obviously wrong），就是有"严重疑点"（serious doubt），从而有了偏见：Hiscox v. Outhwaite（No.2）（1991）2 Lloyd's Rep. 553。同样原因/道理下，审理上诉争议的大法官也不应该去回头看批准上诉的理据（已经提过，有了1998年《人权法》后批准或否决上诉要给予原因）。

2.3.5.7.2.7 申请人提供担保

接下去讲讲一审法院在批准申请（如上诉批文）可同时订下条件。这条件往往是要求申请人提供担保——费用担保或/与裁决书败诉金额担保。这在1996年《仲裁法》之 Section 70(6)与(7)，可节录如下：

"70(1) The following provisions apply to an application or appeal under Section 67, 68 or 69.[251]

…

70(6) The court may order the applicant or appellant to provide security for costs of the application or appeal, and may direct that the application or appeal be dismissed if the order is not complied with.[252]

The power to order security for costs shall not be exercised on the ground that the applicant or appellant is[253]

(a) an individual ordinarily resident outside the United Kingdom, or

(b) a corporation or association incorporated or form under the law of a country outside the United Kingdom, or whose central management and control is exercised outside the United Kingdom.

70(7) The court may order that money payable under the award shall be brought into court or otherwise secured pending the determination of the application or appeal, and may

---

[251] 注意第70条文适用于所有种类的申请救济，包括 Section 67 的"质疑管辖权"，Section 68 的"严重不正常质疑"与 Section 69 的"上诉批文申请"。

[252] 法院可能下令申请人提供费用担保（申请上诉批文与上诉的官司费用），若申请人不提供，法院会撤销已作出的上诉批文。

[253] 外国公司（英国的"外国"）或外国自然人的申请人并非是要提供费用担保的原因（换言之，外国或本土不重要，这与通信不灵与交通困难的古老年代不一样。主要仍看申请人的经济实力，如美国通用电气就不可能会被命令提供费用担保。但中国公司由于外汇管制与西方的丑化已是"深入民间"就有可能被命令要去提供担保）。

direct that the application or appeal be dismissed if the order is not complied with."[254]

2.3.5.7.2.8　谁承担申请费用?

最后去讲讲申请上诉批文或其他申请的费用。若是申请失败,申请人理所当然要承担申请的所有费用(自己的,对方/被告的与法院的)。若是申请成功,有关费用谁承担仍要看最终的结果(例如是上诉),即最终的败方要承担申请上诉批文与上诉的所有费用。但期间,如上述小段介绍,申请人仍要先去提供费用担保。

2.3.5.7.2.9　申请上诉批文的证据

2.3.5.7.2.9.1　太多证据

本来,1979 年《仲裁法》与"Nema 指引"的设计或构思是对待"上诉批文"(leave to appeal)的申请只是一个简单快速的法律程序。基本上,法院只去表面看看"裁决书"(award)的原因内有否明显的犯错,同时去区分它是"一次过"(one-off)或是影响大众性质的案件,等等。一般是不花多过半小时去处理,也通常不会有开庭聆讯。

在仲裁前后或程序中的通信往来(correspondence)、文书请求(pleadings 或 submissions)、证人证言(witness statements)等都不应去呈交给法院以支持申请。Colman 大法官说过这些文件是不被接纳(inadmissible): Foleys Ltd. v. City & East London Family & Community Services (1997) ADRLJ 401; Agrokor AG v. Tradigrain SA (2000) 1 Lloyd's Rep. 497 至 501 页。另 Kerr 大法官在 Universal Petroleum Co. Ltd. v. Handels-Und Transport Gesellshaft mbH (1987) 1 Lloyd's Rep. 517 至 528 页也说有关仲裁程序进行的证据不能使用在申请上诉批文中。

照说,这些做法也应该在 1996 年《仲裁法》生效后延续。这毕竟不是上诉,只是申请上诉批文。但有迹象表明开始复杂化了,如:

(i)多了开庭审理,因为上诉批文申请经常与其他申请(严重不正常)同时提出。这在本章之 2.3.5.7.2.3 小段提及。

(ii)《人权法》(Human Rights Act, 1998)生效后,法院要去给予判决原因,不像以前一句话,不必多作解释。这在本章之 2.3.5.7.2.4 小段提及,稍后再去介绍这个做法的毛病,它在 The "Northern Pioneer" 先例中出现过。

(iii)看来输不起的人越来越多,当然也会有道理,笔者也见过一些乱来的裁决书。这样一来,在申请上诉批文时也会去"过度斗争"(overfight)。其中呈堂的证据越来越多。这是本小段要详谈的方面。

首先介绍一个重要先例:The "Northern Pioneer" (2003) 1 Lloyd's Rep. 212,上诉

---

[254]　法院更可能下令申请人(一般是败诉方)把裁决书判定要支付的钱(但会否改变要看上诉结果)存放法院或提供其他担保(如伦敦银行担保),否则也会撤销已作出的上诉批文(这与费用担保道理相同,除了仲裁败诉的钱会是更大的一笔钱。中国公司若想"留一手"待将来裁决书执行时再去挑可要小心了,因为一去提供了担保如存钱去英国法院,就再不会有将来在中国法院抗拒执行的机会了。唯一希望只在上诉成功或质疑成功)(这在本章 2.2.10.3 小段有详论)。

庭的Phillips勋爵在217页说到申请人(承租人)的大量文件,计“仲裁索赔表格”(Arbitration Claim Form)是密密麻麻的10页纸,说明上诉的理由/理据。而证据是承租人律师Deering先生的证言。它除了有3页详细的陈述“争议背景”(background to the dispute)外,另有137页的“附页”(exhibits),其中有裁决书外,另有45页在仲裁中承租人的争辩。这导致对方当事人(被告)的代表律师Leir先生的“反击”,有28页的争辩。这样一来,Deering先生觉得有必要再答辩,又去写了13页纸,而且内容中一些“故事”或“指称”(assertions)也无法去在上诉批文的申请中处理。这被Phillips勋爵批评,并指许多文件于事无补。上诉庭这样去总结:

“We view the whole saga that we have just described with dismay.[255] The statutory requirement that applications for permission to appeal should be paper applications[256] unless the Court otherwise directs[257] must surely have been intended to simplify the procedure and to save the Court's time.[258] That requirement reflects the fact that the criteria for the grant of permission to appeal are clear-cut and easy to apply.[259] They do not require the drawing of fine lines,[260] nor will they usually give much scope for the Court to require assistance in the form of submissions or advocacy.[261] If this case reflects current practice,[262] and we apprehend that it may,[263] then the procedure has got out of hand[264] and is at odds with both the spirit of the legislation and the ethos of the Commercial Court.[265] Any written submissions placed before the Court in support of an application for permission to appeal from findings in an arbitral award should normally be capable of being read and digested by the judge within the half-hour that, under the old regime,[266] used to be allotted for such applications.”[267]

The “Northern Pioneer”也另涉及了法院今天因为《人权法》(Human Rights Act, 1998)而要去给予裁量权原因的新问题。在一审的高院,Tomlinson大法官给予/作出了一个颇为详尽的判决原因,否定/拒绝了承租人也是申请人的上诉批文申请。本

---

[255] 我们对本案的过程感到不快。

[256] 立法要求是申请上诉批文只能以书面提出。

[257] 除非是法院另有指令。

[258] 这肯定是意图去简化过程与节省法院时间。

[259] 是否给予上诉批文的准则十分明确与容易适用。

[260] 它并不需要去仔细分析。

[261] 法院也不需要文书请求或口头争辩的协助。

[262] 如果本案代表当今的做法。

[263] 我们也害怕确是如此。

[264] 这表示上诉申请程序已是失控。

[265] 与立法精神与商业法院理念不符。

[266] 任何支持申请的文书请求/陈述一般可让法官在半小时阅读与吸收,这是以往的做法。

[267] 针对这种申请只给予这一点的时间。

来,承租人对判决不满的“正途”是上诉去上诉庭。但由于高院绝少会批准“上诉去上诉庭有关这上诉批文的申请”(1996 年《仲裁法》之 Section 69[6]与[8]),所以,申请人不一定有再去上诉庭争辩的机会。事实上,在该先例中,Tomlinson 大法官本来不准备批准上诉去上诉庭,只是命令仍待拟定。而且,以前从未发生过高院批准 Section 69 申请上诉去上诉庭。结果在裁决作出 7 天后,败诉的承租人律师传真了 3 页纸给 Tomlinson 大法官,称为“application for further consideration”(申请去进一步考虑)。无可避免地对方(船东)的律师(Leir 先生)很快以 3 页纸回应/反驳。再接下去又是承租人律师的回应,反正是双方没完没了,虽然判决已经作出。

Tomlinson 大法官说:

“I cannot think that the Court of Appeal envisaged that the giving of reasons should lead to a potentially never-ending process in which it is suggested that, for one reason, or another, the judge's decision is wrong. In the ordinary way the proper forum in which to debate the question whether a first instance judge has made an incorrect decision is in the Court of Appeal, not by way of application to the judge to reconsider his decision …”

但最终 Tomlinson 大法官仍是批准了上诉,让上诉庭去决定 3 个有关申请上诉批文(leave to appeal)的问题:一是 Tomlinson 大法官是否适用了正确的法律原则去对待上诉批文的申请?二是 Tomlinson 大法官是否适用了正确的法律原则去拒绝上诉批文的申请?三是 Tomlinson 大法官有否正确使用这些原则?据知,这是根据 1996 年《仲裁法》之 Section 69(6)高院第一次批准上诉去上诉庭有关上诉批文的申请(Appeal to Court of Appeal for leave to appeal)。

2.3.5.7.2.9.2　仲裁索赔表格的主要内容

笔者在此提供一个有关“仲裁索赔表格”(Arbitration Claim Form)主要内容大概式样,即列出“申请的救济与理由”(Remedy claimed and grounds on which claim is made)。内容中有大量是针对 1996 年《仲裁法》之 Section 79 的各项要求。式样如下:

“The claimants apply:

1. Under Section 69(2) and (3) of the Arbitration Act 1996 for permission to appeal against the Award of the sole arbitrator, Mr Yang Liang Yee, dated 10 June 2004 on the following questions of law, namely:

(i) whether clause 28 of the governing sale contract dated 10 December 2003 constituted a condition subsequent of the contract?

(ii) if affirmative, was the conduct of the defendants set out in the Award constituted a breach of the condition subsequent?

On the grounds:

(a) that the determination of the question will substantially affect the rights of the parties;

(b) that the questions were ones which the sole arbitrator were asked to determine;

(c) that on the basis of the findings of fact in the Award, the decision of the sole arbitrator on questions (i) and (ii) was obviously wrong;

(d) further or alternatively, that on the basis of the finding of facts in the Award. Question (i) is one of general public importance and the decision of the arbitrators on it is at least open to serious doubt;

(e) that despite the agreement of the parties to resolve the matter by arbitration, it is just and proper in all the circumstances for the court to determine the question;

As more fully explained in the witness statement of Yang Tai-ming, solicitor for the claimants, dated the 25 June 2004 and the written submissions filed with this application.

2. Under Section 69(1) and (7) of the Arbitration Act 1996 for an order setting aside or varying paragraphs 6 and 7 of the Award and replacing them with a finding that (i) Clause 28 constitutes a condition subsequent; (ii) the conduct of the defendants found by the sole arbitrator constituted a breach of the sale contract; (iii) that the Defendants are liable to the Claimants for damages for repudiatory breach, to be assessed, alternatively that the Award be remitted to the sole arbitrator for reconsideration in the light of the Court's finding on the questions of law on the following grounds:

(a) that the sole arbitrator was wrong to hold that Clause 28 of the governing sale contract could not be construed as a condition subsequent;

(b) the sole arbitrator should have held that the proper construction of Clause 28 should constituted a condition subsequent;

(c) the sole arbitrator should have found that the conduct of the Defendants should constituted a breach of the said condition subsequent and that the Claimants were entitled to damages to be assessed.

3. There is no arbitral process of review and the Award cannot be corrected or rescinded by an additional award pursuant to Section 57 of the Arbitration Act 1996."

2.3.5.7.2.10 有了上述批文后的上诉法律观点

如果仲裁的败诉方申请上诉批文成功，下一步就像一个正常的法院诉讼去排期在高院审理了。上文已经提到过，近期的上诉批文不断在放松，估计英国高院这种案件会越来越多。至于法院会怎么样去对待上诉的裁决书，根据1996年《仲裁法》之Section 69(7)有说如下：

"On an appeal under this section the court may by order-

(a) Confirm the award,

(b) Vary the award,

(c) Remit the award to the tribunal, in whole or in part, for reconsideration in the light of the court's determination, or

(d) Set aside the award in the whole or in part.

The court shall not exercise its power to set aside an award, in whole or in part, unless it is satisfied that it would be inappropriate to remit the matters in question to the tribunal for reconsideration."

这表示高院可以认同(confirm)裁决书的法律观点,等于是败诉方上诉失败。高院也可以认为裁决书是错得无可救药,只能把裁决书全部或者部分撤销(set aside)。但估计可能会做的事就是上述(c)的把裁决书发还(remit)给仲裁庭再去考虑,并同时作出一些法律的指引。有关撤销或者发还的各种考虑因素在较早的多处如2.3.4.5.1段有详及,不去重复。在此想去谈谈上述(b)的更改裁决书(vary the award)到底是怎么一回事。

2.3.5.7.2.10.1　更改合约(variation of award)

更改裁决书的做法实际上在1979年《仲裁法》已经存在,但没有太多对这个做法的讨论。事实上这个做法带来理论上与程序上的困难。在理论上就是高院如果去更改裁决书的内容,它就是违反了仲裁的基本理念,即双方当事人只是寻求仲裁庭的裁决而不是高院的"裁决"。恰当的做法应该是去把裁决书发还,让仲裁庭自己去更改,这就可以不偏离大原则,更改过的裁决书仍然是由双方约定的仲裁庭作出。看来,高院直接去更改裁决书的法律错误好处只在省麻烦与省时间,但这只应该是在非常局限的情况下去做,否则高院更改的裁决书会在执行的时候面对挑战,特别是在英国以外的国家法院执行。如果去中国执行更可能会面对6个月时效的问题,因为该未被更改的裁决书会是在6个月前已经作出,但发还让仲裁庭去再作出一个更改的裁决书就不会有此问题。在D. Rhidian Thomas所写的*Appeals from Arbitration Award*一书中提到高院去更改裁决书有两个先决条件必须满足:一是所有的相关事实已经被仲裁员所认定,本来事实的认定也不存在可以去上诉。二是高院找出来法律上的错误,准确的法律答案一定要明显与可以马上用在裁决书上而不必仲裁员另去找出与认定额外的事实。否则,高院就必须去发还给仲裁庭了:River Plate Products Netherlands B.V. v. Etablissement Coargrain (1982) 1 Lloyd's Rep. 628。

此外,高院更改裁决书应该是在发现了法律的错误后只能作出唯一的结论。这样才说得通,因为把裁决书发还给仲裁庭也一定会作出同样的更改裁决。所以在The"Paros"(1987)2 Lloyd's Rep. 269,法院认为在认定的事实下,有关因果关系的结论只可能有一个,所以就以此结论去更改了裁决书。另在The"Ert Stefanie"(1987)2 Lloyd's Rep. 371,法院也是主动去更改了裁决书,因为裁决书已经认定事实,船东明显有个人的错误,结论就是无法去享受责任限制。

更改也可以针对一个中间裁决书:The "Aegean Dolphin"(1992)2 Lloyd's Rep. 178。常会有更改的是有关费用的分摊与利息,例如像以下的先例:Etablissements Soules et Cie v. Intertradeex S. A. (1991) 1 Lloyd's Rep. 378, The"Black Falcon"(1991)1 Lloyd's Rep. 77, The"Pera"(1984)2 Lloyd's Rep. 363, The"Aegis Progress"

(1983)2 Lloyd's Rep. 570。

2.3.5.7.2.10.2 对高院上诉判决的上诉

在英国高院对裁决书法律观点的上诉判决后,不论是怎么样的做法(如确认、更改、发还或者撤销裁决书),败诉一方能否再上诉至英国的上诉庭甚至是贵族院呢?照说在正常的法院诉讼,上诉去上诉庭是一个自动的权利,不存在要任何批文。但在仲裁,由于有省时省钱与最终结局(finality)的说法,所以在1996年《仲裁法》之Section 69(8)中有如下说:

"The decision of the court on an appeal under this section shall be treated as a judgment of the court for the purposes of a further appeal.

But no such appeal lies without the leave of the court which shall not be given unless the court considers that the question is one of general importance or is one which for some other special reason should be considered by the Court of Appeal."

这样一来就带来制度上的问题。上文已经谈到过上诉去高院的上诉批文(leave to appeal)近期一直在放宽,但在高院再要去上诉至上诉庭就非常困难,因为有《仲裁法》的规定。它需要高院审理上诉的法官点头,但这种可能性很小,因为他内心也不会喜欢上诉他自己作出的判决。另外就是要有特殊原因(special reason)才会被上诉庭考虑接受。这里的问题可以近期的Covington Marine Corp & Ors v. Xiamen Shipbuilding Industry Co. Ltd [2005] EWHC 2912 (Comm)为例。在该案例中,仲裁庭成员是笔者与两位退休的著名大法官Anthony Daimond和Anthony Hallgarten。在开庭审理中,我们共花了七八天时间开庭,最后得出的结论是原告的希腊船东与被告厦门船厂之间的造船合约不成立,双方仍在谈判过程。仲裁庭认为双方对主机的供应(是来自韩国或者中国内地有许可证的厂家)尚没有达成协议。仲裁庭的裁决是经过详细的讨论,也包括了对证人证言的信任程度/轻重的认定后作出。但希腊船东取得了该裁决书的上诉批文去考虑法律的观点,而法律的观点是希腊船东与他的经纪人之间的两份电传往来是否构成了有效的合约。第一份传真是经纪人报告给希腊船东在与厦门船厂口头谈判后表示愿意(will agree)使用韩国主机,如果买家承担额外的价格;而第二份传真是希腊船东对经纪人说愿意。

这当然只是一个简单与粗略的介绍,反正在上诉批文后的上诉中,高院的Langley大法官判中的主要一点是这两封传真的解释是一个法律问题,不是事实问题,而且不认同仲裁庭认为这两份文件的内容并不构成一份有效的合约,也就是内容包含了一个要约与承诺(offer and acceptance)。笔者只能说个人感觉上这判决有相当程度的断章取义,而且该造船合约是否达成,传真只是部分的证据,主要的还是在口头,因为本身就是一个口头协议。这一来,解释文件是法律问题,但口头的解释又算是什么呢?问题是厦门船厂再想去上诉至上诉庭,就会面临Section 69(8)的严重困难。这一来,笔者感到上诉批文容易取得也带来了整个上诉制度的另一个大问题,就是三位资深的仲裁员经过七八天的慎重考虑(这还仅指开庭审理而已,不包括仲裁庭之间的讨论与几次不同版本的草拟裁决书),但只是被一个高院的大法官(可能资历比部分仲裁庭成员更浅),在一天至一天半的时间内就推翻了。如果能上诉去上诉庭,有三位更资深的大法官再去考虑一遍,并支持高院的判决,至少在人数方面也会令笔者更为服气。更别说能再上诉去贵族院就会是五位勋爵(Law Lord)去讲最后一句话。看来,英国不应只去放宽去高院的上诉批文,也应该同步放宽上诉去更高的法院。而在现阶段,看来去伦敦仲裁的合约方如果想避免这个制度上的问题,恐怕就只能在仲裁条文中多加一句豁免条文(exclusion clause)去排除 Section 69 的向法院申请上诉批文(在本书第一章与本章之 2.3.5.3.6 段有介绍)。

本来,笔者作为仲裁员对谁胜谁负完全置身事外,也不会因为高院推翻笔者的裁决书而导致任何的不满,这毕竟是英国仲裁制度的一部分。笔者纯粹是通过自己的经历,对这一个复杂制度可能的不足之处有比较深的认识。

3. 总结与对其他及随意(ad hoc)仲裁的感想

本章是本书涵盖面最广的一章,读者应可以感受到英国仲裁法律(成文法加上案例法)是一套复杂、深奥、实用与精密的完整制度。内中有许多问题,是许多其他国家/管辖权想也未想过的。去向他们的法院解释,他们也不会明白。难怪笔者已听过几次(包括来自欧洲的著名律师)说 1996 年《仲裁法》只有少数英国律师了解是怎样一回事。

但中国读者也不要感到失落,以为在法律方面永远无法"超美赶英"。以笔者为例,就在短短的约 1 年时间写出本书。笔者建议读者去做一个实验,就是把本书的一些内容去向一般英国律师查问,笔者敢打赌十位中有八九位律师没法很快作答(很慢是争取时间去向大律师取意见后才作答)。所以,笔者(杨良宜)在"恶劣得多"的环境下能学好,大部分的中国青年怎会学不好?"恶劣环境"是包括三十多年前,有问题无处去问,只能自己摸索。而英文书籍昂贵(幸亏当时小部分书籍有台湾地区盗版书),不像今天中国青年最少有笔者一套十几本的中文书去帮助启蒙。至于实习/磨炼机会,更是谈不上。直至几年前仍听说有两家香港船东说有了争议绝对不要找杨良宜,要找"老外"。

另一感想是英语。笔者一直在强调英语只是工具,有比它更重要十倍百倍的事情要学,就是思维的提高。所以中国学生花 70%—80% 的宝贵时间在学英语,笔者认为是走错路,不赶快回头一生成不了才。这一点在 1996 年《仲裁法》和英国"民事程序规则"Civil Procedure Rules 或简称(CPR)中就有启发。上述立法刻意用简单与字典查得到的英文去表达/拟定,不再有拉丁文或法律用词。所以,英语水平很普通的人士去看这份立法,也可保证他/她不会挑出一个生单词。但为什么 1996 年《仲裁法》被公认为“艰深难明”呢？为什么一些普通甚至高英语水平的人士不能去看了1996年《仲裁法》就能写出像本书一二百万字内容的书呢？

最后值得一提的感想是：中国是世界上唯一排斥“随意”(ad hoc)仲裁、只准机构仲裁的国家。这令人大惑不解，因为悠久的仲裁历史一直以来是随意仲裁，机构仲裁只是后来年代的做法。而且，今天的英美仲裁案件仍以随意仲裁为多数、为主流。笔者与一些国内学者探讨，发觉他/她们有一些“想当然”的看法，就是：什么人都可去委任为仲裁员，没人管，岂不是委任一位“讨饭”的都可以让他决定重大案件的成败？

答案是：不是没人管，只是没有仲裁机构管，但另会有更高水平与更权威/严厉的法院在管。一位“讨饭”的若能处理好一个伦敦仲裁，不被法院半途赶走，也不会再去“讨饭”了。

事实上，笔者在多处/多国担任过仲裁员，包括中国与英国。也曾在机构仲裁(如国际商会或海仲)做过仲裁员。但比较起来，笔者在伦敦仲裁有较大压力把工作做好与特别谨慎。例如，在草拟裁决书会是左看右看地多看一二遍；收费会尽量压低或让步；等等。简单的原因就是避免英国法院的监督。

再说，这也公道。法院监督的理由是公开的，成为英国仲裁法律的一部分。只要努力学习，就知道什么该做什么不该做。但仲裁机构就有部分透明度不足，不给理由，前后矛盾等弊病。另外，笔者也怀疑部分仲裁机构会否与敢否去监督一些在它们名单上资深的仲裁员。恐怕程度上比不上英国法院“敢说敢做”地去监督吧？

固然，中国有过“无法无天”的年代。而且，今天的一套仲裁法律与法院制度也谈不上能去完善监督仲裁员。所以，仲裁机构的监督也确有必要，否则仲裁员是“无法无天”了。但长远的目标仍必须是发展与完善仲裁法律与强化法院，最终建立一套通用的制度，而不是任由一二百个仲裁机构去自由发挥，闭了门在中国建立一二百套不同、矛盾与混乱的仲裁制度，笔者不相信这是令中国仲裁强大的道路。

最后值得一提的是一个国家或者城市想成为国际仲裁的中心需要什么条件与素质，20年前其中一个说法是去加入1958年《纽约公约》。但今天绝大部分国家都已经加入，也不见得它们都能够成为成功的国际仲裁中心。现在开始有高层次的人士说，这些条件与素质是要有一套良好的法律环境(legal environment)，包括一套好的《仲裁法》，加上懂行与轻重掌握恰当的国家法院去支持与监督仲裁。在本章即介绍英国是怎样做到这一方面的。若是国家法院做不到这一点，就会在国际上被耻笑与排斥了。这种例子多不胜数，笔者近期就听说一个ICC仲裁一早已经定下了在菲律宾马尼拉开庭，快到开庭时被告突然向仲裁庭申请延期，因为文件太多，这个申请很快被仲裁庭否定了。但该被告随即向马尼拉法院申请延期，却获得了批准延期半年，可以说这与国际仲裁认可的监督法院不应该干预仲裁程序的做法大相径庭，会导致被视为法律环境并不良好。

第五章　仲裁员管辖权

1. 管辖权来源(source of jurisdiction)

仲裁员的"管辖权"(jurisdiction)是至关重要。若是没有管辖权,整个仲裁过程是空的,所作出的所谓的裁决书也不会被承认与执行。

"管辖权"对一般人而言或会更容易理解为"授权"(mandate)或"权限"(authority)。牛津大字典对这一单词的解释,也包括了"领土"(territory)之意。这单词可把"管辖权"形象化,以一块农地为例,就是拥有该农地的农夫就有权去耕种。该农夫没有权去附近的不属于他的领土工作,这超越了他的管辖权。

经常有人把"管辖权"(jurisdiction)与"权力"(power)混为一谈。其实它们是两码事。如果在上述例子中"管辖权"是一块有权去耕种的农地,则"权力"就是去耕种使用的各样工具了。换言之,在有了"管辖权"的大前提下,才去看有什么权力赋予仲裁员(主要来自《仲裁法》,普通法与仲裁协议明示)以协助他/她完成任务/工作。

管辖权与权力的来源也不同。仲裁的管辖权来自当事人,或更确切说,来自:(i)双方的仲裁协议/条文(arbitration agreement);(ii)出了争议(a dispute has arisen);(iii)仲裁员的任命/委任(appointment)。

但权力的来源很少来自仲裁协议/条文的明示。在少数情况下,仲裁协议/条文有针对权力也是范围很窄。仲裁员的权力主要来自案例与立法,而在英国1996年的《仲裁法》,相比1950年的《仲裁法》更是大大扩充了仲裁员的权力,并同时局限或取走法院的权力。在此大气候下,根本也不需要双方当事人再去在仲裁协议/条文中增加与赋予仲裁员任何额外明示权力。

有关仲裁员的权力,本书另章会去详及。本章只去针对管辖权。

2. 挑战管辖权(jurisdictional challenge)

挑战/质疑管辖权在现实中经常发生,它会在开始仲裁、委任仲裁员之时发生,也会在仲裁进行中途发生,更会在收到了裁决书之后发生。而挑战的目的也是千变万化,如:(i)真正有质疑(包括对于合约本身或仲裁条文的存在),非挑战不可;(ii)留难对方,是抗辩一种,去拖延;(iii)为更换不满意、不安心的仲裁员/仲裁庭;(iv)设置陷阱;(v)其他。

3. 挑战的类别

挑战可分三大类别,它在1996年英国《仲裁法》之Section 30(1)(a)至(c)有说明,可去节录如下:

1. Whether there is a valid arbitration agreement(是否有一条有效的仲裁条文或有效仲裁协议);

2. Whether the tribunal is properly constituted(仲裁庭是否适当的组成);

3. What matters have been submitted to arbitration in accordance with the arbitration agreement(根据仲裁协议,什么事情可交给仲裁处理)。

这三大类别可以带出无数变化无穷的不同情况,以下举一些例子并进一步说明。

3.1 类别之一:有否有效仲裁条文之争

在这一类别下,又可分以下的不同情况:

3.1.1 事实上根本没有有效主合约的存在

若主合约是如此,它的其中一条仲裁条文也不会存在。至于主合约是否存在的争议,其中一种是双方对有否达成合约,谈判是否终结,持不同意见的"不完整合约"(incomplete contract)之争:Pagnan v. Feed Products (1987) 2 Lloyd's Rep. 601。其中, 这种争议情况在航运的租约与二手船买卖的谈判经常发生。例如,市场船价急涨,买方指称已达成合约,卖方否认。买方于是接受卖方毁约并开始仲裁(二手船买卖普遍使用的"挪威格式"[Norwegian Saleform]规定了伦敦仲裁)。卖方正常的反应既会是抗辩没有主合约的存在,也没有仲裁协议/条文,并挑战管辖权。这类先例很多:The "Blankenstein"(1985) 1 Lloyd's Rep. 93;The "Star Gazer"(1985) 1 Lloyd's Rep. 370; The "Nissos Samos" (1985) 1 Lloyd's Rep. 378; The "Great Marine"(No. 2)(1990)2 Lloyd's Rep. 250; The "Gladys" (1994) 2 Lloyd's Rep. 402; Messina v. POL (1995) 2 Lloyd's Rep. 566; Global Container v. State Black Sea (1999) 1 Lloyd's Rep. 127; The "Bay Ridge"(1999) 2 Lloyd's Rep. 227;等等。

合约是否存在的另一种较少见的争议情况是"授权"(authority)搅不清,例如是经纪人越权,被告本人声称从没有应允过接受有关合约。另在本章第5段介绍的LG Caltex Gas Co., Ltd. and Contigroup Companies One v. China National Petroleum Co. and China Petroleum Technology and Development Corporation, (2001) BLK 235。

其他争议情况林林总总很多,例如是对方原告搞错了对象身份,被告根本不是合约方:Azov Shipping v. Baltic Shipping (1999) 1 Lloyd's Rep. 68。

主要是，有太多情况/原因会令主合约不存在或一开始无效。例如是：先决条件与后续条件(condition precedent or condition subsequent)；没有对价或约因(consideration)；条文没有全部谈妥(no agreement on all terms)；双方想法不一致(no meeting of minds)；误述(misrepresentation)；误导(wrongful inducement)；非法(illegality)；胁迫(duress)；共同错误(mutual mistake)；受阻(frustration)；等等。这方面在笔者(杨良宜)的《国际商务游戏规则——英国合约法》一书有详论,不去重复。

3.1.2　有主合约存在,但不存在一条有效仲裁条文之争

这种情况毛病主要出在仲裁条文的拟定差劲,但对主合约存在不予置疑,双方甚至已去履行了主合约。索性合约内没有任何仲裁条文的踪影,双方倒也不会想去仲裁,一有纠纷就只去能管辖的法院,也不会挑起有否有效仲裁条文之争。

3.1.2.1　草拟/拟定水平差劲仲裁条文的例子

草拟/拟定水平差劲仲裁条文拟定得差劲例子很多,在第一章有介绍,故在此只去"随手拈来" 略为介绍以下几个案例:

(1) Lovelock Ltd. v. Exportles (1968) 1 Lloyd's Rep. 163 的买卖合约中有两条完全矛盾/对立的条文,一条去伦敦仲裁,另一条去莫斯科仲裁。笔者更遇过一次在2002 年底有关一份租约之仲裁条文写是:"Arbitration in Hong Kong with English law to apply. All disputes arising out of this contract which cannot be amicably resolved shall be referred to arbitration in London." 这是更混乱了。

(2) The "Star Texas" (1993) 2 Lloyd's Rep. 445 的一条"浮动"(floating) 仲裁条文,即去注明了两处地点/国家为仲裁地，任拣其一。

(3) David Wilson Homes Ltd. v. Survey Services Ltd. & David Jonathan Marshall, Court of Appeal (Civil Division) (Judgment delivered 18.1.2001) 先例的一条针对双方争议解决(dispute resolution)条文中没有提到"仲裁"一字可否算是有效仲裁条文:可参考杨良宜在日本船舶交易所出版的"Wave Length"3.2003 号介绍有关此案例。

(4) 在本章8.9.4 段所介绍的 Caparo Group Ltd. v. Fagor Arrasate Sociedad Cooperativa (2000) ADRLJ 254。

固然出了争议,但若是双方当事人都想去尽快解决,一条差劲的仲裁条文不会引起困难,他们很容易去同意"更改"(vary)合约条文,不妥改到妥当为止。但现实中这是百中无一或千中无一的例外情况,因为一出争议,双方就很难去达成任何实质性的协议。这主要是双方互不相信,加上是"各怀鬼胎",例如是被动的被告何必去"尽快解决"? 对大部分的被告而言,推延是利多于弊。这就会导致原告先去法院,被告就申请"中止"(stay),指称有一条有效仲裁条文。但若是原告先去仲裁,被告就指称没有一条有效仲裁条文,要挑战/质疑仲裁员的管辖权了。被告这样做完全合法,也无关当今商业上的道德或案件实质上的"是非曲直",这只是善于"文斗"的被告一贯作战手法。

3.1.2.2 有否合并仲裁条文之争

现实中去“合并”(incorporate)其他合约或一些标准格式/条文等的做法在商业社会经常发生。例如是信用证合并了国际商会(International Chamber of Commerce 或简称 ICC)的 UCP 500 或是国际货物买卖合并了国际商会的 Incoterms。一份租约合并的东西会是更多,包括像谈判时合并以往的双方一个合约/租约与某标准格式(如“金康租约”[Gencon Charter-party]或“纽约土产期租合约”[New York Produce Exchange 或简称 NYPE]),作用是为了减少谈判的工作量与加速完成谈判。另外也可去防止看走眼与相信标准格式的用字/措辞的拟定水平会比一般当事人自己去做来得高。在一份谈判后达成了有效的租约中,更加有大量的合并,如著名的“首要条文”(Clause Paramount)是去合并 1924 年《海牙规则》,共同海损合并 York-Antwerp Rules,等等。

3.1.2.2.1 租约提单的合并

另一份重要的文件也是在合约条文上依靠去合并,这就是“租约提单”(charter-party bills of lading)。另一种的“班轮提单”(liner bills of lading)有它自己的条文,密密麻麻地印在背面,它印有仲裁条文也不是去靠合并的。

在租约与租约提单的做法中,是先由租船人(会是 CIF 卖方或 FOB 买方)与船东谈判达成租约,否则船舶根本不会开航去装港,也根本不会有一份租约提单的出现。在租约达成过程中,双方会有艰苦的谈判。谈判会涉及多条或所有条文(包括仲裁条文),都是针对即将履约的航次。对租船人而言,他谈判的底线是以买卖合约为准订立一份不相互矛盾与合理的租约。这也是他的责任:请看英国《货物销售法》(The Sale of Goods Act,1979)之 Section 32(2)条文。另在 The “Northern Progress”(1996) 2 Lloyd's Rep. 319, Rix 大法官也说:

“In the context of the CIF sale it seems to me to be well established that the seller is bound not to impose on his buyer a contract of carriage which contains unreasonable or unusual terms.”(在 CIF 买卖,已很明确的法律是卖方不得强加在买方头上一个运输合约,内中有不合理或不寻常的条文。)

所以,如果 CIF 买卖的目的地港是上海,就不能去订立一份租约不是上海(这情况少见),或是租的船舶进不了上海,或是租约有一条不寻常的条文广泛允许船东在上海以外的其他港口卸下货物,等等。

在权威的“Benjamin on Sale of Goods”一书之 8—015 段,提到了 The “Rio Sun”(1985)1 Lloyd's Rep. 350 先例并说明卖方要:

“bound to possess a reasonable knowledge of the characteristics of the goods he is selling and must ensure that the contract of carriage provides for the taking of any necessary precautions to preserve them during the transit in question.”(拥有合理知识有关出售货物的本质与必须肯定运输合约规定了所需的预防工作以好好保存在运输中的货物。)

例如,承租人(也是 CIF 卖方)在租约中加上一条文要求船东在航次中或卸货前保持温度在 115 度(货物是原油或燃油)。

总之,上述各条文谈妥后,船舶会去约定的装港装货并签发提单。根据多数国家法律,包括像中国《海商法》,在发货人(他很可能就是买卖合约下的 CIF 卖方或租约下的承租人)要求下,船东/承运人必须(must)签发一套提单。这套提单在承租人手中,它的作用只是"货物收据":The "Dunelmia"(1969)2 Lloyd's Rep. 476。船东与承租人早已另有一个合约,就是租约。他们不可能有意图去另出一份提单作为一份新的运输合约以替代较早的租约。但一当这份提单通过背书/转让而到了买方的无辜第三者手中,这份提单会提升变为一份约束买方与船东/承运人之间的运输合约。这是来自英国的 1855 年《提单法》说明的结果。

长话短说,由于船东要履行一个航次,他免不了会面对两个不同的运输合约:租约是他与承租人(CIF 卖方),提单是他与无辜买方/收货人。显然,船东绝对不会想去见到这两个不同合约但针对同一航次内有相互矛盾的规定或条文。否则,船东夹在当中无所适从,例如,各种不同的卸港或卸货费用谁承担。为了安全,加上做法方便,在时间上较晚作出的提单就干脆合并较早租约的"所有规定/条文"(all terms, conditions and exceptions of the charter-party to be incorporated in this bill of lading)。但由于时间紧迫,整个做法会很粗糙。例如租约的日子通常不填上,导致有多份租约(如果有分租)下去"认定"(identify)是哪一份租约有一定困难或争议。此外,在谈判后整理出一份租约并交给各在不同地方的船东与承租人查阅后签字会需要时间。故此,经常没有人理会这一个"例行公事"(idle formality),特别是短航次租约,变为提单合并的租约是有存在,但双方最后同意的条文到底是什么要在一大叠的租约谈判传真/信函来往中去搜索:The "Epsilon Rosa"(2003) 2 Lloyd's Rep. 509。

近年来一个热门的问题是:提单有否合并租约内的仲裁条文?众所周知,通用的租约标准格式都印上了仲裁条文,而现实中 80% ~90% 都是伦敦仲裁条文。

英国一直的法律地位是:提单不去特别说明/明示,只是泛泛的合并不是去引进租约仲裁条文,因为它与航次履行没有必然与必要的关系:The "Merak" (1964) 2 Lloyd's Rep. 527; The "Annefield" (1971) 1 Lloyd's Rep. 1 (CA); The "Rena K" (1978) 1 Lloyd's Rep. 545; The "Delos" (2001) 1 Lloyd's Rep. 703;等等。

但在 1994 年版本的 Congenbill(这是最普遍使用的租约提单标准格式),它已经"特别说明"。即特定地说明了合并也包括了租约内的仲裁条文。有关条文是:

"All terms and conditions, liberties and exceptions of the Charter Party dated as overleaf, including the Law and Arbitration Clause, are herewith incorporated."

这一来,英国法律承认提单有效的合并了租约的仲裁条文(注意有 80% ~90% 去伦敦仲裁):请看 The "Ivan Zagubanski"(2002) 1 Lloyd's Rep. 106。英国法院甚至愿意去作出一个"Anti-suit 禁令"(这课题请参阅《禁令》一书之第六章与本章稍后)以保障伦敦仲裁。在这一方面,美国的最高院(Supreme Court)也达致同一结论:The "Sky Reefer" (1997) 63 USLW 4617; AMC 1817。

这重要与有趣的问题有许多其他发展,例如是国际上的《汉堡规则》与加拿大的立法抗拒与否定提单仲裁条文,以保护无辜货物买方,等等。但本书不是讲提单,笔者也就在此打住。

3.1.2.2.2 矛盾的英国法律

在 Secretary of State for Foreign Affairs v. The Percy Thomas Partnership (1995) CILL 1342, Bowsher QC 大法官判在一份标准格式若被泛泛地合并,它内中的仲裁条文也被同时合并,即使没有去特别声明。表面看来,显然与上述的一些提单先例判法不一致。Bowsher QC 大法官是分析了所有有关先例后得出这个结论,特别是依赖 Modern Building v. Limmer (1975) 1 WLR 1281 与 The "Annefield" (1971) 1 Lloyd's Rep. 1 (CA)两个先例。笔者对 The "Annefield"熟悉,可略为介绍。它有关提单有否合并租约的仲裁条文,答案在一审与上诉均是"否"。所以,笔者把它视为其中之一的先例以泛泛的合并是不足引进仲裁条文,这在上一段已提到。但在 The "Annefield", Denning 勋爵曾说:

"An arbitration clauyse in a charter-party is not directly germane to the shipment, carriage and delivery of goods and is not incorporated in a bill of lading issued under the charter-party unless it is done explicitly in clear words either in the bill of lading or the charter-party …

If it is desired to bring in an arbitration clause, it must be done explicitly in one document or the other."

换言之,不在提单提及,只在租约说明如"Any disputes arising out of this charter-party or bills of lading issued thereunder shall go to London arbitration"也已足够合并仲裁条文进入提单。例如,在 The "Merak" (1964) 2 Lloyd's Rep. 527 就有一条租约仲裁条文说:"Any disputes arising out of this charter or any bill of lading issued hereunder…"

但这说法颇受航运界批评,因为提单持有人/收货人不会知道租约说什么,特别是现实中租约经常不去整理出来然后双方签字,"租约"只是一大卷的来往电文谈判,直至成功:The "Episilon Rosa" (2003) 2 Lloyd's Rep. 509。这一来,无辜与不知情(除了已写明在提单表面的内容)的收货人很容易错过很短的时效去及时开始仲裁。

本来在 The "Annefield",提单没有提及仲裁,租约也没有。39 条只说:

"All disputes from time to time arising out of this contract shall, unless the parties agree forthwith on a single Arbitrator, be referred to the final arbitrament of two Arbitrators carrying on business in London who shall be Members of the Baltic and engaged in the Shipping and/ or Grain Trades, one to be appointed by each of the parties, with power to such Arbitrators to appoint an Umpire. Any claim must be made in writing and Claimant's Arbitrator appointed within three (3) months of final discharge and where this provision is not complied with the claim will be deemed to be waived and absolutely barred…”

英国法律矛盾更可见是同期的一些保险争议先例，同样是分析了所有有关合并先例，却得出与 Bowsher QC 不同的结论，即“泛泛合并”(general words of incorporation)并不足够引进仲裁条文 ：Trygg Hansa v. Equitas (1998) 2 Lloyd's Rep. 439; Cigna Life Insurance Co. of Europe v. Intercaser SA de Seguros y Reaseguros (2001) CLC 1356。看来,这可能与不同的行业的理解不同有关。

3.1.3　法律上主合约一开始无效或中断

这一类与 3.1.1 段类别的分别是在事实上双方当事人的确达成了一个合约,但由于一些重要缺陷,导致合约在法律被视为一开始无效,即拉丁文的“void ab initio”。这种缺陷情况包括像:(i)不存在真实的约因(如“虚拟的约因”,“过时的约因”,等等);(ii)误述(misrepresentation);(iii)胁迫(duress);(iv)非法(illegality);(v)错误(mistake)。

显然,若是主合约一开始被视为无效,它包括在内的仲裁条文也是无效。另一种情况是事实上与法律上均存在有效的主合约,但由于中途出了一些情况导致主合约的中断。之后双方有了争议,也会引致仲裁员管辖权的争议。因为在当时亦是主合约不再存在,照说也不应再有仲裁条文的存在。再说,原告要求被告去依照仲裁条文履约(例如是在时限内委任仲裁员)也有说不通之处。这种合约半途中断的情况包括像:(i)一方合约方违反合约的“条件条文”(condition);(ii)一方“毁约”(repudiation)并被另一无辜合约方“接受”(accept);(iii)合约明示条文容许一方合约方在某些情况或事件发生有权去中断合约;(iv)合约受阻(frustration)。

上述情况几乎包揽了所有主要的英国合约法的主要课题,所以不可能在此详论。它们在笔者的《国际商务游戏规则——英国合约法》一书有详细谈及,请读者去参阅后自会熟悉。

3.1.4　管辖权的随意协议(ad hoc agreement to jurisdiction)

在被告否认有主合约存在的管辖权争议案件,有一种新说法是 1996 年《仲裁法》所没有预见的,这就是所谓的“随意协议”(ad hoc agreement)。方法分析是双方当事人在有了争议后有否另去订立一个新的“随意协议”,把对管辖权争议约定交给仲裁庭审理。这一来该“随意协议”可说是扩大或/与授予了仲裁庭的管辖权去审理自己的管辖,而不必再靠 Kompetenz-Kompetenz (或 Competence-Competence)。而后果会是:败诉方再不能以 Section 67 去法院上诉,要求再去重审仲裁庭所作出的“管辖权裁决书”(jurisdictional award)。败诉方唯一的救济,也是所有其他裁决书会有的同样救济,就是对法律观点的上诉。但这需要根据 Nema Guidelines 的“批准”(leave)才能上诉,机会不超过 10% 。这不像 Section 67 对管辖权的上诉,是自动与不必要批准(这一切课题后详)。

这方面最重要先例是 LG Getex Gas Co. , Ltd. and Contigroup Companies Inc. v. China National Petroleum Co. and China Petroleum Technology and Development Corporation (2001) BLR 325。该仲裁中涉及两个相关合约,独任仲裁员 Bruce Harris 先生建议把两个仲裁"同步进行"(concurrent reference), 而双方(包括被告)也同意。这一来,在后来被指为是约定一个"ad hoc agreement",败诉方再无权去上诉法院与根据 Section 67 要求重审:Azov Shipping v. Baltic Shipping (1999) 2 Lloyd's Rep. 39。一审的 Aikens 大法官同意有"ad hoc agreement", 但这被上诉庭推翻。上诉庭小心去区分了有否"ad hoc agreement"的分别,并判在该案情下,双方并没有新的约定,当事人去要求仲裁庭对管辖权争议作出审理,并且立场清楚这只是初步审理,会将来面对 Section 67 的挑战。但 Phillips 勋爵说:

"Section 67(1)(a) entitles a party to challenge an award of an arbitrator as to his substantive jurisdiction。However, if it is shown that the award is made under a separate agreement that he should rule on that matter, the challenge will fail"(Section 67(1)(a)允许当事人去挑战仲裁庭对自己的实质管辖权所作出的裁决书。但如果证明该裁决书是根据另一个独立的协议作出,这挑战会失败)。

这一来,考虑到重审的浪费与不科学,仲裁庭在遇到当事人(通常是被告),质疑/挑战管辖权时,并知道有许多事实争议与证据,会有两种选择做法可去避免"重审"(retrial):

(1) 根据 Section 32 让给法院作一次过审理,或

(2) 去邀请双方当事人同意另一个"ad hoc agreement"。

显然,(1)的选择会令仲裁庭失去了工作与收费的机会, 故(2)有较大的吸引力。笔者在近期的一个伦敦仲裁中,即在仲裁庭共同作出了以下一份电文给双方当事人的律师:

"The tribunal cordially invite the parties to consider whether it would be sensible to enter into an ad hoc submission to arbitration before the tribunal decides the question whether there was a main contract in existence and whether Mr. X. G. Ho had authority to conclude the contract on behalf of the Respondents. The advantage in so doing would be to limit the risk of expense to both parties of applications to the Court following our award. If the parties concluded an ad hoc submission, there would be little or no opportunity for a dissatisfied party to attempt to reopen issues of fact which we had decided. It would presumably still remain open to such a party to seek leave to appeal on a question of laws. We hope this a point worth discussing and please advise."

至于当事人(尤其是被告)会否或应否答应是要看:

(a) 是否对该仲裁庭放心?

(b) 是否想拖延时间?

(c) 是否自知情况不妙,希望多一个不科学的重审去扭转大局?

(d) 其他原因例如想多争取留难机会迫使对方和解。

被告若是不答应,也不必担心得罪仲裁员。这不该会发生,毕竟是否另去约定是

被告的法律权力。被告律师可以简单回答仲裁庭说：

"We thank the tribunal in raising the possibility of an ad hoc agreement to jurisdiction. We have discussed with our client at length but they still prefer to have their legal right under Section 67 of the 1996 Arbitration Act."

3.1.5　总结

在上述几种情况(拟定差劲与有否有效合并等)与其他情况都令3.1.2段的双方当事人的争议围绕在即使承认主合约的存在,也不承认有效仲裁条文的存在(没有合并)。一般是原告开始仲裁,被告作为第一线的抗辩就去挑战/质疑有否有效仲裁条文,而实质性的"是非曲直"(merits)容后争议,这只是第二线的抗辩。

3.2　类别之二:仲裁庭的组成

在这一类别下的争议也有许多不同情况,例如是仲裁员的资格,仲裁庭的人数,委任仲裁员的机构,仲裁通知的明确性,等等。以下分段去进一步解释。

3.2.1　仲裁员资格之争

3.2.1.1　默示或明示规定资格

英国法律没有对仲裁员的资格有任何规定,这也是深思熟虑。仲裁适用在任何行业与任何层次的"解决争议"(disputes resolution),故此立法规定严格的仲裁员资格要求无助推广仲裁,反而会不必要去妨碍仲裁。再说,若在立法作出宽松的仲裁员资格(例如不是文盲),又起不了任何实质作用。的确是,在世界上不多国家仲裁立法中订立了仲裁员的资格,其中包括中国,但笔者听说均是作用有限或效果成疑。

但立法不去"默示"(imply)不表示双方合约方不能去以"明示"(express)条文作出规定。虽然明示条文规定什么仲裁员资格也会面临同样的矛盾(资格太高太严会给操作造成困难,但太低太松会讲了等于没讲),但程度上比立法的默示好,双方至少知道他们在订立什么性质的合约与估计得到会有怎样的争议将来可能出现。例如,英国的再保险合约对仲裁员的资格会规定必须是"劳合社承保人会员"(Lloyd's underwriting member)或"英国保险公司的高级职员"。另造船合约会有许多技术上的争议,最适当的仲裁员莫过于在场的"船级社验船师"(classification surveyor)。

但一去明示,用字一不明确,对方精明的律师即会挑得出毛病去质疑原告或被告或第三者委任的仲裁员资格是否符合明示要求。如果不是,表示该仲裁员根本没有管辖权去处理该仲裁条文下出现的争议。

3.2.1.2　开始仲裁时提出质疑

这种情况提出的质疑常会是在开始仲裁与组成仲裁庭之时,特别是仲裁员先去自动披露他/她的背景与工作履历,挑战一方就不能推说原先不知道,时隔很久才去挑战/质疑仲裁员资格。

在航运,标准租约中经常会印上仲裁员的资格是"商业人士"(commercial men)或/与"航运人士"(shipping men)。例如,在著名的"纽约土产期租格式"(NYPE 1946)的第17条文。看到这样的文字/措辞,马上想到第一种可争议是"men"可否包括“women”(女士)？答案当然是肯定的。另外，什么是“商业”也不好下定论，在 The “Bede” (1967) 2 Lloyd's Rep. 261 先例曾提出了 8 个不同解释。

近年来法院尽量宽松解释仲裁条文以支持与推广仲裁这行业。所以，在 The “North Duchess” (1975) 1 Lloyd's Rep. 560，英国法院判一位著名海事律师在退休后去全职做海事仲裁员，是“伦敦海事仲裁员协会”(London Maritime Arbitrators Association 或简称 LMAA)的会员，可被视为“商业人士”。条文到合约内仲裁条文既说明“商业人士”，总要给予解释。看来，唯一不是“商业人士”只有是任职的律师或法官。但看来只要他/她一退休，马上会自动变为“商业人士”感觉上说法有牵强之处。或是，租约订下了“商业人士”的资格本来就不恰当。它不能去排除许多并不适合担当仲裁员的泛泛人士，却排除了相当部分的优秀海事律师(除非退了休)，他/她们本是十分适合的海事仲裁员人选。

在香港法院，也曾有过类似与同样结果的判例：Vincor Shipping Co., Ltd. v. Transatlantic Schiffahrtskontor GmbH (1987) HKLR 613。

3.2.1.3 仲裁进行中途提出质疑

在较少见的情况下，对仲裁员资格提出质疑也会发生在仲裁程序的后期。这是由于各种原因如：

(1)看漏了眼；

(2)当事人自己或代表律师不熟悉英国或香港仲裁法(或/与合约法)而没有去挑出来；

(3)背后的事实在后来才出现；

(4)背后的事实在后来才让质疑一方能合理知道；等等。

在上述(1)与(2)的情况，错在质疑一方。延迟提出挑战/质疑会被视为“弃权”(waiver)，十分危险，这方面稍后详谈(在本章 8.8 段)。在此只去为后两种情况举例，可让读者更能明白现实中出现的问题。在 Pan Atlantic v. Hassneh Insurance (1992) 2 Lloyd's Rep. 120，是一个再保险合约的争议。仲裁条文对仲裁员资格要求写明是：“the arbitrator shall be dis-interested executive officials of insurance or reinsurance company”(仲裁员应是不涉及利益的保险或再保公司的行政人员)。

在 1989 年 1 月 5 日，被告委任了自己的仲裁员。他任职于一家名为 Mercantile General Reinsurance Co.，故此看来资格符合仲裁条文要求。但到了 1991 年 7 月 28 日，即仲裁进行了两年多，而且开庭订在不久后的 1991 年 11 月 25 日，却发生了变化，就是该位被告的仲裁员从他工作的再保公司退休，并加入了一家律师所做顾问。这一来，原告知悉事实后提出质疑，做法是马上去英国法院以“传票”(originating summons)要求作出“宣示判决”(declaratory judgment)。注意这案例以此惯常质疑管辖权做法是它发生在 1996 年《仲裁法》生效前：Brown (Christopher) Ltd. v. Genossenschaft Oesterreichischer Waldbesitzer Holzwirtschafts-bertriebe Registrierte Genossenschaft Mit Beschrankter Haftung (1954) 1 QB 8。

原告这样做,会是先去平衡利弊。“弊处”是冒得罪仲裁员的风险,毕竟挑战/质疑他的管辖权不一定成功。加上,原告是索赔方,一般情况是他不想拖,不想麻烦,希望早日可去开庭审理。但一去挑战,即使成功而换了另一位仲裁员,延迟开庭的可能性也颇大。至于“利处”难以想得到,一种可能是原告自己想拖时间,因为有更大的反索赔。另一种是被告仲裁员态度不友善,或不了解他/她的背景,原告实在放心不下。

在 Pan Atlantic 先例, 第一审的 Hirst 大法官判仲裁条文的仲裁员资格只针对委任之时, 若他当时已退休, 当然不符合资格, 但委任之后有变化就不理会。上诉庭同意,Leggatt 大法官也说明仲裁条文可明示规定仲裁员必须一直拥有资格直至作出裁决书。既然没有这样说(一般仲裁条文都不会去这样规定),解释起来就只能去合理对待,即资格的要求只为了去肯定适合人选被委任为仲裁员。既然委任了,他/她若在该仲裁案件工作了几年,就在开庭前后或作出裁决书之时退休,被解雇或辞职了,即会自动失去仲裁资格,再也没有管辖权, 这显然是劳民伤财与很不合理的说法。毕竟,他/她工作多年,即使是刚退休了也不表示一夜之间有关的知识与经验会失去,从适合变为不适合的仲裁员。

一般提出质疑总是对方委任的仲裁员资格, 但在罕有情况, 也会去针对自己一方委任的仲裁员资格, 但这要小心在“一般法律”(general law)下的“弃权与禁止翻供”(waiver & estoppel)理论。在 Gunjheim, Hopkins & Co. v. Foukelmann (1909) 2 KB 957, Pickford 大法官说:

“With regard to estoppel, it is said by going on with the arbitration the plaintiffs represented that the qualification of the arbitrators was in order, and that their appointment was valid and the proceedings regular, and that they thereby induced the defendant to go on with the arbitration and to incur expense. I think that, so far as their own appointed arbitrator is concerned, that may well be so. If they choose, without proper inquiry, to appoint a person as arbitrator who has not the proper qualification, thereby putting him forward as properly qualified, and attend the proceedings before him, and thus induce the other party to go on, most probably they cannot afterwards be heard to say that the arbitration is invalid as being before an unqualified arbitrator. But I do not see how the reasoning can apply to the qualification of the arbitrator appointed by the other party.”

看来, 若是一委任错了就马上提出, 未造成对方任何损失/费用, 这弃权/禁止翻供说法应不适用。另一情况是委任时被自己的仲裁员有意无意误导了, 后来一发觉就马上行动也应是无妨。

另有相同先例之 Oakland Metal Company v. D. Benaim & Co., Ltd. (1953) 2 Lloyd's Rep. 192, Parker 大法官说:

“Now, the third point is to my mind the most interesting point in the case. As I was saying, Mr. Brenner was not qualified to act under these Rules, though he was qualified to act under the London Metal Exchange Rules, and what is sought to be said here by the plaintiffs is this, that, as he in fact was not qualified, he and his co-arbitrator Mr. Lazarus (who was qualified) had no jurisdiction to make this award and accordingly that it is a nullity. This is a matter, of course, which goes to jurisdiction, a matter which the Courts will look at very closely; but if a man puts forward an arbitrator, in effect telling the other side, 'Here is a man whom we appoint who is qualified to act on our behalf' and the matter proceeds, and proceeds to award, I do not see why as a matter of principle that person is not estopped from setting up the non-qualification of his arbitrator."

3.2.1.4 不符合资格的后果

这里节录 Mustill and Boyd 的"Commercial Arbitration"一书,第2版之249页所说:

"Where the appointed arbitrator does not possess the required qualifications, his appointment is nugatory and any award which he may make is void.[1] By their agreement to arbitrate, the parties contracted to honour an award made by a duly qualified arbitrator,[2] but they promised nothing with regard to the award of anyone else.[3] Unlike the position where the complaint is of incapacity or bias[4], the Court has no discretion to uphold an appointment or award where the arbitrator lacks the qualifications stipulated in the contract.[5] Subject to waiver, it has no choice but to treat the proceedings and the award as void.[6]"

3.2.1.5 其他第三者委任仲裁员

若是仲裁员不是由当事人委任,而是由第三者(如一个仲裁机构)委任,委任方同样要对仲裁员资格谨慎,否则后果同样严重。

在 The "Bede"(1967) 2 Lloyd's Rep. 261,二手船买卖合约内的仲裁条文有部分针对了仲裁员资格,说:"Arbitrators and Umpire shall be commercial men and not lawyers。"当两位"当事人委任仲裁员"(party-appointed arbitrators)不能意见一致时,他们委任了一位执业律师为"公断人"(umpire)。结果法院否定了有关的公断人裁决书,判是空的(null and void)。

在香港,"香港国际仲裁中心"(The Hong Kong International Arbitration Centre 或

---

〔1〕 如果委任的仲裁员不拥有所需的资格,他/她的委任与作出的裁决书是空的。

〔2〕 双方当事人同意去仲裁并同意遵守一个由适当资格仲裁员作出的裁决书。

〔3〕 但他们并没有同意由任何其他人作出的裁决书(所以,这是涉及有否管辖权之争)。

〔4〕 这不像是仲裁员无能或偏袒的投诉(这种投诉有关仲裁程序的"自然公正"问题,并非有关仲裁员的实质管辖权。这种投诉在1950年《仲裁法》是称为"不良行为"[misconduct],在1996年《仲裁法》改为"严重不正常"[serious irregularity])。

〔5〕 在"严重不正常",法院有一个裁量权,就是看看事实是否足够严重至要去撤销裁决书。但有关管辖权的挑战,法院没有去看"轻重"的裁量权,只有"非黑即白"之分。

〔6〕 只除了是"弃权",法院在没有管辖权的情况下只能把裁决书视为空的("弃权"一般发生在质疑一方知道问题后太晚才提出挑战管辖权,1996年《仲裁法》已有条文专门针对这一方面如 Section 31 与 Section 73 等,稍后在8.8段详论)。

简称 HKIAC)是法定的委任仲裁员机构。HKIAC 的委任规则(HKIAC Guide to Appoint Arbitrators)中的第 7 条有关“委任适当人选”(Nomination of suitable persons by HKIAC)的(e)就有相同规定,就是委任时要依照仲裁条文的明示要求资格。

在英国的 1996 年《仲裁法》,法定的委任仲裁员不像香港而仍是由英国法院去负责。至于仲裁条文中对仲裁员资格有要求,《仲裁法》已有条文明确规定法院必须去兼雇。这是 Section 19, 条文如下:

“Court to have Regard to the Agreed Qualification

In deciding whether to exercise, and in considering how to exercise, any of its power under section 16 (procedure for appointment of arbitrators) or section 18 (failure of appointment procedure), the court shall have due regard to any agreement of the parties as to the qualifications required of the arbitrators.”

3.2.1.6　没有被授权的委任

最近笔者遇到被告律师在中途说他原先委任的仲裁员(也是笔者的共同仲裁员, 因笔者是原告的仲裁员)实是没有授权, 因为他起初被委任是来自被告的母公司集团。这很奇怪, 等于说母公司委任的律师为被告事后追认, 但母公司授权代表律师所委任的仲裁员却不肯追认。

本来, 对律师的委任事关重大, 像中国是需要授权书, 即必须要有实质授权。但委任与通知对方后, 他即有代表客户在诉讼中的表面授权(即使在个别行动中实是没有特定授权), 例如接受文件的送达。

当然, 要小心对待这种说法, 这会是被告拖延的借口, 故不能轻易听信, 否则将来没完没了。

最起码是要被告律师抖出有关文件证明有此混乱的事实, 才接受可能有实质或表面授权之争。抖出文件大部分应享有特权(privilege), 但如果被告不肯放弃特权, 他就难以成功去挑战/质疑仲裁员的管辖权了。

该争议后来双方和解, 所以无法介绍结果。

这种案例不是没有, 如 The “Santa Cruz Tres” (1995) 1 Lloyd's Rep. 208。如果德国被告(Mr. Schumacher)坚持他的德国律师(STK)并没有被委任去代表他在伦敦仲裁, 虽只是一面之词与不可思议, 但无法去反证, 英国法院只能去撤销已作出的裁决书, 说:

“the arbitration proceedings and award would be set aside on the basis that the respondent owners, having failed at any stage to communicate directly with Mr. Schumacher or any agent with actual or ostensible authority on his behalf, had failed to satisfy the onus on them to show that Mr. Schumacher received the notices regarding arbitration which were sent to STK who had no such authority.”

3.2.1.7　有条件下同意的独任仲裁员

另一个古怪的争议是一位双方同意下委任的独任仲裁员, 中途被告提出挑战/

质疑他的管辖权，理由是较早是“有条件的同意”（conditional agreement），说明是：“We agree subject to satisfaction of his fee”。但后来再没有去讨论收费，所以“条件”仍未解除(subject not lift)。看来，解决办法之一是大家马上去同意收费标准，但估计不容易成功，因为被告可能扯皮，除非仲裁员“make him an offer he cannot refuse”，例如是不收费甚至是倒贴，这当然是开玩笑。更好的解决办法是依赖“弃权”（waiver）去否定被告的挑战/质疑，毕竟抗辩请求（statement of defence）也已作出。

3.2.2 仲裁庭人数

这里的问题比仲裁员资格的质疑少。有关仲裁员的人数，原则上先看仲裁条文的规定，然后去严格遵守。但若是没有明示规定，例如只是一句“香港仲裁”或“伦敦仲裁”，这只能去看法律默示规定了。

3.2.2.1 立法规定

在香港《仲裁法》，它去区分为两个不同“体系”（regime），一个是“本土仲裁”（domestic arbitration），是在《仲裁法》的 PART Ⅱ；另一体系是“国际仲裁”（international arbitration），是 PART IIA，它引进了“联合国示范法”（UNCITRAL Model Law）。不幸或无可避免的是，两套体系之间有不少或大或小的不同之处。本来国际或本土仲裁都是一样做法为去解决争议，没有必要去区分。这只是法律的发展历史所导致的结果。到了 1996 年（并在 1997 年生效），曾一次修改法律并加进了好几条重要条文去同时适用两个体系（在 PART IA 的 Section 2AA 至 2GN），这成功带来两个体系的多方面做法统一起来。但这不包括默示的仲裁员人数，而不幸的是各有不同规定。在本土仲裁，默示是一个仲裁员，它是在 Section 8 条文说明：

“Unless a contrary intention is expressed therein, every arbitration agreement shall, if no other mode of reference is provided, be deemed to include a provision that the reference shall be to a single arbitrator.”

而在国际仲裁，默示是三个仲裁员，它是在 UNCITRAL Model Law 之 Article 10(1)与(2)说明：

“10(1) The parties are free to determine the number of arbitrators.

(2) Failing such determination, The number of arbitrators shall be three.”

此外，1996 年修改时多加了 Section 34C(5)条文去允许 HKIAC 决定到底是法律默示一个或三个仲裁员，原因是在不少小案件中，只委任一个仲裁员省钱省时。条文是：

“If the parties to an arbitration agreement to which this Part applies fail to agree as to the number of arbitrators that is to determine a dispute arising under the agreement, the number of arbitrators to be either 1 or 3 as decided by HKIAC in the particular case…”

英国的《仲裁法》没有去分两个体系，所以简单而且统一，默示是一个仲裁员，在 Section 15(3)说明：

"If there is no agreement as to the number of arbitrators, the tribunal shall consist of a sole arbitrator."

3.2.2.2　对仲裁员人数质疑情况之一:国际或是本土仲裁?

这种情况只会出现在中国香港,就是案件本身到底是本土或是国际仲裁的体系呢?一去判断错,很可能仲裁员人数也会错误。幸亏联合国示范法的 Article 1(3)对何谓国际仲裁的定义十分明确与广泛。其中在 Article 1(3)(b)(ii)包括了"双方合约关系的履行有重要部分在外国或境外"(any place where a substantial part of the obligations of the commercial relationship is to be performed…)。

这一点也在 Fung Sang Trading Ltd. v. Kai Kun Sea Products & Food Co., Ltd. (1992) HKLR 40 有针对。该案例中的国际货物买卖合约中所有事情几乎都在香港发生:谈判,签约,香港适用法与香港仲裁,香港汇丰银行开信用证与在香港结汇,等等。加上,买卖双方都是香港公司。但 Kaplan 大法官判它是国际仲裁,只因为在大连(一国两制下是境外)交货,而这肯定是履行买卖合约的重要部分。

此先例表示合约只要有涉外因素,都难逃是国际仲裁的体系适用。而笔者涉及的外贸与国际航运,更是百分之百明确。只有香港的建筑合约是相当一部分属本土仲裁,但也难保会涉及外国公司或部分工程在深圳(例)进行。故稳健做法是在仲裁条文说明是本土仲裁,好像香港新飞机场的庞大工程,涉及大小工程上千份合约的标准仲裁条文的做法一样。

3.2.2.3　对仲裁员人数质疑情况之二:草拟/拟定水平差劲

这种情况会是千变万化,因为有订约自由。而且,有些情况难以解决/解释。例如一个近期案件的租约仲裁条文是说双方一有争议,就各去委任自己一方的仲裁员。这是海事仲裁常见的仲裁员人数,就是两位仲裁员也算组成"仲裁庭"(tribunal)。他/她们之间若无法去同意任何方面,不论是在程序上或实质的"是非曲直"上,都要去交出给"公断人"(umpire)接手单独裁决。这公断人也成为了独任仲裁员的仲裁庭了。所以这样条文的可行性不是问题,但同一条文的下一句是"'伦敦海事仲裁员协会'的小金额索赔规则适用"(LMAA Small Claims Procedure [LMAA SCP] to apply to this arbitration)。一般是,这一句应说明适用在某个金额以下的小数目争议/索赔,如 5 万美元。但由于本仲裁条文漏了写上最高金额,岂非是租约的所有大小索赔都适用 LMAA SCP? 至于仲裁员人数,LMAA SCP 规定只是一位,由双方当事人同意是谁,否则由 LMAA 的主席(President)委任。

这一来,马上在这仲裁条文内又自我的矛盾了。若是条文拟定得好,主要说明 LMAA SCP 适用在 5 万美元或 10 万美元下的争议/索赔,就可以解释为在约定金额下是只有一位仲裁员(LMAA SCP),而在该金额以上是有两位仲裁员(加上公断人)了。要说明是 LMAA SCP 本身规则中没有规定什么争议的金额才适用。

在本案件的差劲仲裁条文,硬去解释会是两位仲裁员的人数更能去代表双方当事人在订约时的客观愿望,因为它仔细说明了。而 LMAA SCP 的一位仲裁员只是因合并该规则而“糊糊涂涂”地引进来。但这样解释仍不能解决问题，因为 LMAA SCP 的仲裁庭固定的一笔收费并不高。若是独任仲裁员一人去简简单单地作出一个不去长篇大论的裁决书(因为案情复杂)，这还可以。但一下子变为两个仲裁员(加上公断人)，谁肯干？但仲裁条文写明了 LMAA SCP，又不能去漠视。所以，困难重重。

幸亏在该案件，双方当事人并不在这一点纠缠，同意了某位伦敦仲裁员为独任仲裁员。但已说过，在双方争议时能去“友好”同意如此重要的一步不是易事。所以，仍是“预防胜于治疗”。

3.2.3　程序法与实体法之区分

“实体法”(substantive law) 是针对将来对实质争议(如有否违约或损失怎样计算)所适用的法律。实体法经常在小心拟定的国际合约中明确约定，而且十之八九以上是英国法为准。若没有这样做，出了这方面争议就要以仲裁地法律之“法律冲突”(conflict of law) 去解释了。总而言之是，实体法与仲裁员的委任没有关系，有关系是“程序法”(procedural law)。

程序法是以“仲裁地点”(seat) 的仲裁法为准。所以同意了香港仲裁即适用香港的《仲裁法》，而伦敦仲裁则适用英国的 1996 年《仲裁法》。它们之间对仲裁员人数、委任方法与缺席机制等要求都不一样，所以不能混乱。

近日有一个香港仲裁，有一位在伦敦的海事律师委任了笔者(杨良宜)为原告的仲裁员，笔者也接受了。合约的仲裁条文只是简单的一句，也常有见到，说：

“Arbitration in Hong Kong and in accordance with English law.”

但过了 14 天后，收到伦敦海事律师给中国台湾地区被告并抄本给笔者的传真，说：

“We have not had your response to our message.

In the circumstances, and in accordance with sections 16 & 17 of the Arbitration Act, we give notice that unless you appoint your arbitrator within 7 days, we will appoint Philip Yang as the sole arbitrator.”

这又过了七八天，估计中国台湾地区被告没有理睬，该伦敦海事律师前来委任笔者为独任仲裁员。此时笔者非要去提出异议了。笔者挂了一个电话给该律师，因为文书指出他犯错不好意思，尤其是应该同时抄本给台湾地区被告。这里一提：仲裁员应避免与一方当事人讲话，容易引起怀疑。但特别在委任时总是在所难免。

笔者对该律师说：我理解该仲裁条文是解释：(1)仲裁地点是香港；(2)所以仲裁程序法是香港地区《仲裁法》中的国际仲裁一套以《联合国示范法》为准的机制，其中并没有像英国 1996 年《仲裁法》在 Sections 16 与 17 的自动“缺席机制”(default mechanism)，可去简单地把原告原先委任的仲裁员自动变为独任仲裁页，组成仲裁庭，不怕被告扯皮不委任；(3)英国法虽在仲裁条文提及，但它只是实体法，与 1996 年《仲裁法》无关，不能混为一谈。

电话中该伦敦海事律师听来有一点难以接受，笔者礼貌地请他仔细考虑后若仍是坚持要笔者担任独任仲裁员，笔者再考虑。

结果不久后该律师以书面回来再度要求，笔者只能以书面回应说：

“Pursuant to your fax dated 11 January 2005, I am always mindful to cooperate with the parties, in particular my appointee with regard to my appointment, whether as a sole or as a party's arbitrator. This is the case even if the arbitration clause is not clear as to my appointment and hence my jurisdiction. Afterall, there is always the subsequent opportunity to re-visit the issue under the ‘competence-competence’ and ‘separation’ principles.

But I want my appointee to know my concern if at all possible.

In this case, I am uncertain that the English Arbitration Act 1996 will apply here, with an arbitration in Hong Kong as the seat. I am concerned that the reference to English law in the arbitration clause is only applicable to the substantive issues of the disputes.

Accordingly I look forward to hear further from you before I confirm/accept my appointment to act.

Obviously, if the respondents (reading in copy) can also confirm, please advice without delay.”

在这方面读者可去看本书第二章。

3.2.4　委任仲裁员的机构之争

这种情况也往往是仲裁条文草拟/拟定得差劲的结果。双方当事人在订约时加上了一个并“不存在的仲裁机构”(non-existent arbitration association),并且说是它去管理仲裁,或去委任仲裁员,或使用它的规则,等等。可举一些案例如下:

(1)在香港,有 Lucky-Goldstar International v. Ng Moo Kee Engineering Ltd. (1993) 2 HKLR 73。该案例中的仲裁条文说明仲裁要依照“国际商务仲裁协会的程序规则去进行”(in accordance with the rules of procedure of the International Commercial Arbitration Association)。大家在出了争议后同意没有这一个协会在香港存在的事实。

(2)在美国,有 Warnes S. A. v. Harvic International Ltd. and Another, US District Court, Sweet D. J., 22. 6. 1993 的案例,该买卖合约中的仲裁条文是去纽约仲裁并依照“纽约商务仲裁协会”(New York Commercial Arbitration Association)的规则去进行。但其实没有这个协会。

(3)在英国,有 Gatoil International v. National Iranian Oil Company (587 页,Vol. XV11 Yearbook of Commercial Arbitration 报道),也是涉及一个不存在的仲裁机构。

(4)在香港仲裁,笔者(杨良宜)曾被“香港国际仲裁中心”(HKIAC)委任为独任仲裁员后,并很快作出了一个有关仲裁员管辖权的“中间裁决”(interim award),去针对是仲裁条文(中文拟定)的“国际仲裁机构”到底是指谁?它没有“香港”一字,加上 HKIAC 正确名字是“中心”而不是“机构”。香港已算是好多了,这种仲裁机构恐怕没有两三个。要是在伦敦这个仲裁老祖宗地方,恐怕自认为或公认是处理国际仲裁的机构会是多不胜数了。

在上述各地的案例或裁决,结果都是一致的支持有仲裁条文的存在。试想想,双方当事人花这么大的劲去谈判,拟定与同意一条颇详尽的仲裁条文,即使是把有关仲裁机构名字写错了,那么他们订约时的共同意图以仲裁解决将来的争议是否就清楚明了?写错了名字不表示他们并没有共同意图/意向,费劲去加这仲裁条文在合约内只为了开玩笑。至于上述案例,或裁决如何解释这些不存在的仲裁机构呢?很简单,如果与正名相差不远,例如是"香港国际仲裁机构",可说成是双方当事人的真正意图是"香港国际仲裁中心",只是表达有了小错误。若是相差太远,就干脆去漠视错误仲裁机构的一句,但仲裁条文的其余部分仍是有效。例如不再会依照一个不存在机构的仲裁规则,该仲裁即解释为是"随意仲裁"(ad hoc arbitration),一样行得通。

相比中国的1997年《仲裁法》,会发觉中国与西方的理念或理解相差很远。在第18条文中说若是仲裁机构名字不清楚,双方当事人可另去同意,若不能同意仲裁条文无效。

这里问题是:

(1)现实中写错仲裁机构名字的情况不少,一般订约商人对仲裁所知不多,很难去拟定得太完善。

(2)出了争议并发觉了仲裁条文的缺陷,去祈求双方当事人另去同意并不现实,能成功同意百中无一或千中无一,被告常会扯皮,立法的这一句话讲了等于没讲。

(3)双方当事人若不能同意(这是绝大部分情况),仲裁条文就无效的结果是明显与西方案例完全相反。而且会是:(a)漠视/否定了订约当时的共同意图应是想去以仲裁解决争议,特别是去中国仲裁。(b)立法并不帮助,支持与鼓励中国仲裁,而是去尽量把生意/案子拒于门外的感觉。

3.2.5 仲裁通知与其他情况

表面看来,仲裁通知好像与本章的主题(有否适当的组成仲裁庭,让它有实质管辖权)不像有关,但其实是有。笔者可去挑两种情况或例子加以说明:

3.2.5.1 原告委任仲裁员的管辖权限与如何通知被告

由于在委任仲裁员可去局限他/她的管辖权(大家之间关系也是合约关系,故此有订约自由),所以当事人,例如是原告,可委任仲裁员之时说明是"为去解决所有争议"(to deal with all disputes)。这自然是一种最广泛的权限,只不包括在仲裁中途才冒出来的新争议(new dispute)。这是一种常见的做法:Manser v. Heaver (1832) 3 B & Ad 295; The "Maria Lemos" (1986) 1 Lloyd's Rep. 45。

另一种做法是干脆不讲,只是简单一句:"我委任你杨良宜或莫世杰先生做仲裁员,有关争议容后告知。"条文到今天法律/法院大力支持商务仲裁,估计也会去解释为默示授予委任仲裁员广泛的权限。

怕是怕原告局限仲裁员的管辖权,在委任时说明只是"为去解决我方的不安全港有关索赔"(to only deal with our unsafe port claim)。这一来,会是去设下一个陷阱令对方/被告不以为意,想把被告有的其他争端(与索赔无关,例如是货损货差)加入同一仲裁作为"反索赔"(counterclaim),为了方便与省钱而不必另去起诉。被告将来若真这样做,原告即可去指出这个仲裁庭没有对其他不同性质的反索赔拥有管辖权。这种陷阱很多,如 The "Aries" (1977) 1 Lloyd's Rep. 334; The "Samos Glory" (1988) 1 Lloyd's Rep. 51; The "Petros H" (1988) 2 Lloyd's Rep. 60; 等等。有时候,会是仲裁员先发觉,好像是船东委任仲裁员在 The "World Ares" (1984) 2 Lloyd's Rep. 481 向双方当事人说:

"However, evidence has come to light concerning the terms of my appointment as arbitrator on behalf of the owners which you may not be aware of, since it was effected directly with their London agents Niarchos (London) Limited. I attached hereto a copy of the agents' letter of 4th September, my reply of the 8th, and the telex message referred to in the exchanges. You will readily observe that my appointment was solely in respect of the owners' claim of $76,000 odd for outstanding hire and this has never been ameneded to includes cargo shortage claim by the charterers. It would appear therefore that technically I have no jurisdiction to deal with the charterers' cargo claim and I am appointed only to deal with the issues that arise out of the owners' claim for balance of hire."

为了防止被告在不公正的情况下上当(例如没有在反索赔的时效之前另起诉),在 The "Standard Ardour" (1988) 2 Lloyd's Rep. 159 先例,Saville 大法官说:

"in order to determine whether an arbitral tribunal had jurisdiction to determine a particular claim〔7〕, it was necessary to look objectively at what had passed between the parties〔8〕 and on that basis to determine whether or not any particular matter was included in the reference〔9〕; it was not sufficient for a party privately to seek to invest his arbitrator with power to determine a particular claim unless this was also made clear to the other party〔10〕..."

在做法上,原告在开始仲裁并作出仲裁通知给被告,若说明是针对"所有争议"(all disputes)或什么都不说,被告不必担心他的反索赔不能被包括在该仲裁内,而要去分别起诉,特别要保护时效。但原告的仲裁通知一有字样去局限在他自己的索赔,被告即应警觉。被告可回电给原告质问:

"Your arbitration notice is duly received〔11〕. We noticed it said to only deal with your

〔7〕 如果去判断一个仲裁庭有否对一项索赔拥有管辖权。

〔8〕 需要去客观看双方当事人之间的通信来往,这包括仲裁通知。

〔9〕 在这基础上决定那些事项包括了该仲裁。

〔10〕 一方当事人(原告)去私下委任仲裁员时只授权裁决某一特定索赔并不足够,除非向对方(被告)也说明白(这一般在作出仲裁通知时)。

〔11〕 收到了你(原告)的仲裁通知。

claim[12]. Please clarify if our 2 claims (or 2 counterclaims) are also included[13]? If not, we will the forced to invoke a new arbitration to deal with these 2 claims/counterclaims which will be time-barred in a month's time[14]. This will inevitably result in higher costs and workload[15]. It can be avoided if you will come back confirming that this arbitration also includes our claims/counterclaims and can be deal with in one single reference[16]."

笔者相信如果这是一个陷阱,原告会收到上述回电,知悉已被对方/被告认穿,也就会去澄清/确认开始了的仲裁可包括反索赔的管辖。

正是因为有此陷阱,故在伦敦海事仲裁的"LMAA Terms 2002"仲裁规则,加了Paragraph 10 说:

"The jurisdiction of the tribunal shall extend to determining all disputes arising under or in connection with the transaction the subject of the reference, and each party shall have the right before the tribunal has given notice of its intention to proceed to its award to refer the tribunal for determination of any further dispute(s) arising subsequent to the commencement of the arbitral proceedings."

这方面稍后在3.4.3段详及。

3.2.5.2 仲裁通知与被告委任仲裁员的时限计算

原告在给了仲裁通知的同时,会在两位或三位仲裁员的仲裁条文中,要求被告去委任他的仲裁员,以一步步组成"仲裁庭"(tribunal)。被告就必须在"时限"(time limit)内作出委任,否则原告会启动"缺席机制"(default mechanism),撇开1996年《仲裁法》之Sections 16 & 17,另就是原告随即向英国法院(或在香港,则是向"香港国际仲裁中心"[HKIAC])申请代缺席的被告代委任一位仲裁员。英国法院(或"香港国际仲裁中心")也一定会去委任。所以缺席的被告别以为不理睬原告即可避免被诉,这只是"沙漠鸵鸟"自欺欺人的想法。其实只能去为原告增加一点麻烦与拖延一下,得益有限。但被告要去付出代价。一个代价是原告向英国法院或HKIAC申请的费用,会下令要缺席被告承担。另一个更昂贵的代价是被告失去委任自己仲裁员的机会。这可能是重要,例如争议主要涉及"中国特色"的事实的话。显然,中国被告去委任一位熟悉中国国情甚至是中国人(笔者的杨良宜与莫世杰先生,已多次是伦敦仲裁的仲裁员)或长期接触而了解中国国情的外国人,可能会有一定好处。这里无关偏袒或不公正,只是仲裁庭会更好与更容易了解中方被告的证据。所以被告不去

---

〔12〕 我们(被告)发觉它只针对你的索赔。

〔13〕 请澄清是否包括我们的两个索赔(或反索赔)。

〔14〕 如果不包括,我们会被迫去为这两个索赔/反索赔另去开始一个新的仲裁,因为它们在1个月内时效届满。

〔15〕 这无可避免会导致多花官司费用与工作量(明显是同在一个仲裁处理掉双方所有争议既方便又省钱)。

〔16〕 去避免只要你回来澄清与确认本仲裁包括了所有争议,索赔与反索赔。

委任自己挑选的仲裁员而任由原告向英国法院推荐，会在某些事实争议多的案件是很大的损失。

再回去讲正常的情况，即被告去寻找与挑选适合的仲裁员，并在“时限”（time limit）内委任。那什么是时限呢？这会是明示或默示。明示规定的情况不太多，因为这毕竟是操作的细节，写多了仲裁条文是太长太烦。但也不是没有。仲裁条文会去说明原告要求下，被告必须在7天或14天不等的时限内委任仲裁员：请参阅第九章介绍的 Minermet SpA Milan v. Luckyfield Shipping Cor. p (2004) EWHC 729 (Comm.)。但法律默示的时限规定会在现实中更重要，因为明示的情况不太多。

在英国1996年《仲裁法》，Section 16(4)针对两位仲裁员的仲裁条文，说：

“(4) If the tribunal is to consist of two arbitrators, each party shall appoint one arbitrator not later than 14 days after service of a request in writing by either party to do so.”

所以，时限是14天。而针对3位仲裁员，在 Section 16(5)(a)，时限也是14天，说：

“(5) If the tribunal is to consist of three arbitrators —

(a) each party shall appoint not later than 14 days after service of a request in writing by either party to do so…”

这14天的期限应怎样计算呢？在《仲裁法》的 Section 78 有清楚说明。Section 78 条文与14天时限有关的主要在 Section 78(3)与78(4)，如下：

“(3) Where the act is required to be done within a specified period after or from a specific date, the period begins immediately after that date.”（当被要求去做一件事［如委任仲裁员］从该天起算的一段时限内，该段时限在第二天马上起算，即提出要求的一天不算。）

“(4) Where the act is required to be done a specified number of clear days after a specified date, at least that number of days must intervene between the day on which the act is done and that date.”（从起算一天始至最后一天止，内中必须数得出是有足够的日子去符合时限的规定）。

故此，若仲裁通知（有要求被告委任仲裁员）在4月1日（星期一）作出，该天不算。从4月2日（星期二）算，14天是至4月15日（也应是星期一）子夜为止。原告至4月16日晨才能开动“缺席机制”对付被告并完成仲裁庭的组成。

最后一提的是只有在7天或7天以下，英国《仲裁法》的 Section 78(5)才去排除时限内的周末（星期六/日）与公众假期（以被要求去做事或行动地点为准）。这不适用在14天。故若在12月16日给了被告仲裁通知（与要求委任仲裁员），而12月21/22日是周末，另12月25/26日是圣诞节。7天的期限是12月17、18、19、20、23、24与27日。即“缺席机制”要到了12月28日早上才能开动。

或问，怎会是7天？《仲裁法》不是明确写了是14天吗？答案是：有订约自由，一有了明示规定，例如写明时限是7天，默示规定就得靠边站。笔者最近仍见过这种明示规定的条文。条文倒像中国春节假期长达7天以上,英国《仲裁法》的规定排除假期应对中方被告是好事吧，不会因春节而不知不觉被剥夺了委任自己仲裁员的权力。

这与仲裁庭的管辖权有什么关系呢？这可参阅 The“Bengal Pride”(1986) 1 Lloyd's Rep. 167，就涉及时限未届就动得太快，导致裁决书因欠缺管辖权而无效。Leggatt 大法官说：

“It could not be shown that after seven clear days had elapsed following the giving of the notice… Mr. Potter was appointed as sole arbitrator; the telex was incapable of constituting a valid appointment since it was sent before the expiration of the time which had to expire before such an appointment could validly be made…”

笔者也遇过一种情况是仲裁通知(与要求被告委任仲裁员)发了给经纪人,而经纪人没有去转交,所以被告一直不知道,不警觉此事。这令原告开动了“缺席机制”与组成了仲裁庭后再通告被告,后者才知道。被告于是提出质疑,指称该仲裁庭没有管辖权,必须重组并给予被告机会去委任仲裁员。笔者看来是被告明显有理,原告去硬来就算出了胜诉的裁决书也会是无法去执行，因为欠缺管辖权。而且,1996年《仲裁法》之 Section 18(3)(c)已有办法对待这种不公平情况,条文允许英国法院去“废除已委任了的仲裁员”(to revoke any appointment already made)。

最后可举一个最近报道的先例 Lafarge (Aggregates) Ltd. v. London Borough of Newham [2005] EWCH 1337(Comm),它是有关一个建筑的合约,有关仲裁条文是要求先让争议由工程师决定(decision by the engineer),如果继续有争议,就去第二步的审裁(adjudication),然后再继续有争议,就必须在三个月内开始仲裁并由仲裁作最后裁决。合约也说明了仲裁通知(notice of arbitration)是被当做在发出后的两个工作日后收到(deeming provision)。案情是审裁以 E-mail 所作的草稿把决定告诉了双方当事人,时于2004年8月12日,但正式签字的一份审裁是随后才寄出,在五天后的8月17日收到。至于原告在2004年11月11日发出的仲裁通知,被告在2004年11月12日收到,当天是星期六。这一来,就有了几个有关管辖权的争议,因为被告指称仲裁通知已超出了合约规定的三个月。但原告认为是仲裁通知刚好是在三个月内,而这也得到了仲裁员的支持。根据1996年《仲裁法》的 Section 67 去了英国法院,Cooke 大法官同意仲裁员部分的决定,但否定了其余决定,反正最后就是判仲裁通知刚好超出了三个月,这导致仲裁员没有管辖权。大致上,同意的是审裁决定作出的一天是在8月12日,即使决定并没有签字。另外原告在11月11日所发出的仲裁通知,根据 deeming provision,是被当做在两个工作日之后才算是被告收到,即使是被告在早一个工作日内已经收到。这 deeming provision 是为了肯定,即使隔了好久之后因为邮件延误被告才收到,仍然是当做发出后的两个工作日收到。同样情况,如果是早一天已经收到,被告收到的一天仍当作是第二天的工作日,即发出后两个工作日为准。最后 Cooke 大法官认为在该合约下星期六不算是工作日。

3.3　类别之三:什么争议根据仲裁条文可交给仲裁庭处理之争

这一类别的对仲裁员管辖权提出质疑与挑战并非是没有主合约,或没有仲裁条文,或仲裁庭的组成有问题的各种上述情况。这一类别是指称部分或全部的争议或索赔根据法律或仲裁条文的文字/措辞与内容并不包括在内。换言之,这又是仲裁员管辖权之争。

相比较早介绍的质疑/挑战,这一类会有以下不同之处:

(1)它很少与"认定事实"(finding of facts)有关,它一般只涉及"法律方面"(matter of law),去解释(construct)有关仲裁条文。

(2)它会在仲裁程序中稍晚才出现,因为直至对方提出了一项争议或索赔(这会在文书请求或更后时间通过修改文书请求才去加入新的项目),挑战方是不知道,要去提出质疑。

这一类别的成因之一又是老毛病,就是在订约自由下把仲裁条文写得差劲。这种情况千变万化,在此只能去举少数例子把问题说明:

3.3.1　仲裁条文不够广泛

仲裁条文拟定得不够广泛是最普遍的情况。例如,经常有说法是应使用的开始几个字是:"本合约所导致或有关的所有争议(去仲裁)"(all dispute arising out of or in connection with this contract shall…)。这是广泛的文字/措辞。相比若去写为:"本合约之下的争议"(any dispute under this contract…)会是只局限在违约之争,但不包括合约以外(但相关)的争议了,如"修改合约"(rectification of contract)、"更改合约"(variation of contract)、"侵权"(tort)等。

在 Faghirzadeh v. RudolfWolff (1977) 1 Lloyd's Rep. 630, 判是"all disputes arising out of or in relation to contracts"十分广泛,包括合约有否在后来被更改之事。在很早的 Re Hohenzenzollern AG (1886) 54 LT 596, Esher 勋爵曾对"all disputes"一词说:

"Now of course 'all disputes' cannot mean disputes as to matters that have no relation at all to the contract. But I think that those words are to be read as if they were 'all disputes that may arise between the parties in consequence of this contract having been entered into' … The question, therefore, comes to be, was this a dispute in consequence of the contract having been made?"

另在上诉庭的 Ashville v. Elmer (1988) 2 Lloyd's Rep. 73, 对这方面有详尽探讨, 包括判"in connection therewith"可包括修改(rectify)合约之争。

3.3.2　局限在某类争议

也是仲裁条文不够广泛的结果,但条文更进一步局限在某类的争议。例如在 The "Ioanna" (1978) 1 Lloyd's Rep. 238, 仲裁条文写作:"General Average and arbitration to be settled accordingly to the York-Antwerp Rules 1950 in London."Kerr 大法官判这仲裁条文的管辖范围只在共同海损的争议,不包括船东向租船人去追讨滞期费。

在香港也曾经有一个上诉庭先例:Tiong Huat Rubber Factory (Sdn) Bhd. v. Wah-Chang International (Unreported, Civil Appeal No. 192 of 1990)。案例中的标准合约("马来西亚树胶交易所"拟定)内的仲裁条文是:

"All disputes as to quality or condition of rubber or other disputes arising under these contract regulations shall be settled by arbitration between the Seller and the Buyer…"

有关争议是买方不开信用证。买方指称这些裁决书是空的,因为没有"实质管辖权"(substantive jurisdiction)。买方争辩仲裁条文只局限在货物的"质量"(quality)、"大小"(size)与"重量"(weight)方面的争议。

第一审的 Kaplan 大法官判争议是包括在仲裁条文内,但上诉庭不同意并判:

"The phrase '… or other disputes arising under these contract requlations …' was not sufficently wide to embrace the matters in dispute…"

3.3.3 混乱仲裁条文

这一情况不但是仲裁条文不够广泛,而且是混乱。例如笔者见过一条仲裁条文说:"50 万美元以下争议去伦敦仲裁,50 万美元以上争议去英国法院。"但它没有说明这 50 万美元包括些什么?这会在索赔只有 50 万美元以下但被告稍后引入反索赔令总的争议金额超出 50 万美元带来很大的仲裁员管辖权问题,因为管辖权来自仲裁协议,但它并未授权在 50 万美元以上争议。又或是,原告起初的索赔低于 50 万美元但后来发觉要"修改"(amendment)并要增加索赔金额至超出 50 万美元。还有,除了反索赔/修改的变数,还有其他疑问例如是 50 万美元是否包括利息或费用?或是原告想去避开仲裁故去把 30 万美元的索赔硬去加上一个法律明显不会成立的索赔(例如是名誉损失 20 万美元),法院是否应去"中止"(stay),把管辖权让出给仲裁庭呢?

说真的,笔者本质上不喜欢这种"半桶水"做法。在合约的解决争议条文,你要么支持仲裁,要么就支持国家法院。它们之间很不一样,硬去以争议金额把它们切开,但又缺乏远见把可能会出现的千奇百怪变数加入条文并在条文中加以针对,就会在出了争议时添加麻烦。

3.3.4 合约或侵权之争

由于有"订约自由"(freedom of contract),加上法律的起点或本质不一样,合约违反的责任会有许多变化。它会是"严格或绝对"(strict or absolute),它会是"恪尽职责"(due diligence)或"个人职责"(personal diligence),等等。但会有可能是违反的责任与侵权一致,这往往是基于"疏忽"(negligence),例如,船长船员对船上的货物疏忽照顾而导致货损。这是在合约运输下违约(它会通过强制或自愿的适用《海牙规则》),但也同是犯了侵权。而在英国法律是不去剥夺个人拥有的诉权,所以就出了一种"共同责任"(concurrent liability)的说法,就是合约与侵权同时有责任。由于有许多时候以侵权起诉可避开合约内的不利条文如时效,限制赔偿责任,仲裁条文,负责条文,等等,就导致许多原告去取巧的例子。所以,在 1924 年的《海牙规则》没有针对,但 1968 年的《海牙—威斯比规则》的 Art Ⅲ(1)就加了一句说:"The defences and limits of liabitity provided for in this Convention shall apply in any action against the carrier in respect of loss or damage of goods covered by a contract of carriage whether the action be founded in contract or in tort."

同样的条文也在1978年的《汉堡规则》出现。有关这方面的"concurrent liability"复杂的问题,读者可去参阅《国际商务游戏规则——英国合约法》一书之第14章3段,在此暂时略过。

这问题对仲裁来说就是原告以侵权起诉来逃避合约内的仲裁条文,被告可否成功去说服法院(如英国法院)作出"中止"(stay)与让出管辖权。甚至更进一步去说服英国法院为保护伦敦仲裁,去作一个"anti-suit禁令"不准原告在外国的国家法院以侵权起诉。能说服英国法院,就要指出仲裁条文的用字与措辞包括了有关索赔,而仲裁员也完全有管辖权。

在The "Angelic Grace"(1994) 1 Lloyd's Rep. 168就是这类案例。船东与意大利承租人之间的租约有一条伦敦仲裁条文。船舶在意大利卸货时碰坏了承租人的船,承租人于是在意大利法院以侵权起诉船东。但船东在英国法院成功申请了一个"anti-suit禁令"迫使承租人回伦敦仲裁。

看来,在一条用字广泛的仲裁条文下,英国法律是解释为仲裁员的管辖权包括了合约与侵权走在一起的责任"concurrent liability": Woolf v. Collis Removal Services (1832) 3 B & Ad 295; Astro Vencedor v. Mabanaft GmbH (1971) 2 All ER 1301。但会是在一条局限的仲裁条文如"本合约之下的争议(提交仲裁)"(any dispute under this contract)会有不同判决/结论。

3.3.5　涉及非签约方之六:不同合约下的债务对冲(set-off)

这一个课题已在本书第九章之Ronly Holding v. JSC Zestafoni G Nikoladze Ferro-alloy Plant (2004) EWHC 1354(Comm)有详细介绍,这也是关系到一个仲裁庭有否管辖权的问题,但不在此多去重复。

3.4　其他不涉及仲裁条文的管辖权之争

"实质管辖权"(substantive jurisdiction)之争还会有其他林林总总,但原因不来自仲裁条文(例如是否用字广泛?差劲?),而来自法律,以下列举几种情况。

3.4.1　有否"争议"之争?

仲裁是去解决争议,所以只应在争议出现了才开始仲裁。在许多仲裁条文,这会是明示,一开始说:"如果发生争议……(去仲裁)"(in the event of dispute)。当然,也会有十分简单的仲裁条文。例如只说:"香港仲裁"(Arbitration Hong Kong)。但没有明示也有默示,所以仍需要先有争议。或会说,现实中没有争议去什么仲裁呢?难道自愿想去花一点昂贵的律师与仲裁员费用吗?答案是情况可以是双方"不严格"有或者技术上没有争议如以下:

3.4.1.1　宣示(declaration)

双方若是对一个问题有疑问,例如是合约某条文的解释/含意,一直以来可去英国法院寻求一个“宣示判决”(declaratory judgment)。在这种做法中,双方当事人通常有争议。但也会有情况是完全不涉及任何索赔,也不严格出什么争议,只是双方对某一点有疑或吃不准,故此去法院以“传票”(originating summons)寻求一个宣示判决以利办事。这种情况可以想象,例如一家受公众注视的公营公司/机构为免去做错事在事后受攻击,它会在行动前听取“大律师意见”(counsel's opinion),但更加难去抨击是它有了一个法院的宣示然后去照办。

宣示的权力在英国的1996年《仲裁法》已明确交了给仲裁员,仲裁员可以去作出一个“宣示裁决书”(declaratory award)。这在立法的 Section 48(3)条文,说:

“The tribunal may make a declaration as to any matter to be determined in the proceedings.”

但仍会有案件中原告直接向法院寻求宣示判决,原因是法院可能判得快,只要送达传票不是问题(Karaha Bodas Co LLC v. Pertamina HCCT 28/2002,5 Aug 2002[未被报道]),但去仲裁光是组成一个三位仲裁员的仲裁庭恐怕已需一个月以上。加上,不少宣示涉及复杂的法律问题,原告去法院更安心。在这情况下,被告若是也想去早日找出答案,他会对法院管辖权不提出质疑并去参与直至法院作出宣示判决为止。但若是被告不想去合作并提出质疑,法院也只能去“中止”(stay)并交出管辖权给将来组成的仲裁庭。但为了公平对待或去取得一个平衡在“心急”的原告面对“想拖延”的被告,法院可能在适合案情去对被告作出一个“中间禁令”(interim 或 interlocutory injunction)以求去“保持现状”(maintain status quo)直至仲裁庭作出宣示判决为止。例如,不准被告把船舶或财产出售。这又会导致被告觉得拖延没有好处,不如早日让法院宣示。注意去英国《仲裁法》,它没有说法院有权去对实质问题/争议作出宣示,但在 Section 44(2)(e)有说明法院可以去作出“中间禁令”,因为这是程序,不是实质问题。条文说:

“The granting of interim injunction…”

宣示申请也会是针对仲裁员管辖权:The “Jhansi Ki Kani”(1980)2 Lloyd's Rep. 569; Republic of Liberia v. Gulf Oceanic Inc.(1985) 1 Lloyd's Rep. 539; The “Standard Ardour”(1988) 2 Lloyd's Rep. 159; The “Gladys”(1990), Lloyd's Rep. 297;等等。例如在 The “Gladys”,传票内容是要求法院宣示:

“a declaration that Mr Cedric Barclay and Mr Bruce Harris, the arbitrators appointed by the plaintiffs and the defendants respectively, have no jurisdiction to act in and about the dispute between the parties in respect of the vessel ‘Gladys’, by reason that there was no arbitration agreement made between the parties.”

但案件的实质争议与仲裁员管辖权有不同对待。在1996年《仲裁法》之 Section 32 提供了一个选择去审理有否管辖权,就是让法院去判决,因为考虑到某些案件的争议会是更快更省钱由法院而不是仲裁庭去先审理管辖权。但 Section 32 条文用字/措辞狭窄,条件多多,显示了主要途径仍是先由仲裁庭自己决定管辖权。故此即使申请宣示是有关管辖权,好像 The “Gladys” 先例,被告向法院申请中止,法院仍有可能去中止让仲裁庭(Cedric Barclay 与 Bruce Harris 先生)自己先去裁决。

3.4.1.2　简易判决

3.4.1.2.1　法院简易判决的吸引力

这种情况发生在被告既承认责任,也承认“索赔金额”(quantum),唯一欠债的理由是被告手紧,赔不出,要原告减债或/与还债时限宽待。这是一种极端情况,一般精明的被告/债务人也不会如此坦白,他会推三推四找各种借口。反正是原告一去法院起诉,被告很快被迫去“正式”(formally)请求抗辩的事实。可以想象,若是被告的抗辩只是一些借口(例如被告提取了货物但不付货价,抗辩说上一批货物质量差或这批货物转卖了而分买方不满意质量,但再没有进一步的详节),会在有商业经验与高水平的法官面前“法眼难逃”,很快在原告申请下去作出一个“简易判决”(summary judgment)。这是唯一的一种情况法院不让被告去全面抗辩,不去开庭审理,就作出判决。在这种做法下,原告会在前后一个月就取得了一个法院的判决。其吸引力对债权人可见,因为换了去仲裁光是组成三人仲裁庭已需一个月的时间或更长。加上,仲裁员鲜见会像法院这么强硬,他总会去尽量让被告有抗辩机会(即使抗辩是垃圾)以避免有任何违反自然公正的指控。在香港《仲裁法》下的《联合国示范法》(Model Law),更是在 Art. 24(1)说明了任何一方当事人(显然是包括了想拖延的被告/债务人)要求开庭,仲裁员必须去开庭。或说,不是说仲裁的裁决书在 1958 年《纽约公约》下比法院判决容易在全世界执行?对是对,但会有不少案件是一个英国法院或香港法院作出的判决业已足够有余去执行。例如,被告/债务人是一家英国/欧共体国家公司或香港公司。

上述介绍可解释为何原告刚同意了一条看来不错的伦敦或香港仲裁条文(不是乌干达仲裁条文),为何一有了索赔又是十分矛盾的千方百计去法院求助。这就是其中一种情况,是原告“看死”被告对索赔无法去实质抗辩,可以很快取到一个简易判决。

海事也有这种做法,特别在船东向租船人追索“运费”(freight)。众所周知,运费基于历史原因一直被视为是“神圣”(sacroscanct),“不能对冲或乱碰”(untouchable):贵族院先例的 The “Dominique”(1989) 1 Lloyd's Rep. 431 再度确认这一点。这发生在 The “Fuoshan Maru”(1978) 1 Lloyd's Rep. 24; The “Cleon”(1983) 1 Lloyd's Rep. 586 等先例。

另外,被告即使对部分债务/索赔有争议/抗辩,法院仍可对无可抵赖的一部分欠债给一个简易判决,其余的才中止让给仲裁庭。

3.4.1.2.2　英国法律/法院以往的取态与目前状况

虽然商务仲裁存在的历史很悠久,笔者感觉是在 20 年前,英国(与其他国家/地方如香港)的法律与法官仍是对商务仲裁抱有一定怀疑与保留。这可以从许多先例中感觉得到,包括刚提到的 The “Fuoshan Maru”(1978) 1 Lloyd's Rep. 24。而即使是立法,也明显有这种倾向。在 1958 年的《纽约公约》,Art. Ⅱ 说明公约国法院必须去中止法院诉讼,把争议的管辖权让出给权方当事人一早约定的签约国的仲裁庭。唯一例外是合约内的"仲裁协议/条文是无效,空的与无法实施"(agreement is null and void, inoperative and incapable of being performed)。

但英国在1975年《仲裁法》(目的是把《纽约公约》立法为本土法),它却"画蛇添足"地加多了一个例外情况让英国法院可以拒绝"中止"(stay)。这例外是:"or that there is not in fact any dispute between the parties with regard to the matter agreed to be referred"(或事实上双方当事人没有真正的争议。)

虽然英国不认为去这样说明是偏离或违反《纽约公约》(因为国际公约要么承认,要么就不承认,但不能去自己个别国家更改或承认一半),毕竟是有争议才有仲裁。但后果是鼓励原告在估计被告没有或只有很弱的抗辩下去直接向法院起诉并申请一个"简易判决"(summary judgment)。

到了1996年的《仲裁法》,已在 Section 103 条文的有关承认与执行1958年《纽约公约》,不再像1975年的立法加上"画蛇添足"的一句。众所周知,1996年的《仲裁法》是去代取1950年、1975年与1979年的《仲裁法》(1950年是主法,1975年/1979年只是去增加与作出部分更改)。这加上了英国法院的改变态度去极度友善对待仲裁,导致了去英国法院寻求一个简易判决之路不再可行。这可节录 Bruce Harris 等先生的《The Arbitration Act 1996—A Commentary》一书第3版之88—89页所说:

"Before the Act, it was common for a plaintiff who believed there was no defence to his claim to issue a writ[17] and at the same time apply for summary judgment under the former Rules of the Supreme Court (RSC) Order 14.[18] If convinced there was no defence and therefore, in effect, no dispute, the court did not stay the action but would give judgment for the plaintiff.[19] The effect of Halki Shipping Corp. v. Sopex Oils Ltd. (1998) 1 Lloyd's Rep. 465 (CA) has been to render such applications pointless since there is nonetheless a dispute between the parties within the meaning of the arbitration clause.[20] The arbitrator, it is thought, has a sufficient armoury to deal with such obvious cases on a speedy basis.[21]"

上述的节录显示了再也没有"简易判决"(summary judgment)的做法,原因一是来自政策上的改变,即1996年《仲裁法》再没有1975年《仲裁法》的"画蛇添足"一句。原因二是法院对仲裁愈加友善,就在"争议"一字的解释也就宽松。这在著名的 Hayter v. Nelson (1990) 2 Lloyd's Rep. 265 先例中,Saville 大法官就说:

---

〔17〕 在1996年《仲裁法》生效前,有一个普遍做法是一位原告相信他的索赔没有抗辩余地去法院作出一张告票。

〔18〕 并在同时申请一个简易判决,根据以往的《高院规则》的第14号命令。

〔19〕 如果原告能说服法院,法院不去中止诉讼并同时作出判决。

〔20〕 但在上诉庭的 Halki Shipping 先例后(该先例判被告拒绝支付索赔金额或否认债务,不论是强是弱的理由,双方仍是有争议),显示这种做法已没有多大作用。

〔21〕 仲裁员被认为在1996年《仲裁法》下已有足够武器去对付这种明确的赖债并能快速行动。

“Two men have an argument over who won the university Boat Race in a particular year. In ordinary language they have a dispute over whether it was Oxford or Cambridge. The fact that it can be easily and immediately demonstrated beyond any doubt that the one is right and the other is wrong does not and cannot mean that dispute did not in fact exist.”(即一查就马上与容易知道谁对谁不对，并不代表双方当时不存在有争议。)

另在 Halki Shipping，Swinton-Thomas 大法官说：

“there was a dispute once money was claimed unless and until the defendants admitted that the sum was due and payable; and if a party refused to pay a sum which was claimed or denied that it was owning then in the ordinary language there was a dispute between the parties.”(除非被告承认了欠下一笔钱,否则被告拒绝支付索赔或否认欠钱在通常的语言中仍算是争议。)

结论是,除非被告在“公开”文件中[故此不享有“特权”(privilege)]承认了责任与索赔金额,这才是唯一的没有“争议”(dispute)情况。但这种情况现实中甚少见，一般是被告/债务人即使不找借口推三推四,也会默不作声。但即使如此,这说法还是有疑点,这在本书第一章之 1.28 段有详论,不去重复。

有说法是 1996 年《仲裁法》给了仲裁员许多的权力去加速仲裁程序。另是像 Section 34(2)(h)的可去决定是否开庭或/与 Section 39 的“暂时裁决书”(Provisional Award)(例如在 BMBF v. Harland & Wolff (2001) 2 Lloyd's Rep. 227 先例即有涉及),等等,都可让仲裁员动得很快去对付拖延的被告而再不需要法院去作出简易判决。但仍会是,仲裁庭会比法院的简易判决动得慢,毕竟一个三人仲裁庭已需颇长时间去组成。

3.4.2　诉前保全是否包括在仲裁之争

诉前保全的做法主要是 Mareva 禁令或冻结命令(freezing order)与对物诉讼/扣船(in rem action/arrest of ship) 的两种,这方面在本书第十章中间措施有详论。这行动会发生在开始仲裁前或在仲裁中途,但往往是在其他国家法院面前进行，与仲裁庭无关或其不参与。至于为何这方面问题会涉及仲裁员管辖权是由于寻求诉前保全一方(通常会是原告)往往要花一大笔钱,而这笔钱不一定会全部或大部分能在申请诉前保全法院(如在中国内地)向被告要回来。故此,想在仲裁要回来这笔申请保全的法律费用。此外会有船东的被告向仲裁庭申请各种有关提供诉前保全/担保的救济。例如是：

(1)仲裁进一步澄清了索赔显示担保金额实在太大,被告要求减少担保；

(2)抗辩请求说,被告若胜诉,请仲裁庭下令原告马上归还担保；

(3)被告称原告错误申请禁令或扣船,要求赔偿损失。

但问题是,这些行动是在外国或/与其他法院管辖,行动中也会针对费用或错误申请禁令的赔偿,仲裁员去插手适合吗？有管辖权吗？再说,提供的担保也不会有仲裁条文。

首先有关其他法院产生的申请保全法律费用,看来仲裁员不应去插手。在 Higham v. Havant & Waterloo UDC (1951) 2 T. L. R. 87,法院说:

"I should have doubted very much whether it was competent for the arbitrator to deal with costs which might be incurred before the Divisional Court. I think that those costs were necessarily in the direction of Divisional Court."

另在 2004 年 3 月的一个伦敦仲裁("M. Glory"轮),有关这一点裁决书说:

"The charterers have objected to all of the costs incurred relating to their lawyer's investigation into obtaining security on the grounds, inter alia, that the Tribunal does not have jurisdiction to award such costs as costs in the reference. The owners dispute this, relying on the case of The 'Maria D' before the Commercial Court on 29 October 1993 where Mr Justice Colman allowed the costs of an arrest abroad.

Whatever the position may be under the Civil Procedure Rules, our jurisdiction in this matter is governed by Section 63 of the Arbitration Act 1996. As the provision of security was not in issue in the arbitration proceedings, we find that any costs incurred in relation thereto, cannot be considered costs of the arbitration. We accordingly find in favour of the charterers on this point."

至于被告向仲裁庭请求下令原告减少诉前保全的担保金额,笔者在 2002 年 8 月在一个伦敦仲裁中面对被告的申请。事实是在仲裁前,原告的承租人已在澳洲把被告船东的船舶扣了后取得了接近 200 万美元的诉前保全担保(银行提供)。之后开始仲裁,在索赔请求中的索赔金额大约只是 75 万美元。这笔本金去加上利息与费用怎样算也不会是 200 万"美元之多。于是船东律师在请求原告承租人不果后向仲裁庭申请把 200 万美元减为 100 万美元担保。三人仲裁庭在讨论后,一致同意发出以下命令:

"On behalf of the tribunal, I refer to previous exchanges over the owners' application for reduction in the security they have provided to the charterers. It is the tribunal's opinion that we do not have the required jurisdiction to amend that security. The basis for our decision is that the letter of undertaking represents an agreement between the charterers and the owners' bank. The owners are not party to it and its terms (or a variation thereof) and not something that arise under or in connection with the charter-party. It is incidental to the charter-party."

由此可见,仲裁庭没有管辖的理由在银行担保或互保协会担保(用以交换放船)中不会有仲裁条文(或即使有,也不属租约的同一仲裁庭)管辖。

在同样的原因/理由下,仲裁员也不应受理去下令如何处置该诉前保全担保。例如在裁决书判被告船东胜诉后,同时下令原告归还担保。归还不归还涉及执行,仲裁员也不必为胜诉的被告船东去关心如何执行。

最后有关被告指称原告错误申请 Mareva 禁令或扣船,并要求赔偿损失。这里仲裁员的态度有不明朗之处。首先有关 Moreva 禁令的申请是对是错，由于涉及许多事实是有关的法院才能下决定，例如是有否在单方面（ex parte）申请时提供一个全面与坦率的陈述？加上，申请方会向有关法院提供担保以赔偿错误行动所带来非申请方的损失，故此看来仲裁员不应去碰：有关 Mareva 禁令的课题在《禁令》一书第四章有详论。

但涉及扣船的损失（经常会产生，因为扣船通常带来延误船期），笔者见过好几个裁决是仲裁庭认为在一条广泛的仲裁条文与委任没有任何局限下他们是有管辖权去审理。在伦敦仲裁 8/04. LMLN 637 即有这种案件报道。当然，由于完全不同 Mareva 禁令的何谓"错误"（wrongful）尺度，而扣船是要证明原告"恶意"（bad faith）才成，故此仲裁员即使肯接受与管辖被告船东的船舶被扣而损失船期，但船东成功胜诉的机会极微。

这也是法律所支持；在 The"Damianos"（1971）1 Lloyd's Rep. 502（CA），就是这方面。该先例中船东胜诉，公断人判租船人错误扣船，要赔偿船东损失。租船人就以裁决书是空的，因为公断人没有管辖权/超出原有权限为由，上诉法院去把它撤销。上诉庭的 Denning 勋爵不同意地说：

"The arrest of the ship was the direct consequence of the charterers' claim for damages against the shipowners. The charterers arrested the ship so as to enforce their claim. Their claim-that the shipowners had wrongfully stopped discharging the oil-was certainly a claim which arose out of the contract during the execution of it. It was plainly within the arbitration clause. It had necessarily to be decided by the arbitrator. The arrest was simply the follow-up to that claim. It was so closely connected with it that the rightness or wrongness of the arrest is also within the scope of the arbitration."

另在一审，Mocatta 大法官所讲是 Denning 勋爵完全同意，说：

"I agree with the way Mr Justice Mocatta put it: If the claim or the issue has a sufficiently close connection with the claim under the contract, then it comes within the arbitration clause."（如果一项索赔或争端是与合约下的"主争议"有足够密切关系，它就被纳入仲裁条文内。）

3.4.3　仲裁中途才出现的新争议

仲裁需时，拖上一二年不奇怪，这期间会有新争议出现，是开始仲裁时尚未存在。问题是：原有的仲裁庭有否对新争议有管辖权？

根据 Mustill & Boyd 的"Commercial Arbitration"一书第 2 版，答案是"否"。在 125 页说：

"…the arbitrator has no jurisdiction over disputes which were not in existence when he was appointed to act … for it is not something which falls within his jurisdiction, as defined by his appointment."

而有关先例是 Manser v. Heaver (1983) 3 B & Ad 295; London and Great-Western

Joint Rly Companies v. Billington (1899) AC 79, The "Caroline P" (1983) 2 Lloyd's Rep. 351;等等。

3.4.3.1 新争议例子介绍

但这一来对案件处理很不方便。例如,原告船东因第一期租金收不到就开始仲裁向承租人追索。仲裁期间,第二、三期租金也到期没有支付。显然,如果原告可去修改(amend)一下索赔金额,把新欠下租金加进去,就很快很省钱的出一个裁决书解决所有争议,不论是新旧。又或是,被告的承租人出面抗辩所有租金索赔,并不去挑战仲裁员管辖权在审理新争议,这也好办,可视为弃权。

怕是怕被告承租人对仲裁员审理新争议的管辖权提出挑战/质疑,抗拒修改索赔金额。而更怕是被告"缺席"(default),对仲裁程序的推进不理不睬,在出了裁决书后去执行时才去挑出这个管辖权缺陷。

再介绍一例是 The "Maria Lemos" (1986) 1 Lloyd's Rep. 45, 案情有关滞期费。航次装港是 Maputo, 而装港是土耳其的 Iskenderun。根据租约, 装卸港的时间可去"调剂" (reversible)。故此多少是同一码的事。

在 Maputo, 船舶在 1984 年 11 月 25 日抵达, 至 12 月 20 日开航。由于停留很久, 当时已有争议在已否产生了滞期费与是多少钱。而船东在开航 Maputo 同一天开始了仲裁。仲裁庭在 1985 年 1 月 4 日组成, 但当时船舶仍未抵达卸港的 Iskenderun。船舶是在 1 月 14 日才抵达 Iskenderun, 并在 3 月 1 日才卸完货。

由于可去调剂装卸时间, 故真正与准确的最后滞期费是多少往往要有了卸港数字才算得出来。但若在装港滞期很久, 远远超出卸港允许的时间,大约欠下的数字仍可推算。

在 1 月 14 日的开庭, 仲裁庭考虑了双方争议有关装卸港后, 去作出一个中间裁决书判船东胜诉在部分的滞期费。它是"中间"(interim), 因为卸货仍在继续, 稍后才能肯定卸港也有滞期, 或会省下时间可去调剂在装港的滞期, 然后作出最后裁决书。

败诉承租人不服气, 以仲裁庭没有管辖权去考虑卸港的滞期, 这是在委任仲裁庭之后的"将来争议"(future dispute), 申请法院把中间裁决书宣告无效。

法院不会喜欢这种"钻空子"申请, 并成功挑出船东与承租人之间在 1 月 29 日至 2 月 14 日这段时间内的通信往来, 内中大家同意让仲裁庭去考虑整个问题, 没有局限在装港, 故以驳回承租人申请。

3.4.3.2 LMAA Terms (2002)的解决办法

所以在"伦敦海事仲裁员协会规则"(LMAA Terms 2002),有第 10 条文说(已较早在 3.2.4.1 段介绍):

"JURISDICTION-The jurisdiction of the tribunal shall extend to determining all disputes arising under or in connection with the transaction the subject of the reference, and each party shall have the right before the tribunal has given notice of its intention to proceed to its award to refer to the tribunal for determination any further dispute(s) arising subsequent to the commencement of the arbitral proceedings."

但上述条文有它的新问题如下:

(1) 若是原告手中有几个本质不同的索赔或争议,原告完全有权去委任不同的仲裁员,各自去处理不同的索赔/争议,并同时发出几个仲裁通知给同一对方/被告。显然在这情况下,第10条文的第一部分不适用。它有更复杂的问题稍后在案件介绍去显示,特别是第一个。

(2) LMAA规则是否能够成功去合并在每一个伦敦海事仲裁也不无疑问。现在的做法是伦敦的海事仲裁员,只要是LMAA会员(分为"准会员"与"支持会员"),在接受委任时均以文书说明是"以LMAA规则为准"(subject to LMAA Terms)。一般而言,委任方的当事人也不以为意或欣然接受。笔者(杨良宜与莫世杰)均是LMAA的"支持会员"(supporting members),也算是LMAA会员,但变不了"准会员"(full members),因为政策(不是法律)是要求准会员必须居住在英国伦敦。

由于仲裁员的委任是"三人合约关系"(tripartite agreement),即仲裁员为双方当事人作出裁决服务的合约关系:K/S Norjarl v. Hyundai (1991) 1 Lloyd's Rep. 524。

在委任人与仲裁员之间,别说是委任人明示接受LMAA规则的合约条件(这种情况不多),就是不去明示但继续去推进仲裁,也可说是默示与以行动接受了LMAA规则为准的条件。但委任人的对方(例如委任人是原告,对方是被告)虽然被卷入这个"三方的合约"(tripartite agreement),就很难说是说了些什么与做了些什么可去指称他/它也明示或默示接受了委任时LMAA规则的条件。除非是:

(i) LMAA规则被英国法院接受在伦敦的海事仲裁,适用它是"习惯做法"(custom of the trade),好像"指示提单"(ordered bill of lading)被确认为"物权凭证"的习惯法一样:Lickbarrow v. Mason (1789) 2 T. R. 63。

(ii) 委任人/原告在给被告的仲裁通知内,除了说明委任了谁是仲裁员,也明示委任是以LMAA规则为准。这一来,只要被告不是"不理不睬"的"缺席情况"(default situation),而是去合作推进仲裁,也可以说被告是以默示与行动接受了LMAA规则。

(iii) 当然,最明确的做法是在仲裁条文(海事合约)中说明去伦敦仲裁并适用LMAA规则。这在现实中也有。反正是,双方当事人在仲裁协议中受约束,加上委任仲裁员(是LMAA会员)也是以LMAA规则为准,这就把所有环节都贯通起来了。

3.4.3.2.1 LMAA规则第10条文之案件一

在伦敦仲裁8/04,LMLN 637,涉及承租人被船东指称违约/毁约(repudiation)。仲裁庭共作出了四个裁决书:一是判承租人败诉;二是判承租人赔偿船东最低损失的780,530.40美元;三是判承租人多赔船东379,898.10美元(这在2000年9月有了一个颇长的开庭审理);四是判有关在第三个裁决中的费用分摊。

在作出了第一裁决书后，船东在 1999 年 4 月"对物诉讼"（in rem），扣了承租人的一艘船舶并以此取得了 150 万美元的诉前保全。后来作出了第二裁决书，船东在 1999 年 12 月再去扣了承租人另一艘船舶并把取得的诉前保全提高至 240 万美元。显然，船东在仲裁获胜后"得理不饶人"。

在 2000 年 9 月开庭后但尚未作出第三裁决书，承租人反击在法国把船东的一艘船舶扣押，说是船东多要了担保或诉前保全并且不肯退还。船东除了船期损失，也被迫提供了 80 万美元担保去放船。

说实在的，船东是否多要了担保只是"见仁见智"。当时只有第二裁决书，船东胜诉了780,530.40美元，这加上了利息与费用也不大可能总数高达 240 万美元的担保或诉前保全。但船东考虑到仍有余数的损失，而事实也是如此，虽然第三裁决书只有379,898.10美元。反正是，法国上诉庭最后把扣船撤销，即承租人要退还担保，一无所得。

当时，第三个裁决书仍未作出，船东随即以 LMAA 规则之第 10 条文去申请增加一个仲裁开始后才出现的"新争议"（new dispute），就是在法国错误扣船所导致的损失。另承租人在法国起诉船东指称后者多要了担保或诉前保全与对承租人诽谤，但这在英国法院作出止诉禁令后结束，反正总的损失共184,393.03美元，这也是船东想追加的"新争议"。

而承租人抗拒说仲裁庭没有管辖权针对新争议，也太迟提出。

这些承租人的争议均被仲裁庭否定说：

（1）虽然这个"随意仲裁庭"（ad hoc tribunal）的委任与组成是针对租约的毁约，但所有后来的行动包括了法国的扣船，都是十分密切关联。仲裁庭认为他们是最适合去同时考虑与裁决像船东取得并维持的诉前保全/担保是否过多？合理与否？在同样的理由下，也去考虑与裁决有关承租人是否有权去在法国扣船东的船。这方面在本章之 3.4.2 段有谈及。

（2）第二个争端是 LMAA 规则的第 10 条文如何操作与适用与否在新争议。仲裁庭是说该条文并非去"马上"（immediately）扩大原仲裁庭的管辖权在新争议，而是要根据该条文第二句话要求想去引进新争议的一方当事人去作出"意图的通知"（notice of its intention）。在本案中，船东在法国第一次被承租人扣船并带来船期损失，即给予以下通知：

"…without prejudice to the owners' contentions in France,[22] our clients hereby give notice under paragraph 10 of the LMAA Rules that the jurisdiction of the Tribunal is hereby extended to include their claims[23] … and furthermore, they will be claiming damages for

---

〔22〕 无损害船东在法国的争辩（是船东在法国法院也在争辩与索赔承租人的"错误"扣船，但估计成功机会不大，故再在伦敦仲裁提出）。

〔23〕 船东给予通知根据 LMAA 规则的第 10 条文，仲裁庭的管辖权扩大船东其他（新）索赔。

wrongful arrest of their ship[24] and/or for breach of the agreement to arbitrate …[25]

In those circumstances the Tribunal is asked to record in the forthcoming Third Interim Award that the owners have additional claims to be resolved[26] in a further award of the Tribunal.[27]"

(3)至于上述通知是否算太迟提出,毕竟第二裁决书已作出。仲裁庭说是虽然传统做法是只去除一个裁决书,一次过把所有争端都处理掉,包括责任、损失金额、费用分摊与利息。而 LMAA 规则的第 10 条文要求在仲裁庭宣称去作出"裁决书"前要提出新争议显然是指该唯一的一个裁决书。但今天仲裁也复杂了,导致常会有多个中间裁决书,好像在本案中有四个裁决书。这一来,怎样才算是太迟提出呢?第 10 条文的"before the tribunal has given notice of its intention to proceed to its award"到底是指哪一个裁决书呢?本案件的仲裁庭认为直至所有针对"实质性争端"(subtantive issues)都已处理掉,裁决了,去提出新争议都不算太迟。而在本案件中,第一个至第三个裁决书都是实质性争端的裁决书,只有第四个裁决书才不是,所以船东在第三个裁决书前提出并不太迟。

3.4.3.2.2 LMAA 规则第 10 条文之案件二

这复杂的案件是一位伦敦海事律师在 2004 年 5 月在伦敦举办的第 15 届"国际海事仲裁人大会"(International Congress of Maritime Arbitrator 或简称 ICMA)的报道。该发言也刊登在英国仲裁学会之"ARBITRATION"期刊(Volume 70,2004 年 11 月)之 290 页。

案件是有关保险的"代位"(subrogation)。众所周知,保险公司在赔付后有代位权,可以受保人的名义(英国法律下)向任何对货损货差负责人士(一般在海事往往是承运人/船东)进行或继续进行追偿/索赔。在国际货物买卖,若是 CIF 或 CFR/C&F 下,受保人往往也是收货人与提单持有人。它与船东之间的合约关系只有一份提单。故保险公司代位后也只能依据提单去行动,租约是发货人的事,合约本身与保险公司/收货人无关。但若是受保人以 FOB 买卖,表示受保人会是以自己名义租船,与船东之间有一份租约作为约束双方合约关系。而提单即使是存在,也只能沦为收据的有限作用。这方面可参阅笔者(杨良宜)的《提单与其他付运单证》一书第三章。

问题会出在 FOB(但也会发生在 CIF/CFR,要看提单在谁的手中),因为受保人作为承租人很可能在租约下与船东有各种争议(程租下有滞期费结算是最常见)。它往往会先走一步,并常会由一方开始了租约下的伦敦仲裁。在仲裁中,承租人不去顾及保险公司的代位权,双方也不会去通气或合作。到了较后期,保险公司决定行动

〔24〕 加上,错误扣船的损失。

〔25〕 与/或对仲裁条文的违约(另去法国法院起诉,迫使船东向英国法院申请 Anti-suit 止诉禁令)。

〔26〕 要求仲裁庭记录在案在第三个裁决书说明船东有额外索赔。

〔27〕 会另去以裁决书对待/处理。

向船东追偿,它亦要以承租人名义根据租约行动。这一来,就有了新问题了,例如:

(i) 在先走一步的伦敦仲裁,海事仲裁员一般以"LMAA Terms 2002"接受委任(笔者在接受伦敦仲裁亦是同样做法),也即是第10章条文被引进来。

(ii) 先一步组成的可称为"原仲裁庭",它实是在第10条文下第一句去扩大管辖权在租约的"所有争议"(all disputes),不论在真正的委任有否去说明。

(iii) 这一来,会否是稍后保险公司的代位行动不得去另组成新的仲裁庭,而必须去沿用"原仲裁庭",否则会面对管辖权之争?

(iv) 若是先走一步的原仲裁,承租人与船东达成和解或原仲裁庭已作出了最后裁决书,保险公司稍后再去提出货损货差索赔会否是太迟?

(v) 若是先走一步的原仲裁对一些涉及货损货差有关争端(如不适航)作出了裁决,是否约束保险公司,因为有"定案"(res judicata) 及"一事不理"(issue estoppel)的大原则?(这重要课题请参阅笔者的《国际商务游戏规则——英国合约法》一书之第十一章4.4段)。由于代表保险公司的律师不会相同,所以肯定不愿意接受不是他处理,也不知悉的裁决结果,除非是船东败诉,需要负责,令保险公司可"坐享其成"。

(vi) 换一种情况,若是保险公司的代位行动先走一步,会否面对船东在租约下的反索赔(如滞期费或不安全港口)?本来,这种风险可去避免,就是委任仲裁员之时把他的管辖权局限在货损货差争议,而不是"所有争议"(all disputes)。但现在有了"LMAA Terms 2002"之第10条文(Paragraph 10),就会可去争议这局限了的管辖权仍会被第10条文扩大。

(vii) 若是真有(vi)的情况出现,会否保险公司本来代位求偿成功取回的赔偿,却被船东的不安全港口(为例)反索赔对冲了,可以回去向受保人要求归还原来赔付的全部或部分金额?

看来,上述都是问题。该英国律师在会议中介绍了两个同性质案件。第一个有关香蕉,它因为航次延误令香蕉"过熟"(over-ripe),结果保险公司赔付后代位向船东索赔。但更早承租人(受保人)已经与船东仲裁租约下的争议,其中包括了航次延误带来承租人额外的储藏费用(storage-fee)等,并刻意不去包括保险公司赔付了的"过熟"货损。结果,在保险公司代位的另一个仲裁中,竟然面对船东(或严格说代表船东的互保协会)提出只有"原仲裁庭"才有管辖权,因为是"LMAA Terms 2002"之第10条文作怪。

由于该案件后来双方(船东与保险公司)和解,所以一切有关疑问并没有去进一步针对,也没有裁决或判决。

第二个该英国律师介绍的是一个菜油(vegoil)发生货差的案件。这次保险公司先动,为了保护时效去委任了仲裁员(根据租约的仲裁条文)。但之后保险公司发觉证据不足也就放弃了追偿索赔。本来大家以为事件已完结,加上租约中的12个月时效已届。但船东(被告)突然提出滞期费的反索赔。若是原仲裁包括在内,就不受时效已届的影响。但若是原仲裁的管辖权只局限在货差争议,这滞期费反索赔就必须去另启动一个仲裁,但面对时效已届的困境。

首先,仲裁庭的多数(2 比 1)判有管辖权去审理滞期费。之后承租人向法院以 1996 年《仲裁法》之 Section 67 申请重审。

法院以下列原因去推翻中间裁决书,判是原仲裁只针对货差争议:

(1) 仲裁条文有关 12 个月时效在文字措辞是谁要“提出仲裁索赔”(made an arbitration claim) 就必须在卸完货的 12 个月内。在原仲裁,只是保险公司为了保护时效,船东并没有为他的滞期费反索赔及时提出。

(2) 但这仍没有针对“LMAA Terms 2002”之第 10 条文把原仲裁庭的管辖权去扩大了,包括“所有争议”(all disputes)。这可以用二三个说法去否定。第一是“LMAA Terms 2002”不是改变不了的“天条”,故此只要保险公司在委任仲裁员与通知船东/船东互保协会对管辖权局限有所声明,而后者也回应委任自己仲裁员组成仲裁庭,可被视为双方同意排除/超越第 10 条文。

(3) 而(2)是本案件中法院接受的说法,就是保险公司在原仲裁无权去代表承租人去开始仲裁,也不会是承租人的代理。特别是船东的互保协会也知道。

笔者认为法院的判决十分合理。令人感叹的是,LMAA 的极高水平与丰富经验,原来只想去加一条第 10 条文为减少对管辖权的争议。谁知道在“人心不古”,水平日高与喜欢争议/取巧的现代当事人,竟会带出这么多出人意料的争议。

3.4.4　其他有关协议如和解协议下的争议

这方面在 3.4.2 段已有涉及,就是另一个附属或有关,但相对独立的新合约本身可以有与主合约(例如是租约)不同的适用法与解决争议条文,所以不受主合约的仲裁条文所管辖。该段介绍的有关但独立(当事人也不一样)的新合约是银行担保或互保协会担保用作诉前保全。在这一段是去介绍新合约的当事人仍是主合约一模一样的当事人,这又会是如何的法律地位?

在 The“Margues de Bolarque”(1980)2 Lloyd’s Rep. 186, 租约(主合约)出了一个常见类型的争议。船东要进干坞修船,但期租承租人抗拒,因为这样做就会错过了一个赚钱“分租约”(sub-charter)的销约期。结果,大家在巴黎见面谈判并达成了一个协议,内容如下:

“Mr. Rosenfeld(租船人代表) undertakes to make the vessel available to enter dry dock before the end of January 1975 … since Owners have agreed to postpone the dry docking which should have commenced on the 12th September. If the ship will have to wait at that time for a dry dock for more than 2 days the time over the two days will be for account of Chatererers so that vessel will remain on hire during such time.”

双方后来出了争议并根据租约仲裁,船东提出一项的争议是根据上述“巴黎协议”算出的约 8 天租金。而承租人唯一的抗辩是仲裁员没有实质管辖权针对“巴黎协议”下的争议。结果承租人败诉,于是承租人上诉法院把裁决书“撤销”(set aside),理由是没有管辖权。但这被高院否定,Parker 大法官判:

"the dispute as to the payment of the hire under the Paris agreement was a dispute under the charter as to whether the owners were or were not entitled to hire and this the arbitrator had authority to consider and decide."

另在 The"Evje"(1974)2 Lloyd's Rep. 57(HL),涉及租船人另为"共同海损"(general average)的分摊出了给船东一份"支付担保"(undertaking to pay)。结果仲裁条文的时效过了,但贵族院判是担保属另一份新与独立的合约,不受租约仲裁条文所管辖,故此新合约下的争议并未曾失去时效。看来,这先例与 The"Marques de Bolarque"先例也不易区分。

但另一种常见的有关协议却是被视为完全独立,不受主合约的仲裁条文所管辖,这就是在仲裁中途达成和解协议的合约。和解协议是视为完全替代了主合约下的争议。

至于原来主合约(例如是租约)争议已组成的仲裁庭,它们在技术上可被视为是失去了实质管辖权,因为双方当事人再也没有"实质争议"(substantial lispute),除了仲裁庭仍可去作出一个和解裁决书。这在 Bernstein & Wood 的"Handbook of Arbifation Practice"一书之 16.3.3 段有说:

"Once a dispute is settled, technically the arbitrator has lost jurisdiction because there is no longer any dispute before him. It is however the usual practice to request him to make an award by consent embodying the terms of the settlement."

有关先例可参阅 The "Paola D'Alesio" (1994) 2 Lloyd's Rep. 366. Rix 大法官说:

"the Court would grant a declaration that Mr. Robertson(仲裁员)did not have jurisdiction in the present arbitration to bind the parties by any decision he might make about the validity of the settlement agreement … Mr. Robertson had no jurisdiction to proceed with the arbitration."

这一来,就导致以下的危险:

(i)笔者很早以前就见过这种情况:原告向意大利被告追一笔债,双方最后在仲裁中途达成和解协议,被告大约赔偿债项的 90%,在之后 7 天内支付。但时限届满被告就是不付。原告希望原来的仲裁员继续原先的仲裁程序,但后者自称再也没有管辖权。最后,原告被迫花了很大的劲在被告所在地法院起诉,诉因是违反了没有仲裁条文的和解协议。而被告更会以误导或威迫等理由抗辩去拖延,这种情况笔者在后来的仲裁员生涯见过几次。

(ii)即使没有人扯皮,今天所见的部分和解协议内容会很复杂,将来履行时会容易出争议。这在"Handbook of Arbitration Practice"一书之 16.3.5 段有说,如下:

"The more complicated the dispute, the more complicated the terms of settlement may be and the greater the risk of a new dispute arising over those terms. It may therefore be adisable to write a fresh arbitration clause into the terms of settlement, and perhaps to appoint the original arbitrator to determine any dispute arising out of the settlement … Examples of cases in which … are construction industry and shipbuilding disputes, where the terms of settlement may include an undertaking by the contractor to carry out further works …"

Lloyd's Rep. 524.01) CLC 1356.

以上两个危险的解决办法也不相同。就第二个危险先讲,正如节录所讲,是在和解协议中加一条新的仲裁条文。或可说明由原来的仲裁庭继续管辖,例如是条文说:

"In the event of any dispute arising out of this settlement agreement ,the originally appointed tribunal, if available to serve, shall continue to have jurisdiction to decide. If the tribunal is not available for whatever reason, the new tribunal shall be constituted as per the shipbuilding contract arbitration clause no. 26."(若此和解协议发生争议,由原来仲裁庭继续有管辖权去裁决。但如果任何原因没有原来仲裁庭解决,则新仲裁庭依据主合约/造船合约的26条仲裁条文规定去组成。)

针对第一个危险,解决办法是:

(A)注明被告马上支付同意了的债款是本和解协议的"先决条件"(condition precedent)。即没有支付,也就没有和解协议。另也不要接受分期付款的做法。

(B)特别是涉及分期付款,为了将来被告一不付钱就马上可以执行(包括《纽约公约》下的执行),原告就必须在一达成和解协议后,马上请仲裁庭作出一个"和解裁决书"(consent award 或 agreed award)。这在1996年《仲裁法》有说明仲裁庭有此权力,是在 Section 51 条文,说:

"(1)If during arbitral proceedings the parties settle the dispute, the following provisions apply unless otherwise agreed by the parties.

(2)The tribunal shall terminate the substantive proceedings and, if so requested by the parties and not objected to by the tribunal, shall record the settlement in the form of an agreed award.

(3)An agreed award shall state that it is an award of the tribunal and shall have the same status and effect as any other award on the merits of the case."

在今天法院大力支持仲裁的大气候下，也开始见到不同的判决。在香港的 New Sound Industries Ltd. v. Meliga (HK) Ltd. CA No. 63 of 2004（未被报道），案情是 New Sound 是手表生产商,而 Meliga 是1998年9月被委任的一些国家"经销商"(distributor)。双方合约有一条仲裁条之如下:

"All disputes are to be settled in an amicable way. If this proves to be impossible any disputes is to be settled by an arbitral tribunal. The regulation for arbitration will be laid down in a separate agreement."

双方后来另有一个相关的第二个协议也订明了同样的仲裁条文。

到了2001年7月，New Sound 在香港高院起诉向 Meliga 索赔400万港元，是欠下的手表货价。当时，Meliga 没有钱，只有一大批手表零件与向 Fossil East Ltd(买家)供应手表的一份协议/合约。结果，大家达成了口头(oral)和解，把 Fossil 也拖进来，这可称为是“三方协议”（the Tripartite Agreement)，内容是 Meliga 的手表零件给 New Sound，另与 Fossil 的合约由 New Sound 去履行，而 Fossil 也直接支付货价结 New Sound。估计对着“光棍”的 Meliga，New Sound 也只能如此。注意是,“三方协议”中并没有加上一条仲裁条文。

再到了 2003 年，New Sound 再去香港高院起诉，指称 Meliga 违反“三方协议”，没有指示 Fossil 直接支付 New Sound。而 Meliga 的回应是向高院申请中止法院程序，强制去仲裁，因为“三方协议”是原来第一与第二份合约的“有关协议”(related agreement)，应包括在“All disputes”一词，并依赖了马道立大法官在 Getwick Engineers v. Pilecon Engineering Ltd. HCA No. 558 of 2002 的非常宽松说法，可包括每一个相关合约，如下：

“The court first construes the relevant arbitration agreement to see just what matters are intended to be referred to arbitration … Where the words 'in connection with' are used, while every contract must of course be construed in accordance with its ordinary and natural meaning (and arbitration agreements are no exception), it seems to me that they are wide in nature. They would in general cover all disputes other than one entirely unrelated to the transaction covered by the contract in question …”

另也提到 Esher 勋爵在 Re Hohenzenzollern AG（1886）54 LT 596 对“All disputes”一词的广泛定义。

虽然，这“三方协议”明显是：

(1) 一个不同与独立的协议/合约，只是有关而已。

(2) 口头协议。

(3) 可以说是在原来两份合约已被毁约(repudiation)后才达成这“三方协议”。

(4) 多了一位第三者 Fossil，明显大家之间没有仲裁协议(以前或在“三方协议”)。

但香港高院的 Deputy Judge Muttrie 判是受早两份合约内的仲裁条文约束并下令中止法院诉讼程序。看来，这与以前有关和解协议的说法很不一样,笔者有一定的怀疑。

3.4.5 涉及第三者或非签约方(non-signatories)之争

由于仲裁员管辖权来自仲裁协议,所以一般认为仲裁员对协议外第三者没有管辖权。这方面在1958 年的《纽约公约》,Article Ⅱ对仲裁协议的定义等条文也对这一点十分明确。故此,仲裁只局限在仲裁协议的双方,一去针对第三者即会是空的。例如在 Vale do Rio v. Bao Steel (2000) 2 Lloyd's Rep. 1 先例,涉及船东指称承租人(上海宝山钢厂)订了租约不履约,并向宝钢索赔损失。船东想去把挪威经纪人也拖进来,但并不成功。本来,在承租人否认有授权订约的情况下,把经纪人也加在同一诉讼行动作为第二被告就十分方便与合适,一次过把事情与责任搞清楚:即承租人有否授权?如果有,承租人毁约。如果没有,经纪人越权(want of authority)要附上侵权的严格责任赔偿船东。但这可在法院这样做,在仲裁可不行,因为仲裁员对经纪人没有"实质管辖权"(substantive jurisdiction),因为船东与承租人之间的租约下仲裁条文并不包括非合约方的经纪人。

但今天已出现了大量的与没有合约关系的当事人进行仲裁,这在本书第一章已经介绍过一种重要的"arbitration without privity"的 ICSID 仲裁。其中一个导致这种情况的原因是有了不少立法,例如是航运人士熟悉的1855 年《提单法》,1978 年的"Civil Liability (Contribution) Act":Wealands v. CLC Contrators Ltd. [1999] 2 Lloyd's Rep 739; X Ltd. v. Y Ltd. [2005] Building Law Rep. 342 等。在此是去讲其他的这种同样性质的仲裁。

简单介绍了大原则后,接下去会细谈这方面带来的各种问题,包括像"转让"(assignment)、代位(subrogation)、英国 1999 年的"Contract (Right of Third Parties) Act","合并"(consolidation)等问题。

3.4.5.1 涉及非签约方之一:转让(assignment)

转让经常发生,例如有说法是提单的转让就是一种法定转让(1855 年《提单法》),这方面在本章8.7.5.3 段有相关案例介绍。向银行融资贷款就免不了要把自己个人或公司的收入去转让给银行,作为担保之一。有关转让的课题,在笔者的《国际商务游戏规则——英国合约法》一书之第四章 7 段有详论。这方面主要问题是"受让人"或"受让方"(assignee)如果要去向"债务人"(debtor)起诉(会是主要为去追讨转让了的一笔钱)。他是否受主合约(转让方与债务人之间的合约)内的仲裁条文约束?这里会带出许多问题是英国十分全面的 1996 年《仲裁法》也不去针对与难以解决, DAC 报告说明是去留待普通法/案例法慢慢发展。以下是部分节录:

"7.9 仲裁协议的转让

这问题不好办,已在 7.8.2 段提到。曾说仲裁协议不能转让有两个看法:

(i)是一份个人或私人合约(personal contract or convenent):Cottage Club Estates Limited v. Woodside Estates (1928) 2h B 463 的先例。

(ii)纯是看转让的法律而不去看仲裁法,转让只能针对合约利益,不能是合约责任。这样一来,若去仲裁对受让方有利益,他可以这样去做。但如果债务方想要去仲裁,去迫不愿意的受让方中止法院诉讼等行动,却变成是去强加合约责任予受让方?这变得仲裁与否只是任由受让方决定,所以在 4.3 段所讲的试图大改"相互关系"(privity)立法的报告,也提出不去碰仲裁协议,但 1999 年立法最终仍是碰了。

这种看法从近年案例看已有了改变,但这又带来许多其他新问题。涉及 1996 年《仲裁法》,本来也想加一条文去针对这一问题,但最后因为太复杂而放弃。

首先,可去看看一些在 1928 年 Cottage Club 以后的先例:

7.9.1 后来的改变

(i) Shayler v. Woolf (1946) Ch. 320,上诉庭的 Greene 勋爵批评 Cottage Club,不同意仲裁协议是个人合约,并说:"The question whether an arbitration clause prevents a contract from being assignable must depend on the intention of the parties … but that an arbitration clause is assignable in its nature seems to me to be quite clearly contemplated by Section 4 of the Arbitration Act 1889."

(ii) The"Leage"(1984)2 Lloyd's Rep. 259,又是关于船东把所有营运收入转让给银行为受让人。银行向英国法院起诉承租人欠下的滞期费与剩余运费,达 30 万美元以上。承租人向法院申请中止,因为租约有一条伦敦仲裁条文。中止与否,是要看 1975 年《仲裁法》的 Section 1(1)所说:

"If any party to an arbitration agreement to which this section applies, or any person claiming through or under him, commences any legal proceedings in any court against any other party to the agreement, … in respect of any matter agreed to be referred…(接下去说另一方可向法院提出中止)

众所周知,这也等于是 1958 年的纽约公约,虽然公约用字上不一样,也没有像英国法那样说明"要经过(claiming through)受仲裁协议约束一方或在其名下(under him)索赔的任何人"也受仲裁协议约束。

所以,在 The"Leage",Bingham 大法官实际是解释了 1975 年的《仲裁法》。他说虽然受让方与债务方看来没有直接仲裁协议,但 1975 年仲裁法下,看来受让方明显是通过转让而索赔(claiming through),因为没有这转让,他根本没有索赔可去针对债务方。

7.9.2 仲裁半途才转让的困扰

(iii) The "Felice"(1990) 2 Lloyd's Rep. 21,是涉及一个仲裁已经开始(转让方与债务方之间的),受让方能否/要否插手进去?如果不能,难道他要另来一个独立仲裁,因为他根据 The"Leage"的先例是不能去法院起诉。

这方面问题复杂得多,因为转让会发生在原来仲裁(转让方与债权方)的半途,而在成文法转让,后果是去把转让方(assignor)的诉权取消掉(extinguishes the legal cause of action)。换言之,他再也不能去推进仲裁继而去取得一个他会胜诉的裁决。取而代之,诉权转给了受让方(assignee)。但是否原来的仲裁算是无效,受让方另需去重新再来一个仲裁呢?如果是,则如果受让方面对如时效已过等问题又该如何处理?但如果受让方可插手进原来仲裁,岂非开始仲裁的原告(或被告)是转让方,但最后裁决书却变了是受让方的名字?

这颇复杂的案例的原告是货方,他的货被船东损坏,也已在新加坡法院获得一个胜诉的判决,但船东就是不付钱。

船东不付钱是因为互保协议拒赔这个货损,但肯定是,船东经济上也有不妥,假如换了是中远(COSCO),即使它的互保协会不赔,中远仍得付钱,因为在新加坡法院败诉的是中远，作为大公司它走不掉。

该案是在互保协会拒赔后，船东也已开始仲裁，因为他们之间有伦敦仲裁协议，这也是所有英国互保协会条例的一般规定。在同一天，货方（手中有一个新加坡判决）也开始另一个仲裁，被告也是互保协会。根据是1930年的第三者可去直接控告责任保险商的立法〔Third Parties（Rights against Insurers）Act，1930〕，这方面已在2.7段提到过。这立法的Section 1（1）规定：

"Where, under any contract of insurance, the person (hereinafter referred to as "the insured" is insured against liabilities to third parties which he may incur…in the event of a winding-up order being made…with respect to the (insured)…if…any such liability as aforesaid is incurred by the insured, his rights against the insurer…shall…be transferred to and vested in the third party to whom the liability was so incurred."

换言之，只有在公司的法人被清盘（winding-up）或是自然人的死亡，第三者才能绕过合约的"相互关系"直接去起诉责任保险商。否则，仍是不能去搅乱关系，如受伤路人仍要去起诉疏忽的汽车驾驶员，后者的赔偿责任由后者去向第三者责任保险商要求补偿。

再去谈The"Felice"一案，货方开始仲裁后，才发觉仍未去把船东清盘。这等于货方不能以1930年立法去直接起诉互保协会，所以这仲裁是无效的。

但之后，在货方把船东清盘，再去重新开始仲裁时，发觉新加坡法院判决的6年有效期已届。这一来，货方唯一的机会是去把船东一早已开始但没有推进下去的仲裁，以受让方身份接过来再推进下去。

Phillips大法官判受让方插手进一个已开始的仲裁（existing arbitration）会在法律上讲不通而且现实中做不到（unsound in law and impossible in practice），因为：

（a）已开始的仲裁会针对其他与第三者无关的争议，甚至有如债务方（被告）的反索赔，受让方要否理会？若不必理会，这些无关索赔，反索赔，可能已经文书请求了，应如何办？

（b）已经产生了的官司费用怎么办？如果债务方胜诉，受让方要否去承担以前转让方所产生的官司费用？如果要，如何解释转让只能是利益或权益（benefit and/ of right）？

（c）仲裁转让不应是自动可发生。（iv）The"Jordan Nicolov"（1990）2 Lloyd's Rep. 11是一个晚于The"Felice"的先例，所以判案的Hobhouse大法官可去充分考虑The"Felice"。

这是一个货差索赔，船的原油短卸了。承租人（实是代位保险商）依承租租约在伦敦开始了针对原船东的仲裁，指定Newcomb先生为仲裁员，时为1982年12月1日。但随后带来的困难是在12月2日，一家意大利律师楼打了一个电传给原船东，说他代表一家保险商，作为这货差诉权的受让方，已指定Newcomb先生做仲裁员来开始仲裁。估计是，实际只有一个利益方在背后：货物保险商。但看来因为画蛇添足，多去讲话，变成了有两个仲裁对船东起诉：一是以租船人为名，时为12月1日。二是以作为保险商的受让方为名，时为12月2日。

这样一来，在仲裁船东就有了一个借口去争辩说租船人没有诉权，因为已经转让。而对受让方来说，船东又发觉他并没有指定Newcomb先生。后者只是被承租人在早一天开始的仲裁中指定，而第二天意大利律师画蛇添足说已指定Newcomb先生，实际是指同一件事。但对Newcomb先生来说，他只有被承租人指定过，从未被受让方的保险商指定。而出了这争议时受让方的保险商再去开始新的仲裁，劳民伤财不说，时效也可能已届。

所以，变得又要去争承租人有去指定Newcomb先生，也在时效内起诉。唯一就是通过转让，他已没有诉权。但这已开始的仲裁，受让方的保险商可插手进来，最后如果胜诉可以有一个裁决是以受让方的名义，而不是承租人的名义。

Hobhouse大法官判是：

(a) 1925的财产法允许成文法转让是包括了"所有法律行动与救济"(all legal and other remedies for the same)，并不只是一个空泛的权益(right)，所以，仲裁可去转让。他说：

"The assignee is bound by the arbitration clause in the sense that he cannot assert the assigned right without also accepting the obligation to arbitrate. Accordingly, it is clear both from the (1925年财产法) and from a consideration of the position of the assignee that the assignee has the benefit of the arbitration clause as well as of the other provisions of the contract."

(b) 没有理由去区分仲裁尚未开始，或已经开始受让方要插手进来的情况。他说："there was no authority which percluded the court from holding that the assignee was entitled to enforce the assignor's rights in the pending arbitration or which showed that the arbitrators did not have a jurisdiction and a duty, if the assignee was otherwise entitled to succeed, to make an award in favour of the assignee…"

(c) 再一个是三方的仲裁协议(原告、被告、仲裁员)，所谓tripartite agreement，Hobhouse大法官认为受让方只要记得去给所有其他有关人士书面通知，即包括仲裁员就够了。

(d) 在受让方接手仲裁时，已产生了的官司费用如何处理，Hobhouse大法官认为仍须由转让方负责说："As regards the previous costs neither the respondent in the arbitration nor the arbitrators are obliged to accept any substitute for the contractual liabilities of the assignor. An assignment, in contrast to a transfer or novation, does not relieve the assignor of his liabilities nor does it, any way as regards matters preceding the notice of assignment, affect the rights of the other party or parties against the assignor… As regards the subsequent costs of the arbitration, the intervention of the assignee clearly is a submission to the jurisdiction of the arbitrators and therefore, in addition to confirming the capacity of the arbitrators to make an award in favour of or against the assignee on the substantive claim, includes the acceptance that the arbitrators shall have in relation to the assignee the discretion to award costs conferred by s. 18 of the Arbitration Act 1950."

明显是,这个先例与 The"Felice"并不相同。

(v) 在 Baytur v. Finagro Holding (1992) 1 Lloyd's Rep. 134,这个问题首次被提到了上诉庭。该案是关于一宗国际货物买卖,涉及发货人/卖方付运的货物货不对办,买方起诉并获得百多万美元赔偿的裁决。

但原来在仲裁半途买方(也是原告)倒闭了,而根据法国法律这诉权转让了给另一家名为 Finagro Holding 的公司。但这并没有去通知卖方与仲裁员,反正官司就一路打下去直至最后买方胜诉。但随着这事件曝光后,卖方就高兴了,他向法院申请把这裁决书撤销(set aside),因为原告已不存在,这裁决书是空的。

争议的方面是:即使是受让方的 Finagro 能在仲裁半途插进来(The"Jordan Nicolav"),这可否是自动的(automatic)? Lloyd 大法官说不成,不论是衡平法或成文法转让,最少要做到的是受让方书面通知债务方与仲裁员。在本案,从未有去给通知,所以 Finagro 不是仲裁当事方,这裁决书也确是空的。

7.9.3　总结仲裁协议的转让

以上所有案例看来,疑问仍很多,但法律地位应是:

(i) 仲裁可去转让,除非仲裁协议用字上限制转让,这精神与合约其他权益转让一样(7.8.1 段)。

(ii) 如在原合约有仲裁协议,受让方去起诉债务方就要去仲裁,而去法院起诉则会被债务方中止(The"Leage")。同时,受让方也受这仲裁协议约束。

(iii) 困扰的是受让方在半途中插手进一个仲裁,看来他可这样做,也应这样做。

(iv) 受让方要记得给书面通知,而插手进一个仲裁必须也通知仲裁员。最好,能取得仲裁员下令确认,以便最后去获得一个以受让方为当事人一方的裁决书。

(v) 半途介入有很多疑问尚未有答案。例如:

(a) 如何对待已在仲裁提出的但与受让方无关的索赔,反索赔?

(b) 对已产生的官司费用,虽然在 The"Jordan Nicolov"有解释如何处理,但明显在 Baytur v. Finagro Holding 可见到不公平之处,因为转让方已倒闭。如果这产生的费用要去向转让方追讨,公平吗? 或者说,有没有转让都是已产生了官司费用。但有了转让,分别会是债务方一方面仍要面对官司败诉的风险,而另一方面已产生的官司费用即使是胜诉后也无法取回。在没有转让下,债务方虽然会失去已产生官司费用,但同时却有了不必再面对官司败诉的风险的好处来对销。

(c) 也有危险是,一家快倒闭的公司,只把仲裁途中的"利益"(一项索赔)转让给它的友好公司。这样一来,可逃避所有已产生的官司费用与责任(对方的索赔或反索赔)。而作为受让方的友好公司在给了书面通知后,只去追偿它的一项利益,其他一概不管,令债务方只能去向快倒闭的转让方追讨,这公平吗? 看来,对于受让方接手仲裁，容许与否法律是否应要求必须由仲裁员看情况才批准，或是要法院去批准？

(d)即使1996年英国仲裁法对何谓书面仲裁协议的解释也非常宽松，对受让方与债务方之间的裁决书能否将来在国际上通行无阻地以1958年《纽约公约》执行，也不无疑问。对不了解的外国法官，会难以接受。特别是开始仲裁时，指定仲裁员的是A，也是A与B才会有仲裁协议。但裁决书变了C与B，是C胜诉，因半途A的索赔转让给了C。

7.9.4 1996年仲裁法不去针对转让

看来，这转让的法律真是复杂，特别是涉及国际的商贸，还要去看各地对转让的法律，如在7.4.3段的The"Aiolos"要看台湾地区法律，因为转让是在台湾地区产生，所以要看转让的准据法(proper law of assignment)是否视其有效。不是世界所有国家地区都像英国区分衡平法与成文法转让，等等。

在1996年仲裁法的草拟过程中，1995年4月的草稿曾有一条文说：

"The assignment or transfer of any substantive rights under the other agreement shall be subject to any right or obligation to submit to arbitration in accordance with the arbitration agreement unless either agreement provides otherwise."

但最后仍决定对于转让不作任何条文规定，因为太复杂了。它即会关系到外国法，而英国法也分为衡平法与成文法转让，处理上并不同(如衡平法转让要去加入(join)转让方)，等等。所以无法在1996年仲裁法里简单地说清楚，还是留待日后转让法律的发展去澄清吧！

3.4.5.2 涉及非签约方之二：保险公司赔付后的代位求偿

英国保险法对这一点早已明确，Cairns勋爵早在Simpson v. Thomson (1877) 3 App Cas 279 (HL)说：

"I know of no foundation for the right of underwriters, except the well-known principle of law, that where one person has agreed to indemnify another he will, on making good the indemnity, be entitled to succeed to all the ways and means by which the person indemnified might have protected himself against or reimbursed himself for the loss."

做法上有两种：一是根据1906年《海上保险法》(Marine Insurance Act, 1906)之Article 79的"代位"(subrogation)；二是根据"转让"(assignment)，如上段介绍的The"Jordan Nicolov"(1990) 2 Lloyd's Rep. 11。做法上主要分别在代位下保险公司必须以承保人(assured)的名义去起诉第三者(他对承保人有合约或侵权的赔偿责任)；但转让则可以以自己保险公司名义直接起诉。

在英国法下，如果与第三者合约有仲裁条文，保险公司两种做法(代位或转让)都难逃要去仲裁。

据知中国代位法下的代位权是可让保险公司以自己名义起诉。这样一来，曾听说中国保险公司在赔付货损后在中国海事法院起诉外国的船东，而不去理会在提单

(bill of lading)合并了的伦敦仲裁条文。

这做法的危险是估计会引致外国船东与他的互保协会会去英国法院申请一个“anti-suit”禁令，也估计英国法院会作出以保护伦敦仲裁。这样一来，在伦敦有数不清关系与分公司的人保(例)就十分为难了。

3.4.5.3　涉及非签约方之三：《Contracts (Rights of Third Parties Act),1999》

有关这个立法,在笔者的《国际商务游戏规则——英国合约法》(修订版)一书之第四章4.3.5段有介绍。该立法的目的是为了去绕过“合约相互关系”(privity of contract),而去让合约“有关”的第三者(但不是合约方之一)去直接强制合约内的条文。这“有关”是指合约内说明了“给予合约利益”(to confer a benefit) 该第三者,故为了得到这“合约利益”,第三者要根据立法(不是合约)所给予的权力去直接向债务人(合约方其中之一)强制执行/起诉。

举一个很好且常见的例子就是经纪人的佣金,在主合约通常有一条佣金的条文。若写得清楚(如多少佣金与经纪人的正确名字),这应是“给予合约利益”(to confer a beneft)该有关的经纪人。但经纪人不是合约一方,所以一遇上拖欠佣金,经纪人不能以合约起诉欠下佣金的一方。显然,欠佣金也不是侵权的行为。而唯一的法律诉求是通过不欠钱的无辜合约方去根据合约起诉,他戴的帽子是经纪人的“信托人”(trustee)。但这对经纪人保障不足,例如无辜合约方怕麻烦,不肯采取行动。所以像二手船或造新船的经纪人,因涉及一大笔佣金,总去想办法与支付佣金一方(卖方)确立直接合约关系以利于将来去起诉(如有必要)。

上述所讲可去节录 Colman 大法官在 Nisshin Shipping v. Cleaves (2003) LMLN 627 所讲如下：

“… prior to the 1999 Act, when a charterparty was entered into and incorporated a term that the owners could pay commission to the brokers, the only means of anforcement of that promise was an action by the charterers and the brokers as co-plaintiff because the charterer became trustee of the broker's right to recover that commission。The broker was unable to enforce the promise direct and without the charterer's intervention because he was not a party to the contract.”

根据1999年立法,第三者(经纪人)可去直接起诉欠佣金的合约方,就有了第二个问题,就是通过什么途径？这在立法的 Section 8 有说明如果主合约有仲裁条文,行使权力去直接起诉的第三者亦受约束。Section 8 是说：

“(1) Where-

(a) a right under section 1 to enforce a term ('the substantive term') is subject to a term providing for the submission of disputes to arbitration ('the arbitration agreement'), and

(b) the arbitration agreement is an agreement in writing for the purposes of part 1 of the Arbitration Act 1996.

The third party shall be treated for the purposes of that Act as a party to the arbitration agreement as regarded disputes between himself and the promisor relating to the enforcement of the substantivce term by the third party."

在 Nisshin Shipping v. Cleaves (2003) LMLN 627 先例(这是 1999 年立法的第一个先例)中,Cleaves 是船舶经纪人。他为船东 Nisshin Shipping 服务并拖拢了 13 个期租合约(诉讼的只有 9 个),为此船东欠下了 Cleaves 不少佣金。船东指称 Cleaves 毁约(此合约是代理人合约),故此不欠下佣金。由于期租合约中有伦敦仲裁条文,故此 Cleaves 根据 1999 年立法开始向船东仲裁。在船东的质疑下,仲裁庭先去裁定了他们有"管辖权"(jurisdiction),之后船东向英国法院寻求宣示。英国法院在该先例解释了不少问题,但在此书只关心仲裁。Colman 大法官首先看租约本身,明确是欠下佣金的争议应包括在仲裁条文内,即租船人若去出面以经纪人的"信托人"(trustee)起诉船东,也必须通过租约仲裁条文。换言之,仲裁条文用字/措辞足够广泛。Colman 大法官说(有关这一点):

"The promise under these charterparties to pay commission to the brokers was clearly a promise made to and enforceable by the charterers. Failure to perform that obligation would clearly fall within the scope of all the arbitration clause."

Colman 大法官接下去看 1999 年立法的政策是类似把诉权"立法转让"(statutory assignment)给第三者(经纪人),而转让利益是在上一段提到会同时把执行/强制该利益的程序做法(例如如何仲裁)一起转让。他是这样说的:

"The third party was never expressed to be a party to the arbitration agreement put, in view of the fact that he (经纪人 Cleaves) had in effect become a statutory assignee of the promisee's (被承诺人/承租人) right of action against the promisor (承诺人/船东) and because, by reason of the underlying policy of the 1999 Act expressed in subsection 1(4) he was confined to the means of enforcement provided by the contract to the promisee, namely arbitration, the was to be treated as standing in the shose of that promisee for the purpose only of the enforcement of the substantive term (这是租约内佣金条文)."

"The promise under these charterparties to pay commission to the brokers was clearly a promise made to and enforceable by the charterers. Failure to perform that obligation would clearly fall within the scope of all the arbitration clause."

最后 Colman 大法官总结说:

"Accordingly, since the scope of the disputes covered by all nine arbitration agreements was wide enough to embrace a dispute between owners and charterers about payment of the brokers' commission,[28] Cleaves were entitled and indeed obliged to refer those dis-

〔28〕 故此,既然 9 个租约的仲裁条文是足够广泛去包括船东与承租人之间有关经纪人佣金的争议。

putes to arbitration,[29] and the arbitrators accordingly had jurisdiction to determine them."[30]

在不久前,笔者也处理了一个这一立法下的仲裁。它是有关一个一家欧洲很大的船舶经纪人公司去为中国大连一个船东与另一个亚洲承租人拖拢一个高租金的期租。租约内是说明了与该欧洲公司同名的上海公司作为经纪人,并约定船东去支付1.25%的佣金。后来说是船东与承租人在友好合作下,同意了再去延长一两年的租期,这就带来这延长的租期是否要给经纪人1.25%佣金的争议。经纪人说:“没有我的拖拢是不会有这个租约的,而且租约的 NYPE 格式是说明延长的租期也要支付佣金。”但船东说:“原来的期租是还船后隔了短暂的时间才再去延长,所以这延长的一两年租期实际上是一个新的租约,与该经纪人没有关系。”显然,承租人与船东友好的关系下,是根本不可能去为该经纪人作为信托人(trustee)向船东追讨佣金。这样一来,经纪人就以1999年立法去直接向船东起诉,并委任了笔者作为仲裁员,而船东也是后来同意笔者担任独任仲裁员。在仲裁开始后不久,船东的代表律师就挑出了一个问题,就是经纪人以它的欧洲母公司作为原告,这与租约中明示的上海公司稍有不同,例如母公司叫 K/S,而上海公司则是叫 Co., Ltd。据船东查出来的原因是,上海公司刚成立但还没有拿到当局的营业批文,所以以上海公司名义作为原告,就会带来船东可以以非法为由作出抗辩。这样一来,笔者马上就被双方当事人要求去作出管辖权的裁决。经纪人争议说上海公司只是它的代表处,或者分公司,不是独立法人。经纪人也说1999年立法是允许三种类的第三者可去直接索赔,只要有关合约给予合约利益。这三种类人士一是合约说明名字(expressly identified in the contract by name);二是同一级别(a member of a class);三是一个特殊的描述(a particular description)。笔者作出的裁决是该租约是说明了该经纪人的上海公司名字,所以是属于第一种类人士。租约并非说明可收取佣金的是如“所有参与的经纪人”,这应是同一级别的种类。也没有说是如“快出生的孩子”,这是第三种类人士。笔者另去考虑1999年立法,在用字上是严谨与局限的,不存在可去默示,例如不在合约说明的名字,但由于是同一集团或者是母公司就可以去代替。这里顺便一谈是转让也不适用,因为上海公司把受佣金的利益转让给母公司,母公司一样会面对船东以非法作为抗辩。反之最后的结果是笔者判没有管辖权。

3.4.5.4 涉及非签约方之四:合并仲裁(consolidation)

合并仲裁在笔者(杨良宜)的《国际商务仲裁》一书中的第十章就针对这方面问题。虽然该书是在七八年前出版,但在近年来国际仲裁的法律与实务不断的改变(如有新的案例、仲裁规则、新问题等),令该书有一点过时的感觉。但本书不准备去替代该书,否则内容太多,本书只希望去补充。所以本书尽量不去重复内容,尤其是

---

〔29〕 Cleaves(经纪人)有权同时也必须去以仲裁解决争议。

〔30〕 所以,仲裁员有管辖权去针对。

像合并仲裁的课题,在该书第十章所讲的基本上正确。

3.4.5.4.1 多位当事人争议(multi-party dispute)的困难

今天的商业环境下,同一宗业务涉及一连串合约(chain of contracts)的情况经常出现。例如是建筑、国际货物买卖、国际航运等。一有连串合约,也免不了有多位当事人。

例如,同一批货物是A生产后卖给B,B再卖给C,C再去最后卖给D,而D也就是最后收货人。D收货后首次有机会检查货物,发觉货物质量不符合买卖合约的规格,就是想到向C索赔损失。就合约关系而言,C就是D的卖方,虽然C实是中间商。D(也包括C)无法去向A直接索赔,即使知道毛病是出在A,因为他们都与A没有合约关系,当中还隔了B。但显然是:如果货物(例如是一批钢材)质量不妥,是来自生产过程中的缺陷,再加上每一个买卖合约的有关条文都是一致或背靠背,A就是真正的"罪魁祸首"了。加上,所有关键性的证据(有关生产过程)都掌握在A的手中。这样一来,若是严格的去处理个别合约,即D向C索赔,C再向B索赔(或要求补偿),B最后向A索赔/要求补偿,会带来以下几个大问题:

(1)太多的诉讼。

(2)太昂贵与浪费时间/金钱。

(3)判决/裁决不是严格科学,若其中一个合约的仲裁判错了(例如B去赔付了C无法成功向A取得索赔/补偿),就会出笑话或不公平情况。

(4)D向C索赔的诉讼中,缺乏有关证据。双方披露文件大受局限。而A是海外公司(例如是德国一家炼钢厂),去海外取证即使能成功也会是一个昂贵与花时间的做法;请参阅《国际商务游戏规则——英美证据法》一书第二章与第5段。

(5)真正"罪魁祸首"的A可去"以逸待劳",知道最终的向他索赔会是很久以后的事。而且要经过许多关卡与变数,可能是不了了之。这样会造成很不公平的情况。

从上述的简介,可见这个问题非同小可。而且,在现实中经常在发生。那么,问题怎样解决呢?

3.4.5.4.2 可能的解决办法

3.4.5.4.2.1 非诉讼办法

在非诉讼的层次,解决办法会是D与C/B友好协调,协调的结果是C与B把向A的诉权"转让"(assign)给D,或是D与C/B同意一个"作战方案"去连手对付A,律师费由大家分摊,等等。

但要去达成对D满意的做法/协议也不是容易的事。C与B在没有太大压力下,会对D要求多多,例如要D去永远放弃对他们追究的权力,即使是向A的索赔不成功。甚至是,要求D去付一笔钱才肯把诉权转让,简直无视他们本来就应负的合约责任,要赔偿D的损失。这里又要看不同案件中的不同事实,其中最关键的是C(或/与B)是否有经济实力的大公司或是皮包公司。若是皮包公司,C与B不怕D对他的索赔诉讼。而要去越过他们很快去向有经济实力的A直接索赔损失,D最佳做法就是与 B 及 C 达成转让或合作协议。

此外,D 去向 C 加压(而 C 会另去向 B 加压)会采取其他办法,例如向 C 开始仲裁/诉讼,去以 Mareva 禁令冻结 C 的银行账号等。反正是,世界上绝大部分人或全部人都或多或少是“蜡烛不点不亮。”

例如在 The“World Era”(1993)1 Lloyd's Rep. 363 先例,它涉及船东(Leif Hoegh),承租人(Petrosea)与分承租人(Marc Rich)的两份一连串租约。名义上的仲裁是 Leif Hoegh 与 Petrosea,但 Petrosea 的代表律师在背后实是听命于 Marc Rich,完全架空了 Petrosea。原因是在较早前 Marc Rich 曾通过禁令等手法迫使 Petrosea 和解并交出向船东 Leif Hoegh 的诉权(争议有关船东拒绝去南非卸货导致的损失)。

笔者也见过案件像中方船东通过香港经纪人把船舶出租给欧洲承租人。香港经纪人谈判中看到有赚差价机会,再不甘心只去赚佣金,就另去找了一家自己控制的公司并对中方船东说这才是正式的承租人,而对欧洲承租人则说它是“二船东”(disponent owners)。但该经纪人在谈判时乱来,在没有获得中方船东确认前先急不可待地向欧洲承租人确认了租约。之后,中方船东以为谈不拢而去把船租给其他承租人,结果产生了一个大索赔,索赔方是欧洲承租人。起初经纪人(现在变了是二船东,是一连串租约中的其中合约一方)满口承诺中方船东他会摆平,中方不必担心。而经纪人所采取的做法就是拖,不作出回应。这迫使欧洲承租人强硬,去向香港法院成功申请了一个 Mareva 禁令把香港经纪人的银行账号全部冻结了。这样一来,香港经纪人的态度马上改变,从全面的不合作变为全面的合作,包括愿意作为证人指称中方船东在电话中确认了有关租约。至于为何是经纪人与他控制的公司没有什么钱,赔不起。所以把向财力雄厚的中方公司的诉权转让过来,这才有意思。后来达成的和解协议是把向中方船东的诉权转交给欧洲承租人操控,代表律师仍是欧洲承租人的英国律师。而该律师的收费估计,也要香港经纪人(或二船东)去分摊/承担。反正是协议达成后不久,欧洲承租人就以香港经纪人/二船东的名义把中方船东的船舶在香港扣押了。最后仲裁也没有走得太远。是以中方投降赔付了一大笔钱给欧洲承租人告终。

3.4.5.4.2.2　英国法院诉讼的办法

英国法院早已解决这个涉及多个/一连串合约或/与多位当事人在同一个争议的问题,就是把有关人士(所谓的“necessary or proper party”)全部加进来作为第二、第三原告或被告,然后一次过审理。法院同时会把多位当事人之间的责任(例如谁要补偿谁)也区分清楚,并作出判决。若是其中有一位被告(例如是第三被告)在告票送达后不予理睬,法院就当做“缺席审判”(default judgment)去处理。至于被告若在海外/外国(英国的角度),英国法院也会以“necessary or party party”的理由去行使管辖权(即使是本来没有任何理由可去管辖)与批准把告票向外国被告送达。这些方面均在笔者(杨良宜/杨大明)的《禁令》一书第六章之 3.2.2 段有详论,不再重复。

换言之,英国法院(也包括了“照版煮碗”的香港法院或新加坡法院)早就有“合并”(consolidation)的做法。

故此，回过头看较早的A/B/C/D的钢材买卖，若D与C的争议可以由香港法院管辖，D就可以在把C列为被告之时，同时去在告票加上B与A为第二与第三被告。由于A是德国炼钢厂，这里还要涉及把告票送达外国。另一做法会是D只去向C起诉索赔损失，但C不甘被夹在当中，也难去抗辩，缺乏证据。故C向法院申请把B与A加进来列为第二与第三被告。总而言之，最后大家一次过审理。

今天的商业环境与关系十分复杂，在同一争议只涉及上述例子的4位当事人已经不算多。像The"Goldean Mariner"(1990) 2 Lloyd's Rep. 215案例涉及的被告有46位之多，身在26个不同国家，也并不罕见。故此，能够去合并审理实是好事与重要的事。否则一个个案子对不同被告分开诉讼是一生也打不完，费用也不得了。

3.4.5.4.3 仲裁带来的困境

仲裁相比法院诉讼虽然有许多优势，但在合并审理中却是一大败笔。仲裁的困境是来自无法去协调最基本的说法或大原则：即仲裁的管辖权源自一条仲裁条文。这样一来，在上述例子的D与C之间有买卖合约，内中也有一条仲裁条文，该条文下委任的仲裁庭不容置疑对D与C之间的争议有管辖权。但该仲裁庭怎会有管辖权去把B，甚至是A也拉进来？他们B/A怎会与D/C有合约与仲裁协议的关系？除非是，出了争议后大家都同意在一个仲裁庭合并审理，这时有了新协议。但已经多番说过，争议中经常有拖延与不合作的当事人（通常是最终可能要负责一方），故此出了争议各方当事人仍能去同意合并审理在现实中是很难做到。

即使有个别管辖地方或国家去立法解决这个问题，例如任由法院去强制一连串合约的多位当事人在同一争议去合并（香港的《仲裁法》与加拿大的英属哥伦比亚的《仲裁法》即有此立法条文，后详），也受制于1958年的《纽约公约》。在该公约，有几处显示了它根本没去想到（或预见到）合并仲裁的重要性。例如：

(i)在Article Ⅱ有几处强调了裁决书是来自双方"自愿"把争议提交仲裁的协议才是公约下所要去执行的裁决书。

(ii)它对"文书仲裁协议"(agreement in writing)更给予十分局限/严格的定义，要求双方签字或记录在双方来往的信函或电文。（试想在较早买卖钢材例子，D与C之间有这定义下的"文书仲裁协议"，但D与A/B怎会可能有此"文书仲裁协议"？）

(iii)在Article v(1)(d)列出其中一个可以不去执行裁决书的理由，就是仲裁庭的组成必须完全依照双方的仲裁协议，但是做不到。（这在合并仲裁中往往无法做到，例如仲裁条文允许D与C各自委任一位仲裁员，两位当事人仲裁员再委任第三位的首席仲裁员。难道加进了A与B，但不准他们委任自己的仲裁员，他们肯吗？）

个别国家单独去改法/立法相对容易，要去改《纽约公约》再去企望有140个国家/管辖地方尽快承认这新公约恐怕是难于登天。故此，在国际法来对付这个"合并仲裁"的死症恐怕是无望。

对英国法院来说也是苦恼，本来可去把所有多位当事人都以"necessary or proper party"扯进来一起审理，但有了一两个合约有仲裁条文夹在当中，会被迫中止。这是因为有“国际公约责任”（treaty obligation）——公约是指《纽约公约》。

3.4.5.4.4　英国1996年《仲裁法》不针对

英国的1996年《仲裁法》不针对“转让”（assignment），也没针对“合并仲裁”（consolidation），因为想不出面面皆圆的解决办法。它只在Section 35草草地说：

“The parties are free to agree that the arbitral proceedings shall be consolidated with other arbitral proceedings.”

这句话讲了等于没讲，因为大家多位当事人都去同意合并仲裁（包括如何组成仲裁庭），本来在普通法就不是问题，订约自由吗，何必多加这一条文？大家都以书面同意了，自然《纽约公约》的后来执行该裁决书也不会成问题。

3.4.5.4.5　能去合并仲裁的情况

能去合并仲裁的情况会出现在个别的立法，一些仲裁机构的仲裁规则或合约内的仲裁条文。以下会个别详论；

3.4.5.4.5.1　情况之一：香港的《仲裁法》

香港《仲裁法》在1982年进行修改时（为引进英国1979年《仲裁法》），借机去比英国多加了一条文，内容是高院可去下令几个不同合约/仲裁去“合并”在一起审理。这是在香港《仲裁法》的Section 6（B），内容如下：

“(1) Where in relation to two or more arbitration proceedings it appears to the court[31] —

(a) that some common question of law or fact arises in both or all of then[32], or

(b) that the rights to relief claimed therein are in respect of or arise out of the same transaction or series of transaction[33], or

(c) that for some other reason it is desirable to make an order under this section, the court may order those arbitration proceedings to be consolidated on such terms as it thinks just[34] …

(2) Where the court orders arbitration proceedings to be consolidated under subsection (1) and all parties to the consolidated arbitration proceedings are in agreement as to the choice of arbitrator or umpire for those proceedings the same shall be appointed by the court[35] but if all parties cannot agree the court shall have power to appoint an arbitrator or umpire for those proceedings[36].”

在笔者（杨良宜）的《国际商务仲裁》一书的第十章，已介绍了几个合并仲裁的申

---

〔31〕 若有两个或以上的仲裁程序，在法院看来。

〔32〕 它们涉及一些共同的法律或事实问题。

〔33〕 要求救济来自该些一连串的交易（合约）。

〔34〕 法院若是觉得适合，可去下令所有这些仲裁程序合并，并会订下条件。

〔35〕 若法院下令合并，所有多位当事人可去同意仲裁庭的组成，并由法院去正式委任这些仲裁员。

〔36〕 若当事人（注意要“所有”当事人）不能同意，仲裁员由法院委任。

请,有成功,也有不成功,如:Shui On Construction Co. , Ltd. and Schindler Lifts (HK) Ltd. (1986) HKLR 1177;Shui On Construction Co. , Ltd. v. Moom Yik Company & Others (1987) HKLR 1224;Dickson Construction Co. , Ltd. v. Schindler Lifts (HK) Ltd. & Another, unreported, 5 March 1993, CACV 125/1992 (C. A.); Ming Kee Shipping Services Co. , Ltd. v. Autogain Ltd. & Charlie & Stanley Co. , Ltd. , HCMP No. 1017 of 1992; Harlifax Ltd. v. Translantic Schiffahrtskontr, HCMP No. 1229 of 1998;等等。

最近的另一宗合并仲裁先例是 Linfield Limited and Brooke Hillier Parker, HCCT 68/2001。该先例中,案情有关房子有缺陷,拥有房子的原告 Linfield 于是想去向多位被告索赔:建筑师、承建商、云石供应商、顾问工程师、发展计划顾问等。它们之间的合约均有仲裁条文。马道立大法官在该先例中作出了清楚的指示有关是否下令合并的各种条文因素。主要是看每一案件的"现实状况与公平"(practicable and just in the circumstances)。因素有:

(i)在各不同仲裁之间存在的所谓"共同争端"(common issues)是重大或是轻微?

(ii)在各不同仲裁会导致严重的"不统一裁决"(inconsistent decisions)的风险大小。(注:这与(i)的条文因素有相通之处。)

(iii)申请合并在时间上的早晚。特别要条文到不同几个仲裁会有个别在程序上已走到很远,再去合并会带来对其中一方在时间与费用上的浪费与不公,会是迫他去重头来过。

(iv)所有有关人士(各当事人,仲裁员与证人等)的费用与方便的因素。

(v)有关仲裁在"私下"(privacy),也就是"机密"(confidentiality)的重要性。

上述法院条文是否去下令合并仲裁的其中一些因素只在此书略及。笔者最后要提醒读者的是:Section 6(B)条文是属香港《仲裁法》的第二部分,即只属"本土仲裁"(domestic arbitration)。换言之,在香港只有本土仲裁才有申请法院去强制合并仲裁的做法。至于"国际仲裁"没有强制合并做法正是条文倒像 1958 年《纽约公约》的问题(请看 3.4.5.3 段)。但这样一来就导致强制合并仲裁的做法现实中不多,影响也不大,因为:

(A) 除了是建筑(而且是在香港的建筑)仲裁,恐怕大部分来香港的仲裁都属"国际仲裁"(international arbitration)如在合资、航运、外贸等。

(B) 在 3.4.5.1 段讲到的各种困难,"本土仲裁"应比"国际仲裁"所面对的轻微。例如在"不统一裁决"(inconsistent decisions)的危险较低,因为像在共同的法律问题上(common issue of law),香港法院仍有一定的控制〔如 Section 23A 的"法院判决一个中间法律观点"[determination of preliminary point of law by court]或 Section 23 的"对裁决书法律问题的再条文"[judicial review of arbitration awards]〕。至于在共同的事实问题上(common issue of fact),如果真有犯错(尤其在第二个裁决书还来得及去作出救济),法院可以通过把有关裁决书"发回"(remit)给仲裁庭重新考虑并去消除这“不统一裁决”的现象。这种做法请看 The“Vimeira”(1984) 2 Lloyd's Rep. 66 先例。但恰恰是,香港的“国际仲裁”依照《联合国示范法》(UNCITRAL Model Law),根本没有上述的各种的救济机制如“发回”,“法院判决法律观点”等,完全是让仲裁员讲了算,结果会使“不统一裁决”的危险更大。

(C)多举一个例子,在前文也提到了证据的困难。但“本土仲裁”会较容易解决,例如“发展商”(developer)以仲裁向“承建商”(contractor)索赔,承建商即使没有“分承建商”(sub-contractor)或“供应商”(supplier)的合作,也很容易通过像把分承建商或供应商“传唤到庭”(subpoena)并强制其提供口头或/与文件证据。

去总结,常有说法是香港《仲裁法》有针对合并仲裁的困境。但真相是(在笔者眼中),离真正解决这个大问题/大败笔可是差远了。

3.4.5.4.5.2 情况之二:机构仲裁规则有一些仲裁机构的仲裁规则对这方面问题有所规定。例如,在“伦敦国际仲裁法院”

(London Court of International Arbitration 或简称 LCIA)的 Article 22.1(h)是说:

“To allow, only upon the application of a party, one or more third persons to be joined in the arbitration as a party, provided any such third person and the applicant party have consented thereto in writing, and thereafter to make a single final award or separate awards, in respect of all parties so implicated in the arbitration.”

这上述的规则看来也是实际效用不大,因为它需被加进来的第三者同意。笔者已多次说过,这不大可能发生。

另在“英国仲裁学会”(The Chartered Institute of Arbitrators)也有以下十分详尽的规则:

“7.3 Where the same arbitrator[37] is appointed under these Rules in two or more arbitrations which appear to raise common issues of fact or law, whether or not involving the same parties, the arbitrator may direct that such two or more arbitrations or any specific claims or issues arising therein be consolidated or heard concurrently.

7.4 Where an arbitrator has ordered consolidation of proceedings or concurrent hearings②, he may give such further directions as are necessary or appropriate for the purposes of such consolidated proceedings or concurrent hearings[38] and may exercise any powers given to him by these Rules or by the Act either separately of jointly in relation thereto.

7.5 Where proceedings are consolidated the arbitrator will, unless the parties other-

---

〔37〕 要合并,必须是同一仲裁员或仲裁庭,否则难以保证统一审理/裁决。

〔38〕 这“concurrent hearings”是指“同步仲裁”。它仍是分开几个不同仲裁,但去同步推进与若要开庭审理会使大家聚在一起。“同步仲裁”与“合并仲裁”分别在前者仍尊重不同合约,应分开处理,并去作出多个裁决书,但照说两者均能大幅度解决多位当事人的困境。可惜它仍会违反仲裁的“私人与机密”(private and confidential)大原则:The“Eastern Saga”(1984)2 Lloyd's Rep. 373。

wise agree, deliver a consolidated award or awards in those proceedings which will be binding on all parties thereto.〔39〕

7.6 Where the arbitrator orders concurrent hearings the arbitrator will, unless the parties otherwise agree, deliver separate awards in each arbitration.〔40〕

7.7 Where an arbitrator has ordered consolidation or concurrent hearings he may at any time revoke any orders so made and give such further orders or directions as may be appropriate for the separate hearing and determination of each arbitration."

上述可见到或感觉到合并仲裁会否可行先有一个相同的仲裁庭在一连串合约下的每一个合约/仲裁。否则,仍难免是各人有自己想法,结果是"各判各的"(各个不同仲裁庭)。这重要一点稍后再探讨。

在"伦敦海事仲裁员协会"(London Maritime Arbitrators' Association 或简称 L. M. A. A.),它的规则(The L. M. A. A. Terms, 2002)没有去针对"合并仲裁",但在第 14(b)条文有去规定仲裁员可去下令"同步仲裁"。总而言之,仍有不少其他仲裁机构规则有大同小异的针对。但著名的"国际商会"(International Chamber of Commerce 或简称 ICC)仲裁规则与"联合国仲裁规则"(UNCITRAL Arbitration Rules)并没有条文去针对合并或同步仲裁。

仲裁机构不是立法机构,它们各自订立(与经常要修改)的规则不是国家法律,更不是国际公约。它们能够有效去约束当事人全靠合约的基础,例如仲裁条文中去合并了 L. M. A. A. Terms。这一来,这合并了的仲裁规则也相等于明示合约条文。在有些方面,这明示条文更会在解释分量上超越一些在 1996 年《仲裁法》中的"非强制性"(non-mandatory)的默示条文。

前已述及,合并仲裁(在一定程度同步仲裁业相同)有一个相同的仲裁庭至关重要。这里也是最难做到,因为不少仲裁条文都会允许当事人去委任自己的仲裁员。这样一来,以较早的钢材买卖为例,难以相信 A、B、C 与 D 的四方当事人想去委任的都是同一人或同几个人的仲裁庭。所以在机构仲裁下,如果规则有针对是比较容易进行合并仲裁。因为在规则下可能在一开始就通过机构去委任一个相同的仲裁庭,而不去任由各当事人自己去作出委任。但笔者发觉不少仲裁规则有针对合并或/与同步仲裁,但也没有去针对委任相同仲裁庭的重大问题。而其中有针对的例子是英国建筑所有相关行业去赞同/承认(endorse)的一份标准合约格式,称为"Construction Industry Model Arbitration Rules"或简写为 CIMAR。CIMAR 的相关条文如下:

"2.6 Where two or more related arbitral proceedings on the same project fall under separate arbitration agreements (whether or not between the same parties) any person who

〔39〕 合并仲裁在共同争端只作出一个裁决书并约束所有当事人。

〔40〕 同步仲裁仍是在每个合约与每个仲裁去作出一个分别的裁决书,虽然几个裁决书对共同的争端应是结论一致。

is required to appoint an arbitrator must give due consideration as to whether

(i) the same arbitrator, or

(ii) a different arbitrator

should be appointed in respect of those arbitral proceedings and should appoint the same arbitrator unless sufficient grounds are shown for not doing so.[41]

2.7 Where different persons are required to appoint an arbitrator in relation to arbitral proceedings covered by Rule 2.6, due consideration includes consulting with every other such person[42]. Where an arbitrator has already been appointed in relation to one such arbitral proceeding, due consideration includes considering the appointment of that arbitrator.[43]

2.8 As between any two or more persons who are required to appoint, the obligation to give due consideration under Rules 2.6 or 2.7 may be discharged by making arrangements for some other person or body to make the appointment in relation to disputes covered by Rule 2.6."[44]

接下去,CIMAR 在 Rule 3 有详尽的条文针对合并仲裁,内容太长,在此略过。看来,"建筑仲裁"(construction arbitration)对合并仲裁确是很关注。

3.4.5.4.5.3 情况之三:仲裁条文

若是不去合并任何仲裁规则,或合并了也不完全解决问题(例如 L. M. A. A. Terms 2002 没有针对如何去委任一个相同仲裁庭在几个不同仲裁程序),合约当事人这种"随意仲裁"(ad hoc arbitration)不妨去考虑在仲裁条文中加上以下内容:

"The parties hereby agree to consolidate any arbitration proceedings to be heard hereunder with any other dispute involving identical or similar facts and law arising under any other contract to be performed in common with this contract.[45]

In the event of a consolidated arbitration, unless all of the parties agree upon a sole arbitrator, the Chairman of the Hong Kong International Arbitration Centre (HKIAC) upon application by any party involved shall be empowered to appoint a sole arbitrator for the

---

〔41〕 若在同一个工程中有几个有关仲裁来自不同仲裁协议(不论是否是同一当事人),任何要去委任仲裁员的一方当事人必须考虑是否应去委任同一人或不同人。他应去委任同一仲裁员除非能证明有足够理由为何不这样做(例如,有利益冲突)。

〔42〕 若不同人士要委任仲裁员,他应加以考虑包括去与其他当事人商量。

〔43〕 如果已经在另一个仲裁程序中委任了一位仲裁员,后来去委任的当事人应去考虑委任同一人为仲裁员。

〔44〕 若是委任仲裁员的权利是给予其他人士(不是当事人)或机构,则当事人再没有上述2.6或2.7条文的责任。当然,该委任人士或机构仍会去委任同一仲裁员/仲裁庭。

〔45〕 双方当事人有争议是涉及与其他共同履约目的的合约,并且所提出的争议是相近或同样的事实或/与法律,大家同意去合并仲裁。

consolidated arbitration.[46]

Both parties hereby undertake that this clause shall be incorporated into any contract they conclude with other third party (ies) to be performed in common with this contract.[47]

Nothing contained in this clause shall be construed to create a joint venture with any third party(ies)."[48]

这条文如果用在一连串合约中的第一份合约,例如是钢材买卖的 D(买方)与 C(中间商,也是 D 的卖方)之间的第一份合约。之后 C 在市场向 B 买货,在合约内就必须去加入同一仲裁条文(包括同意"合并仲裁"),否则 C 会构成对 D 的违约。而 B 再向 A 买货也有同样的合约责任。

也只有这样,合并仲裁庭才会有管辖权去针对所有的多位当事人,他们不再是第三者。

当然,这也不是万无一失的好办法,C 或 B 无法或忘了去加上这同一的仲裁条文,整个安排就毫无意义。C 或 B 确是违约,但应该这不会是"条件条文"(condition)吧!至于只局限在索赔损失,这种违约能证明些什么损失也难计算。

另一款的条文针对机构仲裁,如机构是"国际商会"(International Chamber of Commerce 或简称 ICC)或"香港国际仲裁中心"(HKIAC),如下:

"Any controversy, dispute or claim arising out of or in connection with this Agreement, or the breach or termination thereof, shall be finally settled by arbitration administered by the HKIAC by three arbitrators, one appointed by the claimant, one appointed by the respondent, and the one appointed by the two party-appointed arbitrators. In the event that there are multiple claimants and/or multiple respondents, all claimants and/or all respondents shall attempt to agree upon their respective appointment(s). In the event that all claimants and all respondents cannot agree upon their respective appointment(s), all appointments shall be made by the Chairman of the HKIAC. The seat of arbitration shall be Hong Kong.

Any contracting party may, either separately or together with any other contracting party, initiate arbitration proceedings pursuant to this clause by sending its notice of arbitration to the HKIAC and to all other contracting parties.

Any respondent named in a notice of arbitration or counterclaim or crossclaim hereun-

---

〔46〕 这一段针对合并仲裁的同一仲裁庭。考虑到争议会涉及金额不大或/与一连串合约会有多个不同合约(导致每一当事人可去委任一个会把合并仲裁庭搅得太大,简直像美国最高院(Supreme Court)或海牙国际法院的 11 位大法官或以上),所以只规定独任或一人仲裁庭。

〔47〕 双方当事人保证把本条文去加进所有再与第三者订的合约,只要它是有共同履约目的。

〔48〕 这只是合并仲裁,当事人并非与对方的第三者去合资。

der may join any other contracting party to any arbitral proceedings hereunder, provided that (i) such joinder is based upon a dispute, controversy or claim substantially related to the dispute, controversy or claim in the relevant notice of arbitration or counterclaim or crossclaim, and (ii) such joinder is made by written notice to the HKIAC and to all other contracting parties within either [30] days from the receipt by such respopndent of the relevant notice of arbitration or counterclaim or crossclaim or such longer time as may be determined by the HKIAC or the arbitrators.

Any contracting party may intervene in any arbitral proceedings hereunder, provided that (i) such intervention is based upon a dispute, controversy or claim substantially related to the dispute, controversy or claim in the relevant notice of arbitration or counterclaim or crossclaim, and (ii) such intervention is made by written notice to the HKIAC and to all other contracting parties within either [30] days from the receopt by such party of the relevant notice of arbitration or counterclaim or crossclaim or such longer time as may be determined by the HKIAC or the arbitrators.

Any joined or intervening party may make a counterclaim or crossclaim against any contracting party, provided that (i) such counterclaim or crossclaim is based upon a dispute, controversy or claim substantially related to the dispute, controversy or claim in the relevant notice of arbitration or counterclaim or crossclaim, and (ii) such counterclaim or crossclaim is made by written notice to the ICC and to all other contracting parties within either [30] days from the receipt by such party of the relevant notice of arbitration or counterclaim or such longer time as may be determined by the HKIAC or the arbitrators.

Any joined or intervening party shall be bound by any award rendered by the arbitral tribunal even if such party chooses not to participate in the arbitral proceedings.

The award(s) of the tribunal shall be final and binding, and judgment upon the award (s) may be entered in any court of competent jurisdiction."

在一个大工程会涉及上百上千个大小不同合约，它们都加上了同上述类似仲裁条文，即会可在有需要时把多方有关当事人(如承建商与分承建商)“合并”(consolidate)起来.

3.4.5.5　涉及非签约方之五：撕破公司法人面纱去把第三者加入仲裁

有关去“撕破公司法人面纱”(pierce corporate veil)的课题，在笔者(杨良宜)不久前出版的《船舶买卖法律与实务》一书之第三章4段有详述。此处简说，英国法律是十分困难去成功把集团公司扯在一起，要求它代表或共同为一个子公司承担以后者名义订立的合约。该书详及了好几个重要英国先例，从 Salomon v. Salomon & Co., Ltd. (1897) AC 22 谈到较近期的 Adams v. Cape Industries (1990) Ch. 433 与 The "Rialto" (1998) 1 Lloyd's Rep. 322。

读者或问：这课题与仲裁庭管辖权何关？答案是：A 与 B 有合约与仲裁协议的关

系，可称为“signatory to contract”（合约签字方）。但C、D、E、F须是与B同一集团，但偏偏不是以自己名义签约，可称为“non-signatories”。问题是：可否把C、D、E、F也卷进仲裁，可否有管辖权，甚至判它们败诉？

这种情况很多。许多大石油公司与大贸易商，货物买卖是C，开信用证是D，租船是B，等等，而C、D与B都属E的大集团。若A是船东，出了大事去向B索赔，双方有租约，都是“signatories”，这没有问题。可是B是皮包公司，A想把C、D与特别是E也卷进来一起仲裁，这所谓的“Group of companies doctrine”，可行吗？

看来，美国会有这种做法，甚至去法院强制“non-signatories”参与仲裁。但英国不接受这做法，要卷进E公司除非是E曾出了担保的情况。

这可去参阅二个英国近期先例。一是有关造船合约，涉及船东指称造船厂交不出船舶并向后者索赔庞大损失（裁决书是赔3400万美元）的争议；Ali Shipping v. Shipyard Trogir (1998) 1 Lloyd's Rep. 643。由于是有三个造船合约，有三个单船船东，被告的造船厂希望把三个船东都加进来/扯进来，以利把几方当事人之间的账目/争议去一并处理与对冲。但仲裁员（Bruce Harris先生）拒绝这样做。在上诉庭，Potter大法官说：

“Whether of not Mr. Harris was right in his decision that the case was not one in which it was appropriate to pierce the corporate veil (and nothing which Mr Flaux [船厂大律师] has submitted causes me to doubt the correctness of that decision), it is quite plain that his view that the parties must be treated as separate legal entities (albeit acting through the same, or largely the same, personnel)…”

第二个先例是Caparo Group, Ltd. v. Fagor Arrasate Sociedad Cooperativa (2000) ADRLJ 254，详细的案情在本章之8.9.4段有介绍。简单先说几句，它是涉及Fagor向CML开始了“国际商会”（International Chamber of Commerce或简称ICC）的仲裁程序，并去把第三者的Caparo扯进来作为第二被告。Caparo的仅有关系是拥有60%的CML股份。Caparo不去理会或参与ICC仲裁程序，而是去英国法院（由于ICC仲裁地点约定在伦敦）申请宣示或/与禁令有关仲裁庭管辖权的，根据是1996年《仲裁法》之Section 72(1)，企图去阻止向它（Caparo）推进的ICC仲裁。英国法院的Clarke大法官同意Caparo，并作出有利Caparo宣示判决与作出禁令不准Fagor向Caparo推进ICC仲裁。

英国虽然严格，但美国与一些欧洲国家（包括法国与ICC仲裁）就对这问题宽松多了。美国的有关先例可举是Northern Tankers (Cyprs) Ltd. v. Adam Backstrom et al, 967 F Supp 1391 (Dist Conn 1997) ABS v. Tencara SpA, 170 F 3d 349 (2d Cir 1999)。

至于ICC仲裁，在Caparo先例有提到如：“a number of decisions in ICC arbitrations in which ICC arbitrators have held that persons who were not signatories to the relevant agreement were nevertheless parties to the arbitration agreemant under a doctrine which is known as the ' Group of Companies ' doctrine."(ICC 仲裁已有几宗案件是仲裁员把不是有关合约的签约方扯进仲裁程序,说是根据一个"集团公司"的理论。)

另也去提到 Dow Chemical v. Isover Saint Gobain (ICC Interim Award of September 23 of 1982 in No. 4131), 是首先确立在 ICC 仲裁这个"集团公司"理论。在"International Chamber of Commerce Arbitration"第 3 版一书, 第 76 页, 提到 Dow Chemical 案件说:

"This holding is consonant with that made in a US arbitral decision rendered under the auspices of the Society of Maritime Arbitrators, where the arbitrators reviewing the industry practice of operating through multiple subsidiaries at various stages (chartering, shipping and consigning) and exporessing their loathiness 'to narrowly restrict the parties' apparent intention to arbitrate their differences' stated that it was 'neither sensible nor practical' to exclude from the arbitration claims of companies 'having an interest in the venture and who are member of the same corporate family'."

更近期英国法院在 Peterson Farms v. C&M Farming Limited (2004) EWHC 121 (Comm.)再次否定了这"集团公司"理沦, 说明英国法不承认。案情有关美国公司的 Peterson 向印度公司的 C&M 供应了一批鸡, 但它们带有病毒。结果 C&M 以 ICC 仲裁向 Peterson 索赔损失并且最后胜诉达6,747,217美元。但问题是, 其中5,524,769美元是 C&M 附属公司的损失, 仲裁庭是以"集团公司" 理论裁决的。Peterson向英国法院以 1996 年《仲裁法》之 Section 67 申请把裁决书的5,524,769美元部份撤销(set aside), 因为仲裁庭没有管辖权,并获成功。该合约适用美国 Arkansas 州法律, 被视为与英国法一致, 即不承认"集团公司"理论。看来, 即使是伦敦作为法定仲裁地点, 若该合约适用法国法, 结果会不一样:请看本书第二章。

说到这里,笔者稍去离题的讲及笔者对中国内地的公司之间结构担忧。在该种结构下,加上了社会主义制度,可说是比"Group of companies doctrine"下的集团公司更是在责任连带上更为不利。举一例说,外国原告会去向宁波造船厂索赔的同时也把大连、上海等地的造船厂也扯进来。反正愈加增添麻烦给中方,就愈有机会去获得金钱上的好处。此外,在国营机构出大事,会把整个中国都扯进去。若这件大事是涉及几十亿或上百亿美元索赔(现实中在发生),更会是影响中国的所有在外国资产。笔者希望这种情形不要发生,但有"预防万一"的准备应是必要的态度。毕竟,"中远"已有四艘船在南非因为其他国有公司债务被扣。中国在仲裁而言其中一手准备就是在适当时机去质疑仲裁庭的管辖权,即类似 Caparo 的成功做法。1999 年年底的 Himpurna California Energy, Ltd. v. Republic of Indonesia 与 Patuha Power Ltd. v. Republic of Indonesia 的两个仲裁中把印度尼西亚政府扯了进去(情况不同, 因给了担保, 但后果一样严重), 与原来合约方 PLN(印度尼西亚电力公司)在败诉后要去赔上天文数字的钱(约 6 亿美元)。在出了裁决书后,据知两家美国的原告在全球冻结印度尼西亚政府财产,包括美国、英国、新加坡、香港等地。也据说,印度尼西亚把裁决的西方人仲裁员列为“国家第一公敌”。若是属实,这也只是意气之争,印度尼西亚也不见得能去做什么,只要该仲裁员不去踏足印度尼西亚。反正,印度尼西亚民众可就惨了,因为他/她们的领导无力在国际层面保护他/她们的利益。这案例在本书第六章有介绍。

3.5 总结挑战管辖权的类别

从上述可见,这方面类别很多也很复杂。仲裁员在现实中常常遇到,对一些被告而言,这简直是变了第一线的“抗辩”(defence)。

这问题可以变化无穷,根据不同类别,它会在仲裁过程中任何时间出现,也会迟至作出了裁决书或执行时才出现。它(管辖权)也可大可小,例如令整个仲裁或裁决书无效或只是部分争端无效。这类别也不仅指上述的三大类别,例如在 Pirtek (UK) Ltd. v. Deanswood Ltd. and another (2006) 1 Lloyd's Rep. 11 就报道了另一类别的管辖权争议,就是独任仲裁员去作出了一个有关利息的裁决被撤销,因为他没有管辖权。至于本金,仲裁员已经在较早时作出了一个最后的裁决书(final award)。这样一来,仲裁员理应是已经任务完成(functus officio),他已经不再是该案件的仲裁员了。由于较早前原告的律师请求救济中只是在本金,没有提到利息,所以仲裁员也不存在可根据1996 年《仲裁法》之 Section 57 (3)(b)去作出一个追加的裁决书(additional award),因为 additional award 说明是必须已经向仲裁庭陈述了但没有在较早的裁决书中被处理(was presented to the tribunal but was not dealt with in the award)。

管辖权只是针对“实质的争议”(substantive dispute),即双方当事人之间的“是非曲直”或“谁是谁非”(merits)。它与“不良行为”(misconduct)或英国《仲裁法》现在的说法为“严重不正常”(serious irregularity)是两码事,“严重不正常”不管“实质争议”,只管是“程序上的公正”(procedural fairness 或 due process)与其他程序问题。“严重不正常”涉及法官有一定的裁量权(根据认定的事实去看看是否严重)才决定是否给予救济。但“实质管辖权”(substantive jurisdiction)要么就有,要么就没有,不存在任何的裁量权,是非黑白之分。

最后讨论另一种法院的救济,即有了裁决书后,不满意或败诉一方上诉至法院。这是上诉裁决书内的“法律问题”(matter of law),上诉方认为仲裁员判错了,希望法院在上诉中纠正。这一种与“实质管辖权”又是不同:上诉法院的大前提是不去质疑/挑战仲裁庭的管辖权,只是针对仲裁庭在裁决书内判错了有关法律问题。

所以,在英国的 1996 年《仲裁法》,是有不同条文去个别针对有关裁决书的救济:Section 67 针对挑战管辖权,Section 68 针对严重不正常与 Section 69 针对法律问题上诉法院。

3.6 中国被告的挑战管辖权

中方公司近年来被外国公司起诉索赔案件有激增之势。许多重大索赔案件涉及“合约的存在”(existence of contract)。这方面争议外国人/西方人之间也有发生,但部分中方公司所发生的频密、层次的低落与事实的可笑(也可悲)是与西方人之间不

可能相提并论的。笔者认为基本原因在于:

(i)中方商人(即使面对外商)很大比例(不是十之八九也会是十之七八)对英美合约法(这是国际的一套游戏规则)一无所知或所知不多。他/她们去与西方公司/律师去谈判与最后同意一份价值上千万、上亿美元的商业合约会是怎样的“公平合理”,“互利互惠”,或甚至是中方占了合约的好处与先机,是绝对不可能与不科学的事情。这等同说一队不会踢足球也不了解足球规则的人去出战一支强队,拥有多名“足球先生”,但中方仍是屡战屡胜的不可思议说法。奇怪是,近年来中方已吃了无数次大亏,但单位领导人挑选仍不像有考虑或了解这一重大/关键方面,例如只去泛泛地说要学好英文。所以,仍是充斥了不懂合约法或规则或精神的中国人在乱订合约。

(ii)一直有一个说法,直至今天仍有,是面对外商,中国香港人的法律意识/理念(sense)比中国内地的同胞好或较优。即使是以同样不懂英美合约法的中国香港商人去与此比较。笔者也相信这个说法。原因会是由于香港的英国法治环境导致在这环境长大与生活的人士,即使不去学习也会在“耳濡目染”下不会做出太离谱的事情。

(iii)公司管理差劲,例如经常发生越权的情况,或是来自以前的雇员,或是来自领导的亲友,也或是来自不诚实的现职雇员。而公司知悉了也往往不严加追究,并不重视,赏罚不分明。此外,也不知道如何追究/重视与把越权一事去纠正。

(iv)其他各种发展中国家的通病/陋习。

这样一来,不懂的中方公司与很懂的西方公司从不接触是天大幸事。但一经接触与谈判,若是不能达成合约而之后市场对西方公司逆变,西方公司回头去“诬告”已经与中方公司达成合约会有很大机会成功。说真的,对什么“邀盘”(invitation to treat),“发盘”(offer),“受盘”(acceptance),“实盘”(firm offer)等国际上合约谈判的一些理念都是“一窍不通”的部分中方公司领导/办事人,相反是受中国大陆自己一套过时说法的混乱(例如是对外经济合约必须双方签字盖章,口头讲的不算),客观的外国法官或仲裁员在没有太多证据下也不知道是中方公司被西方公司诬告或是中方公司自己的确曾口头答应(受盘)了(但不自知)。反正是,事实真相难以得知,但“硬道理”不会变,就是懂的人与不懂的人碰在一起,总是前者占尽后者的便宜或者占上风。

这一类的情况近年来是多不胜数,令人担忧。事件一步步发展下去离不开是:西方公司迫使中方履约(例如是交货),中方公司拒绝或更可能是不予理睬。西方公司于是开始仲裁(航运合约与国际货物买卖合约一般是有伦敦仲裁条文),并通知中方公司的被告。中方公司马上面对压力要决定作出回应或置之不理。

中方公司不论是马上找律师去仲裁(或法院)作出对索赔的回应,或是置之不理等待几个月后“兵临城下”才抗拒执行裁决书,中方公司最主要与第一线的争辩即会是“挑战仲裁员管辖权”(challenge to arbitrator's jurisdiction),原因是中方眼中双方并没有合约关系。笔者所见所闻的中方被索赔的这类案件,挑战管辖权的做法已成为了“既定动作”。

中方公司的挑战大部分估计不成功。但也有一些少见的成功例子,例如在 LG

Caltex Gas Co. , Ltd. and Contigroup Companies Inc. v. China National Petroleum Co. and China Petroleum Technology and Development Corporation,(2001)BLR 235。

该案例涉及在中国进行的一系列谈判,几位当事人都是一些著名的公司如“加德士”(Caltex)、中石油(China National Petroleum 或简称 CNP)等。谈判的结果带来了大家在1995年9月6日签署了一份“谅解备忘录”(memorandum of understanding)。内容是一系列有关“液化石油气”(liquefied petroleum gas 或简称 LPG)的买卖,运送中国来建造码头等。备忘录中涉及二份合约成为了争议的核心。一份是租约,由 Contigroup 出租一艘液化石油气船给中石油的附属公司 CPT 作为储藏液化石油气之用;另一份有关供应液化石油气并由 CPT 出担保函。

后来出了争议,“加德士”开始仲裁向中方的“中石油”与 CPT 起诉。CPT 的抗辩,也是去挑战仲裁员管辖权,是说它并非是租约的租船人,它在租约的签字是当天有关人士喝醉了酒才乱签,并曾受到“加德士”的“引诱”(induce);而中石油的抗辩是它不是合约方。

在仲裁中,仲裁庭对管辖权的质疑/挑战作出了两个不同裁决书,但都去支持中方公司/被告胜诉。首先判签约人士无 CPT 的授权。而且中国法律不承认“表面授权”(ostensible authority)的说法,故也不能以此说法去要中方公司负责。最后是中石油也不必为 CPT 负责,因为中国法律要求一定有一份正式的“授权书”(power of attorney)。

笔者对上述中石油的案例细节不熟悉,也无意去偏离本书的内容,故不多谈案情,只说明这种案件是不断在发生,而且金额越来越大。笔者希望中方领导多去关注并改善较早提出的问题发生基本原因。至于中国律师,在面对中方公司有大量这类争议出现,而且绝大多数会是伦敦或香港地区/新加坡仲裁,表示他/她们好好掌握处理这个问题好像如何去提早警觉管辖权有问题(因为晚了才提出就会被视为弃权),怎样处理是在有关不同案情中最佳(英国《仲裁法》下有3种不同做法,可供选择),等等。或许中国律师能掌握好,既能保护客户利益,也可保证自己生意滔滔不绝。

4. 普通法下挑战管辖权做法

可想象得到,挑战/质疑仲裁员的管辖权案件一直存在,但以往没有这么多。别说是50年、100年前的世界,就是30年前笔者刚进航运外贸这一行业也深深感到这些年来巨大的有好有坏改变。例如,合约数量大增,其中乱来或有各种缺陷的合约为数不少。在国际上营商的数量也是大增,其中不懂/半桶水与很懂但居心不良的双种极端人士也是为数不少。国际层次律师也好像越来越难弄,例如是代表被告的律师如果挑得出一个管辖权的技术性争议,即使是不容易成功,在当前大气候的诉讼恐怕他/她也不会放过。大概被告律师恐怕不去这样做将来会被客户指责疏忽吧！

所以，在上一个版本的1950年英国《仲裁法》，它没有特别条文针对仲裁员管辖权的问题而仲裁庭也不应有此权力，这与1996年《仲裁法》有多达六七条文去详尽的对待这个方面可真是大异其趣。

4.1　向法院申请宣示、禁令或中止

在以往的挑战仲裁员管辖权，做法不外是由质疑的一方当事人向法院申请：

(1) 一个"宣示判决"(declaratory judgment)：The "Oranie" and the "Tunisie" (1966) 1 Lloyd's Rep. 477；Harbour Assurance v. Kansa (1993) 1 Lloyd's Kep. 455；等等。

(2) 若是对方(原告)已在推进仲裁，申请人(被告)更会同时要求法院去作出"中间禁令"(interim injunction)不准仲裁继续推进，以"保持现状"(maintain status quo)，避免裁决书比判决更早作出，而且被告会感到矛盾是否要去花钱在可能是空的仲裁"抗议下"(under protest)同步对实质性争议(特别在损失金额通常会有加大之嫌)作出抗辩/质疑。这种先例也是不少，随手拈来有 The "Oranie" and the "Tunisie" (1966) 1 Lloyd's Rep. 477。

(3) 向英国法院申请去"中止"(stay)伦敦仲裁，因为外国法院已受理。这"中止"雷同中间或最后禁令去阻止仲裁的推进。在 The "Ithaka" (1939) 64 Lloyd's Rep. 259，船舶在土耳其海域搁浅，被迫与"救助人"(salvor) 同意了"劳氏救助合约"(Lloyd's Open Form 或简称 LOF)。该合约格式内有伦敦仲裁条文，而救助人在成功后开始仲裁裁决救助奖金。但德国船东指救助合约是在"胁迫"(duress)下订立的，所以无效，并在土耳其法院起诉企图把救助合约判无效。但由于害怕伦敦仲裁的推进，故向英国法院申请中止仲裁，但为上诉庭所拒。在今天强势的英国法院为了保护伦敦仲裁，恐怕更会跟从作出一个"Anti-suit 禁令" 去阻止德国船东在土耳其的诉讼：Tracomin SA v. Sudan Oil Seeds Co., Ltd. (1983) 2 Lloyd's Rep. 384；British Airways Board v. Laker Airways Ltd. (1983) 3 WLR 544；The "Angelic Grace" (1994) 1 Lloyd's Rep. 168，等等。

上述的例子申请人都会是被告。至于原告向法院申请要求一个"宣示"(dcclaration)的情况也有。例如在 The "Standard Ardour" (1988) 2 Lloyd's Kep. 159，原告认为被告所提出的"反索赔"(counter-claim)不包括在委任仲裁员的管辖权内，故原告向法院申请一个宣示。

另一种情况是原告去法院起诉，但被告以合约有仲裁条文为由申请法院中止，交出管辖权给仲裁庭。原告若是抗拒中止，往往就要攻击仲裁条文的有效性，如在3.1.2段介绍的情况。

(4) 抗议(under protest)或保留权力(without prejudice)下参与仲裁程序，败诉后去撤销裁决书或抗拒执行。

4.2　"抗议下"参与仲裁与申请法院撤销"空"的裁决书

最后一种的挑战仲裁员管辖权是双方合作推进仲裁直至作出了裁决书。一作出

了裁决书并知道了谁败诉后,败诉方会向英国仲裁地法院要求救济,而其中一种救济就是仲裁庭欠缺管辖权,所以裁决书是空的,应当撤销。当然,也有是被告不理会仲裁,只在作出了裁决书之后才去法院寻求救济;例如近期的 Dardana v. Yukos (2002) 2 Lloyd's Rep. 326。

一种常见的被告做法是他对仲裁员管辖权有质疑,但也不马上花钱去英国法院申请"宣示"(declaration)或/与"禁令"(injunction),这可能性最大是为了省钱,也会是自己对实质性争议有自信应胜诉。于是,被告只去书面记录了在"抗议下"(under protest)或"保留权力"(without prejudice)下参与仲裁/开庭(例如像 Baytur v. Finagro Holding (1922) 1 Lloyd's Rep. 134),然后合作推进仲裁。若在裁决书胜诉,被告不必再理会管辖权问题。但若是败诉,被告即会向法院提出要求救济。在这种情况原告眼见被告一开始仲裁或中途即"抗议"记录在案也无法去迫使被告马上行动把管辖权问题搞清楚。实际上,原告也可向法院去申请一个"宣示":宣示仲裁员有管辖权。但现实中很少会这样做;原告也想省律师费外,也不是他对仲裁员管辖权有质疑,他也许不全面知道被告会提出的理据去将来挑战/质疑仲裁庭的管辖权,或者是被告只是空口讲讲而已。反正是,面对管辖权之争,以前的做法是法院无论如何也会插手,不论是早是晚,有否抗议过。

4.3 延误挑战管辖权的问题:造成浪费

被告这种做法带来其中一大缺点就是迫使双方花了大量金钱进行实质性争议(是非曲直)的诉讼。但判了谁是谁非后,被告若是败诉可以挑战管辖权为由去把所经历过的大量工作、大量花费去一笔勾销。可是也很难说被告错在什么地方。加上有否实质管辖权的救济不像在仲裁程序中有过失(在 1950 年《仲裁法》的"不良行为")的救济,前者不存在法官的"裁量权"(discretion)或对被告所作所为的喜怒或轻重之分,才有后者的不良行为。是否"实质管辖权"(substantive jurisdiction)是一开始已客观存在的事实,要么就有,要么就没有。或者可能有"弃权"(waiver)的理论可去对抗被告的上述做法,但如果被告一早记录了"抗议下"(under protest)或/与"保留权力"(without prejudice 或 reserve rights),再加上其他被告会在个别案件挑出事实去"合理化"(justify),又令普通法的弃权理论有说不通之处。这方面稍后在 8.8.4 段再谈。

4.4 不能让仲裁庭决定自己管辖权的原因

最后读者请注意是挑战仲裁庭的管辖权以往总是去仲裁地点的法院申诉,不会去仲裁庭面前申诉然后由仲裁庭自己决定是否有管辖权。若由仲裁庭自己去决定会在基本原则与逻辑上说不过去,如:

(i)有违反"自然公正"(natural justice)之嫌,因为仲裁庭对自己的去留有涉及个人利益。(固然,在各国法院之间抢一宗案件的管辖权,也往往是由某法院自己决定是否有管辖权或/与适合的管辖地点。但这是制度,不是个人,而去决定自己国家法院有管辖,不肯中止诉讼的大法官,也通常不是最后审理实质性争议的大法官,所以不存在有违反自然公正之说法。）

（ii）对仲裁庭的管辖权提出质疑的一方当事人正是抗拒仲裁庭去把他卷进来，对他进行审理并否认仲裁庭有此权力，怎么会又自我矛盾地送上门让仲裁庭有“管辖权”决定他是否对实质性争议有管辖权？

（iii）这自我矛盾在另一个角度出现，就是在3.1.1段介绍的情况，若真是没有主合约的存在（这在审理前难去预测或不应去预测），哪里有仲裁条文呢？这样一来，如果管辖权争议由仲裁员自己决定并出了裁决书，这管辖权何来？这一点在著名的Heyman v. Darwins（1942）72 Lloyd's Rep. 65（HL）先例，Viscount Simon，L. C. 说已下了关卡说：

“If the dispute is as to whether the contract which contains the (arbitration) clause has ever been entered into at all, that issue cannot go to arbitration under the clause, for the party who denies that he has ever entered into the contract is hereby denying that he has ever joined in the submission. Similarly, if one party to the alleged contract is contending that it is void ab initio (because, for example, the making of such a contract is illegal), the arbitration clause cannot operate, for on this view the clause itself also is void.”

4.5 法院决定仲裁员管辖权的缺点

但由英国法院对仲裁员的管辖权进行全面审理并作出“宣示判决”（declaratory judgment）会有以下的缺点：

（i）一去了法院，就往往带来仲裁的延误。别说有法院的中间禁令阻止仲裁的推进，就算没有，也会有仲裁庭选择先等待法院的宣示判决才继续推进仲裁，以免造成浪费。

（ii）法院很有可能一早就把整个争议从仲裁庭手中抢过来（hijack）。一种常见情况是管辖权争议与实质性争议混在一起，一去判了前者也同时对后者有了结论。例如双方是否有合约的存在（请看3.1.1段），这里涉及大量的事实与法律上的争议。或由于曾有漫长的谈判或可疑的授权或曾有“追认”（ratification）合约的行为，等等。一去认定双方有合约存在的事实，不肯履约的被告也就自然是“毁约”（repudiation）一方了，再加上损失也没有什么可争议的。另一种情况是即使在管辖权争议外另有其他实质性争议由仲裁员审理（如果宣示后是有管辖权），但当事人既然去了法院，会在双方同意后全部交给法院一次过审理。

（iii）即使法院不去把整个争议抢到手，在审理并宣示了管辖权争议后再把余下的实质性争议交还给仲裁庭，这也不是好事，因为同一的合约争议由两批人分割开争端去审理不方便而且费用昂贵。Hoffmann大法官在Harbour Assurance v. Kansa（1993）1 Lloyd's Rep. 455说：

“it is necessary to bear in mind … first, the desirability of giving effect to the right of the parties to choose a tribunal to resolve their disputes and secondly, the practical advantages of one stop adjudication, or in other words, the inconvenience of having one issue resolved by the Court and then, contingently on the outcome of that decision , further issues decided by the arbitrator."

(iv) 整体做法与国际上的仲裁大气候有冲突,就是尽量避免国家法院干预/插手双方约定的仲裁。

(v) 仲裁的好处去了法院都会部分或全部失去,例如是"机密"(法院是公开聆讯,透明度高),灵活/伸缩性(去了法院一切要依照法院程序),可能不昂贵(在仲裁的实质性争议可能涉及金额不高,可以文件审理[documents-only arbitration]或适用"小金额索赔规则"[Small Claims Pocedure]。但一去法院,非得委任代表律师等,省钱是省不了),裁决书在国际上的执行可根据1958年《纽约公约》等。

4.6 总结过往挑战管辖权做法

显然,过往的一套做法到了近二十年的环境已是不合时宜,连英国这样相对保守的国家在法律与法院也要去另找更好的解决办法或做法。这表示一些在4.4段的基本性大原则或/与自我矛盾之处等问题都必须先妥善对付。这方面在接下去的段节将提及。

5. 改变之一:普通法的演变

英国法律曾经是十分局限解释仲裁条文的"适用范围"(scope of use)。即使是仲裁条文本身的用字/措辞没有局限,也曾经判定合约的受阻(frustation)或毁约(repudiation)后可以导致合约内的有效仲裁条文变得不再适用,如同其他合约条文一样:Municipal Council of Johannesburg v. D. Stewart & Co. (1909) Sess. Cas. (H. L.) 93; Hirji Mulji v. Cheong Yue Steamship Co., Ltd. (1925) 23 Ll. L. Rep. 82;等等。

在 Municipal Council 先例,Loreburn 勋爵说:

"If the cause of action which is established be that there has been repudiation or a breaking of contract in the sense that the contract has been frustrated by the breach, then it would not be within the arbitration clause …"(若是争议是有关毁约等导致合约业已受阻,就仲裁条文不再适用……)

另在 Hirji Mulji 先例,Summer 勋爵说:

"The arbitration clause is but part of the contract and, unless it is crouched in such term as well except is out of the results which follow from frustration, generally it will come to an end too."(仲裁条文是合约一部分,除非特别写明,也会跟随整个合约在受阻时一起告终。)(虽然有订约自由,现实中仍不曾见过有仲裁条文写明主合约因受阻中断,本条文仍然有效。去祈求商人订约太细并不现实。)

这要到了 Heyman v. Darwins (1942) 72 Lloyd's Rep. 65 (H. L.)的贵族院先例

才去推翻,MacMillan 勋爵是这样说:

"…an arbitration clause in a contract … is quite distinct from the other clauses.[49] The other clauses set out the obligations which the parties undertake towards each other …[50] but the arbitration clause does not impose on one of the parties an obligation in favour of the other.[51] It embodies the agreement of both parties that, if any dispute arises with regard to the obligations which the one party has undertaken to the other, such dispute shall be settled by a tribunal of their own constitution[52] … What is commonly called repudiation or total breach of contract … does not abrogate the contract, though it may relieve the injured party of the duty of further fulfilling the obligation which he has by the contract undertaken to the repudiating party.[53] The contract is not put out of existence, though all further performance of the obligations undertaken by each party in favour of the other may cease.[54] It survives for the purpose of measuring the claims arising out of the breach, and the arbitration clause survives for determining the mode of their settlement.[55] The purposes of the contract have failed, but the arbitration clause is not one of the purposes of the contract."[56]

但在4.4段也讲到,正是此贵族院先例又另下了关卡,就是争议有关主合约是否存在这类别的挑战管辖权,即仲裁条文是主合约内条文之一也变了是"空的"(void)。这样一来,对仲裁员能否碰这种管辖权争议仍没有太大的突破。

这里可提一提有关普通法(案例法)作出重大改变的麻烦或困难。在英国的法制下,贵族院确立的法律观点/先例只有自己才能去改变(当然除了是立法),下层的法院只能依服(是照先例判),不能去改变。这样一来,贵族院即使肯改与想改,也必须等待上诉机会。这是要有适当案例,双方当事人也要不去庭外和解并肯去花这一大笔钱一起上诉至贵族院,才会有此难得机会。而即使如此,由于往往争议只在1/2点,故此要作重大与全面的改变/改革有了适当案例仍是不足,因为双方不争议之处(会有很多),即使贵族院尽量多说,发表全面的看法/意见,这也只能是当做"随口说说"的"附带意见"(obiter dictum),成不了法律的一部分。所以,靠法院自己去全面作出改变/改革针对普通法不妥之处,就是漫长与不足的过程。恐怕,最终解决办法

---

〔49〕 仲裁条文与其他合约条文不一样。

〔50〕 其他合约条文中双方相互作出各种的承诺。(例如是卖方承诺在限期前交货,而买方承诺支付货价及如何作出支付等。)

〔51〕 但仲裁条文不强加在一方合约方去向对方作出任何承诺。

〔52〕 仲裁条文只是双方的一个协议去针对将来如果出了争议有关相互承诺应如何解决。

〔53〕 毁约不废除合约,它只会让受害方不必再履行在其他合约条文作出的承诺。

〔54〕 合约并非不再存在,只是双方的承诺会中止,不必再履行。

〔55〕 仲裁条文可以"幸存"处理毁约/违约的争议与索赔。

〔56〕 合约本身所有目的告终,但仲裁条文不是合约目的。

仍是依靠立法,好像是1996年的《仲裁法》。

再回头看普通法在这方面的发展。只挑少数案例,也可看到一步步放松的迹象。例如Devlin大法官在Christopher Brown Ltd. v. Genossenschaft Oesterreichischer Waldbesitzer (1953) 2 Lloyd's Rep. 373 说:

"It is not the law that arbitrators, if their jurisdiction is challenged or questioned, are bound immediately to refuse to act until their jurisdiction has been determined by some court which has power to determine it finally. Nor is it the law that they are bound to go on without investigating the merits of the challenge and to determine the matter in dispute, leaving the question of their jurisdiction to be held over until it is determined by some Court which had power to determine it. They might then be merely wasting their time and everybody else's. They are not obliged to take either of those courses. They are entitled to inquire into the merits of the issue whether they have jurisdiction or not, not for the puropose of reaching any condusion which will be binding upon the parties — because that they cannot do — but for the purpose of satisfying themselves as a preliminary matter about whether they ought to go on with the arbitration or not."

Devlin大法官告诉仲裁员在面对被挑战管辖权之时不必干坐着等待法院的最后宣示。仲裁员可以主动看看自己会否有管辖权,这挑战理由是弱是强。当然最后一句话仍是法院的宣示,但仲裁员可以以此条文应否继续推进实质性争议的仲裁(在没有法院禁令的情况下),不浪费时间去等待管辖权争议的结果。从这里可见,仲裁员干等法院宣示的做法普遍存在,否则Devlin大法官也不必讲上述节录的一段话。作为一审的高院,Devlin大法官也无权改变贵族院确立的法律。

英国普通法继续发展下去,经过了一些重要的先例如Ashville Investments Ltd. v. Elmer Contractors Ltd. (1988) 2 Lloyd's Rep. 73 作出进一步的放松,到了Smith Ltd. v. H & S International (1991) 2 Lloyd's Rep. 127 先例,Steyn大法官已可去自夸英国法律在这方面已发展到一个相当前卫的地步。合约中断,违反"条件条文"(condition)、"受阻"(frustration)等令合约失效都不再会令仲裁条文无效/失效。唯一仍未解决的是合约"一开始就无效"(void ab initio)的情况,即仍没有完全推翻Heyman v. Darwins (1942) 72 Lloyd's Rep. 65 的贵族院判决。Steyn大法官是这样说:

"Fortunately, our arbitration law is today in a more advanced state. Rescission, termination on the ground of fundamental breach, breach of condition, frustration and subsequent invalidity of the contract, have all been held to fall within arbitration clauses. Even what was once perceived to be the "rule" that a rectification issue always falls outside the scope of an arbitration clause has given way to the realism of the separability doctrine. See Ashville Investments Ltd. v. Elmer Contractors Ltd. (1988) 2 Lloyd's Rep. 73.

Admittedly, no English Court has yet been asked to take the final step of ruling that an arbitration clause, which forms part of a written contract, may be wide enough to cover a dispute as to whether the contract was valid ab initio."

这唯一仍未解决的情况到了 Harbour Assurance v. Kansa (1993) 1 Lloyd's Rep. 455 有了机会去对付。该先例的案情是有关“再保险”(reinsurance),是有一家芬兰的保险公司(被告)向一家英国公司(原告)投保“再保险”。该年代(1980 年初)由于保险与再保的业务损失严重,结果出了不少“再保人”(reinsurers)拒赔与扯皮的案件。而拒赔所依赖的理由往往是“非法”(illegality),这可导致再保合约一开始就无效。非法是因为英国有立法(Insurance Companies Acts,1974/1982)要求所有在英国进行保险或再保业务的公司必须预先向“贸易部”(Department of Trade)申请并获得批准营业。否则,这会是“犯法”(guilty of an offence):立法的 Section 11(1)。

Harbour Assurance 正是这类案例,但做法上有点不同。英国再保公司并非去“以逸待劳”,在面对仲裁被诉(再保合约中有伦敦仲裁条文)时才以非法去作为抗辩理由,主动先向英国法院寻求一个“宣示判决”有关再保合约属非法,所以一开始就是无效(void ab initio),所以从来未存在过有任何仲裁协议/条文。而六家芬兰保险公司(变成了六名被告)则以合约有仲裁条文为由申请英国法院以 1958 年《纽约公约》(也是英国在 1975 年的《仲裁法》)去中止法院程序。

该先例笔者不曾参与,只能去猜测双方当事人进行这种昂贵斗争的背后缘由。以法院为原告(实是被索赔方)认为以英国立法作为合约非法的抗辩,由英国法院审理会有更大机会获得严格适用、尊重与贯彻。但一去仲裁,根据再保合约内的仲裁条文对仲裁员资格的要求是“保险或再保公司的行政人员或劳合保险人”(executive officials of insurance or reinsurance companies or Lloyd's underwriters),这些“商业人士”会否了解与重视有关立法与非法问题,估计不如大法官。他们也会倾向于支持再保合约的有效性。故此为了避免仲裁,原告(是被索赔方)“先发制人”。

在当时(一审时为 1992 年,上诉在 1993 年),国际上的仲裁愈加获得支持与反对国家法院的干预。针对管辖权的常见争议,也有多国的法院找出了应对做法与说法,就是称为“Kompetenz-Kompetenz”的让仲裁员去初步审理自己有否管辖权加上了“Separation Principle”的“独立原则”。德国联邦最高院(German Federal Supreme Court 或 Bundesgerichtshof)在 1970 年已提出这个说法:“Kompetenz-Kompetenz”(相等的英语是“Competence-Competence”)。其他有许多重要国家的法律也有同一方向的发展,在 Harbour Assurance 先例有提及,如法国(称为“Competence de la Competence”),美国,新西兰,百慕大,等等。而国际上有《联合国示范法》(UNCITRAL Model Law)在 1985 年的推出,在 Article 16 也是采取了同样的做法与说法,如下:

"The arbitral tribunal may rule on its own jurisdiction, including any objections with respect to the existence or validity of the arbitration agreement. For that purpose, an arbitration clause which forms part of a contract shall be treated as an agreement independent of the other terms of the contract. A decision by the arbitral tribunal that the contract is null and void shall not entail ipso jure the invalidity of the arbitration clause…"

而针对3.1.1段所介绍类别的仲裁员管辖权争议(根本没有有效的主合约存在),光是靠“Kompetenz-Kompetenz”说法仍不能解决其中逻辑上矛盾,就是:既然没有主合约,何来仲裁条文?没有仲裁条文,仲裁员何来有管辖权(不论可去裁决什么类型的争议)?英文说法是:“because there was, or is alleged to have been, no contract in the first place, the arbitration clause that was contained in it goes.”

去解决这一个特定矛盾,唯一勉强讲得通办法是把合约内的仲裁条文分割出来作为另一个合约,或算是一个“附属合约”(collateral contract),总之它有自己的生命,不受主合约是否有效存在的影响。英文说法是:“because the arbitration agreement is separable from the contract containing it, it has a life of its own, which continues while the fate of the contract is being determined.”

能去分割是因为:

(i)仲裁条文不像其他承诺性条文针对双方在合约履行中的责任与义务。本来,在一份合约内单有本质上不同针对的协议是可区分开合约的,例如担保。

(ii)现实中确有情况合约中没有仲裁条文,但在出了争议后双方另同意一份独立的仲裁协议(ad hoc submission to arbitration)把业已存在的争议(existing dispute)提交仲裁。这种仲裁协议本来已是独立的,无须引用“独立原则”(separation principle)。

至于一审法院(Steyn大法官)与上诉庭在Harbour Assurance先例怎样去“回避”贵族院在Heyman v. Darwins (1942) 72 Lloyd's Rep. 65先例的约束呢?一般回避或不依照的做法不外是:

一是挑出两个案件之间有重大不同的事实以作“区分”(distinguish),例如说上一先例有一条狭窄的仲裁条文,这个审理中案例有一条广泛用字/措辞的仲裁条文。这样区分要有说服力与“不能硬来”(artificial)才显得出法官的水平与不偏离这套必须依从更高法院先例的法律制度。

二是去仔细分析有关先例(Heyman v. Darwins)看看它的争议是什么,判的是什么,确立的法律观点是什么,这约束性的法律观点可称为“ratio decidendi”,而其余在先例所讲的或不必去讲的都是非约束性的“附带意见”(obiter dictum)。

三是另挑出在同一层次的贵族院先例,年代较后(故此分量较重),内中有“不同说法,即使它不一定能推翻较早先例,但最少提升了说服力。

在Harbour Assurance先例,上诉庭的Leggatt大法官说[以上述第二种做法]:

“Mr. Longmore(原告大律师)recognized that his best hope of stemming the tide running in farour of arbitral autonomy was to limit the scope of the principle of separability … Mr. Longmore bravely contended that it is part of the ratio decidendi of Heyman v. Darwins, that, as Viscount Simon, L. C. commented:

‘… if one party to the alleged contract is contending that it is void ab initio (because for example, the making of such a contract is illegal) the arbitration clause cannot operate, for on this view the clause itself also is void. '

On my judgment because Viscount Simons comment was not necessary to the decision, it formed no part of the ratio decidendi. The true ratio decidendi was expressed by Lord Macmillan …"

另外,Leggatt 大法官也说[以上述第三种做法]:

"On more recent casss, beginning with Bremer Vulcan v. South India Shipping Corp (1981) 1 Lloyd's Rep. 253, the House of Lords has explained the status of arbitration clause. For example, Lord Diplock asserted in the "Hannah Blumenthal" (1983) 1 Lloyd's Rep. 103 at p. 117 col. 1, that it was established in Heyman v. Darwins that:

'An arbitration clause is collateral to the main contract in which it is incorporated and it gives rise to collateral primary and secondary obligations of its own' …"

上述引述 Diplock 勋爵的话显然为了给"独立原则"(Separation Principle)撑腰。

最后,上诉庭去纠正一审,判是"非法"(illegality)类别的争议亦是适用"Kompetenz-Kompetenz"与"独立原则"。至此,可以说英国普通法在这一方面(仲裁员管辖权)总算发展到一个跟国际完全接轨的地步。但仍有许多其他细节问题尚待进一步解释,例如法院到底是否去监督仲裁员对管辖权初步的审理呢?如果去,又应该怎样做呢?这一切问题靠个别案件发展普通法会等待太久(可能),结果在 1996 年的《仲裁法》全面考虑并设计了一整套做法,这稍后详论。

6. 改变之二:仲裁规则

在法律仍不完善的阶段,就会有仲裁机构在它们的"仲裁规则"(arbitration rules)中作出有关条文去对付。这比改法快多了,而且可以完全照自己意愿。然后,使用意向的仲裁规则就在合约仲裁条文中把它合并即可。

笔者在此只介绍两种著名的仲裁规则,一个是 1976 年拟定的"联合国仲裁规则"(UNCITRAL Arbitration Rules),另一个是"国际商会仲裁规则"(ICC Arbitration Rules)。它们的内容都是明示确立仲裁员有权去审理自己的管辖权(Kompetenz-Kompetenz),另加上"独立原则"(Separation Principle)。"联合国仲裁规则"是在 Article 21(1)与(2),如下:

"1. The arbitral tribunal shall have the power to rule on objections that it has no jurisdiction, including any objections with respect to the existence or validity of the arbitration clause or of the separate arbitration agreement.

2. The arbitral tribunal shall have the power to determine the existence or the validity of the contract of which an arbitration clause forms a part. For the purposes of [this arti-

cle], an arbitration clause which forms part of a contract and which provides for arbitration under these Rules shall be treated as an agreement independent of the other terms of the contract. A decision by the arbitral tribunal that the contract is null and void shall not entail ipso jure the invalidity of the arbitration clause."

而"国际商会仲裁规则"之 Article 8.4 是:

"Unless otherwise provided, the arbitrator shall not cease to have jurisdiction by reason of any claim that the contract is null and void or allegation that it is inexistent provided that he upholds the validity of the agreement to arbitrate. He shall continue to have jurisdiction, even though the contract itself may be inexistent or null and void, to determine the respective rights of the parties and to adjudicate upon their claims and pleas."

7. 改变之三:联合国示范法

1985 年《联合国示范法》(UNCITRAL Model Law)中有一条 Article 16 条文,首次全面针对仲裁员管辖权的问题。它不单是明示规定了"Kompetenz-Kompetenz"与"独立原则"(Separation Principle),也针对了法院如何监督仲裁员在初步作出对自己管辖权的裁决,及想去法院挑战仲裁员的管辖权应在什么时间内必须提出,不得延误。这条文是:

"Art. 16. Competence of arbitral tribunal to rule on its jurisdiction(这是条文的题名,就是:"仲裁庭有能力去审理自己的管辖权"。)

(1) The arbitral tribunal may rule on its own jurisdiction, including any objections with respect to the existence or validity of the arbitration agreement.[57] For that purpose, an arbitration clause which forms part of a contract shall be treated as an agreement independent of the other ferms of the contract.[58] A decision by the arbitral tribunal that the contract is null and void shall not entail ipso jure the invalidity of the arbitration clause.[59]

(2) A plea that the arbitral tribunal does not have jurisdiction shall be raised not later

〔57〕 仲裁庭可审理自己管辖权,包括对仲裁条文是否存在或有效的质疑(注意这里已涉及"独立原则")。

〔58〕 为此,仲裁条文即使是主合约的众多条文之一,也视为从主合约独立出来(这明确说明了"独立原则")。

〔59〕 仲裁庭决定了主合约是不存在/空的也不表示在法律上仲裁条文是无效的。

than the submission of the statement of defence.〔60〕 A party is not precluded from raising such a plea by the fact that he has appointed, or participated in the appointment of, an arbitrator.〔61〕 A plea that the arbitral tribunal is exceeding the scope of its authority shall be raised the matter alleged to be beyond the scope of its authority is raised during the arbitral proceedings.〔62〕 The arbitral tribunal may, in either case, admit a later plea if it considers the delay justified.〔63〕

(3) The arbitral tribunal may rule on a plea regerred to in paragraph (2) of this article either as a preliminary question or in an award on the merits.〔64〕 Of the arbitral tribunal rules as a preliminary question that it has jurisdiction, any party may request, within 30 days after having received notice of that ruling, the court … to decide the matter, which decision shall be subject to no appeal.〔65〕 While such a reguest is pending, the arbitral tribunal may continue the arbitral proceedings and make an award. "〔66〕

7.1　香港在示范法下的做法

由于《联合国示范法》的 Article 5 条文规定了法院不得干预仲裁，除了示范法明示规定外。这样一来，表示香港已承认了示范法并把这一套适用在国际仲裁，在挑战仲裁员管辖权的做法已经与传统的做法完全不同。现在的挑战方再不能去香港法院申请一个“宣示”(declaration)或加上一个“中间禁令”(interim injunction)，这会被对

〔60〕 挑战/质疑仲裁庭是没有管辖权必须在递交抗辩请求/文书之前(这样规定比较太死，稍后在8.8.5段再分析)。

〔61〕 但一方当事人委任或参与委任仲裁庭不妨碍他/它稍后挑战管辖权(这里的矛盾必须解决，就是若让仲裁庭初步审理自己管辖权，非先要组成仲裁庭，这是要被告合作。在组成后，但在被告递交抗辩请求之前，被告若提出挑战管辖权，原告可能会说：“你被告若对仲裁有质疑，为何又委任仲裁员这么矛盾?”为去鼓励被告不必害怕原告的这种指控，所以有这一条文的说明)。

〔62〕 这一句是针对在仲裁程序中，如果仲裁庭超出了他的权限(管辖权以外)，质疑的一方当事人应尽早提出(这条规定也没有完全针对仲裁程序中会出现要质疑仲裁员管辖权的千变万化情况，这一点稍后再分析)。

〔63〕 仲裁庭在上述两种情况可接受一个过时的挑战，只要仲裁员认为延迟是可以解释或原谅(请注意这一条条文一直没有说明挑战方若是延迟而且延迟的解释不被接受或欠缺，会是什么结果。这不像英国 1996 年的《仲裁法》在 Section 73 有清楚说明严重后果，就是“今后再不能去质疑”[he may not object to the tribunal's substantive jurisdiction])。

〔64〕 仲裁庭可把这个挑战当做一个中间问题处理(即作出一个“中间裁决”)或是与针对是非曲直的实质争议的裁决书一并处理(这里有关什么才是最恰当的时机仲裁庭应去处理/审理这个管辖权的争议，后详)。

〔65〕 如果仲裁庭是以中间问题去初步裁决自己有管辖权，任何一方当事人(应是挑战失败的一方)可在 30 天内上诉法院，而只能是法院一审不能再上诉(这里表示仲裁庭的裁决只是初步，法院的判决才是最终。这也代表了法院对仲裁庭自己审理管辖权的监督)。

〔66〕 若在等待法院对管辖权的判决期间，仲裁庭可继续审理是非曲直的实质争议并作出裁决书(会是“最后裁决书”。这条规定是为了防止延误仲裁，若是出了最后裁决书但法院仍未对管辖权争议判下来，最后裁决书只能押后才能执行)。

方中止(stay),除非对方想法院说句有关管辖权的话。正确做法是挑战方首先在仲裁庭提出挑战/质疑,即使想去香港法院也要稍后才有机会。

7.2 示范法规定的欠缺

示范法虽然在 Article 16 条文是一个很好的规定,在解决管辖权争议上是一个突破,但要挑大/小毛病仍挑得出。例如:

7.2.1 欠缺之一:要求递交抗辩前提出挑战

要求在递交抗辩请求(statement of defence)之前必须提出挑战,这原本有合理之处,因为递交抗辩请求就是邀请仲裁庭管辖争议[AEK v. NBA (2002) 1 Lloyd's Rep. 305]。但这订得太死,毕竟不是每一个仲裁在程序上都是步步正确。会有在递交针对实质性争议的抗辩请求之前双方在仲裁已经处理了许多重大问题的情况,例如"费用担保"(security for costs)的申请。笔者有一次甚至先要处理了"合约适用法"(proper law of contract)争议的一个"预先争端"(preliminary issue)与另一几乎是在任何"文书请求"(pleadings)前已先要处理/裁决有关"时效"(time bar)的争议。另请看 8.8.5 段的其他例子。

若想挑战管辖权的一方当事人尽早提出,不要多花了钱与时间而在诉讼程序中途或后期才提出,上述例子可见把分水线订在递交抗辩请求会不完全适当,英国的 1996 年《仲裁法》的有关规定是灵活多了,它在 Section 73 的分水线是挑战方在"参与仲裁程序或继续参与"(takes part, or continues to take part, in the proceedings)之前必须提出。显然,上述例子中处理了"预先争端"是明确的双方(包括挑战方)参与仲裁程序,但根据香港《仲裁法》(适用《联合国示范法》),由于尚不曾递交抗辩请求,仍然可提出挑战,不算过时。可是根据英国《仲裁法》,这"预先争端"明确是参与仲裁,故在事后才提出挑战就是太晚而"弃权"(waiver)了。

当然,在英国《仲裁法》的灵活规定下,也有它的欠缺,这会在探讨英国《仲裁法》之时详及:在 8.8.6.4 段。

总之,这里所针对的管辖权争议种类十分广泛,是 3.1.1 段的"根本没有有效主合约的存在",3.1.2 段的"有主合约存在,但不存在一条有效仲裁条文",3.2 段的"仲裁庭的组成"与 3.1.3 段的"法律上主合约一开始无效或中断"。但不包括在较少有的例子,例如在 3.3 段或 3.4 段的部分例子。这一类与上面一些种类不同之处是它不在组成仲裁庭之时已可以去知悉或出现问题,故无从挑战。它事后在中间仲裁程序中才冒出来,故不能要求在递交抗辩请求之前提出,只能要求挑战方尽快在情况一出现就提出,这是另一句的针对。

7.2.2 欠缺之二:没有针对所有挑战管辖权的类别

条文是针对仲裁程序中"如果仲裁庭超出了他的权限范围"(the arbitral tribunal is exceeding the scope of its authority)给予广泛/宽松解释,应可以包括大部分情况。但可能有个别情况会有争议,例如,仲裁员要求的资格在仲裁过程中被发现有问题。这样一来,恐怕不只是超不超出"权限范围"的问题。

在英国的1996年《仲裁法》中Section 31(2)的相关条文可能写得较好包罗万象的不同类别/情况会在仲裁程序中出现的挑战/质疑仲裁庭管辖权说:

"Any objection during the course of the arbitral proceedings that the arbitral tribunal is exceeding its substantive jurisdiction must be made as soon as possible after the matter alleged to be beyond its jurisdiction is raised."

当然,这可能是笔者自己想出来的问题,也至今未见过这方面有任何争议。

7.2.3 欠缺之三:没有明言如果延迟提出挑战的后果

这方面是《联合国示范法》没有说明,挑战方若是延迟挑战的后果是什么。一般拟定文件的大精神是越严重/严厉,也往往是可能不完全合理结果的事情(例如延误很短,相比惩罚过严),也越加要写得清楚/明确,可让其他看的人提高警惕。合约的拟定固然是这个大精神,立法也更应是如此。

所以,这方面或者不是太大问题,但笔者喜欢英国的1996年《仲裁法》在Section 73说明了"今后再不能去质疑"(he may not object fo the tribunal's substantive jurisdiction)。

7.2.4 欠缺之四:接受过时挑战缺乏指引

这方面在仲裁庭可接受一个过时的挑战,只要它认为延迟是可以解释或原谅(if it considers the delay justified)。但没有讲清楚:(i)仲裁庭如何考虑与什么因素可考虑的指引;(ii)仲裁庭的决定会否让法院可去参与/干预?

7.2.5 欠缺之五:仲裁庭初步的决定是什么(有或是没有管辖权)才能上诉法院?

这方面在用字上它只针对仲裁庭裁决自己有管辖权(the arbitral tribunal rules … that it has jurisdiction)的情况下可以上诉。条文的用字并未提到仲裁庭若是裁决自己没有管辖权又会怎样?照说,仍是免不了有败诉与不服气的一方当事人,他/它会想上诉至法院。不过,这仍然是管辖权问题,不论仲裁员的初步决定是黑是白,最后一句话仍应在法院。或去宽松一点解释,这不应造成大问题。笔者只是挑毛病以显示《联合国示范法》可以写得更好。

7.2.6 欠缺之六:上诉法院怎样去判决?

这方面就是示范法只说到法院"去最终考虑"(to decide the matter, which decision shall be final),但没有指引有关法院凭什么去考虑?法院会否只是去复核仲裁庭初步作出的管辖权中间裁决书中的原因,看有否表面错误,好像是否给予"批准上诉实质法律问题"(leave to appeal a point of law)的做法一样:The "Nema"(1981)2 Lloyd's Rep.239?或是,法院好像一般的上诉一样:只上诉法律问题,不再针对事实问题,即"认定事实"(finding of fact)是一审的事?更或是法院在上诉管辖权既去针对法律,也针对事实问题?

在示范法中没有指引,但英国倒有多个先例作出了指引,笔者也估计香港法院会依服。该先例之一是Azov Shipping v. Baltic Shipping (1999)2 Lloyd's Rep.159。先例是判法院要全面对法律与事实问题作出重审(rehearing),不光去复核(review)。

这样一来,又会带来不少重大的新问题,例如:

(1) 遇上很多事实争议,有大量的证据,特别是口头证据,再重审事实在英国法律/法院极其罕见,这里是罕见例子之一。原因十分正确:一是对各种证据的分量涉及法官与/或仲裁员的个人裁量权(discretion)。一审法官或初步审理的仲裁员会不信任某一重要证人,但去了上诉庭换了另一批法官对他会有不同印象。二是证人有了第一次被反盘问的经历与磨炼,去了上诉就有了充分准备,也更会“做戏”与“对答如流”。这样一来,变得很不稳定。

(2) 有可能上诉法院会出现更多的新证据(如上诉方针对补救在初步裁决中对他/它不利之处),而若允许把新证据呈堂(看来应该),更加有可能法院重审时会改变仲裁员的初步裁决,令整个做法十分不科学。

笔者在想,Azov Shipping 的判法会否受影响是英国的1996年《仲裁法》在 Section 32 给了挑战方有另一条路就是直接去法院,跳过仲裁庭的初步裁决。事实上 Azov Shipping 是极力建议在有大量事实争议的管辖权,案件最好直接先去法院。但香港《仲裁法》下的《联合国示范法》坚决抗拒法院的过早干预,故没有类似英国立法的 Section 32 条文做法。

这表示即使在事实与口头证据很多的管辖权争议(例如,争议有关双方有否达成有效合约,而谈判过程漫长与涉及多位证人如当事人与经纪人。他们之间证言有严重矛盾);在香港仍是难逃出全面审理两次,劳民伤财,而且绝不稳定与科学。笔者只能针对一点作出建议,就是在仲裁庭的初步审理,仲裁庭应坚持作出开庭记录(transcripts)。将来证人在上诉重审时若把原先的证言改得面目全非,对方代表律师会可能作出质疑或/与指出给法官看。

7.2.7 欠缺之七:不参与仲裁的被告是否无权在将来提出挑战?

《联合国示范法》假设每一位对仲裁庭管辖权有质疑的被告都会去应讯:他/它们都去委任自己的仲裁员,然后在递交抗辩请求之前向仲裁庭提出挑战。但现实中并非经常如此。别说是一些害怕麻烦,不懂法律的被告(例如是部分中方公司)会回避,连笔者这种“吃仲裁饭”的人扪心自问:如果有一个日内瓦或汉堡仲裁向笔者启动,有原告给了笔者仲裁通知,笔者也不见得每次都去应讯。原因会是:

(1)笔者从来没有听说过有关业务,也不认识原告,更不知道有关指称达成的合约。自问有一个“败诉不了的抗辩”(cast-iron defence),也相信原告只是试探性的作出干扰,是“白撞”一名,想敲一笔钱,真不去管它原告很可能会“知难而退”。

(2)笔者没有钱在仲裁作出抗辩,在日内瓦与汉堡的代表律师或/与仲裁机构都要收取一大笔根据索赔标的的收费,而索赔标的是天文数字。

(3)其他原因,如太麻烦。

这样一来,反正是被告(笔者)不是不知道有这个仲裁,不是不知道自己对仲裁员的管辖权有质疑,也不是不知道示范法(假设是适用)下的“正途”是先在仲裁庭(组成后)提出挑战,并且要及时,在递交抗辩请求之前。会否,被告即使是后来“回心转意”准备去正式挑战管辖权,例如在仲裁程序后期发觉了一些新事实。比方说原先被告公司是完全不知道仲裁中指称的合约,但后来有关雇员自己承认曾越权去以公司名义订立该合约,而他/她起初害怕故向公司谎称不知道有此合约。反正是出了这新事实,被告公司认为不马上提出挑战管辖权太危险,但参与仲裁程序已是太晚,例如递交抗辩的最后时限已过。特别去向仲裁庭要求接受过时的挑战但被拒。问题是:被告本来有一个“败诉不了的抗辩”或很好的证据与理据去说明合约无效或不存在,会否因此被视为“弃权”(waiver)而要去赔出天文数字的索赔?这公平吗?

还有,在英国普通法下被告原可以在一发觉了新事实,马上去法院申请一个“宣示”(declaration)有关合约是否存在与仲裁庭有否管辖权或/与“禁令”(injunction)去阻示仲裁程序的推进。问题是:在以《联合国示范法》立法后的香港,会否仍有这种普通法的权力?看来,在示范法的 Article 5 下,这普通法权力不再存在。而且,不像英国的 1996 年《仲裁法》,它加了一条 Section 72 的“保障不参与仲裁程序一方当事人的普通法权力”(saving for rights of person who takes no part in proceedings)以针对经常会在实际中出现情况,但《联合国示范法》却是欠缺了这一条。

以上述例子再去作出一些变化,就是被告没有在后期发觉了新事实或是即使发觉了新事实,也在权衡利弊后决定不理会仍在进行中的仲裁,准备在作出了裁决书之后才在时限内(英国是 28 天)向有关仲裁地点国家法院(瑞士或德国)申请把裁决书以没有管辖权是“空的”(null and void)为由撤销(set aside)。这也是被告的普通法(以英国法律的角度去看)权力。但会否在《联合国示范法》的适用下又会有“弃权”(waiver)的争议?但在英国《仲裁法》的 Section 72 条文下,不会有此危险的法律地位是很明确的。

7.3　对立法水平的一些感想

说到这里,笔者强调立法与其他文件(例如合约)的草拟/拟定在素质/本质上的要求是一样的,比如全面考虑问题;现实中会出现(特别是经常出现)的情况要去找出合理公平实际的解决办法;商人或/与有关人士长期以来的惯性做法在不必要的情况下尽量去尊重,以避免不必要的大改/基本性改变而造成“扰民”与法律不稳定,等等。上述是一些对思维上与实际经验方面所要求的“素质”(attributes)。另外在想到问题与解决办法后,要以精简明确的文字与措辞去写出来,作为立法(或任何合约)的有关条文。这里要求的素质是法律加上语文的“技巧”(skill)。

立法与任何合约所要求的本质/素质虽然一样,即高素质人士能够全面思考判断问题,也写得出好的立法或/与合约内容/条文,但也会视客观环境的不同做出决断。合约涉及双方不同利益的冲突,往往在艰苦的谈判/角力后,双方在权衡利弊后认为可勉强接受以免谈判破裂的结果下,作出协调/让步以达成合约。故此,即使双方都是一流素质、一流水平的人士,一份合约也难以是“完美”(perfect)的。相反,有些地方更是刻意不去说明,故意不明确,因为在谈判势弱的一方即使想到,也会因怕提出来会被对方强迫去接受一条不利的明示条文。所以,倒不如不提,因为法律的“默示地位”(implied position)对他更有利:这只是千千万万的谈判手段/技巧之一。

与立法相比合约的不同环境是：

(1)不涉及上述介绍的情况，立法总是希望对每一件事都去针对，尽量明确让看的人，受影响的人容易了解法律地位(这里笔者是在讲西方先进国家立法的理念)。

(2)一般不会有像合约谈判的双方对立，“尔虞我诈”，有完全利益冲突的情况。立法中即使有，也在程度上与合约差远了。许多情况是立法的几位人士说了算，社会上有少数不同意见也只是听听就算了。可达成合约就没有这么简单了。

(3)立法的难处在于它的适用性广泛得多，例如《仲裁法》要去适用在建筑仲裁、海事仲裁、本土与国际货物买卖仲裁、合资仲裁、保险仲裁、金融合约仲裁、雇佣合约仲裁，等等。它们都会有不同的做法及主观想法，要去兼顾，此外也要面面皆圆，要立法人士的高思维、高技巧的“素质”(attributes)。

(4)立法对国家的重要性习以为常的合约的完全是两码事。固然，也不断见到有金额庞大的合约，动不动涉及10亿、20亿美元或更高金额的索赔，一被外国的原告索赔，就足以令部分贫穷的发展中国家“破产”，这种合约对有关受影响的国家恐怕就不低于立法的重要性。

笔者认为《联合国示范法》相比英国《仲裁法》稍嫌欠缺之处较多，很难想象是联合国的立法中刻意去“加害被告”或“加害原告”或故意去含糊与不明确。笔者一向的信念与不断告诉中外年青学生的一句话才应是真相，这话是：“一切与道德无关，只与技巧有关”(it has nothing to do with morality, it is all fo do with skill)。现实生活中随时见到香港的立法(照说水平在亚洲算是高的了)与隔近地区的立法出现莫名其妙的矛盾或漏洞，照说，这是可去“自说自话”，但也无法把工作做好。说这是道德的问题笔者难以接受，也想不通。笔者坚信是技巧，而英美技巧高不代表道德水平高。

从理论上讲联合国的立法水平不应也不会是低，但联合国有太多不同背景的国家代表参与立法工作，不容易很快取得共识，而且往往需要协调。加之，示范法是与英国的《仲裁法》相比，不是其他国家，而恰恰英国是这方面的老祖宗，许多水平不差的英联邦国家如澳大利亚也在法律这方面以英国为“马首是瞻”。最后一点是英国1996年的《仲裁法》的立法时间较晚，可参照《联合国示范法》然后加以改进，会使工作较轻松。所以，笔者并非批评《联合国示范法》而高抬英国《仲裁法》。事实上，英国的立法也可能存在重大问题，稍后再谈及。

8. 改变之四：英国1996年《仲裁法》

8.1 英国在1996年《仲裁法》生效前地位

英国在1996年《仲裁法》生效前若是遇上有关仲裁员管辖权的争议，对付的办法是依据普通法地位(在本章5段详及)与英国《仲裁法》1950/1979年(但该立法没

有条文针对)。总之,被告若是对仲裁员管辖权有质疑,他/它可以有以下四种做法:

(1)拒绝参与仲裁,留待将来去把裁决书(缺席的)向英国法院申请把它"撤销"(set aside)或再多待一会留待抗拒执行作为理由。

(2)向英国法院寻求一个宣示判决(或/与加上禁令)以阻止仲裁的推进。

(3)参与仲裁,但明言是保留权力(做法是说明"Under protest"或/与"We hereby reserve all my rights to object on jurisdiction")。若仲裁胜诉,整件事不了了之。若仲裁败诉,被告再去把裁决书申请撤销或抗拒执行,同(1),差别只在参与仲裁程序。而参与仲裁,好处是可在中间程序中与实质争议上与对方原告对抗,例如提出要被告提供费用担保。

(4)参与仲裁但马上要求仲裁庭为管辖权争议先作出一个"中间裁决"(interim award)。这里已参照了 Harbour Assurance v. Kansa (1993) 1 Lloyd's Rep. 455 先例的说法。若是败诉,被告可以在"法律观点"(points of law)有错的情况下,向法院申请上诉批准(leave to appeal)。

但上述办法有不少不明朗与缺陷之处,这不仅是英国法在 Harbour Assurance 先例承认了"Kompetenz-Kompetenz"与"Separation Principle"一句话这么简单。例如,不明朗/缺陷之处会像(少数例子):

(a) 向英国法院寻求宣示/禁令可否在被告参与仲裁程序的中途,也没有保留权力下,才提出? 原告可否说被告"弃权"(waiver),有否管辖权毕竟是一件大事? 在平衡法下成立弃权也不容易。反正是,这方面法律不明朗。

(b) 任由被告在最后时刻(执行裁决书之时)才提出管辖权争议对原告不公平,也造成浪费。

(c) 管辖权争议可以涉及法律观点,也可以涉及"事实问题"(matter of facts)。如果根据 1979 年《仲裁法》只能是上诉法律观点,这针对"管辖权争议裁决书"(jurisdictional award)而不是针对"实质性争议裁决书"(substantive award)是否足够? 是否满意?

至于被告选择哪一个做法会根据不同案情而定,例如主要方面考虑会是:

(I)被告对原告一无所知,对原告所指称的合约也从未听说过。这样一来,被告不想花律师费为参与一个毫无头绪的仲裁,加上也没有什么好去抗辩。他/它不会理睬仲裁通知或顶多发一个传真给仲裁员(原告所指定)说是从未听说过,也未接触过原告。仲裁员/仲裁庭也不会只泛泛地听这种指控而下决定。故此,只要被告一直不去参与仲裁,仲裁庭仍会依据原告提供的单方面文件与一面之词而下裁决。显然,这对被告不利。但仲裁庭没有选择,仲裁员不能因为被告不理睬而代被告抗辩,或敌意的要求原告披露全面或特定文件,等等。

(II)若是被告对原告的指控知情,例如双方的确是谈判了合约,只是原告说已经达成,谈判阶段结束,但被告不同意。这样一来,相比(I)的上述情况,被告的地位可能较差,不是胜诉很高的"cast-iron defence",只有 50: 50 胜诉机会,但如果不参与仲裁程序就连这一半机会也失去。加上被告在这种案情会有大量有利证据(不论在管辖权争议或在实质性争议)在手,不参与仲裁或向英国法院寻求救助而令自己的证据(与争辩)无法抖出来不是明智之举。简单说,原告通常会以自己最有利的地位去索赔(best possible case),这表示索赔金额会夸大,没有好好证明,因果关系有疑等。这样一来,被告若不参与仲裁而任由仲裁庭缺席进行裁决,会使在裁决书中作出十分不利于被告的裁决,包括夸大一两倍以上的索赔金额。此外,参与仲裁才能去抗辩与在程序上留难对方/原告,例如要求"费用担保"(security for costs)等。到了执行的时候,如果被告不能从仲裁员没有管辖权为由去阻止执行,被告麻烦则大了,因为他/它再没有机会去对实质性争议(例如,夸大的索赔金额)重审一次。别忘了,今天的国际大气候是倾向执行裁决书,加上被告在这种案情客观看是地位差,很难说有信心去等待到执行裁决书才行动,这实在太危险了。

8.2 1996年《仲裁法》的新架构与做法

英国的1996年《仲裁法》带来了许多重大细致与新鲜的改变有关仲裁员管辖权争议。从1950年《仲裁法》没有针对这个问题的条文,在1996年立法有多条条文针对,即:Section 1(c)、Section 7、Section 9、Section 30、Section 31、Section 32、Section 45、Section 67、Section 70、Section 72、Section 73等。

首先简单把1996年立法下的做法介绍如下:

(1) 仲裁员/仲裁庭有权自己初步审理自己的管辖权,并作出一个裁决书:Section 30。遇上主合约是否存在/有效的争议,"独立原则"(Separation Principle)也同时适用:Section 7。

(2) 仲裁员若去审理自己的管辖权,他/她可以一个"预先裁决"(preliminary award)只针对管辖权争议,或以一个可能是"最后裁决"(final award)去既针对管辖权争议,也针对实质性争议。这只是初步的裁决,不服气的一方当事人可以以Section 67的程序上诉法院。但如果不及时上诉法院(根据Section 72(3)只有在裁决书日之后的28天限期),则会在Section 73(2)被视为"弃权"(waiver)。

(3) 如果仲裁员不肯去审理自己的管辖权,而这是伦敦仲裁,可根据Section 32申请法院决定:ABB v. Keppel(1999)2 Lloyd's Rep, 24。

(4) 在《联合示范法》(UNCITRAL Model Law)所没有英国在1996年立法中,多给了挑战仲裁员一个选择,就是直接去法院,这是根据Section 32。但先决条件在Section 32(b)所列出如必须所有人同意或只有仲裁庭的批准,而法院认为这样省钱,快速与其他有利原因。正如Clarke大法官在ABB v. Keppel先例所说:

"The purpose of the Act was to restrict the role of the Court at an early stage of an arbitration. By s. 2(1), the provisions of part 1 of the Act apply where the seat of the arbitration is in England, Section 32 is in part 1. It follows that the Court's power to determine any question as to the substantive jurisdiction of the tribunal. Which is conferred by s. 32(1), is subject to s. 32(2), so that the Court cannot consider the question unless the requirements of s. 32(2)(a) or (b) are satisfied."

(5) 如果当事人有对管辖权的质疑,他/它有以下的选择做法:

(i) 拒绝参与仲裁,这不被视为是"弃权"(waiver)。而且,根据 Section 72 说明有的权力,他/它保留了将来去挑战该缺席裁决书没有管辖权,所以是空的(这是 Section 67 的做法),或去抗拒该缺席裁决书的执行(这是 Section 66)或在特殊情况下,或在任何时间向英国法院申请"禁令与/或宣示的救济"(injunctive or declaratory relief)[这是 Section 72(1)]。这 Section 72 是在《联合国示范法》中所欠缺的,它为不参与仲裁程序的被告明示保留了将来质疑仲裁庭管辖权的"普通法权力"(common law rights),因为这种情况现实中不少,也经常是合理的:请看本章之 7.2.7 段与 8.9.4 段。

(ii) 有索赔的一方但同时对仲裁员管辖权有质疑(例如不认为合约有一条有效的伦敦仲裁条文)到英国法院起诉(只要法院有管辖权,例如租约或货物买卖合约通过伦敦经纪人)。若是对方/被告以主合约有伦敦仲裁条文为由,根据 Section 9 要求法院"中止"(stay),让出管辖权给仲裁庭。而会否去中止,法院根据 Section 9(4)会是要去"满意仲裁协议是无效,空的,无法执行或无法履行"(satisfied that the arbitration agreement is null and void, inoperative, or incapable of being performed)。这等于要法院去审理仲裁的管辖权争议了,例如,是否有主合约或仲裁条文的存在?这个做法不光是伦敦仲裁,也包括其他国家的仲裁,例如是荷兰:Inco Europe Ltd. v. First Choice Distribution (2000) 1 Lloyd's Rep. 467。原因来自同样规定的 1958 年《纽约公约》。这方面在 8.5.3 段再详论。

(iii) 最后一种做法/选择是雷同《联合国示范法》的 Article 16:请参阅 7 段。就是参与仲裁,但对管辖权的质疑必须在被告"采取任何实质程序的一步前"(taken a step in the substantive proceedings)提出,或是管辖权有问题后来才知道,但知道后马上提出(这是 Section 31)。以前只是作出抗议(under protest)或保留权力的做法是不够的,若是延误了,仲裁庭有权延期允许提出:这是在 Section 31(3)。如果被告是:

AAA 参与仲裁;

BBB 晚了(例如在抗辩书作出后)才提出挑战仲裁庭管辖权;

CCC 仲裁庭拒绝延期;

他/它将会再无权去挑战仲裁庭管辖权并被视为"弃权"(waiver):这是在 Section 73(1)。这弃权说法也不会让被告(即使是及时提出挑战但败诉了)稍后提出的一个不同的新理由去挑战仲裁庭管辖权:AEK v. NBA (2002) 1 Lloyd's Rep. 305。Field 大法官说:

"It was not disputed that the effect of this provision (指 Section 73), having regard in particular to the word 'that' which I have emphasized, it that AEK are debarred from arguing any jurisdiction point which was not argued before the arbitrator."

一被视为弃权,被告将来在实质争议中败诉也不能以 Section 67 向法院提出仲裁庭管辖权争议并要求撤销这个空的实质裁决书。这一点立法是为了改变普通法有关弃权的地位。另一点改变更明确是参与实质仲裁的被告不得在裁决书作出前再去英国法院寻求禁令或/与宣示救济：L G Caltex Gas Co.，Ltd，and Contigroup Companies Inc. v. China National Petroleum Co. and China Petroleum Technology and Development Corporation，(2001) BLR 235。

被告在参与仲裁程序的情况下也不能成功向法院申请宣示或/与禁令的救济：ABB Lummus Global Ltd. v. Keppel Fels Ltd. (2000) 2 All ER (Comm) 70。

(6) 至于仲裁员/仲裁庭面对挑战他的管辖权，根据 Section 31(4)，他的做法有以下两种：

(i) 他在审理后作出一个"预先裁决"(preliminary award)，仅针对管辖权争议，故可称为"jurisdictional award"。这个管辖权裁决书可根据 Section 67 向英国法院上诉与"重审"(rehearing)，但要在 28 天时限内。在等待法院重审期间，仲裁庭可去(或可不去)继续对"实质性争议"(substantive dispute)，也即是是非曲直之争，作出审理：这是在 Section 67(2)。

(ii) 他作出一个裁决书针对所有争议：仲裁庭管辖权争议与实质性争议。这一种情况与上述(i)不同会使两种争议根本是一回事，都混在一起。例如有否主合约的存在？如果判定"有"，管辖权争议解决了(有仲裁条文)，实质性争议也解决了(即有合约，被告不履约也就是毁约)。另一种情况会使对管辖权质疑/挑战在仲裁程序很后期才知道与提出，所以索性只出一个最后裁决书。

8.3　1996 年《仲裁法》的疑点/缺点

1996 年《仲裁法》虽然相比普通法或《联合国示范法》是完善、全面与清楚得多，但面对国际/本土仲裁的复杂/多变课题，加上立法使用了新的文字/措辞，难免在解决了老问题的同时又带来一些新问题，比如说：

(1) 选择多了，想要质疑/挑战仲裁庭管辖权的一方当事人，要多想清楚才好行动，特别在是否参与仲裁。

(2) 选择多了，仲裁庭自己也面临抉择的难下。例如面对挑战，仲裁庭可根据 1996 年立法之 Section 31(4)(a) 自己初步审理自己管辖权，并作出一个"管辖权裁决书"(jurisdictional award)，此为选择之一。另是全面与同时针对实质争议的"是非曲直"(merits)，这是根据 Section 31(4)(b)。然后任由当事方事后在法院寻求对该裁决书的救济，此为选择之二。再是建议当事人或批准把管辖权争议根据 Section 32 交给英国法院以一次过审理，此为选择之三。

(3) 若是英国法院根据 Section 67 针对申请人质疑仲裁庭作出的"管辖权裁决书"(jurisdictional award)，法院是"重审"(rehearing)或只是"复核"(review)？这里的利弊是什么？

(4) 有关"弃权"(waiver)，1996 年的立法看来对"及时"与"尽早"提出质疑/挑战规定得十分严格。例如，在 Section 31(1) 是要求在挑战方"采取了第一步仲裁程序行动"(takes

the first step in the proceedings)之前必须提出。但这包括些什么？或说，在这方面英国法院的做法已提供了不少指引。但这是否适用在环境宽松与不严格的仲裁呢？当事人往往也没有英国律师代表？要知道，失去了挑战仲裁庭管辖权的机会会是生死大事。

(5) 在1996年立法的Section 31(3)给予仲裁庭权力而让延误了的挑战方提出，只要仲裁庭认为延误的理由可以接受。这里没有指引有关考虑是一些什么因素。这方面与7.2.4段提到的《联合国示范法》下有同样欠缺，这回要靠案例给予进一步的指引了。但英国1996年的《仲裁法》有一个疑点是《联合国示范法》所没有，就是英国法院可以介入仲裁庭在这方面决定的程序，根据是Section 79：

(6) 如果当事人对仲裁庭的"管辖权裁决书"(jurisdictional award)不满意，事后在28天内向法院寻求救济，这会是根据Section 67(对管辖权，仲裁庭只是初步审理，在法院的再审理才作得准)？或是根据Section 68(针对仲裁庭在程序中的"严重不正常"行为)？更或是根据Section 69(针对实质英国法律观点的上诉)？或是都要根据？这将在本章之8.11段详及。这28天对中方当事人来说是十分困难与紧迫的，这在本书第四章之2.2.12.4.2段与2.3.4.4.4.1段有详论。

(7) 英国1996年的《仲裁法》在Section 52(4)要求裁决书必须给予原因或理由，除非双方同意不需要。在Section 70(4)，英国法院有权命令仲裁庭给予原因或给予充分原因，为考虑Section 67、68与69的救济申请。显然，若要求法院监督裁决书就必须有原因可看。但仅是针对管辖权，即是重审，这有否必要或什么情况下需要？此外，如果双方同意不需要原因(例如LMAA Terms 2002适用)，又会怎样处理？

(8) 1996年立法的Section 72保留了不参与仲裁程序的被告的普通法权力，但不清楚针对某些情况，例如起初不参与仲裁程序但后来中途想参与的地位如何？或起初参与但中途退出？这方面(与其他有关方面)在8.9.3/8.9.4段等详及。

(9) 若根据1996年立法已是明确对仲裁庭的管辖权质疑/挑战被视为弃权或告一段落，当事人/被告可否在其他国家面对执行时在1958年的《纽约公约》下再度作出挑战？这当然是英国立法管不到的事情，但仍是管辖权争议的一个问题。这会在本章之8.12.3段谈论及第七章3.7.2.5.3段有相关详论。

上述介绍的一些疑点/缺点，在进一步去探讨前，笔者先在以下段介绍1996年《仲裁法》的各有关条文。

8.4 独立原则与仲裁庭自己审理管辖权

英国的1996年《仲裁法》把"独立原则"(Separation Principle)视为与仲裁庭自己审理管辖权的"Kompetenz-Kompetenz"不同的东西，虽然有一定关系。独立原则只适用在Kompetenz-Kompetenz与管辖权争议其中的一种，就是主合约是否存在或有效的争议。所以，不像《联合国示范法》把两个不同的原则一并混合在Article 16。英国立法是在Section 7针对"独立原则"，而另在Section 30针对Kompetenz-Kompetenz。

8.4.1 独立原则之Section 7

Section 7只是短短地说：

"Separability of arbitration agreement

7. Unless otherwise agreed by the parties, an arbitration agreement which forms or was intended to form part of another agreement (whether or not in writing) shall not be regarded as invalid, non-existent or ineffective because that other agreement is invalid, or did not come into existence or has become ineffective, and it shall for that purpose be treated as a distinct agreement."

上述条文的用字应是简洁易明,笔者只提一二点重要及没有在其他地方详及之处。在上述条文一开始的几个字:"除非双方另去同意"(unless otherwise agreed by parties)表示这一条文不是"强制性"(mandatory)。也即是,双方可以明示条文与订约自由来否定这立法的条文。同样文字也出现在Section 30的Kompetenz-Kompetenz,故在此讨论同样适用。

但现实中会有什么条文可造成这个结果呢,看来先例不多。或会是,现实发生也不多,绝少会有订约方真想到这一点并同意在伦敦仲裁条文中多加一句说明"独立原则"不适用。

现实中倒会有一种情况可能发生。在有关对"独立原则"全面开放的Harbour Assurance v. Kansa (1993) 1 Lloyd's Rep. 455重要先例,它有提及必须有一条足够广泛的仲裁条文才适用这一原则。故此,一条局限的仲裁条文有可能令Section 7失去效力,即是算做"另去同意"。Merkin教授在"Arbitration Act 1966—An Annotated Guide"一书之22页底说:

"There is little authority on what form of wording is reguired to be construed as covering voidness, voidability and illegality issues, although it is clear from Harbour itself that wording such as 'all disputes' or 'all disputes arising out of or in connection with this contract' will suffice, whereas a term such as 'any dispates arising under this contract' is prima facie restricted to interpretation disputes and cannot go to existence."

看来,用字狭窄/局限的仲裁条文仍要避免。在笔者看来,照说是无必要再区分是宽或是狭的仲裁条文用字才来决定Section 7是否适用。毕竟,"独立原则"本来就是一种"恁空的假设"(fictitious),提出挑战一方会是否认他曾同意过任何是宽是狭的仲裁条文,因为连主合约他也坚持没有同意过。

Section 7不再是Harbour Assurance先例,它是立法。这样一来,只要仲裁条文与主合约是同一份文件,即要适用"独立原则",除非双方已有明确/肯定的"另去同意"(otherwise agreed)。这就不必再去纠缠在仲裁条文的用字/措辞是宽是狭,或只是一条中性简单的"伦敦仲裁"(Arbitration London)条文,反正Section 7都能适用。

笔者的看法在Merkin教授的"Arbitration Law"一书之7.5段也有提及,指这是"相反争辩"(contrary argument),并总结说:

"It is nevertheless fair to say that the wording of s. 30(1) is ambiguous and misleading[67], in that in most cases the nature of the arbitration clause itself, rather than an express exclusion of Kompetenz-Kompetenz, will give rise to questions as to the right of the arbitrators to determine their own substantive jurisdiction[68]. It might be noted that such problems do not arise under the Model Law, as Art. 16(1) permits a ruling on jurisdiction irrespective of what has been agreed between the parties."[69]

8.4.2 仲裁庭自己审理管辖权之 Section 30

Section 30 是说:

"Competence of tribunal to rule on its own jurisdiction

30(1) Unless otherwise agreed by the parties, the arbitral tribunal may rule on its own substantive jurisdiction, that is, as to—

(a) Whether there is a valid arbitration agreement,

(b) Whether the tribunal is properly constituted, and

(c) What matters have been submitted to arbitration in accordance with the arbitration agreement.

(2) Any such ruling may be challenged by any available arbitral process of appeal or review or in accordance with the provisions of this Part."

上述条文一开始几个字的"unless otherwise agreed by the parties"所引致的缺点或疑点,已在8.4.1段详及,不再重复。在此只另略及其他几点重要之处,如下:

(i) 虽然一般说法是 Kompetenz-Kompetenz 来自欧洲(德国),而英国普通法原不承认仲裁庭有此权力,但其实也有过类似 Kompetenz-Kompetenz 做法的先例如 Christopher Brown Ltd. v. Genossenschaft Osterreichischer Waldbesitzer (1954) I QB 8; Aktibolaget Legis v. Berg & Sons (1964) 1 Lloyd's Rep. 203。

(ii) Section 30(1)对"实质管辖权"(substantive jurisdiction)包括些什么作出三项的情况或类别:一是有否有效仲裁协议(这包括有否有效主合约与仅是有否有效仲裁条文之争);二是仲裁庭有否妥善的组成;三是根据仲裁协议,什么东西/争议可在仲裁提出,并且,该条文把这些十分广泛的管辖权类别争议全让仲裁庭去审理。

(iii) Section 30(2)反映了 Dalmia Dairy Industries Ltd. v. National Bank of Pakisten (1978) 1 Lloyd's Rep. 223 的判例,就是仲裁庭不能最后决定有关自己的管辖权。

---

〔67〕 可平心静气地说 Section 30(1)(也包括了 Section 7)的文字含糊与误导性。

〔68〕 在许多情况即使没有明示条文去排除 Kompetenz-Kompetenz,仲裁条文的本身(因为用字太窄)也带来疑问仲裁庭有否权力自己去决定有否实质管辖权。

〔69〕《联合国示范法》没有这个缺点或疑点,因为 Article 16(1)一开始就毫无保留,开宗明义地说:"仲裁庭可去审理自己的管辖权"(the arbitral tribunal may rule on its own jurisdiction)。这权力不受制于双方"另去同意"(unless otherwise agreed)。所以在任何仲裁条文中,不管是宽是狭窄,仲裁庭均有"独立原则"与 Kompetenz-Kompetenz 的权力/能力去适用或/与审理。

这也违反自然公正,因为仲裁庭对他/她自己的管辖权涉及有利益冲突。而在立法中对仲裁庭的管辖权争议,"裁决"(ruling)作进一步挑战与最后判决是英国法院,根据的是 Section 67。

(iv) 看来,Kompetenz-Kompetenz 的做法是利弊各半。它的好处在于减少一方当事人(通常是被告)以对仲裁员的管辖权争议作为一种手段去拖延与阻止仲裁的推进。它的坏处在于英国法院反正要重审(Azov Shipping v. Baltic Shipping (1999) 1 Lloyd's Rep. 68,后详),仲裁庭在 Kompetenz-Kompetenz 下的初步审理看来有浪费、重复与多此一举的感觉。笔者怀疑英国法院也有同样感觉,表现在 Azov Shipping 先例(与其他判决法院应重审管辖权争议的案例)与一些以 Section 9 向法院申请中止法院程序的案例如 Birse Construction Ltd. v. St. David Ltd. (1999) BLR 194; Ahmad AL-Naimi v. Islamic Press Agency Inc. (2000) 1 Lloyd's Rep. 522(后详)。这会导致英国法院能够先有机会去审理就尽量不下放给仲裁庭去以 Section 30 的 Kompetenz-Kompetenz 作初步审理。

8.5 中止法院诉讼程序

8.5.1 1996 年《仲裁法》前的中止做法简介

这种情况发生在索赔方漠视/妄顾与被索赔方的仲裁协议,直接向英国法院开始诉讼。但被索赔方不甘心被剥夺仲裁权力,也不肯自动送上门去英国法院(submit to the jurisdiction of the English Court),他就必须在"采取任何第一步的实质诉讼程序"(taken the first step in the substantial legal proceedings)之前,向英国法院申请"中止"(stay)。至于索赔方为何要这样做,答应/同意了仲裁却又去法院起诉?这会有各种千奇百怪的原因,像香港曾有不少案件来自不太懂得仲裁的律师接了索赔案件就随即在香港法院出告票,因为这是他们唯一了解/熟悉的做法,在香港的大学也没有学习过仲裁。另一个经常发生的原因是索赔方较早同意了一条他事后认为是不好的仲裁条文,故企图以英国法院的起诉来回避。例如,在 The "Star Texas" (1993) 2 Lloyd's Rep. 445 是挪威索赔方为了回避北京仲裁。更会使索赔方对主合约没有质疑,但对仲裁协议有质疑,故以此手法让法院对管辖权争议(如果被索赔方出面申请中止法院程序时)作出一次过审理:请看 8.2 段之(5)(ii)的其中一种选择做法。

英国普通法以前的立场是不准以仲裁条文/协议排除法院的管辖,认为这是违反公共政策:Doleman & Sons Ltd. v. Osset Corporation (1912) 3 KB 2570; Czarnikow Ltd. v. Roth, Schmidt & Co. (1922) 12 Lloyd's Rep. 195。可以想象在那些古老年代法院是不会去中止自己的管辖权而让出给仲裁庭。但这个立场有了之后的立法去改变,而在 1996 年《仲裁法》之前,英国在这方面的立场是 1950 年《仲裁法》的Section 4 与 1975 年《仲裁法》的 Section 1。前者是针对"本土仲裁"(domestic arbitration),由于不受国际公约的约束,所以法院有裁量权是否中止法院程序。后者是针对"非本土仲裁"(non-domestic arbitration),法院必须(mandatory)中止法院程序。这实际是 1958 年的《纽约公约》要求,而英国的 1975 年《仲裁法》正是针对承认《纽约公约》的立法。

8.5.2　1996 年《仲裁法》的中止条文:Section 9

到了 1996 年的《仲裁法》,这方面规定主要在 Section 9,但另有 Section 86 是针对本土仲裁(它去分开而不去全部在同一条文针对是怕去区分"本土"与"非本土"的立法会违反欧共体的"罗马协议"[Treaty of Rome],故刻意另加一条文针对不同待遇的本土仲裁,并有 Section 88 可让英国"内政大臣"[Secretary of State]取消或修改的"后着")。

主要的 Section 9 可节录如下:

"Stay of legal proceedings

9(1) A party to an arbitration agreement against whom legal proceeding are brought (whether by way of claim or counterclaim)[70] in respect of a matter which under the agreement is to be referred[71] to arbitration[72] may (upon notice to the other parties to the proceedings) apply to the court in which the proceedings have been brought to stay the proceedings so far as they concern that matter.

(2) An application may be made notwithstanding that the matter is to be referred to arbitration only after the exhaustion of other dispute resolution procedures.[73]

(3) An application may not be made by a person before taking the appropriate proce-

---

〔70〕 只针对在括号内的文字,可以见到是中止的做法也适用在反索赔。这方面的立场以往并不明确,在 1950 年《仲裁法》也没有针对。有看法是原告已在英国法院起诉,后来被告提出反索赔(本应在仲裁协议管辖范围),原告不能再仅针对反索赔申请中止。但 1996 年《仲裁法》已明确规定可以这样做。类似这种情况可参阅《船舶买卖实务与法律》一书第三章之 16.8 段所介绍的 The "Glayds" (1990) 1 Lloyd's Rep. 297 重要先例。

〔71〕 也只针对在括号内的文字,是要求申请中止一方必须去通知对方(原告),即不能单方面提出申请。

〔72〕 这整句针对什么当事人可去申请中止法院程序,他就是仲裁协议的一方。但会有情况是双方之间没有直接的仲裁协议,但双方的索赔与抗拒索赔仍需通过仲裁来处理,这情况之一就是"转让"(assignment):The "Leage" (1984) 2 Lloyd's Rep. 259; The "Felice" (1990) 2 Lloyd's Rep. 21; The "Jordan Nicolov" (1990) 2 Lloyd's Rep. 11; Baytar v. Finagro Holding (1992) 1 Lloyd's Rep. 134;等等。在 1975《仲裁法》之 Section 1(1)另有几个字是任何人士"要通过这仲裁协议去索赔"(claiming through or under him),这在 The"Leage" 被 Bingham 大法官判定包括了转让的情况。例如受让方去英国法院起诉,债务方可去申请中止,虽然他们之间没有直接的仲裁协议。1996 年《仲裁法》少了这几个关键文字在 Section 9,但在 Section 82(2)有加上这一句,所以整体立场没有改变。

〔73〕 这段针对越来越多的仲裁条文(例如是在海事著名的 BIMCO Dispute Resolution Clause)加上了要求双方有了争议必须先去进行"调解"(mediation),之后如果失败,方能走下一步的仲裁。在近期的先例看来,英国法院会去强制双方进行调解:Royal Bank of Canada Corp. Ltd. v. Secretary of State for Defence (2003) EWHC 1841 (Ch)。而这一段的作用是防止反对中止申请的一方说中止不是把争议的管辖权从法院交给仲裁员,而是交给"调解员"(mediator)。这不是 1958 年《纽约公约》的规定。

dural step (if any) to acknowledge the legal proceedings against him[74] or after he has taken any steps in those proceedings to answer the substantive claim.[75]

(4) On an application under this section the court shall grant a stay unless satisfied that the arbitration agreement is null and void, inoperative, or incapable of being performed.[76]

(5) If the court refuses to stay the legal proceedings, any provision that an award is a condition precedent to the bringing of legal proceedings in respect of any matter is of no effect in relation to those proceedings."[77]

8.5.3 法院面对中止申请的各种做法

一般认为,在《纽约公约》精神下的做法应是简单的:只要有一条有效仲裁条文或协议,法院就应去中止法院诉讼程序。但如果双方对是否有一条有效仲裁条文或协议的存在提出了争议,法院就会面对一种情况是必须先弄清楚这一点才能下决定是否中止。由于会涉及法律与事实的问题,而事实争议涉及口头证据,所以弄清楚需要另拣日子审理。但1996年《仲裁法》的 Section 30 是主要让仲裁员自己审理管辖权:请看本章8.4.2段。这样一来又带来是法院自己审理或是交给仲裁员审理的抉择,而中止申请则押后处理。会使法院有很大的诱因去自己审理,因为明知以 Section 30 让出了对管辖权争议,仲裁员在初步审理后仍不能作准,会在 Section 67 再回去法院甚至同一法官重审,既浪费金钱也费时。

这些法院对各种做法的抉择,最近有两个先例作出指引。第一个是 Birse Construction Ltd. v. St. David Ltd. (1999) BLR 194,双方当事人同意了法院有以下选择做法:

(1) 认定双方当事人之间有仲裁协议(there was an arbitration agreement between the parties);(这样一来法院也必须中止法院诉讼程序。)

(2) 中止申请的程序,先让仲裁庭根据 Section 30 审理自己的管辖权(it should stay the proceedings for a determination by the tribunal pursuant to s. 30 of the Act);

(3) 不马上决定,下令另拣日子审理有关争端(it should not decide the issue im-

---

〔74〕 申请中止不能早于一方当事人(一般是被告)采取了程序上的一步去承认有关的诉讼。这一般做法是指定/委任律师并让他/她去法院作出登记为被告代表律师。申请不能过早的情况在笔者见过外国与中国内地的被告大概为了省钱去发电传给香港法院指称与原告没有合约关系或承认有合约关系并有仲裁协议。前者的指称会同时要求香港法院不要受理,而后者是要求香港法院中止法院程序。显然,香港法院不会理睬这种不按程序办事的"空口讲活"的传真或信函。

〔75〕 但申请中止也不能迟于被告(通常是)采取了任何的一步回应实质的索赔。一这样做,会被视为"弃权"(waiver),不能再质疑英国法院的管辖权了。这一步最清楚/明确莫过于被告作出/送达了"抗辩书"(statement of defence)。

〔76〕 这一段说明英国法院必须中止法院诉讼程序,唯一例外是仲裁协议/条文是"无效,空的与无法实施"。1996年《仲裁法》在这里的文字/措辞已是完全依照《纽约公约》:这方面请看本章3.4.1.2.2段。

〔77〕 这一段是新条文针对一种 Scott v. Avery 仲裁协议。在笔者(杨良宜)的《国际商务仲裁》一书第三章之9段有介绍。

mediately, but should order the trial of an issue);

(4) 争议简单,法院可以马上去认定没有仲裁协议并去否定中止申请(it could decide that there was no arbitration agreement and dismiss the application to stay)。

法院(Lloyd QC 法官)判定在上述的四个选择做法,会去看个别案件的情况而定,主要考虑双方的利益与避免不必要的延误或浪费金钱。这样说法已表示法院自己不审理而让仲裁庭根据 Section 30 审理的机会不高。

法院也的确说明不必让给仲裁庭,因为许多案件的这种争议会是更适合由法院审理。而会让给仲裁庭的情况只会在法院表面看几乎肯定有一个有效仲裁协议/条文的存在或争议在仲裁协议的范围。这是因为难逃仲裁,法院反正必须要中止法院诉讼程序,就索性在仍未最后审理但心中已是 99% 肯定的情况下,"做好戏"让仲裁庭以 Section 30 审理自己管辖权,反正最后的一句话仍在法院(Section 67)。

另一个先例是 Ahmad Al-Naimi v. Islamic Press Agency Inc. (2000) 1 Lloyd's Rep. 522,上诉庭大致上同意 Birse Construction 的判决。

另一个先例有关法院面对中止申请的抉择是 T & N Ltd. v. Royal & Sun Alliance (2002) EWHC 2420 (Ch) (unreported, Lloyd J, 12 Nov. 2002)。

最后节录英国"民事诉讼程序规则"(Civil Procedure Rules 或简称 CPR)中有关这方面的 CPR Part 62 之 Rule 62.3 说:

"Where a question arises as to whether

(a) an arbitration agreement has been concluded; or

(b) the dispute which is the subject-matter of the proceedings falls within the terms of such an agreement, the court may decide that question or give directions to enable it to be decided and may order the proceedings to be stayed pending its decision."(注:CPR 62.3 的最后一句正是吻合了上述对法院各种抉择做法的解说/介绍。)

8.6　法院先去决定管辖权争议

这是除了中止外另一种做法,由英国法院取代了仲裁庭直接与最后的一次过审理有关仲裁庭管辖权争议。这个做法的规定是在 Section 32,它没有出现在《联合国示范法》中。所以,这个做法只在伦敦仲裁才有,但不在香港地区或新加坡仲裁。

8.6.1　1996 年《仲裁法》的有关条文:Section 32

先节录这 1996 年《仲裁法》的 Section 32 如下:

"Determination of preliminary point of jurisdiction

32(1) The court may, on the application of a party to arbitral proceedings (upon notice to the other parties), determine any question as to the substantive jurisdiction of the tribunal.[78]

---

〔78〕 法院在仲裁程序中的一方当事人申请下(要通知对方当事人),可判决任何有关仲裁庭实质管辖权的问题。

A party may lose the right to object (see section 73).[79]

(2) An application under this section shall not be considered unless[80]

(a) it is made with the agreement in writing of all the other parties to the proceedings,[81] or

(b) it is made with the permission of the tribunal and the court is satified[82]

(i) that the determination of the question is likely to produce substantial savings in costs,[83]

(ii) that the application was made without delay,[84] and

(iii) that there is good reason why the matter should be decided by the court.[85]

(3) An application under this section, unless made with the agreement of all the other parties to the proceedings, shall state the grounds on which it is said that the matter should be decided by the court.[86]

(4) Unless otherwise agreed by the parties, the arbitral tribunal may continue the arbitral proceedings and made an award while an application to the court under this section is pending.[87]

(5) Unless the court gives leave, no appeal lies from a docision of the court whether the conditions specified in subsection (2) are met.

(6) The decision of the court on the question of jurisdiction shall be treated as a judg-

---

〔79〕 Section 73 针对参与仲裁程序的当事人如果不及时提出各种质疑或挑战(包括对仲裁庭管辖权),将会因延误而失去了这方面的权力。换言之,延误一方若不被仲裁庭接受延迟的理由(Section 31 (3)),可不能以 Section 32 动英国法院的脑筋,插手审理这过了时提出的管辖权争议。

〔80〕 这 Section 32 的申请有下列的先决条件。

〔81〕 条件(a)是所有当事人书面同意(这在现实中很难发生,大家在诉讼中互不信任,难以达成任何的实质协议)。

〔82〕 另或是条件(b)取得仲裁庭的批准加上法院满意以下三个要求。

〔83〕 要求一是这样做可导致省大量的钱(这个可能性在不少案件中会有,因为法院一次过审理总比仲裁庭初步审理后再由法院最后审理的两度审理省事省钱,顶多争议会是省多少)。

〔84〕 要求二是向法院申请要快(毕竟仲裁庭在批准后也管不了向法院申请的快慢)。

〔85〕 要求三是有其他好的理由让法院审理(例如在 Azov Shipping v. Baltic Shipping (1999) 2 Lloyd's Rep. 159,涉及证据很多(尤其是口头证据)的管辖权争议,再去重审就很不科学了)。

〔86〕 这里要求 Section 32 的申请去说明要法院审理些什么东西。

〔87〕 除非双方同意在等待法院审理对管辖权争议的同时,仲裁庭可以继续审理双方实质的争议,并作出一个针对责任与赔偿金的裁决书(若是"实质裁决书"[substantive award]作出时,法院仍未对管辖权争议作出判决,则裁决书的执行要去押后。总之,这一句条文的本意是加促仲裁的推进,不会因为等待法院对管辖权的原因而导致仲裁程序的停顿。当然,仲裁庭也并非是必须要这样做。首先它受制双方当事人的同意,他们会认为管辖权争议的后果难料,在没有最后决定前,没有必要多花官司费用在同时推进实质争议的仲裁。若是双方当事人不能同意,仲裁庭决定推进或等待应是考虑与平衡各种有关因素。例如,表面看管辖权争议的强弱,等待会是多久,实质争议是昂贵或相对简单[毕竟有可能是完全浪费如果法院最终判仲裁庭没有管辖权],等等)。

ment of the court for the purpose of appeal.

But no appeal lies without the leave of the court which shall not be given unless the court considers that the question involves a point of law which is one of general importance or its one which for some other special reason should be considered by the Court of Appeal."

法院在 Section 32 的对管辖权判决是不能上诉,除非取得批准。

若是可以上诉,该管辖权判决将被视为法院的一审判决。(这表示一上诉马上到上诉庭由 3 位大法官审理。)

法院只会批准上诉在法院认为有一个重大法律观点要去确立或有其他特别原因要让上诉庭去判决。

8.6.2　立法的原意

显然,立法的原意并不想把法院决定管辖权争议的替代做法(alternative method)作为主流做法。主流做法仍是 Section 30 的 Kompetenz-Kompetenz,由仲裁庭自己先决定。这一点从 Section 32(2)规定了一些苛刻的先决条件可见到。Section 32(2)(a)的所有当事人书面同意现实中难以发生。故此只有 Section 32(2)(b)的情况会发生,变成了会适用 Section 32 的情况就要靠仲裁庭的批准。仲裁庭一批准,估计法院要满意 Section 32(2)(b)(i)至(iii)的三个要求应不难达到。

但估计要仲裁庭自己有权审理(虽然只是初步而且不是结论性)却自动放弃并让给法院审理会有一点利益上的冲突。难怪英国法院要呼吁仲裁庭在适当案件批准(根据 Section 32(b))并让给法院一次过审理该管辖权争议:Azov Shipping Co. v. Baltic Shipping Co. (1999) 2 Lloyd's Rep. 159。

至于为何立法把 Section 30 的 Kompetenz-Kompetenz 当做主流做法针对管辖权争议?这应是受国际仲裁环境的影响,相当一部分反映在《联合国示范法》(UNCITRAL Model Law)。事实上,《联合国示范法》根本没有类似 Section 32 的替代做法,不存在有主流与非主流的两种做法,也绝不会欢迎法院在仲裁的早期即插手参与。

8.7　挑战/质疑仲裁庭作出的管辖权裁决书

已经提过仲裁庭以 Kompetenz-Kompetenz (Section 30) 所作出的"管辖权裁决书"(jurisdictional award)只能是"初步"(preliminary),不能最后作准(provisional)。这是受 Dalmia Dairy Industries Ltd. v. National Bank of Pakisten (1978) 2 Lloyd's Rep. 223 先例影响。但更重要是仲裁庭自己决定自己的管辖权有违反"自然公正"(natural justice)之嫌。毕竟《联合国示范法》也不把仲裁庭的自己管辖权裁决当做终局,并让该裁决书作为示范法下唯一的情况可上诉仲裁地点国家法院重审。

不满意的当事人对这个"管辖权裁决书"要进一步挑战/质疑的做法在 1996 年《仲裁法》是 Section 67。

8.7.1　1996 年《仲裁法》的有关条文

Section 67 可节录如下:

"Challenging the award: substantive jurisdiction

67(1) A party to arbitral proceedings may (upon notice to the other parties and to the tribunal) apply to the court:[88]

(a) challenging any award of the arbitral tribunal as to its substantive jurisdiction;[89] or

(b) for an order declaring an award made by the tribunal on the merits to be of no effect, in whole or in part, because the tribunal did not have substantive jurisdiction.[90]

A party may lose the right to object (see section 73)[91] and the right to apply is subject to the restrictions in section 70(2)[92] and (3).[93]

(2) The arbitral tribunal may continue the arbitral proceedings and make a further award while an application to the court under this section is pending in relation to an award as to jurisdiction.[94]

(3) On an application under this section challenging an award of the arbitral tribunal as to its substantive jurisdiction, the court may by order[95]

---

〔88〕 一方当事人(在通知对方当事人与仲裁庭后)可去法院申请。

〔89〕 挑战任何仲裁庭有关实质管辖权的裁决书。

〔90〕 或命令一个针对双方是非曲直的实质裁决书是全部或部分无效,因为仲裁庭没有实质管辖权(由于 Section 31[4]任由仲裁庭自己选择先作出一个只针对管辖权争议裁决书或与实质争议一并处理,故再去法院的挑战,也有了两种不同对待办法。Section 67[1][a]对待只针对管辖权争议裁决书而实质争议尚未审理的第一种情况。而这里的 Section 67[1][b]则对待第二种情况。在第二种情况,若是法院最后定夺是仲裁庭根本没有管辖权[例如是主合约并不存在],这表示已经作出的有关实质争议裁决书也是空的,理应无效或根本不存在。在概念上,说是"撤销"[dismiss 或 set aside]一个从未存在过的东西[裁决书]有点说不通。所以,1996 年立法多了一个说法或做法就是法院出一个命令宣示该从不存在的裁决书无效。至于为何是"全部"或"部分"去宣示无效呢?这是因为管辖权有许多不同类别。若是像本章 3.1.1[主合约不存在]或 3.2 段[仲裁庭的组成不妥善]的类别,会是要宣告"全部"的实质争议裁决书均是无效了。但若是 3.3 段类别,只涉及某些争议项目不可以包括在一条用字狭窄的仲裁条文,就会只是"部分"的无效了)。

〔91〕 一方当事人会因为 Section 73 而失去质疑的权力(Section 73 针对不去及时/尽快提出对仲裁庭管辖权质疑的一方当事人会因"弃权"等的背后原因而失去权力)。

〔92〕 这 Section 67 向法院申请的权力也受制于 Section 70(2)。(Section 70[2]针对 2 种情况[如果存在]应先做了才向法院申请。[a]是一种情况会在一些仲裁规则与机构仲裁出现,它们提供了对一审裁决书上诉的途径。这完全是仲裁机构的"内部"上诉,与法院无关。在上诉的过程中,双方仍停留在仲裁程序上,只是面对一个不同的"上诉仲裁庭"。这里限制的是想挑战"管辖权裁决书"[jurisdictional award]的一方当事人试图去跳过仲裁机构的"内部"上诉,直接去法院挑战,这样可不成。)

〔93〕 向法院申请的权力同时受制于 Section 70(2)(b)。([b]是另一种不同情况,针对的是提出申请的时限。规定是在"管辖权裁决书"[jurisdictional award]作出后的 28 天内。如果 28 天限期一过,也得不到法院依据 Section 79 同意延期,这即会限制了想向法院申请挑战"管辖权裁决书"的权力。)

〔94〕 这一段的背后原因与 Section 32(4)一样,在 8.6.1 段的注脚已有介绍,不再重复。

〔95〕 在此 Section 67 的挑战仲裁庭对自己管辖权作出的裁判书,法院可以下令以下三种不同的命令。

(a) confirm the award[96],

(b) vary the award,[97] or

(c) set aside the award in whole or in part.[98]

(4) The leave of the court is required for any appeal from a decision of the court under this section."[99]

接下去各段详及这 Section 67 的特定方面/问题。

8.7.2 怎样才算是管辖权裁决书?

Section 67 是针对"裁决书"(award)的上诉去法院作出挑战/质疑。看来,仲裁庭面对他的管辖权被质疑而要作出裁决,他应该是以一个裁决书的形式。他要避免以其他方式对自己的管辖权下决定。例如,在 Ranko Group v. Antarctic Maritime S. A. (1998) LMLN 492,仲裁员作出了一封信函给当事人,内容说道:"我(对管辖权)作以下决定"(I make the following rulings)。这带来它是否是一个裁决书之争,法院判定"是裁决书"。

既然是以裁决书的形式,也表示仲裁庭必须去给予原由,这在 Section 52(4)有说明:"The award shall contain the reasons for the award"。而且,Section 70(4),法院可强制仲裁庭给予原因或给予更充分原因。

看来,能以 Section 67 向法院申请的应是实质与核心去针对管辖权争议的裁决书(或是像 Ranko Group 的"ruling")。不应包括与管辖权争议有关但不是争议的核心。例如,仲裁庭否定了延误的质疑/挑战它的管辖权并且不认为延迟原因可被接受(Section 31[3])。这种规定一般也不会以裁决书作出。至于被否定的一方当事人若是"气愤难平"或加上"事关重大",他唯一会有救济的是以 Section 68 的仲裁庭犯了"严重不正常"(serious irregularity)。

8.7.3 向法院申请的 28 天时限重要之处

Section 70 包括与适用在 Section 67 的对"管辖权裁决书"(jurisdictional award)上诉法院,而 Section 70(3)规定了在裁决书作出之日起算的 28 天内。这 28 天是包括了假日与周末(请看 Section 78)。如果裁决书须要"修改"(correction),改的部分时效暂停。这 28 天时效将从裁决书修改一天算起:Al Hadha Trading v. Tradigrain SA (2002) 2 Lloyd's Rep. 512。

---

〔96〕 确认裁决书(即是支持与同意仲裁庭的裁决)。

〔97〕 改变裁决书(毕竟,对管辖权最后一句话在法院)。

〔98〕 全部或部分撤销"管辖权裁决书"(由于"独立原则"与 Kompetenz-Kompetenz,即使最后判定仲裁庭因为主合约不存在而没有管辖权,该有关管辖权的裁决书仍是有效,只是因为错判,故把它撤销。这与针对实质争议的裁决书稍有不同,它会因欠缺管辖权而从未存在过)。

〔99〕 若是对法院的管辖权再度审理仍不满意,不满意一方当事人并非可自动上诉至英国上诉庭。这是需要法院的批准(估计,会否批准再上诉所要条文的原因会是与 Section 32(6)相同,例如是否涉及一个重大法律观点要让上诉庭甚至贵族院确立)。

这个时限/时效十分危险,可千万别掉以轻心。若是代表律师在今天的环境中因疏忽而让时限失去,他恐怕难逃被客户起诉“专业疏忽”(professional negligence)了。今天的商业案件常会涉及巨额金钱,这表明律师一次的犯错,会导致“家毁人亡”。

读者别以为28天的时间看来顶足够。现实中笔者十分关心这问题,因为曾经见过太多的例子是在这28天或更长的时间,双方当事人根本没有前来向笔者(担当仲裁员)索取裁决书(当然先要付清笔者的收费)。换言之,尚未见到裁决书,不知道结果,但28天时限已过。

由于中国公司经常涉及这种争议,故此在“事关重大”(例如涉及数以百万、千万美元索赔)加上中国公司对自己的立场十分有信心,是外国原告硬“屈”中方想借此敲一笔钱(例如硬指中方在电话中说是已“取消合约的先决条件”[lift subject],但中方自问是没有说过)。这样一来,中国公司一定要对仲裁庭自己以Kompetenz-Kompetenz去审理管辖权有效的防一手。但特别是感觉到仲裁庭成员对中方不利,例如对方委任的仲裁员来历不明或怀疑(但没有证据在手)与对方当事人有特殊关系。这一来,对“管辖权裁决书”(jurisdictional award)能够以Section 67去法院挑战/质疑极其重要,尤其是重审一遍,中方必须留心去保障这个权力。更宝贵的是:

(1) 对管辖权的Section 67上诉去法院不像Section 69的因“法律观点”(points of law)上诉法院,后者需要先获得“上诉批文”(leave to appeal),而这并非容易获得,通常申请的成功率不高于10%(近期好一点)。Section 67的上诉是肯定的,不需要任何批文。它也没有像Section 32有许多的先决条件,Section 67的上诉是自动的。

(2) 一上诉法院,法院会去全面地对法律与事实争议重审一次:Azov Shipping v. Baltic Shipping (1999) 2 Lloyd's Rep. 159。这表示法院会去作出与仲裁庭不同的判决机会大增。

(3) 毕竟,若中方自信案情有利,再加上输不起,所以更加应该比外国的原告/对方去作出“不怕一万,只怕万一”的防备。

这代表什么呢?显然,尽快取得“管辖权裁决书”(jurisdictional award)是必须留心的,以保证28天的限期不会过期。中国公司若是因外汇管制而会延误,或应考虑先把一笔钱(大约之数)预早汇去英国律师,或与英国分公司/朋友约好,反正裁决书一旦作出,在看到外国原告/对方不像会付钱给仲裁庭交换裁决书,即应当机立断地尽早付钱并取得该“管辖权裁决书”,以利于及时知悉结果并知道下一步应怎样走。这一个重大问题在本书第十章之2.2.12.4.2段与2.3.4.4.4.1段有详论。

8.7.4 向法院申请延长时限

1996年《仲裁法》的Section 79提到英国法院去延长时限的权力,这包括了上述的28天。

至于法院怎样考虑是否去延长在AOOT Kalmneft v. Glencore Intenational AG (2002) 1 Lloyd's Rep. 128有详及。在该先例,Colman大法官说有下列的考虑因素:

“(i) the length of the delay(延误的长短).

(ii) whether, in permitting the time limit to expire and the subsequent delay to occur, the party was acting reasonably in all the circumstances(在允许时限的错过与延误的发生,有关的情况与事实看来是否当事人/申请人处理上合理).

(iii) whether the respondent to the application or the arbitrator caused or contributed to the delay(申请延期一方的对方当事人或仲裁员本人有否造成或某程序上导致延误).(注:即错不在申请人,例如仲裁员收了钱但出了门, 迟了交出裁决书)

(iv) whether the respondent to the application would by reason of the delay suffer irremediable prejudice in addition to the mere loss of time if the application were permitted to proceed(申请延期一方的对方当事人是否会受延期而带来时间损失外的无可补救不利影响).(注:一般若是延迟不长,难以想得到会对对方当事人造成无可补救的不利影响。他胜诉的钱迟了支付有利息去补偿)

(v) whether the arbitration has continued during the period of delay and,if so, what impact on the progress of the arbitraton or the costs incurred the determination of the application by the court might now have(在延误期间,仲裁有否继续推进[针对实质争议]与如果有,这个申请会对仲裁的进度与花了的费用有什么冲击).(注:例如,仲裁庭作出了'管辖权裁决书'后等待了 28 天,但不看见败诉方向法院提出这 Section 67 的挑战,故继续推进针对实质争议/'是非曲直'的下部分仲裁程序。仲裁庭去下了程序上的命令而且大家也做了一些事,花了费用。之后,败诉方才向法院申请延长这 28 天已过的时限,就会在这个考虑因素下处于很不利的地位)

(vi) the strength of the application(申请延期本身的强弱).

(vii) whether in the broadest sense it would be unfair to the applicant for him to be denied the opportunity of having the application determined(最广泛感觉会否对申请人不公平若是否决了他的申请要求法院重审的机会)."

看来,不容易向法院申请延长时效,特别是延误的时间长(不是几天的分别)与涉及申请人自己(包括他的律师)过错。加上法院即使延长时效,也会根据 Section 79(5)去提出条件。估计对待中方申请人就会是要求把败诉的一大笔钱加上利息与费用存放在法院作为担保,以方便将来执行。这会是一笔数以千万甚至上亿美元的钱,如果是个大案件,估计中方当事人根本办不到。

在 The "Joanna V" (2003) 2 Lloyd's Rep. 617, Thomas 大法官认为向法院寻求对裁决书的救济的三种不同针对(管辖权、严重不正常与上诉法律观点),虽然都是受 Section 70(3)的 28 天时限约束(所以放在同一条文),但法院应对管辖权的 28 天时效比其他的 28 天时效控制得更严,因为只有管辖权在 Section 67(1)说清楚:"A party may lose the right to object (see section 73)。"但针对严重不正常的 Section 68 与法律观点上诉的 Section 69 没有提及。

在 PICC 的案例,涉及救助费用的承担责任。船东根据提单的伦敦仲裁条文向中国货方开始仲裁。不久后货方亦在中国海事法院向船东起诉。这导致同一争议在两处不同地点/程序审理。在2001年4月,船东在仲裁先一步胜诉。稍后在2001年9月,中国货方在海事法院胜诉。

之后在执行裁决书,PICC在外国有资产被迫去质疑/挑战仲裁庭的管辖权,此时已是裁决书作出的1年后。Thomas大法官拒绝延长上诉申请的28天时效,因为:

(i) 让时效过去是PICC自己战略上(tactical)的决定,怕影响中国海事法院的审理。故此延误只能怪自己。

(ii) 至于PICC怪自己律师给错意见,法院视当事人与他的代表律师为"分不开"(indivisible)的一体。

8.7.5 法院挑战/质疑管辖权裁决书是重审或是复核?

在及时(或获得延长时限)的情况下去法院以Section 67挑战仲裁庭对自己管辖权的裁决书,法院面对的问题是"重审"(retrial)或只是"复核"(review)。1996年《仲裁法》与《联合国示范法》没有对这一点明言,但笔者起初感觉会是复核的可能性较大。原因是:

(1) 管辖权争议常会涉及事实争议,若重审证据(包括口头证据),这令结果变得很不科学与不稳定,原因在7.2.6段有略及。

(2) Section 70(4)允许受理法院命令仲裁庭要为或多为"管辖权裁决书"(jurisdictional award)给予原因/理由。按道理,若重审,法院根本不需要仲裁庭多为裁决书给原因,这只在对裁决书进行复核时才会需要。

8.7.5.1 有关先例

但在Azov Shipping v. Baltic Shipping (1999) 1 Lloyd's Rep. 68, Rix大法官判定应该"重审"(retrial)。这在后来有了多个案例的认同如:Astra SA Insurance v. Sphere Drake Insurance (2002) 2 Lloyd's Rep. 550; AOOT Kalmneft v. Glencore International AG (2002) 1 Lloyd's Rep. 128; Electrosteel Castings v. Scan-Trans Shipping (2003) 1 Lloyd's Rep. 190; Zaporozhye Production Society v. Ashly Limited (2002) EWHC 1410 (Comm); The "Joanna V" (2003) 2 Lloyd's Rep. 617与Peterson Farms Inc v. C & M Farming Ltd. (2004) EWHC 121 (Comm)等。而唱反调的只有Ranko Group v. Antartic Maritime SA (1998) LMLN 492。故此看来,虽没有更高一级法院的先例,英国法律应是重审这个管辖权争议是主流判法。

8.7.5.2 重审的毛病/弊端

这方面问题不少。管辖权争议种类很多,不少会是涉及事实与法律的问题。特别是事实/证据多的情况,重审完全不科学、不稳定,也造成浪费。

不科学的原因一旦涉及上诉,只针对"法律观点"(issues of law)而不针对"事实问题"(issues of fact)。事实问题的争议涉及太多的个人(法官或仲裁员)"裁量权"(discretion),例如比较信任哪一位事实证人或专家证人,故此让一审的法官或仲裁员取证后全权行使这个裁量权较为明智。

加上若容许对事实问题的上诉,让上诉庭看看会否行使不同的裁量权,是要对所有证据重审一遍。这样一来,文件证据的问题不大,但口头证据可是大问题了。证人经过上一次的严厉反盘问的磨炼会在重审中表现很不同。这一来,即使是原审法官或仲裁员去看重审,也会行使不同的裁量权来认定事实,更不用说是不同的上诉法官。

另外的问题是对一审不满的当事人会“吸取教训”,在重审时强化甚至改变原先失败(无法说服一审法官或仲裁员)的争端。例如,一种强化是引进“新证据”(new evidence):Electrosteel Castings v. Scan-Trans Shipping (2003) 1 Lloyd's Rep. 190。另一种强化是提升事实证人在一审中表现不佳之处。

至于浪费更是明确不过。明明一审可以解决的管辖权争议,现在变了是二次全面的审理。这不禁令笔者质疑这 Kompetenz – Kompetenz 做法虽然会有一定好处,但一考虑到这些上述的弊端,特别是浪费,会否在平衡后仍是一件好事与值得的做法。

为了避免重审弊端,在 Azov Shipping v. Baltic Shipping (1999) 1 Lloyd's Rep. 68, Rix 大法官大力建议仲裁员在事实争议众多与有许多证据的案件,以 Section 32(2)(b) 批准与让出 Section 30 的 Kompetenz – Kompetenz 给法院根据 Section 32 作一次过审理。法院判了仲裁庭管辖权争议,根据 Section 32(6)也就不再存有 Section 67 的重审了。

但问题是仲裁庭不轻易去批准,原因是:

(1) 感觉上,仲裁庭不会感到对“事实的认定”(finding of facts)有任何困难。故会去排斥让给法院审理。

(2) 私心,不想放弃赚取一大笔收费的机会,特别是在争议类别是一决定了有否管辖权,也同时决定了双方的胜负。故让出管辖权争议给法院审理会是打破仲裁员自己的饭碗。笔者在近期曾遇到这种情况,就以一份传真向另一位“合伙仲裁员”(co-arbitrator)私下询问在这案件显然有许多证据(尤其是口头证据),会否更好提醒双方代表律师有这 Section 32 的另一途径处理这个管辖权争议,并表示会愿意作出批准。笔者的合伙仲裁员一直不回答笔者的这一份传真(其他通讯有来有往)。他是伦敦一位著名“御用大律师”(Queen's Counsel),精通仲裁法,估计不会不知道笔者的询问与建议的含义。他没有回答的一个可能是不愿意回答。

(3) 会有个别案件是后期才变得复杂,而当时仲裁庭已处理得七七八八。

8.7.5.3 重审引入新证据

在 Section 69(3)(b)有关裁决书中的“法律观点”(issues of law)上诉法院,有一个规定是有关法律观点确有在仲裁提出并已被裁决才能上诉与申请“上诉批文”(leave to appeal)。即败诉方申请上诉,不能提出新的法律观点是在仲裁中遗漏了提出或故意不提的:如在 Indian Corporation v. Coastal Ltd. (1990) 2 Lloyd's Rep. 407。

但针对仲裁员管辖权裁决书的 Section 67,并没有规定在重审时不能提出新的事实与法律观点,是在一审没有向仲裁庭提出或充分提出。这样一来,是要靠以后发展起来的案例进一步解释,例如在 Section 64 的重审可否引进新证据?

在 Ranko Group v. Antarctic Maritime S. A.（1998）LMLN 492，Toulson 大法官认为没有提交给仲裁庭的证据是不被法院上诉时所接受。但注意是该先例判法院在 Section 67 是复核而不是重审，而且判决也不被其他先例与同级法官认同。

而在 Electrosteel Castings v. Scan-Trans Shipping（2003）1 Lloyd's Rep. 190，Gross 大法官说明是："没有任何规则/说法是重审只能局限在一审的证据"（there is no rule that the evidence placed before the court on the re-hearing should be confined to the evidence which was considered by the arbitrator）。Gross 大法官只是警告新证据若是提出太晚又加上没有合理解释是会遭受费用惩罚。但事关重大的情况下，费用处罚往往吓不倒人。

Gross 大法官的话可节录如下：

"There remains the question as to whether the evidence on the re-hearing should be confined to that adduced before the arbitrator. I do not think that it is. First, there is no provision restricting the introduction of additional evidence on such a re-hearing. Secondly, Mr. Justice Colman, held in AOOT Kalmneft v. Glencore International AG（2002）1 Lloyd's Rep. 161, in terms, that additional evidence was admissible. It follows that I would admit the evidence from both parties sought to be adduced subsequent to the award. I would only add that: nothing said here should encourage parties to seek two evidential bites of the cherry in disputes as to the jurisdiction of arbitrators, not least because: (1) evidence introduced late in the day may well attract a degree of scepticism and (2) the Court has ample power to address such matters when dealing with questions of costs."

在最近的有关案例是 Primetrade AG v. Ythan Ltd. [2005] EWHC 2399（Comm），这案子与中国内地也有密切关系。案情是有关委内瑞拉装一批"Metallic HBI Fines"去中国内地，而买卖合约的关系是 Orinoco 的发货人以 FOB 卖给瑞士公司的 Primetrade，再由 Primetrade 以 CIF 卖给澳大利亚公司的 Orient，再以 CIF 转卖给中国。这样一来，就表示 Primetrade 要去租船运这批货并要去投保。这租的船名叫"Ythan"，是由船东期租给一家 ABT 公司，再以期租转租给 Phoenix。Phoenix 再以承租方式以一个 fixture note 租给 Primetrade 运这批货。至于保险 Primetrade 是通过 Marsh 的经纪人投保。当然在买卖合约中，Primetrade 也开了信用证给 Orinoco（受益人），而开证银行是瑞士著名的 UBS。

船在装了货与开航后不久，在哥伦比亚附近海域于 2004 年 2 月 28 日发生爆炸沉没。之前，船东已经出了一套不记名提单给发货人 Orinoco。Orinoco 也就在 2004 年 3 月 22 日去结了汇并收到了货款。当然在该时，货已经全损，但这风险不在 Orinoco，所以理论上不必去关心。在几天前的 3 月 4 日，Primetrade 在知道货物全损后就通知保险公司，而保险公司就委托了比利时的索赔代理 Atlantis 向船东索赔全损，其中第一步要做的就是取得担保。于是 Atlantis 发信给船东的互保协会 North of England 要求出保函。这保函在 3 月 30 日提供了，但由于 Atlantis 吃不准在货损时货物的所有权在谁的手中，所以保函所给的对象是笼统的“was given in favour of the ‘owners of and other persons entitled to sue in respect of the cargo…’”。

UBS 在 3 月 22 日从 Orinoco 取得这套提单与保单后将其作为担保的质押(pledge)，但由于货物已经全损，这套文件的真正价值在于保险赔偿。为了方便 Primetrade 与保险公司的谈判，UBS 在取得了保险赔偿的转让(assignment)后，就把提单给了 Marsh 的经纪人，由 Marsh 作为 Primetrade 的代理人与保险公司谈判。

在介绍了以上的所有合约关系后，现在介绍案例的有关争议，就是船东开始起诉 Primetrade，根据的是货物是危险品，造成了爆炸，导致船舶全损。而他们之间的合约关系就是提单。按说船东的损失应该可以向期租的承租人 ABT 索赔。此外，船东也可以向委内瑞拉的发货人 Orinoco 索赔，因为是他把危险品装上船的。但这种庞大的索赔很重要是找到一个有钱的对象。估计船东向 ABT 或者 Orinoco 索赔都会有所困难，所以，船东就盯上了 Primetrade，特别是提单又合并了伦敦仲裁条文与英国的适用法。至于 Primetrade 是否是提单的合约方就要分析 1992 年的《海上运输法》(它替代了 1855 年的《提单法》)。有关这一方面的问题在笔者(杨良宜)的《提单及其他付运单证》一书之第三章 12.2.5 段有详论。只说立法为了保护中间商与银行等人士，仅是持有一套提单并不马上或自动变为是与承运人(船东)的合约方而要承担提单责任(包括危险品的责任)。但这些人士如果是去做了一些该立法 Section 3 的一些事，例如去提货或者是向船东要求交货或者向船东索赔(make a claim)，他们就变成为提单合约的一方，既可以享有权利，也要承担船东的反索赔，例如是滞期费，运费与危险品的责任等。

在这个案子中，Primetrade 只是一个中间商。如果货物顺利在中国交货，恐怕它赚了钱也没有人会注意到。但问题就是 Atlantis 用它的名义向船东互保协会提出索赔与保函，这是否在 1992 年的《海上运输法》下令 Primetrade 成为提单合约方？起初在伦敦仲裁，在管辖权的裁决书(jurisdictional award)判定仲裁庭有管辖权与 Primetrade 向船东提出了索赔(make a claim)。Primetrade 败诉后以 1996 年《仲裁法》之 Section 67 向法院提出重审管辖权争议。Primetrade 否认是提单合约方并获得一审的 Aikens 大法官支持。其中 Aikens 大法官认为正式扣船取得担保是“make a claim”，但在本案的船东互保协会同意给一个合约担保只是一个合约的安排而不是一个正式索赔的程序，故不算是“make a claim”。在笔者看来，这区分也难免有些牵强。估计这个案子针对的问题很重要，加上金额庞大，所以进一步上诉至上诉庭和贵族院也不足为奇。但在中国内地大量进口的同时，面对大量的危险品运输，收货人也应该小心一点。不要一知道有问题就贸然要求船东交货或者向他提出索赔。但本书不是讲提单而是讲仲裁，这就要介绍在 Section 67 的上诉中，Primetrade 提出了新的证据与新的争议，是原来仲裁并没有提出的。Aikens 大法官判定申请人要这样做必须通知对方的被告(本案中就是指船东)。如果被告反对，申请人就要向法院取得批准。法院是有权决定 Section 67 允不允许新证据与是否会令被告受到损害，是仅赔偿浪费的费用

(waste costs)并不足够。看来这有一点是好像与文书请求的修改(amendment of pleadings)做法相同。

8.7.6 香港在《联合国示范法》的地位

香港《仲裁法》的地位,也就是《联合国示范法》的地位,在这一方面已在本章之7.2.6段略及。若是香港法院接受《示范法》Article 16(3)的上诉,法院应是适用 Azov Shipping v. Baltic shipping (1999) 1 Lloyd's Rep. 68 的说法,法院是去"重审"(retrial)而不仅是"复核"(review),这将会面对所有上述所讲到的重审弊端。唯一好的是比英国的1996年《仲裁法》简单,因为没有与 Section 32 相同或相近的条文,所以不存在抉择以哪一种做法较佳的矛盾。但这样一来,要对管辖权争议作出两次审理也变为在所难免了。

8.8 延误提出质疑带来的弃权说法

这一个问题在本章之4.3段与7.2.1段等已有略及。就是怎样迫使想提出对仲裁庭管辖权有质疑、想挑战的一方当事人尽早提出,可让仲裁庭以 Kompetenz-Kompetenz 处理。这毕竟是解决这种争议的主流做法。

8.8.1 1996年《仲裁法》的有关条文

在1996年《仲裁法》之 Section 31,就是针对这个问题规定了许多严格的要求。Section 31 可节录如下:

"Objection to substantive jurisdiction of tribunal

31(1) An objection that the arbitral tribunal lacks substantive jurisdiction at the outset of the proceedings[100] must be raised by a party not later than the time he takes the first step in the proceedings to contest the merits[101] of any matter in relation to which he challenges the tribunal's jurisdiction.

A party is not precluded from raising such an objection by the fact that he has appointed or participated in the appointment of an arbitrator.[102]

(2) Any objection during the course of the arbitral proceedings that the arbitral tribunal is exceeding its substantive jurisdiction must be made as soon as possible after the matter alleged to be beyond its jurisdiction is raised.[103]

(3) The arbitral tribunal may admit an objection later than the time specified in subsection (1) or (2) if it considers the delay justified.[104]

---

〔100〕 这是针对主要一类的挑战仲裁庭管辖权,就是一开始仲裁程序一方当事人已经质疑它的实质管辖权(这一类包括像主合约不存在/无效,对仲裁庭的组合有质疑等)。

〔101〕 必须在当事人在采取第一步针对实质争议的争辩前提出。

〔102〕 该当事人不会因为委任仲裁员或参与委任而失去提出质疑管辖权的权力。

〔103〕 这是另类的挑战仲裁庭管辖权,就是在仲裁程序中途出现。这一来当事人应尽早提出:Wicketts and Anor v. Brine Builders and Anor (2001) CILL 1805。

〔104〕 仲裁庭可接受一个延迟的质疑,只要认为延误的原因可以接受。

(4) Where any objection is duly taken to the tribunal's substantive jurisdiction and the tribunal has power to rule on its own jurisdiction, it may[105]

(a) rule on the matter in an award as to jurisdiction[106], or

(b) deal with the objection in its award on the merits[107].

If the parties agree which of these courses the tribunal should take, the tribunal shall proceed accordingly.[108]

(5) The tribunal may in any case, and shall if the parties so agree, stay proceedings whilst an application is made to the court under section 32 (determination of preliminary point of jurisdiction)."[109]

除了上述 Section 31,另 Section 73(1)也是作同一针对,说:

"If a party to arbitral proceedings takes part, or continues to take part, in the proceedings without making, either forthwith or within such time as is allowed by the arbitration agreement or the tribunal or by any provision of this part, any objection:[110]

(a) That the tribunal lack substantive jurisdiction…[111]

he may not raise that objection later, before the tribunal or the court,[112] unless he shows that,[113] at the time he took part or continued to take part in the proceedings, he did not know and could not with reasonable diligence have discovered the grounds for the objection."[114]

另在 Section 67(1),也有相关的一句(在本章 8.7.1 段提及),如下:

---

[105] 这是 Kompetenz - Kompetenz,即对适当提出的质疑,仲裁庭有权自己审理自己的管辖权,做法有两种。

[106] 第一种(a)是只针对这个争议,去作出一个管辖权裁决书。

[107] 第二种(b)是去连同实质争议的一并去审理。(注:在 AOOT Kalmneft v. Glencore International AG (2002) 1 Lloyd's Rep. 128, Colman 大法官判选择以哪一种做法去审理自己管辖权纯是仲裁庭自己去决定。)

[108] 唯一例外是双方当事人同意了以哪一种做法审理管辖权争议,则仲裁庭必须去依服。(若是仲裁庭拒绝,看来他只能辞职。但现实中难以想象有为这种小事去坚持。)

[109] 若是以 Section 32 给了法院审理仲裁员管辖权,仲裁庭可在任何案件与若是双方当事人同意下,暂停仲裁程序,等待法院审理结果。(注:有关 Section 32 在本章之 8.6 段。)

[110] 一方当事人如果不及时作出质疑下去参与仲裁程序或继续参与。

[111] 仲裁庭缺乏实质管辖权。(接下去的[b]、[c]与[d]针对其他在程序中的不当或不正常情况。)

[112] 他/它不得在后来向仲裁庭(根据 Section 30)或向法院(根据 Section 67)提出对管辖权质疑。

[113] 除非他/它能证明以下事实。

[114] 这事实是他/它参与仲裁的当时,他/它不知道与无法合理发觉(即使尽力而为)要质疑管辖权的理由。(这一方面 1996 年立法与《联合国示范法》之 Article 4 有两处重大分别。示范法在 Article 4 没有说明谁有举证责任。另外,Article 4 是针对质疑方在参与仲裁程序当对确已知道质疑管辖权的理由。这表示若是举证责任在对方/无辜方,成功证明质疑方心中知道些什么会是十分困难。可以说 1996 年《仲裁法》对无辜方公平得多了。)

“A party may lose the right to object（see section 73）.”（一方当事人会因为 Section 73 而失去质疑的权力。）

8.8.2 质疑必须特定与明确提出，仅是实质争议有关主合约是否存在不足够

这里先重提仲裁条文的“独立原则”，在 1996 年《仲裁法》之 Section 7 有说明：“…an arbitration agreement which forms or was intended to form part of another agreement … shall not be regarded as invalid, non-existent or ineffective because that other agreement is invalid, or did not come into existence or has become ineffective, and it shall for that purpose be treated as a distinct agreement.”

这一来，很容易明白仅争议主合约是否存在虽然与仲裁条文的管辖权之争有密切关系，但被视为两种不同的事情。加上它们也有不同的做法与救济，例如：

（1）质疑/挑战管辖权根据 Section 31 必须在一开始尚未“采取了一步”（taken a step in the proceedings）就提出（这一点后详），否则被视为弃权. 而在 Section 31（3），仲裁庭可以延期。

（2）但对主合约的实质性争议（包括主合约是否存在）可在仲裁程序中任何时间提出。在后来提出可通过“文书请求修改”（amendment of pleadings）。只要肯承担“浪费费用”，这也足以弥补对方损失，仲裁庭难以质疑，也不存在延期不延期。

（3）挑战管辖权的救济是 Section 67 法院是去重审（retrial）：在 8.7.5 段。这对败诉方好极了，重来一次，希望在人间嘛！

（4）但对主合约的实质性争议的救济指定 Section 69。它有许多先决与局限/狭窄的条件如需要批文（leave）才能上诉，加上像“Nema Guidelines”。上诉也只局限在法律观点，不包括事实的认定等。所以这个救济不可靠，言语不全面，不比 Section 67。

在 Vee Networks Ltd. v. Esconet Wireless International Ltd.（2004）EWHC 2909（Comm），争议是有关一个流动电话网络的“技术支援合约”（technical support agreement 或简称 TSA），争议金额超过 2000 万美元。其中的争议之一是 Esconet Wireless International（EWI）根据 Bermuda 公司法与公司章程（memorandum of association）是越权（ultra vires）订立这 TSA，所以 TSA 合约是空的。但裁决书判不是越权。对方 Vee 于是上诉，上诉是以 1996 年《仲裁法》之 Sections 67 与 68，但没有提出 Section 69。

Colman 大法官先指出“指称主合约是空的与质疑/挑战管辖权没有必然联系”（thereis no necessary link between an assertion that the main contract is void and an assertion that the arbitration clause is void, given that they are separated out by s. 7）。所以，“实质性争议不是等同管辖权”（substantive ruling on the main contract is not a matter of jurisdiction）。这表示在本先例，申请救济方的 Vee 是败诉方，到头来一场空。

最近，笔者也遇到这个问题。案件涉及中方与美方当事人的合资，但在同一交易有五六个不同合约，而且各有不同仲裁条文与适用法条文。例如第二个合约是美

国的 American Arbitation Association（AAA）仲裁，适用纽约法。但第五个合约是香港仲裁与适用中国法，也没有说是否超越了以前合约的不同内容条文。这是对合约法外行人的做法，十分混乱。何不在同一交易只签订一个合约，之后的修改或增加以"附件"（addendum）形式？最少出了矛盾，可轻易判断谁超越谁。

双方在香港仲裁中一早把所有争议（索赔与反索赔）都提出了，对方也抗辩了。之后双方请笔者以双方请求与文件证据作出裁决书。对一些大量的文书请求交换，大量不同争端（issues）与内容繁杂的案件，在没有开庭审理的情况下，笔者被双方邀请去作出裁决书之前，为了安全会列出两份文件让双方预先批准。一份是"双方同意事实"（List of Agreed Facts），另一份是"争端名单"（List of Disputed Issues）。作为避免看错或看漏，不想多判或少判了双方的争端。这两份文件可以要求双方当事人同意与拟定，但笔者觉得仲裁员自己去做更快也更针对。

反正，在"List of Agreed Facts"中，笔者简单加了一项是"双方同意以香港仲裁解决所有五六个有关合约争议"。笔者刻意写得不明显，以免在程序后期去挑起新争议/争端。但美方律师马上觉察到，并提出对"反索赔"（counterclaim/cross claim）的管辖权质疑。美方说反索赔是出自第二份合约，应由 AAA 仲裁去解决。美方也说在对反索赔的抗辩（defence to counterclaim）中，有哪几句话已经显示或默示对笔者管辖权有质疑。

而笔者最后主要是以上述的 Vee Networks Ltd. 先例否定美方的质疑/挑战，因为他从未明确与及时对管辖权提出过质疑，很可能从未想过，只在文书请求中隐蔽地异议过不代表什么。

8.8.3　仲裁的弃权或/与禁止翻供

弃权（waiver）或/与禁止翻供（estoppel）的课题在《国际商务游戏规则——英国合约法》一书之第十一章详及，在此不再重复。这是普通法地位，是"一般性法律"（general law），所以这些说法也无可避免在仲裁中出现。除了弃权或禁止翻供，其他的名称会是像"默许"（acquiescence）、"选择"（election）、"追认"（ratification）、"默示协议"（implied agreement）等，都含有这方面的精神/意思，这是，一方当事人对仲裁中一些不正常现象或做法若是不满，却不去当场提出，而任由仲裁程序继续推进，他可能会在这些说法与普通法地位下被拒绝在后来（往往是败诉后）才提出较早一些不满的现象或做法。即使是该不满完全站得住脚，也会因弃权而被拒绝。拒绝的原因很简单，不满的一方继续推进仲裁，迫使对方花钱花时间。一直到成败结果有了后，才把以往的不正常现象/做法去挖出来作为"输打赢要"的借口。这显然对胜诉方/对方不公平。

不妨介绍一个早期的先例，它对弃权与禁止翻供有很好的解释。在 3.2.1.3 段已提及的 Jungheim, Hopkins & Co. v. Foukelmann（1909）2 KB 948，案情涉及双方仲裁员不符合资格。资格要求是他必须是"玉米"（corn）的贸易商与有关伦敦商会或波罗的交易所会员，但仲裁员并不符合。Pickford 大法官宣告该裁决书无效，因为没

有管辖权。其中关系到弃权与禁止翻供的争议,Pickford 大法官说:

"Inasmuch as the plaintiffs had no knowledge of the want of qualification of the arbitrators there has been no waiver here."(原告没有消息关于仲裁员没有资格怎会有弃权?)(注:显然,弃权必须是弃权方理解或知悉了自己的权力后才会涉及放弃。)

接下去 Pickford 大法官讲到何谓禁止翻供,说:

"With regard to estoppel, it is said that by going on with the arbitration the plaintiffs represented that the qualification of the arbitrators was in order, and that their appointment was valid and the proceedings regular, and that they thereby induced the defendant to go on with the arbitration and to incur expense.[115] I think that, so far as their own appointed arbitrator is concerned, that may well be so.[116] If they choose, without proper inquiry, to appoint a person as arbitrator who has not the proper qualification, thereby putting him forward as properly qualified, and attend the proceedings before him, and thus induce the other party to go on, most probably they cannot afterwards be heard to say that the arbitration is invalid as being before an unqualified arbitrator …[117]

But do not see how that reasoning can apply to the qualification of the arbitrator appointed by the other party."[118]

这种不正常现象或做法会是发生在两方面。一种在仲裁程序,这会是在 1950 年《仲裁法》被称为"不良行为"(misconduct)或在 1996 年《仲裁法》被称为"严重不正常"(serious irregularity)(若程序上的确是严重)。而另一种是在仲裁庭的管辖权。

在第一种的仲裁程序中发生不正常现象或做法,可举 Ritchie v. W Jacks & Co. (1922) 10 Lloyd's Rep. 519 的仲裁庭不去开庭审理为例。上诉庭的 Atkin 大法官这样说:

"It appears to me that as soon as the parties knew what had happened, and acquiesced in the arbitrator's determining the question of damages, they adopted whole of the procedure that so far had taken place; and I think they must be taken to have acquiesced in the umpire having heard and determined the question of the liability without hearing the parties, and to have acquiesced in the umpire sending it back to the arbitrators to determine

---

[115] 禁止翻供是说原告继续推进仲裁程序是向对方/被告表述了仲裁员的资格不成问题/有效与仲裁程序正常,这诱导了对方/被告也继续仲裁并花钱。

[116] 涉及原告自己的仲裁员而言(不符合资格),确会使禁止翻供讲得通。

[117] 原告自己在委任仲裁员之时,不问清楚是否符合资格,但通知对方委任的仲裁员之时,好像是完全/适当符合资格。这诱导了对方继续仲裁,原告很可能不可以在后来争辩该仲裁无效因为仲裁员不符合资格。(注:可见是禁止翻供不严格是要求禁止一方必须理解或知悉情况,只要是他应去问清楚/查清楚,可是没有做即足以构成。)

[118] 但同样的理由不得去适用在对方/被告的仲裁员不符合资格。(注:所以仅靠这一理由足以宣告该裁决书无效,因为没有管辖权,而且在对方仲裁员不合资格是不涉及禁止翻供。)

the question of damages, he determine the question of liability only."

另一个例子可举是 Faure, Fairclough, Ltd. v. Premier Oil & Cake Mills, Ltd. (1968) 1 Lloyd's Rep. 237,涉及商会的机构仲裁在上诉中拒绝去听取有关证人(一位药剂师)与弃权(waiver)。

在第二种的仲裁庭管辖权方面,可举以下例子:

(1)当事人以双方有仲裁协议为由成功中止法院程序不得在后来的仲裁程序中指称索赔不包括在仲裁协议内:Macaura v. Northern Assurance Co., Ltd. (1925) AC 619; South British Insurance Co., Ltd. v. Gauci Bros & Co. (Egypt) (1928) AC 352。

(2)在 Cook International v. BV Handel (1985) 2 Lloyd's Rep. 225 先例,涉及 GAFTA 的机构仲裁。在仲裁一审中,Cook 的对方所委任仲裁员与公断人被发觉有利益冲突,根据 GAFTA 仲裁规则是没有资格担任仲裁员。Cook 在一审的公断人面前败诉后向 GAFTA 的"上诉委员会"(Board of Appeal)上诉,但不成功。在后来的法院行动中,Cook 申请把对他/它不利的裁决书撤销。但 Leggatt 大法官不同意,指 Cook 去上诉,接受它的有效性,后来再试图推翻是矛盾与不一致。Leggatt 大法官是这样说:

"accordingly that course was totally inconsistent with the attempt to say that the decision of the board was invalid by reason of want of jurisdiction of the umpire and one of the arbitrators at the first stage of the arbitral procedure; the plaintiffs (cook) elected to affirm the award of the Board of Appeal and could not now impinge that award still less that of the umpire."

提到这个先例,Mustill & Boyd 的"Commercial Arbitration"第 2 版在第 581 页讲到难做之处,就是既要上诉,也对管辖权有质疑的情况下,由于都有时限的限制,必须及时作出申请,也难以预测哪一个行动会成功。故避免一申请上诉后被指称对管辖权"弃权"(waiver)的危险,一种做法是在上诉前向对方说清楚是"无损"(without prejudice)将来质疑/挑战管辖权的权力。Mustill & Boyd 是这样说:

"…it was held that by taking up and arguing a special case a party lost the right to challenge the jurisdiction of the arbitral tribunal. No doubt the same would apply under the 1979 Act. This places a party who wishes to challenge an award as made without jurisdiction or to appeal from it if his challenge fails, in a difficult position, since he must comply with the time limits for each application, and may be too late to appeal if he waits until the jurisdiction point is decided. Presumably he can safeguard his position by making it plain that the appeal proceedings are without prejudice to his application to challenge the validity of the award."

(3)在 Legumbres v. Central Sul (1986) 1 Lloyd's Rep. 401,涉及一宗国际货物(大豆)买卖中买方开不出信用证的争议。在卖方的相迫下,买方回应说他/它委任了 Scott 先生为买方仲裁员。后来卖方仲裁员与 Scott 先生判买方败诉。在抗拒执行，买方声称Scott先生的委任没有授权。上诉庭不接受，并说：

"a party who asserted that he had appointed an arbitrator could not afterwards be heard to say that he had not, if the other party had acted in reliance upon that assertion; upon grounds of estoppel the authority of Mr Scott to act was unassaliable and the appeal would be dismissed."

(4)一方当事人自己去委任了一位不符合资格的仲裁员是不能事后去抨击该仲裁员，并声称仲裁庭没有管辖权，故裁决书是空的/无效的：Jungheim, Hopkins & Co. v. Foukelmann (1909) 2 KB 957; Oakland Metal Company v. D. Benaim & Co., Ltd. (1953) 2 Lloyd's Rep. 192。

总之，在仲裁程序中的"不正常"(irregularity)，不尽快提出与保留权力容易被视为弃权或禁止翻供。仲裁庭的管辖权，特别是像主合约是否存在的争议，比较严格去看待这方面的弃权或禁止翻供。这方面普通法下一直存在，只是1996年《仲裁法》把它规定得非常严格。

8.8.4 在法院程序中采取了一步(taken a step in the proceedings)

这是一个熟悉的说法，一向在针对法院的程序。就是，若是被告不愿意与不接受被诉法院的管辖，例如认为另一国的法院是更恰当、更方便的法院或双方有仲裁协议，被告就需要尽早申请被诉法院去"中止"(stay)诉讼程序了。若是被告推进并采取了法院程序的一步(taken a step)，这将被视为对管辖质疑的"弃权"(waiver)，再不能去成功申请中止了。至于何谓一步，法院已有许多先例说明。显然，被告去作出了对实质争议的"抗辩"(defence)，就会是明显不过的构成弃权的一步。他/它若是对该法院的管辖有质疑，为何去作出这自相矛盾的一步呢？

Denning勋爵在Re Dulles Settlement Trust, Dulles v. Midlap (1951) 1 All ER 69说：

"I cannot see how anyone can fairly say that a man has voluntarily submitted to the jurisidiction of a court when he has all the time been vigorously protesting that it has no jurisdiction. If he does nothing and lets judgment go against him in default of appearance, he clearly does not submit to the jurisdiction. What difference in principle does it make, if he does not merely do nothing, but actually goes to the court and protests that it has no jurisdiction? I can see no distinction at all."

另Denning勋爵在Eagle Star Insurance Co., Ltd. v. Yuval Insurance Co., Ltd. (1978) 1 Lloyd's Rep. 357也说：

"On those authorities, it seems to me that in order to deprive a defendant of his recourse to arbitration a 'step in the proceedings' must be one which impliedly affirms the correctness of the proceedings and the willingness of the defendant to go along with a determination by the Courts of law instead of arbitration."

而即使真是"taken a step"了，但同时已说明想要中止或保留了权力，这仍不算弃权：Chong Long Hak Kee Construction Trading Co. v. IEC Global Pte Ltd（2003）4 SLR 499。

在笔者（杨良宜）的《国际商务仲裁》一书第 75 ~ 76 页，曾经谈道"简易判决"（summary judgment）（注：这方面已在本章之 3.4.1.2 段详及）并涉及既向法院申请中止（因为双方有一仲裁协议）但同时抗辩"简易判决"的正确做法。书中说：

"这带来了以往被告常会面对一个矛盾，即是：他肯定要申请中止，如果他想依照协议仲裁。但如果中止不成功，法官会马上作出一个 Order 14 的简易判决，连被告去抗辩，抗拒的机会也没有，例如解释这个争议应开庭审理，有证人的口头证据，等等。

但要中止法院诉讼，又不能采取任何行动（taking a step in the action），否则是视为弃权与禁止翻供。这也是合理，被告总不能在法院官司快打完了，判决马上要出，看来凶多吉少，才申请中止，要求去仲裁解决争议。

可是，如果被告去先出一份'宣誓书'（affidavit），请求法院批准他来一个全面的抗辩索赔，暂时不要作出 Order 14 的简易判决，这又会构成了 taking a step in the action，令中止肯定被拒：Pitchers Ltd. v. Plaza Ltd.（1940）1 All ER 151；The 'Leage'（1984）2 Lloyd's Rep. 259。

正确的做法，也被法院接受是：递交这份宣誓书要求 Leave to defend an application for summary judgment 一定要晚于，或在同时，去递交申请中止的要求，绝对不能早过后者的行动：Turner and Goudy v. McConnell（1985）1 WLR 898。"

8.8.5　质疑/挑战方抗议或/与保留权利下参与仲裁的情况

对仲裁庭管辖权有质疑的一方不马上提出挑战/质疑会是有多个背后原因，例如：

（1）自忖质疑的理由不算太强，但反而对实质争议很有信心。故此参与仲裁，直至败诉后才把质疑管辖权也一并挖出来，企望抗拒执行/赔钱。

（2）怕过早提出来得罪仲裁庭。（这是指仲裁庭有权审理自己管辖权的情况。）

（3）怕多花官司/律师费用。（尤其在以前普通法的地位是要去英国法院提出挑战，仲裁庭本身无权自己审理/决定。）

（4）不懂、不充分了解做法与严重性。（这是做错事或走了眼最主要与普遍的原因，但"人性"令这个事实经常被掩盖。这"人性"是不肯自承不懂。）

不马上提出挑战，质疑方也会想到弃权或/与禁止翻供的危险。这一来有了一种常见做法，就是质疑方在"保留权力"（reserved right）或"无损权力"（without prejudice）或"抗议下"（under protest）继续参与并推进仲裁程序。这一来，就可以争辩。对方并没有被"诱导"（induce），毕竟对方也可去法院申请一个有关管辖权的"宣示判决"（declaratory judgment）。这在 1996 年《仲裁法》生效前有不少先例确认这种做法，如：Allied Vision v. VPS Film（1991）1 Lloyd's Rep. 392，Potter 大法官说：

"It is of course the position that, when an issue as to jurisdiction is raised in the course of a reference, various alternatives are open to the parties so far as a decision by the Court on that question is concerned … One of these, though often the least satisfactory, is that the complaining party, having made his objection known, may bide his time until the award has been made, afterwards either attacking the award by positive action for a declaration and/or a motion to set aside the award, or by resisting enforcement of the award on the basis that there was an excess of jurisdiction. The choice between the active and passive approach will largely be dictated by commercial considerations…"

这在 Mustill & Boyd 权威书之 578 页(第二版)有十分重要与明确地说(这也在 The "Jing Hong Hai" (1989) 2 Lloyd's Rep. 522 被 Steyn 大法官引用):

"If a party to a commercial dispute has a genuine defence to the claim, and also has a genuine reason for saying that the arbitrator is not the correct tribunal to rule upon it, he should be allowed to take both points, in whatever order is more convenient-which in practice will often mean that the issue on jurisdiction is postponed until after the award-and should not be forced into a position where he must either take pre-emptive action or lose his right to challenge the jurisdiction. Provided the respondent has made a clear protest, and has emphasised that he is continuing participation in the reference is without prejudice to his case on jurisdiction, we believe that a court should, in the interests of common sense, hold that there has been no waiver. If the claimant feels that he is likely to suffer harm, because the costs of the reference will be enlarged … he can foreclose the question of jurisdiction by launching his own action for a declaration that the arbitrator does indeed have jurisdiction."

另有在注脚说:

"An explicit objection is, of course, essential. Otherwise, by taking part in the reference the respondent will be held either to have waived his objection, or to have made an ad hoc submission."

但在近期(仍在 1996 年立法行效前)的大气候变化后这种做法的效力如何,难以肯定,肯定法院有敌意,会尽量去挑出弃权。其中的问题是质疑方要在仲裁程序中不断与及时地清楚保留权力,否则会被挑出曾一度作出弃权或/与禁止翻供。

例如在 A&B v. C&D (1982) 1 Lloyd's Rep. 166 的"国际商会"(ICC)仲裁,案情涉及在卡塔尔建造一个"天然气工厂"(LNG Plant),而原告雇用了被告的(C)去设计与监督建造的工程。由于出问题(天然气柜),原告向(C)起诉索赔。原告先是向 ICC 申请仲裁,在(C)回应后,双方探讨如何进行仲裁及把另一被告的承建商(D)也加进来合并仲裁。但最后谈不拢,原告改去英国法院起诉,作出与送达告票给(C),而(C)提出了 1975 年《仲裁法》(1958 年的《纽约公约》)下的要求法院中止诉讼。

其中的争端之一是弃权或/与禁止翻供,因为原告在开始 ICC 仲裁前,曾在给

(C)的信函中说明对仲裁保留权力。但 Mustill 大法官认为这一举动并不足够,因为原告向 ICC 要求仲裁并没有任何保留。加上,原告送出“索赔请求”(statement of case)而走了仲裁程序的一步,也构成了弃权,这在 ICC 仲裁规则亦有规定。Mustill 大法官是这样说:

“Finally, the plaintiffs have in my view precluded themselves by their conduct from invoking the jurisdiction of the English Court, and denying that of the arbitrators. It is true that when the arbitration was first begun the plaintiffs wrote to C purporting (in effect) to reserve their right to allege thereafter that their own notice of arbitration was invalid. I am far from convinced that a resolution of this kind would have been effective, even if it had been contained in the request for arbitration addressed to ICC But in fact the request was unqualified. The plaintiffs invoked the jurisdiction of ICC, and by delivering their statement of case took the first step in the reference. C accepted that jurisdiction and delivered their own defence. The arbitration was thus set in motion at the instance of the plaintiffs, and they cannot now stop it without the consent of C.”

作为仲裁员遇上其中一方当事人提出保留权力,他/她如何作出反应在 1996 年《仲裁法》生效前与生效后有明显不同。在生效前,仲裁庭在 1950 年与 1979 年《仲裁法》下应是没有 Kompetenz-Kompetenz 的权力(撇开 Harbour Assurance v. Kansa (1993) 1 Lloyd's Rep. 455 的后期普通法发展不说)。故此他/她只能邀请质疑管辖权方(或对方)尽快去法院申请宣示判决,并在接到有关的行动证明后,把仲裁的推进暂缓或中止,先等待法院的宣示。在 1996 年《仲裁法》生效后,仲裁庭自己有 Kompetenz-Kompetenz 的权力自己审理管辖权,这是在 1996 年立法的 Section 30。这一来,面对提出质疑方并“保留了权力”(reserve right)或“提出抗议”(under protest),对方可以马上要求仲裁庭审理并作出一个“管辖权裁决书”,并有可能再上诉法院(1996 年《仲裁法》之 Section 67)。仲裁庭可在决定了如何处理这管辖权争议[根据 Section 31(4)(a)或(b)]后作出相关的“指示”(directions),即马上或押后一并审理。这会迫使质疑方要不放弃这个挑战,要不积极面对一个预先的“管辖权裁决书”(jurisdictional award)与相关费用。而且,往往再不能等待至实质争议败诉后再去挑出管辖权问题,“have the second bite of the cherry”,如同 1996 年立法前的做法。

8.8.6 《联合国示范法》,1996 年《仲裁法》与仲裁机构规则的提出质疑限期

在当今主流做法的 Kompetenz-Kompetenz 下,也有了主流做法明示规定质疑/挑战方必须向仲裁庭提出的最后期限。在《联合国示范法》之 Article 16(2),它的要求是针对仲裁庭一开始已有质疑存在的情况(这是主要的情况,即对主合约存在或有效性有质疑,仲裁庭的组成不能接受等),质疑/挑战方必须在作出与送达抗辩请求前提出。有关的一句是:

“A plea that the arbitral tribunal does not have jurisdiction shall be raised not later than the submission of the statement of defence.”

“伦敦国际仲裁庭”(London Court of International Arbitrator 或简称 LCIA)也有相似的23.2条文,说:

“A plea by a Respondent that the Arbitral Tribunal does not have jurisdiction shall be treated as having been irrevocably waived unless it is raised not later than the Statement of Defence; and a like plea by a Respondent to Counterclaim shall be similarly treated unless it raises no later than the Statement of Defence to Counterclaim…”

上述的期限规定在“抗辩请求”(statement of defence)与英国法院规定在“采取了一步”(taken a step)不同。虽然作出了抗辩是明显不过的自愿“接受管辖”(submit to jurisdiction)行为,以这一步作为最后期限的不好之处是:

(1) 仲裁程序千变万化,不一定有书面抗辩的一步。例如,笔者曾经在一些紧急情况被双方当事人律师委任后马上去开庭并在第二天一早或当天晚上作出“即时裁决书”(instant award)。换言之,根本没有“书面请求”(pleadings)的一步程序。在著名的The“Nema”(1981) 2 Lloyd’s Rep. 239 (HL)先例中(著名的“Nema Guidelines”),独任的仲裁员 Donald Davis 先生也是突然被双方当事人律师要求紧急开庭。在开庭前,他根本不知道什么是争议。据知,他当天带同他的学法律女儿一并出庭,同时听取了有关争议的辩论才知道是怎样一回事。换言之,也是没有“书面抗辩”(pleadings)这一步程序。

(2) 即使是有这一步,也会有不少情况是在作出与送达抗辩请求前,当事人已做了一些行为在仲裁程序,明显构成“接受管辖”与弃权/禁止翻供,例如提出了“费用担保”(security for costs)。

所以,像“国际商会”(ICC)的仲裁规则并不针对书面抗辩为最后期限,它在 Article 33 的“弃权”(waiver)一条条文说:

“A party which proceeds with the arbitration without raising its objection to a failure to comply with any provision of these Rules, or of any other rules applicable to the proceedings, any direction given by the Arbitral Tribunal, or any requirement under the arbitration agreement relating to the constitution of the Arbitral Tribunal, or to the conduct of the proceedings, shall be deemed to have waived its right to object.”

而最重要的(本书而言),在英国的1996年《仲裁法》之 Section 31(1),亦是针对质疑挑战方为实质争议采取了第一步:请看本章之8.8.1段。

注意是该条文的严格。首先,它属“强制适用”(mandatory)的条文,即当事人不得以明示条文去排除或延长限期。其次,条文的用字是“必须提出”(must be raised)。所以在 Section 31(3)不适用的情况下,质疑/挑战最后限期一过,也构成了对管辖权争议的“绝对禁止提出”(absolute bar),后果可以是极其严重。它再不需要像普通法的弃权或/与禁止翻供所要求的因素/情况,例如不必要求质疑/挑战方有任何“表述”(representation)会造成“诱导”(inducement)或/与对方因此而“受损害”(suffer prejudice)等。

8.8.7 在仲裁程序采取了一步的疑问

有关英国(或中国香港)法院的何谓是"采取了一步"(taken a step),在本章之8.8.3段已有略及。但有关先例是否也适用在1996年《仲裁法》生效后的仲裁呢,地位并不明朗。

8.8.7.1 Mustill & Boyd的说法

在权威的Mustill & Boyd的"2001 Companion"一书在谈道1996年《仲裁法》的Section 9有关"中止法院程序"(Stay of legal proceedings),有详细介绍何谓"采取了一步"(taken a step),这应同样适用在Section 31(1)。书是在第270~271页说:

"In subsection 9(3) the words 'step in those proceedings' is now qualified by the words 'to answer the substantive claim'. Under the old law 'step in the proceedings' was unqualified by the words of the Acts, but a number of decisions, not easy to reconcile, seemed to have established that in order to constitute a 'step' thc action must (a) have demonstrated an election to abandon the right to a stay and (b) have invoked the jurisdiction of the court.[119] Under the new law, the test is different, and the earlier decisions are no longer a reliable guide.[120] The step must still have been taken 'in the proceedings', but a simpler test now prevails, independent of the presumed intention of the applicant for a stay. A single question needs now to be asked: 'Has the applicant taken a step in the proceedings to answer the substantive claim?' If so, the court cannot entertain the application for a stay.[121] If he has not, the applicant's right to apply for a stay is intact.[122]

In some cases the answer to the question may be beyond doubt: service of a formal defence or of an affidavit stating the grounds of defence to the claim will plainly amount to a step[123] An answer to the substantive claim given in correspondence rather than 'in the proceedings' will not.[124] Other cases may afford more difficulty.[125] Does the applicant take a step if the does not directly answer the substantive claim but takes a step which is necessary to enable him to do so, for example by applying for an order for the service of a statement of

---

〔119〕 在1996年《仲裁法》之Section 9(3)与以前说法不一样。以前只说是"在程序采取了一步",但现在多补充了这一步是"回应实质索赔"。

〔120〕 以前说法(先例)不再可靠。

〔121〕 现在,一个简单考验是问"申请人有否采取了一步回应实质索赔"。如果有,法院不理会中止申请。

〔122〕 如果没有,申请中止权力不受影响。

〔123〕 有时候,可以说毫无疑问采取了这一步如送达了正式的抗辩或一份宣誓书列出对索赔的抗辩。

〔124〕 书面回应对方/原告的实质索赔不算是一步,因为这不是程序的一步。

〔125〕 但其他情况有困难,难以区分。

claim or for particulars of a claim which has already been served?[126] Or if he meets a claim for interim relief, such as a Mareva injunction, by inviting the court to consider, if only on a provisional view at an interlocutory stage of the proceedings, the merits of the substantive claim to which it relates?[127]

These are difficult questions, and we do not presume to offer a definitive answer…"[128]

8.8.7.2 Harris, Planterose & Tecks 的说法

在 Harris, Planterose & Tecks 所写的"The Arbitration Act 1996-A Commentary"(《1996 年仲裁法评述》)一书，第 3 版之 172 页也担心这一方面会有争议或不明朗。书中也提到有"程序"(proceedings)与"仲裁庭"(arbitral tribunal)等文字/措辞。这显示仲裁必须已经开始与仲裁员已经被委任，而之前所作所为并不算是 Section 31(1)的"采取了一步"。书中说道：

"We prefer the view, and think it intended, that the step has to be a formal one, possibly ordered by the tribunal.[129] Thus, for instance, attendance at a preliminary meeting would not of itself amount to a contest on the merits, but submission of a later formal denial of the claim would, whether it took the form of a defence document or some other form.[130] We suppose it might be argued that an oral statement at a preliminary meeting that a claim was denied, perhaps accompanied by some explanation of the reasons for that denial, could amount to 'the first step in the proceedings to contest the merits',[131] but we would hope that the courts would look for some greater degree of formality.[132] In the long ruin it is likely that problems arising in this area will have to be resolved on a case-by-case basis."[133]

8.8.7.3 1996 年《仲裁法》只澄清了一种情况

1996 年《仲裁法》在 Section 31(1)的最后一句澄清了一种情况是不会构成弃权

---

〔126〕 例如，向仲裁庭申请命令要求原告送达索赔请求(因为原告开始了仲裁不表示原告会很快作出/送达索赔请求)或申请原告多给予索赔的详节(如果原告已经送达了索赔请求)。(原因会是申请的被告可争辩直至他完全了解什么是索赔，他无法知道或权衡是否要在正式抗辩前提出对仲裁庭管辖权的质疑。)

〔127〕 或申请一些中间措施，例如是 Mareva 禁令等。

〔128〕 这些是困难问题，但我们(Mustill & Boyd)不在此给予一个明确答案。

〔129〕 我们的意见认为这一步应是正规的一步程序，可能是仲裁庭下令。

〔130〕 因此，例如是参加预先会议(主要目的为同意以后的仲裁程序)不能算是争辩实质争议，但之后的一份正式文件(不论是否可称为抗辩)否定索赔则会算是。

〔131〕 我们估计会有争论是在预先会议中，被告曾有过口头的否定索赔，这会被指是"采取了一步针对实质争议的争辩"。

〔132〕 但我们希望法院会寻找一些有更大程度正规的一步。

〔133〕 长期说，这方面问题仍得看每宗不同事实的案件。

或/与禁止翻供,但对其他千变万化的情况却没有任何指引。这就是“该当事人不会因为委任仲裁员或参与委任而失去提出质疑管辖权的权力”(A party in not precluded from raising such an objection by the fact that he has appointed or participated in the appointment of an arbitrator)。

说明确是有必要的,因为被告委任自己仲裁员或参与委任仲裁员(例如与原告同意一位独任仲裁员或向委任机构作出一些意见/要求)的行动确是与质疑仲裁庭的管辖权格格不入。但考虑到挑战管辖权与解决争议的主流做法是 Section 30 的 Kompetenz-Kompetenz,就必须鼓励被告先组成仲裁庭,之后才提出质疑/挑战。故此绝不能把被告在组成仲裁庭的合作态度视为是弃权或/与禁止翻供。

8.8.7.4　1996 年《仲裁法》生效后有关先例与裁决

(1) 在 Patel v. Patel (2000) QBD 551, Woolf 勋爵针对的是 1996 年《仲裁法》的 Section 9(有关中止法院诉讼)。Section 9 的相关文字/措辞与 Section 31 稍有不同,这在 8.8.6.1 段有介绍,是说:“在程序采取了一步回应实质索赔”(taken any step in those proceedings to answer the substantive claim)。但不同之余,仍有关联,所以可参考在 Patel v. Patel 的判决。案情涉及被告曾向法院申请“批准送达抗辩与反索赔”(leave to serve a defence and a counterclaim)。问题是,这是否构成弃权的一步? Woolf 勋爵说:不是! 因为 Section 9 说得很明白,被告必须是采取了“回应实质索赔”的一步。显然被告的申请既没有必要,也不是“回应实质索赔”(answer the substantive claim)。

(2) 在 AEK v. NBA (2002) 1 Lloyd's Rep. 305, Richard Field 大法官针对 Section 67 说:“采取的一步”若只是针对“行政”(administrative)与“早期的准备”(early preparatory matters),这不算是“采取第一步针对实质争议的争辩”(taken a step in proceedings to contest the merits):这是 Section 31(1)的文字/措辞,在本章 8.8.1 段介绍。所以在该案例,被告写了给仲裁员有关“适用法”(applicable law),“适当开庭日子”(suitable hearing dates)与自称为“被告”(defendant)及“仲裁当事人”(a party to the arbitration),都不是“抗辩”(defence),也不算是采取了一步去针对实质争议的争辩。

(3) 如果上述两个先例判得合情合理,接下去报道的一个伦敦海事仲裁的裁决就十分令人担忧。报道是在 LMLN 609(伦敦仲裁 4/03)。该仲裁庭认为被告仅是针对管辖权争议而不是实质争议并不足够是采取了弃权的一步。但在该仲裁中,被告律师曾要求仲裁庭会出“指令”(directions)与申请延长时间去送达“抗辩书”(defence submissions)是有关“整体事件”(in respect of the matter as a whole)。虽然在同时,被告律师也提到被告想质疑仲裁庭管辖权,但没有进一步说明。但在上述的事实/情况下,仲裁庭判定被告已走了 Section 31(1)的弃权一步。

这个裁决颇受批评,因为仲裁程序本是十分宽松与不规格(flexible & informal)。在 Harris, Planterase & Tecks 的《1996 年仲裁法评述》一书(第 3 版)之第 172 页,提到该仲裁时说:“我们对这个不约束的决定有保留”(we have our reservations about this non-authoritative decision）。

但虽然仲裁裁决并非是法院案例，不构成先例，也不约束其他仲裁庭，它的危险在有部分仲裁员是有这种不现实与过分严格的想法。据笔者所知，最少另有一个未被报道的伦敦海事仲裁亦是同样裁决结果。更加危险的是，仲裁庭这个决定并非是 Section 67 的"裁决书有关自己的实质管辖权"（award as to its substantive jurisdiction），故此不能自动根据 Section 67 上诉法院企图纠正错误。若根据 Section 68 之"严重不正常"（serious irregularity）或 Section 69 的"法律观点上诉"（appeal on points of law），成功机会可能低多了。

记得笔者担当仲裁员，对原先不理不睬的被告经常鼓励他/它出面抗辩。毕竟有抗辩才更有可能找出全面真相，判得准确。笔者也曾经有成功的例子，被告会回电说他/它愿意委托代表律师作出抗辩，并会要求延期去让他/它找律师。如果这样回应即算是 Section 31（1）的"采取了一步"（taken a step），进而失去了提出质疑仲裁庭管辖权的权力（这质疑会在找到了称职律师让他/她查阅了文件后才发觉），岂非是笔者害了他/它（被告）！

在伦敦 2004 年的《国际海事仲裁员大会》（International maritime Arbitrators Congress 或简称 ICMA），笔者（杨大明）在发言中亦大声呼吁，伦敦海事仲裁员应多考虑国际海事仲裁的现实环境，当事人往往没有英国律师代表或只有外国律师代表。故此随意挑一个行动当做是 Section 31（1）的"采取了一步"绝非是好事，这简直是变成了被告的陷阱。

8.8.7.5　总结教训

从上述的被报道伦敦仲裁与其他因素看来，在何谓 Section 31（1）的"采取了一步"有了进一步澄清前，被告应当注意：

（1）要任命"称职"（competent）律师/法律顾问。这方面涉及英国法律，加上英国这方面人才鼎盛，在大部分情况下的选择应是明了。但这种高层次智力/水平的诡秘之处是十分个别，故不能一概而论。因此，英国律师有差劲的，而中国内地有少数律师是充分理解这些问题的千变万化情况/现实并能灵活掌握。所以，选人选得适当，仍难逃当事人自己也必须有一定的判断水平/智力。在这重要方面笔者在本段末会介绍一个深刻印象的实际案件。

（2）任命后尽快熟悉案情并准确掌握应该走怎样的下一步。主要是，是否需要质疑/挑战仲裁庭的管辖权？

（3）在肯定了没有管辖权争议（至少在开始阶段），也自己准备对实质争议作出抗辩，才好向对方与仲裁庭采取针对与争辩实质争议的一步，例如作出承诺在什么时间内会送达或真正送达"抗辩书"（defence submissions）。

（4）若是有需要提出对管辖权的质疑/挑战，被告律师应尽早提出。若是仲裁庭决定在最后裁决书一并处理，这一来，后来在仲裁程序参与的所有行动会是安全得多。

笔者现在介绍一个案件以显示委任适当人选的重要性。多年前在一个美国公司向中方国有公司索赔数以亿美元计的案件，案情有关第一个双方的合约是在中国成立一家合资公司，中方国营单位(A)占大股(51%)，而美方(B)占其余的49%。该合资公司(C)再与中方国营单位签了一个很长期的合约。之后，中方国营单位中断合约并被美方指为毁约，并开始了在新加坡的仲裁索赔庞大金额。起初，中方国营单位委任了美国律师与其他的律师，但不知道为什么都没有发觉诉讼当事人的身份有毛病。这到笔者在开庭前不久参与后才发觉合约关系串不起来，因为美方与中方国营单位(A与B)起初的合约只是成立一家合资公司。而后来中断的合约只是合资公司与中方国营单位(A与C)的合约。试想，如果真的索赔成功，难道B可不通过C把赔偿自己独吞而不需要按照股份比例来分摊吗？这两份合约就算有关系，也可以说是后来的合约替代了原先的合约，虽然大家都从来没有说过"替代"(novation)一词，但实际做法正是如此，而英国法是不讲究名称而讲究实质内容。结果笔者提出要求修改文书请求，并提出管辖权质疑。结果这个案子也以美方打退堂鼓而不了了之。但这在1996年《仲裁法》下就存在一个问题就是对管辖权的质疑提出太晚而构成弃权。所以，当事人要一开始就委任一位十分有经验的法律代表的重要性是十分明显的。

8.9　1996年《仲裁法》中保留普通法地位的考虑

英国"普通法"(common law)下的有关质疑仲裁管辖权，已在本章之4段详及。另在7.2.7段，亦质疑在《联合国示范法》下，是否被告必须随Article 16的途径向仲裁庭提出质疑/挑战，否则一概被视为"弃权"(waiver)？在该段讲道有完全合理的原因导致被告不想参与仲裁程序，例如是：

(i) 没法负担有关费用；

(ii) 对索赔一无所知，向对方查问详情又不果，估计是"白撞"可能性居多。加上，对索赔一无所知，出面抗辩也毫无作用，只浪费昂贵律师费；

(iii) 看索赔乱来的本质，估计将来即使对方有了一个裁决书，对抗执行也应足够与有把握；

(iv) 对原告所开始的仲裁不放心，例如对一个陌生的仲裁地点与由一个名不见经传的仲裁机构所委任的独任仲裁员，估计让他审理管辖权更是坏事；

(v) 其他。

8.9.1　被告参与仲裁程序的整体做法简介

这一方面，在英国的1996年《仲裁法》却有针对。这是在Section 72的"对不参与仲裁程序的当事人所保留的权力"(Saving for rights of person who takes no part in proceedings)。注意是，本章较所讲的如Section 30、31、32、67与73都是针对被告的当事人去参与仲裁程序，但同时对管辖权与实质方面均有争议的情况，故此1996年的立法设计了一连串的做法，主流是Section 30的Kompetenz-Kompetenz。初步审理后由法院以Section 67重审。另有次要或辅助的做法是Section 32让法院直接一次过审理管辖权争议，显然，Section 67的重审不再适用。另外，Section 31与73针对尽快提出质疑/挑战管辖权的严格规定时间上要求。

8.9.2 不参与仲裁程序被告当事人的权力之 Section 72

先节录有关的 Section 72 条文如下：

“Saving for rights of person who takes no part in proceedings

72(1) A person alleged to be a party to arbitral proceedings but who takes no part in the proceedings may question[134]

(a) whether there is a valid arbitration agreement,[135]

(b) whether the tribunal is properly constituted,[136] or

(c) what matters have been submitted to arbitration in accordance with the arbitration agreement,[137]

by proceedings in the court for a declaration or injunction or other appropriate relief.[138]

(2) He also has the same right as a party to the arbitral proceedings to challenge an award[139]

(a) by an application under section 67 on the ground of lack of substantive jurisdiction in relation to him,[140] or

(b) by an application under section 68 on the ground of serious irregularity (within the meaning of that section) affecting him;[141]

and section 70(2) (duty to exhaust arbitral procedures) does not apply in his case.”[142]

8.9.3 被告的当事人参与与不参与仲裁程序的区分

首先区分两者的分别，这很重要，因为在 1996 年《仲裁法》下有完全不同的对待。参与仲裁程序的被告(a party to arbitral proceedings)适用 Section 30—32，不参与仲裁程序的被告(a person alleged to be a party to arbitral proceedings but takes no part in proceedings)适用 Section 72。

根据 Mustill & Boyd 的“2001 Companion”一书，第 363 页，被告的当事人参与仲裁程序是包括了对管辖权争议或/与实质争议。他/它也包括了参与管辖权争议但在败

---

〔134〕 一方当事人被指称是仲裁程序的一方但不参与该程序可去质疑。

〔135〕 是否有一个有效仲裁协议。

〔136〕 仲裁庭是否适当组成。

〔137〕 根据仲裁协议，什么东西/争议可在仲裁提出。

〔138〕 质疑做法以法院程序作出一个宣示或禁令或其他适当救济。

〔139〕 他/它也有挑战裁决书的权力，好像参与仲裁程序的当事人一样。

〔140〕 根据 Section 67 去申请法院的救济以欠缺实质管辖权为由。

〔141〕 根据 Section 68 去申请法院的救济，以严重不正常为由。

〔142〕 Section 70(2)的两个要求在申请法院之前做妥，一是完成仲裁程序中的上诉或复核(机构仲裁如 GAFTA 或劳合救助均有上诉一审裁决书的内部机制)；二是裁决书若需要文书上的修改或追加多一个裁决书(一般针对漏掉的争端)。

诉后,被告从仲裁程序中撤出,不再加以理会。换言之,再也改不了成为不参与仲裁程序的当事人。故此他/它不能依据 Section 72(1)向法院申请宣示或/与禁令,或是以 Section 72(2)的事后去法院申请把管辖权裁决书撤销。这些普通法救济只是给予"从不参与"仲裁程序的一方。

这一来,读者或会问,是否"从不参与"、"从不理会"仲裁庭在管辖权争议更好?答案是看个别案件的不同情况而定,其实各有利弊,各有优劣,这稍后有实例介绍去更好地分析:在本章之 8.10 段。

8.9.4　被告有权向法院申请宣示或/与禁令带来的疑点

法院对管辖权争议作出"宣示判决"(declaratory judgment)或/与加上禁令(特别是"中间禁令"阻止仲裁程序的推进)已是历史悠久的普通法做法。但到 1996 年《仲裁法》生效后,英国法院已失去这个权力,除了是在 Section 72。这是因为 Section 1(c)说明:"除非是立法规定,法院不得插手"(the matters governed by this Part the court should not intervene except as provided by this part)。

故此,在被告的当事人参与仲裁程序的情况下,由于 Section 30 ~ 32 没有针对/允许向法院申请宣示或禁令的做法,法院也无权插手。但在被告不参与仲裁程序的情况下,Section 72(1)说明被告可向法院申请宣示或禁令。这也表示法院有权插手。

但笔者心中有一个疑点:若像是 Section 72(2)去质疑该裁决书,指它没有实质管辖权,所以是空的与无效。这可以理解,因为当时已是整个仲裁程序走完,可以明确是被告没有参与该仲裁程序。故此不能质问被告为何他/它不根据 Section 31(1)在"采取第一步"(taken the first step in the proceedings to contest the merits)之前提出质疑管辖权,因为这根本不适用。但笔者对向法院申请宣示或/与禁令感到难以理解。因为这可以发生在仲裁的开始。这一来,岂非:

(i) 被告一开始立即申请宣示判决或/与禁令。将来若真判下来是有管辖权,有主合约与仲裁协议的存在,被告才施施然去正式出面抗辩实质争议。难道禁止被告抗辩,仅因为他/它已经按 Section 72(1)行事?显然,这严重违反自然公正,不能乱做。(这一方面最近是有了 Hackwood Ltd. v. Areen Design Service Ltd. [2005] EWHC 2322 [Comm],就是在 Section 72 的申请人在失败后,即法院宣告是有一条有效的仲裁条文后,申请人还来得及参与仲裁程序,但被申请人认为申请人再也无权这样做。法院认为只要在申请 Section 72 之前申请人没有参与仲裁程序就可以这样做了。申请失败之后申请人只要来得及,再参与仲裁程序,他/它唯一被禁止的是在仲裁庭面前再质疑/挑战管辖权。)

(ii) 这一来,会否吸引大批被告都这样做,总之想参与仲裁程序也先推说无意参与,以利 Section 72(1)的向法院申请。但这与 1996 年《仲裁法》生效前的一大段时间岂非是一样做法,何来 1996 年立法的改革?

(iii) 1996 年立法的理念是减少英国法院的插手/干预仲裁,但上述的做法允许法院在仲裁的早期介入。

笔者的疑点曾向英国的高手请教,包括像1996年立法小组成员与英国上诉庭大法官,但也得不到满意解释。故此,索性节录 Mustill & Boyd 的"2001 Commentary"一书第362页,如下:

"The right to apply for a declaration or an injunction or other relief only attaches to a person who has taken no part in the arbitral proceedings.[143] At the outset this is of course true of any person alleged to be a party to the arbitral proceedings who has not appointed or concurred in the appointment of an arbitrator.[144] It is thus open to any such person to take early action to bring the matter before the court by proceedings for a declaration and an injunction.[145] It is not yet clear how the court will respond in such a case.[146] Where the objection to the jurisdiction can be heard summarily and is upheld, the court may act at once to stop the arbitration proceeding.[147] If the issue cannot be determined without a trial, however, the court is likely to refuse an interim injunction restraining the arbitration, leaving the applicant to decide whether he will take part in the arbitral proceedings (thereby losing his right to an injunction, but gaining the opportunity to challenge the jurisdiction before the tribunal) or take no part in the proceedings and take his chance on success at trial.[148] Many provisions of the Act indicate a policy that questions of jurisdiction should normally be decided by the tribunal, and that unless the parties agree or the tribunal so decides, the hearing of the merits should not be held up by objections to the jurisdiction.[149] It would be inconsistent with this policy to bring the arbitration to a temporary halt by an interim injunction while the court embarks on a full hearing of the objection."[150]

---

〔143〕 只有不参与仲裁程序的当事人才有权向法院申请宣示,或禁令,或其他救济。

〔144〕 在仲裁一开始,每一位当事人(被告)只要仍没有委任仲裁员或同意委任,应都属这类"不参与仲裁程序人士"。

〔145〕 故他/它们都可以一早去法院申请宣示与禁令。

〔146〕 法院会怎样回应尚不得知。(看来,连 Mustill 勋爵也不清楚,难怪笔者的疑点也找不到答案。)

〔147〕 如果案情简单,马上可让法院即时判有关管辖权的争议,法院会马上这样做,并中止仲裁的推进或是判定没有管辖权。(在 Caparo Group Ltd. v. Fagor Arrasate Sociedad Cooperativa (2000) ADRLJ 254 是这个做法,后详。)

〔148〕 但如果案情复杂,非另要开庭才能决定管辖权争议,法院估计不会肯作出中间禁令去阻止仲裁程序的推进。这带来的后果是被告被迫改变主意参与仲裁(这一来他/它失去了继续向法院申请宣示与禁令的权力,但有了机会向仲裁庭以 Sections 30—32 提出挑战管辖权。故此要质疑仍是可以,只是审理对象变了)或继续不参与仲裁程序,任由仲裁推进(因为法院不肯作出中间禁令),只静待法院另择日开庭审理这案情复杂的管辖权争议。(有可能开庭之时,仲裁庭已对实质争议作出了对被告不利的缺席裁决,只等待法院判了管辖权争议后才执行或不执行。)

〔149〕 1996年立法多处表达了在政策上是把管辖权问题交给仲裁庭审理,与除了是双方当事人同意或仲裁庭决定,对管辖权质疑不能拖慢对实质争议的审理。

〔150〕 所以作出一个中间禁令以阻止仲裁程序的推进直至法院能开庭审理管辖权争议后作出宣告判决(这是 Section 72(1)的权力)有违反立法的政策之处,法院不该作出。

最后，介绍已经提到的 Caparo Group Ltd. 先例。它是有关 Fagor（西班牙卖方）为 CML（印度买方）设计，生产与装配"压力机"（press），而事后 Fagor 向 CML 索赔欠下/剩下的 15% 合约价格。但 CML 反索赔损失，指称压力机有缺陷（defective）。

在双方的合约中，有一条仲裁条文如下：

"13.1 Any dispute over technical aspects relating to this agreement and, in particular, those arising from the acceptance and definitive reception of the equipment as well as the tests, which cannot be resolved in a friendly fashion, shall be referred to arbitration at the mutual agreed organisation in London…

13.2 Any other disputes arising from this agreement, which cannot be resolved in a friendly fashion, shall be resolved in accordance with the conciliation and Arbitration Regulations of the International Chamber of Commerce (ICC) by one or more arbitrators in conformity with these Regulations. This arbitration shall take place in London."

上述条文看来是十分精密的考虑过才拟定，但其实操作起来困难重重。它拆分为两部分，有关技术方面的争议交由一个伦敦的仲裁机构处理。另是其他非技术方面的争议交由 ICC（巴黎的国际商会）处理。但问题是碰到上述的争议，索赔是在欠下的价格，反索赔是在技术方面，就会扯皮了。这又是管辖权问题，因为管辖权来自仲裁协议。

但上述案例主要是涉及一家伦敦的 Caparo 公司，Caparo 本身与合约无关，只是它拥有 60% 的 CML 股份。而 Fagor 开始了的 ICC 仲裁中，把 Caparo 也当做是被告之一。而 Caparo 向英国法院申请，根据 Section 72，作出一个"宣告"（declaration）是仲裁员（ICC 已委任了仲裁员），ICC 或 ICC 国际仲裁院（ICC International Court of Arbitration）没有对 Caparo 有管辖权。

Clarke 大法官是即时判 Caparo 不是主合约或仲裁协议的一分子，即仲裁没有对 Caparo 的管辖，说：

"In these circumstances, the question is whether I should determine that Caparo is not a party to the arbitration agreement or whether I should decline to do so but leave the matter to the arbitrator.[151] As I understand it, it is submitted that I should leave the matter to the arbitrator in order to enable the arbitrator to consider whether this is a case to which the 'group of companies' doctrine（这课题请看 3.4.5.5 段）applies and whether, if it is, the application of that doctrine would lead to the conclusion that Caparo is a party to the ar-

---

〔151〕 在本案情，问题是应该我（Clarke 大法官）决定 Caparo 是否仲裁协议的一方当事人或让给仲裁员决定。

bitration agreement.[152] Mr Landau(Fagor 大律师) submits that I should do so.[153] Mr Dannison(Caparo 大律师) submits that I should not…[154]

However, I have reached the conclusion that, on the facts of the instant case, the position is quite clear.[155] The contract, as I have said said, was governed by English law; so was the arbitration agreement.[156] Under English law, I can see no basis upon which it could be held that the parties to either the contract or the arbitration agreement were other than Fagor on the one hand and CML on the other.[157] In my judgment, there is no room for a conclusion that Caparo was a party to either the contract or the arbitration agreement…[158]

In those circumstances the right course is for me to declare that that is the position, and thus to save what on that footing would be wasted expenditure in the future…[159]

In reaching that conclusion, I do not intend to interfere in any way with the arbitral process I entirely accept that the whole purpose of the Act is that the court should in principle not interfere with the arbitral process at all. This is not, in my judgment, an interference with the arbitral process but simply the application of the parties' chosen law (English law) to the question for determination I shall therefore make the declaration sought[160] …"

总之,虽然笔者对 Section 72(1)的法院宣示或/与禁令如何实际操作仍有疑点。但看来应该是正确的做法应是清楚明了,就是,虽然字面上(Section 72[1])的禁令没有排除"中间禁令"(interim injunction),法院不会轻易作出为了阻止仲裁程序的推进。但法院会在宣示判决后并且判定没有管辖权,作出一个"最后禁令"(final injunction)永久禁止仲裁程序的推进。好像在 Caparo Group Ltd. 先例,Caparo 申请的只是永久禁令阻止 Fagor 向它推进 ICC 仲裁。但 Caparo 没有申请永久禁令针对 ICC 或仲裁员。一般情况这也不需要,但如果遇上仲裁员过分主动,没有 Fagor 的请求下仍

---

〔152〕 有这个请求,这样做可让仲裁员考虑与决定一个称为"集团公司"的理论。(ICC 有几个仲裁案子是把一个大集团的不同公司扯进来一齐仲裁:Dow Chemical v. Isover Saint Gobain (ICC Interim Award of September 23 of 1982 in No. 4131。)

〔153〕 Fagor 大律师说应该这样做。(原因简单易明,因为想把 Caparo 拖进来,在 ICC 仲裁由仲裁员判会是胜诉机会较大。)

〔154〕 Caparo 大律师说不应该,应在 Section 72(1)由法院判。

〔155〕 我有了结论,根据本案的简单事实,地位很清楚。

〔156〕 主合约与仲裁协议是根据英国法律。(若根据法国法会不一样)。

〔157〕 在英国法律,合约双方只是 Fagor 与 CML。

〔158〕 Caparo 不是主合约或仲裁协议的一方当事人。

〔159〕 我宣示这个地位,也可避免大家将来再浪费金钱去纠缠在这个问题/争端上。

〔160〕 在达致这个判决,我无意干预仲裁的过程。我完全接受这立法的大精神。但这里不是干预,只是适用英国法来解释有关问题,并作出宣示。(由于 1996 年《仲裁法》之 Section 1(c)讲明法院不得干预/插手,所以 Clarke 大法官急急表白。)

自动自觉推进仲裁,Caparo 可能会到一个地步要向英国法院申请多一个永久禁令阻止 ICC 或仲裁员。

8.10　总结介绍实例有关是否去参与仲裁程序或置之不理

看来,被告当事人即使计划对仲裁通知置之不理,也不参与仲裁程序,在 Section 72 仍有两种做法。至于选择如何,应是看案情与不同的环境。

8.10.1　第一种选择:完全置之不理

第一种是被告认为自己地位(没有管辖权)十分强, 几乎是牢不可破,对方在胡扯, 他/它会选择不理睬。会是,不理睬之前会发出一份回应电文给对方/原告,指出自己强大的地位与理据。企望是,该电文会令对方知道理亏,自动放弃,不再推进仲裁,这在现实中确有发生。若对方仍推进仲裁,例如被告收到了仲裁员的"最后命令"(peremptory order),要求在很短的限期内作出抗辩,否则就会作出"缺席裁决书"(default award),被告仍会决定置之不理。因为除了自信地位强大外,被告对案件不知情也没有什么可抗辩与不想花律师费。也会是,被告也不放心,不信任现有的仲裁庭(只是原告委任的仲裁员,被告一直没有委任),参与也是徒劳。

至于给对方/原告的电文,根据事实,可能是如下例子:

"Based on your advice of the alleged contract which you have accused us to have repudiated it,[161] we have carried out internal investigation thoroughly and can definitely confirm that nobody have heard of the alleged contract,[162] let alone having concluded it with you.[163] Based on our company's policy, any staff cannot be authorised to enter into the alleged contract (of such a magnitude) without the formal authorisation from the board of directors.[164] Even more important, the person's name you have provided and said to have entered the alleged contract via him with us is in fact an ex-staff of our company but was dismissed about 6 months ago.[165] His dismissal was officially published in the newspaper on (details).[166] Apparently, you have entered an alleged contract with somebody who has no authority whatsoever, actual or apparent or obstensible, to bind us.[167] Your entire action/arbitration against us is therefore misconceived.[168] Even if you are to continue the ac-

---

〔161〕 有关你指称我们毁约的一份合约。

〔162〕 我们作出了内部调查并可以明确告诉你我们公司没有员工知道有这份合约。

〔163〕 更不说有任何员工与你订立该合约。

〔164〕 根据公司政策,该合约(金额之高或是性质)在没有董事局批准是不允许任何员工订立的。

〔165〕 更重要的是,你告知的人士,说是通过他与我们公司订立该合约,实是在大约 6 个月前已被辞退的前职员。

〔166〕 辞退的消息有刊登在某天的报刊(名字)。

〔167〕 显然,你订立的一个合约,是与一位人士根本没有实质或表面授权约束我方公司。

〔168〕 你的诉讼行动/仲裁是乱来。

tion, we can assure you that we will set aside the award for want of jurisdiction[169] and/or resist its enforcement. We may also consider applying to the English court for declaration or injunction. So you must be prepared to waste a lot of legal costs if you maintain your present action."[170]

8.10.2 第二种选择:对仲裁置之不理但向法院申请宣示/禁令

这个选择本质上与第一种一样,但比较积极,在大部分案件更适用,被告肯花律师费向英国法院申请宣示或/与禁令。会是,被告对案情有一点吃不准,故为了安全尽早这样做。若是动得快,在法院宣示后,并判定有管辖权,被告可能仍是来得及委任自己的仲裁员(机会不高)或作出实质争议的抗辩(机会极高或较高)。这个做法可见于 Caparo Group Ltd. v. Fagor Arrasate Sociedad Cooperativa (2000) ADRLJ 254 先例,在本章之 8.9.4 段全面介绍。

8.10.3 第三种选择:参与仲裁程序并提出质疑管辖权

这个选择本质上完全不一样,被告是完全积极参与仲裁并对管辖权争议与实质争议(谁是谁非)都去争辩、举证。另是在仲裁程序中尽量利用,取巧与留难原告/对方,务求击倒他/它。

它的弊处在:

(i) 会花费大量费用/金钱。

(ii) 是一件十分麻烦的事,毕竟一场大诉讼就像一场大战,极其劳民伤财。它的好处在:

(A) 被告自己对仲裁的命运有部分的控制,例如可委任一位自己觉得有利的仲裁员。例如在一些国际仲裁,就经常有当事人委任自己同文同种的人士为自己一方仲裁员,而且不断听说确是有偏袒的故事。当然,同文同种的自己仲裁员只是表面,较深层次会是像他/她的真正水平能力,否则在仲裁庭也起不了什么作用。

(B) 被告自己针对案情知道不少,确想有机会全面(包括管辖权争议)作出争辩与举证。若所有争议失败,也最少有机会把赔偿金额减少。

(C) 案情本身也不是对管辖权争议黑白分明,被告不能像第一种选择留待裁决书作出后才申请撤销或抗拒执行,这太危险了。一旦失败被告就只能照"缺席裁决书"(default award)赔付,失去了机会可能会全面或部分成功抗辩实质争议的责任(liability)或/与赔偿金额(quantum)。

(D) 在仲裁程序中利用,取巧与留难对方。这包括像要求对方提供费用担保(security for costs)、要求大量文件披露(extensive disclosure)等。程序中成功迫使对

---

〔169〕 即使你继续推进,我们保证你在将来会以没有管辖权为由撤销裁决书。

〔170〕 或抗拒它的执行。我们也会考虑向英国法院申请宣示或禁令(这是根据 Section 72(1))。被告不准备这样做,为了省钱,因为英国律师费用高昂,但不妨向对方提出以增加威吓压力。)若维持目前的诉讼你要准备浪费很多律师费用。

方/原告知难而退，放弃索赔发生过不少次。

笔者不妨举一个实例，它在《船舶买卖法律与实务》一书第二章之2.3.1.5段详及。另在本书之第"费用担保"一章之9.1.1段提到的一宗向中国国有公司索赔10亿美元，后下调达4亿多美元的案例，亦是同一事件。为了读者方便，笔者简单介绍一下案情。

案件的合约关系是中方(A)与美方(B)先订约成立一家在中国注册的合资公司(C)，进行一种只容许中国公司经营但利润十分好的国内业务。故此，合资公司的大股东仍是中方(A)的一家附属公司，董事局的5位成员也是中方占了3个。而该份合约也是由中方与美方正式签署。在签署后双方在几个月内成功注册/登记了中国的合资公司(C)，并委任了美方的总经理等高级职员，正式经营原属中方(A)的国内业务。但经营了半年后，中方(A)对美方(B)不满意，单方面中断合作，这带来美方(B)的庞大损失(纯是估计利润损失)的索赔。

能计算出天文数字的索赔金额是因为合约中没有合作的年份，也没有一个条文说明如何能中断，例如是给对方30天或60天不等的书面通知，美方(B)便可以算100年或调低的50年利润损失。换言之，这是一个完全"放开的索赔"(open-end claim)，没完没了，美方(B)就算去调高至200年或300年也是可以，即使大家是心知肚明现实中的商业关系绝不可能有这么长久。显然，合约订得对中方大为不利。

笔者曾提到接手案件不久，马上想到有十招对付美方(B)。第一招是"费用担保"(security for costs)，第二招是合约的"变更"(novation)，这在《船舶买卖法律与实务》一书之第二章2.3.1.5段有详及，不再重复。而第八或第九招就是大幅度减掉索赔金额，这也不会在此详论。但笔者只出第一招的费用担保，已经成功把美方(B)的索赔全部击退，根本没有机会表现第二至第十招的厉害，故只能在书中向读者简单介绍一招有关损失计算。

英国法律在"失去将来赚钱/谋利机会"(loss of a chance)如何计算，在《国际商务游戏规则——英国合约法》一书第十四章之7.3.1段曾介绍了一个著名的"选美比赛先例"(beauty competition case)，说：

"例如在Chaplin v. Hicks (1911) 2 KB 786，因为被告违约引致原告无法继续参加选美比赛。当然如果合约履行下去，能够复原，原告会选到第几名也是天知道。结果判的赔偿是入选前12名最低奖金(400英镑)的1/4。"

由于《国际商务游戏规则——英国合约法》在1998年2月出版，所以没有提到一个在2000年的重要与十分有关的先例：Jackson v. Royal Bank of Scotland (28.6.2000)(未曾报道)(C.A.)(此先例已去了贵族法院并有了结果，但在笔者想出10招的时候只有上诉庭判决)。

案情十分有趣，也似曾相识。原告(Jackson)的合伙人公司从泰国进口狗粮去英国，并转售给另一家英国公司(Economy Bay)。付款办法是Economy Bay的银行(苏格兰银行)开一份信用证给原告，而原告再把信用证转(transfer)给泰国供应商。这种关系从1990年初至1993年，Economy Bay知道原告赚钱，但以为只是“佣金”水平的5%。但其实远远不止，原告在5%外，另抬高价格（mark-up）达19%之巨。在1993年，苏格兰银行误把泰国供应商的一张发票交了给Economy Bay，后者看了跳起来，马上把原告从以后的交易排除，直接向泰国供应商购买。

之后，原告向苏格兰银行索赔，而责任是相对清楚是破坏了对客户的“机密”（confidentiality）责任。但损失如何计算是问题。原告的计算是至2010年，是原告计划退休的一年。而将来的贸易额，是以将来估计业务的50%。

在一审高院，Kershaw大法官判是要“衡量赚取将来利润是否真实或实质性，不光是猜测”（assess whether [原告] had a real or substantial, as opposed to a merely speculative, chance of future profits）。结果只是计算4年的贸易额（不是1993年至2010年），而且每年递减（1993/4—57%；1994/5—45%；1995/6—29%与1996/7—16%），最后索赔金额是124,500美元。

去了上诉庭，Potter大法官重申著名的Hadley v. Baxendale (1854) 9 Ex. 341有关“遥远”（remoteness）的损失不能成功索赔的原则。Potter大法官也提到了Goff大法官在The“Pegase”(1981) 1 Lloyd's Rep. 175所说的“原则的适用会依赖被告订约时应有的知识/了解程度（有关可能的损失）”〔though it is recognised that the application of the [Hadley v. Baxendale] principle may depend on the degree of relevant knowledge held by the defendant at the time, of the contract in a particular case.〕。

而在本案，Potter大法官说道在发生违约时，苏格兰银行的被告只能合理知道已经有了2年的贸易关系。所以，Kershaw大法官给予4年的损失是“不能或不一定能持续”（unsustainable）。但违约之后的1年，大家（原告与Economy Bay等）的贸易应该不会受影响。所以Potter大法官只计算1年的损失，但贸易额不减，最后损失金额只有4.5万美元。

笔者回来探讨中方（A）与美方（B）之间的案件。读者可见，根据Jackson先例，中方（A）会有机会大幅度减少美方（B）提出的100年估计利润损失，而利润是难以想像得高。中方（A）真要赔偿，赔一两千万美元与赔10亿美元，有天壤之别。前者中方仍可去承担，但后者会令不少中国人彻底破产。一位领导若是任由美方（B）“一帆风顺”（因为中方若不参与仲裁，不去抗辩），以“一面之词”（ex parte）很快取得一个中方败诉10亿美元的“缺席裁决书”（default award），这真是“罪过”。

已经说过，这一招根本不必作出，因为第一招的“费用担保”（security for costs）已击退美方（B）的索赔。而重要的是，所有的10个招数，只除了第二招的合约“变更”（novation）（因为它涉及美方[B]是否已被合资公司[C]代取为中断合约的合约方，是管辖权争议），都只能在参与仲裁程序的情况下才能提出。如果不参与仲裁，中方（A）在留待执行“缺席裁决书”才被迫出面抗辩，而中方（A）只能提出合约“变更”（novation）的一招会太危险了。而其余的招数（部分是更强的招数）全是错过了，所谓的“miss the boat”。还有，在今天的大气候下，留待执行裁决书时才首次提出管辖权争议会面对“执行法院”(enforcement court)的不友善对待。对西方国家的法院,它们会质问/严诘被告为何不早提出管辖权争议?中国的大公司业务遍全球,难以避开这些西方国家法院会协助执行。

8.11　对管辖权裁决书的救济总结

8.11.1　对参与仲裁程序的当事人

在当事人取得裁决书并获知结果,败诉方的即时反应通常是不服气,即时想到向法院上诉去寻求救济与对裁决书提出质疑的可能性。在英国的1996年《仲裁法》下,救济有三种分别对付一些很不相同的问题,这在本章之4段已有谈及,就是:

(i) Section 67:针对挑战/质疑对管辖权的裁定。

(ii) Section 68:针对仲裁程序中的“严重不正常”(serious irregularity)。

(iii) Section 69:针对裁决书中的英国(不是外国)法律问题去上诉法院。当然先要获得批准去上诉(leave to appeal)。

由于管辖权争议会涉及事实问题(matter of fact)或/与实质法律问题(matter of Law),加上也要经过一连串的仲裁程序才能作出一个有关管辖权争议的裁决书,这些方面都有可能犯错并需要救济。

问题是个别情况分不开到底只是管辖权或只是严重不正常或是两者兼有。同样情况也出现在与英国法律问题上诉法院的救济。

虽然针对裁决书挑战实质管辖权(《仲裁法》的 Section 67) 与指称仲裁员犯了“严重不正常”(serious irregularity) (在《仲裁法》的 Section 68) 是两码事(A00T Kalmneft v. Glencore International (2002) 1 Lloyd's Rep. 128),但区分也不一定容易。在 Equatorial Traders Ltd. v. Louis Dreyfus (2002) 2 Lloyd's Rep. 638,仲裁是依照商会的仲裁规则。针对上诉一审的裁决中,规则有一个时限,时限一过就被视为放弃上诉。该先例针对时限已过,但上诉仲裁庭延期并作出裁决。法院判是裁决书无效,原因是规则并没有准许延长时限,所以这属“严重不正常”。该先例并非挑战“上诉仲裁庭”的实质管辖权。这可以理解,因为错误延长时限属仲裁程序而并非是属实质性争议。在 Conder Structures v. Kvaerner (1999) ADRLJ 305 先例,已明确指出“严重不正常”只能适用在仲裁程序偏离至一个程序无法合理预计,非要法院插手作出更改(a challenge on the ground of serious irregularity is only intended to be available in cases where the arbitral procedure has so far departed from what might reasonably have been expected as to justify the corrective intervention of the court)。

更能显示区分的困难是在 Pacol v. Joint Stock Co. Rossakhar (2000) 1 Lloyd's Rep. 109 的先例。案例中被告已承认责任,双方再对责任没有争议,争议只在赔偿金额。但仲裁员竟然对责任作出裁决并判被告没有责任。该裁决书以“严重不正常”(Section 68) 被撤销。但照说该先例亦可以仲裁员“没有实质管辖权”(Section 67)为由挑战该裁决书,该先例可不像在这一点有涉及。

同样情况也出现在 Gannet Shipping v. Eastrade Commodities (2002) 1 Lloyd's

Rep. 713，也是双方当事人已经同意了部分的争议，但仲裁员被通知后仍走了眼作出裁决。

所以，败诉方在取得裁决书（例如是管辖权的裁决书），应向法院及时（28 天内）申请的救济中包括其他方面救济，而不仅局限在 Section 67 的管辖权。这小心的做法也在 Merkin 教授的“Arbitration Law”一书的 7.20 段提及，如下：

“It might be commented at this point that the distinction between want of jurisdiction on the one had, and serious irregularity on the other, might at the margins be hard to distinguish, and it is probably sensible for a party to err on the side of caution and to treat any possible excess of jurisdiction precisely as that, and to register an objection under s. 31① or ②。Of this is not done, there might be some argument that the right to challenge the award under s. 67 has been lost, even though the right to challenge the award under s. 68 might not have been lost.”

在 1996 年立法的 Section 70(3) 下，所有对裁决书的挑战/质疑都面对同样的 28 天时限：请看 8.7.3 段。所以，做法不难，只要别看漏。

另一点是在本章 8.8.2 段提到的小心处理上诉法律问题会被指称是对管辖权争议“弃权”（waiver），故必须事前说明。

8.11.2　对不参与仲裁程序的当事人

已经谈及，如以 1996 年《仲裁法》之 Section 72(2) 撤销“管辖权裁决书”（jurisdictional award）。在此略过。

8.11.3　对不参与仲裁程序的第三者/非签约方

在 Arab National Bank v. El Sharif Saoud Bin Masoud Bin Jaza'a El-Abdali (2004) EWHC 2381 (Comm)，出现了一个新问题就是仲裁协议没有说明“仲裁地点”（seat）。

若参与仲裁协议，即使是向仲裁庭以 Section 30 挑战/质疑管辖权，仲裁地点有疑问也不成问题，因为提出后仲裁庭可在授权下决定。Section 3 这样说：

“In this Part ‘the seat of the arbitration’ means the judicial seat of thearbitration designated-

(a) by the parties to the arbitration agreement, or

(b) by any arbitral or other institution or person vested by the parties with powers in that regard, or

(c) by the arbitral tribunal if so authorized by the parties,

or determined, in the absence of such designation, having regard to the parties' agreement and all relevant circumstances.”

这一来，若是一位不参与仲裁程序的第三者，由于从未向仲裁庭提出过，之后向英国法院申请 Section 72 的救济就有了新问题——1996 年《仲裁法》是否适用？因为 Section 2 说明：

"2(1) The provision of this Part apply where the seat of the arbitration is in England and Wales or Northern Ireland."

在 Arab National Bank 先例，Morison 大法官只能根据 Section 3 的最后一句："having regard to the parties' agreement and all relevant circumstances"判断，结论是英国（不是指伦敦）确是仲裁地点，所以可作出 Section 72 的救济，因为：

"(i) The arbitrator assumed that the seat of arbitration was England, in that he stated in the award that the law applicable to the arbitration was the law of the seat, and proceeded to resolve the issues in the arbitration in accordance with English substantive and procedural law…

(ii) The arbitrator held himself out as being a member of the London Court of International Arbitration. Under LCIA Rules England is assumed to be the seat unless there is agreement to the contrary.

(iii) The award made reference to the Theft Act 1968 and also required the bank to publish the award in English newspapers and at Companies House in Cardiff."

8.12 执行裁决书之时的管辖权争议

8.12.1 1996 年《仲裁法》的有关条文

1996 年《仲裁法》针对裁决书的执行是在 Section 11，可节录如下：

"Enforcement of the award

66(1) An award made by the tribunal pursuant to an arbitration agreement may, by leave of the court, be enforced in the same manner as a judgment or order of the court to the same affect.（一个裁决书可以在法院批准下，好像一个法院判决强制执行。在 Section 66(2)，表示法院批准后可把裁决书的内容'简易'(summarily)变为一个判决，不存在重审或复核。）

(2) Where leave is so given, judgment may be entered in terms of the award.

(3) Leave to enforce an award shall not be given where or to the extent that, the person against whom it is sougit to be enforced shows that the tribunal lacked substantive jurisdiction to make the award.（但若是被告显示仲裁庭没有实质管辖权作出该裁决书，法院不会给批准执行。）

The right to raise such an objection may have been lost (see section 73).（提出这方面质疑的权力会失去：请看 Section 73。Section 73 在本章之 8.8.1 段有略及，涉及被告或当事人不及时作出质疑下参与仲裁程序，他/它不得在后来向仲裁庭或向法院提出管辖权争议。这里是进一步说明在最后的执行裁决书之时，败诉方仍是不得提出这延误了与错过了的管辖权争议。）

(4)…"

上述看来，Section 66(3)下法院不批准执行的缺乏管辖权下作出的空头/无效裁决书只会是在被告没有参与仲裁程序的情况，也即是在 8.9.2 段介绍的

Section 72(2)的情况。当然,被告仍要说服法院该案件的事实证明确是缺乏管辖权。

8.12.2 《纽约公约》与1996年《仲裁法》

英国承认1958年的《纽约公约》。在Section 66(4)说明如下:

"Nothing in this section affects the recognition or enforcement of an award under any other enactment or rule of law, in particular under Part Ⅱ of the Arbitration Act 1950 (enforcement of awards under Geneva Convention) or the provisions of Part III of this Act relating to the recognition and enforcement of awards under the New York Convention or by an action on the award."

在《纽约公约》,Article V 列出了六七个可拒绝执行一个"公约裁决书"(Convention award)的理由,其中几个是针对仲裁管辖权的问题,如:

(A)"Article V(1)(a)—the parties to the agreement referred to in Article Ⅱ"Article Ⅱ[171] were, under the law applicable to them, under some incapacity,[172] or the said agreement is not valid under the law to which the parties have subjected it or[173], failing any indication thereon, under the law of the country where the award was made."[174]

(B)"Article V(1)(C)—the award deals with a difference not contemplated by[175] or not falling within the terms of the submission to arbitration[176], or it contains decisions on matters beyond the scope of the submission to arbitration,[177] provided that, if the decisions on matters submitted to arbitration can be separated from those not so submitted, that part of the award which contains decisions on matters submitted to arbitration may be recognized and enforced."[178]

上述的拒绝执行理由,与(A)的理由相比显然是在时间上很不一样。(A)是在仲裁一开始,被告就很可能知道。这一来,根据Section 31(1),被告也必须马上/尽快

---

〔171〕 针对双方当事人之间的文书仲裁协议。

〔172〕 在适用在当事人的法律下是当事人有无能之处。例如,一方当事人是未成年人士。至于是18周岁以下或16周岁以下各国法律不尽相同,要看适用在该人士的国家法律而定。

〔173〕 或根据双方约定的法律下该合约是无效。这例如是双方约定英国的"实体法"(substantive law)而在英国法律下该有关合约是因为非法或缺乏约因/对价而无效。显然,在大陆法国家就没有英国法的约因/对价说法。读者请注意,这里其实有两个拒绝执行裁决书的理由在同一句,这句已是第二个理由。但注意它们都是管辖权争议。

〔174〕 若没有显示约定的法律,就以作出裁决书国家的法律为准。这一般是仲裁地点。这方面在本书第二章有述。

〔175〕 裁决书针对一个争议是双方当事人没想到的。看来,是仲裁庭自己想出来的。现实中也的确存在,双方争议是有否合约存在或有否误述,但裁决书"画蛇添足"提出了"禁止翻供"(estoppel)。

〔176〕 或不在提出仲裁的条件内。

〔177〕 或包括了裁决一些事情是在双方向仲裁庭提出与陈述以外。

〔178〕 既然已出了裁决书,上述的问题往往只是裁决书内的其中部分内容。所以不受影响的裁决部分,也完全有效并也可分得出(例如是另一个争端),仍应执行。

质疑/挑战,否则是弃权并永久失去,这在本章之8.8段有详及。但在这里(B)的理由是在出了裁决书后,往往是整个仲裁程序已经完毕,一方当事人(不一定是被告)才在裁决书内容发现上述弊病。这一来,向法院提出质疑/挑战最快也是在作出裁决书后的28天,目的是部分或全面撤销裁决书,这在Section 70(3)有提及。

另外,上述(B)的理由涉及管辖权外也涉及"严重不正常"(serious irregularity)。故去法院要求救济会是要一并(Section 67 + Section 68)提出作为挑战理由。

(C)"Article V(1)(d)—the composition of the arbitral authority or the arbitral procedure was not in accordance with the agreement of the parties, or, failing such agreement, was not is accordance with the law of the country where the arbitration took place."

上述理由(C)有关仲裁庭的组成不适当,不符合仲裁协议规定(如果有)或仲裁地法律。显然,这是仲裁庭管辖权争议/问题,在本章3.2段详及。

上述是1958年《纽约公约》的拒绝执行裁决书理由,在1996年《仲裁法》之Section 103(2)也有同样说明。所以说,裁决书缺乏管辖权在执行时一样会面对败诉方的质疑/挑战。

8.12.3 可否在《纽约公约》重提管辖权争议?

这个问题是在1958年的《纽约公约》拟定时,立法者估计没有考虑到仲裁庭管辖权的争议会变得如此复杂与英国的1996年《仲裁法》的立法,所以根本没有针对两者之间会出现的矛盾。这矛盾是,若在1996年立法下败诉方由于时效与立法弃权太严格而再也无权提出管辖权的质疑/挑战,或曾提出过但被否定,败诉方可否在面对执行裁决书时再度提出,即英文的"second bite of the cherry"?或甚至是"third bite of the cherry",因为管辖权争议由仲裁庭审理后(Section 30)再上诉法院"再审理"(retrial)(Section 67),但均败诉,可是败诉方仍不服气,例如坚持说没有主合约的存在。毕竟,《纽约公约》下不少管辖权问题说明是拒绝执行裁决书的理由。同时,也没有说明这些理由已在"仲裁地点"(seat of arbitration)的法律或/与"监督法院"(supervising court)有了说法,则"执行地法院"(execution court)不得再接受该同样的理由。

在英国1996年《仲裁法》的Section 73(1)中已明确说明再不能向仲裁庭或法院提出,文字是"he may not raise that objection later, before the tribunal or the court"。

这也没有违反《纽约公约》,因为在列出各项拒绝执行裁决书的理由的Article V,它是说"可以被拒绝"(may be refused)而不是说"一定要拒绝"(must be refused)。

这表示一个中方败诉的伦敦仲裁裁决书,中方公司有参与或只是部分参与。中方公司也曾经提出过对管辖权的质疑/挑战,但由于时间上太晚而被拒绝。这一来,中方公司将来若面对执行,执行地法院是在中国,而执行的依据也只是《纽约公约》的承诺/责任,能否中国法院仍可考虑并接纳中方败诉方的拒绝执行理由?毕竟,中方确有可能在管辖权争议中有一个很好的案子,本应胜诉,只是晚了提出或处理不当。中国法院的取态笔者不知道,但看来怎样的决定也不至于违反《纽约公约》。同样问题在第七章3.7.2.5段有详及,请参阅。

但不是每一家中方公司的资产都可躲在中国,永远不去外国。像近期的先例涉及人保(PICC)、中石油、中远等大公司,显然难逃胜诉方在西方国家(包括英国)去执行裁决书。这一来,中方公司提出管辖权争议以抗拒执行,都会被法院严加质问:“你为何不早在仲裁程序中及时提出?”更不说是像英国1996年《仲裁法》的Section 73(1)已把这一点说得明白。

8.13 总结英国1996年《仲裁法》有关管辖权

至此可以确定,英国的1996年立法在完整对待管辖权争议之余,也同时更令这方面问题复杂化与陷阱处处。不论是有意与无意,对发展中国家而言,对仲裁知识与技术的距离又被拉远。而且又设下了重重严格的关卡,对不懂或懂很少的发展中国家与它们的公司更是“地雷”处处,在每一案件中恐怕都会踩上一二个“地雷”而“重伤”或“粉身碎骨”。说真的,这些公司连要找一个称职的律师协助恐怕也做不到,经常“所托非人”。在中国加入了WTO的大气候下,在处理英国仲裁时,若想准确与快速地挑出有利争端,及时向仲裁庭提出,之后每一步走对,恐怕会是万中无一,难以实现。越来越难逃面对如果中方公司及其律师不了解西方国家的一套游戏规则,包括仲裁机制(特别是英国的一套)。

看来,解决的办法仍只有是学习,特别是中国年轻的一代,否则笔者真担心他/她们将无法面对世界。

8.14 英国法院为保护伦敦仲裁管辖权所作出的Anti-suit禁令

最后在本章略说英国法院近年来频频作出的Anti-suit禁令,它与本章有关系是Anti-suit禁令在理由或名义上,是为保护伦敦仲裁所拥有的管辖权。英国法院一面对这种申请,首先满意确实有一条有效的伦敦或英国仲裁条文,接下来看文字/措辞是否广泛并足以管辖被告(例如是一家中方公司)在外国法院(例如是中国)起诉的争议。如果答案为“是”,英国法院即会视被告违约(违反伦敦仲裁条文),并作出Anti-suit禁令的救济。

8.14.1 权力来源

英国法院有很大权力作出各式各样的禁令,权力来自The Supreme Court Act 1981, Section 37:

“The High Court may by order … grant an injunction … in all cases in which it appears to the court to be just and convenient to do so.”

而特定在Anti-suit这种禁令,Scrutton大法官早在Ellerman Lines Ltd. v. Read (1928) 2 KB 144之151—152说:

“… the English courts … do not, of course, grant an injunction restraining the foreign court from acting; they have no power to do that; but they can grant an injunction restraining a British subject who is fraudulently breaking his contract, and who is a party to proceedings before them, from making an application to a foreign court for the purpose of reaping the fruits of his fraudulent breach of contract …

The English courts have therefore clearly jurisdiction to restrain a person who is subject to the English jurisdiction from taking proceedings in a foreign court in breach of contract and fraud."

上述看来有几点如下：

（1）禁令对象不是外国法院，而只是在外国法院兴诉的原告，这样在面子上稍为好看，虽然结果是一样，就是不准与阻止在外国诉讼。这做法今天也一样，如 Hobhouse 勋爵在 Turner v. Grovit（2002）1 WLR 107 说：

"This terminology is misleading since it fosters the impression that the order is addressed to and intended to bind another court. It suggests that the jurisdiction of the foreign court is in question and that the injunction is an order that the foreign court desist from exercising the jurisdiction given to it by its own domestic law. None of this is correct. When an English court makes a restraining order, it is making an order which is addressed only to a party which is before it. The order is not directed against the foreign court … The order binds only that party, in personam, and is effective only in so far as that party is amendable to the jurisdiction of the English courts so that the order can be enforced against him …"

（2）以前禁令的对象是"英籍人士"（British subject），是"自己人"，但今天的对象是任何人士，中国的一些法人（公司）与自然人就会尝过这 Anti-suit 禁令。大概这在一定程度反映了英美两国的强势。

这种 Anti-suit 禁令在近年越来越多，可节录 Lloyd 大法官在 The "Golden Anne"（1984）2 Lloyd's Rep. 489 所讲：

"The jurisdiction of the Court to grant an injunction to restrain a party from proceeding in a foreign Court has recently been re-affirmed by the Court of Appeal in Tracomin SA v. Sudan Oil Seeds Co., Ltd.（1983）2 Lloyd's Rep. 384…"

8.14.2　Anti-suit 禁令保护伦敦仲裁的真正想法与目的

这一点是明了的，只节录 Aikens 大法官在 The "Ivan Zagubanski"（2002）1 Lloyd's Rep. 106 所讲：

"The object of the claim for an 'anti-suit' injunction (assuming the arbitration agreements are valid and binding) is to make the defendants adhere to their contractual agreement to resolve disputes by arbitration in London by using the English court's powers to grant injunctive relief…"

另外 Millett 大法官在 The "Angelic Grace"（1995）1 Lloyd's Rep. 87（CA）说道 Anti-suit 禁令使用在不涉及违约的情况如哪一国的法院更方便适合之争要小心，但在明显违约（不遵守合约内仲裁协议/条文）就没有理由迟疑：

"…the time has come to lay aside the ritual incantation that this is a jurisdiction which should only be exercised sparingly and with great caution. There have been many statements of great authority warning of the danger of giving an appearance of undue interference with the proceedings of a foreign court. Such sensitivity to the feelings of a foreign court has much to commend it where the injunction is sought on the ground of forum non conveniens or on the general ground that the foreign proceedings are vexatious or oppressive but where no breach of contract is involved … But in my judgment there is no good reason for diffidence in granting an injunction to restrain foreign proceedings on the clear and simple ground that the defendant has promised not to bring them."

说到底，英国法院的真正想法与目的看来有两个：

(1) 不相信/信任外国法院(包括欧共体国家)会"中止"(stay)，让出管辖权给伦敦仲裁，即使是1958年《纽约公约》的签约国。在 Toepfer v. Cargill (1998) 1 Lloyd's Rep. 379，Phillips 大法官说：

"The 1958 New York Convention on the Recognition and Enforcement of Foreign Arbitral Awards at II.3 requires the court of a Contracting State to refer the parties to arbitration when an action is commenced in disregard of a binding arbitration clause. It might be thought that there would be much to be said, both as a matter of comity and in the interests of procedural simplicity, if a defendant who was improperly sued in disregard of an arbitration agreement in the court of a country subjkect to the New York Convention were left to seek a stay of the proceedings in the court in question. It seems, however, that litigants in cases governed by English arbitration clauses are not prepared to trust foreign courts to stay proceedings in accordance with the New York Convention, for it has become the habit to seek anti-suit injunctions such as that sought in the present case …"

看来，比较私下信任的外国(如美国)，英国法院或会不想作出 Anti-suit 禁令，而依赖美国法院自动中止，把管辖权交还给伦敦仲裁：The "Golden Anne" (1984) 2 Lloyd's Rep. 489。

(2) 英国与伦敦是国际仲裁最主要的受益方，非要保护。相对欧洲国家很少看到有这种积极态度。

8.14.3　这种违约可否有其他救济?

一般违约的主要救济主要是以赔偿金钱上损失，只在无法以金钱作出充分的救济，法院才会考虑其他救济的办法，如作出各种禁令。

违反仲裁协议正是这种情况。首先，这种违约可索赔金钱的损失是肯定的：Mantovani v. Carapelli SpA (1980) 1 Lloyd's Rep. 375，但损失很难计算与证明。

在"依赖损失"(reliance loss)，计算与证明在外国法院多花的律师费(例如在中止申请)应不难。难是在"期望损失"(expectation loss)，就是同样案件在伦敦仲裁比较在外国法院审理有什么不同?例如在 The "Joanna V" (2003) 2 Lloyd's Rep. 617，中国人民保险公司(PICC)在中国海事法院胜诉，但在伦敦仲裁败诉。这一来若 PICC 是违约(伦敦仲裁协议)，难道要赔偿这胜负的差别吗?如果案件复杂，谁知道谁对谁不对呢？加上，即使是伦敦仲裁，不同人裁决有不同结果，你只要看上诉后不断被推翻或有不同说法就知道诉讼并不科学。再加上，也要分析当事人的表现，例如不在中国海事法院出庭抗辩怎会不败？

所以，禁令才是这种违约的恰当救济。

8.14.4　法院裁量权

禁令的给予是涉及法官的“裁量权”(discretion)，Anti-suit 禁令也不例外。这方面法律可节录 Bingham 勋爵在 Donohue v. Armco Inc.（2002）1 Lloyd's Rep. 425（HL）所讲如下：

“If contracting parties agree to give a particular Court exclusive jurisdictin to rule on claims between those parties, and a claim falling within the scope of the agreement is made in proceedings in a forum other than that which the parties have agreed, the English Court will ordinarily exercise its discretion (whether by granting a stay of proceedings in England, or by restraining the prosecution of priceedings in the non-contractual forum abroad, or by such other proceduual order as is appropriate in the circumstances) to secure compliance with the contractual bargain, unless the party suing in the non-contractual forum (the burden being on him) can show strong reasons for suing in that forum. I use the word 'ordinarily' to recognise that where an exercise of discretion is called for there can be no absolute or inflexible rule governing that exercise, and also that a party may lose his claim to equitable conduct. But the general rule is clear: where parties have bound themselves by an exclusive jurisdiction clause effect should ordinarily be given to that obligation in the absence of strong reasons for departing from it. Whether a party can show stong reasons, sufficient to displace the other party's prima facie entitlement to enforce the contractual bargain, will depend on all the facts and cicumstances of the particular case. In the course of his judgement in The 'Eleftheria' [1969] 1 Lloyd's Rep. 237 at p. 242, Mr. Justice Brandon helpfully listed some of the matters which might properly be regarded by the court when exercising its discretion and his judgment has been repeatedly cited and applied. Mr. Justice Brandon did not intend his list to be comprehensive, but mentioned a number of matters, including the law governing the contract, which may in some cases be material.”

另可引述 Millett 大法官在 The “Angelic Grace”（1995）1 Lloyd's Rep. 87 所说的一个重要裁量权考虑因素，就是要尽快申请，如下：

“… where an injunction is sought to restrain a party from proceedings in a foreign court in breach of an arbitration agreement governed by English law, the English Court need feel no diffidence in granting the injunction, provided that it is sought promptly and before the foreign Court proceedings are too far advanced.”

由此看来，延迟申请 Anti-suit 禁令等原因都会导致英国法院不行使裁量权给予禁令。而针对伦敦仲裁的保护，英国法院态度更是积极，特别在近年。毕竟有 1958

年《纽约公约》保护伦敦仲裁更是振振有词，因为其他签约国法院是“必须”(must)让出管辖权给伦敦仲裁。以下可介绍一个在1984年先例（The “Golden Anne”(1984) 2 Lloyd's Rep. 489 之498页），是不肯给予Anti-suit禁令，而且在言辞间十分小心，如下：

“In the present case, … the American Court has not yet ruled on the joint motion for continuance. The matter is still open. It seems to me that in those circumstances it would be much better that the District Court should itself rule on the motion for continuance and, if it thinks fit, stay all further proceedings … in light of the judgment I have given upholding the validity of Mr. Eckersley's（仲裁员）appointment as arbitrator, rather than that I should seek to pre-empt, and perhaps even seem to dictate, the decision of a foreign Court … But consistency must yield to caution and logic to the requirements of judicial comity, by which I mean only the mutual respect due between those who, as Sir John Donaldson, MR, has said, 'labour in adjoining judicial vineyards'. I recognise that the District Court may refuse a stay; in which case the unfortunate result will follow … there will be concurrent proceedings on both sides of the Atlantic. Obviously I hope that that will not happen. But to my mind it is better to run that risk, rather than grant an injunction which will, in effect, operate as a stay of the Florida proceedings. That is a function which belongs properly to the District Court, and may still, I hope, be exercised by that Court. This Court should not appear to usurp that function, except as a last resort.”

这裁量权会是英国比较信任美国，也会是美国的强势——虽然英国已是少有的国家敢对美国诉讼作出Anti-suit禁令，而且不会引起对抗与不友善。

另是近年的像The “Angelic Grace”（1995）1 Lloyd's Rep. 87 至更近期的The “Epsilon Rosa”（2003）2 Lloyd's Rep. 509，英国法院看来态度有所不同。案情涉及货损索赔，船舶在葡萄牙(Portugal)被扣并提供了诉前担保(pre-hearing security)。但根据当地法律（也是国际公约之Brussels Arrest Convention 1952，Arts. 7(2)或Arts. 7(3))，原告(Welex)必须在60天内开始对实质争议的诉讼，也就是伦敦仲裁。但由于提单有否合并了租约的伦敦仲裁条文不明显，所以伦敦仲裁开始的日子可能过了60天，会导致诉前担保失去。这种情况其他中国货方也会遇到。

Welex以此理由抗拒船东(Rosa)与新船东(Alexia)在英国法院申请Anti-suit禁令，阻止Welex在葡萄牙与波兰(Poland)准时开始了的诉讼。但上诉庭不接受，Tuckey大法官说：

“I accept that loss of sceurlity could amount to a stong reason for not granting an injunction. But should it do so in this case? I have already set out the facts which show. I think, that it is not at all clear whether the security in Portugal would be available to meet an arbitration award against Rosa in England. The most that can e said is that there is a risk that it will not be available. I accept that the Judge over-estimated the comfort which

Welex could derive from the Portuguese Court's decision in July, 2002, although at least it showed that the Court expected the security to be available to meet the claims against both Alexia and Rosa. But what leads me to attach less weight to the risk that Welex will lose their security than I would otherwise have done is that they have brought this on themselves. The Portuguese Court did not prescribe the proceedings which had to be brought. If Welex had started arbitration in London this whole dispute would have been resolved ages ago. Instead it made no enquiries about the terms of the charter-party until after it had started proceedings in Poland and (arguably). the 60 days had elapsed. This, despite the fact that Alexia were relying on the arbitration clause in July in the Portuguese proceedings. Welex say that it was entitled to assume that Alexia had put forward Rosa's best case for incorporation of the charter-party terms and mere production of the standard terms proved nothing. That may be, but a simple request to Rosa would I suspect have innediately produced the recap telex, as it did in September, which, together with the terms, ought to have made it clear that Welex had to arbitrate in London. For these reasons I do not think that the risk that Welex will lose its security is determinative."

另一先例是上诉庭的 New India Assurance Co., Ltd. v. Through Transport Mutual Insurance Association (Eurasia) Ltd. (2004) All ER (D) 25。案情有关货损(一个集装箱),承运人是芬兰(Finland)注册的 Borneo Maritime Oy (BMO),并签发了一份多式联运海运单(CMR waybill)。BMO 的保险人是 Through Transport Mutual Insurance Association (简称 TT Club)。众所周知,TT Club 的章程规定/约定与会员/受保人之间的争议由伦敦仲裁解决。

New India Assurance 在赔付货损后,代位求偿(subrogated)想向 BMO 索赔,但 BMO 已清盘/倒闭。于是,New India Assurance 选择直接告背后的保险人 TT Club。

但英国的相关法律之 Third Party (Rights Against Insurers) Act 1930 受制于贵族院之 The "Fanti" and the "Padre Island" (1990) 2 Lloyd's Rep. 190 不利先例(在《国际商务游戏规则——英国合约法》一书之第四章 2.7 段有详论),故 New India Assurance 向 Finland 法院起诉,因为 Finland Finnish Insurance Contracts Act 1994 给予相同与更佳的立法权力去直接向保险人索赔。

TT Club 向 Finland 法院申请中止,因为与 BMO 之间有一条伦敦仲裁条文,但被拒绝。另 TT Club 向英国法院申请的 Anti-suit injunction 在高院成功,但在上诉庭被撤销。

上诉庭的理由是 New India Assurance 在 Finland 法院(有管辖权)依据该地立法诉讼,完全有权,故不构成"困扰或欺压"(vexatious or oppressive)(这个考虑在《禁令》一书第六章之 4.4.1.1 段详论)。至于这个判决的裁量权(discretion)是由于 Finland 属欧共体国家或全球适用,仍待将来观察。

再接下去却遇上另一个矛盾先例:OT Africa Line Ltd. v. Magic Sportswear Corporation and others (2005) EWCA Civ. 720。案情涉及加拿大针对提单仲裁文的立法，在本书另处已谈及。该立法是 Canadian Marine Liability Act 2001，说：

"46(1) If a contract for the carriage of goods by water to which the Hamburg Rules do not apply provides for the adjudication or arbitration of claims arising under the contract in any place other than Canada, a claimant may institute judicial or arbitral proceedings in a court or arbitral tribunal in Canada that would be competent to determine the claim if the contract had referred the claim to Canada where:

(a) the actual port of loading or discharge under the contract is in Canada;

(b) the person against whom the claim is made resides or has a place of business, branch or agency in Canada; or

(c) the contract was made in Canada."

加拿大货方(实是背后代位的保险人)在加拿大起诉船东(OTAL)短卸(short delivery)，加拿大法院有两方面有管辖权：一是 Marine Liability Act 2001 下货方作出的选择；二是 OTAL 在多伦多有办公地点(place of business)。加上，加拿大法院也认为是最适合与方便的诉讼地点，所以不肯中止(stay)。

但 OTAL (实是背后互保协会在操纵) 向英国法院申请 Anti-suit injunction，因为提单有英国管辖权条文。

在上诉庭，被告货方警告此案会影响英加的友好(comity)，因为加拿大法院在 2001 年立法下别无选择，必须接受管辖。但英国上诉庭判定双方当事人的约定(party autonomy)几乎是"结论性"(conclusive)，并接受 Hobhouse 勋爵在 Turner v. Grovit (2001) UKHL 65 Para. 26 所说：

"The making of a restraining order does not depend upon denying or pre-empting, the jurisdiction of the foreign court … Jurisdiction is a different concept. For the foreign court, its jurisdiction and whether to exercise that jurisdiction falls to be decided by the foreign court itself in accordance with its own laws (including Conventions to which the foreign country may be a party). The jurisdiction which the foreign court chooses to assume may thus include an extraterritorial (or exorbitant) jurisdiction which is not internationally recognized. International recognition of the jurisdiction assumed by the foreign court only becomes critical at the stage of the enforcement of the judgments and decisions of the foreign court by the courts of another country. Restraining orders come into the picture at an earlier stage and involve not a decision upon the jurisdiction of the foreign court but an assessment of the conduct of the relevant party in invoking that jurisdiction. English law makes these distinctions. Indeed, the typical situation in which a restraining order is made is one where a foreign court has or is willing to assume jurisdiction; if this were not so, no restraining order would be necessary and none should be granted."

但笔者不同意提单的管辖权或仲裁条文是"party autonomy"；它纯是各国的《提

单法》(中国是《海商法》)所强制产生的合约关系。这个案子也带来一个很严重的讯息,表示将来中国通过立法否定提单的伦敦仲裁条文,做法与加拿大 Marine Liability Act 2001 一样,恐怕也不会完全解决问题。因为估计英国海事应该会作出 anti-suit 禁令阻止中国海事法院的诉讼,而这种禁令对 PICC 这种大公司是有阻吓力的。当然,中国海事法院也可以作出 anti-anti-suit 禁令去针对开始伦敦仲裁的外国船东与互保协会,这就会改变了整个事情要以政治来解决。

8.14.5 欧共体新发展

欧共体的 Brussels Convention 在各国之间抢管辖权问题是建立在互信,任由首先取得管辖的国家法院判决,例如是否去中止(stay)?基本是反对以 Anti-suit 禁令去抢他国的管辖权。最近,欧洲法院(European Court of Justice 或简称 ECJ)作出了两个重要案例明确这一点:Gasser v. MISAT (Case C-116-02((2004) 1 Lloyd's Rep. 222 与 Turner v. Grovit (Case C-159/02)(2004) 2 Lloyd's Rep. 169。在 Turner 一案,是 Turner 先生申请 Anti-suit 禁令阻止被告在西班牙法院起诉。英国贵族院向 ECJ 问:

"Is it inconsistent with the … Brussels Convention … for the courts of the United Kingdom to grant restraining orders against defendants who are threatening to commence or continue legal proceedings in another Convention country when those defendants are acting in bad faith with the intent and purpose of frustrating or obstructing proceedings properly before the English courts?"

而 ECJ 的判决/回应不友善地说:

"24. … the Convention is necessarily based on the trust which the Contracting States accord to one another's legal systems and judticial institutions. It is that mutual trust which has enabled a compulsory system of jurisdiction to be established …

25. It is inherent in that principle of mutual trust that, within the scope of the Convention, the rules on jurisdiction that it lays down, which are common to all the courts of the Contracting States, may be interpreted and applied with the same authority by each of them …

26. Simiarly, otherwise than in a small number of exceptional cases, the Convention does not permit the jurisdiction of a court to be revied by a court in another Contracting State …

27. However, a prohibition imposed by a court, backed by a penalty, restraining a party from commencing or continuing proceedings before a foreign court undermines the latter court's jurisdiction to determine the dispute. Any injunction prohibiting a claim from bringing such an action must be seen as constituting interference with the jurisdiction of the foreign court which, as such, is incompatible with the Convention.

28. Notwithstanding the explanations given by the referring court … such interference cannot be justified by the fact that it is only indirect and is intended to prevent an abuse of

processs by the defendant in the proceedings in the forum State … the judgment made as to the abusive nature of … [the defendant's] conduct implies an assessment of the appropriateness of bringing proceedings before a court of another Member State. Such an assessement runs counter to the principle of mutual trust which … underpins the Convention and prohibit a court … from reviewing the jurisdiction of the court of another Member State.

29. Even if it were assumed … that an injunction could be regarded as a measure of a procedural nature intended to safeguard the integrity of the proceedings pending before the court which issues it, and therefore as being a matter of national law alone, it need merely be borne in mind that the application of national procedural rules may not impair the effectiveness of the Convention …

30. The argument that the grant of injunctions may contribute to attainment of the objective of the Convention, which is to minimize the risk of conflicting decisions and to avoid a multiplicity of proceedings, cannot be accepted. First recourse to such measures renders ineffective the specific mechanisms provided for by the Convention for cases of lis alibi pendens and of related actions. Second, it is liable to give rise to situations involving conflicts for which the Convention contains no rules. The possibility cannot be excluded that, even if an injunction had been issued in one Contracting State, a decision might nevertheless be given by a coirt of another Contracting State. Simiarly, the possibility cannot be excluded that the courts of two Contracting States that allowed such measures might issue contradictory injunctions."

ECJ 的判决与英国不久前的判决(如 Continental Bank NA v. Aeakos Compania Naviera SA (1994) 1 Lloyd's Rep. 505)很不一样。该先例是希腊法院先取得案件的管辖,但英国上诉庭以融资合约有一条"英国法院管辖"(exclusive English jurisdiction/court clause)为由作出了 Anti-suit 禁令,阻止在希腊的诉讼。看来,英国留在欧共体一天,再不能对其他欧共体国家乱作出 Anti-suit 禁令。

注意是上述几个先例并非针对合约"伦敦仲裁条文"(London arbitration clause),而是"英国法院条文"。所以,Anti-suit 禁令针对保护伦敦仲裁地位仍不明朗。毕竟,Brussels Convention 之 Article 1.4 说明不适用在仲裁,因为各国已签署了 1958 年的《纽约公约》。但可以想象得到,ECJ 同样不会喜欢 Anti-suit 禁令。

所以,在最近 Sir Peter Gross 大法官发表的一文(刊登在 Lloyd's Maritime and Commercial Law Quarterly)总结说:

"1. Putting Convention (Brussels Convention) or Regulation (Council Regulation (EC) No. 44/2001) considerations to one side, the anti-suit injunction remains a valuable common law weapon to be deployed against a party in breach or threatened breach of his contractual obligation to arbitrate ('the target'). The speed and effectiveness of the weapon are not matched by the available alternatives. The common law need make no apology for the development of this weapon. We can and should always learn from other systems but we should not lose confidence in the intrinsic good sense and strength of our own.（这是说 Anti-suit 禁令是普通法下十分有效的武器。）

2. …

3. There is no reason to doubt the continuing effectiveness and good sense of using the anti-suit injunction to protect arbitration agreements in appropriate cases where the target is not domiciled in an EU country and the proceedings pursued are not before the courts of an EU state.（可有效对付非欧共体国家，如中国。）

4. In a Convention or Regulation context, other considerations necessarily need to be taken into account. There is force in the logic of those who argue that anti-suit injunctions are inconsistent with the scheme of the Regulation …

5. That said, there is much apparent attraction for continuing to exercise the power of granting anti-suit injunctions to restrain breaches of arbitration agreements even when the target is domiciled in an EU state and the foreign proceedings have been commenced in another EU state. Arbitration is either in or out of the Regulation; if it is out, as the analysis of Aikens J in the 'Ivan Zagubanski' would suggest it is, then logically no Regulation interest is affected by the grant of such injunctions and sentiment should have little role to play in framing the appropriate legal policy. In all this, it is not inappropriate to dwell on London's position as the, or at least a, leading center for dispute resolution internationally and the legitimate interest which the UK has in protecting the jurisdiction of arbitrations with a London seat.（显示仲裁是否包括或不包括在 Brussels Convention 仍不明确。）

6. If the time should come when the use of anti-suit injunctions to enforce agreements to arbitrate is no longer acceptable within the territory of the Convention states, then attention will have to be focused on the development of other remedies for addressing the breach of contract in question…（若是有一天明确了再不能对其他欧共体国家作出 Anti-suit 禁令，即使是有关仲裁，就只好想其他办法对付这种违约了，例如在计算违约损失方面。）

7. The present is an example of the difficulties which can be encountered when merging common and civil law traditions in a single Convention …（合并普通法与大陆法传统在一个公约不容易。）"

最后一提是在 Advent Capital plc v. GN Ellinas Imports-Exports Ltd.（2005）EWCA 1242（Comm），有关的 Anti-suit injunction 在塞浦路斯（Cyprus）加入欧盟前已刚刚作出，并已过了最后期限去申请改变或取消，即禁令已是终局性（final）。英国法院拒绝考虑推翻较早的决定，因为塞浦路斯刚加入欧盟。

另一提是有一个重要的 anti-suit injunction 案件去了贵族院并会在 2006 年审理。它是有关代位的保险公司能否以自己名义在国家法院起诉船东或者责任方，以避开受保人与责任方合约中的伦敦仲裁条文。众所周知,美国与中国的保险法与英国法不一样,保险公司在赔付后的代位行动可以自己的名义直接起诉。在 West Tankers Inc. v. Ras Riunione Adriatica di Sicarta SpA 正是保险公司在美国法院以自己名义直接起诉,避开伦敦仲裁条文。贵族院会怎样判仍要拭目以待。

在本章本来有一份附录是英国特许仲裁学会(The Chartered Institute of Arbitrators)给仲裁员在面对管辖权被质疑/挑战时的指引,但由于本书篇幅过长被出版商要求删除,所以读者有兴趣可到网上去找,另可参阅本书附录 1996 年英国立法小组(Departmental Advisory Committee 或简称 DAC)对《仲裁法》的报告。

第六章　可仲裁性（arbitrability）

1. 序　　言

本章紧随着第四章之英国国家法院与伦敦仲裁在1996年《仲裁法》之间的相互关系、协助、监督与分工及第五章之“管辖权”（jurisdiction），在此应适合去探讨“可仲裁性”（arbitrability）的课题。

此课题与管辖权（jurisdiction）常有混淆，特别像在美国法院是混为一谈的。笔者把管辖权问题视为主要出自：

（i）双方的主合约存在（existence of main contract）与否之争。因为有太多争议可导致这方面问题，如“误述”（misrepresentation）、“胁迫”（duress）、“非法”（illegality），“错误”（mistake）等。

（ii）对仲裁协议/条文解释之争。

（iii）对仲裁庭组成之争。

但“可仲裁性”是指一些国家法律禁止以仲裁解决某类争议/索偿（不仅是个别案件）。它与“管辖权”的关系只在于，若一项争议不可仲裁，仲裁庭自然是失去管辖权了。这是一个事关重大，经常涉及天文数字的金钱的事。它也随时间而多变并十分政治化。

简单说，“可仲裁”（arbitrable）争议是一个国家允许以仲裁解决的争议，而“不可仲裁”（non-arbitrable）争议自然是一个国家以法律禁止仲裁，并坚持以国家法院（或其他法定机构）审理的争议。

可以说，每一国家都或多或少有“不可仲裁”争议的事项。国与国之间也有很大差异，尤其是先进国家与发展中国家之间。这方面决定主要来自国家本身的“政策”（policy），而且政策会不断改变。以美国为例，法律一直不允许涉及“反托拉斯法”（Anti-trust law）的争议以仲裁解决：American Safety Equipment Corp. v. Hickok Manufacturing Co. Inc. & J. P. Maguire & Co. Inc.，391 F. 2d 821（2d Cir.，1968）。但到了1985年的美国最高院（Supreme Court）的重要先例 Mitsubishi Motors Corporation v. Soler Chrysler-Plymouth Inc.，473 U. S. 614，105 S. Ct. 3346，87 L. Ed.，2d 444（1985），有了很大改变。它以5∶3的多数判定在国际合约（international contracts）中涉及反托拉斯争议是“可仲裁”（arbitrable）。换言之，这类争议从“不可仲裁”变成“可仲裁”，

要依赖很可能是外国(美国而言)的仲裁员去适用与解释反托拉斯法(著名的"Sherman Act")。怎会有这么重大的改变?毕竟这不是理想做法。说是外国仲裁庭若漠视"Sherman Act"作出裁决书(例如不给惩罚性赔偿),到裁决书执行时可去拒绝。但美国大公司到处有资产,不一定要去美国执行。

改变原因估计主要是大环境改变了——西方国家近年大力支持仲裁,特别是国际仲裁。按说1958年的《纽约公约》仍是同样文字/措辞,所以也不仅是为遵守国际公约的原因。当然,国际上会受害的不一定是美国人,更不是一般平民百姓,所以比较宽容。

2. 国家政策的考虑

简单说,对放宽"可仲裁"(arbitrable)争议的政策考虑有以下几点:

(1) 国家整体利益考虑:例如想发展成为国际仲裁中心,或一直是国际仲裁的受益者如经常胜诉等(西方国家通常是受益者)。

(2) 承认了1958年《纽约公约》应有的责任(treaty obligations)。

(3) 对国际仲裁制度与仲裁员水平的信任。

(4) 减低国家法院的过度拥挤。法院资源(人力与财力)有限,重点应放在本国民众关心的事项上,不是浪费在只会影响双方当事人的私人商业合约(特别是国际性)争议上。

(5) 国际友好与大环境。例如近二三十年,西方先进国家大力鼓吹尊重国际商业合约,包括其中几乎一定有的一条仲裁条文。它们也同时大力推动和支持国际仲裁,毕竟最可放心的著名的国际仲裁员几乎全是西方人。在此大环境下,一般发展中国家难以"背道而驰",也不好处理,尤其是另有意图,如吸引外资。

(6) 现实中也确有麻烦,如"欺诈"(fraud)是"不可仲裁",一方当事人每每有争议都提出欺诈,即使对方是唯一剩下的老实商人,也足以把仲裁搞乱。

至于对仲裁不放心,要去否定"可仲裁"争议类别的原因有:

(1) 发展中国家不是国际仲裁得益者,它们多数是败诉方,也花不起昂贵的律师费。而且,国际仲裁绝少见到发展中国家人士担任仲裁员,更不用说是在仲裁庭中能产生影响力的成员。这表示国际仲裁背后决策人/审判人都是西方国家人士。

(2) 国际的西方仲裁员能否执行本国(考虑应否开放仲裁的国家)法律成疑。

(3) 他/她们也不会明白复杂的公法/民情与它背后的立法理念。

(4) 仲裁太强调"订约自由"(freedom of contract)与"当事人自治"(party-autonomy)。仲裁庭的管辖权来自仲裁协议,当事人怎样约定难以干预。这对私人的商业合约无伤大碍,但放任在公法(public law)或公共政策(public policy),会影响国民/公众的事项，就必须小心，不能任由双方“私了”。

（5）仲裁太商业化，只讲金钱，不讲或少讲“道德”（morality）与可能偏袒强大公司/机构。例如，一些商会仲裁机构的仲裁员名单中成员主要来自大商家，若任由他/她们去仲裁劳资纠纷，结果如何可想而知。

（6）仲裁太机密，裁决难以上诉，无法有效监督。机密在商业上有必要，但在公共利益相关大事上非是好事。对发展中国家也不是好事，像中国政府会对中国公司/企业在外国仲裁败诉多少、欠下多少裁决债务（judgment debt），根本一无所知。

3. 不可仲裁的争议事项

首先，一些国家去区分“商业”（commercial）与“非商业”（non-commercial）的争议。这可由1958年的《纽约公约》（New York Convention）所承认的国家来显示。在该公约中，签约国可宣告公约只适用在本国认为是“商业”的争议。有此宣告（declaration）或保留（reservation）的国家有40个以上，如加拿大（除了魁北克省）、中国、美国、印度、印度尼西亚、伊朗，等等。

保留或不保留的区别可以美国的 Wijsmuller v. United States, U. S. District Court of New York, S. D. December 21, 1976（U. S. No. 15）为例。它是有关一艘美国军舰在荷兰海岸搁浅，结果在签了救助合约（Lloyd's Open Form 或简称 LOF）后为 Wijsmuller 施救浮起。根据 LOF，它由一条伦敦仲裁条文决定/裁决救助奖金应是多少。美国法院拒绝伦敦仲裁，原因之一是：这并非是“商业”（commercial）争议，而美国签署《纽约公约》时有了这个保留。

另说，雇佣合约（employment contracts）在美国《联邦仲裁法》（Federal Arbitration Act）有说明是“非商业”（not commercial）。这一来，因为与《联邦仲裁法》有冲突，船员合约内的外国仲裁条文能否受《纽约公约》约束，这问题在上诉庭先例之 Bautisa v. Star Cruise Lines, Norwegian Cruise Line Ltd., 03—15884, 11th Cir., 2005 U. S. App. LEXIS 889 有涉及。并为这“商业”或“非商业”目前正上诉去 Supreme Court。这方面后详。

“商业”的定义与范围，国与国之间并不统一，有宽有紧。例如越南法律认为建筑争议（construction disputes）不包括在商业争议中。这是颇为奇怪的，不少国家/地区（如中国香港地区）的建筑争议是主要的商业仲裁案源。

但即使有商业味道的争议，仍存在可能是“不可仲裁”（non-arbitrable）的民事争议（civil disputes），即使是有关当事人已经同意。例如，国家政策上要保护“消费者”（consumers）。在美国的 Brower v. Gateway 2000, 676 NYS 2d 569（Sup. Ct. NY App. Div., August 1998），法院撤销了一条在与消费者合约内的“国际商会”（International

Chamber of Commerce 或简称 ICC）仲裁条文。

其他“不可仲裁”（non-arbitrable）争议事项包括以下类别：

（1）涉及“个人身份”（personal status），如雇佣合约（employment contracts）、家庭争议（family disputes）等。

（2）涉及第三者利益，如子女托管（离婚）、破产/清盘（因为有其他债权人与先后排列问题）、竞争法、知识产权等。

（3）涉及刑事或违反国际秩序的非法争议，如走私贩毒、海盗、贩卖人口、种族纠纷、国际贪污等。

（4）其他国家政策/立法/判决规定争议（特别是本土）不能去仲裁。这会是包罗万象、意图各异，如保护社会弱势的消费者、保护国家宝贵资源、政府的控制（如沙特阿拉伯之 Council of Ministers' Decision No. 58 of 25/06/1963 禁止政府接受国际仲裁，但在 1979 年，沙特阿拉伯参加了 ICSID 公约［Convention on the Settlement of Investment Disputes］，有了改变）、本国的土地买卖如德国等。

总的来说，有以下几点可以补充：

（1）因为仲裁的特点如“私了”、订约自由、高度机密、国家法院少管或不管、什么人都可担任仲裁员等，所以即使是本质上支持仲裁的西方国家也很难完全放手让仲裁去解决涉及公众利益、公共政策与影响重大的民事争议。

（2）一般说，本土（domestic）仲裁比国际仲裁有更多的“不可仲裁”（non-arbitrable）争议。这可以理解，国际仲裁涉及外国利益就要更小心办事。而且多数国家都签署了 1958 年的《纽约公约》。加上国际上对“公共政策”（public policy）的解释比本土严格得多。就连机构仲裁规则也受影响，如“美国仲裁协会”（American Arbitration Association 或简称 AAA）在国际仲裁中限制给予“惩罚性赔偿”（punitive damages），但不适用在本土仲裁。

（3）一般说，发展中国家比发达国家有更多项的“不可仲裁”争议/事项。这也可以理解，在当今的国际仲裁制度下，西方发达国家是这个游戏规则的主要得益者。仲裁地点主要在西方国家，适用它们的法律，最重要的是裁决者（仲裁员）绝大多数是西方人。所以，它们对国际仲裁的大力支持与开放，是理所当然的。相反，发展中国家由于不懂，往往吃大亏与被动。即使委任一位“自己人”在仲裁庭，也会因水平低等而起不了作用。近年来亚洲国家如中国、泰国与印度尼西亚等都有过重大仲裁案件一败涂地、损失惨重。难怪，听说印度尼西亚与泰国政府敌视国际仲裁。中国内地据悉仍是十分支持国际仲裁，包括伦敦仲裁。据说中国几家最大的国有公司/企业最近决定所有涉外合约（特别是外贸与航运等领域）全部改为去伦敦仲裁。原因之一是，中国法律有太多无法解释或不肯定之处。但按说仅是因为此也可以去约定香港仲裁并说明“合约适用法”（applicable law of the contract）是英国法，也不必一定要去伦敦。近日笔者也听一位英国著名律所的合伙人朋友说中国内地去伦敦的仲裁案件败诉率高达 95%。另一家国有企业理赔部领导说他常去伦敦仲裁，但记忆中未曾胜诉过。这使笔者大惑不解：若是败诉率高达95%，中国怎会仍十分支持国际仲裁，特别是伦敦仲裁？或者是，决策人不知全貌？而即使仍支持国际仲裁也要全面改善一些做法。例如，收集数据与多了解，以回避一些不友善或不了解中国文化的仲裁员或/与仲裁机构。这是至关重要的。虽然高水平律师也很重要，毕竟在海事领域案件80%是庭外和解，这与仲裁员无关。但一走到审理裁决的一步，最关键的是仲裁员。"好"律师关系反而变为不重要。所以，笔者眼见不少中国公司/企业花天文数字聘用著名律师出庭，但结果并不理想。反而在委任仲裁员方面乱来或无知。例如，笔者私下知道一两位著名伦敦仲裁员十分敌视中国，但他们也同时是中国公司/企业最经常委任的人士。决策人一有了完整数据，马上看出过去几年几十个仲裁案件从未判中方胜诉，如果稍微了解案情，即会明了其中的关键之处并在以后学到怎样避凶趋吉。

（4）至于怎样去区分"可仲裁"或"不可仲裁"的争议事项，特别是模棱两可的"边缘"（borderline）案件，大陆法国家一般以立法规定。但普通法国家则主要看个别案件的不同事实与当时政治与道德大环境去作出判例。

4.《纽约公约》承认"不可仲裁"的说法与规定

在1958年的《纽约公约》（International Convention on the Recognition and Enforcement of Foreign Arbitral Awards 或通称为 New York Convention），它在两处以上承认有关国家（什么属"有关"，后详）的法律不承认是可仲裁的争议，则《纽约公约》不适用。

一是在 Article V(1)(a)说：

"Recognition and enforcement of the award may be refused at the request of the party against whom it is invoked[1], only if that party furnishes to the competent authority where the recognition and enforcement is sought, proof that[2]:

(a) The parties to the agreement … or the said agreement is not valid under the law to which the parties have subjected it[3] or, … under the law of the country where the award was made[4];"

二是在 Article V(2)(a) 说：

"Recognition and enforcement of an arbitral award may also be refused if the compe-

---

〔1〕 裁决书的承认与执行会被拒绝，在被针对的一方当事人提出要求。

〔2〕 但该当事人要向寻求承认与执行的有关当局（一般指法院）提供证据。

〔3〕 该仲裁协议在双方当事人在适用的法律下是无效的（这是指仲裁协议的适用法）。

〔4〕 或在作出裁决书地点的法律是无效的（这是指仲裁地点的法律）。

tent authority in the country where recognition and enforcement is sought finds that[5]:

(a) The subject matter of the difference is not capable of settlement by arbitration under the law of that country[6];"

《纽约公约》虽然承认"不可仲裁性"(non-arbitrability)的说法,但没有给予任何定义,更没有试图去订一份名单,原因在"The New York Convention of 1985"一书第375页有讲,如下:

"Leaving aside the question whether it is desirable that the New York Convention be revised by an additional Protocol or the like, it will prove to be difficult to establish a list of non-arbitrable matters for each Contracting State[7]. In many States it is unclear which matters are non-arbitrable[8], and in those cases where they can be identified, it is difficult to lay down all the necessary kinds of subtle distinctions for each case[9]. Moreover, it will not be easy to reduce to writing all cases in which the distinction between domestic and international public policy could be made[10]. There is also a danger that States will be tempted to reverse the order by stating which matters are allowed to be arbitrated upon, and to consider as arbitrable only the matters expressly mentioned in the list.[11] This would vitiate instead of improving the existing situation. These observations would lead to the conclusion that the adoption of a generally acceptable list is both difficult to attain and undesirable because of the possibly adverse effect. Moreover, for the time being the establishment of such a list would not have high priority considering the few cases in which the non-arbitrability of the subject matter has led to a refusal of enforcement under the Convention[12]."

---

〔5〕 如果寻求承认与执行的有关当局发觉,裁决书的承认与执行也会被拒绝(这是指执行地点的法律)。

〔6〕 双方当事人的争议事项在该国法律下不能以仲裁解决。

〔7〕 不说修改《纽约公约》有困难(因为需要太多国家去签署/承认),成立一份"不可仲裁"事项的清单给每个签约国依从也有困难。

〔8〕 有许多国家不清楚什么是"不可仲裁"。

〔9〕 能明确的事项,也难写出一些各不同案件的隐蔽与巧妙的差异或特点。

〔10〕 也难写明本土与国际公共政策的差异。(一般说,前者可任意规定,反正外人不管,但国际公共政策应与国际统一与局限。)

〔11〕 也有危险是有国家本来"可仲裁"事项,一看了清单就改为"不可仲裁"。

〔12〕 清单也不急拟定,目前以"不可仲裁"为由拒绝执行外国的裁决书情况不多。

5. 涉及"不可仲裁"的三个不同法律

在上述《纽约公约》规定可见，"不可仲裁"可在三个不同阶段出现，而它们的适用法并不一定是一致的。它们(不同阶段)是：

(1)双方约定的仲裁协议。

(2)仲裁地点。

(3)裁决书的执行。

在上述三个阶段，特别在本土仲裁，加上败诉方的财产亦在本土，在所有阶段会只涉及一套法律。但一涉及国际仲裁，常会可能是不同法律适用在不同阶段，都要兼顾。

首先是约定的仲裁协议有它的适用法（applicable law）。在笔者(杨良宜)的《国际商务仲裁》一书第五章之1.3小段与本书第二章谈及说除非仲裁协议是另一份文件，如果只是主合约中其中一条文，它不应有另一种与主合约不同的明示适用法。所以，主合约说明适用英国法(国际性合约常见的明示条文)，英国法律(包括在"可仲裁"的说法)也适用在仲裁条文。

当然，这会有变数。例如，主合约本身没有适用法条文，也没有仲裁条文。但出了争议后，双方当事人才去定伦敦仲裁并同意该协议以英国法解释。这一来，主合约的适用法要根据仲裁地法律的"法律冲突"(conflict of law)原则去找，例如找出合约最紧密关系的是中国法，但完全独立的仲裁协议已明示了适用英国法，而两国法律对待什么是"不可仲裁"却有差别。

第二个有关法律是仲裁地点(seat)，也就是作出裁决书的地点：请看1996年英国《仲裁法》之Section 53。若是在这一套法律下出争议的事项是"可仲裁"(non-arbitrable)，这又会带来困难。所以，热门的仲裁地点如伦敦或香港地区，为了世界上各种争议尽量来仲裁，就不会希望本身法律有太多的"不可仲裁"事项。

仲裁地点(seat)一般由双方当事人在仲裁协议约定，例如是"伦敦仲裁"或"香港仲裁"。仲裁地点重要之处是仲裁为程序法(procedural law)适用，例如是"伦敦仲裁"就不必说明也适用英国《仲裁法》，这又与主合约的适用法(可称为实体法[substantive law])不一样。

纯理论上，在"当事人自治"(party autonomy)大原则下，双方当事人亦应可同意/约定适用与仲裁地点不同的程序法(procedural law)，道理与约定一些仲裁规则(arbitration rules)适用一样。但是，其一是现实中罕见，当事人通常只会约定实体法(substantive law)。例如"中国香港地区仲裁，英国法适用"(Arbitration Hong Kong, English law to apply)应解释为英国的实体法(如合约法、损失计算等)适用，仲裁本身的程序法仍适用中国香港地区《仲裁法》,并非1996年英国《仲裁法》。申请救济亦是去中国香港地区法院,不是英国法院。明示适用不同仲裁地点的外国程序法估计解释起来会有敌意,因为不合理并且操作困难:Union of India v. McDonnell Douglas (1993)2 Lloyd's Rep. 48(仲裁条文是伦敦仲裁,但程序法是1940年的印度《仲裁法》)。例如,一方当事人想"赶走"(remove)仲裁员或"撤销"(set aside)一个裁决书,他应向英国或印度法院作出申请呢?若是后者,可否在伦敦执行呢?

其次是英国的1996年《仲裁法》之Section 2(1)说明立法强制适用以伦敦作为仲裁地点:"The provisions of this Part apply where the seat of the arbitration is in England or Wales or Northern Ireland."而立法中不少条文是强制性的(mandatory),不得以明示条文去改变:请看1996年《仲裁法》之Schedule 1。

在国际仲裁会有少数情况是仲裁协议没有约定"仲裁地点"(seat)。例如,只约定了"国际商会"(International Chamber of Commerce 或 ICC)的仲裁规则适用,这样仲裁地点就会由国际商会指定。国际商会一般考虑双方当事人方便的地点,例如双方都在亚洲就指定中国香港地区或新加坡为仲裁地点。若争议的本质是会带来"不可仲裁"的问题,估计也是考虑因素之一。反正是,指定了什么仲裁地点,该地的仲裁法/程序法也就自动适用了。由于该国际商会仲裁的合约中会另有一条适用法条文,如:"This contract shall be governed and construed by English law"。这一来,若是国际商会指定纽约为仲裁地点,纽约的联邦仲裁法作为程序法适用,但实体法仍是英国法,而两国法律对何谓"不可仲裁"(non-arbitrable)的争议事项都会有涉及。

最后也是第三个有关"不可仲裁"问题的法律是裁决书的执行地点/国家。这又会是不稳定,因为在哪里执行主要考虑因素是败诉方有资产的地点。有时候胜诉方更会在多过一处地点/国家去执行,因为败诉方的资产分散了。显然,对执行地点的法院而言,虽会依照《纽约公约》办事,但如何解释何谓公约的"公共政策"(public policy)或"可仲裁性"(arbitrability)仍是各国不同。加上《纽约公约》在Article V(1)与(2)这些拒绝执行的理由在措辞上只说是"可以"(may)拒绝。这一字在Dardana Limited v. Yukos Oil Company (2002)2 Lloyd's Rep. 326有说:

"The use of the word 'may' must have been intended to cater for the possibility that, despite the original existence of one or more of the listed circumstances, the right to rely upon them had been lost, by for example, another agreement or estoppel …"

这一来,若是"可仲裁性"已较早时被仲裁庭裁决了(当然是判了争议"可仲裁"),但会是解释有关立法错了或是事实认定错了,也会在执行时被执行法院认为可不可以仲裁的事议/争端(issue)已经判了,故以"一事不再理"(issue estoppel)为由不肯再重审:英国的Westacre v. Jugoimport(1998)2 Lloyd's Rep. 111与美国的Northrop Corp. v. Triad,811 F.2d 1265(9th Cir.)(1987)(案情后详)。

例如在Northrop Corp.先例,美国上诉庭说:

"Courts are bound to enforce arbitration award based upon arbitrators' resolution of issue interpreting and applying agreement, even in face of erroneous findings of fact or misinterpretations of law."

这意见/判决在今天西方国家大力支持国际仲裁的大环境下不足为奇,毕竟《纽约公约》Article V(1)与(2)只说是"may"(有关是否接受"不可仲裁"[non-arbitrable]的抗辩)。但较早仲裁庭考虑的不会是执行地法律有关"可仲裁性"(arbitrability),所以不应是"issue estoppel"。例如在 Westacre 先例,仲裁庭只是裁决了瑞士法律(Swiss law)下的"可仲裁性",判定没有问题。裁决书在英国执行,该争议事项在英国法律下应是"不可仲裁"(游说/买通科威特政要在军火交易的佣金支付)。执行是根据《纽约公约》,照说以 Article V(2)(a),英国法院可独立考虑自己的"公共政策"(包括道德观念)与"可仲裁性"。但 Colman 大法官说支持国际仲裁的大政策更重要。笔者看来,这有点偏离了《纽约公约》,好像支持过度。这与较早期判决像 LIAMCO v. Libya, January 18, 1980 (U.S. No.33)有很大差别,虽然 LIAMCO 案例本身也颇有争论是否判对(该案情也会后详)。

6. 提出"不可仲裁"的时机

第一个在伦敦仲裁程序的时机是在一开始。若是一方当事人(通常是被告)认为在仲裁协议的适用法或在仲裁地点的法律在"可仲裁性"(arbitrability)有问题,并向仲裁庭提出,这是雷同"管辖权的质疑"(challenge of jurisdiction),在英国 1996 年《仲裁法》之 Section 30 等适用。

之后的另一时机是根据 Section 67 把刚作出(28 天内)的裁决书撤销(set aside)或宣告无效(declare the award to be of no effect),理由当然是争议事项在合约适用法或英国法下属"不可仲裁",这导致仲裁庭没有管辖权。当然,若是提出一方当事人继续参与仲裁程序的推进,就难拖延至作出裁决书后才提出。这在 1996 年《仲裁法》生效前可以,例如先声明保留权力(without prejudice to the right to challenge jurisdiction)然后出庭抗辩,这不能说是"弃权"(waiver)。但有了 1996 年《仲裁法》之 Section 73 (名为"Loss of right to object"),就无法用此做法拖延了。

最后也是最常发生的时机是在裁决书执行之时刻。已经说过,《纽约公约》在 Article V(2)(a)承认与接受执行地法律对"不可仲裁"(non-arbitrable)的说法,并可作为拒绝执行理由。但败诉方也不可高兴,即使是本国法院执行也不能在全球注视下胡乱解释《纽约公约》,这毕竟是国际公约,签约国必须遵守。并且一个裁决书的执行若在一处执行地点因"不可仲裁"被拒,胜诉方可去另一处地点/国家再来执行,反正裁决书有效期是 6 年(在 The"Good Challenger"[2003] 1 Lloyd's Rep. 471,更是在裁决书作出的 20 年后仍被执行)。笔者较早已提到了 Westacre v. Jugoimport

(1998) 2 Lloyd's Rep. 111 与 Northrop Corp. v. Triad, 811 F. 2d 1265 (9th Cir.)(1987)等先例,显示了西方国家的"支持国际仲裁"(pro-international arbitration)心态。可以说,除非败诉方是很小的发展中国家公司并且在将来20年间也不会有大发展,否则是难逃被执行。至于像中国的社会主义国家，更要怕败诉,虽是名不见经传的地方小公司,但胜诉方在南非向中远或中海的船队去执行，只要在南非是没有"可仲裁性"(arbitrability)与"非海事"(non-maritime)的问题。

这方面可介绍颇有争议的美国"哥伦比亚地方法院"(District Court for the District of Columbia)判的 LIAMCO v. Libya, January 18, 1980(U. S. No. 33)。在1973年,利比亚政府以国有化(nationalization)占有了 LIAMCO 在利比亚的资产。LIAMCO 稍后在日内瓦(Geneva)根据它与利比亚政府的"特许合约"(concession agreements)内的仲裁条文开始仲裁,并在不久后取得了一份胜诉8千万美元加利息的裁决书。

美国地方法院拒绝执行裁决书,依据是《纽约公约》的 Article V(2)(a),认为利比亚国有化 LIAMCO 的资产,是一个"国家行为"(Act of State),这在美国法律下是"不可仲裁"(non-arbitrable)。判决是这样说:

"The 'subject matter of the difference' in this case is Libya's nationalization of LIAMCO's assets and the rate at which LIAMCO should be compensated for the assets taken under that nationalization.[13] Should that rate be determined according to the terms of the original concessions(by arbitration), or should it rather be determined according to the provisions of the nationalization laws themselves(by Libyan committee)?[14]

Had this question been brought before this Court initially, the Court could not have ordered the parties to submit to arbitration because in so doing it would have been compelled to rule on the validity of the Libyan nationalization law.[15] That law by its terms abrogated the concessions entirely and vested exclusively determination of any compensation in a special committee provided for in the same law.[16] The practice that counsels this judicial abstention from passing on the effectiveness of the acts of foreign sovereigns is termed the act

---

〔13〕 本案争议之事是利比亚国有化 LIAMCO 的资产与应补偿 LIAMCO 多少钱。

〔14〕 补偿比率应根据原"特许合约"条文(这争议要去仲裁)或应根据国有化的法律条文(这争议由利比亚委员会决定)?

〔15〕 若是这问题一开始就来本法院,本院不会命令双方当事人去仲裁，因为这样做是被迫去判利比亚国有化法律的有效性。(这表示美国法若是合约适用法或仲裁地点法，也会一早判这争议是"不可仲裁",不必等到作出裁决书。)

〔16〕 该国有化法律条文全面取代了较早的特许并授权一个法律规定的特定委员会全权决定任何的补偿。

of state doctrine.[17]”

上述案例在进一步上诉时庭外和解。但这个没有被推翻的案例有很大争议，在Albert Jan van den Berg 的“The New York Arbitration Convention of 1958”一书第372 页有详谈。大致上说利比亚可单方面通过立法中断它的承诺，这协议就毫无价值了。至于像国家的豁免权（immunity），可说在与外国的商业机构同意一个仲裁协议就已是放弃（waive）了权力。而美国的“国家行为”理论，可以回避，就是如果裁决书指称利比亚的国有化不对，这可说有违反而拒绝执行。但本案例的裁决书只针对国有化后仍应依照国际上的一些原则作出足够补偿，这不是违反“国家行为”理论。

当然，上述说法是硬切开同一件事，而且让国际仲裁员有了回避机会，就是内心实质反对国有化，但不在裁决书中写出来，只判天文数字的补偿金额，令行使国有化的国家不会想赔，也赔不起。

到了今天，政治与道德大气候比三十多年前有了根本性改变，笔者估计不会在西方国家法院再出现像 LIAMCO v. Libya 的案例了。

7. 美　　国

美国是普通法/案例法国家，它有过不少有关这“可仲裁性”（arbitrability）的重要先例（多数是去了最高的 Supreme Court）。这包括劳资雇佣/纠纷、“反托拉斯”（anti-trust）、证券法、提单、“集体诉讼”（class actions）等方面。看来，美国法院近年来与其他西方先进国家一样，趋向大力支持与开放仲裁。以前曾经是“不可仲裁”（non-arbitrable）的争议事项，近年来许多有了180°的改变。接下去详论。

7.1　劳资纠纷与船员雇佣合约

这类问题涉及“个人身份”（personal status）与是否“商业”（commercial）之考虑。

先提一个意大利案件，是 Pretore of Genoa of 30 April，1980，16 Riv. dir. int. p.458（1980）（在 ICCA VII Yearbook 342［1982］有报道）。法院在一个劳资纠纷中否定了一个仲裁协议，是德国雇主与意大利工人所约定，理由是争议“非商业”（uncommercial）。这案例会有问题，因意大利在签署《纽约公约》时没有对商业作出保留。

另美国的《联邦仲裁法》（Federal Arbitration Act）有写明船员合约可豁免（FAA

---

〔17〕 这是“国家行为”的理论。（这理论是美国 Supreme Court 在 1897 年的 Underhill v. Hernandez，168 United States Supreme Court Reports 250［1897］先例所确立，就是每一个国家应尊重另一国家，不应判决另一国家在它本土所做的行为。美国一向视“国有化”［nationalization］为“国家行为”［act of state］。但后来有了立法修改为“Hickenlooper Amendment to the Foreign Assistance Act 1964”，说明国家行为理论不适用在国家没收财产或违反国际法原则。此修改也不适用在 LIAMCO v. Libya 先例。）

seaman exemption),原因是“非商业”,而美国签署《纽约公约》是有此保留的。而各州也会另有排除劳工雇佣合约内的“选择管辖条文”(forum selection clause),为保护弱势工人,如 Louisiana Revised Statute Section 23:321A(2)。

介绍第一个案例是 Francisco v. MTStolt Achievement 293 F3d 270(5th Cir. 2002),上诉庭强制双方去仲裁。第二个是接下去并依赖上述上诉庭先例的 Francisca Umali Magsino v. Spiaggia Maritime Ltd. and MV“Sea Parton”,No. 04—2148,E. D. La. (2004),案情十分接近。就是在船上受伤的菲律宾船员在美国法院起诉船东,索赔天文数字金额赔偿。而雇佣合约内有一条去菲律宾仲裁条文。当然,一去仲裁,恐怕拿到美国法院判的赔偿 1% 也不会有。美国的新奥尔良法院判定仲裁条文有效:

“This Court recognizes that by means of La. Rev. Stat. 23:921A(2), Louisiana has expressed a strong public policy against forum selection in employment contracts … This Court also recognizes, however, that in enacting the Convention, the United States has expressed an equally strong policy favoring arbitration in the type of situation now before us.”

接下去解释联邦法超越州立法:

“The New York Convention is a international treaty ratified by the United States, which ’preempts any state law which would invalidate an otherwise valid arbitration agreement. Here, under a straightforward application of LA R. S. 23:921, the arbitration clause in Magsino’s contract would be presumptively invalid. This is in direction opposition to the Federal law which presumes the clause is valid. … The Court’s reasoning is guided on this point by the dissenting opinion of Judge DeMoss in Dahiya v. Talmidge Int. Ltd., 371 D. 3d 207(5th Cir. 2004), which concluded that state statutes invalidating arbitration agreements is preempted by federal law. This Court therefore finds that, if the clause at issue in Magino’s employment contract is of a type contemplated by the Convention [纽约公约], the Convention governs, irrespective of any conflicting state policy.”

第三个介绍先例是 Bautista v. Star Cruise Lines, Norwegian Cruise Line Ltd., 03—15884, 11th Cir.; 2005 U. S. App. LEXIS 889。案情是在 2003 年 5 月 25 日,旅游船“Norway”号的锅炉(boiler)爆炸,船员中 6 人死亡,4 人受伤。伤亡的菲律宾船员在美国法院起诉。一审已败诉,被强制去菲律宾仲裁。上诉仍是败诉,上诉庭说:

“Plaintiff’s employment contracts are commercial legal relationships under the Convention Act, regardless of the FAA seaman exemption…

The statutory framework of title 9 and the language and context of the Convention Act [指《纽约公约》] preclude the application of the FAA seaman’s exemption, either directly as an integral part of the Convention Act or residually as a non-conflicting provision of the FAA…

Considering the language of the Convention Act in the context of framework of Title 9 and the purposes of the Convention, we find no justification for removing from the Convention Act's scope a subset of commercial employment agreements. The crewmembers' arbitration provisions constitute commercial legal relationships within the meaning of the Convention Act."

这案件现在正上诉去 Supreme Court,原告(船员)指上诉庭判错说 FAA 的"seaman's exemption"不适用在《纽约公约》,而 FAA 清楚说明船员雇佣合约是"非商业"(the plain language of the Federal Arbitration Act establishes the national law of the United States-seaman's employment contracts are not 'commercial' and are not subject to arbitration)。

总结有两点:其一,上述判决不适用在美国本土的同类争议,因为不适用《纽约公约》。美国的雇佣合约也不会任由资方强加一条莫名其妙的仲裁条文。其二,多年来国际船东与"互保协会"(P&I Clubs)为美国的庞大伤亡索赔头痛,什么"Jones Act"等,现在最起码在船员伤亡方面看来有了"救星",就是在雇佣合约加上一条仲裁条文。雇佣中国船员关系不大,他们一般不太懂英语,害怕官司并且不太了解自己的法律权利。但雇佣菲律宾或印度船员,就千万别在合约中漏了仲裁条文。船东良心好就加一条香港等地仲裁条文,良心不好可加一条乌干达或菲律宾仲裁条文,它们都是《纽约公约》国家。

7.2 反托拉斯(anti-trust)争议

大部分读者应该了解美国1890年的《反托拉斯法》(Sherman Anti-Trust Act),它应是世界上最早的竞争法(competition law)。这方面笔者第一个介绍的重要先例是上诉庭的 American Safety Equipment Corp. v. Hickok Manufacturing Co., Inc. & J. P. Maguire & Co., Inc., 391 F. 2d 821(2nd Cir. 1968)。

案情是 American Safety Equipment Corp.(简称"ASE")与 Hickok 订了一个15年的"许可合约"(license agreement),合约允许 ASE 在一些安全设备与零件上使用"Hickok"的商标(trademark)。合约也有一条仲裁条文。后来,双方有了争议,ASE 去法院申请一个"宣示判决"(declaratory judgment)指该合约是非法与无效,故此 ASE 无须支付任何"许可费"(loyalty)。非法是指该合约部分内容违反"Sherman Act",因为涉及扩大 Hickok 商标的垄断地位与不合理局限 ASE 的业务。

几天后,冒出了一家公司名为 J. P. Maguire & Co., Inc.,说是许可费(loyalty)的受让人(assignee),并开始了仲裁向 ASE 追讨。于是,ASE 再向法院申请禁令阻止仲裁程序的推进。而 J. P. Maguire 的反击自然是向法院申请"中止"(stay),强制双方去仲裁。

最后上诉庭判:

"(1) A claim under the anti-trusts laws is not merely a private matter[18]. The Sherman Act is designed to promote the national interest in a competitive economy[19]. Thus

〔18〕 反托拉斯争议/索赔不仅是私人的事。

〔19〕 该立法是为了加强竞争性经济中的国家利益而设计。

ASE asserting its rights under the Act is like a private attorney-general who protects the public's interest[20].

(2) Anti-trust violations can affect a large section of the public and cause staggering economic damage[21]. Congress did not intend such a claim to be resolved elsewhere than in the courts[22].

(3) The claim here was that the agreement itself was an instrument of illegality[23], in addition, the issues in anti-trust cases are prone to be complicated, and the evidence extensive and diverse, far better suited to judicial than to arbitration procedures[24]. Moreover, it is the business community generally that is regulated by the anti-trust laws. Since commercial arbitrators are frequently men drawn for their business expertise, it hardly seemed proper for them to determine these issues of great public interest[25].

(4) The anti-trust claims raised here are inappropriate for arbitration[26].

(5) Remanded for further proceedings consistent with this opinion."

这先例被许多法院遵循,所以一直的说法是反托拉斯争议是"不可仲裁"(non-arbitrable)。这情况维持到 Supreme Court 的 Mitsubishi Motors Corp. v. Soler Chrysler Plymouth Inc.,473 U.S. 614(1985)才有了改变。

它涉及了一份汽车的"分销合约"(distribution agreement),当事人有3位:一是 Soler Chrysler-Plymouth(Soler);二是瑞士公司的 Chrysler International SA (CISA);三是日本的"三菱"(Mitsubishi),十分具有国际性。

合约内容是 Soler 在一些地区出售/分销 Mistubishi 的产品/车子。后来大家有了争议,其中有争端(issue)涉及"Sherman Act"。由于该分销合约有一条去东京的仲裁条文,仲裁机构是"日本商业仲裁协会"(Japan Commercial Arbitration Association),所以,Mitsubishi 向美国法院申请强制 Soler 仲裁。而 Soler 自然是抗拒,并以"Sherman Act"为由。

案件最后到了 Supreme Court,结果以 6: 3(共有9位大法官)判定国际性的反托拉斯争议"可以仲裁"(arbitrable),判决如下:

"(1) Anti-trust claims arising under the Sherman Anti-Trust Act and of an interna-

---

〔20〕 故此,ASE 提出在该立法下的权力行使好像是私人的检察官保护公众利益。

〔21〕 违反反托拉斯法可以影响大面积的公众与造成严重经济损害。

〔22〕 立法的众议员不会有意让这种争议去美国法院以外的地方审理解决。

〔23〕 这里的争议是合约本身是非法文件。

〔24〕 加上反托拉斯案件会很复杂,有大量/广泛证据,相比仲裁,更适合法院审理。

〔25〕 而且,反托拉斯法为管制商业人士,怎能让他们去审理?(这是因为仲裁员往往就是商业人士。上诉庭说这样做法等于是"让狐狸去看管小鸡"[entrusting the fox to guard the chickens]。)

〔26〕 反托拉斯争议/索赔不适合去仲裁。

tional character are arbitrable pursuant to the US Federal Arbitration Act[27].

(2) There is no warrant in the US Federal Arbitration Act for implying in every contract within its ken a presumption against arbitration of statutory claims[28].

(3) There is no reason to depart from the federal policy favouring arbitration where a party bound by an arbitration agreement raises claims based on statutory rights independent of the contract containing the arbitration clause[29].

(4) By agreeing to arbitrate a statutory claim, a party does not forgo the substantive rights afforded by the statute. It only submits to their resolution in an arbitral rather than a judicial forum[30]."

Supreme Court 也针对 American Safety Equipment 上诉判决批评的几点,表示不同意。例如在仲裁员有否水平/资格审理复杂的反托拉斯法争议,Supreme Court 说:

"In any event, adaptability and access to expertise are hallmarks of arbitration. The anticipated subject matter of the dispute may be taken into account when the arbitrators are appointed, and arbitral rules typically provide for the participation of exerts… Moreover, it is often a judgment that streamlined proceedings and expeditious results will best serve their needs that cause parties to agree to arbitrate disputes; it is a typically a desire to keep the effort and expense required to resolve a dispute within manageable bounds that prompts them mutually to forgo access to judicial remedies. In sum, the factor of potential complexity alone does not persuade us that an arbitral tribunal could not properly handle an antitrust matter."

另在针对外国仲裁员能否在裁决中漠视有关的美国立法(Sherman's Anti-Trust Act),说:

"To be sure, the international arbitral tribunal owes no prior allegiance to the legal norms of particular states; hence, it has no direct obligation to vindicate their statutory dictates. The tribunal, however, is bound to effectuate the intentions of the parties. Where the parties have agreed that the arbitral body is to decide a defined set of claims which includes, as in these cases, those arising from the application of American antitrust law, the tribunal therefore should be bound to decide that dispute in accord with the national law giving rise to the claim. And so long as the prospective litigant effectively may vindicate its statutory cause of action in the arbitral forum, the statute will continue to serve both its re-

---

〔27〕 1925年《联邦仲裁法》下的国际性的反托拉斯争议是可以仲裁的。(注意是只涉及本土的反托拉斯争议仍是有疑。)

〔28〕 不能推断《联邦仲裁法》是反对立法的争议/索赔以仲裁解决。

〔29〕 没有理由偏离联邦支持仲裁的政策,只因为一方当事人提出一些合约外的立法权利。

〔30〕 同意仲裁一个立法权利,该当事人不是放弃立法给予的实质权利,只是由仲裁庭而不是法院解决。

medial; and deterrent function."

估计 Supreme Court 也有考虑到国际友好(international comity),特别是美日友好吧。

但该重要先例有3位大法官大力反对与不同意(dissent)。其中可节录 Stevens 大法官所说,如下:

"Arbitrations awards are only reviewable for manifest disregard of the law and the rudimentary processes which make arbitration so desirable in the context of a private dispute often mean that the record is so inadequate that the arbitrator's decision is virtually unreviewable〔31〕. Despotic decision making of this kind is fine for parties who are willing to agree in advance to settle for a best approximation of the correct result in order to resolve quickly and inexpensively any contractual dispute which may arise in an ongoing relationship〔32〕. Such informality is simply unacceptable when every error may have devastating consequences for important businesses in our national economy and may undermine their ability to compete in world markets〔33〕… public interest … better served by having the issues resolved 'in the light of impartial public adjudication〔34〕'."

在 Mitsubishi 的先例后,可多举一个与航运有关的近期案例,在"ARBITRATOR"2004年10月期刊中有报道。案情有关一家化学品贸易公司,它经常向四家国际船东租入"多隔舱油轮"(parcel tankers)去美国港口装卸。使用的标准租约的格式是著名的 Asbatankvoy,内中有一条伦敦仲裁条文。由于运费过高,该化学品公司(原告)向美国法院提出起诉,指该四家船东(共同被告)垄断了化学品运输市场。说它们共享有2/3强的市场吨位,可榨取很高的运费,违反"Sherman Act"。而四位共同被告则要求法院中止,强制大家以伦敦仲裁解决争议。

一审判定说反托拉斯(anti-trust)争议是在仲裁条文以外。但上诉庭(2nd Circuit)推翻一审,认为 Mitsubishi 先例中 Supreme Court 已判决了涉外仲裁适用于反托拉斯争议完全适合。至于原告说去伦敦仲裁,适用是英国法,会导致美国的立法被漠视或错判,上诉庭说这只是"过早的预测"(premature speculation)。报道是这样说:

"As a final point, the court directed itself to the choice of law provision in the arbitration clause and plaintiffs assertion that about one-third of the charters were to be arbitrated in London under British law. Plaintiffs argued that British antitrust law was inherently hostile to its claims and could not provide an effective antitrust remedy. The court stated that

〔31〕 仲裁裁决书在《联邦仲裁法》下基本上无法复核/监督。

〔32〕 这种暴虐的裁决只能使用在私下的当事人为了尽快与省钱的解决合约争议,宁可去取一个只是程度上比较接近正确答案的裁决。

〔33〕 这种随便的做法不适用在审理结果有任何一个错误都会对本国经济的重大企业有毁灭性影响并且不利于它们在世界市场上的竞争能力。

〔34〕 公众利益的争端会更利于让不偏私的公众法院公开审理。

the manner in which a London arbitration panel would apply British law to plaintiffs substantive claims was wholly speculative, therefore, the question of whether the plaintiffs would be able to effectively vindicate its rights under the Sherman Act was premature."

7.3 证券(securities)争议

第一个介绍的重要先例是 Supreme Court 的 Wilko v. Swan, 346 U. S. 427 (1953);74 S. Ct. 182 (1953)。

案情涉及原告(客人)通过被告(股票经纪)买进了一家 Air Associates Inc. 公司的股票,最后亏了本,故去法院提出索赔。诉因是被告误导与不提供重要消息。例如误导公司会被收购,收购价会比当时的市价高 6 美元 1 股。至于不提供重要消息是有关 Air Associates Inc. 的一位董事正在市场抛售手中股份。

这些指控的事实若能证明是违反美国证券法"U. S. Securities Act, 1993"之 Section 12(2)。但由于原/被告之间的"差额合约"(margin agreement)内有一条仲裁条文,所以,双方有了"可仲裁性"(arbitrability)之争。一审判定不可仲裁,但上诉被推翻。之后去了 Supreme Court,判定:

"(1) Section 14 of the US Federal Securities Act 1933 makes any 'condition, stipulation, or provision binding any person acquiring any security to waive compliance with any provision' of the Act void[35].

(2) The arrangement to arbitrate future controversies was a 'stipulation' binding customers to waive their rights to select the judicial forum and was the kind of 'provision' which was void under s. 14, notwithstanding the United States Federal Arbitration Act[36].

(3) As the protective provisions of the Securities Act require the exercise of judicial direction to fairly assure their effectiveness, Congress must have intended s. 14 to apply to waiver of judicial trial and review[37]."

这是一个具争议先例,之后在 Scherk v. Alberto-Culver, 417 U. S. 506(1974)(后详)有了改变。Supreme Court 判定出于国际贸易与不影响订约自由的考虑,所以在国际情况下,证券争议"可仲裁"(arbitrable)。而在本土的证券争议,也在后来判决有了很大程度放宽:Shearson v. McMahon, 482 U. S. 220, 107 S. Ct. 2332(1987);Ofelia Rodriguez de Quijas v. Shearson/American Express Inc., 490 U. S. 477;109 S. Ct. 1917(1989)。以上案例稍后介绍。

---

〔35〕 美国《联邦证券法》之 14 条文说明任何"条件、条文或规定去约束买股票人士放弃该立法的保障"是无效。(这种精神与适用在提单的《海牙规则》一样,就是禁止以"订约自由"去减少责任,以鱼肉弱势或不懂的对方,因他/她没有水平或/与议价力量去保护自己。)

〔36〕 仲裁条文是这种条文,所以是无效。其中 Reed 大法官曾说证券法保护买方只能有效的显示在法院去监督,而仲裁有效性就低多了:"Even though the provisions of the Securities Act were advantageous to the buyer their effectiveness in application is lessened in arbitration as compared to judicial proceedings"。

〔37〕 立法的众议院一定有想到 14 条文要针对放弃法院审理的权力方面。

第二个介绍的重要先例是已提到的 Scherk v. Alberto-Culver。表面看来，这是一宗常见并且正常的公司买卖，是美国的 Alberto-Culver 收购德国的 Scherk。但有两方面涉及美国的 1934 年“Security Exchange Act”。一是美国公司 Alberto-Culver 为收购发行了“承付票”或“本票”（promissory notes），而这包括在证券的定义内。二是关涉到美国公司若被外国公司欺骗，会影响美国公司的投资者或股票持有人：“If there were victims here, they are not Alberto-Culver, the corporation, but the thousands of investors who are the security holders in Alberto-Culver. If there is fraud and the promissory notes are excessive, the impact is on the equity in Alberto-Culver.”

德国的 Scherk 拥有一些化妆品（cosmetic）的商标，并在收购时被指称是作出了这方面陈述或承诺。但收购后 Alberto-Culver 发觉商标有问题，于是在美国法院起诉，要求赔偿与救济。

但收购合约有一条仲裁条文，是去巴黎的国际商会（ICC）仲裁。故此 Scherk 向美国法院提出中止申请。

在一审与上诉，由于有了 Wilko v. Swan 的先例，Scherk 一直败诉。但去了 Supreme Court，以 5：4（共有 9 位大法官）的稍多数意见判 Scherk 胜诉，也就是判 ICC 仲裁条文有效。判决是如下几点：

“(1) Since uncertainty will almost inevitably exist with respect to any contract, such as the one in question here, with substantial contract in two or more countries, each with its own substantive laws and conflict-of-laws rules, a contractual provision specifying in advance the forum for litigating disputes and the law to be applied is an almost indispensable precondition to achieving the orderliness and predictability essential to any international business transaction. Such a provision obviates the danger that a contract dispute might be submitted to a forum hostile to the interests of one of the parties or unfamiliar with the problem area involved〔38〕.

(2) In the context of an international contract, the advantages that a security buyer might possess in having a wide choice of American courts and venue in which to litigate his claims of violations of the securities laws, become chimerical, since an opposing party may by speedy resort to a foreign court block or hinder access to the American court of the buyer's choice〔39〕.

(3) An agreement to arbitrate before a specified tribunal is, in effect, a specialized

---

〔38〕 一旦涉及多个实体法与诉讼地点（国际合约都有此特征），即会带来混乱。所以合约有针对条文可防止这种危险，是将来有一方当事人会面对有敌意或不了解的诉讼地点。

〔39〕 在国际合约，证券买方在美国法院有的好处有所改变是妄想。因为对方可以很快在外国法院阻止或干预买方选择美国法院途径。（估计这是考虑到美国法院对外国公司没有管辖权，外国法院可能会作出“anti-suit 禁令”等。）

kind of forum-selection clause that posits not only the situs of suit but also the procedure to be used in resolving the dispute, and the invalidation of the arbitration clause in this case would not only allow the Respondent to repudiate the solemn promise but would also reflect a parochial concept that all disputes must be resolved under our laws and in our courts〔40〕.

(4) Court of Appeals' judgment reserved and case remanded to that court with directions to remand to the District Court for further proceedings consistent with this opinion〔41〕."

已经说过,针对本先例有很大的反对意见,9 位中有 4 位大法官不同意判决。他们的反对意见可部分节录如下:

"This invocation of the 'international contract' talisman might be applied to a situation where, for example, an interest in a foreign country or mutual fund was sold to an utterly unsophisticated American citizen, with a material fraudulent misrepresentation made in this country. The arbitration clause could appear in the fine print of a form contract, and still be sufficient to preclude recourse to our courts, forcing the defrauded citizen to arbitration in Paris to vindicate his rights."(这"国际合约"说法会出现在下述情况,例如在美国重大并欺诈性地误导了一个水平不高、需要保护的美国公民,但该受骗美国人仍不能向美国法院求助,而被迫去巴黎仲裁。)

"When a defendant … has … brought itself within the ken of federal securities regulation … those laws apply … whether the defendant is foreign or American, and whether … there are transnational elements in the dealings. Those laws are rendered a chimera when foreign corporations or funds … can nullify them by virtue of arbitration clauses which send defrauded American investors to the uncertainty of arbitration on foreign soil. Or, if those investors cannot afford to arbitrate their claims in a far-off forum, to no remedy at all."(联邦证券法律适用于任何被告:外国人或是美国人,或是交易有涉外因素。这些法律有所改变是妄想,如果外国公司或基金可以仲裁条文令法律无效,迫使受骗美国投资者去面对不肯定的外国仲裁,或不能仲裁就没有任何救济。)

再有先例是针对美国本土(domestic),不是国际(international)的证券争议,适用的立法仍是 1934 年"Security Exchange Act"。先例名为 Shearson/American Express Inc. and Mary McNulty v. Eugene McMahon, 482 U. S. 220; 107 S. Ct. 2332 (1987)。原告在美国法院起诉被告(是股票经纪人),理由也是被告"过量交易"(excessive trading)、假消息、漏报重要信息等。原告主要依赖两个立法为诉因:一是 1934 年的

---

〔40〕 仲裁条文是特殊的"诉讼地选择"条文。它除了选择诉讼地点外,也选择程序。若否定它,不仅是容许被告(Alberto-Culver)合法违反仲裁的承诺,而且反映了褊狭与地域性的想法——所有争议都必须以我们美国的法律并且在我们的法院审理。

〔41〕 推翻上诉庭判决。

“Security Exchange Act”；二是原来为了对付黑手党而立的法，名为“Racketteer Influenced and Corrupt Organizations Act”或简称 RICO。该立法允许惩罚性赔偿（punitive damages），即不是赔偿真正损失那么简单。

但被告要求法院强制去仲裁，因为原/被告之间合约有仲裁条文。

结果一审法院判定“Security Exchange Act”的争议“可仲裁”（arbitrable），但 RICO 争议“不可仲裁”（non-arbitrable）。上诉庭却判定两者都“不可仲裁”。最后去了 Supreme Court，又以 5∶4 的微弱多数判这两个立法争议/索赔“不可仲裁”。主要判决如下：

（1） The Act establishes a federal policy favouring arbitration, requiring that the courts rigorously enforce arbitration agreement. The duty to enforce the agreements is not diminished when a party bound by an agreement raises a claim founded on statutory rights. The Act's mandate may be overridden by a contrary congressional command, but the burden is on the party opposing arbitration to show that Congress intended to prevent a waiver of judicial remedies for the statutory rights at issue.

（2） The respondents' Securities Exchange Act claims were arbitrable under the provisions of the Act. Congressional intent to require a judicial forum for the resolution of claims made 10（b） of the US Security Exchange Act 1934 cannot be deduced from s. 29（a） of the Exchange Act, which declares void an agreement“to waive compliance with any provision of （the Act）”. Section 29（a） only prohibits waiver of the Act's substantive obligations and thus does not inhibit waiver of the rights granted by s. 27 of the Act, but which does not impose any statutory duties on a party to commence proceedings in the district court.

（3） The respondents' RICO claim is also arbitrable under the US Federal Arbitration Act. There is nothing in the RICO Act's text or legislative history that even arguably evinces congressional intent to exclude civil RICO claims for treble damages under 18 USC 1964（c） from the Act's dictates. Nor is there any irreconcilable conflict between arbitration and RICO's underlying purposes. Neither the potential complexity of RICO claims, nor the“overlap”between RICO's civil and criminal provisions, renders s. 1964（c） claims non-arbitrable. Moreover, the public interest in the enforcement of the provisions of the RICO Act does not preclude submission of such claims to arbitration.

（4） Court of Appeal's judgment reversed and remanded.

在上述（1）中，可见到 Supreme Court 认为联邦的政策是大力支持仲裁，在《联邦仲裁法》要求法院尽力强制仲裁。这不受索赔是来自立法权力的影响。会有例外是众议院另有立法针对某些方面有不同想法，要去超越《联邦仲裁法》，只准国家法院判决。这是反对仲裁的一方当事人举证众议院立法时确有此清楚意图。

在这 Shearson/American Express Inc. 先例后，本段一开始介绍的 1953 年 Wilko v.

Swan 先例已几乎完全被推翻。当然，时代不同了。这三十多年来，法院从不相信变为极相信仲裁员（毕竟，已有不少退休大法官摇身一变为专职仲裁员）。加上 Wilko 先例主要是认为仲裁是无法保护证券立法中所给予买方的实质利益/权利。但现在有了“证监处”（US Securities Exchange Commission 或简称 SEC），它有权监督在股票交易中加入的仲裁条文与有关人士或机构的行为。所以，Supreme Court 的多数意见（5 位大法官）认为与 Wilko 先例不同，现在的仲裁制度应可保护立法下的实质权利。

但少数意见（只有 4 位大法官）认为目前是对投资者/股民很不公平的年代，经常出现欺骗、做假账、内幕交易等滥权（abuse）情况。这种时候以仲裁方式放权给证券行业自己去“任意裁决”并不明智。而且任由行业本身成立的仲裁机构，以它所订立的仲裁规则与委任的仲裁员名单，肯定会偏向行业而不是消费者/小股民。这也是事实：据悉美国的股票经纪协会（National Association of Security Dealers 或简称 NASD）曾认为证券市场已有太多监管，无须再去作出过高的“惩罚性赔偿”（punitive damages），否则会令部分经纪人“家破人亡”。这导致 NASD 在 1998 年引入规则的修改，把惩罚性赔偿局限在最高是补偿性赔偿（compensatory damages）之两倍。最后大概在批评与压力下于 2003 年 5 月 9 日才撤销。

最后介绍的先例应是中国香港人一度十分熟悉与关心的，涉及已故包玉刚先生的“九仓集团”（The Wharf Holding Limited）被一家在 Denver 的美国公司起诉。这在笔者的《国际商务游戏规则——英美合约法》一书第二章之 3.2 小段末有略及，说：

“最后列举近日中国香港地区的九仓被美国 United International 控告的官司，事件有关中国香港地区的有线电视合作。美国公司指控九仓的吴先生曾口头答应他一定数量的股份，构成合约。吴先生说从未这样讲过。美国法院相信美国公司，判九仓毁约，要赔 1.5 亿美元。”

该案例 The Wharf Holding Limited v. United International Holding Inc., S. Ct. No 00—347 正是以 1934 年的美国“Security Exchange Act”起诉九仓的。

先略讲所报道的案情：在 1991 年，中国香港地区政府准备发专营执照给私人公司发展有线电视，并邀请公司投标。其中有兴趣的一家公司是九仓。但由于对有线电视操作经验不足，所以搭上了 United International 或简称 UIH。UIH 有这方面的经验。据报道，UIH 的副总裁 Mark Schneider 先生一开始对吴先生说明兴趣不仅在赚取技术上的顾问费，而且有权投资在香港有线电视。报道没有说明最后双方是以什么条件或对价（consideration）同意进行合作。反在案例报道说 UIH 给了九仓很多技术上的协助，并递交了标书给中国香港地区政府。标书中只略提到 UIH 有可能会投资，没有说死（non-committal）。之后在 1992 年 10 月 8 日，吴先生去美国 Denver 与 UIH 见面。在会面中，据报道是吴先生要求 UIH 继续协助直至九仓有了这方面专长的长期雇员为止。（这里对笔者仅看报道感觉不清楚的是：难道双方以前没有任何协议吗？毕竟双方已做了不少工作；如果有协议，难道有条文允许 UIH 随时中断协助？）报道继续说 UIH 同意，但对它的投资“选择权”（option）一定要明确是“绝对肯定”(absolutely firm)。据 UIH 证人说,吴先生当时口头作出承诺 UIH 可以有买入 10% 九仓有线电视股份的选择权。到了 1993 年 6 月,九仓成功投得有线电视专营权。再到 1993 年 7 月与 8 月期间,UIH 告诉吴先生它要行使这 10% 股份的选择权,但吴先生否认而最终导致这场官司。

以上案情主要发生在中国香港地区,怎会扯上美国的“Security Exchange Act”呢?这是因为吴先生被指称作出的承诺发生于美国。加上“securities”在立法上的定义很广泛,包括像本案例的意图投资。而在该立法下,是可给予惩罚性赔偿。这解释了九仓要赔上 1.5 亿美元或 12 亿人民币的巨款,说是九仓在当时好年度全年的利润或/与整个有线电视也不值这笔钱(因为早年亏本)。中国人有句话是“一本万利”,看来本案是 UIH 连“一本”也不必掏出就有上亿美元利润。

读者从本案件与较早介绍案例可感受到一有与美国或美国公司发生任何合约关系,逃避美国法院的“长臂管辖”(long-arm jurisdiction)与巨额惩罚性赔偿,目前最好或会是唯一可靠办法就是在合约加上一条有效的仲裁条文。在侵权行为(tortuous act)没有这办法回避,例如油轮在美国漏油造成严重污染与天文数字赔偿,是不可能先去约定仲裁才去漏油。但合约不这样做就太可惜了。

道听途说,九仓因为以前试过在仲裁不愉快的经历,估计会是败诉吧,所以在所有合约内排斥仲裁条文。当然,打官司不论在法院或仲裁都很少是愉快经历(除了 UIH 吧)。一般即使胜诉也是麻烦多多并且花费部分收不回的律师费。而且,难免有胜有败。但至少在香港、新加坡或伦敦仲裁,即使是判九仓败诉也不可能出现这种天文数字的赔偿金额吧!

7.4 集体诉讼(class actions)争议

集体诉讼在美国是经常听到,而英国也开始出现,但欧洲的大陆法国家就少有耳闻。早期,美国有一些案例认为集体诉讼是“不可仲裁”(non-arbitrable)。例如是:Vernon v. Drexel Burnham & Co., 52 Cal. App. 3d 706 (1975); Harris v. Shearson Hayden Stone, Inc., 441 N. Y. S. 2d 70 (1981)。但 2003 年的 Supreme Court 先例 Green Tree Financial Corp. v. Bazzle, 123 S. Ct. 2402 (2003)判是“可仲裁”(arbitrable),并由仲裁庭(不是法院)根据仲裁条文决定可否去集体诉讼。但“Mealey's International Arbitration Report”2003 年第 8 期说 Supreme Court 并没有解答相关疑问如:

“First, may arbitrators include unnamed class members as parties to the arbitration? Second, does the FAA preempt states from striking, on state substantive law grounds, otherwise valid contractual clauses prohibiting class-wide arbitrations?”

另也提到了其他方面如草拟仲裁条文去允许或禁止集体诉讼与它的有效性,说:

“The obvious response to Bazzle is to carefully draft agreement to specifically allow or preclude class-wide arbitration, and to give thoughtful consideration to the extent of the arbitrator's authority to determine the availability of class action procedures. A clause precluding class-wide participation are enforceable, and some lower courts have nullified arbitration clauses prohibiting or not specifically permitting class-wide arbitration…"

最后一提是据闻一些主要机构如美国仲裁协会(AAA)与国际商会(ICC)都在草拟针对集体诉讼的仲裁程序。

7.5 提单(Bill of Lading)争议

提单对外贸、航运与银行等应是最熟悉的文件之一。笔者(杨良宜)著有《提单与其他付运单证》一书,约七十万字,所以无意在本书再重复介绍。只说,提单从发货人(shippers)转交给了收货人(consignees),持有提单的收货人即可凭单向船长提取货物。这是提单作为"物权凭证"(document of title)所起的作用。此外,为了让提单持有人可以直接与承运人(主要是船东)(carriers)产生运输合约(提单为准)的关系,因为真正合约关系往往是其他人,如在CIF买卖的发货人去租的船,装了货之后发货人要求船长作出提单给他,提单在发货人(也是承租人)手里只是一份收据,故发货人才是运输合约(租约)的一方订约方,不是后来才出现的收货人/提单持有人。所以,各国有《提单法》的立法强加一个合约关系(就是提单的运输合约)在船东与收货人/提单持有人之间,好像后者就是原来的订约方(发货人)一样。这是为了方便在卸港打交道的双方可相互伸张提单合约内各自的权益,如承运人令船舶开航前适航、小心与妥善照顾货物与没有不合理绕航等。收货人则要支付发货人约定的运费(若有欠下)与滞期费等。

由于中美等国大量进口,经常出现货物损坏/短缺事故。一般收货人一有发觉,就会扣船取得诉前担保,并在当地法院起诉。像中国上海是卸港就会是上海海事法院,青岛卸港就会是青岛海事法院,等等。

原来提单中鲜会有仲裁条文,即使合并租约条文也不会特定去合并租约仲裁条文。近年来,仲裁越来越热,也伸延到提单。特别最普遍被使用的Congenbill标准格式在1994年版本中首次加进了仲裁条文,明言合并租约的仲裁条文,而租约又是十之八九去伦敦仲裁,最终变了今天的大宗货"租约提单"(charter-party bills of lading)十之八九去伦敦仲裁。这一来,一贯有管辖权的卸货港法院,全被提单中新加的仲裁条文加上《纽约公约》剥夺了。

更重要的是,以前是进取/积极向承运人/船东在卸港法院伸张自己权力,提出索赔的收货人或代位的保险公司,一改到遥远、昂贵与可能是95%败诉的伦敦仲裁,都变为十分犹疑。笔者最近见过一宗60万美元的货损索赔,中国海事法院以1958年《纽约公约》中止审理后,因为害怕伦敦仲裁而放弃追偿。至于10万/20万元不等的"小"索赔,放弃的次数更是无数了。

也是怕出现这种情况,所以美国一向十分敌视提单中剥夺美国法院管辖权的条文。在Indussa Corp. v. s. s. Ranborg (1967) 2 Lloyd's Rep. 101 (2 Cir. 1967),美国上诉庭判提单内的一条挪威法院管辖权条文无效,因为强制一位美国收货人去遥远的挪威索偿2600美元根本不现实,也违反了美国1936年的《海上运输法》(Carriage of Goods by Sea Act)(即是1924年的《海牙规则》)之Section 3(8):

"Any clause, covenant, or agreement in a contract of carriage lessening [the carrier's liability for negligence, fault, or dereliction of statutory duties] otherwise than as provided in this Act, shall be null and void and of no effect."(即是,任何提单条文去减轻承运人责任属无效。)

结果判定挪威管辖权条文无效。上诉庭说:

"that Congress meant to invalidate any contractual provision in a bill of lading for a shipment to or from the United States that would prevent cargo able to obtain jurisdiction over a carrier in an American Court from having that Court entertain the suit and apply the substance rules Congress had prescribed;…"

Indussa 先例是挪威管辖权条文,换了一条仲裁条文又会怎样?显然,这会更复杂,因为 1958 年《纽约公约》要求签约国必须承认与强制执行仲裁协议与裁决书。

这情况在 The"Sky Reefer"(1995) 63 USLW 4617; AMC 1817 先例出现。该提单有一条日本的仲裁条文,它的有效性与这类争议/索赔的"可仲裁性"(arbitrability)问题一直上诉到了 Supreme Court。Supreme Court 面对的难题是有两份签署了的国际公约起了正面冲突,一是 1924 年的《海牙规则》,二是 1958 年的《纽约公约》。Supreme Court 判定《纽约公约》优先,因为时间上较晚(理论上可考虑较早的立法)并且它是针对仲裁条文的承认(面更局限)。

当然,没有提到的是更后期与更有针对性(局限在提单仲裁条文)的国际公约《汉堡规则》(Hamburg Rules,1980)。它与《海牙规则》(Hague Rules,1924)不同之处是多了一条"仲裁条文"的 Article 22,全文如下:

"Article 22. Arbitration

1. Subject to the provisions of this Article, parties may provide by agreement evidenced in writing that any dispute that may arise relating to carriage of goods under this Convention shall be referred to arbitration.

2. Where a charter-party contains a provision that disputes arising thereunder shall be referred to arbitration and a bill of lading issued pursuant to the charter-party does not contain a special annotation providing that such provision shall be binding upon the holder of the bill of lading, the carrier may not invoke such provision as against a holder having acquired the bill of lading in good faith.

3. The arbitration proceedings shall, at the option of the claimant, be instituted at one of the following places:

(a) a place in a State within whose territory is situated:

(i) the principal place of business of the defendant, or, in the absence thereof, the habitual residence of the defendant; or

(ii) the place where the contract was made, provided that the defendant has there a place of business, branch or agency through which the contract was made; or

(iii) the port of loading or the port of discharge; or

（b）any place designated for that purpose in the arbitration clause or agreement.

4. The arbitrator or arbitration tribunal shall apply the rules of this Convention.

5. The provisions of paras. 3 & 4 of this Article are deemed to be part of every arbitration clause or agreement, and any term of such clause or agreement which is inconsistent therewith is null and void.

6. Nothing in this Article affects the validity of an agreement relating to arbitration made by the parties after the claim under the contract of carriage by sea has arisen."

要注意 Article 22(3)条文是允许收货人/提单持有人或代位保险公司有权在多处不同地点进行仲裁,如被告(承运人)所在地、订约地点、装港或卸港等。而仅限制在伦敦或香港的提单仲裁条文无效。

在 The"Sky Reefer"先例后,美国的海事律师、收货人、保险公司等也大受影响。改变 Supreme Court 的案例的唯一方法是通过立法。故美国想以新的《海上运输法》替代 1936 年的版本,而内中加上雷同《汉堡规则》的提单仲裁条文。但不幸众议院因各种政治事件而拖延了立法,至今仍是遥遥无期。反而同是主要关注货方利益(相对英国与许多欧洲国家是主要关注船方利益)的加拿大与澳大利亚已通过/生效类似立法。加拿大的"Canadian Marine Liability Act"之 Section 46 说:

"46(1) If a contract for the carriage of goods by water to which the Hamburg Rules do not apply provides for the … arbitration of claims arising under the contract in a place other than Canada, a claimant may institute judicial or arbitral proceedings in a court or arbitral tribunal in Canada … where

(a) the actual port of loading or discharge, or the intended port of loading or discharge under the contract, is in Canada …"

有关案例也开始有报道,如 The"Tuapse"(2004) LMLN 658。

但受害最深的中国(因为近年大量进口大宗货),在这方面的立法却是遥遥无期。而且,笔者深感有权力人士并不大了解这问题的严重性。其实,既然已有西方国家在先,加上有"可仲裁性"(arbitrability)与《汉堡规则》的合理合法理由,中国应不必怕一些西方国家(如英国)的指责说是违反《纽约公约》。

这方面问题笔者一直十分关注,已在多本书或发言中表达过。例如在 2001 年 6 月出版的《提单与其他付运单证》一书之第四章之 2.6.4.4 小段。

7.6　破产清盘

美国认为涉及个人/公司"破产清盘"(bankruptcy & liquidation)是"不可仲裁"(non-arbitrable)。

近年在 United States Lines, Inc. v. American S. S. Owners Mut. Protection andIndemnity Association, 197 D. 3d 631 [2nd Cir.](1999)判:

"in the bankruptcy setting, congresssional intent to permit a bankruptcy court to enjoin arbitration is sufficiently clear to override even international arbitration agreements."

另在2005年的White Mountain Mining Company, LLC [Josephn C. Phillips, et al. v. Congleton, LLC et al.] No. 04—1586, 4th Cir., 2005 U. S. App. LEXIS 5240,美国上诉法院说：

"…there is an inherent conflict between arbitration and the underlying purposes of the bankrupcy laws … Congress intended to centralize disputes about a debtors' assets and legal obligations in the bankruptcy courts so that reorganization can proceed efficiently and that arbitration is inconsistent with centralized decision-making because permitting an arbitrator to decide a core issue would make debtor-creditor rights 'contingent upon an arbitrator's ruling' rather than the ruling of the bankruptcy judge… Indeed, in this case the arbitration would have substantially interfered with the debtor's efforts to reorganize…"

笔者知道一位伦敦仲裁员朋友曾被美国"破产法院"(bankruptcy court)下禁令要求停止推进伦敦仲裁。本来他不在美国法院管辖内,加上他有责任推进仲裁程序与合约/仲裁条文的适用法不是美国法,所以起初不予理睬。但后来美国破产法院加强了禁令,若违反,每天的罚款是10,000美元,他才不敢再动,因为其他发展中国家将来可以不涉足,美国可不成。

最后顺便一提是印度法院近年来大量作出禁令阻止外国仲裁的进行,也与破产无关。知悉伦敦一位海事仲裁员有4个印度法院禁令,但他不予理睬。他说唯一小心是不再去印度度假。再说,西方国家人士不见得心里害怕发展中国家,特别是背后有强大的后盾。

8. 英　　国

英国是伦敦仲裁在国际上大受欢迎的形势下最主要的受惠国。可推想到,英国是不会有太多的"不可仲裁"(non-arbitrable)争议事项,特别是在国际仲裁中。

8.1　欺诈

在以往的1950年《仲裁法》,Section 24(2)针对"欺诈"(fraud)曾有特别规定如下：

"Where an agreement between any parties provides that disputes which may arise in the future between them shall be referred to arbitration, and a dispute which so arises involves the question whether any such party has been guilty of fraud, the High Court shall, so far as may be necessary to enable that question to be determined by the High Court, have power to order that the agreement shall cease to have effect and power to give leave to revoke the authority of any arbitrator or umpire appointed by or by virtue of the agreement."

这看来是把欺诈视为“不可仲裁”(non-arbitrable),要让法院审理。但到了1996年《仲裁法》已见不到同样条文。但同是普通法国家的马来西亚,最近仍判欺诈是“不可仲裁”:Bina Jati Sdn Bhd v. Sum-Projects (Bros) Sdn Bhd (2002) 2 MLJ 71。

8.2 消费者

仍会出现在1996年立法的“不可仲裁”事项不多,而且局限在本土。例如针对“消费者”(consumers)的仲裁协议,这是在1996年《仲裁法》之Section 89—91。

针对消费者的保护,1988年的“Consumer Arbitration Agreement Act”主要把消费者作为一方当事人的仲裁条文当做无效,主因是“法律援助”(legal aid)不包括仲裁的诉讼(中国香港地区也是一样)。

但在1993年的欧共体指引的“EC's Unfair Terms in Consumer Contract Directive”后,英国立法生效,这是1995年7月生效的“Unfair Terms in Consumer Contracts Regulations,1994”。在该立法下,合约条文若是“不公平”(unfair)就当做无效,不能执行,这包括是仲裁条文。当然,合约是指消费者作为一方的合约,而“消费者”是指一位自然人订约(不论是有关供货、买卖或提供服务的性质)而“目的不是为了他/她的业务一部分”(for purposes outside his business)。而条文会视为不公平,是要达至三个如下条件:

(1) 条文不是个别谈判后达至的(terms not individually negotiated)。

(2) 违反善意(contrary to good faith)。这方面考虑包括像双方当事人相对的谈判力量、消费者有否被引诱订约、供应商是否对消费者公平合理等。

(3) 条文是否有重大不平衡与对消费者不利。

1996年《仲裁法》之Section 89是完全替代(repeal)1988年的“Consumer Arbitration Agreement Act”与适用1994年的“Unfair Terms in Consumer Contracts Regulations”。

由于英国的消费者法律对笔者与中国读者无关,也就不多讲了。

8.3 竞争法

欧共体,包括英国的“竞争法”(competition law),会与中国读者有点关系。《罗马公约》(Treaty of Rome)之Article 85禁止任何“限制”(restrict)或“扭曲”(distort)竞争的做法。任何这种协议均属无效:Article 85(2)。除非是根据Article 85(2)给予豁免(exemption)。

在上述规定下,表示仲裁员一发觉有违反竞争法,就要宣告双方协议无效,并暂停仲裁程序,让一方当事人向欧共体专员(European Commissioner)申请豁免。

8.4 涉及本土或外国非法

在英国法律中,“非法”(illegality)曾是“不可仲裁”(non-arbitrable),但不久前有先例改变了Harbour v. Kansa (1993) 1 Lloyd's Rep. 455。

在友好的外国构成非法也一向被视为英国公共政策予以承认,正如Kerr大法官在Euro-Diam Ltd. v. Bathurst (1988) 1 Lloyd's Rep. 228所说:

“… rests on a principle of public policy that the court will not assist a plaintiff who has been guilty of illegal (or immoral) conduct of which the courts should take notice. If applies if in all the circumstances it would be an affront to public conscience to grant the plaintiff relief which he seeks because the court would thereby appear to assist or encourage the plaintiff in his illegal conduct or to encourage others in similar acts."

看来,外国构成非法也是受 Harbour v. Kansa 先例影响而变为"可仲裁"了。这明显是今天的大气候下大力支持仲裁的结果。

在 Harbour v. Kansa 先例,是涉及违反了英国的 1974/1981 年"Insurance Companies Act"。在一审,Steyn 大法官判定虽有"独立原则"(principle of separation)(即主合约因各种原因无效或从未生效,仲裁条文仍是独立有效),但非法导致合约无效与其他原因令合约无效如:"误述"(misrepresentation)、"双方错误"(mutual mistake)或"威吓"(duress)等不一样,因为一直是"不可仲裁"。一审的 Steyn 大法官提到了美国也有一些相同判决,说:

"I coming to this conclusion it is right to acknowledge also that some cases of illegality of the contract, as opposed to other form of invalidity of the contract, have in the United States apparently been treated as directly impeaching the arbitration agreement. See Domke on Commercial Arbitration, Revised Edition, 1988, pp. 100—102. This affords a possible basis for treating cases of illegality differently. In any event, while the distinction between initial invalidity and illegality is not one which in my view should nowadays prevail, I am constrained by high authority to hold that it does prevail…"

但去了上诉庭,判定非法争议事项可去仲裁,说:

"the Court was not obliged by authority to prevent the arbitrators from determining the issue of initial illegality."

有疑问的是,一些严重的非法,例如合约有关买凶杀人、叛国或者是恐怖行为是否会不一样对待,即不可仲裁(non-arbitrable)。

9. 意　大　利

单说意大利是因为想介绍一个有趣案件。首先说意大利有成文法(1990 Italian Code of Civil Procedure)对待"不可仲裁"(non-arbitrable)事项说:

"Article 806. Submission to arbitration. The parties may have arbitrators settle the disputes arising between them, except those regarding issues of personal status and marital separation and those others that cannot be the subject of a compromise."

在 Fincantieri-Cantieri Navali Italiani SpA (Italy) v. Ministry of Defence, Armament and Supply Directorate of Iraq, Republic of Iraq, Corte di Appello of Genoa, 1994, 21

Yearbook, Comm. Arb'n 594（1996），案情涉及伊拉克国防部与一家意大利造船厂订了合约建造一批“驱潜快舰”（corvettes）。1990 年 8 月，伊拉克为“统一”入侵科威持而被联合国作出“禁运”（embargo）。意大利随后作出相应禁运规定/立法后，这批快舰也就无法建造与交船了。

之后，意大利船厂在热内亚（Genoa）法院起诉，要求宣告造船合约中断并要求赔偿。但伊拉克出庭要求中止，因为造船合约内有一条仲裁条文。意大利船厂回应说：

（1）“可仲裁性”（arbitrability）应依照意大利法律。

（2）Code of Civil Procedure（CCP），Article 806，说明双方当事人无法“协调/和解”（compromise）的事情是不可仲裁的。

（3）一有了禁运的立法，双方失控，无法自由处理有关合约事由正是这种情况。

但一审判定争议不是禁运法律所针对，例如交不交船等的履约问题。争议只关系到合约的中断与赔偿。

败诉的意大利船厂上诉，结果被改变过来。上诉庭是以《纽约公约》看待这问题并确认意大利法适用在决定争议的“可仲裁性”（arbitrability），说：

“For the present purpose it is sufficient to answer the question whether, at the time of commencing this action…the arbitral clause in the contracts was ‘null and void, inoperative or incapable of being performed’. The answer must be sought in Italian law, according to the jurisprudential principle that, when an object for foreign arbitration is raised in court proceedings concerning a contractual dispute, the arbitrability of the dispute must be ascertained according to Itlian law as this question directly affects jurisdiction, and the court seized of the action can only deny jurisdiction on the basis of its own legal system. This also corresponds to the principles expressed in Arts. II and V of the New York Convention. Hence, the answer to the question of arbitrability can only be that the dispute was not arbitrable due to Italian embargo legislation.”

上诉庭批评一审法院不应该硬切开同一件事情，因为实是分不开。例如，若是判造船合约中断就可能涉及“复原”（restitution）的问题，因为伊拉克预付了部分造船价，可能要部分归还，这仍违反禁运立法。上诉庭说：

“Indeed if the claim had been accepted and the contracts terminated, a restitution … would have been effected which was prohibited under the above legislation. Further, as a set-off had been claimed, in case termination were granted, between the Iraqi parties' credits for advance payments made and their allegedly higher debts, the arbitration could have led to meeting Iraqi requests in violation of the said supranational legislation.”

上诉庭也批评一审法院没有考虑到伊拉克在仲裁中如果胜诉怎么办，因为这一来造船合约就要履行了，而这正是违反禁运立法，说：

“The Court of First Instance of Genoa apparently missed this point and held the arbitral clause (which we hold to be null and void) to be valid. It reasoned that the Italian claimants' claim that the contract was frustrated due to the Iraqi parties' behaviour, and their connected request for damages, if and when granted by award, would not affect diritti indisponibili [rights of which the parties may not freely dispose] as there would be no actual transfer of property nor delivery of the contractual goods to the Iraqi parties. The Court further ignored the possibility that the arbitrators would reach the opposite solution, which would be as capable of affecting diritti indisponibili."

最后,上诉庭说在联合国禁运的真正的意向下,是不应硬区分"交战船"或"相交关联的钱"给伊拉克:

"Also, the Court of First Instance should not have distinguished the delivery of warfare goods from the mere regulation of monetary aspects of the same relationship through a money transfer from the Italian to the Iraqi party as activities capable of causing a situation not allowed under the embargo legislation. Such distinction is at odds with the supranational legislation issued in the historical situation at hand, which legislation is very far-reaching as it not only prohibits the supply of weapons and accessories to Iraq: it also jurisdically and commercially isolates that State, held responsible of a particularly severe violation of the right of the peoples, that is, an attempt to erase neighbouring Kuwait from the number of sovereign States member of the international community."

10. 国际贪污/受贿(International corruption & bribery)争议的可仲裁性

笔者不想多分析更多个别国家的"可仲裁性"(arbitrability)问题,因为现实价值不高,也不断在改变,真遇上问题才查询有关国家也不迟。本书只重视介绍有关的精神与说法,相信业已做到。再说,中国也有一些书籍与文章有详尽介绍各国在这方面的法律。

10.1 序言

笔者最后介绍国际贪污/受贿这类争议在"可仲裁性"(arbitrability)的各国与不同年代的不同说法。

在做法上常见的一种是西方大小公司(中国香港地区也会有公司)为了抢生意或/与卖个好价钱,不惜贿赂主要是发展中国家的政要/领导。更可怕的是(对发展中国家而言),这样达成的合约/交易一般都是不公平合约。原因之一是受贿的政要/领导水平不会高,不懂合约法与谈判,否则也不会贪小钱。原因之二是受了西方公司金钱,特别是见不得光,也不好意思为自己国家的利益进行谈判与力争。这种合约最后会令有关发展中国家跌入深渊。

尤其是大公司,为了防止本国(如美国)对境外的这种不法行为也有权管辖以及维护公司声誉,常会借助有势力代理人进行这种不法行为,当然这要支付巨额的“佣金”(commission)或“顾问费”(consultancy fee)给代理人。这笔钱肯定最终由有关的发展中国家承担,羊毛出在羊身上。而这种与代理人订的合约,也常会出争议,毕竟是一大笔钱,能赖就赖。再说,也确会有西方公司认为代理人做得不好,不值这笔钱。

这种合约通常有仲裁条文,大概为了机密的好处吧。这一来,一出了争议,总会有“非法”(illegality)与“不可仲裁”(non-arbitrable)的问题。

10.2 国际仲裁做法

按说,这类争议多年来被国际视为“违反道德”(immoral)与“违反国际公共政策”(against international public policy)。若去仲裁,看来有两种做法:一是声称仲裁庭没有管辖权,因为合约(contract)与争议(dispute)两方面都是不可仲裁;二是仲裁庭说有管辖权,争议可仲裁,但非法合约不予执行。稍后谈及,对待这两种做法不是无法反驳,毕竟国际商务仲裁与国际商事都不是讲道德的对象。

在第一种情况下,可举一宗1963年的国际商会仲裁(ICC Case 1110/1963),瑞典的Lagergren法官担任仲裁员说:

“it cannot be contested that there exists a general principle of law recognized by civilized nations that contracts which seriously violate bonos mores or international public policy are invalid or at least unenforceable and that they cannot be sanctioned by courts or arbitrator.”

另在第二种情况,可举ICC Case 3916/1983。

另较详细介绍一个近期的ICSID仲裁案件:World Duty Free Co., Ltd. v. Republic of Kenya, Case No. ARB/00/07, ICSID。仲裁庭成员是Judge Gilbert Guillame(前海牙国际法院主席大法官)、Andrew Rogers(前澳大利亚高院大法官)与V. V. Veeder, QC。案情有关一宗向肯尼亚(Kenya)索赔5亿美元的案件,合约是有关在Nairobi与Mombassa机场开设免税商店之事。其中涉及外商如何通过代理人付200万美元给前总统。其中说道2002年12月一天,代理人如何带原告去见总统并带同一个棕色皮包,内有50万美元,如下:

“When we entered the room where the President received us … He(代理人)put the briefcase by the wall and left it there. After the meeting we collected the briefcase from where we had left it. On the departing journey I looked in the briefcase and saw that the money had been replaced by fresh corn… I feel uncomfortable with the idea of handing over this ‘personal donation’ which appeared to me to be a bribe. However, this was the President, and I was given to understand that it was lawful and that I didn't have a choice if I wanted an investment contract.”

Kenya在1956年已有防止贪污立法,名为“Kenyan Prevention of Corruption Act”。被告Kenya自然是依赖非法与不可仲裁作为抗辩,其中举了上述的ICC Case 1110/

1963 作为支持。

但原告律师争辩说：

"… that the facts laid out in the witness statement do not amount to a 'confession' of bribery, that the alleged bribery is a 'collateral contract' before and severable from the main contract and that here the contract is supported by both legal and illegal consideration, the illegal consideration is severable."(非法部分可区分开。)

"… that recission is 'not available' to Kenya because it already affirmed the main contract by its conduct between 1989 and 1998 …"(Kenya 已经默认合约,例如曾履行了。)

而有关 ICC Case 1110/1963 的上述说法,原告律师说：

"Though this statement is the latch which the Respondent Republic（肯尼亚）wishes to fasten its application for dismissal, it overlooks the arbitrator's（指 Lagergren 法官）own clear and cautionary words towards the end of his decision that before invoking good morals and public policy as barring parties from recourse to judicial or arbitral instances in settling their disputes, care must be taken to see that 'one party is not thereby enabled to reap the fruits of his own dishonest conduct by enriching himself at the expense of the other'."

所以,今天的国际仲裁诱使贪污受贿的外商在真凭实据下一样有得争论,而且会胜诉,更不用说它如果做得"漂亮"。至于上任政权即使被推翻,外债与不利的涉外合约苦果仍是由国家老百姓世世代代偿还下去,永远翻不了身。

最后一提是在 MEALEY's International Arbitration Report(2006 年 1 月)中一个涉及 14 亿美元索赔的国际仲裁案件,双方当事人是美国的 Gulf Petro 与尼日利亚的国家石油公司 Nigerian National Petroleum Co.（NNPC)。Gulf Petro 在 12 年前与尼日利亚当时的独裁者 Abacha 将军达成了一个协议,内中的奥妙读者可自己体会。Abacha 将军倒台后,Gulf Petro 不肯放弃该合约的庞大利润而开始向 NNPC 起诉,根据合约是由瑞士仲裁。三人的仲裁庭成员是 Andrew Berkeley、Ian Meakin 和 Professor Dr. Hans van Houtte。仲裁的结果是少见的判 NNPC 胜诉,其中一点是仲裁庭认为 14 亿美元的索赔实在太高(rediculously high)和不可思议。但之后,原告在美国德州法院起诉三位仲裁员,指他们接受 NNPC 的贿赂。根据美国公司的仲裁顾问私下告诉笔者,贪污受贿的证据十分确实,其中包括有文件是仲裁庭如何分摊贿款 600 万美元。这事件仍在发展,但毕竟是令任何关心国际仲裁的人士感到担忧与痛心,因为它涉及的仲裁庭是一些西方著名的仲裁员,也是首次在国际仲裁领域出现的丑闻。而案件本身也会说明了一些西方公司在发展中国家所订的一些莫名其妙的合约可赚取的暴利,进一步解释了为什么石油这么丰富的尼日利亚与印度尼西亚等国仍是这么贫穷。

10.3 美国立场

可举不久前的上诉庭先例 Northrop Corp. v. Triad, 811 F.2d 1265（9th Cir.）

(1987)说明。

案情涉及 Northrop 雇用 Triad 为代理人出售战斗机给沙特阿拉伯(Saudi Arabia),其中 Triad 承诺支付贿款给沙特政府的政要,后来也的确做了。

之后,在支付佣金双方有争议并去了仲裁。仲裁结果判 Northrop 败诉,部分理由如下(在上诉庭判词中提及):

"The arbitrators noted that the essence of Northrop's defense was that Saudi Arabia's Decree No. 1275 (沙特反贪污立法) applied to the Marketing Agreement (双方的协议/合约), and made illegal any commission payment to Triad under the Agreement. This contention necessitates a consideration of the meaning and effect of paragraph 13 of the Marketing Agreement."

"Paragraph 13 of the Marketing Agreement provided: 'The validity and construction of this Agreement shall be governed by the laws of the State of California'…"

"Accordingly, the arbitrators interpreted paragraph 13 as requiring that the local law of California determine the effect of Saudi Arabia Decree No. 1275 on Northrop's obligation to pay commissions to Triad pursuant to the Marketing Agreement…"

"The arbitrators pointed out that decisions interpreting California Civil Code #1511 … did not look to the law of the foreign jurisdiction to determine whether performance of the contract was unlawful…"

长话短说,在该裁决书执行时,败诉的 Northrop 在加州法院抗拒执行,并在一审成功。但去了上诉庭被推翻,主要的部分判决节录如下:

"Northrop argues the courts should not enforce the Marketing Agreemenet because to do so would be contrary to public policy. As noted earlier, this is a question for the courts alone to decide[42].

Northrop contends the central question upon which this appeal turns is one of public policy[43]. Northrop argues 'that California law, as a matter of public policy, prohibits enforcement of a contract where enforcement of the contract would be illegal under the law of a foreign state. This rule is codified in California Civil Code #1511[44]…

… We do not regard Section 1511 as a declaration that it is the public policy of the state of California that contracts unenforceable under the laws of any jurisdiction shall not be enforced in California[45]. Section 1511 is a codification of a rule of purely private law

---

〔42〕 Northrop 说不应执行,因为违反公共政策(违反公共政策也是《纽约公约》的抗辩理由之一)。

〔43〕 Northrop 指上诉主要为这一点。

〔44〕 Northrop 说加州有立法针对在外国法律下是违法的合约与它的履行。

〔45〕 我们(上诉庭)不认为该立法是宣示了加州的公共政策。

embodying a common-law defense[46] … If the statutory codification of such rules of contract law were regarded as converting them into principles of public policy cognizable only in courts, the capacity of arbitrators to resolve contract disputes would be seriously diminished[47].

Northrop's argument that the courts should decline to enforce the Marketing Agreement because it conflicts with the public policy Saudi Arabia announced in Decree No. 1275 flies in the face of the parties' agreement that the law of California, and not Saudi Arabia, would determine the validity and construction of the contract[48], Northrop has cited no California regulation, statute, or court decision demonstrating that enforcement of a contract to pay commissions to a marketing representative is contrary to the public policy of California, whether such commissions are illegal under the law of a foreign state or are not[49].

Northrop's most substantial argument is that the public policy reflected in Decree No. 1275 was also the policy of the United States Department of Defense[50] …

To justify refusal to enforce an arbitration award on grounds of public policy, the policy 'must be well defined and dominant' W. R. Grace, 461 U. S. at 766, 103 S. Ct. at 2183.[51] The Saudi Arabian policy the Department of Defense arguably adopted was neither[52]. It is clear the Department of Defense wished to accommodate Saudi Arabian interests and sensibilities[53]. It is also clear, however, that the Department was interested in encouraging sales to Saudi Arabia of American manufactured military equipment, and considered the efforts of Triad critical to that end[54] …

… in any event the Department of Defense was unable to determine the Decree's exact application[55], even assuming the district court resolved the conflict in Northrop's favor, but even if we were to agree, we could not say on this record the policy of the Depart-

---

〔46〕 立法只是针对合约的私法。

〔47〕 若说该立法改为公共政策大原则,仲裁员裁决合约争议的能力就会严重减少。(因为涉及公共政策就会变得"不可仲裁",要让法院处理。)

〔48〕 Northrop 说是违反沙特的公共政策,法院不该执行,但这与双方在合约内同意适用加州法律而不是沙特法律有大矛盾。

〔49〕 Northrop 说不出加州有任何规定,立法或法院判决显示不准支付市场代表(代理人)佣金,即使这在外国是违法的。

〔50〕 Northrop 最主要争论点是美国国防部也同意并采纳沙特 Decree No. 1275 的政策。(即大家同意美国不以付佣金的不法手段去向沙特推销军火,而一审法院也是因此原因判 Northrop 胜诉。)

〔51〕 上诉庭说要拒绝执行裁决书的公共政策"一定要是有明确规定与极其重要"。

〔52〕 沙特政策与国防部说是采纳都不是。

〔53〕 看来,国防部这样做是为了讨好沙特与照顾它的敏感。

〔54〕 事实真相是国防部很想鼓励向沙特倾销美国制造军火,也认为像 Triad 这种代理人十分关键。

〔55〕 国防部没法判断沙特的立法如何适用。

ment adopted was 'well defined and dominant'[56]. The district court's refusal to enforce the arbitrators' decision on the ground that it conflicted with the policy of the Department of Defence was, therefore, unwarranted[57]."

这上诉庭判决也很说得通,即不能把美国国防部的政策视为美国的公共政策。《纽约公约》下的"公共政策"(public policy)最广泛被引用定义/解释是美国上诉庭(2nd Circuit)的 Parsons & Whittemore Overseas Inc. v. RALTA, December 23, 1974 (U.S. No.7),所说:

"… the Convention's public policy defense should be construed narrowly. Enforcement of foreign arbitral awards may be denied on this basis only where enforcement would violate the forum State's most basic notions of morality and justice …"

另一提的是在该案例报道的"head notes"说:"Courts are bound to enforce arbitration award based upon arbitrators' resolution of issue interpreting and applying agreement even in face of erroneous findings of fact or misinterpretation of law."(仲裁员即使错判事实或错误解释法律,法院仍要去执行裁决书。)

虽然本土相比《纽约公约》或国际对"公共政策"(public policy)的定义会比较宽松,但也要与大众的道德观与公义感扯得上关系。在 Northrop 一案,连美国国防部自己也不信的政策(即不为倾销军火而非法支付佣金/贿款给沙特政要),只为了表面工夫,怎会提升得了为美国或加州公共政策?这又不是美国大众关心的国际反恐或反毒品。反正是发展中国家道德败落,贪污受贿更为严重对美国没有切身关系,而且有竞争对手如欧洲国家也会这样做,不能落后于商业对手。

看来,西方大小公司在国际上逃避一些发展中国家的反贪污立法是很容易的,只要做得精明。例如通过代理人(或是政要的亲友或高干子弟)行事,文书写下来的记录或协议必须尽量是表面看来无辜与不知情,最好是发展中国家的法律也较难证明违法。另要约定一条在"外国"的仲裁条文与"外国"的适用法,只要这"外国法律"是不会承认发展中国家的反贪污立法为自己的公共政策,例如英国的 Lemenda Trading Co., Ltd. v. African Middle East Petroleum Co., Ltd. 先例(后详)。

反正,国际不像本土。以香港为例,如同多数西方国家,引诱贪污与受贿是同样犯法与同样视为不道德(immoral)。

10.4 英国立场

英国以前在这方面立场鲜明与高调,但近年看来出于对仲裁的支持政策后有了变化。

首先,英国在"实体法"(substantive law)早有 Montefiore v. Menday Motor Corporation Co., Ltd. (1918) 2 KB 241 先例判定支付佣金以交换政治影响力的协议是违反

---

[56] 这种国防部政策谈不上是"有明确规定与极其重要"的公共政策。

[57] 一审法院判裁决书不准执行因为它违反国防部政策是不对的。

道德与违反英国公共政策。Shearman 大法官说：

“In my judgment it is contrary to public policy that a person should be hired for money or valuable consideration when he has access to persons of influence to use his position and interest to procure a benefit from the government.”

另在本章之 8.4 小段也介绍了 Euro-Diam Ltd. v. Bathurst (1988) 1 Lloyd's Rep. 228 先例是在友好外国所作出的非法行为，亦被承认为违反英国公共政策。

这些先例的说法显示了以英国法作为有关支付佣金(即使在外国进行)协议/合约的“实体适用法”(substantive applicable law)仍会是违反英国公共政策与变得“不可仲裁”(non-arbitrable)与非法而不能执行。而且，裁决书也无法被执行。在 Lemenda Trading Co., Ltd. v. African Middle East Petroleum Co., Ltd. (1988) 1 Lloyd's Rep. 361，案情涉及石油买卖有关的支付佣金给卡塔尔(Qatar)政要。Phillips 大法官判该协议的适用法是英国法，而这是违反英国的公共政策，所以不能被执行。Phillips 大法官是这样说：

“Although, if such an agreement were to be performed by influencing government officials abroad and not in England, enforcement would not necessarily be contrary to English public policy, where there was the additional factor that such an agreement was contrary to the public policy of the place of performance, that factor would lead to the enforcement of the contract in England being refused on the grounds of public policy.”

更近期的案件是 Tekron Resources Ltd. v. Guinea Ivestment Co., Ltd. [2003] EWHC 2577 (QB)，案情是涉及西方的一家公司(GIC)投资在西非圭亚那的矾土矿与炼油厂。GIC 雇用了一家名为 Tekron 的公司穿针引线，因为它与圭亚那政府官员，包括矿物部长十分有关系。而给 Tekron 的费用十分高昂，是一笔先付的 400 万美元再加上其他与矾土价格挂钩的收费。但他们之间的合约有一条说明是禁止 Tekron 使用这些钱影响圭亚那政府官员。这到底是做戏还是真的是诚实的商人让读者去猜测。但最后 Jack 大法官认为付给 Tekron 的高昂费用不是法院要管的事(the size of the payments was not a matter of the Court)，所以最后判定没有贪污受贿的证据。但 Jack 大法官倒是说明了英国法律对这一方面的立场，特别是合约履行地是外国，而外国是有法律禁止贪污受贿与/或者付钱影响政府官员的决定，如下：

“(a) A contract would not be enforced by the English court if it was contray to the law of the country in which it was to be performed.

(b) A contract would not be enforced by the English court if the real intention of the parties was to carry out an act that was contray to the law of the place of performance even though the contract was itself in principle unobjectionable and capable of lawful performance by other means.

(c) A contract would not be enforced by the English court if its performance offended English public policy, which included both domestic public policy or a principle of universal morality.

(d) It was uncertain whether English public policy could operate independently to strike down an agreement when it was not prohibited by, and its actual performance did not offend, the law of the country in which it was to be performced."

但近年来先是有本章之8.4小段介绍的Harbour v. Kansa (1993) 1 Lloyd's Rep. 228改判是“非法”仍“可去仲裁”(arbitrable)。另在Westacre v. Jugoimport (1998) 2 Lloyd's Rep. 111先例,案情是涉及军火买卖的“顾问合约”(consultancy agreement),而“顾问”是贿赂科威持(Kuwait)政要,而且确也这样做了。这根据科威特法律当然是违法/非法。

“顾问合约”下的佣金支付十分高,是这军火交易金额(超过5亿美元)的15%—20%,有好几千万美元,明显背后有不良意图。该合约有一条国际商会(ICC)仲裁条文,是在瑞士的仲裁地点(seat of arbitration)。

双方后来有了争议并去了国际商会(ICC)仲裁,结果是以多数意见判定支付这笔钱。多数的仲裁庭(也是裁决结果)不认为支付佣金为“游说”(lobbying)是问题,只要不“明显”涉及非法事情。另也判败诉方无法证明订立该“顾问合约”时有意图去干非法的事,故合约并非无效。

败诉方曾在仲裁地点的法院上诉为裁决书寻求救济,即撤销(set aside)它。但瑞士法院拒绝“把裁决书所认定的事实再重审一次”(a rehearing of the facts on which the contested award is based)。

结果,胜诉的原告去了英国执行裁决书,估计是因为败诉方在英国有资产。这毫不奇怪,英国伦敦是世界上最重要的金融/银行中心,可以不与伦敦发生业务与金钱关系的公司/企业恐怕不会有规模或是国际化。

仲裁胜诉与申请执行的原告大律师说:若一个裁决书表面一看就明显是非法,英国法院可因公共政策不予执行。另是一个没有原因的裁决书(unreasoned award)在抗拒执行时一方当事人提供了非法的证明后,英国法院也可因公共政策不予执行。但本案是仲裁庭已经审理与裁定了这方面的问题,认为非法不成立,而且仲裁地点的法院(瑞士法院)也审理过,英国作为执行地点法院就不应再审一次,这也不是《纽约公约》的精神。

在本案例,Colman大法官强调了另一个重要的公共政策,就是国际仲裁裁决书的终局性(finality),并认为比另一个公共政策的不鼓励国际贪污贿赂更为重要。他是说:

"On balance, I have come to the conclusion that the public policy if sustaining international arbitration awards on the facts of this case outweighs the public policy in discouraging international commercial corruption. Accordingly, the defendants' primary point does not bring them within the public policy exception to enforcement of the award under s. 5(3) of the Arbitration Act, 1975 (这是为《纽约公约》立的法). That conclusion is not to be read as in any sense indicating that the Commercial Court is prepared to turn a blind eye to corruption in international trade, but rather as an expression of its confidence that if the issue of illegality by reason of corruption is referred to high caliber ICC arbitrators and duly determined by them, it is entirely inappropriate in the context of the New York Convention that the enforcement Court should be invited to retry that very issue in the context of a public policy submission."

此外,Colman 大法官也提到合约适用瑞士法律,而看来瑞士并没有类似英国法律认为这类争议事项是"不可仲裁"(non-arbitrable),故仲裁庭有管辖权。而在裁决书本身没有说道任何违反瑞士或/与科威特法律,只说"游说"(lobbying)不非法。现在的非法或违反科威特公共政策是被告在裁决书外提出证明。Colman 大法官说:

"This is not a case of direct enforcement of the underlying contract, but of enforcement of the award which is a valid award in accordance with the curial law -Swiss law-chosen by the parties and one made by arbitrators having jurisdiction and in respect of a contract governed by Swiss law. The arbitrators address the issues whether the consultancy agreement was illegal under Kuwait law and whether under the curial law it was 'invalid because of lobbying by the claimant' and they conclude in their reasoned award that it was neither … On the face of the award, there is nothing which would suggest that the enforcement of the underlying contract would be contrary to English public policy since the performance of the contract was to be in Kuwait and nothing in the award suggests that the contract was unenforceable as contrary to public policy in Kuwait. Therefore, only by going behind the award and admitting further evidence of Kuwait public policy would an English or any other enforcement Court become aware that the underlying contract was contrary to Kuwait public policy."

Westacre 先例主要有如下三个考虑因素:

(1) 仲裁员的高水平(expertise of arbitrators)与国际商会(ICC)仲裁庭的名气。

(2) 不论判对判错,仲裁员有否考虑过这非法的争议?

(3) 裁决书表面能否看得出非法?

但上述三个考虑因素都有很大疑问。

在(1),作为公共政策受法院主观的认为仲裁员是否有水平会是危险与不稳定。此案例是 ICC,下一个是 AAA 或是 HKIAC 或是 CIETAC 呢?

在(2),曾有先例的 Carl Zeiss Stiftung v. Ragner & Keeler Ltd. (No. 2)(1967) 1 AC 853 说英国法院不会随便接受外国法院的判决是结论性的。同样原则也应适用在外国的仲裁裁决书,不能裁决书说没有涉及贪污受贿就令英国法院非去接受是此结论,不肯在执行时再调查这方面的事实真相。这在上诉庭的 Soleimany v. Soleimony (19.02.1998) The Times, 3 March 1998 有说:

"The acceptance by the parties that the arbitration was valid may not be the last word once the question of illegality and English public policy has to be considered on enforcement."

再说，外国裁决书在英国法律不是实体法的情况下，也不会针对英国的公共政策。在此案例，瑞士法律就不一样，没有像英国的 Montefiore v. Menday Motor Corporation Co., Ltd.（1918）2 KB 241 与 Euro-Diam Ltd. v. Bathurst（1988）1 Lloyd's Rep. 228 等的普通法/案例法。

在(3)，问题是难以控制外国的仲裁庭多写、少写、漏写、不写或怎样写裁决书的原因。

最后一提是 Westacre 先例不影响非法合约是适用英国法律为实体法，或在伦敦仲裁，它的"可仲裁性"（arbitrability）仍会有疑，虽然 Harbour v. Kansa（1993）1 Lloyd's Rep. 445 有不同说法。而该裁决书在英国法院执行时，会有问题，Westacre 先例不能套用，仍会是 Lemenda Trading Co., Ltd. v. African Middle East Petroleum Co., Ltd.（1988）1 Lloyd's Rep. 361 适用。

笔者总结 Westacre 先例与美国的 Northrop Corp. v. Triad, 811 F. 2d 1265（9th Cir.）（1987）是反映了近年西方国家的趋向，即全力支持仲裁，特别是国际仲裁，并认同与尊重它的终局性（finality）。当然，只要一涉及本国利益，这也有矛盾之处。例如，为了发展英国商法，要/在放松"上诉批文"（leave to appeal）的申请，明显就忽视仲裁裁决书的终局性。

笔者更强烈的感受是二三十年前一度强调过的国际商业道德或良心已经被弃置或沦亡。或是，跨国公司之间争市场、争生意，非要不择手段，故西方国家政策也只好变为放任或更是放纵？肯定是，受害与最终道德败落的主要仍是发展中国家。跨国公司去支付/贿赂二三百万美元就可能获得一份在今后 30 年或 50 年可在该国家榨取二三亿美元的暴利，是它投资在西方国家赚不到的。至于收贿的政要，贪心、短视加上愚昧，只为了很少的钱（国际商业角度看，不是他个人），就可能给自己国家带来灾难，延祸给子子孙孙。

另一角度看是今天国际商业案件都去了国际仲裁，但针对这方面的道德水平应是商业仲裁员不比法院大法官高，甚至低多了。加上精明商业仲裁员可在裁决书推说证据不足去证明有贪污，而不是"坦言"他并不觉得商业贪污有什么不妥，因它是在发展中国家做生意必需的"润滑油"。香港就有不少做中国内地生意的商人有这一说法，好像有错的一方总是在中国内地。另更是，国际（《纽约公约》）/西方国家对裁决书（award）终局性重视，这一切都造成今天看来有了改变的低道德水平。

11. 印度尼西亚的案例

在本章之3段，有提到了印度尼西亚近年有一些很难看的重大案件，也是涉及国际贪污/受贿 。

事件有关1997年的亚洲金融危机。在1994年，印度尼西亚的Petermina(国家石油公司)与P. T. PLN (Persero)(印度尼西亚国家电力公司)与有美国背景的一家开曼群岛(Cayman Island)公司Karaha Boda Company LLC (KBC)签了两个有关能源供应/供电的合约，时为30年之久，以美元支付。另是，印度尼西亚政府也卷进去，因作出了担保函，说：

"The Government of Republic of Indonesia will cause Pertamina and PLN … to honor and perform their obligations as due in the above-mentioned contracts."

担保函也有一条仲裁条文，适用《联合国示范规则》(UNCITRAL Model Arbitration Rules)。但仲裁地点同意在瑞士的Geneva，而合同适用法(governing law)说明是印度尼西亚法。

据悉，交易是通过当时印度尼西亚强人苏哈托总统儿子(女儿)的公司作为代理人。内中巧妙可想而知。但后来的裁决书只轻描淡写地说：

"The members of the Arbitral Tribunal do not live in an invory tower. Nor do they view the arbitral process as one which operates in a vacuum divorced from reality. The arbitrators are well aware of the allegations that commitments by public sector entities have been made with respect to major projects in Indonesia without adequate heed to their economic contribution to public welfare, simply because they benefited a few influential people. The arbitrators believe that cronyism and other forms of abuse of public trust do indeed exist in many countries, causing great harm to untold millions of ordinary people in a myriad of insidious ways. They would rigorously oppose any attempt to use the arbitral process to give effect to contracts contaminated by corruption. But such accusations must be proven … Rumours or innuendo will not do."

上述大意是说：仲裁员不是不知道在印度尼西亚与许多发展中国家做生意的手法。但非法及贪污是要确实证据。一般若是仲裁员有偏向，最容易以证据不足或不被接受为最安全，因为这涉及个人的裁量权，第三者难以置疑。但千万别去碰法律大原则，例如说是非法无所谓，一点不影响合约。所以，行贿的西方公司手法也要高明与隐蔽，例如只通过中间人，不直接参与，不留下证据，出事后就容易抵赖自己不知情。

以下回去介绍案情：在亚洲金融危机后，印度尼西亚严重受创，币值下跌，而苏哈托总统也开始失势,儿子则被拘捕。反正是有关两个合约也再无法履行,被印度尼西亚政府中止。而美国公司也就开始仲裁对付 PLN、Pertamina 与印度尼西亚政府,向它们索赔约 30 年的损失。

1999 年 5 月 4 日,仲裁庭(成员有 Jan Paulsson, A. A. de Fina 与 Setiawan 先生)作出两个裁决书判 PLN 败诉,要赔偿 30 年损失达 5.72 亿美元或约 46 亿人民币(两个裁决书加起来)(注:有些案例报道的赔偿数字是 2.61 亿美元,可能只是一个裁决书的执行)。

由于 PLN 不支付,美国公司向印度尼西亚政府追偿。在这仲裁中,印度尼西亚政府委任的仲裁员是一位前印度尼西亚司法部长 Professor Priyatna。另两位仲裁员 Jan Paulsson 与 A. A. de Fina 仍是原来两位。

仲裁开庭定在 1999 年 9 月 22 日在海牙(Hague)开庭。改去海牙而不是雅加达(Jakarta)是因为美国公司投诉被 PLN 威胁人身安全。期间,印度尼西亚政府曾向海牙法院申请禁令阻止仲裁推进但不果。

报道说 Professor Priyatna 飞抵海牙是 9 月 20 日,但随即被怀疑是印度尼西亚大使馆绑走或带走,送回雅加达。这一来变成是国际丑闻,多处大字标题说:"Arbitrator being kidnapped by Indonesia"。据闻,印度尼西亚政府以为这样做可阻止开庭。但事实上国际上已解决了这个"破碎仲裁庭"(truncated tribunals)的问题。就是,其中一位成员不合作、不出庭或不在裁决书签字也无妨。反正以多数成员意见为准。例如,英国 1996 年《仲裁法》之 Section 52(3)说:"The award shall be in writing signed by all the arbitrators or all those assenting to the award."

所以,在 Jan Paulsson 与 A. A. de Fina 两位仲裁员主持下在海牙的仲裁继续推进。而在印度尼西亚政府缺席的情况下也就肯定败诉了。裁决书很快于 1999 年 10 月 16 日作出。

事实上,印度尼西亚法院以合约适用印度尼西亚法(实体法)为由早在 7 月 22 日作出禁令,若有人违令推进仲裁,罚款 100 万美元 1 天。报道有说 Professor Priyatna 回印度尼西亚后曾在 10 月 1 日写了一函给 Jan Paulsson 与 A. A. de Fina 先生,大致说:"…which regretted any impression that he may have given that his departure was forced and which referred to the injunction of the Jakarta Court not to attend any arbitral hearing and any violation of the injunction could be considered contempt of court and could harm his national reputation and credibility."

之后,据闻印度尼西亚政府曾在印度尼西亚法院撤销裁决书,原因是在仲裁地法院已过了对裁决书寻求救济的法定时限。只说,据悉印度尼西亚法院撤销原因之一是有关索赔针对政府是"不可仲裁"(non-arbitrable)。

但由于印度尼西亚不是仲裁地点(seat),对仲裁程序与裁决书作出救济的法院应是 Geneva 法院而不是印度尼西亚法院(这在本书第二章有详论)。而且,印度尼西亚政府是败诉当事人。所以,后来在世界各地执行时,普遍漠视这个抗辩。例如,美国的 Karaha Bodas Company LLC v. Pertamina, No. H01—0634, S. D. Texas, Houston Div. 与上诉的 No. 02—20042, 5th Cir. 判:

"It is the general rule that the procedural law of the place of arbitration governs an arbitration··· The place of arbitration in this sense is determined by the parties in their arbitration agreement."

美国法院判定瑞士法院才有"对裁决书的主要管辖权"(primary jurisdiction over award)。

美国胜诉原告接下来在世界各地执行裁决书,冻结印度尼西亚公司资产。例如在美国、英国、加拿大(Karaha Bodas Co. v. P. T. PLN [Persaro] No. 0203 03768, 2004 ABQB 918, Alberta)、新加坡与香港(Karaha Bodas Company LLC v. Perusahaan Pertambangan Minyak Dan Gas Bumi Negara [Pertamina], Hong Kong SAR CFI, 27 March 2003)等地。

在香港的一审中,判决与美国相同,在"Procedural Law in International Arbitration"2004 年版一书之 3.65 段大致上说:

"It was held that 'the parties' choice of a neutral seat' would be rebutted only by 'an express choice of a different lex arbitri'. The references to Indonesian arbitration law neither amounted to, nor suggested, such a contrary choice. The court was, on expert evidence, satisfied that the relevant clauses intended to eliminate the possibility that the Indonesia courts might consider the Indonesian law applicable to proceedings in Switzerland and refuse enforcement of an award on the basis that Indonesian law had not been complied with. In another words, the intent of the parties was to exclude, rather than include, Indonesian law."

估计印度尼西亚所花的律师费在这五六年来又是另一笔天文数字,而且结果都对印度尼西亚不利。笔者估计最终印度尼西亚仍是难逃支付这笔钱,加上利息与庞大律师费,而且国家形象在国际被丑化。而且听说仅 Pertamina 有 10 宗以上同类供电合约被索赔的案件,只是比较低调处理。一熟悉内幕朋友笑说这些债务要印度尼西亚三代人去偿还。这可节录 2001 年诺贝尔奖金得主 Joseph Stiglitz 教授所写的一本令笔者感到震撼的"Globalization and Its Discontents"一书在第 71 页所讲道的有关这件事如下:

"Perhaps of greatest concern has been the role of governments, including the American government, in pushing nations to live up to agreements that were vastly unfair to the developing countries, and often signed by corrupt governments in those countries. In Indonesia, at the 1994 meeting of leaders of APEC (Asia-Pacific Economic Cooperation) held at Jakarta, President Clinton encouraged American firms to come into Indonesia. Many did so, and often at highly favorable terms (with suggestions of corruption 'greasing' the wheels-to the disadvantage of the people of Indonesia). The World Bank similarly encouraged private power deals there and in other countries, such as Pakistan, These contracts entailed provisions where the government was committed to purchasing large quantities of electricity at very high prices (the so-called take or pay clauses). The private sector got the profits; the government bore the risk, that was bad enough, but when the corrupt governments were overthrown (Mohammed Suharto in Indonesia in 1998, Nawaz Sharif in Pakistan in 1999), the U. S. government put pressure on the governments to fulfill the contract, rather than default or at least renegotiate the terms of the contract. There is , in fact, a long history of 'unfair' contracts, which Western governments have used their muscle to enforce."

幸亏印度尼西亚有石油,可能仍可承担,当然,这只是面对的多宗索赔案件之一,一定还有不少已知或印度尼西亚政府根本不知的隐蔽索赔案件。对没有石油的发展中国家而言,就要世世代代为奴去归还这笔连一度电力也没有提供过的巨债。

对此重大案件，西方有过不少报道，笔者只节录 Dow Jones 在 2005 年 7 月 14 日的报道如下：

"U. S. controlled engery company Karaha Bodas is moving ahead with efforts to take over the Hong Kong assets of Indonesia's state-owned oil-and-gas company PT Pertamina.

The action is the latest episode in a long-running commercial dispute which has damaged Indonesia's reputation with foreign investors.

Hong Kong's High Court ruled in May to appoint receivers RSM Nelson Wheeler to look at the books of three local companies partly owned by Pertamina to ascertain the value of the Indonesian firm's shareholdings…

The same court ruled in March last year in favor of Karaha Boda's efforts to seize Pertamina's Hong Kong assets.

The Cayman Island-based company (1), which is principally controlled by Florida-based FPL Group Inc. and Caithness Engergy LLC of New York, has been seeking to take over Pertamina's assets abroad, including in Hong Kong, the U. S. and Singapore, to recover about US $300 million which it claims the Indonesian company owes it due to a power project dispute.

Although Pertamina will for now retain its shareholdings in the three Hong Kong companies-Pertamina Energy Trading Ltd., Tugu Insurance (2) and Korea Indonesia Petroleum Co., Ltd., Karaha Bodas has the right to take over the assets, its lawyer said.

…

The Hong Kong decisions come after a U. S. court ruled two years ago to freeze Pertamina's New York bank accounts, which held almost US $300 million in royalties from oil and gas sales …

Karaha Boda's trouble started when the Indonesian government canceled a number of power projects (3), including its geothermal development in West Java, after the onset of the 1997—98 Asian financial crisis.

A Swiss arbitration panel ordered Pertamina in a 2000 decision to pay the money to Karaha Bodas to cover money invested in the project and future revenues (4).

Pertamina's refusal to comply, and an Indonesian court decision in 2002 which refused to recognize the arbitration panel's authority, has added to concerns among investors about doing business here (5).

The state-owned company claims the project marked up costs and was proposing to overcharge the government for energy (6). Local polic launched an ivestigation into the claims earlier this year. Karaha Bodas denies the allegations.

Many independent power projects developed in the mid-1990s between associates of former authoritarian President Suharto and foreign companies charged above market prices for the cost of energy (7). Of the more than 20 failed projects, only Karaha Boda's development has yet to be renegotiated or formally canceled."

在上述报道，只提几个表面的疑问如下：

(1) 在上述之(1)，表面看合约双方有不对等危险。印度尼西亚方赖掉合约会要世世代代赔偿损失，但若外资是巴拿马公司或资产不足的开曼群岛公司，就有外资想赖就赖的危险。最少，它不会把美国政府或人民拖下水。

(2) Tugu Insurance 是历史悠久与做得不错的保险公司，看来 Pertamina 保不住。

(3) 这里提到有好几个同类的争议。

(4) 这是上述介绍的仲裁裁决。

(5) 看来印度尼西亚除了失去金钱，也对西方投资者失去名誉，正是“赔了夫人又折兵”。

(6) 这里提到 Karaha Bodas 有赚取暴利之嫌，所以“将来估计利润”有如此惊人数字。

(7) 这里再次提到暴利。

撇开贪污问题，在十分诚实正规的交易中，笔者也很难明白发展中国家(不论是否社会主义国家)为什么与西方大小公司订约总抬出国家或国企？难道是怕外国公司不肯交易？笔者看来并不见得，主要仍看有关交易/生意的本质。西方国家的政府不会也不肯参与涉外的商业活动，所以一家法国公司出了大事，也只是该公司清盘了事，不会与法国政府扯上关系。香港也是一样，有公司十分雄心万丈去高价收购外国/西方国家公司，结果威风不了二三年就破产收场，如几年前的“兆峰”或目前(2005年中)的“泰兴”。这毕竟只影响公司老板与股东，不必也不会卷入香港政府与笔者(是纳税人)的“血汗钱”。像中国一些国企，近期更是数以十亿美元在西方国家收购公司。笔者虽不知详情，但表面看来仍十分担忧(希望只是多心)。本来，西方公司之间的收购(merger & acquisition)据闻也是多数在收购成功后结果不佳，只让几位高手得益了。更何况是经验与财技均欠缺的发展中国家？要知道，这种高难度的财技与管理收购来的跨国西方公司根本不是去哈佛大学读几年书，学一些 abc 的发展中国家人可胜任的。而以国家与国企的名义行事更应小心，因为它们无权延祸子孙。

中国内地与外商会有上千万与上亿美元的交易与贸易合约，甚至是双边协议或者国际公约，谈判代表必须对国际合约法了如指掌。笔者（杨良宜）在这二三十年来不断在中国讲课而近几年来主要集中在英美合约法与英美证据法的原因，正是希望中国人掌握后自己提高思维与西方主要国家并行，也能做到知己知彼。更期望年轻一代学好与提高思维，发挥更大的作用。

12. 总　　结

要说明的是，笔者相信国际仲裁是好事，让国际商业有一个文明的解决办法。这等同英美合约法本身是好事，是一套好制度。归根结底，笔者深信问题仍是出在发展中国家水平低、思维低，虽然它们不会肯承认。无论是怎样的一套制度，水平低人士仍难逃被鱼肉的命运。

再回去讲有关"不可仲裁性"（non-arbitrability），重复说每一国家或/与国际上有不同说法，而且随政治与经济环境在不断改变。在 1958 年的《纽约公约》下，这也是可逃避承认与执行的极少数合法理由。

从中国内地近年大量在伦敦及其他境外地点仲裁败诉的困境，可推算到目前中国仍是在《纽约公约》处于弊多利少的阶段。这表示中国要好好使用这"不可仲裁"的说法，以保护一些事关重大与特殊的业务/活动，特别涉及国企。当然涉及国际，这要小心处理，会带来批评与压力也要能头头是道的争辩，如 7.5 段的提单问题。

目前中国的《仲裁法》第 2 条对这方面规定是："平等主体的公民、法人和其他组织之间发生的合同纠纷和其他财产权益纠纷，可以仲裁。"

另在第 3 条规定了"不可仲裁"类别如下："（一）婚姻、收养、监护、扶养、继承纠纷；（二）依法应当由行政机关处理的行政争议。"

看来，立法规定是远不足或有去保护中国重大利益，特别在国际层面，如提单（bills of lading）或国际贪污受贿（international corruption and bribery）。立法至少让国家法院可理壮气直地对全世界说明拒绝承认或/与执行仲裁条文或裁决书的法定依据。

在 2004 年，中国最高人民法院考虑规定两家中国公司/企业不得约定境外仲裁。换言之，就是这类合约的仲裁条文将被视为"不可仲裁"。估计目的为保护与推广中国仲裁。

这表面看来是中国本土的事,外国不得异议。毕竟,在普通法国家也有这种说法。例如,双方当事人都是澳大利亚法人或自然人,但为了逃税或为做一些在澳大利亚是违法的事,而约定外国一个三不管地点仲裁。这会被视为违反共公政策而判该仲裁条文无效。在国际层面,这"公共政策"(public policy)也会被认同。另在美国,更有在商业法典立法规定说(Section 202 of 9 USC):

"An arbitration agreement or arbitral award arising out of a legal relationship, whether contractual or not, which is considered as commercial, … falls under the Convention (《纽约公约》). An agreement or award arising out of such relationship which is entirely between citizens of the United States shall be deemed not to fall under the Convention unless that relationship involves property located abroad, envisages performance or enforcement abroad, or has some other reasonable relation with one or more foreign states. For the purpose of this section a corporation is a citizen of the United States if it is incorporated or has its principal place of business in the United States."

这方面案例在近期是 Ensco Offshore Company v. Titan Marine LLC-US District Ct (SD Texas)(Hanen DJ), 24 February 2005, 它在 LMLN#673 有报道。案情有关一个在墨西哥湾(Gulf of Mexico)离岸 90 海里的油井的海上救助(salvage), 双方都是美国公司, 它们在救助合约中订了去伦敦仲裁。法院判离美国海岸 90 海里并非"与外国有合理关系"(reasonable relationship to a foreign state), 所以判伦敦仲裁协议无效。

但中美国情与考虑不一样, 故笔者怀疑这做法是否对中国整体有利。今天中国公司成分已是多元化与多变,不少是合资与外国资本。其中,不少来自台湾地区、香港地区与新加坡资金。若是它们知道中国法律不容许它们与其他合作或交易的中国公司去境外仲裁,恐怕会影响吸引外资(这是另一个重大或更大的中国公共政策),不是吸引十个百个中国仲裁案件可相抵。笔者记得几年前处理过一个仲裁, 是北京公司告青岛公司有关医院的合作/合资, 在文件中后来看到北京公司实是台湾地区资金。

中国最高人民法院若在平衡所有利弊后仍决定这样做,笔者也希望把香港地区视为例外(exception)。毕竟,香港是中国的一部分,也可替外商留一个窗口。而且,笔者近年来发觉越来越多的中国内地律师与仲裁员参与香港仲裁,这也是其他外国仲裁地点无法相比的。

第七章　仲裁员的公正与不偏私

1. 简　　介

对这一重要问题有许多说法，例如仲裁是一个“司法行为”(judicial process)，所以必须符合“自然公正”(natural justice)，美国说法的“due process”。这是基本性的“公共政策”(public policy)，一有违反即会招来法院的干预或/与仲裁裁决书不被执行，可以说后果严重。

首先解释何谓“自然”，这是因为这一方面的公正与生俱来，而且是永恒不变的，对它根本无须立法规定。在公元前1世纪，Cicero在其“De Re Publica：De Legibus”中说：

“True law is right reason in agreement with nature; it is of universal application, unchanging and everlasting; it summons to duty by its commands, and averts from wrongdoing by its prohibition …And there will not be different laws at Rome and at Athens, or different laws now and in the future, but one eternal and unchangeable law will be valid for all nations and all times…”

自然公正的第一条就是仲裁员(或是法官)必须“公正”(just)，也有说法是“不偏私”(impartial 或 unbiased)或不能有“利益冲突”(conflict of interests)，或是“任何人不能为他自己的事情去做法官”(a man may not be a judge in his own cause)，等等。《联合国示范法》(UNCITRAL Model Law) Article 12(2) 更对仲裁员有“独立”(independence)的要求。而英国1996年《仲裁法》也在Section 1(a)规定了必须有一个不偏私的仲裁庭(impartial tribunal)。

这些说法对生活在法治环境的人士绝不陌生，但一分析细节可不容易，特别是商业仲裁相比法院更为关系复杂，许多事情说不清并且十分隐蔽，甚至有人自己有偏袒也不觉察，这也是最危险的情况。

本章是分析英国法律(普通法与仲裁立法)下何谓“不偏私”(impartiality)以及许多其他相关的问题如仲裁员的“披露”(disclosure)、如何质疑/挑战仲裁员、法院的管制与救济、“国际大律师协会”(International Bar Association 或简称 IBA)的新规则、欧洲人权公约(European Convention on Human Rights)在Article 6对任何人有一个公平审判的基本权利等。

2. 公正与不偏私的探讨

2.1 仲裁法与/或仲裁规则的要求

相信不会有任何仲裁法或规则去明示或默示允许一个不公正与偏私的仲裁庭。英国 1996 年《仲裁法》Section 1(a)的大原则(principles)中说明仲裁的目的是为"在一个不偏私的仲裁庭取得一个公平的解决争议"(to obtain the fair resolution of disputes by an impartial tribunal)。另在 Section 33 (1)(a) 要求仲裁庭尽责"在公平与在不偏私的情况下去处事对待双方当事人"(to act fairly and impartially as between the parties)。

《联合国示范法》(UNCITRAL Model Law)也是香港适用于国际仲裁的仲裁法,其在 Article 12 有如下的要求:

"12(1) When a person is approached in connection with his possible appointment as an arbitrator, he shall disclose any circumstances likely to give rise to justifiable doubts as to his impartiality or independence. An arbitrator, from the time of his appointment and throughout the arbitral proceedings, shall without delay disclose any such circumstances to the parties unless they have already been informed of them by him…"

看来示范法对仲裁庭必须公正的要求与 1996 年立法完全一样,只在一些小的方面有一点差别,例如公正处事还要求独立(与当事人没有联系/关系)。这方面后详(在 3.5.4.2.6 小段)。

以英国"散粮与饲料协会"(Grain and Feed Trade Association Ltd.)或简称 GAFTA 为例,其仲裁规则之 Rule 3.4,条文如下:

"An arbitrator appointed under these Rules… shall not be interested in the transaction nor directly interested as a member of a company or firm named as a party to the arbitration, nor financially retained by any such company or firm, nor a member of nor financially retained by any such company or firm financially associated with any party to the arbitration."

看来 GAFTA 仲裁规则重点在仲裁员不涉及争议双方的经济利益。固然,经济/利益冲突只是不公正与偏见的其中原因之一。但在商业活动中,大家都为了金钱,涉及经济利益无疑是最普遍与最危险的不公正情况。在英国普通法下,也有一种说法是只有涉及经济利益才会面对一条特别严格的规定,就是法官(或仲裁员)会立即并"自动失去资格"(automatic disqualification):Dimes v. Grand Junction Canal (1853) 3 HL Cas 759; R v. Rand (1866) LR 1 QB 230。这些方面也会后详。

2.2 不公正带来的影响与司法公平的重要性

仲裁员不公正带来的影响(impact)体现在三个方面:

(1)需要防止一种情况是对裁决结果有“个人利益”(personal interest) 或与其中一个当事人有关系的仲裁员接受为仲裁员的委任。

(2)这种仲裁员若被委任,将来会发生一种情况是他/她会处在一个矛盾的地位——他/她的个人利益与他/她应公平/公正行事发生正面冲突。

(3)仲裁员会因此在实际处理仲裁程序中做不到公平/公正。

显然,上述情况不能被接受。仲裁与法院一样,同是一个“司法行为”(judicial process),它们必须被公众人士信任,正如 Hewart 勋爵在 R. v. Sussex Justices, exp McCarthy (1923) All ER Rep. 233 所讲的名言:

“of fundamental importance that justice not only be done, but should manifestly and fundamentally be seen to be done.”(公平要做到,而且要被看见做到。)

较近期的有 Donaldson 大法官在 Faure Fairclough Ltd. v. Premier Oil & Cake Mills Ltd. (1968) 1 Lloyd's Rep. 237 之第 240 页说:

“The importance of justice is, of course, paramount[1], but, subject to that the appearance of justice is just as important in arbitration as it is in litigation[2], even if the audience is more restricted[3] and the parties are presumed to have agreed to arbitration on the basis that the procedure would actually and apparently tend to a just result.[4]”

在一些对一般人士的调查中,如什么方面在仲裁或法院制度中被视为最重要因素,例如收费廉宜、审理迅速等。笔者记忆中通常排在第一位的答案总是司法人员的“公正”与“不偏私”。

2.3 包括些什么?

公正/公平,不能有利益冲突或有关系这些大道理很容易讲,但进一步讲细节就不容易了。首先是探讨它们包括些什么?

这可分三方面来说:一是关系(relationships 或 connections),例如是种族关系、血缘关系、朋友关系、以往的雇佣关系、同学关系或业务关系等。二是利益上的冲突(conflict of interests)。商业活动是为了金钱,故此商务仲裁涉及的主要利益冲突是金钱。但完全可以是涉及其他多种的利益/好处,例如将来的业务或就业机会。三是其他方面,如仲裁员或法官与其中一方当事人有重大“共同目标”(common goal):Ex p Pinochet (No. 2)(1999)1 All ER 577,或是仲裁员/法官曾写了一些文章对一方当事人(承保人)持有不友善态度:Timmins v. Gormley (1999)。

更深层次的探讨这一方面,会发觉上述各方面的分水线切在什么地方很不容易切得好。加上每一宗案件都有不同的事实/情况,轻重很不好掌握。比如“血缘关

---

〔1〕 司法公正的重要性是至高无上。

〔2〕 表面的公正仲裁与法院诉讼同样重要。

〔3〕 虽然仲裁的对象较为局限。

〔4〕 双方当事人同意去仲裁估计是基于在程序上会实质与表面带来一个公平的结果。

系”,显然当一方当事人是“儿子”,但法官或仲裁员是“老子”或“母亲”,肯定不妥并且不公正。但若是十分疏离的“远亲”,是否有不同对待?毕竟,姓“杨”的在500年前说是一家人。又或是改变一下角色,“儿子”不是当事人,只是代表一方当事人的律师。这一来,他如果是法官是否需要回避,因为法官是“老子”或“母亲”。再改变一下事实/情况,“儿子”也不是代表律师,他个人并没有参与有关案件,他也不认识有关当事人。只是,他的律师所另有同事是代表律师。问题是,作为法官的“老子”或“母亲”是否需要回避?或者说,若是律师所很小,同事之间关系密切,情况会较敏感。但若是同属一家跨国的大型律师所,所内有近千位律师,“儿子”与代表律师虽是同事,但互不认识,这又会是什么结果呢?再继续探讨下去,若“儿子”是律师所的合伙人,可去分红,再加上处理的有关案件是根据结果的好坏收费或挂上钩(例如像美国的“无效果,无报酬”[no cure no pay]或英国的“conditional fee”),导致判决的结果与法官的近亲(“儿子”)有实质(但比较间接)的利益关系,岂非更麻烦了?

上述的各种情况也出现其他的关系,例如是以往的雇佣或业务关系。伦敦海事仲裁员不少来自“互保协会”(P & I Clubs),他们“自立门户”做专职仲裁员后,第一年会回避来自他们不久前任职的互保协会委任为仲裁员。在一年“洗底”后,他们才开始大量接受以前“雇主”(互保协会)与旧同事的仲裁员任命/委任。在以后的仲裁员生涯,这也往往是主要的支持力量,毕竟海事案源主要来自互保协会。问题是:1年时间洗底是否足够?是否3年甚至5年更好?这又是分水线切在哪里的轻重问题或换另一种说法:联系/关系接近到什么地步才变为不公正?

利益冲突也存在同样的各种情况。例如,一方当事人是法官或仲裁员,拥有大量股票,或存在任职董事长(Veritas Shipping Corp. v. Anglo Canadian Cement Ltd. (1966) 1 Lloyd's Rep. 76)明显不能接受的情况。但事实一变,这大量股票是法官或仲裁员的近亲或家庭成员所拥有又会怎样?另有的变数是:诉讼的金额不高或持有的股票数量不多;投资是法官或仲裁员的家庭基金或由基金经理的决定,法官或仲裁员本人并不参与,也不知道;股票是多年或世代所持有;等等。

2.4 调查与举证的困难

一方当事人想去质疑或挑战仲裁员的不公平/不公正与偏私,将会是一件十分困难的事情。首先是不容易知道,知道了也难以取证与成功挑战/质疑,因为在西方的法治国家中,大家对法官的公平/公正与不偏私形象已是“根深蒂固”。至于仲裁员,由于什么人都可去担任,是不享有法官的崇高形象的。在较早年代,仲裁员也确实被法院盯得很紧,一有行差踏错即会面对惩罚。但近二十年来,仲裁大行其道并且很多著名法官在退休后转身成为全职仲裁员,导致法院的态度也有了180度改变,再不轻易去管制与惩罚仲裁员。加上英国的1996年《仲裁法》也提升了对这方面的要求,程度必须造成“严重不正常”(substantial injustice)的结果法院才会干预。总而言之,近年来质疑或挑战仲裁员不公正与偏私也不再是容易的事。

本来,在质疑或挑战前,该当事人应该完成调查并且成功取得有关证据,否则更是想也不要想去行动。但这谈何容易？因为不公平/不公正与偏私本来就十分“隐蔽”(insidious)。法官/仲裁员一否认(他/她一定会,否则他/她会自动回避,不必等到被质疑时才灰溜溜的回避,这多难看),也不存在提出质疑的当事人可向法官/仲裁员要求披露或接受反盘问。经常是当事人有了怀疑,但东查西查也难以找到较确实的证据,只能停留在不安心的阶段,但不能也不敢进一步采取什么行动,而行动也不会成功:Laker v. FLS (1999) 2 Lloyd's Rep. 45。该先例判当事人仅是对仲裁员猜疑或失去信心是完全不足以挑战他的。

这方面,法官又比仲裁员好多了。原因是多方面的,例如不少法官是社会上备受尊崇的公众人物,个人背景/资料都是公开的,透明度高。此外,制度上也作出了许多约束与保障,例如不准或限制法官涉及商业上或社会上的利益或/与活动,但同时高薪厚禄供奉他们,不让他们有任何后顾之忧。

上述条件在仲裁员完全做不到,他/她们必须生存并且有商业上的关系，无法像法官那样不食人间烟火。例如,经常参与仲裁的人士常会碰上完全陌生的名字,对他/她毫无信心的基础。他/她会是对方委任的仲裁员,也会是“委任机构”(appointing authority) 所任命的仲裁员,导致可能不必要的怀疑与担忧。在这方面看来,法院制度相比仲裁制度又优越得多,而仲裁员不在司法中行差踏错也难逃法官的监督与管制。国际之间不同意见只在法院应多管或少管(不是不管)之别。

2.5　调查的做法

对仲裁员进行调查用什么办法是“八仙过海,各施各法”。比如向可能知情的朋友打听、去网站搜索资料等。笔者不妨举以下一些例子。

2.5.1　例子之一:向对方索取仲裁员背景/履历

遇上对方委任一位不了解背景加上值得怀疑的仲裁员,一种做法是先向对方律师索取有关该仲裁员的背景/履历。在一个不久前的仲裁中,涉及的争议金额颇大,有中资背景的香港公司(也是被告)通过香港代表律师委任笔者(杨良宜)作为伦敦仲裁的被告仲裁员。由于原告的英国律师不认识笔者,估计加上是看见了一个中国人名字,有了疑惑/担忧。他于是发出以下传真给对方/被告律师,抄本给原告仲裁员与笔者,说:

“As a preliminary point, we must admit that until yesterday we had not ourselves came across Mr. Yang.〔5〕We readily accept that this is more than likely to be the result of our ignorance.〔6〕However given the requirement in clause 17 of the Charterparty for arbitrators to be ‘commercial men conversant with shipping matters’,〔7〕we wonder whether

---

〔5〕 首先一点,我们承认直到昨天尚未听过杨良宜先生的名字。

〔6〕 我们接受这很可能是由于无知。(话讲得很客气。)

〔7〕 期租的“纽约土产”格式第17条文中要求仲裁员是“商业人士熟悉航运”。(估计质问这一方面只是花招,因为“商业人士”定义十分广泛,只能排除在职律师,故只是以此为借口刨根问底。)

our opponents could forward to us a copy of Mr. Yang's CV or equivalent.[8] We would be most grateful for that and sincerely hope that this request does not cause any offence.[9] Certainly, none is intended.[10] For sake of good order, whilst that point is dealt with, we reserve our client's rights regarding opponent's appointment.[11]"

显然,这份传真是冲着笔者而来。笔者如何回应有几种选择:

一是不理不睬,反正传真只是抄本给笔者。然后静观进一步发展。进一步回应会是来自被告代表律师。这回应是一个无意合作、敌意颇深与试图挑拨离间的回答:"被告没有责任向原告交代他所委任的仲裁员。若是原告对杨先生没有信心(这很可惜),他应自己去调查并负有极高的举证责任,以试图赶走杨先生。"(The respondent owes no duty to the claimant in having to explain why Mr. Yang has been chosen as its arbitrator. If the claimant lacks confidence with Mr. Yang (which is regrettable), he should investigate itself and carry with him a very heavy burden of proof in any attempt to remove Mr. Yang)

二是被告律师十分合作,很快把笔者的背景/履历全面披露,特别是这二十多年来在中国内地的教学方面关系,但忽略或只是轻轻带过笔者在其他国家或地方(如马来西亚)的同样密切教学活动。显然,这样的"不平衡"回应不会令原告与他的英国律师放下心头大石。这表示英国律师会继续调查下去,例如委任一位私家侦探对笔者摸底或/与跟踪,因为涉及的是金额颇大的案件,值得去做。显然,继续让当事人(特别是原告)把事情扩大与纠缠下去,浪费金钱与时间并非良策。更重要的是,笔者自问坦荡荡,何苦任由原告的误解延续下去?故此,笔者决定马上插手,早于被告律师回复说:

"I refer to your fax of yesterday. I will not be offended at all.[12] But I expect you to be prompt in raising the challenge once you have substance to your reservation.[13]

Although you are asking your opponent for my CV to ascertain whether I am a 'commercial man conversant with shipping matter',[14] I wish to intervene and get over quickly

---

[8] 对方/被告可否提供一份杨良宜先生的履历?

[9] 希望这要求不会引起冒犯。

[10] 我们毫无此意。(话仍是十分客气。)

[11] 在此澄清前,我们保留挑战对方委任的权力。

[12] 我不觉得有冒犯。(显然,我若是说感到被冒犯并感到愤怒是极为不智。但做人应该是言行一致才能持久的不犯错。所以,处身在原告或原告律师的地位,对被告委任一位不知名的中国人为仲裁员,有所担忧并提出疑问可以理解。)

[13] 我告诫英国律师若真有实质内容可挑战/质疑笔者,要尽早提出。(因为晚提出会构成弃权,这方面在1996年《仲裁法》之Section 73[1][d]也有说明。笔者加这句话是显示笔者熟悉英国仲裁法律。同时,一紧一松的讲话而并非只退让示好,往往最有效。)

[14] 虽然你是问对方被告律师要笔者的履历(不是问我)。

with this minor issue.[15] I can say that I have never been a lawyer.[16] My background is entirely commercial/shipping.[17] I am now a full-time arbitrator in Hong Kong although I handle a little bit of London maritime arbitrations.[18] I recall having issued one award last year from Mr. ×.[19] One further strong pointer to my shipping background is that I was the chairman of the Topics and Agenda Committee at the International Maritime Arbitrators' Congress (ICMA XIV) held in New York, October 2001.[20]"

笔者上述电文主要为显示水平、懂行与在国际层次受到承认与尊重。若只讲在中国内地受到的承认与尊重,例如提出是中国十几所著名大学的客座教授,包括大连海事大学与上海海事大学,即使能说明笔者有海事背景,但难消除原告与原告律师心中真正的疑虑,甚至更加深并导致挑战与背后调查笔者继续下去。故此,笔者只抬出在国际上最有权威的海事仲裁员大会(International Congress of Maritime Arbitrators 或简称 ICMA),并指出曾担任文件小组的主席。事实在更早,笔者曾担任地位更高的大会主席,但这只是"政治任命",不像文件小组主席,这是真要干活,也要十分懂行才能完成任务。由于英美法与伦敦/纽约在海事仲裁的垄断地位,也表示懂英美的一套。故此历来只有伦敦与纽约的仲裁员轮流担任文件小组主席,连欧洲国家人士也挤不上。据知笔者是第一位英美人士外的文件小组主席。

笔者上述对文件小组主席的衔头讲了一大堆也想显示另一个问题,就是外行人或半桶水的人士对一些五花八门的衔头的一知半解。例如,不少介绍说笔者是英国伦敦、新加坡与香港的仲裁员。但有关法律对仲裁员的资格均没有设下任何关卡,故此说是仲裁员不能代表什么。倒是介绍笔者是一位"专职"或"全职"仲裁员,反而可显示笔者一定很有经验,否则怎能赖以生存?

再回去总结所介绍的案件,就是原告与原告的英国律师在不久后,回来确认不再挑战/质疑笔者作为被告委任仲裁员,乐意接受,整个风波也就此平息。作为一位中国人去伦敦仲裁都因为英国人保护自己利益的原因,时常被另一方挑战是否是适当作仲裁员。挑战方法千变万化,如仲裁员知识水平不足(如以上),仲裁员不住在伦敦(所以开庭时昂贵),当仲裁条文需要 LMAA 会员时这只包括完整会员(full member)而不包括支持性会员(supporting member),甚至利益冲突。这些一般都是没有道

---

〔15〕 我插手想快一点解决这个问题。(自忖没有问题,完全是坦荡荡,也自然觉得质疑是"小问题"了。)

〔16〕 我从来不是一个律师。

〔17〕 我的背景全部是商业/海事。

〔18〕 我是香港仲裁员,虽然会做少数的伦敦海事仲裁。

〔19〕 我记得去年曾与本案件的原告仲裁员×先生(他是一位著名伦敦海事仲裁员)一起作出了一个裁决书。(这显示笔者对伦敦仲裁并非外行。)

〔20〕 另一个重要指标显示我的海事背景是 2001 年 10 月(在当时是约 3 个月前)在纽约举行的国际海事仲裁员大会,我(笔者)是文件小组主席。

理的或者是没有任何证据的猜测。所以,若能适当回答,令挑战方知难而退,是最好的对抗方法。

2.5.2 例子之二:从仲裁员所发表过的文章、书籍等入手

在 Timmins v. Gormley (1999) 利物浦地区法院 (Liverpool County Court) 涉及一位法官(Recorder Braithwaite QC) 的判决因为“偏私的真正危险”(real danger of bias) 存在而被撤销, 案件需换法官重审。

案件是有关交通意外的受伤。由于有强制第三者保险,被告对索赔的抗辩经常是保险人在幕后操纵与决策。在判决中,Recorder Braithwaite 判原告(受伤者)可获 227,123 英镑的赔偿。判决书本身看不出有任何不恰当或不正确的语言或判词。

问题出在 Recorder Braithwaite 本人著作良多,而其中有 4 篇发表过的文章被保险人的被告指称他有对保险人“不自觉”(unconscious) 但“根深蒂固的偏见”(settle prejudice)。例如,1999 年 6 月 21 日发表一文是批评英国法院改革有关人身伤亡案例并不现实,说:

“(they) would recognise that it was their responsibility to give the claimant real quality of life,[21] whatever the cost.[22] And they would refrain from attacking a claimant's credibility without good cause.[23] If someone's life had been ruined they would do their utmost to deliver fair and adequate compensation within a reasonable time frame.[24]”

另讲道人身伤亡律师说:

“The chances of them changing behaviour overnight at this stage[25] are as unlikely as that of global insurers willingly opening their coffers[26] of pay paralysed and brain-damaged accident victims the sum to which they are justly entitled.[27]”

此外,Recorder Braithwaite 也批评一些保险人的拖延手法以取得原告的庭外和解让步。

再强调,除了这些挑出来的文章,对 Recorder Braithwaite 处理案件的过程中与判决书本身,完全没有任何可质疑之处。

本来,任何人发表一些“过火或/与不节制语言”(intemperate language) 都是极端危险的事情,这对法官或仲裁员更是危险,因为他们承担司法的工作,必须作出一个公平与不私下先下定论的形象。这方面在该先例中提到说:

---

〔21〕 他们(被告/保险人)应理解是他们的责任给予原告一个真正良好的生命质量。

〔22〕 不论是任何代价。

〔23〕 他们不应攻击原告的诚信(例如指称原告装作可怜),除非有很好的原因。

〔24〕 若有人的生命被摧毁,他们应尽量在合理的时段内提供公平与足够的赔偿。

〔25〕 他们会在这个阶段中马上改变态度的可能性/机会。

〔26〕 是不像会发生,正如全球保险人不会愿意打开他们的钱柜。

〔27〕 支付瘫痪与脑部损坏的交通事故受害人应获得的钱。

"There is nothing improper in the recorder being engaged in his writing activities.[28] It is the tone of the recorder's opinions and the trenchancy with which they were expressed which is challenged here.[29] Anyone writing in an area in which he sits judicially has to exercise considerable care not to express himself in terms which indicate that has preconceived views which are so firmly held that it may not be possible for him to try a case with an open mind.[30]"

此外,也讲道了有专业知识的法官虽然有极大优点,但他在自己的专业作出任何发表(这是经常出现的情况,否则怎么成名?),也是要十分小心讲话,如下:

"The specialist judge must therefore be circumspect in the language he uses and the tone in which he expresses himself.[31] It is always inappropriate for a judge to use intemperate language about subjects on which he has adjudicated or will have to adjudicate.[32]"

最后,判定 Record Braithwaite 是有偏私的真正危险,故案件要重审。先例是这样说:

"We have, however, to ask, taking a broad common sense approach,[33] whether a person holding the pronounced pro-claimant anti-insurer views expressed by the recorder in the article[34] might not unconsciously have leant in favour of the claimant and against the defendant in resolving the factual issues between them.[35] Not without misgiving, we conclude that there was on the facts here a real danger of such a result.[36] We do not think a lay observer with knowledge of the facts could have excluded that possibility, and nor can we.[37]"

上述先例显示了法官与仲裁员的莫大危险与必须谨慎在:

---

〔28〕 法官喜欢写作本身没有不恰当。

〔29〕 问题出在他的意见所用的口气与所表达的鲜明立场,这才是在此被挑战的原因。

〔30〕 任何写作的人而他又同时有司法的任务,应当要十分小心不去表达令别人看来已经预先有的定论,否则会导致他无法再客观的审理一宗同类案件。

〔31〕 专业法官要谨慎地选择文字与口气表达自己。

〔32〕 针对自己已经作出的判决或将要作出的判决使用过火/不节制的文字通常是不恰当的。

〔33〕 我们(大法官)要采取一个广泛的一般常识态度去问。

〔34〕 当一位像 Recorder Braithwaite 这样已经在文章中表达了"亲原告,反保险人"看法的人士。

〔35〕 能否在审理原告与被告之间的事实争议时不自觉地偏向原告?(一般偏袒发生在事实的认定较多,也最危险,因为事实审理一次告终。加上每一案件的事实都会有不同/独特之处并且对待证据涉及个人的感受及裁量权[例如相信哪一位证人],旁人难以质疑/批评。但法律的判决涉及必须依照约束性先例与可去上诉试图推翻,故此偏袒错判的机会低得多。)

〔36〕 感到可惜,我们的结论是本案的事实中确有这种后果的真正危险。

〔37〕 我们相信一位没有法律背景的观察者在熟悉了有关事实后,无法排除这个"不自觉地偏袒"的可能性,而我们也不能排除。(这里提到没有法律背景人士主要是司法公平必须让一般市民大众看得见。)

(i) 法官与仲裁员必须少讲话(主要指公众发表言论),要讲也必须慎言。例如明明是他自己的看法,却说成是:“有一些人的看法。”

(ii) 矛盾是,出名的法官与仲裁员或多或少在他的事业生涯中写过文章甚至书籍。能写一本广受注目与好的法律或/与专业书籍往往是受人尊重的,走向名成利就的台阶。本来是没有说法限制法官或者仲裁员以往的言行,这也不会影响他要审理的案件,除非过火。

(iii) 一旦写过、发表过,这证据永远赖不掉,二三十年或更长年代后,仍会被抖出来大做文章。固然,被挑战/质疑的法官或仲裁员可推说年代太久,自己早有了不同或更开明的想法,但这说法能否被接受仍是天知道。只曾是口头发言会好得多,听的人数有限,也可去抵赖。况且年代一久,谁会记得一清二楚?除非是当时有录像/录音。这里显示了“文件证据”(documentary evidence) 的威力与危险。

(iv) 一多写、多发表,就会增加被不怀好意的人士挑出毛病或断章取义的危险。

(v) 在一些大案件中,双方当事人与他们的律师绝对有可能在诉讼过程中或在败诉后把该有关的法官或仲裁员所写过或发表过的文件证据全部收集并细读。在一早找到后,也可留为后用,主要先看自己胜诉或败诉。

(vi) 按说,在当今的法律(1996 年《仲裁法》的 Section 73[1][a]与有关先例之 Rustal v. Gill & Duffus (2000) 1 Lloyd's Rep. 14; Margulead Ltd. v. Exide Technologies [2004] EWHC 1019 [Comm])有要求一有挑战/质疑的理由,必须马上提出,否则构成“弃权”(waiver)。但在这里,提出挑战的当事人很容易解释说原先并不知道、没有发现,也一般不会有要求在仲裁员被对方或第三方委任时需要马上“摸底”,例如细读他发表过所有的文章/书籍。

最后一提笔者面对的危险。笔者(杨良宜)是全职的仲裁员,但同时写作大量中英文的文章/书籍,特别是中文书籍。洋洋的二三十本(部分过期),部分题材涉及了较敏感的方面例如“英美证据法”。这一切已是永远不能磨灭的文件证据。至于以中文或英文发表并不重要,因为翻译容易得很。这一切倒不是问题,问题是在笔者的写作风格一向坚持坦率直言,尽量说清楚,特别考虑到主要读者是中国学生,他/她们不一定能够在“言内行间”看出含义,即英文的“read between the lines”。加上言多必失,故笔者自知再不断写作/大量讲座的危险。奈何笔者喜欢并且重视这方面工作,大大超出做仲裁员的工作,故此无意放弃或放慢。只能安慰与警惕自己要中心思想正确(例如对世界大同的向往、法律与自然公正的尊重、人类的平等、公平、减少贪念等),再去言行一致、慎言,估计挑剔不容易。审理中则要全力维护公平、公正,至少能做到被挑战成功也不会丧失好不容易争取来的一世英名,正如 Hoffmann 勋爵在 Ex p Pinochet (No.2) (1999) 1 All ER 577 所说的。

2.5.3 例子之三:商会仲裁

众所周知,英国有许多商会(例如“散粮与饲料协会”[Grain and Feed Trade Association Ltd.]或简称 GAFTA),其中主要的任务是提供行业内仲裁服务。但由于一些商会的仲裁规则常排除非会员的人士担任仲裁员,也排除律师的参与(最少在专业训练与教育上,律师比商人相对而言较了解独立、自然公平,在证据法、合约法等方面了解与掌握平均较佳),造成了一些大"国际贸易商"(international traders)与大公司有颇大或极大发言权或影响力的局面。这一来,笔者听说在外人看来,会有小圈子操作的感觉。例如,中国近年来在世界上的"商品"(commodity)买卖占的比重越来越多,而许多买卖合约也依据一些英国商会的标准格式而导致不知不觉中受到有关商会的仲裁约束。但中国公司对有关商会的仲裁做法一无所知,更说不上有任何影响力。这一来,一旦面对一些大的国际贸易商发生诉讼,中国公司会十分被动与不利。仅是在会员名单内挑选一位肯定没有利益冲突的仲裁员已是不容易。他们不少人士(特别是较有经验的仲裁员)与一些大国际贸易商有千丝万缕的关系(例如是其中一家的现职或过去的雇员),而大国际贸易商之间的交往、生意与利益有更加密切,说不清隐蔽的关系。这关系会是过去的、现有的或是将来的。而其中将来的关系会是最危险与十分隐蔽,第三者是无从作出调查与取证的。

这方面的问题闹到法院而被报道也不断有。例如在 Robinson Fleming & Co. v. Warner, Barnes & Co. (1922) 10 Lloyd's Rep. 331,涉及一位 Agar 先生的裁决书被法院撤销,因为他违反了 GAFTA 仲裁规则,他"对有关交易有利益"(interested in the transaction)。当然,这太过分,但如不是"有关交易"(this transaction)而其他"相关交易"(related transactions),GAFTA 仲裁规则看来是不管了。

另在较近期的 Cook International v. B. V. Handel (1985) 2 Lloyd's Rep. 225,败诉的原告指称被告所委任的 Scott 先生与上诉的公断人 Meadows 先生有利益冲突,因为被告是在清盘中,而债权人名单中有两家大的国际贸易商:瑞士的 Andre Group 与法国的 Dreyfus Group。而 Scott 先生是 Andre 的董事,Meadows 先生是 Dreyfus 的理赔部经理。

更近期的有 Rustal v. Gill & Duffus (2000) 1 Lloyd's Rep. 14,商会是 The Refined Sugar Association 或简称 RSA。涉及的事实是仲裁庭中一位成员 Robin Shaw 先生,他是一家名为 C. R. Sugar Trading Ltd. 的贸易商董事。而两年前,他曾与一位当事人 Rustal 所雇用的 Lalljee 先生有过争议,敌意颇深。故此,Rustal 心中不安,曾写信给 RSA 说:

"as Mr. Lalljee's business reputation has been attacked, we have been obliged to put these matters to him in his position as consultant to Rustal… he has pointed out that Mr. R. Shaw has had business dealings with him in the past. In view of the allegations made against Mr. Lalljee personally, which are of course strongly denied, we are concerned that Mr. Shaw should consider carefully whether his past dealings with Mr. Lalljee might make it difficult for him to judge wholly objectively those most serious and strongly disputed allegations made about the management of Rustal…"

但 RSA 没有回应,而之后仲裁庭也作出了裁决书,判定 Rustal 败诉。Rustal 随即向法院申请试图撤销(set aside)该裁决书,但并不成功。其中主要原因是Rustal没有依照1996年《仲裁法》之Section 73及时挑战,故构成弃权(waiver)。至于写给RSA的信函,Moore-Bick大法官认为只是泛泛的内容,并未达到Section 73的要求,说:

"although the letter of Feb. 16 raised the matter of Mr. Shaw's previous business dealings with Mr. Lalljee it did so only in the most general way and it did not contain anything which could properly be interpreted as an objection to Mr. Shaw continuing to sit as a member of the tribunal…"

笔者回去谈中国公司自己感觉的困境与迷惑。在2004年上半年,中国政府把部分从事进口巴西大豆的国际贸易商列入黑名单,因为它们被指称曾付运的巴西大豆有过高的农药,有毒。这带来市场上大豆价格大跌/暴跌。后果是,中国买方纷纷以无法履行、买卖合约受阻为由中断。而内中涉及的总金额据闻是数以一二十亿美元以上的差价,后果的严重是过去50年来未曾见过。20世纪70年代曾经发生著名的美国大豆禁运(因为密西西比河水灾而引起,但一般业内人士事后看来认为美国政府反应过敏),据说总损失也不能与这一次中国事件相比。该次美国禁运带来一连串的诉讼与著名案例,如:Alfred Toepfer v. Peter Cremer (1975) 2 Lloyd's Rep. 118; Tradax v. Andre (1976) 1 Lloyd's Rep. 416; Bunge v. Alfred Toepfer (1978) 1 Lloyd's Rep. 506; Avimax v. Dewulf (1979) 2 Lloyd's Rep. 57等。

买卖合约大量中断后,无可避免的是中国买方大量面对外国贸易商/卖方的索赔。每一个合约都涉及数以百万或上千万美元的索赔。这一来,部分中国买方才被迫首次探讨与面对有关买卖合约内的伦敦商会仲裁,他们是在不自觉情况下同意了的合约条文(当然,不自觉并不是抗辩理由)。也有个别公司向笔者查询,但可惜笔者并不熟悉商品的商会仲裁,所以帮不上忙。因此下述的道听途说之言,只说出部分中国买方的担忧(可能是过虑)。这是:

(i) 由于争议面太广,很难在仲裁员名单中挑选知名而与多数西方的著名外国贸易商或卖方的对手没有过令人怀疑/担忧的十分接近的关系的仲裁员。

(ii) 道听途说是商会的会员之间已广泛认同整件事情出于中国政府与买方的阴谋,西方一种"阴谋论"说法是:因为禽流感杀死的鸡远超出公布数字(导致进口饲料减少需求)或中央政府宏观调控或/与大豆市场暴跌(故要制造原因/借口指农药过高,有毒)从合约中脱身。

换言之,商会的部分会员很可能已心中有定论。导致的原因(如果是事实)会来自不自觉的利益冲突,因为主要会员中的国际贸易商(international traders)都会直接或间接涉及向中方索赔。也会是,长久以来的"阴谋论"看待中国的一举一动(当然,这是彼此彼此)。但指出两点笔者认为明显的现象:

一是中国并非铁板一块,从近代史看来,中国人自己斗争的狠劲十足。故此,说是多家中国买方联合起来再取得中央政府合作,制造一个大阴谋对付巴西大豆进口是笔者不肯轻信谣言或/与有此感觉。

二是中国是一个发展中国家,估计制造这些阴谋的本领不会太高吧？这一来,国际贸易商拥有十分完善的情报网与调查/取证手段,应该能对阴谋的指控尽举证的责任吧？笔者只为了指出一般中外人士,特别是没有受过严格法律训练(主要是证据法)会有的毛病,就是只凭个人感觉而对事实真相下定论。当然如果有这方面的证据,笔者当然会非常客观地接受这个事实。

(iii)由于巴西大豆事件的影响十分广,足足有30家著名的国际贸易商都被列入黑名单,他们每一个都有至少一个案件向中国不同买家索赔数以百万或者上千万美元,而这些案件的本质同双方所提的争辩都是大同小异。这样一来,如果委任的仲裁员是贸易商A的雇员,而该案件与贸易商A毫无关系,只是贸易商B向中国买方索赔。而贸易商A与贸易商B之间也没有业务关系甚至不接近。这看来,委任的仲裁员是没有什么问题。但背后是贸易商A本身也是在中国的黑名单内,也有对其他中国买家的索赔,只不过案件是由贸易商A的雇员作为仲裁员。这一来,试想该仲裁员是否有可能会判贸易商B败诉而中国买方胜诉呢？这难道不是有利益冲突吗？

笔者本人也认识为数不多的朋友(因为笔者不熟悉商会仲裁),他们在有关商品的商会仲裁员名单中。笔者认为他们有个别人士处事公平与有水平,与国际贸易商关系不会太接近,可初步推介。但少部分中国买方仍是很不放心,试图在伦敦花不少钱对这几个人士作背景调查。

当然,这种调查是否有太大的作用也是不知道。例如,查出其中一位在10年前在对手的一家国际贸易商担任高职,这代表什么呢？而查不出来的交往/关系恐怕不知道有多少。另一渠道是知悉(完全是传闻)约一年前匈牙利也曾发生类似的禁运,并带来一连串的商会仲裁。据闻是近期才作出的裁决书,结果在不同的仲裁员手中不一致。显然,中国买方很想知道谁作出怎样的裁决。但由于裁决书的"机密"(confidential),故外人难以知道。只能通过与商会熟悉的朋友与律师打听,能获悉的资料也只是皮毛或/与不大可靠。但这难不倒局内人,也就是对手的国际贸易商(international traders),估计它们对哪一位仲裁员会是怎样想法了如指掌。

还有,中国买方也不是可以无止境的调查。要在很紧迫的时限内委任自己的仲裁员,中国买方会是被迫根据十分薄弱与低劣的证据/资料行事。而委任的"商品仲裁员"(commodity arbitrators)将来作出的裁决,可能会涉及部分中国买方的生死存亡。

最后,笔者引述Moore-Bick大法官在Rustal v. Gill & Duffus先例所说的有关商会仲裁的潜在危险,特别会使局外人感到警惕,如下:

"The second of these principles calls for particularly careful consideration when one is dealing with arbitrators appointed under the rules of trade associations. In such cases it can fairly be assumed that one of the reasons why the parties have agreed to trade arbitration is that they wish to have their dispute decided by people who are themselves active traders and so have direct knowledge of how the trade works.〔38〕However, if the arbitrators are themselves to be active traders there is every likelihood that at least one member of the tribunal will at some time have had commercial dealings with one or both of the parties to the dispute.〔39〕That is something which the parties must be taken to have had in mind.〔40〕As Mr. Justice Staughton pointed out in Tracomin S. A. v. Gibbs Nathaniel (Canada) Ltd. [1985] 1 Lloyd's Rep. 586 at pp. 588—589, there are many well-established features of commercial arbitration which find no parallel in the more formal procedures adopted in Courts of law.〔41〕They are known to and accepted by the parties and many people number them among the advantages of arbitration over litigation as a means of resolving commercial disputes〔42〕In the case of a trade tribunal the fact that an arbitrator has previously had commercial dealings with one or both parties has never been regarded as sufficient of itself to raise a doubt about his ability to act impartially.〔43〕Moreover, Mr. Nolan was right in my judgment to accept that the fact that those dealings had on occasions given rise to disputes would likewise not of itself provide grounds for doubting an arbitrator's impartiality.〔44〕Disputes are part and parcel of commercial life in general and commodity trading is no exception.〔45〕The vast majority are resolved amicably and those which are not are generally resolved by arbitration without generating any lasting animosity.〔46〕However it might strike an outsider.〔47〕I am confident that most traders take a fairly robust view of such matters and would not regard them as being of any significance when considering an arbitrator's ability to act impartially.〔48〕Certainly the evidence put before the Court in the present case supports that conclusion.〔49〕This is important because when judging a matter of this kind one has to take into account the complainant's knowledge and experience of the trade

〔38〕 一个原因当事人去商会仲裁是他们想让同行与懂行的贸易商去裁决。

〔39〕 但如果仲裁员本人需要活跃的贸易商，就会有很大可能性仲裁庭其中有成员[3 位仲裁员之一]在某时期曾与其一或两位当事人曾经有过生意上的往来。

〔40〕 这一点当事人应早想到。

〔41〕 这种商业仲裁有许多惯性做法与法院的正规程序做法不能相比。

〔42〕 （大家都知道并且接受认为这样的仲裁仍是比法院诉讼优越）。[否则何必去同意一条仲裁条文？]

〔43〕 在商业的仲裁庭，仲裁员曾经与其一或两位当事人有过生意往来从来不被怀疑他会无法公正审理案件[这在英国法院，甚至是"非商会仲裁"，应不能接受，除非时隔很远]。

〔44〕 这种生意上交往会发生争议但仍不是怀疑有关仲裁员能否公正的理由。

〔45〕 发生争议本来就是商业与商品买卖生涯的一部分。

〔46〕 大部分争议是友好解决，其余的以仲裁解决，不会造成永久的敌意或仇恨。

〔47〕 但行外人看来，就会感到震惊或不理解。

〔48〕 我[Moore-Bick 大法官]相信，大部分贸易商对这方面有坚定的信念，也不会认为仲裁员的公正性会有受任何大影响。

〔49〕 至少本案的证据就支持这种结论。

in question and the manner in which disputes are habitually resolved,[50] see Bremer v. Ets. Soules [1985] 1 Lloyd's Rep. 160 per Mr. Justice Mustill at pp. 164—165; On the other hand, one cannot ignore the fact that from time to time events occur which cannot be regarded as simply part of the ordinary incidents of commercial life and it is important for every trade arbitrator to be alert to the possibility that the particular circumstances of the case may, viewed objectively, give rise to justifiable doubts about his ability to act impartially.[51] That is all the more important given the fact that, as both Lord Goff and Lord Woolf emphasized in R. v. Gough, bias may be unconscious.[52]"

3. 英国法律

3.1 简介

英国有不少在这方面的先例,并发展(develop)了两条规则。

第一条规则涉及法官(或仲裁员)有"经济或财物利益"(pecuniary or proprietary interest),这一来法律假设有偏私(imputed bias),并立即带来自动丧失资格(automatic disqualification)。这条规则可称为"Dimes Principle",因为是来自 Dimes v. Proprietors of Grand Junction Canal (1852) 3 HL Cas 759 的重要先例。这一条规则在近期曾受 Ex p Pinochet (No.2)(1999) 1 All ER 577 先例的冲击而有所扩大。

而第二条规则适用于所有其他非涉及经济利益情况的不公平与偏私。这种情况并不先假设有偏私,也不会有自动丧失资格的后果,而是要在每一宗案件把事实找出来再看这些事实是否足够构成偏私的危机。以前法律的标准是要有"真正偏私的危险"(real danger of bias)。这条规则来自贵族院先例的 R. v. Gough(1993) 2 All ER 724。Goff 勋爵说这里的"考验"(test)是问:"在本案件的情况下,是否有真正偏私的可能或危险"(…in the circumstances of the case … it appears that there was a real likeli-

---

〔50〕 这一点很重要,因为挑战方/质疑方的知识与对贸易的经验对有关争议如何解决是要考虑的因素之一。[就是说他既然知道并同意去仲裁就不该埋怨]。

〔51〕 但会有情况是视为不再是商业生涯的正常情况,所以十分重要的是商业仲裁员必须警觉到特殊情况的案子出现,就是客观地看,对他能否主持公正有合理怀疑。[例如说,一直在讲的是以往的生意上往来。但"以往"会是2天前或是20年前显然有分别。加上是什么生意往来?这样程度上有不同轻重。若不是以往生意往来而是当前的或即将发生的,加上是金额庞大与关系密切的生意,这又会对该仲裁员能否公正处事应有不同的看法了。]

〔52〕 更重要的是理解偏私是会在不自觉中发生/出现。[例如,现在或不久前有密切生意往来,大家合作愉快,也有互信。这一来,一方去做仲裁员而另一方是当事人,即会在不自觉中对第三方的另一位当事人产生不公平。]

hood, in the sense of a real possibility, of bias)。这规则可称为"R. v. Gough 考验"(R. v. Gough Test)。但在英国人权法(Human Rights Act 1998)代入了欧共体人权公约(European Convention on Human Rights)之后,明显对法官/仲裁员不偏私的要求更严谨。在此比较近期的贵族院案件,Porter v. Magill [2002] AC 357,有关标准已改为"真正有机会"(real possibility)偏私。实际改变多少还要看独立案例,但英国对这方面逐渐严谨是非常明显的。接下去进一步介绍有关先例。

3.2 法律的两条规则有关利益冲突

3.2.1 第一条规则:涉及经济或财产利益的 Dimes 先例

在这个年代久远的先例 Dimes v. Proprietors of Grand Junction Canal (1852) 3 HL Cas 759, Cottenham 勋爵在不自知的情况下,拥有被告公司的大量股份,这导致他的命令与判决被"撤销"(set aside)。这里的大原则(principle)是在 Campbell 勋爵的权威讲话如下:

"No one can suppose that Lord Cottenham could be, in the remotest degree, influenced by the interest that he had in this concern;[53] but … it is of the last importance that the maxim that no man is to be a judge in his own cause should be held sacred.[54] And that is not to be confined to a cause in which he has an interest. Since I have had the honour to be Chief Justice of the Court of Queen's Bench, we have again and again set aside proceedings in inferior tribunals because an individual, who had an interest in a cause, took a part in the decision.[55] And it will have a most salutary influence on these tribunals when it is known that this high Court of last resort, in a case in which the Lord Chancellor of England had an interest, considered that his decree was on that account a decree not according to law, and was set aside.[56] This will be a lesson to all inferior tribunals to take care not only that in their decrees they are not influenced by their personal interest, but to avoid appearance of labouring under such an influence.[57]"

涉及经济利益有多种形式,拥有股份/股票固然是好例子。但还有其他投资方式,生意上合作,等等,以及最坏的情况是贪污受贿。说到贪污受贿,这种情况在国际商务仲裁也开始有听说,令人担忧,例如在第六章介绍了现在(2006 年 3 月)所报道的 Gulf Petro v. Nigerian National Petroleum Co. 仲裁案件。

---

〔53〕 没有人会认为 Cottenham 勋爵会受他的个人利益影响[即判决本身是不曾受到不良影响。]

〔54〕 但这并不重要,因为任何人不能为他自己的事情做法官,这是神圣的大原则。

〔55〕 在我[Campbell 勋爵]担任为高院的首席大法官后,已经多次把下层法官的判决撤销,因为这些法官涉及个人利益冲突。

〔56〕 若是在最高的上诉法院判决,即使是首席大法官/勋爵所作出,但只要他有涉及利益冲突,一样面临被撤销,这会给下层法官一个健康/良好的影响或讯息。

〔57〕 他们会学到教训——要小心处理个人利益冲突,也要避免在表面看来有这方面的困境。

3.2.2　第二条规则：涉及非经济利益但会带来真正偏私危险的 R. v. Gough 先例

3.2.2.1　什么是“非经济利益”？

在2.3小段略及，个人利益与联系（personal interests and connections）可以包括许多方面，内中千变万化，各有轻重。在 Locabail v. Bayfield Properties（2000）1 All ER 65，Bingham 勋爵就提到以下的几种：

（i）religion（宗教）；

（ii）ethnic or national origin（种族或国家）；

（iii）gender（性别）；

（iv）age（年龄）；［在有关案件，这会有代沟等问题的争议］

（v）class（级别）；

（vi）means（能力）；

（vii）法官本人或家庭成员的社交背景（social background）；

（viii）法官本人或家庭成员的教育背景（educational background）；

（ix）法官本人或家庭成员的雇佣背景（employment background）；

（x）法官本人过往的政治联系（previous political associations）［例如是支持保守党或共产党］；

（xi）法官本人在一些社会体育或慈善团体/组织的会籍（membership of social，sporting or charitable bodies）；

（xii）共济会会员（his masonic associations）；

（xiii）法官本人以前的判决（his previous judicial decisions）；

（xiv）他在其他场合的说话（his extra-curricular utterances）；

（xv）他以前作律师时曾接受委托或对付的人士（his previous receipt of instructions to act for or against any party）；

（xvi）当事人的代表事务律师或诉讼律师曾在其他案件出过庭（solicitor or advocate engaged in a case before him）［这里应是指律师与法官之间的熟悉甚至友好程度］；

（xvii）法官本人的律师学院、巡回区、本地律师会或事务所的会员（his membership of the same Inn，circuit，local law society or chambers）（只去解释律师学院。英国有4间律师学院，在14世纪左右成立，都位于伦敦：林肯学院［Lincoln's Inn］、格雷学院［Gray's Inn］、内殿学院［Inner Temple］与中殿学院［Middle Temple］。英国的诉讼律师/大律师必须要在这4间之一的律师学院毕业才能执业。）

这份名单中即使 Bingham 勋爵不说下去，笔者亦能随意多加几十项或上百项。事实上，曾在2.5.3小段略及的商会仲裁，已涉及多项新的利益与联系。还有，即使间接涉及为“经济利益”（pecuniary interest），也不容易成立。这是因为一旦算是经济利益，会带来严重的“自动丧失资格”（automatic disqualification）的后果。所以有要求这经济利益必须是“直接”(direct)与不琐碎(de minimis)。若是不能成立,例如只能当做是“间接经济利益”(indirect pecuniary interest),则只会被当做是这里的第二条规则去考虑整体问题是否有偏私危险,因为它毕竟仍是涉及“个人利益”(personal interests)。在稍后的3.7.1至3.7.4小段,会介绍好几个重要先例,每个都有不同的事实,均被判是属“非经济利益”,而作为“经济利益”太间接了。这些先例是:Cook International v. B.V. Handel(1985)2 Lloyd's Rep. 225; Bremer v. Ets. Soules(1985)1 Lloyd's Rep. 160; Locabail v. Bayfield Properties(2000)1 All ER 65与AT&T v. Saudi Cable(2008)2 Lloyd's Rep. 127。

3.2.2.2 对非经济利益的轻重之分别

在上一小段的各项“非经济利益”(non-pecuniary interest)中,有重大轻重之分别。首先在本质上有轻重,另有其他多方面因素的轻重,例如时隔多久?一般时间越隔得久,曾出现过的利益或联系会造成偏私的可能性也就越低。例如,难以想象法官与其中一方当事人或一位主要证人有偏私的可能,只因为50年前他们曾在幼儿园是同一班的同学。

3.2.2.2.1 同学关系

至于利益或/与联系的本质上,也是会有巨大轻重。在上一小段的各项,不少只是十分轻微的本质,不大可能会造成法官(或仲裁员)有意或无意/不自觉的偏私。例如是以前的同学关系,难以想象这种关系会造成有意或无意的偏私。大概是因为笔者自己早没有中小学的同学仍在交往,对他们的生死贫富毫不关心,怎会再去在审理的案件中偏私?若是这同学关系发展成为友好关系,多年来从未中断,这一来显然有极大或较大的偏私危险。

3.2.2.2.2 友好或不友好关系

说到友好(或不友好)关系,只要看是法官与代表律师友好或是法官与当事人之间友好已有很大分别。若是后者,偏私的危险大大提高,小心的法官应回避或披露这种关系。但若是前者,由于胜负不直接影响代表律师的个人利益(特别英国在很长一段时间坚持律师的收费不能与案件胜负挂钩,只能以工作量,故胜负都不影响收费)。加上一位有诉讼经验的律师是像一位“久征惯战”的将军,胜负乃是兵家常事。故不会因为友好的法官判他在一宗案件中败诉而导致朋友也没得做。除非该法官在判词中对代表律师本人作出过火的批评,导致后者的名誉与/或专业地位受损。这在先例中也有同样说法,例如Morison大法官在Fletamentos v. Effjohn(1997)1 Lloyd's Rep. 295曾说:

“On the other hand, the fact that a Judge thinks ill of an advocate, and shows it, does not prevent him from doing justice between the parties. A fair-minded Judge can divorce his personal views of the advocate from the merits of the dispute.”

上述影响笔者(杨良宜)是否接受作为仲裁员的取舍因素。笔者与大部分的国际海事律师所友好。而且,越是支持笔者,即经常喜欢委任笔者为仲裁员,往往越是友好，因为经常有往来并且有信心。加上，大家难免会在社交场合遇见，例如在酒会见面，甚至一起吃饭。记得在笔者处理案件为主的年代，这些海事案件主要是伦敦仲裁。笔者每次去伦敦都会与一些友好的伦敦海事仲裁员吃午餐或晚餐，甚至是早餐。而当时他们手中都会有笔者的案件等待审理，虽然大家都会自重不去谈及有关案件。但过分接近、友好，总会令危险增加。一是仲裁员会说漏了口；二是考虑对方若是知悉有这种会面/交往，心里是否感到舒服呢？

但笔者可以肯定地说，若是这种同程度的友好（或不友好）关系不是与代表律师而是与双方当事人之一，笔者是不会想去接受仲裁员的委任。除非是把这种关系披露后双方当事人仍然接受或弃权。而且，要自己过得了心中的一关，即自问能公平处事。

3.2.2.2.3　宗教联系

这一项也在 3.2.2.1 小段中 Bingham 勋爵提及的利益或/与联系之一。在一般的商业案件中，这不像是一项重要的问题。特别在西方世界，感觉上宗教的约束对不少西方人士变得薄弱，只是作为文化的一部分。加上今天有了进步的世界，相信或希望基督教的法官也不会因宗教不同而不相信或不公平对待一位佛教徒的当事人。但每一案件的事实都不同，难保没有特殊的争议涉及宗教方面，以致不适合让一位虔诚的回教徒或基督徒的法官审理。

3.2.2.2.4　种族或国家联系

这会是一项十分重要的利益或联系。其中，种族比国家更重要。例如，英美、澳大利亚、新西兰与南非等国家都会有种族上的密切联系。故此，据闻澳洲人（为例）去伦敦工作并打入英国人的圈子会比拥有英国国籍或英国出生与长大的华人或印度人容易得多。

种族或国家的重要性在很多方面/地方可见。例如，《联合国示范法》的 Article (1)说“任何人不能因他的国籍而被排除担任仲裁员”（No person shall be precluded by reason of his nationality from acting as an arbitrator…）

的确，很久以来有个说法是典型的国际仲裁的仲裁庭是由当事人自己先去各自委任。通常的做法是委任自己国家或是自己种族人士为仲裁员。而第三位或首席仲裁员或是规定，或是在做法上故意委任一位与双方当事人不同国家或是种族的人士担任。

在中国的贸仲（China International Economic and Trade Arbitration Commission 或简称 CIETAC），笔者早年听闻外国公司与外国律师施加压力或游说开放仲裁员名单使外国人仲裁员加入。估计今天有了这么多选择，外国公司作为当事人应是容易找到满意的外国人仲裁员吧？但只有一个外国人仲裁员在一个三人的仲裁庭仍属少数，所以近年的游说是进一步的开放，要求在贸仲委任首席，他/她必须是双方当事人以外的国籍。这一来，由于一方当事人总会是中国公司，也表示首席不会是中国人。若是贸仲委任海外华人，国籍不是中国，但种族仍是不折不扣的中国人，这是否会令外国公司安心呢？笔者自己相信是不会，这表示种族比国家更重要或更令人担心。

绝大部分的西方仲裁协会均没有这样的规定,除了伦敦仲裁院(LCIA)之 Article 6 确实说如果双方当事人是不同国籍,独任仲裁员或者是首席仲裁员就不能是当事人的同一国籍。但去 LCIA 的案件不多涉及英国公司的当事人,这与 CIETAC 不一样。加上 LCIA 每年大约只有 80 宗案件,比 CIETAC 少多了。而最重要的是不委任英国人为独任/首席仲裁员,因为英国公司是一方当事人,LCIA 可以安心地委任在伦敦工作的澳大利亚人、新西兰人和加拿大人等。反正西方国家人才多的是,大家文化背景一致。这不像 CIETAC 要委任不能是中国人的独任/首席仲裁员,因为一方当事人是中方公司,除了委任昂贵与不了解中国国情的西方人士,可就没有什么选择了。

笔者指出这些沧海一粟的现象显示这种族与/或国家是问题甚至是大问题。这当然不是好事,与世界大同、种族之间互信的大方向背道而驰。但解决的办法不像有,而笔者觉得有能力去作出一些改善的人士只是以伪善、低调、隐蔽高与技巧去处理这个问题。例如笔者参加不少国际会议,内中经常有“文化差异”(cultural difference)的讨论。但说真的,这不正是种族问题吗,何必说得好听去回避问题?

自己自知没有本领去改善这个国际大问题,但明白与深信这是人类社会将来的福祉与不被摧毁的希望所在。所以,只能从自己做起,尽量在道德方面培育与发挥博爱精神对待各族人类与减少贪念(这会是最大罪恶的根源)以避免或减少严重利益冲突。

3.2.2.2.5 总结

总结这比“经济利益”(pecuniary interest)层面上广泛得多的个人利益,但也会带来同样程度的不公正/偏私危险,笔者不妨引述 Goff 勋爵在 R. v. Gough(1993)2 All ER 724 的讲话如下:

“I turn next to the broader question of bias on the part of a member of the relevant tribunal.〔58〕 Here it is necessary first to put on one side the very rare case where actual bias is shown to exist.〔59〕 Of course, if actual bias is proved, that is an end of the case: the person concerned must be disqualified.〔60〕 But it is not necessary that actual bias should be proved;〔61〕 and in practice the inquiry is directed to the question whether there was such a degree of possibility of bias on the part of the tribunal that the court will not allow the decision to stand.〔62〕 Such a question may arise in a wide variety of circumstances.〔63〕 These

---

〔58〕 我(Goff 勋爵)转去探讨更广泛的偏私。Goff 勋爵较早谈的是较窄的经济利益。

〔59〕 真正偏私能够被证明很少发生。尤其是赶走仲裁员要证明他“将来”真正偏私。

〔60〕 当然,若真能证明,整件事件也就终结,该司法人员必须被取消资格。

〔61〕 但无须证明偏私。(这十分困难,因为该司法人员的法官或仲裁员有高水平自辩,也不会承认偏私。即使是十分明显与重要的利益冲突,他一早应披露,但他说是忘了、疏忽了,其他人怎能反驳与证明不仅是这么简单?)

〔62〕 事实的做法是看偏私程度的可能性,若可能性高,就会撤销原先的判决。

〔63〕 这种问题会是千变万化。

include, but are by no means limited to, cases in which a member of the tribunal has an interest in the outcome of the proceedings which falls short of a direct pecuniary interest.[64] Such interests may vary widely in their nature, in their effect and in their relevance to the subject matter of the proceedings;[65] and there is no rule, as there is in the case of a pecuniary interest,[66] that the possession of such an interest automatically disqualified the member of the tribunal from sitting.[67] Each case falls to be considered on its own facts.[68]"

3.2.3 第一条规则的扩大:涉及共同目标的 Ex p. Pinochet 先例

上述相对稳定与悠久的英国法律在 1998/1999 年有了波动,这就是世界著名的引渡智利前独裁者“皮诺切特将军”(General Pinochet)去西班牙受审的案例: Ex p Pinochet (No. 2) (1999) 1 All ER 577。

众所周知,皮诺切特将军是社会主义的敌人。1973 年,他在美国“中央情报局”(CIA)支持下,发起了流血政变推翻智利(Chile)的民选总统,并把 Salvador Allende 总统杀死。Allende 总统是少有通过民选成功而掌权的社会主义人士。在该政变中,估计杀死人数多达三千人。之后在皮诺切特将军的铁腕执政下,估计又杀死了不少人。由于历史的渊源,这些死亡人士部分与西班牙有关, 例如有亲属关系。皮诺切特将军年老下台后(但仍有权力,担任智利的参议员,摇身一变从 General Pinochet 成为 Senator Pinochet),在一次去英国治病时,西班牙政府正式提出要求英国拘捕皮诺切特将军并引渡他去西班牙接受谋杀与违反人权等的指控审讯。根据英国的 1989 年“递解法”(Extradition Act,1989),作为欧共体国家英国也需要去做,故随即拘捕皮诺切特将军并且不准他离开英国返回智利。

皮诺切特将军抗拒引渡去西班牙,列举原因可以想得到。例如,所指控的犯罪是他在执政期间,当时享有国家豁免权。此外,作为现任的参议员,根据智利法律亦可享有免被控诉的特权。

至于另一位重要的主角,亦是与西班牙政府同一阵线的当事人,是“国际特赦组织”(Amnesty International)。它关心这宗案件是完全可以理解,但它怎会成为当事人之一呢? Amnesty International 是自愿、自动向法院申请并要求准予“插手”(intervene),并被批准。至于背后的原因是 Amnesty International 有话想说,但不是其中一位当事人无权发言。在报纸发言除了效果不同(不能是用来说服审理大法官)外,也

---

〔64〕 这包括是“非直接”(或间接)的经济利益。[这一点在 3.2.2.1 小段提及。]

〔65〕 这种利益(非经济利益)本质除千变万化外,也在它所造成的后果与和诉讼主题是否有关系而有不同差异(非经济利益也会有“极轻微”/“琐碎”[de minimis]的情况,例如诉讼金额不高或发生利益的年代长久[20 年前曾合作过但之后再没有交往]等。)

〔66〕 不像是“经济利益”,“非经济利益”本身没有任何规则可循。

〔67〕 拥有“非经济利益”不会带来司法人员的自动丧失资格。

〔68〕 每一宗案件都要考虑它独特的事实。

会构成“蔑视法院”(contempt),因为仍未作出判决就公开“说三道四”是不允许的。

案例涉及“共同目标利益”(common goal interest),即是其中参与审理的Hoffmann勋爵与其中一位当事人(国际特赦组织的Amnesty International)有“共同目标”。本来,这种共同的目标(人生的目标)与经济/金钱完全扯不上关系。所以,完全确定是不该属第一条规则下的“经济利益”(pecuniary interest):第3.2.1小段。但如果是属第二条规则的“非经济利益”(non-pecuniary interest),挑战方就不仅是要证明有些利益存在,更要进一步证明这些利益有很大可能带来Hoffmann勋爵的偏私,并且造成了后果,即令皮诺切特将军败诉。这是绝对不容易甚至不可能成功的证明,但由于“非经济利益”不享有“自动丧失资格”(automatic disqualification),导致仅是证明有“个人利益”(personal interests)涉及并不足够。

仅调查与证明这个人利益并非难事。Hoffmann勋爵的确与Amnesty International有许多的重要与公开关系。首先,他是Amnesty International附属的英国组织Amnesty International Charity Limited(简称AICL)的董事与主席。显然,这只是“名誉职位”(honorary post),不涉及工资/金钱,因为AICL是一个慈善(charity)组织。若非如此,任职贵族院勋爵的Hoffmann也不会接受委任。另外,Hoffmann勋爵的夫人Lady Hoffmann曾在组织任职多年(自1977年始)。要注意的是,这些都是公开资料,一查即知。这也是历史的一部分,无法把时钟拨后重新开始或改写历史。所以,Hoffmann勋爵自称不在一开始披露,也不警觉是完全可信的。就是不理会道德方面,以Hoffmann勋爵的高水平与智慧也不会抵赖别人不会相信、很容易查出并且已有真凭实据的事实。就算是笔者(杨良宜)的水平,也不会抵赖自己是现任的“香港国际仲裁中心”(HKIAC)主席,或很多年前曾一度是北京中远总公司的顾问(但只是挂名,记忆中没有业务来往,而且以前认识的人现在也完全不认识了),或是香港的中国人等。这些都是“街知巷闻”的公开资料,不去披露为了骗谁?事实应是谁也骗不了,故若是与审理的案件有关(例如其中一位当事人或主要证人关系到HKIAC),笔者若没有披露,在考虑到笔者的水平后可估计是不警觉或疏忽比想去刻意隐瞒的可能性大得多。

在证明有个人利益后,这利益是第一条规则或第二条规则会有天壤之别。第一条规则是“自动丧失资格”(automatic disqualification),故一旦证明了确有经济利益的存在,也就是挑战成功了,事件告终了。但第二条规则下证明了利益(非经济利益)的存在,仍有更大更困难的举证责任,就是这些个人利益在有关的案情下有真正危险造成偏私。在Hoffmann勋爵自称不知情、不警觉的形势下,进一步证明这里有真正危险是极度困难或是没有成功机会的,因为:

(i) 没有办法否定与反证Hoffmann勋爵在有关时间里的内心世界,就是不自觉与不知情,属无意的遗漏。已经说过,笔者也完全相信他的高水平/智慧是不会愚蠢地隐瞒“街知巷闻”的公开资料。

(ii)判一位德高望重的勋爵或大法官犯了偏私,有意违反自然公正等于判他在名誉与事业上的死罪。估计其他的勋爵或大法官不会轻易对 Hoffmann 勋爵作出这种判决。

(iii)这个利益是否造成后果,是否有影响也待证明。贵族院是 5 位法律勋爵(Law Lords)合审,若是一致判皮诺切特将军败诉,显然 Hoffmann 勋爵的一票起不了关键性作用,他只有 1/5 的决定权。但在该案例的原审中,贵族院是 3: 2 的"多数人判决"(majority decision)。这一来,Hoffmann 勋爵的一票投向哪一方是有关键性影响的。但是正反两方的 4 位法律勋爵(Law Lords) Nicholls、Steyn、Slynn 与 Lloyd 勋爵都各给予自己决定的理由,只有 Hoffmann 勋爵不给予理由,只是同意 Nicholls 勋爵与 Steyn 勋爵的理由。这样看来,好像 Hoffmann 勋爵的作用或影响又不像太大、太关键。

反正,在 Hoffmann 勋爵的个人利益被曝光后,社会议论纷纷。结果贵族院决定重审,也就是把原审(第一次在贵族院审理的 3: 2 结果)的判决撤销。重审是由 5 位完全不同的法律勋爵(Law Lords) 合议/合审,计 Goff、Browne-Wilkinson、Nolan、Hope 与 Hutton 勋爵。重审的结果众所周知,就是皮诺切特将军胜诉并获释返回智利。在这里,笔者只介绍 Hoffmann 勋爵的个人利益,是与 Amnesty International 有共同目标与理念的利益,在此著名先例被"提升"(elevate)去适用第一规则的"自动丧失资格"(automatic disqualification),以致可轻易推翻与撤销原审判决而重审。若非如此,在"一事不再审"(res judicata)的大原则下,根本不会有重审。原因如 Browne-Wilkinson 勋爵所说:

"The fundamental principle is that a man may not be a judge in his own cause.〔69〕 This principle, as developed by the courts, has two very similar but not identical implications.〔70〕 First, it may be applied literally〔71〕: if a judge is in fact a party to the action or has a financial or proprietary interest in its outcome is sufficient to cause his automatic disqualification.〔72〕 The second application of the principle is where a judge is not a party to the suit and does not have a financial interest in its outcome,〔73〕 but in some other way his conduct or behaviour may give rise to a suspicion that he is not impartial.〔74〕 For example because of his friendship with a party.〔75〕 The second type of case is not strictly speaking an application of the principle that a man must not be judge in his own cause, since the

〔69〕 基本性大原则是任何人不能为他自己的事情做法官。

〔70〕 这个由法院发展起来的说法有两个十分相似但不完全一样的含义。

〔71〕 第一种类是照字面解释。

〔72〕 如果法官真是当事人或对审判结果有经济或财产利益,即可自动令他丧失资格。

〔73〕 第二种类适用这个大原则是法官并不是当事人,也没有经济或财产利益。

〔74〕 但他的行为或态度令人怀疑他不公正。

〔75〕 例如,由于他与一方当事人的友谊。

judge will not normally be himself benefiting,〔76〕 but providing a benefit for another by failing to be impartial.〔77〕

In my judgment, this case falls within the first category of case, viz where the judge is disqualified because he is a judge in his own cause.〔78〕 In such a case, once it is shown that the judge is himself a party to the cause, or has a relevant interest in its subject matter, he is disqualified without any investigation into whether there was a likelihood or suspicion of bias.〔79〕 The mere fact of his interest is sufficient to disqualify him unless he has made sufficient disclosure.〔80〕 I will call this 'automatic disqualification'.〔81〕"

3.2.4 第一条规则不会再扩大的说法

第一条规则下的"经济利益"(pecuniary interest)与"共同目标利益"(common goal interest)所带来的简洁但严重的后果:"自动丧失资格"(automatic disqualification)看似"干手净脚",但扩大绝非好事。它一定会带来大量的挑战/质疑并相应提高撤销判决/裁决并需要重审的案件比例。这进一步带来巨大的浪费(诉讼一次花费很大)、法律的不稳定与公众对司法制度信心降低。

再说什么是共同目标也可以无限地扩大。例如,中国人这几百年来都有一个强国梦,这是不是说一位中方仲裁员与中方当事人有共同目标以致对另一方外国当事人不公平?笔者不怀疑确有人这样想,但同样的共同目标何尝不是存在于美国或者英国人心中?区别只是他们已经达到了共同目标,而中国人尚在挣扎,所以老是在口中提及以作激励。

当然扩大并不是好事,例如,宗教或/与种族的联系可带来自动丧失资格(例如是犹太籍的法官而当事人之一是巴勒斯坦籍),在拥有多宗教与多种族的英美国家,就会使法院寸步难行,整个司法制度会崩溃。毕竟同一宗教或同一种族肯定有"共同目标利益"吧。

所以在 R. v. Gough(1993)2 All ER 724, Woolf 勋爵建议法院不让更多的属第一种类的规则案件出现,因为:

"since this will immediately create uncertainty as to what are the parameters of that category and what is the test to be applied in the case of that category."

---

〔76〕 这第二种类的案子不严格是法官"为他自己的事情"去做法官,因为审理的结果对他本人没有好处。

〔77〕 他若是不公正,好处只是给别人,例如是好朋友。

〔78〕 我判本案件〔Ex p Pinochet[No.2][1999]1 All ER 577〕属第一种类的案件,即 Hoffmann 勋爵自动丧失资格是因为"为他自己的事情去做法官"。因为他与 Amnesty International 有共同目标。

〔79〕 一成立有这种情况,法官丧失资格是不必先进一步调查这是否好像或怀疑造成偏私。

〔80〕 法官有这种利益的事实业已足够丧失资格,除非他自动披露其他有关证据/反证。[例如,自动披露他离任在即、任期很短、期间只去开过一次会等。]

〔81〕 这可称为"自动丧失资格"。

Bingham 勋爵在 Locabail v. Bayfield Properties(2000)1 All ER 65 也谈道 Goff 勋爵在 R. v. Gough 说不会再伸延与扩大第一条规则与它的坏处,如下:

"Lord Goff did not envisage any wider extension. Since any extension of the automatic disqualification rule would also, inevitably, limit the power of the judge and any reviewing court to take account of the facts and circumstances of a particular case, and would have the potential to cause delay and greatly increased cost in the final disposal of the proceedings, we would regard as undesirable any application of the present rule on automatic disqualification beyond the bounds set by existing authority, unless such extension were plainly required to give effect to the important underlying principles upon which the rule is based."

话说回来,毕竟 Re Pinochet 是一个非常高调的案件,备受国际社会、政治团体、人权组织及传媒关注,加上涉及个人的人身自由,贵族院判 Hoffmann 勋爵自动丧失资格,把案件重审,亦不难想像,这可能只是一个个别的案件,正如 Lord Brone-Wilkinson 在判词中说"It is important not to overstate what is being decided… The facts of this present case are exceptional"。看来在商业仲裁的层面上,所指的利益应仍是涉及金钱或财产为主。

3.3　利益冲突规则适用的对象

上面介绍的两条规则已明确适用在所有司法的成员或人士,这包括了各级的大法官/法官、陪审团与仲裁员。这一点在贵族院先例的 R. v. Gough(1993)2 All ER 724 明确了。在 Locabail v. Bayfield Properties(2000)1 All ER 65, Bingham 勋爵亦把所有人士归纳在一起,说:

"Any judge (for convenience, we shall in this judgment use the term 'judge' to embrace every judicial decision-maker, whether judge, lay justice or juror) who allows any judicial decision to be influenced by partiality or prejudice deprives the litigant of the important right to which we have referred and violates one of the most fundamental principles underlying the administration of justice."

陪审团虽然不懂法律,但由于他们对事实的认定(finding of facts)是最终的决定,所以也是司法的成员之一。

仲裁员亦包括可以理解,因为仲裁是司法的行为,它与法院诉讼并肩而行,效果一样。虽然许多仲裁员并非法律人士。所以,许多商业仲裁只能说是"lay justice"。

按说,专家证人(expert witness)是协助法官或仲裁员审理一些涉及专业的争议,故也有"公正与不偏私"(impartial & unbiased)的要求。但由于作最后决定不是他/她,法官或仲裁员不一定听取他/她的专家意见,所以不公正与偏私的后果一般只停留在意见不被采纳。由于有此要求,建议专家证人在被委任时,要向委托人(客户)与他的律师全面披露可能会影响公正与不偏私指控的事实。例如,这 3 年来已被同一客户委任了 10 次不同案件。然后去任由客户与他的律师决定是否仍继续委任他/

她为专家证人。这总比将来出庭时,在反盘问与被已经“摸了底”的对方律师严诘、丑化强得多。

至于其他解决争议的办法如调解或和解(mediation or conciliation),由于它们不是司法行为,所以不适用这些经济或非经济利益冲突的两条规则。

但在现实中的做法与客观环境仲裁员能够像法官一样与社会(或商业社会)隔离,不食人间烟火,是完全不现实的。例如,在2.5.3小段所谈道的伦敦商会仲裁,有许多“小圈子”做法是法院绝不会做的。正如 Moore-Bick 大法官在 Rustal v. Gill & Duffus (2000) 1 Lloyd's Rep. 14 所讲的:

“There are many well established features of commercial arbitration which find no parallel in the more formal procedures adopted in Courts of law.”

也不是未曾尝试过区分仲裁与法院适用不同松紧的准则。在 AT&T v. Saudi Cable (2000) 2 Lloyd's Rep. 127,挑战/质疑仲裁员的 AT&T 代表大律师 Sydney Kentridge 爵士提出一种说法,就是“非经济利益”(non-pecuniary interest) 必须带来“真正偏私的危险”(real danger of bias) 的英国法律地位定得太高,应降下来与国际一般准则看齐,因为这是国际仲裁。而一般国际准则只要有“合理怀疑”(reasonable suspicion) 或“合理担心”(reasonable apprehension):这在苏格兰、澳洲与南非的法律,而欧共体人权法院 (European Court of Human Rights) 的说法也与《联合国示范法》所用措辞的“可接受怀疑”(justifiable doubt)接近。显然,把准则降低,就较容易成功质疑仲裁员 L Yves Fortier 先生。

但 Woolf 勋爵不接受有区分,他说:

“Sir Sydney Kentridge's arguments for applying what he argued was a lower threshold to arbitrations lacked conviction.[82] Assuming, without accepting, that the reasonable suspicion test provides a lower threshold than the real danger test, it would be surprising if a lower threshold applied to arbitration than applied to a Court of law.[83] The Courts are responsible for the provision of public justice. If there are two standards I would expect a lower threshold to apply to Courts of law than applies to a private tribunal whose ‘judges’ are selected by the parties.[84] After all, there is an overriding public interest in the integrity of the administration of justice in the Courts.[85] It is justice in the Courts to which Lord Hewart, C. J. was referring in R. v. Sussex Justices ex parte McCarthy [1924] 1 K. B. 256 at p. 259, when stating his famous aphorism, which is accepted throughout the com-

---

〔82〕 AT&T 的代表大律师 Sydney Kentridge 爵士争辩说仲裁应是较低准则没有说服力。

〔83〕 说仲裁比法院有较低准则令人惊奇。

〔84〕 法院负责大众的公正。若有两种准则,较低准则应适用在法院而不在仲裁。(即更容易成功质疑法官。)

〔85〕 毕竟,大众要对法官的司法公正有信心。

mon law world, that it is ‘of fundamental importance that justice should not only be done. but should manifestly and undoubtedly be seen to be done’[86].”

3.4 对经济利益的其他方面探讨

早期先例一度十分严格对待 Dimes Principle。在 R. v. Hand(1866)LR1 GB230, Blackburn 大法官曾说:

“there is no doubt that any direct pecuniary interest, however small, in the subject of inquiry, does disqualify a person from acting as a judge in the matter…”(毫无疑问任何的直接经济利益,不论多少,会带来法官丧失审理案件的资格。)

另在 R. v. Camborne Justices, Ex p Pearce (1954) 2 All ER 850, Slade 大法官也有同样的说法:

“It is, of course, clear that any direct pecuniary or proprietary interest in the subject-matter of a proceeding, however small, operates, as an automatic disqualification.”

随着社会环境的变化,例如多了许多的投资工具,法官个人的财政状况也变得复杂。例如,法官本人或多或少会有积蓄,在今天的环境里,有可能是把这笔钱交给基金经理去投资。而在法官不知道的情况下,投资组合中有原告或被告公司的少数股票。又或者,法官来自一个十分富有的家族(这毫不奇怪)。家族的财富法官本人也有份儿,但他不理会一般的投资决定,另有专人或其他家族成员去处理。这一来,又会遇上上述的利益冲突机会。法律也不能僵化不去作出更弹性的处理。以下可在每一个有关方面谈谈。

3.4.1 必须是对诉讼结果会造成直接经济利益

这个说法最典型的例子是法官拥有原告或被告公司股票,但或是因为股票数量太少或是诉讼的金额不高,诉讼结果是胜是败都影响不了股价升跌,或升跌也因股份太少而谈不上有什么经济利益。正如 Bingham 勋爵在 Locabail v. Bayfield Properties (2000) 1 All ER 65 所说:

“That will often be the case where the judge holds a relatively small number of shares in a large company and the sums involved in the litigation are not such as could, realistically, affect the value of the judge's shares or the dividend he could expect to receive.”

Bingham 勋爵也确认了不久前在澳洲所判的先例 Clenae Pty Ltd. v. Australia and New Zealand Banking Group Ltd. (1999) VSCA 35 的 Charles 大法官所说:

“If there is a separate rule for automatic disqualification for financial interest,[87] un-

---

〔86〕 这里重复 Hewart 勋爵在 R v. Sussex Justices (1923) All ER Rep. 233 名言,就是司法公正要做到,也要被看到。由于利益冲突法律不区分,而现实环境中仲裁员又做不到法官一样,这导致笔者感觉在一些挑战仲裁员的案例中,有刻意放宽对待仲裁员之嫌。估计法院自觉或不自觉的目的是顾全大局,保护伦敦仲裁(例如是各种商会仲裁),等等。由于每宗案件事实不同,加上涉及个人的“裁量权”(discretion),故高水平的法院怎样判决都能把理由说得头头是道。

〔87〕 若有一条单独的规则针对因经济利益自动丧失资格。

related to a reasonable apprehension of bias, in my view the irrebuttable presumption of bias only arise (subject to questions of waiver or necessity) where the judicial officer has a direct pecuniary interest in the outcome of the proceeding.[88]"

3.4.2 极轻微或琐碎的例外(de minimis exception)

早期先例强调了"不论多少"(however small)的利益冲突都不能接受。但近期的先例较有弹性,有了一个"极轻微"(de minimis)的例外。这适用在上述小段的例子中,诉讼金额极高或结果影响重大,肯定造成原告或被告的股价大升大跌。

若法官拥有该有关公司的大量股票,这肯定有问题。但若是很少的股票,按照以往严格的说法,即"不论多少"的利益均不能接受,仍会带来自动丧失资格的严重后果。至于法官知不知道他自己或家族的投资组合有该有关公司的股票不加以理会。

因此,一旦有了这极轻微的例外,就是股票数量太少,法官本人得益极轻微,可以不去追究。

这些案例有:BTR Industries South Africa (Pty) Ltd. v. Metal and Allied Worker's Union 1992(3) SA 673; R. v. Inner West London Coroner, Ex p Dallaglio (1994) 4 All ER 139 之 162 页;Auckland Casino Ltd v. Casino Control Authority (1995) 1 NZLR 142 之 148 页与 Locabail v. Bayfield Properties (2000) 1 All ER 65。

要小心的是,Dimes Principle 仍是神圣不可侵犯的大原则,只是对现实状况有了一点弹性。所以在 Locabail 先例中 Bingham 勋爵明确说"有任何疑点仍是取消资格"(any doubt should be resolved in favour of disqualification)。这疑点会是:涉及的经济利益是否超出极轻微的许可范围?

3.4.3 法官家族成员的经济利益

这又是另一种复杂的情况,就是法官自己完全清白,但他的家族成员(爱人、儿子、女儿、兄弟、父母等)涉及与有关的原/被告有经济利益。特别是十分庞大的经济利益,例如拥有大量原告或被告公司的股票。

现实的问题是法官很可能不知道其家族成员的投资组合。大家(家人)都有自己的空间与私隐权,也应受尊重。所以这种情况/事实现实中大量存在。

目前法律地位是 Bingham 勋爵在 Locabail v. Bayfield Properties (2000) 1 All ER 65 先例中所说的:

"In any case where the judge's interest is said to derive from the interest of a spouse partner or other family member the link must be so close and direct[89] as to render the interest of that other person, for all practical purposes, indistinguishable from an interest of

---

〔88〕 这无可抵赖的偏私推断只发生(除了弃权或必要)在审理人士对诉讼结果有直接经济利益时。(即使有,也不能太轻微或琐碎,这在下一段介绍。)

〔89〕 如果法官的经济利益被指称是来自爱人、生意或其他合伙人或其他家族成员的经济利益,这种联系必须十分紧密与直接。

the judge himself.[90]"

在上述的法律地位下，笔者或可举一些比较明显的例子。一个情况是夫妻两人的家庭财产/财政基本上不分开，银行是共同户口。丈夫是法官，但在他声称不知情的情况下，妻子拥有他在审理案件中的原告或被告公司股票，而且数量不少，不能说是“极轻微”(de minimis)。这一来，应是很危险与极大可能自动丧失资格。

另一个极端情况是法官的侄子或表兄弟涉及经济利益。这一来要证明这种家族成员的利益是“难与法官本人的利益区分开来”恐怕十分不容易。在现实环境中，不少人会有一个有钱的表兄弟，但通常不会有什么好处，更加说不上是庞大经济利益。往往是富有的表兄弟自己也有更密切的人要去照顾，又或者他本人是“一毛不拔”。或说有关法官与表兄弟十分友好，同一个口袋，表兄弟遗产也留给法官。这种特殊情况就要看证据了，不能乱猜测。

但随着血缘关系的接近，情况变得复杂与危险。例如，自己的亲兄弟或亲儿子涉及原/被告公司的经济利益。特别是庞大的经济利益，例如是原告公司的大股东。

看来，在“边缘案件”(borderline case)中，客观看待自己是否完全适合会有疑点，法官(或仲裁员)安全的做法仍是回避或向双方当事人自动宣告。一宣告或披露，也让可能会受影响的一方当事人(比方说是被告)有一个机会进一步提出询问并把事实搞清楚。这会是千变万化的事实，例如是法官(或仲裁员)的儿子虽然在原告公司任职并且可分红，但马上要退休或转工。又或是，弟弟是股东之一。更或是，两兄弟不相往来，各居两地，已有多年没有接触。通常，被告会综合考虑所有因素，重要的有：诉讼金额大小(这是十分重要的考虑因素，除了是当事人自己关注程度受影响外，也往往决定涉及经济利益是“极轻微”或“极庞大”)；该名法官(或仲裁员)的声望/名誉(显然，一般心态总是对德高望重的人士有一份信任与尊重，也估计他会自重)；是否本来就不喜欢该名法官(或仲裁员)；是否有其他更好选择；等等。

总之，被告最后的决定是不要求该名法官(或仲裁员)回避或辞职，而继续推进诉讼，就会有危险造成“弃权”(waiver) 的后果，将来再不能以同一事实/理由挑战/质疑该法官(或仲裁员)的审理权力或/与作出判决/裁决：Rustal v. Gill & Duffus (2000) 1 Lloyd's Rep. 14。

其中，像仲裁法对上述做法都有了明确规定，不再停留在普通法/案例法。在香港的《仲裁法》，国际仲裁适用的《联合国示范法》在 Article 12(a)说：

"Where a person is approached in connection with his possible appointment as an arbitrator he shall disclose any circumstances likely to give rise to justifiable doubts as to his impartiality or independence…"

英国的 1996 年《仲裁法》没有类似对仲裁员宣告/披露要求的条文，但披露责任更详尽地存在于普通法里：Locabail v. Bayfield Properties (2000) 1 All ER 65(这会在

---

[90] 以致其他人的经济利益在实际上看来是无法与法官本人的经济利益区分开来。

下一段后详)。1996 年《仲裁法》在 Section 73(1)对弃权有清楚规定,这方面也会后详。

3.4.4 自动丧失资格(automatic disqualification)

这方面已多处涉及了,再重复重点,这严重的后果是在于不理会法官(或仲裁员)是否知道有这种经济利益冲突的存在。只要一证明审理法官有直接经济利益,而且不算是"极轻微"(de minimis),即马上自动丧失资格。

这与 3.1 小段提及的第二条规则的"R. v. Gough Test"有很大不同,主要亦在这一点,即不适用自动丧失资格的惩罚,而是要求进一步证明该有关法官内心确实知道这些"非财产"利益的存在,例如,法官与被告公司老板曾是 10 年的友好邻居。并且,这因素会导致"真正偏私的危险"(real danger of bias)。法官若被挑战与质疑,并且不回避,肯定是他认为没有问题或/与声称他当时并不知情,既不知情也不会构成有偏私的真正危险了:Auckland Casino Ltd. v. Casino Control Authority (1995) 1 NZLR 142 所说的"…there would be no real danger of bias, as no one could suppose that the judge could be unconsciously affected by that of which he know nothing…"

这特别挑战是为撤销法官的原先判决,正是"不知者不罪"。若尚未审结,例如在开庭中途已有"非经济利益"的出现,倒仍有需要看看审理下去,该曝光的个人利益在法官已知情的情况下,是否会造成真正偏私的危险。

这两条规则的不同后果或惩罚有重大区别。在第二条规则下撤销判决要证明法官的"心中想法",否则不知情不会有真正偏私的危险,在高水平的法官否认下,又不能盘问或要求披露,挑战的当事人会难以成功。

但在第一条规则下,因为适用自动丧失资格,所以挑战方只要证明法官经济利益的存在即已成功。这方面的取证与举证会比法官的"内心状况"(state of mind)容易得多。

也是因为第一条规则的危险性,法官对经济利益的处理特别小心,所以英国历来在这方面成功挑战的案例也不多。当然,在第二条规则下的额外举证要求,成功挑战案例应是更少了,但多年来加起来成败的相关案例仍有不少。

3.4.5 是否属经济利益范围的争议案例

由于这些年来,只有涉及"经济利益"(pecuniary interest)才能享有这独特的"自动丧失资格",故此提出挑战的当事方会尽量把提出的事实/证据跻身为经济利益范围内。否则一被视为"非经济"利益,挑战方必须进一步证明法官(或仲裁员)知情,有真正偏私危险。是否属经济利益在不同事实下也难以区分,以下挑几个案例以作介绍。

3.4.5.1 案例一:涉及间接经济利益与雇佣关系的 Cook International v. B. V. Handel

在 Cook International v. B. V. Handel (1985) 2 Lloyd's Rep. 225,涉及一个商会仲裁 (Grain and Feed Trade Association 或简称 GAFTA)。该仲裁在一审与上诉(商会

机制内部的上诉)都判 Cook 败诉。Cook 事后向法院申请撤销裁决书,其中的争议是一审的仲裁员 A. G. Scott 先生与公断人 P. Meadows 先生涉及经济利益。

这些关系是:胜诉方 Handel 正在清盘中,所以可估计胜诉取回来的钱会摊分给各债权人。而其中这些债权人是国际著名贸易商的 Andre Group 与 Dreyfus Group。Scott 先生恰恰是 Andre Group 的一家全资公司 European Grain 的董事,而 Meadows 先生是 Dreyfus Group 的一家附属公司理赔部经理(Claim Manager)。

Cook 的大律师 Tugendhat 先生作如下争论:

"Mr Tugendhat urges me (Leggatt 大法官) to conclude that this was a case of a pecuniary interest〔91〕 and that the motives of a person who is a director, or a senior employee, of a company are at least analogous with the personal motives of gain that a person might experience whether consciously, sub-consciously or unconsciously, who was a creditor of a party.〔92〕 He contends that if the interest was not pecuniary then, however it be described, it was no more remote that has been the subject of other cases in which the Court was held an imputation of bias to have been established.〔93〕"

但 Handel 的大律师 Mance 先生否认是经济利益案件,说:

"Mr. Mance argues that the present was not a case of a pecuniary interest at all.〔94〕 On the contrary, neither Mr Scott nor Mr Meadows had any pecuniary interest.〔95〕 What is really complained of is that each enjoyed an interest,〔96〕 in one sense, in their capacities as employees of each of the two groups concerned.〔97〕 That, says Mr. Mance, involve an evaluation of such personal connection as could be said to have existed.〔98〕"

Leggatt 大法官判定 Scott 与 Meadows 先生并不涉及经济利益,也不存在有偏私危险/可能性,他说:

"This is not merely a case where the mind of neither defendant〔99〕 was in fact affected

---

〔91〕 Cook 的大律师游说我去判断本案件是有关经济利益。

〔92〕 一位是当事人的债权人公司内董事或高级职员,他的心历路程与债权人老板本人一样,希望或有个人意图去谋利,去赚取。这希望或意图会是自觉,或是半自觉,或是不自觉。

〔93〕 他争论说这种利益即使不严格称为"经济利益",也会是十分接近法院所成立的"可自动推断有偏私"的说法。

〔94〕 Mance 先生不认为目前的案件涉及经济利益。

〔95〕 相反,Scott 与 Meadows 先生没有任何经济利益。

〔96〕 不满之处实是他们享有利益。(但不是经济利益。)

〔97〕 他们是两个有关集团(Andre 与 Dreyfus)的雇员。

〔98〕 这是衡量这种说法是存在个人联系的真正偏私危险。(换言之,自动丧失资格若不适用,Cook 要进一步证明真正偏私危险是不会成功的,因为 Scott 先生已说明他并不知道 Andre 是 Handel 的约 11% 债权人。Leggatt 大法官毫不怀疑,也完全可能。故此,Scott 先生在毫不知情的情况下怎会有真正偏私的危险或可能性?)

〔99〕 本案被告是指两位被挑战/质疑的 Scott 与 Meadows 先生。

nor is it a case where it is merely admitted that the mind of neither defendant was affected[100]. Rather is it a case where neither the arbitrators nor the umpire knew of any debt owed by any parties to the arbitration to another company in any of the groups of which the companies respectively employing the umpire and the arbitrator were members.[101] The plaintiffs have to acknowledge those facts to be inoccuous.[102] It is not a commendable complaint,[103] and, in my judgment, certainly does not constitute a complaint which is made out, that either of the two defendants concerned had any pecuniary interest.[104] ”

从上述案例的事实看来,似乎可得出一些结论,如:

(i) 太间接的经济利益不适用 Dimes Principle (3.2 小段)的“自动丧失资格”(automatic disqualification)。在本案例中,仲裁员任职的公司/集团只是仲裁当事人之一(Handel)的债权人其中一位。毕竟,一般清盘费用昂贵的“普通债权人”(unsecured creditor)能最后取回/分摊也不会多。

(ii) 该案件索赔金额大约四十万美元。再通过清盘隔一隔,恐怕最终到 Andre 与 Dreyfus(Scott 与 Meadows 先生雇主)手中也会是极轻微或琐碎(3.3.2 小段)。

(iii)雇佣关系不视为经济利益,只视为非经济的利益,需要把每一案件的不同事实综合看是否有“真正偏私的危险”(real danger of bias)。例如,仲裁员是否直接受雇于原告或被告?(这就有问题:Veritas Shipping Corp. v. Anglo Canadian Cement Ltd. [1966] 1 Lloyd’s Rep. 76)又或是,受雇是高职或一般职位?又或是离休在即等。

但上述的结论或观察要小心对待,也不会太稳定,这毕竟是下决定的法官的个人“裁量权”(discretion)。可能一些小变化即会带来不同的结果,例如除了受雇高职外也有分红或案件涉及庞大金额的索赔,是 4 亿美元而不是 400,000 美元。这会是“差之毫厘,谬以千里”,稍后在 3.5.5 小段再谈。

此外,本案例是商会(GAFTA)仲裁,法官会不会在不知不觉中较为宽待,否则商会难以操作?这在下一个介绍的先例中有更明确的倾向。

3.4.5.2 案例二:涉及裁决结果可令仲裁员的受雇公司在将来仲裁中受惠

Bremer v. Ets. Soules (1985) 1 Lloyd’s Rep. 160 是一连串涉及在 20 世纪 70 年代发生的著名美国政府因为密西西比河大水而宣布对大豆出口禁运所造成的大量诉讼(GAFTA 仲裁)。卖方的 Bremer 一度要求有关的仲裁员(也是同一位 A. G. Scott 先生)自动辞职,在被拒后 Bremer 向法院申请“赶走”(remove)Scott 先生。而所依赖的理由是下列的指控:

---

[100] 本案不涉及被告曾受有关利益的影响。

[101] 本案是仲裁员与公断人不知道仲裁的当事人(Handel)欠下了他们受雇佣的集团公司一笔钱。

[102] 原告(Cook)自己也不得不承认这种不知情的利益是无害的。

[103] 这并非一个好的投诉。

[104] 两位被告(Scott 与 Meadows 先生)也不涉及有经济利益。(照说,若算是经济利益,就不必理会 Scott 与 Meadows 先生是否知情。)

"1. Bremer Handels had reason to believe that for the unfulfilled transactions in June, 1973, and other relevant months, Andre were primarily in the position of buyers.〔105〕 Thus, any decision in the Soules arbitration in favour of sellers would set a precedent favourable to Andre's chances in future arbitrations,〔106〕 the more so since there was reason to believe that Andre were 'long' in respect of those months. There was accordingly a risk that, consciously or unconsciously, Mr. Scott would lean towards a finding of fact in the Soules arbitration (and those down the string) favourable to the respective buyers.〔107〕

2. Whatever Andre's actual position, an employee of an intermediate trader with unresolved disputes ought not to act as an arbitrator in respect of another dispute (even between different parties) arising out of the same circumstance.〔108〕

3. Mr. Scott acted improperly while appearing as advocate for Andre before the Board of Appeal in respect of another arbitration, and also by consenting to act as arbitrator in the present case, having previously concerned himself in a dispute arising out of the same general situation.〔109〕

4. There is a striking contrast between the result of an arbitration appeal involving European Grain and Bunge and another arbitration appeal. Mr. Scott was chairman of the Board of Appeal in the latter case, and adverse inferences can be drawn from this contrast.〔110〕

5. The Board of Appeal has behaved unjudicially in this particular arbitration in relation to -(a) its decision on how the dispute should be heard; (b) the fixing of a deposit on account of GAFTA's fees.〔111〕

6. Mr. Scott has compromised his impartiality by acting as 'consultant' to Tradax in respect of pending soya bean meal disputes.〔112〕"

在这里,笔者只探讨上述1与2的指控,本质上最接近"经济利益"(pecuniary in-

---

〔105〕 Scott先生受雇的集团公司Andre估计在其他买卖合约中主要是买方的角色/身份。

〔106〕 所以,判Bremer(卖方)败诉将会造成对Andre的仲裁有一个良好或有利的先例。(仲裁裁决不会是法律上的先例。但在GAFTA的小圈子内,为了追求在同一事实裁决的稳定/统一,会有一定程度在自律下的"先例"作用。)

〔107〕 所以有Scott先生在认定事实中会不自觉(或自觉)倾向有利Ets. Soules(买方)的危险。

〔108〕 Scott先生受雇于一家贸易商,本身有尚未审结的同类争议,就是不适合担任仲裁员。

〔109〕 Scott先生曾在另一同类案件的仲裁担任Andre的诉讼代表。(虽是另一个仲裁,但曾担任一方当事人的诉讼代表显示他曾想尽办法与借口为他的雇主争辩。这一来,争辩多了,自己也相信有一定道理的危险。再在另一同类案件担任仲裁员可能会受了思想上污染之嫌。)

〔110〕 较早有两个不同的裁决书,一个有Scott先生参与,结果很不相同。(如何不同与带来什么推想〔inference〕不去多讲,为免离题,请有兴趣读者直接看案例报告。)

〔111〕 这是对仲裁程序中的一些不满。

〔112〕 Scott先生也曾在同类案件中担任另一贸易商Tradax的顾问。

terest)。因为 Andre 在将来的仲裁占利亦是经济利益,商业活动最终都是为了钱。但案例中并没有提到 Dimes v. Proprietors of Grand Junction Canal (1852)3 HL Cas 759 先例。可见,Bremer 没有以 Scott 先生涉及经济利益而要自动丧失资格。很可能是提出也不会成功。这也是无可奈何的事情,因为在美国禁运这种大事,几乎每一位国际粮商/贸易商都会或多或少涉及,本质上与 2004 年中国巴西大豆事件一模一样。而商会(GAFTA)仲裁以西方贸易商的内行人担任仲裁员(但由于历史原因并没有中国公司是 GAFTA 或同类商会的 FOSFA 的会员),这种利益冲突怎能逃避得了?故正如 Mustill 大法官所说,谁叫 Bremer 同意以“贸易商”(traders)作为仲裁员?若是在马路上随意挑一个行人作为仲裁员,的确可以期望他完全不认识,也没有与仲裁双方当事人的任何“联系”(connection)或利益。该案例的结果可想而知,Mustill 大法官拒绝接受 Scott 先生有真正偏私危险。

但在现实中,上述提及的利益冲突(不论它是否属经济利益)会十分令局外人担忧。例如 2004 年的中国政府禁止巴西大豆进口,中国买方面对上千万上亿美元索赔。但中国买方在有关商会根本找不到“自己人”或至少看起来公正持平的仲裁员,因为几乎所有的国际贸易商都有涉及,都与中国买方为敌要向中方索赔庞大损失。故中国买方难免担忧,是否有这些贸易商的雇员戴了仲裁员的帽子去照顾他的雇主的经济利益而判中方败诉。笔者不是说中国买方的猜疑正确或有任何解决办法,只是指出这种自然反应的事实。

3.4.5.3 案例三:涉及律师所本身的经济利益冲突

3.4.5.3.1 案情

Locabail v. Bayfield Properties (2000) 1 All ER 65 的著名先例中,涉及一位名为 Lawrence Collins 的著名律师。他是国际史密夫律师所(Herbert Smith)的首席合伙人,当时该所共有 145 位合伙人和 300 位助手律师,即共有接近五百位合资格律师之众。Collins 先生在 1997 年升任为“御用大律师”(Queen's Counsel),他是首批被委任/升任 QC 的“事务律师”(solicitor)。一贯以来,升任御用大律师只是来自“大律师”(barrister),故可感受到 Collins 先生在法律界的“江湖地位”。在同年,他被委任为“暂委大法官”(deputy judge),而期间审理的两宗案件就是 Locabail v. Bayfield Properties 与 Locabail v. Waldorf Properties。被告实是 Isle of Man 注册的公司,背后控制的老板是一位面临破产/倒闭的希腊船东,名为 Emmanuel。

案件本身涉及原告 Locabail 执行与占有被告公司拥有的房子,在较早时被用作抵押品。而被告(或更准确说是 Emmanuel 夫人)作出抗拒。

在 Collins 先生不知情的情况下,他的律师所 Herbert Smith 另有律师在处理与 Emmanuel 敌对的案件。其中之一是代表清盘人,另一个是俄罗斯公司的 Sudoexport,争议涉及一艘 2 千万美元船舶的买卖。这是一件十分高调的新闻,在 1995 年 8 月的报刊中曾报道如下:

“Greek shipowner in bankruptcy puzzle: Herbert Smith-the top British solicitors working for Russian trading group Sudoexport-confirmed … that it had won a bankruptcy order against Emmanuel…”

另有报道说：

“…The shipowning company was alleged to have collapsed owing the Russians US $10 million… Sudoexport applied for the company to be wound up in London. The petition was opposed but Emmanuel was asked to pay Sudoexport's legal costs of GBP 20,000. Emmanuel is alleged to have not done so and Herbert Smith, acting for the Russians, started proceedings for personal bankruptcy.”

上述报刊的报道是包括在披露文件中，在开庭审理中途才被 Collins 暂委大法官发现的，他马上在第二天向当事人代表律师说：

“I had a quick flick through bundle T last night and I discovered on the second page for the first time that the firm of which I am a partner seems to have had something to do with attempting to get a bankruptcy order against Emmanuel. It is the first time I have heard of it, and I had nothing whatever to do with it.”

Emmanuel 夫人向 Collins 暂委大法官申请要求他自动辞职，但被拒绝。于是 Emmanuel 夫人提出上诉。

3.4.5.3.2 是经济利益或只是非经济利益之争？

由于 Collins 暂委大法官自称不知情，而一知情马上自动披露十分可信。故此，能否说成是经济利益，进而适用“Dimes' Principle”或自动丧失资格成为成败关键。这在 Bingham 勋爵的话中提到说：

“This is not a case in which actual bias on the part of the deputy judge is alleged.〔113〕 Is it a case in which the judge has sufficient pecuniary or propriety interest in the outcome of the trial so as to attract the automatic disqualification principle expressed in Dimes' case?〔114〕 If it is, then the deputy judge is automatically disqualified.〔115〕 If it is not, then it is a case to which the principles expressed in R. v. Gough must be applied.〔116〕 It was suggested by Miss Williamson that this was a case to which Dimes' case applied.〔117〕 Her argument went like this. The deputy judge is a partner in Herbert Smith.〔118〕 Herbert Smith was acting for Sudoexport and Howard Holdings Inc in litigation against Mr. Emmanuel.〔119〕

---

〔113〕 这不是一个案件有关真正偏私。

〔114〕 如果一个案件涉及法官在诉讼结果有足够的经济或财产利益，是否导致适用 Dimes 先例中的自动丧失资格大原则？

〔115〕 如果是，暂委大法官自然要自动丧失资格。

〔116〕 但如果不是，就要适用 R. v. Gough 大原则。

〔117〕 Emmanuel 夫人的代表大律师 Williamson 女士建议本案适用 Dimes 先例。

〔118〕 她是这样争辩的：暂委大法官是 Herbert Smith 的合伙人。

〔119〕 Herbert Smith 代表 Sudoexport 与清盘中的 Howard Holdings 清盘人对付 Emmanuel 先生。

Success in achieving the maximum possible recovery from Mr. Emmanuel would enhance the goodwill of Herbert Smith and thereby tend to increase its profits.[120] The deputy judge would share in the firm's profits.[121] Miss Williamson suggested, also, the possibility that Herbert Smith might be acting under a conditional fee agreement with fees dependent on the level of recoveries extracted from Mr. Emmanuel.[122] But in order to attract the Dimes consequence of automatic disqualification something more must, in our judgment, be present than the tenuous connection between the firm's success in an individual case on the one hand and the firm's goodwill and the level of profits on the other.[123] And if the pecuniary or proprietary interest has to depend upon the existence of a conditional fee agreement of the unusual character suggested by Miss Williamson, there must be at least some evidence to suggest the existence of such an agreement.[124] Here there is none. Miss Williamson's suggestion is wholly speculative and hypothetical.[125] In our judgment this is not a case to which the Dimes' Principle of automatic disqualification applies.[126] The R. v. Gough Test must be applied and the court must ask itself whether '…in the circumstances of the case…it appears that there was a real likelihood, in the sense of a real possibility, of bias…' on the part of the deputy judge[127] (see[1993]2 All ER 724 at 735,[1993]AC 646 at 668 per Lord Goff)."

从此著名先例可再次看出挑战/质疑法官的不公正或偏私难度极高。仅凭猜测不管用,但取证谈何容易?除非是十分幸运或法官自己做得太过分或/与说话太不小心,以致被"捉贼拿赃,捉奸在床"。

本先例另有可笑之处是 Herbert Smith 根据英国律师会(Law Society)的规定["Guide to the Professional Conduct of Solicitors"(第7版,1996年)之15.01段],不能接受两位或多位客户的委托为代表律师,若这委托对这两位或多位客户之间的利益造成冲突或发生冲突的危险极大(A solicitor or firm of solicitors should not accept instructions to act for two or more clients where there is a conflict or a significant risk of a conflict between the interests of those clients)。但是,它的首席(或其他)合伙人担任法

---

[120] 若成功向 Emmanuel 先生追偿,这将提升 Herbert Smith 的声誉并会提升利润。

[121] 暂委大法官可分摊这些利润。

[122] 也说道 Herbert Smith 有可能与客户订立"有条件收费协议"(即诉讼成功多收律师费,失败则少收),令追偿回来的钱是多是少与律师费多少有联系。

[123] Bingham 勋爵认为要成功适用自动丧失资格,不能只靠这些琐碎的联系,即从一宗案件成功至律师所声誉提高,再把利润提高,最后多分摊给合伙人。

[124] 说是"有条件收费协议"的可能,只是瞎猜,毫无根据。(但不大可能会取得这种根据,别说不存在文件披露的做法,这种文件可享有特权。)

[125] 反正 Williamson 女士的代表大律师争辩的全是瞎猜与假设。

[126] 我们(上诉庭大法官)判本案不适用 Dimes 大原则的自动丧失资格。

[127] 就是,本案适用 R. v. Gough 考验。

官(或仲裁员)反而可以被接受。

3.4.5.3.3　律师担任法官或仲裁员的探讨

众所周知,英国伦敦与香港的律师行业仍是延续长久以来的做法,就是将大律师/诉讼律师(barrister)与事务律师(solicitor)分为两种不同专业。大律师基本的做法仍是“走单帮”或“个体户”,而主要打交道的对象是事务律师,与社会人士一般较少直接打交道。虽然多位大律师仍会合在一起,成立一个“事务所”(chambers),分摊成本(租金、工资、图书馆等),但工作与生意仍是“各顾各”。

一直以来,大律师的独立性较被社会接受,加上他们的诉讼专长与法律知识一般会比“事务律师”(solicitors)专业,故此是提升为大法官的主要甚至是唯一来源。而在他们执业的生涯中,除了代表客户诉讼、提供法律意见等老本行的工作外,也经常会被委任为仲裁员。他们作为仲裁员是普遍被接受与欢迎的,原因就是在上述提及的,比方说,不必担心或太担心他的独立性或涉及商业利益冲突。这一点在 AT&T v. Saudi Cable (2000) 2 Lloyd's Rep. 127 先例中也有述及。

相比较而言事务律师(solicitors)可要令人担心多了。这并非与个人道德有关而是在乎业务的不同本质。今天事务律师所越来越大,通过合并或/与自己扩张,不少称得上国际性的律师所有上百名律师。其合伙人之间分摊律师所的利润,不像大律师的“各顾各”做法,所以个别合伙人或律师谈不上有个人独立性。加上事务所的行业在本质上要与社会打交道,客路越广越好。而在今天律师行业激烈竞争下,他们与主要的客户(一般是大公司或有钱人,付得起昂贵的律师费外,也会是将来不断的案源)关系或联系不仅要有,而且要友好。还有,不同合伙人之间各有地盘,不同客户或潜在客户与心中计划/谋图,导致他们之间会发生矛盾/利益冲突或大家不知道对方在干什么。

今天事务律师被委任为仲裁员人数很多,中间更会有人像 Lawrence Collins, QC 先生一样升任为暂委大法官。这一来,他们涉及的利益冲突可要比大律师大得多。这是因为他们并没有个人的独立性,也不仅是看自己的“一盘账”业已足够,他们还要去查看其他合伙人有没有涉及利益冲突。这在一家大型国际律师所,动不动有上百或数百位律师绝非易事,而能够查的也只不过是表面。

也因为危险,所以事务律师在被委任时常会十分小心地先进行一个“利益冲突搜查”(conflict search)。这在电脑协助下也不困难,主要是看手中案件的当事人及相关人士与客户名单中是否出现会构成冲突的名字。另外也会通知其他合伙人查问等。但一些比较隐蔽的利益联系可能不容易查出来,例如,仲裁员另有一位新加入合伙人与仲裁案件中的一方当事人十分熟络,并已获答应今后再有案件会委任/支持他。

话说回来,即使大律师与事务律师有一些小区别,如上述介绍,大致上笔者仍信任他们是专业群体。原因主要是:

(i)他们一般在专业(律师界)以及社会上有一点地位。不讲道德,只是简单的

“权衡轻重”明显划不来。若是抖出来在案例中被公开报道,以致一夜间“英名尽丧”,可真是愚蠢之极。

(ii)笔者认为更重要的是,他们受过良好的法律知识的教育,特别是或多或少的证据法与自然公正的重要性以及有关细节。但一般不曾受过法律教育与培训的人士(如纯商业人士),他们或会说得出如有严重利益冲突要回避的大道德/大原则。但进一步问他们什么才算是严重利益冲突与什么才是不严重,他们可能哑口无言。这正如西方的名言:Devil is in the detail。在笔者眼中,出事与犯错主要在无知/不懂,这大大多于道德有问题。

3.4.5.4 案例四:涉及拥有原告主要竞争对手的公司股票与担任董事

AT&T v. Saudi Cable (2000) 2 Lloyd's Rep. 127 涉及一个国际商会(International Chamber of Commerce 或简称 ICC)的仲裁。案例中原告是“美国电话公司”(AT&T),而被告是“沙特电报公司”(Saudi Cable Co 或 SCC)。案件有关一个价值46亿美元在沙特阿拉伯的电讯工程。由于高价值与战略重要性,AT&T 通过许多手段,包括政治手段,才击退其他竞争者/对手把工程合约抢到手。而竞争对手主要一位是名为 Nortel 的加拿大公司,双方为此事件闹得不愉快。

AT&T 与 SCC 在工程投标前曾签订了一个“投标前合约”(pre-bidding agreement 或简称 PBA),内容包括仲裁条文与说明 AT&T 若夺得工程合约,应尽快/善意与 SCC 谈判双方履约的重要责任,如供应与服务合约。

但双方后来谈判失败,AT&T 因此中断了 PBA 并向 ICC 申请仲裁,为宣示 PBA 有效中止。而 SCC 回应并抗辩 PBA 没有中断,要求仲裁庭下令 AT&T 履行合约并善意谈判。

在成立 3 位仲裁员的仲裁庭中,AT&T 与 SCC 各自委任了自己的当事人仲裁员,这里可略过。而首席仲裁员,双方也同意了委任一位国际著名的加拿大律师为仲裁员,名为 L. Yves Fortier, QC。1995 年 3 月,他的任命亦被 ICC 确认。但大家不警觉的是 Fortier 先生的许多名衔中其一是 Nortel 的“非执行董事”(non-executive director)。这个职位并不参与公司的日常业务,但毕竟 Fortier 先生仍享有高职是无可否认的事实。此外,他拥有 474 股的 Nortel 股票,这占的数量很少,而且 Fortier 先生也拥有 300 股的 AT&T“普通股”(common shares)。

这里也涉及一些事实上的争议,就是 Fortier 先生说曾在电话中告诉 AT&T 的代表律师 Clifford Chance 的 John Beechey 先生有关他与 Nortel 的关系,但该代表律师说不记得发生过。

总之,仲裁走了一半,AT&T 才在 Nortel 的年报中看到 Fortier 先生的名字,并马上告诉他的律师。律师也马上写信给 Fortier 先生要求解释。Fortier 先生回应说他愿意辞去 Nortel 的职位,但 AT&T 律师不肯接受,并根据 ICC 仲裁规则正式提出挑战/质疑。但在 ICC 的挑战失败了,当时是 1999 年 2 月 24 日。而在当时,包括了 Fortier 先生的仲裁庭已经作出了两个“中间裁决”(interim awards),在责任上判 AT&T 败诉,判定 PBA 有效与 AT&T 没有善意谈判。

AT&T 在 ICC 挑战失败后,再向英国法院上诉。法院自然公正的监督权力是不受 ICC 仲裁规则与私下/内部做法的约束,毕竟 ICC 只是私人机构。而英国 1996 年《仲裁法》针对自然公正的 Section 1 与 Section 33 是强制性(mandatory)条文。

但英国高院与上诉庭都判 AT&T 的挑战失败。其中有关经济利益的"自动丧失资格"(automatic disqualification),Woolf 勋爵这样说:

"It is possible to deal with the contention of presumed bias or automatic disqualification shortly.〔128〕 Sir Sydney Kentridge with his usual realism recognized that before this Court, he was in considerable difficulty. The decision in Locabail (U. K.) Ltd. v. Bayfield Properties Ltd. and Another [2000]1 All E. R. 65 confirms the correctness of the decision of the Judge.〔129〕

On the facts, there are two difficulties in the way of AT & T relying on disqualification.〔130〕 First of all, Nortel was not a party to the arbitration and therefore Mr. Fortier had no direct personal interest in its outcome.〔131〕 The second difficulty is that, while it was argued that Mr. Fortier had an indirect interest because of his shareholding in Nortel, even projects on the scale of TEP-6 and TEP-8 could not have been of any material benefit to Mr. Fortier. It is unrealistic to suggest that Mr. Fortier could be said to be in a position where he was either directly or indirectly acting as 'a judge in his own cause'.〔132〕 This Lord Browne-Wilkinson said in ex p Pinochet (No. 2) is 'the rationale of the whole rule' (see (1999) 2 W. L. R. 272 at p. 283). I see no reason to differ from the Judge on this aspect of the appeal."

3.5 对非经济利益的其他方面探讨

对什么是"非经济利益"(non-pecuniary interest)与适用利益冲突第二条规则的 R. v. Gough 大原则或测验,在本章之 3.2.2 小段已经介绍过,不再重复。在此只探讨一下其他方面的问题。

3.5.1 非经济利益要达到法律上什么程度/准则的偏私?

这方面与本章之 3.2.2.2 小段有类同之处。该小段提到了各项不同的非经济利益会有本质上与其多方面的轻重,都要去平衡,才能找出是否有"真正偏私的危险"(real danger of bias),而这是法律上对这一类若有涉及非经济利益的"准则"(test)。

这个法律的准则在英国的许多先例中有不同的说法,直至 R. v. Gough (1993) 2

〔128〕 可简短针对有关"推断偏私"或自动丧失资格的争议。

〔129〕 一审正确。(即 AT&T 败诉)。

〔130〕 AT&T 有两个困难。

〔131〕 第一个困难是 Nortel 并非当事人,所以 Fortier 先生有经济利益也不是直接的个人利益。

〔132〕 第二个困难是占有的股份会替 Fortier 先生带来任何重大好处是完全不现实指称 Fortier 先生是直接或间接在为他自己的事情做法官/去裁决。

All ER 724 才定下来是“真正偏私的危险”(real danger of bias)。之前有不同说法如“怀疑”(mere suspicion),“合理怀疑”(reasonable suspicion),“合理担心”(real apprehension),“真正好像”(real likelihood),“一个证实风险”(an evident risk)等。在 R. v. Gough,Goff 勋爵这样说:

“In my opinion, if, in the circumstances of the case (as ascertained by the court), it appears that there was a real likelihood, in the sense of a real possibility of bias on the part of a justice or other member of an inferior tribunal, justice requires that the decision should not be allowed to stand. I am by no means persuaded that, in its original form, the real likelihood test required that any more rigorous criterion should be applied. Furthermore, the test as so stated gives sufficient effect, in cases of apparent bias, to the principle that justice must manifestly be seen to be done, and it is unnecessary, in my opinion, to have recourse to a test based on mere suspicion, or even reasonable suspicion, for that purpose. (See [1993] 2 All ER 724 at 735—736,(1993) AC 646 at 668.)”

Goff 勋爵还说:

“In conclusion, I wish to express my understanding of the law as follows. I think it possible, and desirable, that the same test should be applicable in all cases of apparent bias,[133] whether concerned with justices or members of other inferior tribunals, or with jurors, or with arbitrators.[134] Likewise, I consider that, in cases concerned with jurors, the same test should be applied by a judge to whose attention the possibility of bias on the part of a juror has been drawn in the course of a trial, and by the Court of Appeal when it considers such a question on appeal. Furthermore, I think it unnecessary, in formulating the appropriate test, to require that the court should look at the matter through the eyes of a reasonable man,[135] because the court in cases such as these personifies the reasonable man,[136] and in any event the court has first to ascertain the relevant circumstances from the available evidence, knowledge of which would not necessarily be available to an observer in court at the relevant time.[137] Finally, for the avoidance of doubt, I prefer to state the test in terms of real danger rather than real likelihood,[138] to ensure that the court is thinking in terms of possibility rather than probability of bias.[139] Accordingly, having ascer-

---

〔133〕 同一准则适用在所有的“表面偏私”案子[注:涉及经济利益是“推断偏私”(presumed bias),即不必深究也可推断]。

〔134〕 这同一准则适用在所有司法人员,并特别明言包括仲裁员。

〔135〕 这准则以一个合理人士的眼光/角度去看。(故称“表面偏私”。)

〔136〕 法院会自己变为一位合理人士。

〔137〕 根据有的证据找出当时有关情况。

〔138〕 为了避免误解,我喜欢称这准则为“真正危险”而不是“真正好像”。

〔139〕 肯定法院考虑的是“可能性”而不是“可能性大/多半会的”偏私。

tained the relevant circumstances, the court should ask itself whether, having regard to those circumstances, there was a real danger of bias on the part of the relevant member of the tribunal in question, in the sense that he might unfairly regard (or have unfairly regarded) with favour, or disfavour, the case of a party to the issue under consideration by him.[140] …"(See [1993] 2 All ER 724 at 737—738,[1993] AC 646 at 670.)

上述不同准则在后来的案例如上诉庭的 Locabail v. Bayfield Properties (2000) 1 All ER 65 有详及并依从。另在 AT&T v. Saudi Cable (2000) 2 Lloyd's Rep. 127,在本章 3.3 小段介绍了该案例中有关两种不同松紧准则在国际仲裁的适用。再是在 Director General of Fair Trading v. Proprietary Association of Great Britain (2001) 1 WLR 700,它把欧共体的人权法(在英国 2000 年 10 月被立法为"Human Rights Act 1998")的 Article 6 考虑在一起,并作出小调整。原先的法院作为一位"合理人士"(reasonable person) 改为一位"公道想法与了解内情的观察人士"(fair-minded and informed observer)。有关司法人员如法官的自辩与了解情况有关。若相信(一般也是如此),这就是认定的事实(例如不警觉或忘记了有关利益)。若不相信,就要考虑一位"公道想法与了解内情的观察人士"会否把有关的非经济利益视为造成真正的偏私危险。

贵族院在 Porter v. Magill (2002) AC 537 进一步改进和解释说:"是否一个有公平想法与知情的旁观者,在考虑了所有的有关事实后,会得出一个结论是审判庭的确有真正偏私的可能性。"(Whether the fair-minded and informed observer, having considered the facts, would conclude that there is a real possibility that the tribunal was bias)显然,这旁观者通常就是指大法官。而"偏私的可能性"会比"偏私的危险"文字上不同,看来法院是趋向收紧对待非经济利益的冲突。

在香港,也有案例是依从这考验,就是:Deacons v. White & Case LLP & ors HCMP 2591/2003。

3.5.2 R. v. Gough 本身的案情

在此介绍这宗著名先例(R. v. Gough [1993] 2 All ER 724)的案情。它是刑事案件,有陪审团,而且是有关一位陪审团成员 Smith 夫人。案情是一连串的抢劫博彩店,所用手法一样。后来警察抓了两兄弟并提出起诉,最后的检控只是其中一位,另一位 David Stephen Gough 因为估计证据不足而释放了。

到了审讯完毕与陪审团商议后,认定被告 Robert Brian Gough 罪名成立,并被法官判入狱 15 年之久。就在当天,早被释放的 David Stephen Gough 首次在法庭出现并在法官宣判后大吵大闹。此时,陪审团成员 Smith 夫人认出大吵大闹的人是她的邻居(这不奇怪,笔者也发觉容易记样子,记名字反而较难)。Smith 夫人轻轻告诉另一位陪审团成员说她认识他,但被法官听到,而事情也就越搅越大。结果是,被告代表

---

[140] 以此准则去考虑是否会对当事人偏爱或不偏爱。

律师申请把定罪的判决撤销,因为陪审团中的 Smith 夫人有这种关系。或问,这关系与案件有何关系? 只要接触过,有过关系,即有文章可做。例如,邻居关系会是好也会是坏,要查也不容易。

在 Smith 夫人为自己解释的"宣誓书"(affidavit)中,说到她一开始听到 Gough 的名字并不警觉,因为她只知道邻居是叫 Steve。在后来的审讯中,David Gough 的名字多次提到,但她仍不警觉,因为她只知道 Steve 的名字。审讯中 Smith 夫人亦被显示了两兄弟的照片,但她仍认不出是邻居。倒是一次提到的地址,正是 Smith 夫人的地址旁边,这令她有一点警觉,但也不以为然,也未去追查。反正,她没有受这邻居关系或联系影响,也从没有告知其他陪审团成员。

上诉庭否定了被告的上诉,并认为有两个准则,分别适用于陪审团与法官。适用于陪审团的准则是他/她本人是否有"真正偏私的风险"(real danger of bias),而适用于法官的准则是一位合理人士会否"合理怀疑偏私"(reasonably suspect bias)。应是,前者紧,难去成立,但后者松。以前者的准则,被告代表律师也接受上诉不会成功。

在贵族院,结果已经提到,就是所有司法人士,不区分陪审团或法官,均适用"真正偏私的危险"(注:要重复就是目前已改为是"真正偏私的可能性")。

3.5.3 总结

在上述准则或标准下,笔者曾听说过的一些案件,说法或做法是有很大程度的"矫枉过正",并不正确。例如法官与案中一位被告曾去同一餐馆吃饭(不是同桌)或同一美容院,法官在认出后自动回避。笔者认为除非大家另有进一步接触,仅是在同一餐馆的不同桌子吃饭,能有什么"真正偏私可能性"(real possibility of bias)或一位"公道想法与了解内情的观察人士"(fair-minded and informed observer)会如此认为?

3.5.4 有关非经济利益案例介绍

最后,笔者介绍"非经济利益"(non-pecuniary)与其准则下著名的案例。事实上,已有不少案例介绍过,不再重复,如过火发表文章的 Timmins v. Gormley (1999);商会仲裁的 Cook International v. B. V. Handel (1985) 2 Lloyd's Rep. 225; Bremer v. Ets. Soules (1985) 1 Lloyd's Rep. 160 与 Rustal v. Gill & Duffus (2000) 2 Lloyd's Rep. 225;涉案人士的兄弟是邻居关系的 R. v. Gough (1993) 2 All ER 724 等。以下介绍其余没有提及或详及的同类主要在仲裁案例的案情。尽量挑近年的案例(更好显示法院如何取向与行使裁量权,特别在当前支持仲裁的年代)。

3.5.4.1 成功挑战案例

3.5.4.1.1 成功挑战案例之一:对种族方面乱讲话的"Catalina" v."Norma"

在"Catalina" v. "Norma" (1938) 61 Lloyd's Rep. 360,双方当事人是挪威船东("Norma"轮)与葡萄牙船东("Catalina"轮),双方也各有证人出庭举证。而独任仲裁员是一位著名的御用大律师,但他在开庭中途小休时竟然很不小心地说:

“They(指‘Norma’轮的证人)are not Italians.〔141〕 The Italians are all liars in this case and will say anything to suit their book.〔142〕 The same thing applies to the Portuguese.〔143〕 But the other side here are Norwegians,〔144〕 and in my experience the Norwegians generally are a trueful people.〔145〕 In this case I entirely accept the evidence of the master of the ‘Norma’.〔146〕 ”

他公开讲了上述的话,可是想收也收不回,想赖也赖不掉,因为葡萄牙船东一方的证人/当事人以及英国代表律师(事务律师与大律师),都以“宣誓书”(affidavit)向法院指出与确认事实,正是祸从口出。结果他因此种族偏见,构成不良行为,而被法院“赶走”(remove),因为当时案件仍未审理完毕,故不是撤销裁决书。

说实在的,若该仲裁员把这些话写在裁决书而不是在仲裁中途讲这些话,会产生同样严重后果,就是裁决书被“撤销”(set aside)。这个先例也令笔者联想到其他,如:

(i) 欧洲人之间亦难逃民族之间的偏见。或说,这是20世纪30年代的案例。但时间的逝去,情况会转好也会转坏,更可能是“时好时坏”。反正在当今世界,笔者估计种族的偏见没有消失,而且在近代而言(第二次世界大战以后)是一个低点。看来,真正有心人(不仅是在技巧上要学会小心讲话)想实现世界大同仍须努力。

(ii) 笔者与一些知道该先例的仲裁界朋友提到它,听到的反应不是该御用大律师的仲裁员道德上不应偏私,而是不应说出来。换言之大家从该先例学到的教训主要仍在“技巧”(skill)层面,而不是“道德”(moral)的提升。这很可惜,随着先进国家上层人士(他们不少学法律,学法律才知道这种案例与有关法律,例如英国严厉的种族平等立法)变得更“复杂”(sophisticated)、更“小心”(careful)与更“精明”(shrewd),思维水平较低人士很难听到他们的真心话,而且无法在“字里行间”看出苗头(read between the lines)。

(iii) 上述先例令笔者想起自己的一次经历。笔者(杨良宜)自己是三位仲裁员之一,在开庭后几天,当时仍在审讯中,三位仲裁员一起吃晚饭。大概是大家熟悉了,或多喝了几杯,其中一位仲裁员说出了类似在“Catalina” v. “Norma”先例中的话。只是批评的民族改了,不再是意大利与葡萄牙人士而变为中国内地的几位证人,而中国主要一位证人当时仍在被反盘问中。笔者听了不以为然,认为该共同仲裁员除了可能有种族的偏见外,另有审理前已私下先下定论之嫌(pre-determination),这也是“偏私”(bias)的一种:The “Elissar”(1984) 1 Lloyd's Rep. 206。但笔者面对怎么办的矛盾。在第二天开庭时,笔者马上先公开告知所有人士(双方当事人与仲裁庭)有

---

〔141〕 “Norma”轮证人不是意大利人。

〔142〕 意大利人都是骗子,并会讲任何适合自己利益的故事。

〔143〕 葡萄牙人也是一样。

〔144〕 但另一方是挪威人。

〔145〕 在我的经验中挪威人一般十分可信。

〔146〕 在此案件中我完全相信“Norma”船长给出的证据(讲的话)。

关昨晚听到的话。这就迫使中国证人的当事人必须采取行动。做法不外乎是先邀请该问题的仲裁员自动“辞职”(resign),若他真肯这样做,整件事也就顺利与迅速解决了。如果他拒绝(这可能性更大,主要在人性,多数人不能接受在可能是恰当时机时却退一步),中国证人的当事人就被迫向仲裁地(seat)法院申请“赶走”(remove)该可能有问题的仲裁员了。

法院面对挑战/质疑仲裁员,不会听一面之词下判决,肯定会先让本人作出自辩的机会,也可肯定他会否认。这一来变成他与笔者各说各的,并不足够说服法院赶走一位著名的仲裁员,特别是在今天法院大力支持仲裁的大环境之下。除非是第三位同桌吃饭的共同仲裁员支持笔者所讲。但估计机会不大,虽然笔者认识他,也相信他的诚信与道德。但他毕竟与可能有问题的仲裁员是好朋友,是同行(御用大律师)与同种族,会强烈支持笔者的指控/说法的可能性微乎其微。这不一定是刻意讲假话或隐瞒真相,很有可能是他的背景(特别是同种族,同行)令他在轻松的晚餐当时听了随口一句可能是不太恰当的话语也不会太注意,不觉得刺耳,感受也不一样,不久后已经忘掉。也有可能是笔者太敏感,把饭桌上的闲谈处理得太严肃。反正是,这令笔者在之后两个晚上没有睡好,而最终决定退缩,不把事情搞大。在最后的“裁决书”(award)中,为了持平(也是笔者客观看证据而定的裁量权,并非只是受此事件的影响),笔者也在1~2处作出了不同的看法(partial dissent),但仍不敢写上上述的不幸事件,进而暴露了仲裁庭成员中有种族偏见问题。原因是除了解释过之处外,也包括了不同看法的裁决书意见由于不算是裁决的一部分,故此是否允许附在裁决书中仍得要多数仲裁庭的批准:Cargill v. SIMSA (1998) 1 Lloyd's Rep. 489。故此过火的不同看法会是见不了光,当事人也永远不会知道仲裁庭成员之间发生了什么,除非硬来。此事至今已有好几年,笔者仍不知道自己是做对或做错了。

这里的教训是作为法官或仲裁员,除了对当事人别乱讲话外,连同一仲裁庭之间也别乱讲话。更好与更重要的是做到“言行一致”,技巧与不偏私的道德理念同步提升。

3.5.4.1.2 成功挑战案例之二:仲裁员以往曾有过不当行为

显然,仲裁员曾有犯罪记录的事实最好马上披露。这会否造成“真正偏私的危险”(real danger of bias)或“真正有机会”(real possibility)偏私要看年代的久远、犯罪的性质等。若犯的是交通罪名,即使严重如醉酒驾驶,也与他会否偏私扯不上关系。但若是一宗近期发生的诈骗罪,可就影响大了。

但不必是犯罪,即使是低程度的“不当行为”(improper conduct),曝光了也会成问题。例如,曾在上一个仲裁发生不当行为。这不当行为会在一个先例中广泛报道,而且有大法官用严厉的语言指责/批评有关的仲裁员处事不当,这可能会毁掉他/她的仲裁员生涯/事业。

在 Tracomin S. A. v. Gibbs Nathaniel (1985) 1 Lloyd's Rep. 586,原告 T 挑战/质疑被告 GN 所委任的仲裁员 A 先生。原因是在较早的另一个仲裁,是 T 与另一位当

事人 X 之间的争议,当时 A 先生也是仲裁员,但他竟称呼 X 为他的“主人”(principals)并在仲裁带来的相关法律行动中帮助 X。法院判 A 先生的行为是不当行为。但倒无须赶走他,因为他肯马上自动辞职。

3.5.4.1.3　成功挑战案例之三:仲裁员本身明显有个人利益

在 Watson v. Prager (1991) 3 All ER 487,一位职业拳击手与他的经理人之间合约有争议,而合约的仲裁条文说明仲裁由英国拳击会(British Boxing Board of Control)担任。但由于争议有关该组织的规则,Scott 大法官判定让该协会或组织担任仲裁员是不恰当的,因为它本身涉及一重大利益冲突。

在这里也顺便一提国际奥林匹克运动会委员会(International Olympic Committee 或简称 IOC)的仲裁安排。众所周知,今天的运动价值越来越高,运动仲裁(sport arbitration)已是一项欣欣向荣的业务,也不仅是在奥林匹克运动会或者一级方程式赛车等。而争议的可以说是千奇百怪,包括像主要的运动员禁药问题、参赛资格、裁判判决正确与否等。对奥林匹克而言,如果依靠举行运动会的国家法院审理是十分不恰当的,法官没有专业知识,而且效率也不高。所以在 1996 年亚特兰大奥运会与之后的 2000 年澳大利亚悉尼奥运会与 2004 年希腊雅典奥运会有了仲裁即时解决争议的做法。仲裁机构是 IOC 下的一个组织,名为 International Council of Arbitration for Sport(简称 ICAS),它在 1994 年于瑞士洛桑成立。而操作是通过 Court of Arbitration for Sport(简称 CAS),其中有一个仲裁员名单,要求都是懂法律与懂运动的人士,人数超过二百人。仲裁管辖权来自任何国家成功投得举办奥运会必须与 IOC 签署的协议,其中包括同意 CAS 仲裁。2008 年的北京奥运会也不例外,运动仲裁恐怕不会有北京仲裁会、贸仲或者香港国际仲裁中心的份了。但香港国际仲裁中心倒是曾希望协助培训中国内地的运动员与相关的运动管理人员去更多地了解国际仲裁(CAS 仲裁是瑞士仲裁,上诉是去瑞士法院)与国际法律,能够希望有中国人加入 CAS 仲裁员名单,进而在国际运动中产生更重要的影响。最后只在这里提一点,由于 CAS 仲裁经常涉及 IOC 作为其中一个当事方,据说独立性颇受争议。故 IOC 计划把 CAS 独立出来,这与 Watson v. Prager (1991) 3 All ER 487 所面对的问题相近,所以在此一谈。

3.5.4.1.4　成功挑战案例之四:仲裁员与一方当事人太接近

在 Giustinano Nominees Pty Ltd. v. Minister for Works (2001)(未被报道),一位仲裁员被成功“赶走”(remove),因为他在仲裁进行中为其中一位当事人进行“私下的培训班”(private seminar)与收费打折扣,因为该当事人是他的“重要客户”(valued client)。

这个先例令笔者联想如下:

(i) 笔者(杨良宜)所举办的或参与的培训班或会议在近二十五年来多不胜数,应是平均每星期都有。幸亏绝大部分是为各大学或“英国特许仲裁学会”(The Chartered Institute of Arbitrators)所举办,不涉及任何商务关系或经济利益。固然,他们上百听众中会有个别人士是笔者将来的仲裁的其中一方,甚至是当时在进行中的笔者担任仲裁员的案件,但也不会出现"公正与不偏私"(impartial and unbiased)的危险的问题。这是因为笔者不会在培训班或会议中提到手中仍在进行的案件,笔者作为仲裁员负有机密责任。若该位涉案人士,是其中一方当事人或代表律师前来向笔者询问有关进行中的仲裁,笔者早有经验去对付这种"不检点"的人士,往往会简短回复说"我作为仲裁员不能与你一方在没有另一方的参与下谈话"。只有一次笔者多讲了几句话才警觉交谈一方是手中一宗仲裁案件的当事人之一,笔者除不再讲下去外,第二天以电传告知对方(抄本给交谈的一方当事人的代表律师)有关讲话内容。幸亏该次的内容并没有什么大不了的,对方或另一方并不追究。若真是敏感(例如涉及笔者对有关争议案件的个人看法,但不知道有案件在手仍未审理完毕),另一方追究下,笔者会自动辞职。

(ii)比较要小心的是为一些公司举办"私下培训班"(private seminar),这也令其他人(包括法官)看来关系太密切,天知道半天一天的学习中会谈及什么问题。笔者(杨良宜)一向对个别公司举办培训班兴趣不高,原因之一是人数不多,而公司领导也不见得会重视或了解此价值。但这些年来也有几次。笔者知悉了 Giustinano 先例后,更小心避免有仲裁案件在手去造访当事人,或是去替它举办培训/讲座。若一不小心发生了,解决的办法又是自动向对方当事人宣告/披露。估计对方若是西方人或外国人(如日本人),或不认识笔者的中方公司,他们会放心不下。这可以理解,笔者也只能自动辞职。幸亏这种事情仍不曾发生过。但换一种情况,若是刚为一家公司举办了培训/讲座后不久(例如在半年内),笔者被委任为仲裁员在一个仲裁而其中一方当事人是该公司,笔者应采取什么态度?估计笔者会倾向披露这个培训/讲座的经历,特别是诉讼金额庞大或/与另一方当事人不认识笔者的中/外国人。再换一种情况是培训/讲座发生在 1 或 2 年前(为例),加上这 1 或 2 年来,双方再没有什么交往(这完全有可能)。会是笔者不以为戒,也不会警觉,也不会节外生枝地去披露,而做了仲裁庭成员之一。固然,最后决定做法仍要看不同案件的事实/情况而定,但读者可见到这种决定并不容易,也不肯定。

3.5.4.1.5 成功挑战案例之五:仲裁员与一方当事人太接近

在 Save and Prosper Pensions Ltd. v. Homebase Ltd. (2001) L & TR 11,仲裁员是一家事务律师所的合伙人,而该律师所正在一宗大案件(但它与进行中的仲裁无关)中代表其中一方当事人的"联营公司"(associate company)。法院认为这种联系或关系会令一位合理人士感觉到有偏私的可能性,仲裁员会不受这种重要关系影响是不太可能。结果,法院把仲裁员"赶走"(remove)。

这案例与在 3.4.5.3 小段介绍的 Locabail v. Bayfield Properties (2000) 1 All ER 65 先例有相似之处,涉及 Lawrence Collins 先生作为 Herbert Smith 律师所的首席合伙人。在本案中,法官(HHJ Rich,QC)作出区别。

其中重要一点是看这指称的利益或联系是否"遥远"(remote)、"臆猜"(speculative)与"琐碎"(petty)。

3.5.4.1.6 成功挑战案例之六:仲裁员曾在不久前其他案件中作为大律师严厉盘问一方当事人主要证人并指称他欺诈

这是一个近期的有趣先例:ASM Shipping Ltd. v. TTMI Ltd. (2005) LMLN 680。注意这里的"测验"(test)已经收紧为"真正偏私的可能性"。在这个海事仲裁中,有一位御用大律师 X 先生被委任为首席。开庭审理定在 2004 年 10 月 5 日到 7 日,到了 9 月 27 日,即开庭前的一个星期左右,船东一直委任的御用大律师因为家庭问题而无法出庭,故此船东要紧急更换另一位新的御用大律师。为此,船东申请开庭押后,但遭拒绝。这是在一个中间裁决书中败诉船东其中质疑的一个小理由。但不被 Morison 大法官接受,说:

"As to the refusal to adjourn, the choice between adjourning the case for a relatively short period at some inconvenience to the tribunal and the charterers or giving owners a chance to find another experienced QC, albeit not their first choice, was not easy, but the court could see nothing wrong with the decision which was taken. The refusal to grant the owners' application for an adjournment was no evidence of bias, whether actual or apparent."

但真正大的问题与导致 X 作为仲裁员被法院赶走(remove)是另一问题,就是船东的主要证人 M 先生在出庭作证时,看见 X 先生并知道他与对方承租人的代表律师非常熟悉,并在不久前另一个案件中,一起(在该案件中 X 先生是当事人大律师)攻击 M 先生提供虚假文件证据,并威胁会作出鉴证调查(forensic investigation)。但后来进一步的披露文件,证实了这个指控毫无根据而不了了之。但显然,M 先生对 X 先生作为仲裁员感到十分忧虑,而最后导致到法院要求救济。Morison 大法官在 R. v. Gough 测试与 Porter v. Magill 的先例下说:

"On those facts, the independent observer would share the feeling of discomfort expressed by M and would have concluded that there was a real possibility that the tribunal was biased. The court would disregard the evidence of other two arbitrators that had they sat on their own, the result would have been the same, because such evidence was not relevant to the issue which the objective observer had to decide."(认同 M 先生的忧虑,而两位共同仲裁员对 X 先生的支持,说是只有他们两位作出裁决,也不会有不同结论,也等于是说 X 先生即使有偏私也不会造成重大不公正[substantial injustice]。但 Morison 大法官说这些证据无关,因为两位共同仲裁员的证据不是客观旁观者所需要决定的,M 先生的才是。)

至于对这些事实,Morison 大法官认为 X 先生如果在以前的案件中作为对方大律师盘问过 M 先生,并不影响 X 先生作为仲裁员,特别以前的案件已发生了一段较长的时间。但在本案例,两宗案件相隔十分接近,而且盘问涉及指控 M 先生不诚实,这就不相同了。Morison 大法官这样说:

"It was true that in specialist arbitrations prior contact between parties and their lawyers and arbitrators was to be expected. The mere fact that a person selected as arbitrators had previously had a trade dispute with one of the parties would not thereby have caused an objectionable situation. But even in such a case, much would depend on the facts: if the dispute had involved allegations of dishonesty of a similar nature to the allegations in the second arbitration, the position could well be different. Again, there would be no problem with a barrister sitting as an arbitrator in a case in which an expert witness whom he had previously cross-examined was to give evidence. But, again, if the contact had been a short time before, and allegations of dishonesty had been made, the position could be different. In the present case there was a pattern of complaint amounting to dishonesty in relation to disclosure being made by the same solicitors in each case: and X QC had played a part in the B disclosure exercise 7 months before the arbitration. The nature of allegations, the pattern of them, the involvement of the same solicitors, and X QC's involvement in the disclosure process a short time before sitting as an arbitrator in judgment on the alleged dishonest party persuaded the court that X QC should have recused himself after objection was taken."

结果,X 先生被法院赶走。也就是他不能参与最后裁决书的审理。由于 X 先生是第三位仲裁员,赶走了他仲裁依然可以由其他两位当事人仲裁员继续。如果最后他们不能同意或需要开庭审理,他们也可以另去同意委任另一位仲裁员代替被赶走的 X 先生。

至于已经作出的中间裁决书倒是没有被撤销。理由是弃权(waiver),因为船东没有采取及时行动质疑 X 先生,这方面在本章稍后会详及。

3.5.4.2 不成功挑战案例

看来,不成功挑战/质疑仲裁员的案例大大多于成功挑战的案例,特别在近年的案件中更是明显。部分原因是:

(i) 法院支持与尊重双方选择的仲裁做法,也就是尊重当事人的意愿(party autonomy)。

(ii)《仲裁法》也趋向于严谨对待任何试图挑战/质疑仲裁员的"公正性"(impartiality)的做法。在 1950 年的英国《仲裁法》,这方面的问题是一种"不良行为"(misconduct),这是很容易构成的过错。而且,也不追究这不良行为是否实质性造成了影响。到了 1996 年《仲裁法》,针对这方面问题是在 Section 24 (1) (a)有关把不公正仲裁员赶走与 Section 68 (2) (a)有关把不公正的裁决书撤销。它们都说明这个不公正必须是"对申请人造成重大不公平"(cause substantial injustice to the applicant)。这额外与严格的实质性后果要求是以前的 1950 年《仲裁法》或更早立法所没有的。

但困难归困难,不少败诉的当事人仍是死心不息或是无路可走。因为在 1979 年《仲裁法》加上 The"Nema"(1981) 2 Lloyd's Rep. 239 先例后已把裁决书内的法律观点上诉法院的大门几乎完全关上。香港与新加坡在《联合国示范法》(UNCITRAL

Model Law)下,更是全部关上大门。留下来的可能救济不多,而其中这“不公正”(impartiality)的问题,即使只有低于10%的机会成功,败诉方也会在所不惜去一试。加上部分当事人出于报复心态,他们因败诉而恨死仲裁庭或个别成员,所以只要找到一些可能被争议为不公正并挑战/质疑他们或其中一位的资料,就不惜借此机会丑化仲裁员。特别是在仲裁中败局已定,败诉方更是不怕得罪仲裁员。

近年来,有不少世界知名与高水平仲裁员亦包括在被挑战/质疑的行列中,例如像 L. Yves Fortier,QC 在 AT&T v. Saudi Cable (2000) 2 Lloyd's Rep. 127 先例即是一个好例子。其他如 Bruce Harris 先生在 Fletamentos v. Effjohn (1997) 1 Lloyd's Rep. 295, Stanley Burnton,QC 在 Laker v. FLS (1999) 2 Lloyd's Rep. 46 等。去挑战这些人士可能更困难了。固然,“知名”(reputed)不表示他不会“犯错”(受他的经历、环境、背景、种族等各因素的影响而产生了自觉或不自觉的偏私/偏见),困难在:

(i) 高水平仲裁员犯错机会较低,肯定比一些对利益冲突只是“知其然,不知其所以然”或“只知题目,不知内容”的人士警觉性高多了。而且即使犯错,也不致太离谱。更重要的是,他懂得补救、解释、自辩与自圆其说。

(ii) 在法官近年来大力支持仲裁的大气候下,加上其他因素(不自觉,也不宣扬),例如个别知名仲裁员会与多位法官熟悉,可能在边缘的案件中倾向不行使“裁量权”(discretion)对付可能犯错或不认同言行的仲裁员,因为这会毁掉他的事业/名誉,也影响伦敦仲裁。

上述所讲导致笔者认为或感觉虽然法律地位是法官与仲裁员适用同样的大原则大精神,即涉及“非经济利益”(non-pecuniary interest)与联系或关系(connection),不得造成“真正偏私危险”(real danger of bias):R. v. Gough (1993) 2 All ER 724 和稍微修改为“真正有偏私可能”(real possibility of bias)。但由于法官与商业仲裁员身处的环境有天渊之别,加上如1996年《仲裁法》的收紧与仲裁毕竟是私人解决争议的办法、不影响公众对司法公正的质疑等,有一些先例好像很优待或宽松对待仲裁员,而这种事情不大可能发生在法官身上并且可以全身而退。这是不是笔者的错觉可让读者看了以下先例(与进一步去细读全面报道的案例)后下判断:

3.5.4.2.1 不成功挑战案例之一:一方当事人曾与仲裁员有过争议或过节

若一方当事人与仲裁员有太接近关系会出问题,他们有太深仇恨也会出同样问题,一样有造成不公正或偏私的真正危险。而且仇恨比友情更危险,因为很多人的性格是记恨比记恩更深刻、更容易。

Rustal v. Gill & Duffus (2000) 1 Lloyd's Rep. 14 是一个买卖巴西糖的争议。买卖是以 C&F (CFR)为基础,故此卖方 Gill & Duffus 租船装货。到了 Port Qasim 的卸港,由于船上发现了两位没有任何旅行证件的“偷渡客”(stowaways),导致了延误。Gill & Duffus 在租约中支付了船东滞期费(demurrage)后,转向买方 Rustal 追讨。至于为何船东可成功索取滞期费,笔者估计不外乎是针对保障承租人在计算装卸时间与滞期时间的免责/免算条文措辞不足或欠缺,或/与偷渡客事件不涉及船东错误/疏忽,或/与延误主因是等码头/泊位,偷渡客事件不真正引起延误等。看来,这是航运人士最熟悉的争议。

卖方与买方的买卖合约中是以商会仲裁解决争议,有关商会是 The Refined Sugar Association(RSA)。在 1999 年 1 月 26 日,RSA 委任了 Robin Shaw 先生为独任仲裁员。Robin Shaw 先生是另一家食糖贸易商(C. R. Sugar Trading Ltd.)的董事,他与 Rustal 的顾问(Lalljee 先生)在约二三年前曾有过争议或"过节"(animosity)。当时 Lalljee 先生是另一家贸易商(Petro Commodities Pvt. Ltd.)的主席与董事,他曾与 Robin Shaw 先生的公司打过交道,并曾就"Clipper Fidelity"的一船货发生过争议。在该争议中,Lalljee 先生曾质疑 Shaw 先生的能力,即涉及了个人恩怨。

Rustal 败诉后,Rustal 试图向法院以此理由把败诉 200,000 美元滞期费的裁决书"撤销"(set aside)。但并不成功,Moore-Bick 大法官这样说:

"by the time this arbitration reached a hearing, the dispute over 'Clipper Fidelity' was two years in the past and could not really be described as 'recent';〔147〕 there was little to indicate that it was really out of the ordinary run of disputes〔148〕 or that its character was such as might be expected to have left Mr. Shaw with a sense of animosity against Mr. Lalljee two years later〔149〕; nor did the nature of the dispute suggest that it might have left Mr. Shaw with a longstanding mistrust of Mr. Lalljee〔150〕; the court was unable to accept that the existence of that earlier dispute was sufficient of itself to raise justifiable doubts of Mr. Shaw's impartiality.〔151〕"

笔者就本先例的想法如下:

(i) 看来以往的争议或过节时隔多久是十分重要的考虑因素。若发生在两个月前而不是两年前的过节,判法另有不同结果(这可以比较较早时介绍的 ASM Shipping Ltd v. TTMI Ltd. (2005) LMLN 680)。现实情况也是如此,对两年前曾发生过不愉快的事情,例如是无意中碰了一下的路人辱骂你甚至想动粗,两年后绝大多数人会忘了他的样子。

(ii) 当然,能否去淡忘还得看另一个重要因素,就是曾有过什么样的争议或过节。若是杀父母或子女仇恨,恐怕不少人终身难忘。当然,商业仲裁所涉及的不会有这种过节。商业活动最终都是为钱,故此,以前的争议金额是大是小会是淡忘快慢的一个因素。

(iii) 其他因素是:争议是否为一般性日常业务上的争议或是特殊的斗争,例如

---

〔147〕 当本仲裁到了开庭,"Clipper Fidelity"的争议/过节已是两年前,再不能算是"近期"。

〔148〕 没有证据显示以前的争议有何特别之处,只像是一般性争议。(即一般性争议如货损货差、滞期费等不会结怨太深,大家经常碰到,不以为怪。)

〔149〕 性质上不像会令 Shaw 先生在两年后仍对 Lalljee 先生怀有敌意。

〔150〕 争议本质不像会令 Shaw 先生长期不信任 Lalljee 先生。

〔151〕 法院无法接受只要有较早的争议存在,就足够质疑 Shaw 先生的公正。

是控告“诽谤”(defamation)或“欺诈”(deceit)？又或是上一个争议本质上虽然没有特殊之处，但两人性格上有矛盾，竟然在一个场合中打起架来。这方面又可以去比较较早时介绍的 ASM Shipping Ltd. v. TTMI Ltd. (2005) LMLN 680。

(iv) 看来，“商业”仲裁员在商事业务上与别人发生争议、竞争或有过节会是难以躲避的。但仅在做仲裁员的工作中则应尽量避免过火或不必要的得罪任何一方当事人。例如，裁决书在双方证人有严重矛盾时相信一方证人，只说：“我比较接受”或“我倾向接受”也就足够，不必指称败诉方证人不可信、不诚实或说谎。否则稍后遇上败诉方在另一个仲裁中是当事人(这不奇怪，不少船公司或贸易商是仲裁常客)，他/它也会不安心，亦会因此而提出挑战/质疑。若是仲裁员在上一个裁决书的话说过了头，挑战方的成功机会也会加大。

(v) 但近年来有一种情况相当普遍，而且会导致仲裁员与一方当事人产生严重的对立，令该当事人有极大的担忧，可就是没有办法或信心赶走该仲裁员。这种情况来自在航运或/与建筑行业中出了不少“索赔代理”(recovery agents)或“索赔顾问”(claim consultants)，他们既处理案件，也接受仲裁员的委任。他们的背景是来自律师行业或有关专业，或一批人混合起来一齐干。反正他们日夜处理的就是索赔或诉讼。由于熟能生巧，加上面对残酷竞争(例如是律师的竞争)，导致这批人特别勤快与好学以免被淘汰，令他们也成为十分恰当与称职的仲裁员。而今天有这一大批人的存在也与仲裁的兴起有关，因为仲裁不像法院，它不要求有当地律师资格的人士才能去代理双方当事人。有不少商会(像 GAFTA 或 FOSFA)的仲裁规则，更是明言禁止律师参与仲裁，除非有特定批准。正是只要懂、在行，即可以去代理仲裁。这一来，特别在处理国际仲裁中，某管辖地合资格律师(如香港或新加坡律师)根本没有比索赔顾问更多的优势或保障。反而索赔顾问会比律师更占优势，在于：(1)成本低多了；(2)责任也低多了，索赔顾问可以有限公司经营；(3)不受律师协会规则或当地法律约束。

在做法上各索赔顾问也有很大不同，但不少收费办法会与诉讼的成败扯上关系，例如“不成功，不收费”(no cure, no pay)。而成功会分享胜诉金额的 1/3 或 1/2 不等。更有甚者，索赔顾问以 1/10 或 1/5 的代价把索赔案件“买”下来，简直是做生意多于做法律代理人。

记得笔者(杨良宜)早期也以索赔顾问大量参与仲裁，并在稍后接受委任为仲裁员，变成是一半时间干索赔与对抗性工作，另一半时间干对待双方当事人或他们代表律师都要公平、忍耐、客气与友善的仲裁员工作。由于两种工作对手均是一些海事律师所，故此经常会发生办一宗案件发出一份讲话极尖锐(不紧紧追逼也难以成功追债)的电文给一家律师所，再稍后为另一宗身为仲裁员案件发出一份十分友善的电文给同一律师所同一律师。笔者曾对律师朋友笑言若他们不希望收到笔者尖锐的电文而感受到压力，因为我在其他案件是仲裁员，就尽快多委任笔者为仲裁员，最终变为全职仲裁员并放弃再做索赔顾问。这的确在后来的年代中形成。

但伦敦却多了不少这种索赔顾问公司。公司负责人或高层人士接受委任为仲裁员，但他同时处理索赔案件。这免不了要与一些律师所产生“既敌既友”或“爱恨交织”的关系。但律师所尚好，若是遇上同一位当事人，不引起当事人的猜疑才怪。笔者就见过一次是先有一个索赔案件，金额颇大，笔者认识的一方努力去抗拒，其中双方亦有谈判和解。可不久后，同一位先生在另一宗完全无关的仲裁案件被对方委任为仲裁员。这一来，笔者认识的一方当事人大感困惑，向他提出要求请他辞职，但被拒绝。而且，在索赔的案件中有一次对方在电话中曾略略提到仲裁案件，虽然没有不适当的讲话，但或是“言者无心，听者有意”，认为他把两宗不同案件连在一起是为了暗示与施压。结果该当事方委任英国一位著名大律师并取得一个有关赶走（remove）该仲裁员的可能性的详尽意见。但大律师的看法绝不乐观，认为在近期，有关仲裁员行为的案例看来，加上1996年《仲裁法》下要赶走仲裁员光凭证明有“严重不正常”（serious irregularity）仍不足够，还要加上该行为会带来对将来的仲裁程序处理会不公正的“严重风险”（serious risk）：AOOT Kalmneft v. Glencore Intl AG (2002) 1 Lloyd's Rep. 128。

结果，笔者认识的一方当事人决定不去得罪该仲裁员，不尝试把他赶走（反正机会不大）。加上曾经取得英国一位著名大律师的意见，他大力反对采取任何行动甚至向仲裁员表示不满要求其辞职，并说：

“The question which invariably arises in situations like this is whether it is better for us to make an application to have the arbitrator removed and run the risk of losing with the result that the arbitrator remains part of the tribunal, in circumstances where he knows (and is unlikely to forget) that we have criticized his conduct; or to accept that the arbitrator is going to remain part of the tribunal and therefore to take whatever steps are practicable to limit the possibility of any antagonism between him and us.

In general, in such situations, the better course is not to make an application, unless the prospects of it succeeding are really very strong.”

最后解决办法是在索赔的案件中“快刀斩乱麻”地让步达成和解，反正双方距离不算太远。这可保证在金额更大的另一宗仲裁案件中该仲裁员绝对不会有（不论是自觉或不自觉）偏私或不公正的危险，甚至会对笔者认识一方的当事人有一点好感，因为赔钱赔得快。话说回来，对这种索赔顾问公司做法目前在“真正偏私可能性”的测试下会否有所不同也难说。

上述不是一个案例，故难作比较。但笔者认为就案情而言，上述情况比3.4.5.3小段介绍的Locabail v. Bayfield Properties (2000) 1 All ER 65与在3.5.4.1.5小段介绍的Save and Prosper Pensions Ltd. v. Homebase Ltd. (2001) L & TR 11严重得多。这种情况也永远不会发生在一个法官身上，即他本人又做法官，又同时是索赔代理，十分凶狠地向一方当事人在另一宗案件中索赔（或抗辩），而大家明显有过节/争议。但在法律上而言，法官与仲裁员适用同样的公正与不偏私准则/标准。

3.5.4.2.2 不成功挑战案例之二：仲裁员对一方当事人讲话过火

刚谈到仲裁员不要在裁决书中把话说过头，其实在任何时候都应慎言。在Brian

Andrews (T/A BA Contractors) v. (1) John H Bradshaw (2) H Randell & Son Ltd., 29/7/ 1999,CA 的上诉庭先例,案情涉及一方当事人拒绝支付独立仲裁员要求的250英镑。显然,双方之间不会太愉快。

的确,针对迟交或拒交仲裁员费用,仲裁员的恰当反应也不易掌握。一方面是仲裁服务仍得继续,好像租约中承租人支付租金晚了,船东仍得继续履约(船东可以撤船是来自租约明示条文,并非法律赋予的权利),总不成为了这些小钱仲裁员向欠钱的当事人另行起诉。所以,在"伦敦海事仲裁员协会"的仲裁规则(2002年的LMAA Terms),其中在First Schedule (c)是这样说明的:

"Right to resign for non payment

If any amount due … above remains unpaid for more than 28 days after payment has been demanded, the arbitrator in his sole discretion may give written notice to his appointor and to the other parties and arbitrators that he will resign his appointment if such amount still remains unpaid 14 days after such notification…"

显然,LMAA Terms 2002 要明示是为了在这方面补充法律的不足,保障仲裁员。但仲裁规则不会从天上掉下来,它必须在委任时说明才会适用。显然,在Brian Andrews 的先例是一个建筑仲裁,就不会合并LMAA Terms 2002。这一来,仲裁员John Bradshaw 先生有点火气,并在一份给拒付一方的代表律师信函中写道:

"I shall determine the scope of the preliminary issue to be decided and will not be influenced by a prescription from yourself. This is particularly so in view of the refusal of your client so far to provide any costs in the matter."

Bradshaw 先生在第二句把仲裁程序扯上他的费用,这自然会带来他借此向拒付当事人施压的联想。于是,拒付当事人的代表律师要求Bradshaw先生请辞,但被拒绝。下一步是上诉法院试图根据1996年的英国《仲裁法》Section 24 (1)把Bradshaw 先生"赶走"(remove)。但上诉庭拒绝了申请,认为:"该信函只代表了仲裁员有点失去耐性,或受到一点刺激,这种冲动不足以证明偏私或不公正"。(That letter appeared to show that he had run out of patience with Andrews and had allowed his irritation to show. However, the letter disclosed no more than irritation. It was an outburst but not evidence of bias or partially)

虽然本案例的挑战不成功,但只要在另一案件中仲裁员讲的"气话"再重一点,或遇上较严厉的法官,就会有可能挑战成功。这种情况笔者不是没有见过或听过,例如仲裁员与一方当事人吵架,或威胁说会判他败诉,这就太过分了,如果法院认为是事实,不给予救济才怪。

正确的反应技巧应该是含蓄、忍耐与有修养,而道德上也不让个人感情影响对案件的"是非曲直"(merits)的裁决。笔者曾听一位资深大律师朋友说:"对你笑的法官最危险(smiling judge is most dangerous)"。看来,仲裁员也应是如此,特别对可能的败诉方更要笑得灿烂,虽然他这样做不免有太虚伪的感觉。但至少仲裁员要做到不笑也不要对一方当事人发火。这是英国教育的精华吧。

3.5.4.2.3 不成功挑战案例之三:一方当事人代表律师曾与仲裁员有过节

这种情况不同之处是与仲裁员有过节的不是当事方,而只是他/它的代表律师。可以想到,这会是更难成功挑战/质疑仲裁员,因为当事人大可以更换代表律师,何必更换/赶走仲裁员?

在 Fletamentos v. Effjohn (1997) 1 Lloyd's Rep. 295,原告的代表律师 Zaiwalla 先生是一位印度血统的英国律师。他曾与笔者有数次一般朋友的交往,记忆中他好像曾对种族问题吐过一些苦水,并以自己能在人才济济的伦敦立足而自豪。在一次多年前的"伦敦海事仲裁员协会"的周年晚宴(LMAA Annual Dinner)上——这是一个十分重要的仲裁界、海事界与法律界的盛会,笔者(杨良宜)被邀请为嘉宾——当晚 Zaiwalla 先生跻身前来向笔者公开说这是首次有亚洲人列席为嘉宾,他感到十分雀跃与光荣。在这种场合听到这些话,虽然只是随口讲讲,仍感觉到有点怪。但身为中国人,确也能明白他的心情与看法。

再回去讲 Fletamentos 先例,Zaiwalla 先生曾感到英国互保协会(P&I Clubs)(是委任海事案件主要的来源)不委任他,不给他生意,原因是出于"种族"(race)。1994 年,他获英国"种族平等专员"(Commission for Racial Equality)支持在法院起诉一家英国互保协会,申请一个"宣示判决"(declaratory judgment)与"禁令"(injunction)。互保协会的抗辩是不委任或雇用 Zaiwalla 先生是因为他才能不足,并不是种族原因。固然,光是争辩不足够,还得要有证据。但要找证人并不容易,这会导致正面的、公开的并严重的得罪 Zaiwalla 先生,而且伦敦人士普遍不愿意涉及"种族"(race)的敏感话题。最后还是有一位著名的海事仲裁员 Bruce Harris 先生自动站出来举证/声称 Zaiwalla 先生在他过往的仲裁案件曾代表过当事人,他认为 Zaiwalla 先生水平/能力不足。

上述所讲案情在英文判词中 Morison 大法官是如下介绍的:

"Mr. Zaiwalla is a British citizen and of Indian national origin. In about 1994 the Commission for Racial Equality commenced proceedings in the Central London County Court seeking a declaration and injunction against a P. & I. club, a partnership which managed their business, and an employee of the partnership. The allegations are that, on grounds of race, the club discriminated against the firm Zaiwalla & Co. Essentially, it is said that the club made it clear that they would no longer support their members if they continued to wish to use Mr. Zaiwalla's firm. A defence has been filed to these allegations, alleging, in effect that it was not Mr. Zaiwalla's race but his manner and competence that motivated their decision. During the course of the litigation which, as at the date of the hearing before me had yet to come to trial, the parties exchanged various witness statements. For his part, Mr. Zaiwalla has obtained glowing references as to his abilities from a number of distinguished Judges. The defendants obtained a statement from Mr. Harris, the arbitrator, and that statement came into Mr. Zaiwalla's possession before he was instructed in this matter. However, after he had accepted instructions, he was informed that Mr. Harris would be called to give evidence on the defendants' behalf. Mr. Harris is uncomplimentary about Mr. Zaiwalla in relation to his abilities as a solicitor dealing with commercial arbitrations."

根据上述案情,Morison 大法官的判决如下:

"I am greatly concerned about this position, which only emerged during the course of argument.[152] It would seem to me to be obvious that there is a risk that Mr. Harris' views of Mr. Zaiwalla as expressed in the witness statement would or might affect the way he considered any application which Mr. Zaiwalla made to him.[153] On the other hand, the fact that a Judge thinks ill of an advocate, and shows it, does not prevent him from doing justice between the parties.[154] A fair minded Judge can divorce his personal views of the advocate from the merits of the dispute.[155] As one would expect, when Mr. Zaiwalla was first instructed, he told me, and I accept, that he informed his clients of the 'problem' and they were content for him to continue to act.[156] I do not accept that the position changed significantly between the time when Mr. Zaiwalla had the witness statement and the time when he knew Mr. Harris was to give evidence. The witness statement was provided for use in the proceedings: whether it was read or Mr. Harris gave evidence seems to me of no material distinction.[157]

I am left with a sense of unease about the position.[158] But it seems to me that Mr. Zaiwalla was faced with a choice: he could have refused to act if he felt that his clients could not get a fair hearing with him at the helm,[159] or, after disclosure, and with his clients' consent, he could agree to act.[160] He chose the latter course and his clients cannot, as it seems to me, now complain about apparent bias based upon what was known when

---

〔152〕 我(Morison 大法官)十分关心这件事,是在双方争辩时暴露出来。

〔153〕 我看明显有一个危险是,Harris 先生在以前的证人证言中对 Zaiwalla 先生的看法(即认为他无能)可能会影响后者在本仲裁中所作出的申请。

〔154〕 但另一方面,一位法官对代表律师有坏印象不表示他不能对当事人主持公道。(只去想想,败诉后要掏钱的人不是 Zaiwalla 先生,而是委任他的原告。)

〔155〕 一位有合理头脑的法官可分开他个人对一方代表律师的看法与争议的是非曲直。

〔156〕 知悉在委任 Zaiwalla 先生时,他告诉了客户(原告)有关与仲裁员 Harris 先生的这段过节,客户表示无所谓。

〔157〕 这里所讲的是 Harris 先生在作出书面证人证言时与准备出庭作供时的情况(例如对 Zaiwalla 先生的不友善)基本上没变。

〔158〕 我(Morison 大法官)对这种情况有一点不安。

〔159〕 在我看来 Zaiwalla 先生有一个选择,不再代表客户/原告,可让后者不受他的牵连,并可保证有一个公平审理。

〔160〕 客户也会在披露以往过节后,仍让 Zaiwalla 先生继续代理下去。

Messrs. Zaiwalla & Co., were retained.[161] If (原告) do not now wish to continue to ran the risk that any antagonism will or might spill over into the arbitral process, then it is open to them to change solicitors.[162]"

上述案情,若是案情稍微变动,就会有不同结果的可能。例如,有关当事人无法中途更换律师,原因是双方对收费有协议,一定程度上根据案件成败的"conditional fee agreement"或"no cure, no pay"协议。也可以比较较早时介绍的 ASM Shipping Ltd. v. TTMI Ltd. (2005) LMLN 680,该先例是一位主要证人与仲裁员之间的过节,而证人不像代表律师,是不可以更换的。

3.5.4.2.4　不成功挑战案例之四:仲裁员与一方当事人代表律师太接近

这种情况与3.5.4.1.4小段所讲的仲裁员与一方当事人太接近有所不同,这里所讲的是与他/它的代表律师(不是当事人本人)太接近。

看来,英国法院对代表律师与仲裁员之间有较密切关系比较容忍。这也有它的道理,例如:

(i) 英国与香港的律师一向以工作时间(按多少小时)收费,与诉讼结果关系不大。换言之,不会有太大压力,即使是一个涉及天文数字的仲裁案件。这一来,仲裁员即使与一方的代表律师十分友好,也不会感觉到有任何的压力判他的好朋友(只是代表律师)败诉。事实上,这些年来,笔者与曾判笔者所代理的案件败诉多次的伦敦仲裁员保持友谊,毫不受影响。而笔者作为仲裁员曾判败诉的一方律师中,亦有好朋友,这些年来也是保持友谊,毫不受影响。换了当事人是好朋友,这压力就大了。因为一个天文数字的仲裁案件若判他败诉会毁了他,今后朋友是休想做了。

(ii) 律师有他/她们的专业操守与知识,更能理解与接受"胜败乃兵家常事"与接受裁决结果以法律及证据为准。而且他/她们也不会想搞什么鬼,例如想影响好朋友的仲裁员裁决。毕竟,律师终身在这一行业中发展事业,将来与仲裁员打交道的机会多得很,完全不值得为一宗案件搞鬼,弄不好毁了自己名誉,也失去仲裁员的好友。但若当事方本人与仲裁员是好朋友,在一个生死存亡的大案件中,企望前者不尝试影响后者就困难了。

所以,这些年来,笔者不介意与律师朋友合作(如一齐写书、讲课等)、交往与建立关系。毕竟,笔者亦需要他们的支持来不断委任笔者做仲裁员。而在多年前,笔者仍在大量代理伦敦仲裁,笔者每年1~2次去伦敦总会与几位是好朋友的海事仲裁员见面,或是早餐,或是晚宴。当时,几乎每一位仲裁员都有笔者代表一方当事人的仲裁案件在手中。但大家都检点/自重,不会在交谈中涉及有关案件。笔者记忆中他们也没有对此交往有什么顾忌。

但这也不表示笔者没有犹豫的时候。不久前,笔者曾与一位律师好友晚宴后第

---

〔161〕 这一来,客户在委任时已经知道真相,就不应该事后埋怨有表面偏私危险。

〔162〕 即使到了现在才决定不继续冒这种危险,他(原告)仍来得及更换代表律师。

二天,突然收到另一家律师所的申请要求尽快开庭决定一个中间程序的争议。该律师所在有关大金额案件中是笔者律师朋友的对头,而案件也接近一年多没有动作,笔者所以一直毫不警觉。在简短的开庭后(先后与晚宴是约一个星期),笔者的爱人突然说另一家律师所如果知道几天前对方律师与你单独吃饭不知道会有何看法。这样一说带来笔者的警觉。显然,一个安全做法是马上披露,并告知晚宴中的交谈主要内容与案件无关。但这会不足,因为笔者一披露,该律师所也会问除了该晚宴外是否有其他的交往,也的确是有。他如果质问笔者而不回答反而会带来更大的疑问。就在笔者考虑的时候,幸亏双方庭外达成和解。

再多讲一桩有关事情,是一位律师朋友最近与笔者谈起伦敦有一两位著名的海事仲裁员主要的案源来自一两家海事律师所,每年委任多达80~100个案件,这令有关海事仲裁员的经济亦是非常依赖该律师所。虽然个别案件的胜负与代表律师无关,但律师也总会希望胜诉吧。再说,即使在中间程序的处理上,估计有关海事仲裁员也会对经常委任他的律师所比较友善与宽容。

现在介绍有关案例显示英国法院对这种仲裁员与律师之间联系或"关系"(connection)比较容忍,这大概也算是一种"专业礼待"(professionalcourtesy)吧!

在 Bunten and Lancaster (Produce) Ltd. v. Kiril Mischeff Ltd. (1964) 1 Lloyd's Rep. 386,是有关一方当事人的代表律师所中另一位律师被仲裁员委任为他的律师在另一宗不同案件中,法官不认为有问题。

在 Bright v. River Plate Construction Co. Ltd. (1990) 2 Ch. 835 中,仲裁员是一位大律师。而他过去经常被一方当事人的代表律师委任为大律师,法院也不认为有问题。

在 Pilkington plc v. PPG Industries (1989)(未被报道)与 Laker v. FLS (1999) 2 Lloyd's Rep. 45,一方当事人的代表大律师与被委任为仲裁员的大律师来自同一家"大律师事务所"(barrister's chambers),法院不认为有问题。

在 Lawal v. Northern Spirit Ltd. (2002)(未被报道),仲裁员曾与一方当事人的代表律师在另一个仲裁案件中共事在同一仲裁庭,也不成问题。

在这里可介绍近期笔者(莫世杰)遇到的一个类似的海事仲裁情况。案情是这样的,笔者受雇的甲公司所代表的委托方与在欧洲的乙公司因为租约的履行按仲裁条文到伦敦仲裁。甲公司代表的委托方委任英国有名的A律师所作为其法律代表,而乙公司则委任另一家在英国同样出名的B律师所。差不多同一时间,A律师所受一家中国公司丙公司委托,因租约纠纷向一家亚洲公司丁公司在伦敦展开仲裁。由于中国公司丙公司希望委任中国人当仲裁员,A律师所便与笔者接触,查询笔者能否接受委任。笔者对该委任起初有点犹豫,因为丁公司与笔者受雇的公司同样活跃于航运市场,中间也有生意往来,双方关系良好,也颇为熟悉。这犹豫与笔者能否公正地处理该仲裁毫无关系,当中也没有任何直接或间接的利益考虑。更主要由于当时笔者本身工作忙碌的关系,还是推却了A律师所的委任。隔了一星期,A律师所向笔者表明中国公司丙公司坚持委任中国人当仲裁员，但由于熟识伦敦仲裁的中国人选择不多，而且仲裁条文要求仲裁员为商业人士及伦敦海事仲裁员协会的会员（笔者是该会的 supporting member），因此希望笔者再三考虑，否则，他们只好委任一位伦敦海事仲裁员协会的 full member 当仲裁员。有感于丙公司对中国人作为仲裁员的支持，笔者也不好再推辞，加上笔者本身对仲裁甚感兴趣，便接受委托。碰巧该伦敦仲裁的另一当事方丁公司委托的律师是 B 律师所。当 B 律师所获悉笔者的委任，大表反对，直指甲公司所代表的委托方与乙公司的仲裁关系，加上笔者正是代表甲公司处理该仲裁并委托 A 律师所，B 律师所认为这明显有利益冲突，要求丙公司委任另一仲裁员，并同时保留一切法律权利。本章已指出，利益冲突属严重的指控，可取消笔者当仲裁员的资格。笔者早在接受委任时，对此已作考虑，完全看不到有 B 律师所所说的“明显的利益冲突”，也看不出这关系为何会影响笔者公正处理该仲裁，理由为：

（i）首先，该两个伦敦仲裁牵涉的当事方完全不同，相同的只是代表律师。

（ii）笔者对丙公司及丁公司的仲裁结果不存在任何利益，也不关心谁胜谁负。

（iii）笔者受雇的甲公司所代表的委托方与乙公司的仲裁是由一个完全无关联的仲裁庭处理，笔者根本不可能在另一个丙公司及丁公司的仲裁中，运用权力去影响甲公司所代表的委托方与乙公司的仲裁结果。况且，笔者根本不会也无必要这样做，做了也不可能达到想要的结果：

a. 笔者只是甲公司的雇员，甲公司所代表的委托方于仲裁中能否获胜，对笔者来说影响不大，当然，处理仲裁是笔者工作的一部分，笔者也不希望输掉仲裁，但对仲裁稍有经验的人也知道，纵使双方的代表（不管是当事方自己的雇员或代表律师或索赔代理）在仲裁过程中雄辩滔滔、进取非常，这是他们的专业及职责，但仲裁的结果完全取决于仲裁员的看法，所谓“arbitration is only as good as the arbitrator”。明此道理，看不出笔者为什么要在丙公司与丁公司的仲裁中针对 B 律师所。要拿 B 律师所出气？这样孩子气的事做了也无实质益处，而且这种说法也流于空泛。

b. 丙公司与丁公司的争议是一般海事仲裁常见的租约争议，也是从事航运的人经常会面对的争议，以仲裁解决是正常不过，也是双方同意的做法，况且双方同意委任熟悉航运的商业人士当仲裁员，这商业人士自然不会与当事方或其代表律师有过交往。笔者愿意在本身工作之外，兼任仲裁员及参与本书的写作，主要是由于对仲裁的兴趣，这些都是占据笔者大量闲暇时间的工作，可以想像，笔者犯不着为了一个租约争议，一个不明所以的利益，弄坏自己的名声，尤其是笔者作为兼职仲裁员的日子尚短，急需要建立良好的声誉。

c. 笔者与 A 律师所及 B 律师所处理仲裁的律师相识很久，时有联络，属朋友关系，在工作或私人的层面上也没有不快的经历。事实上，参与海事仲裁的国际性的大律师所来来去去都是那十家八家，笔者与这些律师所的关系，时而委托，时而对立，见怪不怪。笔者是否因此而应拒绝接受这些律师所的委任，或接受委任后发现另一方的代表律师与笔者的公司先前或现在的合作或对立关系而需要请辞？如果是，相信笔者当仲裁员的机会将会大幅减少，因为委任多是来自这些律师所。

d. 事实是，笔者在较早时代表甲公司的委托方与A律师所的委托方仲裁并输掉了一个银码颇大的争议，这正反映上述c.的实况。A律师所是否更应比B律师所担心笔者在丙公司与丁公司的仲裁中对它“报复”？

e. A律师所及B律师所的专业是搞海事仲裁，仲裁不论输赢，也不影响他们的利益，因为他们都是按小时收费，笔者根本不用因为与他们的交情，而替他们担心仲裁的输赢，在仲裁中做出不必要的事情。当然这种说法对按仲裁结果收取费用（所谓 contingency fee arrangement）的律师所不适用，但本案的情况不是这样。

（iv）唯一可说的是，由于甲公司的委托方委托A律师所，笔者与该律师的合作关系，或会使人认为笔者在另一个仲裁上对A律师所的论据较为接受，这其实就是指所谓的 apparent or unconcious bias。但从上述案例可知，即使身为大律师的仲裁员与事务律师之间的过往的合作关系，也不见得会带来偏见。况且，这种合作关系是涉及大律师个人的生意利益，他需要事务律师转介生意而赖以生存；笔者与A律师所则不存在此个人利益，反而是甲公司的委托方付钱给A律师所换取其服务，A律师所更需要甲公司的生意上的支持，这种情况下，难道笔者身为甲公司的雇员还要买A律师所的账？事实上，笔者面对的情况也经常发生在某些伦敦海事仲裁员协会的 full members 身上，也没听说有什么问题。

（v）况且，丙公司及丁公司的仲裁还有另一位仲裁员在仲裁庭内，即使笔者真的要搞鬼，也必先要说服该仲裁员。

这时，笔者有三个选择可以做，一是让A律师所与B律师所自行抗辩，自己不用多言；二是怕麻烦选择辞任，这种心态的形成主要是心中没底，但笔者不怕麻烦，也不认为有B律师所所指的“明显的利益冲突”；三是向丁公司及B律师所主动解释。笔者认为有必要作出澄清，因为这“明显的利益冲突”的指控十分严重，是冲着笔者而来的。于是笔者便向B律师所发了以下的传真：

“Thank you for your fax of yesterday. The contents of which are noted.

I feel no offence at all. However, given your serious allegation of ‘conflict of interests’, I wish to intervene.

For your information (and you are well aware), I am an employee of a shipping company, mainly involved in handling / managing shipping disputes for the principals of my company. I have been part-time arbitrating for some time. I accept both Hong Kong and London arbitrations and am actively involved as arbitrator in several London and Hong Kong arbitrations currently. My background and qualifications can be found in the List of Members of Hong Kong Maritime Arbitration Group which I shall not repeat here. I am a commercial man conversant with shipping matters and a member (supporting member) of the LMAA and thus fulfilling the requirements as laid down in the arbitration clauses of the aforesaid Charterparty.

I can confirm that I have no connection with 丙公司 and 丁公司, either commercially or otherwise. I have no pecuniary or proprietary interest in the outcome of this arbitration anyway. You have mentioned about the London arbitration which my company's（甲公司）principals have had with you as legal representative for a party 乙公司 who is completely disconnected with this arbitration. It may be that you would advise me how that arbitration, which involved different parties and is subject to a completely different tribunal, would lead you to think that because of your involvement here, your Clients'（丁公司）position will be prejudiced.

I know M 先生 of A 律师所 and N 先生 of B 律师所（the case handlers of this arbitration）for many years and I hold them in high regard. However, I do not think that my personal relationship with these two gentlemen will influence me in any way in the determination of the dispute which 丙公司 and 丁公司 will put forward in this arbitration. Afterall, there are only a limited number of shipping law firms and I have maintained a friendly relationship with most of them. I do not find myself in a situation similar to that as appeared in Fletamentos Maritimos SA v. Effjohn International BV 1 Lloyds' Rep. 295 because I have no personal adverse encounter on either M 先生 or N 先生. In any event, I fully understand that my obligation as arbitrator is to act with impartiality as between the Parties.

This is a shipping dispute and the Parties have expressly agreed to appoint commercial men to deal with their difference. It seems, therefore, inevitable that there would be some kind of dealings or transactions between the commercial arbitrator, the Parties and / or their legal advisers. It is a fact of commercial life. No doubt you would agree to the observation as expressed in Rustal Trading v. Gill & Duffus（200）1 Lloyd's Rep. 14.

Perhaps, could you please be kind enough to advise me with substance and authorities why you think there is a real danger of bias（see R. v. Gough（1993）2 All ER 724）on my part to act as arbitrator in this reference so that I could seriously consider my appointment again?

I look forward to hearing from you in due course."

B 律师所的回复主要是说对笔者担当仲裁员的能力没有怀疑，也承认笔者在此仲裁上没有任何个人利益可言，唯一担心的是基于上述的特殊情况，笔者令人怀疑存有 apparent or unconcious bias，故不适合当仲裁员，坚持笔者辞任。有关指控由先前的"clearly a conflict of interests"变为"apparent or unconcious bias"，严重程度大为降低。按此理由想要赶走该仲裁员，需要证明从全局看他会有"real danger of bias"，也需要证明对当事方会带来"substantial injustice"（见 1996 年英国《仲裁法》的 section 24）。基于上述的分析，笔者看不出会有 apparent or unconcious bias，不应因为一方的挑战(challenge)而自动退出，但考虑到在此问题上所带来的费用浪费，笔者认为应给予委托方丙公司一个选择，由他决定笔者的去留，故作出以下回应：

“Thank you for your fax of yesterday.

I repeat that I will not be offended just because your Clients 丁公司 have concern about my ability to act impartially, though I would say that such concern is misplaced.

I am pleased to note that you have limited your case to ‘apparent or unconscious bias’ only. Yet, I still hold different opinion from you that there exists such bias just because of the relationship between an arbitrator and a lawyer. It may be so if the arbitrator is closely connected or associated with a party. But this is not the situation here.

I know your Clients 丁公司 quite well as I know some of the people there. To contrast, I know nothing about 丙公司 who appointed me as arbitrator. To suggest that I may possess ‘apparent or unconscious bias’ against your Clients 丁公司 seems to me to have gone too far from the point. The authority Save and Prosper Pensions Ltd. v Homebase Ltd. you have referred to fall squarely within the arbitrator-party relationship which is not comparable to the present situation. I am just the employee of my company (甲公司) whereas the arbitrator in that case was a salaried partner of a law firm closely related to the party in arbitration. As to N 先生(A 律师所的雇员，负责处理此仲裁), my view is that he is only a fee-earner charges his service on hourly basis irrespective of the outcome of this arbitration or other arbitration.

It is true that A 律师所 are under my company’s principals’ instruction in another unrelated case. But I see no reason why I will possess such bias just because of this. What benefit could I gain which may lead to my unconscious bias? I just do not know. Indeed, my company’s principals have just lost a substantial arbitration where A 律师所 represented the other party and I represented my principals. If your logic should prevail, then I would say that I should not accept appointment offered by any shipping law firm, for it has assisted my principals or acted against them in the past or present. Further, according to what you have suggested, it seems that an arbitrator (either a commercial man or a Q. C.) who is frequently appointed by the same law firm or party, either as an expert, advocate or arbitrator, would more than likely to possess such bias than me. This is, in fact, common within the London maritime arbitration circle, say for example the LMAA full members and the Q. C. s.

As to the arbitrator-lawyer relationship, I have come across the following cases which may make some interesting reading to you:

Bunten and Lancaster (Produce) Ltd. v. Kiril Mishceff Ltd. (1964) 1 Lloyd’s Rep. 386

Bright v. River Plate Construction Co. Ltd. (1990) 2 Ch. 835

Lawal v. Northern Spirit Ltd. (2002) (unreported)

Whilst I would like to discuss with you further in case your Clients 丁公司 or you still need clarification from me, I immediate recognize that it may not be the sensible course as our further communications will no doubt have a significant costs implication on this arbitration. I am disappointed to find my appointment has been made an issue here, particularly in this ordinary charterparty dispute. If 丙公司 do not want to be troubled further and would like to appoint another arbitrator, please say so and I am willing to step down. But this does not mean that I agree to your observation. If 丙公司 would like to maintain my appointment, it is up to your Clients 丁公司 to decide whether they would like to challenge my appointment in accordance with the Arbitration Act 1996 if they insist that 'substantial injustice' will be caused to them."

由于丙公司坚持笔者的委任，丁公司及B律师所最终撤回对笔者的委任的挑战。这实例说明人们普遍对"利益冲突"、"偏私"、"公正"等概念有一定认识，而且也十分关注，这是好事，但要作出深入分析了解，如何画分水线等，有时会是十分复杂及困难的，不容易说得清楚，尤其是商业仲裁，更不要说一些小圈子的仲裁如海事仲裁、贸易商会的仲裁如GAFTA仲裁。

3.5.4.2.5　不成功挑战案例之五:法官或仲裁员与主要证人太接近

这先例有关法官,而同样适用在仲裁员。贵族院在Man O' War Station Ltd. v. Auckland City Council (2002)(未被报道)判法官不因为他与一方当事人的主要证人有朋友关系而失去资格。这是因为关系虽然长远,但不算接近。在过往的8年中,双方没有交往与难得交谈。法官以前曾与证人父兄是同事也判不重要。笔者估计这种联系或关系适用在仲裁(特别像商会仲裁)会更宽松,因为这是现实环境。

有关法官与证人太接近的案子还有Taylor v. Lawrence (2002) 3 WLR 640,与AWG Group Ltd. AWG Shelf Ltd. v. Sir Alexander Fraser Morrison Stephen John McBrierty,(2005) Case No. HC03C00478, English Chanc。在后者先例中,Evans-Lombe大法官熟悉AWG的证人,引致被告申请要他退席。他拒绝说:

"In deciding whether I should recuse myself from the case I have first to decide, applying the test derived from the authorities which I have set out above whether all circumstances which I have a bearing on the suggestion that I might arrive at a conclusion in the case through bias would lead 'fair minded and informed observer to conclude that there was a real possibility' that that might be the result of my failure to withdraw."

但在2005年12月,英国上诉庭把这个判决推翻并下令Evans-Lombe大法官退席。看来,在"Real Posibillity of Bias"的测验下,英国法律的确是在收紧。

3.5.4.2.6　不成功挑战案例之六:不独立但可以是公正的仲裁员

在本章一开始的2.1小段,曾提到《联合国示范法》(UNCITRAL Model Law)之Article 12除了要求仲裁员"公正"(impartiality)外,也要求"独立"(independence),但英国的1996年《仲裁法》不要求“独立”，只要求“公正”。原因是英国认为公正才是最重要的，至于是否独立，由于仲裁员不像法官，是很难做到完全独立，与当事人或代表律师毫无任何关系或“联系”（connection）。毕竟，很久以来，英国伦敦的商会仲裁是一种主要的商务仲裁类别，而会员之间的联系或其中千丝万缕的关系在本章之2.5.3小段已有略及。

独立的定义在 AT&T v. Saudi Cable (2000) 2 Lloyd's Rep. 127 之140页是：

“‘Independence’ connotes an absence of connection with either of the parties in the sence of an absence of any interest in, or of any present or prospective businesss or other connection with, one of the parties which might lead the arbitrator to favour the party concerned. It is the most frequent and obvious ground upon which the Court will infer in the possibility of antecedent bias, but it is by no means co-extensive with it. The suggestion that, by reason of some other event or circumstance unrelated to independence, the arbitrator has or may have an antecendent predisposition against one of the parties may give rise to a sustainable allegation of bias but it is not one based on absence of independence.”

显然，如果不独立是关系密切到不公正，这表示不公正一词已是足够，这就是英国的看法。

另一好例子是英国1996年《仲裁法》的1996年2月DAC报告中，第102段所提到的 Laker v. FLS (1999) 2 Lloyd's Rep. 45。案情是有关一个飞机维修工程合约的争议。在争议初期，Laker已委任了一位代表的大律师 Sullivan 先生。不久后，FLS委任了一位与 Sullivan 先生在同一事务所（chambers）执业的御用大律师 Burnton, QC 先生为仲裁员。这带来了 Laker 的猜疑或可能同时想拖延（因为 Laker 是被告），于是向 Burnton 先生提出要求他请辞，因为他并不独立。至于指称他也不公正，并会造成“真正偏私的危险”（real danger of bias）会是困难，因为讲不出任何迹象与事实（除了不独立）可去支持。毕竟他们之间也不认识，因为 Sullivan 先生刚加入了同一事务所。所以，不存在3.5.4.2.4小段的仲裁员与一方当事人大律师（而且是挑战方 Laker 的大律师）太接近的争议。而不独立是在两位共用同一事务所，会泄露机密资料/文件，因为大家有机会互相看到文件。另外双方平日的交谈中亦可能会漏口，造成不公平。

Burnton 先生拒绝 Laker 的辞职要求，声称要双方均同意与要求他辞职他才会答应走，而恰恰是委任方 FLS 不同意。这也是英国法律的地位：请参阅1996年《仲裁法》之 Section 23。以简单的合约法精神去分析，Burnton 先生在没有委任人 FLS 的同意下辞职不干，这是“毁约行为”（repudiation）。

这一来，Laker 只能在1999年1月29日（故此案件适用1996年《仲裁法》）向法院申请把仲裁员“赶走”（remove）。固然，申请的理由仍是“不公正”（lack of impartiality），因为1996年立法中没有“独立”（independence）的要求。但讲得出的理由都涉及不独立与因此而导致的 Laker 猜疑及失去信心。这些理由都不为 Rix 大法官接受，仅判猜疑及失去信心并不足够。至于独立性方面，Rix 大法官自己是大律师出身知之甚详,就是每一位大律师虽然是共用同一个“事务所”(chambers),其实是每人走“单帮”,是“自雇”(self-employed)的“个体户”。同一个事务所的大律师之间各有不同收费,有人多赚,有人少赚,也有人根本没有入息。但他们不会分摊收入或“同舟共济”。在英国/伦敦或香港的做法下,大律师(barristers)与业务律师所(solicitors firms)完全不同。后者合伙在一起去成立一家业务律师所,大家是“合伙人”(partners),有赚有亏都分摊或共同负担。所以,业务律师所谈不上有任何独立性。例如在美国的律师行业中,没有大律师的类别。美国都是律师所(firms),合伙人之间有出庭与不出庭之区分。显然,出庭律师要为当事人辩护,工作上与大律师十分接近。但他们不是独立,所以不可能任由同一律师所,一位合伙人担任仲裁员,但另一位合伙人担任一方当事人的代表律师(甚至收费是以诉讼成败为准),这是严重的利益冲突。

顺便一提,中国内地的律师业务中亦没有大律师的类别。但个别的庞大律师所中的律师据闻并非人人是合伙人或雇员。据知,他们加入该律师所只为了把律师所弄大,但又不必增加成本。所以,不少加入的律师其实都会走单帮。这一来,就会出现个别案件在外国人看来颇怪异的现象,就是同一律师所的不同律师在同一案件中同时代表原告/被告双方去对抗。

3.5.5 总结

在介绍了不少成功或不成功挑战的案例或情况后,希望更能显示针对关系复杂与千变万化的“非经济利益”(non-pecuniary interests)或“关系”(connections)类别中,什么是有可能构成“真正偏私的危险”(real danger of bias)或“真正偏私可能性”(real possibility of bias)的普通法当今准则或/与在1996年《仲裁法》的“严重不正常”(serious irregularity)并且“构成或会构成重大不公平”(has caused or will cause substantial injustice)准则。

成功或不成功的分别一般不在利益或联系的本质或类别,而是在每一个不同案件的事实/情况中掌握轻重,除了考虑公正与不偏私之余,也要考虑大局与实际/现实。很多时候是程度问题,一旦过了头,不应成功的挑战就会成功。这都让一位高水平与客观的法官认定事实后然后适用法律(普通法或仲裁法)地位而作出判决。由于变数太多,也难把所有因素说死。

在国与国之间,大家对公正的追求在大原则下分别不大。但在细节上就会是“差之毫厘,谬以千里”。

3.5.5.1 差之毫厘,谬以千里之例子一:离职法官重操律师旧业

例如,笔者听说内地法院永远禁止转业做执业律师的离职法官在原来任职的法院代表当事人出庭。估计是为了避嫌,因为审理的法官会是他/她不久前的同事或部下。但问题是,程度上的掌握是否有必要如此严厉?会否是,离职后3年或5年,这种旧同事的关系会大幅度淡化?特别是不少内地法院据闻人员来去很快。

固然,英国或香港地区也有同一的大原则针对这类关系,做法上是法官离职或退休后,他们不能再回去做大律师的出庭工作,而且这禁止亦是永远的。所以,在英国

或香港离职或退休的大法官，部分人会尽力转行为仲裁员，以延长他们的法律职业生涯或增加收入。但大家情况很不一样，英国委任大法官都是从赚够了并累积大笔财富的资深大律师转业过来。他/她们不在乎钱，更在乎地位（一旦荣升大法官就马上封“爵士”［Sir］）。加上英国大法官收入也很好，退休福利更是吸引人。另一重要分别是委任的一般是年纪大的资深大律师。

看来，中国与英国在许多重要细节上并不一样，实际分析也有重大分别。中国的法官是来自法学院校的学生，然后与其他单位的职员一样，随着年资的增长而一步步升职。一般来说，大陆法系国家的这种法院制度中法官会较年轻，也不常会有自己个人的建树与威望。这些年轻法官一离职去执业律师会仍需要一段很长的日子发展他的律师业务与稳定经济。“永远”禁止他在最熟悉或老家的法院出庭是否有点过分？而在英国，已说过，大法官委任自资深大律师。他们钱也赚够了，年龄也大得多。故在大法官退休后，他们在经济上、年龄上与个人感觉上都不再想去或须去重操大律师的旧业。

这就是笔者所讲的“差之毫厘，谬以千里”的例子，虽然内容并不直接与本章有关系。

3.5.5.2 差之毫厘，谬以千里之例子之二：仲裁员本人名气是大是小？

再多举一个例子是个别案件的仲裁员名气是否大。照说，这不应该是考虑的因素。不能说是同样的法律在名气大或名气小的仲裁员有不同的适用。加上名气大（尤其在法律行业）往往在“技巧”（skill）高，但与“道德”（moral）高无关或关系少。但一些著名先例中的判词十分强调有关仲裁员的名气大，令笔者难以认为这一因素毫无关系。会不会是法官不自觉地受了影响？这毕竟是人性。

例如在 Bremer v. Ets. Soules (1985) 1 Lloyd's Rep. 160，Mustill 大法官在讲到有关仲裁员 A. G. Scott 先生有以下的说法：

“I have mentioned the reputation of Mr. Scott. Since his integrity has been put in question, he has naturally sought to rebut the attack by evidence of his high standing in the trade, and to this end has tendered affidavits from Mr. W. S. Biggs and Mr. F. A. J. Morley, both of them council members of the association and merchants of long experience. General evidence of skill and repute can never be conclusive since experienced and honourable men do from time to time allow themselves, without bad faith, to get into a false position. But the evidence does have a direct relevance here. Mr. Scott has been elected year by year to the Appeal Committee. Would this have happened if he was so prone to bias? If Bremer Handels reply that they do not complain of any general lack of judicial qualities, but simply that his connection with Andre has made him an unacceptable risk in soya bean meal cases, why has this never displayed itself before? How could he have been placed on the shippers panel of the Appeal Committee and selected from it by other merchants in this very arbitration if there was an evident risk that he was biased in favour of buyers? How could he have been allowed to adjudicate in so many soya bean meal cases without complaint, and, more especially, without complaint from Bremer Handels, who were thoroughly 'seller orientated' and in respect of whose cases Mr. Scott has sat no fewer than 43 times? If he was biased, how could he have concealed it from his colleagues on the Board of Appeal whom he was, ex hypothesi, improperly trying to influence, and concealed it particularly from Mr. Morley, who was Bremer Handels' 'house arbitrator' and who has come forward voluntarily to rebut the allegations against Mr. Scott? Against this background, either Mr. Scott was a master of conscious deception, or the risk of unfairness was negligible. I prefer the latter alternative."

另在 AT&T v. Saudi Cable (2000) 2 Lloyd's Rep. 127 中,有关的仲裁员是 L Yves Fortier, QC。他是一名著名的加拿大律师,亦是一名很有经验、受尊重的国际仲裁员。在一审中,Longmore 大法官说:

"One of the main reasons why parties to arbitration proceedings select as arbitrators experienced lawyers (let alone Queen's Counsel of such evident distinction as Mr. Fortier) is that such lawyers are trained from their earliest days to decide cases on the evidence before them and the submissions made to them and to put aside all extraneous matters. It is axiomatic to any experienced lawyer that he must and will decide cases without fear or favour, affection or ill will. Judges in England take an oath to that effect but no one supposes they would act differently if no oath were sworn. The same applies to experienced legal arbitrators. Another reason for selecting arbitration rather than the Courts is that the parties may actually prefer men of the world to what some may perceive as the cloistered calm of judicial life. It cannot be in the least surprising that an experienced arbitrator will have some interest in business affairs and he may be all the better equipped to arbitrate if he has."

在上诉庭,Woolf 勋爵亦完全同意。所以,会否是完全同样的事实或/与案情下,只因为有关的仲裁员有名气大小之分别,而导致"差之毫厘,谬以千里"的结果?

3.6 自动宣告或披露

3.6.1 优点与弊端

仲裁员选择自动宣告或披露的主要优点是把话尽早说清楚,可以避免今后的调查、猜疑、担忧与/或许多不必要的浪费与延误。一旦把话说清楚,当事人被迫接受该有关仲裁员或提出要求请辞。也许是,仲裁员自动作出建议,好像谈判一样,例如在 AT&T v. Saudi Cable (2000) 2 Lloyd's Rep. 127 先例中的仲裁员 L. Yves Fortier, QC 自动建议向 Nortel 辞去"非执行董事"(non-executive director)一职,消除对利益冲突的疑虑,以让他继续担任仲裁员。

这"尽早"最好在委任时,因为仲裁程序仍未开始,不会造成任何浪费与延误。所以,英国法律对这一刻的披露责任也比较严格,要求仲裁员主动调查。这方面的法律在 3.6.3 小段介绍的 Locabail v. Bayfield Properties(2000)1 ALL ER 65 详及。

但自动宣告或披露的弊端也不少,可作以下简介。

（1）宣告或披露的支持者，或许忽略了在大部分的仲裁案件中，会涉及想拖延的或败局已定(例如已作出了一个中间裁决书判了责任)的被告(也有可能是原告)。一旦提出,会给这些人一个从天而降的好机会让他/它大做文章。弄不好只能去仲裁地点法院申请把仲裁员"赶走"(remove)或把裁决书(可能只是中间裁决书)"撤销"(set aside)。反正是把事情越搞越大,违反了仲裁希望省钱与省时间的大目标。

（2）即使双方当事人都不大做文章,仍免不了有一定的工作量与延误。例如,仲裁员即使是自动披露,一方或双方当事人或他/它的代表律师往往仍要进一步澄清。澄清后代表律师要向当事方/委任人解释与待命。

（3）会有情况是仲裁员若不挑起这方面的小问题,根本不会有人警觉,而事实上也不会有不公正或偏私。所以,过分小心的仲裁员动不动就披露不见得恰当。

（4）其他还会有千奇百怪的弊端。例如,在2004年初,笔者(杨良宜)被一家由香港的英国律师所代表的德国公司(原告)委任为仲裁员。巧的是,该英国律师所是笔者儿子(杨大明,笔者之一)的律师所。该所是典型的跨国律师所,在世界多处有分所与数以百计的律师,他们之间也有部分互不认识并各有客源。故以香港或英国的法律而言,笔者认为没有问题。这可去比较 Locabail v. Bayfield Properties (2000) 1 All ER 65 先例。暂委法官的 Herbert Smith 首席合伙人 Lawrence Collins, QC 被判决是没有偏私的真正危险。这一来,本案件更明确了,因为:

（a）不像 Collins 先生,笔者(杨良宜)本人并没有在原告的英国律师所工作,只是有一个儿子在该所工作。该联系/关系是更加遥远,更加间接。

（b）现实中亦不会有任何偏私的可能性,更谈不上有"真正危险"(real danger)或"真正可能性"(real possibility)。因为即使判原告胜诉,杨大明也不会因此获升职或加工资。而判原告败诉,杨大明也不可能因此而下岗。在这种庞大的律师所,每年处理案件成千上万,一宗案件的胜负根本没有关系。杨大明先生自己的价值不在一宗案件成败,而是自己水平高、实力强。

（c）英国法律(香港地区会依从)对代表律师与仲裁员之间的联系/关系较宽松对待。像英国大律师公会只把血缘关系定位在夫妻之间。

3.6.2　国际商会仲裁的披露经历

另举笔者的经历为例,该仲裁是国际商会(ICC)仲裁,有关国际货物买卖争议。因为争议金额高,按比例收费与支付仲裁员的酬金也就十分诱人,是笔者很想被委任的案件。但"国际商会"(International Chamber of Commerce 或 ICC)在巴黎,加上该货物买卖合约没有说明适用英国法,所以像 Locabail 先例对 ICC 能有多少说服力也是天知道。

由于 ICC 的最终委任需要 ICC 的批准(approval),所以原告委任笔者并通知 ICC 后,就收到 ICC 的来函,其中要求填写一份名为"Arbitrator's Declaration of Acceptance and Statement of Independence"的表格。它分为三格:第一格是接受委任并确认"与当事人或他们的代表律师没有任何过去或现在的关系、直接或间接关系，无论在经济上、专业上与其他各方面”(any past or present relationship, direct or indirect, with any of the parties or their counsel, whether financial, professional or of another kind and whether the nature of any such relationship is such that disclosure is called for…)。既然说得这么清楚明确，笔者也就不得不把“间接”(indirect)与只是局限在与代表律师的联系/关系诚实的披露/宣告。这是填在第二格，而第三格是拒绝接受委任，这一来当然不必再披露任何个人资料了。

笔者填在第二格当然同时说明与杨大明的父子关系，并说明他与本案件完全无关，也不认识德国原告，也不会插手，因为是另外在各处两地律师的案件。笔者并同时宣告笔者的另一儿子杨大志亦在一家更大的跨国律师所工作。笔者差一点想把其他的近亲在各大不同律师所工作的事实都披露。作用很明显，就是一个法律世家，如果儿子长大并承继父业或传统，当法官或仲裁员的父亲就要退休吗？笔者也想举英国有关先例以支持自己的看法，但最终不敢，怕以法国为基地的 ICC 不接受。

之后双方代表律师一来一往的争辩，显然，代表中方被告的一家北京律师所坚持不接受笔者的委任。笔者在该案件中有很大的感觉是笔者原先是不会被挑战/质疑，而该北京律师所与笔者十分熟悉，也不会不知道杨大明先生的工作地方与律师所如何操作。若不是笔者坦率地以白纸黑字披露，该北京律师所或/与他的客户/被告不会挑起这个争端。加上作为被告律师，也不是每一件事都必定要反对、抗争一番就是一位水平高的律师。

期间，笔者虽然想在该案件中被正式委任，但也对委托方有一点歉意。故曾向原告代表律师表示如果他们亦不坚持要我留任，笔者愿意退让以便快一点组成仲裁庭并让仲裁推进。但原告仍是坚持。

笔者也曾想到公开传真接触被告的北京律师，毕竟大家熟悉，并希望他与他的客户不要再继续挑战/质疑笔者，因为笔者十分肯定能公正与不偏私。但怕是解释不了，或更会引起美丽的误会。若将来最后是中方败诉(笔者难以预料)，更会误以为笔者误导或让他上当。所以，决定不这样做。在几个月后(看来 ICC 也有颇大犹豫)，ICC 最终告诉笔者不确认我的委任，结果听闻另外委任了一位西方仲裁员。这个改变会否令挑战的中方提高胜诉的机会是天知道。

有趣的是，相隔不太久，听闻 ICC 出了另一宗事情。这是一宗麻烦与漫长的仲裁，3 位仲裁员向 ICC 请辞，因为一整笔的仲裁庭费用已花得七七八八，再干下去是要免费了。其中一位著名仲裁员请辞的借口是他的儿子在一方当事人的代表律师所工作，但被 ICC 拒绝接受。当然，时间上先后应有不同考虑也很合理，在起初委任时比较看得紧是可以理解。

3.6.3 对自动披露优劣的结论

笔者曾经听一位十分有 ICC 仲裁经验的英国仲裁员说，在委任时填写的 ICC 表格，千万不要填第二格，因为一填上后能够被成功委任的机会是甚微，或是零。这也说明了仲裁员自动披露的一个大问题,就是表面受影响的一方当事人很少会有能力与水平去综合考虑问题,并接受一位肯自动披露的仲裁员。特别在委任时,这种当事人充满希望或幻想,企图委任一个不食人间烟火的上帝或神仙,但现实是不存在的。这是笔者的个人经历,上述 ICC 仲裁已是比较实质的经验,另外更有一些鸡毛蒜皮的事,一经披露,也带来漫长与昂贵的质疑。最后被迫请辞,反正记忆中没有一次自动披露有好结局。而这些隐蔽的小事情若不去披露,当事人是不可能或者很难知道的。加上笔者坚定认为是不影响公正并符合《仲裁法》规定的。

3.6.4　有关的法律或规定

不论对自动宣告或披露有何想法,国际做法上这已是难以逃避。像香港地区法律的《联合国示范法》(UNCITRAL Model Law), Article 12 (a)的第一句就说明了这方面的责任,如下:

"When a person is approached in connection with his possible appointment as an arbitrator, he shall disclose any circumstances likely to give rise to justifiable doubts as to his impartiality or independence."

英国的 1996 年《仲裁法》没有条文特别针对仲裁员的宣告或披露。但显然在普通法有这方面的要求或支持这种做法。

另在许多的仲裁机构的仲裁规则中,亦有相同的规定,例如 ICC 或北京/中国贸仲。在香港国际仲裁中心的 The HKIAC Domestic Arbitration Rules,它的 Article 3.3 中说:

"Prior to appointment any proposed Arbitrator, and after appointment the Arbitrator, shall disclose to the parties any circumstance likely to create an impression of bias or prevent a prompt resolution of the dispute between the parties. Except by consent of the parties, no person shall serve as the Arbitrator in any dispute in which that person has any interest which, if a party knew of it, might lead him to think that the Arbitrator might be biased."

3.6.5　在不同阶段的不同程度宣告/披露

3.6.2 小段已经引述了《联合国示范法》的 Article 12 (a)条文的上一句,它的下一句要求仲裁员负上披露责任直至审理完毕,说:

"An arbitrator, from the time of his appointment and throughout the arbitral proceedings, shall without delay disclose any such circumstances to the parties unless they have already been informed of them by him."

这也有必要,因为在可能漫长的诉讼过程中,特别是开庭到了中途或后期(例如开庭去了一半时间)才出现或发觉经济或非经济利益冲突的事实,如法官(或仲裁员)的大哥或弟弟刚向原告公司注资/合股。又或是,一位主要证人出庭时才认出是以前的邻居。英国法律对开庭前(仲裁更甚至是在委任前)或开庭后期的披露责任有轻重之分。在 Locabail v. Bayfield Properties (2000) 1 All ER 65 先例,Bingham 勋爵说：

“What disclosure is appropriate depends in a large measure on the stage that the matter has reached.[163] If, before a hearing has begun,[164] the judge is alerted to some matter which might, depending on the full facts, throw doubt on his fitness to sit,[165] the judge should in our view inquire into the full facts, so far as they are ascertainable, in order to make disclosure in the light of them.[166] But if a judge has embarked on a hearing in ignorance of a matter which emerges during the hearing,[167] it is in our view enough if the judge discloses when he then knows.[168] He has no obligation to disclose what he does not know.[169] Nor is he bound to fill any gaps in his knowledge which, if filled, might provide stronger grounds for objection to his hearing or continuing to hear the case[170]. If, of course, he does make further inquiry and learn additional facts not known to him before, then he must make disclosure of those facts also.[171]”

总结上述的Bingham勋爵讲话，在分水线前后的主要不同是法官（或仲裁员）有自动进一步调查的责任，并作出披露。作出这种区分是由于一开始开庭聆讯，再中断或暂停会造成不便与浪费。加上时间也会紧迫，难以全面调查。

举例说，仲裁员在接受委任前，觉察他的儿子可能与原告或被告公司有经济利益，或是生意往来，或有投资等。他应进一步调查是否属实与有关经济利益的细节、分量等，并作出披露。但过了分水线，他只要知道多少就披露多少，不必进一步向儿

---

〔163〕 什么才是适合的披露很大程度上取决于诉讼到了什么阶段。

〔164〕 在开庭前。（注意本先例是针对法官，但同样大原则也适用在仲裁员。只是做法不同，估计这分水线有所改变。在法院诉讼，审理法官不任由当事人挑选，而是法官自己安排或轮流担任。而在开庭前的中间程序处理，往往另有不同法官处理，他不是最终审理实质争议、谁是谁非的法官。这一来，负责最后审理的法官会是到了开庭前不久才肯定知道是他要负责的案件，并且知道其他细节，如谁是原告或被告。故开庭前是分水线，最后审理的法官若在此时发觉有经济利益冲突，必须回避，法院可以十分容易地另找一位法官顶上，丝毫不必浪费金钱或/与时间。但一涉及仲裁员，会是分水线要大大往前移动至委任时。这是因为一接受委任，仲裁员肯定明白是他去最终审理实质争议（特别是对事实的认定），故应接受委任前或当时披露他的经济利益冲突，除非他不合理知道。加上，仲裁也经常没有开庭审理这个程序。所以，以开庭为分水线在仲裁中并不适合。）

〔165〕 该名法官觉察一些事情，当在所有事实暴露后，会导致他是否适合去审理被质疑。（这觉察可能只是蛛丝马迹令他有了一点怀疑。）

〔166〕 他就应去进一步调查所有的事实后并去披露。（这表示有调查的责任。）

〔167〕 但若是法官完全不觉察而开始了开庭审理，而在过了分水线才冒出了这方面不妥（即可能有经济利益冲突）的觉察。

〔168〕 该名法官只需要披露他当时所知道的事实。

〔169〕 他没有责任去披露他不知道的事。

〔170〕 他也没有责任进一步调查并把所有事实弄清楚（即使进一步事实会令他变得更不适合审理该案件）。

〔171〕 当然，如果他真调查，他也要把查回来的进一步资料/事实做披露。

子调查有关的生意往来或投资多少。要进一步调查是当事人自己的事。

3.6.6　宣告/披露的内容与程度

仲裁员若是对情况吃不准,准备向当事人自动宣告/披露,就必须了解他会需要全面与诚实披露,否则会弄巧成拙。虽然法律上不强制仲裁员必须披露,但既然自动提出,总要防一手就是可能受影响的当事人会进一步追问。例如,披露了"几天前与原告或他的代表律师晚宴,但双方没有谈及任何有关仲裁案件的方面"。但可能会被追问没有谈及仲裁案件,则在该晚宴的几个小时谈了些什么?或是仲裁员含糊其辞或有内容不方便讲(机密或进一步显示了双方的友好关系/联系),就会引起更大的猜疑。这最终会引起法律行动,就是导致猜疑一方当事人向英国法院申请把仲裁员"赶走"(remove):1996年《仲裁法》之 Section 24 (1) (a)。固然,法院一定先会给仲裁员(作为被告)一个机会说清楚这个"不公正与偏私怀疑"(doubts as to this impartiality)的指控。但若是仲裁员仍是含糊其辞或不肯讲有关晚宴的内容,他被法官赶走的机会也就大增。

所以,有预见的仲裁员若心中有鬼或有不便之处,但与公平与否无关,最好尽早"辞职"(resign),省得将来在法院出丑。

3.6.7　是否宣告/披露的矛盾与取舍

这方面主要的矛盾来自吃不准的情况,即在"边缘案件"(borderline case),连有经验仲裁员自己也会犹豫。特别是在仲裁程序的后期才出现的利益或联系。

举例说,国际海运经常借用表面上看不出背景的"皮包公司"营运。故此会发生像在3.4.5.3.1小段介绍的 Locabail v. Bayfield Properties (2000) 1 All ER 65 先例中的 Lawrence Collins, QC 先生在开庭中途才看到披露的文件中显示了他的律师所与一方当事人有过节。例如,笔者尝试过在文件中看到一方当事人的背后集团或联营公司,原来认识或/与不久前曾发生业务关系(如代理人或咨询的业务)。这一来,自然的反应是去宣告/披露。至于是否辞职或提出辞职要客观上看什么业务关系、多久前发生、这联系是否仍在等。动不动请辞也不是办法,因为仲裁员客观自问不认为有不公正或偏私的危险,何必退缩?他一退缩,自己固然受损(少了一个仲裁案件与很可能已经做的工作也无法收费),也会令一方或双方当事人受损(他们要重头来过)。故此,笔者在想,若是仲裁员很坚决地认为没有偏私的问题,也不会肯辞职,是否有必要把一些琐碎的、无关紧要的关系或联系宣告/披露,例如在1年前曾有一次简单甚至不收费的咨询?支持宣告/披露的一方人士主要的道理在"无关紧要","没有偏私危险"的话不是由仲裁员自己主观去讲。这是十分合理的道理。但考虑到在3.6.1小段所提的弊端,加上有更极端与明显是没有偏私危险的情况(例如不是1年,而是3年或5年前的一次交往,之后再没有接触),是比较有关类似案例后几乎可以"肯定"法律上不成问题,会否令仲裁员产生矛盾,不想"节外生枝"?估计这情况肯定有,而且外人也无法知道仲裁员的内心在想些什么。考虑这样做是否恰当的一个主要因素是"肯定"(certainty)的程度,例如是99.9%。若"肯定"程度很高,但仍有一丝疑虑,如60%或70%,负责任与小心的仲裁员仍应尽快宣告/披露他所发觉的利益或关系/联系,不应怕麻烦而回避或估计当事人不会查得到,而心存侥幸。

3.7 英国法院对仲裁员在公正与偏私方面的管制与救济

3.7.1 简介

英国法院对仲裁员在"公正与不偏私"(impartiality and unbiased)方面一直有管制并在恰当情况下作出对当事人/挑战方的救济。英国法律下,法院是绝对不会对这种基本性的公共政策撒手不理,如在AT&T v. Saudi Cable (2000) 2 Lloyd's Rep. 127。另在1996年《仲裁法》,有关这方面问题的条文如Sections 24, 33与68等,均属"强制性条文"(mandatory provisions)。即它们是不能以合约的明示条文去豁免或排除。

所以,本章所讲的如"经济利益"(pecuniary interest)(请看3.2.1小段)或"非经济利益"(non-pecuniary interest)与"联系/关系"(connection)(请看3.2.2小段)等各方面均适用在仲裁员。若出现了这种利益冲突或联系(会是当事人/挑战方自己发觉或通过仲裁员自动披露),当仲裁员不肯辞职或对方当事人坚决反对仲裁员辞职,这会迫使挑战方对这件事"弃权"(waiver),或正式向法院提出申请,寻求救济(例如把仲裁员赶走)。

若法院接受申请,救济会有两种:第一种是仲裁仍在进行,就把有关的仲裁员"赶走"(remove),不让他再审理下去。第二种是仲裁已经告终,有了一份裁决书,挑战方(一般也是败诉方)是要求把裁决书"撤销"(set aside)。也会有情况是同时申请两种救济:把作出的"中间裁决书"(interim或partial award)撤销与把仍然在位的仲裁员赶走。

至于法院是否会给予救济,除了考虑普通法/案例法外[例如涉及"经济利益"会导致"自动丧失资格"(automatic disqualification)],也要顾及《仲裁法》的有关条文。1950年的《仲裁法》把这种不公正与偏私归纳为"不良行为"(misconduct)。到了1996年的《仲裁法》收窄了管制仲裁员,提升了准则/标准是"严重不正常"(serious irregularity)与额外要求是"对申请人造成或会造成重大不公平"(has caused or will cause substantial injustice to the applicant)。

英国1950年《仲裁法》没有明示仲裁员必须遵守"自然公正"(natural justice)。但普通法对此"天条"的严格遵守再清楚不过。若有违反,一律是算"不良行为"(misconduct),法院会作出救济。例如,Mustill大法官在Bremer v. Ets. Soules (1985) 1 Lloyd's Rep. 160曾说到一些赶走(救济之一)仲裁员的大原则,如下:

"There are three material situations in which the High Court has power to remove an arbitrator for 'misconduct', under s. 23 of the Arbitration Act, 1950.[172]

---

〔172〕 有三种主要的情况要赶走仲裁员。

(1) Where it is proved that the arbitrator suffers from what may be called ‘actual bias’.〔173〕 In this situation, the complaining party satisfies the court that the arbitrator is predisposed to favour one party〔174〕, or, conversely, to act unfavourably towards him〔175〕, for reasons peculiar to that party, or to a group of which he is a member〔176〕. Proof of actual bias entails proof that the arbitrator is in fact incapable of approaching the issues with the impartiality which his office demands.〔177〕

(2) Where the relationship between the arbitrator and the parties, or between the arbitrator and the subject-matter of the dispute, is such as to create an evident risk that the arbitrator has been, or will in the future be, incapable of acting impartially.〔178〕 To establish a case of misconduct in this category, proof of actual bias is unnecessary.〔179〕 The misconduct consists of assuming or remaining in office in circumstances where there is a manifest risk of partiality.〔180〕 This may be called a case of ‘imputed bias’.〔181〕

(3) Where the conduct of the arbitrator is such as to show that, questions of partiality aside, he is, through lack of talent, experience or diligence, incapable of conducting the reference in a manner which the parties are entitled to expect.〔182〕 ”

到了1996年《仲裁法》,自然公正的要求仍是一样,所以较早案例与一些有关准则(如pecuniary及non-pecuniary利益的区分)同样适用。只是,1996年立法在Section 1与33(1)(a)明示了“自然公正”。然后,Section 68(2)说明了违反自然公正是导致法院作出救济的九项其中一项,也是最主要与最常见的救济情况/理由,如下:

“Serious irregularity means an irregularity of one or more of the following kinds which the court considers has caused or will cause substantial injustice to the applicant-

(a) failure by the tribunal to comply with section 33…”

---

〔173〕 第一种证明仲裁员犯了“真正偏私”。(这在后来的贵族院先例R. v. Gough (1993) 2 All ER 724已把这种偏私称为“真正偏私的危险”[real danger of bias],由于难以证明仲裁员的内心想法,证明“真正”将来会偏私并不现实:请看本章3.1与3.2.2.2.5小段等。这已在目前改为“真正偏私可能性”。)

〔174〕 在这种情况下,挑战方要成功说服法院仲裁员难免善待一方当事人。

〔175〕 或是对他不善待。

〔176〕 因为有特殊原因。(这种原因部分在本章3.2.2小段有列明。)

〔177〕 证明真正偏私是要证明仲裁无法公正审理有关争议。

〔178〕 第二种是仲裁员与当事人或仲裁事宜有联系/关系是造成一个明显风险令仲裁员无法公正。(即联系/关系的本质决定一切,这主要是指3.2.1小段的“经济利益”[pecuniary interest]与3.2.3小段的“共同目标利益”(common goal interest)。)

〔179〕 证明了第二种的不良行为,不再需要证明有“真正偏私”。(这也就是“自动丧失资格”[automatic disqualification]。)

〔180〕 不良行为的本质假设了仲裁员继续审理有极大的偏私/不公正危险。

〔181〕 这可称为“推断偏私”。

〔182〕 第三种,也是唯一的一种不涉及公正或偏私,是因为仲裁员的水平不足或没有经验或不勤力或无能去推进仲裁。(例如,当事人的申请一概不理会,不管来自原告或被告。所以,这不是偏私的问题。)

唯一不同是在1996年立法下,证明了仲裁员不公正与偏私(unfairly and partially),还得进一步证明“已造成或会造成重大不公正”(has caused or will cause substantial injustice)。这表示调查取证后发现一位仲裁员与一方当事人有千丝万缕的关系,但法院在下列情况下仍不会给予救济:

(1) 争议金额很低;

(2) 表面看来案情一面倒,如败诉方欠下运费或提了货物但不付货价,谁判都会是同样结果;

(3) 仲裁庭有3位成员,裁决书是一致。故只有一位有问题仲裁员,也难改变或影响大局;

(4) 其他。

其他有关法院救济等方面,由于在本书之第四章之2.3.4.4小段(赶走仲裁员)与2.3.4.5小段(撤销裁决书)已有详论,故不再重复。

3.7.2 什么是当事人的弃权(waiver)与禁止翻供(estoppel)

这个重要课题在笔者(杨良宜)的《国际商务游戏规则——英国合约法》一书之第十一章有详论,内容太多,不在此节录。只小部分节录4.2小段:

“在商务仲裁中,也有不少这方面的问题,如有关因仲裁员的资格不符(disqualification)而要推翻仲裁裁决的问题,也存在着禁止翻供的情况。比如当一方指定了某人作为‘他自己的’仲裁员并开始进行仲裁后,他就等于向对方默示表明或承诺了他所指定的该人是符合仲裁协议或条文对仲裁员的资格要求的……日后他若要以该仲裁员事实上不符合资格为由推翻仲裁裁决将不被允许,因为它先前指定该仲裁员的行为已构成禁止翻供:Re Shaw and Sims (1851) 17 LTOS 160。同样道理,当一方知道对方指定的仲裁员缺乏应有的资格却不提出异议而继续进行仲裁,那么它也等于无条件接受了对方指定的不合资格的仲裁员,从而构成了不会就该仲裁员资格问题提出异议的承诺。因此他日后也可能会无权提出反对,要求更换仲裁员甚至撤销仲裁裁决。当然,如果一方当事人事先并不知道对方指定的仲裁员不合资格,或者知道后明确提出抗议(protest),那么他进行或者继续进行的仲裁行为并不构成弃权反对或承诺禁止翻供。”

上述的仲裁员资格不符合主要是管辖权方面的问题,但同样的弃权与/或禁止翻供道理适用在“不公正”(partiality)与“偏私”(bias)的问题。而且,在1996年英国的《仲裁法》下,弃权说法更是严谨苛刻。这方面问题会在接下去的段节说明。

3.7.2.1 一般法律下构成的弃权与/或禁止翻供

先简单介绍“弃权”(waiver)与禁止翻供(estoppel)(他们经常混为一谈)的要求:

(1) 它是衡平法的概念,追求公道/公平。

(2) 被指称弃权方曾作出“清楚”(clear)与“明确”(unequivocal)表示或行为或不为(omission)。

(3) 弃权方在作出上述表示或行为时是对弃权有否的事实全面了解/知悉或应

是如此。

(4) 对方依赖了上述的表示或行为(不为)而受损。

这个“弃权”理论(waiver principle)适用在质疑或挑战法官或其他执法人员的“公正与不偏私”,就是要求受影响的一方当事人知道有关不公正与偏私的事实后,马上/尽快提出质疑或挑战,而不是继续推进与参与仲裁,先看审理的结果,若是败诉或不满意裁判结果才以此事实为由推翻原判,从头开始,造成费时误事。

在3.4.5.3小段介绍的Locabail v. Bayfeild Properties(2000),All ER 65先例,即涉及弃权问题。在该案例中,Lawrence Collins暂委任法官在开庭审理半途发现他的律师所Herbert Smith正在对抗一方当事人(Emmanuel先生),并宣告/披露后,受影响的Emmanuel夫人没有及时提出质疑/挑战。这最终构成弃权。Bingham勋爵这样说:

“In our judgment, Mrs Emmanuel and her lawyers had to decide on 28 October what they wanted to do.[183] They could have asked for time to consider the position.[184] They could have asked the deputy judge to recuse himself and order the proceedings to be started again before another judge.[185] They could have told the judge they had no objection to him continuing with the hearing.[186] In the event they did nothing.[187] In doing nothing they were treating the disclosure as being of no importance. The hearing then continued for a further seven days, judgment were reserved, the Hans House appeal was heard, judgment was reserved, and judgment in both cases was given three and half months later.[188] During all this period Mrs Emmanuel and her lawyers did nothing about the disclosure that had been made on 28 October.[189] They only sprang into action and began complaining about bias after learning from the deputy judge's judgment that Mrs Emmanuel had lost.[190]

Mrs Emmanuel's application for permission to appeal and draft notice of appeal raise a large number of objections to the 9 March judgment expressed over several pages. We are concerned with none of these objections. They may or may not be well founded.[191] The deputy judge may or may not have unfair to Mrs Emmanuel in the way in which he dealt

---

〔183〕 我们判定Emmanuel夫人与她的律师要在10月28日(宣告/披露一天)决定如何行动。

〔184〕 他们申请多一点时间考虑。

〔185〕 他们可要求暂委法官退让,由另一位法官审理。

〔186〕 他们也可以说不质疑他并请他继续开庭。

〔187〕 但事实上他们(Emmanuel夫人与她的律师们)什么也没有做。什么都不做就表示他们认为披露的事实不重要。

〔188〕 开庭继续了7天,之后要考虑判决等,拖了共三个半月。

〔189〕 在这一段时间里他们什么都没有做。

〔190〕 他们只在知道败诉后才跳起来并开始投诉偏私。

〔191〕 Emmanuel夫人在她的申请上诉中对判决书提出了许多异议,这些异议或是有理或是无理。(即尚未审理难下定论。)

with her evidence and that of her witnesses.[192] These are matters which must be raised with another court on another occasion.[193] We are concerned only with complaint based upon an appearance of bias allegedly produced by Herbert Smith's involvement in the litigation against Mr Emmanuel. This involvement was, in its essentials, disclosed on 28 October.[194] It was not open to Mrs Emmanuel to wait and see how her claims in the Locabail litigation turned out before pursuing her complaint of bias.[195] Miss Williamson protests that on 28 October not enough was disclosed to put Mrs Emmanuel to her election.[196] We disagree.[197] The essentials of the conflict of interests case that is now relied on were to be found in the press cutting. Mrs Emmanuel wanted to have the best of both worlds. The law will not allow her to do so.[198]"

对仲裁而言,这弃权与/或禁止翻供的说法也一直作为"一般法律"(general law)而用在恰当的"状况"(situation)或"情况"(circumstance),例如香港的判例:Hebei Import & Export Corp. v. Polytek Engineering Ltd. (1999) 2 HKC 205,例如只要有关仲裁员没有隐藏事实,可能受影响的一方当事人仍参与仲裁员的选择与委任或不提出反对,就不能在将来仲裁形势不妙时提出。而根据就是弃权的说法:Re Elliott and South Devon Railway Co. (1848) 12 Jur 445; Ranger v. Great Western Railway Co. (1854) 2 HL Cas 72; Re Clout and Metropolitan & District Railway Companies (1882) 46 LT 141。

比方说,仲裁条文明示要求仲裁员是"商业人士"(commercial man)。但在委任时,双方当事人同意参与或不反对委任一位著名律师,即表示将来不得以仲裁员不符合资格提出异议与挑战。

上述是针对仲裁员资格,在委任时可看到或查到。但若是涉及仲裁员的可能"不公正与偏私"(partiality and bias),这在选择与委任仲裁员时很难看得出来,更不用说证明与说服法官。这一来,当事人若参与选择/委任一个有这方面问题的仲裁员,由于不知情,不构成任何弃权,可在将来真相暴露时才去质疑/挑战,对方难以弃权为由作为抗辩。

但有罕见的情况是受影响的一方当事人应该在委任时知道或已被对方告知,

---

〔192〕 暂任法官可能曾经或没有在处理证据上或证人方面对 Emmanuel 夫人不公平。

〔193〕 这将会在另一庭审理。

〔194〕 我们(上诉庭的 Bingham 勋爵等)在目前只关心有关表面偏私的投诉,涉及事实是 Herbert Smith 有案件针对 Emmanuel 先生。该事实在 10 月 28 日业已披露。

〔195〕 Emmanuel 夫人不能等待与看看诉讼结果是成是败后才追溯以前的偏私并投诉。

〔196〕 代表律师 Williamson 女士抗议说 10 月 28 日的披露不够清楚,Emmanuel 夫人不能决定怎样做。

〔197〕 我们不同意。

〔198〕 这方面的事实已在剪报中报道。主要仍是 Emmanuel 夫人希望"一脚踏两船"(广东说法),两头占便宜。法律不允许这样做。

"我建议委任我的弟弟为仲裁员",但自己看漏了并之后去积极参与仲裁程序。这看来会构成弃权。但由于"公正与不偏私"(impartiality)是太重要的大原则,故此在1950年的《仲裁法》的Section 24 (1)加上了以下一句以否认弃权的适用:

"…and after a dispute has arisen any party applies, on the ground that the arbitrator so named or designated is not or may not be impartial, for leave to revoke the authority of the arbitrator or for an injunction to restrain any other party or the arbitrator from proceeding with the arbitration, it shall not be a ground for refusing the application that the said party at the time when he made the agreement knew, or ought to have know, that the arbitrator, by reason of his relation towards any other party to the agreement or of his connection with the subject referred, might not be capable of impartiality."

这种情况很少出现,也不知道曾有过案例针对上述Section 24 (1)条文。而1996年《仲裁法》也不再出现了。

3.7.2.2 1996年《仲裁法》与《联合国示范法》的有关条文与比较

1996年《仲裁法》加了一严厉对付弃权问题的条文(Section 73),有关内容如下:

"Loss of right to object

73(1) If a party to arbitral proceedings takes part, or continues to take part, in the proceedings without making, either forthwith or within such time as is allowed by the arbitration agreement or the tribunal or by any provision of this part, any objection-

(a) that the tribunal lacks substantive jurisdiction;

(b) that the proceedings have been improperly conducted;

…

(c) that there has been any other irregularity affecting the tribunal or the proceedings, he may not raise that objection later, before the tribunal or the court, unless he shows that at the time he took part or continued to take part in the proceedings, he did not know and could not with reasonable diligence have discovered the grounds for the objection…"

几乎一样严格的条文也在《联合国示范法》(UNCITRAL Model Law)的Article 4中出现,如下:

"Waiver of right to object

A party who knows that any provision of this law from which the parties may derogate or any requirement under the arbitration agreement has not been complied with and yet proceeds with the arbitration without stating his objection to such non-compliance without undue delay or, if a time-limit is provided therefore, within such period of time, shall be deemed to have waived his rights to object."

它们的区别可能有如下几处:

3.7.2.2.1 区别之一:对可能弃权方是否知道有关问题的不同准则

这一点区别明确而且重要。《联合国示范法》要求"真正知道"(actual knowledge)有关问题但不质疑才构成弃权。但1996年《仲裁法》的弃权可以适用在弃权方以合理努力即可发觉有关问题的情况。而且,举证责任在被指为弃权一方当事人,他要证明他当时并不知道有关问题,而且即使以合理努力也发觉不了。这一来,1996年《仲裁法》显然对被指为弃权方大为不利。除了他有举证责任外,他会面对质疑,如:"通知若不清楚,为何不去澄清?"而在审理中,法官要了解有关的仲裁过程以知悉被指为弃权方当时应该知道与想些什么。这方面可节录 Moore-Bick 大法官在 Rustal v. Gill & Duffs (2000) 1 Lloyd's Rep. 14 中所讲:

"The effect of this section (指 Section 73) is that a party to an arbitration must act promptly if he considers that there are grounds on which he could challenge the effectiveness of the proceedings. If he fails to do so and continues to take part in the proceedings, he will be precluded from making a challenge at a later date. Moreover, it is clear from the language of sub-s. (1) itself that it is unnecessary for an applicant to have had actual knowledge of the grounds of objection in order for him to lose his right to challenge the award. If the respondent can show that the applicant took part or continued to take part in the proceedings without objection after the grounds of objection had arisen, the burden passes to the applicant to show that he did not know, and could not with reasonable diligence have discovered, those grounds at the time. It may often be necessary, therefore, to consider the applicant's conduct of the proceedings against the background of his developing state of knowledge."

Cooke 大法官在 Thyssen Canada Ltd. v. Mariana Maritime SA and another (2005) EWHC 219 (Comm)中同意上述先例。在该案例中,涉及 Thyssen 向法院申请对裁决书的救济。原因是1996年《仲裁法》之 Section 68(g),即裁决书是以欺诈取得并违反公正政策,因为船东隐瞒导致船舶不适航的真正原因是在装货港发生了火灾。Thyssen 早知道,可是由于策略原因而不向仲裁庭提出。直至败诉后,才向法院以这个理由申请救济。Cooke 大法官重申这是弃权,并说明举证责任如下:

"…further, once eatablished by the respondent that there was such participation by the applicant (指 Thyssen) without objection after the grounds for objection had arisen, the burden lies on the applicant to show that he did not and could not have discovered the grounds with reasonable diligence."

两者比较,显然对被指称弃权一方而言,《联合国示范法》地位较优,因为他要被证明"真正知道"有问题才可能构成弃权。

3.7.2.2.2 区别之二:对质疑/挑战方与做法的不同要求

这一点可介绍《联合国示范法》的质疑方式/做法,它在 Article 13 写明。步骤如下:

(i)第一步是在真正知道有关问题后的15天内,向仲裁庭作出一份书面陈述,说明质疑仲裁员的原因(within 15 days of the constitution of the tribunal or of becoming aware of grounds giving rise to justifiable doubts as to an arbitrator's impartiality or independence, the party must send a written statement of the reasons for its challenge to the tribunal)。

(ii)第二步是仲裁庭的考虑。若是独任仲裁员,他/她自己尽量客观考虑是否接受质疑/挑战并提出辞职。若是3位仲裁员的仲裁庭,一般做法是受影响的仲裁员不参与考虑与决定,由其他两位仲裁员处理质疑/挑战。

(iii)第三步是如果质疑被拒绝而有关仲裁员又不辞职,质疑方在30天内向法院提出。法院若是接受有关质疑但仲裁员又不自动辞职,法院可赶走有关仲裁员。

(iv)在质疑/挑战期间,仲裁员可继续审理与作出裁决书。

《联合国示范法》之 Article 13 可节录如下:

"Article 13 Challenge procedure

(1) The parties are free to agree on a procedure for challenging an arbitrator, subject to the provisions or paragraph (3) of this article.

(2) Failing such agreement, a party who intent to challenge an arbitrator shall, within 15 days after becoming aware of the constitution of the arbitral tribunal or after becoming aware of any circumstance referred to in article 12 (2), send a written statement of the reasons for the challenge to the arbitral tribunal. Unless the challenged arbitrator withdraws from his office or the other party agrees to the challenge, the arbitral tribunal shall decide on the challenge.

(3) If a challenge under any procedure agreed upon by the parties or under the procedure of paragraph (2) of this article is not successful, the challenging party may request, within 30 days after having received notice of the decision rejecting the challenge, which decision shall be subject to no appeal; while such a request is pending, the arbitral tribunal, including the challenged arbitrator, may continue the arbitral proceedings and make an award."

根据 H. Holtzmann 一书,在拟定《联合国示范法》时大家对这一条文争议颇大。各有不同做法上的建议,主要考虑都不外乎是在防止延误、不让法院插手与干预等。建议包括像仲裁过程中不去处理这种质疑,救济留待仲裁完毕时才撤销(set aside)裁决书。也另有建议说当不公正与不独立事实/情况出现后,法院应马上插手干预以防延误了将来对裁决书寻求救济的麻烦。最后《联合国示范法》之 Article 13 才去了折中的做法。

但比较英国1996年《仲裁法》,它的 Section 73 所规定的质疑(objection)/挑战做法没有包括是否需要马上去英国法院根据 Section 24 申请把有关仲裁员赶走,除非有关仲裁员肯自动辞职。但《联合国示范法》之 Article 4 要求的"陈述他的质疑"(stating his objection)只是向仲裁庭作出一份书面陈述,说明质疑仲裁员的原因。这样及时行动才能避免弃权的指责。

显而易见，对一般当事人而言，特别是没有伦敦代表律师被委任，《联合国示范法》的要求做法是明确与简易多了。

3.7.2.2.3 区别之三：不准时行动的后果明确性

1996 年英国《仲裁法》之 Section 73 与《联合国示范法》之 Article 4 相比较，会发现前者说明若弃权成立，弃权方面对的严重后果是以后不准以有关问题再提出质疑/挑战。但在后者并没有如此说明。这难免带来疑问，提出质疑方若是过了 15 天的时限，会否面对弃权的严重后果？

看来，这是疑点，在 H. Holtzmann 一书也有痕迹。加上《联合国示范法》之 Article 4 在文字/措辞上是针对"非强制"（non-mandatory）条文，即"may derogate"一词，但公正与独立是强制性条文，令 Article 4 的弃权说法适用与否有疑。

3.7.2.3 1996 年《仲裁法》下何谓"不知道与以合理努力也发觉不了有关问题"

已经在 3.7.2.2.1 小段说过，被指称为弃权方若能证明这一点，即不知道不会构成弃权。但已经说过，除非是没有任何"蛛丝马迹"，例如仲裁员把他有问题的背景隐瞒得很好，一点不披露。否则，受影响的当事人很难一句"不知道"（I did not know）完事。因为还有一个责任是主动查问，并在 1996 年立法 Section 73 说明是"and could not with reasonable diligence have discovered the grounds for the objection"。这就很麻烦了，因为世界上很少会有事情查不出来，尤其是以"事后诸葛亮"的角度去看。

这方面可以 Rustal v. Grill & Duffus (2000) 1 Lloyd's Rep. 14 为例，该先例已在 3.5.4.2.1 小段介绍了主要案情。该小段提到它是一个商会仲裁，而商会是 Refined Sugar Association（RSA）。而商会委任的仲裁员 Robin Shaw 先生曾在 2～3 年前与一方当事人 Rustal 的顾问 Lalljee 先生（他当时任职 Petro. Commodities Pvt. Ltd.）有"过节"（animosity）。

在仲裁期间，仲裁书仍未作出，时为 2 月 16 日，Rustal 向 RSA 发出了一封信函，并抄本给仲裁庭，内容如下：

"as Mr. Lalljee's business reputation has been attacked, we have been obliged to put these matters to him in his position as consultant to Rustal… He has pointed out that Mr. R. Shaw has had business dealings with him in the past. In view of the allegations made against Mr. Lalljee personally, which are of course strongly denied,[199] we are concerned that Mr. Shaw should consider carefully whether his past dealings with Mr. Lalljee might make it difficult for him to judge wholly objectively those most serious and strongly disputed allegations made about the management of Rustal Trading Limited,[200] which are relied on to challenge the independent evidence from Marine Transport on important issues in this dispute. Our clients are not presently aware of any impediment but this should nevertheless

〔199〕 以上内容针对仲裁员 Robin Shaw 与 Lalljee 之间曾有过节。

〔200〕 我（Rustal）关心 Robin Shaw 可能难以客观看待对方当事人针对我方管理层与强烈争议的指控。

please be considered.[201]

We are also instructed to place on record, pursuant to Section 73 of the Arbitration Act that our clients are concerned that the Council and the Arbitration Tribunal have failed to comply with Section 33 to give each party a reasonale opportunity of putting his case and dealing with that of his opponent.[202] ”

看来,Rustal 应是期待 RSA 作出回函,但事实上没有,而 Rustal 也没有跟进。而在约 2 个月后,在 4 月 12 日仲裁庭(成员包括了 Robin Shaw 先生)作出了裁决书,判定 Rustal 败诉。至于对 Robin Shaw 先生的保留,仲裁庭看了信函后也没理会,随即作出裁决。

在有否弃权方面,Rustal 争辩之一是在当时,他并不完全知道真相(主要是以前的过节到底是什么、严重程度如何),所以无法决定是否追究这有关问题。

但 Moore-Bick 大法官不接受,说:

“I find it difficult to accept that because without knowing something about the nature of the previous dealings I do not see how it could properly be said that Rustal know whether there were in truth grounds for an objection, and if so, what they were.[203] However, if Rustal was intending to pursue the matter at all, I think it could and should have taken more active steps to discover the basis of Mr. Lalljee's concern as soon as possible.[204] At that stage the matter was of some urgency so Rustal could reasonably have been expected to make serious efforts to discover the basis for Mr. Lalljee's fears,[205] all the more so if it already had doubts about the impartiality of the proceedings.[206] In its essentials his account of the dispute concerning 'Clipper Fidelity' was not particularly complex and could have been summarized quite briefly over the telephone.[207] In addition, efforts could have been made to obtain further information from Petrocommodities prior to the hearing on Feb. 17.[208] I am by no means satisfied that if all reasonable efforts had been made to obtain it sufficient information would not have become available in time to enable Rustal to make a formal objection prior to the hearing[209] …”

---

〔201〕 目前仍不知道真正构成什么困难,但这仍应多加考虑。

〔202〕 这一段另针对投诉仲裁庭不给予 Rustal 一个合理机会陈述案情与反驳对方。

〔203〕 我(Moore-Bick 大法官)很难接受因为不知道以前交往(过节)的本质,Rustal 不知道真正的理由提出质疑/挑战。

〔204〕 如果 Rustal 真想追究这有关问题,他可以也应该采取积极行动找出 Lalljee 先生担心什么。

〔205〕 当时,时间上已经有一点紧张。

〔206〕 特别是已经对仲裁程序的公正性有了怀疑。(故在 2 月 16 日向 RSA 发出信函。)

〔207〕 以前有关“Clipper Fidelity”的争议不会太复杂,可很快在电话中说明白。

〔208〕 也可向 Lalljee 先生当时任职的 Petrocommodities 公司查问进一步资料。

〔209〕 我不认为 Rustal 已经合理努力也发觉不了有关问题,以至无法及时在开庭前提出一个正式的质疑/挑战。

3.7.2.4 1996年《仲裁法》下什么才算是质疑/挑战?

这一点在3.7.2.2.2小段已提及,特别是《联合国示范法》下的做法。1996年《仲裁法》所要求的做法以避免将来面对弃权的指责可能比《联合国示范法》更加严格。

以前没有"立法弃权"(statutory waiver),只依赖普通法下的弃权理论,常会有一种简易做法。这时,受影响的一方当事人书面泛泛提出"抗议"(protest)或"保留权利"(reserve rights)将来才提出质疑/挑战:这里可参阅2.5.1小段的例子。然后,再继续参与仲裁程序,直至败诉后才再"旧事重提"。毕竟,提出了抗议就不应被视为"同意"(consent),很早的案例已经提到这个观点:Holt v. Meldowcroft (1816); Hamlyn v. Bottley (1880)。

看来,在1996年《仲裁法》的立法弃权下,这样做可能不够。这可从Rustal v. Gill & Duffus (2000) 1 Lloyd's Rep. 14先例中看到。3.7.2.3小段所节录的一封信函是Rustal给RSA并抄本给有关仲裁员,内容应足够包括抗议或保留权利。但Moore-Bick大法官是这样判的:

"Did Rustal continue to take part in the proceedings after the appointment of Mr. Shaw without objection? In my judgment it plainly did. The arbitration proceeded to an award without any question being raised about Mr. Shaw's impartiality other than that contained matter of Mr. Shaw's previous business dealing with Mr. Lalljee, it did so only in the most general way. Most importantly, it did not contain anything which could properly be interpreted as an objection to Mr. Shaw continuing to act as a member of the tribunal. On the contrary, it stated in terms that Rustal was not aware of any impediment to his doing so."

总结向仲裁员提出抗议与保留权利是要用清楚明了的字眼指出质疑/挑战的事实,并最好提出要求解释或要求辞职。而这个通知给其他第三者,例如仲裁机构完全不够。在做了这些事情后,才可以继续参与仲裁程序,否则正如1996年《仲裁法》之Section 73所说,他/她就会丧失权利,再后来提出,例如最普遍就是取得了裁决书发现败诉就以此理由去法院要求救济把它撤销。这是被认为不公正与造成浪费,因为让败诉方在诉讼"赌输"后另有一个机会"翻身",即英语的"second bite of the cherry"。

但不明朗之处是提出抗议(objection)是否已经足够不会构成弃权?是否可以说不满的当事人应该在仲裁员拒绝辞职的情况下,他/她下一步就应该马上去法院根据Section 24把他/她赶走(remove)。也确有这种看法,例如在较早时介绍的ASM Shipping Ltd. v. TTMI Ltd. (2005) LMLN 680先例中,提及了已经作出中间裁决书,而船东的申请除了把X先生赶走,也包括了把该中间裁决书撤销。已经介绍过,就是法院将X先生赶走,但却因为弃权而拒绝将中间裁决书撤销。而这个所谓不及时提出质疑的时间其实非常短,就是证人的M先生在开庭第一天发觉了第三位仲裁员X先生曾在另一案件中有过节,就告诉了他的一方业务律师,但业务律师没有时间与机会向他客户的新委任御用大律师咨询,毕竟这是一件大事。而在第二天,业务律师想多向 M 先生追问一些资料,但由于 M 先生仍在作证供,所以不方便交谈(在英国诉讼,由于怕有人向证人指路,所以在作证期间是禁止证人与其他人讨论有关案件的)。到了当晚,在 M 先生作证完毕后,业务律师才有机会在讨论与获得客户指示后结果发出一封函件给 X 先生,要求他自动辞职。到了第三天开庭,X 先生拒绝辞职。之后不久,在开庭审理完毕后,仲裁庭就作出了一个中间裁决书,船东支付了仲裁庭费用以取得该裁决书。

按理说,如果仅是书面抗议,船东确也已经做了,就是在第二天开庭的后段。但看来这个并不够,因为 Morison 大法官认为船东取得中间裁决书是一个弃权的行为。而较早时当 X 先生拒绝自动辞职,船东应马上决定不再追究或者马上去法院申请把 X 先生赶走。Morison 大法官这样说:

"By taking up the award the owners lost any right they might have had to object to X QC's continued involvement in that part of arbitratral process. It was unacceptable to write making further objections after the hearing was concluded. X QC had made his decision not to recuse himself at the beginning of the third day. The owners were faced with a removal as a decision maker or let the matter drop. They could not get themselves into a position whereby if the award was in their favour they would drop their objection but make it in the event that the award went against them. A 'heads we win and tails you lose' position is not permissible in law as section 73 makes clear. The threat of objection cannot be held over the head of the tribunal until they make their decision and could be seen as an attempt to put unfair and undue pressure upon them."

这样看来,仅是书面提出抗议并保留权利似乎不够,而是要去法院马上赶走该有问题仲裁员。这看来问题大了,因为提出抗议仍可以十分有礼的提出,但一去法院赶走仲裁员,也迫使该仲裁员作出自辩,这结怨可就深了。如果赶不走该仲裁员,恐怕提出质疑的一方会马上向对方投降,不敢继续这个仲裁,特别质疑的仲裁员是独任。此外,也有其他的困难,例如,原本没有英国律师代表的当事人被迫马上作出委任才可以向法院申请。

但另一个看法是提出抗议(并在之后每一个参与仲裁的行动中均提出抗议与保留权利)业已足够,理由如下:

(1)1996 年《仲裁法》之 Section 73 只是要求受影响当事人提出抗议(objection),并没有要求其他的行动。

(2)在 Rustal v. Gill & Duffus (2000) 1 Lloyd's Rep. 14 先例,法院也只是针对这个抗议是否足够。如果仅是抗议并不够,而要受影响当事人作出赶走仲裁员的行动,也就无需再探讨抗议是否足够。

(3)事实上,即使有严重不正常(serious irregularity)或不公正的事情发生,要赶走仲裁员仍是十分困难的,而且法院会在一些情况下宁愿等待作出了裁决书才以同样理由申请救济。原因是 Section 24(1)要求赶走仲裁员必须证明已发生或将会发生重大不公平(substantial injustice),而重大不公平通常只会在出了裁决书才比较明显。天知道该被指有问题的仲裁员可能会判受影响当事人胜诉。这变成只有很少数的情况,如该有问题仲裁员是与一方当事人有重大经济利益的联系/关系才可以说重大不公正绝对可能将会发生。

3.7.2.5 即使因弃权而不能获得仲裁地法院救济可否在面对执行时再度提出?

这再退一步讲:就是在面对执行时可否因为出现过严重不正常(serious irregularity)或不公正的事情,虽然没有及时提出质疑(objection)导致不能获得法院救济,可否以此理由去抗拒执行?当然,是否会有面对执行的这一步取决于败诉方是索赔方或是被索赔方。如果是索赔方败诉并且没法取得法院救济撤销裁决书,事件也就告一段落了,不存在再有执行这一步。但如果是被索赔方败诉,这就会仍有执行的这一步。问题是,被索赔方可否在不能获得法院救济下之后试图抗拒执行?以 1958 年的《纽约公约》为例,其中一个可抗拒执行的理由是 Article V(2)(b)的违反执行地/国家的公共政策(public policy)。显然,如果裁决书是由一个有问题(涉及不公正与偏私)的仲裁庭作出,应该是可以提出这方面的抗拒。另外,Article V 有另外的各种仲裁庭在程序上不公正的可去抗拒执行的理由。但须注意的是,《纽约公约》在有关的文字中所用的字是允许性的(permissive)"可以"(may),表示执行地法院可以接受为抗拒执行理由,也可以不接受为抗拒理由。当然,在今天的世界越来越强调裁决书的执行(pro - enforcement)的环境下,是越来越倾向于不接受抗拒理由,其中一种说法就是即使发生了不公正的事情,是《纽约公约》的 Article V 所包括,但被执行方应先去仲裁地法院撤销该裁决书,如果因为没有及时提出质疑(objection)而构成弃权,导致裁决书不能成功撤销,也就在执行地法院不能重提或不被接受。这间接将及时质疑与弃权的英国 1996 年《仲裁法》的概念引入执行,虽然《纽约公约》并没有这个弃权的规定。以下谈谈这方面的有关案例。

3.7.2.5.1 不需要先去仲裁地法院撤销裁决书的案例

这可举香港的早期先例 Palikto Investment Ltd. v. Klockner East Asia Ltd (1993) 2 HKLR 39。它是一个贸仲的案件,在仲裁过程中发生了不公正的事,就是仲裁庭没有给败诉方机会对一份仲裁庭专家的报告作出陈词。虽然这不是本章所针对的仲裁员不公正与偏私的问题,但本质一样,都属于违反自然公正(natural justice)。而在《纽约公约》下,Article V(1)(b)有这抗拒执行的理由,就是败诉方没法表达他的案件(unable to present his case)。在香港法院的执行,该裁决书被指不公正而不获执行。至于败诉方应否先在中国法院把该裁决书撤销或寻求其他救济,Kaplan 大法官说:

"There is nothing in s. 44 nor in the New York Convention which specifies that a defendant is obliged to apply to set aside an award in the country where it was made as a condition of opposing enforcement elsewhere. In my judgment the defendant was entitled to take this stance.

It is clear to me that a party faced with a Convention award against him has two options. Firstly, he can apply to the courts of the country where the award was made to seek the setting aside of the award. If the award is set aside then this becomes a ground in itself for opposing enforcement under the convention.

Secondly, the unsuccessful party can decide to take no steps to set aside the award but wait until enforcement is sought and attempt to establish a Convention ground of opposition.

That such a choice exists is made clear by Redfern and Hunter in International Commercial Arbitration, p.474 where they state:

He may decide to take the initiative and challenge the award; or he may decide to do nothing but to resist any attempt by his adversary to obtain recognition and enforcement of the award. The choice is a clear one-to act or not to act."

简言之,败诉方在《纽约公约》下有两个选择:一是去仲裁地法院设法撤销这个裁决书;二是面对执行时提出抗拒。当然,在后者会面对执行地法院的裁量权(discretion),因为《纽约公约》说明是可以(may)。估计裁量权执行或者不执行是看整件事的公道,如败诉方是否声称不公正受到损害的可能,也会包括败诉方是否合理与有时间可以向仲裁地法院尝试撤销裁决书。

3.7.2.5.2　需要先去仲裁地法院撤销裁决书的案例

弃权(waiver)与禁止翻供(estoppel)的理论被香港法院接受的案例有 China Nanhai Oil Joint Service Corporation Shenzhen Branch v. Gee Tai Holding Co., Ltd. (1995) 2 HKLR 215;另在 Hebei Import and Export Corporations v. Polytek Enjineering Co., Ltd. (1999) 2 HKC 205,终审庭的 Litton 大法官说:

"Estoppel, a term developed in the English law of equity, does not lie comfortably in the context of enforcing a Convention award. It is not a legal concept of universal currency among the contracting states to the New York Convention. If what is suggested by estoppel is no more than this, that a party invoking s.44 (3) must act in good faith; that he must not string the claimant along by taking procedural points in contesting the award, and then, when all else has failed, attempts to resist enforcement by taking a public policy point for the first time, then this is no more than expressing another facet of public policy, as expressed in s.44 (3)."

在英国法院也有好几个类似的案例:如 Dardana Ltd. v. Yukos Oil Co. (2002) 1 Lloyd's Rep. 225 等。另在 Svenska Petrol Exploration AB v. Government of the Republic of Lithuania (2005) EWHC 9 (Comm),Nigel Teare 暂委大法官这样说:

"The Court is given a discretion to refuse recognition where the person against whom recognition is sought is not a party to the arbitration agreement *. I consider that where a person has participated in an arbitral hearing to determine whether he is party to the arbitration agreement *, has lost on that issue and has not sought to challenge the arbitral ruling when he had the opportunity to do so, such circumstances are or may be appropriate for the discretion conferred by Article V of the Convention and section 103 (2) of the Act to be exercised in favour of recognition."

(＊该案例是针对管辖权而不是针对不公正的问题,但道理一样。)

Nigel Teare 暂委大法官也接受《纽约公约》下抗拒执行裁决书并没有要求败诉方先要尝试所有其他的救济程序,但认为是否这样做是法院行使裁量权的其中一个合法的考虑。

3.7.2.5.3 如果裁决书曾申请救济失败,执行地法院的考虑

虽然本章不是讲裁决书执行,但也不妨一提的是败诉方的确在仲裁地法院作出过申请撤销裁决书但是失败了,这一来,在执行地法院应该如何考虑?

在 Hebei Import & Export Corp. v. Polytek Engineering Ltd. (1999) 2 HKC 205,有关裁决书曾经在北京法院申请撤销但被判失败,香港终审庭的 Anthony Mason 大法官说:

"Under the Ordinance and the Convention, the primary supervisory function in respect of arbitrations rests with the court of supervisory jurisdiction as distinct from the enforcement court (see s. 44 [5] of the Ordinance; art VI of the Convention; Westacre Investments Inc v. Jugoimport-SPDR Holding Co., Ltd. [1998] 3 WLR 770 at 808). But this dose not mean that the enforcement court will necessarily defer to the court of supervisory jurisdiction.

The Convention distinguishes between proceedings to set aside an award in the court of supervisory jurisdiction (art. V (1)(e) and VI) and proceedings in the court of enforcement (art. V[1]). Proceedings to set aside are governed by the law under which the award was made or the law of the place where it was made, while proceedings in the court of enforcement are governed by the law of that forum. The Convention, in providing that enforcement of an award may be resisted on certain specified grounds, recognizes that, although an award may be valid by the law of the place where it is made, its making may be attended by such a grave departure from basic concepts of justice as applied by the court of enforcement that the award should not be enfored.

It follows, in my view, that it would be inconsistent with the principles on which the Convention is based to hold that the refusal by a court of supervisory jurisdiction to set aside an award debars an unsuccessful applicant from resisting enforcement of the award in the court of enforcement."

上述简介是指监督仲裁的仲裁地法院与执行地法院并不相同,各有各的法律,而后者也不是必然要依从前者的决定。《纽约公约》也是分开对待这两个不同的法院。所以,仲裁地法院拒绝撤销并不会必然导致败诉方在执行地法院不能抗拒执行。换言之,执行地法院还要看看仲裁地法院的决定是什么理由,并考虑是否认同才决定是

否执行裁决书的裁量权。

该说法是理所当然的，试想如果败诉方必须先去仲裁地的法院撤销裁决书，而不能在执行地法院抗拒执行，加上如果申请撤销裁决书被否定，将来在执行地法院也必须尊重或依从，这一来《纽约公约》之 Article V 又何必再把可以抗拒执行的理由逐项列出来？所以，香港与西方的法院都在《纽约公约》中 Article V 所用的“may”一字上做文章，当做是一种裁量权，可接受或可不接受这些抗拒执行的理由。当然，若是能够把 1958 年的《纽约公约》写得更加清楚，就最理想了。但再通过一个国际公约并获得 140 个国家承认，恐怕是难以在短期内重复的任务，只能是在现有的版本作出有条理的分析/解释。

3.7.3　在仲裁程序中所发生的不公正与严重不正常(serious irregularity)

在一开始已提到自然公正(natural justice)有两条规定，而一直在本章详谈的只是第一条：就是仲裁员(或是法官)必须是“公正与不偏私”(impartial and unbiased)或不能有“利益冲突”(conflict of interests)，或是“任何人不能为他自己的事情做法官”(a man may not be a judge in his own cause)。但并没有详细谈到第二条也就是在仲裁程序中也要公平对待双方当事人，让大家有一个合理机会为自己作出陈述与抗辩、调查取证，并清楚明了对方的指控并能合理作出反驳。这是 1996 年《仲裁法》之 Section 33(1)(a)：

“The tribunal shall—

(a) act fairly and impartially as between the parties, giving each party a reasonable opportunity of putting his case and dealing with that of his opponent…”

至于在仲裁程序中在每一步如何考虑公正对待双方当事人将在本书第九章与第十二章针对。只说在本章谈及的一些问题，例如要及时提出质疑(objection)、弃权(waiver)、向仲裁地法院申请各种救济如赶走仲裁员或撤销被指是不公平的裁决书、在执行地法院的考虑/裁量权等，同等适用。

在此，只说明这种违反仲裁程序中的自然公正是最常见的严重不公正(serious irregularity)，导致英国法院会作出救济。这里可简单介绍 1996《仲裁法》之 Section 68 说明各项严重不公正会招致法院作出对裁决书撤销或者发还等救济如下：

“68(2) Serious irregularity means an irregularity of one or more of the following knids which the court considers has caused or will cause substantial injustice to the applicant:

(a) failure by the tribunal to comply with section 33 (general duty of tribunal)(这就是最常见与最重要的一种严重不公正，就是仲裁庭违反了自然公正的规定)；

(b) the tribunal exceeding its powers (otherwise than by exceeding its substantive jurisdiction: see section 67)(这是指仲裁员超出了他的权力但不涉及实质管辖权的问题，一个好的例子就是 Ronly Holding v. JSC Zestafoni G Nikoladze Ferroally Plant [2004] EWHC 1354 [Comm]。独任仲裁员判原告胜诉约 1600 万美元，但只下令被告赔付 1000 万美元，因为抵消了另外一个合约下原告欠被告的一笔钱。这被判定仲

裁员无权这样做并超出了他的权限)；

(c) failure by the tribunal to conduct the proceedings in accordance with the procedure agreed by the parties(这是指仲裁庭没有依照双方约定的仲裁程序进行,但由于自然公正之 Section 33 是强制性条文,双方当事人不能在伦敦仲裁去约定豁免或更改,所以在罕见的情况下,仲裁庭拒绝依从双方的约定进行,也不一定会导致法院作出救济的严重不正常,更何况在这种情况下难以想象会造成任何重大不公正[substantial injustice]的另一个作出救济先决条件)；

(d) failure by the tribunal to deal with all the issues that were put to it(这是一个仲裁庭经常犯的毛病,因为复杂的案件经常有太多的争端,遗漏了一两项不足为奇。有时候仲裁庭可以追加另一个裁决书[additional award]以补救,在1996年《仲裁法》之 Section 57 [3] [b],不必惊动法院。但有时候不能这样做,或者仲裁庭拒绝这样做,就需要法院的救济了。这些方面在本书第九章有许多有关案例介绍,请参阅)；

(e) any arbitral or other institution or person vested by the parties with powers in relation to the proceedings or the award exceeding its powers(这是针对仲裁机构犯有超越权限的错)；

(f) uncertainty or ambiguity as to the effect of the award(照说裁决书如果不肯定或者含糊,当事人可以向仲裁庭要求澄清,在1996年《仲裁法》之 Section 57 [3] [a]。但如果程度太严重以致仲裁庭根本澄清不了,或者仲裁庭拒绝澄清,受影响当事人就要在28天内向法院提出申请救济了)；

(g) the award being obtained by fraud or the award or the way in which it was procured being contrary to public policy(这一项当然是有可能与违反自然公正有密切关系,就是裁决书以欺诈手段所得。欺诈手段可以是多种形式,例如提供假证据、故意隐瞒重要证据、与仲裁庭合谋/阴谋等。有关先例如本章与第九章介绍过的 Thyssen Canada Ltd. v. Mariana Maritime SA and another [2005] EWHC 219 [Comm]与 Proficati v. Paine Webber [2001]1 Lloyd's Rep. 715)；

(h) failure to comply with the requirements as to the form of the award(这一项也可能与违反自然公正有关系,例如1996年《仲裁法》在 Section 52 [4]要求一个有原因的裁决书,但有关裁决书没有作出原因,引致双方当事人没法知道胜负的原因何在与可否获得恰当的救济)；or

(i) any irregularity in the conduct of the proceedings or in the award which is admitted by the tribunal or by any arbitral or other institution or person vested by the parties with powers in relation to the proceedings or the award."(这一项也与违反公正有关系,就是仲裁庭或者仲裁机构承认犯了错。这种认错经常与不公正有关,例如仲裁庭承认看漏了一方当事人的一份重要文件而不曾加以考虑。通常是仲裁庭自己承认犯了错并希望有机会重新考虑,法院最愿意把裁决书发还让它重新考虑。)

上述的九项"严重不正常"(serious irregularity)是所有的清单(closed list)。不在

这清单内的其他不正常，即使是严重，也不能根据这 Section 68 申请法院的救济。例如有了新证据就无法再去法院要求发还裁决书或重审了。另外也要注意的是 Section 68 有同样的"必须造成重大不公正"（has caused substantial injustice）的先决条件才能成功申请法院救济。这些方面在本书其他章节如第四章、第九章有详及，不在此多讲了。

第八章　国际律师会关于国际仲裁中利益冲突的指引

1. 简　　介

向来,国际仲裁中的“公正与不偏私”(impartiality and unbiased)的问题不易处理。例如,不同的种族或国家是一个大问题,但由于没有很有效的解决办法,大家也只能停留在“花言巧语”回避的层面上。另一个大问题是现实中的事件千变万化,区分是否有“利益冲突”(conflict of interests)导致犯了司法的要求(即公正与不偏私)并非容易。即使有经验的仲裁员,也常会遇到犹豫不决、掌握不定的情况。

近年来,这方面更是成为热门话题。原因很多,例如:

(i)国际仲裁越来越受重视与欢迎,案件也相应以高比例增长。

(ii)相比法院制度,仲裁制度也确实容易出这方面的问题,例如,仲裁的商业性与什么人都能担任。

(iii)一般情况下,国际仲裁的法院救济或挑战裁决书的方法极少或没有,例如仲裁员错判事实或法律。故在这方面大做文章是败诉方或潜在败诉方仅有的救济或挑战方法。

(iv)国际仲裁所涉及的各方人士关系越来越复杂与纠缠不清,这些人士包括仲裁员、当事人与他们的代表律师及专家证人等。许多复杂不清的原因来自部分成功当事人与他的集团公司(例如中远)日益庞大,它的国际或地区性影响、联系、关系与利益等也扩大至“无远弗介”与“无处不在”,业内(航运业)人士几乎都与中远有过或多或少的关系/联系。同样困难情况也发生在大规模参与国际仲裁,或是仲裁员,或是代表律师的跨国律师所。

(v)国际仲裁涉及各国法院/法律对这方面的看法。这里,大家基本的原则性说法就是司法的原则是公正与不偏私,这不会有异议。但一适用在千变万化的个别案情,就往往出现较大的差异及不同看法。

2. 国际律师会的努力

早在2002年,“国际律师会”(International Bar Association,简称IBA)的“D小组”(Committee D,负责仲裁)已成立了一个“工作小组”(Working Party)去探讨这方面的问题。工作小组的成员是来自14个国家的著名律师。他们仔细分析了各国的法律与判例后,希望能为国际仲裁找出一个统一、稳定与实用的区分办法与恰当做法。在2004年5月22日,工作小组公布了它们的工作成果,就是一套指引(是第二稿,也是最后一稿),英文全名是:“IBA Guidelines on Conflict of interests in International Arbitration”。在2005年10月的IBA大会中,这套指引已获通过。注意是指引而不是法律,更不是国际公约。如果双方当事人没有在约定中合并指引,也就毫无约束性。但估计以国际律师会的威望,这指引会影响法院在同样情况下的判决,仲裁机构如何委任仲裁员与拟定仲裁规则,仲裁员对是否有利益冲突的考虑,等等。

3. 指引的内容

这套指引分为两个部分:第一部分是“统一标准”(Part I: The General Standards),而为了更好理解,指引也加上了“注解”(explanatory notes)。第二部分是“实际适用清单”(Part II: Practical Application Lists)。

“统一标准”是工作小组在研究了世界上多个司法管辖区的立法与有关案例,并平衡各方利益(当事人、代表律师/代理人、仲裁员与仲裁机构等)后得出的结果。它共有7条统一标准,有一些十分有趣。例如在2(c)对《联合国示范法》所使用的一个措辞:“可理解怀疑”(justifiable doubt),给予了一个很好的定义,而这是《联合国示范法》所欠缺的。它定义“怀疑可视为可理解”是如果根据有关事实或情况,一位合理与“知情”(informed)的第三者会得出结论,仲裁员有可能受到案件本身的“是非曲直”(merits)之外的因素影响。7条统一标准中有“大原则”(general principle)、“利益冲突”(conflict of interests)、针对“仲裁员宣告/披露”(disclosure by the arbitrator)、“当事人弃权”(waiver by the parties)、“范围”(scope)、“关系”(relationships)与“仲裁员与当事人责任”(duty of arbitrator and parties)等。

指引明言在委任与整个仲裁过程中,仲裁员必须达到这些“统一标准”的要求。

“统一标准”虽然加上了“注解”,但为了更好解释、理解与懂得去适用,工作小组在第二部分加上“实际适用清单”,其中列出在各种“实际状况”(real situations)中大家应该怎样去做。它把实际状况区分为3份清单,各为红色、橙色与绿色。而相应的做法与要求亦不同。

首先,“红色清单”(Red List)的状况是有非常严重与极严重的利益冲突。红色清单再一分为二:极严重的状况是不让双方当事人弃权,仲裁员必须被拒绝接受委任或被辞退;而对较轻一点的非常严重状况,指引稍微宽松,可以接受双方当事人的明示弃权,即明言接受与要求有关仲裁员接受委任或继续审理下去,但不允许默示弃权。这看起来与英国法律地位并不一致。只要双方当事人完全知情并仍然同意,则按照“订约自由”(freedom of contract)与仲裁的“当事人自决”(party autonomy)的基本原则,法院管不了,这毕竟不会是违反公共政策的层次。但偏偏这套指引有一份属于“不可以弃权红色清单”(Non-Waivable Red List)的极严重利益冲突状况。另外,在英国法律下,弃权就是弃权,要么就是“有”,要么就是“没有”,不存在再区分某些弃权要求书面才有效,某些弃权只须默示(如不及时提出反对)即已足够。

其次,是“橙色清单”(Orange List),它列出了一些次要的或可能出现的利益冲突状况。在橙色清单的状况下,要求仲裁员向当事人宣告/披露。宣告/披露是十分麻烦的事,也不好掌握什么应披露,什么可不披露。过去与过头的披露并非好事,因为披露通常会带来延误与额外工作,给一方当事人扯皮的机会,也可能带来更大的猜疑与进一步昂贵的行动(例如向法院申请赶走仲裁员)。由于多次遇上不必要的麻烦,笔者(杨良宜)对披露没有太大的好感。所以,笔者一向喜欢的做法是,尽量客观地自己作出判断是否涉及利益冲突,如果认为自己不能做到公平或在别人看来会有此感觉/疑点,即拒绝委任或回避(除非被双方当事人知悉了问题所在后仍挽留笔者继续担任仲裁员)。鉴于笔者熟读案例(相同案情可以借鉴)与有关法律(轻重掌握较易准确),故自信自己的判断相当严谨,经常会是“宁可少做,不能乱做”。很显然,这种做法的最大弊端是只靠仲裁员的主观判断。有利益冲突的仲裁员作出的主观判断难以令人安心。加上仲裁员的水平参差不齐,各人的环境也不完全一样,更令整套宣告/披露的做法混乱,无所适从。

IBA的这套指引对宣告/披露责任作出了一些十分有趣的规定。主要是在橙色清单内的状况(situations)应披露。此处,披露与否不再以仲裁员的主观判断为准,而是以受影响的当事人的看法为准。例如,在橙色清单之3.4.2,在约三年前仲裁员曾经是一方当事人的其他集团公司的临时雇员。但由于集团很大(如中远),加上工作/服务时间很短(如只有1个月),之后双方再没有接触。这样一来,仲裁员的主观看法会是没有不公正或偏私的危险,他自知与该当事人毫无感情/毫无感觉,加上以前也有类似案例获得法院完全的支持,所以没有必要挑起风波,作出自动宣告/披露这件事实(过去的联系/关系)。但如果以受影响的对方当事人的看法为准,他显然有兴趣知道对方或第三者委任仲裁员的背景。至于知道实情后,对方当事人会作出什么反应也是天知道,或不了了知,或作出书面抗议,或向仲裁员提出挑战(根据《联合国示范法》之Article 13程序),或向英国法院作出申请,把该有关/对方或第三者委任仲裁员赶走(英国1996年《仲裁法》之Section 24[1][a])等。这里,想行动的当事人在仲裁中的角色十分重要。如果他是急迫推进仲裁的原告,他会在披露后考虑有关事实与情况算不上不严重利益冲突,加上是三人仲裁庭中的一位,故可以冒险不进一步行动。相反,如果他是被告/债务人,最大目标当然是尽量拖延与增加原告/债权人的困难,就不惜做出进一步的行动,虽然明知在目前的有关仲裁立法下,成功的挑战谈何容易。当然,还要看披露的是什么事实,例如不是只有1个月的短期工作/服务,而是作为一方当事人或集团的几十年的老雇员,半年前才离休。这样客观看来,完全可以理解对该仲裁员的怀疑是否恰当。情况也许是,任何人站在他/她的地位也会对老雇主的一方当事人仍有感情。

当然,以受影响的当事人看法为准,去判断是否宣告/披露的不好之处是造成过度的披露。但在今天讲究透明度与知情权的大环境下,这也是难以抗拒的潮流。另外,由于不断有新的状况/情况出现,这份清单的内容也不断需要调整与增加。

IBA的指引在宣告/披露责任的另一处有趣的地方是,区分宣告/披露这方面责任与仲裁员的自动辞退或被赶走。一直以来有一个"似是而非"的说法是:仲裁员如果没有觉察有问题,何须去宣告/披露?若宣告/披露后,又坚决不肯自动辞退,这算是什么道理?现在,这套指引以不同角度的看法作出区分,这就完全讲得通了。即,宣告/披露以受影响当事人的看法为准,仲裁员也应当这样考虑,而不再根据主观看法。但是,仲裁员应否自动辞退或被赶走的标准,不再以受影响当事人看法为准(否则他岂非可以去乱来以拖延仲裁的推进),而是以合理与知情第三者的客观看法为准,即对仲裁员的不偏私性与独立性有无"可理解的怀疑"(justifiable doubt)。

最后,是"绿色清单"(Green List),它搜罗并列出一些"状况"(situations),视为既不必宣告/披露,也不必拒绝委任或辞退仲裁员的职务。

4. 指引的争议之处

这些指引不易订立,除了有数不尽的与千变万化的不同事实与情况的利益冲突案件外,还有第七章之3.5.5.2小段讲到的"差之毫厘,谬以千里"的危险。因此,指引没有把话说死,也容易确立分水线以便掌握轻重。有一些争议或批评,在指引本身已有提及,稍后请参阅。

只提一件事,在2004年5月的"国际仲裁机构协会"(简称IFCAI)年会中,笔者(杨良宜)代表香港国际仲裁中心(HKIAC)参加会议。年会中谈到了这套国际律师会的指引,并有几位著名国际仲裁的人士如国际商会(ICC)国际仲裁院主席的Dr. Robert Briner提出了对一些内容的不满。其中最重要的不满在"橙色清单"(Orange List)的3.4.3,它针对的状况是"仲裁员在委任仲裁员的机构内有一职位"(The arbitrator holds a position in an arbitration institution with appointing authority over the dispute)。

这样一来,经常被委任为仲裁员而同时又担任有关仲裁机构主席的 Dr. Briner 与笔者(杨良宜)等人即会受到影响。虽然,在橙色清单中列出的状况只要求宣告/披露,并不要求自动辞退,但会中各人仍感到连宣告/披露也没有必要,因为:

(i)这本身是公开资料,很容易查阅委任仲裁员机构的成员名单。

(ii)一直不觉得这种委任办法与对一方当事人的不公正与偏私或利益冲突有什么关系/联系。一直以来的经验是这种委任相对最“干净”,笔者往往遇上完全不认识、从未接触过的双方当事人。不像直接被一方当事人委任为仲裁员,往往曾经有过接触或联系/关系。再说,委任既来自仲裁机构,仲裁员感激或效忠的对象也只是委任机构而非个别当事人。

(iii)仲裁机构本身也会要求公正与不偏私。

(iv)过多与过头的宣告/披露并非好事,会被赖皮/扯皮一方当事人利用,只会带来仲裁程序的延误。

笔者记得,在 IFCAI 的年会中曾经提到,为了抵消或减低国际律师会(IBA)指引在这些不满方面的影响力,一种做法是尽早发表 IFCAI 的立场,并提出如上所述的不满之处与原因。毕竟,在数目上仲裁机构虽然远比不上律师,但 IFCAI 有它的“江湖地位”。IFCAI 的立场公开发表后,将来有了相关争论,在一方抖出 IBA 指引的同时,另一方也可以抖出 IFCAI 的公开发表立场。

事实上, 在 2005 年 7 月,IFCAI 向各会员查询对 IBA 指引的看法,而笔者刚好遇上的一件有关事件是:笔者因一宗国际货物买卖争议被双方当事人仲裁员委任为首席仲裁员,由于其中一方当事人(是一家著名的国际贸易商)曾在约半年前二次委任笔者为它的仲裁员,而且两次均未结案(即作出裁决书),所以,笔者决定在接受委任前去披露这事实。起初,一方当事人仲裁员(是一位英国人)认为笔者不必这样做,因为仲裁是个小圈子。但最后毕竟披露了,并订下两天的时限让双方提出异议。结果时限届满,由于没有异议,笔者也就接受了委任。但到了第二天,另一方当事人(是一家中国进出口公司)的北京代表律师来了电文,很客气地说他本来不反对,但客户在出差刚回来并知悉情况后,坚决反对笔者担任首席。由于笔者当时已接受了委任,问题变成笔者应否辞职?接下去是国际贸易商的英国代表律师大力坚持笔者不应辞职,双方律师之后一来一往的争辩提出各种原因,比如说笔者工作太忙等。反正这拖了大半个月,仲裁程序无法启动,笔者对自己的问题导致当事人劳民伤财深感不安。再之后,中方被告委任另一位英国律师来电,提出 IBA 指引说:

“…The arbitrators and the Claimant will no doubt be familiar with the ‘IBA Guidelines on Conflicts of Interest in International Arbitrations’, published in 2004. Although these are not binding on anyone, they do provide a useful guide to the extent of disclosure that should be made in certain situations. For example, the Guidelines recommend disclosure by the potential arbitrator in the following situations:

* Where the arbitrator has within the past three years been appointed as arbitrator on two or more occasions by one of the parties or by an affiliate of one of the parties (paragraph 3. 1. 3 under the 'Orange List')

* Where the arbitrator currently serves, or has served within the past three years, as arbitrator or another arbitration on a related issue involving one of the parties or an affiliate of one of the parties (paragraph 3. 1. 5 under the 'Orange List')

Before any further moves are taken with respect to the appointment of the third arbitrator, we should therefore be grateful if Mr. Yang could provide more details regarding the status of the other matters in which he has been appointed by the Claimant …"

笔者鉴于机密责任，当然不肯多披露其他两个仲裁案件。同时也考虑到：其一，笔者若不肯辞职，估计中方被告也动不了笔者，例如去香港法院把笔者赶走(remove)，这在今天的大环境下亦不可能成功。但如果判中方败诉(这是笔者无法预知的)，到执行裁决书时就会增加变数与麻烦。其二，笔者个人原因，例如实在太忙，的确应减少接受委任。所以，只在辞职前向双方当事人代表律师与两位当事人仲裁员以传真说明立场：

"I refer to the reference by the Respondent's lawyer to the IBA Guidelines on Conflicts of Interest in International Arbitration, in particular, in paragraphs 3. 1. 3 and 3. 1. 5 under the 'Orange List'. As was pointed out, the said Guidelines are not binding in this arbitration. Furthermore, if I may say so, it is still early date and the said Guidelines are still far from being tested and universally accepted, especially by different commercial areas or sectors. In international trading as an example, there are a limited number of experienced arbitrators available in arbitral institutions such as GAFTA or FOSFA. It is my understanding that the few GAFTA or FOSFA arbitrators often have to accept appointments from the same leading traders, sometimes as much as 2 or 3 cases within a week, and the cases may involve related issues. There are simply not enough experienced arbitrators to appoint.

I submit the same situation also exist in Hong Kong arbitration. It is a small circle with only a limited number of experienced arbitrators. But the companies are getting a lot bigger with numerous commercial activities and more litigious all the time. It is not uncommon for me to accept appointments from the same party or parties over the year and it is my intention to continuous do so. If I stop the practice, I truly believe that I am not doing the right thing for the well-being of Hong Kong arbitration. Last but not the least, I am firmly of the view that I am not influenced by the identity of my appointor, whether it was once or more times.

The IBA Guidelines urge me to disclosure the fact, which I actually did. But the 'Orange List' does not automatically mean that I cannot accept appointment or I am disqualified.

I appreciate after the disclosure, the party who is potentially affected may wish to explore further in order to find out if there is 'justifiable doubt' on me. But by reason of confidentiality, I am in no position to disclose the other two arbitration cases which involves the Claimant. I can only say that the other two cases are still early in the proceedings and no decision, interim or final, has been made yet.

I am however prepared to disclose further or more fully in my other relationship with the Claimant. That is, apart from the two recent appointments (about 6 months' ago), I have no appointment from the Claimant in previous years, except, I recall, I had an instant arbitration involving clausing of bills of lading some 7/8 years ago. It is therefore apparent (at least to me) that with the huge commercial activities of the Claimant, I am not exactly a 'favoured' arbitrator in the eyes of the Claimant.

The fact also speaks for itself in this very case — the Claimant had appointed Mr. X as the party-appointed arbitrator. I was actually appointed by Mr. X and the Respondent's appointed arbitrator, Mr. Y, as the third arbitrator.

I have no other relationship whatsoever, personal, financial or otherwise, that I know of with the Claimant. No doubt the Respondent is welcome to investigate further to verify this fact.

It is unfortunate that this is an ad hoc arbitration. Therefore, the judgment of 'justifiable doubt' is either by myself or the Respondent, and both could be 'subjective' (even though I have tried my best to be as objective as possible). If there is the involvement of a third party like an arbitral institution, no doubt we would be better able to determine by the third party if 'justifiable doubt' exists in my case with regard to conflict of interests."

这里顺便一提的是,在香港国际仲裁中心(HKIAC)的法定委任仲裁员程序中,2006年开始也加进了一种程序,即在申请时如果申请人要求委任某一位仲裁员,HKIAC就会要求该申请人披露以前曾经委任过该仲裁员的次数,作为考虑之一。看来这也有一点受IBA规则的影响,但笔者也有一定担心,就是来香港仲裁也只有几个仲裁员,经常有案子仲裁的当事人不重复委任一两位有经验与有水平的仲裁员怎么行?

5. 指引与英国或香港法律的关系

国际律师会(IBA)的一套指引不是法律或国际公约,IBA本身也只是民间组织。这样一来,如果指引与仲裁地点的相关法律(如伦敦仲裁就是英国法律去针对程序)

不同,应该如何处理呢?这是大家经常遇到的疑问,就是“仲裁规则”(arbitration rules)与“仲裁法律”(arbitration law)之间的关系与优劣/先后。

5.1 仲裁规则与仲裁法律的适用

首先简单介绍,仲裁规则通常由民间组织拟定。它们在国际上有许多不同版本大量存在。因为国际上有许多仲裁机构,而几乎每一个仲裁机构为了实际需要,或为了面子等原因总会先拟定一套规则,并且规定适用于该仲裁机构所管辖的仲裁案件中。所以,北京的贸仲会或海仲会与香港的香港国际仲裁中心都有它们自己的仲裁规则,其中不少内容重复或没有太大差异。

由于仲裁规则来自民间组织,加上有大量不同版本,因此,不会有法律强制它的使用与使用哪一个版本。仲裁规则能够在个别仲裁案件中使用或适用,只能依靠以下两种渠道:

(i)双方当事人往往通过合约的仲裁条文约定去某仲裁机构解决争议,如选择贸仲会或国际商会。这样一来,该仲裁机构所拟定的仲裁规则也难免会被适用。

(ii)双方当事人通过合约的仲裁条文同意适用一套仲裁规则(或任何规则,如租约/提单中通常有的“York-Antwerp Rules”)。本质上,双方同意的仲裁仍属“随意仲裁”(ad hoc arbitration)而非“机构仲裁”(administered or institutional arbitration)。原因是有关拟定仲裁规则的机构本身不管理仲裁。因此,租约的仲裁条文经常明示适用“伦敦海事仲裁员协会”(London Maritime Arbitrators' Association,简称 LMAA)的仲裁规则(LMAA Terms 2002),但它在本质与做法上仍是随意仲裁。笔者也多次见过双方同意前来香港仲裁,并明示适用《联合国仲裁规则》(UNCITRAL Arbitration Rules)。但 UNCITRAL 不是仲裁机构,因此仲裁员只是在程序上依照与/或参与该仲裁规则,但在本质与做法上仍是一个随意仲裁。

可见,以上两种渠道都是通过明示合约条文把有关仲裁规则引进来适用,而不是从天上掉下来。这表示将来这一套的国际律师会(IBA)指引,能适用甚至广泛适用必须通过:

(A)世界上各主要仲裁机构接受 IBA 的指引,对“宣告/披露”或“可理解怀疑”等相同措辞作出同样定义与解释,最好是完全将 IBA 指引并入该机构的仲裁规则内。凭 IBA 的威望,这可能会发生。

(B)双方当事人在合约的仲裁条文中明言适用这套 IBA 的指引。但估计依赖这种做法的效果不会太显著。原因是一般的订立合约人士(商人、贸易商、建筑商等)不会深入了解这种只针对利益冲突的特殊规则,他们毕竟不是靠仲裁吃饭。

至于仲裁法律,就是指“仲裁地点”(seat)的“程序法”(procedural law)。也就是说,伦敦仲裁就是 1996 年《仲裁法》,而香港仲裁也就是《香港仲裁条例》。另外加上仲裁法的一些先例/案例。英国的 1996 年《仲裁法》在 Section 1(c)中与《联合国示范法》在 Article 5 中均不准法院插手任何立法没有明示规定的事项。这表示将来(1996 年后)不会有法院针对立法没有规定的事项,好像 1950 年《仲裁法》没有针对像仲裁庭可否审理主合约是否存在的这种管辖权争议,即是所谓 Kompetenz-Kompetenz 原则与 Separation 原则,但在著名的 Harbour Assurance v. Kansa General Insurance (1993) 1 Lloyd's Rep. 455,上诉庭支持了这些原则,也相当于"立了法"。1996 年的立法,已在 Section 30 规定了这个原则,反正法院亦不存在这种"变相立法"的机会权力了。今后的先例将只应针对 1996 年《仲裁法》的解释了。

上述的法律,即主要是《仲裁法》的立法,它的适用不像仲裁规则,它不必"明示"(express)已可适用。也即是去伦敦仲裁就"默示"(imply)使用这套 1996 年《仲裁法》的规定,来香港仲裁则默示适用香港的《仲裁法》。

可举一个简单的例子说明:若合约的仲裁条文只说"香港仲裁",这样一来香港的《仲裁法》适用,但不存在适用任何的仲裁规则。换一种写法是"香港仲裁并适用香港《仲裁法》",这看来有点"画蛇添足",因为不写明也已是默示地位了。再换一种写法是"香港仲裁并适用《香港国际仲裁中心本土仲裁规则》",只要合约双方确实想引进这套规则,知道它讲什么,这种写法完全有必要,因为不写,不去明示,是不会自动适用这套规则的。

5.2 明示与默示之间的冲突与协调

若是合并/引进了仲裁规则,它与默示适用的仲裁法律若有冲突与欠缺又怎样解释呢? 首先要了解解释合约的大原则是:明示条文优先,即使是明示与默示条文有冲突,一般仍是明示条文优先。而这也是"订约自由"(freedom of contract)的大原则。唯一的例外是,明示的合约条文或规定违反了"公共政策"(public policy)或立法明示禁止订约自由。这样一来,合约明示条文也就无效了,更不会在解释合约时优先于默示地位。这种例子多不胜数,例如《海牙规则》(英国就是《海上运输法》)或中国《海商法》禁止承运人在提单上加以"订约自由"的明示条文以减轻承运人对海上运输的责任/义务。至于违反公共政策而令明示条文无效的例子,可举 Czanikow Ltd. v. Roth Schmidt & Co. (1922) 12 Lloyd's Rep. 195 一案,在该案例中,合约的仲裁条文明示同意仲裁员的裁决是"最终的"(final)与"约束性"(binding),就算有法律问题,也不得上诉法院,这被法院禁止或判作无效,也就是说,以合约条文排除法院的管辖权一直被视为违反公共政策,直至 1979 年《仲裁法》生效后,英国法律在这方面才有所改变。

5.3 1996 年《仲裁法》之强制与非强制性条文

了解上述的分析后,应该可以明白 1996 年《仲裁法》拟定的技巧与理念。该立法基本精神是双方当事人享有自主权(party autonomy),即有充分订约自由。而明示了的条文也应优先适用并受尊重,例如写明了多位仲裁员才能组成仲裁庭,就必须按照这一约定,不必遵守 1996 年《仲裁法》的默示人数(在 Section 15[3]的一位仲裁员)。但是,1996 年《仲裁法》也在 Section 110 规定了二十多条属"强制性"(mandatory)条文,规定不得以订约自由去排除或豁免。其中有像 Section 9 至 Section 11 的"法院在有仲裁条文下的中止程序"(stay of Legal Proceedings), Section 29 与 Section 74

的“仲裁员与仲裁机构的豁免权”(immunity of arbitrator and arbitral institutions), Section 31 的“挑战仲裁庭管辖权”(objection to substantive jurisdiction of tribunal), Section 43 的“传召证人”(securing the attendance of witnesses), Section 66 的“执行裁决书”(enforcement of award)等。为何它们不准合约以订约自由排除/豁免,仅从条文的针对性/本质已经可以想到。在此,只说明 Section 24 的“赶走仲裁员”(power of court to remove arbitrator)与 Section 68 的“以严重不正常为由撤销裁决书”(challenging the award: serious irregularity)也属于这二十多条的强制性条文。

5.4　指引与仲裁法同时适用的协调

如果在伦敦仲裁,仲裁条文也合并/引入了国际律师会(IBA)的指引。这样一来,若是这些指引与英国 1996 年《仲裁法》有冲突如何协调呢？同样情况也会出现在伦敦的一个商会仲裁机构在其仲裁规则中引进了 IBA 指引。毕竟,它们之间有相当多的差异。

这方面的问题可以从 AT&T v. Saudi Cable (2000) 2 Lloyd's Rep. 127 先例中获得一定的答案。该先例仍适用 1950 年的《仲裁法》,因为开始仲裁时 1996 年的立法仍未生效。1950 年《仲裁法》针对仲裁员的利益冲突问题是归纳为“不良行为”(misconduct),在 Section 23 下英国高等法院有赶走仲裁员的裁量权。但该先例是一宗国际商会(ICC)仲裁,也同时适用 ICC 仲裁规则,而 ICC 仲裁规则中有机制允许当事人对仲裁员的独立性提出挑战(2.7—2.9 条)。而在 1.23 条,更说明了 ICC 的决定为“最终并不必给予原因”(the decision of the ICC as to any challenge of an arbitrator appointed shall be final and the reason for its decision shall not be)。

由于 ICC 的挑战失败,AT&T 进一步向英国法院(因为仲裁地点是伦敦)申请把仲裁员 L. Yves Fortier QC 赶走。这样一来,即面临仲裁法律与仲裁规则的冲突,毕竟 ICC 仲裁规则说明 ICC 决定是“最终的”(final)。

“‘Turning to the express provision of the ICC rules which provides that a decision of the ICC Court should be final, I do not accept the view of Mr. Justice Longmore that the finality provision means that the English Courts have no power to review the decision of the ICC court'.〔1〕The finality provision does not operate to exclude the English Court's jurisdiction under s. 23 of the 1950 Act.〔2〕Accordingly, Mr. Justice Longmore was entitled to consider whether there had been ‘misconduct’ by breaching the terms of the arbitration agreement.〔3〕When doing so the Court, if required to interpret the ICC rules, would natu-

〔1〕 Woolf 勋爵不同意一审 Longmore 大法官说的因为 ICC 仲裁规则说明是最终的,所以法院就无权插手。

〔2〕 不能排除/豁免英国法院在 1950 年立法的管辖(与监督)权力。(1950 年立法已是如此地位,1996 年立法写明是强制性,更是可想而知)

〔3〕 Longmore 大法官有权考虑是否有“不良行为”。

rally pay the closest attention to any interpretation of the ICC rules adopted by the ICC court.[4] But the English Courts retain their jurisdiction to determine whether the ICC rules have been breached when entertaining an application to remove for alleged misconduct.[5]

In this case, the decision of the ICC court provides no assistance because the decision was not a reasoned one. We do not know the basis upon which the complaint of AT & T was dismissed."[6]

因此可简单总结如下：

(i)若明示规定以 IBA 的指引为终局，应是无效。

(ii)1996 年《仲裁法》有关法院的管辖（与监督），有关仲裁员的不偏私（impartiality）（在 Section 24[1][a]）与严重不正常（在 Section 68）等权力与准则属强制性条文，不受 IBA 指引影响。

(iii)1996 年《仲裁法》没有针对仲裁员自动宣告与披露的责任，故没有这方面冲突。这样一来，将以 IBA 指引为准，例如，在橙色清单上列明的状况。

5.5 IBA 指引全文与评注

IBA GUIDELINES ON CONFLICTS OF INTEREST IN INTERNATIONAL ARBITRATION

IBA 关于国际仲裁中利益冲突的指引

Text Submitted To The Council Of The International

Bar Association For approval On 22 May 2004

（目录）

---

[4] 法院考虑时，若涉及解释 ICC 仲裁规则，应"很密切注意"ICC 仲裁院对 ICC 仲裁规则的解释。（换言之，只要求"很密切注意"，但不要求遵守或受约束）

[5] 但英国法院保留管辖权看是否违反 ICC 仲裁规则。

[6] 在本案中，ICC 仲裁院的决定没有作出的原因，所以帮不上忙。

3. 3 Relationship between an arbitrator and another arbitrator or counsel

3. 4 Relationship between arbitrator and party and others involved in the arbitration

3. 5 Other circumstances

4. Green List

4. 1 Previously expressed legal opinions

4. 2 Previous services against one party

4. 3 Current services for one of the parties

4. 4 Contacts with another arbitrator or with counsel for one of the parties

4. 5 Contacts between the arbitrator and one of the parties

Introduction(简介)

1. Problems of conflicts of interest increasingly challenge international arbitration. Arbitrators are often unsure about what facts need to be disclosed, and they may make different choices about disclosures than other arbitrators in the same situation. The growth of international business and the manner in which it is conducted, including interlocking corporate relationships and larger international law firms, have caused more disclosures and have created more difficult conflict of interests issues to determine. Reluctant parties have more opportunities to use challenges of arbitrators to delay arbitrations or to deny the opposing party the arbitrator of its choice. Disclosure of any relationship, no matter how minor or serious, has too often led to objections, challenge and withdrawal or removal of the arbitrator.

国际仲裁中的利益冲突的问题越来越多。仲裁员经常自己也拿不准什么事实应该宣示/披露,他们往往会与其他仲裁员在同一情况下作出不同决定。国际仲裁的增长与操作上的做法,加上公司结构上的错综复杂与越来越庞大/集中的国际律师所,均令更多宣示/披露与利益冲突难以判断。不合作的一方当事人也就有了更多机会以挑战仲裁员为名,来拖延仲裁或否定对方委任的仲裁员。一旦宣告/披露,无论是多轻微或严重的联系/关系,也经常导致反对、挑战与辞退或赶走仲裁员等行动。

2. Thus, parties, arbitrators, institutions and courts face complex decisions about what to disclose and what standards to apply. In addition, institutions and courts face difficult decisions if an objection or a challenge is made after a disclosure. There is a tension between, on the one hand, the parties' right to disclosure of situations that may reasonably call into question an arbitrator's impartiality or independence and their right to a fair hearing and, on the other hand, the parties' right to select arbitrators of their choosing. Even though laws and arbitration rules provide some standards, there is a lack of detail in their guidance and of uniformity in their application. As a result, quite often members of the international arbitration community apply different standards in making decisions concerning disclosure, objections and challenges.

因此,当事人、仲裁员、仲裁机构与法院面对宣告/披露什么与适用什么准则/标准的复杂决定。仲裁机构与法院更有了宣告/披露后面对反对或挑战时作出取舍的困难。这里存在矛盾,一方面是当事人有权要求披露有关会否合理带来对仲裁员不偏私或独立与能否有一个公平审理的情况,但对立的方面是当事人有权挑选自己的仲裁员。即使有一些仲裁法或仲裁规则会列出一些准则,但缺乏细节加以指引,另外使用起来也不能统一。结果在国际仲裁中,大家引用不同准则去判断宣告/披露、反对与挑战。

3. It is in the interest of everyone in the international arbitration community that international arbitration proceedings not be hindered by these growing conflicts of interest issues. The Committee on Arbitration and ADR of the International Bar Association appointed a Working Group of 19 experts[7] in international arbitration from 14 countries to study, with the intent of helping this decision-making process, national laws, judicial decisions, arbitration rules and practical considerations and applications regarding impartiality and independence and disclosure in international arbitration. The Working Group has determined that existing standards lack sufficient clarity and uniformity in their application. It has therefore prepared these Guidelines, which set forth some General Standards and Explanatory Notes on the Standards. Moreover, the Working Group believes that greater consistency and fewer unnecessary challenges and arbitrator withdrawals and removals could be achieved by providing lists of specific situations that, in the view of the Working Group, do or do not warrant disclosure or disqualification of an arbitrator. Such lists-designated Red, Orange and Green (the "Application Lists") — appear at the end of these Guidelines.

为了大家的利益不受这些与日俱增的利益冲突问题困扰,国际律师会的仲裁小组委任了一个工作小组,其中有来自 14 个国家的 19 位国际仲裁专家。他们研究并试图帮助解决不偏私与独立方面的困境。工作小组断定当前的准则/标准在适用时欠缺充分的清楚明了与统一。所以,准备了这些指引,并列出了一些"统一标准"与备注。此外,工作小组相信提供一份特定情况的清单,针对什么情况需要或不需要宣告/披露或丧失仲裁员资格,会带来更大的肯定性,减少不必要的挑战以及仲裁员辞退与被赶走。这份"适用清单"——分为红、橙与绿——列在本指引后面。

4. The Guidelines reflect the Working Group's understanding of the best current international practice firmly rooted in the principles expressed in the General Standards. The Working Group has based the General Standards and the Application Lists upon statutes

---

[7] The members of the Working Group are: (1) Henri Alvarez, Canada; (2) John Beechey, England; (3) Jim Carter, United States; (4) Emmanuel Gaillard, France, (5) Emilio Gonzales de Castilla, Mexico; (6) Bernard Hanotiau, Belgium; (7) Michael Hwang, Singapore; (8) Albert Jan van den Berg, Belgium; (9) Doug Jones, Australia; (10) Gabrielle Kaufmann-Kohler, Switzerland; (11) Arthur Marriott, England; (12) Tore Wiwen Nilsson, Sweden; (13) Hilmar Raeschke-Kessler, Germany; (14) David W. Rivkin, United States; (15) Klaus Sachs, Germany; (16) Nathalie Voser, Switzerland (Rapporteur); (17) David Williams, New Zealand; (18) Des Williams, South Africa; (19) Otto de Witt Wijnen, the Netherlands (Chair).

and case law in jurisdictions and upon the judgment and experience of members of the Working Group and others involved in international commercial arbitration. The Working Group has attempted to balance the various interests of parties, representatives, arbitrators and arbitration institutions, all of whom have a responsibility for ensuring the integrity, reputation and efficiency of international commercial arbitration. In particular, the Working Group has sought and considered the views of many leading arbitration institutions, as well as corporate counsel and other persons involved in international arbitration. The Working Group also published drafts of the Guidelines and sought comments at two annual meetings of the International Bar Association and other meetings of arbitrators. While the comments received by the Working Group varied and included some points of criticisms, the arbitration community generally supported and encouraged these efforts to help reduce the growing problems of conflicts of interests. The Working Group has studied all the comments received and has adopted many of the proposals that it has received, The Working Group is very grateful indeed for the serious considerations given to its proposals by so many institutions and individuals all over the globe and for the comments and proposals received.

这些指引反映了工作小组所理解的当前国际上的最佳做法,并把这些大原则以“统一标准”写明。该“统一标准”与“适用清单”是工作小组依据许多不同管辖权地区的立法与判例,加上工作小组成员与其他参与国际商务仲裁人士的判断与经验所得出,工作小组也试图平衡当事人、代理人、仲裁员与仲裁机构之间各自不同的利益,虽然大家都有责任保证国际商务仲裁的光明正大、美名声誉和较高效率。特别是工作小组寻求并考虑了许多知名仲裁机构与公司律师(这代表当事人看法)与其他参与国际仲裁人士的看法。工作小组也发表了指引的草稿,并在两个国际律师会的年会与其他仲裁员会议中寻求意见。虽然收到的意见中有差异,包括一些批评,仲裁圈普遍支持与鼓励这些工作以减少这些越来越多的利益冲突问题。工作小组考虑后也采纳了很多建议。

5. Originally, the Working Group developed the Guidelines for international commercial arbitration. However, in the light of comments received, it realized that the Guidelines should equally apply to other types of arbitration, such as investment arbitrations (insofar as these may not be considered as commercial arbitrations).[8]

原来工作小组只想到指引适用于国际商务仲裁。但在收到的建议中,发觉也可适用于其他类型的仲裁,例如投资仲裁(一些不被视为商业仲裁,例如涉及政府。这在第一章的第3段有详细介绍)。

---

[8] Similarly, the Working Group is of the opinion that these Guidelines should apply by analogy to civil servants and government officers who are appointed as arbitrators by States or State entities that are parties to arbitration proceedings.

6. These Guidelines are not legal provisions and do not override any applicable national law or arbitral rules chosen by the parties. However, the Working Group hopes that these Guidelines will find general acceptance within the international arbitration community (as was the case with the IBA Rules on the Taking of Evidence in International Commercial Arbitration) and that they thus will help parties, practitioners, arbitrators, institutions and the courts in their decision-making process on these very important questions of impartiality, independence, disclosure, objections and challenges made in that connection. The Working Group trusts that the Guidelines will be applied with robust common sense and without pedantic and unduly formalistic interpretation. The Working Group is also publishing a Background and History, which describes the studies made by the Working Group and may be helpful in interpreting the Guidelines.

指引不是法律条文,不会超越任何适用的国家法律或双方当事人选用的仲裁规则。但是,工作小组希望这些指引能被国际仲裁社会广泛接受(类似国际律师会的规则在有关国际商务仲裁的取证一样),[9]并能帮助有关人士在不偏私、独立、宣告/披露、反对与挑战等十分重要的方面作出决定。工作小组相信这些指引会在适用时以强大的常识避免迂腐与不适当的硬性解释。工作小组也发表了"背景与历史",以解释工作小组的研究/考虑,这也有助于解释指引。

7. The IBA and the Working Group view these Guidelines as a beginning, rather than an end, of the process. The Application Lists cover many of the varied situations that commonly arise in practice, but they do not purport to be comprehensive, nor could they be. Nevertheless, the Working Group is confident that the Application Lists provide better concrete guidance than the General Standards (and certainly more than existing standards). The IBA and the Working Group seek comments on the actual use of the Guidelines, and they plan to supplement, revise and refine the Guidelines based on that practical experience.

国际律师会与工作小组视这些指引为这方面程序的开始而不是结束。"适用清单"列出了不同的但经常在现实中出现的情况。虽然它们不是完整的,在千变万化的实况中也不可能做到,但工作小组对这份"适用清单"提供的更佳和更稳固的指引仍很有信心。相比"统一标准"(更不说是当前的许多准则/标准),国际律师会与工作小组寻求对指引实际使用的报告,并计划根据实际经验去增加、修改与精益求精这些指引的清单。

8. In 1987, the IBA published Rules of Ethics for International Arbitrators. Those Rules cover more topics than these Guidelines, and they remain in effect as to subjects that are not discussed in the Guidelines. The Guidelines supersede the Rules of Ethics as to the

[9] 注:该规则在《国际商务游戏规则:英美证据法》一书第五章有详细论及。

matters treated here.

1987 年,国际律师会发表了"国际仲裁员的操守规则"。这些规则涉及面更广,所以除了已在本指引针对外仍然适用。若指引有针对之外,则超越了操守规则的有关条文。

PART I: GENERAL STANDARDS REGARDING IMPARTIALITY, INDEPENDENCE AND DISCLOSURE

第一部分:统一标准有关不偏私、独立与宣告/披露

(1) general principle(大原则)

Every arbitrator shall be impartial and independent of the parties at the time of accepting an appointment to serve and shall remain so during the entire arbitration proceeding until the final award has been rendered or the proceeding has otherwise finally terminated.

大原则之一是每一位仲裁员应当在接受委任时,对双方当事人不偏私与独立,并在整个仲裁过程,直至最后裁决书作出或仲裁程序告终(例如双方当事人达成和解)必须维持同样状况。

Explanation to General Standard 1:(解释统一标准之一)

The Working Group is guided by the fundamental principle in international arbitration that each arbitrator must be impartial and independent of the parties at the time he or she accepts an appointment to act as arbitrator and must remain so during the entire course of the arbitration proceedings. The Working Group considered whether this obligation should extend even during the period that the award may be challenged but has decided against this. The Working Group takes the view that the arbitrator's duty ends when the Arbitral Tribunal has rendered the final award or the proceedings have otherwise been finally terminated (e. g. , because of a settlement). If, after setting aside or other proceedings, the dispute is referred back to the same arbitrator, a fresh round of disclosure may be necessary.

解释:工作小组是根据国际仲裁的基本原则来订立,就是每一位仲裁员必须是不偏私与独立于双方当事人,在他/她接受委任为仲裁员之时与在整个仲裁程序中维持同样状况。工作小组考虑这方面责任应否延伸至裁决书被挑战的一段时间,但最后放弃。工作小组认为仲裁员的责任在作出裁决书或达成和解(为例)即应告终。如果在撤销或其他法律行动告终后,裁决书又发还(remit)给仲裁员,他要重新作出宣告/披露。这是因为连续的披露责任在时间上一度中断了,会发生一些未曾披露的事情。

(2) conflicts of interest(利益冲突)

(a) An arbitrator shall decline to accept an appointment or, if the arbitration has already been commenced, refuse to continue to act as an arbitrator if he or she has any doubts as to his or her ability to be impartial or independent.

(a)一位仲裁员若怀疑自己是否有能力保持不偏私或独立,应该拒绝接受委任,或者如果仲裁已经开始,应该拒绝继续担当仲裁员。(注:这里[a]至[d]是“统一标准”大原则之二)

(b) The same principle applies if facts or circumstances exist, or have arisen since the appointment, that, from a reasonable third person's point of view having knowledge of the relevant facts, give rise to justifiable doubts as to the arbitrator's impartiality or independence, unless the parties have accepted the arbitrator in accordance with the requirements set out in General Standard (4).

(b)同样原则适用在委任时或委任后出现的事实与情况,在一位合理并且知悉有关事实的第三者看来,会产生对仲裁员的不偏私或独立有可理解的怀疑,除非是“统一标准”之四有关弃权可适用。

(c) Doubts are justifiable if a reasonable and informed third party would reach the conclusion that there was a likelihood that the arbitrator may be influenced by factors other than the merits of the case as presented by the parties in reaching his or her decision.

(c)怀疑变为“可理解”,如果一位合理与熟悉内情的第三者得出结论,该仲裁员有可能受到双方当事人提出有关案件的“是非曲直”之外的其他因素的影响而作出裁决。

(d) Justifiable doubts necessarily exist as to the arbitrator's impartiality or independence if there is an identity between a party and the arbitrator, if the arbitrator is a legal representative of a legal entity that is a party in the arbitration, or if the arbitrator has a significant economic or personal interest in the matter at stake.

(d)对该仲裁员的不偏私或独立的可理解怀疑是必然存在的,如果一方当事人与仲裁员有同一身份,或仲裁员是一方当事人的法定代理人,或仲裁员在有关事件中有庞大或个人的利益。这一条大原则类似英国法律下的“经济利益”(pecuniary)带来自动丧失资格的“推断偏私”(presumed bias)。

Explanation to General Standard 2:(解释统一标准之二)

(a) It is the main ethical guiding principle of every arbitrator that actual bias from the arbitrator's own point of view must lead to that arbitrator declining his or her appointment. This principle is so self-evident that many national laws do not explicitly say so. See e. g. Article 12, UNCITRAL Model Law. The Working Group, however, has included it in the General Standards because explicit expression in these Guidelines helps to avoid confusion and to create confidence in procedures before arbitral tribunals. In addition, the Working Group believes that the broad standard of "any doubts as to an ability to be impartial and independent" should lead to the arbitrator declining the appointment.

解释:(a)是主要的操守上指引性大原则,即每一位仲裁员自己看来有真正偏私就必须拒绝接受委托。该大原则是不言而喻的,导致许多国家的法律不去明言。参见《联合国示范法》第 12 条文。但工作小组决定将其包括在“统一标准”之中，因为在指引中加以明示有助于避免混乱，并坚定对仲裁程序的信心。另外，工作小组相信一个广泛的准则/标准，即“任何怀疑自己是否有能力保持不偏私与独立”，可令有问题仲裁员拒绝接受委任。（这里也包括了“过敏”的仲裁员自己怀疑自己，但第三者不认为有问题。可是仲裁员既然自己没有信心，何必挽留）

(b) In order for standards to be applied as consistently as possible, the Working Group believes that the test for disqualification should be an objective one. The Working Group uses the wording "impartiality or independence" derived from the broadly adopted Article 12 of the UNCITRAL Model Law, and the use of an appearance test, based on justifiable doubts as to the impartiality or independence of the arbitrator, as provided in Article 12(2) of the UNCITRAL Model Law, to be applied objectively (a "reasonable third person test").

解释：(b)为了使准则尽可能始终如一地适用于不同案件/情况，工作小组相信丧失资格的标准应是客观的标准。工作小组所用的文字“不偏私或独立”来自《联合国示范法》之第 12 条文，而使用的表面标准，基于“可理解的怀疑”，客观适用关于仲裁员的不偏私或独立性尺度(一个合理第三者的标准)。

(c) Most laws and rules that apply the standard of justifiable doubts do not further define that standard. The Working Group believes that this General Standard provides some context for making this determination.

解释：(c)许多国家法律与规则引用这个“可理解的怀疑”准则(例如香港与新加坡适用《联合国示范法》即引用了此准则)，但不去进一步对此准则作任何定义/解释。工作小组相信在此的“统一标准”可以有帮助。

(d) The Working Group supports the view that no one is allowed to be his or her own judge; i. e., there cannot be identity between an arbitrator and a party. The Working Group believes that this situation cannot be waived by the parties. The same principle should apply to persons who are legal representatives of a legal entity that is a party in the arbitration, like board members, or who have a significant economic interest in the matter at stake. Because of the importance of this principle, this non-waivable situation is made a General Standard, and examples are provided in the non-waivable Red List.

解释：(d)工作小组支持这样的看法，即任何人不准作为他/她自己的法官，不允许仲裁员与一方当事人有同一身份。工作小组认为这种情况“犯了天条”，从而不能让当事人弃权。同一原则适用于一位人士是仲裁一方当事人的法定代表的情形，像董事局成员或拥有重大经济利益的有关事件。由于这个天条的重要性，“统一标准”列为不能弃权，并在红色清单中给出了例子。

The General Standard purposely uses the terms "identity" and "legal representatives". In the light of comments received, the Working Group considered whether these terms should be extended or further defined, but decided against doing so. It realizes that there are situations in which an employee of a party or a civil servant can be in a position similar, if not identical, to the position of an official legal representative. The Working Group decided that it should suffice to state the principle.

"统一标准"故意使用了像"身份"与"法定代表/代理人"这样的措辞。在收到的建议中,工作小组考虑了是否应该对其加以扩大,或进一步对这些措辞作出解释,但最终决定不这样做。有一种情况是一方当事人的雇员或一位公仆会在同一地位,即一方当事人的法定代表。工作小组认为说明大原则业已足够。

(3) disclosure by the arbitrator(仲裁员的宣告/披露)

(a) If facts or circumstances exist that may, in the eyes of the parties, give rise to doubts as to the arbitrator's impartiality or independence, the arbitrator shall disclose such facts or circumstances to the parties, the arbitration institution (if so required by the applicable institutional rules) and to the co-arbitrators, if any, prior to accepting his or her appointment or, if thereafter, as soon as he or she learns about them.

(a) 如果出现在当事人看来对仲裁员公平或独立产生怀疑的事实或情况,该仲裁员应当向当事人、仲裁机构(会有规则作此要求)与共同仲裁员(如果有的话)宣告/披露有关事实或情况,这应在接受委任前或之后,但一出现这种情形须尽快宣告/披露。注意,该宣告/披露要求严格,是从当事人眼中看来,不是以第三者的客观准则,更不是从仲裁员看来。(注意,这里(a)至(d)是统一标准大原则之一)

(b) It follows from General Standards 1 and 2(a) that an arbitrator who has made a disclosure considers himself or herself to be impartial and independent of the parties despite the disclosed facts and therefore capable of performing his or her duties as arbitrator. Otherwise, he or she would have declined the nomination or appointment at the outset or resigned.

(b)因此在"统一标准"之1与2(a)下,仲裁员已作出宣告/披露,认为自己对当事人而言是不偏私与独立,即使是披露事实也不影响并能够履行他/她作为仲裁员的责任。否则,他/她已拒绝委任或辞退了。

(c) Any doubt as to whether an arbitrator should disclose certain facts or circumstances should be resolved in favour of disclosure.

(c)若有怀疑应否宣告/披露的一些事实或情况,应倾向于作出宣告/披露。

(d) When considering whether or not facts or circumstances exist that should be disclosed, or that should lead to declining the appointment or to a refusal to continue to act, the arbitrator shaft not take into account whether the arbitration proceeding is at the beginning or at a later stage.

(d)当考虑出现应否宣告/披露的事实或情况时,仲裁员不应考虑当时是仲裁程序的开始或后期。(一般到了后期,双方已经花了很多金钱与时间推进了诉讼,仲裁

员可能更加不愿意去披露以免节外生枝)

Explanation to General Standard 3:(解释统一标准之三)

(a) General Standard 2(b) above sets out an objective test for disqualification of an arbitrator. However, because of varying considerations with respect to disclosure, the proper standard for disclosure may be different. A purely objective test for disclosure exists in the majority of the jurisdictions analyzed and in the UNCITRAL Model Law. Nevertheless, the Working Group recognizes that the parties have an interest in being fully informed about any circumstances that may be relevant in their view. Because of the strongly held views of many arbitration institutions (as reflected in their rules and as stated to the Working Group) that the disclosure test should reflect the perspectives of the parties, the Working Group in principle accepted, after much debate, a subjective approach for disclosure. The Working Group has adapted the language of Article 7(2) of the ICC Rules for this standard.

解释:(a)“统一标准”2(b)列明了一个仲裁员丧失资格的客观标准。但由于不同考虑,恰当的宣告/披露准则/标准会有不同(主要是从谁的角度去看什么应该宣告/披露:当事人[受影响或不受影响]? 第三者? 仲裁员?)。在多数分析的管辖权地点(例如英国或新加坡/香港)与《联合国示范法》,适用的仅是客观的标准。但是,工作小组承认当事人有权利/兴趣去全面知道所有他们认为有关的情况。由于许多仲裁机构强烈坚持这种看法(也反映在它们的仲裁规则中),即宣告/披露的标准应反映当事人的愿望,工作小组最后在争辩后,原则上接受一个主观的标准(当事人眼中的主观标准严格多了),工作小组采纳并使用了国际商会仲裁规则第7(2)条文的措辞来规定这个准则/标准。

However, the Working Group believes that this principle should not be applied without limitations. Because some situations should never lead to disqualification under the objective test, such situations need not be disclosed, regardless of the parties' perspective. These limitations to the subjective test are reflected in the Green List, which lists some situations in which disclosure is not required.

但工作小组相信上述的主观标准不应无限制地适用。因为有一些状况,在客观标准下永远不会导致丧失资格,这样一来,不论当事人是什么愿望,这些状况也不必宣告/披露。这种状况列在“绿色清单”中。

Similarly, the Working Group emphasizes that the two tests (objective test for disqualification and subjective test for disclosure) are clearly distinct from each other, and that a disclosure shall not automatically lead to disqualification, as reflected in General Standard 3(b).

工作小组强调两种标准(资格丧失方面的客观标准与宣告/披露方面的主观标准)完全不同,并且披露不应自动导致丧失资格,正如“统一标准”之3(b)。

In determining what facts should be disclosed, an arbitrator should take into account all circumstances known to him or her, including to the extent known the culture and the customs of the country of which the parties are domiciled or nationals.

在决定什么应该宣告/披露时,一位仲裁员应当考虑所有知悉的情况,包括他/她所知的当事人所在地或国籍的文化背景与习惯。

(b) Disclosure is not an admission of a conflict of interests. An arbitrator who has made a disclosure to the parties considers himself or herself to be impartial and independent of the parties, despite the disclosed facts, or else he or she would have declined the nomination or resigned. An arbitrator making disclosure thus feels capable of performing his or her duties. It is the purpose of disclosure to allow the parties to judge whether or not they agree with the evaluation of the arbitrator and, if they so wish, to explore the situation further. The Working Group hopes that the promulgation of this General Standard will eliminate the misunderstanding that disclosure demonstrates doubts sufficient to disqualify the arbitrator. Instead, any challenge should be successful only if an objective test, as set forth above, is met.

解释:(b)所要求的宣告/披露并非承认存在利益冲突。一位仲裁员作出宣告/披露认为他/她仍是不偏私与独立,即使披露的事实,也不影响,否则他/她早已拒绝委任或辞退了。所以,披露的仲裁员应是认为他/她可履行职责。宣告/披露的作用是让当事人判断他是否同意仲裁员自己的决定(即不肯辞退),以及若是不同意,采取进一步行动(主要是去法院申请赶走仲裁员或撤销裁决书)。工作小组希望订立这条"统一标准"来排除一个主要误解,就是仲裁员作出披露就表示自己有犹疑,可足够令他/她丧失资格。事实上,任何挑战只会成功,如果它符合一个客观标准(因为再不以当事人的主观标准为准)。

(c) If an arbitrator considers that his or her impartiality and independence will not be affected by certain circumstances, and could not be perceived by a reasonable third person to be affected by such circumstances, then an arbitrator is under no obligation to disclose and should not do so. Unnecessary disclosure sometimes raises an incorrect implication in the minds of the parties that the disclosed circumstances would affect his or her impartiality or independence. Excessive disclosures thus unnecessarily undermine the parties' confidence in the process. Nevertheless, after some debate, the Working Group believes it important to provide expressly in the General Standards that in case of doubt the arbitrator should disclose. If the arbitrator feels that he or she should disclose but that professional secrecy rules or other rules of practice prevent such disclosure, he or she should not accept the appointment or should resign.

解释:(c)在仲裁员认为他/她的不偏私与独立不受一些特定情况影响,与无法想象一位合理第三者会受该情况影响,这一来仲裁员没有责任宣告/披露并且不必去做。不必要的宣告/披露有时候会令当事人认为披露了的情况会或多或少影响仲裁员的公平或独立。所以,过多的宣告/披露会不必要地令当事人对仲裁程序的信心减低。但在大家争辩后,工作小组相信重要的是明示“统一标准”——若仲裁员有疑问,他/她应作出宣告/披露。如果仲裁员感觉应宣告/披露,但受一些专业团体机密规则的限制,不准向外人作出,他/她应拒绝接受委任或应辞退。

(d) The Working Group has concluded that disclosure or disqualification should not depend on the particular stage of the arbitration. In order to determine whether the arbitrator should disclose or withdraw or whether a challenge by a party should be successful, the facts and circumstances alone are relevant and not the current stage of the procedure or the consequences of the withdrawal. As a practical matter, institutions make a distinction between the commencement of an arbitration proceeding and a later stage. Also, courts tend to apply different standards. Nevertheless, the Working Group believes it important to clarify that no distinction should be made regarding the stage of the arbitral procedure. While there are practical concerns if an arbitrator must withdraw after an arbitration has commenced, a distinction based on the stage of arbitration would be inconsistent with the General Standards. An arbitrator who decides to disclose or refuses to continue to act after the arbitral procedure has commenced, because new facts have arisen or new circumstances have occurred as a result of which he or she doubts his or her ability to be independent and impartial, should carefully consider the impact that this will have on the parties.

解释:(d)工作小组认为宣告/披露或丧失资格的责任/标准不应受仲裁程序到什么阶段的影响。决定仲裁员应否宣告/披露或辞退或挑战是否成功,又应考虑有关事实与情况,不包括程序到什么阶段或辞退的后果,出于现实,有些仲裁机构区分开始仲裁与后来阶段的仲裁程序,并有不同考虑。此外,有些国家法院也适用不同的准则/标准(例如英国法院应有此区分,请参阅第七章之3.6.5小段)。但工作小组认为不应区分。虽然有现实的考虑若让仲裁员在仲裁程序开始后辞退(因为要在另一位新的仲裁员面前重新来过,已做的大量工作可能全部浪费了),但以不同的仲裁阶段作出区分会与“统一标准”的大原则有矛盾。一位仲裁员因为有了新事实或新情况出现,决定宣告/披露或是自动辞退,应小心考虑对当事人的影响(例如,应只作披露并继续担任仲裁员,不要因为怕麻烦而动辄辞退不干)。

(4) waiver by the parties(当事人弃权)

(a) If, within 30 days after the receipt of any disclosure by the arbitrator of after a party learns of facts or circumstances that could constitute a potential conflict of interests for an arbitrator, a party does not raise an express objection with regard to that arbitrator, subject to paragraphs (b) and (c) of this General Standard, the party is deemed to have waived any potential conflict of interests by the arbitrator based on such facts or circumstances and may not raise any objection to such facts or circumstances at a later stage.

(a)如果在收到仲裁员的宣告/披露或当事人从另外渠道知道了会构成利益冲突的事实或情况后的30天内,如果当事人不去对该仲裁员提出书面反对(除了本"统一标准"之[b]与[c]段),他就被视为对有关事实或情况会导致的仲裁员潜在利益冲突作出了弃权,并且不准在后来阶段再提出。(注意:这里(a)至(d)是统一标准大原则之四)。

(b) However, if facts or circumstances exist as described in General Standard 2(d), any waiver by a party or any agreement by the parties to have such a person serve as arbitrator shaft be regarded as invalid.

(b)如果有"统一标准"之2(d)出现的事实或情况,当事人的弃权或双方同意让该位人士担任仲裁员都被视为无效。请稍后进一步看"不准弃权"的解释。

(c) A person should not serve as an arbitrator when a conflict of interests, such as those exemplified in the waivable Red List, exists. Nevertheless, such a person may accept appointment as arbitrator or continue to act as an arbitrator, if the following conditions are met:

(i) All parties and all arbitrators must have full knowledge of the conflict of interests; and

(ii) All parties must expressly agree that such person may serve as arbitrator despite the conflict of interests.

(c)如果有"可以弃权"的"红色清单"内所示情况,某人就不能担任仲裁员。他/她只能在以下两种情况接受委任或继续担任仲裁员:

(i)所有当事人与所有仲裁员一定有有关该利益冲突的全面知识/详情;

(ii)即使有利益冲突,所有当事人必须书面同意该人士担当仲裁员,即要求有明示同意的弃权。

(d) An arbitrator may assist the parties in reaching a settlement of the dispute at any stage of the proceedings. However, before doing so, the arbitrator should receive an express agreement by the parties that acting in such a manner shall not disqualify the arbitrator from continuing to serve as arbitrator. Such express agreement shall be considered to be an effective waiver of any potential conflict of interests that may arise from the arbitrator's participation in such process or from information that the arbitrator may learn in the process. If the assistance by the arbitrator does not lead to final settlement of the case, the parties remain bound by their waiver. However, consistent with General Standard 2(a) and notwithstanding such agreement, the arbitrator shall resign if, as a consequence of his or her involvement in the settlement process, the arbitrator develops doubts as to his or her ability to remain impartial or independent in the future course of the arbitration proceedings.

(d)仲裁员可在仲裁程序的任何阶段帮助当事人达成和解(即仲裁员可进行调解)。但担任调解员前,仲裁员应收到双方当事人关于他/她不会因此而丧失仲裁员的资格的书面协议(这是因为做了调解员,他/她不再适用担任仲裁员,因为调解难免要与一方当事人私下探讨有关案件与涉及争议的"是非曲直"外的因素)。该书面协议应被视为对仲裁员担任调解员后产生潜在利益冲突的弃权。故仲裁员无法成功帮双方达成和解而要重新推进仲裁,双方当事人受他们的弃权约束(即不会有一方当事人不满仲裁员,以他曾担任调解员而提出挑战)。但是,与大原则之2(a)一致,就是仲裁员介入调解后,若怀疑自己能否继续在将来的仲裁程序中保持不偏私或独立,应辞退。

Explanation to General Standard 4:(解释统一标准之四)

(a) The Working Group suggests a requirement of an explicit objection by the parties within a certain time limit. In the view of the Working Group, this time limit should also apply to a party who refuses to be involved.

解释:(a)工作小组建议订下一个明示要求当事人提出反对的时限。工作小组认为同样时限也适用于拒绝参与仲裁的不合作一方当事人。

(b) This General Standard is included to make General Standard 4(a) consistent with the non-waivable provisions of General Standard 2(d). Examples of such circumstances are described in the non-waivable Red List.

解释:(b)的"统一标准"是为了使4(a)与2(d)的不可弃权状况统一。这种情况的例子列在"不可弃权"的"红色清单"中。比如,仲裁员的儿子有重大经济利益是列在红色清单2.2.2提及的例子,当一方当事人知悉后,但不在4(a)要求的30天内提出反对,这本是弃权,但在4(b)说明是弃权无效或不算弃权。所以,红色清单的例子被称为"可弃权"(waivable),但唯一可让涉及红色清单事项的仲裁员继续下去的例外是4(c)的双方当事人明示同意。

(c) In a serious conflict of interests, such as those that are described by way of example in the waivable Red List, the parties may nevertheless wish to use such a person as an arbitrator. Here, party autonomy and the desire to have only impartial and independent arbitrators must be balanced. The Working Group believes persons with such a serious conflict of interests may serve as arbitrators only if the parties make fully informed, explicit waivers.

解释:(c)针对十分严重的利益冲突,是红色清单内的一种状况,但双方当事人会有特殊情况仍希望该仲裁员继续下去(该特殊情况是该仲裁员本人有名望,特别受到双方当事人尊重。或是,当时已经在仲裁程序的后期,从头再来不值得。又或是,仲裁庭共有3位仲裁员,只是一位仲裁员出问题,但另外两位很有名望并且有经验,因此当事人估计不至于坏事)。这里,有两个大原则出现了互相矛盾。一是以当事人意愿为准;二是要求不偏私与独立的仲裁员。它们之间必须平衡。工作小组相信如果有严重的利益冲突下,双方当事人必须有全面知识加上明示弃权(即不光接受默示弃权如在30天内不提出反对)。

(d) The concept of the Arbitral Tribunal assisting the parties in reaching a settlement of their dispute in the course of the arbitration proceedings is well established in some jurisdictions but not in others. Informed consent by the parties to such a process prior to its beginning should be regarded as effective waiver of a potential conflict of interests. Express consent is generally sufficient, as opposed to a consent made in writing which in certain jurisdictions requires signature. In practice, the requirement of an express waiver allows such consent to be made in the minutes or transcript of a hearing. In addition, in order to avoid parties using an arbitrator as mediator as a means of disqualifying the arbitrator, the General Standard makes clear that the waiver should remain effective if the mediation is unsuccessful. Thus, parties assume the risk of what the arbitrator may learn in the settlement process. In giving their express consent, the parties should realize the consequences of the arbitrator assisting the parties in a settlement process and agree on regulating this special position further where appropriate.

解释:(d)针对经常有的做法(如贸仲仲裁),就是仲裁庭在仲裁过程中参加并帮助双方当事人达成和解,但这种做法在有些管辖权地是绝对不允许的(如英国)。在此情况下,双方同意这样做已构成有效的弃权(针对仲裁员进行调解一事)。书面同意业已足够,不像一些管辖权地要求双方签字。现实中,这种书面同意只记录在开庭的纪要或卷宗。另外,会有一方当事人利用这个调解做法令仲裁员丧失资格,因此"统一标准"在此说明调解失败不影响较早弃权的有效性。总而言之,当事人应该明白,同意这个调解的做法就会令该仲裁员在过程中,如在与对方当事人单独见面/会谈中,知悉一些无法辩白的机密资料。故本"统一标准"做出这些规定针对这种特殊地位。

(5) scope(范围)

These Guidelines apply equally to tribunal chairs, sole arbitrators and party- appointed arbitrators. These Guidelines do not apply to non-neutral arbitrators, who do not have an obligation to be independent and impartial, as may be permitted by some arbitration rules or national laws.

这些"统一标准"同等适用于仲裁庭的主席、独任仲裁员及当事人委任仲裁员。但不适用于那些仲裁规则或国家法律允许一些没有责任保证独立与不偏私的"非中立"仲裁员。

Explanation to General Standard 5:(解释统一标准之五)

Because each member of an Arbitral Tribunal has an obligation to be impartial and independent, the General Standards should not distinguish among sole arbitrators, party-appointed arbitrators and tribunal chairs. With regard to secretaries of Arbitral Tribunals, the Working Group takes the view that it is the responsibility of the arbitrator to ensure that the secretary is and remains impartial and independent.

因为每一位仲裁庭的成员均有不偏私与独立的责任,因此"统一标准"不区分独任仲裁员、当事人委任的仲裁员与主席仲裁员。若仲裁庭有秘书,工作小组的看法是仲裁员本人的责任令该秘书保持不偏私与独立(例如不跟一方当事人私下会面)。

Some arbitration rules and domestic laws permit party-appointed arbitrators to be non-neutral. When an arbitrator is serving in such a role, these Guidelines should not apply to him or her, since their purpose is to protect impartiality and independence.

一些仲裁规则与本国法律允许当事人委任的仲裁员不必保持中立。在这种情况下,这里的"统一标准"不适用(例如没有宣告/披露或辞退的责任。这种情况出现在美国仲裁协会或简称 AAA 的本土规则[domestic rules],这也是纽约的法律认为当事人的仲裁员可以不必中立,中立只是针对第三位仲裁员或者是首席。所以听说在理论上一方当事人可以委任他的母亲作为当事人的仲裁员)。

(6) relationships(关系)

(a) When considering the relevance of facts or circumstances to determine whether a potential conflict of interests exists or whether disclosure should be made, the activities of an arbitrator's law firm, if any, should be reasonably considered in each individual case. Therefore, the fact that the activities of the arbitrator's firm involve one of the parties shall not automatically constitute a source of such conflict.

(a)考虑有关事实或情况以判断是否有潜在的利益冲突存在或是否宣告/披露,仲裁员所属的律师所(可见,这里针对仲裁员是一位律师的情况)的业务要根据每次不同事实的案件合理考虑。因此,若该"所"有业务"涉及"一方当事人不表示仲裁员就自动有了冲突。(注意:这里(a)至(c)是"统一标准"大原则之六)。

(b) Similarly, if one of the parties is a legal entity which is a member of a group with which the arbitrator's firm has an involvement, such facts or circumstances should be reasonably considered in each individual case. Therefore, this fact alone shall not automatically constitute a source of a conflict of interests or a reason for disclosure.

(b)一方当事人如果是集团公司下面的一位成员,而集团公司与仲裁员的"所有"牵连,该事实或情况应在每一个不同案件合理考虑。所以,仅有此事实不能自动构成利益冲突的成因或宣告/披露的原因。

(c) If one of the parties is a legal entity, the managers or directors of such legal entity and any person having a similar controlling influence on the legal entity shall be considered to be the equivalent of the legal entity.

(c)如果一方当事人是一个法人(一般都会如此),该法人的经理人或董事与任何有控制性影响的人士均被视为等同于该法人。

Explanation to General Standard 6:(解释统一标准之六)

(a) The growing size of law firms should be taken into account as part of today's reality in international arbitration. There is a need to balance the interests of a party to use the arbitrator of its choice and the importance of maintaining confidence in the impartiality and independence of international arbitration. In the opinion of the Working Group, the arbitrator must in principle be considered as identical to his or her law firm, but nevertheless the activities of the arbitrator's firm should not automatically constitute a conflict of interests. The relevance of such activities, such as the nature, timing and scope of the work by the law firm, should be reasonably considered in each individual case. The Working Group uses the term "involvement" rather than "acting for" because a law firm's relevant connections with a party may include activities other than representation on a legal matter.

解释：(a)参与国际仲裁的律师所越来越庞大，有必要平衡当事人可任意选择仲裁员与保持国际仲裁的不偏私与独立的重要性。工作小组的意见或看法是仲裁员在原则上一定要被视为与他/她所属的律师所有同一身份，但该律师所的业务/活动不应该自动构成利益冲突。该有关业务/活动需要根据它的本质、时间(例如是5年或10年前代理过一方当事人的一宗案件，相比只在1天前发生)与工作范围(例如是大或是小案件)等各种不同情况去合理考虑。工作小组使用的措辞是"涉及或牵连"，而不是"代理"，因为今天的律师所与客户的联系已不仅局限在代理/代理法律诉讼问题上。

(b) When a party to an arbitration is a member of a group of companies, special questions regarding conflict of interests arise. As in the prior paragraph, the Working Group believes that because individual corporate structure arrangements vary so widely an automatic rule is not appropriate. Instead, the particular circumstances of an affiliation with another entity within the same group of companies should be reasonably considered in each individual case.

解释：(b)集团公司的成员公司又会带来特殊利益冲突。工作小组相信不同的公司结构相差极大，故不能适用自动规则(例如必须辞退)。应就每宗大案件合理考虑。笔者可在此举一些实例解释。先是一个小集团，下面有几家成员公司，大家一起办公，人员不多而且重叠。这样一来，接受一家成员公司委任为仲裁员，而当时他/她的律师所正为集团另一成员公司代理一宗大案件显然是非常不妥当。但换了是香港政府(把它视为一庞大集团)，笔者不久前听到一位著名资深大律师说手头有案件是代理香港政府，或与香港政府敌对，或担任仲裁员，但该资深大律师一定不认为有利益冲突问题，这一点笔者完全同意。

(c) The party in international arbitration is usually a legal entity. Therefore, this General Standard clarifies which individuals should be considered effectively to be that party.

解释：(c)国际仲裁的当事人往往是法人(即"有限公司")，所以，"统一标准"澄清那些个别人士(自然人)亦被视为当事人。

(7) duty of arbitrator and parties(仲裁员与当事人的责任)

(a) A party shall inform an arbitrator, the Arbitral Tribunal and the other parties about any direct or indirect relationship between it (or another company of the same group of companies) and the arbitrator. The party shall do so on its own initiative before the beginning of the proceeding or as soon as it becomes aware of such relationship.

(a)要求一方当事人告知仲裁员，仲裁庭与对方当事人（或集团内的联营公司）与仲裁员之间有直接或间接关系。当事人一旦知悉，他应采取主动。（注意：这里(a)至(c)是“统一标准”大原则之七）。

(b) In order to comply with General Standard 7(a), a party shall provide any information already available to it and shall perform a reasonable search of publicly available information.

(b)要求当事人为了符合“统一标准”之7(a)，一方当事人要提供他已经获得的资料并在公开取得的资料中进行一个合理搜查。

(c) An arbitrator is under a duty to make reasonable enquiries to investigate any potential conflict of interests, as well as any facts or circumstances that cause his or her impartiality or independence to be questioned. Failure to disclose a potential conflict is not excused by lack of knowledge if the arbitrator makes no reasonable attempt to investigation.

(c)仲裁员有责任作出有关潜在的利益冲突的合理查询，以及任何会令他/她的不偏私或独立受质疑的事实或情况。如果仲裁员没有采取合理企图去调查，未宣告/披露一些潜在冲突并不能以不知道为借口。

Explanation to General Standard 7:（解释统一标准之七）

To reduce the risk of abuse by unmeritorious challenge of an arbitrator's impartiality or independence, it is necessary that the parties disclose any relevant relationship with the arbitrator. In addition, any party or potential party to an arbitration is, at the outset, required to make a reasonable effort to ascertain and to disclose publicly available information that, applying the general standard, might affect the arbitrator's impartiality and independence. It is the arbitrator or putative arbitrator's obligation to make similar enquiries and to disclose any information that may cause his or her impartiality or independence to be called into question.

解释：在“统一标准”大原则之七是企图减少对仲裁员不偏私或独立的挑战。它要求当事人与仲裁员都披露关系并且要求当事人在一开始作出合理确定与宣告/披露一些可能影响仲裁员的不偏私与独立的公开资料。

PART Ⅱ PRACTICAL APPALICATION OF THE GENERAL STANDARDS

第二部分：统一标准的实际适用

1. the Working Group believes that if the Guidelines are to have an importance practical influence, they should reflect situations that are likely to occur in today's arbitration practice. The Guidelines should provide specific guidance to arbitrators, parties, institutions and courts as to what situations do or do not constitute conflicts of interest or should be disclosed.

工作小组相信这些指引若能产生实际影响，它们就要反映在今天仲裁业务中很可能发生的一些状况。指引应提供一些有关什么状况是或不是利益冲突的特定指引给仲裁员、当事人、仲裁机构及法院或应去宣告/披露。

For this purpose, the members of the Working Group analyzed their respective case law and categorized situations that can occur in the following Application Lists. These lists obviously cannot contain every situation, but they provide guidance in many circumstances, and the Working Group has sought to make them as comprehensive as possible. In all cases, the General Standards should control.

因此,工作小组成员分析了有关的案例/判例并归纳了下列"适用清单"中可能发生的状况。这些清单明显不能包括各种不同状况,但它们在许多不同的情况下提供了指引,而工作小组亦尽量令清单全面。总之,在所有案件中,都以"统一标准"为准。

2. The Red List consists of two parts: "a non-waivable Red List" [see General Standards 2(c) and 4(b)] and "a waivable Red List" [see General Standard 4(c)]. These lists are a non-exhaustive enumeration of specific situations which, depending on the facts of a given case, give rise to justifiable doubts as to the arbitrator's impartiality and independence; i. e., in these circumstances an objective conflict of interests exists from the point of view of a reasonable third person having knowledge of the relevant facts [see General Standard 2(b)]. The non-waivable Red List includes situations deriving from the overriding principle that no person can be his or her own judge. Therefore, disclosure of such a situation cannot cure the conflict. The waivable Red List encompasses situations that are serious but not as severe. Because of their seriousness, unlike circumstances described in the Orange List, these situations should be considered waivable only if and when the parties, being aware of the conflict of interests situation, nevertheless expressly state their willingness to have such a person act as arbitrator, as set forth in General Standard 4(c).

红色清单分为两部分:"不能弃权红色清单"[请看"统一标准"之2(c)与4(b)]与"可弃权红色清单"[请看"统一标准"之4(c)]。这些清单列举了难以尽录的根据特定案件的事实,可产生对仲裁员的不偏私与独立的合理怀疑的特定状况。即,在该种情况下,有一个客观的利益冲突出现,这是从一位合理第三者并且熟悉了内情的眼光来看[请看"统一标准"之2(b)]。不能弃权红色清单包括的状况来自最高天条的"任何人不能做自己的法官"。所以,只凭宣告/披露不能解决这种冲突。可弃权红色清单包括严重状况但严重性稍低。由于严重性,故不像橙色清单的情况,只有当事人知悉了利益冲突状况后,仍然明示表示他们愿意该人士继续担任仲裁员,弃权才能有效,正如是"统一标准"之4(c)。

3. The Orange List is a non-exhaustive enumeration of specific situations which (depending on the facts of a given case) in the eyes of the parties may give rise to justifiable doubts as to the arbitrator's impartiality or independence. The Orange List thus reflects sit-

uations that would fall under General Standard 3(a), so that the arbitrator has a duty to disclose such situations. In all these situations, the parties are deemed to have accepted the arbitrator if, after disclosure, no timely objection is made. [General Standard 4(a)].

橙色清单列举了难以尽录的特定状况,是在(根据特定案件的不同事实)当事人眼中(注意:不是第三者眼中)可能会产生对仲裁员不偏私或独立的合理怀疑。橙色清单反映了“统一标准”3(a)下的情况,故仲裁员有责任宣告/披露。在所有这种状况下,若当事人不及时反对,即算是接受该仲裁员(或可称为默示弃权)。

4. It should be stressed that, as stated above, such disclosure should not automatically result in a disqualification of the arbitrator; no presumption regarding disqualification should arise from a disclosure. The purpose of the disclosure is to inform the parties of a situation that they may wish to explore further in order to determine whether objectively—i.e., from a reasonable third person's point of view having knowledge of the relevant facts — there is a justifiable doubt as to the arbitrator's impartiality or independence. If the conclusion is that there is no justifiable doubt, the arbitrator can act. He or she can also act if there is no timely initiative before the beginning of the proceeding or as soon as it becomes aware of such relationship.

需要强调的是,这些宣告/披露不应自动导致仲裁员丧失资格;不能假设两件事等同。宣告/披露的作用是通知当事人一种状况,是他们想进一步探讨,并判断在合理与熟悉内情的第三者眼中客观看来,有否合理怀疑。如果结论是没有,仲裁员可以干下去。如果没有及时的反对或可弃权红色清单包括的状况,双方当事人特定同意接受,他/她也可干下去,如“统一标准”之4(c)。当然,如果一方当事人提出正式挑战,但有权作决定的一方(一般最终决定权在仲裁地监督法院法官)裁决挑战不成功,仲裁员可以干下去。

5. In addition, a later challenge based on the fact that an arbitrator did not disclose such facts or circumstances should not result automatically in either non- appointment, later disqualification or a successful challenge to any award. In the view of the Working Group, non-disclosure cannot make an arbitrator partial or lacking independence; only the facts or circumstances that he or she did not disclose can do so (The Working Group is aware that this might be contrary to the law in certain jurisdictions).

另外,仲裁员不去宣告/披露不影响以后的挑战,不会导致因不披露而被“惩罚”,带来自动的不准委任为仲裁员,或稍后自动丧失资格或挑战裁决书成功。在工作小组看来,宣告/披露不会令仲裁员偏私或欠缺独立;只有他/她不披露的事实或情况才会。(工作小组知道些法律有不同规定)。总而言之,不必考虑这不披露的事实,当然,这样一来会减少对宣告/披露要求或责任的阻吓。

6. The Green List contains a non-exhaustive enumeration of specific situations where no appearance of, and no actual, conflict of interests exists from the relevant objective point of view. Thus, the arbitrator has no duty to disclose situations falling within the

Green List. In the opinion of the Working Group, as already expressed in the Explanation to General Standard 3(a), there should be a limit to disclosure, based on reasonableness; in some situations, an objective test should prevail over the purely subjective test of "the eyes of the parties."

绿色清单列举了难以尽录的特定状况,是客观看来没有表象与没有真正的利益冲突存在。因此,仲裁员没有责任去宣告/披露在绿色清单中所列举的状况。工作小组的意见是,已在解释"统一标准"之3(a)中提到,宣告/披露应有限度,依据合理与否;在某一些状况下(即绿色清单内),一个客观标准应超越纯主观标准的"当事人眼中"。

7. Situations falling outside the time limit used in some of the Orange List situations should generally be considered as falling in the Green List, even though they are not specifically stated. An arbitrator may nevertheless wish to make disclosure if, under the General Standards, he or she believes it to be appropriate. While there has been much debate with respect to the time limits used in the Lists, the Working Group has concluded that the limits indicated are appropriate and provide guidance where none exists now. For example, the three-year period in Orange List 3.1 may be too long in certain circumstances and too short in others, but the Working Group believes that the period is an appropriate general criterion, subject to the special circumstances of any case.

状况在橙色清单的时限外,一般算是绿色清单(这时限制如过往的联系若发生在3年以内应在橙色清单,而3年前以上的联系也就纳入绿色清单了)。但仲裁员会有理由认为适合去宣告/披露(例如联系是4年前,但这联系非是一般)。曾有不少有关效应多长的争辩,工作小组最后觉得作为指引,订下的时限是恰当的。例如,在橙色清单之3.1的3年时限会在一些情况太长而其他情况太短,但工作小组相信订下的时限作为一般性规定是恰当的,但以每一案件的特殊情况进行调整。注:显然在过去关系(即使是密切的如爱人关系)时隔一久,也就淡下来了。但时限订得太长,如30年或50年,商业社会难以做到。故目前,大家各自有不同的时限,一过了即不再理会,也不宣告/披露这过去关系。例如,有一位国际著名仲裁员,本人是一位律师,曾在某公开场合讲他自己订下来的规矩是5年为限。但伦敦海事仲裁员的不成文规矩是离开了原来工作的互保协会,1年后才能接受原来工作的互保协会与旧同事的委任。今天有不少海事仲裁员是来自互保协会,而互保协会一向是仲裁的主要案源。除了时间,过去是什么关系亦十分重要。特别密切的关系是特殊情况,时限应该调整。

8. The borderline between the situations indicated is often thin. It can be debated whether a certain situation should be on one List of instead of another. Also, the Lists contain, for various situations, open norms like "significant" or "material." The Working Group has extensively and repeatedly discussed both of these issues, in the light of comments received. It believes that the decisions reflected in the Lists reflect international principles to the best extent possible and that further definition of the norms, which should

be interpreted reasonably in light of the facts and circumstances in each case, would be counter-productive.

清单内的状况会有界限不清的情况。大家会争辩某种状况应否放在另一份清单更恰当。此外,清单加了一些空泛准则,如“显著/重大”或“关键”。工作小组曾根据所收到的意见深入与重复讨论这两方面。相信清单中的决定反映了国际上大原则的最佳定义,只须在每次不同事实与情况的个别案件中作合理解释即可,再进一步增加定义(讲得更细)反而会坏事。

9. There has been much debate as to whether there should be a Green List at all and also, with respect to the Red List, whether the situations on the Non- Waivable Red List should be waivable in light of party autonomy. With respect to the first question, the Working Group has maintained its decision that the subjective test for disclosure should not be the absolute criterion but that some objective thresholds should be added. With respect to the second question, the conclusion of the Working Group was that party autonomy, in this respect, has its limits.

有过许多关于绿色清单的必要性以及当事人自愿大原则下不可弃权红色清单的必要性(即双方当事人同意弃权,何必阻止)的争论。在第一问题上,工作小组坚持有关宣告/披露的主观标准不能是绝对的准则而要加一些客观的分水线。在第二个问题上,工作小组的结论是当事人意愿的大原则仍有限度。

1. Non-Waivable Red List(不能弃权红色清单)

1.1 There is an identity between a party and the arbitrator, or the arbitrator is a legal representative of an entity that is a party in the arbitration.

不能弃权红色清单之一:一方当事人与仲裁员是同一身份,或仲裁员是一方当事人的法定代表/代理人。

1.2 The arbitrator is a member of the supervisory board or a director of, or holds a similar position in, one of the parties or an affiliate[10] of one of the parties if the affiliate is directly involved in the matters in dispute in the arbitration.

不能弃权红色清单之二:如果集团公司直接涉及仲裁的争议事项,仲裁员是监督董事局的一位成员或是一位董事,或拥有相同职位的一方当事人的公司或它的集团公司。今天集团公司很大,涉及不同业务。(如香港电灯公司与现代货箱码头是同一大集团,但与业务无关,故前者是当事人之一而后者由一位董事担任)

1.3 The arbitrator has a significant financial interest in one of the parties or the outcome of the case.

不能弃权红色清单之三:仲裁员在一方当事人或案件的结果有重大经济利益。

---

〔10〕 Throughout the Application Lists, the term “affiliate” encompasses all companies in one group of companies including the parent company.

所以,仲裁员千万别同意根据“no cure, no pay”收费。

2. Waivable Red List(可弃权红色清单)

2.1 Relationship of the arbitrator to the dispute(仲裁员与争议的联系/关系)

2.1.1 The arbitrator has given legal advice or provided an expert opinion on the dispute to a party or an affiliate of one of the parties.

可弃权红色清单之第一类:

仲裁员与争议的联系/关系之一:仲裁员曾为一方当事人或他的联营公司给予法律意见或提供了争议的专家意见。

2.1.2 The arbitrator has previous involvement in the case.

仲裁员与争议的联系/关系之二:仲裁员曾涉及有关案件。

2.2 Arbitrator's direct or indirect interest in the dispute(仲裁员在争议的直接或间接利益)

2.2.1 The arbitrator holds shares, either directly or indirectly, in one of the parties or an affiliate of one of the parties that is privately held.

可弃权红色清单之第二类:

仲裁员的直接或间接利益在争议之一:仲裁员拥有一方当事人或其他集团公司的股份,而该公司是私人公司。私人公司股份不像上市公司有市场买卖自由。私人公司占有股份表示背后有更密切的关系。

2.2.2 A close family member[11]

of the arbitrator has a significant financial interest in the outcome of the dispute.

仲裁员的直接或间接利益在争议之二:仲裁员的“近亲”(定义是爱人/配偶、兄弟姊妹、子女、父母或终身合伙人)在争议的结果有重大经济利益。

2.2.3 The arbitrator or a close family member of the arbitrator has a close relationship with a third party who may be liable to recourse on the part of the unsuccessful party in the dispute.

仲裁员的直接或间接利益在争议之三:仲裁员或他/她的“近亲”与一位有可能将来被败诉方追讨补偿的第三者有密切关系。

2.3 Arbitrator's relationship with the parties or counsel(仲裁员与当事人或代理律师的联系/关系)

2.3.1 The arbitrator currently represents or advises one of the parties or an affiliate of one of the parties.

可弃权红色清单之第三类:

仲裁员与当事人或代表律师的联系/关系之一:仲裁员目前代表或给一方当事人

---

〔11〕 Throughout the Application Lists, the term “close family member” refers to a spouse, sibling, child, parent or life partner.

或他的其他集团公司提供意见(不在有关的争议,但足够显示双方有联系/关系)。

2.3.2 The arbitrator currently represents the lawyer or law firm acting as counsel for one of the parties.

仲裁员与当事人或代表律师的联系/关系之二:仲裁员目前代表一方当事人的律师或他的律师所(注:律师所也会面对诉讼,需要委任代表律师)。

2.3.3 The arbitrator is a lawyer in the same law firm as the counsel to one of the parties.

仲裁员与当事人或代表律师的联系/关系之三:仲裁员与一方当事人的代表律师在同一律师所工作。

2.3.4 The arbitrator is a director or someone who has a similar position to one of the parties or an affiliate thereof.

仲裁员与当事人或代表律师的联系/关系之四:仲裁员是一位董事或在一方当事人或其他集团公司有相同地位。

2.3.5 The arbitrator's law firm had a previous but terminated involvement in the case without the arbitrator being involved himself or herself.

仲裁员与当事人或代表律师的联系/关系之五:仲裁员的律师所以前曾涉及一件已中断/中止的案件,但仲裁员本人没有参与。

2.3.6 The arbitrator's law firm currently has a significant commercial relationship with one of the parties or an affiliate of one of the parties.

仲裁员与当事人或代表律师的联系/关系之六:仲裁员的律师所目前与一方当事人或其他集团公司有重大商业关系。

2.3.7 The arbitrator regularly advises the appointing party or an affiliate of the appointing party, but neither the arbitrator nor his or her firm derives a substantial financial income therefrom.

仲裁员与当事人或代表律师的联系/关系之七:仲裁员不断提供/给予委任方或其他集团公司意见(不是有关目前在仲裁的争议),但他/她或律师所没有因此而获得重大经济收入。因为若有重大经济收入就会变成为1.3的状况。

2.3.8 The arbitrator has a close family relationship with one of the parties or with a director or someone who has a similar position in one of the parties or an affiliate of one of the parties or with a counsel representing a party.

仲裁员与当事人或代表律师的联系/关系之八:仲裁员与一方当事人以及其公司/其他集团公司一位董事或拥有相同地位的一位人士或一方当事人的代表律师有"近亲"关系/联系。就代表律师而言,看来没有扩展至其所属的律师所。因此,会否是"儿子"的代表律师不能接受在"父亲"担任仲裁员的状况,除非双方当事人明示弃权?但不包括"儿子"本人不参与,但他的其他同胞在"父亲"担任仲裁员的案件中担任代表律师的状况?

2.3.9 A close family member of the arbitrator has a significant financial interest in one of the parties or an affiliate of one of the parties.

仲裁员与当事人或代表律师的联系/关系之九：仲裁员"近亲"成员在一方当事人或它的其他集团公司有重大经济利益。

3. Orange List(橙色清单)

3.1 Previous services for one of the parties or other involvement in the case

3.1.1 The arbitrator has within the past three years served as counsel for one of the parties or an affiliate of one of the parties or has previously advised or been consulted by the party or an affiliate of the party making the appointment in an unrelated matter, but the arbitrator and the party or the affiliate of the party have no ongoing relationship.

橙色清单之第一类：

以往为一方当事人服务或其他方面涉及案件之一：仲裁员曾在过去3年内为一方当事人或它的其他集团公司担任代表律师或曾提供意见或曾被委任方询问其他方面的事件(与本仲裁案件无关)，但之后没有延续的联系/关系。

3.1.2 The arbitrator has within the past three years served as counsel against one of the parties or an affiliate of one of the parties in an unrelated matter.

以往为一方当事人服务或其他方面涉及案件之二：仲裁员曾在过去3年内在其他与本仲裁案件无关的事件敌对一方当事人或他的其他集团公司。不曾服务过，但曾敌对/对抗过，一样令有关当事人不安。

3.1.3 The arbitrator has within the past three years been appointed as arbitrator on two or more occasions by one of the parties or an affiliate of one of the parties.[12]

以往为一方当事人服务或其他方面涉及案件之三：仲裁员曾在过去3年内被一方当事人或它的其他集团公司委任为仲裁员多于2次。该要求在笔者所熟悉的海事或商业仲裁中很难遵守，因为习惯上常委任一批人数不多的仲裁员，比如笔者。而且，海事与商品仲裁案件很多，争议金额也往往不太大，喜欢经常仲裁的公司也就是几家，例如有几家喜欢诉讼的希腊大船东常委任在伦敦的2~3位希腊仲裁员，有时会多至一星期2~3宗以上不同案件，若要分开不同仲裁员去委任，哪有这么多伦敦海事仲裁员。所以，常出现过去3年内一方当事人曾委任同一仲裁员20次或40次或更多次数。看来，这套国际律师会的指引是以大宗的国际仲裁案件为出发点。

3.1.4 The arbitrator's law firm has within the past three years acted for one of the parties or an affiliate of one of the parties in an unrelated matter without the involvement of

[12] It may be the practice in certain specific kinds of arbitration, such as maritime or commodities arbitration, to draw arbitrators from a small, specialized pool. If in such fields it is the custom and practice for parties frequently to appoint the same arbitrator in different cases, no disclosure of this fact is required where all parties in the arbitration should be familiar with such custom and practice.

the arbitrator.

以往为一方当事人服务或其他方面涉及案件之四：仲裁员的律师所在过去3年内曾在其他与本仲裁案件无关的事实代表一方当事人或它的其他集团公司，而且有关仲裁员本人没有参与。

3.1.5　The arbitrator currently serves, or has served within the past three years, as arbitrator in another arbitration on a related issue involving one of the parties or an affiliate of one of the parties.

以往为一方当事人服务或其他方面涉及案件之五：仲裁员目前或曾在过去3年内在另一宗涉及一方当事人或其集团公司有关相同争议的仲裁案件中担任仲裁员。这在海事或商品仲裁中常会出现，与上述3.1.3提及的问题相同。例如，原告是卖方，它与几个不同买方订立了几个大豆买卖合约，中国对进口的南美大豆实施禁运，引致买卖后合约无法履行，并产生庞大索赔。卖方早在另一个相同争议中委任了笔者为仲裁员。接下来同一卖方在一个不同买方但争议相同的案件中再委任笔者为仲裁员。这样一来，笔者在第二次委任即会有宣告/披露责任，也正是本清单在这里的状况。另一种千变万化的状况是"一连串合约"或"合约链"(chain contract)。这里问题不少：一是机密责任会影响宣告/披露。二是对"相同争议"不容易准确定义。三是前一个委任争议尚在仲裁程序早期，可能连交换文书请求(pleadings)也未开始或完成，无法准确知道有什么相同争议，即使表面上都是有关南美大豆禁运。例如一宗争议只是合约受阻(frustration)，另一宗争议却是中方买方没有准时开信用证或支付按金(deposit)。更有可能由于不同事实会有弃权与禁止翻供(waiver & estoppel)等之争。

3.2　Current services for one of the parties(目前在为一方当事人服务)

3.2.1　The arbitrator's law firm is currently performing services to one of the parties or to an affiliate of one of the parties in an unrelated matter without creating a significant commercial relationship and without the involvement of the arbitrator.

橙色清单之第二类：

目前在为一方当事人服务之一：仲裁员的律师所目前在对一方当事人或它的其他集团公司履行服务，但服务的事情与本仲裁无关也不会产生重大商业关系/联系并且不涉及有关仲裁员。

3.2.2　A law firm that shares revenues or fees with the arbitrator's law firm renders services to one of the parties or an affiliate of one of the parties not in relation to the dispute before the arbitral tribunal.

目前在为一方当事人服务之二：一律师所与仲裁员的律师所的分摊收益或给一方当事人或它的集团公司提供收费服务协议，而服务与目前的仲裁庭争议无关。这种状况可以新加坡为例，几年前新加坡放宽律师业务，欢迎或接受的主要是英国律师所与新加坡律师所合作/联营。这样一来，不少新加坡著名律师所如"ABC所"在与另一家伦敦跨国律师所"XYZ所"协议合作后改称为"XYZABC所"。由于"XYZ所"

不少合伙人常被委任为仲裁员,这是今天的实际情况。但恐怕"ABC 所"正好在其他的事件中在新加坡为其中一方当事人或它的集团公司服务。

3.2.3 The arbitrator or his or her firm represents a party to the arbitration on a regular basis but is not involved in the current dispute.

目前在为一方当事人服务之三:仲裁员或他/她的律师所经常在仲裁案件中代表一方当事人但没有涉及目前的争议。

3.3 Relationship between an arbitrator and another arbitrator or counsel.(一位仲裁员与另一位同在仲裁庭的成员或代理律师的联系/关系)

3.3.1 The arbitrator and another arbitrator are lawyers in the same law firm.

橙色清单之第三类:

一位仲裁员与另一位仲裁员或代表律师的联系/关系之一:仲裁员与另一位仲裁员在同一律师所工作。

3.3.2 The arbitrator and another arbitrator or the counsel for one of the parties are members of the same barristers' chambers.[13]

一位仲裁员与另一位仲裁员或代表律师的联系/关系之二:他们是同一大律师事务所的成员。这里针对英国与香港仍然保留的律师制度,就是区分为"业务律师"(solicitor)与"大律师"(barrister)。只有前者才成立合伙的律师所,后者走"单帮",是"个体户",但一些大律师仍会走在一起成立大律师事务所,主要分摊固定成本。经常有同一事务所的两位大律师在同一仲裁案件中担任仲裁员或一位是仲裁员,另一位是代表一方当事人的大律师,大家各干各的。英国的先例已明确这完全可以:Laker v. FLS (1999) 2 Lloyd's Rep. 45。因此,英国法律下也不存在需要披露/宣告这个事实或情况,这与国际律师会的指引似乎有不同对待。

3.3.3 The arbitrator was within the past three years a partner or colleague of, or otherwise affiliated with, another arbitrator or any of the counsel in the same arbitration.

一位仲裁员与另一位仲裁员或代表律师的联系/关系之三:他们之间曾在过去3年内为合伙人或同事或合作过。该代表律师是指原/被告双方任何一方。

3.3.4 A lawyer in the arbitrator's law firm is an arbitrator in another dispute involving the same party or parties or an affiliate of one of the parties but concerning an unrelated issue.

一位仲裁员与另一位仲裁员或代表律师的联系/关系之四:仲裁员的律师所另有一位律师在另一宗与当前的仲裁争议无关的其他案件中担任仲裁员,而该"其他案件"涉及同一方当事人或他的集团公司。

3.3.5 A close family member of the arbitrator is a partner or employee of the law

---

[13] Issues concerning special considerations involving barristers in England are discussed in the Background and History issued by the Working Group.

firm representing one of the parties, but is not assisting with the dispute.

一位仲裁员与另一位仲裁员或代表律师的联系/关系之五：仲裁员的一位密切家庭成员是代表一方当事人的律师所内的合伙人或雇员，并且没有协助处理有关争议。这方面请参阅第七章3.6.1小段笔者（杨良宜）在国际商会（ICC）的遭遇。看来，笔者向ICC披露/宣告是正确做法，但按理说，在没有作出缘由下不批准笔者的委任似乎严格了一点。

3.3.6　A close personal friendship exists between an arbitrator and a counsel of one party, as demonstrated by the fact that the arbitrator and the counsel regularly spend considerable time together unrelated to professional work commitments or the activities of professional associations or social organizations.

一位仲裁员与另一位仲裁员或代表律师的联系/关系之六：一位仲裁员与一方当事人的代表律师有十分密切的友情，有事实显示双方经常花大量时间在一起，而这又与专业工作或专业组织或社会组织的活动（例如，参加会议、共在一个委员会、一起讲座等）无关。太友好关系/密切联系有其他危险，即使双方会检点不谈及有关仲裁案件，但多讲就会有危险漏口，例如让一方先知道裁决结果，但另一方仍蒙在鼓里。

3.3.7　The arbitrator has within the past three years received more than three appointments by the same counsel or the same law firm.

一位仲裁员与另一位仲裁员或代表律师的联系/关系之七：仲裁员曾在过去3年内被同一代表律师或同一律师所委任为仲裁员多于3次。这里的情形与3.1.3相同，也业已提到这在海事或商品仲裁中很难遵守。

3.4　Relationship between arbitrator and party and others involved in the arbitration（仲裁员与当事人及其他参加仲裁人士的联系/关系）

3.4.1　The arbitrator's law firm is currently acting adverse to one of the parties or an affiliate of one of the parties in an unrelated matter.

橙色清单之第四类：

仲裁员与当事人及其他参与仲裁人士的联系/关系之一：仲裁员的律师所目前在另一宗无关本仲裁的案件中敌对/对抗一方当事人或它的其他集团公司。

3.4.2　The arbitrator had been associated within the past three years with a party or an affiliate of one of the parties in a professional capacity, such as a former employee or partner.

仲裁员与当事人及其他参与仲裁人士的联系/关系之二：仲裁员与一方当事人或他的其他集团公司曾有过合作，如以往是雇员或合伙人。

3.4.3　A close personal friendship exists between an arbitrator and a director or a manager of a party or a witness or expert, as demonstrated by the fact that the arbitrator and such director, manager, witness or expert regularly spend considerable time together Unrelated to professional work commitments or the activities of professional associations or social organizations.

仲裁员与当事人及其他参与仲裁人士的联系/关系之三:一位仲裁员与一方当事人的董事或经理或一位证人或专家证人有十分密切的友情,有事实显示双方经常花大量时间在一起,而这又与专业工作或专业组织或社会组织的活动无关。

3.4.4 If the arbitrator is a former judge, he has previously heard a case involving one of the parties.

仲裁员与当事人及其他参与仲裁人士的联系/关系之四:仲裁员若是一位前任法官,他曾审理过涉及一方当事人的案件。这里可能的问题是以前案件中会出现像批准一方当事人不诚实等事情,但以前的仲裁案件不必披露是因为机密。

3.5 Other circumstances(其他情况)

3.5.1 The arbitrator holds shares, either directly or indirectly, which by reason of number or denomination constitute a material holding in one of the parties or an affiliate of one of the parties that is publicly listed.

橙色清单之第五类:

其他情况之一:仲裁员直接或间接拥有大量股份,是属公开上市的一方当事人或他的其他集团公司。

3.5.2 The arbitrator has publicly advocated a specific position regarding the case that is being arbitrated, whether in a published paper or speech or otherwise.

其他情况之二:仲裁员曾在一份报纸、发言或其他媒体,公开为一个特定立场申辩,而该立场涉及有关仲裁的案件。

3.5.3 The arbitrator holds a position in an arbitration institution with appointing authority over the dispute.

其他情况之三:仲裁员在一个委任机构内有职称。这一点很有争议,比如,笔者(杨良宜)目前是"香港国际仲裁中心"(HKIAC)主席,也经常被中心这个"法定机构"委任为仲裁员,也必须要宣告/披露吗?固然,披露也没有太大问题,反正这是公开资料,但这种委任与不公正或偏私似乎没有任何关系。这种委任往往涉及一些完全陌生的双方当事人,公正与不偏私的程度上,比一方当事人与/或他的代表律师的委任可能更为有保证,故加在橙色清单似乎没有必要。

3.5.4 The arbitrator is a member of the supervisory board or a director of, or holds a similar position in, an affiliate of one of the parties, where the affiliate is not directly involved in the matters in dispute in the arbitration.

其他情况之四:仲裁员是一方当事人集团内其他公司(但不涉及本仲裁的争议)的董事局成员或一位董事或持有相同地位。

4. Green List(绿色清单)

4.1 Previously expressed legal opinions (以往曾表达过法律意见)

4.1.1 The arbitrator has previously expressed a general opinion in an unrelated forum (such as in a law review article or lecture) concerning an issue which also arises in the arbitration (but this opinion is not focused on the case that is being arbitrated).

绿色清单之第一类：

以往曾表达过法律意见：仲裁员以往曾在一个无关本仲裁的场合(例如在法律期刊的文章或讲座)发表了一般性意见，是有关一个在本仲裁中出现的争端(而该一般性意见并非针对本仲裁案件)。

4.2　Previous services against one party(以往曾敌对一方当事人)

4.2.1　The arbitrator's law firm has acted against one of the parties or an affiliate of one of the parties in an unrelated matter without the involvement of the arbitrator.

绿色清单之第二类：

以往曾敌对一方当事人：仲裁员的律师所曾在一宗无关本仲裁的案件中敌对/对抗一方当事人或它的其他集团公司，并且没有仲裁员的参与。

4.3　Current services for one of the parties(目前在为一方当事人服务)

4.3.1　A firm in association or in alliance with the arbitrator's law firm, but which does not share fees or other revenues with the arbitrator's law firm, renders services to one of the parties or an affiliate of one of the parties in an unrelated matter.

绿色清单之第三类：

目前在为一方当事人服务：一家与仲裁员的律师所合作或联号的其他律师所，但双方的律师所不分摊收益或其他收益，而该其他律师所在一宗无关本仲裁的案件中为一方当事人或它的其他集团公司提供服务。

4.4　Contacts with another arbitrator or with counsel for one of the parties(与其他仲裁员或一方当事人代表律师的接触)

4.4.1　The arbitrator has a relationship with another arbitrator or with the counsel for one of the parties through membership in the same professional association or social organization.

绿色清单之第四类：

与其他仲裁员或一方当事人代表律师的接触之一：仲裁员与另一位仲裁员或一方当事人代表律师有同是一个专业团体或公共组织会员的联系/关系。

4.4.2　The arbitrator and counsel for one of the parties or another arbitrator have previously served together as arbitrators or as co-counsel.

与其他仲裁员或一方当事人代表律师的接触之二：仲裁员与一方当事人代表律师或另一位仲裁员曾经在以往案件中合作担任共同仲裁员或共同代表律师。

4.5　Contacts between the arbitrator and one of the parties(仲裁员与一方当事人的接触)

4.5.1　The arbitrator has had an initial contact with the appointing party or an affiliate of the appointing party (or the respective counsels) prior to appointment, if this contact is limited to the arbitrator's availability and qualifications to serve or to the names of possible candidates for a chairperson and did not address the merits or procedural aspects of the dispute.

绿色清单之第五类:

仲裁员与一方当事人的接触之一:仲裁员曾在初始跟委任方当事人或其他集团公司(或代表律师)有过单方面接触,只限于仲裁员本人是否有空担任仲裁员与他的资格或一些可能的人被选为首席仲裁员,并没有谈到争议本身的实质或程序方面。不清楚之处仍有,如委任前曾有过"见面"(interview)的状况又如何?

4.5.2 The arbitrator holds an insubstantial amount of shares in one of the parties or an affiliate of one of the parties, which is publicly listed.

仲裁员与一方当事人的接触之二:仲裁员拥有少量属于公开上市的一方当事人或其他集团公司的股份。

4.5.3 The arbitrator and a manager or director of one of the parties or an affiliate of one of the parties have worked together as joint experts or in another professional capacity, including as arbitrators in the same case.

仲裁员与一方当事人的接触之三:仲裁员曾与一方当事人或其他集团公司一位经理或董事一起工作过,如共同担任专家或其他专业任务,包括在同一宗案件中共同担任仲裁员。

A flow chart is attached to these Guidelines for easy reference to the application of the Lists. However, it should be stressed that this is only a schematic reflection of the very complex reality. Always, the specific circumstances of the case prevail.

第九章 1996年《仲裁法》生效后违反自然公正的主要案例介绍

1. 序 言

管理与推进仲裁程序，是一位仲裁员的两大主要任务或工作（另一项是拟定裁决书）。英国与香港法律，并没有对仲裁程序作出任何规定或指引，只是泛泛地说这完全是仲裁员的裁量权（discretion）。所以，一贯的说法是，“仲裁员是程序的主人，只要他依从自然公正”（The arbitrator is the master of the procedures as long as he observes natural justice），见 Diplock 勋爵在 Bremer Vulkan v. South India Shipping (1981) Lloyd's Rep. 253 的发言。

立法亦是如此，英国1996年《仲裁法》之 Section 34(1) 只有一句说：“It shall be for the tribunal to decide all procedural and evidential matters, subject to the right of the parties to agree any matter.”（仲裁庭可决定所有程序与证据方面的事情，除非双方当事人另有约定。）

故可以说，英国的仲裁法律一直以来就是配合“随意仲裁”（ad hoc arbitration）的做法，它从来没有对仲裁程序规定“立法程序”（statutory code）。

如果双方当事人采用某民间机构拟定的“仲裁规定”（arbitration rules），则它们常会有一些程序上的规定或指引。例如，“伦敦国际仲裁院”（London Court of International Arbitration，简称 LCIA）在 Article 15 中规定了交换文书请求的时间表，一般是相隔30天。这也是一些仲裁机构宣扬它们比随意仲裁要优越的一些方面。但随意仲裁的好处是：

（i）程序问题千变万化，难以硬性规定，每次要以当时的情况与事实作出最佳与最公平做法的裁量决定，怎能是预先包括在一些硬性规则中？确实常见一些仲裁规则规定了交换文书请求的时间表，但绝少会对“要求进一步说明”（request for further and better particulars）或“澄清”（clarification）、“文书请求的修改”（amendment of pleadings）、向对方要一份文书请求中所提及的文件（因为这样一来该文件变为文书请求内容的部分）或漏了的一页等程序问题作出规定。而在现实中，这种事情经常出现，更怪异的程序问题也会发生。这样一来，往往打乱了仲裁规则所规定的时间表。

(ii)“自然公正”或公平/公正谁都会说,但如何在细节上掌握程度轻重可就难了,正如 Sir Raymond Evershed MR 大法官在 Abott v. Sullivan (1952) 1 KB 189 所说:“rules of natural justice are easy to proclaim, but their precise extent is far less easy to define.”

(iii) 若是说仲裁规则帮不了有经验有水平的仲裁员,但对一些水平稍微欠缺的仲裁员应有帮助,这种说法并不对。第一,“尚有欠缺”的仲裁员本来就不应该担当仲裁员,尤其是被委任为独任仲裁员。第二,他想学好仲裁法的正途是读书、听课与参加培训。第三,由于仲裁规则的不足,而仲裁程序又千变万化,“地雷处处”,所以内容有限的仲裁规则仍是帮不上什么大忙,也保护不了“尚有欠缺”的仲裁员。他/她迟早会“踩上地雷”。仲裁规则不像香港法院的厚厚三本白皮书(white books),仔细地针对各种程序,而且白皮书也不是一般“尚有欠缺”的人看得明白的。

(iv)再说,随意仲裁一样可以在仲裁条文中合并一些仲裁规则,例如“联合国示范规则”(UNCITRAL Model Arbitration Rules)或“香港国际仲裁规则中心本土仲裁规则”(HKIAC Domestic Arbitration Rule)。

这说明无论是随意仲裁还是机构仲裁,仲裁员都一定要懂行。否则面对复杂与“地雷处处”的法律(如仲裁法、证据法等),加上“如狼如虎”的双方当事人,精明过人的代表律师,不自量力而“尚有欠缺”的仲裁员可能会自找麻烦了。

1.1 学好管理仲裁程序的困难

对于一些想掌握这一套管理仲裁程序的人士来说,也是困难重重。由于机密(confidentiality)、小圈子与个人化做法的特点,即使有经验的仲裁员不介意别人来分享他的“商业机密”(commercial secret),也很难去教育其他人或提供磨炼机会。例如,笔者作为独任仲裁员,在仲裁程序中突然遇到一个十分有趣与复杂的问题,随即笔者想到如何应对并解决该问题,这令笔者自豪与满足。但笔者无法与别人分享自己的经验与感受。不久后,当案件完结,笔者也就遗忘了这件事,平白失去一次向别人传授宝贵经验的机会。

仲裁程序中唯一能让学习人士参与、分享与观察的机会是开庭审理这一步。虽然仲裁是机密的,但笔者见过多次,仲裁员开口要求双方当事人容许几位“学徒”(pupils)作为“旁观者”(observers)旁听仲裁。一般只要地方坐得下,双方当事人不反对(这也会有很多工作要做,包括把旁听者的背景与履历告诉双方当事人以肯定没有利益冲突)。但笔者不认为这一步能提供太多太好的经验,因为:

(i)有替代的办法。正规一点的仲裁开庭基本上与法院开庭一样,例如是双方当事人委任资深大律师或大律师代表出庭雄辩,盘问双方事实证人或专家证人,结案陈词等。这样一来,去法院旁听岂不是一样效果?笔者以前一到英国伦敦,只要知道有趣或重要的海事案件在开庭审理,即会设法抽时间去法院旁听。感觉效果上与仲裁开庭一样,甚至更好、印象更深。

(ii)海事仲裁有80%以上采取文件审理(documents only),根本没有开庭。故此仅对开庭的审理过程有所了解并不足够。

(iii)即使有开庭,这也是最后一步的仲裁程序。大部分重要的"中间程序"(interlocutory proceedings)早已处理了。不少十分有趣的案件也会在开庭前达成和解。

所以,关键仍是学习如何管理好这千变万化的"中间程序",并要顾及自然公正[1996 年《仲裁法》之 Section 33 (1)(a)]与防止延误浪费金钱[Section 33 (1)(b)]等大原则。这里的工作对一位独任仲裁员而言是十分孤独的,无人商讨。一方面是由于机密,任何决定只能由仲裁员自己裁量,绝不能来自其他人。另一方面是由于这种高层次的知识,没有太多朋友可商讨以获得真正有用的建议。

看来,一位资历浅的人士置身在 2 ~ 3 人的仲裁庭,可获资深"合伙仲裁员"(co-arbitrator)的协助,犯不了大错,但这种机会不多,而且也不一定学得到什么,因为其他的合伙仲裁员很快会觉察资历浅与不大懂的一员,并会很快抢去管理仲裁程序的控制权或主导权,从而架空后者。至于所作出的中间程序裁量权决定,前者也不会像教导自己的学生或孩子一样去对待后者。

另一个学习途径是多参加一些仲裁课程。香港各式各样的仲裁课程虽多,时间有长有短,笔者认为其中不少只触及十分表面的知识,例如自然公正的定义。考虑到相当部分的讲授者自己也欠缺仲裁经验,更难以期望太高。

1.2　笔者的意见是多多详读英国与国际上的重要案例

面对这"学习无门"的困境,笔者的"专家意见"是多看先进国家,尤其是英国法院的先例。英国先例会详尽介绍案情,然后分析双方争议,最后作出判决。这是活生生的实例,中国青年不必浪费中国的血汗钱交"学费"就能学到。多看与熟读先例后,中国青年就会知道什么是英美法律(也是国际通行的一套商务游戏规则)下的"天条"(绝不能冒犯,如"自然公正"),什么事可以做,怎样做才是正确,什么事尽管做而不必犹豫。

正是因此,笔者在本章中大量介绍近年来有关违反自然公正的案例。这其中主要是英国的案例,而且是在 1996 年的《仲裁法》生效后发生的案例,也有像香港、澳大利亚与苏格兰的有关自然公正的重要案例的介绍。

众所周知,英国 1996 年《仲裁法》的立法理念是约束法院对仲裁员管理仲裁程序的监督或干预,特别是有否违反自然公正的天条。这称为"不良行为"(misconduct)(1950 年《仲裁法》的说法)。由于视为被法院过严监督而受批评,导致了 1996 年《仲裁法》相比以前的法律有了基本性改变与收紧。1996 年立法对违反天条改称为"严重不正常"(serious irregularity),而且多加了关卡,就是已经造成或可能造成"重大不公正"(substantial injustice)。普通法没有这一关卡,法院不去猜测(speculate)若是依从了自然公正的天条,仲裁结果会是怎样。反正违反自然公正本身就构成了损害(The breach of natural justice creates its own prejudices: Robert Goff 大法官在 The"Vimeira"[1984] 2 Lloyd's Rep. 66 的发言)。而更为明确的立法理念是放弃或者将对仲裁庭管理仲裁程序的所作所为的监督减至最低,见以 Saville 勋爵领导的立法小组在1996年作出的报告(所谓"Departmental Advisory Committee Report"或简称DAC Report),其中强调在"仲裁员的不当行为并不是当事人选择仲裁后可接受的后果"(The arbitrator's conduct was incapable of being defended as an acceptable consequence of the choice to go to arbitration)的情况或尺度下,法院才应插手。这一立法理念所确定的严格"标准"(test)在后来的判例中也多次被严格依从。

面对这样的法律地位,笔者最先的想法是,以仲裁员在仲裁程序中违反自然公正为由向法院申请救济的案件应该会大大减少,因为难以成功。但事实并非如此,在本章就介绍了约五十多个这方面案例,而这只是在短短的几年间发生的。表面看来,在报道案例的数量上,比起1996年《仲裁法》生效前的宽松"标准"(test)的"不良行为"不像有所减少,可能会更多。但1996年《仲裁法》的地位下,比起1950年《仲裁法》,肯定因为申请成功机会太微小而令更多不满的当事人放弃行动。当事人对仲裁员的行为不满或对裁决书不满,试图向法院寻求救济,但在英国大律师不利的意见(Counsel's Advice)下最终放弃,这样的事笔者就经历过几次。笔者相信大律师若以1950年《仲裁法》作出意见,会乐观得多,申请法院救济也就更多。

这样看来,如果在1996年《仲裁法》生效后,最后向法院申请救济的案例数量并没有减少,那么这只能是:

(A)英国,特别是伦敦的仲裁案件近年大增,导致在数目上向法院寻求救济的案件仍是同样比例上升。而其他地方如香港则是无法相比(在2003年只有8宗有关所有仲裁问题的案例)。

(B)部分仲裁员的素质仍是不太理想,特别在保护与权力的增加后(1996年立法),仲裁程序愈加复杂的大环境下,更是频频犯错。

(C)不满的败诉方愈来愈多,这也许是今天的当事人输不起,或不现实的要求过高。但多少也显示出仲裁程序中的处理有不尽如人意、有可改良的地方吧。例如部分仲裁员素质/水平不理想,提高与教育他们仍是首要大事,但要求成年人学习与读书谈何容易。

笔者虽然没有统计或分析这方面的数字,但仍坚信在英国,法院在诉讼程序与自然公正这些方面的处理会比仲裁更令当事人信任与难以挑剔。在介绍的案例/先例中,有价值的教训可不少。为方便阅读,笔者把它们分类如下:

(i)缺席机制下委任独任仲裁员之 Minermet SpA Milan v. Luckyfield Shipping Corp. (2004) EWHC 729 (Comm)。

(ii)仲裁员与一方当事人曾有恩怨/过节之 Rustal v. Gill & Duffus (2000) 1 Lloyd's Rep. 14。

(iii)仲裁员与一方代表律师曾有恩怨/过节之 Fletamentos v. Effjohn (1991) 1 Lloyd's Rep. 295。

(iv)被告指称原告在仲裁过程中有"不公平行为"(unconscionable conduct)之 The "Marie A"(2001) 1 Lloyd's Rep. 707。

(v)文件披露不全之 The "Robin" (1998) LMLN 492; Profilati v. Paine Webber (2001) 1 Lloyd's Rep. 715; Lincoln National Life v. Sun Life of Canada & Ors (2004) 1 Lloyd's Rep. 737。

(vi)一方当事人在开庭审理中途突然提出新争端之 The "Vigour" (2002) LMLN 607。

(vii)仲裁员收费的不当处理之 Wickotts and Sterndale v. Brine Builders (2001) (未被报道)与 Sea Containers Ltd. v. ICT Pty Ltd. (2002) NSWCA 84。

(viii)一方当事人不再对责任方面作争辩或反驳,看似承认责任,而仲裁员在"扶强锄弱"或误解下,在裁决书中"自说自话"的重开责任问题,并作出不同裁决之 Pacol v. Rossakhar (2000) 1 Lloyd's Rep. 109。

(ix)仲裁员拒绝一方当事人提供专家意见证据之 Egmatra v. Marco (1999) 1 Lloyd's Rep. 862。

(x)仲裁员不当处理自己委任专家,如专家报告内容远超出应有的范畴,仲裁员与他的专家"黑箱作业",裁决书一字不改照抄专家报告等之 Hussman v. Al Ameen (2000) 2 Lloyd's Rep. 83。

(xi)仲裁员在没有预告双方当事人的情况下,私下调查取证,自己给自己证据之 The "Pamphilos" (2002) 2 Lloyd's Rep. 681; Checkpoint Ltd. v. Strathclyde Pension Fund (2003) 14 EG 124 (C. A.); Warborough Investment Ltd v. Robinson & Lons (Holdings) Ltd. (2003) EWCA Civ. 75; The "Agios Dimitrios" (2004) LMLN 651。

(xii)仲裁员在没有预告双方当事人的情况下,私下调查或使用自己所知的法律问题之 Sanghi Polyesters Ltd. (India) v. The International Investor KCFC (Kuwait) (2000) QBD (Comm Ct); Costain Ltd. v. Strathclyde Builders Ltd. (2004) SG 102。

(xiii)仲裁员遗漏了处理所有双方当事人陈述/争辩过的观点,事实与争端之 Hussman v. Al Ameen (2000) 2 Lloyd's Rep. 83; The "Petro Ranger" (2001) 2 Lloyd's Rep. 348; Ascot Commodities NV v. Olam International Ltd. (2001)(未被报道); The "Midnight Hunter" (2004) LMLN 638。

(xiv)裁决书没有给予原因/理由之 AHT v. Tradigrain (2002) 2 Lloyd's Rep. 512。

(xv)仲裁员因为遗漏,或不警觉,或误解,而没有让双方当事人都有陈述或争辩的机会就下决定之 Canadia Forest Navigation Co., Ltd v. Minerals Transportation Ltd. (2001) (未被报道), Westland Helicopters Ltd. v. Sheikh Salah Al-Hejailan (2004) 2 Lloyd's Rep. 524。

2. 以往案例的指导简介

在笔者(杨良宜)的《国际商务仲裁》一书之第六章4.7小段,已详细介绍了在1996年《仲裁法》生效前,仲裁员在仲裁程序中犯错,称为“不良行为”(misconduct)的许多重要先例。本书在此不再重复。但这些重要先例提供了对仲裁员的培育与指导,或是用在无数仲裁课程中的样板,例如:

(1)不要拒绝一方当事人委任的代表律师:F. E. Hookway & Co., Ltd v. Alfred Isaac & Vons (1954) 1 Lloyd's Rep. 491。即使客观看来是过分或浪费(例如在一宗小案件中委任收费昂贵的大律师),仲裁员也只能在其他地方或以不同手段作出纠正(例如是费用分摊)。重要的是让对方当事人有充分的机会预先知悉对方委任了什么人为代表律师(例如是诸葛亮),也能有机会去委任一位“旗鼓相当”的代表律师(例如是司马懿),除非他认为不需要这样做(或许是因为他“夜郎自大”,也许他是一位深藏不露的未成名司马懿)。这都是自然公正的天条下发展出来的正确做法,拒绝一方委任他所信任的代表律师(昂贵大律师)是剥夺他充分或合理地“表达他的案件”(present his case)的机会,也是犯天条。但在Henry Bath & Son Ltd. v. Birgby Products (1962) 1 Lloyd's Rep. 389,因为根据伦敦金属交易所的仲裁规则,不允许律师出庭代表,除非仲裁员批准。McNair大法官认为没有什么不妥,并提出警告,伦敦仲裁近年已经有了大的改进,环境与情况已有大的变化,所以再参阅半个世纪前有关仲裁的先例应当格外小心(估计以前是轻视与严格对待仲裁,但态度在变)。

(2)在同样道理与精神下,千万不要拒绝一方当事人提供的事实证人(witness of fact),例如指称人数太多:Atkinson & Others v. WSFS Ltd. (1995) EGCS 152;Faure, Fairclough v. Premier Oil & Cake Mills (1968) 1 Lloyd's Rep. 237。往往当事人熟悉自己的案件/案情,在开庭前仲裁员反而是一无所知(许多情况下,在开庭后也未必比当事人对案件熟悉),所以仲裁庭干预当事人如何举证与充分表达明显是不恰当的。同样让当事人表达他的案件,仲裁员不要轻率/粗暴地拒绝任何请求。在拒绝之前最好想想:如果拒绝的话,是否会违反自然公正或法律定下来的准则?例如拒绝修改文书请求(amendment of pleadings/submissions):The “Aristides Xilas” (1975) 2 Lloyd's Rep. 402;或拒绝让一方当事人代表去盘问证人:Henry Bath & Son Ltd. v. Birgby Products (1962) 1 Lloyd's Rep. 389;或拒绝开庭审理:Henry Southern Ltd. v. Norwich Union Life Assurance Society (1992. 3. 13,英国高院)等。

(3)唯一可拒绝一方当事人之处是他/她想委任的专家证人(expert witness)。专家证人的作用是以中立与客观的态度帮助仲裁员了解技术性较高的事实争议。若是仲裁员本身懂行,或是事实争议的技术性看来只是泛泛,仲裁员当然可说:“我不需要当事人委任专家证人的帮助。”

(4)英国法律允许仲裁员私下查询意见,不论是有关技术方面还是法律方面。这比起当事人所委任的专家证人而言,优点是真正中立与客观,不只是“做戏”。但缺点是仲裁员与他的专家均不会熟悉案件,所以容易“离题”, 抓不到重点,甚至“自说自话”。把这个过程变得尽量透明,让双方当事人可以对仲裁员私下所得的专家在事实/技术或法律意见提出接受、纠正、补充或异议,是至关重要的:Gladesmore Investments Ltd. v. Caradon Heating Ltd. (1994) 15 EG 159。

另在澳大利亚的 Chloride Batteries Australia Ltd. v. Glendale Chemical Products Pty Ltd. (1988) 17 NSWLR 60, 67 讲到法院有同样想法以及它的道理:

“If the report shows a thorough, analytical and scientific approach to the assessment of the subject matter of inquiry,[1] the Court will have a disposition forwards acceptance of the report,[2] for to do otherwise would be to negate the purpose of and the facility of referring complex technical issues to independent experts for inquiry and report.[3] This disposition may be enhanced in circumstances where the parties…have had the opportunity to place before the referee such evidence and technical reports as they may wish.[4] The Court may be more hesitant in its disposition if the report is provided by the expert in the absence of the parties having been given such an opportunity.[5] The disposition must always yield to the requirements of justice,[6] if it becomes apparent for any reason that to adopt the report would result in an injustice or unfairness to a party.”[7]

(5)仲裁员若委任自己的专家(不论是在事实/技术方面或法律方面),最好预先取得双方当事人的同意或不反对。除了令过程透明外,也可以保证该专家的收费(可以是高昂)属于仲裁员收费的使用费(disbursements)部分,将来不会受到挑战, 或被视为不合理而令该笔收费要仲裁员自己承担。毕竟专家给的意见不是每次都有用。

(6)仲裁员若有小地方吃不准,例如是一个简写或技术性名词,但错过了机会问双方当事人(例如已开庭完毕),或是有机会问也不想问(因为怕问得太简单而反而令当事人担心他/她的水平),常会私下向懂行的朋友确认一下。但不事后向双方当事人披露。这往往只是一个电话,不会留下书面证据,这不涉及使用费或不公平(只

---

〔1〕 这个案例涉及法院的公断人(referee)对一些复杂技术问题向法官作出了一个报告。若该报告看来十分全面、分析透彻与符合科学性。

〔2〕 法院自然有很大的倾向去接受该报告。

〔3〕 否则岂不是否定了这个做法的意义?(即不该花时间花金钱去获得专家意见后又置之不理)

〔4〕 这种倾向会提升, 若真正情况是双方当事人可向该法院的公断人提供证据、自己的技术报告等让后者加以考虑。

〔5〕 若双方当事人没有被提供这个机会,法院可就对该报告有迟疑了。

〔6〕 法院的倾向性(即接不接受该报告)必须屈服于公正。

〔7〕 若有任何原因会造成不公正或对一方当事人不公均不应接受报告结果。

要轻重处理得好)。例如,曾有高院大法官与资深仲裁员的好友问笔者"船上燃油"(bunkers)都包括些什么、"SB"的全名是什么(在租约中是指"安全泊位"的"safe berth")等问题。

(7)仲裁员不应该看法律不允许看的证据,这主要是指"特权"(privilege)证据:Finney Lock Seeds v. George Mitchell (1979) 2 Lloyd's Rep. 301; Shield Properties & Investments Ltd. v. Anglo-Overseas Transport Co., Ltd. (1985) 1 EGLR 7。即使无意中看了,有水平的仲裁员也应在审理时"置于脑后",所谓"de bene esse",丝毫不受影响。

(8)一直以来,开庭审理被视为理所当然。通过善辩、高水平与脑子动得快的大律师代表进行雄辩与举证,被认为是最佳的陈述或表达自己案件的做法。加上案件会涉及口头证据,或一方当事人想就有关文件证据的疑点盘问对方的事实证人。在开庭审理中,双方当事人应给予合理机会去发言、反驳、举证、盘问等:London Export Corporation Ltd. v. Jubilee Coffee Roasting Co., Ltd. (1958) 1 Lloyd's Rep. 197, 202。若是仲裁员拒绝一方当事人对开庭审理的要求,这是违反自然公正的天条:Henry Southern Ltd. v. Norwich Union Life Assurance Society(1992. 3. 13, 英国高院)。这也是联合国示范法(UNCITRAL Model Law, 简称 UML 下的地位:在 Article 24(1)。但开庭审理实在太昂贵,加上文件证据在近二三十年来的优越性受到公认,所以每宗案件开庭审理的必要性已受到质疑或/与摒弃——可参阅 1996 年《仲裁法》之 Section 34 [2][h])。

(9)无能、无知与水平低的仲裁员亦是一种违反自然公正,他对一方或双方当事人造成不公平:Damond Lock Grabowski v. Laing Investments (Bracknell) Ltd. (1992) 60 Build LR 112。

(10)对事实的认定(findings of fact)凭空下定论,毫无证据支持:Biskh v. Hyundai (1988) 1 Lloyd's Rep. 187。但另有判例说这只是法律犯错而不是程序犯错:Oleificio Zucchi SpA v. Northern Sales, Ltd. (1965) 2 Lloyd's Rep. 496, McNair 大法官在第 521 页说:

"The conclusions I have reached … may be summarized as follows: (1) the question whether there was evidence to support a particular finding can properly be raised in the form of a special case raising that as a question of law, and in such cases it is sufficient and proper for the arbitrator to summarize the evidence upon which he relies … (2) it is never possible to set aside an award merely because there was no evidence supporting a particular finding, unless it appears from the award itself that there was no evidence to support the finding; …"

(11)不要太早下判断,一定要让双方当事人有合理机会陈述或反驳:Modern Engineering Ltd. v. C. Miskin (1981)1 Lloyd's Rep. 135。这包括对中间程序的决定或对实体争议的决定。所以,在较早的仲裁程序"预先会议"(preliminary meeting),仲裁员表达自己对实质争议的看法是十分错误的行为:Carl international v. Ernst

Komrowski & Co. (Arb. List No. CON—5 of 1996 年,香港法院)。另可参阅 AMEC Capital Projects Ltd. v. Whitefriars City Estates (2004) EWCA Civ. 1418。

(12)仲裁员千万别冲动、发怒、失控或不客观。在仲裁程序中,的确会有麻烦与讨厌的一方当事人(例如是想扯皮的被告)无理取闹或不同意合理收费。仲裁员应当忍耐并设法合情合理地对付而不是乱讲气话。Brian Andrews v. John Brashaw & Ors (1999) 29.7.99 (C.A.)。

(13)开庭审理的一个常见弊端是一方当事人的"突击"(ambush),令对方"措手不及",来不及调查与反驳。例如,一方当事人在开庭中途抖出一些文件证据,是应在较早披露时抖出来但没有这样做。仲裁员的对策是可以拒绝接受,或同意接受但说明给予很低的适当分量(这样一来可令无辜方放心)。也常常是,开庭中途出现了一个新的争端(issue),在较早文书请求中根本没有提及。仲裁员应否接受它呢,好像是迟来的"修改"(amendment of pleadings/submissions)?若是双方当事人无法同意,仲裁员还得考虑是什么样的新争端,什么样的修改。毕竟,允许修改,让有争议之处能够完全提出,是符合自然公正的做法。但这么迟才提出,就要看无辜方能否合理反驳或解释。例如是事实方面的新争端,可否来得及调查取证?若是法律的新争端,会考虑到仍有好几天的开庭,而且双方当事人已有大律师代表,他们可以就此法律问题很快进行研究与作出结论等,故较易加以宽容对待。

(14)为了防止开庭审理进行突击与增加透明度,仲裁员应当尽量下令要求双方当事人在开庭前交换开庭中可能提出的争辩(submissions)与证据(evidence),例如"争端名单"(list of issues)、"先例名单"(list of authorities)、"双方同意之处"(list of common grounds)、"证人证言"(witness statements)、"专家报告"(expert reports)等。这样可以更好地阻止开庭中出现迟来的新争议,避免造成在开庭半途或后期另一方没有足够时间调查取证后回应/反驳:Ceval Alimentos v. Agrimpex Trading (1995) 2 Lloyd's Rep. 380。

(15)仲裁员不要"加入斗争"(enter into the arena of the dispute):Faure, Fairclough Ltd. v. Premier Oil and Cake Mills Ltd. (1968) 1 Lloyd's Rep. 237, 240。这里不好掌握,因为这与仲裁员想得到一个准确与公正的裁决会发生正面冲突,要在每一次不同情况/事实下作出适当的平衡,一过了火即会违反自然公正,被视为偏袒一方当事人。在传统的英国"对抗制"(adversary system)诉讼下,正确的做法是法官或仲裁员只针对双方当事人提出与争辩之处,不多也不少。但现在几个方面的重要变化令传统做法显得太僵化,如:

(A)经常会见到一方当事人或他的代表律师,可能出于疏忽或水平差,而漏掉重要与有利的争议或事实。仲裁员可能是自己真正有了偏向而不自觉,也可能确实是水平高,在发觉后应否提出?但一提出,又会有"锄强扶弱"之嫌。著名先例的 Indian Oil Corp. v. Coastal (1990) 2 Lloyd's Rep. 407 即是好例子。双方的争端只在于是否就滞期费达成和解协议,而在开庭中途,仲裁员却提出了增加弃权或禁止翻供的争端,结果带来重重麻烦。

(B)即使在被告缺席的情况下,仲裁员也应审阅原告提供的单方证据,并特别注意原告有举证责任的地方,而不是照单全收:Fairclough Building Ltd. v. Vale of Belvoir Superstore Ltd. (1990) 56 Build LR 74。这与法院做法不同,但笔者也见过一些伦敦海事仲裁员,在被告缺席的情况下,立即作出一个根据索赔请求提出的金额救济,并不要求任何证据或要求原告进一步解释看似夸大的索赔金额救济。

(C)在 1996 年《仲裁法》之 Section 34 (2)(g),现在的法律允许仲裁员采取"询问制"(inquisitorial system)诉讼,即较主动一点查询有关争议,而不是像"对抗制"那样只能靠双方当事人。但"询问制"的最大危险就是仲裁员可能会卷入双方的斗争,因为主动查询到的有价值东西,准会对一方当事人有利,但对另一方不利。

(16)双方当事人同意了的程序,仲裁员不能自说自话去否定。例如,对一项争端作出中间裁决书,但双方想"押后"(reserve)处理:The "Elissar" (1983) 2 Lloyd's Rep. 84; London Borough of Islighton v. Turriff (未被报道)。

(17)仲裁员自说自话,以自己经验或私下所知事实作出裁决,不先告诉双方当事人让他们有机会陈词、反驳或解释:Fox v. PG Wellfair (1981) 2 Lloyd's Rep. 514; Tob Shop Estates Ltd. v. Danino (1985) 1 ERLR 9; St. George's Investment Co. v. Gemini Consulting Ltd. (2004) EWHC 2353 (Ch); 等。

(18)仲裁员只与一方当事人(通常是想推进程序的原告)谈判并接受他的支付费用/担保,因为另一方当事人(通常是被告)不肯支付,会构成不良行为,因此不自觉地可能对原告产生好感:K/S Norjarl v. Hyundai Heavy Industries Co. (1991) 1 Lloyd's Rep. 524。这种情况一般不会发生在支付仲裁员费用以取得裁决书,因为仲裁员有权留置,而且双方当事人是"共同与独立"(jointly and severally)负责支付这笔钱。更重要的是,裁决书已经作出,即使原告全部支付(也通常是如此),仲裁员对原告有好感,也不可能回头修改已作出的裁决,这会是天大的丑闻。但情况常常发生在仲裁员的"中间支付"(interim payments),例如是"中间收费"(interlocutory charges/interim fee)、"取消开庭费用"(cancellation fee)、"预定开庭费用"(booking fee)等,当时仍未作出裁决,所以有对一方当事人(肯支付)产生好感的危险。公平对待双方则必须把这笔钱平均分开各向原告及被告收取。若是被告不合作或真是没钱可付,仲裁员就会只收到 50% 的中间支付。在这种情况下,如果仲裁员不愿意推进仲裁程序,如将开庭 10 天或要拟定裁决书,最好一早写明:"如果一方当事人不支付,而另一方想推进仲裁程序/开庭的话,他可以代支付这笔钱"(If one party is not paying his share of fee, the other party who is not in default and wishes to progress with the arbitration proceedings/ hearing has the option to pay for the defaulting party)。英国 LMAA Terms 2002 schedule 1 的条文也达到类似的效果,虽然用词不是完全一样。这样一开始说明做法,但没有说是哪一方会不支付,他可以是被告(多数情况),也可以是原告。说明了将来照做,就不会被指责向原告要了 50% 后再让他代被告支付 50%,这会造成不自觉地对原告好感，这是笔者从 Norjarl 先例学到的教训。

(19)认定事实所依据的文件证据(也包括陈词)由一方当事人提供，但是另一方没有看见的：Montrose Canned Foods v. Eric Walls (Merchants) (1965) 1 Lloyd's Rep. 597; CMA Maltin Engineering Ltd. v. J Donne Holdings Ltd. (1981) 15 BLR 61; Woodridge Timber v. Branthorps Travare (1982) 1-CLD-10-29。所以，仲裁员应警觉，自己若收到了一方当事人快递来的一份 30 页的文件，怕他/她会做手脚不去全部抄本给对方，可以在下一份发给双方当事人的传真确认刚刚收到 30 页的事实，这样可以同时告知对方当事人。

(20)没有认定所有的有关事实争议：Bunge v. Kruse (1976) 1 Lloyd's Rep. 357。Kerr 大法官说：

"An arbitral tribunal should, of course, carefully consider the draft findings submitted by both parties, particularly since the drafts may draw its attention to points on which it is necessary or desirable to have findings of fact. But thereafter it is entirely up to the tribunal what facts it finds and in what form. It must find all the facts necessary to enable the questions of law to be answered. If not, then the award will normally be remitted to it to make the necessary findings. Further, if one party wishes to argue a point of law which is not open to him on the facts found, then he may succeed in having the award remitted for this purpose if he can show that he requested the tribunal to find the facts required to raise the point of law."

(21)不把所有外文文件证据翻译成英语，而该仲裁庭刚巧有一位看不懂该外文文件的成员，要靠共同仲裁员(co-arbitrator)随意介绍：E. Rotheray & Sons v. Carlo Bedarida & Co. (1961) 1 Lloyd's Rep. 220。

(22)在开庭中途，没有听完所有证据不应下定论。下的定论若是"初步意见"(preliminary or provisional view)倒还有得争，因为稍后仍会改变看法。若下的定论说成是最后意见就麻烦了：Bulk Oil v. Sun International (1984) 1 Lloyd's Rep. 531。该先例中，仲裁庭在双方要求下给了对事实争议的初步意见，但后来在裁决书中却作出不同的"事实认定"(findings of facts)，败诉方 Bulk Oil 指称他依赖了初步意见而因此没有全面对事实争辩与举证，造成不公平。他说：

"Bulk complained that a procedural course adopted by the arbitrator had had the effect of preventing them deploying their full case, thereby leading to a failure of natural justice. More specifically, the complaint was this. The arbitrator gave a preliminary written indication of the conclusions he had reached on the major factual issues between the parties with the intention and on the understanding that the parties would treat those findings as binding upon them when they made their legal submissions… Bulk loyally accepted them for purposes of their legal submissions, not seeking to dislodge the findings or to address different findings. Without notice to the parties, the arbitrator in his interim award made significantly different findings. Had Bulk known of these changed findings they would have framed their legal arguments differently …”

Bingham 大法官同意这是严重情况，但投诉是否站得住脚仍得看有关证据。例如在仲裁员与当事人大律师之间通讯，前者有否强调过他保留权利在裁决书中作出事实认定的改变。或是，作出的改变其实影响并不重大。Bingham 大法官最后拒绝给予救济，说：

“I do not find anything in what passed between the arbitrator and Counsel to suggest that he intended his preliminary indication of factual findings to be treated as conclusive and binding on the parties or as shutting out argument in favour of other and more favourable findings. The object of giving this indication was, of course, to guide Counsel, so that they might in the exercise of their own judgment adapt their legal arguments to the likely findings of fact and concentrate their argumentative artillery on the weakest part of the enemy line. But the arbitrator never stopped Counsel for Bulk arguing in favour of factual findings more favourable to his side and never suggested he would do so. It was open to Bulk to seek to shake the arbitrator's provisional view of the facts as, on the most vital point in the case, they tried to do.”

(23)众所周知,伦敦海事仲裁的长期做法是如果两位当事人委任的仲裁员不能同意所有的地方,那么就只能再委任一位“公断人”(umpire)，让他把仲裁案件接手过来以独任仲裁员身份处理。这一做法也是英国 1950 年《仲裁法》下(与更早)长期的主流做法。有时候尚未出现不同意，先委任一位“公断人”做准备,特别是要开庭审理。当事人仲裁员最好别问“公断人”意见,因为所谓的“公断人”此时其实尚未有身份:London Export Corp. v. Jubilee Coffee Roasting Co. (1958) 1 Lloyd's Rep. 197。但在另一宗国际商会的 3 位仲裁员的仲裁庭,两位多数的仲裁员私下修改裁决,不通知异议(dissenting)的另一位仲裁员(大概他们之间工作关系不好),这不算是不良行为:Bank Mellat v. GAA Development & Construction (1988) 2 Lloyd's Rep. 44。估计这理由是,问不问或是否通知都是无关紧要的,特别是在异议仲裁员不合作的情况。

(24)公断人在开庭后要求一位仲裁员多取证:Re an arbitration between Fuerst Brothers and RS Stephenson (1951) 1 Lloyd's Rep. 429。

(25)公断人想到一个新的法律观点,但不向两位当事人委任的仲裁员说清楚:Societe Franco-Tunisienne v. Government of Ceylon (1959) 1 WLR 781。

(26)根据双方当事人从来没有提起与争论过的一点作出裁决:The “Vimeira” (1984) 1 Lloyd's Rep. 66; The “Peaceventure L” (1996) 2 Lloyd's Rep. 75。在 The “Peaceventure L”，涉及一船的棕油(crude palm kernel oil)受污染，因为上一票货的“styrene monomer”没有清洗并渗透入了船舱的涂漆(coating)。争议在于船舶是否适航/适货(seaworthy/cargoworthy)。在开庭审理中，货方大律师的反盘问证人针对以往曾发生两次污染后,船东应为将来预防做些什么(例如给船长指示如何清洗)，以及船长有否去做。至于怎能知悉以往两次的同类污染事故，会在文件披露(如航海日志)中发现，也会是对方证人"漏了口"。显然，船东若是什么也没有做，会更明确是"未尽恪尽职责"(failure to exercise due diligence)令船舶适航/适货。但问题在文书请求(pleadings)中并没提及，去提出是在开庭后期。Potter 大法官是这样说的：

"It is also plain that, in the course of pursuing the question of due diligence with the owners' experts, Mr. Sussex (货方大律师) did not confine his cross examination to the mechanics of the tank-cleaning operation, but introduced evidence as to the previous experience of the owners in contamination cases and explored with Mr. Rennie (证人) the question of what the owners should have learned from that previous experience and whether or not the owners should have put in place standing instructions in the light of it …"

但 Potter 大法官最终拒绝给予救济，认为船方大律师有机会可反驳，或要求押后以便调查取证，但没有这样做。Potter 大法官说：

"In this case, albeit late in the day, there was an opportunity for Counsel to address the merits of the argument raised or to seek an adjournment if, by reason of its timing, the owners belatedly wished to adduce further evidence。That course was not followed; …"

所以，一位尽责大律师必须在开庭前对案子充分了解并在开庭时警觉，对方大律师在反盘问中一离题就应马上阻止。

(27)一位仲裁员没有参与拟定裁决书，只在白纸上签了名字：European Grain and Shipping v. Johnson (1983) QB 520。

(28)一方当事人无法证明给予了对方仲裁通知：The "Santa Cruz Tres"(1995) 1 Lloyd's Rep. 208。笔者最近曾遇到过类似情况。原告的代表律师在委任笔者为原告仲裁员后，由于被告不予理睬也不委任仲裁员，根据仲裁条文明示的"缺席机制"(default mechanism)进一步委任笔者为独任仲裁员，而笔者也接受了委任。照理说，至此仲裁庭已经组成，可推进仲裁程序。但原告律师突然传真给笔者，说在传真记录中没有显示出给被告的仲裁通知，问笔者应怎样办。作为仲裁员，笔者很乐意公开地对仲裁程序作出指引与解释(同时与双方当事人讲)。按理说，原告安全的做法是重新再传真给被告仲裁通知，然后等待明示的 14 天后，重新委任笔者为独任仲裁员，除非有时效的困难。虽然是完全公开但觉得建议原告律师怎样解决他的问题，在被告看来仍会有偏袒之嫌，所以，笔者拒绝了原告律师。幸亏，后来原告律师也想到怎样去补救。

笔者的英文回函可节录如下：

"Thank you for your fax dated yesterday.

As the arbitrator, I appreciate that I can provide guidance to the Parties on procedural matters. But I am hesitated to extend the guidance to one party in how to remedy a possible defect. Therefore, I leave you to decide your own problem.

If in due course this matter of proper service of arbitration notices comes to me, I shall deal with it as a dispute on jurisdiction. I will no doubt have to determine, on balance of probability, if the appointment notice had been served."

(29)顺便介绍一个新加坡案例 Anwar Siraj and another v. Ting Kang Chung and another (2003) 2 SLR 287, Tay Yong Kwang 大法官提到了几种情况可构成不良行为:

(A)"推动仲裁程序太慢"(an arbitrator who moves the proceedings along at a breakneck speed may well be accused of misconduct in subordinating fairness to speed)。

(B)"仲裁员明显无能会被赶走,但他先是对处理费用担保有一点不肯定,并不足以证明他无能"(while obvious incompetence may amount to misconduct justifying the removal of an arbitrator … Even if he could be said to be a little unsure about the applications for security for costs, that would not amount to incompetence)。现实中,最能表现仲裁员无能是看他拟定的裁决书,可能是内容空泛与混乱、回避问题、前后矛盾等。

上述多个案例/先例,只是以英国为首的普通法国家或地区(如香港)针对仲裁程序中出现了错误/不良行为(绝大多数与自觉或不自觉地违反自然公正有关)的无数先例中的小部分,但笔者认为已有足够的代表性让读者感受到什么地方应该小心,不该做什么事,掌握什么样的"技巧"(skill)才能做好国际层次的仲裁员。

3. 1996 年《仲裁法》后案例的指导详论

1996 年《仲裁法》生效后,大家以为对仲裁员违反了"自然公正"(natural justice)天条的指控大大收紧后,不服气的败诉方会知难而退,从而令这类案件大量减少。但事实并非如此,案件在新的《仲裁法》下愈加复杂难明。以下笔者试作一详细介绍。

3.1 仲裁庭拒绝专家证据:Egmatra v. Marco

Egmatra v. Marco (1999) 1 Lloyd's Rep. 862 先例是有关一宗"铝锭"(aluminium blocks)的买卖。买卖合约中说明了铝的成分不得低于 97%,但买方指称没有达到要求。因为买卖合约内有仲裁条文说明以 LME 规则为准,买卖双方于是在伦敦金属品交易所(London Metals Exchange, 简称 LME)进行仲裁。

仲裁以文件形式审理,最后判卖方败诉,买方拒货有理。卖方不服并以法律观点有错(这是根据 1996 年立法之 Section 69, 另章详论)与以严重不正常(这是根据 Section 68)为由向法院申请上诉或撤销裁决书。

"严重不正常"(serious irregularity)之处是仲裁庭拒绝了专家证据。但 Tuckey 大法官不认为造成了什么"重大不公平"(substantial injustice)。

3.2 对仲裁员怀疑与失去信心:Laker v. FLS

Laker v. FLS (1999) 2 Lloyd's Rep. 45 这个先例涉及仲裁员与一方当事人的代

表大律师同在一个"事务所"(chambers)工作,关系好像太接近而导致对方当事人的猜疑。但 Rix 大法官不认为有什么不妥,仅是单方面猜疑与失去信心不足以赶走仲裁员(这是根据 Section 24)。

Rix 大法官说道,若要成功申请,就要能够证明意外与不当地泄露了机密数据(例如是可能的裁决书结果),或仲裁员只与一方当事人讲话(而另一方不在场),有关事务所管理差劲,造成合理怀疑等。他是这样说:

"for the purposes of s. 24 (1) (a) of the 1996 Act the applicant must show that the organization of chambers gave rise to justifiable doubts about an arbitrator's impartiality because of the danger of accidental or improper dissemination of confidential information or because of the danger that the arbitrator would not observe the rule against holding, conversations with only one party outside the presence of all parties to the arbitration; Laker had not shown such a case; …"

由于国际仲裁有大量英国大律师参与,很可能在同一个案件中代表一方当事人的法律代表(英国大律师)与仲裁员(也是英国大律师)是来自伦敦的几家著名的事务所(chambers)其中同一所,这导致这方面利益冲突的争议与怀疑。这不只是来自发展中国家,甚至从欧洲与美国的角度看来也是非常有问题,剩下只有拥有悠久传统的英国坚持大律师虽然在同一个事务所也是完全中立。此外,在本书第八章介绍的国际律师会关于国际仲裁中利益冲突的指引中也主要针对跨国律师所的问题而不是针对英国特有的大律师。这里只介绍新加坡资深大律师 Michael Whang 在国际律师会(IBA)杂志"Business Law International"2005 年 5 月的第 6 期第 2 号发表的一篇十分详尽的文章,名为"Arbitrators and Barristors in the Same Chambers — An Unsuccessful Challenge",请参阅。

3.3 仲裁员与一方当事人过去有恩怨:Rustal v. Gill & Duffus

Rustal v. Gill & Duffus (2000) 1 Lloyd's Rep. 14 这个先例已在本书第七章 2.5.3 段另有详及,在此不再重复。案情涉及一位仲裁员与一方当事人的顾问在两三年前曾有恩怨/过节。该当事人事后败诉,但申请以 Section 68 为由撤销裁决书。但并不成功,并被指已弃权(Section 73)。至于仲裁员与当事人代表律师曾有过节或恩怨有何不同,可参照著名的先例 Fletamentos v. Effjohn (1997) 1 Lloyd's Rep. 295。

3.4 被告已经承认责任,仲裁员自说自话去重开责任:Pacol v. Rossakhar

Pacol v. Rassakhar (2000) 1 Lloyd's Rep. 109 这个先例是少有的以"严重不正常"(serious irregularity)为由撤销裁决书(根据 Section 68)的成功申请。

案情涉及食糖买卖,分批付运。买方是俄罗斯公司,由于经济转坏,结果在一票货物开不出信用证,在另一票货物仍欠下一些钱未付。双方后来在 1998 年 2 月 18 日达成和解协议,买方同意"一旦情况允许"(as soon as conditions allows)即付钱。但到了 4 月 24 日买方仍未付钱,故卖方 Pacol 开始仲裁。仲裁以文件形式进行,没有开庭。其中买方在抗辩中没有对欠钱责任予以反驳,只是对损失计算提出一些意见。

卖方最后的“答辩”(reply)中指出如下:“1. The respondents do not deny that they are in breach of the two contracts No. 70127 and 70157 as alleged in the claimant's statement of case dated 17th June 1998. 2. The respondent's defence submission dated 21st July 1998 raised a number of arguments in relation to the damages which the claimants claim as a result of the admitted breaches of the contracts.”

买方对上述答辩也再没有任何反驳。正常看来,既然买方已承认责任,就再没有“争议”(dispute)要仲裁员裁决了。但在1999年3月25日作出的裁决书竟然判买方没有违约,卖方败诉,所有索赔被否定。原因是仲裁庭认为2月18日达成的协议中约定“一旦情况允许”就付钱,但没有其他时限。到了4月24日,卖方指称买方违约不付钱,仲裁庭认为买方的经济情况仍差,并非“情况允许”,所以没有违约。

针对上述内容裁决书说:

“57. Following the signing of the February agreement, there were no specific time limits applicable to the respondent's payment obligations…

58. …it was clear on the evidence available to us that the respondent's financial position on 24th April 1998 was not such that it was in a position to perform its payment obligations… Accordingly the trigger for performance of the respondent's payment obligations under the contracts expressly as set out in the February agreement namely, 'as soon as conditions allow' had not been met by 24th April 1998. In those circumstances, we could not see how the respondent could have been in breach of its payment obligations as at 24th April 1998…”

这里所出现的严重问题是俄罗斯买方已在文书交往中承认了责任,但仲裁庭“自说自话”重开责任问题并且判买方没有责任。这是双方当事人完全无法预见的“一惊一喜”(卖方惊,买方喜)结果,正是“重大不公平”(substantial injustice)所在。其中一点是,双方均被剥夺了对此争辩的机会。

仲裁庭也不应太主观,以为自己是上帝,单方面挑出来有关“一旦情况允许”的解释一定正确无误。很可能在双方有机会针对这一点争辩,买方多去披露文件数据后,发觉其实“情况允许”。也可能,在这样的措辞下,法律仍会默示以合理的时限为准,不可以永远拖欠下去,并在4月24日这一合理时限已届满。

如果这对买方来说的确是一个很好的抗辩理由,也是应由买方提出,而不是由仲裁员提出。但水平低的买方或其代表律师往往提不出来,看不出有利之处。发展中国家的买方面对西方国家的公司经常有此情况,就是明明无论在事实或是法律上都有许多有利之处,可就是无法有板有眼地挑出来进行反驳或抗辩,经常是根本不知道。这包括委任的律师也常是不恰当。

在上述情况下,会有懂行的仲裁员发现一方(往往是弱势的被告)漏了该去争辩之处,但应怎样办不好处理。去提醒遗漏或不懂的一方当事人会有明显的“偏私”(bias)味道,但自说自话在裁决书中作出裁决,而双方根本没有争辩机会亦是“严重不公平”(serious irregularity)。看来,仲裁员想“扶弱锄强”, 目的是为了真正的公正与找出真相可真不容易。这方面在第十二章 3. 4. 6 段有详论。

再回到 Pacol v. Rossakhar 先例,Colman 大法官判仲裁庭无权在被告/买方已承认责任下自话自说“重开”(reopen)责任问题,并判这是“严重不正常”(serious irregularity),根据(Section 68)(1)撤销裁决书。

3. 5　处理专家意见证据犯错:Hussman v. Al Ameen

Hussman v. Al Ameen (2000) 2 Lloyd's Rep. 83 这个先例是有关一个在沙特阿拉伯发生的“经销代理合约”(distributorship agreement)纠纷。虽然双方当事人同意该合约的适用法是沙特阿拉伯法律,但在文书请求中,双方并没有对沙特阿拉伯与英国的法律有何不同之处提出任何争议。但仲裁庭仍认为有必要委任一位沙特阿拉伯法律专家,并最终说服双方当事人允许他们这样(因为要花钱)。

看来,仲裁庭的做法并非是较好的做法,他们应该至多问双方当事人有关沙特阿拉伯与英国法律有否不同之处。或是,双方不提出并去举证,他们可当做两国法律在有关争议上没有不同,并假设两国法律是一样的(the tribunal is free to decide the matter on the basis of the presumption that the applicable system of law is the same as the law of England and Wales)。

仲裁庭自己挑出来徒然会浪费双方金钱并增加麻烦,如 Mustill and Boyd 的“Commercial Arbitration”第 2 版第 72 页所说:“First, the arbitrator should recall that it is for the parties to allege that the foreign law differs from English law. If they are content to have their disputes decided according to English law, it is no part of his function to multiply trouble and expense by suggesting that two laws differ.”

回到本案例,仲裁庭委任的沙特阿拉伯法律专家是一位德高望重的 Anis Al-Qasem 博士。首先,不妥之处是仲裁庭给 Al-Qasem 博士的委任书只要求泛泛的:“Al Ameen 有否违约?” 而不是针对某特定方面对沙特阿拉伯法律的询问。

之后,Al-Qasem 博士作出了一份专家报告的草稿,并在双方当事人不知情的情况下,私下与仲裁庭见面。在见面后,Al-Qasem 再作出正式的专家报告。报告中针对所有的双方争端都给予了意见或结论。

该专家报告给了双方当事人后,原告的 Hussman 的代表律师向仲裁庭书面建议“不接受”(inadmissible)该报告。Hussman 指出双方一直没有对沙特阿拉伯法律有任何重大争议,同意仲裁庭委任 Al-Qasem 博士也只是“以防万一”, 方便以后的开庭审理。最后,Hussman 指出该报告内容已经远远超出一份专家报告的范畴。但仲裁庭不予理会,并在开庭后作出了不利于 Hussman 的裁决书。之后 Hussman 根据以下 3 处理由,向英国法院申请撤销裁决书,但都不成功:

3. 5. 1　构成严重不正常之一:仲裁庭与专家“黑箱作业”

英国 1996 年《仲裁法》Section 37 规定了仲裁庭可自己委任专家(包括外国法律专家),但专家是要同时对仲裁庭与双方当事人作出报告,而且双方当事人要有合理机会去批评该份专家报告。

以下节录 Section 37：

“37(1) Unless otherwise agreed by the parties —

(a) the tribunal may —

(i) appoint experts or legal advisers to report to it and the parties, or …and may allow any such expert, legal advisor or assessor to attend the proceedings, and…

(b) the parties shall be given a reasonable opportunity to comment on any information, opinion or advice offered by any such person…”

显然,仲裁庭私下与 Al-Qasem 博士见面,双方当事人是到了开庭审理,在盘问 Al-Qasem 博士时才能得知这一情况，在 Section 37 的条文下这是不妥当。故此，Thomas 大法官认为这是不正常的做法,他说：

“There are no details in the affidavits before the Court as to precisely what happened when the arbitrators met with Dr. Al-Qasem after the submissions of his draft report. No note of that meeting was made. It is clear however that some information must have been imparted to the tribunal and his evidence discussed. The parties were never told of the meeting in advance of it taking place nor were they told of it subsequently; they only learnt of it when Dr. Al-Qasem was cross-examined. Although it was accepted on behalf of the respondents that to have this meeting had been unwise on the part of the tribunal, they submitted it was not an irregularity. I do not agree. It seems to me that on this occasion the conduct of the tribunal in holding this private meeting with the expert to discuss his draft report without obtaining the consent of the parties to such a course fell below the standards ordinarily to be expected of arbitrators. Their failure to inform the parties of the fact of the meeting immediately after was also, in my view, an irregularity.”

Thomas 大法官虽然认为仲裁庭这样做是“不正常”,但不构成为“严重不正常”。毕竟,在开庭审理中，Hussman 知悉这次私人会面后,若想进一步查明在该私下会面中双方讲了些什么,是否内容/话题上有“严重不正常”并造成“重大不公平”(substantial injustice),大可针对这方面盘问 Al-Qasem 博士,但 Hussman 没有这样做。Thomas 大法官这样说：

“Furthermore the irregularity in relation to the meeting with the expert in the absence of the parties or without their knowledge was, as I have stated, brought to the attention of the parties during the course of Dr. Al-Qasem's oral evidence and HCN (Hussman) had an opportunity of cross-examining him. Considering the matter as a whole, I am entirely satisfied that there was no serious irregularity.”

3.5.2　构成严重不正常之二:裁决书照抄专家报告

这里有两个问题:其一,专家只是协助仲裁庭了解后者不熟悉而前者才懂的专业方面知识(包括外国法律)。希望在了解后,仲裁庭可以提高对争议事实准确性的认定。但专家只是“协助”、“帮助”而已，决定权仍在仲裁庭。所以仲裁庭千万别懒惰，只是“照单全收”专家报告，简单地把内容一字不改地转移到裁决书。若真是这样做会构成“严重不正常”。

其二，常会有专家在报告中不分轻重多讲了内容，包括双方的谁是谁非，把自己提升为仲裁员的地位。遇到这种情况，许多仲裁员或法官就挑选报告中有用与恰当的内容。

在本先例中，Al-Qasem 博士的专家报告看来是同时犯了上述的两个错误。但 Thomas 大法官在仔细比较了专家报告与裁决书之后，发觉后者的分析思路与前者很不一样。即，仲裁庭并没有受 Al-Qasem 博士的过多与过火的专家“意见”影响。所以不构成“不正常”，更不要说“严重不正常”。Thomas 大法官说：

“It is clear from reading the report of Dr. Al-Qasem and the award that the tribunal followed a process of reasoning that is quite different to the reasoning which Dr. Al-Qasem had set out in his report. Thus, in my view not only did the tribunal state that they would reach their own decision, but they in fact did so. I cannot therefore discern any irregularity in what the tribunal did in this respect, though it may have been more prudent for them to have made clear that they would totally ignore that part of his report where he expressed his views on the very issues which the tribunal had to determine.”

3.5.3　构成严重不正常之三：没有对双方当事人提出的所有争端作出裁决

如果双方当事人的事实争议很多，为了防止裁决书有所遗漏/看漏，较好的做法是下令双方当事人同意一份没有争议的“共同点”（common ground）与另一份有争议的事实，交给仲裁庭在拟定裁决书时使用。

对于有些情况下的遗漏，仲裁庭可根据 Section 37（3）（b）作出一个“追加裁决书”（additional award），但这不是适用于每一种遗漏。即使是仲裁庭疏忽，这种遗漏很少是严重的不正常，法院的救济也往往是“发还”（remit）给仲裁庭重新考虑，无须撤销裁决书。

至于在本先例中，Hussman 所提出的几点事实争议，指称裁决书没有针对。Thomas 大法官在仔细看了裁决书后，认为已有针对，只是讲得不太清楚。例如，一件事实是双方当事人曾经有和解协议。HCN 同意只收取欠下的 75% 款项。但 HCN 说有一个先决条件，就是分期付款必须准时，若不准时就应付全数。HCN 指称裁决书中没有针对这一点事实争议作出认定。Thomas 大法官不同意，认为裁决书中已明确了欠下的款项就是打了折（75%）的一笔数，这等于默示了没有准时支付的先决条件，打折协议仍有效。Thomas 大法官这样说：

“It is implicit in their findings in the award that they decided the original amount without the discount was not due and the matter was therefore dealt with by them; it is also implicit in their findings that the agreement made in 1994 was not conditional on prompt payment of that amount.”

3.6 GAFTA 上诉庭自说自话：Apis AS v. Frantazia Kereskedelmi KFT

在 Apis AS v. Frantazia Kereskedelmi KFT（No.2）（2001）（未被报道）这个案例中，争议是有关买卖双方的损失计算。众所周知，GAFTA 的合约相当于 FOSFA 合约有一条计算损失的条文，就是以违约当天的市场价格与合约价格的差价为准：Toprak v. Finagrain（1972）2 Lloyd's Rep. 98。显然，这个差价会比真正的损失小或大，主要是看违约日期与市场走向。在 GAFTA 的一审中，违约的买方指该条文为惩罚性（penalty）条文而无效，仲裁庭也接受这个说法并认为没有任何损失。这样一来，卖方就上诉至 GAFTA 的上诉庭，是由 5 位仲裁员所组成的，这双重仲裁的做法是 GAFTA 仲裁规则所规定的。出于误会，买家没有在上诉的开庭中出现，只曾以一份书面文件提出并没有把拒绝的货物转卖，所以卖方证明不了真正损失。上诉仲裁庭接受了合约有关条文是一条惩罚性条文而无效，而且也没有因为未转售货物而造成真正的损失。但上诉仲裁庭根据卖方在开庭时曾经回应仲裁庭所提出的问题，也没有任何证据判定损失计算应该根据 1979 年《货物销售法》Section 50（3），以拒货当天的市场价格与合约价格的差价计算。该 Section 50（3）说：

"Where there is an available market for the goods in question the measure of damages is prima facie to be ascertained by the difference between the contract price and the market or current price at the time or times when the goods ought to have been accepted or（if no time was fixed for acceptance）at the time if the refusal to accept."

表面看来合约以违约当天的市场价格与立法的"应接受货物那天"的规定好像相差不远，其实不是，尤其是商品市场波动经常很大。在这个案例中，显然是对没有出庭的买方不公平，他完全没想到上诉仲裁庭会以一个他从来不知道的新观点作出裁决。结果，这个裁决被 Andrew Smith 大法官撤销。

3.7 被告自称在和解谈判中受原告误导致使缺席裁决：The "Marie A"

3.7.1 案情介绍

The "Marie A"（2001）1 Lloyd's Rep. 707 这个先例涉及租约纠纷。承租人是古巴公司，船东是希腊船东，租约是 1 年的期租，并延长租期至 2000 年 10 月。早在 1998 年，Alec Kazantzis 先生（一位伦敦著名的希腊裔海事仲裁员）被委任为独任仲裁员。他曾作出一个"中间裁决书"（interim award）命令承租人支付欠租的 1,922,995.19美元。

到了 1999 年 3 月，又出了一个新争议。承租人坚决还船，船东亦把这提早还船视为"毁约"（repudiation）。之后，船东命令英国律师继续在 Alec Kazantzis 先生面前推进仲裁。在希腊船东送达了索赔请求书后，Kazantzis 先生下令承租人在 2000 年 1 月 31 日前送达抗辩。

期间，希腊船东在西班牙巴塞罗那港扣了另一家古巴承租人所租的另一艘船"Celia"。虽然是不同的古巴公司，看来仍对被告的承租人产生了很大压力。承租人愿意派出代表到雅典与船东谈判和解方案。希腊船东虽然愿意和解（至少容易收到钱,而裁决书即使胜诉仍须执行),但看来这是订立“城下之盟”,其中提到“拿枪指了承租人的头”(holding a gun to charterer's head)。希腊船东能这样做是以仲裁相迫,而承租人哀求船东发出电文给 Alec Kazantzis 先生同意暂停仲裁程序以利双方当事人和谈。

当时仲裁程序的情况是:2000 年 2 月 3 日,承租人发了电传给 Alec Kazantzis 先生,说正在谋求和解谈判,要求多给予一点时间。Kazantzis 先生回应说,除非双方当事人同时要求,否则他不能听从一方当事人(往往是被告)而暂停(也不知停多久)仲裁程序。Kazantzis 先生发出了一个送达抗辩的最后限期命令(peremptory order),为 2 月 14 日,否则就会下达裁决书。承租人的代表在 2 月 10 日从哈瓦那抵达雅典,之前有一点误解,以为希腊船东会在承租人代表抵达后发出电传给 Alec Kazantzis 先生要求暂停仲裁程序,但事实并非如此。相反,船东的英国律师催促 Kazantzis 先生尽早作出裁决书。这种“缺席裁决书”(default award)文件不多,很快可以作出,一般只根据索赔请求书节录即可。结果 Alec Kazantzis 先生在 2 月 18 日作出了一个“最后裁决书”(final award),命令承租人赔偿船东 1,846,902.97 美元。要说明的是,Kazantzis 先生这样做完全正确,如果笔者是仲裁员也是同样做法,因为不会知道双方当事人在背后的和谈,这些资料可享有“特权”(privilege)。

后来双方和解谈判失败,承租人觉得受到欺骗并被误导。故此,承租人以船东欺骗、违反公共政策、构成 Section 68 的“严重不正常”(serious irregularity)与“重大不公平”(substantial injustice)等理由,申请法院撤销 Alec Kazantzis 先生的最后裁决书。

Moore-Bick 大法官针对承租人的不满说:

“Mr. Kverndal (承租人大律师) submitted that the owners' conduct in this case was indeed such as to be wholly offensive to ordinary reasonable members of the public.

It will be apparent from this brief summary of Mr. Kverndal's submissions that Cuflet's (古巴承租人) case turns not simply on the allegation that the owners acted in a devious and underhand manner, but that they did so in a way which misled Cuflet into thinking that they had taken steps to prevent Mr. Kazantzis from proceeding an award and that if Cuflet had been aware of the true position it could and would have taken steps itself to protect its interests.”

最后,Moore-Bick 大法官判承租人的申请失败,因为他:

(i)没有提出也更证明不了这份裁决书是通过欺诈(fraud)方式获得,这才是违反公共政策,仅是指对方狡猾或精明并不足够。

(ii)承租人无法证明船东曾明确同意叫停仲裁程序,并且会通知 Alec Kazantzis 先生。

(iii)承租人不是不知道仲裁程序的进展,这并非是船东瞒着承租人偷偷取得裁决书、不公平(unconscionable)地行事。

同时,Moore-Bick 大法官讲道,若能证明有“不公平行为”(unconscionable conduct),法院愿意插手进来给予救济。但若只是无意,不经心地误导,对承租人这并不足够去救济。Moore-Bick 大法官这样说:

"where one party to arbitral proceedings based his complaint on the manner in which the other conducted himself in relation to the proceedings nothing short of unconscionable conduct would justify the Court in setting aside the award; and Cuflet was right to concede that it would not be enough to show that the owners had inadvertently misled Cuflet, however careless they might have expressed themselves."

3.7.2 可获救济的不公平行为(unconscionable conduct)的定义

怎样区分"不公平行为"(unconscionable conduct)与"无意误导"(inadvertently misled)?这要了解"衡平法"(equity law)对前者的定义为:(i)合约极端偏袒一方及非常不合理;(ii)一合约方占尽便宜,因为对方年龄老迈、缺乏经验、体弱多病等原因;(iii)一方乘机剥削弱小的另一方合约当事人。在上述情况下,法院会插手救济该不公平交易。但这些都必须是极端的情况,否则就会违背"订约自由"(freedom of contract)以及合约神圣的大原则大精神。

故在(i)的情况下,典型先例是 Multiservice Bookbinding Ltd. v. Marden (1979) Ch. 84, 110:"(He must behaved) in a morally reprehensible manner… which affects his conscience… The classic example of an unconscionable bargain is where advantage has been taken of a young, inexperienced or ignorant person to introduce a term which no sensible, well-advised…person would have accepted."

在(ii)的情况下也有雷同,例如 Hart v. O'Connor (1985) AC 1000 涉及受不公平对待的一方有精神病、痴呆。

而在(iii)的情况下,对海事人士来说,好例子是以前在船舶危急时订下的"城下之盟",若是"救助合约"(salvage agreement)则对船方太不公平,特别在救助报酬,即会被判无效。当然,以劳氏格式(Lloyd's Open Form)的救助合约就不会有此问题了。

但英国法院一直强调该说法不适用于一般的商业上的波动,例如市场一会对卖方有利,一会对买方有利,而令一方受压。Denning 勋爵在 Lloyds Bank Ltd. v. Bundy (1975) QB 326 曾经说过:"压力不能是来自正常的力量波动"(the pressure was not the result of the ordinary interplay of forces)。可见这种情况主要适用于非法胁迫(duress)、不恰当影响(undue influence)等。

总的来说,法院在目前仍是重视订约自由,特别在商业的合约关系中(被认为双方当事人有对等力量与水平去订约),故不轻易以此衡平法理论去插手。

这在"Chitty on Contracts"第 27 版之 7-042 段谈道:"More recently, however, the cases have shown a determination to adhere firmly to principles of freedom of contract, particularly in commercial contracts between businessmen."

书中也举了一些先例支持这个说法:Photo Production Ltd. v. Securicor Transport Ltd. (1980) 1 Lloyd's Rep. 545; The "Chikuma" (1981) 1 Lloyd's Rep. 371 等。

故此,要成立衡平法的“不公平行为”或“不公平交易”,才能成功以 1996 年《仲裁法》之 Section 68 撤销裁决书,这绝非易事。想误导对方的一方(如本案中的希腊船东)会尽量做到“无意/不经心”(inadvertent),也不说死,特别以文书方式。例如一些非常狡猾的人士会口头上刻意误导,在将来仲裁中却否认曾经说过。由于他们是“超级证人”(super-witnesses),说不定笔者若担任仲裁员也会相信他们的证言。毕竟,一方若指称对方有“不公平行为”,应负有很重的举证责任。

本案例中失败的古巴承租人的教训可适用于中方公司,雷同案子笔者见过不少。那么,他们应怎样办才能保护自己利益? 简单地说:

(A)承租人不应太害怕伦敦或其他地点的仲裁,该抗辩就抗辩。即使要和解谈判,也要强硬对待,作出有板有眼的抗辩后才谈判也会取得合理条件而不是“城下之盟”。

(B)当然,这需要懂行(特别是英国合约法与商法)与高水平才能做到。所以,说到底仍是简单的结论:不懂行、欠水平就难逃被欺侮、被欺骗的境遇。而部分中国人(包括香港人)在笔者眼中的“死症”就是懒读好书、懒用活脑。

另外加上最后一点显示 Section 68 救济的困难。这是在 Section 68(2) 中要求“严重不正常”(serious irregularity)是“已造成重大不公平”(has caused substantial injustice)。这表示申请人如古巴承租人即使能证明希腊船东有“不公平行为”(unconscionable conduct),仍是不足。他必须进一步证明因为他被剥夺了在 Alec Kazantzis 先生面前抗辩的机会,令他失去了一个有很大机会胜诉的抗辩。要是抗辩很弱,理据不足,他并没有因“严重不正常”而造成重大不公平。

故此,能成功撤销裁决书可真是难若登天。

3.8　指称胜诉方误导仲裁庭不去披露两份重要文件:Profilati v. Paine Webber

Proficati v. Paine Webber (2001) 1 Lloyd's Rep. 715 这个先例,是一个商会仲裁,有关商会是“伦敦金属交易所”(London Metals Exchange,简称 LME)。案情有关铝金属的期货买卖。1993 年 8 月与 9 月,由于市场价格下跌,经纪人 Paine Webber 向 Profilati 发出“差额通知”(margin calls)要求支付。但后者并没有支付差额,故在 10 月 6 日,Paine Webber “斩仓”(closed out all Profilati's position)。在之后的商会仲裁,仲裁庭判 Paine Webber 胜诉。但败诉的 Profilati 根据 Section 68 向法院申请把裁决书撤销,理由是在仲裁程序中,仲裁庭被误导引致有 2 份重要文件没有披露。

Moore-Bick 大法官再次强调,在 1996 年《仲裁法》之 Section 68 的理念与措辞下,法院无权干预仲裁的过程(the court had no general jurisdiction to interfere with the working of the arbitral process),只有在证明有一些重大的“不公平行为”(unconscionable conduct)下取得裁决书,法院才会考虑给予撤销裁决书的救济。

3.8.1　故意扣留披露文件会是“不公平行为”(unconscionable conduct)

至于文件的不披露,Moore-Bick 大法官区分为两种情况。第一种是应披露文件但“故意/刻意被扣留”(deliberately withheld)。这可能构成“不公平行为”而违反公共政策。但证明这一点谈何容易。

第二种是应披露文件但“无辜地遗忘了披露”(innocent failure to disclose)。这种情况下,即使文件十分重要,仍只会是一种“程序上的不幸”(procedural mishap)。在1950 年《仲裁法》下,这种“不良行为”(misconduct)可获得救济,但在 1996 年《仲裁法》下就没有足够的理由让法院插手了。

最后,Section 68 (2)要求即使能够证明存在“严重不正常”,仍须“已造成重大不公平”(has caused substantial injustice)。Moore-Bick 大法官认为本案例该 2 份文件即使披露了,裁决书的结论仍不太可能大不一样。他说:

“even if there had been a deliberate failure to give disclosure of the two documents in question it would still be necessary for Profilati to satisfy the Court that it had suffered substantial injustice as a result; on the facts and the evidence there was no substantial likelihood that the disclosure of these two documents would have resulted in the tribunal reaching a different conclusion; and even if there had been a failure to give proper disclosure Profilati suffered no substantial injustice.”

结果显然是 Profilati 申请救济失败。

3.9　指称胜诉方提供伪证给仲裁庭:The “Mariana”

The “Mariana” [2005] 1 Lloyd's Rep. 640 这个先例涉及船上的一个严重火灾导致船舶全损(constructive total loss),蒙受损失的货方向船东起诉。船东曾暗示过这个火灾是由于装货小工留下的一个尚未熄灭的烟头引起的,当然根据这个说法船东就对货损没有责任,因为《海牙规则》在 Article 4 (2) (b)中说明对船东自己没有过错的火灾可以免责。原告货方说该火灾是船东故意造成的,当然这样一来船东就不能免责了。但到了开庭前两天,货方放弃了对火灾是故意造成的指控,只保留了船舶不适航的指控。前者被仲裁庭视为是双方共同立场(common ground),即火灾是由于小工留下烟头引起的,但笔者认为有可能只是货方没有太多的证据,所以过分严厉的指控例如欺诈、放火等就不能随便提出。但在不适航的指控中,仲裁庭也是判货方败诉,认为船东已经是恪尽职守(due diligence)。之后,货方向法院提出救济,救济的理由是证据在事后通过其他船员才取得,就是货方有了关于真正起火原因的资料,是由于船上进行烧焊的工作不当所引起。这样一来,如果这个事实能够成立,就有点像 Maxine Footwear v. Canada Government Merchant Marine (1959) 2 Lloyd's Rep. 105 的先例了,即船舶的确是不适航。货方要求的救济看来只能是根据 1996 年《仲裁法》之 Section 68 (2) (g)即裁决书的取得是通过欺诈,这有一点像 Proficati v. Paine Webber (2001) 1 Lloyd's Rep. 715 先例,涉及胜诉方不讲真话,或者不讲全部的真话,或者隐瞒事实,扣留文件不披露等情况。当然,这种指控往往只是怀疑,证据不一定足够。在本案例中,有可能货方后来从船员那取得的所谓新证据也只是十分含糊,加上法院认为这所谓的新证据货方通过努力是可以在开庭前取得的,再加上更重要的一点就是在本案例中,谈不上是胜诉方的错,而是货方自己找不到证据,所以拒绝给货方救济。Cooke 大法官这样说：

"When an unsuccessful party sought to challenge an award for serious irregularity under Section 68 (2) (g) of the 1996 Act, the unsuccessful party had to establish that the successful party acted in such a way as to obtain the award by fraud or to procure it in a way which was reprehensible or involved unconscionable conduct. A decision could only be challenged on the basis of false evidence where the successful party could fairly be blamed for the adducing of that evidence and the deception of the tribunal…

In the present case the claimants would have to establish on the balance of probabilities, that there was fraud or perjury in the procurement of the award, at least on the part of the master, officers and crew. To do that would require a trial where the evidence put forward was tested…

In the circumstance, the claimants' application was bound to fail and would be dismissed."

3.10　裁决书遗留了针对一些争端：The "Petro Ranger"

The "Petro Ranger" (2001) 2 Lloyd's Rep. 348 这个先例涉及一宗著名的"海盗"(pirates)案件，曾有一本书专门写了有关它的事情经过。船舶是在新加坡装了一批汽油(gasoil)去越南。但在航次余下 2 天时被一批海盗强行登船。对船东(Petroships)而言，该船舶自此失踪。后来，该船舶在中国的海口港被发觉，当时船名已被改为"Wilby"并在卸货，其中有 5900 吨汽油已卸走，不知所踪。之后，该船舶因走私而被海口当局扣留，最终获释。但船上余下的汽油与部分已卸在一艘驳船(名为"Jin Chao")上的汽油，则被海口当局扣留在岸上，要求船东支付港口使用费后才放还。最终这批汽油也算是失去了。

承租人，也是货方(Petec)向船东(Petroships)以租约的伦敦仲裁提出对整船的货损货差索赔。但由于租约有一条免责条文，内容包括海盗带来的损失，故 Petec 在海口当局插手前自动放弃了索赔，明显是海盗遭致的 5900 吨损失。该免责条文可节录如下：

"General exceptions clause… And neither the Vessel nor Master or Owner nor the Charterer, shall, unless otherwise in this Charter expressly provided, be responsible for any loss or damage or delay or failure in performing hereunder, arising or resulting from … perils of the sea; act of public enemies, pirates or assailing thieves; arrest or restraint of princes, rulers or people ;…"

仲裁庭判 Petec 胜诉，这令船东 Petroships 不满，向法院提出申请撤销裁决书，依据是裁决书没有针对一些争端如租约受阻、海盗免责、驳船"Jin Chao"上的汽油与"Petro Ranger"上余下汽油的消失会否因船东为取回该被扣船舶而与海口当局私下/背后达成交易等。

像"租约受阻"，Petroships 在仲裁的争辩是由于"环境的剧变"(radical change of

circumstances)而构成受阻,但裁决书不去考虑。裁决书中记录了 Petroships 的代表大律师 Dunning 先生的话:"Mr Dunning submitted that the tribunal nowhere indicated that it was considering or applying the test of frustration as set out in detail in the submissions; there was no reference to 'radical change' or any words of similar effect; there was no reference to the test itself; there was no reference to the authorities relied upon; there was no reference to the comparison between (1) the circumstances which were in the parties' reasonable contemplation as likely to exist if the chartered voyage proceeded without the piracy incident or the Chinese intervention and (b) the circumstances which existed (whether known to the parties or not) between April 26 and May 14 as a result of what had in fact happened."

至于"海盗免责"涉及指称海盗是海口当局的一些官员指使与批准,但没有任何证据。看来,没有证据的公开指责不应提出,也更不应相信。

简单略过,到底这些问题是否可构成"严重不正常"(serious irregularities)呢?首先要指出 1996 年《仲裁法》之 Section 68 (2) 列出了(a)到(i)的事项均构成"严重不正常"。其中(d)是"仲裁庭没有审理所有向他/她陈述的事由/争端"(failure by the tribunal to deal with all the issues that were put to it)。看来,与本先例有点相似。

但 Cresswell 大法官引述了 Saville 大法官(作为 1996 年《仲裁法》的立法小组主席)所讲的仲裁庭给予的原因或理由不足与没有审理所有争端是两码事:

"Section 68(2)(d) does not require a tribunal to set out each step by which they reached their conclusion or to deal with each point made by a party. There is a distinction between criticism of the reasoning and a failure to deal with an issue."

结果是,Cresswell 大法官只是把裁决书"发还"(remit)给仲裁庭,要求仲裁庭去针对有关争端多写下原因或理由,却不同意"撤销"(set aside)裁决书。

最后,Cresswell 大法官建议,在一个大型仲裁中,争议之处会很多,仲裁庭应考虑下令双方当事人的代表律师同意一份没有争议的重要事实与法律问题交给仲裁庭。事实上,笔者也是这样的做法,并往往要一份有争议的事实与法律问题名单。有了它在草拟裁决书之时不断用来对照就能避免或减少遗漏有关争端。以下是 Cresswell 大法官所讲:

"As to the conduct of arbitration generally, in major arbitrations arbitrators should consider directing the representatives of the parties to liase with a view to producing a short agreed list of the important issues of fact and law. A separate section of the document might list what is common ground between the parties. Had this approach been followed in the arbitration in the present case some of the problems which have given rise to this hearing might have been avoided."

3.11　接受非专家的专家证据并且过分依赖:Brandeis Brokers v. Black

Brandeis Brokers v. Black (2001) 2 Lloyd's Rep. 359 这个先例与较早介绍的

Profilati v. Paine Webber (2001) 1 Lloyd's Rep. 715 一样,这是一个“伦敦金属交易所”(LME)的商会仲裁。仲裁的原告是经纪人,他向客户的被告 Black 先生索赔12,500,000美元的欠债。Black 先生十分富有,本人是一个“金属贸易商”(metal trader),而这次欠债是有关铅金属的买卖。在仲裁中,Black 先生“反索赔”(counter claim),指原告 Brandeis Brokers 违反作为经纪人对委托人的“诚信关系”(fiduciary relationship),这种违反包括类似 mis-pricing, front-running 及错误使用机密数据。仲裁庭判“反索赔”成功,判双方是代理关系而不是买卖关系,故作为代理人,Brandeis Brokers 确是对 Black 先生有一个诚信责任。

之后,自然是败诉的 Brandeis Brokers 向法院申请救济,希望撤销裁决书。而依赖的理由/事实是,仲裁庭批准与接受了一位 Leslie Brazier 先生的专家意见/证据,但他并非专家,而且作出的证据也不是专家应讲的话,法院诉讼就“不会被接受”(inadmissible)。此外,裁决书看来过分依赖 Leslie Brazier 先生的“专家”报告,好像裁决书是由 Brazier 先生而不是由仲裁员作出。最后,Brandeis Brothers 指出另一“不正常”(irregularity)之处,就是允许 Black 先生把前者的雇员“传到庭”进行反盘问。

在英国法院,Toulson 大法官首先认同仲裁庭的“代理关系”(agency)裁决。这样一来,Brandeis Brothers 的申请已是凶多吉少。有关“严重不正常”的指称,Toulson 大法官认为:

(i)仲裁员不受证据法约束,所以即使是接收了法院不接受的专家证据,这也不是“不正常”更不是 Section 68 的“严重不正常”。

(ii)只要能够证明仲裁员自己不动脑子,任由专家下决定,这会是“严重不正常”。但在本案例中,仔细比较裁决书与 Brazier 先生的专家证据,发现并非是“照单全收”,对争议的事实仲裁庭应该自己动脑子去决定。

Toulson 大法官这样说:“As to serious procedural irregularity (1) to show that an expert witness said things which he would not have been permitted to say in a Court of law came nowhere near to establishing that there was irregularity let alone serious irregularity within the meaning of s. 68; it would be a different matter if Brandeis could establish, as it asserted, that the arbitrators effectively delegated their decision making on important questions to Mr. Brazier; that criticism if substantiated, would amount to serious irregularity; the arbitrators considered Mr. Brazier's evidence carefully; they accepted some parts and did not accept other parts; and they were conscious of their responsibility to decide the disputed questions of fact.”

至于对事实证人(Brandeis Brothers 的雇员)被传到庭,并被反盘问,本来仲裁庭就不限制证人的数量,因此更不存在任何不公平。以下是 Toulson 大法官的判决:

“it was within the power of the arbitrators to permit the respondents to call and cross-examine the Brandeis witnesses all of whom were personally involved in the factual events being investigated by the arbitrators; there was no injustice done by the arbitrators in exercising their discretion to do so."

3.12 败诉方自称没有合理机会去陈述与提供证据:Kalmneft v. Glencore

Kalmneft v. Glencore (2002) 1 Lloyd's Rep. 128 这个先例已在本书另处提及。该先例是一家俄罗斯石油公司(Kalmneft)与西方著名的贸易商(Glencore)之间的争议。在仲裁庭作出了有关管辖权挑战(jurisdiction challenge)的中间裁决书后,Kalmneft 向法院同时申请两种救济:一是把管辖权的裁决书撤销,这是 Section 68。二是把仲裁员赶走,这是 Section 24。根据的理由是仲裁员没有给予 Kalmneft 合理机会表达/陈述自己的案件,提供证据与对抗对方提出的案件(did not give Kalmneft a reasonable opportunity of presenting its case and to deal with that of its opponent)。但这些理由都被 Colman 大法官否定,申请也就失败。

笔者在此不重复已经详及之处,倒想对案情多作介绍,因为 Kalmneft 所犯的错误也是中国的公司经常会犯的。

有关合约本质上是买卖原油,很简单、很正常的交易。交易的另一方是 Glencore(一家著名贸易商,所在地是日内瓦,但老板是著名[因美国有史以来最大的逃税而被多年通缉]美国人 Mark Rich 先生)先付出 10,000,000 美元,而 Kalmneft 在一段期间(1999 年 1 月至 2000 年 12 月)要提供一定数额的原油。但其他所涉及的事实都是 Kalmneft 的一笔糊涂账或不正常现象。另是,对国际做法/规则无知,进退失据。例如:

(i)Kalmneft 与 Glencore 的合约另有第三位的合约方,是一家名为 Briarwise 的爱尔兰公司。这公司为何参与始终是一个谜。

(ii)Kalmneft 在诉讼中指称 Briarwise 只是 Glencore 的一家附属公司。

(iii)Glencore 预付出的 10,000,000 美元中,7,000,000 美元是现金,但不是付给 Kalmneft 而是 Glencore 付给了 Briarwise。这笔钱后来不知所踪,因为从没有转交给 Kalmneft,而 Briarwise 在事发时也倒闭。

(iv)余下的 3,000,000 美元,约定由 Glencore 供应同等价值的石油设施备件。的确提供给了 Kalmneft。

(v)但之后 Kalmneft 没有在 1999 年 1 月与 2 月提供原油,于是 Glencore 起诉 Kalmneft,要求归还 10,000,000 美元。合约内有伦敦仲裁条文。

(vi)签合约的 Daginov 先生是 Kalmneft 的副总裁(Deputy General Director),他有总裁(General Director)签发的授权书。

(vii)不久后 Daginov 先生与总裁 Pyataev 先生被指控偷公司的钱而被捕,并被俄罗斯法院判坐牢。

(viii)Glencore 在伦敦开始仲裁,由于 Kalmneft 不合作、不理会,Glencore 通过向英国法院申请,Longmore 大法官委任了 Andrew Berkeley 先生为独任仲裁员。这是 1996 年《仲裁法》之 Section 18 所规定的做法。

(ix)Berkeley 先生被委任后作出推进仲裁程序的命令。但 Kalmneft 很快回应说有关合约已被当地法院(Arbitration Court of Kalmykia)宣告无效。由于Kalmneft从没有收到7,000,000美元,Glencore应向Briarwise追讨,而不是向Kalmneft要。Kalmneft也指称英国法院无权管辖,因为整件事发生在俄罗斯。总之,Kalmneft指称该合约与伦敦仲裁对它没有约束。这表示仲裁员的管辖权受到质疑/挑战。

(x)有必要指出的是,至此为止,已经涉及十分深奥的国际与英国法律,但Kalmneft仍是自己在处理案件,没有委任称职的英国律师。反而精明的Glencore有英国律师代表。

(xi)Kalmneft写了一封信函,列出它自认为重要但其实无关或分量很低的几点,如下:

(1) The Arbitration Court of Kalmykia had already decided that Briarwise should pay USD 7,189,504 to Kalmneft and that the Kalmneft-Briarwise contract should be cancelled.[8]

(2) Given that Briarwise had ceased to exist there was no ground for London jurisdiction.[9]

(3) Daginov's conduct in signing the prepayment agreement without submitting it for the approval of the board of directors of Kalmneft bore the marks of criminality and criminal proceedings had been started against him and against Mr. Pyataev, the former director general of Kalmneft, who had already been imprisoned pending investigation into the theft of USD 100,000 from that company.[10]

(4) The prepayment agreement did not contain an arbitration clause requiring all disputes to be resolved on an ad hoc basis.[11]

(5) Russian law governed the question whether a Russian company was bound by a

[8] 俄罗斯的法院已经判定Briarwise应支付Kalmneft 7,819,504美元,并且取消它们之间的合约。这一点的关系不详。Kalmneft是否想讲这宗争议已有定论,不能去"一事二审"的"res judicata"? 不去争该法院是否有恰当的管辖权,仅是从表面上看它只说是Kalmneft与Briarwise之间的问题,怎会影响Glencore的诉权或诉因?

[9] 既然Briarwise已经不存在(倒闭),也就不再有伦敦管辖这回事。(笔者看不出这两方面有任何关系)

[10] 副总裁没有获得Kalmneft的董事局授权签此合约构成触犯刑法,前副总裁已因偷公司的钱而被判监。这也是笔者无法理解之处。伦敦仲裁是民事诉讼,与有关人士是否犯刑法没有关系。如果Kalmneft只想以没有董事局授权为由去抗辩,就没有必要扯上刑法。这反而给西方人带来"高压极权"的联想,而且将来副总裁或总裁要去作证会被怀疑是为了自救而不被信任。当然,伦敦的仲裁员满脑袋都是英国法律,向他提出没有授权,Kalmneft就得说服他英国法理念下怎会是没有授权,例如Glencore事先完全知道副总裁Daginov先生的权限。或是,若争议适用俄罗斯法律,就要作出解释与证明,在授权这方面俄罗斯与英国法律有何不同。总而言之,这些复杂问题都不是一个"不懂法律"的俄罗斯公司能理解与掌握的。

[11] 该有关合约没有一条仲裁条文,要求争议以随意仲裁方式解决。(这很荒谬,因为合约内明明有一条伦敦仲裁条文)

contract not submitted for the approval of the board of directors, irrespective of the fact that an arbitration clause was included. Accordingly, the prepayment agreement was invalid under Kalmneft's statutes and the Federal Joint Stock Companies Act.〔12〕

在上述的信函结束前，Kalmneft 讨好地向仲裁员 Berkeley 先生哀求公平审理。另外，极重要的一点，也是中国当事人与部分律师经常会犯的错误，就是只"讲故事"，毫无证据支持。这样一来，故事(submissions)讲得再好听，证据欠缺仍是枉然。故此，即使副总裁与总裁的刑事罪确实与 Glencore 的索赔有关，Kalmneft 也应披露有关文件证据，例如，控罪是什么、文书判决、审理记录等。没有证据，任何稍懂证据法或/与法律的仲裁员都不会去认定 Kalmneft 所讲的故事是事实。所以，Kalmneft 的哀求恐怕只是"枉作小人"。

Glencore 的英国律师在对上述的 Kalmneft 信函的回答是如下：

(1) in as much as cl. 5.3 of the prepayment agreement contained an express choice of law provision, the agreement to arbitrate was governed by English law;〔13〕

(2) the validity of that agreement to arbitrate was by English conflicts rules governed by the law by which such agreement would have been governed if it were binding;〔14〕

(3) therefore its validity in this case was to be governed by English law;〔15〕

(4) the receipt or otherwise of the prepayment by Kalmneft was irrelevant to the jurisdiction issue;〔16〕

(5) s. 36 of the Companies Act, 1985 as modified by the Foreign Companies (Execution of Documents) Regulations 1994 provided that a company incorporated outside Great Britain could have a contract made on its behalf by any person who in accordance with the law of that entry of incorporation was acting under the authority express or implied of that company;〔17〕

(6) Daginov had express or implied authority to enter into the prepayment agreement by reason of the company's power of attorney Kalmneft's articles of association and certain provisions of the Russian Civil Code in particular art. 182(1) governing the effect of pow-

〔12〕 俄罗斯法律适用。

〔13〕 合约的5.3条有一条明示条文说明选择伦敦仲裁与适用英国法律。

〔14〕 该仲裁条文是否有效取决于，如果该条文真的有约束力，根据英国法律冲突原则，那么什么将会是合约适用法。

〔15〕 所以在本案件中该条文是否有效以英国法为准。(显然，该条文即使是违反了俄罗斯法律[但没有任何证明]，根据英国法律，根本看不出有什么可导致该伦敦仲裁条文/英国适用法条文无效)

〔16〕 Kalmneft 有无收到7,000,000美元与管辖权争议无关。(毕竟，Kalmneft 可以在任何时间内完全合法地把将会收的一笔钱"转让"[assign]给第三者)

〔17〕 既然英国法律适用，根据《公司法》，一家公司应当受任何有实质或默示授权代表人士的行为的约束。

ers of attorney;[18]

(7) alternatively Daginov had ostensible authority to bind Kalmneft by reason of his position as a director of Kalmneft and of the power of attorney;[19]

(8) alternatively Kalmneft ratified his authority by part performance in as much as they went ahead and accepted equipment and services which were supplied by or on behalf of Glencore as the non-cash element of the prepayment.[20]

对上述Glencore律师强有力与有条理的争议(但绝对不是无法反击/抗辩),接下去Kalmneft竟然不再回应,任由仲裁员裁决他的管辖权了。在笔者看来,这是不可思议的愚昧,但在发展中国家的公司(不论是公营或私营)面对西方公司时,这种情况经常发生。这些年来,笔者也看见中国(与其他发展中国家)一些完全没有任何英国法律知识与概念的公司,与西方公司/律师签下数以千万甚至上亿美元金额的合约,内容与条文对中方非常不利或是致命。而且这还是中国处于强势的情况下(大家想进入中国市场)。但Kalmneft更进一步,连英国诉讼/伦敦仲裁也自己处理,虽然明知自己完全没有任何英国仲裁法与合约法的知识。

后果显而可见,仲裁员Berkeley先生不久后作出了一个中间裁决,判有关合约与仲裁条文有效,他自然也有管辖权。

裁决出了之后约十个星期(约七十天),Kalmneft才首次委任英国律师。但根据1996年《仲裁法》之Section 70(3),规定的28天时效早已过了。称职的英国律师马上觉察到,Kalmneft失去了在仲裁中好好地争议管辖权的机会(也即是合约的有效性、授权、追认、可能的非法、不恰当影响等多方面的争议),只要能去法院申请“重审”(re-trial),问题并不大;请参阅本书第五章8.7.5段与有关先例如Azov Shipping v. Baltic Shipping (1999) 2 Lloyd's Rep. 159。可是新面对的问题是申请上诉法院重审的时效或时限已过。故Kalmneft只能先根据Section 79申请法院延长这28天的时效。

但延误这么久,这不是一两天,可想而知,法院不会认可这个申请。Colman大法官说本案件的主要问题是Kalmneft没有及时查询英国法律的意见(即委任英国律师),这不可原谅。况且,在国际商贸的交往中,“无知”、“没有经验”等原因也不是抗辩的理由。虽然不能用“对法律无知”(ignorance of the law)作为抗辩理由(否则一位

---

〔18〕 Daginov先生有授权书,即使根据俄罗斯民法或Kalmneft的公司章程,也构成实质授权。

〔19〕 从另一角度看Daginov先生也有表面授权,因为他担任公司高职的董事,有授权书。(表面授权的说法只在依赖方无辜与没有怀疑的情况下适用,请参阅笔者(杨良宜)的《国际商务游戏规则——英国合约法》一书第四章之6.2.3小段,笔者不知道在该案件中Glencore是否无辜或知情。反正Kalmneft没有争论)

〔20〕 另外,Kalmneft接收了价值3,000,000美元的设备/备件构成追认的行为,即使是较早的合约确实没有授权。(有关“追认”的课题,在《国际商务游戏规则——英国合约法》一书第四章之6.4小段也有详及)

不知杀人有罪的被告可以被无罪放行),笔者并不认同这在国际商务交往中是公平的游戏规则。只要看西方国家国内法大力保护处于弱势的消费者与未成年人士的法律规定,即可知道更为弱势的发展中国家所处的困境。但在国际规则没有改得更公平前(相信也不会改),参与这个国际商务游戏(特别是自动约定合约以英国法为准或伦敦仲裁),就必须遵守国际游戏规则,除非一开始谈判就取得外商同意愿以中国游戏规则为准。这些方面在笔者的《国际商务游戏规则——英国合约法》一书之第十五章"结论"中有详及,在此不再重复。

回到本先例,可去节录 Colman 大法官的说法如下:

"There can be no doubt that one of the main reasons for Kalmneft's failure to act within the time limits was its failure to take advice on English arbitration law. It did not consult solicitors until Feb. 5, 2001. As early as May 24, 2000 B&M had advised Kalmneft to instruct English Solicitors to advise them. That was at the stage of Glencore's application to this Court for the appointment of a sole arbitrator. Yet that suggestion was ignored for a period of over seven months. The arbitrator gave similar advice in his letter of Sept. 25, 2000. No satisfactory explanation has been provided by Kalmneft for ignoring that advice. It seems to have been assumed that it would be better, to present its own case on the issue as to jurisdiction, starting from the basis that there was no jurisdiction because the prepayment agreement had been entered into by Daginov without authority and that: the Russian Courts had or would ultimately reach this conclusion and that any award from England would be unenforceable in Kalmykia…

Kalmneft has, in my judgment failed to show any reasonable excuse for its non-compliance with the statutory time limit. Had it instructed solicitors at the outset it would not have been ignorant of the time limits, its omission to take professional advice on English law from the outset (June, 1999) or, failing that, from the time of the arbitrator's letter of Sept. 25 or from when the arbitrator made his directions as to the jurisdiction issue (October, 2000) or, even at the last minute, on receiving the ruling on jurisdiction (November, 2000) was not merely an understandable consequence of inexperience in international arbitration: it was totally unreasonable. However inexperienced a foreign corporation was as to how to conduct an arbitration, it would have been quite obvious to it on reading Glencore's submission on jurisdiction that it urgently needed advice on English law."

此外,Colman 大法官也提到外国公司(如 Kalmneft)可以不理会伦敦仲裁,将来面对执行裁决书之时才提出管辖权抗辩。但若是已经选择参与伦敦仲裁,包括质疑/挑战仲裁员管辖权,就不得延误与漠视《仲裁法》的各种要求。

Colman 大法官这样说:"It is of course always open to a foreign corporation to ignore an English arbitration if it takes the position that the arbitrator has no jurisdiction, leaving it to the other party to proceed unilaterally to an award and then to attempt to enforce it in the foreign jurisdiction. In the enforcement proceedings it would normally be open to a party who had taken no part in the arbitration amounting to submission to the arbitrators to assert that it was not bound by the award. However, if a foreign respondent is to take advantage of English procedural facilities for testing the arbitrators' jurisdiction, it is incumbent upon it to, comply with the best of its ability with the requirements of that procedure. It is not permitted to adopt an exploratory foray into those procedural facilities in the course of which it ignores the procedural requirements."

已经提到过,不理会伦敦仲裁的不良后果是:

(A)如果有所抗辩(而很少有对责任或索赔金额无可抗辩的案件),不提出太可惜,在这种争议中被告胜诉的机会并不低,特别像授权等争议中会根据当事人所在地有关法律审理。像 LG Caltex Gas Ltd. and Contigroup Inc. v. China National Petroleum and China Petroleum Technology & Development Corp. (2001) EWCA Civ. 788,就是中方公司在仲裁中说服仲裁员合约并不存在,没有被告的授权,结果成功(虽然稍后同一案件与同一争端另有一个 ICC 仲裁,因为该案件有几个不同的有关合约。ICC 仲裁的 3 位仲裁员得出完全不同的结论,结果中方败诉。

(B)即使抗辩责任失败,也往往可减少索赔金额。

(C)失去许多在仲裁程序与证据上可去为难原告的机会。

(D)失去争取谈判和解的良好机会。

(E)在败诉后,被告将来一样可以在裁决书执行时提出异议,所以被告在仲裁中好好抗辩除了律师费以外并不会导致其他损失。

说到这里,笔者不是不知道,对发展中国家而言,英国律师费实在太昂贵。但是笔者仍然认为,节省昂贵的英国律师费用的唯一办法是提高思维水平,特别是增强对英美法(合约法、证据法等)的熟悉与理解。这套东西绝非只是西方人才能懂,中国人就无法懂, 笔者就是活生生的例子。大家学好英美法后,就会发现其中不少理念与中国先贤比如孙子等的教诲有极相同之处。中国能出一大批精通英国法的人士,甚至比一般英国律师更精通,又何必再花费昂贵的律师费用? 凭自己一样可以处理好一个伦敦仲裁,包括质疑/挑战仲裁庭的管辖权,并且不走错任何一步程序。

3.13 GAFTA 对时限上诉不给予原因/ 理由:AHT v. Tradigrain

AHT v. Tradigrain (2002) 2 Lloyd's Rep. 512 这个先例涉及两笔 FOB 买卖付运,每次付运 30,000 吨小麦。两次付运分别预定在 1998 年 7 月 1 日至 7 月 10 日, 以及 8 月 5 日至 15 日。买方没有履行第一航次,卖方 Tradigrain 指买方 AHT 的行为导致不履约/毁约(估计是不派船去装货港)。第二航次买方有履行 ,但直到 8 月 20 日至 27 日期间才装妥货物。卖方的索赔除了第一航次的毁约损失外,还包括第二航次的码头费用与小麦的贮藏费(carrying charges)。

根据合约,卖方将上述索赔提交伦敦的 GAFTA 商会仲裁。买方开始提出的抗辩是按照 GAFTA 仲裁规则之 r. 2. 3(b),时效已过。这一时效适用于原告必须把索赔提交仲裁的最后限期。GAFTA 仲裁规则订的时效十分复杂与严格(对此笔者怀疑是否有此必要)。而且,根据不同商品与不同的合约,GAFTA 有不同时限。它可能从卸完货的当天算起,或从开出发票的当天算起。它也区分索赔或争议的类型。时效从 14 天至 35 天不等。但 GAFTA 仲裁规则中另有一条重要条文说:

"2. 7 in the event of non-compliance with any of the preceding provisions of this Rule and of such non-compliance being raised by the respondents as a defence, claims shall be deemed to be waived and absolutely barred,[21] unless the arbitrator(s) shall in his /their absolute discretion otherwise determine.[22] If the arbitrator(s) do not exercise his /their discretion to admit a claim then the board of Appeal, on appeal, shall have the power in his absolute discretion to determine otherwise, but not so as to override or set aside any determination already made by the arbitrator(s) to admit a claim.[23]

2. 8 No award by the arbitrator(s) shall be questioned[24] or…"

回到 AHT v. Tradigrain 先例,既然买方 AHT 已提出时效已过作为抗辩,卖方 Tradigrain 只好要求仲裁员延长时效,批准索赔。在一审中,仲裁庭判对第一航次的索赔迟了 47 天之久,由于时间太久而且卖方没有提出任何可以原谅的理由,故不准延长时效。第二航次的索赔也是同样命运,而且它没有提及对码头费用的索赔。总之,卖方只好上诉到 GAFTA 的上诉委员会。而上诉委员会则完全不同意一审仲裁庭的裁决,允许卖方索赔。这样一来,轮到买方十分不满,因此向英国法院提出上诉,理由是 GAFTA 的上诉委员会的裁决没有给出原因。

而英国 1996 年的《仲裁法》Section 52(4)对裁决书的格式要求是:"The award shall contain the reasons for the award unless it is agreed award or the parties have agreed to dispense with reasons."(裁决必须给出原因,除非双方当事人的和解裁决书或双方同意不需要原因)

卖方代表大律师争辩说,GAFTA 仲裁条文讲明仲裁庭或上诉委员会的裁决是"绝对的裁量权"(absolute discretion),而 r. 22 也讲明裁决是"最终、结论性与约束"(final conclusive and binding)。也即是,无法就有关实质法律问题向法院提出上诉,故裁决书不需要原因。而选择 GAFTA 仲裁是双方当事人事先同意的。

但在英国法院,Havelock-Allan 大法官不同意卖方的说法。他认为,GAFTA 仲裁条文没有明言不需要裁决原因,只是说"绝对的裁量权"并不意味着默示或推断双方同意了不需要裁决的理由。

---

〔21〕 若不遵守上述的时效规定,并且被告以它为由提出抗辩,索赔将被视为放弃与绝对失效。

〔22〕 除非仲裁员另有决定(即类似可延长时效)。

〔23〕 若仲裁员不延长,原告可以上诉。上诉委员会有绝对的裁量权。但仲裁员同意延长则不得上诉,即被告不能上诉(看来上诉委员会只愿意对延长重新考虑,但不肯推翻原判已是延长的裁量决定)。

〔24〕 上述裁决不准去质疑。

Havelock-Allan 大法官这样说：" I am unable to accept this argument. First, it is plain that the conferring of an 'absolute discretion' does not, of itself, preclude review of the exercise of that discretion by the Court even though, the scope of any possible review may be very narrow."

接下来，Havelock-Allan 大法官引述了 Donaldson 大法官在 Cook Industries v. B. V. Handel(1985)1 Lloyd's Rep. 120 所讲的话作为支持：

"The first question which arises is whether the Court can review a discretion which is in terms stated to be 'absolute'. For my part, I have no doubt that it can. One has only to consider the possibility of mala fides — which, of course, is not suggested here — or the taking account of a matter which on no conceivable view could be regarded as relevant. In such cases the Court could and should intervene. Having said that, it is very clear that the discretion here is that of the board and not of the Court; it has to be exercised against a commercial background: and the use of the word 'absolute', while not to be read literally, is, I think, to be interpreted as meaning 'a very wide discretion', and it is a discretion which has been conferred upon the board by contract."

再接下来，Havelock-Allan 大法官指出，如果双方没有同意不需要裁决原因，那么仲裁庭必须给出原因，否则就可能构成"严重不正常"，他说：

"These observations confirm that the grounds upon which the exercise of an absolute discretion can be challenged are very strictly circumscribed. They are limited to bad faith and the taking into account of wholly extraneous matters. In my judgment, if and insofar as this is not already covered by the concept of bad faith, the grounds would also extend to cover a case in which there had been a complete failure of the tribunal to exercise its discretion on any identifiable grounds at all, in other words, a case where the tribunal had abdicated its responsibility of making a rational decision and, in effect, had simply tossed a coin. I do not think that it helps to give examples. Necessarily the circumstances would be extreme and the instances rare. The point is that if review by the Court is possible, whether by an appeal under s. 69 or a challenge for serious irregularity under s. 68, it cannot be inferred that an agreement to confer an absolute discretion on an arbitral tribunal, carries with it an agreement to dispense with reasons for the tribunal's decision in exercising that discretion."

若要构成"严重不正常"(serious irregularity)，1996 年《仲裁法》Section 68(2)还有另一关卡，那就是该严重不正常必须"已造成重大不公平"(has caused substantial injustice to the applicant)。这样一来，作为申请人的买方(AHT)要去证明裁决书没有给出原因对其造成了什么损害与不公平并不容易。比如说：只要裁决给出了原因，它就可借该原因证实 GAFTA 上诉委员会的裁决(在这允许延长时效，卖方可以索赔)是恶意的、毫无根据的等理由，并成功撤销该裁决。可是裁决不给出原因就走不到这一步,所以这么做对买方(申请人)是很不公平的。但怎样能去证明呢，也不像有可能？至少,在 Havelock-Allan 大法官眼中,目前的裁决虽然没有原因,但规规矩矩,不像有问题,因此他判决虽然裁决没有给出原因而构成严重不正常,但构不成“已造成重大不公平”。所以,买方依据 Section 68 申请撤销裁决最后失败了。

Havelock-Allan 大法官说：

“39. If there were reasonable grounds for supposing that the absence of reasons for the exercise by the board of its absolute discretion to admit the default claim makes an underlying breach of duty on the part of the board in reaching that decision. I would readily infer that substantial injustice would be likely to be caused to AHT if I did not intervene. However, I think that there are no grounds for inferring that there has been any such breach of duty in the present case. The particular features of this case which, to my mind, dispel that inference are: (1) that the parties addressed comprehensive written submissions on the time bar issue to the Board of Appeal which raised all of the relevant considerations on both sides of the argument and did not raise any extraneous matters, (2) that the Board of Appeal has accurately paraphrased those submissions in its award, (3) that the board has stated in par. 6 of the correction award that it ‘duly read and carefully considered the pleadings, the evidence and the accompanying information in its entirety’, and (4) that the board gave an intelligent reason in the correction award why it declined to give reasons namely, that it did not think that when exercising an ‘absolute discretion’ it was required to do so.

40. Mr. Morris at one point submitted that these features demonstrated in reality that the board had given reasons. I do not think they go that far: But they are sufficient in my judgment to displace any notion that the board may have acted in bad faith or arbitrarily or capriciously in reaching its decision under r. 22. They leave no room for inferring that the board might have taken into account some matter which on no conceivable view could be regarded as relevant, and they contradict the idea that the board may have had no reasons at all for its decision.

41. In the circumstances, no substantial injustice has been caused by the absence of reasons and no substantial injustice is likely to be caused if the award is not remitted for reasons to be given, because I see no real prospect of any reasons being given which could give rise to a challenge, under the Act. I therefore reject the first ground of complaint. ”

最后一提的是:为何买方 AHT 不根据 Section 70 (4)要求法院下令 GAFTA 上诉委员会去作出原因？估计 AHT 的真正目的是推翻延长时效的裁决,并非只是想要裁决的原因，这是借口。

3.14 败诉方指称多数仲裁员在毫无证据下自说自话:The “Pamphilos”

The “Pamphilos” (2002) 2 Lloyd’s Rep 681 这个先例又是一宗租约仲裁,这与经常发生的船底滋生微生物(如甲壳、海管)造成船速减慢/多耗燃油有关。简单介绍它们的关系是:船速减慢/多耗燃油一般是船东的责任,承租人可向船东索赔损失。至于正常的船底滋生微生物,也是船东的责任,毕竟船舶是他的,而不属于承租人。船底一旦有微生物"附身",即会增加重量,而且令船底不再平滑,不可避免地会影响船速并且多耗燃油。对待这种情况,船东的正常做法是在离开干坞前,在平滑清洁的船底(往往是以"打砂"[sandblasting])涂上一层"防污漆"(anti-fouling)。它实际上是一种化学涂料,在水中会不断释放毒素,从而令船底微生物无法附身。这层涂料的设计有效期为 12 个月或更长,直至下一次船舶再进干坞。换言之,以此方法可以对付"正常"(normal)的船底微生物,但恐怕还会出现"不正常"(abnormal)情况。如船舶不走动,停顿一段长时间(如 12 天或以上),显然这种情况更容易令微生物附身。更严重的是停顿的水域是在热带,例如像巴西,由于水中营养充足,这更令水中微生物容易大量滋生。笔者在《期租合约》一书之 3.9.2 小段曾提到一例,一艘船舶在波斯湾的 Bandar Abbas 港停留了两个半月,再次开航时,航速从原来的 15 节下跌至 9.5 节,足足损失有五六节之多。

这种船东不能预计的不正常情况导致船速减慢/多耗燃油就不能说是船东的责任了,因为这是承租人命令在有关港口长期停留的直接后果:The "Rijn" (1981) 2 Lloyd's Rep, 267。今天租金高昂,这种情况会带来庞大金额的索赔/争议。

从上述的简单介绍,可见到一有这方面争议,许多对事实的争议就难免涉及证据与专家意见。需要针对的方面包括:

(i)上次在干坞时有否按照油漆生产商的指示做好"防污漆"的工作?

(ii)承租人虽然下令去了巴西一港口,并停留了两个星期之久,仍得科学分析什么是"正常"情况与什么是"不正常"情况导致船速减慢与多耗燃油。甚至也可能有其他情况如主机有毛病导致船速下降。总之,不能一发生了"不正常"情况,就把所有问题都归结于此。

(iii)其中科学分析办法是让潜水员在水下检查,除了拍照外(观察到受影响的面积与可能的"附船甲壳"(barnacles)的厚度,进而计算出增加的重量),也可取一些附船甲壳的样本以供海洋/生物学家去化验。从它们的大小与类别来判断,应该是由于 2 个月前在巴西港口的停留,还是与 6 个月前在印度尼西亚水域短暂停留有关。

有了上述简单介绍后,可进一步探讨 The "Pamphilos" 的有趣先例。该希腊船被租期只是一个航次(Time Charter Trip,简称 TCT),从巴西的 Sepetiba 港装铁矿去保加利亚。在装港的 Sepetiba,船舶停顿了 21 天。结果在装完货开航时,船舶无法达到租约所保证的"约 12 节"与"约 36 吨燃油"的船速与耗油量,从而导致船东与承租人产生争议。

看来,在 Sepetiba 的 21 天停留肯定有影响,但是否应把所有船速减慢与多耗燃油都归结于此?这显然是不科学的,对承租人也不公平。会不会上一个租约/航次已发生了同样的"不正常"情况,但船东不讲,仍把船舶当做正常的"约 13 节"船速在市场出租,其实它只能走"约 11 节"?在 The "Pamphilos" 案例中,也曾提到怀疑主机

(turbocharger)有毛病。故这些方面都要去调查、分析与区分才好找出真相。也许整个航次因船速减慢的时间损失,只有一半与 Sepetiba 的停留有关,船东仍须对另一半的时间损失负责。

在该案例中,不幸的是船东与承租人之间有严重的猜疑。其中严重的两处是:

(A)承租人未被邀请参与船底潜水员检查,甚至想去也被希腊船东拒绝。正如不同意见(dissenting)的仲裁员 Moss 先生所说:

"There was no satisfactory evidence of the condition of the hull at Piraeus. The refusal of the owners to permit the charterers to take part in the joint hull survey following redelivery or to reveal the existence of samples of the organisms until several months after commencement of the arbitration meant that the case could not be tried fairly and satisfactorily."

(B)较早前曾在干坞时清洁船底与涂上的"防污漆",但船东不交出有关的重要证据。现实中,由于"防污漆"价钱十分高昂,一般涂在船底时,总有船东代表(总管)与生产商代表监督,并会有书面报告。往往生产商要担保该"防污漆"的有效性。故此,除了要产品好,工作做得好,还必须留下有利证据。但希腊船东不披露有关文件,只书面坚持已按照油漆生产商的要求去做。对这方面,Moss 先生说:

"Although there was evidence that the vessel had been treated with anti-fouling paint with a treatment that was warranted, subject to the manufacturers 'approval to provide 12 months' protection, there was no evidence whether the manufacturer had specifically approved the work done and given the usual guarantee."

但在该仲裁中,不幸的是 Moss 先生只是少数。多数的意见,也就是最后裁决,来自另两位希腊籍在英国工作的仲裁员 L. D. Leftakis 先生与 John Tsatsas 先生。他们两位是相信希腊船东的陈述了。由于 Moss 先生对其他两位仲裁员表达严重不满,导致败诉的承租人申请法院撤销该裁决书。希望法院看了著名的 Moss 先生的强烈"不同意见"(dissenting opinion),可能会比较关注,愿意作出救济。对该多数意见的裁决书,承租人申请撤销的理由是有三处地方在毫无证据下两位仲裁员"自说自话"。这构成了"严重不正常"(serious irregularity)。这三处地方是:

(1)两位多数的仲裁员在裁决书中也明示了不明白为何希腊船东拒绝承租人参与船底检查。但加了一句话:"唯一解释是当时船东没有预计到承租人会扣租金。"(The only explanation that we were able to develop, was that at that point in time the owners did not anticipate the amount that the charterers intended to withhold from hire)即是船东以为没事,也就不想让承租人检查,只怕会挑起新问题。

(2)两位多数的仲裁员认定了"防污漆"生产商所订下的要求(如船底钢板清洁光滑)业已被船东做到。

(3)根据潜水员的船底检查,有些部位附满了微生物,以船舶吃水去推断,在 Sepetiba 空船停留时这些部位不应浸在水下。但两位多数的仲裁员认为船舶在

Sepetiba 漫长的停留,可能会有前后水尺的改变。

但法院的 Colman 大法官不认为有"不正常",更不用说是"严重不正常"。特别是上述(1)中,两位多数的仲裁员并非认定了任何事实,只是表达了一个"可能的解释"(possible explanation)。至于在没有证据下仲裁员"自说自话"的指称,Colman 大法官特别分析了什么是可以接受的做法。

先去解释何谓不可接受的做法。这就是仲裁庭自己凭空自说自话或凭私下调查取证,然后作出裁决,而所依据的新证据或新想法从未告诉双方当事人,好让他们有进一步申诉或解释的机会。换句话,就是作出的裁决不能令双方感到"意外"(surprise)或"新奇"(new)。例如:"仲裁庭怎会想歪了,这根本不是我们俩争议之处。"这方面可节录权威的"Mustill & Boyd"一书(第2版)第310页的说法:

"The arbitrator should, however, bear in mind that if his investigations reveal something which is entirely new, in the sense that it has not been brought out in the contentions of the parties, he should draw it to their attention and give them a chance to deal with it."

在注脚中,Mustill 勋爵和 Boyd Q. C. 引用了十分著名的 Fox v. P. G. Wellfair Ltd. (1981) 2 Lloyd's Rep. 514 为例进行了说明。

1996年的《仲裁法》下允许仲裁员私下调查取证,即大陆法的"询问制"(inquisitorial approach):在 Section 34(2)(g)中。但 Fox v. P. G. Wellfair 的教训同样适用,若仲裁庭所认定的事实令人感到意外或新奇,仍会构成"严重不正常"(serious irregularity):Warborough Investment's Ltd. v. Robinson & Sons (Holdings) Ltd. (2003) EWCA Civ. 751。

现在回去解释何谓可以接受的做法。在现实中,经常有复杂与众多事实有争议的案件,仲裁中有些事情可以根据常识/常理去推断。例如,船舶在危险中可推想到尽责或不尽责船长的不同反应。或是,由于西欧修船太贵可以推想到船东能拖就拖,船舶回到中国才修。这样一来,只要不偏离主要双方当事人提出的争端与提供的证据(如船舶在危险中,船长十分尽责,船舶事故发生在西欧,欧洲修船很贵,下一航次会去中国等),也不会引起双方当事人的"意外"或"新奇",仲裁庭可以在双方争议的范围内去推想一些进一步的事实,如船东想拖一拖才修船,而不必就每一点/每一句本可去推想的事实,向双方当事人预先披露并要求双方再加以举证。原因是:

(i)在复杂的案件中这种情况会很多,在草拟裁决书之时,如果每一点/每一句都预先披露给双方当事人,再等待他们新一轮的争辩才能继续下笔,那仲裁将没完没了。

(ii)披露会提前泄露仲裁结果。

(iii)仲裁庭有这方面的专业知识,本来就是希望他/她能够根据提出来的重要事实去准确地作出推断/联想与认定。

在 The"Pamphilos"先例中,Colman 大法官这样说:

"It has to be emphasized, however, that the duty to act fairly is quite distinct from the autonomous power of the arbitrators to make findings of fact. Thus, whereas it may normally be contrary to the arbitrator's duty to fail to give the parties an opportunity to address them on proposed findings of major areas of material primary facts which have not been raised during the hearing or earlier, in the arbitral proceedings, it will not usually be necessary to refer back to the parties for further submissions every single inference of fact from the primary facts which arbitrators intend to draw, even if such inferences may not have been previously anticipated in the course of the arbitration. Particularly where there are complex factual issues it may often be impossible to anticipate by the end of the hearing exactly what inferences of fact should be drawn from the findings of primary fact which have been in issue. In such a case the tribunal does not have to refer back its evidential analysis for further submissions. A typical situation is where arbitrators arrive at a conclusion on an issue of expert evidence which differs to some extent from that put forward by either opposing expert. In many cases, such as this, the arbitrators have been appointed because of their professional legal, commercial or technical experience and the parties take the risk that, in spite of that expertise, errors of fact may be made or invalid inferences drawn without prior warning. It needs to be emphasized that in such cases there is simply no irregularity, serious or otherwise. What has happened is simply an ordinary incident of the arbitral process based on the arbitrator's power to make findings of fact relevant to the issues between the parties."

最后,笔者举一个经常遇到的简单情况来说明什么是可以接受的,什么是不可以接受的。仲裁员经常会遇到双方当事人争议某一时间的市场运费或价格是什么,用来计算损失金额等。船东会说在一年前承租人毁约时市场有关船舶租金水平是15,000美元/天。但承租人坚持当时是35,000美元。双方各有专家证人(经纪人)支持与提供证据。在仲裁庭作出裁决时,仲裁员会倾向于船东的数字,因为凭他/她的航运知识,认为35,000美元的被报道交易不具有市场代表性,而且证人主要依据的是一艘新船及较佳装卸设备。而这些只是推想/推断的事实。船舶其实相差不大不会太影响航费/租金,结果判决以17,000美元的租金水平为准。需要强调的是,这一裁决或认定的事实即使可能错误,亦属正常的仲裁风险。

至于不可以接受的情况,也即令双方当事人感到"意外"(surprise)或"新奇"(new)的情况,是在上述情况下仲裁庭作出的裁决书中所认定的是50,000美元/天。因为仲裁员私下认识的一家航运公司当时有同类型船舶以此租金水平出租(而对此事实双方当事人均不知道,更无法预先调查)。面对这样的结果,双方当事人虽然是"一喜一悲",但均会感到"意外"(surprise),正如Fox V. P.G. Wellfair Ltd.先例一样。

3.15 指称仲裁员不去修改裁决书与认定事实有错误:Hawk Shipping Ltd. v. Cron Navigation Ltd.

Hawk Shipping Ltd. v. Cron Navigation Ltd. [2003] EWHC 1828 (Comm)案例是一个典型的伦敦海事仲裁,金额也不大,只有7万美元的索赔金额,而且是以文件形式审理。船名是"Sea Hawk Ⅱ"，租给Cron四个月的租期，并有可延长租期的选择权。但在交船后3个月，船东撤船并被判定错误撤船。这样一来，船东就要赔偿承租人Cron的损失，其中包括撤船令一个航次无法履行而造成的利润损失46,000美元。仲裁员还判船东除了支付这笔损失外，另要赔余下的租期共233天（加上可去延长的租期）约200美元/天的营运利润损失。

船东在取得裁决书之后，就根据1996年《仲裁法》之Section 57向仲裁员申请要求修改裁决书并指出两个错误。第一个是仲裁员应该考虑到Cron可以租进另一替代船舶履行该航次，这样就不会有46,000美元的利润损失。而替代船舶在市场上可以找到并应由Cron去举证，但Cron并没有这样做。第二个是重复计算了损失，因为既然已经判船东要赔46,000美元给无法履行的航次，就应该把该航次所需的时间从233天中减去，否则该航次的时间既有46,000美元的赔偿还有200美元/天的额外赔偿，这是重复计算。

仲裁员回来说的确是重复计算了，所以将裁决书的赔偿金额减少了4000美元，但仲裁员拒绝重新考虑有关替代船舶的问题。这样一来，船东就向法院申请，理由是Cron有证明其损失的举证责任，但Cron并没有证明是否能找到替代船舶以及约200美元/天营运利润损失，而仲裁员却将举证责任于船，说是没有证据表明有替代船舶，而且没有事先警告船东。

Toulson大法官判定Section 57只是作出一些文书上的修改而并非是重新考虑证据，并重写裁决书。所以仲裁员拒绝考虑替代船舶的问题是完全正确的。至于双方都没有提交有关替代船问题的证据，作为有海事背景的仲裁庭会用其商业经验去决定真正的损失是完全可以接受的，也是双方可估计得到的。最后，Toulson大法官判这次船东的申请实际上是攻击仲裁员对事实的认定，但这是法院无法作出任何干预或者救济的，不论事实认定是对是错。所以，法院判定在这个案例中，仲裁庭根本没有任何严重不正常，甚至连不正常也谈不上。

3.16　仲裁员漠视当事人提供证据以私下看法去作出裁决：Checkpoint Ltd. v. Strathclyde Pension Fund

Checkpoint Ltd. v. Strathclyde Pension Fund (2003) 14 EG 124 (C. A.)这一个先例对上一小段后部分所探讨的问题作了进一步的澄清。上一小段最后所举的例子中，不可以接受情况的另一说法是，仲裁庭不应该在双方当事人不知道的情况下，私下使用他/她自己才知道的"特定数据/知识"(specific knowledge)。这样做会造成不公平，也正是Fox v. P. G. Wellfair Ltd. (1981) 2 Lloyd's Rep. 514中所犯的大错。

在本案例中，Park大法官区分了什么才是仲裁员可以私下使用的数据/知识。先简单介绍案情：它是一个经常发生在业主与租客之间的房子租金审查(rent review)争议。Strathelyde Pension Fund (SPF)是业主，Checkpoint Ltd. (CL)是租客。根据房子租约的仲裁条文，双方如有争议，要委任一位合格测量师作为仲裁员。显然，SPF尽量争取高昂租金，而CL尽量压低租金。双方当事人都以附近地区屋宇租赁的租金水平支持自己。在最后作出的裁决书中,仲裁员完全接受 SPF 提出的租金,并提到他适用了他对租赁市场的了解与专业知识。这样一来,败诉的 CL 就以此原因为主(以及其他次要原因),以 Section 68 的"严重不正常"(serious irregularity)为由申请"撤销"(set aside)裁决书。

Park 大法官判决,仲裁条文规定了一位合格测量师作为仲裁员,显示要求他/她去拥有这方面的专业知识,至于私下适用/运用他自己的知识是否恰当,要一分为二地看待。若是一般性的"广泛知识"(broad knowledge),他完全可适用。但若是"特定知识"(specific knowledge),他若要适用,就必须先告知双方当事人,让他们有机会回应;否则会构成"严重不正常"(serious irregularity)。而在该案例中,并没有不正常。

回到上一小段有关船舶租金水平的争议的例子,可见仲裁员私下以他/她认识的航运公司租金水平(50,000 美元/天)作为自己给自己的证据,而双方当事人均不知情,正是适用/使用"特定知识"(specific knowledge),这完全不当,也是严重不正常。

3.17 仲裁员自说自话与私下给自己证据:Warborough Investments Ltd. v. Robinson & Sons

接下来介绍这个 2003 年的先例:Warborough Investments Ltd. v. Robinson & Sons (Holdings) Ltd. (2003) EWCA Civ. 751(C. A.)。它亦是一个"租金复查"(rent review),但更重要的是它与上一小段介绍的 Checkpoint Ltd. v. Strathclyde (2003) 14 EG 124(C. A.)先例,另外 The "Pamphilos" (2002) 2 Lloyd's Rep. 681, 及更早的 Fox v. P. G. Wellfair Ltd. (1981) 2 Lloyd's Rep. 514 著名先例有连带的理念。

在 The "Pamphilos"中,已解释了不可接受做法是仲裁庭自己"凭空"自说自话或凭私下调查取证,然后在双方当事人没有申辩与解释的机会下,以新证据或新想法作出裁决。这种不可接受的做法,英文普遍称为"The arbitrator giving evidence to himself"。在英国诉讼与仲裁,证据是由双方当事人提供、争辩与解释。若变成了法官或仲裁员"自说自话",自己私下给自己证据,显然是非常不公平。

如果接受这种做法,何不为当事人省钱省时去一早告诉双方:"笔者(法官或仲裁员)会自己凭经验、凭感觉或私下调查取证后自己提供证据,不必劳烦双方当事人,反正你们提供了笔者也不会听?"进而,今后诉讼与仲裁也不必开庭审理了,何不双方当事人简单地告诉法官或仲裁员有关争议后,就坐等一个可能是"天马行空"的判决/裁决。

也有人说,大家(仲裁员与当事人)都一起调查取证,人多好办事,可能会找到更符合或接近事实的真相。这样的做法或说法没有不妥,也没有矛盾,1996 年的《仲裁法》之 Section 34(2)(g)也允许。但自然公正的大原则要求把大家(包括仲裁员)所取得或拥有的说法与证据,只要可能在裁决中适用/使用,就必须公开让双方当事人有机会去认同、反驳、争辩、解释,甚至去和解。这要求不算太过分。经常会听说这是大陆法与普通法的不同之处。笔者虽然不懂大陆法,仍是难以接受真正的大陆法是不准双方当事人理解法官或仲裁员内心的独特想法或私下拥有并使用特定证据。以笔者所了解，英国与法国/德国在何谓公正、公平的理念上应该不会有如此巨大的差异。这在第十二章3.4段有详论。

再说，中国今天面对的涉外合约、涉外仲裁或涉外诉讼十之八九是以英美法为准。从现实的角度看，也要完全理解/掌握英美法（知己知彼），正如笔者一样。

最后一点，凭笔者的经验与感受，仲裁员自己调查取证，能够做到准确而且“对口”的机会是微乎其微。主要原因是他/她对案件的了解通常大大比不上双方当事人与他们的代表律师。尤其是在开庭审理前，开庭审理后也往往仍是比不上。这样一来，仲裁员何必自找麻烦。

但分水线在哪里？特别是委任专业人士为仲裁员，他/她多多少少要适用长期累积的专业知识与经验去正确理解及分析双方当事人所提供的证据与说法，并在合理范围内作出一些推想/推断，这完全是有必要的。这正如The “Pamphilos”先例所说的一样。至于仲裁员能私下这样适用长期累积或刚调查到的专业知识与经验，也不能是“特定”（specific）的，只能是“一般性的”（general）、“广泛的”（broad）。也是这样，双方当事人才不会感到意外与惊奇。这是Checkpoint Ltd. v. Strathclyde先例所说的。

上述总结的大原则/大精神也不仅适用于证据与事实方面，同样可用在：（1）认定没有任何证据支持的所谓“事实”；（2）仲裁庭私下采用了一种计算方式、说法或做法，与双方当事人所陈述与争辩的不相同，反正出现在裁决书中，同样令双方当事人意外与惊奇。

试想，裁决书中认定所谓“事实”，是依据仲裁庭私下取得的证据或是在没有任何证据下“凭空”作出，岂非犯同一错误？它们都是在双方当事人没有机会争辩或进一步解释下作出了结论/裁决。它们同样会令当事人感到意外/惊奇，发觉自己较早力争或不争（以为并不重要，因为对方没有证据）全是一场空。

至于在上述（2）的情况，可先以《国际商务仲裁》一书之第269—271页的案件为例。该案件双方争议的只是有无“误述”（misrepresentation）船舶的散装容积。结果在这唯一双方当事人提出的争端与说法，伦敦仲裁庭判定没有误述。这样一来，代表船东的笔者应是胜诉。但该裁决书进一步“主持公义”，说由于船东当时知悉承租人想装散装化肥，故此即使没有“误述”，也有一个“默示责任”要去提醒承租人，结果仍是判笔者败诉。笔者因此大吃一惊。而且，仲裁庭以为主持公义，其实是错了。不仅其凭空认定的“事实”错误，更重要的是他剥夺了笔者进一步举证与争议“默示责任”等方面的机会。若是笔者确有合理机会去为“默示责任”进一步举证、争议与解释，而最后仍然败诉，即使是错判，这至少不违反“自然公正”（natural justice）或“正当程序”（due process），充其量只是“诉讼的风险”（litigation risk）。

再说，“默示责任”即使是“英明神武、料事如神、完全正确、明灯高照”的仲裁员挑出来的真理与百分百真相，对笔者仍是不公平。这应是承租人挑出来的，否则何必要有文书请求的交换？承租人一早提出，船东与笔者应知悉这是“百分百真相”，也会马上进行和解,整个事件的命运肯定不一样,更不会有后来大量费用的浪费。故此,仲裁员自己在裁决中挑出这个"百分百真相",也要顾及对船东的公平。或即使判承租人胜诉,至少承租人仍得承担所有律师费/仲裁费。当然这样一来,要偏离英国法律要求败诉方承担费用(cost follow the event)的大原则了,而且也不是该案件的判法。所以,笔者希望能借此说明这分水线的必要,法官与仲裁员自以为是的重大危险。

但对于事实太多、太复杂的案件,总难免有一些小的事实或说法(例如不影响裁决结果的事实),是仲裁庭自己去凭空推想/推断,而且免不了出现错误。通常在一份厚厚的裁决书中,知悉真相的当事人总能挑出一些毛病/错误。若这些毛病/错误是双方争论与举证过的,正如 Bingham 大法官在 Bulk Oil v. Sun International (1984) 1 Lloyd's Rep. 531 先例所讲,即使错判事实,也可以说是毫无救济。但如果这些毛病/错误是双方没有争论过或举证过的,败诉方就会想以违反自然公正为由挑战裁决书,最好把它撤销掉。在 1950 年《仲裁法》下,败诉方以"不良行为"(misconduct)为由申请救济。到了 1996 年《仲裁法》,同样做法改成以"严重不正常"(serious irregularity)为由。而且有了 Section 68(2)的第二把关口的"已造成重大公平"(has caused substantial injustice),与 DAC 的理念是法院只应在"仲裁员的行为是当事人接受了仲裁也无法说是他们想接受的后果"的情况下插手(the arbitrator's conduct was incapable of being defended as an acceptable consequence of the choice to go to arbitration)。有了这第二把关口,即使是有了"严重不正常",但毛病/错误只是"小事实"或对结果无关紧要或不太重要,都不会再有救济了。

在 Warborough Investment 先例中,仲裁员认为住客(当事人之一)的专家太偏袒,意见不够公正,但仲裁员也漠视了业主以附近一处物业的租金作为比较的说法。而且,仲裁员以 8 年前(1989 年)的租金水平,加上各种调整包括像只有有限的"零售地方可用"(retail use),得出一个十分接近住客主张的租金水平。这样一来,业主自然跳起来,并去法院寻求救济。理由是没有有关"有限的零售地方可用"的证据,仲裁员私下采用了自说自话的说法认定该"事实"。

但是一审法官 Lawrence Collins 大法官和上诉庭都认为申请人的业主满足不了 Section 68 的两个关口。但该先例是确认了大原则,正如 Merkin 教授 2003 年 9 月在"Arbitration Law Monthly"中所说的:

"There can be little doubt that an arbitrator who chose to ignore the evidence put to him by the parties and to decide the matter in accordance with his own views would be guilty of serious irregularity, and that the award could be set aside if the court was satisfied that the arbitrator's conduct had made a real difference to the result. Such conduct amounts to the arbitrator giving evidence to himself."(没有太大疑问,一位仲裁员若漠视双方当事人提供的证据,并以他个人的意见/看法作出裁决,这是严重不正常,他的裁决书会被撤销,如果法院满意该仲裁员的行为已造成了对结果有一个真正的影响。

这种行为等同于仲裁员私下给自己证据）

3.18 仲裁员自说自话的使用自己专业知识/经验：St. George's Investment Co. v. Gemini Consulting Ltd.

这个先例（St. George's Investment Co. v. Gemini Consulting Ltd. [2004] EWHC 2353[Ch]）雷同上一个先例，也是有关"租金复查"（rent review）。仲裁员判其中一点是双方当事人从来没有提过，它是判底层（ground floor）与上层的租金有40%折让。结果法院给予救济，下令把裁决书发还给仲裁员重审。Jarvis大法官并且总结所有的有关先例（如Checkpoint Ltd. v. Strathclyde Pension Fund [2003]与Warborough Investments Ltd. v. Robinson & Sons [Holdings] Ltd. [2003]）EWCA Civ. 751（C. A.）后说有关仲裁员如何去正确使用自己的专业知识与经验：

1. An arbitrator is entitled to use his expert knowledge to arrive at his award, provided it is of the kind and in the range of knowledge one would reasonably expect the arbitrator to have and providing he uses it to evaluate the evidence called and not to introduce new and different evidence … An arbitrator does not have blanket permission to use his own expert knowledge to arrive at an award.（仲裁员不能随意乱用他/她的专业知识，除非是双方当事人能合理预计到的一般专业知识）

2. The arbitrator is entitled to arrive at his award by deploying the evidence in a way which is materially different from the way that the parties' valuers deployed them, providing that the award addresses a matter which has been put into the arena by the valuers and with which they have had an opportunity to deal.（仲裁员若想引进与双方所引进的有很大不同的证据，就必须先给双方当事人处理机会，例如进一步调查、接受、反证等）

3. The issue is not whether the arbitrator came to the right conclusion. The sole issue is whether he committed a serious irregularities in coming to the conclusion that he did.（这无关结论是否正确[即40%折让会是正确]，而是达致此结论的过程是否有"严重不正常"）

4. In deciding whether a serious irregularity has caused substantial injustice, the Court should not decide what rent the arbitrator might have fixed if he had dealt with the case differently. The Court should try to assess how the aggrieved party would have conducted his case but for the irregularity. Only if the aggrieved party has suffered a substantial unjustice because he was unable to present his case and so obtain a fair hearing of his case will the irregularity be treated as falling within Section 68.（"严重不正常"还有"重大不公平"的要求。照说，既然结论正确也就不会有"重大不公正"了。但这一段的说法是看受害当事人有否被剥夺了一个陈词/争辩的机会，以致得不到一个公正的审理）

5. The test of "substantial injustice" is intended to be applied by way of a support of the arbitral process and not be way of interference with that process. It is only in those cases where it can be said that what is happened was so far removed from what could reasona-

bly be expected of the arbitral processes that the Court will interfere. Section 68 is a long stop which is only available in extreme cases where the arbitrator has gone so wrong in his conduct of the arbitration that justice calls out for it to be corrected. It is not a soft alternative to an application for leave to appeal.（“重大不公正”是支持而不干预仲裁程序，法院只在仲裁程序变得无法合理预知时才插手，这不是另类的上诉）

6. In pursuit of the overall objective of arbitral proceedings, and the fair resolution of disputes by an impartial tribunal without unnecessary delay or expense, requires that the Courts accord a reasonably generous margin of appreciation to arbitrators in the discharge of their functions.（法院应给予仲裁员一个合理宽松的尺度）

7. An arbitrator must not make an award based on arguments or evidence which were not presented to him or on a basis which is contrary to the common assumption of the parties as represented to him.（仲裁员绝不应出一份根据双方没有争论过或不曾提供过的证据的,或是双方共同估计以外的裁决书）

3.19 仲裁员对自己收费有过激行为：Wicketts and Sterndale v. Brine Builders

现在换另一敏感课题是有关仲裁员收费。这个先例 Wicketts and Sterndale v. Brine Builders（2001）(未被报道)是比 Pacol v. Rossakhar（2000）1 Lloyd's Rep. 109 更为罕见地成功获得法院给予救济,把仲裁员在仲裁中途赶走。

3.19.1 案情介绍

在此先例中,申请法院救济的是原告 Wicketts（W）与 Sterndale(S)。他们拥有物业并与承建商 Brine Builders（BB)达成一个建筑合约,合约中有仲裁条文。之后,他们产生争议,W 与 S 向 BB 索赔约 60,000 英镑,而 BB 也试图反索赔。在仲裁中,他们委任了一位 X 先生为独任仲裁员,时为 1999 年 7 月。但之后的仲裁程序中出了不少问题,包括像延误、许多浪费/无用的工作、高昂费用等。X 先生曾作出 19 次命令,并曾经有 7 天的开庭取证。但 2 年过去了,X 先生仍未裁决有关双方责任与赔偿金额。而 X 先生最关心的仍是他自己的高昂收费。2000 年 11 月 6 日,X 先生写信给双方当事人鼓励他们和解,并下令双方达成的草拟和解协议应先给他批准,好让他肯定双方当事人同意如何支付他的费用。该命令最后总结说:“The agreement is to contain detailed provisions as to which party is to pay my fees and charges, or as to the apportionment of them between the parties. The agreement is not to be implemented before I have confirmed in writing that I have received the whole of my fees and charges from one party or the other. That is to say that no payment, such as that referred to in paragraph 40.2 above, is to be made or received prior to the whole of my fees and charges being discharged.”

过了 2 天在 11 月 8 日 X 先生更明确告知双方目前的费用已是 20,519.34 英镑。这已是争议/索赔金额 1/3 之多。到了 11 月 24 日,X 先生再去追讨他的费用,并对于较早前否决了 BB 申请的“费用担保”(Security for Costs)改变了主意。费用担保是被告向原告要求，看来 X 先生希望通过这个办法迫使 W 与 S 同时提供担保给 X 先生的费用。

再到了 12 月 11 日，X 先生提升为正式要求。估计他的费用会是 26,000 英镑，并要求原/被告各预付 13,000 英镑以示善意。W 与 S 拒绝支付，BB 同意支付但条件是原告的 W 与 S 亦同时支付，故成了僵局。这导致 X 先生在 2001 年 1 月写给双方当事人以下的信函：

"I have a duty to safeguard the interest of both the parties as well as my own interest.〔25〕 Accordingly tomorrow I shall issue peremptory directions ordering each party to provide security for the other party's costs in defending respectively the claim and counterclaim in the sum of Pds. 30,000.〔26〕 Although I have been prepared to accept deposits of Pds. 13,000 from each party, to secure an anticipated Pds. 26,000 of my fees and charges, I have to point out that in the end either party may become liable for part or even all of those fees and charges.〔27〕 Thus I shall now direct that each party provide security for the full Pds. 26,000.〔28〕 In the event that the parties are both prepared waive security for their costs, I would be prepared to proceed with the remainder of the liability hearing, subject to each party depositing the sum of Pds. 13,000 with me as security for my fees and charges."〔29〕

在 2001 年 1 月 18 日，X 先生作出了"最后命令"(Peremptory Directions)如下：

"1. Security may be provided either by sending me a cheque for the required amount which I shall lodge in a deposit bank account under my sole control, or

2. By means of an unconditional guarantee bond provided by a reputable bank or insurance company, and which may be activated solely on my instruction.

3. All the securities are to be in place no later than by noon on Friday, 2 February 2001.

4. The Claimants are to provide security for the respondents' costs in defending the claimants' claim, in the sum of Pds. 30,000.

5. The claimants are to provide security for my fees and charges in the sum of Pds. 26,000.

---

〔25〕 笔者(X 先生)有责任保护当事人与他自己的利益。

〔26〕 故此，笔者明天会作出最后命令要求双方互相提供索赔与反索赔的费用担保，金额是 3 万英镑。

〔27〕 虽然笔者曾经表示愿意接受各方给 13,000 英镑的担保，合共是 26,000 英镑，笔者提出，双方当事人要承担的可能是所有这笔钱。最后一句说是指双方当事人有"共同与独立"(jointly and severally)的责任去付仲裁员费用，不是说被告倒闭了原告也只负责 13,000 英镑，而是要负责全部的 26,000 英镑。

〔28〕 所以，笔者现在命令双方当事人各自担保至 26,000 英镑。

〔29〕 若双方当事人放弃费用担保(这是指 30,000 英镑)，他们只要各自预付 13,000 英镑，笔者即愿意继续完成这个仲裁。

6. The respondent is to provide security for the claimants' costs in defending the counterclaim, in the sum of Pds. 30,000.

7. The respondents are to provide security for my fees and charges in the sum of Pds. 26,000."

在法院，Seymour 大法官对该仲裁员的行动十分不满，说是"笔者所见过的最乱来的一次仲裁"(quite the most outrageous that I have ever seen given in any arbitration proceedings)。Seymour 大法官指出了以下不妥之处：

(1)在 2000 年 11 月 6 日的信函，X 先生太接近，甚至去参与双方当事人的和解谈判。他为了自己利益/费用，竟告诉双方怎样才能和解与不应和解。要知道，双方对和解享有"特权"(privilege)，仲裁员根本不应该知道：Finney Lock Seeds v. George Mitchell (1979) 2 Lloyd's Rep. 301。

(2)有许多命令是在当事人没有申请下作出的。

(3)在 2001 年 1 月 18 日的"最后命令"不恰当。最后命令应在第一个命令不被遵守后才作出。

(4)在最后命令中要求原/被告各预付 26,000 英镑，等于是双重担保了 X 先生的费用，这很不恰当。

(5)没有证据显示有担保的必要：W 与 S 有物业。BB 也只是看到银行存折，好像现金不足。

最后的结果是，X 先生被 Seymour 大法官在 1996 年《仲裁法》之 Section 28 下"赶走"(remove)。

对上述案件与判决，笔者也有点吃不准，这不像仲裁员有证有据贪污受贿这么明了。例如，笔者自己或其他仲裁员经在知悉双方当事人在和解谈判后(往往是当事人告知，如要求仲裁员暂缓推进仲裁程序)，会轻松地回应说："笔者希望双方别忘了仲裁员的少许费用"(I hope both parties will not forget the modest fee of the arbitrator)。在现实中，仲裁员发生坏账的情况最多是在双方当事人和解了，再没人去理会仲裁员的收费，虽然他/她已经做了工作。所以，知悉双方当事人在和解谈判，去提醒一句不应算过分。也许，本先例的 X 先生做得太过分，这是程度问题。至于这是否足够构成"非常不正常"(serious irregularity)，并且把仲裁员 X 先生赶走，则是见仁见智，虽然他肯定做错了。

另外，今天的仲裁强调仲裁庭/仲裁员应该管理与推进仲裁，故此在没有当事人申请下作出程序的命令也非常少见。

最后，疏忽了先去作出一个正常的命令就匆匆地作出一个"最后命令"的情况固然"不正常"。但现实中也有发生，而且往往容易补救(再多给一次命令)，绝少会造成"重大的不公平"(substantial injustice)。

只想说，从报道的案情看来，虽然 X 先生明显有错，但是否严重到要把他赶走？是否 Seymour 大法官行使的裁量权稍微严格？

3.19.2　仲裁员被赶走后收费的调整

这个先例非常有趣的倒是有关X先生被赶走后他已产生的费用问题。这包括：

(i)X先生是否仍有权收费？谁可决定？

(ii)若是可以,收费多少？

(iii)X先生浪费了双方当事人的律师费用可否对冲？

(iv)不仅是对冲，而是可否反过头来要X先生掏钱？

上述问题在1996年《仲裁法》已有了规定,但香港《仲裁法》则没有订得这么细。1996年立法的Section 24(4)说明法院在赶走了仲裁员后,可决定他/她的合理可收费多少或退回多少已经预付了的费用:"Where the Court removes an arbitrator, it may make such order as it thinks fit with respect to his entitlement (if any) to fees or expenses, or the repayment of any fees or expenses already paid."

Seymour大法官考虑到争议金额(60,000英镑)不高,X先生做的许多工作虽属不必要,但毕竟开了7天庭,令双方当事人走了一步程序去提供了证据,故判X先生可收费10,000英镑。

至于这10,000英镑在原/被告之间如何分摊(因为胜负仍未曾知悉),是根据Section 28(1)双方当事人应"共同与独自"(jointly and severally)负责仲裁员费用,还是法院可以下令原告/被告各自先预付5000英镑，裁决后才调整？但这一点本案没有定论。而且还有进一步的问题,如被告不肯支付这5000英镑怎样办？

至于X先生是否要负责双方当事人浪费的费用？例如,向法院申请把X先生赶走的法律行动。另外,较早也曾申请过"中间禁令"(interlocutory injunction)去阻止X先生推进仲裁。Seymour大法官判定X先生收费10,000英镑之余,但要负责W与S向法院申请禁令(阻止推进仲裁)与赶走仲裁员的律师费用。这样一来,又会带来另一个潜在冲突。那就是,在1996年《仲裁法》之Section 29(1)对仲裁员犯错或疏忽给予豁免权,除非涉及不诚实(例如是贪污受贿)。英文措辞是:"not liable for anything done or omitted in the discharge or purported discharge of his functions as arbitrator unless the act or omission is shown to have been in bad faith."

这样一来,若X先生的收费10,000英镑如果刚足够对冲W与S的律师费用,这不成问题,仍属Section 24(4)范围内的决定,被赶走仲裁员可收费多少,甚至没有权收费。但若是这10,000英镑不足对冲,另要X先生去掏腰包,这看来就与Section 29(1)的豁免权有冲突了,不应该支持。在本先例中,也没有说X先生犯的错就属于不诚实。

3.20　仲裁员对自己收费有过激行为:Brian Andrews v. John Bradshow & Ors

在稍后介绍Sea Containers Ltd. v. ICT Pty Ltd. (2002) NSWCA 84的澳大利亚案例中,也要提到这个英国上诉庭的同类案例:Brian Andrews v. John Bradshaw & Ors (1999) 29.7.99 (C.A.)。将在本小段对之加以更详细的介绍。案件是建筑争议,通过英国"皇家特准测量师学会"(Royal Institute of Chartered Surveyers,简称RICS)委

任了 John Bradshaw 先生为独任仲裁员。之后,Bradshaw 先生写信给双方当事人说明他要求的收费是每小时 250 英镑,并要求双方在一个费用协议上签字。原告的 Randell 答应了,但被告的 Brian Andrews 表示不愿意去签,也就是不接受每小时 250 英镑的收费费率。显然,Bradshaw 先生心中不会高兴。但已经说过,若这费率过高,Bradshaw 先生就应在接受委任为仲裁员之前提出要求,这对大家才公道。若委任通过 RICS, 可告知 RICS 再转告双方当事人, 因为让他们有权去接受或否定。若这费率十分合理,则 Bradshaw 先生何必紧张? 因为即使没有明示协议,他仍有法律的默示权力去收取合理费用。

同时,双方当事人与 Bradshaw 先生在仲裁程序方面正在探讨有关应否对部分争议先抽出来以“中间裁决书”(interim or partial award)处理掉。Bradshaw 先生决定这样做,而被告 Brian Andrews 提出了不满,说他没有充分机会去陈词。在回应中,Bradshaw 先生是这样写的:“I shall determine the scope of the preliminary issue to be decided and will not be influenced by a prescription from yourself. This is particularly so in view of the refusal of your client so far to provide any costs in the matter. ”(笔者会决定“预先争端”,去决定提前处理掉的范围,不受你影响,特别是阁下仍在拒绝笔者的费用。)

读者可见 Bradshaw 先生做法的不妥之处,就是把他的费用方面争议和仲裁程序混为一谈。若是说白了,就等于是说:“你乖乖地付钱给笔者,否则你休想在仲裁程序中受到公平的待遇。”

这样一来,Brian Andrews 向英国法院申请把 Bradshaw 先生“赶走”(remove)根据是 1996 年《仲裁法》之 Section 24。但申请没有成功,法院判 Bradshaw 先生的回应信函中虽有“过火”(outburst)内容,但只是表达他的“不满”(irritation),失去耐心,不表示或有证据证明他是有偏见。

3.21 仲裁员对自己收费有过激行为的另一案例:Sea Containers Ltd. v. ICT Pty Ltd.

这是一个澳大利亚的先例:Sea Containers Ltd v. ICT Pty Ltd.(2002) NSWCA 84。它涉及仲裁员的收费,这是一个敏感问题。因为它关系仲裁员个人的重大经济利益,但同时他/她又不能忘掉要顾及“自然公正”(natural justice)。故仲裁员必须知道自己能做什么,不能做什么,才可保证不“行差踏错”。例如,绝不能对一方当事人说或暗示:“你若不支付笔者的中期收费,你就别指望胜诉”:Brian Andrews (T/A BA Contractors v. (1) John Bradshaw (2) H. Randell 8 Son Ltd. (1999), 29/7/99, C. A. 。

另值得一提的是,澳大利亚的《仲裁法》并非与英国的 1996 年的《仲裁法》用词完全一致,前者没有“非常不正常”(serious irregularity)的说法与措辞。但澳大利亚法院认为这方面立场与准则和英国一样。

介绍案情之前,先去探讨几个有关方面。

3.21.1 仲裁员的收费是多少?

一般在“随意仲裁”(ad hoc arbitration)与部分机构仲裁(如“伦敦国际仲裁院”

的 LCIA）中，仲裁员都是按他/她的标准费率乘以真正所花费的时间收费。对于所花费的时间（多少小时），若是仲裁员夸大，当事人可以根据 1996 年《仲裁法》之 Section 28（2）向法院申请，要求核算与调整仲裁员收费。因而即使仲裁员已经收取了费用，也会在事后被法院命令退还部分多收的收费。

至于仲裁员的"标准费率"（fee scale），完全是因人而异。例如香港国际仲裁中心（HKIAC）名单中有几位仲裁员的每小时收费高达 8,000 港元至 10,000 港元，比笔者（杨良宜）高了一倍多。这是由许多因素造成的，例如行业不同。航运曾经历经长期的低潮，这方面的仲裁员/律师等服务人士收费被压低。相反像建筑方面的仲裁员/律师，由于房价冲天，所以即使很高的收费仍然是行业中承受得了的。在伦敦仲裁员中亦有同样情况。据闻一位著名的退休贵族院勋爵，每天开庭审理约 4～5 个小时的收费高达 8,000 英镑。

仲裁员若要收取高昂甚至是高至不合理（在第三者眼中）的费率，否则宁可不干，这在合约法看来没有什么不妥。他/她可能是供不应求或自视过高，但这不是法律能管得了的。他/她也可能很有钱，或心想退休，故对于是否被委任毫不在乎。反正在接受委任时，也是达成服务合约之时，仲裁员说明了他/她高昂的费率，而委托方（原告或被告）也同意/接受这高昂的费率能约束双方。

但有不少情况是双方在委任时，并没有提到，更没有同意过任何费率。这样一来，没有明示也只能靠默示，而法律默示是"合理"收费或费用。这在 1996 年《仲裁法》之 Section 28（1）有说明如下："The Parties are jointly and severally liable to pay to the arbitrators such reasonable fees…"

正如笔者，每小时收费 4,000 港元，应可说服香港或英国法院（若有争议）接受，这是笔者的合理收费，已经是多年如此了。但若是个别案件，笔者想去收取更高的费率，例如 5,000 港元至 6/7,000 港元，谨慎的做法是在被委任为仲裁员之时向双方说清楚并且取得他们同意。笔者也的确这样做过，主要在非航运案件，加上争议金额或标的很大。反正，委托方若是嫌贵，可以不委任笔者。

上述的仲裁收费法律地位，在英国上诉庭先例之 K/S Norjarl A/S v. Hyundai Heavy Industries Co., Ltd (1991) 1 Lloyd's Rep. 524 得到确立，相关先例另有 Turner v. Stevenge Borough Council (1998) Ch. 28。

3.21.2　仲裁员的"取消费用"（Cancellation fee）

专职与著名的仲裁员与著名/能干的大律师一样，十分抢手，但时间有限，一年中去掉假期与周末也只有二百天左右。故此，如果把他/她们的宝贵时间预定了，就会局限他/她们再无法接受其他会在相同时间开庭审理的案件或其他工作。这"预定"（booking）是指开庭审理的日期与期限长短。例如，近期的一次为期 2 个星期的开庭，由于三位仲裁员的空当很少，要等 2 年后有"共同日子"（common day），大家都有空。结果导致一位最忙的仲裁员自动辞退才能有较早的空余时间，而笔者却要临时退掉英国一家大学的一次可收取酬金的讲座计划与其他工作安排。

但通常的问题是:双方当事人会一直在背后进行和解谈判。越接近开庭,达成和解的压力越大,成功机会也越大。若在开庭之前半天或在开庭的第一天,双方达成了和解协议,这样一来,已经预定了的仲裁员与大律师怎样办?原预定可是要估计开庭长达一个月之久的。固然,著名的仲裁员(或大律师)很快有其他工作补上,绝不会无所事事地度过一个月。但损失一点,如半天时间及其他不便,总是会有的。

这样一来,仲裁员一开始有了预定开庭审理日期,就马上要收取一笔"取消费用",这与大律师预先收取的"聘费"(brief fee)有相同之处,就是一经付出,即使不再需要开庭审理,也不去退还或只退还一部分。

在英国与澳大利亚法律中,仲裁员无权收取这种费用,也不属于合理费用,因为仲裁员并没有为这笔钱做任何事情/工作:K/S Norjarl A/S v. Hyundai Heavy Industries Co. , Ltd (1991) 1 Lloyd's Rep. 524; AMEC Construction Pty, Ltd. v. Coal and Allied Operations Pty Ltd. (Cole J, April 29, 1993,未被报道);Sea Containers Ltd. v. ICT Pty Ltd. (2002) NSWCA 84。故此,想收这笔费用,仲裁员无法依赖法律默示地位而只能靠订约时(接受委任时)先去明示约定规定。

3.21.3 伦敦海事仲裁员协会(LMAA)仲裁条文中的预定费用(booking fee)

伦敦海事仲裁员协会(London Maritime Arbitrators' Association,简称 LMAA)的仲裁规则一直有一个收取"预定费用"(booking fee)的做法。在一方或双方当事人向仲裁员预定开庭审理的日子,并在日子与期限预定后,仲裁员即可向双方当事人收取各自 50% 的预定费用。LMAA 仲裁规则规定,不付清这预定费用,仲裁员不保留这些开庭日子,而在期间会安排做其他事情/工作。规则还规定,若是一方当事人(一般是被告)不付这笔 50% 的费用,另一方当事人(一般是原告)如想去推动仲裁,保留开庭审理日期,就必须代为付清这笔费用。

收取这预定费用的作用与"取消费用"(cancellation fee)的作用一样,是为仲裁员保留开庭时间,但突然不再需要而带来损失与不便作出一定的保障。由于 LMAA 会员在接受仲裁员的委任时,习惯上以 LMAA 仲裁规则为准(这会印在仲裁员的信函上)。故此,等于是双方同意了这套仲裁规则,其中包括了预定费用的收取。这比起个别仲裁员去在订约时要单独与委任方谈判有关取消费用的条文做法简单,不会导致委任方的猜疑。

在此也区分另一种仲裁员的收费,就是在仲裁程序中途收取"中间收费"(interim payment)。它与预定费用的不同之处是针对已经干了的工作小时收费,而不是为将来未曾干的工作先去收费或要求担保。别以为这毫无争议,因为普通法地位是要完成了服务才能收费。但在 Turner v. Stevenage B. C. (1997) 2 Lloyd's Rep. 129,法院善待仲裁员,裁判可以向当事人收取。只是,现实中已经干了的工作小时(针对一些中间程序)往往有限,面对开庭或拟定裁决书的工作才是十分费时与昂贵的。

3.21.4 Sea Containers 案情

上述介绍有关方面后,以下介绍 Sea Containers Ltd. V. ICT Pty Ltd. 案例的案情。

该案中的3人仲裁庭中首席仲裁员是一位退休的大法官 Carruthers 先生,另一位当事人仲裁员是十分著名的 de Fina 先生。他们在接受委任时并没有提到收取“取消费用”(cancellation fee)并需要为这笔钱预先提供担保。

约3个月后,仲裁庭要求收取这笔钱(如果发生开庭被取消)并且当事人要预先支付250,000港元存在一个共同银行账户作为担保。双方当事人大力反对,这比一方当事人讨好仲裁庭,迫使另一方不敢大力反对为佳。

在接下去的一个仲裁程序会议(directions hearing)中,仲裁庭下令双方当事人提供担保,其中包括取消费用。6个月后 ICT 提出要约,同意支付取消费用,但若是仲裁庭后来另有其他工作补充,则该费用要减少。但仲裁庭拒绝接受,这导致 ICT 稍后作出另一个相近的“要约”(offer)。而 Sea Containers 的另一方当事人代表律师根本不参与谈判,说是客户没有指示。

这样谈判拖拖拉拉地直至下一个仲裁程序会议,当时仲裁庭知悉双方当事人有可能押后原先预定了的开庭日期,所以十分焦急。首席的 Carruthers 先生对双方当事人说:“Now there's one matter which I must raise as the Chair of the Tribunal and that's my responsibility to protect as far as I can my co-arbitrators and that is it would be an absolutely intolerable situation, and I don't make that statement lightly, if this matter were resolved between the parties without there being a prior agreement on the question of cancellation fee.”

之后,ICT 撤回原先对支付取消费用的要约,并与 Sea Containers 共同向仲裁庭申请开庭日期的押后。但 Carruthers 先后拒绝下此命令,说:“The arbitrators are not minded to make any orders unless there is an acknowledgement by the parties that their obligation to provide a cancellation fee is made.”再之后,时间为2001年7月,Carruthers 先生与 de Fina 先生向双方当事人发出了60,000澳元与38,000澳元的发票,收取“取消费用”(cancellation fee)。

再之后,ICT 向法院申请赶走仲裁员。在上诉庭,各大法官同意,即使仲裁员在委任前没有双方约定,仍可事后重开谈判并改变协议。这与所有合约一样,可不断在后来进行“改变”(varying),只要双方“你情我愿”。在取消费用方面,英国上诉庭的 K/S Norjarl A/S v. Hyundai Heavy Industries Co., Ltd (1991) 1 Lloyd's Rep. 254 也确定了仲裁员可与当事人“重开谈判”(renegotiate)。但考虑到:(1)仲裁庭/仲裁员有自然公正与从速推进仲裁程序的责任;(2)当事人面对与仲裁员谈判显然处于弱势,所以一审法院与上诉庭均同意,一旦跨越了善意谈判的分水线,仲裁员即会犯错,也就是构成英国《仲裁法》的“严重不正常”。

而在本案例的事实下,正是如此,一审的 Gzell 大法官说:“arbitrators went further than mere negotiation and sought to apply pressure to parties already committed to assigned hearing dates who, in consequence, were at a disadvantage.”(仲裁员不仅是谈判,而且向弱势的当事人施加压力。)

上诉庭亦认为仲裁员不仅“要求”(这是可以),而且“坚持”(这不可以)。上诉庭也使用了相当强硬的话去形容案情,例如说仲裁员的行为“可耻”(disgraceful),拒绝下命令等同于拒绝担当仲裁员应做的工作,除非当事人同意承担一个原来不存在的合约责任(即支付取消费用)。判决结果可想而知,法院下令赶走仲裁员。

3.22 裁决书中有矛盾,不公与可能重复计算损失:Balfour Beatty Construction v. Kelston Sparkes Contractors Ltd.

这是一个有趣的建筑仲裁先例:Balfour Beatty Construction Ltd. v. Kelston Sparkes Contractors Ltd. (2001)(未被报道)。先例中涉及几个方面如:

(i)部分建筑仲裁员的预先作出与发放“草拟裁决书”(draft award)做法的利弊。

(ii)若仲裁员已经作出了一个“中间裁决书”(interim or partial award),结果对败诉方而言是绝望,即会带来同时向法院申请撤销中间裁决书与赶走仲裁员的行动。

(iii)1950年与1996年《仲裁法》对“发还”(remit)裁决书重审的不同之处。

(iv)仲裁程序犯错与法律观点犯错的区分。

3.22.1 案情

先介绍案情:它是有关英国交通部雇用Beatty Construction Ltd.(BB)为主要承建商去Somerset建造“通道”(bypass)。工程涉及移土工程,BB分包(sub-contract)给了分承建商Kelston Sparkes Contractors Ltd.(KS)去做这些工作。但由于工程进行后,发觉面对各种实质困难,费用大增。这带来BB向英国交通部索赔,并最终获得包括了“移土工程”的902,512英镑的赔偿。但KS也向BB索赔这笔钱,KS并在1991年2月向BB开始仲裁。1991年7月,依照仲裁协议,由英国的“土木工程师学会”(Institute of Civil Engineers)委任了一位独任仲裁员。

仲裁员在1994年5月18日作出了一个中间裁决书,判KS胜诉,可以在BB向英国交通部索取到的902,512英镑赔偿中分出816,649英镑给KS。在作出账目调整(以前曾支付部分钱)后,中间裁决书的金额是付KS共557,180英镑。BB不服,向法院申请救济,因为仲裁员漏了针对BB与英国交通部的主合约工程费率比BB要支付给KS的费率为高。英国上诉庭同意有此错误,并把中间裁决书发还给仲裁员重新考虑,结果赔偿金额从原来的557,180英镑下调至302,170英镑。

但之后估计是KS不服,重新在仍未完结的仲裁程序中提出索赔379,335.88英镑。但索赔不再称为“移土工程”(earthworks claim),因为这一争端已经裁决了。故此KS在它的“再度修改索赔请求书”(re-reamended points of claim)提出一个包括延误与工程受干预等的“总索赔”(global claim),金额是379,335.88英镑,而主要的依据是由Glamorgan大学计算/估计出来的一份专家意见报告。

长话短说,仲裁员曾在通讯中批评Glamorgan大学的报告不正确,但他最终作出了一份“草拟裁决书”(draft award),给双方当事人各一份,而内容与初步结论是他以Glamorgan大学报告为起点,再在各项目上下调整,最后算下来是BB要赔偿KS共393,087英镑。

BB 当然大为不满,抗议它没有机会对计算/估计作出回应。这导致在 1999 年 11 月又开了一次庭,而仲裁员也在 2000 年 4 月 10 日作出了第二个中间裁决书,判定 BB 要赔偿 313,913.17 英镑。

于是,BB 向法院申请撤销这第二个中间裁决书并同时赶走仲裁员。理由有两点:(1)仲裁员自己也在中间裁决书提到 Glamorgan 大学报告不正确与不可靠,但又以它为起点,造成矛盾与不公。(2)有了第一个中间裁决书,索赔的计算/估计会有重复/重叠。

3.22.2 法院的判决与赶走仲裁员的尺度

Forbes 大法官认为仲裁员在考虑与处理证据(包括 Glamorgan 大学报告)时未犯错,也尽量小心防止重复计算/估计损失。其中即使有错,也不是“不良行为”或“严重不正常”,而会是实体法的错误或诉讼风险(如对证据的取舍与分量有不同的裁量权)。

至于赶走该独任仲裁员的申请(因为当时只作出了第二个中间裁决书),Forbes 大法官认为,虽然在 BB 看来仲裁员的决定一直是针对它,但看不出对待 BB 有任何不公平,所以 Forbes 大法官拒绝了赶走仲裁员的申请。

顺便一提,在同样情况下新加坡也有一个雷同判决。在 Anwar Siraj and another v. Ting Kang Chung and another(2003)2 SLR 281,Tay Yong Kwang 大法官说:“The fact that an arbitrator seems to be constantly ruling in favour of one party is equally consistent with the merits being on that party's side. The applicants must show that his decision was likely to have been coloured by some thing which should have no part at all in a fair decision-making process.”

本案例的仲裁是在 1991 年开始,所以适用的是 1950 年《仲裁法》。但估计以 1996 年《仲裁法》来处理本案的案情,结果应是一样的。

3.22.3 对草拟裁决书(draft award)做法的看法

本案例为笔者带来一些看法,在建筑仲裁中,有一些仲裁员喜欢先让双方当事人看草拟好的裁决书,让他们提出意见后才作出正式的裁决书。这种做法的好处是希望减少裁决书的错误,例如有重要遗漏之处,会有一方当事人指出来。要知道,若作出的是正式的裁决书,仲裁员就再不容易修改了。但在本案例中可以看出,这种做法的坏处不少。首先,草拟裁决书应该也是正式裁决书的预期定论或结果。故让双方当事人预先知悉,令他们失去期待,弄不好将来没有一方有兴趣付钱前来收取裁决书,仲裁员可就惨了。一份裁决书不像其他财产,被双方当事人知道了内容后,会大减或失去它的留置价值。除非仲裁员已经对他的费用支付有了担保或已预先支付了,这在建筑仲裁倒也有可能,但伦敦或香港的海事仲裁则少见。

其次,更危险或麻烦的是:

(i)知道自己败诉而且败得惨的一方当事人再没有任何顾忌,也不怕得罪仲裁员,会在正式裁决书未作出前采取激烈行动,如申请法院赶走仲裁员。一旦已正式作出了裁决书,对惨败方已是"米已成炊",对仲裁员的憎恨只是一口气。

(ii)知道自己将败诉的一方当事人会努力去试图改变仲裁员,死马当作活马医。这会带来再开庭审理的要求(联合国示范法下也难以拒绝),无止境的文书交换去继续陈述/争辩,"修改"(amend)以前的争端/文书请求或增加新争端,拖延时间等。这种情况也部分在本案例中发生,令正式裁决书的作出受延误。

(iii)知道自己将败诉的一方当事人会有更多时间实施移走资产等逃避债务的手段。

在一些以文件审理的仲裁(documents only arbitration)中,由于双方当事人的文书请求/陈述(written submissions)太多或不够清楚,笔者为了防止有误解或遗留,也多次试过把草拟好的案情/主要事实与双方各项争端先给双方看,让他们提出意见与认同后才继续完成裁决书。但绝不包括预期的裁决,更尽量把主要事实与各项争端写得中立/毫无偏向,令双方无法臆猜笔者想法。

3.22.4 对中间裁决书处理预备争端(preliminary issue)的看法

在一个特别复杂的争议中,常能挑出一些"预先争端"(preliminary issues),这可先简单的处理掉。而一经以"中间裁决书"(interim or partial award)处理掉,更有利于解决整个争议,可能不必再进行对责任与索赔金额的昂贵争议。这些预先争端是像管辖权(jurisdiction)、时限/时效(time bar)、对一条争议性条文或其中一项争端作出解释、对多项不同争议中的不应被整体去拖延的项目(如欠下运费,欠下未付货价,承认的部分债务等)、合约的适用法(governing law)等。

在一宗大案件的仲裁中,往往要作出好几个中间裁决书,才到"最后裁决书"(final award)。

除了有必要预先决定合约适用法以让双方当事人决定要否在最后开庭审理找外国法律专家证人(为例),多数挑"预先争端"并作出"中间裁决书"的主要考虑是这样做能否整体省钱、省麻烦、省事。例如,若是要同一证人多次出庭(在中间裁决与最后裁决),就应避免了。在本案例可见到另一情况要避免,就是不能让中间裁决书只是"半桶水"的处理掉一项争议,结果是败诉方或不满意一方在包装过后再返回来在最后裁决或另一个中间裁决中延续去争辩/重审。其中,如本案例,更有重复/重叠损失的计算/估计(double-counting)危险。这样到不如留待最后裁决书全部解决掉。

3.23 裁决书误解当事人陈述或不陈述:Canadian Forest Navigation Co.,Ltd. v. Minerals Transportation Ltd.

这一个没被报道的先例 Canadian Forest Navigation Co.,Ltd. v. Minerals Transportation Ltd.(2001)(未被报道)是海事案例,涉及仲裁员对被告的一个书面陈述有了与原告不同的理解。例如,原告认为被告的陈述是承认责任,所以不必再多讲。但仲裁员并非这样理解,认为被告并非承认责任,而只是反驳并要求原告举证。故此,原告不再多讲就判定是败诉方了。原告收到了判他败诉的裁决书后,肯定不服。而绝无仅有的救济办法是以原告没有进一步陈述案情的机会违反了自然公正,构成了

“严重不正常”（serious irregularity），向法院申请撤销裁决书。这在稍后介绍本案例案情时会显示，在 1996 年的《仲裁法》下，已十分的困难，不像以前的 1950 年《仲裁法》以“不良行为”（misconduct）较容易取得“发还”（remit）或“撤销”（set aside）裁决书的救济。所以，应在仲裁程序中尽量减少这种不公平的误解。

做法之一是当事人或他的代表律师应小心看待对方的“文书请求或陈述”（written submissions）。不同传统的法院使用的十分精简、准确并且不准在“文书请求”中（pleadings）争辩。加上参与仲裁的代理人/当事人水平参差极大。这样一来，就很容易忽略冗长、部分或多或少不到题或者表达不准确的对方文书请求/陈述。若没有忽略，他就可以“要求进一步详节”（request for further and better particulars）或“要求澄清”（clarifications）向对方要求对不准确的地方说清楚。

做法之二是仲裁员/仲裁庭亦应小心防止或减少这种由于误解对方陈述而引起的不公平。例如，估计是被告对原告的陈述有所遗漏或忽略之处，应该发一份信函/传真给被告并抄本原告，说：“看来你好像没有针对原告陈述中的某段指控。请在笔者裁决之前明确一下你是否有意见或接受原告的指控？请在明天下班前回复，否则笔者将作出最后裁决”（It appears that you may not have dealt with the claimant's allegation made in Paragraph X. Before I determine the issue, please clarify if you mind to comment or accept the said allegation? Please reply by tomorrow close of business, or else I shall proceed to my final award）。

但难处是：

（i）在以文件作出审理的仲裁（documents only arbitration）中，仲裁员会很晚——往往在双方要求下作出最后裁决时才细看双方的文书请求/陈述与其他文件证据。在这时候才会发觉一方当事人可能会对另一方当事人的含糊请求/陈述有不同理解。但由于时间很晚，难免有应否挑起双方继续争议的迟疑。

（ii）要区分一方当事人的遗漏或忽略应属于误解或不同理解等原因，而不只是不懂。若是后者，提醒他也不会有太大作用。固然，精明的他即使不懂，也会感觉到仲裁员/仲裁庭既然主动提出问题，肯定有背后原因，绝不能弃之不理，自己不懂也要马上另找帮手。但这样一来，又会带出下一个的难处/不妥。

（iii）不要“扶弱锄强”，仲裁员应对双方当事人都公平对待，不管他懂还是不懂。

（iv）仲裁员也要小心精明的一方当事人有意识设下陷阱。例如，面对败局被索赔近百万美元的被告在一个文件仲裁中进行了文书请求与文件证据的交换，只剩原告最后的“文书答辩”（written reply）。但原告大概想在最后发言（final words）占便宜，竟在文书答辩中长篇大论并引入了新的争端，如禁止翻供（estoppel）与误述（misrepresentation）等，是以前从未提及的。这样一来，面对败局的被告索性“兵行险招”，只短短地向仲裁庭抗议原告不应在最后发言中挑出新争端。但被告不是申请给予时间去反驳，而是要求仲裁庭忽视原告的新争端。同时，催促仲裁庭早日作出裁决。

被告给仲裁庭的电文说：“We must protest very strongly that the Claimants had raised so many new matters, which should have been mentioned much earlier. This is either denying our right to rebut which is a clear breach of natural justice, or delaying the determination of the dispute, or both. We hereby invite the Tribunal to ignore what was being said by the Claimants in its second submissions."

同时,被告在同一电文中讲了一大堆其他事情,以分散注意力。这样一来,经验不足或不小心的仲裁员在考虑裁决书时把原告后来提出的禁止翻供与误述等也一并考虑在内,他即会犯错,因为被告将来可以没有机会进一步调查取证、反驳、违反自然公正等理由试图撤销裁决书或抗拒执行。至于有经验与警觉的仲裁员则会主动给被告一些时间去回应,例如说:

"I see no reason to shut-out the legitimate arguments or relevant facts brought up by the Claimants even if they are a little late. This slight inconvenience can always be remedied by an order on wasted costs. Therefore, I am minded to give the Respondents an opportunity to rebut before I shall go ahead and consider my Award. The Respondents are hereby ordered to come back within 14 days with a reply to the new issues/facts raised by the Claimants in their final reply. The Respondents are limited only to a rebuttal. Any further new issues being raised shall be ignored and the Respondents are hereby forewarned, as the exchange of written submissions cannot go on forever."

以下介绍本段的案例。该有关案情是"Phoenix Anne"轮的船东 Canadian Forest Navigation Co., Ltd. (CFN) 把船租了一个航次给承租人 Minerals Transportation Ltd. (MT)。航次是去五大湖的 Toledo 港卸下一船的散装磁铁矿(magnetite)。但由于有关码头的水深不足,令船舶无法挂靠,而导致轻载与船期损失的费用。船东 CFN 事后以"不安全泊位"(unsafe berth)为由向承租人索赔。但承租人的抗辩是租约虽然有一个明示的"安全泊位保证"(safe berth warranty),但根据 The "APJ Priti" (1987) 2 Lloyd's Rep. 37 先例的说法,只有在该约定的卸港(Toledo)内指定泊位时每一个泊位均不安全(水深都不足)才能说承租人违约,而根据代理人(小工)说法,当时的煤炭或散粮泊位水深足够。在此顺便先一提,这"代理人说法"是十分薄弱的"多次传闻"或"传闻证据"(hearsay evidence),来源也不可靠,不足为信。

之后 CFN 对承租人 MT 上述抗辩的回复(written reply submissions)是这样写道:

"It is the fact that berth number 5 is the only berth available at Toledo to discharge bulk magnetite. The coal or grain terminal, although accessible as far as draft is concerned, could not be used to discharge bulk magnetite which reasons are stated as attached."(事实上,五号码头是 Toledo 唯一用来卸磁铁矿的泊位。煤炭或散粮码头虽然吃水足够也不能用于卸磁铁矿的货物。)

在 CFN 看来,MT 已承认了在指定泊位之时, Toledo 的煤炭或散粮码头水深足够,故不必再为此争辩或举证,只须针对磁铁矿也可安排在煤炭码头/泊位卸等方面即可。但仲裁庭有不同看法,不认为 MT 是承认了煤炭或散粮码头吃水足够,MT 只说"即使"吃水足够,仍不能用来卸磁铁矿。但这种不同看法只在作出了裁决书后才被 CFN 发觉,因为是说 MT 实是要求 CFN 对其他码头/泊位的吃水在有关时间给予足够举证,并没有"承认"(admit)是事实。而整体的证据看法,代理人的说法不足为信,所以 CFN 举证不足/失败。

CFN 一发觉了这不同看法,自然不服,因为只要不去把 MT 的回复写法当做是承认了事实,CFN 自然会去 Toledo 进一步调查取证。但 CFN 向法院申请救济失败,Steel 大法官不认为仲裁庭的不同看法有任何不妥或错误,不构成"严重不正常"(serious irregularity)。加上,也不见得有什么其他重要证据证明这不正常造成了"重大不公平"(substantial injustice)。

3.24　裁决书没有全部针对双方争议,仲裁庭思维方式异于当事人陈述,撤销或发还裁决书的取舍:Ascot Commodities NV v. Olam International Ltd.

这是另一个少见的成功撤销裁决书先例:Ascot Commodities NV v. Olam International Ltd. (2001) LMLN 580。它的第一个问题出在仲裁庭没有全面/全部针对双方当事人的争辩与陈述。另外,仲裁庭采用的思维方式(criteria)异于双方当事人的争辩与陈述。最后一个问题是救济方法的取舍:是撤销还是发还裁决书?

对于第一个问题,可简单区分为漏掉的是一项独立的"争端"(issue)或是同一争端的其中一项"替代争辩"(alternative argument),它们有不同的救济办法。前一种可以 1996 年《仲裁法》之 Section 57 (3)(b) 的"追加裁决书"(additional award)对待。连法院也不必惊动。例如争端有两项,但裁决书只判了一项,就可让仲裁庭针对漏掉的一项多作出一个追加裁决书。而后一种由于漏掉的是同一项争端中的其一替代争辩,表示对该争端已在裁决书有了定论。这样一来,无法以追加裁决书的办法去解决,而非要先"撤销"(set aside)已下了定论的裁决书或改变原来的定论。

撤销十分浪费与可惜,双方当事人可能已花了大量律师费才取得该裁决书,撤销后又要重新再来一次。但改变原来的定论是一件大事,因为该定论是一个最后裁决,判对判错都不应轻易翻案。下令改变的决定也不能来自仲裁员,毕竟在作出了最后裁决书后,他/她应该已不再是仲裁员的 functus officio。能下令改变的仍只是仲裁地(seat)的监督法院(supervisory court),这种做法可称为"发还"(remit)裁决书给原仲裁庭重新考虑,并会同时作出指示(direction),例如要求原仲裁庭把漏掉的"替代争辩"(alternative argument)加以考虑,然后决定是否需要对已下了定论的裁决作出改变。

对于第二个问题,简单说是双方当事人争的根据是 A,但仲裁庭的裁决根据是 B。仲裁庭的错误是来自"自说自话",也会是双方当事人曾经根据过 B,但后来被放弃或改变。可是仲裁庭不警觉,仍对 B 作出裁决。这个问题在本质上与较早介绍的 Checkpoint Ltd. v. Strathelyde (2003) 14 EG 124 (CA) 与 Warborough Investments Ltd. v. Robinson & Sons (Holdings) Ltd. (2003) EWCA Civ. 751 (CA) 先例一致。

对于最后一个问题,大原则是能以发还方式挽救裁决书当然最好不过,但法院必须考虑个别案件的情况是否适合。例如,要考虑该仲裁庭是否有能力自己进行修改?这包括要考虑裁决书中犯的错是因为水平差还是无心之失。

接下来简单介绍本小段案例中案情。它涉及一宗国际买卖,但关系糊涂,货物是1155吨大米,共签发了3份提单,从胡志明市装运去西非的Owendo。有关人士有三位,一位是CIF卖方的Ascot,一位是买方的Olam,另一位是转售的分买方AEA。期间,Olam同意再卖一批大米给AEA,而AEA把手中的3份提单再背书还给Olam。至于这个做法的意图是AEA把原来的1155吨大米卖回给Olam,或是为了新成交的买卖作出担保等,并不明确。接下去是AEA又与Ascot达成买卖协定,即AEA把1155吨的Owendo货转售给Ascot。而由于Ascot控制船舶,在Ascot安排下就中途改去了古巴,把1155吨大米卸下。很明显,在古巴的卸货实是无单放货,正本提单在Olam手中。

Olam遭受损失,以买卖合约中的GAFTA仲裁向Ascot索赔。主要的争议是,Olam是否因持有正本提单而成为这1155吨大米的所有权拥有者,或是这持有的正本提单只为了担保的作用。若是前者,Olam可索赔货价。若是后者,则Olam损失的只是丧失担保的经济后果,例如是较低的第二批新成交的大米价格。

在仲裁中,Olam先是说它与AEA达成的是一个"货换货"(cargo swap)的协议,所以3份提单再背书还给Olam,应算是把货物的所有权转给Olam。但不知什么原因,之后的说法变成了这3份提单是作为担保之用。

GAFTA仲裁庭判定Olam既持有正本提单,就有权要求交货,故Ascot要赔偿货价365,000美元。于是Ascot向GAFTA的上诉仲裁庭提出上诉,但上诉维持原判,并明确认为Olam与AEA是"货换货",不只是担保安排,而把3份提单交出给Olam。

接下来Ascot向法院申请撤销裁决书,因为:(i)上诉仲裁庭没有准确根据双方当事人的陈述作出裁决。(ii)没有全部针对所有的争端。

Toulson大法官分析后,同意Olam最后争议的重点确实只在AEA把3份真本提单背书给它,只是为了作为担保第二批新买卖成交的货价,所以裁决书有程序上不公平的错误,必须作出救济。而依1996年《仲裁法》之Section 68(3)救济办法,应发还裁决书给仲裁庭修改,除非情况不适合。在本案例中,由于时隔较久,当事人(特别是Olam)很难记得在上诉仲裁庭争辩些什么(估计开庭没有留下记录),发还裁决书后Olam也难再在原仲裁庭争辩一次,故Toulson大法官认为不如重新在另一个仲裁庭再审理一次,他判决撤销原裁决书。

3.25 仲裁庭改组成员间意见不合:Mohsin v. Commonwealth Secretariat

本先例Mohsin v. Commonwealth Secretriat (2002) EWHC 377 (Comm)是有关雇佣合约的争议。根据Commonwealth Secretariat Act 1966,英联邦政府与雇员之间的争议应以仲裁解决。Mohsin小姐被提前解雇,于是她向英联邦政府起诉,诉因是后者违约(雇佣合约)与不合法歧视。

仲裁员判Mohsin小姐胜诉,并获20,000英镑的赔偿。但Mohsin小姐失望,于是向法院上诉企图撤销裁决书，而依据是同时以 Section 67 挑战管辖权以及以 Section 68 的严重不正常。

有关案情的事实是：仲裁庭有3位仲裁员：C（首席仲裁员）、A与W。他们安排了5天的开庭，从2001年3月8日开始。但在开庭的第二天，C首席不幸生病，无法继续审理。Mohsin 小姐建议对C首席换人，或者退而求其次由A与W继续审理（但危险是有异议时无法得出多数人意见）。但A要到2001年9月才有空继续审理下去。这样一来，Mohsin 小姐为了速战速决，最后答应W作为独任仲裁员。但 Mohsin 小姐不知道仲裁庭内部曾有过严重的不同意见。其中A认为不必再继续开庭审理，以文件审理业已足够。这样一来，就不存在开庭日期困难或难以协调的问题。这里的奥妙之处是1996年《仲裁法》之 Section 34(2)(h) 规定由仲裁庭决定是否允许开庭审理。总而言之，A大力反对只以W担任独任仲裁员开庭审理。A并且以信函把这方面的不和告诉了双方当事人的代表律师。但不知为何，Mohsin 小姐声称在后来才首次看见了A的信函。她也就以此为由申请撤销裁决书。但根据/依据管辖权问题还是严重不正常问题，有点说不清，或两者兼有。管辖权问题是仲裁庭原应是A与W两位而非是W的独任仲裁员。严重不正常问题是仲裁程序确实出现了不正常事件。幸亏，对两者的救济申请在做法上一致，例如，时效都在裁决书作出后的28天内。故此，在申请救济时别迟疑，否则会面对法院判有关问题出在管辖权而与严重不正常无关，但申请只在后者，故申请失败，而再追加前者的管辖权又会有时效已过的困境。

在上述案情下，Steel 大法官判决，不必理会有无管辖或是否严重不正常，原因是适用 Section 73 的“弃权原则”（waiver principle）。Mohsin 小姐应在一发觉有关不正常事实时，即提出反对而不是去继续参与仲裁程序。故关键是去找出 Mohsin 小姐什么时间知悉或应该知悉有关事实/不正常。Steel 大法官不认为 Mohsin 小姐不知情，因为A的信函是抄本给 Mohsin 小姐的代表律师，而且曾向大律师询问意见。

最后一点是，这件事实/不正常不应造成重大不公平或受任何损害，因为推断当时 Mohsin 小姐心急，故即使是提前阅读了A的信函，也不会影响 Mohsin 小姐同意W作为独任仲裁员。故 Mohsin 小姐的申请救济失败。

3.26 开庭中提出新争端及严重不正常与上诉法律观点之间冲突的处理：The “Vigour”

这个先例 The “Vigour” (2002) LMLN 607 的有趣之处，在于它说明了1996年的《仲裁法》之 Section 68 有关严重不正常挑战裁决书的做法与 Section 69 有关申请批文对法律观点向法院上诉二者之间出现的冲突与矛盾。表面看来，它们是针对十分不同的方面，怎会有矛盾？Section 68 是仲裁程序方面的犯错或不正常，救济是发还或撤销裁决书。而 Section 69 是裁决书内的实体法律（也就是英国的实体法）犯错，救济是法院接受上诉并最终根据正确的实体法律观点对裁决书作出改变。而由于为了减少裁决书动不动上诉至法院，英国法律自1979年《仲裁法》就设下了关卡，就是先要申请一份“批文”(leave)才准上诉,而是否给予批文是根据后来的著名的“Nema Guidelines”。这些方面会在本书第四章详谈,在此只简单说上述的理念与做法在1996年《仲裁法》下已全部在Section 69去针对。

Section 68与Section 69虽然有完全不同针对,但仍在特殊情况下会产生冲突或矛盾,这种例子在本先例的The“Vigour”出现。首先,了解一下案情。它是有关原油在中国卸港发生短卸的情况,这种情况随着中国大量进口原油而频频发生。日益昂贵的原油更导致了中方收货人面对庞大损失,但不知如何应对。造成短卸的原因不外乎是如“正常损耗”(normal loss)、装卸港测量有误或使用方法不一致、船舶由于操作不好或设备(如卸油的泵头)不灵而导致本可卸下(pumpable)但没有卸清、不以高温加热与多花时间卸不下来、船东偷油去作船舶燃油等。至于每次是什么个别或多个原因造成,这要靠尽早调查取证了,否则船舶/油轮一开航,收货人会是证据全失。

“Vigour”轮是中化(承租人)租下的并从苏丹(Sudan)装了80,000吨原油去广州。由于苏丹原油十分“黏厚并含蜡”(heavy and waxy),故必须在航次中维持温度甚至需要加热才能保证顺利卸货。

为此,租约有一条文(E)如下:“Owners to be responsible for maintaining loaded temperature from 95°F and raising to minimum 125°F at discharge. Any heat beyond this to be for charterers' account.”(船东要负责维持装船的温度从95度华氏,并且在卸货时提升至最少的125度华氏。超出的加温费用由承租人负责。)

看来,这并非是一条拟定得好的同类条文。更好更清楚的同类条文会清楚写明装货时的最低温度,如最低温度是华氏95度。这是因为如果装货时温度太低,再让船舶去提高温度可就费劲了。之后会清楚讲明在航次中维持温度直至抵港前的几天才尽力加热,以保证在卸货时的温度是125度华氏。至于加热的费用(会要大量耗油),一般由承租人承担。

在广州卸货,由于温度不足而发生了短卸。据仲裁庭认定的事实(一般根据检查报告),短卸的其中部分是正常损耗,无可避免,船东也不必负责。但另有为数是2015m^3的原油短卸是由于加热/温度不足导致的,看来船东要负责。

在伦敦仲裁中,船东向承租人(中化)索赔310,925.15美元的运费,而中化则提出短卸的反索赔。在仲裁中,船东在航程中加热不足而导致卸不下被判是违反了“托管人”(bailees)的责任。但船东(与它背后的互保协会)提出了一个争议,就是苏丹装货时已有温度不足,低于95度华氏。这表示双方对于短卸多少都有责任。这样一来,索赔的中化由于有对实际损失的举证责任,它就要区分得更细,说明在这2015m^3中,多少短卸是由于装货时温度不足(中化责任),多少短卸是由于航程中加热不足(船东责任)。这一方面请参阅笔者的《国际商务游戏规则——英国合约法》一书之第十四章。若分不开,中化将无法证明实际损失而导致败诉。本来,这种证明要依赖专家意见证据,笔者估计也会取得到这方面证据。但可能真取不到证据或中化代表律师没有准备(这又再分为是由于疏忽、水平不足或开庭时对方突然提出等多项原因),仲裁庭判定无法区分这两个原因各自造成了多少短卸。

但还有一个关键事实:就是要对上述的(E)条文作出“解释”(construction 或 interpretation),因为是(E)条文才有提到95°F的温度。若(E)条文并非针对这方面的责任,就难说中化也有过错(装货时温度不足),但船东在普通法下,作为托管人仍有责任交出托管的货物(原油)。

已经说过(E)条文拟定得不好,没有使用清楚明确的文字/措辞说明承租人(中化)有此装货温度的责任。最后仲裁庭判定(E)条文只针对原油加热的费用。这一来,中化胜诉了,除去欠下的运费,获赔偿53,708.63美元。

但船东不服向法院申请批文,对裁决书中的“法律观点”(issue of law)提出上诉,这是根据1996年《仲裁法》之Section 69。而解释合约条文如(E)条文,正是一个法律观点。至于给不给批文,已经有提到,法院的“裁量权”(discretion)是受到限制,主要在著名的“Nema Guidelines”,它基本上已立法在Section 69(3)(c)。但另一个限制是在Section 69(3)(d):“所有的环境是公平与适当地让法院去判决有关(法律)问题(just and proper in all the circumstances for the court to determine the question)。”

这样一来,中化为了抗拒船东的批文申请,就通过向法院递交一份中化代表律师的宣誓书(affidavit)或证言(statement),说明在开庭审理时曾发生了“严重不正常”(serious irregularity)。这严重不正常是船东在开庭中途才提出这项争端,就是对(E)条文的解释。这没有在较早的“文书请求”(pleadings/submissions)中提到,造成了“突击”(ambush),令中化无法及时对抗/答辩。可是仲裁庭允许船东提出,这是犯了严重不正常。只纯粹是由于中化是胜诉方,所以才不必在时效的28天内向法院提出要求Section 68的救济。所以若给予上诉批文,加上若上诉成功,中化从胜诉方变了败诉方,可就是Section 69 (3)(d)的不公平与不适当了(unjust and improper)。

顺便一提,上述情况经常会有。就是一方的代表律师由于突然有了新主意,或觉得对方律师争辩得好或证人表现出色,或是觉得自己的案子不好、看来会败诉,就会突然提出一些新的争端(特别在法律方面),令对方在没有充分准备下遭受突击。

照说,这严重违反了“自然公正”(natural justice),表面看来是像“严重不正常”(serious irregularity)。但凭此仍不能取得法院的救济,其他的障碍包括在Section 68(1)提到的Section 73有关“弃权”(waiver)与Section 68(2) 提到的严重不正常必须已造成或会造成“重大不公平”(substantial injustice)。

Section 73要求一发生了这种情况,就必须马上提出质疑/挑战。如果对方的受害方继续参与仲裁程序(开庭),就会被视为弃权,以后再不得提出。这表示对方在开庭时半途突然提出新争端,即应警觉并马上阻止。之后会是各自陈述自己的立场,例如,申请方会说文书请求有包括,只是说得不清楚,所以不算是新争端。或说大不了申请修改(amend)文书请求,并要求仲裁庭为了自然公正,应尽量让他作出全面的“陈述案件”(present his case)。也会说即使稍晚提出新争端,但它只是简单的一点,不会令对方“造成任何损害”(cause prejudice)或难以抗辩。

对仲裁庭而言，在听完双方各自陈述立场后，会对一些事实心中有数，也要考虑与权衡以下各方面：

(i)提出新争端的一方当事人是否情有可原，例如在文书请求中可能确有带过。

(ii)新争端的本质/内容是什么？

(iii)对方能否合理作出抗辩？(例如，仍要开庭几天。而提出的新争端是法律方面，对方代表律师大可以在当天开庭完毕或暂停开庭半天一天后回去研究有关法律并在稍后作出抗辩。一般称职的律师都能做到这一点，只是在时间上会紧迫。但若新争端是事实问题，对方必须要有更多时间去调查取证才能抗辩/回应，这就有不同的考虑了。)

(iv)若可能，尽量让提出新争端的一方当事人这样做，特别是感觉上会有可能判他败诉，以免他在将来用作借口去挑战裁决书或对抗执行。

(v)其他，例如会否令开庭审理时间不足以完成，但又无法延长。

若是仲裁庭最终“接受新争端”(admit new issue)，这就轮到对方当事人决定怎样办了。他若是不想构成弃权，就不能默默地继续参与开庭，而应去法院申请救济，就是把仲裁员“赶走”(remove)，根据的是1996年《仲裁法》之section 24。但实际上这样做的并不多，因为对方会有以下考虑：

(A)得罪仲裁员，若赶不走仲裁员可就大事不妙了。

(B)在1996年《仲裁法》下也并非容易成功赶走仲裁员。已经提到，1996年《仲裁法》的立法理念是双方当事人同意了去仲裁，只有在发生严重不正常与重大不公平是根本不能合理预见到的情况下，法院才会插手干预。

(C)接受新争端也不是无法作出抗辩或败诉难逃，反对不了也只好面对。

所以，现实中多数情况是受害方弃权并继续参与仲裁程序/开庭审理。笔者近期涉及的一个案件，是有关船舶被描述为20吨的吊车其实吊不起这个重量而导致慢卸的损失。船东在文书请求中只提到或争辩毛病不在吊车，慢卸是其他原因造成，在仲裁开庭审理的半途，船东的代表大律师突然把争论的重点改为是双方签订的租约中对吊车的描述只是单数，即没有“s”一字母在后，所以，即使同时描述了船舶有五个货舱/舱盖(5 holds/ 5 hatches)，违约也只是一座吊车，而不是五座。这是新争端，但由于承租人一方并不反对，笔者作为独任仲裁员自然不会插手。而承租人代表大律师很快就挑出双方在谈判租约的来往电文，显示了双方的理解是五座吊车而不只是一座，并要求笔者修正(rectify)租约。最后是，船东败诉。

再回去探讨The “Vigour” 的先例。Moore-Bick大法官认为Section 69(3)(d)的“所有的环境是公平与适当让法院去判决有关法律问题”，只是为了让法院更好考虑应该怎样行使裁量权，因为除了上诉法院有关法律问题的做法，也可把裁决书发还给仲裁庭重新考虑有关法律问题：Section 69(7)。即是，仍让仲裁庭去判而不是由法院去判。Moore-Bick大法官故此不认为其他问题如“严重不正常”的Section 68可扯进来一并考虑“公平与适当”。

至于 Section 68 与 Section 69 之间的冲突与矛盾，Moore-Bick 大法官认为正确恰当的做法仍是先考虑上诉的批文，即 Section 69。若给予了批文，Moore-Bick 大法官看来倾向于让另一方当事人（本先例中是中化）在上诉审理中同时提出严重不正常与重大不公平，以示公正。

在本先例，Moore-Bick 大法官认为中化对新争端可争辩的都已经争辩了，严重不正常即使存在也不会造成重大不公平，所以不给予救济。这样一来，只剩下了 Section 69 的裁决书内法律观点去上诉法院。而 Moore-Bick 大法官对仲裁庭在法律观点上的判决（即有关对租约中条文（E）的解释）也有异议，认为该条文并非只针对原油加热的费用，而且也包括了对油温的责任，这表示中化有责任在装货时必须使原油保持足够温度，然后才有船东在航次中维持油温的责任。换言之，中化在条文（E）之下也有过错，但由于中化对损失有举证责任，而这一点中化做不到或没有准备，结果裁决书的胜诉被 Moore-Bick 大法官改为败诉。

3.27　败诉方曾申请仲裁员下令披露航海日志被拒：The “Robin”

The “Robin”（1998）LMLN 492 是 1996 年《仲裁法》生效后的案例，它涉及文件的披露。文件披露是仲裁程序中重要的一步，但今天双方当事人文件太多，令这个步骤太昂贵、太费事。所以，不论在法院或仲裁，大趋向是适量减少文件披露。更会有一些简易的仲裁程序完全排除文件披露，例如在海事仲裁中很受欢迎的“伦敦海事仲裁员协会小金额索赔规则”（LMAA Small Claims Procedure，简称 LMAA SCP）或香港仲裁中心的“HKIAC SCP”。

显然，由于人性的必然，双方当事人只会自动抖出对自己有利与需要依赖的文件证据，而不利文件就不会自动抖出，即使是十分有关联的并可帮助找出事实真相的。只有通过披露的一步，才有可能强制双方当事人乖乖地抖出不利（或多或少）的文件证据，否则会面对法院或仲裁庭的各种制裁（如作出“不利推断”等）。但为了省钱，也顾不了这个重大的缺陷，特别是争议金额很少，可粗略的审理，判错也无所谓，加上虽然没有披露，但 SCP 规定仲裁员有权提出要求特定披露。这样一来，也可在很大程度上补救没有披露这一步的缺陷，只要仲裁员有水平并且观察力强。由仲裁员提出而不是由对方当事人提出，起码不是敌意或故意为难或不信任的出发点，故不大可能令这特定披露变成“劳民伤财”的仲裁程序。

在一般性的仲裁案件中，仲裁庭是不敢下令不准披露的。特别在 1996 年《仲裁法》前，这样做恐怕难逃被指责为“严重不正常”（serious irregularity），违反“自然公正”（natural justice），但若是双方当事人协议的结果是同意双方不必要披露证据（例如是同意了 LMAA SCP），就完全可以接受了。

解释了上述有关方面后，笔者简单介绍 The “Robin”的案情。它是一个金康租船合约下追偿滞期费的小争议，仲裁条文中合并了 LMAA SCP。在仲裁程序中，被告（承租人）要求下令（船东）原告披露船舶航海日志（ship’s log book），但独任仲裁员拒绝。这一来，承租人在败诉后（即要支付滞期费），就向法院申请撤销裁决书。显然,承租人的申请不会成功,Toulson 大法官称本案情并不符合“严重不正常”与“重大不公正”。

3.28 败诉方不满仲裁庭接受对方大律师保证已经遵守披露命令的做法:Lincoln National Life v. Sun Life of Canada & Ors

这个先例 Lincoln National Life v. Sun Life of Canada & Ors(2004)1 Lloyd's Rep. 737 有关再保险的争议,笔者不多介绍案情,只说有关对严重不正常的指控。这是在仲裁程序中的披露,其中仲裁庭下命令要求 Sun Life 把较早仲裁中(应是直接保险)的有关文件(包括证人证言与开庭记录等)披露出来。但在后来的披露中,Lincoln 认为 Sun Life 并没有坦率并全部的依照命令披露。所以,Lincoln 向仲裁庭申请进一步命令去强制披露。但 Sun Life 的大律师向仲裁庭作出已经完全依照披露命令的个人保证,而仲裁庭也接受了。在败诉后,Lincoln 就以此是严重不正常为由,根据 1996 年立法之 Section 68 申请撤销裁决书。

应是很清楚,Lincoln 的申请不会成功。在仲裁中的文件被披露,英国法院早在 1996 年《仲裁法》之前已完全放手给仲裁庭去全权处理,法院不会,也无权去干预。而且接受代表大律师或事务律师对披露方面的个人保证也经常有。做法是先要求代表大律师或事务律师作出会在某一段时间内搜查有关文件的个人担保。若是没有或不完全,另作出一个有关搜查与结果的事实的陈述书。所以,Toulson 大法官判决如下:

“The Lincoln award was not tainted by serious irregularity. There was no irregularity, let alone serious irregularity. In the conduct of arbitration and litigation, arbitration and judges habitually trusted what they were told on procedural matters by the parties' legal representatives. The arbitrators were fully entitled to accept the assurance given to them in the matter of disclosure.”

英国法院对英国律师极大的信任也是值得忧虑的,因为不是每一位律师都是完全说真话的。但因为律师是“法院的官员”(officers of the court),而说谎也是有严重后果的,法院一般认为律师的证据是可靠的。

估计,本先例中还会有 Section 73 的弃权问题。但由于第一关的严重不正常也过不了,所以无须对弃权深究。

3.29 在缺席机制下,被告晚了委任仲裁员,因而被剥夺委任权力:Minermet SpA Milan v. Luckyfield Shipping Corp.

这个先例针对了委任仲裁员之时的“缺席机制”(default mechanism)。若明示或默示只是独任仲裁庭(即只有一位仲裁员),不存在需要这缺席机制。被告不理睬原告(缺席)与不合作,或真正在善意情况下无法与原告同意委任谁为独任仲裁员,结果仍是一样,即想推进仲裁的原告向英国法院申请协助委任独任仲裁员,这是根据 1996 年《仲裁法》之 Section 18。在英国要用这个 Section 18 的“缺席机制”是非常昂贵和费时的,特别对于要有特别送达(service out)的程序,而且是非常不理想的。相反,在香港仲裁,自1997年以来法律已改由“香港国际仲裁中心”(The Hong Kong International Arbitration Centre,简称HKIAC)替代法院作出委任。反正,原告根本无须其他机制去对付被告的缺席。

3.29.1 《仲裁法》默示的缺席机制

但如果明示或默示由2个或3个人去构成仲裁庭,这一来就需要缺席机制。因为一有2个或3个仲裁员构成仲裁庭,一般做法是原告与被告各自委任一位。但会有扯皮、赖债或不懂的被告不去理睬。这一来,原告怎样才能成功组成2至3个人的仲裁庭呢?答案是,1996年《仲裁法》之Section 17提供了缺席机制,说:

“17(1) Unless the parties otherwise agree,[30] where each of two parties to an arbitration agreement is to appoint an arbitrator[31] and one party (‘the party in default’) refuses to do so,[32] or fails to do so[33] within the time specified,[34] the other party, having duly appointed his arbitrator,[35] may give notice in writing to the party in default that he proposes to appoint his arbitrator to act as sole arbitrator.[36]

(2) If the party in default does not within 7 clear days of that notice being given.[37]

(a) make the required appointment,[38] and

(b) notify the other party that he has done so.[39]

The other party may appoint his arbitrator as sole arbitrator whose award shall be binding on both parties as if he had been so appointed by agreement[40]…”

上述的默示缺席机制一直存在,1950年《仲裁法》是在Section 7 (b)。它的时限更短,只有7天,也无须作出第二个书面通知去警告被告。故此,以前经常发生被告并非无意放弃委任自己的仲裁员,但一旦不小心,即会错过。这一来,若是原告的仲

---

〔30〕 除非双方当事人另有协议(即另有明示,也表示这里只是默示的法律地位)。

〔31〕 在仲裁协议/条文是各方当事人各自委任一位仲裁员。(这正是2个或3个人的仲裁庭。这会是明确同意在仲裁条文,或条文引入像UNCITRAL Arbitration Rules的仲裁规则,其中要求3个人的仲裁庭)。

〔32〕 一方当事人(缺席方)拒绝委任(缺席方肯定是被告,他或是扯皮/赖皮,但现实中更多是不懂、不知所措,就采取能拖一天就一天,殊不知反而不利)。

〔33〕 或不去委任。(这是“默不作声”的情况,与“拒绝”多少在语言上有一点不同。)

〔34〕 在时限内。(这时限在Section 16规定是要求被告在接获书面的仲裁通知要求去委任仲裁员后的14天。)

〔35〕 另一方当事人(也就是原告),他业已委任了自己的仲裁员。

〔36〕 可以书面通知缺席方他建议以他已委任的仲裁员作为独任仲裁员。

〔37〕 如果缺席方不在7天内作出如下两个反应。

〔38〕 一是委任仲裁员。

〔39〕 二是告诉对方(原告)他已经这样做了。

〔40〕 原告可委任他的仲裁员为独任仲裁员,而他的裁决书将约束双方,好像是双方同意一样。

裁员(变成独任)名不见经传,或被告怀疑他们之间有密切关系等,被告可就会十分担心了。

3.29.2 原告仲裁员可能的反应

故此,有经验的仲裁员为了公正/公平,虽然他/她是原告委任,也尽量配合被告,(只要有诚意委任仲裁员)让他去委任。一种情况是被告或刚委任的律师在第6天(时限还有1天)书面通知原告与原告仲裁员要求延期3天,因为等待意向的仲裁员回复并接受委任。这种情况下,原告即使反对,原告仲裁员也会不合作,暂不接受委任变为独任仲裁员,给被告机会。

另一种情况是,原告仲裁员在第7天时限过去后(在1950年《仲裁法》)接受了委任,已经成为独任仲裁员。但被告随即说我刚委任了X先生为仲裁员。照说,这应可以接受,被告也没有引致任何延误。但常会有厉害的原告坚持他享有的法律默示地位,坚决不让被告“取巧”。但原告仲裁员(有部分喜欢息事宁人,包括像笔者)会希望让被告委任,反正一句话就已组成/构成仲裁庭,仲裁程序马上可以开始。但因为已接受了独任仲裁员的委任,故只能去怂恿原告。而原告可能会出于不要令仲裁员太难堪或没有面子的考虑,回心转意给被告一个机会。

3.29.3 明示的缺席机制

除了上述法律默示地位(1996年《仲裁法》之Section 17),也经常有明示条文加进了类似的“缺席机制”(default mechanism)。例如在著名的“金康租约”(Gencon charter party)中的第19条仲裁条文,规定了3个人的仲裁庭,而条文最后一句说:“on the receipt by one party of the nomination in writing of the other party's arbitrator, that party shall appoint their arbitrator within 14 days, failing which the decision of the single arbitrator appointed shall be final.”

条文的想法是被告既然不出席,又何必再多花费组成3个人的仲裁庭,后者比独任仲裁庭昂贵多了。

众所周知,有了明示条文/协议,就超越了默示地位。所以1996年《仲裁法》之Section 17不再适用。例如,Gencon的第19条并没有要求原告另给被告第二个通知/警告,并且另加多7天的时限。

3.29.4 案情介绍

在上述的解释与介绍后,现在“言归正传”介绍本段的先例Minermet SpA Milan v. Luckyfield Shipping Corp.(2004) EWHC 729 (Comm.)。案情是Minermet是承租人,而Luckyfield是船东,而双方的租约正是Gencon格式。Minermet是原告,它的英国律师在委任了伦敦仲裁员Alan Oakley先生后,2003年7月3日发传真时给被告Luckyfield,告知后者有关Oakley先生的委任,并要求被告根据Gencon的第19条文作出委任,并说:“你若不在14天内作出委任,Oakley先生将被委任为独任仲裁员。”(you now have fourteen days to appoint your own arbitrator failing which Mr. Oakley will be appointed as sole arbitrator)

Luckyfield 的意大利律师回应说即将委任仲裁员。但可能不够熟悉伦敦仲裁或其他原因,14 天时限过了仍未作出委任。其间,Minermet 代表律师再没有给第二个通知/警告并多给 7 天的期限。在 2003 年 7 月 28 日,Minermet 律师随即发传真给 Oakley 先生问他是否接受为独任仲裁员,因为被告没有准时委任自己的仲裁员。该传真亦抄本给了 Luckyfield 的律师,后者马上在同一天作出回应,说刚刚委任了 Scott 先生为被告仲裁员,并解释说延误是因为等待 Scott 接受委任的确认。但较早前 Oakley 先生已接受了独任仲裁员的委任。

之后,双方当事人一直争议到底是独任仲裁员(Oakley 先生)还是 3 人仲裁庭(Oakley 先生,Scott 先生与他们稍后会委任的第三位仲裁员)。这是"管辖权"(jurisdiction)争议的一种,Oakley 先生在 2003 年 11 月 20 日作出一个针对管辖权的裁决,判自己是恰当与准时地接受了独任仲裁员的委任。之前 Oakley 先生曾电话查询 Scott 先生是否同意让他对管辖权作出裁决。但 Scott 先生拒绝参与,认为自己身份未明/未定。

这一来,被告的 Luckyfield 只能向英国法院以 Section 68 申请把 Oakley 先生的裁决书撤销掉,因为他不公平地对待双方当事人,犯了"严重不正常"(serious irregularity)。Luckyfield 也声称根据《仲裁法》之 Section 17,Minermet 并没有给予第二个书面的 7 天通知/警告。最后,也讲到不让被告委任仲裁员,将来在以 1958 年《纽约公约》执行裁决书时,会在个别国家法院面对困难。

3.29.5　判决

但是,Cooke 大法官拒绝了 Luckyfield 的申请,判决如下:

(i) Section 17 的默示地位不适用,只能以 Gencon 租约之第 19 条文为准,故 Minerment 不必给予第二个通知/警告。

(ii) 虽然有不少仲裁员会怂恿委任方(原告)接受缺席方(被告)迟来委任的仲裁员,但没有这个法律的责任。故此 Oakley 先生不这样做并非不妥或不公平。

(iii) 本案情不构成"严重不正常",更加过不了第二个关卡的"会造成重大不公平"(will cause substantial injustice),因为无法证明 Oakley 先生担任独任仲裁员就会对 Luckyfield 不公平,这只是 Luckyfield 自己的担忧。

(iv) 至于裁决书将来的执行,Cooke 大法官认为是双方当事人自己同意了第 19 条文,并依照条文解释委任 Oakley 先生为独任仲裁员,故将来在其他国家法院执行起来不应有问题。

3.30　仲裁员私下使用自己法律观点等:Sanghi Polyesters Ltd.(India) v. The International Investor KCFC(Kuwait)

本先例之 Sanghi Polyesters Ltd.(India) v. The International Investor KCFC(Kuwait)(2000) QBD(Comm. Court)涉及的问题之一在仲裁员私下使用自己的"法律观点"(issues of law)知识,而不是在"事实问题"(matters of fact)。这种情况经常在法院会发生,往往由于法官(或仲裁员本人)对法律十分熟悉。例如,刚判下来内容直接但尚未有报道的法院先例,在开庭审理时若是双方代表律师漏了提出或反正不提及,他/她会向后者提出。

Mackie 大法官在本先例中这样说:"It is true that in English litigation one expects a judge who proposes to draw on an authority not cited by the parties to give them an opportunity to make submissions before acting upon it."

现实中这也不是一概而论。常会见到法官或仲裁员在认同(或否定)一方当事人提出的法律观点的同时,会多提几个相同结论/说法的权威以加固(例如引用近期的判例或一本名著中的相关一段节),这些可能是双方当事人没有提到的,目的是卖弄自己的渊博知识或加强自己判决/裁决的说服力。

但这不该有任何不妥,因为这些多提的权威资料,并没有带来新意,双方当事人在看了后也不会有"惊奇"(surprise)。问题在于一些双方当事人没有提及的先例,但法官或仲裁员顾自在判决/裁决中多提,但这些先例并非"加固"(strengthen)这么简单,而是另有新意、另有解释,而这样剥夺双方当事人进一步争辩与解释的机会,这就有大问题了。

现在回去介绍本段的先例。Sanghi Polyesters Ltd.(SPL)是一家印度公司,它获得一家科威特公司 The International Investor(TII)的投资。双方的合约中有一条 ICC(国际商会)仲裁条文,适用法是英国法,但附加了一点——如有冲突,则以科威特最高回教法律的 Shari'a Law 为准。

ICC 委任了一位 Basit 先生为仲裁员,他是一位 Shari'a Law 的专家。他在后来的裁决书中,判 SPL 败诉。SPL 随即以 1996 年《仲裁法》之 Section 68 的"严重不正常"(serious irregularity)向法院申请救济,希望撤销裁决书。而根据的理由/原因有多处,例如:

(1)仲裁员在双方没有提交证据的情况下认定了事实(that the tribunal misconducted itself reaching factual conclusions without there being presented any evidence to that effect by either party)。

(2)这是重要一处,就是仲裁员引用了有关 Shari'a Law 的 18 本书的内容与其他数据的内容,加在裁决书内,而这些方面是双方当事人毫不知情的。

(3)仲裁员在官司费用方面判 TII 可以向 SPL 取回所有费用,但 SPL 指 TII 并非在所有争端胜诉,所以仲裁员不应该这样判。

(4)裁决书违反公共政策。

Mackie 大法官否定了所有的理由/原则,如下:

3.30.1 在没有任何证据下认定事实的指控

这方面的指控与 The "Pamphilos"(2002) 2 Lloyd's Rep. 681 一样。SPL 指称在裁决书中所下的定论与认定的事实,双方均没有提供任何证据。例如说"利润相对不高"(profit was relatively modest)。Mackie 大法官说这里并非是仲裁员自己私下自说自话或取证但不告诉双方当事人(这就有大问题了,如著名的先例 Fox. v. P. G.

Wellfair Ltd. [1981] 2 Lloyd's Rep. 514; Checkpoint Ltd. v. Strathclyde [2003] 14 EG 124 [CA] 等),而仅是在双方争议的范围内去推想一些进一步的事实。否则在复杂的案件中会有太多这种情况,仲裁员在草拟裁定书之时动不动就要先向双方当事人预先披露,邀请双方再一轮的争辩,会没完没了。

3.30.2　引用双方当事人不知情的有关 Shari'a Law 的资料

在本段一开始介绍了法官怎样适当处理他/她们在判决中多提的有关法律观点,而资料并非来自双方当事人,后者并不知悉。在本案例中,情况有一点相似,但事实上有重大相异之处。最重要的是相关事实的轻重,本案的案情是双方根本没有在 Shari'a Law 方面向仲裁员提供任何数据与争辩。而且,双方当事人同意邀请仲裁员 Basit 先生在 Shari'a Law 方面同时担任专家的角色,不光是仲裁员。这一来,构成不了"严重不正常"(serious irregularity)。而更重要的是过不了第二个关口"已造成重大不公平"(has caused substantial injustice)。Mackie 大法官说仲裁员私下引用的 Shari'a Law 资料,即使在仲裁早期提了双方当事人,SPL 也无法证明与说明它可争辩些什么,会令裁决书的结果有所改变。

在此也顺便一提另一种救济之 Section 69 的上诉法律观点与 Section 68 之间的关系。有情况是 Section 68 的救济估计很难,而上诉法律观点的救济会稍微容易,尤其是近半年来英国法院有趋势在同样的法律下大力放松"申请上诉的批文"(leave to appeal)。但本案例并非有关英国法律,而是 Shari'a Law。故不是"法律观点"(issue of law)而实是被当做"事实问题"(matter of law)对待,应以证据(外国法律专家证人作证)为根据作出判决/裁定。

3.30.3　官司费用的分摊不公平

SPL 的说法是错误分摊官司费用违反了 1996 年《仲裁法》之 Section 33 的自然公正要求。但 Mackie 大法官不同意,认为这方面只是"法律观点",适当救济应是去申请上诉批文。

但 Mackie 大法官指出,即使看公平与否,本案例中有关这方面也没有什么不公平,这样的分摊(即要 SPL 全部承担)是他自己也认同,也会有同样的判决。这里是一种平衡:一是胜诉方可向败诉方取回费用的大原则;二是要保护败诉方在成功的争端方面不必支付一些费用,即使他改变不了最终仍是败诉的结果。特别是,成功的争端是"明显"或"独特"(distinctive)的,并且花费了大量时间/工作的。在这种情况下,仲裁员有裁量权去分摊或判败诉方全部承担,而这也不是在仲裁程序中犯了严重不正常。

3.30.4　裁决书违反公共政策

SPL 在这一处是依赖 1996 年《仲裁法》之 Section 68 (2)(g),它说明了其中一种"严重不正常"(serious irregularity)是:"(g) the award being obtained by fraud or the way in which it was procured being contrary to public policy;"(裁决书以欺诈违反公共政策的做法取得。)

SPL 的说法是该裁决书无法在印度执行,因为合约非法,这违反公共政策:

"(an award) which is contrary to public policy in that it seeks to enforce an illegal contract which is unenforceable under both domestic Indian law, India being the place of execution of the contract, as well as Kuwait, Shari'a being the supreme applicable law in Kuwait."

但问题是除了说法含糊外,SPL 也会错读了 Section 6(2)(g)。它的所谓违反公共政策是在仲裁程序中发生,并非裁决书后的执行。仲裁员管不了执行方面。

3.31 裁决的货币与利率是实体法或程序法之争:Lesotho Highlands Development Authority v. Impregilo SpA

本先例 Lesotho Highlands Development Authority v. Impregilo SpA (2003) EWCA Civ. 1159 涉及一项非洲最大的工程之一,就是在多山的 Lesotho 建水坝(名为 Katse Dam)以供电给邻国的南非,这对穷困的 Lesotho 有很大好处。这水利计划(名为 The Lesotho Highlands Water Project ,简称 LHWP)早在 20 世纪 30 年代就提出,但有关国家在 1986 年 10 月 24 日才签订协议,而资金由"世界银行"(World Bank)提供。这种工程自然吸引世界各国的承建商,而意大利的 Impregilo 是其中一家。它与 Lesotho 当局(可简称 LHDA)签订的工程合约中有一条"国际商会"(ICC)仲裁条文,估计这是世界银行的要求或规定的条件。此外,工程合约中也规定了支付以 Lesotho 的货币(称为 Maloti)为准以及利率。

在工程/履约中,Impregilo 向 LMDA 索赔额外费用的 12,000,000 美元(大约)并开始仲裁。仲裁地(seat)原来是日内瓦,但后来双方当事人同意改为伦敦。这一来,程序法适用了英国的 1996 年《仲裁法》。

长话短说,伦敦仲裁的结果是 Impregilo 胜诉并获得 7,500,000 英镑的赔偿。但需要注意的是,裁决书中赔偿金额是英镑而并非是贬值了的"Maloti"。仲裁庭的解释是:工程合约的条文适用"Maloti"只针对合约下的支付,不包括损失赔偿。若适用条文是"实体法"(substantive law),仲裁庭认为判以什么货币赔偿是以"程序法"(procedural law)为准,因为 1996 年《仲裁法》的 Section 48 (4) 允许仲裁员"下命令以任何货币支付"(may order the payment of a sum of money in any currency)。另在利率方面,仲裁庭也判定程序法适用,不必理会合约规定,而 1996 年《仲裁法》之 Section 49(3)允许仲裁员有裁量权去决定利率。

这带来一个十分复杂的情况,就是败诉的 LHDA 若是向英国法院申请救济,到底是以 Section 67 的管辖权争议(指称仲裁庭没有权作出与工程合约不符的货币与利率决定),还是以 Section 68 的"严重不正常"(因为若在程序上犯错,就只能以 Section 68 寻求救济),或以 Section 69 的对裁决书中的法律观点进行上诉(这只针对实体法律观点犯错,不针对程序法)。看来,小心的败诉方在向法院申请救济时最好全部都包括,以免漏了一种救济而裁决书作出后的 28 天申请时限很快过去。

在高院,Morison 大法官判定 Section 68 的救济适用,并认为仲裁庭把赔偿货币与利率视为程序法问题是错误的。而适合的救济不是“撤销”(set aside)裁决书而是“发还”(remit)裁决书让仲裁庭对货币与利率作出修改。

上诉庭完全支持 Morison 大法官的裁决。Brooke 大法官并且分析了英国法律在判决/裁决以什么货币(currency)为准的演变。最先的案例是贵族院的 United Railways of Havana and Regla Warehouses Ltd.（1961）A. C. 1007。判的是法院判决中必须以英镑作为货币,若损失是外币,也要在判决的一天变作英镑,这是以英国程序法对待货币。一直以来,在强盛的大英帝国下,由稳定与在世界广泛使用的英镑作为判决/裁决中的货币,也是“相安无事”。但到了 20 世纪 70 年代,英镑的“一哥”地位不再,加上贬值很厉害,令胜诉方在几年前的外币损失无法获得足够的赔偿。这一来,英国法院的态度开始改变。先是上诉庭的 Jugoslavenska Oceanske Plovidba v. Castle Investment Co. Inc（1974）Q. B. 292,判定伦敦仲裁不必受“Havana”的贵族院判决约束,可以外币(非英镑)作为判决书的货币。这之后有 The“Teh Hu”(1973) 2 Lloyd's Rep. 1 也同样判法。贵族院的 Miliangos v. George Frank（Textiles）Ltd.（1976）1 Lloyd's Rep. 350 判决,全面推翻了“Havana”先例。判定以后的判决/裁决都可以使用外币,只要是“达到最合适与公平的结果”(to produce the most appropriate and just result),这是 The“Teh Hu”说法。此外,The“Teh Hu”也说双方若同意了以一种货币为准,仲裁员作出的裁决书一般情况下应去依从。至此,“货币”(currency)不再是程序法而是实体法了。而 1996 年《仲裁法》之 Section 48(4)只是把普通法的地位加以立法而已,并非作任何改变。所以本案中仲裁庭判货币是程序法而不是实体法,不理会工程合约条文,是犯了错误。

上诉庭的 Brooke 大法官也分析了英国法律在判决/裁决以什么利率(interest rate)为准的演变与普通法及大陆法(Lesotho 是大陆法国家)对利率的异同。在英国普通法,很长时间以来是除非双方当事人有协议才给予利息,否则法院不会给:London, Chatham and Dover Railway Co. v. South Eastern Railway Co.（1893）A. C. 429 与 The“La Pintada”(1984)2 Lloyd's Rep. 9。但英国法律也一直在改善,1996 年《仲裁法》更是在 Section 49 明确仲裁员有裁量权,由于《仲裁法》只针对仲裁程序,这裁量权是程序权力(discretionary procedural power)。至于大陆法,像 Lesotho,它一向允许法院给予利息,加在赔偿本金上。

在本案例中,更是在工程合约中有条文规定了利率。显然,利息问题不是程序方面而是实体方面的。Brooke 大法官另指出在欧共体法律的“Rome Convention 1980”之 Section 10(1)(c) 写明违约的“后果”是以合约适用法,即实体法为准。Brookes 大法官认为“后果”(consequences)也包括了利息/利率。Rome Convention 1980 在英国的立法是“Contracts（Applicable Law）Act 1990”。在本案例中,工程合约的适用法是 Lesotho。所以把上述所讲加起来分析,利率是实体法而不是程序法,而仲裁庭又犯了错误。

至于 1996 年《仲裁法》之 Section 49 的适用,Brooke 大法官说如果有合约规定了利息/利率,即使合约适用法是英国法,也是明示超越默示规定。故此看来,Section 49 只会使用在合约适用英国实体法,但合约中没有对利息/利率有任何明示规定。而一向以来,如大量在 1996 年《仲裁法》生效前有关费用分摊的案例一样,如果仲裁员在这种“程序裁量权”(discretionary procedural power)犯错,主要是与法院做法不一致,这裁量权(又称为“司法裁量权”或“judicial discretion ”)即被当做“不良行为”(misconduct)。法院一向的救济不是撤销裁决书,因为只是小面积犯错而且可以补救。故惯常救济做法是“发还”(remit)裁决书,并同时给予“引导”(directions),以便仲裁员重新考虑。

介绍了这个复杂先例后,笔者想起一位欧洲律师曾公开说英国的 1996 年《仲裁法》把仲裁搅得太复杂、太难懂。看来,这说法确有一点道理。

3.32 法院对“严重不正常”申请救济可否看裁决书机密理由:The “Easy Rider”

这一案例 The “Easy Rider” (2004) 2 Lloyd's Rep. 626 带出一个有趣之处,就是法院可否针对 Section 68 对“严重不正常”(serious irregularity)救济的申请,硬去考虑裁决书的“机密理由”(confidential reasons)。案例是“伦敦海事仲裁员协会的小金额索赔程序”(LMAA Small Claims Procedure)。在这种 SCP 程序下,由于本意是适用于小金额争议,加上仲裁员收费定额并且有限,所以一切程序从简,例如独任仲裁员、以文件审理等。至于裁决书的理由,1996 年《仲裁法》之 Section 52(4)规定必须给予,除非双方另有协议。它在措辞上是:“The award shall contain the reasons for the award unless…the parties have agreed to dispense with reasons.”但由于该 SCP 程序不鼓励上诉至法院,也让仲裁员不必长篇大论作出太详细的理由,所以说明大家同意使用该程序也就是放弃要求裁决书理由。

当然,独任仲裁员仍是会作出简单理由,否则败诉方怎会服气?但该理由称为“机密理由”,与裁决书分开,并且注明不是裁决书的一部分,而且不得使用于任何将来的法律行动。惯常的措辞是写在“机密理由”的抬头如下:“These reasons are issued subsequently to and separately from the award and do not from part of the award. They are given for the information of the parties only and on the understanding that no use what so ever is made of them on or in connection with any proceedings on or related to the award.”

在 Tame Shipping Limited v. Easy Navigation Limited (2004) 案例中,有关“严重不正常”(serious irregularity)的指控是独任仲裁员的裁决是根据一个败诉方并不知悉的争议,令败诉方没有机会答辩/回应。另在计算损失,他也未考虑到一份重要证据,就是另一家修理厂的估价。

问题是,法院不去看“机密理由”是无法知悉这些指控是否站得住脚。比方说,可能裁决书中已有略及另一家修理厂的估价,这样对仲裁员有所遗漏的指控就站不住脚。

但是,法院可否这样做呢?毕竟,“机密理由”的抬头明言不得使用在任何将来

的法律行动。这一方面的疑问在 1996 年的《仲裁法》还是首次让法院考虑,关键之处是:

(i)"机密理由"的做法本意,只是为了阻止/防止败诉方向法院申请批文对裁决书中的法律观点提出上诉(leave to appeal)。这是 Section 69,而 Section 69(1) 是说:"An agreement to dispense with reasons for the tribunal's award shall be considered an agreement to exclude the court's jurisdiction under this section."

(ii)更重要的考虑是有关严重不正常的 Section 68 已经在 Schedule 1 中明文规定为"强制性条文"(mandatory provision),不能以双方明示协议去排除,而 Section 69 则不是强制性条文。

这表示独任仲裁员在"机密理由"所写的抬头,或双方当事人同意了 LMAA Small Claims Procedure(SCP)并同时同意"机密理由"在针对 Section 68 而言是无效的。换言之,结果是法院判可看"机密理由",只要申请只局限在 Section 68 的严重不正常。(但注意该案例虽然看了理由,法院认为没有任何严重不正常而仲裁员没有做错。)

3.33　败诉方指称有两个误述,而裁决书只针对了第一个误述:The "Midnight Hunter"

这个先例 The "Midnight Hunter"(2004) LMLN 638 涉及了另一方面的问题,就是 Section 68 的申请救济与 Section 70 之间的关系与协调。Section 70 的部分内容针对申请救济一方必须先作什么:在 Section 70(2)。另是规定了裁决书日期的 28 天内必须提出申请:在 Section 70(3)。

Section 70(2)要求在向法院申请救济之前,应先完成仲裁程序中的上诉机制与 Section 57 下的向仲裁庭申请更正裁决书或追加裁决书。该条文的有关措辞是:"(2) An application… may not be brought if the applicant…has not first exhausted—

(a) any available arbitral process of appeal or review; and

(b) any available recourse under Section 57 (correction of award or additional award)."

上述条文看来十分合理。首先,随意仲裁(ad hoc arbitration)并不存在上诉的机制。但不少机构仲裁(institutional arbitration),如国际商会国际仲裁院(ICC International Court of Arbitration)的仲裁规则 Art. 11 与伦敦国际仲裁院(LCIA)的仲裁规则 Art. 10. 4 有此上诉机制,而上诉是由另一批仲裁员审理。在英国的商会仲裁,如 GAFTA 与 FOSFA,也有同样的做法。而 Section 70(2)(a)要求申请救济方必须完成了这一步才能向法院申请,不得越过这一步仲裁程序。

至于 Section 70(2)(b)也看来十分合理。例如仲裁员在最后裁决书遗漏了一项重要的独立争端,这本是严重不正常与已造成了重大不公正,会导致法院把裁决书发还或撤销。但先通过此条文向仲裁员申请对遗漏争端作出一个追加裁决书,而仲裁员也肯这样做,整件事件也就很快解决了,根本不必劳民伤财去法院申请。

但操作上并非容易。例如,向法院以 Section 68 作出申请时,法院可否以申请救济方应先向仲裁员申请更正裁决书而拒绝作出救济？或是，法院能否肯定仲裁员会作出更正或另会作出一个追加裁决书？还有，28 天的时效怎样办？若是仲裁员肯更正裁决书，还可以更正一天算起的 28 天。但若是不肯呢？这 28 天应从哪一天开始？若从原来的裁决书一天开始，恐怕时限早已过了。

先简单介绍 The "Midnight Hunter"先例的案情，它是有关海上石油的铺设海底油管船舶的期租合约。承租人在仲裁中指称船东曾在谈判时作出了两个"误述"(misrepresentations)，一是说船舶甲板能承受重量 10 吨/立方米(sqm)，其实不对。二是对承租人给予的管道铺设系统(所谓的"modular pipe-laying system")，船东说是船舶甲板能承受。承租人认为依据 1967 年的《误述法》("Misrepresentation Act", 1967：请参阅《国际商务游戏规则——英国合约法》一书之第五章有关这方面课题)，他可以中断租约或索赔损失。

但在事实的认定上仲裁员判决，两个误述确实不准确/不对。但船东是无辜造成误导。而更重要的事实认定是，误述并非是"诱导"(induce)承租人去约定租约，即没有"诱导合约"(inducement to enter contract)：这方面请参阅《国际商务游戏规则——英国合约法》一书第五章之 § 6 段。故以 1967 年《误述法》要求救济失败。

承租人不服向法院申请 Section 68 的救济，指称是仲裁员犯了严重不正常，有可能造成重大不公平，因为漏了针对有关第二个误述有否曾诱导合约，只说了第一个误述。

这里的问题是两个误述的性质与内容十分接近，故仲裁员在写裁决书时一并考虑。但在用字上只要稍有不足，即会出现这种问题。例如，在提到误导合约的结论时说："笔者判定船东虽然曾误述 10 吨/立方米(sqm)，但当时租约已达成，故不再有误导合约。"即是心中一并想的是两个误述，但文字上只针对了第一个误述。或说："笔者判定承租人一直不关心这方面问题，船东即使陈述是 8 吨/立方米也会照样订下租约。"

照说，这种问题也很容易补救。当事人只要向仲裁员申请，估计很大可能的回应是澄清了文字上的不足，并会多作出一个追加裁决书(additional award)去针对这第二个误述的误导合约，根本无须马上惊动法院。

在此先例中，Cooke 大法官对这些困难的关系与协调进行了试图分析。他得出以下几点结论：

(1)原则上，在作出裁决书后，仲裁员已是"功成身退"的 functus officio，再无权去事后改变裁决。

(2)1996 年《仲裁法》原则上是让仲裁员自己对原先裁决书不妥之处作出修改。

(3)故此，在 Section 57(3)(a)允许仲裁员自发，或在当事人申请下作出文书上的修改(一般是错字与计算有误)，或对不明朗之处加以澄清。这一来，可让仲裁员补增裁决书理由。

(4)若是裁决书明确少了针对一个争端，这不能仍说是有"不明朗"(ambiguity)。

这一来,会适用 Section 57(3)(b)的追加裁决书。

(5)若是裁决书的理由不足够/不完整,这才是不明朗,需要澄清。

(6)本案例下 Cooke 大法官认为承租人仍没有以 Section 57 先向仲裁员澄清或救济(例如作出一个追加裁决书)。所以不应马上跨越,去法院作出 Section 68 的救济申请。

(7)但看来 Cooke 大法官也不肯定,故进一步判定是他对 Section 57 的适用解释错了,在本案例(The "Midnight Hunter")申请救济的承租人也在 Section 68 下不会成功,因为 Cooke 大法官在阅读了裁决书后不认为漏了针对第二个误述。

(8)这方面还会有其他疑点,如为了符合 Section 70(2)(b)先向仲裁员申请,但若是被拒后再回来向法院以 Section 68 申请救济,在 Section 70(3)的 28 天时效肯定过了。或是,申请人若是行动得快,会获法院同情去延长时效/时限:Section 79。

3.34 败诉方指称裁决书漏了争端与自说自话:The "Agios Dimitros"

这又是一个金康租约下的案例:The "Agios Dimitros"(2004)LMLN 651。案情涉及一个经常发生的事故,就是在装运清洁或敏感清洁的货物(例如是食用)的航次中,船舶的货舱清洁程度不足或前一、二次装运的货物仍没有清除干净。由于"预防胜于治疗",加上发货人或出口国家当局也不想出事,故这种货物常会有装货前检查船舱的做法,通过了才开始装货。一般而言,把船舱备妥是船东恪尽责任令船舶适航/适货(cargo-worthiness)的部分责任。多了发货人(也会是承租人,是 CIF 买卖)预防措施,一般而言不应被视为转接了船东在这方面的责任。

在 The "Agios Dimitros"先例,船舶以航次出租去 Eilat 装化肥去荷兰。船在 2003 年 5 月 8 日抵达 Eilat,发货人/承租人指定的验船师上船进行对船舱的表面检查,并且通过装货。船东/船长于是送达"准备就绪通知书"(notice of readiness),装货时间也就从 5 月 8 日开始计算。真正装货是在 5 月 12 日开始,但到了 5 月 21 日的装货中途,发觉了船舱上层有上一航次遗留下来的(barley),这会"污染"化肥并会导致卸港拒货。故马上停止装货并要求船东清洁船舱,这延误了 5 月 21 日至 29 日的船期并解决了当前问题以让继续装货。这之后,双方当事人有了争议,主要是船期损失的 8 天时间是否算滞期时间、是否要支付滞期费。

船东的主要抗辩是承租人接受了"准备就绪通知书",这构成了弃权及/或禁止翻供。而且,这的确有造成"损害"(prejudice)。因为货装了一半再清洁船舱上层部分就不能使用"高台车"(cherry-pickers)而要以长梯作为替代,大大增加难度。

最终船东败诉,但船东申请法院撤销裁决书,依据的是几方面的"指称严重不正常"(alleged serious irregularity):(1)裁决书没有针对通知书的接受是否构成弃权及/或禁止翻供的争议作出决定与解释。(2)船东曾争议承租人在这事故中获利,就是当时承租人另有一艘船舶名为"Vana"也在等待同一码头,而"Agios Dimitros"装货中途因要清洁船舱 8 天,被迫暂时离开码头,进而让"Vana"早去挂靠并在该 8 天内装完货物开航。但仲裁庭判定"Agios Dimitros"的航次有两位承租人,而且承租人会有其他损失没有加在一起,例如清洁方面也有花点钱(如检查),与码头若不被“Vana”使用会另有额外损失可增加等理由否决。船东指称对有关“Vana”的这些说法与决定,双方当事人没有去特别争议,是仲裁庭“自说自话”。(3)仲裁庭没有下令/要求承租人披露“Vana”的租约。

上述情况之(1)现实中常会遇到,就是一方当事人自认为很强很重要的一项争端被仲裁员在裁决书否定,但言之不详,甚至没有说透理由或索性略过。这会令败诉的一方当事人十分气愤,有败得不明不白的感觉。

至于法院会否接受申请并给予救济,这是要听了双方争辩后再看裁决书的理由/原因,看看是否漏掉。在本案 Colman 大法官认为根本连第一步构成弃权与禁止翻供的要求也达不到,即承租人必须有过误导或承诺,而且船东也“依赖”(rely)了。承租人接受通知书只表示表面(prima face)检查过船舱,可以开始装货。但这并没有误导船东说他没有违反第23(b)条文(条文有关船东保证船舱适合装货、适航/适货)。

另根据(3)的依据,Colman 大法官没有看到船东曾经正式申请过披露“Vana”的租约,所以申请也不成立。

回去讲(2)的依据,Colman 大法官说即使仲裁员有关“Vana”提前靠泊/装货替承租人带来的好处是没有证据就作出裁决书,但这最终对争议金额没有太大影响,故构成不了“已造成重大不公平”(has caused substantial injustice)。笔者没有在案例报道中看到这一点,但估计滞期费是“议定赔偿/约定的损害赔偿”(liquidated damage),船期损失数字不再轻易变动,故 Colman 大法官应是判得正确,最终显然是船东失败。

3.35 指称仲裁员在判利息前没有要求双方当事人陈述/争辩与判利息比原告要求的金额高: Westland Helicopters Ltd. v. Sheikh Salah Al-Hejailan

这是一个重大的 ICC 仲裁:Westland Helicopters Ltd. v. Sheikh Salah Al-Hejailan (2004) 2 Lloyd's Rep. 524。它涉及军火交易(直升机),但由于埃及在1979年与以色列签订“戴维营和约”,导致阿拉伯国家之间不和,最终令与 Westland(西方军火商与卖方)的合约无法履行。在1980年5月,Westland 开始了 ICC 仲裁,被告是与阿拉伯合作的公司 AOI (Arab Organization for Industrialization)与它的4个成员国(埃及、沙特阿拉伯、卡塔尔与阿联酋)。1993年6月28日,独任仲裁员 Michael Kerr 先生(退休英国大法官)判 Westland 胜诉,金额是365,000,000英镑,另加上20,000,000英镑利息。之后,Westland 分别在纽约、巴黎、法兰克福与伦敦冻结或执行被告的银行户口。反正是,在1994年8月,被告之一的埃及让步并作出和解。

Westland 继续向沙特阿拉伯等国追讨尾数。1985年3月22日,它与一位沙特的著名律师 Sheikh Salah Al-Hejailan 先生,正式签订了一份合约,要后者提供帮助与影响力向沙特政府追讨。到了1994年8月,沙特等国也作出和解。之后,Al-Hejailan 先生向 Westland 索取5,000,000至30,250,000英镑的收费。这里涉及收费是以工作时间还是以成功的百分比计算,Westland 不同意后者。

之后,换了另一位独任仲裁员 John Tackaberry 先生(一位英国御用大律师)。他判定收费是依照每年的聘用固定收费(retainer),并根据工作量等合理因素(quantum meruit),判定每年50,000美元,而总共9年服务是450,000美元。此外,仲裁员判利息是1994年及以前的年率为8.5%,而1995年后为6%。

Westland向法院申请撤销裁决书,因为有“严重不正常”。一是在裁决前没有让他作出陈述/争辩的机会。二是Al-Hejailan先生只要求1995年元月后的利息,但仲裁员给予利息是从1985年开始。

Colman大法官不同意Westland,认为他有许多机会作出陈述/争辩。至于多给利息(相比提出的金额),仲裁员也可这样做,虽然严格说这是没有管辖权的,但不再“严重不正常”另有救济。

Colman大法官的有关判决说:

“(8) As to serious irregularity, Westland had submitted that if the arbitrator did have jurisdiction to award interest at all, there was serious irregularity under s. 68(2) of the 1996 Act in as much as (a) before making his award he failed to allow submissions as to that claim even though it had at the outset been expressly abandoned and (b) he awarded interest calculated by reference to the period from 1985 to 1994 in spite of the fact that interest had only been claimed from January 1995; however, there could be no doubt that the arbitrator did give a sufficient opportunity to those representing Westland to address the issue of interest; to term what happened here a serious irregularity would be to return to the pre-1996 Act era, an approach which s. 68 was expressly designed to replace; in as much as the arbitrator awarded interest for the pre-1995 period, if he had jurisdiction, there was serious irregularity, for none was claimed; otherwise, if he had jurisdiction, his award of interest was clearly open to him; as the Court had already held that his award of interest for the pre-1995 period was made without jurisdiction and had been effectively challenged under s. 67, the application under s. 68 gave rise to no additional relief.

3.36 不同合约下的对冲如何处理:Ronly Holding v. JSC Zestafoni. G. Nikoladze Ferroalloy Plant

这先例涉及“对冲”(set-off)的英国法律:Ronly Holding v. JSC Zestafoni. G. Nikoladze Ferroalloy Plant (2004) EWHC 1354(Comm.)。这对冲涉及的是两个或两个以上不同合约,内中有被告欠原告,也有原告欠被告。问题是,它们之间可否对冲?这一点已有不少先例,如:Modern Engineering v. Gilbert-Ash (1974) AC 689; Aectra Refining v. Exmar (1994) 1 WLR 1634; Glencore v. Argos (1999) 2 Lloyd's Rep. 410与Bim Kemi AB v. Blackburn Chemicals Ltd. (2001) 2 Lloyd' Rep. 93。

基本是:英国法律区分了“同一交易对冲”(transaction set-off)与“独立对冲”(independent set-off)。若在同一交易,即使有多个不同合约也可对冲。至于怎会出现这种情况可以Bim Kemi为例。它是一个长达10年的技术与专利合作协议(1984年协议)。但到了1993年,原告声称对新产品另有协议(1994年协议)。问题是,这两个协议下的债务可否对冲？在一审，Mackie 大法官说可以：

“That Blackburn's cross-claims would if established amount to an equitable or transactional set-off which they were entitled to plead as a defence in the action.”

到了上诉庭，Potter 大法官同意一审判决，并说：

“The degree of closeness required was that of an ‘inseparable connection’ but it was not necessary that the cross-claim should arise out of the same contract; all that was required was that it should flow from the dealings and transactions which gave rise to the subject of the claim.”

固然，不断有新变化与疑点。例如，一个合约有仲裁条文，但另一个合约（在同一交易）没有仲裁条文怎样办呢？这在 Modern Engineering、Aectra Refining 与 Glencore 等先例中，判有仲裁条文的合约下委任的仲裁庭有管辖权去同时处理另一个没有仲裁条文的合约。另在 Bim Kemi 先例，倘若第一个合约是法院管辖，而第二个合约有仲裁条文，法院也可一并审理，不必理会有仲裁条文的第二个合约。

看来，仲裁员要明白他/她在对冲的情况的“管辖权”（jurisdiction），就必须熟读有关先例。Gross 大法官给仲裁员的建议是：

“Where a decision is called for in respect of a set-off said to arise under a separate contract, then, absent agreement: (1) the point must be properly in issue before the arbitrator; (2) the arbitrator must necessarily investigate the position prevailing in respect of that separate contract; (3) if need be (and unless the arbitrator is proceeding by way of interim award, for example pending a decision on the separate contract by another court or tribunal and with an appropriate reservation of jurisdiction) the arbitrator must make a determination as to the position prevailing in respect of that separate contract; (4) in the light of any such determination, the arbitrator must come to a conclusion as to whether the alleged set-off is indeed available or whether, if not a transaction set-off, it faces a procedural bar, of the nature discussed in the two authorities referred to above.”

回到 Ronly Holdings 的先例，它涉及双方当事人相互提供电力、原材料、产品与铁合金（ferro-alloys）。双方有了争议，Ronly Holdings 向 JSC 索赔 15,000,000 美元。但起诉的 Ronly Holdings 一度提及在其他的付运合约欠下 JSC 约 10,000,000 美元，故净索赔是 5,994,937.83 美元。但后来 Ronly Holdings 改变立场，坚决要索赔全数。

在裁决书，仲裁员首先裁决他的管辖权只在“主生产合约”（main production agreement），而无权处理其他合约下的债务/债权（credits）。这样一来，应是裁决 Ronly Holdings 成功索赔 15,000,000 美元。但仲裁员只作出一个 10,088,834.57 美元的裁决，“对冲”了部分债务，并在裁决书说希望双方当事人“以其他办法解决这笔短少金额”（the shortfall problem could be resolved by other means），但没有说明是什么其他办法。

看来，仲裁员自己也迷失方向，只想去“和稀泥”。这正是在 1996 年立法之 Section 68(2)(f)对严重不正常的9种定义其中的一种:

"Serious irregularity means…(f) uncertainty or ambiguity as to the effect of the award."

结果当然是裁决书被撤销。看来仲裁员不论是有关业务与法律都是懂得越多越好,这才会减少犯错。

3.37 仲裁员没有依照双方的争议去裁决是严重不正常还是法律错误的区分: Newfield Construction Ltd. v. Tomlimson

Newfield Construction Ltd. v. Tomlimson, 10 November 2004(没被报道)案例的案情是被告把他的房子出售给地产发展商,代价是82万英镑,另加上发展商将来把房子清拆再重建的地产项目利润的25%。但之后,双方对估价与利润怎样计算有异议,要去仲裁,并要求仲裁员作出一个宣告裁决书(declaratory award)。结果在裁决书是支持了原告发展商的计算办法,但接下去裁决书提到费用分摊,是说被告胜诉并可向原告要回诉讼费用。看来这有点是莫名其妙了,明明是原告胜诉怎会变成被告可取回费用。看来,毛病是出在仲裁员看了一些其他的文件,而如果光考虑双方的文书请求(pleadings),就会清楚双方各自的立场与争论。这一来,原告当然不服气并向法院作出1996年《仲裁法》之Section 68的申请,并要求把裁决书撤销或者发还的救济。法院同意有这方面的问题,但由于裁决书提到如果是原告有理,就应该能向被告取回费用。所以没有必要再发还给仲裁庭修改,因为法院只需要把裁决书更改掉(vary the award)就可以了。

这个案例中,原告发展商是根据1996年《仲裁法》之Section 68与Section 69同时向法院申请救济,其中一个原因是有一些错误,例如毫无证据地作出事实的认定,或者对待一些证据是其他合理的仲裁员不会得出同样结论的,好比指鹿为马。又说这些违反了法律规定:Fence Gate Ltd. v. NEL Construction Ltd. (2001) 82 Con. L. R. 41。在本案例中,也是有一点分不清,所以Coulson大法官说:"A question of law can arise, if it is contended that the Arbitrator misdirected himself by taking into account factors which he should not have done or by failing to take into account factors he should have done."

由于所有的裁决书救济申请都必须在作出之后的28天内向法院提出,时限定得非常严格与短暂,所以败诉方要提出申请但心里也没有底的话就必须要同时作出两种申请,但这里也会有取巧的做法,因为Section 69的上诉法律观点批文只是以文件处理,即法院只看裁决书然后在大约30分钟内作出是否给予上诉批文(leave to appeal)的决定,但在Section 68的救济,因为涉及程序上的严重不正常,就往往需要比较长时间的开庭。而两种申请一合并起来就往往令法院不得不允许开庭:Bulfracht (Cyprus) Ltd. v. Boneset Shipping Co. Ltd. [2002] EWHC 2292 (Comm.)。这让申请人可在Section 69的上诉批文也有机会去长篇大论地争辩以说服法院。故此,精明的申请人会在没有真正严重不正常的情况下作出对Section 68的申请,这危险在本案例中 Coulson 大法官有提到说:"I am aware that, in other cases, applicants can be tempted to use the cover of a Section 68 application inorder to argue the detail of their Section 69 application orally. Such a course is contray to the Arbitration Act and the CPR and will not be permitted."

3.38 双方当事人没有提出，但裁决书针对，导致双方没有陈词/争辩机会：The "Bunga Saga Lima"

这一案例 The "Bunga Saga Lima"(2005) LMLN 661 所针对的与上一个大致相同。该租约有条文要求在交船后第一装港时船舱清洁至可以装散粮，说：

"46 - Cleaning clause : On arrival at the first loadport Vessel's holds to be clean and suitable to load Charterers' intended cargo to Shippers' surveyor's satisfaction.

Amendment 5: Clause 46 : Cleaning clause add at end: It is understood that on delivery or upon arrival 1st loading port, vessel to be clean per grain standard up to independent surveyor's satisfaction."

船舶到了第一装港的巴西 Sepetiba 时，船舱并不清洁，有上一航次货物(煤炭)遗留(residue) 尚未清洗。但在第一装港的货物是铁矿(iron ore)，对清洁与否无所谓，所以承租人不加理会。但在第二装港的 Rostock，第二票货是散装菜籽(rapeseed in bulk)，清洁要求高，结果船舱要清洗并有时间损失，双方事后为这笔钱争议。

仲裁庭认定交船时双方知道船舱不清洁，应是违约。但由于承租人不依照46条文坚持船东在第一装港进行清洗，判定当作弃权，不能再在 Rostock 依赖46 条文。看来，承租人应先迫使船东清洗然后再装铁矿，令"前功尽弃"，然后再迫使作出一个协议是要船东同意承担全部或一半在今后航次若装载清洁货的所需的清洗费用与时间。

承租人败诉后以仲裁庭犯了"严重不正常"(serious irregularity)为由向法院申请救济，指称双方并没有这个争端，船东也没有提出过："… the charterers had submitted inter alia that there had been a serious irregularity because the arbitrators had decided against them on ground not raised by the owners and which was not in issue between the parties and the charterers had not had a reasonable opportunity to put forward arguments in answer to it. The relevant ground was that the charterers had waived the right to grain-clean holds at the first loadport and thereby any right to damages for any failure of the holds to be so clean."

固然，上述陈词(submissions)是说得头头是道，但最终仍要看证据/事实。Gloster 大法官认为仲裁庭装有经验，裁决书客观看来也不像双方没有提到弃权，说："The charterers; argument would be rejected in interpreting the findings of a tribunal consisting of experienced commercial and professional members as opposed to lawyers, one should look at the substance of the findings rather than their form and one should approach a reading of the award in a fair and not in an unduly literal way. On a fair reading of the award, it was wrong to suggest that the arguments relating to waiver were not before the tribunal."

结果否定了承租人的申请。

看来，双方当事人没有明确提出与争辩过的争端/问题固然不应去"自说自话"裁决。但双方已有提出(即使是"轻轻提出")，裁决书也不应漏掉针对。两种情况都会导致败诉方去法院寻求救济。

3.39　另一个被指"自说自话"的先例：Vee Networks Ltd. v. EWI Ltd.

在这先例 Vee Networks Ltd. v. Econet Wireless International Ltd. (2005) 1 Lloyd's Rep. 192，是有关尼日利亚公司 Vee Networks 计划发展流动电话业务。为了技术援助，它与一家百慕达(Bermuda)公司 EWI 订了一份技术援助合约，称为"Technical Support Agreement"(TSA)，时为 2003 年 3 月。到了 10 月，Vee Networks 中断合约。这带来 EWI 的 20,000,000 美元索赔，并且根据 TSA 中的伦敦仲裁条文起诉。Vee Networks 的抗辩是 TSA 无效，因为在 EWI 的"公司组织章程"(Memorandum of Association) 下是"越权"(ultra vires)。但在裁决书，独任仲裁员针对了百慕达的《公司法》(1981 Companies Act) 在 2003 年 2 月针对未来在百慕达注册公司若提供技术指导/服务必须先取得部长批准(本意为保护本土百慕达公司如会计、法律等行业)的补充(amendments)。

败诉的 Vee Networks 向法院申请 1996 年《仲裁法》之 Section 68 的救济。在法院，EWI 的代表大律师亦同意 2003 年的补充与分析/解释"公司组织章程"无关，有关的只是 1981 年《公司法》。Colman 大法官这样说：

"It is accepted by Mr. Moverley-Smith, Q. C. on behalf of EWI that it was never argued that the 2003 amendments to the 1981 Companies Act were relevant to the construction of the memorandum of association. It is further accepted that the memorandum had to be construed as at the date of incorporation of EWI and that the only relevant legislative background was the 1981 Act. The arbitrator's deviation into what at first sight is an argument based on the 2003 amendments was capable of forming the basis of a serious irregularity under s. 68 in as much as it represented a failure by the tribunal to comply with s. 33 of the 1996 Act."

结果是：裁决书被发还(remit)给仲裁员重新考虑。

3.40　又是一个被指"自说自话"的先例：Cameroon Airlines v. Transnet Ltd.

Cameroon Airlines v. Transnet Ltd. (2004) EWHC 1829 案例是一个维修喀麦隆(Cameroon)国家航空公司飞机的合约，提供维修工程的是 Transnet。为取得这个合约，Transnet 雇佣了一家与 Cameroon 政府有关系的公司，简称 ATT。但之后 Transnet 在南非被 ATT 起诉，要求应允了的约 900 万美元的佣金(用来打通关系)。但 Transnet 拒付，抗辩理由就是这种协议非法，因为是用作贪污受贿。这样一来，事情曝光之后,Cameroon 国家航空公司也就向 Transnet 开始仲裁,因为他们之间的维修飞机合约有一条 ICC 仲裁条文,仲裁地点是伦敦,而合约的实体法是南非法律。Cameroon 国家航空公司向 Transnet 索赔已支付的维修飞机金额约5,600万美元,理由是该合约因为是涉及贪污受贿而变为是非法合约,属于无效。仲裁庭判定的确涉及贪污受贿,合约无效,但由于 Transnet 的确是提供了维修工程的服务,这应该是给它补偿,根据的不是合约法,而是复原(restitution)的原则。而仲裁庭的多数成员判定合约支付的5600 万美元减去非法佣金剩下的约 4600 万美元就是 Caremoon 国家航空公司所要支付的。但这令 Caremoon 国家航空公司十分不满,认为是多判了,毕竟 Transnet 肯支付非法佣金也是因为剩下的利润仍十分丰厚,故不能简单地减去非法佣金就算了。但如果向法庭申请救济,光是指仲裁庭判多判少不是一个理由。这案子也不涉及管辖权问题或者法律上诉(因为合约说明是南非法律)。这一来,剩下的救济就只有1996 年《仲裁法》之 Section 68。而 Caremoon 国家航空公司是指仲裁庭所犯的严重不正常带来的重大不公正是违反 Section 68 (2)(a)的自然公正,没有给双方争辩的机会,而是"自说自话"。这是因为在计算复原原则下应付给 Transnet 的钱,双方的争论是该些维修服务的价值与成本是多少,但仲裁员却把起点定为双方在合约内定明与支付掉的费用。Langley 大法官认为仲裁庭的确犯了这个错,并说"…the majority…went its own way to a conclusion which neither Camair(喀麦隆航空公司) nor Transnet had contended for and did so unheralded. That, in my judgment, was fundamentally unfair."他也说到仲裁庭犯的错是:"…the applicant has been unfairly deprived of an opportunity to present its case or make a case which had that not occurred might realistically have led to a significantly different outcome."

结果法院发还(remit)该裁决书给仲裁庭重新根据双方所争论过的论点去计算维修服务的价值是多少。

总结这个经常出现问题，要注意的是仲裁员若是很想"自说自话"，认为这才是正确结果，就要依照 Bingham 大法官在 Zermalt Holdings SA v. Nu Life Upholstery Repairs Ltd. (1985) 2 EGLR 14 所建议的如下正确做法：

"If an arbitrator is impressed by a point that has never been raised by either side then it is his duty to put it to them so that they have an opportunity to comment. If he feels that the proper approach is one that has not been explored or advanced in evidence or submission, then again it is his duty to give the parties a chance to comment. If he is to any extent relying on his own personal experience in a specific way, then that again is something he should mention so that it can be explored. It is not right that his decision should be based on specific matters which the parties never had the chance to deal with, nor is contrary both to the substance of justice and to its appearance, …"（即主要是先告诉双方当事人，给他们机会陈词/抗辩，至于他们讲了后听不听顶多是判对判错，但不再是违反自然公正之 Section 33。）

3.41 败诉方指称仲裁员在开庭时不让它去反驳与作最后陈词：Margulead Ltd. v. Exide Technologies

这 Margulead Ltd. v. Exide Technologies（2004）EWHC 1019（Comm.）的案情是有关一个以色列公司（Margulead）声称它发展了一种从电池"大程度提取铅"（large scale lead extraction）的新技术，并与一家美国公司的 Exide Technologies 签约先建造一个"实验工厂"（pilot plant）。合约适用美国 Georgia 州的法律，并有一条伦敦仲裁条文。

之后 Exide Technologies 并不建工厂并中断合约，指称 Margulead 误述（misrepresent）技术已达到可为商业用途并能盈利，其实不对。另外，即使不是误述也是"共同错误"（common mistake），合约无效。

这争议做了仲裁，并移师芝加哥（不是伦敦）开庭，结果判合约有一个"共同错误"而无效。

Margulead 不服向法院申请 Section 68 之救济，理由是在开庭的最后一天，本来的安排是 Exide 发言后 Margulead 律师作答辩（reply）与最后发言。但临时独任仲裁员告诉 Margulead 律师他不必最后发言了，因为他已经说得很好了（done an admirable job in putting Margulead's case）。之后，另有一个大家"交谈"（colloquy）的程序与双方书面的最后陈词（post-hearing briefs）。Margulead 提出有一点道理，就是仲裁员叫他（代表律师）不必发言令他以为仲裁员认同他以前的说法，所以不坚持要答辩，以致漏掉强调后期提出的"追认"（affirmation）（即合约即使是无效，Exide Technologies 有行动去追认）。

笔者认为有"一点道理"是以前经历过几次就是在文件仲裁（documents only arbitration），双方交换文书请求（written submissions）没完没了，双方都想争取"最后发言权力"（right of final word）。结果伦敦仲裁员打电话对笔者说："我看这不必再争了"（If I were you, I would not argue any further）。笔者也就闭口了。结果，几次笔者均胜诉。

看来，仲裁员的教训是千万不要对可能判败诉的一方当事人说："你不必多讲了/你可以闭口"，而应尽量让他/她说。

在本先例，由于有后来的程序（colloquy 与 post-hearing briefs），Colman 大法官认为 Margulead 不应是没有说话/陈述的机会，即不会造成"重大不公正"（substantial injustice）。加上没有马上提出这"不正常"（irregularity）也属 Section 73(1)的"弃权"（waiver）。

3.42 仲裁员不得在审理前先有定论：AMEC Capital Projects Ltd. v. Whitefriars City Estates

对这方面有多种同一意思的说法如：不要过早下定论，不要先入为主，头脑要开放（open mind）接受双方的陈词，等等。但对这千变万化的做法上的程度也不容易掌握。在本上诉庭先例的 AMEC Capital Projects Ltd. v. Whitefriars City Estates Ltd.（2004）EWCA Civ. 1418 即涉及十分罕见的事实/情况。案情有关"审裁员"

(adjudicator)，但对仲裁员是一样的道理。Adjudicator 在英国的建筑争议有立法针对：the Housing Grants，Reconstruction and Regeneration Act 1996，做法上以 adjudicator 先替代仲裁员。但该先例的合约中已有一明示条文针对 adjudication，并以一位 George Ashworth 先生或他所指定人士做 adjudicator。所以这明示安排超越默示的立法。争议出现后，AMEC 的原告弄错了程序，它根据立法申请 RIBA（Royal Institute of Building Architects）的机构指定 Biscoe 先生为 adjudicator。他事后出了一个裁决书判 AMEC 胜诉，获 717,885.22 英镑。败诉的被告不服，在法院成功撤销裁决书。Humphrey Lloyd 大法官判立法的做法不适用。

这样一来，AMEC 要重新来一次并试图委任/指定 George Ashworth 先生为 adjudicator。但他刚在不久前去世。这样一来，由于合约上安排失效，所以立法又变成适用，由 RIBA 指定 adjudicator。AMEC 要求 RIBA 再度指定 Biscoe 先生，而 RIBA 也同意了。这样一来，Biscoe 先生出的第二个裁决书可想而知，几乎完全与第一个裁决书一样。

败诉的被告再度申请法院要求撤销第二个裁决书，理由是 Biscoe 先生在作出第二个裁决书时心中已有了定论。

在第一审，法院同意并撤销第二个裁决书。但被上诉庭推翻，Waller 大法官并说：

"The vice which the law must guard against is that the tribunal may approach the re-hearing with a closed mind. If a judge considered an issue carefully before reaching a decision on the first occasion, it cannot sensibly be said that he has a closed mind if, the evidence and arguments being the same as before, he does not give as careful a consideration on the second occasion as on the first. He will, however, be expected to give such reconsideration of the matter as is reasonably necessary for him to be satisfied that his first decision was correct. As I have said, it will be a most unusual case where the second hearing is for practical purposes an exact return of the first."

这样看来，指责仲裁员已经审理过同类争议，是站不住脚的。

3.43 裁决书有否漏掉一个争端：Fidelity Management SA v. Myrial International Holdings BV

Fidelity Management SA v. Myrial International Holdings BV [2005] 2 Lloyd's Rep. 508 案例是一个金额庞大与重要的仲裁案件，是有关双方当事人签订了一个有关提供给希腊收费电视服务的合约。合约的背后是稍后由一家公司把股权卖给另外一家公司，让后者垄断市场，因为在整个希腊只有这两家经营收费电视服务的公司。由于希腊是欧共体国家，这个协议显然涉及《竞争法》("Competition Law")上的问题，需要取得批文/批准。也因为是如此，该合约是由一条文说明取得无条件的批文/批准是合约有效的先决条件，期限是 2002 年 10 月 22 日。以下节录该条文：

"Conditions Precedent

2.1 The obligations of the parties under this Agreement… are conditional upon the satisfaction of the following conditions:

…

2.1.5 the receipt by Myrial, the company and Newco of such approvals, Licenses or permissions as may be required from any governmental or regulatory authority (including, without limitation, in relation to competition law) for the conclusion and implenmentation of this Agreement and all related agreements and transactions; provided that this condition shall only be fulfilled if such approvals, licences or permissions are unconditional."

在订约时,双方都觉得取到这批文/批准并不困难,但事情发展下去,发现这个批文/批准根本无法取到。这样一来,就变成向希腊当局根据希腊的法律取得一个豁免(derogation)。这样一来,双方就有了争议——这个豁免是否属于先决条件条文中的无条件批文/批准,这关系到该合约是否有效。结果双方根据合约的仲裁条文去了伦敦国际仲裁庭(LCIA)仲裁,而仲裁庭是由三位非常著名的仲裁员组成:Browne-Willkinson勋爵、Dr. Albert Van den Berg与Kenneth Rokison QC。合约的实体法是双方约定的荷兰法,根据荷兰法,解释合约分两个阶段。第一个阶段是找出双方主观而且是共同的意愿,如果没有,就要进入第二阶段的客观解释合约条文,但要根据双方订约时的各种背景/环境。结果仲裁庭判该希腊当局给的豁免并不属于先决条件的批文/批准,而且也不是无条件(unconditional),而且双方在订约时根本没有想到会要以这个豁免来替代批文/批准。这样一来,败诉方不服,但是,第一,这不是管辖权的问题,所以申请1996年《仲裁法》Section 67救济的做法行不通。第二,由于是根据荷兰的实体法,也不存在Section 69的申请上诉批文,剩下来唯一的救济就只有Section 68 (2) (d),指该裁决书漏了一个小的争端(sub-issue)。Morison大法官仔细看了该裁决书后,认为并没有漏掉任何重要的争端,问题顶多是裁决书对sub-issue的原因解释得不够。并且他说明了仲裁庭必须在裁决书中针对每一个重要争端,但不是要包括双方争论的每一点:"Arbitrators do not have to deal with every argument on every point raised; they should deal with essential issues."他也说Section 68 (2) (d)并不理会所给原因是否足够或者错误,只要是一个重要争端的确没有被漏掉:"Accordingly, section 68 (2) (d) is confined in its application to essential issues, as distinct from the reasons for determining them."另外,Morison大法官也引述了Humphrey Lloyd在Weldon Plant Ltd. v. The Commission for New towns [2001] 1 All E. R. (Comm.) 264所说:"Section 68 (2) (d) is not to be used as a means of launching a detailed enquiry into the manner in which the tribunal considered the various issues. It is concerned with a failure, that is to say where the arbitral tribunal has not dealt at all with the case of a party so that substantial injustice has resulted, eg where a claim has been overlooked or where the decision cannot be justified as a particular key issue has not been decided that is crucial to the result. It is not concerned with a failure to arrive at the right answer to an issue."

因为很多败诉方都会去依赖,笔者在这里把这种理由的救济说得清楚一点。而且仲裁庭在一个裁决书内包罗万象也的确是有一定的困难。就是一个5天至10天的开庭,双方涉及的争议与论点,加上证据,已是多不胜数。要全部写出来,再加上仲裁庭给的原因,会是一本厚厚的书。费用不得了之外,仲裁庭也不一定做得到。不是常有说法是裁决书不像法院判决写得这么细吗?但不要漏掉重要的争端也不容易,笔者作为仲裁员的做法就是在一个复杂的案件里要求双方当事人在写裁决书之前给笔者一份双方约定的争端名单(list of issues),或是笔者自己准备一份争端名单给双方加减。另外,如果有一些争端曾经在开庭早期提到过,例如在近期一个案件中原告提到过误述(misrepresentation),但之后根本没有延伸解释,也没有在结案陈词(closing submission)中提到,笔者在拟定裁决书的半途发觉到这一点就马上传真给双方当事人,主要是问原告到底这一个误述的争端是否仍是一个有效的争端(live issue)。

3.44 裁决书不公平对待败诉方的争端与没有给足够原因的情况:Benaim (UK) Ltd. v. Davies Middleton & Davies Ltd.

Benaim (UK) Ltd. v. Davies Middleton & Davies Ltd. [2005] EWHC 1370 (TCC) 案例是一个建筑案件,也与上一个有相近之处——败诉方攻击裁决书,并试图盘问仲裁员他到底是怎样作出这样的决定的。其中也有 Section 68 (2) (d)的原因,指裁决书漏了一些争端。但 Coulson 大法官说:"In my judgment the Arbitrators was obliged to resolve the disputes which had to be decided en route to his ultimate conclusion. However, he did not have to address or deal with subsidiary issues. In addition, the parties are not now entitled to use Section 68 (2) as a means of launching a detailed inquiry into the precise manner in which the arbitrator considered the issues."

败诉方也根据 Section 68 (2) (f)与(h)的原因申请救济,(f)是裁决书不肯定或含糊(encertainty or ambiguilty),(h)是原因不足够,因为 Section 52 (4)是要求一个有原因的裁决书。如果裁决书不肯定或含糊,照说根据 Section 57 (3) (a),当事人可以要求仲裁庭作出文书上的修改或者进一步解释以消除裁决书的不明朗(correct an award so as to remove any clerical mistake or error arising from an accidental slip or omission or clarify or remove any ambiguilty in the award)。在本案,败诉方也的确根据这 Section 57 (3) (a)的做法向仲裁院提出一连串的问题。这种经验笔者也有过,就是败诉方来了一连串的问题,例如:"你为什么相信胜诉方的证据而不相信我的证据?"或"你有没有考虑这个方面或那个方面?",等等。前一个问题涉及笔者作为仲裁员的裁量权,很难说清楚为什么我比较相信某些证据或者给其综合分量较多。后一个问题如果回答败诉方,就会把仲裁重来一次,而在裁决书中也不一定是每一个方面都会提到并且详细地给出原因。反正在这个案例,该工程师仲裁员也面对这个问题,他就拒绝回应败诉方。而败诉方也只能向法院申请救济,理由是 Section 68 (2) (f),而且向法院说明是因为 Section 57 (3) (a)被拒绝而必须向法院求助。Coulson 大法官认为败诉方原先向仲裁员提出的问题虽然有个别一两个算是合理,但大部分问题不适合并且对仲裁员不公平。这些问题也不是为了澄清裁决书里的内容，而是反盘问他在作出决定的思维过程，这是不允许的。结果是败诉方申请救济失败。

3.45　仲裁员是在另一案件中有极大敌意的对方当事人代表大律师：ASM Shipping Ltd. v. TTMI Ltd.

ASM Shipping Ltd. v. TTMI Ltd. - QBD (Comm. Ct.) (2005) LMLN 680 这个案件其实是关系到自然公正(natural justice)两条准则的第一条有关仲裁员的公正性，而不是关系到程序处理方面的不公正。所以这一个案例已经在本书第七章有详细介绍，不在此重复，在此一提只为说明此案也在严重不正常(serious irregularity)案件范畴内。

3.46　指称仲裁庭没有考虑所有证据与争端：World Trade Corporation Ltd. v. Czarnikow Sugar Ltd.

这案例 World Trade Corporation Ltd. v. Czarnikow Sugar Ltd. (2005) 1 Lloyd's Rep. 424，涉及一宗糖的买卖，以"CIF Berbera"价格。买方预先交出 350,000 美元的定金。但到了履约时，卖方(Czarnikow)指买方没有按时开出信用证。卖方于是"接受"(accept)了"毁约"(repudiation)，并把这票货转卖。在这仲裁中，卖方索赔它以低价转卖的损失，共约 329,167 美元。这是在定金以下，卖方可说是有百分之百担保，可以获得赔偿。

在仲裁中，卖方全胜。买方(WTC)以 1996 年《仲裁法》之 Section 68 向法院申请救济，理由是：

(1)仲裁庭不接受买方指称卖方没有以最好价钱把糖转售，以减少损失。(Czarnikow failed to mitigate its loss in that it had failed to resell the sugar at the best price available.)

(2)针对合约内有关信用证规定与口头协议有差异(written terms of the contract dealing with the letter of credit were at variance with an oral agreement.)

(3)另有一份 Czarnikow 传真显示对买方准时开出信用证不坚持，构成弃权。(a further fax which evidenced a waiver by Czarnikow of WTC's failure to open a letter of credit on the due date.)

仲裁庭判定：(1)卖方没有减少损失(这本来不是容易的抗辩)；(2)文书证据超越口头；(3)该传真的文字上没有弃权。

WTC 指称根据 Section 68(2)(d)，仲裁庭漏了针对所有争端(failure by the tribunal to deal with all the issues that were put to it)。

Colman 大法官认为申请救济理由的本质上是指仲裁庭没有给予 WTC 的证据太多或任何分量，总的说这不被接受，说：

"The essence of WTC's complaints was that the arbitrators had given no or insufficient weight to WTC's evidence. The numerous authorities on the meaning of serious irregularity have made it clear that this type of challenge is hopeless, giving that fact-finding is solely within the province of the arbitrators under s. 34 of the Act…"

另他并解释了 Section 68(2)(d)的针对是：

"Designed to cover those issues the determination of which is essential to a decision on the claims or specific defences raised in the course of the reference."

然后，Colman 大法官逐一解释 WTC 的 3 点都不是 Section 68(2)(d)的"争端"(issue)，说：

"The first, failure to mitigate … Such an argument did not fall within s. 68(2)(d) at all, as there was no 'issue' which the arbitrators had failed to resolve. The second, that the arbitrators had disregarded a fax which evidenced an oral variation to the written terms of the contract, did not come within s. 68(2)(d) for the same reason: even if criticisms of the arbitrators were justified, it could not be said that they had failed to decide an issue between the parties but had merely erred in the decision-making process with regard to that issue. The third, that the arbitrators had disregarded a fax which evidenced waiver, was not an allegation of failure to address an issue, but an allegation that the arbitrators had failed to evaluate the evidence properly."

但看这判词说到仲裁庭成员不是律师，应宽松看待裁决书，似乎该裁决书确不清楚。

3.47　私下与法律顾问商讨，但不向双方当事人披露内容：Constain Ltd. v. Strathclyde Builders Ltd.

这是一个苏格兰的先例：Constain Ltd. v. Strathclyde Builders Ltd. (2004) SG 102。苏格兰与英格兰和韦尔斯(England and Wales)的法律不同，连仲裁法也不同：苏格兰是以联合国的《示范法》(UNCITRAL Model Law)立法，并没有接受1996年《仲裁法》，也没有"严重不正常"的说法。尽管如此，西方国家之间对"自然公正"(natural justice)这样的"大是大非"看法十分接近。故此，可介绍本先例，它涉及"仲裁员"私下与他的法律专家或顾问商讨，但事后不向双方当事人披露商讨些什么，也没有邀请双方进一步陈述或争辩，就作出裁决书的"不当"。此外，本案例也涉及了"默许"(acquiescence)的情况。

3.47.1　案情介绍

本案例其实不是一个仲裁，而是在建筑业中普遍使用解决争议的"审裁"(adjudication)。但由于"审裁员"(adjudicator)与仲裁员在自然公正的责任一致，所以无妨在此介绍，读者也不必理会他们的区别，只需感受本案例带来的讯息。

案情有关事实十分简单，双方当事人一致同意。该审裁员在2003年6月10日收到双方当事人的陈述与有关资料，根据时间表他应在6月13日作出决定，可说是时限十分紧迫，于是他向双方写了一封信函要求延期4天，以让他"与他指定/委任的法律顾问商讨一个问题"(to discuss one point in particular with his appointed legal advisor)。双方当事人同意了延期，但没有任何其他的异议或要求。这之后，在6月17

日,他作出了决定。

当事人质疑他没有披露商谈的结果,双方当事人对他的法律顾问提供了什么意见一无所知。

这简单的案情下,却带出了如下几个有趣的疑问:

(i)法律方面是否与事实方面一样处理,审裁员或仲裁员需要披露自己私下所知?

(ii)双方当事人明知道他在这样做(与法律顾问商谈),但不异议或要求披露,是否构成"默许"(acquiescence)?

3.47.2　私下所知的法律问题如何处理?

这里涉及的疑问是与 Fox v. P. G. Wellfair Ltd. (1981) 2 Lloyd's Rep. 514 及之后同样的多个案例有同样理念。但 Fox v. P. G. Wellfair 与 The "Pamphilos" (2002) 2 Lloyd's Rep. 681; Checkpoint Ltd. v. Strathelyde Pension Fund (2003) 14 EG 124 (C. A.) 及 Warborough Investments Ltd. v. Robinson & Sons (Holdings) Ltd. (2003) EWCA Civ. 751(C. A.) 等先例涉及的是事实问题的私下取证并不向双方当事人披露,也没有给双方提供对这些新证据/说法的陈述或反驳机会。而在 Sanghi Polyesters Ltd. (India) v. The International Investor KCFC (Kuwait)(2000) QBD (Comm. Ct.), 虽是法律问题上犯同一类错误,但这是指 Shari's Law,仍是算"事实问题"(matter of fact),但本案例是真正针对"法律问题"(matter of law)。两者的区别在于:法律是"公开数据"(public domain),只要最后裁决没有偏离双方当事人在法律方面的陈述或争议,没有必要把与仲裁庭(或审裁员)的法律专家或顾问的商谈向双方当事人披露。

在本案例中,Drummond Young 勋爵判定本质上法律问题与事实问题是同一码事,反正是有了新意或新情况,均应向双方当事人披露并让他们对此作出陈述或反驳后才能作出决定/裁决。

3.47.3　默许(acquiescence)

本案例其中争议的是默许,它与弃权或禁止翻供的说法相近,在笔者(杨良宜)的《国际商务游戏规则——英国合约法》一书之第十一章 5.3 小段之"沉默(silence)或不作为(inaction)"有谈及。

在本案例的事实下,可去质疑双方当事人不是不知道审裁员与他的法律顾问商谈,为何不阻止或异议,或要求披露商谈的内容。这些沉默或不作为/不行动可否构成默许。难处是,沉默一向被视为中性。这不同双方以书面告知审裁员(或仲裁员)"你与法律专家或顾问商谈后不必再浪费任何时间,马上直接作出决定好了"。

故此,Drummond Young 勋爵判决,审裁员应自己小心注意"自然公正"(natural justice),违反这大原则推说双方当事人沉默或默许,这并不足够。

3.48　仲裁员开庭审理后迟迟不作出裁决书: Kailay Engineering Co., v. Charles W. Farrance

这里介绍一个香港先例,名为 Kailay Engineering Co. v. Charles W. Farrance

(1999) CACV 33/1999。它涉及的问题是仲裁员延误。在1950年的《仲裁法》之Section 7(a),有提到接受了委任,但又"拒绝推进"(refusal to act)的仲裁员。在1996年的《仲裁法》之Section 33(1)(b)讲到仲裁员的责任,也强调了应避免"不必要延误"(unnecessary delay)。

在香港的《仲裁条例》(Arbitration Ordinance), Section 15(3)说得更明白,如下:

"The Court may, on the application of any party to a reference, remove an arbitrator or umpire who fails to use all reasonable dispatch in entering on and proceeding with the reference and making an award, and an arbitrator or umpire who is removed by the court under this subsection shall not be entitled to receive any remuneration in respect of his services."

有关仲裁员的延误而被当事人申请赶走,英国早有类似先例:Pratt v. Swanmore Builders Ltd. and Baker (1980) 2 Lloyd's Rep. 504。该案例有关仲裁程序的早期已发生的延误,但本香港上诉院先例是在仲裁程序晚期才发生的延误。区别是后一情况已做了大量工作,要重新来一次很可惜。但延误发生在什么阶段不应是关键,反正后果一致。

本案例是建筑仲裁,Farrance先生早在1995年12月被委任为独任仲裁员。但4年后,开了庭约1年后,他仍未作出裁决书。英国与香港的仲裁法并没有对时间多久有规定,是以合理时间为准。毕竟,一份裁决书可长可短,笔者有长至一本书的裁决书,也有仅2页或3页的裁决书,难去一概而论。在"国际商会"(ICC)的机构仲裁规则中,Article 24订下了仲裁程序总共有6个月的时限。但据闻ICC经常延期,并不严格遵守。

对有经验的仲裁员而言,他/她会在开庭审理完毕先向双方当事人说明估计可作出裁决书的日子,例如是1个月内。而且,他/她会趁刚开了庭记忆犹新,先行写裁决书。所以不应在此阶段有延误,反而在仲裁早期的可能性更大。

在本先例,不耐烦的一方当事人(原告)终于在1998年8月8日向香港高院申请赶走Farrance先生。在等待开庭审理时,原告律师在8月14日致函给被告的仲裁员(Farrance先生)请他不要作出裁决书直至法院对申请有了决定。但Farrance先生不予理会,并在同一天通知当事人已经作出了裁决书,时为8月12日。由于这是"最后裁决书"(final award),这样一来Farrance先生已不再是仲裁员了,是所谓的"functus officio",根本不再存在赶不赶走的问题。

显然,Farrance先生一知道有了法律行动,原告作出了传票,赶紧完成裁决书,并在三四天内完成。照说,原告若只为了迫使仲裁员尽早作出裁决书,行动至此也达到目标,可"鸣金收兵"了。但看来原告的主要目标是赶走Farrance先生,宁可由另一位仲裁员从头来过,故坚持申请。法院(高院与上诉庭)判定决定赶不赶走应看作出"传票"(originating summons)的一天,也就是开始法院程序申请的救济当天:Clough v. Clough (1968), All. E.R. 1179。这是1998年8月8日,而当时仍未作出最后裁决书,仍是独任仲裁员,故可把他“赶走”(remove)。

最后需要指出的是,英国也曾有过一宗有关迟延作出裁决书的案例,但法院不给予救济,认为不足以构成“不良行为”:Boncorp Pty Ltd. v. Thames Water Asia Pacific Pty Ltd. (1960) 12 BCL 139。当然,每一宗不同案例有不同案情,而法官之间的看法亦会多少有差异。有关仲裁庭延误作出裁决书的英国案例有 The Kitsa [2005] 1 Lloyd's Rep. 432,在本书另外章节有详及。

3.49 仲裁员拒绝不给进一步详情的索赔与赶走仲裁员的准则:Kenworth Engineering Ltd. v. Nishimatsu Construction Co. Ltd.

本案例 Kenworth Engineering Ltd. v. Nishimatsu Construction Co. Ltd. 15.4.2004 有关香港新飞机场的建造。分承建商的 Kenworth 指称 Nishimatsu(承建商)在工程合约中违约并把他赶离工地。在仲裁程序中,Kenworth 的索赔请求书(Statement of Claim)被认为没有提供足够的详情,结果独任仲裁员下令 Kenworth 进一步提供“further and better particulars”。但在 Kenworth 修改过的索赔请求书中,仲裁员仍认为不足够详情,故下令 Kenworth 不准提出有关的索赔项目。Kenworth 向香港法院申请救济,其中包括把仲裁员赶走。

香港法院判仲裁员犯了错,而详情(particulars)是否足够要从两方面看:

(1)是否足够(若有证据支持有关指称事实)成立原告索赔行动的主要因素(whether the particulars are sufficient, if proved by evidence, to establish the material elements of a claimant's action);

(2)是否足够准确/肯定让被告知道要反驳/抗辩些什么(whether the particulars are sufficiently precise to enable a respondent to know the case which he has to meet)。

但即使犯了错,香港法院拒绝赶走该位著名仲裁员,并重申赶走的尺度为:“The arbitration simply cannot be allowed to continue with the particular arbitrator in office - either because he has shown actual or potential bias or because his conduct has gives serious ground for destroying the confidence of one or both parties in his ability to conduct the dispute judicially or competently.”

3.50 仲裁员坚持不延后开庭审理的日子:Yee Hong Pte Ltd. v. Powen Electrical Engineering Pte Ltd.

为了全面也不妨介绍一个近期的新加坡案例 Yee Hong Pte Ltd. v. Powen Electrical Engineering Pte Ltd. [2005] 3 SLR 512。在该有关仲裁中,Yee Hong 作为一方当事人无法在规定的期限内和对方当事人交换双方证人证言(以宣誓书形式作出)。反过来,Yee Hong 向对方(仲裁中的原告)要求特定文件披露与对索赔请求的澄清,这表面看来是有一点想转移注意力的手法。结果在一个紧急会议后,仲裁庭下令对方提供一些所要求的文件给 Yee Hong,之后作出一个最后命令(peremptory order)要求 Yee Hong 在2005年1月14日前交换证人证言,否则就会不加考虑并作出裁决,等等。这样一来,Yee Hong 就向新加坡法院申请把仲裁员赶走,但被法院拒绝,因为这些仲裁员行为根本没有任何重大不公正(substantial injustice),并说明仲裁员对这些中间程序的决定是有一个宽泛的裁量权(wide discretion),包括决定与坚持开庭审理的日子。笔者看来,的确该仲裁员的所作所为是再正常不过了。

4. 双方当事人可否以明示条文排除法院插手仲裁庭违反自然公正的疑问?

这个近期的新西兰先例对这个问题有明确与合理的解释:B Methanex Motonui Ltd. v. Spellman (2004)(在"New Zealand Law Review 2004"有报道)。先说明,这一点在英国的1996年《仲裁法》已经解决了,把有关的条文(Sections 24 与 68)列为"强制性"(mandatory),是不能以明示条文/订约自由去排除英国法院在违反自然公正方面的监督。但在其他的仲裁法仍有疑点,例如著名的《联合国示范法》(UNCITRAL Model Law)。它也是新西兰、新加坡与香港地区等的仲裁法,适用在国际仲裁。这疑点是:《示范法》虽在 Article 18 对程序上的自然公正要求有说明(即:"The parties shall be treated with equality and each party shall be given a full opportunity of presenting his case."),但它没有进一步说明如果仲裁庭违反,如何提出"挑战"(challenge)并获得"救济"(remedy)以及获得什么救济。在 Articles 13 与 14 的两种挑战,没有包括这种违反的情况。再加上 Article 5 不准仲裁地法院插手仲裁,除非是《示范法》有明示规定,看来分析的结果是香港法院干预不了,特别在仲裁中途,而唯一救济是等待出了裁决书后以 Article 34(2) 违反公共政策为由撤销它。所以,立法所需的水平、技巧与思考能力与订一份好的合约一样,不同水平的人去处理就会有不同后果。

回到新西兰的先例,双方当事人以明示条文同意"不对决定作出上诉,除非是涉及欺诈或贪污"(not to appeal any decision … unless it was induced by fraud or corruption)。问题是:不光欺诈或贪污才是违反自然公正。有关仲裁员可严重违反自然公正,例如自说自话或私下取证,如 Fox v. P. G. Welfair(1981)2 Lloyd's Rep. 514,但完全没有涉及不干不净。

结果败诉方以这方面申请法院撤销裁决书。新西兰法院判《示范法》虽然是重视"当事人意愿"(party autonomy),并在 Article 19(1)明确允许双方当事人对仲裁程序作出协议/约定,但不能默示或解释该条文允许排除对"自然公正"的监督。所以,判定法院可以 Article 32 撤销裁决书或以 Article 36 拒绝执行裁决书。

5. 结　　论

介绍了上述约五十多个近期(英国是在 1996 年《仲裁法》生效后)的先例后(也只是小部分),笔者自己也有不少想法/看法。随意挑几点,如:

(1)案例多数是寻求撤销裁决书而不是半途把仲裁员赶走。在后者,也会是仲裁员已作出了针对责任(liability),但尚未针对赔偿金额(quantum)的中间裁决书,故剩下的裁决只是赔偿金额的高低。反正是,败诉方一般在已毫无希望胜诉下才向法院寻求这种救济,并丑化仲裁员,同时与仲裁员也有了正面公开的对立。

(2)在 1996 年《仲裁法》下,败诉方能成功获得法院救济殊不容易。立法弃权(waiver)是致命原因之一。要求"严重不正常"(serious irregularities)造成"重大不公平"(substantial injustice)是致命原因之二。Saville 勋爵在 Departmental Advisory Committee(DAC)报道中说明的立法理念——法院插手在犯错程度上超出了双方当事人起初同意仲裁的意料之外是致命原因之三。

(3)成功机会这么小,为何败诉方仍"明知山有虎,偏向虎山行"?答案应是,败诉方没有其他实际或可行的救济办法。事实上,1979 年《仲裁法》关上裁决书的法律观点可上诉至法院的大门后,这个趋势已经开始了。在 The "Achillet" (1984) 2 Lloyd's Rep. 192, Lloyd 大法官说:

"… not, I suspect the amount of misconduct is on the increase, but because such application provides the unsuccessful party to arbitration with last line of defence where no question of law is involved."

其他,也会有部分答案是像申请法院的律师费用比较有限,故能拖延多久就拖多久,并借机向判他败诉的仲裁员/仲裁庭报复/丑化等。

(4)公正、公平的大道理、大精神谁都会讲,但套用在每一个不同事实及千变万化的情况上可就困难了,除非是极少数明确不过的极端例子,如贪污受贿,并且证据在握。这种极端例子也不会曝光法院,若在仲裁程序中途,心虚的仲裁员会很快辞职。由于每一案件事实太多,不会相同,而且是"差之毫厘,谬以千里"。所以,无法硬性定下太多太死的规定。这样一来,每次都要求"有学问的法官"(Learned Judge)作出他客观的"裁量"(discretion)。它的好处在于灵活与实用,坏处在于难以肯定预测结果。

(5)另可从报道的先例中看出法官之间的裁量权行使也有异同,掌握轻重时紧时松。笔者个人感觉,有海事背景的大法官们更为"严厉"(strict),但比较"稳定"(consistent),对仲裁也确是理解熟悉,如 The "Marie A" (2001) 1 Lloyd's Rep. 707 与 The "Vigour" (2002) LMLN 607 的 Moore-Bick 大法官、The "Petro Ranger" (2001)

2 Lloyd's Rep. 348 的 Cresswell 大法官、The "Pamphilos" (2002) 2 Lloyd's Rep. 681 的 Colman 大法官等。毕竟，英国仲裁立法一贯受海事与外贸影响大，加上 DAC 的主席 Saville 勋爵也出身于海事大律师。

(6)一般来说,攻击一般性的中间仲裁程序(例如文件披露、程序时间表,等等)会是无望。原因在于:(A)太迟提出往往已视为弃权,但及时提出又难下决心去冒犯仲裁庭;(B)仲裁庭对"中间程序"(interlocutory proceedings)所作出的命令一般不给予理由,故难以挑出攻击理由或依据;(C)法院完全放手这方面的裁量权给仲裁员,在大力支持仲裁的大环境下,绝少会想干预，也无权干预：Bremer Valkan v. South India Shipping (1981) 1 Lloyd's Rep. 253 与 The "Smaro" (1999) 1 Lloyd's Rep. 225。

(7)申请成功的机会较大反而出现在仲裁员对双方争辩陈词与证据处理的不当。这不当会是漠视陈词或证据、曲解陈词或证据、私下取证、太早下结论、自说自话、凭自己感觉等。这经常发生在文件证据,但也可以是口头的事实证据与/或专家意见证据。看来,法院只是在仲裁员全面(当事人所提供)与正确对待与考虑了有关证据后,仍然作出不同的"裁量"(discretion)或结论,才会接受这"诉讼的风险"(litigation risk)。这也正常,日常生活中经常遇到大家(这包括大法官们)见到或听到完全相同的事实/证据，仍是各人有不同结论与看法，有时更会有天渊之别。所以，法院不会试图把在仲裁中考虑过的有关证据重新审理/处理一遍，看看它会否与仲裁庭有不同的裁量或结论。法院不会这样做，也必须抗拒这样做。所以，也无从知道法院是否对同样证据会与仲裁庭有不同的看法。这就是："事实的认定(finding of facts)不能上诉"的根由，这地位在 1996 年《仲裁法》也是一样：Mowlem Plc v. Phi Group Ltd.（未被报道），28. 7. 2004，Technology and Construction Court。法院盯得紧只是在取证过程与考虑双方争辩与举证中有否处理不当或/与失公平之处等。换言之，重视的是程序(procedures)，而不是实质方面(substantive)，后者是因为双方当事人刻意选了仲裁去最后决定争议。

(8)笔者另一强烈感受是英国商业法律(commercial law)的完整、强盛与垄断性,是任何其他国家远不能相比(这包括所有欧洲国家，更不说是发展中国家)，而且差距在迅速扩大。例如在本章介绍的英国判例，只针对 1996 年《仲裁法》之违反自然公正方面，在短短几年已有好几十个(大部分没有介绍,笔者也没有 Section 68 申请的案件数目,只说在 2004 年 1 月由英国商业法院公布的 2003 年数字,就知道 Section 69 的上诉批文申请共有 77 宗,但 Section 68 应该是更多)。但其他国家或地区，包括像香港，2003 年涉及仲裁的判例,针对各方各面,总共只有 8 个。所以光是数量,已远远不能与英国相比,成不了体系。而且,笔者预见这个趋向会更明显、更难免与更绝对。

数量外,更上一层次是实质水平高低的分析。这使笔者更佩服了,也更替不懂得发展中国家担忧。笔者在处理与经历大量的仲裁案件后才会有的感受是,这些英国判例针对了许多确实在仲裁中会面对的复杂、困难、独特与容易犯错之处。其中的千变万化与奥妙,是欠缺这种经验人士想也未曾想到，更不会欣赏的。

所以,这强化了笔者这些年来不断对中国青年推广的理念,这就是要提高自己的思维水平与业务水平,就非得学习基础的英国法律(如合同法、侵权法、法理、证据法等)与商法,作为先进国家，思维层次高不多说，因为世界上只有它才成体系。不学好英国的“期租”就不会懂租船,在过去 10 年、20 年恐怕一个期租案例也没有,怎样去学？同样地,不学好英国的仲裁法就会(在笔者眼中)对国际商业仲裁难以透彻理解，面对问题时就会像 The “Marie A” (2001) 1 Lloyd's Rep. 707 的古巴公司与 Kalmneft v. Glencore (2002) 1 Lloyd's Rep. 128 的俄罗斯公司,毫无办法保护自己,只会做错事。中国青年若不想支离破碎、似是而非、混乱与片面地学习,就只有这条路可走(第一步可以阅读笔者写的 14 或 15 本中文书籍),也只需 5 ~ 10 年可走完学好的路程,并不需要二三百年。但如果方向走错了,二三千年也学不好。

第十章　中间措施（interim measures）*

1. 序　　言

1.1　一个难忘的经验

处理商业纠纷，尤其是国际性的商业争议，涉及不同地域的当事方、证人、专家及仲裁员，绝不容易，笔者对此一直深信不疑，从处理过的一个案件，更充分显示了其中的困难。

这是一个涉及航运租约的争议，笔者代表的承租人向希腊船东期租了一条老船，租期一年，承租人在其中的一个航次指令该船运载硫磺，属合约允许的货物。装船及运载十分顺利，但船到卸港后，因为港口挤塞，等了差不多两个月才靠泊。由于硫磺腐蚀的特性，待在船舱太久可能会产生不良的化学反应，承租人当时已有点担心。不幸的是，开卸一段时间后，船长便告知船舱出现不同程度的腐蚀，情况十分严重；船东随即安排船级社在完货后验船。检验结果是船舱腐蚀严重，船级社只允许再走一航次，之后必须入船坞修理。

这时，船东与承租人就责任谁属问题展开争论。承租人在最后的航次完成后便还船，该船亦随即入坞维修。船东邀请承租人对受损的船舱一起进行联合检验（joint survey）。由于事态严重，涉及的修理费庞大，很明显仲裁是不能避免的，因此，双方都为将来的仲裁而委任律师及专家。而该联合检验则是由双方各自委任的，同来自英国的专家一起进行。当承租人的专家到船后，船东的代表对承租人的专家定下以下规则：

a. 要求他列出想问的问题，但船东只能选择性地回答；

b. 不准他向船员发问；

c. 不准他向对船舱进行超声波测厚（ultrasonic test）的技术员发问；

d. 不准与船级社的验船师一起验船，不准向他发问；

e. 不准以自携的仪器进行超声波测厚；

---

* 读者请注意，本章所提及的中间措施如索赔担保、证据搜集及中间禁令等，在法律及实务上的操作及考虑因素，已在杨良宜先生及杨大明先生合著的《禁令》一书有详细解说，在此不再重复；至于中间措施的另一种常用的手段：费用担保，由于其独特性及复杂性，将在本书第十一章详论。

f. 只准与船东的专家一同查看受损及需要修理的地方。

当时承租人的专家坚持要求观看技术员的超声波测厚，被船东的代表及专家拒绝，只同意让他看读数，但不会给他报告的副本。承租人的专家认为这不恰当，因为他无法确定读数的代表性及合理性，但船东的代表及专家认为该技术员是船级社所认可的（class approved），没有问题。

在整个联合检验的过程中，承租人的专家只能从表面看受损及需要修理的地方。双方专家最终同意把留有记号的铁板保留在船，以便将来带回欧洲做测试检验。承租人在这联合检验中所能获得的资料有限，而且都是一般表面的、船东想让承租人知道的东西，例如修理了多少天，什么地方需要修理，换了多少铁板等，其他的不用说，连估计的修理费船东也推说没有想过。

该船最后换了大量铁板。修理完毕，船东即向承租人展开仲裁。船东在索赔书列出的修理费用竟然高达 300 万美元，连同其他损失，索赔损失接近四百万美元，承租人当时估计修理费用只需八九十万美元。事实上，以一艘老船来看，当时市价只值三百多万美元，那岂不是接近推定全损（constructive total loss）！附随于索赔书的是由船东提供的修理单据及明细，但奇怪的是，有关单据不是由修船厂发出的，而是由一家在希腊的修船顾问公司发出的。

紧接着船东便向承租人要求提供四百多万美元的索赔担保（security for claim）。承租人主要业务是船舶营运，由于承租人营运的船队有一定规模，考虑到船东以捉船扣油等手段迫使承租人提供担保，总是有点顾忌，最后同意由承保承租人的责任险的保险公司向船东出具担保。

承租人身为被告，没有反索赔（counter-claim），唯一的风险是在胜诉后向船东收回仲裁费用（律师费用及专家费用等）的困难。船东是典型的一船公司，在巴拿马注册，由希腊的船舶管理人管理，它成立的唯一目的就是成为该船的注册船东，除了这浮动资产外，没有其他的资产。因此，在递交抗辩书后，承租人要求船东提供超过 40 万英镑的费用担保（security for costs），船东没有即时答应。

此时，承租人的专家向船东的专家商讨安排检验保留在船上的铁板样本，回复竟是船员不在意地把所有样本弃下海。主要证物的毁灭对承租人大大不利，因为铁板本身能够提供很多有用的资料，如铁板在腐蚀前的大约厚度，铁板上的油漆能显示船舱的保养水平，硫磺对铁板产生化学反应的主因及造成损坏的程度，这些资料对承租人减轻责任有极大的帮助，例如，腐蚀是因为船长没有按照承租人的命令，待保护船舱的石灰水干透后再装硫磺；卸完上一载货后没有按指示以清水洗舱等；船舱缺乏保养；船舱铁板本身的厚度早已不符船级社的要求，早晚都要更换等。

承租人认识到这案子绝不容易处理，便开始想对策。首先指示代表律师，强烈要求船东提供费用担保。另外，承租人就船东提供的修船单据展开调查。幸运的是，承租人拿到部分修船厂与船东之间有关修船费用的书信往来，这些文件显示船东有直接参与修船费用的商讨，反而看不到修船顾问的参与，有关文件显示铁板价格远比船东的修船顾问所收取的低。承租人此时不动声色，继续追船东提供费用担保。

文书控辩完结后，便进入漫长而艰巨的文件披露程序，可以想象，当中的文件主要来自船东。第一回合的文件披露完成，船东提供的文件，尤其是关于与修船厂联系的文件，少得可怜。承租人与船东就文件披露吵起来，主要是要求船东解释他与希腊的修船顾问及修船厂之间稀少的书信往来，船东回答由于事情紧急，大部分的联系是透过电话作出。这是不合理的，尤其是船东有机务总管在修船厂监督，理应是该总管与修船厂制定修船项目及价钱，并汇报船东。船东的回答是修船顾问是修船厂在希腊的代表，修船项目在修船厂落实，价钱问题则由修船顾问与船东达成协议。同时，承租人要求看船级社过去几年有关该船的记录被拒，换来的只是由位于仲裁地以外的外国船级社附属的一家顾问公司，在检视完该船的记录后作出的重要报告！

承租人一方面继续逼迫船东提供费用担保，另一方面，承租人开始在希腊对船东及修船顾问展开调查，因为怀疑他们是一伙的，有关修船的交易是一个骗局，当时希腊律师的意见认为只要能证明他们是同一帮人，而修船协议这交易有瞒税或从没有发生，有机会从刑事途径打击船东，但刑事的举证责任要求十分高，承租人最终亦不了了之。

由于承租人对船东与修船顾问就修船费用的不停追问，而且书信往来已显示承租人对修船费用的认识及怀疑，加上承租人在交换文件清单（list of documents）时披露所取得的船厂文件，以及船东与承租人的律师在“无损害”（without prejudice）的情况下会面时暗示船东的索赔为骗局，案件又停了下来。过了数月，船东突然抖出数份文件，显示船东与修船顾问在修船合约外，另有一个协议，当中有一半的索赔金额竟是支付给修船顾问的佣金（commission）；另单据显示有关修船费用确实支付给了修船顾问。

由于太多疑问，承租人唯有要求船东给予更进一步的说明（further and better particulars），同时继续逼迫船东提供费用担保。费用担保最终由船壳承保人提供。而船东对承租人的追问提出了一个不合理的解释，指与修船顾问的佣金安排，是由于修船厂不肯承担因天气太冷而导致修船时可能产生的损坏/风险（frost damage），而这风险又没有保险公司肯承保，只好通过这安排，把有关损坏/风险转嫁给修船顾问，若一切顺利，则原先所说的佣金安排会有所减少。

之后又是一些零星的披露，导致承租人的律师详列了超过十页纸的“要求更进一步的说明”（request for further and better particulars）。这样拖拖拉拉已有一年多，船东突然静了下来。在这段时间，承租人留意到一则来自国际海事局（IMB）的通知，指某船东没有履行仲裁裁决赔付某租家，而有趣的是，在该仲裁裁决书发出后不久，发现该船的船东及管理公司竟然转给了另一家公司及管理公司，而原先管理该船的就是本案的希腊船舶管理公司。经调查，这其实是左手交右手的交易，希腊船东通过买卖船手法，把整条船队的船东都转了公司（包括本案的船），船名也改了，管理公司也换了另一家，但仍然由同一班人控制！

这时已是事发后的第4年，代表船东的律师突然又动起来，这次处理案件的律师换了另外一个合伙人，重新推进仲裁。但情况是，船东的披露离"完整及坦白"(full and frank disclosure)仍有一大段距离：除了承租人取得的文件外，船东没有披露他与船厂之间的文书往来；也没有披露与修船顾问的文书往来；船级社的记录也没有披露；而船东自愿披露的就只有船长、船舶管理人的机务总管及修船顾问的证人证言(witnesses statements)。船东的索赔亦有所改变，之前提及的 frost damage，现被船东说成真有其事，指 frost damage 在离坞后一段时间在另一个港口由岸上工人修理，而这修理是在该船转卖给了新船东及新管理公司后进行。当承租人要求查看相关的船上及船级社的文件及记录时，船东以该船的新船东不允许为由，只同意承租人检查在买船前船级社对该船的记录，仲裁庭亦只接纳有关检查至卖船前。

船东的索赔纵使看来并不合理，但他总算说得出一个有一套文件支持的故事，虽然当中漏洞亦不少，仲裁庭怎样判也难以估计。承租人方面，最有力的抗辩就只有修船厂与船东的不完整的书信来往，是否足以说服仲裁庭呢？可见，双方无可避免要面对诉讼风险。该案最终由船东提出，通过调解(mediation)来解决，承租人赔付了一百多万美元的损失，另加律师费，相比于原索赔金额，已是大为减少，但亦等于船东修船的合理费用。这案件花了大约五年时间才解决，从其复杂及困难程度来看，已算迅速。

提及此案，是希望指出处理国际仲裁的复杂及困难，面对的都是如狼似虎的对手，他们把仲裁当成一盘生意来做，衡量风险及机会率，计算成本及回报。当然，促成这心态主要是这些对手对法律及仲裁有一定的认识，懂得钻空子，如本案的船东，使用尽各式各样的手段，妨碍承租人获取主要由船东拥有的证据，从而加强并巩固本身在该案的优势。因此，要使争议能够公正地解决，单靠仲裁员作出公正的判决是不够的。要有效处理争议，需要很多的手段协助，通常会应用于仲裁未展开前至仲裁开庭前，目的是要改善仲裁双方在争议/仲裁上的关系，例如在本案中，船东及承租人便做了或曾经想去做以下的事情：

1. 船东向承租人要求索赔担保(security for claim)；

2. 承租人要求船东提供费用担保(security for costs)；

3. 承租人上船检查船舱，尽管只能表面看看；

4. 船东及承租人同意保留铁板样本在船上，以便运返欧洲化验，尽管所有样本在运载途中被船员弃于大海中；

5. 承租人曾经想通过法律途径要求修船厂、船级社披露所需文件；

6. 承租人想要求该船的新船东披露有关文件，但行不通。

概括来说，这些手段/措施都是本章要探讨的中间措施(interim measures)。在该案的整个过程中，双方没有通过仲裁庭或有关法院申请有关的中间措施，这表示双方对什么能做或什么不能做有充分认识，既然有些事情无可避免，倒不如双方私下谈妥，不用劳烦仲裁庭或有关法院；若仲裁庭或有关法院根本没有权力，或即使下达指令，对被指令方不能有效行使，也不会提出申请。话说回来，这些中间措施只是稍微改善了双方在仲裁的关系，对承租人来说，如他未能取得修船厂与船东之间的部分书信往来，承租人面对的可能是一个绝望的案件。

1.2 中间措施(interim measures)

从上述例子可见，当发生争议后，期望双方会和衷合作解决争议是不切实际的。反之，当事双方会用尽一切办法，保护自己的利益，把自己置于有利的位置，结果可能是使争议得不到公正的对待及解决。即使争议有了最终的判决，也不容胜诉方有效地执行他的合法权利。因此，不要简单地以为把争议交给法院或仲裁庭便能够得到公正及完满的解决。事实上，在对抗制度下(adversarial system)，法院或仲裁庭对争议的认识及了解，很大程度需要依赖当事双方对争议的掌握及表述，这当中涉及大量的取证、检验及调查等为准备诉讼或仲裁或已进入诉讼或仲裁前期的工作；假设法官或仲裁员“明察秋毫”，判决公正合理，但有时却会坠入“得物无所用”的窘境，例如判决未能成功地向负方执行，又或者由于“既成事实”，例如买卖船争议中一条有特殊用途的船，在诉讼或仲裁有结果前已卖掉或拆掉，买方即使胜诉，但船已不在，金钱赔偿又未必能弥补损失。

因此，大部分法院的诉讼程序上，都有一套完整的中间保护措施(interim measures of protection)，去帮助当事方。久而久之，中间措施已成为在法院诉讼常见的一部分，主要原因是由于法院通常积压了大量的案件，个别诉讼需时等候，导致长时间的延误，对请求法院帮忙、寻求公正的人，法院的延误往往比争议的好坏带来的影响还大，例如随着时间的过去，争议的情况有所改变、证据的消失、被告的财务状况转坏等，即使等到开庭审理，遇着善于拖延的对手，加上法院动得慢，好的案件也可以给拖死。因此，面对诉讼需耗时甚或长时间的延误，为了有效及公正地处理诉讼，法院可以利用一些中间措施去保护当事方的利益。

国际商务仲裁与法院诉讼差不多，同样面对仲裁过程的延误。照说仲裁员有责任设定合适程序去尽快推进仲裁，但始终需要时间，若遇上不合作的仲裁当事方，仲裁想快也快不来，更不用说好些知名的仲裁员，工作排得密密麻麻，他们也不急于推进个别仲裁，纵使当事方希望他的争议尽快得到处理。所以，国际商务仲裁同样需要中间措施帮助当事方，而且可能比到法院诉讼更为要紧，原因是参与仲裁的当事方，以及被牵涉在争议内的人(如证人、专家证人、法律代表及仲裁员)或物(如合约标的是船，它可是在某区域甚至全世界航行)，位于世界各地，因为地域分隔，不单只带来延误，亦对取证、调查以致将来执行仲裁裁决书带来极大的不便，随着时间的流逝，若没有有效的中间措施从旁协助，可能会对仲裁当事方带来极大的不公正。

中间措施可谓包罗万象，如前述实例的检查船舱及索赔担保等，基本上仲裁没到最后裁决前，一切指令用意是协助或保护当事双方，使争议能够得到公正解决，都可被视为中间措施：见 S. A. Coppee-Lavalin NV v. Ken-Ren Chemicals and Fertilizers Ltd.（1994）2 Lloyd's Rep. 109。仲裁当事方可以在仲裁开始前或开始后申请中间措施。总的来说，在仲裁中常见的中间措施如下：

1. 其中一项是本章开首提到为索赔（包括反索赔）取得担保（security for claim or counterclaim）的例子。由于争议的发生到由仲裁解决可能需要很长的时间，若在开始仲裁前或仲裁的初期，当事的一方能够向另一方取得索赔或反索赔担保，便不怕将来败诉方无力偿还债务，或利用这漫长的仲裁岁月把资产转移或隐藏起来。取得担保的另一好处是迫使被告（或面对反索赔的原告）积极地参与仲裁或和解谈判，因为被告（或面对反索赔的原告）的资产被冻结或要为提供担保而支出费用。在海事仲裁常见的做法是扣船（arrest of ship），或申请 Mareva Injunction。

2. 另一项是前述例子提到的费用担保（security for costs）。

3. 指令协助取证、保留证据、对仲裁标的物或与争议有关系的物件进行检验（inspection）、保存（preservation）、储存（custody）或扣留（detention）。

4. 指令变卖仲裁标的物。例如争议涉及货物的拥有权，而该货物属易腐坏的东西，等到仲裁有裁决时，货物可能已没有什么价值，在此情况下，把它卖掉，并留下货款以满足将来的裁决，即使可能只是部分，也是一个合理的处理方法。

5. 中间禁令（interim injunction）。指令一方不许做某事情，直至仲裁作出裁决为止。

6. 其他中间禁令。如为人熟识的 Mareva Injunction 或现称为 Freezing Injunction，Anton Piller Order 或现称为 Search Order，或其他出于公正或方便考虑的禁令。

以前，中间措施通常是由法院下达，仲裁庭在这方面的权力十分有限。不能否认的是，有很多有力的中间措施，亦只能透过法院指令的形式，才能够有效地发挥其功用及强制性。向法院请求协助仲裁当事方，有可能会遇到法院对涉及仲裁的中间措施申请是否有管辖权的问题。例如在 1996 年英国仲裁法生效前，英国法院面对在伦敦仲裁的当事方申请中间措施，当然有管辖权，这在仲裁法也有规定，但对于在英国以外的仲裁，法院是否有管辖权呢？须知中间措施只是英国法院对其有管辖权的仲裁的辅助行为，它本身非是一种诉因，不能单单以此为由要求英国法院对其不能控制的仲裁提供协助（见 The "Siskina"［1978］1 Lloyd's Rep. 1）。这看法被其后的一个权威的案例 Channel Tunnel Group Ltd. And Others v. Balfour Beatty Construction Ltd. And Others（1993）1 Lloyd's Rep 291 否定，同意英国法院在当时的仲裁法下没有权下达中间措施指令以协助外国仲裁，但却可依赖 Supreme Court Act. 1981 第 37 条作出指令。在 1996 年仲裁法（The Arbitration Act. 1996）生效后，这种做法更为明确，这在本书第二章已有详及。另一管辖权问题源于对仲裁条款的尊重而可能带来的局限，例如在美国的一个案例 McCreary Tire & Rubber Co. v. CEAT SpA，（1974）501 F. 2d 1032，1038，认为法院不应插手处理中间措施的申请，因为这样做变相绕过仲裁庭处理争议，有违纽约公约（New York Convention）要求把争议交给仲裁庭。不过，美国有其他案例持不同的看法（见 Caroline Power & Light Co. v. Uranex, 451 F. Supp. 1044 [N. D. Cal. 1977]）。这也衍生出一个说法，就是仲裁的一方（特别是原告）向法院求助，虽然只局限在中间措施而非实质争议本身，会被被告说是对仲裁弃权。当然，如果原告把实质争议向法院求助，而被告又不去申请中止并且应诉，会被视为放弃把争议交给仲裁解决。当然，现在的仲裁法已对此有规定，如联合国示范法的 Article 9，光是局限在中间措施的申请，是不会被视为弃权的。

随着仲裁的普及，国际仲裁社会要求法院减少干预仲裁、仲裁当事方自决（party autonomy）及下放权力给仲裁庭的呼声日益响亮。以中间措施为例，绝大多数意见认为若仲裁员要更有效地处理争议，便应该有权下达中间措施指令。说的也是，由于仲裁员熟识案情，对衡量应否下达中间措施指令，来得迅速、便宜，但完全交由仲裁庭决定，却又面对指令只能对仲裁当事方有效及执行指令的现实困难；加上，若在仲裁展开前，当事方可能已需要一些中间措施，以协助改善他与争议的另一方在争议上的关系，法院的介入仍是必不可少。因此，立法的大方向是在尊重当事方自决的前提下，把决定中间措施的权力下放给仲裁庭，但法院仍保留权力对属仲裁管辖的争议下达中间措施指令。这方面的立法凸显法院与仲裁庭之间的关系，如在1996 年英国仲裁法下，英国法院的角色是辅助的，把中间措施的权力交由仲裁当事方及仲裁庭去决定；而联合国示范法（UNCITRAL Model Law），它简单地允许仲裁庭下达中间措施指令，又允许仲裁当事方在仲裁展开前或后，向法院申请中间措施指令,这并无不妥，只是这些条文过于简单，不足以弄清仲裁庭及法院在中间措施上的关系。香港仲裁法源用联合国示范法，在中间措施上加入条文以补不足，但却又带出另一操作上的问题，就是法院与仲裁庭同样有决定中间措施的权力，法院有裁量权,决定是否下达中间措施指令，不像 1996 年英国仲裁法明确说明英国法院辅助的角色，香港法院与仲裁庭之间的关系又如何？

仲裁庭纵使得到立法的支持，可以裁决中间措施的申请，但随即要面对一个现实问题，就是仲裁庭的中间措施指令能否有效地执行，需知仲裁庭迫使仲裁一方按指令行事的有效救济不多。即使指令得到仲裁地的法院支持，例如转为法院指令，但在国际仲裁的层面上，指令的执行往往是在仲裁地以外的地方，或涉及在外地的第三者，如何跨地域/管辖权执行仲裁庭的中间措施指令（cross-border enforcement），又为国际仲裁社会带来另一难题。

本章尝试透过分析英国仲裁法及香港仲裁法，了解仲裁法律在这方面的发展，以及面对的困难，前者在仲裁世界占有领导地位，后者则是并合并且改良联合国示范法的代表者。

2. 1996 年英国仲裁法下有关下达中间措施指令

在1996年英国仲裁法立法前，英国的仲裁法由1950年、1975年及1979年仲裁法组成，辅以大量的案例支持及解释，可是不容易了解和掌握。在当时的1950年仲裁法Section 12 (1)，仲裁员可行使的中间措施，并没有清楚列明，而且十分有限，正如Lloyd大法官在The "Vasso" (1983) 2 Lloyd's Rep. 346 一案中说：

"It is common ground that the tailpiece to s. 12(1) of the 1950 Act does not give the arbitrator all the powers of the Court. As already mentioned, an arbitrator cannot make an order for security for costs, or grant an interim injunction. Some limitation must therefore be implied…"

而作出中间措施的裁决，主要是由英国法院代劳，这是列明于1950年英国仲裁法的Section 12 (6)。这不是理想的做法，尤其是在联合国示范法(UNCITRAL Model Law)下引进赋予仲裁当事方更大的自治、仲裁员更大的权力及减少法院对仲裁的干预。这给予英国很大的压力改善本身的仲裁法，以迎合仲裁世界的潮流，最终便出现了1996年英国仲裁法。

在该立法下，仲裁员可享有裁定中间措施的权力，而法院的角色更趋向辅助仲裁。当时的仲裁法咨询委员会在1996年的草案报告(Departmental Advisory Committee on Arbitration Law, Report on the Arbitration Bill, February 1996)对立法这样说明：

"189. These provisions represent a significant re-drawing of the relationship between arbitration and the Court. Wherever a power could properly be exercised by a tribunal rather than the Court, provision has been made for this, thereby reducing the need to incur the expense and inconvenience of making applications to Court during arbitral proceedings."

2.1 仲裁员下达中间措施指令的权力

2.1.1 1996年英国仲裁法的Section 38：仲裁员可行使的一般权力

仲裁员下达中间措施的权力主要来自1996年英国仲裁法Section 38，该条文如下：

"38. General powers exercisable by the tribunal.

(1) The parties are free to agree on the powers exercisable by the arbitral tribunal for the purposes of and in relation to the proceedings.

(2) Unless otherwise agreed by the parties the tribunal has the following powers.

(3) The tribunal may order a claimant to provide security for the costs of the arbitration. This power shall not be exercised on the ground that the claimant is —

(a) an individual ordinarily resident outside the United Kingdom, or

(b) a corporation or association incorporated or formed under the law of a country outside the United Kingdom, or whose central management and control is exercised outside the United Kingdom.

(4) The tribunal may give directions in relation to any property which is the subject of the proceedings or as to which any question arises in the proceedings, and which is owned by or is in the possession of a party to the proceedings —

(a) for the inspection, photographing, preservation, custody or detention of the property by the tribunal, an expert or a party, or

(b) ordering that samples be taken from, or any observation be made of or experiment conducted upon, the property.

(5) The tribunal may direct that a party or witness shall be examined on oath or affirmation, and may for that purpose administer any necessary oath or take any necessary affirmation.

(6) The tribunal may give directions to a party for the preservation for the purposes of the proceedings of any evidence in his custody or control."

Section 38 属非强制性条款(non-mandatory provision),仲裁当事方可以自行决定赋予仲裁员权力,让它可以考虑并发出与该仲裁有关的中间措施指令(见 Section 38 (1))。在一般的随意仲裁(ad-hoc arbitration),仲裁当事方很少会在订约时考虑:一旦展开仲裁,仲裁员可享有哪些权力。事实上,商业人士在订约时首要考虑的,是合约可能会带来的利益或责任,多于如何处理将来可能会发生的争议。因此,在合约中通常只会有一条简单的仲裁条款,往往只说明如有争议便到哪里仲裁,也很少会合并仲裁规则(arbitration rule)在内,即使有,也要这仲裁规则对仲裁员可行使中间措施的权力有所说明的,如 LCIA Rules 的 Article 25. 1、UNCITRAL Arbitration Rules 的 Article 26。争议发生后,当事双方的关系无可避免地起了变化,这时要双方同意仲裁员可否享有某中间措施的权力是困难的。

在 Section 38(2)条文下,除非仲裁当事方另有协议,仲裁员可享有立法之下指定的某些权力。这立法的原意是尊重当事方的自决,同时希望在当事方没有反对的情况下,以立法形式把某些基本的权力赋予仲裁员。

即是说,当仲裁当事方没有就仲裁员应可享有的中间措施的权力(Section 38 (1))有任何协议之时,亦没有明示排除仲裁员可享有的立法赋予的权力(Section 38 (2)),在英国仲裁法下,仲裁员可享有对裁决中间措施的基本权力如下:

(i) 决定费用担保(security for costs)的申请(Section 38 (3)),这在本书第十一章将有详细介绍。

(ii) 在此条文下,仲裁员可以下令由仲裁员、专家(包括仲裁员自行委任的专家(见 Section 37))或仲裁当事方对任何物件进行检查、影印、保存、储存或扣留,也可下令对任何物件提取样本、作出观察或对物件进行实验。这重要而广泛的权力是有限制的,仲裁员只能对属仲裁标的的物件或该物件与在仲裁产生的问题有关,而该物件是由仲裁当事方拥有或由他占有或持有。

(iii) 仲裁员可指示仲裁当事方或证人以宣誓形式作供,也可因其指示而作出监誓。

(iv) 仲裁员可指示仲裁当事方因为仲裁的关系对任何证据作出保存,只要这些证据是在他托管或控制的范围内。

不难发现,这立法条文所赋予仲裁员的权力是有限制的,主要是针对仲裁当事方所拥有的或占有的或持有的物件,或在他托管或控制范围内的证据。这些限制反映仲裁庭在行使中间措施的权力的现实。由于仲裁庭的权力是来自仲裁双方透过合约的仲裁条款或他们之间的协议仲裁所赋予,有关中间措施的权力亦只能局限于针对仲裁当事方所拥有或占有或持有的物件或在他托管或控制的范围内的证据(这会包括属于第三者的物件,但被仲裁当事方占有或持有)。即仲裁员的指令只能针对仲裁当事方,亦只能约束仲裁当事方。

本条文没有赋予仲裁员权力指令仲裁当事方(包括索赔的原告或有反索赔的被告)提供索赔担保(security for claim),但仲裁当事方可同意给予仲裁员此权力(见Section 38(1))。或者有读者会认为Section 38 (4) (a)提到的"detention of the property"会为仲裁原告提供机会,按此条文向仲裁庭申请扣留被告财物,变相向被告要求提供索赔担保。但整条条款针对的是证据的调查与保护,况且仲裁法咨询委员会的1996年的草案报告(Departmental Advisory Committee on Arbitration Law, Report on the Arbitration Bill, February 1996),亦没有提及此条款可应用于申请索赔担保。因此,若要有此权力,看来应加入更清楚的条文在内。由于指令一方提供索赔担保是一件十分严重的事情,会直接影响当事方本身的财政状况,限制他运用其财产的自由,有关指令比较适合由法院发出,而非由私人协议所产生的仲裁庭来下达。事实上,好些法院都有协助原告取得索赔担保的途径,向法院申请会来得方便及有效,这又何需找仲裁庭来烦恼。本条文也没有赋予仲裁员权力指令出售物件,如需要,仲裁当事方可根据1996年英国仲裁法的Section 44 (2)(d)向法院申请出售物件,等法院作出指引。

同样地,除非仲裁当事方另有协议如Kastner v. Jason (2004) EWHC 592 (Ch.),否则按本条文仲裁员没有权力下达Freezing Injunction(即Mareva Injunction)及Search Order(即Anton Piller Order)等中间措施。明显地,一些对仲裁当事方影响重大或涉及仲裁当事方以外的人的权力,如提供索赔担保、Freezing Injunction、Search Order、变卖仲裁标的物或进入他人(指非仲裁当事方)的地方作出调查或取证或行使仲裁庭的中间措施指令等,即使仲裁当事方另有协议赋予此等权力,有关指令也未必能有效行使,最终还是需要法院协助,有关法院的权力可见1996年仲裁法的Section 44,后详。

谈到 Freezing Injunction（即 Mareva Injunction）及 Search Order（即 Anton Piller Order）等中间措施，除了本条文没有提及外，其他的条文也没有明确提及，近似的就只有 1996 年仲裁法的 Section 39，但该条文的应用必须得到仲裁当事方明确同意赋予仲裁员有关的权力；或是 Section 48（5）(a) 提及的"to order a party to do or refrain from doing anything"，但已有案例指 section 48 所指的救济(remedies)属于最终实际的裁决(as part of a final substantive award)，不适用于暂时性的指令(provisional award)：见 Kastner v. Jason（2004）EWHC 592（Ch.）。提到这些禁令的，看来就只有在仲裁法咨询委员会的1996 年的草案报告(Departmental Advisory Committee on Arbitration Law, Report on the Arbitration Bill, February 1996)第 201 段，在此段中表明在草拟法案时曾赋予仲裁员这些权力，但其后认为这些禁令还是留给法院比较好，有关条文亦作出修改：

"We should note in passing that the July 1995 draft would arguably (and inadvertently) have allowed arbitrators to order ex parte Mareva or even Anton Piller relief. These draconian powers are best left to be applied by the Courts, and the provisions of the Bill with respect to such powers have been adjusted accordingly."

因此，1996 年仲裁法应没有空间给予仲裁员行使上述权力，除非仲裁当事方另有协议。事实上，这些申请通常是单方面及在非常迫切的情况下作出，如果仲裁员有此权力，他是否可以单听申请方的片面之词，而不需听取仲裁另一方的答辩，便作出裁决呢？须知 Freezing Injunction 及 Search Order 是诉讼/仲裁的核子武器，不应轻易及随便下决定。看来，仲裁员这样做，属违反其在 1996 年仲裁法的 section 33 下的责任，即没有给予机会于仲裁的一方对仲裁的另一方的申请作出抗辩。所以，即使立法赋予仲裁员此等权力，其实际作用或许没有想象中的大。首先，仲裁当事方不能单方面向仲裁庭作出申请，一旦把申请通知仲裁的另一方，这申请便变得没有意义；其次，这权力来自仲裁协议，亦只能针对仲裁当事方，但这些禁令通常会涉及第三者，例如冻结仲裁当事方的银行户口，便需要银行的合作，而仲裁庭的指令对这些第三者没有约束力，他们也不必依从，对成功申请的仲裁当事方来说，是得物无所用；最后，这些禁令往往是在仲裁庭成立前便有迫切需要作出申请，仲裁庭面对有关申请的机会不多。故此，在实务上，这些申请一般都会向法院提出，因为法院可以听取申请一方的一面之词，在无须惊动另一方的情况下，下达对仲裁当事方及第三者有约束力的指令，违反法院指令被视为蔑视法院(contempt of court)，会面对刑事检控，违反方将会面对罚款或监禁(fine or imprisonment)，这些都是仲裁庭所不能做到的。

仲裁当事方当然可以同意赋予仲裁员权力下达 Freezing Injunction，但已有案例指出，该权力应来自 Section 39，而不属于 Section 38(1)的范围，但这看法不无争议：见 Kastner v. Jason（2004）EWHC 592（Ch.）及 Kastner v. Jason（2004）EWCA Civ. 1599，在以下 2.1.2 小段会详及。

2.1.2　1996 年英国仲裁法的 Section 39：下达暂时性的救济指令

1996 年仲裁法的 Section 39 触及另一中间措施，就是仲裁员可以下达指令作出暂时性的救济，原文如下：

"39. Power to make provisional awards.

(1) The parties are free to agree that the tribunal shall have power to order on a provisional basis any relief which it would have power to grant in a final award.

(2) This includes, for instance, making —

(a) a provisional order for the payment of money or the disposition of property as between the parties, or

(b) an order to make an interim payment on account of the costs of the arbitration.

(3) Any such order shall be subject to the tribunal's final adjudication; and the tribunal's final award, on the merits or as to costs, shall take account of any such order.

(4) Unless the parties agree to confer such power on the tribunal, the tribunal has no such power. This does not affect its powers under Section 47 (awards on different issues, &c.)."

要注意的是 Section 39 条文的标题虽然名为作出临时裁决书(provisional awards)的权力，但内容实际上是指临时指令(provisional orders)，这指令会因最终裁决而作出修改。中间裁决(interim award)与临时指令不同，最大分别在于前者是对争议内其中某些问题作出最终的及有约束力的(final and binding)裁决，这些问题一经裁决，便不能再重审，余下的问题会在另外的中间裁决书或最终裁决书解决；后者则属临时性质，会因应最终裁决而调整/修正，亦因此本条文选用"provisional"而不用"interim"以作区别，以免给人错觉。也因如此，这种临时裁决书不能在 1958 年《纽约公约》下被承认与执行。

本条文与 Section 38 的立法方式有所不同，尽管两者同样是非强制性条文(non-mandatory provisions)。在 Section 38 下，仲裁当事方可以自行决定仲裁员可享有的中间措施的权力，即使没有协议，立法会赋予一些指定的权力，除非仲裁当事方明示排除。Section 39 则不同，它要求仲裁当事方同意赋予仲裁员在该条文下允许的权力，否则，本条文不适用。可以想象，在一般的情况下，仲裁当事方很少会在仲裁条款中说明同意这一类权力，在争议发生后，更难同意，当然，若仲裁条款合并某仲裁规则，而该规则对此有所规定，例如 LCIA Rules 的 Article 25.1 (c)："to order on a provisional basis, subject to final determination in an award, any relief which the Arbitral Tribunal would have power to grant in an award, including a provisional order for the payment of money or the disposition of property as between any parties."或者仲裁条款指明仲裁程序适用某些法律，而在该法律下可行使此权力：见 Kastner v. Jason (2004) EWHC 592 (Ch.)。

这条文与 Section 38 不同之处在于，Section 38 明显是希望在仲裁双方没有什么相反的协议下，赋予仲裁员某些由他行使更为理想的权力，方便他去处理并推进仲裁。相反的，Section 39 的立法意图是除非仲裁双方同意，否则不希望利用立法代为赋予权力给仲裁庭，这与 Section 39 所允许仲裁当事方赋予仲裁员的权力有关。在此条文下，仲裁双方可以同意仲裁员有权下达指令作出一些暂时性的救济，而这些救济是仲裁员在最终的仲裁裁决书中应可作出的，这是指什么？这可要去看 1996 年仲裁法的 Section 48。Section 48 提到的救济，应是指在最终实际的裁决下可作出的救济，这包括对任何事情作出宣告（declaration）（Section 48 (3)）、指令支付某货币的金钱（Section 48 (4)）、享有与法院相同的权力作出禁令、履约指令及对合约或文件作出纠正、宣告无效或取消（Section 48 (5)）。从 Section 48 看来，Section 39 所提到的暂时性的救济，最常见用于在金钱上可作出的暂时性的指令，在 Section 39 (2) 也提到了两个例子，一是针对仲裁当事方之间下达暂时性的支付金钱或处理财物的指令；二是指令仲裁当事方临时支付仲裁费用。当然，这只是暂时性的救济，会在最终裁决时包括在内并加以调整/修正。

一直以来，法律不允许仲裁员作出对仲裁当事方财务上的暂时性安排，举例来说，船东与承租人在一个期租合约下有多项的争议，因此承租人便拒绝付租金，以抵消争议的金额，这当中可能有一些表面上看来是不成立的索赔，若允许承租人扣起租金，对船东来说是不公平，但仲裁庭却不能因此而指令承租人暂时退还部分表面上理据十分薄弱的争议金额，待将来仲裁裁决时再作调整；法律上只允许仲裁庭以中间裁决书的形式，判承租人支付船东最起码欠下的租金（minimum sum as due and owing to the Owners），这是指没有争议或租约下不能对冲的金额：见 The “Kostas Melas” (1981) 1 Lloyd's Rep. 18。若仲裁双方赋予仲裁员行使 Section 39 下的权力，仲裁员应小心考虑应否下达这暂时性的救济的指令，因为这是涉及仲裁双方各自的财务状况，该指令与指令中的相关安排，对任何一方都可能会造成财务压力，弄不好会因此而对他以及争议本身带来不公平的对待，例如在仲裁裁决判一方所需负责的金额，比之前因 Section 39 指令而作出支付的金额少，但这时多收了钱的一方可能已无能力退还；又例如发出冻结指令，被冻结资产的一方可能等不到仲裁庭的判决，他的生意已无法继续营运，被迫接受对方的城下之盟。正如仲裁法咨询委员会的 1996 年的草案报告（Departmental Advisory Committee on Arbitration Law, Report on the Arbitration Bill, February 1996）第 201 段说：

“…Furthermore, as can be demonstrated by the abundance of court cases dealing with this subject (in the context of applications for summary judgment, interim payments, Mareva injunctions and the like) enormous care has to be taken to avoid turning what can be useful judicial tool into an instrument of injustice. We should add that we received responses from a number of practicing arbitrators to the effect that they would be unhappy with such powers, and saw no need for them.”

可能因为上述原因，Section 39 不会自动赋予仲裁员权力，而是需要得到仲裁双方的同意。

已经指出，section 39（2）提及只是两个例子而已，但实际上可变通适合任何情况。例如，仲裁当事方可以同意赋予仲裁员权力，如在货物买卖合约中的买方拒收（reject），而卖方也拒绝取回货物的情况下，指令把货物拍卖，把所得的钱留待最后裁决时处理。又例如一个调整房子租金的仲裁（rent review arbitration），仲裁双方可以赋予仲裁员权力先作出一个指令，指定支付某部分需要调整的租金，余下的租金争议部分，留待最后裁决。

至于冻结指令（Freezing Order）应否被视为 Section 39 下行使的权力，或应属 Section 38 下的权力呢？按 Section 39 的条文解释，临时救济是指最终对争议作出裁决时可行使的救济（见 Sections 39（1）及 48），这在本小段已有提及，但在裁决书内可提供的救济，按理不应包括冻结指令这中间禁令，如是，则冻结指令不属 Section 39 下的权力，反而更像是 Section 38 下的权力，因为在 Section 38（1）明确指出仲裁当事方可自行同意赋予仲裁员与仲裁程序有关的权力。

但在近期的一个案例 Kastner v. Jason & Ors（2004）EWHC 592（Ch.），法院判冻结指令属 Section 39 下的权力。该案的原告指称被被告诱骗而向被告的公司作出投资，因而向被告提出索赔。原告与被告同是犹太人，根据犹太法律，犹太人之间的争议必须交由一个名为 Beth Din 的法庭仲裁，绝不能交给一般法院审判，而有关仲裁当然是按照犹太法律进行，这包括程序法（procedural law）及实体法（substantive law）。双方于是书面同意把争议交由三位 Beth Din 的法官仲裁，而仲裁结果是原告所谓的诈骗不成立。过了一段时间后，原告找到新的证据证明被告欺诈，便向 Beth Din 申请要求对仲裁裁决书重新审理，双方对 Beth Din 是否有权这样做没有争议，而 Beth Din 亦同意重审。其时，被告正想卖掉他在英国唯一的物业，准备移民到美国去。原告忧虑若其索赔成立，则被告可能没有足够的资产去支付裁决下的损失，因此向 Beth Din 申请要求禁止被告在没有得到 Beth Din 的批准之前出售该物业。该申请亦得到 Beth Din 的批准，有关指令如下：

"Mr Jason（被告）is refrain from selling his house on Holmdale Gardens until he has received written permission to do so from the Beth Din."

之后 Beth Din 又再下达另一指令：

"On the application of Mr Kastner（原告）and pursuant to the powers invested in the Beth Din by virtue of Section 48 of the Arbitration Act 1996, the Beth Din hereby orders Mr Marc Jason（被告）to refrain from taking any steps altering the status quo regarding ownership of the property…until written permission is given by the Beth Din."

原告随后便到土地登记处把有关指令以警告形式作出注册（register a caution），有关注册是按照 Land Registration Act 1925 的 Section 54 作出。但在仲裁期间，被告没有理会有关指令，把物业卖给第三者，而该第三者的代表律师亦没有留意该物业在土地登记处上附有仲裁庭指令的警告注册。原告不知悉有关物业的出售，直到被告移民美国。随后的仲裁结果是原告的索赔成立。这可带来两个问题需要解决，第一是原告认为在土地登记处登记的指令是绝对的，保障他在该物业的利益。第二是购进物业的第三者由于该警告而无法注册成为该物业的绝对拥有人，唯有要求法院取消仲裁庭禁售物业的指令，使他们成为在产权上没有负担的业主。法院首先考虑仲裁庭是否有权发出该禁售命令以保障原告的利益，法院认为 1996 年仲裁法的 Section 48（5）(a)只适用于最终的裁决，但却不能以此条文作出禁令为由仍在进行的仲裁提供担保。法院认为本案的情况应适用于 Section 39 有关仲裁员下达临时性的救济的权力。这条文的应用须先得到仲裁当事方的同意，即仲裁当事方同意赋予仲裁员有关权力，在本案中仲裁当事方同意按犹太法律进行仲裁，而犹太法律赋予仲裁庭权力发出冻结禁令，因此，有关权力在 Section 39 之下适用。尽管仲裁庭有权下达该禁令，法院判根据犹太法律，禁令只对仲裁的被告本身有个人责任，要求他遵守不可出售物业，原告在物业的产权上不占任何利益(no proprietary interest)；况且，对第三者来说，他们是有产权，仲裁庭的禁令对他们没有约束力，也不能去剥夺他们的权利。原告随后上诉，但上诉庭维持原判，并指出在英国法下，通常冻结禁令不会赋予受益的一方产权上的利益，而该案即使按英国法作出考虑，原告对物业仍是不存有任何产权上的利益：见 Kastner v. Jason & Others（2004）EWCA Civ. 1599。

本案双方对于冻结指令是否属 Section 39 的权力没有提出异议，上诉庭因此没有机会就此作出考虑，但认为这对仲裁而言，是一个重要的课题。不难想象，高院的判决将来或受考验。但对本案而言，无论是 Section39 或 Section38 适用，都不会影响本案的结果。

当仲裁社会大力鼓吹给予仲裁员更大的权力，减少法院的干预，例如香港的仲裁条例赋予仲裁员包括冻结禁令的广泛权力、联合国亦已就仲裁员行使中间措施的权力完成了草拟条款，但本案却道出了现实的困难，就是仲裁庭下达的冻结禁令的功效远不及法院颁令，一方面法院的指令对第三者有约束力；另一方面违反法院禁令会带来蔑视法院的惩罚，起阻吓作用，这有利于冻结禁令的落实。例如，在本案的原告若不是向仲裁庭申请冻结禁令，而是直接向法院按 1996 年仲裁法的 Section 44 作出申请，结果或许会对原告更为有利。正如上诉庭的 Rix 大法官对该案有这样的看法：

"… an application could be made under Section 44 of the 1996 Act to the court for it to exercise its own powers in support of arbitral proceedings, at any rate if the arbitral tribunal has no relevant power or is unable for the time being to act effectively (Section 44 (5)). Thus, on the current hypothesis that an English arbitration conducted under Jewish law could not grant interim relief other than in personam, an application might have been made, if that was permissible in such circumstances under Jewish law, to the court to exercise its powers under English law. …"

本章 2.2.1 会详述在 1996 年仲裁法的 Section 44 之下，法院为了辅助仲裁而可以行使的权力。

2.1.3　仲裁庭下达中间措施指令的形式

顾名思义，中间措施的决定不是对争议本身的决定，仲裁庭一般以指令而非仲裁裁决书去作出裁决，例如在 The "Vasso"（1983）2 Lloyd's Rep. 346 中仲裁庭就检查船舶的申请下达以下指令：

"1. That the Ship Respondents do give reasonable access to a fire expert and a Hull surveyor (acting on behalf of Cargo Respondents…) in order to inspect such a space or spaces in the "VASSO" which will enable them to form an opinion for the purposes of this Arbitration as to (a) the place of origin of the fire; (b) the path taken by the fire thereafter; and (c) whether the fire might have spread to any other space or spaces in the absence of the firefighting services. 2. That the Ship Respondents do give reasonable access to a Hull surveyor (acting on behalf of the said Cargo Respondents…) in order to inspect the "VASSO" for any damage which may affect the assessment of the value of the vessel for the purpose of this salvage Arbitration."

2.1.4　不满的一方能否挑战仲裁庭的决定

仲裁庭有裁量权决定是否下达中间措施指令，有关决定不会以仲裁裁决书（award）或有理由仲裁书（reasoned award）的形式作出，即使接受申请，也只会是以指令（order or ruling）形式下达有关决定（见 The "Smaro"（1999）1 Lloyd's Rep. 225），不满决定的一方不能按 1996 年仲裁法的 Section 69 就法律问题挑战仲裁庭的决定，看来唯有依靠 Section 68 诉诸仲裁庭在行使权力时有"严重不正常"的情况发生，或者按 Section 24（1）（a）质疑仲裁庭在处理申请时有不公正的情况，例如仲裁的一方申请检查船舶，理由是有关检查可能提供重要资料或证据，从而证明有关损失是如何引起及损失的程度，但仲裁庭拒绝接受申请可能会导致争议得不到公平的处理；即使仲裁庭同意申请，但却限制检查的范围或检查的方法，使原先检查希望取得的资料或证据大打折扣，可能会带来不公平的影响。话说回来，由于这是涉及仲裁员行使的裁量权（discretion），只要仲裁庭让双方有充分机会就申请进行争辩，仲裁庭怎样决定，是很难改变的。当然可去再要求仲裁庭重新考虑（reconsider）原先的裁量权决定，但若没有太大与新的理由，通常很难成功。例外的情况可能会是仲裁双方同意赋予仲裁庭权力，可以在紧急的情况下，只需听取一方的申请（ex parte），而作出某些禁令如 Mareva Injunction，这时，禁令本身是暂时性的，仲裁庭必须在这 ex parte injunction 发出后，允许仲裁双方就申请进行争辩，以决定应否维持该禁令，无论仲裁庭最终的决定如何，要推翻决定是十分困难的。

2.2　法院下达中间措施指令的权力

尽管大趋势是尽量减少法院对仲裁的干预，但可以肯定地说，在某些情况下，法院对仲裁当事方或仲裁员提供适当的协助是必不可少的，例如：

1. 有关申请在仲裁庭成立之前便需要提出，这只好向法院申请。

2. 仲裁庭根本没有相关权力作出某类中间措施的指令，必须依赖法院的协助，例如像出售船舶上留置的货物。

3. 有些中间措施由于涉及第三者，仲裁庭的指令对他们没有约束力，即使下达指令，也未必能得到预期的效果；反之，法院下达的指令却能约束与仲裁没有关系的第三者。

4. 由于情况紧迫，中间措施如 Mareva Injunction 必须以 ex parte 形式由仲裁的一方提出申请，仲裁庭未必能够单凭一面之词便作出考虑，这只好由法院代劳。

5. 仲裁庭下达的指令未必能够执行，或申请执行时，反而直接向法院申请，并由法院下达指令来得简单直接有效。

既然大趋势是尽量由仲裁员管理及推进仲裁，但法院在仲裁中始终占有一定的角色，立法上应如何处理并平衡两者之间的关系？在英国，1996 年仲裁法把法院定位在辅助仲裁庭的位置，一般中间措施的申请会由仲裁庭处理，在必要时法院才插手。这与香港仲裁法有所区别，香港仲裁法允许仲裁当事方可向仲裁庭或法院申请中间措施指令，但同时有案例指法院面对有关申请应让仲裁庭优先处理：见 The "Lady Muriel"（1995）No. 87（Civil），所以在实质上与英国没有区别。

现在先去看 1996 年英国仲裁法对法院行使其中间措施的权力的规定。

2.2.1 1996 年英国仲裁法的 Section 44

有关英国法院行使中间措施以协助仲裁当事方及仲裁庭的权力，主要可见 Section 44：

"44. Court powers exercisable in support of arbitral proceedings.

(1) Unless otherwise agreed by the parties, the court has for the purposes of and in relation to arbitral proceedings the same power of making orders about the matters listed below as it has for the purposes of and in relation to legal proceedings.

(2) Those matters are —

(a) the taking of the evidence of witnesses;

(b) the preservation of evidence;

(c) making orders relating to property which is the subject of the proceedings or as to which any question arises in the proceedings —

(i) for the inspection, photographing, preservation, custody or detention of the property, or

(ii) ordering that samples be taken from, or any observation be made of or experiment conducted upon, the property; and for that purpose authorising any person to enter any premises in the possession or control of a party to the arbitration;

(d) the sale of any goods the subject of the proceedings;

(e) the granting of an interim injunction or the appointment of a receiver.

(3) If the case is one of urgency, the court may, on the application of a party or proposed party to the arbitral proceedings, make such orders as it thinks necessary for the purpose of preserving evidence or assets.

(4) If the case is not one of urgency, the court shall act only on the application of a party to the arbitral proceedings (upon notice to the other parties and to the tribunal) made with the permission of the tribunal or the agreement in writing of the other parties.

(5) In any case the court shall act only if or to the extent that the arbitral tribunal, and any arbitral or other institution or person vested by the parties with power in that regard, has no power or is unable for the time being to act effectively.

(6) If the court so orders, an order made by it under this section shall cease to have effect in whole or in part on the order of the tribunal or of any such arbitral or other institution or person having power to act in relation to the subject-matter of the order.

(7) The leave of the court is required for any appeal from a decision of the court under this section."

2.2.1.1 仲裁双方可以排除法院在 Section 44 下可享有的权力

Section 44 属非强制性条文，仲裁双方可以同意排除法院行使本条文赋予的权力。由于这是非强制性条文，争议往往发生在仲裁双方是否有此否定协议。当然，若仲裁双方明确表示此条款不适用，则不可能有争议，问题主要发生在一些所谓 Scott & Avery 仲裁条款或协议，这些仲裁条款说明仲裁双方在未取得仲裁裁决书前，不得向对方采取任何法律行动。Scott & Avery (1856) 5 HL Cas. 811 是这方面的先例，这类仲裁条款一般不多见，在海事争议的层面上，最常出现在船东互保协会的规则内，例如在联合王国保赔协会(U. K. P. & I Club)的 Rule 40，条款针对互保协会与会员(即船东)之间解决争议的方法内提到：

"Rule 40

C. If the Owner concerned in such difference or dispute does not accept the decision of the Directors it shall be referred to the arbitration in London…

D. No Owner shall be entitled to maintain any action, suit or other legal proceedings against the Association upon any such difference or dispute… ii. … unless and until such difference or dispute shall have been referred to arbitration as provided in paragraph (C) of this Rule and the Award in such reference shall have been published, …"

这类仲裁条款中提到的"any action, suit or other legal proceedings"可能会给仲裁当事方向法院申请中间措施带来重大的障碍，尽管这些申请是协助仲裁当事方去改善他与仲裁的另一方在该仲裁的关系，而不是干涉仲裁庭对争议本身作出最终的裁决。但由于仲裁条款明示禁止仲裁的一方(如上例的船东)或双方在仲裁未有裁决前，提出任何其他诉讼或法律程序，那么向法院申请中间措施如冻结禁令(Freezing Injunction)，实属违反该仲裁条款，仲裁的另一方可要求中止(stay)有关诉讼或法律程序。在 Mantovani v. Carapelli (1980) 1 Lloyd's Rep. 375 这先例中，GAFTA 买卖合约中的仲裁条款订定争议交由伦敦仲裁解决，并说明任何一方或任何人都不可在仲裁未有裁决前另提诉讼或法律程序："… Neither party hereto, nor any persons claiming under either of them shall bring any action or other legal proceedings against the other of them in relation to such dispute until such dispute shall first have been heard and determined by the arbitrators… and it is expressly agreed and declared that the obtaining of an award from the arbitrators … shall be a condition precedent to the right of any person… to bring any action or other legal proceedings against the other of them in respect of any such dispute." 在该案中卖家向意大利法院申请冻结买家资产，目的当然是要取得索赔担保，但基于仲裁条款禁止卖家在仲裁裁决前提出任何其他法律程序，英国的上诉庭判这条款用字十分广泛，认为卖家向意大利法院作出的申请已经违反仲裁条款。

在近期的一个案例 Re Q's Estate (1999) 1 Lloyd's Rep. 931，原告委托被告律师处理她对其父亲的遗产的索赔，后来原告的索赔得到解决，拿了一笔可观的钱，这时被告律师担心原告不履行他们之间的协议，不去支付被告应得的收费，于是便向英国法院单方面(ex parte)申请 Mareva Injunction，把原告取得的部分遗产冻结。原告随即向法院申请撤销有关禁令，其中一个理由是仲裁条款订定所有争议应在伦敦由拥有独有管辖权的仲裁庭解决(原文为"… any dispute… will be submitted to the exclusive jurisdiction of arbitration in London…")，原告依赖 Mantovani v. Carapelli (1980) 1 Lloyd's Rep. 375，认为"the exclusive jurisdiction of arbitration"应被理解为所有争议只可通过仲裁解决，除此之外，任何一方都不可提出任何形式的法律程序。因此，在此仲裁条款下，法院在 1996 年仲裁法的 Section 44 下可行使的权力被否定，法院没有权力下达 Mareva Injunction。Rix 大法官判"exclusive jurisdiction of arbitration"只是强调把争议交由仲裁解决这一通常的情况，有关用字不足以包括其他法律程序，若仲裁双方想排除法院在 Section 44 下可行使的权力，应清楚说明：

"… In my judgment, therefore, the word "exclusive" in the present clause is merely intended to underline the general rule, which is that substantive proceedings must be by way of arbitration, rather than to introduce the exceptional situation where the parties are barred from ancillary proceedings in Court. …It seems to me that if the parties wanted to exclude the right to resort to the Court under s. 44 for assistance in ancillary matters, they could and should have done so by more specific wording."

在该案中，有关禁令最终被撤销，理由是看不到有实在的风险；原告将不会支付仲裁裁决书裁定的金额。

综上，按照 Section 44 (1)，仲裁双方需要明确同意，才能拿掉法院在 Section 44 下可行使的权力。

2.2.1.2 法院按 Section 44 可行使的权力

在没有协议的情况下，法院对仲裁有权行使下述权力，而有关权力的行使与法院在法律诉讼中可行使的权力相同。在此条文中的“法律诉讼”(legal proceedings)，在1996年仲裁法的Section 82定义为在高等法院或郡法院进行的民事诉讼。在Commerce and Industry Insurance Co. of Canada v. Lloyd's Underwriters (2002) 1 Lloyd's Rep. 219一案，认为法院在这些“法律诉讼”中可行使的权力，例如指令向证人取证，在Section 44条文下，同样适用于仲裁。因此，民事诉讼规则(Civil Procedure Rules)处理法律诉讼中出现的中间措施的申请的做法，对仲裁来说，必然有关联。当然，也不是所有法院在法律诉讼中可行使的权力，也可以在仲裁行使，这是有局限的，在1996年仲裁法的Section 44 (2)有详细列明。

2.2.1.2.1 Section 44 (2)(a)：向证人取证

向证人取证 (Section 44 (2)(a))，见民事诉讼规则(Civil Procedure Rules)第34条。

2.2.1.2.2 Section 44 (2)(b)：保存证据

保存证据(Section 44 (2)(b))，反映法院在一般的法律诉讼中，按民事诉讼规则(Civil Procedure Rules)第25.1条之下的保存证据的权力或Civil Procedure Act 1997的Section 7之下作出的搜查令(Search Order)的权力，同样可应用在仲裁的案件；

2.2.1.2.3 Section 44 (2)(c)：对物件进行检查、影印、保存、储存或扣留；下令对物件提取样本、作出观察或对物件进行实验

指令对仲裁标的的物件或与在仲裁产生的问题有关的物件，进行检查、影印、保存、储存或扣留；又可下令对物件提取样本、作出观察或对物件进行实验，若因此需要可授权任何人进入由仲裁当事方占有或控制的“产业”(premises)(见Section 44 (2)(c))。“产业”在1996年仲裁法的Section 82 (1)被定义为土地(land)、建筑物(buildings)、可移动的建筑物(moveable structures)、车辆(vehicles)、船舶(vessels)、飞机(aircraft)及悬浮运载工具(hovercraft)。这条文与Section 38 (4)赋予仲裁员的权力看似相同，但最大的分别在于Section 38 (4)只能针对由仲裁当事方拥有或占有的物件，而本条文下，法院可以对第三者的物件作出指令，同时在本条文下法院可以授予任何人进入由仲裁当事方占有或控制的“产业”(premises)，这些都是仲裁员在Section 38 (4)下不能做到的。这与法院在一般的民事诉讼中可行使的权力相若：见民事诉讼规则(Civil Procedure Rules)第25.1条及Supreme Court Act. 1981的Section 34(3)。

Sections 44 (2) (b)及(c)另一常见的用途，是被仲裁当事方利用作为对另一方以及无关的第三者要求披露文件的手段，这里介绍一个近期的案例Assimina Maritime Limited v. Pakistan Shipping Corporation and HR Wallingford Limited (2004) EWHC 2005 (Comm.)。该案涉及原告船东向身为第一被告的程租承租人索赔超过60亿美元的损失，第一被告以程租形式向原告租用其油轮，从伊朗装运原油到巴基斯坦的卡拉奇卸，当船抵达卡拉奇港口时，在航道中搁浅漏油，虽然进行海上营救，

但已泄漏了差不多一半的原油，造成巨大的环境污染，而该船最终全损。原告向第一被告展开仲裁，指有关损失是由于卡拉奇港口不安全（unsafe port）所致。卡拉奇港口由卡拉奇港口信托（Karachi Port Trust）管理营运，有关航道曾经进行加深挖掘工程。在仲裁展开后，原告发现卡拉奇港口信托曾委托一家英国顾问公司 HR Wallingford Limited 进行航道加深的可行性报告，原告认为该报告以及其他有关的资料对航道是否安全有重大关系，要求提供。HR Wallingford Limited 以机密为由拒绝协助。原告于是向卡拉奇港口信托提出要求，但得不到回复。原告只好向英国法院按 Section 44 作出申请，并要求在英国的与仲裁无关的第三者 HR Wallingford Limited 按照民事诉讼规则（Civil Procedure Rule）的第 31. 17 条关于第三者的披露（non-party disclosure），作出广泛的文件披露。法院认为 1996 年仲裁法的 Section 44 没有赋予法院指令第三者作出披露的权力，因此不包括民事诉讼规则（Civil Procedure Rule）的第 31. 17 条的做法，原告依赖此第 31. 17 条要求法院指令第三者作出披露，实属错误。但由于所要求披露的文件对仲裁有关，若法院不予协助，有关文件将不会出现或被获取（cease to exist or be rendered unobtainable），因此有关文件的内容须予保存，是属于 Section 44 下法院的权力，但 Section 44 不应被利用为向第三者获取一般文件披露的手段（cannot be used as a means of obtaining ordinary disclosure of documents from a non-party），原告应能明确描述所需要作出保存、检查或复印的文件，而不是好像一般的披露，单单指出与某问题有关的文件便可以，有关判词如下：

"Accordingly, it is only where it can be shown that a question arises in relation to a particular document or documents of a non-party which need to be inspected or photocopied or preserved that an order under this section（指 Section 44）can be made. However, such documents must be capable of specific description. They cannot simply be defined by reference to their relevance to particular issues, as would be the case with an order for ordinary disclosure."

上述判决与在 1996 年仲裁法 Section 43 下证人只需披露申请方能清楚指名的文件相同：见本章的 2. 2. 2 小段提及的 BNP Paribas v. Deloitte and Touche LLP（2003）EWHC 2874（Comm.）。这其实也不难理解，Section 44（2）的主要目的是协助仲裁的一方去保存证据，去保存，便要说明什么证据需要保存，而非指令无关的第三者去作出广泛的披露。

这案例带出一个值得令人深思的问题，就是亚洲的国家及地区，不论是发展比较成熟的地区如香港，或是发展中国家，在建设、开发甚至在制度改善方面，都喜欢寻求西方专家的意见。以香港为例，由香港特区政府判给外国顾问进行的顾问报告，为数甚多，这些外国顾问在进行评估及撰写报告时，必然拥有大量相关的、外人不易拿到的资料及数据。由于西方社会拥有一套较为完善的法律诉讼制度，这些资料及数据，甚至有关的报告，有机会如 Assimina Maritime Limited v. Pakistan Shipping Corporation and HR Wallingford Limited（2004）EWHC 2005（Comm.）般被日后的诉讼或仲裁利用，被迫作出披露。因此，在订立顾问协议时，除了订立机密条款外，最好订明有关报告及因撰写报告而获得的资料及文件，拥有权属委托方，完成报告后应把一切原稿、复印及其他文件交还委托方。

2.2.1.2.4　Section 44（2）（d）：出售仲裁标的的物件

在民事诉讼中，法院出售标的的物件的权力，来自民事诉讼规则（Civil Procedure Rules）第25.1条。例如出售易腐坏的物品。有些时候，对蒙受损失的一方，如果能够出售财物来抵消因争议而产生的金钱损失，或作为索赔的担保，当然是最好不过，但这做法可不是那么容易。一来，如何令这没有物主同意的私下买卖变得合法；二来，不是所有财物都能容易地找到买家，并卖得好价钱。曾经碰上一个海事仲裁，船东与承租人为少装了货所产生的损失及等候装货的时间损失，闹得十分不愉快，船东为了取回他的损失，把船开往合约以外的港口，并把承租人的货卖掉，更把取得的货款据为己有。这样做的后果十分严重，船东不是货主，货是承租人给他托管的，即使他有一个庞大的索赔，又怎可以随便卖掉别人的货。要作出合法出售，看来仲裁当事方应向仲裁庭（如果它有权处理申请的话）或向法院申请批准出售（例如依赖Section 44（2）（d）作出申请）。若仲裁庭或法院同意，申请方便可以合法地私下出售财物，把货款作为担保，而不用担心被仲裁的另一方提出反索赔损失甚或负刑事责任。

这方面的做法，可去看另一个近期接触过的例子，这是一个伦敦海事仲裁的案件，船东与承租人就运输合同的履行发生争议，当中涉及已完成货运的运费及滞期费、毁约索赔及还在付运途中的货物的运费及滞期费等。船东为了迫使承租人对其索赔提供担保，便把仍在运输途中的船，从原本开往中国港口卸货绕航至另一港口抛锚，说是要把在船上的冷藏货物留置（lien）在该港口。当时船东由一家十分有名的律师事务所代表。但这留置看来是大有问题：（1）留置货物应在卸货港进行，而非绕航至另一非合约港口进行；（2）留置货物应能说出索赔的金额及明细，但船东未能说出一个有根据的数目出来。暂且不谈留置的合法性，船东随即展开仲裁，并向仲裁庭申请要求出售货物，但奇怪的是在仲裁双方没有赋予此权力下（见2.1.1小段关于Section 38的应用），仲裁庭根本无权处理申请，事实上仲裁庭亦作出拒绝，可是，船东再向仲裁庭申请，依赖的是1996年仲裁法的Section 48，但这条款适用于最终的裁决（见Kastner v. Jason（2004）EWHC 592（Ch.）），仲裁庭当然再拒绝（船东委任的律师在向法院提交的证人证言亦坦陈向仲裁庭作出申请是错误的）。这样拖拖拉拉了多月，船东最终按Section 44向英国法院申请把货物拖到自己熟悉的一个俄罗斯港口来出售货物。船东的申请理由主要是在中国不能留置货物、在中国执行仲裁裁决书存在困难、在中国由于海关问题货物会遭到没收、船东在中国出售货物需时颇久等，说穿了就是对中国海事法院及法律不信任，认为货到中国后，便不能留置，没有办法拿到担保。承租人认为从便利考虑出发（balance of convenience），货物应在中国出售，主要是承租人熟识市场，对易腐烂的冷藏货来说，能更快更容易找到买家，总比由不懂市场的船东在外国出售省时，加上当地市价也比外国高，若由船东在外国出售，很可能只能以贱价卖出。至于船东所担心的问题，承租人的专家认为中国法律允许留置货物，而在中国执行仲裁裁决书亦不存在问题，至于海关没收货物，这只是关税问题，支付便可。为了在中国提货，承租人承诺船到卸港后，船东仍可留置货物，直到承租人提供索赔担保，承租人又承诺不会在中国挑战船东留置货物的做法。最后承租人还承诺当该船进入中国境内时，不会扣船。英国法院接纳承租人的理据及有关的承诺，判船东需开船到卸港卸货。可见，船东的申请虽然被否决，但他还是拿到了索赔担保。遗憾的是，船东在留置及申请出售的半年延误，无可避免地为双方都带来重大的损失（如船东的船期损失、冷藏货物的变质、承租人的货价或生产加工的损失等），而这些扩大了的损失，一切源于可能被视为非法的绕航留置及随后的延误，为往后的仲裁增添另一重要战线。

这故事还有下回的。法院判了俄罗斯船东需要开船到中国之后几天，船东律师通知中国承租人律师船舶突然间不能走动，所以无法到中国卸港去。船东声称船舶不能走动的理由是因为螺旋桨被海上杂物（包括一些渔网）缠绕，但不愿提供任何资料/证据。经过多次追问后，包括向法院求助，船东提供的资料/证据还是有限。那时，船舶已驶到接近韩国海域，而船东马上安排船舶进入最近的港口（釜山）。在斧山的时候，虽然韩国潜水员有把握把杂物除去，但船东不愿意这样做。承租人的专家认为一把杂物除去，然后作出一些暂时性修理之后，船舶能安全航行去中国。如果船东担心，承租人能安排中国一家打捞局派出拖船来协助。但船东的专家认为如果把杂物除去，这会令船舶在螺旋桨的位置漏水。船东认为船舶应该马上入坞。刚好在韩国的船厂也不能容纳一艘载满货的船，所以货物先要在韩国斧山卸下，而因为货物是易腐的，所以也要在韩国底价卖出。船东专家的意见很方便地令船舶和货物都可避免去中国。潜水员认为能安全地把杂物除去。船舶的俄罗斯船级社一早认为船舶需要入坞，但没有考虑过先把杂物除去的可能性。船东依赖着它自己专家的意见坚持不让任何人对船舶作出任何维修或其他行动。承租人认为这明显的是不合作行为，因为一位合理船东是不会这样浪费时间的。如果没有命令要求船舶去中国卸货，船东根本早就会容许潜水员把杂物除去，然后考虑有什么是必要的维修工作。

这僵局令船东向法院申请要求重新考虑（reconsider），更改之前要求船舶去中国卸港的命令，变为容许船舶在釜山卸货，而以最好价钱被卖掉。这些金钱就可当为索赔的担保。船舶也就此能留在斧山入坞，再不需要去中国。

这带来一个对于法院在中间措施上权力范围的问题：究竟法院原本能不能命令船舶去中国卸港，很明显的是，按照英国仲裁法 Section 44(2)(d)，法院有权把货卖掉。但按照英国仲裁法 Section 48(5)(b)，只有仲裁庭可发出履行指令（specific performance），虽然法院按照最近 Hiscox Underwriting Ltd. and another v. Dickson Manchester & Co. Ltd.（2004）EWHC 479（Comm.）和 Cetelem S. A. v. Roust Holdings

Ltd.（2005）EWCA Civ. 618 的案例其实有极大的能力向案件针对的货物作出“保护性”的命令/禁令。这令法院和仲裁庭的“分工”非常不明朗。当法院下令把货卖掉时，一般也会表示把货送到最近合理能把货卖掉的地方。但如果货物在卸货港的价钱比在其他地方的价钱高得多(好像在这案件)，那法院能否命令船舶开到卸货港去？这会不会变为履行指令（变为法院无权发出这命令而只有仲裁庭能这样做）？还有，按照 Hiscox Underwriting Ltd. and another v. Dickson Manchester & Co. Ltd.（2004）EWHC 479（Comm.）和 Cetelem S. A. v. Roust Holdings Ltd.（2005）EWCA Civ. 618 的案例，法院能否先作出指令要求船东容许潜水员马上把杂物除去然后尝试作出暂时性修理，为求令到一位不愿合作的船东能就此继续执行合约?

法院最后撤销较早需要船舶驶去中国的命令，而容许船舶把货物在釜山卸下，在釜山以最高价钱卖出，然后这价钱用来作索赔担保。船舶也就此不需要去中国了。

法院作出这一决定表示它完全信任船东的一面之词，没有惩罚船东不愿合作的态度，也没有考虑这决定对承运人的影响。结果，货物在釜山卸下后以少过一半价钱(与中国价钱相比)卖出。这事情过了之后，承运人亦发觉船舶偷偷地被施到船东一早就想去的俄罗斯港口，而以底价得到这些货物的买家是与船东有关联的公司。这应验其实俄罗斯船东从最开始就是在说谎。

2.2.1.2.5　Section 44（2)(e)：中间禁令

法院在民事诉讼中相同的权力可见于民事诉讼规则(Civil Procedure Rules)第25.1条。明显地，法院对仲裁可以行使的中间禁令是十分广泛的，其中当然包括最常应用的冻结禁令(Freezing Injunction)及搜查令(Search Order)，但肯定不包括 Anti-Suit Injunction 这一禁令，理由为这一禁令属最终禁令而非中间禁令，不属本条文下可行使的权力(见 Welex A. G. v. Rosa Maritime Limted（2003）EWCA Civ. 938)，法院在这方面的权力来自 Supreme Court Act 1981 的 section 37（1）（有关 Anti-Suit Injunction 及其他禁令如 Freezing Injunction 及 Search Order 等的探讨，请阅杨良宜先生及杨大明先生合著的《禁令》，内有全面的解说）。

除了上述禁令，也包括一般常见要求一方暂时去做或不做某事情，直到争议解决为止的禁令。这里可介绍一个近期的案例 Lauritzen Cool AB v. Lady Navigation Inc.（2004）EWHC 2607（Comm.）/ Lady Navigation Inc. v. Lauritzencool AB & Anor（2005）EWCA Civ. 579。该案涉及被告在1998年同意出租两艘冷藏船给原告，为期十年，由原告以联营方式(pool)管理及营运，原告可收取管理费及某百分比的利润。被告后来指控原告违反合约，并要求把两条船从原告营运的 pool 撤出，双方因此展开仲裁，争议在于被告能否撤船。此时，被告拒绝向原告承诺在未有仲裁裁决前，不会撤船，因而导致原告向英国高等法院按 Section 44（2)(e)申请中间禁令，禁止被告向第三者出租这两艘船。法院批准有关申请，认为若不作出禁令，损失赔偿这救济将难以满足原告，相反若将来发现作出禁令的决定是错误的，被告的损失大可以以金钱弥补，这也是一般作出这类禁令的试验（见 American Cyanamid in N. W. L. Ltd. v. Woods (1979) 1 WLR 1294, Bath and North East Somerset District Council v. Mowlem Plc (2004) EWCA Civ. 115 及杨良宜先生及杨大明先生合著的《禁令》第三章第五节）。这中间禁令其实是为了保持现状（status quo），既然被告不能出租该船，就不会把船搁置不用，平白损失租金收入，也就是说，船还是会待在原告的 pool 里。这保持现状的中间保护措施有时十分有用，尤其是当赔偿金钱损失未必足以弥补无辜的一方因另一方的违约而带来的一些真实但难以用金钱衡量的伤害，例如声誉上的损失，指令一方继续履约，比将来赔付金钱更能反映无辜的一方所需。仲裁员要作出这些决定，当然需要考虑争议的是非曲直及不作出保护所带来的伤害严重与否，但要小心不要对争议过早下判断。再举一个有关二手船买卖的例子，二手船买卖最常见的争议是在交船前船舶有损坏（或怀疑有损坏），又或者船级社证书有批注，但卖方仍然递交三天的交船通知，却又看不到卖家会把损坏修好或采取行动去把批注撤销。对买家来说，若不接船，卖方便恐吓取消买卖；若买家在这情况下接船，船价支付给了卖家，将来便很难向卖家追回损失，因为卖家通常是一船公司，没有其他资产，钱到手便即时掉走，留下一空壳公司与买家拉扯。因此，买方当然希望能取到一个冻结禁令，在船舶交接后即时把货款冻结，这样便不怕将来跟卖家慢慢地去仲裁，胜诉后不怕没钱赔。但申请冻结禁令存在着一个技术上的困难，就是要有诉因（cause of action）才可申请（见 The "Veracruz I" (1992) 1 Lloyd's Rep. 353，请参阅杨良宜先生及杨大明先生合著的《禁令》第四章第 2. 3. 2 小段），可是很多时诉因出现在交船的时候，而不是交船前，若在交船后才申请，便不大可能及时把货款冻结。买家或可考虑向法院申请禁令禁止卖家在仲裁庭对买家的索赔未有裁决前取消合约。当然，法院在考虑是否下达这禁令时，会作多方面的考虑，例如损失赔偿是否比下达禁令所带来的损害为小（举例有关船舶为一条有特别用途而市场数量不多的船舶）。

另在 Hiscox Underwriting Ltd. and another v. Dickson Manchester & Co. Ltd. (2004) EWHC 479 (Comm.)，法院认为 Section 44 (2)(e) 的中间禁令除了包括上述常见的禁令外，更应伸延至披露资料的指令，有关先例将在以下小段详细介绍。在另一案例 Cetelem SA v. Roust Holdings Ltd. (2005) EWCA Civ. 618，法院在小数合适的情况下，按 Section 44 (2)(e) 可以下达中间强制禁令（interim mandatory injunction）（见本章的 2. 2. 1. 3 小段）。

2. 2. 1. 2. 6　Section 44 (2)(e)：委任接收人（receiver）

在一个仲裁中委任接收人主要的目的是去保护仲裁当事方有利益所在的财物，例如去接收争议标的所赚取的利润或对容易遭受损害或流失的财产作出保管，直到争议得到裁决为止，这情况常见于合伙争议（partnership dispute）。

2. 2. 1. 2. 7　小结

要了解法院对某些申请是否有管辖权，除了要看仲裁双方是否有否定 Section

44 适用的协议（Section 44（1）的“Unless otherwise agreed by the parties”），也要考虑有关请求是否否定法院在 Section 44（2）下有权协助的事情，例如 Section 44（2）没有赋予法院权力去下达费用担保指令，若仲裁双方明示取消仲裁员在 Section 38（3）下作出费用担保指令的权力，则面对索赔的被告或面对反索赔的原告，再不能向法院寻求协助。

2.2.1.3 在什么情况下法院可按 Section 44 行使其有关中间措施的权力

在 1996 年仲裁法下，仲裁庭与法院的关系在 Section 1（c）中大致可看出来：

“1. General Principles

（1）The provisions of this Part（指 1996 年仲裁法的 Part I）are founded on the following principles, and shall be construed accordingly—

…

（c）in matters governed by this Part the court should not intervene except as provided by this Part.”

值得注意的是，本条文在用字上没有硬性规定法院不得干涉仲裁，它说“should not intervene”而非“shall not intervene”，即表示在有需要的情况下，法院还是可以插手仲裁事务上，但明显的是，立法的原意是把可以交由仲裁庭处理的事情，便放手给它去管理，法院在仲裁的角色是去辅助仲裁庭，而非干预它的职权。当然，除了辅助的角色外，法院在某些情况下会起了监管仲裁庭的作用，例如在涉及仲裁庭的管辖权、仲裁庭的操守及对仲裁裁决书进行上诉等问题，这些在本书第四章及其他章节有详及。

法院辅助仲裁这概念在 Section 44 中充分反映出来。首先，在尊重仲裁当事方自决的原则下，仲裁当事方可以否定法院在本条文下的权力（Section 44（1））；其次，即使法院可以行使有关权力，在尽量减少法院干预仲裁的大原则下，法院行使权力也受到约制，处处以仲裁当事方及仲裁庭的考虑为先。有关的约制可见 Section 44（3）、（4）、（5）及（7）。

首先，按照 Section 44（3），法院只会在紧急的情况下，才会接受一方的申请，决定并作出法院认为对保护证据或资产有需要的指令。在这条文下，若情况紧急，仲裁的一方可以向法院申请指令而无须得到仲裁庭或仲裁的另一方同意；对于某些特别的申请如 Freezing Injunction 或 Search Order，更可以 ex parte 形式向法院提出，以免打草惊蛇。当然，在 ex parte 申请的情况下作出的指令，通常是暂时性的，等待受指令影响的一方有机会对指令作出抗辩，如 Re Q's Estate（1999）1 Lloyd's Rep. 931，这时，原先法院的指令是否需要修正，则须交由法院或仲裁庭决定（见 Section 44（6））。

若申请本身不是紧急，有关申请需要通知仲裁庭或仲裁的另一方并得到仲裁庭的批准或仲裁的另一方同意（见 Section 44（4））。但无论在什么情况下，不论是 Section 44（3）或 section 44（4）的情况下，法院只会在仲裁庭或仲裁机构没有权力或不能有效行使其权力时，才会考虑有关申请（Section 44（5））。常见情况会是：

（i）发生在仲裁庭还未成立前（如 Cetelem SA v. Roust Holdings Ltd.（2004）EWHC 3175（QB））或仲裁庭没有机会对申请作出考虑（如 Hiscox Underwriting Ltd. and another v. Dickson Manchester & Co. Ltd.（2004）EWHC 479（Comm.））。

（ii）仲裁庭或仲裁机构等没有权考虑有关的申请（例如 Freezing Injunction）。

（iii）仲裁庭下达的指令，实际作用不大，例如即使仲裁庭有权并作出 Freezing Injunction，禁止另一方动用其银行账户内某指定的数额，但由于仲裁庭未必能在 ex parte 申请的情况下发出指令，或由于银行属仲裁以外的第三者，不受仲裁庭的指令约束，有关的申请或随之而来的指令，实际作用成疑；另一例子可见本章 2.1.2 小段的 Kastner v. Jason & Ors（2004）EWHC 592（Ch），原告拿到了一个只对仲裁被告个人有约束的禁售指令，而该指令对原告来说不带有任何产权上的利益，也就是说，仲裁被告仍然可以出售其产业，而该禁令对原告的实际用处不大。

（iv）另一情况是仲裁地点在外国的仲裁庭，未能指令向身在英国属于仲裁以外的第三者的证人取证（见在本章第 2.2.4 小段提及的 Commerce and Industry Insurance Co. of Canada v. Lloyd's Underwriters（2002）1 Lloyd's Rep. 219）。

按 section 44（6），法院在发出指令后，便须交回仲裁庭或仲裁机构或被赋予权力的人去处理并决定法院的指令是否需要中止效用。这条文再一次凸显法院对仲裁的辅助角色，只要有关申请仲裁庭等有权处理，而法院先前的插手是由于情况紧急或仲裁庭的指令未必可以有效地行使，法院作出指令后，便应把它交回仲裁庭等考虑或加以修改。事实上，这本来就是仲裁当事双方同意赋予仲裁庭等权力。当然，若仲裁庭等根本没有权考虑某申请，如 Freezing Injunction，本条文便不适用。

Section 44（3）提到在紧急的情况下，法院可以就出于对证据或资产作出保护的目的（for the purpose of preserving evidence or assets）提出的申请，考虑并下达相关指令。对此，立法的原意是不希望法院因为此条文而过度插手及干预仲裁的。在仲裁法咨询委员会的 1996 年的草案报告（Departmental Advisory Committee on Arbitration Law, Report on the Arbitration Bill, February 1996）第 215 段这样说：

"In order to prevent any suggestion that the Court might be used to interfere with or usurp the arbitral process, or indeed any attempt to do so, we have stipulated that except in cases of urgency with regard to the preservation of assets or evidence, the Court can only act with the agreement of the parties or the permission of the tribunal. We have excepted cases of urgency, since these often arise before the tribunal has been properly constituted or when the nature of things it cannot act quickly or effectively enough."

在 Mustill & Boyd on Arbitration 一书的第 324 页，对 section 44（3）这样说：

"In case of urgency the court may act ex parte, ie without notice to the other parties or the tribunal, but only where the order sought is 'necessary for the purpose of preserving evidence or assets': subsection 44(3). This expression is apt to cover Mareva injunctions and Anton Piller orders, as well as the appointment of a receiver."

如是，则在紧急的情况下，法院在 Section 44（2）可行使的权力，会受到 Section 44（3）的限制，使法院的权力被局限于为了出于对证据或资产作出保护的目的。这虽然是立法的意图，但无可否认的是，严谨去依照 Section 44（3）去解释会带来不便，例如，在 Section 44（2）(e) 下法院可以下达中间禁令，但不是所有中间禁令都是用来保护证据或资产，如在 LauritzenCool AB v. Lady Navigation Inc. - QBD (Comm. Ct.)—12 November 2004 一案中，原告禁止被告向第三者出租两艘船，若情况紧急，按 section 44（3），有关中间禁令与保护证据或资产无关，它的目的只是迫使被告继续履行合约，法院无权过问，这对需要申请中间禁令的一方来说，容易造成不公。值得一提的是，LauritzenCool AB v. Lady Navigation Inc. 一案是在仲裁双方同之意下，按 Section 44（4）向法院提出申请并被受理，故不受 Section 44（3）所针对的、有关对证据或资产作出保护的目的所局限。

在近期的一个先例 Hiscox Underwriting Ltd. and another v. Dickson Manchester & Co. Ltd.（2004）EWHC 479（Comm.），高院的 Cooke 大法官对 Section 44（3）便提出了一个有别于仲裁法咨询委员会的看法。该案的原告是保险公司，而被告则是原告的保险代理，他们协议由被告通过经纪（producing brokers）为原告安排保险生意，协议要求被告完整地保留所有投保的记录，并有条款容许原告检查及审核有关记录："… the right without restriction or limitation to inspect and audit any of your records relating to insurances bound at any time during reasonable business hours and have the right to make copies of or taken extracts from any such records."原告与被告这关系维持了好几年。后来，被告被另一家公司 HCC Insurance Holdings Group 收购。其时与原告的协议亦快将完结之际，被告通知经纪（producing brokers），称原本由原告承保的生意，会转到由被告与 HCC Insurance Holdings Group 所成立的附属公司承保。这时，原告向被告发出取消通知，并行使其检查权力，要求查看被告代原告安排承保的文件。由于续保期将至，这些由被告持有的资料及文件，对原告来说十分重要，因涉及庞大的保费收益。但原告的要求被被告拒绝。其时双方还未就独任仲裁员达成协议，原告只好向法院申请，要求指令被告提供有关文件。明显地，原告是急需要得到这些资料，否则便会丧失续保生意。双方其中一个争论的焦点是，由于案情紧急，原告可按 Section 44（3）作出申请，但 Section 44（3）只限于对证据或资产作出保护，法院是否有权按 Section 44（2）(c) 及 (e) 指令被告披露有关资料及文件？Cooke 大法官认为由于 Section 44（3）的用字说明"the court may"而非用严格的"the court shall"，条款的解释不应严格地局限于对证据或资产作出保护，情形就与本小段开始提到 Section 1（c）类似。因此在紧急情况下，法院可以考虑并作出任何中间措施的指令，而不需要局限于对证据或资产作出保护。Cooke 大法官认为本案的申请是在紧急情况下作出，这符合 Section 44（3）的要求；尽管在开庭期间原告及被告同意并委任了仲裁员，但由于该仲裁员根本没有机会去考虑有关申请，因此 Section 44（5）的情况成立；至于该申请本身，Cooke 大法官认为 Section 44（2）（e）不应只限于 Freezing Injunction 或 Search Order，应该扩展至原告申请的披露指令。Cooke 大法官的判决来自对 Section 44（3）的宽松解释，感觉上是为了对原告公正而作出，看来与一般按照字面解释的基本法则有所不同。读者或许认为，披露应是仲裁庭管辖的事，法院不应插手，这在 1996 年仲裁法的 Section 34（1）中有说明，如按本案例，岂不是变相提前作出披露？当然，本案例特别之处在于原告与被告的协议有明示的检查及审核有关记录的条款，加上案情紧急，若法院不受理或等仲裁庭来决定，续保期可能过去，原告可能蒙受重大的损失。

谈到合约订定的权责，法院一般都予以尊重，例如在 Tsako's Shipping & Trading SA v. Orizon Tanker Company Limited（1998）CLC. 1003，该案属二手船买卖的争议。一般来说，船舶买卖合约对买方检查船舶有清晰规定，通常在交船前买方无权对船舶作出检查（有关买卖船的运作，请阅杨良宜先生著的《船舶买卖法律与实务》）。本案的买方在交船前认为船舶的主机有问题，于是向法院以 ex parte 形式申请指令，要求对船舶作出检查及测试，以便保留证据，有关申请被法院接纳。其后卖方要求暂停执行该指令，并向法院上诉。在高院，Rix 大法官判根本不应下达该指令，其中一个理由是合约本身对检查船舶有一套规定，若执行该指令，等于为合约双方重写合约中的有关条款。这判决得到上诉庭的支持，上诉庭认为若容许有关指令，买家便可以获得一些在原合约中不能享有的权利。这案例以及前述的 Hiscox Underwriting Ltd. and another v. Dickson Manchester & Co. Ltd.（2004）EWHC 479（Comm.）正显示法院在考虑有关申请时，合约的明示条款往往受到重视，甚至是直接影响法院是否批准的原因。

Hiscox Underwriting Ltd. and another v. Dickson Manchester & Co. Ltd.（2004）EWHC 479（Comm.）对 Section 44（3）的宽松解释，在随后的案例，往往被利用为逼使仲裁的另一方履行合约条款的手段，尽管这争议本应交由仲裁来解决。例如在 National Insurance and Guarantee Corporation Ltd. v. M Young Legal Services Ltd.（2004）EWHC 2972（QB）一案，法院指令被告把保单及索赔文件交还给原告，认为按照 Section 44（3）法院基于保护证据或资产，有权这样做。在另一案例 Cetelem SA v. Roust Holdings Ltd.（2004）EWHC 3175（QB），法院按 Section 44（3）发出中间指令，指令被告履行对股份转让所需要进行的手续。这些案件都是要被指令的仲裁方去履行其合约内的责任，这是否是 Section 44（3）的原意？考虑并作出这些指令，或多或少给人的感觉是法院对争议本身作出了预先的裁决，但争议本来应交由仲裁庭去解决，是否意味着法院对仲裁直接干预，而非辅助？

这些疑问随着 Cetelem SA v. Roust Holdings Ltd.（2004）EWHC 3175（QB）一案的上诉，有所解答：见 Cetelem SA v. Roust Holdings Ltd.（2005）EWCA Civ. 618。该案的案情是这样的：Roust Holdings Ltd（简称 RHL）与 Cetelem 有一买卖协议，前者同意向后者出售一家名为 RCL 的公司的 50% 股份，协议订明按英国法律解释，如有

争议则交由 ICC 仲裁，仲裁地为伦敦。由于 RHL 通过一家俄罗斯的银行间接持有 RCL 的股份，有关股份转让需要得到俄罗斯中央银行的批准。该俄罗斯银行与 RCL 之间的企业架构中，有一家名为 RTL 的公司，这公司属 RHL 全资拥有的附属公司，与 RCL 的交易有关。RHL 的最终受益人是一名叫 Roustam Tariko 的俄罗斯人。由于交易复杂，在买卖协议中订明俄罗斯中央银行批准股份转让为先决条件（principal condition precedent），双方同意同心协力去尽快处理所有先决条件，使协议得以履行；协议同时规定若在 2005 年 1 月 31 日前得不到俄罗斯中央银行的批准，有关协议无效（null and void）；协议另规定双方应签署及递交所有文件，提供所有资料及采取所有合理和合法的措施，使协议的目的得以达成。Cetelem 称若要在 2005 年 1 月 31 日前得到俄罗斯中央银行的首肯，有关文件需要在 2004 年 12 月 10 日前递交给中央银行。但直到 2004 年 12 月 21 日仍未取得中央银行的批准。

Cetelem 于是向法院作出三项申请，第一项是按 Section 44 在无须通知 RHL 的情况下申请冻结指令（without notice application），主要的目的是禁止 RHL 出售或转移 RTL 的股权；第二顶是按 Section 44 要求 RHL 提供所有需要的文件，以便向中央银行申请批核，使 RCL 的股份可以转让及容许 Cetelem 依协议作出购买，这实质上是一中间强制禁令（interim mandatory injunction）；第三项是要求法院批准就第二项的申请，向在外国的 RHL 送达申请（serve application out of jurisdiction）或送达给其在伦敦的代表律师。Beatson 大法官在 2004 年 12 月 23 日在 ex parte 的情况下同意下达冻结指令。

随后双方代表律师出庭，对 Cetelem 的申请作出争辩。Cetelem 认为按照 Hiscox Underwriting Ltd. and another v. Dickson Manchester & Co. Ltd.（2004）EWHC 479（Comm），法院有权满足 Cetelem 的申请，RHL 则认为有该先例判决错误，而其主要的理据有二，一是 Section 44 是用来支持仲裁，但现在仲裁根本还未展开，故不适用；二是有关建议下达的指令，根本不是用来支持仲裁，而是夺取仲裁员的权力。对于第一点，Beatson 大法官认为 Section 44（3）说明有关申请可由“proposed party”提出，即在仲裁展开前的一方也可请求法院协助；而第二点，Beatson 大法官认为要有效地保护 Cetelem 的利益，有关建议的指令是必须。因此，按 Hiscox Underwriting Ltd. and another v. Dickson Manchester & Co. Ltd.（2004）EWHC 479（Comm.）先例的宽松解释，法官有权下达有关指令。

RHL 不服，向上诉庭上诉。就有关 Hiscox Underwriting Ltd. and another v. Dickson Manchester & Co. Ltd.（2004）EWHC 479（Comm.）的解释，上诉庭的 Lord Justice Clarke 考虑过仲裁法咨询委员会的 1996 年的草案报告（Departmental Advisory Committee on Arbitration Law，Report on the Arbitration Bill，February 1996）第 215 段后，认为 Hiscox Underwriting Ltd. and another v. Dickson Manchester & Co. Ltd.（2004）EWHC 479（Comm.）对 Section 44（3）的宽松解释不应跟随，这纯粹是解释条文的结果，理由是若 Section 44（3）不是要对紧急的申请设下限制的情况（即“for the purpose of preserving evidence or assets”)，这样便不清楚为什么只单单写下此限制；若 Section 44（3）原意是容许法院在紧急的案件可以行使 Section 44（2）所列的权力，那又何必把指令限于出于保护证据或资产的目的：

“… I have reached the conclusion that Mr Dunning's（RHL 的律师）submission on construction is correct and that the approach approved by Cooke J in Hiscox should not be followed. As stated earlier, it seems to me that there are two possible constructions of Section 44(3). Although there is undoubted force in the argument based on the different language in the subsections, if the purpose of subsection (3) was not to restrict the circumstances in which orders can be made in cases of urgency, it is unclear why there is any reference to the preservation of evidence and assets. If the powers of the court were intended to include a power to make orders about all the matters listed in subsection (2), it would have been sufficient simply to provide that in cases of urgency the court may, on the application of a party or proposed party, make such orders as it thinks necessary under Section 44(1).

In all the circumstances, it is in my judgment appropriate to construe the subsection consistently with the intention identified in paragraph 215 of the DAC Report. That report makes it clear that it was intended to interfere as little as possible with the arbitral process and to limit the power of the court in urgent cases to the making of orders which it thinks are necessary for the preservation of evidence or assets. …”

对 RHL 来说，既然 Section 44（3）的宽松解释不再适用，那么法院原先的中间强制指令便不属于 Section 44（3）下法院有权下达的指令，因为指令是要 RHL 去履行协议的，属履约指令（specific performance），而非为了保护证据或资产，这不是 1996 年仲裁法的原意。但对 Cetelem 来说，该中间强制禁令实际的目的是要保护 Cetelem 在协议下购买 RCL 的股份的权利，而这一权利属于 Section 44（3）所指的资产。上诉庭的判决如下：

（i）上诉庭认为 Section 44（3）所指的，在紧急的情况下可下达的指令，不应局限于如典型的 Mareva Injunction 或 Anton Piller Injunction 等保护证据或资产的指令，而应包括目的是为了保护证据或资产而下达的指令，只要法院认为有此需要。因此，法院在紧急的情况下，认为若有需要，便可以按 Section 44（2）所列的权利下达指令，只要该指令的目的是保护证据或资产。

（ii）至于在 Section 44（3）提及的资产（asset）应为什么，上诉庭认为资产一词不应限于有形资产，也包括其他资产如 choses in action（即有权利而非实际管领之物），如 Cetelem 按协议有权购买 RCL 的股份的权利便属 chose in action；而 Section 44（3）所指的资产，不应只限于被告的资产，亦应包括原告的资产，否则本案的原告便不可能保护他的 chose in action。

（iii）上诉庭认为法院下达中间强制指令（interim mandatory injunction）并无不

妥，这是 Section 44（2）（e）所容许的，但应谨慎行使，而该权利不应伸延至对仲裁双方的权利作出最终裁决，始终该指令只是为了保护资产而作出。法院应确保下达有关指令的目的是为了方便仲裁或日后执行裁决书，而非夺取仲裁对解决争议的作用。在下达有关指令的同时，法院可要求原告对被告因此指令而带来的损失提供担保，目的是不要损害被告的利益，令双方能够公平地仲裁。

（iv）至于 RHL 认为 Cetelem 所申请的指令，实属履约指令，是对 Cetelem 执行其购买股权的权利的一种救济，而非保护资产。上诉庭否定此说法，认为中间强制指令要保护的是 Cetelem 购买股权的权利，而不是为了保护 Cetelem 要求履约的权利，这属于 Section 44（3）范围内的事。

（v）Lord Justice Clarke 总结："In these circumstances I would hold that the court had jurisdiction to grant the injunction under section 44(3), even though it did not have the wider discretion which it had been held to have in Hiscox. I would repeat here the point I made earlier that I do not think that this decision in any way usurps the functions or powers of the arbitral tribunal. The whole purpose of giving the court power to make such orders is to assist the arbitral process in cases of urgency before there is an arbitration on foot. Otherwise it is all too easy for a party who is bent on a policy of non-cooperation to frustrate the arbitral process. Of course, in any case where the court is called upon to exercise the power, it must take great care not to usurp the arbitral process and to ensure, by exacting appropriate undertakings from the claimant, that the substantive questions are reserved for the arbitrator or arbitrators."

此案例推翻了 Hiscox Underwriting Ltd. and another v. Dickson Manchester & Co. Ltd.（2004）EWHC 479（Comm.）对 Section 44（3）的宽松解释，法院在紧急的情况下，只能对目的为保护证据或资产的申请，作出考虑。看来之前因为 Hiscox 的宽松解释，而被利用为履行合约权利的手段，会大为收紧并只限于出于保护证据或资产的目的，如 Hiscox 一案按 Section 44（3）迫使仲裁方作出文件披露，看来是不大可能的。但此案例对何谓"资产"有广泛的解释，令同样的手段可应用在其他的案件，如造船合约生效需要取得出口证，为了防止造船厂在船价急升时去阳奉阴违，买方的船东可向英国法院申请同样的指令，保护买船的权利。

2.2.1.4　对法院的裁决上诉

不满法院的决定，可以向法院提出上诉。Section 44（7）明言就法院在 Section 44 条文下作出的决定，不满的一方要先得到法院批准（leave）才可上诉，这里的法院是指高等法院或郡法院（见 Section 105）。若高等法院不批准上诉，上诉庭不会有管辖权听取上诉（见 Henry Boot Construction（UK）Ltd. v. Malmaison Hotel（Manchester）Ltd.（2001）QB 388，Athletic Union of Constaninople v. National Basketball Association（No. 2）（2002）1 WLR，Virdee v. Virdi（2003）EWCA Civ. 41）。订立这条文的原意是减少法院对仲裁作出过多的干预，当原讼法院行使其权力后，而又不批准对

其决定上诉，该决定便是终局。但问题是若原讼法院作出在其管辖权以外的决定，是否因为原讼法院不批准上诉，上诉庭便不能听审？在 Cetelem S. A. v. Roust Holdings Limited（2005）EWCA Civ. 618 一案中，高等法院应仲裁一方的申请，行使其在 Section 44 下的权利，并拒绝批准受影响的另一方上诉，该仲裁当事方便向上诉庭提出上诉申请，该申请原先被拒绝，理由是上诉庭在未经高等法院批准的情况下，没有管辖权。但经过详细考虑后，上诉庭认为 Section 44（7）所指的裁决是指原讼法院在本条文下有权作出的裁决（a decision of the court under this section），如果是，则其否决上诉也应按本条文作出。但该案的原讼法院所下达的指令，是按 Hiscox Underwriting Ltd. and another v. Dickson Manchester & Co. Ltd.（2004）EWHC 479（Comm.）对 Section 44（3）的宽松解释，而该解释被上诉庭推翻，即原讼法院的裁决实非在本条文下可行使的权力，原讼法院不能阻止一方就其无权作出的指令向上诉庭提出上诉。

由于 1996 年仲裁法有多条条文与 Section 44（7）的写法一样或相似，如 Sections 12（6），18（5），24（6），25（5），42（5），50（5），56（7），67（4），68（4），77（4）及 79（6），Cetelem S. A. v. Roust Holdings Limited（2005）EWCA Civ. 618 一案的判决适用。

2.2.2 1996 年英国仲裁法的 Section 43：确保证人出庭作证

法院对属于由仲裁管辖的案件行使中间措施的权力主要来自 Section 44，除此之外，1996 年仲裁法的 Section 43，允许仲裁当事方为确保证人出庭作证，可向法院寻求协助，该条文如下：

"43. Securing the attendance of witnesses.

(1) A party to arbitral proceedings may use the same court procedures as are available in relation to legal proceedings to secure the attendance before the tribunal of a witness in order to give oral testimony or to produce documents or other material evidence.

(2) This may only be done with the permission of the tribunal or the agreement of the other parties.

(3) The court procedures may only be used if —

(a) the witness is in the United Kingdom, and

(b) the arbitral proceedings are being conducted in England and Wales or, as the case may be, Northern Ireland.

(4) A person shall not be compelled by virtue of this section to produce any document or other material evidence which he could not be compelled to produce in legal proceedings."

此条文属于强制性条款（mandatory provision），有关权力不能通过仲裁双方的协议而被取消。法院按此条文可协助仲裁当事方，确保证人在仲裁庭前出席聆讯，给予口头证据或提供文件或其他证据。但法院的权力有以下局限：

1. 法院只有在仲裁双方同意或仲裁庭同意时才提供协助。不难想象，一方若想依据此条文向法院要求协助，有关申请通常要先得到仲裁庭首肯；至于希望仲裁的另一方同意，由于此时双方都有敌意，或许会有点困难。该条文本身是不想越权干预仲裁当事方就仲裁程序的约定或仲裁庭如何推展仲裁的决定，例如仲裁庭决定争议只需以文件审理(documents only arbitration)而不需要口头证据，仲裁当事方就不可利用本条文，绕过仲裁庭的决定，要求在英国的证人出庭。

2. 有关法院的程序只适用于在英国的证人及仲裁程序在英国及威尔斯或在北爱尔兰进行。

(i) 如证人在英国以外的地方，本条文不适用。在此情况下，仲裁当事方只好向仲裁地点的法院求助(如伦敦仲裁则按 Section 44 2 (a)向英国法院作出申请)，待该法院向证人所在地的法院尝试寻求协助，但由于各国或地区的法律不同，外国法院是否可以及愿意协助也成问题。这正是本章开首提及的例子所面对的困难，承租人希望向修船厂取证，但它不会自愿地作证，它与该仲裁无关，根本犯不着参与其客户的纠纷，要它作证，便要当地法院支持，但若当地没有相关法律为此提供协助，如何强迫修船厂提供证据？有关这方面的困难，杨良宜先生及杨大明先生合著的《英美证据法》的第二章第 5.9 小段有以下讨论：

"商务仲裁针对双方当事人之间的披露的强制与威吓比不上国家法院在本章 6.10.9.4 小段详及。新的仲裁法如 1996 年英国仲裁法把双方当事人披露的责任都下放给仲裁庭。但涉及'不自愿'(unwilling)无辜第三者的'non-party'要求去作证或披露文件，这就需要法院协助去强制了……有关做法在 1996 年仲裁法的 43 条文……

而在美国仲裁，美国的仲裁法(United States Arbitration Act., 9 U.S. Code. §1)在 Section 7 明言仲裁庭可命令第三者出庭作证或/与提供估计是对争议重要的文件。条文也说明地方法院可去协助执行这个仲裁庭的命令。在 Commercial Metals Co. v. International Union Marine Corp., 318 F. Supp. 1334 (SDNY 1970)，仲裁庭在租船人申请下作出了一个 Subpoena duces tecum 要求船东交出一些有关它在违反租约时所赚取的利润以计算损失。船东向法院申请撤销这个传唤到庭命令，但被拒绝。法院说：

"In the first place we would not be likely to interfere with the arbitrators' exercise of their broad powers with respect to damages, at least as long as the evidence sought could conceivably be relevant to their inquiry… Since it appears that the records which are the subject of the subpoena might be relevant to the arbitrators' inquiry in this case, defendant's motion is denied."

但注意以上所讲都是针对境内(仲裁地点)的"证人"(witness)与"第三者"(non-party)。因为涉及向海外/外国取证，只好求助于法院(伦敦仲裁就要求英国法院)向外国取证的国家提出要求协助了。但问题与困难是："海牙公约"(Hague Convention)不适用于商业仲裁……

在1996年英国仲裁法的Section 44有关法院的协助，在Secfion 44(2)(a)包括了“取证”(the taking of the evidence of witness)。这一条主要针对外国取证，因为本国已有Section 43……

至于在联合国的示范法(UNCITRAL Model Law)，也就是香港、新加坡等涉外仲裁的法律，它的针对条文是第27条，节录如下：

“COURT ASSISTANCE IN TAKING EVIDENCE

The arbitral tribunal or a party with the approval of the arbitral tribunal may request from a competent court of this State assistance in taking evidence. The court may execute the request within its competence and according to its rules on taking evidence.”

在示范法的工作报告中(可参阅Howard M. Holtzmann先生的《A Guide To The UNCITRAL Model Law On International Commercial Arbitration》)，有大量讨论涉外商务仲裁去外国取证的可行性，也曾想在示范法内特别针对。但后来放弃了，并希望“海牙公约”将来有附件针对协助商务仲裁。这在该书的761页提及说：

“The Commission was also in agreement that the question of international assistance in the taking of evidence in arbitral proceedings should not be governed by the model law. It noted that the Hague Conference on Private International law was studying the possibility of preparing a protocol to the 1970 Hague Convention on Taking of Evidence Abroad in Civil or Commercial Matters to extend its application to arbitral proceedings and that the Hague Conference would be interested in the views of arbitration experts whether such a protocol would be desirable.”

在总结以上所谈，包括目前“海牙公约”不适用于商业仲裁的去外国签约取证，笔者可节录Alan Redfren与Martin Hunter先生合著的《Law and Practice of International Commercial Arbitration》一书第2版的337页所说：

“TAKING EVIDENCE OVERSEAS

The Hague Convention of 1970 does not apply to arbitration. Accordingly, there is no method of compelling a witness who is not within the jurisdiction of the court of the place of arbitration to give testimony. However, some states have legislation which enables arbitral tribunal sitting in other countries to obtain evidence from witnesses within their jurisdiction, either at the request of the arbitral tribunal itself, or on the application of a party. The Model Law also envisages this possibility; it is to be hoped that countries adoption new legislation based on the Model Law will add this facility as a feature of court support for the arbitral process.”

(ii) Section 43只适用于在英国及威尔斯或北爱尔兰等地方进行仲裁程序，这不是指仲裁地点(seat of arbitration)必须为英国及威尔斯或北爱尔兰，它只要求仲裁程序在这些地方进行。若仲裁程序在其他地方进行，本条文不适用，在此情况下，仲裁当事方或许可以依赖Section 44 (2) (a)向英国法院作出申请(见本章第2.2.4

小段提及的 Commerce and Industry Insurance Co. of Canada v. Lloyd's Underwriters（2002）1 Lloyd's Rep. 219）。

Section 43 条文是要强制在英国的证人出席仲裁聆讯，提供口头证据或文件证据，但不是所有文件证据都需要提供，在 Section 43（4）已说明不能强迫证人提供一些在法律程序上不用提供的文件，例如一些受特权(privilege)保护的文件。但除此之外，本条文没有确定提供文件的范围，那么仲裁的一方是否可借本条文迫使证人提供所有有关的文件，变相通过法院来个强制披露？要知道，在旧有的 1950 年仲裁法的 Section 12（6）（b）中，法院有权指令披露，但此条文在 1996 年仲裁法生效前已被废除，1996 年仲裁法亦没有包括在内。Section 43 条文本身没有触及披露，但却可强迫证人提供文件证据，此条文应如何解释？在近期的一个案例 BNP Paribas v. Deloitte and Touche LLP（2003）EWHC 2874（Comm.）中，对此问题作出了判决。

该案涉及一家名为 Avis 的公司向 BNP 出售一组公司，有关协议适用纽约州法律，协议订定按国际商会的规则(ICC Rules)在伦敦仲裁。提交仲裁的争议是 BNP 指控 Avis 对该组公司的价值存有欺诈性误导(fraudulent misrepresentation)，而 Avis 则指 BNP 在购买前已由其核数师 Ernst and Young 审核账目(即所谓的"due diligence exercise")，Avis 又指有关账目是由在英国的 Deloitte & Touche（D&T）审核及无条件签证的，Avis 也在仲裁中提供 D&T 的有关合伙人的证人证言。BNP 对 D&T 的有关合伙人的证人证言存疑，便向仲裁庭提出要求，批准 BNP 向法院按 Section 43 申请要求 D&T 披露所有与该仲裁及该证人证言有关的文件。仲裁庭批准申请并指出有关文件"…are or may be relevant to the issues in dispute in this arbitration and gives its permission to the parties to request their production from [D&T], if necessary, pursuant to Section 43 of the Arbitration Act 1996"。BNP 于是便向法院申请，申请内容如下：

"that the Claimants [BNP] do have permission pursuant to CPR Rule 34.4 to issue and serve the witness summons in the form attached to this Application Notice because:

1. The Defendant [D & T] has in its power, possession custody or control documents which are relevant to arbitration proceedings to which the [BNP] are a party and/or which are referred to in the witness evidence served in those arbitration proceedings.

2. The application complies with Section 43 of the Arbitration Act 1996 and CPR Rules 31、14(1)(b)、31、17 and/or 34.4 and paragraph 7.1 of the Practice Direction to CPR Part. 62."

有关申请的范围十分广泛，而且很明显是借传召 D & T 作证为名，实是强迫 D & T 作出十分广泛及全面的披露。Morison 大法官认为对 BNP 来说，有关申请的主要用处是希望从披露的文件中找出证据，打击 D & T 的证人证言的可信性，因此，BNP 才要求 D & T 作出范围十分广泛的文件披露。但 Morison 大法官认为法院按 1996 年仲裁法的 Section 43，没有权力要求 D & T 这个第三者作出广泛披露，Section 43 提到的提供文件证据，只限于被指名的作为证据的文件(specific identifiable documents)，而不能被应用于要求第三者作出披露，他说：

"…there is an important distinction between requiring documents to be produced as evidence of some fact, as with a subpoena duces tecum, and asking for disclosure to trawl through documents to see if they support the applicant's case directly or by undermining the value of a witness' testimony…"

"In summary, therefore, this is an application for the production of classes of documents as opposed to an application for the production in evidence of specific identified documents. Accordingly this is not an application which falls within Section 43 because it has been too widely framed…"

因此，本条文下，法院没有权力指令第三者作出广泛的披露。

在2.2.1.2.3小段提及的Assimina Maritime Limited v. Pakistan Shipping Corporation and HR Wallingford Limited (2004) EWHC 2005 (Comm.)，原告另一申请依据是按Section 43要求无关的第三者作出披露，法院参考并依从BNP Paribas v. Deloitte and Touche LLP (2003) EWHC 2874 (Comm.)的先例，同样认为不应指令证人作出广泛的披露，但可指令披露一些能明确定义并可以摘要描述识别的文件："… it is insufficiently specific to order a witness to produce a broad class of documents, but sufficient to order production of a defined group of documents individually identifiable by reference to a compendious description: see the decision of this matter by Lord Fraser in re Asbestos Insurance [1985] WLR 331 at pages 337—338."

2.2.3　1996年英国仲裁法的Section 11：在海事诉讼被中止的情况下可保留担保

在海事争议中，最常见的一种取得诉前保全或索赔担保的方法，就是扣船(arrest of ship)。扣船属于对物诉讼(action in rem)，主要源自一系列可享有海事留置权(maritime lien)的海事索赔(maritime claim)，它们主要涉及向船舶提供服务的索赔或该船舶造成的损坏的索赔，前者如船长及船员的欠薪、船舶修理厂为船舶修理而产生的修理费用或海难救助的报酬；后者则有船舶碰撞或货物损坏等索赔。对物诉讼是一个特别针对海事索赔而出现的历史悠久的做法，用意是针对船舶在世界各地航行的浮动资产，而船舶拥有人可能在遥远的地方或身份不明，难以起诉。索赔方可向船舶提出法律诉讼，同时把船扣下来作为索赔担保，等待进行诉讼，若胜诉，更可将船拍卖以支付债务。在整个过程中，船东不出现也不影响有关程序，因为这是对物诉讼。对船东来说，船舶只有在航行时才赚钱，船舶被扣并进行对物诉讼，必然会带来金钱上的损失。因此，船东一般都会站出来进行抗辩，这样等于将对物诉讼(action in rem)转化为对人诉讼(action in personam)，但这不代表法院/索赔方会放行被扣押的船舶，因为法院有权要求船东为该索赔诉讼提供担保，例如现金担保、银行担保或船东互保协会的担保信等，主要是由于船舶可能是该船东在该管辖地方内的唯一资产，若让其离开，索赔方即使将来胜诉，也可能得不到赔偿(有关海事索赔在这方面的发展，请阅杨良宜先生著的《海事法》的第一章）。若涉及争议的合约中有一条仲裁条款，当事方是否仍然可以对船舶进行对物诉讼，目的是为了取得管辖权，去择地行诉（forum shopping），以便取得诉前保全？如果可以这样做，是否置合约中的仲裁条款于不理？

在纽约公约（New York Convention）——可能是世界上最成功的由联合国主导的商业上的公约中，Article II 有如下说明：

“1. Each Contracting State shall recognize an agreement in writing under which the parties undertake to submit to arbitration all or any differences which have arisen or which may arise between them in respect of a defined legal relationship, whether contractual or not, concerning a subject matter capable of settlement by arbitration.

…

3. The court of a Contracting State, when seized of an action in a matter in respect of which the parties have made an agreement within the meaning of this article, at the request of one of the parties, refer the parties to arbitration unless it finds that the said agreement is null and void, inoperative or incapable of being performed.”

依据 Article II，签约国必须要承认仲裁条款，并应中止（stay）本应由仲裁解决却在法院诉讼的案件。但在法院对物诉讼中的海事案件，若法院因为有关争议的合约（如租约或提单）有一条仲裁条款，而中止诉讼，原告是否仍然可以扣押船舶，用意是使原告先取得诉前保全，以备将来仲裁胜诉后作出支付？从船东的角度出发，若该法院诉讼被中止，船东先前向原告提供的诉前保全，是否应无条件地让船东取回？

在英国有两种说法：一是扣船所取得的索赔担保是为了该对物诉讼，而不是为了将来的仲裁，因此，若对物诉讼因仲裁条款而被中止，有关担保也应放掉：见 The “Cap Bon”（1967）1 Lloyd's Rep. 543。另一说法是法院有裁量权决定是否需要担保，或如已提供担保，是否需要放掉或保留至仲裁结案：见 The “Rena K”（1978）1 Lloyd's Rep. 545。

关于这方面的争议，最终通过立法而平息。在 Civil Jurisdiction and Judgments Act 1982 的 Section 26 有这样规定：

“（1）Where in England and Wales or Northern Ireland a court stays or dismisses Admiralty proceedings on the ground that the dispute in question should be submitted to arbitration or to the determination of the courts of another part of the United Kingdom or of any overseas country, the court may, if in those proceedings property has been arrested or bail or other security has been given to prevent or obtain from release from arrest —

（a）order that the property arrested be retained as security for the satisfaction of any award or judgment which —

（i）is given in respect of the dispute in the arbitration or legal proceedings in favour of which those proceedings are stayed or dismissed; and

(ii) is enforceable in England and Wales or, as the case may be, in Northern Ireland; or

(b) order that the stay or dismissal of those proceedings be conditional on the provision of equivalent security for the satisfaction of any such award or judgement.

(2) Where a court makes an order under Subsection (1), it may attach such conditions to the order as it thinks fit, in particular, conditions with respect to the institution or prosecution of the relevant arbitration or legal proceedings.

(3) Subject to any provision made by rules of court and to any necessary modifications, the same law and practice shall apply in relation to property retained in pursuance of an order made by a court under Subsection (1) as would apply if it were held for the purpose of proceedings in that court."

在此立法后，即使合约内有仲裁条款，只要是海事索赔，当事方可以扣船取得索赔担保，而不用担心会因仲裁条款而被中止，继而失去担保。在1996年《仲裁法》的Section 11下，重申有关做法：

"11. Retention of security where admiralty proceedings stayed

(1) Where Admiralty proceedings are stayed on the ground that the dispute in question should be submitted to arbitration, the court granting the stay may, if in those proceedings property has been arrested or bail or other security has been given to prevent or obtain release from arrest —

(a) order that the property arrested be retained as security for the satisfaction of any award given in the arbitration in respect of that dispute, or

(b) order that the stay of those proceedings be conditional on the provision of equivalent security for the satisfaction of any such award.

(2) Subject to any provision made by rules of court and to any necessary modifications, the same law and practice shall apply in relation to property retained in pursuance of an order as would apply if it were held for the purposes of proceedings in the court making the order."

在这两条立法下，对海事索赔而言，仲裁条款的存在不影响仲裁一方以对物诉讼形式扣船继而取得担保的做法。但对一些在立法上没有作出类似修改的国家或地区如香港，上述的不同看法仍然存在，加上在近期的一个英国案例影响之下(见The "Indian Grace"(No.2)(1998) 1 Lloyd's Rep. 1)，对传统对物诉讼及对人诉讼的法理关系有新的看法，使提交仲裁解决的海事索赔，能否一如既往般以扣船的方式取得担保，变得不肯定，在本章3.3小段会作出探讨。

2.2.4 法院对外国仲裁的协助

上述法院可行使的权力当然适用于在英国进行的仲裁，但对仲裁地点在外国的仲裁，若仲裁的一方向英国法院求助，法院是否有权考虑有关申请并提供协助？在1996年《仲裁法》立法前，英国法院在当时的仲裁法下，没有权力为外国仲裁下达中间措施指令：见本章1.2小段提及的Channel Tunnel Group Ltd. And Others v. Balfour Beatty Construction Ltd. And Others（1993）1 Lloyd's Rep. 291。这不理想的情况在1996年《仲裁法》已得到改善，Section 2（3）明示即使仲裁地点不在英国，或没有指明或决定仲裁地点，法院在Sections 43及44下的权力仍适用，唯一的考虑是，在英国以外的仲裁地点或可能被指明或决定的仲裁地点，会否令法院认为行使有关权力属不恰当。Section 2（3）原文如下：

"2. Scope of Application of Provisions

…

(3) The powers conferred by the following sections apply even if the seat of the arbitration is outside England and Wales or Northern Ireland or no seat has been designated or determined —

(a) Section 43 (securing the attendance of witnesses), and

(b) Section 44 (court powers exercisable in support of arbitral proceedings).

but the court may refuse to exercise any such power if, in the opinion of the court, the fact that the seat of the arbitration is outside England and Wales or Northern Ireland, or that when designated or determined the seat is likely to be outside England and Wales or Northern Ireland, makes it inappropriate to do so.

…"

英国法院对外国仲裁也提供类似的协助：如香港仲裁法合并的联合国示范法的Article 1(2)明示Article 9适用于外国仲裁，而Article 9是关于法院为了协助仲裁可考虑并作出中间保护措施，对于有关法院可行使的中间保护措施的权力，香港仲裁法的Section 2GC作出相关的补充（本章3.2小段对此有所介绍）；新加坡国际仲裁法（Singapore International Arbitration Act（Cap. 143A））的Section 12（7）给予法院与仲裁员在该仲裁法下就中间保护措施可行使的相同权力去协助仲裁，而有关权力不限于协助新加坡仲裁。举例在一个伦敦仲裁，有关证据需要向在香港或新加坡的第三者证人拿取，而该证人又不合作，这时当事方可向香港或新加坡的法院求助，要求证人出庭作证或提供有关证据。

前面谈到，1996年英国仲裁法的Section 2(3)，法院按此条文有裁量权决定是否协助外国仲裁，协助与否取决于法院对该外国仲裁地点的考虑，例如该外国仲裁地点有关仲裁程序所适用的法律（curial law）是否与英国适用的法律相近，从而决定该申请的指令是否"不恰当"（inappropriate）。事实上，若有关申请与英国的仲裁程序法不同，英国法院又何来权力去作出它不能下达的指令。此方面的考虑可看近期的一个案例Viking v. Rossdale（2002）1 Lloyd's Rep. 219，该案涉及再保险合约的争议，争议在纽约仲裁，仲裁双方都希望两位在英国安排承保风险的经纪人为该仲裁提供证据，但遭到他们的拒绝。这时，仲裁的一方向仲裁庭求助，而仲裁庭亦认为有此需要，便写了一封信，内容是要求有关法院协助，指令两人就某些问题接受质询。该请求被英国法院接纳。该两位经纪人不服有关判决，向法院申请撤销指令。原申请人其中一个依据，就是按照1996年《仲裁法》的Section 44 2(a)，法院有权向证人取证。Moore-Bick大法官同意1996年《仲裁法》的Section 2（3）允许法院通过Section 44向在外国仲裁地点的仲裁提供辅助，而由于本案的纽约仲裁庭对该两名在英国的经纪人没有有效的管辖权，故符合Section 44（5）的条件，法院可受理申请人的申请，但不代表法院会同意该申请，因为这属法院的裁量权。法院认为由于外国仲裁地点对仲裁所适用的仲裁程序法与英国的法律之间可能存有差异，故法院必须小心考虑是否应为该外国仲裁提供协助，这亦是1996年《仲裁法》的Section 2（3）（b）明示法院可以拒绝提供协助的原因。本案的申请是要两个经纪人接受质询，找出他们是否有资料可以协助仲裁当事方提出论据，其目的是为了向此两人拿取一份证供(deposition)文件，这其实是取得披露的一种手法。这申请也有仲裁庭作出的要求协助函(letter of request)支持。按纽约的法律，只有那些作出证供文件的人士，才能被仲裁庭接受出庭提供口头证词(oral testimony)。这程序法(curial law)与英国的法律有别，英国的法律没有这样的程序，法院也没有权力要求一个人接受上述的质询，英国法院指令证人被质询是要他向法院提供证据，但该仲裁庭实际上是要求取得一份两人的证供(deposition)文件。因为程序上的差异，Moore-Bick大法官认为接受申请作出指令是不恰当的。附带一提，除了前述理由外，Moore-Bick大法官也提到，申请人应提供充分证据，证明申请是恰当的，其应包括有关诉讼本质的解释，以及列明哪些问题需要有关人士提供证据，并提供理由说明为什么认为该人士能够就有关问题提供证据，若有关申请为该人士带来越大的不便，越有需要向法院证明他所能够提供的证据，足以影响对争议作出公正的判定。在该案中，由于申请人没有对案情提供详细的解说，只是依赖仲裁庭的信件，指这两名经纪人的证据是必需的，法院因此而否决有关申请。

顺便一提在少数的国家/管辖权的有关仲裁法也有类似规定，例如像香港《仲裁法》的Section 2GG，就是香港的法院协助外地仲裁庭作出要求，例如上一段提到的letter of request，就可以说服香港法院作出协助。如果有更多的国家/管辖权能够这样立法，也不需要UNCITRAL目前的工作来执行中间措施/中间命令了。据悉新加坡国际仲裁法(Singapore Interntional Arbitration Act (Cap. 143A))的Section 12（7）也给予新加坡法院就中间保护措施可行使的相同权力协助外国仲裁，而有关权力不限于协助新加坡仲裁。例如在一个伦敦仲裁，有关证据需要向在香港或新加坡的第三者证人拿取，而该证人又不合作，这时当事方可向香港或新加坡的法院求助，要求证人出庭作证或提供有关证据。另一个例子可显示出这种做法的重要性，即中国承租人期租了一艘希腊船，在途经新加坡加油的时候，船东推三阻四如说收不到有关指示等等，导致不需要半天就加好油开航却拖延了三四天之久。这在租金高昂的时候也不是一笔小钱。中国承租人估计船东有鬼，在新加坡是在进行修理。但船东否认也估计他们不会在伦敦仲裁坦率地披露有关文件，所以就想到新加坡法院申请协助伦敦仲裁并下令船东代理人把所有与船东的通信和所有有关文件保全与披露出来，甚至进一步提供口头证据。如果船在新加坡停留的确实有不可告人的活动，就会"捉贼捉赃"。这种情况稍微不同的是无法要求伦敦仲裁庭作出一个 letter of request，因为这是要在双方争辩后才可能作出，在这个时候希腊船东就可以叫新加坡代理人去毁掉有关文件，令新加坡法院作出强制命令已经太晚了，这方面的有关做法在本书第十二章之 7.5.2 段有略及。这一点在本书第十二章之 7.5.2 段有略及。

3. 香港仲裁条例下有关下达中间措施指令

香港仲裁条例分为国际仲裁及本土仲裁两部分，国际仲裁部分采用联合国的示范法（UNCITRAL Model Law），但由于由各国代表参与起草的示范法存有不清、含糊以致不足之处，香港于 1996 年对示范法作出增加及修补，其中最大的改动要算有关中间措施的行使权力，理由是示范法在此范畴上不够清楚。

在示范法下有关中间措施的行使权力，可见 Article 9 及 Article 17，原文如下：

"Article 9 Arbitration agreement and interim measures by court

It is not incompatible with an arbitration agreement for a party to request, before or during arbitral proceedings, from a court an interim measure of protection and for a court to grant such measure."

"Article 17 Power of arbitral tribunal to order interim measures

Unless otherwise agreed by the parties, the arbitral tribunal may, at the request of a party, order any party to take such interim measure of protection as the arbitral tribunal may consider necessary in respect of the subject-matter of the dispute. The arbitral tribunal may require any party to provide appropriate security in connection with such measure."

Article 9 主要的目的是要清楚说明仲裁当事方可向法院申请中间措施，向法院寻求协助不应被视为违反仲裁协议，法院亦无须因为仲裁条款的存在而中止有关申请。至于 Article 17，它属于非强制性条文，与 1996 年英国仲裁法的 Section 38 类似，仲裁当事方可协议否定仲裁庭下达中间措施的权力。这两条条文不约而同的提到中间保护措施（interim measure of protection），而 Article 17 更指出仲裁庭可要求仲裁当事方就中间保护措施提供恰当的担保（security），但问题是，这两条条文都没有说明中间保护措施应包括什么，相对于 1996 年英国仲裁法在这方面的清晰界定，明显有所不足。除此之外，由于这两条条文允许仲裁当事方可自由选择向法院或仲裁庭提出申请中间保护措施，仲裁庭及法院面对有关申请时，应如何分工？已经说过，大趋势是把申请交由仲裁庭处理，但实际上有些申请必须由法院处理才有效，但这两条条文没有为此作出区分，既不能让仲裁当事方事事向法院提出申请，而法院的过度插手对仲裁双方也不是件好事，因为这样只会拖慢仲裁的效率及加重双方的费用负担。

有鉴于此，香港仲裁法在1996年作出修补，并在1997年通过立法。在修改后的香港仲裁条例（Arbitration Ordinance Chapter 341）中，针对有关上述问题的条文为Section 2GB及Section 2GC。

3.1 仲裁员下达中间措施指令的权力—香港仲裁条例的Section 2GB

针对仲裁庭的权力的条文在Section 2GB，原文如下：

"2GB. General powers exercisable by arbitral tribunal.

(1) When conducting arbitration proceedings, an arbitral tribunal may make orders or give directions dealing with any of the following matters —

(a) requiring a claimant to give security for the costs of the arbitration;

(b) requiring money in dispute to be secured;

(c) directing the discovery of documents or the delivery of interrogatories;

(d) directing evidence to be given by affidavit;

(e) in relation to relevant property —

(i) directing the inspection, photographing, preservation, custody, detention or sale of the property by the tribunal, a party to the proceedings or an expert; or

(ii) directing samples to be taken from, observations to be made of, or experiments to be conducted on the property.

(f) granting interim injunctions or directing other interim measures to be taken.

(2) Property is relevant property for the purposes of Subsection (1)(e) if —

(a) the property is owned by or is in the possession of a party to the proceedings; and

(b) the property is subject to the proceedings, or any question relating to the property arises in the proceedings.

…

(6) In conducting arbitration proceedings, an arbitral tribunal may decide whether and to what extent it should itself take the initiative in ascertaining the facts and the law relevant to those proceedings.

(7) An arbitral tribunal may —

(a) administer oaths to, or take the affirmations of, witnesses and parties; and

(b) examine witnesses and parties on oath or affirmation; and

(c) direct the attendance before the tribunal of witnesses in order to give evidence or to produce documents or other material evidence.

(8) A person cannot be required to produce in arbitration proceedings any document

or other material evidence that the person could not be required to produce in civil proceedings before a court.

(9) Subsections (6) and (7) are subject to any agreement to the contrary of the parties to the relevant arbitration proceedings."

（＊ Section 2GB (3)、(4)及(5)列明仲裁员有权下令仲裁原告提供费用担保，有关这方面的探讨请阅读本书第十一章，不再在此重复。）

此条文可分成两部分：一是强制性的，仲裁双方不能通过协议去否定仲裁员在此部分下的权力（见 Section 2GB (1)）；另一部分是非强制性的，仲裁双方可以否定立法赋予仲裁员的权力，这是指 Sections 2GB (6)及(7)（见 Section 2 GB (9)）。

Section 2GB (1)明确列出仲裁员就中间保护措施可行使的权力，这包括：

(i) 指令原告提供费用担保：2GB (1) (a)。

(ii) 指令为争议款项提供担保：2GB (1) (b)。

(iii) 指示披露文件或送达质问书：2GB (1) (c)。例如仲裁员可以限制文件披露的范围。

(iv) 指令以誓章形式作证：2GB (1) (d)。

(v) 下令由仲裁员、专家或仲裁当事方对有关财产进行检查、影印、保存、储存、扣留或出售，又可下令对任何物件提取样本、作出观察或对物件进行实验：2GB (1) (e)。这种重要而广泛的权力是有限制的，仲裁员只能对由仲裁当事方拥有或由他占有或持有财物，而又属于仲裁标的的物件或该物件与在仲裁中产生的问题有关，行使上述权力：2GB (2)。

(vi) 下达中间禁令或其他临时措施：2GB (1) (f)。

不难看出，Section 2 GB 拟定时是参考了 1996 年英国仲裁法的 Section 38，因此部分条文的用字与 Section 38 差不多，但 Section 2GB 比 Section 38 更进一步，赋予仲裁员更广泛的权力，如仲裁当事方为争议款项提供担保(Section 2GB (1) (b))、仲裁员可决定是否把财物出售(Section 2GB (1) (e))、下达中间禁令或其他临时措施((Section 2GB (1) (f))，这些权力在英国的仲裁法下不会自动给予仲裁员，而是需要由仲裁双方自行同意。给予仲裁员此等权力不无争议，因这些权力涉及干扰行使个人权利的自由，例如冻结银行账户或扣押财物，一般人不会认同可以由仲裁庭私下解决争议的制度作出如此重要的决定，这应属国家或地区的司法制度下的特权。既然香港仲裁法赋予仲裁员这些权力，仲裁员必须小心考虑作出决定，以免可能会被利用作为打击对手的手段，对受影响的一方可能带来不公，例如要求仲裁被告提供索赔担保或把货物出售并把货款保留作为担保等，但被告本身可能财力有限，面对不了这些巨大压力及随后而来的后果，有可能迫使他接受原告的“城下之盟”，即使他可能有一个不错的抗辩依据。

理论上在扩大后的权力，仲裁员可以考虑 Mareva Injunction (Sections 2GB (1) (b)及(f))及 Anton Piller Order (Sections 2GB (1) (e)及(f))的申请，但这是否包括

只听取一面之词的申请(ex parte application)？事实上，这些禁令及指令若不是在仲裁另一方不知情下作出申请，其作用有限，因为当对方知悉申请，便会尽快把资产调走或把证据毁灭，到时拿了仲裁庭的指令又有什么用。因此，有论者认为仲裁员可以处理一面之词的申请。笔者对此存疑，理由主要是这样做会违反自然公正的大原则，而这大原则在香港仲裁条例的 Section 2GA 明确订明，其影响理应超越仲裁条例下所有的其他条文；另一理由是，即使拿了这中间禁令及指令，但禁令的执行需要法院协助，试想在一个国际仲裁，外国的法院又会否愿意协助一个在未经仲裁的另一方提出抗辩的情况下而取得的中间禁令？当然，也可以反过来说，仲裁双方同意选择香港仲裁，便等于接受了香港仲裁条例在这方面的安排；Section 2GB (1) (f) 提及的中间禁令或其他临时措施，没有排除 Mareva Injunction 及 Anton Piller Order，单从字面解释，很难说为什么仲裁员可以行使某些中间禁令或临时措施，另外一些则不能。从实务方面看，由于这些中间禁令很多时候都会涉及第三者，例如银行，而仲裁庭在这方面所下达的中间禁令，却只能约束仲裁当事方，使得仲裁庭处理这方面的申请机会不会多，有关申请通常会向法院提出，因为法院的指令可约束第三者。

Sections 2GB (6)及(7)不是强制性条文，仲裁双方可以协议否定。合约中的仲裁条款很少会如此细致地否定某些权力。当争议发生后，仲裁双方关系变差，在仲裁细节上便很难取得共识。故此，虽然本条文允许仲裁双方另有协议，现实中出现的机会很少。Section 2GB (6)允许仲裁员主动向仲裁双方就争议的事实及法律问题查询，是将普通法传统的对抗制(adversarial system)引入大陆法国家(civil law countries)的询问制(inquisitorial system)。当然，仲裁员在行使此权力时，不要忘记本身的责任，即香港仲裁法条例下 Section 2GA 要求仲裁员公平及公正地处理仲裁，并给予仲裁当事方合理机会陈述各自的论点，例如，仲裁庭就某法律观点有新的考虑或有不同于仲裁双方的论点，便应把其看法或想法告知仲裁双方，并邀请他们提出各自的观点，不应在仲裁一方或双方不知情的情况下，依赖有关看法而对争议作出判决。此条文与 1996 年英国仲裁法的 Section 34 (2) (g)相同，唯一的区别是后者属于强制性条文。Section 2GB (7)则允许仲裁员为证人或其他人士监视、讯问他们及指示他们出庭提供证据或文件证据等。

3.2　法院下达中间措施指令的权力—香港仲裁条例的 Section 2GC

至于法院的权力则来自 Section 2GC，原文如下：

"2GC. Special powers of Court in relation to arbitration proceedings.

(1) The Court or a judge of the Court may, in relation to a particular arbitration proceeding, do any of the following—

(a) make an order directing an amount in dispute to be secured;

(b) in relation to relevant property—

(i) make an order directing the inspection, photographing, preservation, custody, detention or sale of the property by the tribunal, a party to the proceedings or an expert; or

（ii）make an order directing samples to be taken from, observations to be made of, or experiments to be conducted on the property.

（c）grant an interim injunction or direct any other interim measure to be taken.

（2）Property is relevant property for the purposes of Subsection（1）(b) if —

（a）the property is owned by or is in the possession of a party to the arbitration proceedings concerned; and

（b）the property is subject to the proceedings, or any question relating to the property has arisen in those proceedings.

（3）The Court or a judge of the Court may order a person to attend proceedings before an arbitral tribunal to give evidence or to produce documents or other material evidence.

（4）The Court or a judge of the Court may also order a writ of habeas corpus ad testificandum to be issued requiring a prisoner to be taken for examination before an arbitral tribunal.

（5）The powers conferred by this section can be exercised irrespective of whether or not similar powers may be exercised under Section 2GB in relation to the same dispute.

（6）The Court or a judge of the Court may decline to make an order under this section in relation to a matter referred to in Subsection（1）on the ground that —

（a）the matter is currently the subject of arbitration proceedings; and

（b）the Court or the judge considers it more appropriate for the matter to be dealt with by the relevant arbitral tribunal."

Sections 2GC（1）及(2)的条文与 Sections 2GB（1）及(2)相似，明显的分别是：

（1）法院没有权力处理费用担保的申请；

（2）法院不会插手文件披露的仲裁程序上的事情。

Sections 2GC（3）及(4)说明法院可以协助仲裁当事方向任何人取证，既可以是仲裁当事方或证人，也可以是与争议无关但拥有证据的第三者。法院针对在其管辖范围内的人，问题当然不大，但对在外国的第三者，同样会出现本章 2.2.2 小段提及的困难。

Section 2GC（5）清楚地指出法院在本条文下行使的权力，不会因仲裁庭在 Section 2GB 下对相同争议可行使相类似的权力而受到影响或制衡。这表明仲裁当事方可以向仲裁庭按 Section 2GB 作出中间措施的申请或向法院按 Section 2GC 提出申请，而法院不仅只因为仲裁庭有同样的权力而拒绝处理仲裁当事方的申请。法院同时拥有并可行使的权力，在某些情况下对仲裁当事方来说是十分重要的，这一点在本章 2.2 小段已有提及。不过，若法院随意地接受仲裁当事方的申请，并行使其权力，就违反了法院应尽量减少干预仲裁这世界潮流，不仅可能会降低仲裁的效率及增加费用，也可能会被申请方利用，在仲裁以外另开一条战线，目的是尽量困扰仲裁的另一方。因此，Section 2GC（6）订明了法院有裁量权决定是否接受申请，条件是：

（1）该事项属仲裁程序的标的；及

（2）法院认为将该事项交由仲裁庭处理较为合适。

该条文凸显了在行使中间保护措施的权力的问题上，仲裁庭与法院之间的关系，就是尽量以仲裁庭为先，法院为辅。这关系在一个很出名的香港海事案例 The "Lady Muriel"（1995）No. 87（Civil）有所说明。该案发生在香港仲裁法修例前，案情是这样的，船东与承租人签订一个为期 3.5 年的期租合约，但在头一年，船舶已有机件失灵的历史，其后更由于一连串的机件故障，连船带货在香港停留了接近一个月。这时承租人十分担心船舶的适航状况及在船上的货物能否安全低达卸港，认为有必要委托一名独立验船师在香港上船检查，以确定船舶是否适航。承租人于是向香港法院提出上船检查的申请，该申请被法院接受。租约有一条伦敦仲裁条款，在法院下令之前，船东及承租人已按仲裁条款展开仲裁。船东不服法院的指令，向法院上诉，并要求在上诉期间中止执行检查指令，有关要求得到法院的同意。上诉的争议主要有两点，一是管辖权问题；二是如果法院有管辖权，其决定是否正确。有关法院的管辖权，法院认为由于示范法的 Article 1（2）说明示范法只适用于仲裁地点在香港的仲裁，但 Article 9 除外，而 Article 9 订明仲裁当事方可向法院就中间保护措施寻求协助，故此认为示范法没有阻止法院去协助外国仲裁，下达中间保护措施的指令。判法院有权提供协助，更认为按 Channel Tunnel Group Ltd. And Others v. Balfour Beatty Construction Ltd. And Others（1993）1 Lloyd's Rep. 291 的先例，法院可以对外国仲裁的仲裁当事方就中间保护措施的申请提供协助，尽管有关申请本身并非是一种诉因。至于法院应如何行使其权力，Godfrey 大法官认为除非有关申请的措施从公正方面看是有需要作出，以防仲裁申请方可能要面对严重及不可补救的损失，法院才应插手，否则，有关申请应先向已受委托的仲裁庭提出：

"…In the circumstances of this case, it would not be appropriate for the Hong Kong court to grant the relief sought at the instance of the charterers, who have not even sought, let alone obtained, the approval of the arbitrators to their request for that relief. I do not rule out the possibility that, in another case, where there is great urgency, and where serious and irreparable damage would manifestly and undoubtedly be done to the charterers unless the relief sought were obtained, so that interests of justice dictated the grant of relief to the charterers as a matter of necessity, the court might be prepared to grant charterers an appropriate "interim measure of protection,' not withstanding that the approval of the arbitrators or their application had not been first obtained. But it is, in my judgement, not enough that it would be just and convenient to make the order for inspection…'"

"The matter perhaps best be put this way: where a party to an international commercial arbitration, the seat of which is a place other than Hong Kong, seeks 'an interim measure of protection' from the court of Hong Kong without having first obtained the approval of the arbitrators to his application, the Hong Kong court should refuse the application unless satisfied that the justice of the case necessitates the grant of the relief in order to prevent what may be serious and irreparable damage to the position of the applicant in the arbitration. If, as I think is here the case, the applicant is unable to discharge this (admittedly, very heavy) burden, the Hong Kong court should refuse him relief."

可见，早在香港仲裁法修改前，香港法院已有权向在外国仲裁的当事方提供中间保护措施的协助；不过，香港法院不会轻易插手仲裁事务，它认为仲裁当事方应先向仲裁庭寻求协助，除非申请方能说服法院其所需的协助是有必要的。该思维反映在 Section 2GC（6）中。

另一发生在香港仲裁法修改后的案例 Leviathan Shipping Co. Ltd. v. Sky Sailing Overseas Co. Ltd.（1998）4 HKC 347，对法院的辅助角色，及倾向不应轻易插手仲裁的态度，有清楚说明。船东以期租航次形式把船租给承租人，租约有一条香港仲裁条款。由于承租人与分承租人在分程租租约下有纠纷，导致船舶被分承租人扣押，以取得担保；其后该船又被承租人的港口代理以欠款为由扣留。两次扣船迫使船东向承租人采取行动，向香港法院以 ex parte 形式申请指令要求承租人提供担保放船，及申请 Mareva Injunction，要求法院指令承租人向船东提供损失担保。有关申请被法院接纳。承租人不服，向法院要求撤销指令，理由有二，一是船东作出 ex parte 的申请时，没有向法院提供重要的披露，这属典型的指控，由于法院只听一面之词而作出决定，因此法院要求申请人提供所有重要的资料，不论对申请人有利与否，以便法院可以在已知的情况下尽量作出公正的决定，但现实是大部分申请人由于各式各样的理由，未能做到有关要求，例如本案代表船东的律师在宣誓书中忘了提及船东在寻求香港法院协助前，已向扣船所在地的法院作出同样的申请，但被该法院指应向扣船的法官（Arrest Judge）要求处理扣船的问题，及向恰当的法院或仲裁庭处理船东在租约下提出的索赔的事非曲直（"to the appropriate court or tribunal in order to decide on the merits" of the plaintiff's claim under the charterparty.）。香港法院认为这是重要的遗漏，故撤销指令。另外一个理由是租船合约有一条香港仲裁条款，所有争议应交由仲裁庭来处理。Findlay 大法官在衡量完 Sections 2GB 及 2GC 后，认为有关申请只是针对承租人，不涉及第三者，仲裁庭在香港仲裁法下有权作出指令，法院不应插手，他这样说：

"So, notwithstanding that the plaintiff's action is referred to arbitration, the court has jurisdiction to deal the applications for interim relief. The question is whether or not the court should exercise this jurisdiction when the arbitral tribunal has the same powers. For a long time now, the courts have leaned in favour of making the parties who have agreed to settle their disputes by arbitration stick to that method of dispute resolution rather than resorting to litigation when it suits them to do so. The 1996 amendments to Chapter 341 have underlined that approach by removing the court's discretion in relation to the action and by enlarging the powers of the arbitral tribunal. The legislature has provided for the intervention of the courts, but, in my view, this jurisdiction should be exercised sparingly, and only where there are special reasons to utilise it. A special reason would be where the arbitral tribunal does not have the power to grant all the relief sought in a single application. Rather than apply to the tribunal for some of the relief and to the court for the other relief, it would obviously be more appropriate for the application to be made in its entirety to the court. But there is, in this case, no valid reason why the main dispute should be referred to arbitration, but the dispute regarding interim relief should be decided by the courts. The tribunal has the power to grant all the relief claimed."

可以看到，在 Section 2GC（6）之下，法院只会在特别的情况下，如情况紧急或法院的干预是必须的，法院才会插手仲裁庭有权处理的有关中间保护措施的申请。

3.3 法院对由仲裁管辖的争议作出扣船的权力

在本章的2.2.3小段提及，扣船并取得担保是海事索赔常见的做法，在英国仲裁法亦有条文(Section 11)清楚说明，用意是确定法院面对由仲裁管辖的争议，仍然有权指令扣船，以协助仲裁当事方取得诉前保全。由于这是由立法明确下来的做法，在扣船的问题上，已不再需要考虑对物诉讼和对人诉讼的区别，也不用争辩英国法院面对由仲裁管辖的争议，是否可以仅为了协助仲裁的一方取得索赔的担保而扣船。

香港仲裁法没有如英国仲裁法般，特别加入条文，针对上述扣船的情况；而香港的法律，也没有如英国的法律般，加入类似 Civil Jurisdiction and Judgments Act 1982 的 Section 26，尽管身为1952年扣船公约(1952 Arrest Convention)的签字方，依据该公约的 Article 7，香港应如英国般为此立法；香港在这方面的法律，是通过案例建立起来的，有关权威的判例可见 The "Britannia"（1998）1 HKC 221，法官在该案中接纳英国的 The "Rena K"（1978）1 Lloyd's Rep. 545 为这方面的权威案例，指在一个扣船的诉讼，但实际上是受到仲裁管辖的争议，法院有裁量权决定是否扣船或以担保代替扣船，如果已扣船或提供担保，是否需要放掉或保留至仲裁结案。因此，对于有海事索赔的一方，即使有关索赔需按仲裁条款解决，他仍可以在香港通过扣船，取得诉前保全，而不用担心法院因为要把管辖权让与仲裁庭，不受理扣船申请，或把通过扣船而取得的担保交还船东。

但是，依赖案例去完善这方面的法律，毕竟不是令人满意的做法，因为案例的判决会随着法律的演变而有不同的发展及看法。在 The "Britannia"（1998）1 HKC 221 一案被法官视为权威的案例的 The "Rena K"（1978）1 Lloyd's Rep. 545，其中一个原因是 Brandon 大法官认为法院有上述的裁量权，主要是对物诉讼(action in rem)和对人诉讼(action in personam)属两个不同的诉讼，所以，尽管对人诉讼的诉因(cause of action)经仲裁裁决后与仲裁裁决书结合起来，但对物诉讼的诉因不会因此而与仲裁裁决书合并,它是针对“物”即此案件中的船舶,而对人诉讼的诉因是针对“人”即船东,两者性质不同,所以拥有对物诉讼的诉因的人,该诉因仍可被其所用。因此,即使对物诉讼由于仲裁条款的存在而被中止(stay),但其不是终局(final),如果有好的理由,有关中止可被撤销,直至对物诉讼有判决或和解。在这种逻辑之下,如果原告提出的对物诉讼因为仲裁条款而被中止,若随后的仲裁裁决书判定原告胜诉,但被告船东不去履行在仲裁条款下的责任,或无能力履行,原告可以撤销有关中止,继续对物诉讼。但问题是原告即使在对物诉讼胜诉,由于没有担保(security),其判决与仲裁裁决书一样,都是得物无所用。因此,有必要向原告作出公正对待,法院应考虑继续扣船,作为对索赔的担保,或在有条件的情况下放船,例如船东为仲裁裁决书提供担保(如银行担保)。

但在近期的一个英国贵族院的判决 The “Indian Grace” (No. 2) (1998) 1 Lloyd's Rep. 1,对物诉讼及对人诉讼的分别变得模糊起来。该案的原告为货主,被告则是船东,争议涉及一条名为“Indian Grace”的船所运载的货物出现短卸(short delivery)及损坏,原告先在印度法院就短卸向船东提出诉讼并获胜诉,之后又在英国法院就货物损坏提出对物诉讼,指船舶有不适航,违反合约条款及/或有关装载及运输的责任。这时“Indian Grace”的姊妹船“Indian Endurance”刚好来到英国,原告便把有关传票送达上船。原告及被告随即同意争议按英国法律在英国审理。由于原告宣称会扣船以取得索赔担保,船东的互保协会同意提供担保书,以免“Indian Endurance”被扣。在英国法院诉讼中,被告指出有关争议事实上已在印度法院有所判决,认为按 Civil Jurisdiction and Judgments Act 1982 的 Section 34(该条文明示不能对涉及相同当事方的已有判决的争议,再在英国进行诉讼),原告是不能就同一诉因再进行诉讼。原告的主要论点是对物诉讼和对人诉讼属于不同性质,在英国的对物诉讼涉及的是船而不是船东,因此该立法不适用。贵族院认为对物诉讼和对人诉讼的分别不大,它们都是针对同一诉因,对物诉讼只是在诉讼程序上给了原告一个方便,事实上,被告仍是船东,因此基于此立法的目的,法院对于一个已经存在的对人诉讼的外国判决,便不应允许原告以对物诉讼就相同诉因在英国再次提出诉讼。

按 The “Indian Grace” (No. 2) (1998) 1 Lloyd's Rep. 1 的看法,对物诉讼及对人诉讼的分别变得模糊起来,而 The “Rena K” (1978) 1 Lloyd's Rep. 545 一案所依赖的,正是这两者之间的不同特性。假若对物诉讼所针对的船及对人诉讼所针对的船东,都被视为同一方,而诉因亦相同,那么这两者再没有分别。如此,则原先由于仲裁条款的存在而被中止的对物诉讼,因为它的诉因与对人诉讼的相同,而该诉因已经与仲裁裁决书合并在一起,这中止将不可能被撤销。在此情况下,The “Rena K” (1978) 1 Lloyd's Rep. 545 的判决未必如 The “Britannia” (1998) 1 HKC 221 一案般被视为权威的案例了。

综上,香港应尽快通过立法解决上述不明朗的情况,例如加入类似 Civil Jurisdiction and Judgments Act 1982 的 Section 26,而不是继续依赖 The “Rena K” (1978)

1 Lloyd's Rep. 545，作为对受仲裁条款管辖的海事索赔，提供扣船的理据。否则，香港在扣船这方面，将落后其他国家或地区，如新加坡。

4. 仲裁员应如何考虑中间措施的申请

仲裁员面对中间措施的申请，应如何考虑？本章在不同的地方有所提及，一般来说，在不同的情况下，不同的申请有不同的考虑因素，例如费用担保的申请，要考虑的因素有很多；又例如若仲裁员有权下达 Freezing Injunction 或 Search Order，法院在这方面熟稔的操作，可以借鉴。始终这是属于仲裁员的裁量权，但有一些基本指引，如英国特许仲裁员协会的法律顾问 Tamara Oyre 女士为协会撰写题名为"The Power of an Arbitrator to Grant Interim Relief under the Arbitration Act 1996"的文章中提出的一些指引（刊于协会出版的"ARBITRATION" Volume 65 Number 2），可以作为参考：

"1. The arbitrator needs to ascertain whether he has the jurisdiction to make an order for interim relief. It is clear that this power must have been granted expressly either in the original arbitration agreement which was contained in the contract governing the parties relationship, or in some other document, executed at a different time.〔1〕

2. The arbitrator ought to be in possession of all relevant evidence and facts before determining whether or not to grant the interim relief requested. After all, how can an arbitrator come to a fair decision in accordance with his duties in Section 33 if he is not in possession of every detail?〔2〕 Thus, the arbitrator ought to take into consideration any defence or counterclaim, and be certain that the party seeking the interim relief has a sound chance of success in the final award.〔3〕

3. Allied to point 2 above, the arbitrator should be certain that the circumstances of the case leaned in favour of granting the interim relief, and the grounds supporting that far outweighed the grounds favouring denial of the relief sought. If greater harm will be caused

---

〔1〕 下达中间措施的权力可以来自仲裁条款的明文规定，例如指名某仲裁规则适用，而规则对有关权力有规定；指名适用某国家或地区对仲裁员下达中间措施的权力有规定的法律，但这不常见。若仲裁条款没有规定，则一般要看仲裁地的法律，在此 1996 年英国《仲裁法》与香港仲裁条例亦有很大的分别。

〔2〕 这涉及自然公正的考虑，香港仲裁条例的 Section 2GA 也有同样规定。但若仲裁员有权作出 ex parte Mareva injunction，仲裁员只能依赖申请一方所提供的资料作出决定，因此对有关资料披露的要求十分高。

〔3〕 在这里要补充的是，仲裁员在考虑争议的强弱时，更要小心过早对争议下判决。

than good, the order should not be granted. If the matter is not that clear cut, the arbitrator might wish to consider whether damages might suffice. If not, the arbitrator might also wish to consider whether an undertaking from the party seeking the interim relief to pay damages, might redress the balance between the parties.[4]

4. The arbitrator might wish to consider the bargaining position of the parties to ensure that one party will not be substantially disadvantaged by the order, such that the arbitration proceedings will have to be abandoned. In this respect the financial hardship endured by both the plaintiff and the defendant will have to be considered. It is however suggested that the arbitrator should only consider this at the end, when taking all the circumstances of the case into consideration.[5]

5. The arbitrator should give both parties a fair opportunity of addressing him on the issue as to whether to grant the application or not. Once again, this would comply with Section 33.[6]

6. The arbitrator should be aware of the fact that in granting the interim relief requested, he can work an injustice against the other party, and as a consequence he should proceed with caution. It is noted that an order made by an arbitrator at this stage of the proceedings will not be final and binding upon the parties, and may therefore be subject to amendment at a later stage. Notwithstanding, even a provisional order may compel the party so affected to abandon the arbitration, thereby resulting in injustice.[7]

7. Finally, and perhaps most importantly, the arbitrator should only grant the application for interim relief if he considers it to be fair and just in all the circumstances of the case, and in accordance with commercial common sense."

---

〔4〕 例如在本章的2.2.1.2小段提及出售船上货物的例子中双方对有关出售申请的利弊探讨，其实就是出售与否对双方可能带来的不便及损害，例如船东要求在其他国家把货卖掉，但考虑到船东不熟识市场，或周遭没有市场，或由船东出售，货物只能以贱价卖掉等，而货主却是熟识市场，容易卖得好价，加上货主愿意向船东提供索赔担保，是否应交由货主接货出售比较好？显而易见，由货主把货物在原卸货港接货出售，比由船东出售所带来的损害少得多。

〔5〕 这在本章的2.1.2小段有提及。当然这考虑适合其他中间措施申请，例如提供索赔担保或费用担保等。

〔6〕 这与(2)相同，仲裁双方应有充足合理的机会对某中间措施的申请提出各自的看法，否则仲裁员便有机会被指违反自然公正。当然，若仲裁员有权去考虑 ex parte 的申请，这考虑便不适用，但在决定批准该申请后，仲裁庭仍应让当时未有得到通知的一方，有机会对该中间措施与申请方抗辩，以便让仲裁庭决定应否保留有关中间措施。

〔7〕 这与(4)的考虑差不多。

5. 执行仲裁庭的中间措施指令的手段及面对的困难

法院下达的中间措施指令，一般比较容易执行。这里所指的法院，可以是仲裁地点的法院，也可以是仲裁标的所在的法院，亦可以是仲裁当事方所在地的法院或证人所在地的法院。这些法院下达的中间措施指令，受影响的一方通常都不敢不从，原因是违反指令的代价是蔑视法院(contempt of court)，换来的后果是罚款或监禁(fine or imprisonment)，这亦是由法院下达指令的有力之处。当然，若受指令影响的一方根本不在该法院的管辖范围内，例如仲裁的一方是一家海外注册的皮包公司，它倒不怕监禁或罚款，除非这指令能直接影响其利益，例如本章的 2.2.1.2 小段提及出售标的的实例，该案货主的货物在船东的船上，船东若成功拿到英国法院的出售货物的指令，便可私下卖出货物(private sale)，将出售合法化，而不用担心将来在仲裁中遭受货主对出售货物带来的损失索赔，面对这种情况，货主不得不去英国法院应战，因为指令一出，船东就可以执行(即出售货物)。

仲裁员的中间措施指令在执行上与法院最大的不同在于违反指令的后果不存在蔑视仲裁庭的说法，而要有效执行仲裁庭的指令，在国际仲裁的层面上，可能涉及不同地方的法院对仲裁庭的指令的不同对待，当中可谓困难重重。因此，纵使现行的仲裁法给予仲裁员下达中间措施的权力有多大，范围有多广，若其指令不能有效执行，也是徒然。不幸的是，这正是现今仲裁世界要面对的困难之一。现实中，要有效地迫使仲裁的一方执行仲裁庭的中间措施指令，方法不多，例如：

(i) 仲裁法中有关执行仲裁庭指令的规定。先看 1996 年英国仲裁法的做法。在 Section 41 (5)说明当仲裁庭下达了指令，而该指令被受影响的一方漠视，仲裁庭可依据此条款作出一个强制指令(peremptory order)，要求被指令的一方在某时限内执行指令，例如在 14 天内提供费用担保(有关未能提供费用担保的后果，请阅读本书第十一章)，或在某日前提供某文件等，否则按 Section 42，仲裁庭或仲裁的一方均可向法院申请，要求法院指令受影响的一方执行该仲裁庭的指令。这种做法的好处在于将仲裁庭的强制指令，变成法院的指令，若这时还不依从，就是蔑视法庭，对受指令影响的一方来说，会被罚款或监禁，这做法大大加强了仲裁庭的指令的权威性。要注意的是，Section 42 只适用于在英国进行的仲裁，也就是说，仲裁地在英国以外的仲裁庭发出的强制指令，不能在英国依据 Section 42 转成法院的指令。前面已经说过，有些情况，即使是法院的指令，也未必能够有效执行，例如受影响的一方属外国皮包公司，或者受影响的仲裁标的在外地，英国法院的指令在外地不被承认，仲裁方也不需理会；当然，若受影响的一方与英国有密切关系，例如在英国有分公司，漠视法院指令的机会便相对较小。

这做法同样可应用在香港仲裁，在香港仲裁条例的 Section 2GG 规定仲裁庭的指令可如法院的指令般具有相同的效力，只要得到法院批准，便可强制执行。虽然香港仲裁条例没有如 1996 年英国仲裁法般，要求仲裁庭在仲裁一方不履行仲裁庭的指令后，需要下达强制指令，并在该指令继续被漠视时，才可向法院申请作出强制执行的指令，显而易见，这样做的好处是让受影响的一方有充足的通知（如被告知不去履行的后果）及机会去履行指令，属公正及良好的做法，应为香港仲裁所采用。

（ii）除上述向法院寻求协助的做法外，能否迫使仲裁方履行中间措施指令，看来只能依赖仲裁庭对拒绝履行的一方作出"惩罚"（sanctions）。在 1996 年英国仲裁法的 Section 41（7）中，订明仲裁员在强制指令遭漠视的情况下，可做以下事情：

（a）没有履行强制指令的一方不能依赖属于该指令标的的指控或资料（direct that the party in default shall not be entitled to rely upon any allegation or material which was the subject matter of the order）；

（b）对漠视强制指令的一方作出不利推断（draw such adverse inferences from the act of non-compliance as the circumstances justify）；

（c）根据目前已经提供的资料作出裁决（proceed to an award on the basis of such materials as have been properly provided to it）；

（d）对漠视强制指令的一方作出浪费费用的惩罚（make such order as it thinks fit as to the payment of costs of the arbitration incurred in consequence of the non-compliance）。

事实上，在 1996 年英国仲裁立法前，上述做法已广为伦敦仲裁员所采用，Section 41（7）只是把长久以来的做法明确写下来而已。从中间措施指令的层面上看，（a）至（c）的"惩罚"主要是针对证据方面的中间措施；若中间措施涉及其他方面，例如仲裁员有权决定出售仲裁标的、索赔担保或一些临时禁令，上述"惩罚"则未必适用，显示了仲裁员在仲裁框架下，没有其他更有力的制裁，迫使受影响的一方依从指令，例如仲裁员不能因被告拒绝提供索赔担保而作出不许他抗辩的"惩罚"。这反映出仲裁员在"制裁"上的局限，或许这亦是英国仲裁法赋予仲裁员有限的权力（见 Section 38）的原因之一，因此缺乏有力的制裁。

在香港仲裁条例中，没有与 Section 41（7）相类似的条款，但香港仲裁员同样可以以上述的做法对违反指令的一方作出制裁。由于香港仲裁条例的 Section 2GB 赋予仲裁员广泛而比法院还要多的权力，不少中间措施的指令未必与证据有关，要逼使一方履行指令，除了向法院求助以法院指令形式执行外，仲裁员可以做的事情不多，有点"无牙老虎"的味道。

即使行使上述 Section 41（7）的制裁，也时常给人们一种无力的感觉。以本章 1.1 小段的例子来说，仲裁庭不相信船东对修船安排及修理费的解说，亦表明要船东说出所有有关船东与修船厂的书面往来，船东还是不提供，继续以证人证言方式（witness statement）举证（其实是在讲故事），坚称船舶修理是经由希腊的修船顾问安排，仲裁庭即使不信，也不大会阻止船东继续其修船安排及修理费用的说法，始终表明该船的确是在该船厂进行修理。至于不利推断(adverse inference)，当中的难处是很难因为仲裁一方不提供某文件或让另一方对仲裁标的作出检查，便可作出对违反指令的一方不利的推断，例如在 The “Pamphilos” (2002) EWHC 2292 (Comm.)一案，这是一个典型的船舶航速可能因为待在港口太久，导致污底减速的索赔，案情在本书的第九章有详述,在此不再重复，只说这是一个三人仲裁庭，持反对意见的仲裁员认为船东用尽方法使争议得不到公平对待，例如拒绝承租人对船舶作出联合检查、在仲裁展开几个月之后才提供导致污底的生物的样本给承租人、没有提供证据证明在上次入坞时防污油漆正确地涂上并得到油漆生产商的确认，船东根本未尽到举证的责任；但其他意见一致的仲裁员则认为可从已提供的证据中，判定有关争议。该案件充分反映出不同的仲裁员，特别是文化背景不同,面对相同的证据，可能得出不同的结论。在不是完全没有证据的情况下，要仲裁员作出不利推断，否定其他已提供的证据，是有一定的难度，而且仲裁员也不太喜欢这样做。就该案例法院对仲裁员面对证据不足或证据本身素质不好的情况，应如何裁决争议提供以下的看法：

“… If parties will not co-operate on matters such as inspection, the taking of samples and disclosure of documents, the resolution of their disputes by arbitrators becomes far more difficult and far more expensive. That, however, does not normally render inadmissible evidence which has been obtained unilaterally and without co-operation with the opposite side, although such evidence may be of little weight. The arbitrators, like a judge, may have to do their best with what little they have, using such commercial, technical and arbitral experience as they may have. While they may not create facts where there is no evidential basis whatever, they will no doubt strive to make positive findings on the balance of probabilities rather than giving up the task and determining material issues only on burden of proof. That said, there may be cases where so little evidence is put before them that sensible findings of fact are impossible and burden of proof is all that remains. An experienced arbitrator should be able to recognise the latter type of case without much difficulty, although sometimes, as happened in this arbitration, views may differ…”

可见，在现实中，不利推断这制裁太空泛及不稳定，未必能帮忙，这亦是为何我们时常在仲裁中看见手握大部分证据的一方，会用尽一切手段，令另一方无法获得对其不利的证据，甚至不去理会仲裁庭的指令，因为这样做的后果有限。况且，这些事情的发生往往在披露的阶段或之前，仲裁庭即使在事发时对违反指令的一方不满，时间久了，感受或许已没当时的强烈，最终仲裁庭亦可能只根据已提供的证据，再加上本身的专业经验，作出裁决。至于浪费费用的惩罚，表面上有一定的阻吓力，但很多时候一方不履行中间指令，所带来的浪费费用未必多，即使有，当一方决定漠视仲裁庭的指令时，在两害取其轻之下，他可能已把这风险成本计算在内。

显然，要有效执行仲裁庭的中间措施指令并不容易，这不单单指可以用什么手段去迫使受指令影响的一方履行指令所要做的事，更困难的是如何在适当时候去执行指令，这主要是由于仲裁庭的中间措施指令的“缺陷”：仲裁庭的管辖权力来自仲裁双方，有关指令亦只能对仲裁双方有约束力，涉及第三者的措施难以执行；立法上未能为不履行指令提供有效的“制裁”，或者说很难提供过分强烈的“制裁”，例如一方不提供索赔担保，仲裁员便不让他继续抗辩，但抗辩可是他去仲裁的基本权利；即使把仲裁庭的指令通过仲裁地的法院指令来执行，在国际仲裁的层面上，也可能只是增强仲裁庭的指令的权威性而已，对在外地的仲裁方，尤其是那些皮包公司，未必有效；这引出另一困难，就是指令一般需要拿到其他国家或地方才能执行，这可能由于仲裁的一方身在外国或受指令影响的标的在外国，但国际上缺乏机制让各地法院承认及执行外国仲裁庭的指令，即使拿到指令，也未必能像仲裁裁决书般通过纽约公约（New York Convention）在其他签署国或地区执行：例如像澳大利亚的 Resort Condominiums International Inc. v. Blowell and another（1993）118 ALR 655（Lexis）。国际仲裁社会亦意识到执行仲裁庭的中间措施指令的困难，若不加以解决，便使得仲裁当事方往往可能需要就某一中间措施，穿梭于仲裁庭、仲裁地法院及其他外国法院，目的只是获得申请的批准及措施的执行。由此可见，联合国便成立了一个工作小组，目的是修改示范法（Model Law），当中需要优先处理的问题应包括仲裁庭的中间措施的指令。

6. 联合国的工作小组就示范法有关中间措施的修改建议

联合国的示范法（UNCITRAL Model Law）与 1996 年英国仲裁法最大的区别在于前者是由联合国主导草拟，与会者来自世界各地的专家，但由于各地的法律不同，看法亦迥异，条文是与会代表协商及妥协的产物，因此示范法的写法很多时候给人的感觉是定下了大原则，但当中的细节有所或缺；至于 1996 年英国仲裁法，主要由英国的业界精英草拟，参考了示范法的大方向及英国普通法的判决并将其结合而成，由于英国有关仲裁法的案例众多，而且对仲裁细节有详尽分析，这使 1996 年《仲裁法》在各个方面都作出小心及细致的考虑。

在本章谈论香港仲裁法时，已经提及示范法在此课题上的模糊不清（见示范法的 Articles 9 及 17）。在优化仲裁法的竞争上，香港为了不落后于英国，在 1997 年便立法对示范法作出增补（见香港仲裁条例的 Sections 2GB 及 2GC），这可说香港是修改示范法的先驱。但香港的修改只限于弄清仲裁庭及法院可以下达中间措施的权力，即使这样，当中就仲裁员能否裁决 ex parte 的 Mareva injunction 却没有着墨，尽管有论者认为仲裁员可以这样做。另外，在执行仲裁庭的指令上，除了向香港法院申请指令执行外，没有其他办法，这不是说条例的增补有漏洞，而是涉及现实的问题，尤其是在跨境执行仲裁庭的指令，若没有类似纽约公约对签署国或地区的仲裁裁决书予以执行，根本不能解决。

联合国在 1999 年成立了工作小组，目的是对示范法作出修改，当中需要优先处理的就是仲裁员下达中间措施的权力及有关指令的执行。在 2004 年，小组提出建议对 Article 17 作出修改，一方面列出仲裁员可以行使的权力（包括可裁决 ex parte 的中间措施），以及行使权力的考虑因素；另一方面提出仲裁庭的指令在其他签署国或地区执行。草拟的条款有两个，分别为 Article 17 及 Article 17 bis，最新版本为 2005 年 1 月的修订版本。Article 17 的内容如下：

"Draft Article 17 of the UNCITRAL Model Law on International Commercial Arbitration regarding the power of an article tribunal to grant interim measures of protection.

(1) Unless otherwise agreed by the parties, the arbitral tribunal may, at the request of a party, grant interim measures of protection.

(2) An interim measure of protection is any temporary measure, whether in the form of an award or in another form, by which, at any time prior to the issuance of the award by which the dispute is finally decided, the arbitral tribunal orders a party to:

(a) Maintain or restore the status quo pending determination of the dispute;

(b) Take action that would prevent, or refrain from taking action that is likely to cause, current or imminent harm, [or to prejudice the arbitral process itself];

(c) Provide a means of preserving assets out of which a subsequent award may be satisfied; or

(d) Preserve evidence that may be relevant and material to the resolution of the dispute.

(3) The party requesting the interim measure of protection shall satisfy the arbitral tribunal that:

(a) Harm not adequately reparable by an award of damages is likely to result if the measure is not ordered, and such harm substantially outweighs the harm that is likely to result to the party against whom the measure is directed if the measure is granted; and

(b) There is a reasonable possibility that the requesting party will succeed on the merits, provided that any determination on this possibility shall not affect the discretion of the arbitral tribunal in making any subsequent determination.

(4) The arbitral tribunal may require the requesting party or any other party to provide appropriate security in connection with such interim measure of protection.

(5) The requesting party shall promptly make disclosure of any material change in the

circumstances on the basis of which the party made the request for, or the arbitral tribunal granted, the interim measure of protection.

(6) The arbitral tribunal may modify, suspend or terminate an interim measure of protection it has granted, at any time, upon application of any party, or in exceptional circumstances, on the tribunal's own initiative, upon prior notice to the parties.

(6 bis) The requesting party shall be liable for any costs and damages caused by the interim measure of protection to the party against whom it is directed, if the arbitral tribunal later determines that, in the circumstances, the interim measure should not have been granted. The arbitral tribunal may order an award of costs and damages at any point during the proceedings.

(7) (a) [Unless otherwise agreed by the parties] [If expressly agreed by the parties,] a party may file, without notice to the other party, a request for an interim measure of protection together with an application for a preliminary order directing the other party to take no action to frustrate the purpose of the interim measure requested.

(b) The provisions of paragraphs (3), (5), (6) and (6 bis) of this article apply to any preliminary order that the arbitral tribunal may grant pursuant to this paragraph.

(c) The arbitral tribunal may only grant a preliminary order if it considers that there is a reasonable basis for concern that the purpose of the requested interim measure will be frustrated before all parties can be heard.

(d) Immediately after the arbitral tribunal has made a determination in respect of a preliminary order, the party against whom the preliminary order is directed shall be given notice of the request for the interim measure, the application for the preliminary order, the preliminary order, if any, and all other communications between any party and the arbitral tribunal in relation thereto, [unless the arbitral tribunal determines that such notification should be deferred until either the court decides whether to enforce the preliminary order or the order expires, whichever occurs earlier].

(e) The arbitral tribunal shall given an opportunity to the party against whom the preliminary order is directed to present its case

Variant A: no later than forty-eight hours after notice is given, or a longer period of time if so requested by that party [in light of the circumstances].

Variant B: at the earliest practicable time after notice is given [in light of the circumstances].

(f) The arbitral tribunal may issue an interim measure of protection confirming, extending or modifying the preliminary order, or terminate the preliminary order, after the party against whom the preliminary order is directed has been given notice and an opportunity to present its case. In any event, a preliminary order under this paragraph shall expire after twenty days from the date on which it was issued by the arbitral tribunal.

(g) The arbitral tribunal shall require the requesting party to provide appropriate security in connection with such preliminary order, unless the arbitral tribunal considers it inappropriate or unnecessary to do so.

(h) Until the party against whom the preliminary order is directed has presented its case under subparagraph (7) (e), the requesting party shall have a continuing obligation to disclose to the arbitral tribunal all circumstances that the arbitral tribunal is likely to finned relevant to its determination whether to grant a preliminary order under subparagraph (7) (c)."

Article 17 主要的目的是列明仲裁员可以行使涉及中间措施的权力。首先，有关条款不是强制性的，仲裁当事方可以协议否定该条文下仲裁员可享有的权力（见 article 17 (1)）。仲裁员可行使的权力（见 Article 17 (2)），包括"保持现状"、禁止进行带来即时及迫切损害的行为、保存资产以备将来执行仲裁裁决书之用（即为原告或有反索赔的被告提供索赔担保，但是否包括费用担保这在其他地方未必存在的中间措施?）及保护证据。值得注意的是，这些权力看来走不出仲裁当事方的框架，对无关的第三者没有约束力。有关中间措施的裁决可以裁决书（award）形式下达，但这未必能根据纽约公司执行，主要是由于中间措施的临时性质，以及有关裁决绝不是对争议本身作出裁决，因此便有必要为此而另订条款（Article 17 bis）以利于执行。至于行使权力的准则（见 Article 17 (3)），与本章第 4 段所提出的考虑相近，不同之处在于这些准则是列明于条款内，这是否代表仲裁员只需按此作出考虑？这些准则又是否适用于所有申请的情况？不能否认的是，这些准则存有大量空间给仲裁员思考及发挥，要掌握得好，便可能需借鉴仲裁地的法院或仲裁程序所适用的法律的有关法院的做法。其余的条款包括申请中间措施的一方可能需要提供相关的担保（见 Article 17 (4)），并有可能需要对受影响的一方负责其损失及费用（见 Article 17 (6 bis)）；若情况有重大的改变，申请方应尽快向仲裁庭作出披露（见 Article 17 (5)），使仲裁庭能对申请作出全面考虑，或对已作出的中间措施裁决作出修改（见 Article 17 (6)）。整条条款最具争议性的是 Article 17 (7)，该条文允许仲裁庭听取申请方的一面之词，在无须通知另一方的情况下（ex parte），作出中间措施的裁决。这类 ex parte 的申请，通常是为索赔取得担保，或在紧急的情况下，对证据作出搜查及保护，若要这些中间措施能有效执行，免不了会牵涉第三者的帮忙，但仲裁庭的中间措施裁决对第三者没有约束力，看来非要法院的协助不可。

另一条草拟的条款 Article 17 bis 内容如下：

Draft provision on the recognition and enforcement of interim measures of protection (for insertion as a new article of the UNCITRAL Model Law on International Commercial Arbitration, tentatively numbered 17 bis)

(1) An interim measure of protection issued by an arbitral tribunal shall be recognized

as binding and, unless otherwise provided by the arbitral tribunal, enforced upon application to the competent court, irrespective of the country in which it was issued, subject to the provisions of this article.

(2) The court may refuse to recognize or enforce an interim measure of protection, only:

(a) At the request of the party against whom it is invoked, if the court is satisfied that:

(i) [There is a substantial question relating to any grounds for refusal] [Such refusal is warranted on the grounds] set forth in Article 36, paragraphs (1) (a) (i), (iii) or (iv); or

(ii) Such refusal is warranted on the grounds set forth in Article 36, paragraph (1) (a) (ii); or

(iii) The requirement to provide appropriate security in connection with the interim measure issued by the arbitral tribunal has not been complied with; or

(iv) The interim measure has been terminated or suspended by the arbitral tribunal or, where so empowered, by the court of the State in which, [or under the law of which, that interim measure was granted] [the arbitration takes place];

or

(b) If the court finds that:

(i) The interim measure is incompatible with the powers conferred upon the court by the law, unless the court decides to reformulate the interim measure to the extent necessary to adapt it to its own powers and procedures for the purposes of enforcing that interim measure and without modifying its substance; or

(ii) Any of the grounds set forth in article 36, paragraphs (1) (b) (i) or (ii) apply to the recognition and enforcement of the interim measure.

(3) Any determination made by the court on any ground in paragraph (2) of this article shall be effective only for the purposes of the application to recognize and enforce the interim measure of protection. The court where recognition or enforcement is sought shall not, in exercising that power, undertake a review of the substance of the interim measure.

(4) The party who is seeking or has obtained recognition or enforcement of an interim measure of protection shall promptly inform the court of any termination, suspension or modification of that interim measure.

(5) The court where recognition or enforcement is sought may, if it considers it proper, order the requesting party to provide appropriate security, unless the arbitral tribunal has already made a determination with respect to security, or where such an order is necessary to protect the rights of third parties.

(6) [An interim measure issued by an arbitral tribunal under standards substantially equivalent to those set forth in paragraph (7) of Article 17 shall not be denied enforcement pursuant to paragraph 2 (a) (ii) of this article because of the measure's ex parte status, provided that any court action to enforce such measure must be issued within twenty (20) days after the date on which the arbitral tribunal issued the measure.]"

Article 17 bis 的目的是将仲裁庭依据 Article 17 作出的中间措施裁决或指令，能够在其他的签署国执行，而当中拒绝执行的准则主要依据纽约公约的 Article 36。对于国际仲裁，该条款是十分重要的，因为它解决了跨境执行仲裁庭的中间措施的裁决的困难，增强仲裁庭的裁决的权威性，使裁决得到重视；不过，通过外国法院执行，往往需要时间，这是在执行仲裁裁决书时常会遇到首要的障碍，若各签署国或地区在采纳该条款的同时，没有针对执行的延误，那么面对一些时间迫切的中间措施，甚至是那些 ex parte 的临时禁令，这条款的效用很难保证。

以上两条条款需要各国及地区对本身的仲裁法作出修改才有效用，这要看各国及地区对草拟的条文的接受程度，但不难看到的是，主要的阻力来自 Article 17 (7) 有关 ex parte 的申请，尤其是在一个国际仲裁，恰当的仲裁程序往往比仲裁的结果还重要，理由很简单，无论是示范法还是1996 年英国仲裁法，对仲裁裁决书提出的上诉机会大大减少，对裁决不满的一方在现行的机制下不大可能对仲裁裁决书提出上诉，那么裁决的质素如何得到保证？只好从仲裁程序出发，法律通过要求仲裁员本人以致整个仲裁的过程都要表现出公平、公正以推断裁决的公平及合理性。但如果仲裁庭可以处理 ex parte 的中间措施申请，这将违反自然公正的重要原则，例如仲裁庭有责任对仲裁双方作出公平的对待、仲裁双方都应有足够的机会提出其看法、仲裁员应该保持公正及避免对争议作出过早的决定、仲裁员应避免单方面与仲裁某一方接触甚至讨论某些问题等。按照 Article 17，仲裁庭无可避免地在中间措施申请上放弃了这些原则，尽管这样做是按照条款赋予的权力，仲裁程序可能会因此而蒙上污点。

再说，仲裁员是否真的需要拥有这样强大的权力呢？从实际角度出发，作出 ex parte 的申请主要是为了得到索赔担保，通常这会在发生争议后便有此需要，未必等到仲裁庭成立才去申请，况且仲裁庭的组成需要时间，当中或会产生另外一些枝节，例如挑战仲裁员的资格或仲裁员的管辖权，有关的中间措施的申请还是有必要向当地法院提出，因此，仲裁员可以行使此权力的机会不多。

上述两条条款或会再进行修改，至于能否得到各国及地区承认并采用于本身的仲裁法，也是未知数，当中可能涉及很多考虑，如某些国家的法律没有任何条文允许法院下达中间措施指令以协助仲裁当事方，结果是有些法院不愿作出中间措施指令，有些法院则不清楚在哪些情况下法院的协助是有必要的，而签署国亦会考虑法院合法地干预仲裁的程度，以免夺取仲裁的作用。也会有其他政治利益的考虑，例如某些地方的仲裁并不繁盛，可能会认为采用了该两条款，对它利益不大，反而好像变成对某一两个仲裁中心提供服务。无论如何，对 Article 17 作出增补是有必要的，问题是有关权力是否有必要扩展到 ex parte 的申请。可以肯定的是，若国际社会不支持上述 Article 17 的增补，要跨境执行中间措施的裁决，仍是困难重重。

上述两条草拟的条款最快也要到 2006 年才提交大会检阅。

7. 从仲裁程序上提供协助：程序上的指令（procedural orders nisi）

本章主要探讨仲裁法下的中间措施，在实务上对仲裁当事方尤为重要的主要是与证据披露、保护有关的及为索赔取得担保的中间措施。前者主要属于仲裁员的权力，如有需要也可向法院寻求协助。至于后者，属整个争议解决中的一个十分重要的战略，一般都是向法院申请，除非法律或仲裁条款赋予仲裁员此等权力，而且通常都是在没有通知仲裁另一方的情况下提出，这些手段主要是 Mareva Injunction 或 Freezing Injunction、出售仲裁标的及海事争议常见的扣船、扣油。明显的，仲裁员在索赔担保的事情上参与的机会不会多，即使如香港仲裁法般允许仲裁员指令被告（或面对反索赔的原告）提出索赔担保，他就是不依从，在缺乏制裁手段下，仲裁员还是拿他没办法，又不能不给他抗辩的机会，以迫使他提供担保，因为这样做会构成违反自然公正的指控。

但仲裁员仍是有机会触及索赔担保，这主要发生在仲裁程序上仲裁员行使裁量权，为仲裁双方达至一个比较妥善的财务安排。在本章 2.1.2 小段谈及在英国仲裁法下仲裁员可以下达指令作出暂时性的救济，但这权力必须得到仲裁双方的同意才可享有。否则，仲裁员便不能指令仲裁一方向另一方暂时支付一笔仲裁员认为合适的金额，但仲裁员仍可作出一个中间裁决，判令仲裁一方向另一方支付一笔最起码要支付的金额，这完全属于仲裁员的裁量权（例如 1996 年英国仲裁法的 Section 47），有关先例见 The "Kostas Melas" (1981) 1 Lloyd's Rep. 18。但多数情况下，在一个仲裁中，有多个不同的索赔及反索赔，若仲裁员同意为某些索赔作出一个最起码要支付的金额的中间裁决书，对有反索赔的一方来说，它一方面要按中间裁决书作出支付；另一方面其反索赔（可能是一个很实在的反索赔）却得不到任何保障，这使它处于一个不利的位置。仲裁员可以考虑作出一个程序上的指令（procedural orders nisi），同意向原告就最起码要支付的金额作出中间裁决，但先决条件是要原告向被告的反索赔提供担保。这在 1989 年出版的 Mustill and Boyd on "Commercial Arbitration" 一书第 343 页有以下提及：

"(iv) Procedural 'orders nisi'. Tribunals of limited jurisdiction have for many years contrived to make orders which lie beyond their powers by using a device which may be called the 'order nisi'. The essence of this stratagem is for the tribunal to say, 'We have no power to order you to do X, but we do have power to do A (or refuse to do it), so that if you wish us to make (or refuse) an order to do A, you must agree to do X'. This versatile procedure can be used in many context, and we mention it here because it provides a means of obtaining security for the claim, where the arbitrator would not otherwise be entitled to order it."

这种做法在海事仲裁中常见，例如在一个程租租约下，承租人同意欠船东巨额滞期费(demurrage)，但却因为有一个货损的反索赔，而拒绝向船东支付，用意当然是为货损作抵偿(set off)。这时，仲裁员可以考虑为滞期费(demurrage)作出一个中间裁决，但先决条件是要船东就货损提供担保；仲裁员也可以在中间裁决书中把有关条件列明，内容如下：

"1. WE FIND AND HOLD that there is presently due to the owners from the charterers a minimum sum of USD 200,000 being the admitted demurrage due.

2. WE AWARD AND ADJUDGE that the charterers shall forthwith pay to the owners the sum of USD 120,000 together with interest thereon at the rate of 5% per annum from (date) until the date of this our Award.

3. WE FURTHER AWARD AND DIRECT that upon the owners providing to the charterers security in respect of the charterers' cargo damage claim for the sum of USD 80,000 together with interests and costs (the amount and form of such security to be determined by us in the event that the parties cannot agree thereon), the charterers shall forthwith pay to the owners the sum of USD 80,000 together with interest thereon at the rate of 5% per annum from (date) until the date hereof.

4. IN THE EVENT of such security not being provided, we reserve to ourselves the right to make a further Award directing payment by the charterers to the owners of the whole or such part of the sum referred to in para. 3 above as we may think fit following determination of the charterers' said counterclaim.

5. WE FURTHER DIRECT that the charterers shall bear and pay their own and the owners' costs of this reference insofar as they relate to the owners application for this Award and the matters hereby determined AND that they shall bear and pay the costs of this Award which we hereby tax and settle at the sum of XXXX provided that if, in the first instance, the owners shall have paid any amount in respect of the costs hereof, they shall be entitled to an immediate refund from the charterers of the sum so paid.

6. WE RESERVE to ourselves the right to make further Award or Awards in respect of all matters referred to us but not hereby determined, including the taxation of the owners' costs due hereunder, and WE DECLARE for the avoidance of doubt that nothing herein contained prejudices any claims, counterclaims or defences not hereby determined."

上述做法完全合法，主要依赖的是仲裁员就某争议事项作出中间裁决书的裁量权。在一个海事仲裁 The Angelic Grace（1980）1 Lloyd's Rep. 288 中，承租人向船东租用该船三个连续航次，船东就第一及第三航次提出索赔，承租人则在第三航次提出反索赔。承租人向仲裁庭提出申请，要求就其反索赔作出中间裁决，仲裁庭拒绝这样做，除非承租人就船东所有的索赔提供担保。

当然，要碰上合适的案件，才可以程序上的指令（procedural orders nisi）去获得索赔担保。仲裁当事方想取得索赔担保，看来只有寻求法院的协助。

谈到有关程序上的指令在海事仲裁的层面上的应用，不妨介绍一种常见的海事争议，是涉及船东向承租人追收应付但未付的运费，而承租人则以一个反索赔为由，如货损索赔，把运费扣押以作对冲。但依据英国普通法，运费是神圣不可侵犯的，是绝对不能拿来与其他的反索赔对冲的 Lord Salmon 在 The "Brede"（1973）2 Lloyd's Rep. 333 更明确说明有关法律：

"a rule so well recognised and accepted as the law of England that if it is to be altered, it can, in my view be altered by Parliament alone."

那么，承租人在支付运费后，其反索赔岂不是没有任何担保，在实务上承租人随即要面对将来即使胜诉，但难以向一船东，或只是毫无资产的二船东，作出追讨的窘境。因此，仲裁庭一般的做法是作出一个程序上的指令（procedural orders nisi），同意按船东的运费索赔作出一个中间裁决书，但条件是船东须向承租人的反索赔提供担保，这种担保通常会以船东互保协会的担保书或银行担保书的形式提供，这做法在 The "Trade Fortitude"（1992）1 Lloyd's Rep. 169 一案中，Diamond 大法官说：

"In charterparty cases I consider that claims for freight and time charter hire fall into rather a special category… In the case of freight this is because freight has traditionally been regarded in English law as a type of claim from which no deductions are permissible. In the case of time charter hire this is because hire is in some ways anaogous to freight and because the nature of the contract requires that, unless expressly permitted by the contract or falling within the principle of equitable set-off, no deduction should be made but the hire should be paid in full; for otherwise the owner will have the contractual right to withdraw the ship from time charter for non-payment of hire. But, despite the well established common law rule that a carrier's claim for freight is to be paid in full on delivery of the cargo and cannot be subject to any deduction or abatement by way of set-off, claims for freight or time charter hire are not in my judgment to be regarded in quite the same way as though they were claims under a bill of exchange. I can see no reason, therefore, why arbitrators should not, if they think fit, make it a condition of the issue of an interim award for freight or hire that the owner must provide reasonable security for the charterers' cross claims. This is a matter which fails entirely within an arbitrator's discretion."

也就是说，仲裁员可以以程序上的手段，迫使一方向另一方提供反索赔的担保，即使有关中间裁决的申请是涉及不能与其他反索赔对冲的运费。但 Diamond 大法官在 The "Trade Fortitude" (1992) 1 Lloyd's Rep. 169 的讲话中，与另一权威的贵族院的案例 The "Dominiquie" (1989) 1 Lloyd's Rep. 431 的说法有出入，Brandon 大法官在该案中指出不应通过程序上的手段，实际上是迫使一方以其运费索赔对冲另一方的反索赔，因这样做违反运费索赔方在普通法下对运费所享有的独特权利，他说：

"…It was argued for the charterers that, where a Court had before it in the same action an owner's claim for freight under a charterparty and a charterer's counterclaim for damages for breach of that charterparty, it could by procedural means bring about a set-off of the counterclaim against the claim, even though, under the substantive law governing the rights of the parties, no such set-off was available. The Court, it was said, could try and determine both the owner's claim for freight and the charterer's counterclaim for damages, and then, supposing both to have succeeded in whole or in part, exercise its power under R. S. C., O. 15, r. 2(4) which provides:

Where a defendant establishes a counterclaim against the claim of a plaintiff and there is a balance in favour of one of the parties, the court may give judgment for the balance…

It was further argued that, if the Court could act in this way, arbitrators could do the same thing. The practical result would be a set-off, by procedural means, between the owner's claim for freight and the charterer's counterclaim for damages. In my opinion, for the Court to act in the manner suggested would constitute a wrong exercise of it is discretion, because it would involve using rules of procedure to being about a result contrary to the rights of the parties under the substantive law…"

在近期的一个伦敦仲裁案中，本书作者之一杨良宜先生在担任仲裁员的一个仲裁庭(其余两位仲裁员分别是伦敦海事仲裁员协会的主席及名誉秘书)便遇到了同样的难题，船东向承租人索赔运费，而承租人则希望用运费来对冲其短卸货物的反索赔，仲裁庭在参考 The "Dominiquie" (1989) 1 Lloyd's Rep. 431 后，最终认为运费在英国普通法上有其独特的法律地位，不能拿来作对冲，故程序上的手段不能应用在运费的索赔上，因此，仅就运费而作出中间裁决书不见得有不公平之处。

看来除了运费，仲裁员仍可以应用这程序上的手段，如针对滞期费的索赔或租金的索赔，迫使仲裁的一方(如船东)向仲裁的另一方(如承租人)提供反索赔的担保。

第十一章　费用担保（security for costs）

1. 序　　言

现今的法律服务费用十分高昂，一个普通的索赔所要花的费用往往与索赔本身不成比例，因此，若胜诉的一方所花的费用得不到补偿，很可能会出现赢了官司也要赔钱这不公平的情况。笔者曾经处理一个船东在美国向当地的卸货工人索赔的案件，索赔金额只不过是6万美元左右，但双方在开庭前所花的费用已差不多是索赔的全数，在考虑美国法律一般不会要求败诉方支付胜诉方的费用、继续诉讼所产生的费用以及判决的不稳定等因素后，决定接受卸货工人提出的和解建议，尽管按该建议船东在扣除所花的费用后实际收回的只有15,000美元左右。

与美国做法不同，英国法律认为为使公正得以彰显，大原则是诉讼得胜的一方可向落败的一方索回其全部或大部分因该诉讼而产生的费用，这大原则同样适用于香港。按此，若原告索赔成功，被告须补偿原告的费用；反之，若被告就该索赔成功抗辩，原告便须补偿被告的费用。但这带来另一个重要的问题，尽管败诉方要去承担胜诉方的费用，若胜诉方未能向败诉方执行有关的费用指令（costs order），这可观的费用还是要自行承担。这种窘境时常发生，尤其是面对一些没有资产或财政不稳定的公司，或是身份不明的公司如航运业常见的皮包公司。这带来在诉讼程序中一个常见的做法，就是一方要求另一方就其已产生及将会产生的费用作出担保。但一直以来，英国法律只要求原告去向被告提供费用担保，作为允许原告去推进索赔的先决条件，而在一般情况下，不会要求被告去提供费用担保给原告，原因是：

（i）原告是主动的，被告是被动的，后者应得到保障。原告不应通过自己属于皮包公司的身份，去攻击被告，但在面对败诉时，却能以此身份避免支付被告的律师费。事实上，一般公司面对索赔诉讼所承受的精神及财政压力是十分巨大的。

（ii）在自然公正（natural justice）这大原则下，每一个人都有权去对他的指控作出抗辩，不存在因他没有钱而不能对原告提供费用担保而否定他抗辩的基本权利。

（iii）从实务角度去考虑，以仲裁为例，若被告因无法提供费用担保而被剥夺这抗辩的权利，有关的仲裁裁决书很大机会不能成功地通过1958年纽约公约去执行，因该公约的Article v. 1（b）规定：“1. Recognition and enforcement of the award may be refused…（b）the party against whom the award is invoked was not given proper notice of the appointment of the arbitrator or of the arbitration proceedings or was otherwise unable to present his case;…”

(iv) 因为以上原因，所以法官或仲裁员能去制裁抗命不提供费用担保的原告，不允许他去推进索赔(stay the claim)，甚至因原告未能在指定时间内提供费用担保而不再受理其索赔(dismissal of the claim)，但不能去制裁被告。既然无法制裁，法官或仲裁员便不应对被告下令提供费用担保。

费用担保在英国(及香港地区)仲裁中不是一件新鲜事物，只是长久以来都是由法院处理申请，仲裁员去考虑及决定的机会不多，经验有限。随着仲裁法例的修改，立法赋予仲裁员权力处理申请，可以说仲裁员在拥有这新的权力的同时，也要面对随之而来的困难，因为去决定费用担保申请绝非易事。本文尝试就此问题作出详论。

2. 仲裁员指令提供费用担保(security for costs)的权力

2.1 1996年英国仲裁法实施前

在1996年英国仲裁法实施前，英国的仲裁员是没有法定权力去指令原告去提供费用担保给被告，见 Re Unione Stearinerie Lanza v. Weiner (1917) 2 KB 55 及 Fal Bunkering of Sharjah v. Grecale Inc. of Panama (1990) 1 Lloyd's Rep. 628. 当然也有例外的情况如下：

(i) 仲裁协议或条文赋予仲裁员权力去处理费用担保的申请，但这情况并不常见，因为订合约时订约方很少考虑将来可能发生争议的情况，亦不会关心仲裁时的技术细节，更不用说订合约的业务人员未必有这方面的知识。

(ii) 仲裁是按仲裁规则(arbitration rules)或机构仲裁规则(institutional arbitration rules)进行，而有关规则赋予仲裁员权力去处理费用担保的申请。由于在1996年前的仲裁法没有给予仲裁员有关的权力，很多仲裁协会或机构便通过仲裁规则改善这不理想的安排，如早期的伦敦海事仲裁员协会规则(简称 The LMAA Terms)已赋予仲裁员权力去指令原告提供费用担保，若原告未能依从指令，便不能推进仲裁，更甚是其索赔不会再受理。但这些仲裁规则的适用，要视仲裁协议有否合并，或仲裁双方往后同意使用，又或是仲裁员在接受委任时明示有关仲裁规则适用。在 Fal Bunkering of Sharjah v. Grecale Inc. of Panama (1990) 1 Lloyd's Rep. 628，船东委任的仲裁员在接受委任时表明 The LMAA Terms 适用，但船东没有通知承租人，承租人其后委任其仲裁员时，该仲裁员也没有说其委任适用 The LMAA Terms。当时的 The LMAA Terms 赋予仲裁员权力指令提供费用担保，船东按此向仲裁庭申请要求由反索赔的承租人提供费用担保，承租人认为 The LMAA Terms 不适用。法院判令尽管伦敦海事仲裁员协会的会员通常会按 The LMAA Terms 接受委任，但这不是必然的，由于承租人委任的仲裁员没有明示按 The LMAA Terms 接受委任，法院判该仲裁规则不适用于仲裁，船东只好向法院申请费用担保。

（iii）仲裁员或可通过程序上的指令（procedural orders nisi）去迫使原告提供担保，做法是仲裁员同意行使其裁量权（discretionary power）向原告给予一个中间裁决，但条件是原告要向被告提供费用担保，见 The "Angelic Grace"（1980）2 Lloyd's Rep. 288。

除上述情况外，仲裁员不能处理费用担保的申请，被告只能向英国法院提出，亦只有法院才可下此指令。曾经有说法是仲裁员的职责是去判定争议的是非曲直，而不是去处理与此无关的费用担保申请，因此不应立法去给予仲裁员这权力。但随着仲裁的发展及普及，在法院应减少干预仲裁的主流意见下，要求立法给予仲裁员这权力的声音也日益响亮，见 Hitachi Shipbuilding Engineering Co. Ltd. v. Vinfiel Compania Naviera S. A.（1981）2 Lloyd's Rep. 498。

2.1.1 英国法院指令仲裁原告提供费用担保的权力

早在 1934 年的仲裁法已赋予英国法院权力去处理仲裁被告的费用担保申请。1950 年英国仲裁法的 Section 12(6)(a)保留了此条文如下：

"The High Court shall have, for the purpose of and in relation to a reference, the same power of making orders in respect of:

(a) security for costs; …

as it has for the purpose of and in relation to an action or matter in the High Court:

Provided that nothing in this subsection shall be taken to prejudice any power which may be vested in an arbitrator or umpire of making orders with respect to any of the matters aforesaid."

1950 年英国仲裁法的 Section 12(6)(a)没有说明法院应按什么准则去行使这权力。但长久以来，英国法院对在其法院提出诉讼的原告指令提供费用担保已是驾轻就熟。法院的权力常见于如 1985 年公司法（the Companies Act, 1985）的 Section 726(1)及高院规则（Rules of Supreme Court）的 Order 23, rule 1（现已被"民事诉讼规则"（Civil Procedural Rules）的 Part 25.13 取代）。

1985 年公司法（the Companies Act, 1985）的 Section 726(1)有以下规定：

"Where in England and Wales a limited company is plaintiff in an action or other legal proceeding, the court having jurisdiction in the matter may, if it appears by credible testimony that there is reason to believe that the company will be unable to pay the defendant's costs if successful in his defence, require sufficient security to be given for those cost, any may stay all proceedings until the security is given."

以上条文所针对的原告属于在英国注册的有限公司，只要被告能向法院提供可信的证言，指出有理由相信若被告抗辩成功，原告将不能支付被告的费用，法院便可要求原告向被告提供费用担保。在国际层面上的争议，当时双方通常都是外国公司，只是选择英国作为解决争议的地方，上述条文一般不适用于此。

至于高院规则(Rules of Supreme Court)的 Order 23, rule 1，它赋予法院权力在列明的范围下可以考虑指令原告去提供费用担保，这条文如下：

"(1) Where, on the application of a defendant to an action or other proceeding in the High Court, it appears to the Court —

(a) that the plaintiff is ordinarily resident out of the jurisdiction, or

(b) that the plaintiff (not being a plaintiff who is suing in a representative capacity) is a nominal plaintiff who is suing for the benefit of some other person and that there is reason to believe that he will be unable to pay the costs of the defendant if ordered to do so, …

then if, having regard to all the circumstances of the case, the Court thinks it just to do so, it may order the plaintiff to give such security for the defendant's costs of the action or other proceeding as it thinks just."

可见，在这 Order 23, rule 1 之下，不是所有原告都要去提供费用担保，而是局限于下列原告：

(1) (a) 原告通常居于英国管辖权以外的地方。

(1) (b) 为使另一人受益而作出起诉的名义上的原告，并有理由相信原告在败诉后将不能支付被告的费用。最明显的例子是在进行清盘中的原告，而清盘官(liquidator)代表债权人利益向被告索赔，被告可申请要求原告先去提供费用担保，否则将来成功抗辩找谁支付其费用？到时岂不是成为另一个没有担保的债权人(unsecured creditor)？另一情况是由实际得益者出资，由名义上的原告代其索赔，如 SA Coppee Lavalin NV v. Ken-Ren Chemicals and Fertilizers Ltd. (1994) 2 Lloyd's Rep. 109 一案的原告，在仲裁时已破产，它的大股东是肯雅政府，亦是索赔的实际得益者。又或是原告的仲裁权益已被转让(assign)，见 Semler v. Murphy (1968) Ch. 183 及 Ramsey v. Hartley (1977) 1 WLR 686—696。

当上述情况出现，被告便可向法院申请要求原告提供费用担保，法院经过考虑所有因素/情况之后("if, having regard to all the circumstances of the case")，认为申请恰当，便可行使其裁量权发出指令("the Court thinks it just to do so, it may order the plaintiff to give such security for the defendant's costs of the action or other proceeding as it thinks just")。

在国际争议的层面上，因属外国原告的身份(即(1) (a))而被要求提供费用担保的情况十分普遍，反而(1) (b)的情况并不常见。这针对外国原告的做法为后来的仲裁法的修改带来了重大的影响。

2.1.2 法院要外国原告提供费用担保的原因

为什么英国的高院规则要外国原告提供费用担保？主要是要保护英国被告的利

益，以免它在抗辩成功后未能向外国原告取回其律师费用。但随着大量的国际争议在英国法院进行诉讼，这些争议往往不涉及英国的利益，原告及被告都在外国，外国的原告还是要向外国的被告提供费用担保。不论是在英国或外国的被告，都要去保护的原因是当它胜诉后，律师费用一经法院核算（tax）便可去向原告取回，做法是法院会出一张"核算费用"（taxed costs）的证明（certificate），这证明在英国可以像判决一样执行，但被告拿此证明去外国向败诉的外国原告要钱，外国的法院不一定会协助执行，所以只好先去规定外国原告先要提供担保，否则不能推进索赔。

英国法院要在充分考虑所有的情况后，才可行使裁量权去指令原告提供费用担保，而这裁量权一般是十分广泛而没有限制的，但当面对海外原告时，法院总是要求它去提供费用担保，除非这海外原告在英国有足够的不动产，不会也不容易逃掉。

2.1.3 国际仲裁的外国原告面对的问题

国际仲裁一般都涉及外国的原告及被告，如到伦敦进行海事仲裁的原告及被告通常都不会是英国公司，当仲裁被告向英国法院申请要求原告提供费用担保，法院往往会因为原告海外的身份而批准申请，这与在法院诉讼的海外原告一样被对待。若仲裁员按仲裁条文而获得处理费用担保申请的权力，一般也会如法院般指令外国原告提供费用担保。这主要是因为这些合约中的仲裁条文一般都是订明到伦敦仲裁、英国法律适用。这表明仲裁双方知悉及愿意接受英国的法律制度，当中包括费用担保（见 K/S A/S Bani and K/S A/S Havbulk v. Korea Shipbuilding and Engineering Corporation (1987) 2 Lloyd's Rep. 445）。若仲裁条文明示或暗示仲裁双方不能向另一方要求提供费用担保，法院便不应向一方发出指令；但仲裁条文不能剥夺法院处理或指令提供费用担保的权力（见 Mavani v. Ralli Bros Ltd. (1973) 1 WLR 468）。

也不是所有到英国仲裁的海外原告都不能避免去提供费用担保。以 Bank Mellat v. Helliniki Techniki S. A. (1984) QB 291 一案为例，合约适用伊朗法律，仲裁条文订明按国际商会仲裁规则（I C C. rules）进行，案件本身与当事方等都与英国没有关系，法院认为争议到伦敦仲裁去解决纯是碰巧或为了方便，不应行使裁量权去指令外国原告提供费用担保。但在另一个很有名的判决 SA Coppee Lavalin NV v. Ken-Ren Chemicals and Fertilizers Ltd. (1994) 2 Lloyd's Rep. 109 中，该案的情况跟 Bank Mellat v. Helliniki Techniki S. A. (1984) QB 291 很相似，合约适用比利时法律，仲裁也是按国际商会仲裁规则（I C C. rules）进行，除了在伦敦仲裁外，案件本身与当事方等都与英国没有关系，但贵族院多数认为不能因此便认定没有其他因素会影响法院行使其裁量权，只是在这些仲裁如国际商会仲裁，去指令外国原告去提供担保很难说得上是正确的。SA Coppee Lavalin NV v. Ken-Ren Chemicals and Fertilizers Ltd. (1994) 2 Lloyd's Rep. 109 的判决受到国际仲裁社会的批评，认为法院有裁量权去要求一个纯粹碰巧到伦敦仲裁的外国原告要求提供费用担保，对外国原告不公平，后果会阻碍外国公司选择到英国仲裁，动摇英国作为国际商务仲裁中心的地位。

在英国加入欧洲共同体后，欧洲其他国家的原告是否仍被当做是"外国原告"

呢？这些原告在英国法院起诉或仲裁是否需要提供费用担保？特别是，欧共体的协议（EEC Treaty of Rome）的 Article 7 是反对国家之间的歧视，原文如下：

"Within the scope of application of this Treaty, and without prejudice to any special provisions contained therein, any discrimination on the grounds of nationality shall be prohibited."

这带来一连串的案例，如欧共体法院（European Court of Justice）在 Hubbard v. Hamburger（1993）德国的案件判决不能要求英国的原告去提供费用担保。在英国上诉庭也有相同的判决（见 Fitzgerald v. Williams（1996））。这些判决对欧共体内的原告有利，但却进一步歧视其他外国原告。

综上所述，在1996年仲裁法实施前，到伦敦仲裁的外国原告通常都会被要求提供费用担保，法院一般都以原告在外地而接受申请。这对一些实力雄厚的外国公司如中国远洋运输公司（COSCO）来说是不公平的。

这些不满及忧虑，仲裁法咨询委员会在1996年的草案报告（Departmental Advisory Committee on Arbitration Law, Report on the Arbitration Bill, February 1996）对当时的仲裁法律及做法有此提及：

"193. … the proposition that the Court should involve itself in such matters as deciding whether a claimant in an arbitration should provide security for costs has received universal condemnation in the context of international arbitrations. It is no exaggeration to say that the recent decision of the House of Lords in Coppee-Lavalin SA/NV v. Ken-Ren Chemicals and Fertilizers [1994] 2 WLR 631 was greeted with dismay by those in the international arbitration community who have at heart the desire to promote our country as a world centre for arbitration. We share those concerns."

"366. …（ii）One of the grounds on which an order for security for costs may be made in Court is that the plaintiff is ordinarily resident out of the jurisdiction: see Order 23, Rule 1(1)(a) of the Rules of Supreme Court. On further consideration of the matter, we have concluded that it would be very damaging to this country's position as the leading centre for international arbitrations to make this ground available to arbitral tribunals. It would reasonably appear to those abroad who are minded to arbitrate their claims here that foreigners were being singled out for special and undeserved treatment…"

2.1.4　法律的改变

传统的英国法律地位是只有法院可指令仲裁原告提供费用担保，除非仲裁条文赋予仲裁员权力（见本章2.1小段），但这绝对不是一个好的安排，原因如下：

（i）不能否认的是仲裁员比法院更了解仲裁，更能够全盘考虑所有应否下令提供费用担保的因素；若决定要提供担保，仲裁员比法院更能掌握合适的担保金额。

（ii）这安排违反国际仲裁的"文化"，即法院不应插手干预仲裁，除非迫不得已。

（iii）商业仲裁，如伦敦或香港地区仲裁，是不一定需要当地有资格的律师

(qualified lawyer)来处理,事实是今天外国律师或索赔代理(claim consultants)处理伦敦仲裁比比皆是。但一去法院申请费用担保,这又是国际仲裁经常要去面对的问题,则原告及被告都会被迫去指定英国律师。费用增加不用说,更有可能是原本由外国律师或索赔代理处理的仲裁会因利成便转交给英国律师来接手处理。

(iv)由法院去处理费用担保的申请会为被告带来极大的不便,首先被告要出一张传票(originating summons),然后送达(serve)给原告,这才可在法院排期聆讯双方的争辩,等法官决定这个申请的命运。可是送达会成为问题,因原告不一定在英国的司法管辖权内或由英国的律师处理仲裁。即使是由英国的律师处理仲裁,该律师大可故意刁难说他/她只有权在仲裁推进索赔,没有权代原告接受法院传票的送达。这也完全合法,一位代理人是可以被授权做某一件事,但不被授权做另一件事。

这样一来,被告被迫把这传票送达去外国的原告,这去外国送达告票或传票(service out of jurisdiction)却不是易事,往往会造成延误,带来一个可笑的情况,即是仲裁已完结但被告的传票仍未送达,变得申请费用担保只是一场空。

被告会尝试请求仲裁员不要让原告推进仲裁,但仲裁员不会也不应去答应。仲裁员一般只会在法院正式下令(如发出禁令不允许推进仲裁)后才会中止仲裁,因为如果仲裁员应被告的要求中止仲裁,等法院对有关申请有了结果才算,但被告借此机会不动,不送达传票或慢慢来,仲裁员又如何知道?又或是,这申请会不会被法院批准?

Donaldson 大法官在 Hitachi Shipbuilding Engineering Co. Ltd. v. Vinfiel Compania Naviera S. A. (1981) 2 Lloyd's Rep. 498 一案认为应通过立法改善此为人诟病的安排:

"… However when the law of arbitration is next being revised, consideration should be given to investing arbitrators with a statutory power to order security for costs, to order a stay of proceedings meanwhile and to dismiss the claim if security is not provided. This power should be capable of being excluded by agreement between the parties and in such a case the corresponding power of the Court should also be excluded…"

这不理想的安排最终也要等到 1996 年英国仲裁法的立法才得以改善。这仲裁法除了赋予仲裁员权力处理费用担保的申请,还改善了法院针对仲裁的外国原告而指令提供担保的做法。

2.2 1996 年英国仲裁法实施后

1996 年英国仲裁法的 Section 38 赋予仲裁员权力处理费用担保的申请,原条文如下:

"38 (1) The parties are free to agree on the powers exercisable by the arbitral tribunal for the purposes of and in relation to the proceedings.

(2) Unless otherwise agreed by the parties the tribunal has the following powers.

(3) The Tribunal may order a claimant to provide security for the costs of the

arbitration.

This power shall not be exercised on the ground that the claimant is —

(a) an individual ordinarily resident outside the United Kingdom, or

(b) a corporation or association incorporated or formed under the law of a country outside the United Kingdom, or whose central management and control is exercised outside the United Kingdom.

…"

2.2.1 仲裁方可同意否定仲裁员的法定权力

在这条文之下，除非仲裁双方同意仲裁员没有此权力(Section 38(2))，仲裁员是有法定权力去行使指令提供费用担保的裁量权(Section 38(3))。这 Section 38(2)出现的情况很少，一来仲裁条文很少会明确说明仲裁员可享有的权力，而即使仲裁条文合并某仲裁规则如伦敦海事仲裁员协会规则(简称 The LMAA Terms)，这些规则本身一般都说明仲裁员有此权力；二来当发生争议而需要去仲裁的时候，当事方很难会同意免除仲裁员这权力，尤其是这会涉及一方或双方的利益。

要注意的是，在1996年《仲裁法》下，费用担保的申请必须要向仲裁庭提出，法院再没有权力去处理有关的申请(见1996年仲裁法的 Section 44)。因此，若仲裁条文订明或仲裁双方同意仲裁员无权处理费用担保，仲裁庭及法院再不会有权去处理。因此，仲裁庭面对有关申请首先要看是否有管辖权(jurisdiction)。

2.2.2 何谓仲裁费用(costs of the arbitration)

在 Section 38 下的仲裁费用(costs of the arbitration)应包括什么？在1996年《仲裁法》的 Section 59 定义如下：

"59 (1) References in this Part to the costs of the arbitration are to —

(a) the arbitrator's fees and expenses,

(b) the fees and expenses of any arbitral institution concerned, and

(c) the legal or other costs of the parties.

(2) Any such reference includes the costs of or incidental to any proceedings to determine the amount of the recoverable costs of the arbitration (see Section 63)."

按此，仲裁费用应包括仲裁员本身的收费及使费，如仲裁员任命的专家或律师去提供专家意见(expert's opinion)或法律意见(legal opinion)；仲裁机构费用；当事人之间的律师费及其他费用，如专家意见(expert's opinion)或因要履行仲裁庭的指令而产生的使费如保存证据或证物；也包括因为要去核算费用(taxation of costs)而产生的使费，但这使费一般是争议本身有了胜负之分后才会有机会产生，在费用担保的问题上通常只会包括裁决书(award)发出前可能产生的费用。顾名思义，其他与仲裁无关的费用，不应包括在内。

可见，除了被告可向原告要求提供费用担保，仲裁员也有权力就其可能产生的费用要求原告提供担保。做法是同意被告的申请包括仲裁员的费用，或是仲裁员自己去提出要求原告就仲裁员的费用提供担保。后者的做法不常见，但这也无可厚非，因为仲裁员往往要面对提供了服务但未能收回报酬的风险，尤其是在国际仲裁中的当事方通常都在外地，要追讨会有一定的困难，更不要说可能要花费向在外国的当事方索赔。当然，当事人双方对仲裁员的费用有连带责任(jointly and severally liable)(见1996年《仲裁法》的Section 28)，仲裁员可向其中一方索赔，这可降低收不到钱的风险，况且仲裁员有权去留置(lien)裁决书(见1996年《仲裁法》的Section 56(1))，直至其费用得到支付。但有些情况会是双方都不去付钱拿裁决书，这当中可能会有很多原因如胜算不高或索赔金额与仲裁员的收费不成比例，又或是仲裁双方都不去推进仲裁或争议已得到和解，这时仲裁员可能已做了很多工作，但仲裁双方不去也不想支付仲裁员的费用。看来在合适的情况下，若仲裁员能向原告指令提供其费用担保，对仲裁员来说会是一个额外而实际的保障。1996年《仲裁法》的Section 38(3)赋予仲裁员权力去指令原告就仲裁员的费用去提供担保，不需要被告来申请，但处理上要十分小心，因为仲裁员自己提出来会被认为是已认定原告应提供担保，这会带来不公平的感觉。仲裁员应给予仲裁双方足够的机会去就仲裁员的费用担保去陈述各自的看法及不应对原告的财务状况自行调查。

谈到仲裁员的费用得不到支付的风险，伦敦海事仲裁员协会在其2002年修订的仲裁规则(The LMAA Terms 2002)中，便以一整章附表("The First Schedule")来减低仲裁员可能会面对的上述情况，当中仲裁员可以在仲裁中的不同时段向其委托方收取已产生的费用(paragraph (B))，若其委托方不作出支付，仲裁员可以选择辞职(paragraph (C))；仲裁员亦可向要求开庭的一方收取预约费(booking fees)(paragraph (D))；仲裁员也可要求合理的费用担保，有关担保应向要求开庭的一方提出或在一个文件仲裁向索赔原告提出，若该仲裁方未能提供费用担保，仲裁的另一方便须向仲裁员提供费用担保，否则，仲裁员可以取消开庭的日子或在一个文件仲裁拒绝审阅控辩文书/文件及撰写仲裁裁决书(paragraph (E))。看来，对仲裁员来说，The LMAA Terms 2002比1996年《仲裁法》提供更佳的保障。

2.2.3　原告(claimant)包括反索赔(counterclaim)的被告

Section 38(3)允许仲裁员向原告(claimant)指令提供费用担保，原告包括反索赔(counterclaim)的被告，在Section 82 (1)中原告定义为"'claimant', unless the context otherwise requires, includes a counterclaimant, and related expressions shall be construed accordingly"。

的确是，被告可能会有一个完全独立、可与原告的索赔分得开的反索赔，这时仲裁员可去考虑指令被告向原告为此反索赔作出抗辩而产生及将会产生的费用提供担保。

索赔(claim)、抗辩(defence)和反索赔(counterclaim)往往会给仲裁员行使其裁量权带来混乱或难以取舍的情况，后详。

2.2.4　"外国原告"的考虑不再存在

Section 38(3)没有对仲裁员应如何行使其裁量权作出指引或有所限制，只是特别列明仲裁员不应因原告在英国以外的地方或其管理与控制在外国而指令提供费用担保，这彻底改变了以往针对外国原告的做法，加大了申请费用担保的难度。

这修改与英国法院现行的做法不同。英国的“民事诉讼规则”(Civil Procedural Rules)的 Part 25.13 仍旧针对外国原告，故此到英国法院诉讼的外国原告的身份仍是被告向法院申请费用担保的原因；但在仲裁方面，立法已明言仲裁员不应因外国原告的身份而指令他去提供担保。

2.2.5 原告不提供费用担保的制裁

1996 年英国仲裁法的 Section 41(6)表明若原告不依从仲裁庭的强制性指令去提供费用担保，仲裁庭可以作出裁决书把索赔撤销(dismiss)。Section 41(6)原文如下：

“41 (6) If a claimant fails to comply with a peremptory order of the tribunal to provide security for costs, the tribunal may make an award dismissing his claim.”

原告的索赔一经撤销，便不能再向被告追讨。在 1996 年英国仲裁法下，仲裁庭看来只能把索赔撤销，而不能去中止(stay)仲裁。当然，仲裁方可以通过一些仲裁规则如 2002 年伦敦海事仲裁员协会规则(The LMAA Terms 2002)，赋予仲裁员中止仲裁的权力(在后文的 4.2 小段有较详细的介绍)。

3. 费用担保申请的做法及考虑

被告要求原告提供费用担保的好处明显不过，一方面迫使原告先提供担保才能推进仲裁，为自己带来保障的同时，也要原告面对一定甚至是沉重的经济负担及麻烦，这有利往后的和解谈判；另一方面在原告不能提供担保后，更可把整个索赔即时撤销，连本来要花钱去抗辩也可免了。

曾处理过一个航运租约的仲裁，船舶以背对背(back to back)的形式经多次转租后落入一家美国公司手中，该美国公司再转租给了承租人，争议源自这承租人因注册船东不按提单放货而带来延误，把部分租金连同其他损失扣除，这扣租一环接一环地扣到注册船东，注册船东便向其承租人展开仲裁，这仲裁亦发展至美国公司与始作俑者的承租人，争议属典型的多位当事人同一争议(multi-party dispute)。承租人在作出抗辩后，马上向美国公司提出要求提供费用担保，否则向仲裁庭申请。这家美国公司不大，而且资料显示它的财务状况一般，它原本愿意提供，但后来却不了了之。这仲裁亦因此而没有再搞下去，也不知以上的仲裁发展如何。

另一例子是发生在仲裁法修改之前，仲裁的文书控辩已结束，正当双方等待仲裁庭裁决之际，被告突然向法院申请要求原告提供巨额的费用担保，法院认为由于原告是外国公司，背景不详，因此行使裁量权接受申请，并即时中止仲裁直到原告提供担保为止。在这最后阶段才作出指令，其实对当事双方也不见得有什么好处，因为双方已为仲裁投放了大量的资源，只等待仲裁庭的裁决书。原告最终没有提供担保，仲裁中止了。被告在仲裁及向法院申请费用担保已花了超过相当于索赔金额一半的费用，在原告不提供担保的情况下，也不期望可向原告取回，最终是一个两败俱伤的局面。

再举一例，一个长达 10 年的仲裁，被告一开始便要求原告提供费用担保，身为船东的原告在互保协会（Defence Club）的支援下由互保协会以担保书形式提供费用担保，但仲裁一直拖拖拉拉到文件披露（discovery）/准备开庭（hearing）前，被告以再要求原告提供巨额的费用担保及原告懈怠为由请求撤销索赔（strike out claim for want of prosecution）等手段，成功迫使原告提出和解。值得一提的是，在 1996 年《仲裁法》下，有两种情况仲裁员是可以把索赔撤销的，一是原告不提供费用担保（Sections 38（3）& 41（6）），二是以原告懈怠为由请求撤销索赔（Sections 40 & 41）。

由此可见，费用担保请求在仲裁中是一个战略价值甚高的手段，仲裁员在处理费用担保请求时必须要考虑周详，因为有可能会令仲裁提早完结。

3.1　费用担保申请

费用担保的申请可在仲裁的任何阶段提出。但由于有关申请对被告十分重要，被告在仲裁的初期便应向原告提出，若原告拒绝自愿提供，便可向仲裁庭申请。一般是在被告送达文书抗辩之后，因为这时仲裁庭可以大约知道仲裁双方的争议，了解争议的内容及复杂程度，有利于考虑有关申请及对将来的费用来一个合理的估计。加上在仲裁的初期，被告已产生的费用不多，若申请被接受，对原告会带来压力，有利和解谈判；若原告未能提供担保，更可即时把原告的索赔撤销，以后便不用再投入资源与时间去仲裁。

不难想象，由于外国原告不再是费用担保申请的考虑因素，这申请已不像以前般容易成功。看来被告是要先调查原告的财务状况，搜集证据证明原告将不能支付被告成功抗辩的费用。要注意的是，有关的评估，是指原告在仲裁完结的时候能否支付被告的费用，而不是在被告作出费用担保申请之时（见 Europa Holdings Ltd. v. Circle Industries（U. K.）Plc（1992）64 Build. L. R. 21）。被告要提供的证据包括原告每年向公司注册处呈上的财务报告、原告拥有的资产及这些资产在哪里等，因这些资料能协助评估原告的财务状况。但事实上，除了这些公开的资料外，要去调查在外国的原告的财务状况是有一定的困难。市场上有一些商业顾问/调查公司可提供此服务，他们的网络广泛，搜集资料的管道多，对调查会有帮助。但感觉上这些调查公司对一些不明来历或规模细小的公司，很多时候也是爱莫能助。

当然，若原告属皮包公司，想调查也查不出来。例如在巴拿马、利比亚等地注册的公司，一般不会有什么公开资料。事实上，这类公司也不会真的在这些地方营运。又例如一些所谓"水牌"公司（brass-plate company），实际上与空壳公司无异。曾碰上一家在希腊注册的船舶营运人，派人到其报称地址实地调查，根本就没有此公司，但它却在市场继续营运，而背后操纵的又是另一家公司，钱银往来则通过其他公司户口进行。面对这类原告，被告一般也不需要太多证据便可提出费用担保申请。比较保险的做法是被告先向原告索取这“水牌”公司的财务资料，原告一般都不会提供（或根本拿不出来），这会有利于被告的申请。当仲裁员面对这种情况时，申请通常会被接纳，因为真的有实际需要。看来面对这样的公司，做法上与申请 Mareva 禁令的考虑一致，见杨良宜先生及杨大明先生合著的《禁令》第四章 4.2.3.2 小段。

若原告已申请破产或进行破产程式，这担保也是必需的。曾经碰到一个航运的案件，一个船舶营运人因周转不灵，被多个债权人在欧美等地准备捉船扣油，营运人别无他法便在美国申请破产保护令（Charter 11），这时营运人有多个仲裁进行，可以想象这些仲裁的被告必会向该营运人（实际是背后由法院委任的管理人）要求担保。

被告向仲裁庭申请费用担保，通常是要连同一份简单的讼费单（bill of costs 或 schedule of costs），列明被告已产生及将会产生的费用，而一般也只会计算到开庭前，因为在仲裁的初期很难估计是否需要开庭或需要开庭多久，或者当事方在开庭前达成和解，仲裁不用再搞下去。当然，被告可保留权利去要求尚未足数的担保。

这讼费单（bill of costs 或 schedule of costs）应列明：

（1）处理案件的人（fee earner）每小时收费，比如合伙人、律师及见习律师的收费。

（2）处理案件的人已花了多少时间做工作（work done）及费用。

（3）其他已产生的费用如专家费用、大律师费用。

（4）其他零碎费用（disbursements）如影印、速递及电话费用等。

（5）目前已产生的费用（costs incurred upto date）的总额。

（6）估计将来处理案件的人所需要做的工作如取证、披露（estimated work ahead）需时多少（一般计算至开庭（hearing）前）及估计费用。

（7）其他估计会产生的费用如专家费用、大律师费用。

（8）其他零碎费用（disbursements）如影印、速递及电话费用，开庭时的房租和外国证人的费用（包括飞机票和酒店房租）。

（9）估计在开庭前会产生的费用（estimated costs upto hearing）的总额。

当然，有关申请也不是一定要连同讼费单，有时被告会先要求仲裁庭决定它的申请，若被接纳，被告便可向原告协议担保金额及担保形式，而不用仲裁庭操心。这做法可节省时间及金钱，反正担保金额的多少，多大程度是要看将来会花的费用，仲裁庭不会也不能作出准确的估计，也不是在核算费用（taxation of costs），只要是合理（reasonable）便算。

仲裁庭在收到有关申请后，应给予足够的时间及机会让仲裁双方去提出各自的理据，如应否接受申请及担保的金额是否合理。面对一些比较直接的申请，要考虑的情况相对简单，一般双方也不会花太多时间去争论应否接纳申请。但面对一些较为复杂的案件，要考虑的因素很多，使这属于程式上的申请很容易变成实际争议以外的另一战线，这时仲裁员要小心作出有效的控制，令这申请所花的时间及金钱与整个仲裁及争议的复杂度和涉及的金额成比例。这可是仲裁员的责任（见 1996 年《仲裁法》的 Sections 1 及 33）。

3.2　仲裁员如何行使裁量权

已经说过，仲裁员去指令原告提供费用担保的法定权力来自 1996 年《仲裁法》的 Section 38（3），1996 年《仲裁法》没有就仲裁员应如何行使这权力作出指引或规限，只是说仲裁员不应因外国原告的身份而去发出指令。Section 38（3）只说仲裁员“可以指令”（“may order”）原告提供费用担保，可以看出仲裁员是有裁量权（discretion）去作出决定。这裁量权会广泛而没有限制。当然，也不是说仲裁员可以乱来，单凭喜恶去行使裁量权。仲裁员是要去衡量所有的因素/情况后（having regard to all the circumstances of the case），作出对当事方公平、公正的裁决。这公平、公正是仲裁员在 1996 年《仲裁法》的 Section 33 规定下必须要遵守的责任。

但仲裁员应如何行使裁量权呢？不同的案件有不同的情况，要考虑的因素会是不尽相同、千变万化，所谓公正是抽象而不科学。这亦是仲裁员面对费用担保申请而去作出取舍、平衡原告及被告的利益的困难之处，尤其是一些本身是商业人士的仲裁员，要他们考虑如何行使这法律赋予的新权力，看来是有一定的不习惯及难度。仲裁员可去参考及按照法院判决的先例作出衡量，这包括权威的案例如 Sir Lindsay Parkinson & Co. Ltd. v. Triplan Ltd.（1973）1 Q. B. 609 及 Keary Developments v. Tarmac Construction Ltd.（1995）3 All E. R. 534 等，这些先例提供指引去协助仲裁员作出分析，但仲裁员不必完全依据先例作出决定，毕竟这是仲裁员的裁量权，他们可以与法院处理的手法不同。仲裁法咨询委员会的草案报告（Departmental Advisory Committee on Arbitration Law, Report on the Arbitration Bill, February 1996）对 Section 38（3）有以下看法：

“366. …（iii）… In agreeing to arbitration, parties in effect agree that their disputes could be decided differently from a Court, although in accordance with principles of justice. The fact that arbitrators may decide an issue as to security for costs differently from a judge appears to be no more than an aspect of this…

368. Such a provision would allow arbitrators a flexibility in exercising this power, within the confines of their strict duty in Clause 33…

369. It is of course the case that orders for security are not to be made automatically, but only when the justice of the case so requires. We appreciate that cases are likely to arise when deciding what is just may be very difficult. For example, a claimant may contend that he might be prevented from continuing if he has to put up security, whilst at the same time a respondent is contending that unless security is provided, he is likely to be ruined. However, to our minds, this is merely an example of the balancing of factors in order to achieve the most just result possible which is part of the essential function of arbitrators.”

但从另一角度看，仲裁员跟随法院的做法去行使其裁量权，是有一定的指引作用及对决定的质素有所保证。可以想象，仲裁员不会与法院的做法有太大的偏离。

要涵盖所有仲裁员应考虑的情况是不可能的，也没必要，因不同情况下有不同的考虑因素。以下会尝试介绍一些考虑因素，希望有助于了解这裁量权的行使。但要注意的是这些因素不是全部，也不要个别去考虑，而是要从整体的情况出发，平衡原告及被告的利益，决定怎样的裁决才是公平的。

3.2.1 原告的财务状况

费用担保申请的关键在于原告将来不去支付被告成功抗辩的费用的风险，原告的财务状况当然是重要考虑的因素，而这方面的资料需由被告提供证明。已经说过，这方面的取证十分困难，原告亦没有责任向提出申请的被告提供有关证据或资料。可以说，在针对外国原告的法例修改后，要成功申请费用担保变得困难，这亦是本来的原意。在近期的一个仲裁，被告向仲裁庭申请要求原告提供费用担保，所持的理由是原告的债务多于资产，将来被告若成功抗辩，原告有可能无能力支付。但这理由看来是不够充分，因为单从资产及债务的比例不足以认定原告是否有能力在仲裁裁决后履行裁决书内支付被告费用的责任。首先，这些资料可能只反映原告在过去的部分财务状况。另外，资产与债务本身亦要作出分析，例如资产中多少属流动资产及多少属固定资产、资产种类、质素及所在地、是否有抵押等；债务方面，多少属长债、多少属短债，债务的情况在将来会否改善或恶化。况且，资产及债务的比例，未必能反映原告的经营利润能力，它可能是一家在市场上经营已久的公司，有稳定的现金流量，业务前景良好等。要知道，决定是否接受被告的申请首要是考虑原告的支付能力，即是否在需要支付时有足够的资源应付（如现金流量足以应付或有能力向银行贷款等），而不是原告公司本身的价值。想来，只以资产及债务的比例难以作出周详的考虑。

3.2.2 文件仲裁（documents-only arbitration）

一个文件仲裁一般不需要原告提供担保，原因是文件仲裁的原意是以最少的时间及成本去解决争议，费用担保申请有违此原意。在 Mavani v. Ralli Brothers Ltd. (1973) 1 ALL E. R. 555，Kerr 大法官说：

"Generally speaking I do not think that the courts should order security for costs more or less automatically in an arbitration proceeding purely on documents on the grounds that one of the parties is resident outside the jurisdiction, as it generally does in an action. I also do not believe that this is the practice of the courts… The purpose and value of such arbitration is that they should be conducted and decided with the minimum of complexity, delay and expense. This purpose would be substantially weakened if the practice in such arbitrations were to order the claimant more or less automatically to give security for costs."

当然，这也要看情况，如海事仲裁一般都是以文件仲裁形式去解决争议，但很多时候争议本身并不简单，涉及大量的文件证据及争辩，所花的时间及费用不会少，正如 Mustill & Boyd 一书在第 336 及 337 页说：

"… an arbitration on documents will not normally attract an order for security unless the documents and contentions are unusually elaborate."

但可以肯定的是，随着仲裁员有权去决定仲裁是否需要开庭（oral hearing）（见 1996 年《仲裁法》的 Section 34（2）（h））及仲裁方害怕因开庭而带来的费用，很多仲裁都会以书面及文件形式去解决；加上法例改变针对英国仲裁的外国原告的态度，费用担保申请的成功机会大大降低。

3.2.3 索赔的好坏与可能成功的机会

索赔的好坏与可能成功的机会，会影响仲裁员去决定被告的费用担保的申请。但仲裁员不应放太大的比重在这因素上，因为一般的申请都会发生在仲裁的初期，这时除了交换文书控辩外，就只有仲裁双方向仲裁庭递交的部分文件证据。仲裁员要了解争议的是非曲直，看来也只有在披露（discovery）完结后，才有较肯定的看法。故此，在没有完整的证据及开庭（hearing）或双方最后的文书控辩之前，谁对谁错，仲裁员很难去估计。事实上，在仲裁的初期便去讨论索赔的好坏会可能被视为过早去对争议下定论，属不当行为，对行使裁量权没有多大的帮助，还可能会被指违反 1996 年英国仲裁法的 Section 33 对仲裁员要求要公平及公正地管理仲裁的责任，后果可能会是仲裁员被法院按 1996 年英国仲裁法的 Section 24（1）（a）赶走；或被指为 Section 68 的"严重不正常"（serious irregularity）行为而导致裁决书被上诉到法院去。故此，争议的是非曲直对裁量权的行使是否有关要看原告的索赔或被告的抗辩是否有很大的机会成功或失败（"a very high probability of success" 见 Porzelack KG v. Porzelack UK Ltd.（1987）WLR 420），例如船东索赔运费或未付租金，而承租人根本不像能提出站得住脚的抗辩，承租人抗辩成功的机会不大，那么仲裁员看来是不应指令船东提供费用担保。

3.2.4 被告承认债项或有和解提议（offer to settle）的情况

若被告已承认原告的部分索赔而不去支付，被告事实上已得到原告的担保（这所谓"sitting on the Claimant's money"），这会是一个值得考虑的因素。

又或是被告向原告公开地提出和解提议（open offer），或者是在"无损害"（without prejudice）的情况下提出的秘密提议（sealed offer）（这秘密提议通常是在"without prejudice save as to costs"的情况下提出，用意是保护被告在提出秘密提议而不被原告接受之后要面对的费用风险），这些和解提议或许会影响仲裁员去行使其裁量权。对原告来说，如果被告提出和解提议的金额等于原告大部分的索赔，这可显示在被告的心中，原告索赔的成功机会很大；反之，被告可能希望仲裁庭去考虑他给原告的一个相对索赔金额很小的和解提议，去显示原告的索赔站不住脚。那么仲裁员应否去考虑？面对一些公开地提出和解提议，仲裁员当然可去考虑。但如果是秘密提议，仲裁员可否去看？若这情况出现在法院的诉讼中，法院的做法会是由另一位与案件无关的法官作出裁决。由于在 1996 年《仲裁法》立法后，所有费用担保申请都是由仲裁庭去决定，即使是秘密提议，仲裁员理应也可去看。就此，仲裁法咨询委员会的草案报告(Departmental Advisory Committee on Arbitration Law, Report on the Arbitration Bill, February 1996)有以下看法:

"195. It has been pointed out that in some cases an application for security before an arbitral tribunal might involve disclosing to that tribunal the fact that an offer of settlement had been or was about to be made. Under the court system, such disclosure can be made to a court other than that which will try the merits of the case.

196. We are not disturbed by this. It seems to us that a tribunal, properly performing its duty under Clause 33, could and should not be influenced by such matters, if the case proceeds to a hearing on the merits, nor do we accept that the disclosure of such information could somehow disqualify the tribunal from acting."

若仲裁的一方或双方不希望让仲裁庭看这秘密提议，可考虑同意委任第三者决定费用担保的申请，而不用原来的仲裁庭处理。这种做法的缺点是增加费用。当然，若当事方未能同意上述做法，原来的仲裁庭还是要去看该秘密提议，再作出考虑。

即使因这申请而看了这些和解提议，有经验的仲裁员是不会也不应受和解提议影响他将来对争议的裁决。事实上，和解提议不一定代表争议的强弱、对错，虽然这会是其中的考虑因素，但也可能是出于当事方的商业或其他考虑。

笔者曾经处理一件伦敦海事仲裁，二船东(disponent owners)向承租人索赔大约六十多万美元，承租人在仲裁初段给予二船东一个四十多万美元的秘密提议，但遭二船东拒绝，其后承租人在文书请求公开向原告提议支付三十多万美元来和解，二船东同样拒绝。后来在开庭(hearing)前承租人向仲裁庭申请要求二船东提供巨额的费用担保，理由是二船东是在利比亚注册的皮包公司。二船东强烈反对，其中一个理由是承租人给予的秘密及公开提议明显反映承租人对争议的看法。当时估计二船东的理据会被仲裁庭接纳，因为这些和解建议，不论是秘密提议或是随后的公开提议，明显地表示承租人认为二船东颇有胜诉机会，亦显示承租人坐拥二船东的巨额资金，承租人变相已经得到担保。结果是仲裁庭还是要二船东提供担保。遗憾的是仲裁庭没有解释接纳申请背后的原因，是否因二船东是在利比亚注册的皮包公司这身份所影响，则不得而知。

最后要注意的是一些属于"无损害"(without prejudice)的文书往来，涉及和解谈判，除非双方同意，是不可以给仲裁员去衡量，因为其特权性质(privilege)，仲裁员不可去看也不应去接纳为证据。见杨良宜先生及杨大明先生合著的《英美证据法》第二章6.7.6小段。这些"无损害"的文书往来与秘密提议不同，因秘密提议明显是针对保护费用而提出的，一般说明秘密提议的内容是"无损害但费用除外"(without prejudice save as to costs)，当仲裁员考虑费用时可去公开。

3.2.5 被告申请费用担保是否有故意为难与威逼(oppressive)的意图

由于费用担保必然会为原告带来麻烦甚至最终导致索赔被撤销，原告能否以此为由，辩称若被指令提供担保，会迫使他放弃索赔？看来这不足以说服仲裁员拒绝申请，正如 Gibson L. J. 大法官在 Keary Developments v. Tarmac Construction Ltd.（1995）3 All E. R. 534 说：

"… The possibility or probability that the plaintiff company will be deterred from pursuing its claim by an order for security is not without more a sufficient reason for not ordering security（see Okotcha v. Voest Alpine Intertrading GmbH [1993] B. C. L. C. 474 at 479 per Bingham L. J., with whom Steyn L. J. agreed）…"

已经说过，费用担保申请是一柄两刃刀，尽管其原意是为了保障将来可能成功抗辩的被告不用面对其费用得不到支付的风险，但对被告来说，它的战略价值十分高，往往会被被告利用去扼杀或阻止（stifle）一个真正的索赔（genuine claim）。因此，若被告申请费用担保是故意为难及带有威逼（oppressive）的意图，则仲裁员应考虑是否接纳申请。在 Sir Lindsay Parkinson & Co. Ltd. v. Triplan Ltd.（1973）1 Q. B. 609，Lord Denning 大法官这样说：

"… The court might also consider whether the application for security was being used oppressively - so as to try to stifle a genuine claim…"

Gibson L. J. 大法官在 Keary Developments v. Tarmac Construction Ltd.（1995）3 All E. R. 534 对此也有以下的看法：

"The court will properly be concerned not to allow the power to order security to be used as an instrument of oppression, such as by stifling a genuine claim by an indigent company against a more prosperous company, particularly when the failure to meet that claim might in itself have been a material cause of the plaintiffs' impecuniosity [see Farrer v. Lacy, Hartland & Co.（1885）28 Ch. D 482 at 485 per Bowen L. J.]. But it will also be concerned not to be so reluctant to order security that it becomes a weapon whereby the impecunious company can use its inability to pay costs as a means of putting unfair pressure on the more prosperous company（see Pearson v. Naydler [1977] 3 All E. R. 531 at 537, [1997] 1 WLR 899 at 906）."

举例说，在建筑行业常见的大判、二判的争议，承建商把工程合约判给大判，大判再把当中的不同工程判给不同的二判，这些二判可能是细公司，靠大判按合约定期支付的工程费用来运作，当承建商或大判因某些工程上的争议而拒绝支付工程费用，这会即时影响二判的现金流（cash flow）。明显地，在仲裁时，大判只要向二判要求提供巨额费用担保（事实上，对一些小公司来说，即使是提供二三十万港币的担保也是十分困难），那么二判的索赔可能就此落空，因他可能没能力去提供担保。但这二判的窘境可是大判不支付工程费用而造成的，大判看来是利用费用担保去为难及迫使二判去放弃向他索赔。当然，大判可能认为它不付款是有道理的，故此仲裁员在认定大判是否有威逼的意图前，又要考虑争议本身的好坏，来作出全面平衡。

如果一家财雄势大的公司与一家没钱的公司订约，而在这之前大公司已知悉对方的财务背景，大公司是不应利用费用担保去迫使没钱的公司放弃索赔。当然，从另一角度考虑，原告可能会利用它的财务状况，逼作为被告的大公司放弃抗辩，并接受和解，以免除将来成功抗辩也不可能收回费用的风险。到底费用担保始终是用来保障被告，若把被告的申请视为故意或威逼，这可能对被告不公平。

当然，原告可能真的不能向被告提供费用担保，若仲裁庭接受被告申请，原告的索赔便会因未能提供担保而被阻止或扼杀(stifle)，对原告来说，是更不公平，这时又如何是好？在 Flender Werft v. Aegean Maritime (1990) 2 Lloyd's Rep. 27 一案中，Saville 大法官说：

"In my judgement, this argument contains a non sequitur. It does not follow from the fact that a company has no assets that it will not be able to provide security for costs. For fiscal and other reasons, a great deal of international business is conducted through offshore or shell companies with no or no apparent assets but with legal or beneficial owners or financial backers well able to provide the necessary funds for the business including, where necessary, the investment needed for litigating or arbitrating claims made by those companies. To my mind, particularly where commercial entities are involved, any argument that an order for security will stifle a claim is likely to fail in limine, unless the Court is persuaded that in truth it is at least more likely than not that funds are not available from any source to provide or support security. Unless the Court can be so persuaded, the suggestion of potential injustice will not, ex hypothesi, be demonstrated."

看来，这时原告需要提供证据证明他没有足够的资产及不会有任何其他途径(如借贷,大股东支援等)能协助他去提供担保，说服仲裁庭去接纳以上的论点。在 Petromin S. A. v. Secnav Marine Ltd. (1995) 1 Lloyd's Rep. 603，Colman 大法官说：

"… the (defendant's)(即仲裁的原告) affidavit does not show that it is impossible for the defendants to raise a loan of the amount of security or acquire the necessary funds from associated corporations or from those who control it… they have therefore failed to adduce evidence essential to amount a 'stifling' argument."

3.2.6 太迟申请

被告太迟才向仲裁庭申请也是其中一个考虑因素。比如仲裁庭与当事方一早已定下开庭的日子及所需要的时间，准备出庭的证人及专家亦已联络上，若在开庭前几天被告才申请费用担保，会令开庭因原告需时安排担保而押后，则仲裁员不应接纳申请。根据笔者经验，被告的申请真的是太迟(例如开庭前几天)才会被马上拒绝；如果被告在开庭前一两个月申请担保，而原告应该会有足够的时间作出安排担保事宜，被告的延误对该申请所带来的影响应该不大。在 Sir Lindsay Parkinson & Co. Ltd. v. Triplan Ltd. (1973) 1 Q. B. 609 一案中，被告的申请被拒绝的其中一个原因便是在开庭前才向法院申请。

3.2.7 被告如有反索赔(counterclaim)的情况

已经说过，仲裁员可指令有反索赔的被告向原告提供费用担保，否则有关的反索赔会被撤销，但这不影响被告就原告的索赔作出抗辩。

这反索赔应是与原告的索赔明显不同，是独立于原索赔的索赔。举例来说明，在一个海事仲裁中，一方面，作为原告的船东向被告索赔因卸货小工的疏忽而对船舶造成的损失(stevedore damages claim)，另一方面，被告的承租人向船东反索赔因航速慢而带来的延误损失(speed claim)。明显地，索赔与反索赔涉及不同的事实，两者没有关系，船东及承租人皆可向对方就其索赔要求提供费用担保。

但很多时候所谓的反索赔实际是与原索赔有关联的，表面是反索赔，其实是被告对原索赔的抗辩(defence)或对冲(set-off)。在这情况下，仲裁员不应也不能要求被告就其反索赔提供费用担保，一来它的本质是属于对原索赔的抗辩而不是反索赔；二来自然公正(natural justice)的大原则下，被告是有抗辩的权利，即使被告将来未能提供费用担保，他还是可去作出抗辩。在 Neck v. Taylor (1893) 1 Q. B. 560，上诉庭对本质属抗辩的反索赔有以下看法：

"Where, however, the counterclaim is not in respect of a wholly distinct matter, but arises in respect of the same matter or transaction upon which the claim is founded, the court will not, merely because the party counterclaiming is resident out of the jurisdiction, order security for costs; it will in that case consider whether the counterclaim is not in substance put forward as a defence to the claim, whatever form in point of strict law and of pleading it may take, and, if so, what under all the circumstances will be just and fair as between the parties; and will act accordingly."

有时候，被告的反索赔到底是抗辩还是索赔也不容易弄清楚。若原索赔及反索赔都是在相同的事实下发生，而反索赔不是完全独立于原索赔，亦不带有新的问题(new issues)要去处理，反索赔便应被视为抗辩。在 The "Silver Fir" (1980) 1 Lloyd's Rep. 371 有此提及：

"The law is plain, that in the ordinary event unless the counterclaim goes a great deal further and is entirely separate from the claim the counterclaiming defendant should not be ordered to give security: Visco v. Minter, Mapleson v. Masini."

但不同情况有不同考虑，比如反索赔的金额比原索赔多好几十倍，而且涉及一些新的问题会不能避免地产生庞大的费用去诉讼或仲裁，这样，即使索赔与反索赔涉及同样的事实，看来合理及公平的做法会是要被告对这些新的问题为原告带来的使费提供费用担保：见 Hutchsion Telephone [UK] Ltd. v. Ultimate Response Ltd. [1993] BCLC 307。

另一种情况是原索赔与反索赔涉及的事实及要解决的问题都是一样，若原告的索赔因未能提供费用担保而被撤销，被告仍会继续其反索赔，这反索赔要花的费用与抗辩原索赔所要花的费用差不多，而原告面对被告的反索赔作出的抗辩与涉及的证据与原索赔差不多，那么仲裁员便不应要求原告去为被告因抗辩而产生的花费去提供费用担保，一来这笔费用被告总会因其反索赔而产生，二来不应为被告带来策略上的好处，对原告造成不公：见 B. J. Crabtree（Insulations）Ltd. v. G. P. T. Communications Systems Ltd.（1990）59 Build. R. 43。

曾经碰上这样的一个仲裁，争议涉及船东在没有装完货的情况下开船，承租人认为船东违约而不支付运费，船东则指他只是按照合约去做，最终船东在中途港把货卸下卖掉。双方展开仲裁，船东索赔运费、承租人毁约等损失，承租人则指船东毁约而拒付运费，并且反索赔被变卖的货价。船东要求被告就其反索赔提供费用担保。笔者认为反索赔很难与原索赔分开来处理。事实上，相对原索赔来看，反索赔的金额不大，某程度上是对冲原索赔。反索赔很难说是完全独立于原索赔，况且，即使被告没法去提供费用担保，被告的抗辩与反索赔的理据分别不会大，要花的费用也不会有太大的差别。因此认为不应接纳原告的费用担保申请。但笔者的共同仲裁员持不同的看法，他认为反索赔是一个可与原索赔分开的索赔，是一个独立的索赔而不纯粹是对冲，故此被告起码要对原告因反索赔多花的抗辩费用提供担保。最终笔者以其他原因说服了共同仲裁员，不用被告提供费用担保。本章 9.2 段对这种仲裁的例子有较细的描述。由此可见，在现实中要了解反索赔的本质也不是易事。

有些情况会是在同一争议，双方谁先去起诉，戴上原告的帽子纯粹是碰巧的，则原告及被告都有可能要向对方提供费用担保。在 The “Silver Fir”（1980）1 Lloyd's Rep. 371，该案涉及船东指控承租人毁约拒绝装货，承租人则反指船东毁约没有把船备妥，Lord Justice Lawton 在考虑后，认为双方都会向对方提出仲裁，先提出的并不代表他便是原告，为公平起见，双方都应向对方提供费用担保。Lord Justice Lawton 在此案中说：

“…The problem now arises as to how the discretion should be exercised in this case. Considerations of equity arise. What is fair and just in all the circumstances? In my judgement where, as in this case, both parties carry on business outside the jurisdiction, both are claiming against the other as parties who have been badly treated and have suffered damage, and it was mere chance that one started the arbitration before the other could get in a claim, then both should be treated alike. If one gets an order for security for costs then the other should too…”

在 Petromin S. A. v. Secnav Marine Ltd.（1995）1 Lloyd's Rep. 603 一案中，双方分别向另一方索赔，而索赔及反索赔涉及同一事实，Colman 大法官对费用担保有以下看法：

“… Both parties asserted that they were claimants in the arbitration and both originally served points of claim. The matter was eventually resolved to the effect that the plaintiffs would be claimants and that the defendants could counterclaim…

… In theses circumstances the just and equitable approach to security for costs would be that there should be orders for both parties to put up such security: the plaintiffs in respect of their claim, the defendants in respect of their counterclaim. This is consistent with the decision of the Court of Appeal in Samuel J. Cohl Co. v. Eastern Mediterranean Maritime Ltd. (The Silver Fir), [1980] 1 Lloyd's Rep. 371…

…In the present case, as I have said, both parties made substantive claims based on the same facts and either could properly have been claimant. The counterclaim was not merely a defence, directed to smothering the plaintiff's claim by a set-off; it was a large claim for damages in its own right. The plaintiffs have not suggested that their own damages' claim is of anything like that magnitude. That being so, this presents itself as prima facie a classic case for security from both sides…"

在此可举一个两条船在公海碰撞的例子说明，碰撞双方都有损失，又互相指责对方航行错误。这样一来，谁能先起诉，比如在适当的港口告船(in rem action)扣船，纯粹是机会。再举一个租船争议的例子，承租人有一个航速慢的索赔，金额达十万美元，也已在租金扣起五万美元。但船东不接受任何这方面的索赔，而且展开仲裁索回被扣的五万美元租金。但对承租人来说，不论船东是否索赔被扣的租金，承租人也会向船东追讨航速慢索赔余下的5万美元。

3.2.8　执行费用裁决书的困难

若原告在英国有固定资产足够支付被告抗辩成功的费用，费用担保申请看来不应该接纳。若原告的资产在外国，这亦不足以影响仲裁员指令原告提供费用担保，除非费用裁决书(award of costs)在外国难以执行。随着仲裁裁决书因纽约公约(New York Convention)的关系而在很多的国家及地方得以执行，不容易以执行困难为由而申请费用担保；即使在没有签署纽约公约的国家及地方，也不见得就不能在原告的所在地执行，当然，被告需要提出证据说服仲裁庭，如当地法律专家的意见。在Azov Shipping Co. v. Baltic Shipping Co. (1999) 2 Lloyd's Rep. 39一案中，法院认为尽管Azov Shipping Co.可能有资产在乌克兰，而这资产亦可能足以支付Baltic Shipping Co.成功抗辩的费用，但由于对乌克兰法院是否执行英国法院的费用指令存有疑问，而且申请执行耗时，故Azov Shipping Co.要向Baltic Shipping Co.提供费用担保。

笔者想起曾在印度法院执行仲裁裁决书的经历，因当地法院要审理大量案件，效率不高，对执行裁决书需时起码两年或两年以上，两年后也不知欠债方是否还存在，或者是欠债方的财务状况变差了，或者是已把资产隐藏起来，到能执行时又有什么作用？这应是费用担保申请要去考虑的因素：见Nasser v. United Bank of Kuwait (2002) 1 All E. R. 401。

另外，若被告能证明原告有心把资产隐藏，从而避开将来要面对的费用裁决书，仲裁员应去考虑接受申请。

4. 提供费用担保的指令及不履行指令的后果

4.1 指令(order)

由于费用担保申请属于仲裁程式中的问题，通常会以指令(order)而非裁决书(award)去下达裁决。当仲裁员决定原告要提供费用担保，仲裁员会以书面形式向仲裁双方发出指令。这指令在形式上没有特别的要求，也不必要长篇大论地去阐述当中的理据，看来简单地说明支持决定的理由会是恰当的处理方法。当然，仲裁员完全不去解释也可以，只是原告会有被蒙在鼓里的不服气的感觉。这种情况不是没有发生，笔者就曾经碰到的一个在伦敦仲裁的费用担保申请，双方详细陈述了各自的理据，但三位伦敦仲裁员连一句解释也没有，就下达了一个要原告提供费用担保的简单指令。

一般来说，指令应包括担保金额、担保形式及提供担保的时限。

4.1.1 担保金额(amount of security for costs)

已经在本章3.1小段提及，被告一般在申请时会连同一份简单的讼费单，列明被告已产生及估计将会产生的费用。若申请发生在仲裁的初期，仲裁员应估计费用至文件披露或开庭前，原因是开庭的费用会很庞大，过早要求原告提供担保可能会扼杀(stifle)了原告的索赔；是否需要开庭及需要多少天也是言之过早；况且，很多时候在披露完毕后，双方对争议有充分的了解，会尝试谈判解决，未必需要走到开庭这地步。

仲裁员决定担保金额应为多少完全是出于粗略的估计(所谓“rough and ready figure”)，看是否合理，比如一个金额不大、不太复杂的索赔，被告要求八万、十万英镑的费用担保是否合理？事实上，这又不是要去核算费用，仲裁员不应花太多时间去仔细地考虑每一项的费用。例如，在一个法院申请的仲裁费用担保，该申请在仲裁的后期才提出，大部分的费用已经产生，法官对担保金额多少有以下判决：

“… The plaintiff estimates the costs of the arbitration to be $ xxxxx. The defendant challenges some of the figures, and I believe that there is a sound basis for much of this challenge. It is impossible, of course, for me to fix a figure that it is precisely the amount that would be recovered on taxation. Doing the best I can with the material available to me, I estimate a reasonable amount as $ yyyyy.”

若仲裁员只容许被告可获得算至某一仲裁阶段的费用担保，仲裁员便应在指令中容许被告有权要求原告为以后的费用再提供担保。

费用金额的多少有可能会受制于仲裁员对胜诉方可取回的官司费用所订下的限额，后者的法定权力来自1996年英国仲裁法的Section 65，原意是容许仲裁员对整个仲裁可能会花的费用作出限制，以免双方浪费不必要的时间及金钱去争辩，导致费用与争议本身的复杂程度及涉及的索赔金额不成比例，所谓“capping the costs”。这种做法容许仲裁员在仲裁不同的阶段对可取回的费用金额设立限额，及在有需要时改变已设定的限额。不难想象，若被告申请费用担保，原告可以向仲裁庭要求对可取回的费用设立限额。限额是双向的，即使是仲裁双方可取回的费用同时受到限制，而不会只是针对某一方如被告。实务上要求限制的申请不多，一来会增加整个仲裁的成本，因为可能要花时间及金钱去申请及争辩限额是否合理或合适；二来代表仲裁双方的律师或索赔代理一般都不大鼓励去申请限制，亦很少见他们主动提出，因为设限是相向的，设限后，律师或索赔代理便会尽量控制费用于限额内，以免即使将来胜诉，也只能向败诉方取回限额的费用，而多花了的费用便只可以向客户解释及讨回；况且，复杂的争议或涉及多项不同的索赔及反索赔，未必适宜为可取回的费用设限，因为要花多少费用及如何为不同的索赔及反索赔设限才是合适是困难的，限额太少又会对将来胜诉的一方因未能取回所有合理的费用而造成不公。

已经说过，仲裁员可要求原告就其本身可能产生的费用提供担保。若仲裁庭认为有此必要，应在指令中明确写明如下：

“The Claimant shall also provide security for the Tribunal’s costs and disbursements in this arbitration in the sum of £ yyyy by way of a bank guarantee by latest [date].”

4.1.2 费用担保的形式

通常费用担保的形式会在仲裁员决定接纳有关申请后，由仲裁双方私下同意，若未能同意，则交由仲裁员决定。既然是担保，当然是要给予被告一定的保障，担保的形式林林总总，例如：

（i）银行担保。但也要看是哪一家银行及其所在地。若是不出名的地方银行，或其所在地不是易于执行该担保，一般也难为被告接受。银行一般会向客户收取手续费，按年计算，通常是担保金额的1.5%。

（ii）律师事务所的担保。一般由香港地区或伦敦的律师事务所发出的担保信会被被告接受，但通常这些律师事务所会要求客户存入一笔等同费用担保金额的钱于律师事务所的客户户口，作为对律师事务所发出的担保信的担保。但律师事务所的担保信也未必是绝对足够的担保，因为原告可以辞去其律师，到时候该担保信也会失效。

（iii）共同账户（joint account 或 escrow account）。做法是双方在指定的银行开立共同户口，把担保金额存入，并指示银行只有在双方发出的指示或根据仲裁裁决书的判决才可放钱。

（iv）把担保金额交给仲裁员托管。通常适用于金额比较少的担保。事实上也不是很多仲裁员愿意做托管人（stakeholder）。

（v）互保协会的担保（letter of undertaking）。这是海事仲裁常见的做法。由船东投保的互保协会提供的担保，广为国际社会接受，因为它们大多数是财力雄厚、富可敌国的大保险机构。这也是众多做法之中最便宜最方便的做法。

(vi) 控股公司或股东或董事给予担保。如果原告背后的控股公司或母公司财力雄厚，又愿意提供担保，被告可考虑接受。有些时候，原告的股东或董事给予的担保，也可考虑，但必须是良好的担保。

如果双方不合作，或有不同看法，或是被告想借此拖延，会带来漫长与艰难的谈判。这种情况下，原告或被告应仲裁员求助。一般而言，仲裁员会考虑原告提供担保的形式是否合理，如果合理，仲裁员会下令要被告接受。笔者曾经在一个伦敦仲裁与被告商讨以在香港的汇丰银行发出的担保信(letter of guarantee)作为担保，但被告不同意，理由是不便于执行，坚持要由伦敦的银行担保。这看来是不合理，因为看不见在香港地区执行担保信有什么困难，加上这是由国际性的大银行发出，也不见得会不兑现。但最后仲裁员指令有关担保应由伦敦的银行发出，这只好指示香港的汇丰银行通过其伦敦的分行作出担保，双倍的手续费是不能避免了。

另外常会有争议的是担保信的内容，往往是谈来谈去也有分歧。正因为如此，伦敦海事仲裁员协会(LMAA)在1993年制定了一个标准格式，希望当事方尽量使用。这种格式是与伦敦银行、互保协会、律师事务所等协商后的产品。只要略微修改，这种格式可用于海事仲裁以外的情况。全文如下：

LMAA STANDARD LETTER OF GUARANTEE / UNDERTAKING FOR SECURITY FOR COSTS

To: [Secured Party][1]

C/O: [Their Solicitors]

Dear Sirs,

Matter: [name of vessel; date of charterparty etc.]

[In consideration of your refraining from applying to the Tribunal and / or the High Court of Justice for an Order that] / [Pursuant to an Order of the Tribunal dated that][2] the [Claimant(s)] / [Respondent(s)] [identify Claimant(s) or Respondent(s)], do give security for your costs of defending [the Claimants' claim] / [the Respondents' counterclaim] in the Arbitration, we hereby [guarantee / undertake] to pay to you or to your solicitors on first written demand within 14 days such sums as represent such of your costs of defending [the Claimants' claim] / [the Respondents' counterclaim] in the Arbitration up to and including [specify stage of proceedings] as may be awarded, agreed, or

[1] This will either be the Respondents, or, where counterclaiming Respondents are called upon to provide security, the Claimants.

[2] No consideration is required to be stated, it being obvious that the consideration moving from the secured party is that, pursuant to the Order, no further application for the time being will be made for security for costs.

taxed as being due to you and [identify Respondent(s) or Claimant(s)], plus interest[3] thereon pursuant to statute from the date of (i) an award directing costs to be paid, or (ii) agreement between the parties (if such agreement provides for interest on costs to be paid) or (iii) an order directing taxation provided always that our liability hereunder shall not exceed the sum of £ [figures] [in words] plus interest[4] thereon as aforesaid, and provided always that you shall have liberty to apply to the Tribunal for further security.

This [guarantee / undertaking] shall be for a period of one year from the date of this letter but shall be automatically renewed on the same terms by us on your written demand made before the date of such expiry and shall thereafter be automatically renewed before or upon the expiry of each successive year on the same terms as set out herein.[5]

This [guarantee / letter of undertaking] is to be governed by and construed in accordance with English law and we hereby submit to the exclusive jurisdiction of the English High Court for the purpose of enforcement hereof.

Yours faithfully,

[Securing Bank / P&I Club / Solicitors]

有关这标准格式的应用有下列两点需要注意：

1. 这标准格式的内容允许被告再次申请更多的担保(further security)。如果双方的协议提供的担保包括开庭的费用(up to and including the hearing)，这必须表达清楚。

提到增加担保(further or increased security)，仲裁员一般不应考虑增加担保，除非从他们上次的指令提供费用担保到目前情况有极大的变化(material change of circumstances)：P. L. Parsons & Co. v. Hanger Services (unreported) 8 November 1994。这可能包括案件被修改(amend)到一个大家当初无法想象的地步，令法律费用大增。

2. 除非提供担保的是一家国际银行，在伦敦或香港地区(看仲裁在哪里进行)有分行，否则应在担保信中表明提供担保的机构要委任代表在伦敦或香港地区接收告票，这可以避免将来向法院申请向在海外的担保人发出及送达告票这一法律程式。

---

〔3〕 This term is included although it is open to the parties not to include interest in the agreement, if, particularly in the case of security put up by banks, it is not common to do so.

〔4〕 When the undertaking is being provided by a firm of solicitors who hold the sum secured on deposit in their client account, the rate of interest achieved may differ from the judgement rate payable. In order to compensate for this, and so as not to leave themselves with a shortfall, solicitors should request additional sums from their clients to place on deposit. In any event there would usually be a long time lapse between giving this undertaking and the date of award, agreement, or order directing taxation from which interest would run, and in that interim, enough interest would usually accumulate to cover any shortfall.

〔5〕 This clause may be deleted, save where it is required by a guarantor bank.

这与在海事仲裁比较常见的互保协会有关。由于税务理由，有些互保协会会在低税国家(tax haven)成立，通过伦敦代表(managing agents)运作。因此，在担保信中定明担保人需要委任伦敦代表或香港代表去接收告票，就是为了避免需要把告票送达到这些低税国家管辖范围内的麻烦。

4.1.3 提供费用担保的时限

仲裁庭在指令内一般会要求原告在一段时间内向被告提供可以接受的费用担保，如14天或更长的一段合理时间，在这之前，仲裁庭可以先征询原告需要多久去作出费用担保的安排。指令的内容可以是这样：

"With regard to security for costs in the reference, the tribunal now orders that security be provided by claimants in the sum of £ xxxxx in a mutually acceptable form by latest [date]. Accordingly, we leave claimants and respondents to liaise over this matter and to confirm that all is in order."

仲裁庭通常不会同时下达任何制裁(sanction)指令，因明知双方需要时间同意担保内容及安排担保。在发出提供费用担保指令之后，仲裁程式仍是要一步步推进下去，不得中止(stay)。但如在限期过后，若双方未能就担保形式达成协议，这便需要仲裁庭去代双方决定，这时仲裁员应再给原告一段合理时间去安排担保。若原告未能如期提供费用担保，被告便可向仲裁庭申请，要求撤销原告的索赔。这时，仲裁庭可向原告下达最终及强制指令(final and peremptory order)(见1996年英国仲裁法的section 41(6))，清楚指令原告必须在一段短时间内(如7个工作天)提供费用担保，否则时限一过，仲裁庭便会把原告的索赔撤销。

4.1.4 有关费用担保申请的费用

仲裁员有裁量权决定谁应对费用担保申请所产生的费用负责，比如是成功申请的被告或成功抗拒申请的原告可向对方取回费用。但更合适的做法是让有关申请所产生的费用按仲裁裁决书的判决作出决定，大原则是胜诉方可以向败诉方取回他的法律服务费用，所谓"costs follow the event"，这会包括因费用担保申请而产生的费用。如果被告成功申请，但原告最终成功索赔，被告可能要承担申请的费用，因为原告是被迫去提供担保才能继续进行索赔。又或者原告及被告都被要求向对方提供费用担保，那么仲裁的最终结果会显示谁应对申请的费用负责。因此，仲裁庭可在费用担保指令说明："The costs to be costs in the arbitration."

当然，某些极端的例子，如一方或双方不必要花大量的时间及金钱去对申请作出调查、取证及争辩，仲裁员可行使裁量权去决定谁应对申请的费用负责。又或是被告的申请是有故意留难或带有威逼的意图，仲裁员便应考虑指示被告支付因其申请而产生的费用。所以，当被告申请极大数目的费用担保来留难原告时，原告可考虑自愿提供一个合理的数目作为担保。如果被告拒绝，而之后仲裁员指定的费用担保的数目与原告自愿提出的相当或更少，原告可向仲裁庭申请白花了的律师费。(虽然这种做法在英国法庭比较有效，因为这里的一般做法是把中间程式有关的申请(interlocutory application)带来的费用即时分配(summary assessment))。

4.2 不履行指令的制裁——撤销索赔/反索赔(dismiss the claim/counterclaim)

已经在本章2.2.5小段提及,当原告或有反索赔的被告未能按照仲裁庭的最终及强制指令订下的时限内向对方提供费用担保,仲裁庭有法定权力撤销索赔或反索赔,这撤销是以仲裁裁决书(award)形式作出,见1996年英国仲裁法Section 41(6)。索赔或反索赔一经撤销,原告或被告便需对因索赔或反索赔而产生的费用负责,这会包括自己的费用、对方的费用及仲裁员的费用。

索赔或反索赔被撤销后,原告或被告便不能再向对方提出索赔,即使原告或被告最终能够提供担保。至于没有被撤销的索赔或反索赔,还是要继续仲裁。

除了撤销索赔或反索赔制裁外,1996年英国仲裁法没有提供其他制裁可供仲裁员选择。但是,在某些特别情况下,比如原告估计需要一段长时间去安排费用担保,那么撤销索赔这种制裁是否合适呢?看来,如果仲裁员如法院般有权去中止仲裁(stay),仲裁员可以更灵活地去处理未能提供费用担保的情况。当然,中止仲裁也有其不足之处,就是原告有可能在数年后才向被告提供费用担保,到时原告又可向被告索赔,仲裁仍是要继续下去,继续缠绕被告。

仲裁员若要享有中止仲裁的权力,只好去看仲裁条文是否采用一些赋予此权力的仲裁规则,或者是仲裁员在接受委任时明确说明以该仲裁规则为接受委任的条件。有关仲裁规则如2002年伦敦海事仲裁员协会条文(The LMAA Terms (2002))的第14(c)段赋予仲裁员中止仲裁的权力:

"14. In addition to the powers set out in the Act, the tribunal shall have the following specific powers to be exercised in a suitable case so as to avoid unnecessary delay or expense, and so as to provide a fair means for the resolution of the matters falling to be determined…

(c) If a party fails to comply with a peremptory order of the tribunal to provide security for costs, then without prejudice to the power granted by section 41(6) of the Act, the tribunal shall have power to stay that party's claim or such part of it as the tribunal thinks fit in its sole discretion."

5. 可否改变仲裁员就费用担保申请作出的裁决?

无论仲裁员的决定如何,总会有一方不满,有些时候甚至是双方都不满,但不满归不满,若想去改变仲裁员的裁决,会是十分困难。已经说过,仲裁员接纳申请与否,要视他如何行使裁量权,如何给予不同因素不同比重,在平衡双方利益后作出公正的决定。在衡量不同因素时,如何取舍,是十分困难的,始终不同的人,受制于其经验及知识，面对同样的因素，会有不同的结论。这不代表仲裁员有错，反正是一方说他有错，另一方却认为公道。说到底，这都是仲裁员的裁量权。

仲裁员一般不会以裁决书（award）形式去接纳或否决费用担保申请，而是以书信形式去说明其裁决。事实上，这申请只是众多程式上的申请其中的一种，仲裁员不应以裁决书形式去作出决定（见 The "Smaro"（1999）1 Lloyd's Rep. 225）。因此，不满的一方是没有机会按 1996 年英国仲裁法的 Section 69 就法律问题向法院上诉的，因为根本没有裁决书，更不用说在 1996 年英国仲裁法下申请上诉是多么的困难。如果原告最终未能提供费用担保，导致仲裁员以裁决书形式去撤销其索赔，原告或可能通过 1996 年英国仲裁法的 Section 68，向法院提出仲裁员在考虑及决定有关申请时有"严重的不正常"（serious irregularity）。但一般来说，如果仲裁员已给予双方充足的机会陈述各自的理据，很难说仲裁员的裁决有什么"严重的不正常"。另一种情况是仲裁员的公正（impartiality）因其裁决而受到质疑（见 1996 年英国仲裁法的 Section 24（1）（a）），但一般很难成立。事实上，一个经过充分考虑所有因素而作出的决定，即使在法律或事实上犯了错误，也不见得仲裁员有"严重的不正常"或"不公平"，始终这是仲裁员的裁量权。

可见，1996 年英国仲裁法没有特别的机制去给予法院权力去监管仲裁员如何行使裁量权。否则，岂不是每一个程式上的决定都要法院来干预，仲裁员不能放手去干？这不是与法院应只是协助而不是干预仲裁的国际大气候背道而驰？事实上，在 1996 年英国仲裁法下，法院已不能像以往插手仲裁的费用担保申请，可以想象，即使仲裁员的决定是以裁决书的形式下达，而又成功的向法院申请上诉，也不见得法院会随便改变仲裁员的决定。

看来，可以改变的就只有指令中定下提供担保的时限。若原告要求展期的理由充分及合理，仲裁员通常不会太坚持原先定下的时限，始终这是关系到原告索赔的存亡,哪怕已是一个最终及强制的指令。

6. 法院有权指令提供费用担保的情况

上文提及，在 1996 年英国仲裁法下，法院已再没有权力指令仲裁原告提供费用担保。但涉及法院寻求协助的事宜，如仲裁员的管辖权（Section 67）、指控仲裁员有"严重的不正常"的情况出现（Section 68）或针对裁决书中的法律问题到法院上诉（Section 69）等，法院有权指令提出申请或上诉的一方向另一方就该申请或上诉可能会产生的费用提供担保。有关权力来自 1996 年英国仲裁法的 Section 70（6）。

7. 香港仲裁法

香港仲裁法分为两部分，分别是本土仲裁（domestic arbitration）及国际仲裁（international arbitration），前者源用以今天眼光看已经过时的1950年及1979年英国仲裁法，后者则是1990年采用的联合国示范法（UNCITRAL Model Law）。不难想象，本土仲裁对费用担保申请的处理手法与英国在1996年立法前一样。至于在国际仲裁方面，示范法对由各国及地区协商出来的产品对费用担保申请没有着墨，那么其地位如何？

在示范法的 Article 9 这样说：

"It is not incompatible with an arbitration agreement for a party to request, before or during arbitral proceedings, from a court an interim measure of protection and for a court to grant such measure."

这"中间保护措施"（an interim measure of protection）是否包括费用担保不太肯定，在示范法下法院是否有权实属疑问。不稳定之处在1991年的立法修改得以改善，新增的 Section 34（E）明确说明在国际仲裁下法院有权指令原告提供费用担保这"中间保护措施"。

至于仲裁员是否有权呢？毕竟由仲裁员来决定才是较佳的安排。

示范法在 Article 17 谈到仲裁员有关"中间保护措施"方面的权力如下：

"Unless otherwise agreed by the parties, the arbitral tribunal may, at the request of a party, order any party to take such interim measure of protection as the arbitral tribunal may consider necessary in respect of the subject-matter of the dispute. The arbitral tribunal may require any party to provide appropriate security in connection with such measure."

可见，在示范法下仲裁员与法院有同样权力去下令"中间保护措施"，但仔细看仲裁员的权力是局限于这"措施"还是"有关争议之事物"（in respect of the subject-matter of the dispute）。这局限带来不稳定，即仲裁员在示范法之下能否指令原告提供费用担保？

认为仲裁员没权去考虑费用担保申请的主要理由如下：

（i）费用依附在索赔，它本身不是争议之事物，当事方不可以单纯为了费用而开始仲裁。

（ii）英国法院的先例 Re Unione Sterinerie Lanza v. Weiner（1917）2 K. B. 55（见2.1小段）对香港有约束力，香港要以立法的手段才能改变它。

（iii）在1991年的立法修改下增加的 Section 34（E）只赋予法院此权力，意图再明显不过，就是只有法院才有此权力。

支持在示范法的 Article 17 下仲裁员是有权指令原告提供费用担保的理由是：

(i) 解释示范法是说明要参照并考虑它的背景及工作报告(travaux preparatoires)，不应只是做一个严格的字面解释。

(ii) 从示范法的工作报告，明显看到草拟的各国代表从未考虑过这个问题，毕竟费用担保不是所有国家适用，有些国家根本就没有这个概念。而在 Article 17 对仲裁员有权指令的“中间保护措施”加上限制，即必须是“有关争议之事物”，是不希望仲裁员的中间措施延展到第三者。相对法院按 Article 9 的同样权力，就不必有此局限。

(iii) 所以，如果在草拟示范法之时，有代表提出费用担保这问题，估计各国代表肯定会去授权仲裁员，特别是国际仲裁的“文化”是不希望当地法院干预。

(iv) 如果 Article 17 的“中间保护措施”不包括费用担保，现实中也想不出会有太多其他“措施”需要仲裁员来关心，特别是海事仲裁，如 Mareva 禁令或扣船等，都是法院的事情。

(v) 今天官司费用庞大，当事方往往在文书控辩中在本金的索赔上加上费用一项。所以，宽松地去解释 Article 17，费用仍可说是“有关争议之事物”(in respect of the subject matter of the dispute)。

上述的不稳定及争论随着 1996 年 12 月 18 日通过修改仲裁法而变得不再重要。修改后的香港仲裁条例(Arbitration Ordinance Chapter 341)明文规定仲裁员有权指令原告提供费用担保，有关条文如下：

“2GB. General powers exercisable by arbitral tribunal

(1) When conducting arbitration proceedings, an arbitral tribunal may make orders or give directions dealing with any of the following matters —

(a) requiring a claimant to give security for the costs of the arbitration;

…

(3) An arbitral tribunal must not make an order requiring a claimant to provide security for costs only on the ground that the claimant —

(a) is a natural person who is ordinarily resident outside Hong Kong; or

(b) is a body corporate that is incorporated, or an association that is formed, under a law of a place outside Hong Kong, or whose central management and control is exercised outside Hong Kong.

(4) An arbitral tribunal —

(a) must, when making an order to provide security for costs, specify a period within which the order is to be complied with; and

(b) may extend that period or an extended period.

(5) An arbitral tribunal may dismiss or stay a claim if it has made an order requiring the claimant to provide security for costs and the order has not been complied with within the period allowed under Subsection (4).

…”

Section 2GB 的条文可以说是源自 1996 年英国仲裁法的 Section 38，前者是强制性的（mandatory），不能任由当事方去改变；后者则允许当事方去协议决定仲裁员是否有此权力。Section 2GB 条文适用于本土仲裁及国际仲裁，它赋予仲裁员权力之余，并清楚说明仲裁员不应单单因为外国原告身份而下指令提供费用担保，香港的高院规则中的 Order 23 rule 1 有关针对外国原告的考虑不再适用；香港法院也再没有管辖权去插手费用担保申请。基本上，修改后的香港仲裁法规与 1996 年英国仲裁法区别不大，做法与考虑一样。但其中有一处地方是比 1996 年英国仲裁法优胜，就是仲裁员在原告未能提供担保的情况下，一方面可考虑撤销索赔；另一方面可中止仲裁。但在 1996 年英国仲裁法之下，仲裁员只能撤销索赔，而无权把仲裁中止（见 4.2 小段）。

8. 费用担保管用的情况

上文曾说到费用担保对被告来说是一种战略价值很高的手段。当然，这手段是否管用仍得看不同案件的事实/环境。管用与否的事实/环境是：

（i）原告是皮包公司，例如是巴拿马公司而背后操纵的集团/个人也不见得财雄势大。这样一来，它有可能根本掏不出这笔大钱或去筹集这笔钱会颇费周章。

（ii）原告的态度一直太不像有决心去开始与推进诉讼/仲裁。例如，相隔了一两年才重新推进仲裁。这延误不足以让被告以“原告懈怠为由请求撤销索赔”（strike out claim for want of prosecution）。故此被告可以要求原告提供费用担保作为对策，希望原告下不了决心，再度拖拖拉拉。这样一来如果又再度延误一两年或更长的时间，将会有机会以原告懈怠为由请求撤销索赔。

（iii）原告害怕昂贵的诉讼费用。对诉讼经验不多的原告来说（例如不少中国公司），它们会从日常生活中听说律师收费高昂（医生又何尝不是），内心对聘用律师有所恐惧，能避则避。但这种原告的律师亦十分精明，往往一开始不会多收费用。若原告作出询问，原告律师也会在回答中尽量把收费标准压低或对总费用作出偏低的估计，务求不去打击原告摇摆不定的心。毕竟，原告若是放弃索赔，原告律师的饭碗也就打破了。笔者见过一些情况是原告律师根本避开不讲或去警告如果原告败诉，它更要负担对方被告律师一笔同样的费用。所以，若遇上这种原告，会为被告提供一个黄金机会，通过要求原告提供费用担保，警告它将会面对庞大的诉讼费用，从而把原告击退。不像原告律师对费用作出偏低估计，被告反而会大大偏高估计将来会花费的诉讼费用，以“对自己最有利的情况去估计”（best possible case），然后提出要求原告提供担保，务求一下子吓退原告。这种手法曾多次使用在中国公司的原告，而且很管用。笔者见过中国公司放弃了十分有利，几乎是不可能败诉的索赔(例如笔者记得一宗案件是身为买方的被告把上百万美元的货物带走，但不付钱给卖方的中国公司)。这真是可惜，社会科学的判定/决定，本来就是一个复杂的事情，要考虑许多因素后才能作出一个好的平衡判定/决定。只说，这种原告的领导拥有诉讼经验不多，加上不熟悉费用担保这课题，让他们去作出最后决定，并期望这会是合理、“博学”(learned)与“慎重”(well-balanced)的决定，显然是不科学的。

(iv) 原告的索赔本质上是取巧，想敲一笔，而不是有真正损失。若原告真有损失，他会像被告一样，要作战到底。例如，原告已在较早一个诉讼败诉，要赔付一百万美元，在这个仲裁是向被告要求“补偿”(indemnity)。这样一来，原告如果不想夹在中间，十分无辜的去掏出这笔钱，只能去向被告推进仲裁了，即使为此仲裁要先提供一大笔的费用担保。

综合上述所讲，被告若遇上原告是Exxon或BP等大石油公司，它们既有“富可敌国”的金钱，又有丰富的诉讼经验，不会轻易被吓退。再加上，它们的索赔在本质上是有真正损失，是原告务必进行诉讼/索赔才能向股东/董事局交代。笔者认为被告可以不必在费用担保方面动脑筋(当然，目前的仲裁法下也难以申请成功)，担保也确实不需要。

9. 实　　例

笔者尝试在以下段落通过实际例子导出如何运用费用担保申请来击退原告的索赔及仲裁员之间考虑费用担保申请的差异。

9.1 实例一

9.1.1 简介

笔者首先介绍一个近期涉及/运用费用担保申请来击退原告的索赔的国际仲裁。该仲裁涉及一家身为原告的美国公司向被告的中国一国营公司索赔一笔天文数字的金额：达四亿多美元(这已是从原先约近十亿美元下调后的数字)。索赔金额这么高是因为双方的“合作协议”(joint venture contract)中没有订下合作的年限或/与双方如何可解约/脱身。当双方合作了没几个月，中方发觉美方是小公司，管理技术水准没有可取之处，就单方面中断合约。这样一来，由于没有合作年限，美方便可以算出50~100年的利润损失。说真的，这样订合约可真是儿戏。

这合作协议内有一条新加坡仲裁条文，并且说明适用“新加坡仲裁中心仲裁规则”(Singapore International Arbitration Centre Rules，简称SIAC Rules)。

有趣的是，中方在单方面中断合约后先向美方起诉索赔约200,000美元的损失，这导致中方是名义上的原告，再要求美方的被告提供费用担保显然有说不通之处。到了美方抗辩与提出近10亿美元的反索赔时，才把中方吓怕了，自此一直是美方在处处进逼，是“现实中”(de facto)的原告，中方才是被告。

至于仲裁员的人选，双方当初同意了一位独任仲裁员。但他自己后来要求“辞职”(resign)，双方随后同意委任另一位英国退休的著名大法官(是贵族院的勋爵)作为替代仲裁员。

法律代表方面，美方委任了一位美国律师。这里问题不大，因为国际仲裁没有规定是要什么国家的律师才能代表/出庭。新加坡也不例外：在Turner Pte. Ltd. v. Builder Federal Ltd. & Anor (1988) 2 M. L. J. 280的判例后(该判例禁止外国律师在新加坡仲裁中代表当事人)，马上作出修改，立法《The Legal Professional (Amendment No. 2) Act 1991》推翻案例。立法是向外国律师打开大门，只除了争议涉及新加坡法律时，才需要新加坡合格律师陪同。这仍比其他地方(例如香港)有所局限。

由于新加坡法律与诉讼都有“费用担保”(security for costs)的做法，仲裁员亦熟悉英国法律/诉讼，相反美国没有类似做法。这导致美方雇用的美国律师虽然一般性的水准差不了，但一涉及费用方面的争议就有所欠缺了。这方面稍后介绍。

至于中方委任的律师，竟然有同样的欠缺。因为很巧合地中方也委任了一所在美国的律师所，他们也不知道或熟悉有关费用担保这一招，故此没有感觉，导致诉讼/仲裁白白进行了一年，中方向美国律师支付4,300,000美元的律师费，也不曾想到这一厉害的手段。在这一年里，据悉中方除对美国律师“极其昂贵”的收费不满外，也不满意服务。例如，美国律师认为实质方面争议对中方不利，不如试图和解。中方不愿意听之外，金额也实在太高，难以和解。

9.1.2　双方相互提供费用担保的命令

这导致中方公司换了另一个律师的组合：由一家北京律师所与伦敦的一家跨国的律师事务所(属所谓“magic circle”内六所最大的律师事务所其中的一家)一起合作。一有英国律师参与，马上就想到费用担保这一招。结果在向美方公司(可称为“原告”)私下提出要求不果后，转而向仲裁员申请。该仲裁员(原先的一位，不是替代的贵族院勋爵)结果指令双方互相提供1,500,000美方的费用担保。本来，中方是“现实”(de facto)中的被告，没有理由被要求提供费用担保。加上就算是中方有200,000美元的“反索赔”，比较这笔费用担保也是完全不成比例。显然这一诉讼/仲裁所涉及的工作主要或全盘为了美方原告的4亿美元索赔。估计该仲裁员有些“不合理”或是“和稀泥”的费用担保命令是出于中方公司是名义上的原告。

9.1.3　中方拒绝提供费用担保

本来这也是无妨，因为1,500,000美元对中方公司没有什么大不了，它反是支付上一家美国律师所也高达数百万美元。所以，中方可以有几个做法，若真做了会一早可以成功击退/吓退美方原告的索赔：

(i) 中方已多少听闻美方原告没有什么资产/财力，故至少应去试探美方原告的反应(例如询问美方准备提供什么银行的担保)，而不应先去自乱阵脚，不战而退。

(ii) 中方大不了依从仲裁员的命令，与美方原告交换这1,500,000美元的担保。反正若是败诉，中方也逃不了比这笔钱大许多倍的索赔损失。

(iii) 或，中方只迫使美方原告提供这笔担保，但自己的底线是对方提供但中方不提供，到时候顶多让仲裁员“中止”(stay)或“撤销”(dismiss)中方的200,000美元的“反索赔”，但不会不允许中方去抗辩美方原告的4亿美元索赔。这对中方完全适合，可以接受。

(iv) 正式向仲裁员提出修改有关费用担保的命令，甚至正式“放弃”(abandon)这200,000美元的“反索赔”以交换取消要求中方提供1,500,000美元的担保。

可惜中方自乱阵脚，领导坚持已花了不少钱，再不能去多花这1,500,000美元的钱，除非保证官司会胜。这样一来整件事就不了了之。美方原告固然是默不作声，中方的英国律师不明底细，在被告知中方不肯提供这笔费用担保后，以为是财政上原因或其重要原因，也就不了了之，就这样让一个大好机会溜走。

9.1.4 仲裁其他方面的发展

在仲裁的其他方面，有以下的重要发展：

(A) 在中方替换了律师后，新的北京律师(与英国律师从旁协助)对以前早已结束的“文书请求”(pleadings或exchange of submissions)大为不满，决定全面“修改”(amendment of pleadings)。这本来也是正常，换了新律师常会有这情况，因为他们会对案件有不同的看法。

(B) 但错误的是中方律师去求美方律师同意他这样做。本来可去向仲裁员申请，仲裁员对修改的要求一般不会拒绝。但先去向美方律师寻求双方同意也无妨，甚至可避开仲裁员会在允许修改的同时另加上条件(一般条件是申请修改方支付对方因修改导致浪费的费用)。可应是在话里强硬，说明可以向仲裁员申请而且一定会被批准，只是为了免麻烦仲裁员与省钱(这是表面借口)，才先向美方律师寻求私下同意。但中方律师是向美方律师“哀求”允许修改，这样一来在言语中意识到有机会占便宜，美方律师就提出许多苛刻条件，例如局限披露、提前开庭等。当中两、三项更是不利，例如是中方事实证人的“证人证言”(witness statement)要先送达/交出，它的内容就是“主讯问”(evidence-in-chief)，而美方证人的证人证言在两星期后才送达/交出。这样一来，岂非是美方证人可以针对中方证人的“所有口头证据”(他们不会再有机会增加或补充内容/证据)去“自圆其说”？可惜的是，中方律师为了取得美方律师同意“修改”(amendment)，加上可能不充分了解上述与其他让步的严重后果，结果全盘去答应了。

(C) 当然，美方律师占了大便宜之同时，也有犯错，就是条件中没有一条是中方要承担所有因修改而导致浪费了的费用。这笔钱不少，因为事实上在后来的修改是中方把许多争端(issues)与“指称事实”(alleged facts)作出颇大或根本性改变。更重要的是，美方律师可以说中方前一任的美国律师所收取的4,300,000美元的费用，均应由中方自己承担，不论诉讼结果是胜是负。因为它要不是因为修改而浪费，就是因为换代表律师而浪费。漏掉了这一项重大的条件，笔者认为主要原因是美方律师对英国诉讼的一套复杂、千变万化与细致的费用方面问题不熟悉所导致。

(D)已经说过，期间更换了独任仲裁员，由一位英国贵族院勋爵替上。

(E)时间飞逝，过了没几个月，已快要面临开庭。当时中方的情况十分被动、不利与无从下手。英国律师大力建议和解，因为根本没有借口或说得过去的理由单方面中断合约。在修改过的文书请求，不少争端也是毫无希望可言，例如是中方律师很喜欢提的合约适用法是中国法。即使被接受(不大可能)，难道中国合同法就允许去单方面随意中断合约？刚好笔者在清华大学讲课时在一个晚饭中与中方律师首次见面并谈到此案件，笔者很快就被邀请去参加中方的"律师或顾问兵团"。在知悉有关案情后，笔者马上想到了约10个对策，当然其中一些在"实质"(substantive)方面，仍有待进一步确认/澄清事实。对策中也有强弱之别，而第一个对策就是"费用担保"(security for costs)。

9.1.5 笔者重新挑起提供费用担保

(F)由于时间紧迫，笔者很快通过中方律师去接触美方律师。首次提出询问有关上一位仲裁员针对费担保的指令有否准备妥协尽快执行。这主要是去作试探。如果美方作出积极回应，例如说美方由某银行出的保函是否可被接受，这表示这方面难不倒美方原告。但实情是，美方律师在回避，不正面回答我们(中方律师)这一点(其他准备开庭工作仍在积极进行)。后来逼得几次，美方律师回应说他的客户(美方原告)愿意提供最多500,000美元的费用担保，但中方也必须去同时作出20%(后减为10%)的索赔担保，为数是40,000,000美元。这更明确显示了美方原告有弱点在这方面，因为:

(i)上一任仲裁员的命令是双方相互提供1,500,000美元的费用担保，美方律师凭什么去自说自话，减为500,000美元？而且什么表面的原因都不讲，是否暴露了美方原告只有这些财力/资源？

(ii)而且，美方律师连这500,000美元的费用担保的诚意也不像有，因为他去加上了一个条件是中方要同时提20%索赔的担保。这是一大笔钱，达80,000,000美元，明显中方不会爽快地自愿去提供。这是否表示美方原告最终的期望或底牌是中方知难而退，大家再不提担保，步向开庭？

(iii)美方律师初步显示了不了解这两类担保是两码事，不能混为一谈。上一任仲裁员的指令中也没有这个条件，又是美方律师自说自话。

总之，到了这个地步,双方律师再也谈不下去，只能是向仲裁员提出申请了。

9.1.6 笔者说服中方提供费用担保

(G)这期间，笔者另一麻烦事是去说服中方领导如果挑起这方面争端(有关费用担保)导致最后结果是中方也需要去提供100万或200万美元不等的费用担保，中方可否支持/承担。已经介绍过，中方领导较早时已拒绝英国律师，不肯提供。但笔者不肯轻易言败，也比较了解中方拒绝提供费用担保的毛病不在财政力量等方面而是不了解何谓费用担保及怎样去运用它作为战略与文斗的手段。至于凭自己长期与西方人文斗所积累的诉讼与谈判经验，令自己在此时感觉到美方在费用担保方面有困难，在试图回避，所以中方一定要乘胜追击。困难的是表达给没有这方面经验/知识的中方领导并取得他的认同。结果，在短短的一个多月内，往返北京三四次，目的就是为了说服领导。领导为人十分友善与关心这宗大案（绝对不是通常的说法如"国家的钱，所以漠不关心"），但已经下了决定有关费用担保的立场并不容易说服他改变。而其中涉及一些的争辩如下：

（i）中方不愿意再掏钱：笔者的解释是：一是现在是"势成骑虎"，不能省钱，否则"兵败如山倒"。本来文斗/武斗都是十分浪费与毫无建设性，故不应去挑起斗争，否则会是"欲罢不能"。但既然挑起了，怎会在斗争关键时刻，决定性的战役（开庭）即将开展，中方决定不再死人，不再花钱去发炮/发射飞弹呢？二是这笔钱只是担保，并非是支付，只要胜诉便可去取回。三是相比索赔金额或/与已经花掉的诉讼费用，这笔钱比例并不高。

（ii）中方担心这一招不能击退美方原告。笔者的解释是：一是社会科学不会有百分百的肯定，但进一步的证据与调查都说明了美方原告的财力有限，当然真相/事实如何还有待观察。二是双方对阵不能光看自己的一笔账，主要还应看对方。三是在此案件，笔者的办案经验感到可以用这一招击退/吓退对方。

（iii）中方担心美方原告可以本案件的"庞大收益"去向银行贷款：笔者的解释是银行一般不会向一宗诉讼贷款，因为变数太多，也太复杂。至于美方原告会否有一位富有的叔叔或婶婶可借到这笔钱，笔者在没有任何证据下或不会成功调查取证下，不会凭空臆猜。

在上述的友好交谈但也有争辩的过程中，笔者记得也曾威胁说如果不听建议，笔者也不再继续参与本案件。反正最后获得中方领导首肯，于是下一步是尽快去向仲裁员提出申请,因为与美方律师的私下谈判也没有结果。

以下节录几个十分关键的传真往来，好让读者感受到国际上如何去有板有眼的争议与词锋厉害的重要。

9.1.7 中方关键电文之一

首先是中方律师发给独任仲裁员的电文/传真，抄本美方律师，如下：

To：独任仲裁员（英国贵族院勋爵）

Copy：（美方律师）

We refer to the fax from（美方律师）dated 17 July 2000. We shall limit ourselves in this fax to the issue of security as a priority.〔6〕

Furthermore, we keep it brief and to the point in order not to over-burden your lordship.〔7〕

---

〔6〕我们（中方）针对美方2000年7月17日的传真，在此只局限在担保的争端，这要优先处理。

〔7〕所以，我们会是简短并且"对题"以免加重您（仲裁员）的负担。

We say as follows:[8]

1) Security for costs and security for claim/counterclaim are not exactly the same matter.[9] Allow us to deal with them separately in paragraphs to follow.[10]

Security for costs:[11]

2) This is the most urgent matter as we now see it. It is agreed by both parties that it ought to be lodged. So we shall not say anything more. The question is how much and how.[12]

3) If security has to be lodged, the basic principle must be: it must be adequate.[13] Otherwise, there is no point to order in the first place.[14]

4) The earlier order by previous Tribunal is US $ 1.5 million.[15] If you are to adjust it, then it cannot possibly be adjusted downward to US $ 500,000.[16] It has to reflect the reality and adequate to secure our costs.[17]

The best evidence must be the attached bill by our previous lawyer at US $ 4.3 million.[18]

Our further costs will run up to at least US $ 2.2 million per attached schedule.[19]

---

〔8〕 我们如下说。

〔9〕 费用担保与索赔/反索赔金额的担保并不是同一回事。

〔10〕 我们以下分段去处理(分段可加强它们是不同课题的印象)。

〔11〕 先是费用担保。

〔12〕 这是目前最紧急的事情。双方当事人同意了应去提供,所以我们不多讲。问题只是金额多少与怎样担保(因为快要开庭，而开庭前有大量工作要做，官司费用会急升，故迫切需要担保。至于指双方当事人已“同意”是试图把美方/对方与仲裁员嘴巴封死。一开始如果去讲一大堆有关申请费用担保的理据，长篇大论去显示/炫耀我们/中方对这问题无所不知，反而会刺激美方律师反驳。一旦反驳，总会有话说[例如是太晚才作出申请]。我们固然可以再去反驳，但最终仲裁员会倾向谁作出裁量决定难以肯定。对有经验的仲裁员来说，一听说双方当事人已经同意，便不会去挑起争议例如问美方：“你对费用担保有否话要说？之后我才去决定是否要提供担保。”事实上，美方也谈不上有明确同意了提供费用担保。只是我们已有准备，若美方律师否认同意过，我们会说：“你不是同意过提供500,000美元的费用担保吗？我们一直以为争端只局限在金额多少。”再推算下去，美方律师若说：“我抗议你们这样做，把这种寻求妥协的特权(privileged)资料与文件披露给仲裁员”，我们会否认此方面有关特权，而且业已达到目的去告诉仲裁员与影响他的裁量。反正最后，美方律师并没有在此点作出反驳，即接受双方当事人“同意”提供的指称，而这样一来，仲裁员也非得去下令了，问题只是钱多少与怎样担保)。

〔13〕 如果要是提供担保，基本原则一定是：担保必须足够。

〔14〕 否则又何必要命令提供？

〔15〕 较早(约一年多前)，上一任仲裁员曾命令了1,500,000美元的担保。

〔16〕 你若是调整这金额，总不能下调至500,000美元(因为期间多做了工作，花更多官司费用，所以金额只应上调)。

〔17〕 这是反映现实及足够担保我方/中方的费用。

〔18〕 对我方/中方的费用，最好的证据是附上前任代表律师的已付的账单，共4,300,000美元。

〔19〕 我方/中方的将来费用(至开庭审理后)至少另有2,200,000美元，如附上的估计费用列表。

5) Therefore, we ask for a security for costs of at least US $ 6.5 million and to be lodged immediately by (美国原告).[20] More important, hence our genuine intention to seek security for costs, is that (美国原告) has no known assets.[21]

6) The security should not be lodged by stages because a substantial part of the costs has been actually spent.[22]

7) Furthermore, sanction should be imposed that failing to lodge would cause (美国原告) claim to be stayed and in due course, dismissed.[23]

8) As to (中国被告) obligation to put up security for costs, we submit they now turned to a de facto respondent[24] and hence it is no point to order a party defending to

---

〔20〕 所以我们要求6,500,000美元的费用担保，由美方原告"马上"提供。

〔21〕 重要的是，我方/中方真正意图要求费用担保是因为美方原告没有资产(其实这句话可以不说，因为在较早已说明是双方当事人"同意"了提供费用担保。说了这一句话反而有转移视线的危险，节外生枝与挑起争端。例如，美方律师会回来说美方原告并非没有资产，并提出多少的证明。这样一来，弄不好反而会影响仲裁员是否下令去提供费用担保的裁量决定。估计这一句话的目的是去强调"马上"提供担保的迫切性。但除非百分百肯定美方原告确实没有资产[故也会心虚不敢反驳]，这句话最好不提)。

〔22〕 担保不应去分阶段作出，因为大部分的费用已经是支付了(这是因为仲裁员一般不会一下子去指令提供太高的一笔担保金额，以免吓坏原告，不敢继续追偿/索赔。这除会造成不公道外，也并非对仲裁员有利，因为一下子压死了案件他自己也受影响，失去了继续赚钱的机会[例如开庭审理与撰写裁决书等大量工作]。这带来一种做法是分阶段地指令原告作出担保，例如先提供200,000美元至文件披露完结。这样一来，表面上让原告好受一点，情愿去提供的机会也较大。但在本案件，我们怂恿仲裁员不要这样做，因为内心是想去一下子把索赔压死，但表面理由是大部分费用已支付了，不是在估计将来要花费多少，故此不应再分阶段去担保。其实我们也可多说一句就是开庭审理在即，再没有时间去分阶段。但这并非重要，因为是太明显的现实情况，而且对方/美方也没有对此做法提出要求)。

〔23〕 此外，若原告不提供担保的话，应作出惩罚，将原告的索赔中止并于适当的时候撤销（本来在一开始申请提供费用担保，不必马上跳到惩罚的问题，毕竟仲裁员是否肯去指令提供费用担保实属未知之数。这应是一步步来，当仲裁员下令后，原告过了时限不依从时，先向仲裁员申请并获得另一个"最后命令"[peremptory order]，若原告仍不依从，才作出惩罚。但我们故意去提是为了阻吓美方律师，毕竟美国律师不太熟悉这种费用担保的做法。加上，时间也确实紧迫。至于不提供担保的严重后果是索赔会被撤销或永久中止，永不超生，这是已有英国的判例：The "Argenpuma" (1984) 2 Lloyd's Rep. 563; The "Fayrouz I-IV" (1989) 2 Lloyd's Rep. 73；以Simmons & Simmons #14—1996报道的伦敦仲裁7/96为证。新加坡仲裁与英国贵族院勋爵担任独任仲裁员等的环境/事实都表示了按照这些判例的严重后果去作出惩罚会在所难免)。

〔24〕 这是说中方已在本案成为事实上的被告(这是为了保护中方，如果中方只是被告，只为了在这诉讼中作出抗辩，中方自己没有独立的反索赔，根本不应作出任何费用担保，唯一作出担保的一方是美国原告。但这里有两个重要变数：一是本仲裁由中方先挑起来，是中方在单方面中断合约后，再马上去开始/推动仲裁索赔几十万人民币的"损失"，直至美方提出4亿多美元的完全不成比例的反索赔后，才把中方吓坏，之后完全是被动，主动是美方。但由一开始各自戴的帽子来看，中方仍是名义上的原告。二是上一位原仲裁员确实指令双方当事人要相互提供1,500,000美元担保。故此后来改变立场，希望中方不必去提供费用担保，而只是美方提供，话有点说不过去。但我们仍是隐蔽地指出美方才是原告，中方成为了被告，故只有美方才要提供担保。毕竟，中方自己也不想与美方一起同时被下令提供与交换6,500,000美元的担保)。

lodge security.[25] Furthermore,（中国被告）is a major entity with vast assets.[26]

Security for claim/counterclaim:[27]

9) We submit the consideration in whether or not to order security for claim/counterclaim is different. The factors to take into should be no different with the court in exercising its jurisdiction in a Mareva injunction (for example).[28]

10)（美方律师）have based on an article with general information concerning China to support their client.[29] They have not actually run a more thorough enquiry as to how much foreign awards Chinese Courts have enforced vis-à-vis foreign awards that were rejected, as an example.[30]

11) Such adverse general information can be found against most developing countries.[31] If they are allowed to carry weight, all entities (big or small firms alike) from those countries will never receive a fair trial internationally.[32]

12)（美方律师）failed to point out（中国被告）is the single-most important, government-owned (hence not allow to go down) networks in china with vast assets in China and abroad.[33] Compare to（美方原告）, who has no known assets at all, it is clear in who should put up security.[34] It is easy to anticipate who in reality will be able to evade payment obligation at the end of the day - an assetless company or a major company, differs

---

〔25〕 没有理由要被告去提供担保（因为他是富是穷，都得让他去抗辩，否则严重违反“自然公正”（natural justice））。

〔26〕 而且，中方是大公司，有大量资产（这是增强不必针对中方而指令提供担保的依据）。

〔27〕 这以下针对与费用担保不同课题的索赔及反索赔担保。

〔28〕 我们提议去针对这方面担保的考虑有所不同。这些考虑应是与法院作出 Mareva 禁令/冻结命令所有的考虑大致相同。（有关 Mareva 禁令的课题，请参阅杨良宜先生及杨大明先生合著的《禁令》第四章）。

〔29〕 美方律师根据一篇批评中国法院不执行仲裁裁决书的文章去支持申请索赔担保的依据（这篇文章已在上一份传真中给了仲裁员与抄本给我方）。

〔30〕 但他们没有进一步去调查到底外国裁决书有多少在中国法院获得执行，相比没有获得执行。（这里表示美方律师根据一篇文章只是断章取义、太片面）。

〔31〕 这种不利报道常会出现并针对发展中国家。

〔32〕 若给予这种报道分量，所有在这些发展中国家的大小公司都无法在国际上获得一个公平的审理了（本来提供索赔担保像 Mareva 禁令是有被告公司大小与财力是否雄厚的重大考虑。但若是发展中国家的大公司相比在发达国家的小公司，仍是对前者不利，这变成是作出了政治上的区分而非被告公司大小的区分了）。

〔33〕 美方律师也没有披露给仲裁员中方是政府拥有的一家至关重要的国有公司（所以倒闭不了）与有庞大的资产/网络在中国及海外（注意申请 Mareva 禁令是有全面与坦率披露的责任，而这一点肯定必须披露。我们指出这一点是去丑化美方，暗示他们试图误导仲裁员）。

〔34〕 相比美方没有资产，明显是谁需要对方提供担保呢？

only in their place of domicile.[35]

13) We further submit that the security for claim/counterclaim can be dealt with a little later. At the moment,(美方原告) claim of US $ 407 million is just a round figure.[36] We have not the slightest idea of how it arrives at.[37] No particular has been asked yet, nor given.[38] Thus, to argue on a security based on it is simply premature and oppressive/unfair to (中方).[39]

We look forward to hearing from your lordship on above.

(中方被告律师/笔者)(2000 年 7 月 20 日)

9.1.8 美方回应的电文

接下去是美方律师的回答，如下：

给独任仲裁员(英国贵族院勋爵)

Re:(案件名字)

We have now had an opportunity to review (中方律师) July 20,2000 letter relating to security for costs and for the claims.[40]

In reply to (中方律师) letter, we wish to make the following points:[41]

(i) (中方律师) has now requested security for costs of at least US $6.5 million, because his client has already spent the sum of US $4.3 million, the bulk of which was paid to (中方) former counsel.[42] In our submission, when determining the appropriate amount of security for costs, your Lordship should not be influenced by the exorbitant sums already expended by (中方).[43] In this regards, it is worth noting that our client's total

---

[35] 很容易想到谁担心谁将来会逃避支付：无资产的美方或是财雄势大的中方，分别只在他们的所在地有所不同。

[36] 再说，美方索赔的 4 亿多美元只是一个大概数字。

[37] 我们无法计算出来。

[38] 我们尚未向美方要求详细说明/澄清，美方也没有提供(这一点中方律师应该一早向美方提出要求。现在快要开庭审理，索赔金额会很容易给美方“信口开河”而中方无法反驳/反证，因为不知细节，也没有预先准备/调查)。

[39] 所以，去争论索赔担保是言之过早与对中方压迫/不公平。

[40] 我们(美方律师)已有机会探讨了中方律师在 7 月 20 日来函有关费用与索赔担保。

[41] 作为回复，我们有以下几点要说。

[42] 中方律师要求的至少 6,500,000 美元的费用担保，因为他们已经花了 4,300,000 美元的费用，而大部分是已经支付给了上一位律师。

[43] 我们的意见是您(仲裁员)在考虑费用担保的金额，不应受中方律师过高/乱收费的影响(注：美方律师这样说对笔者而言是心中暗喜，因为他显示了“双方当事人”确已同意提供费用担保的指称，只剩下金额的高低。而我方/中方提出的金额是如此高昂[6,500,000 美元]，即使是减掉一半也足以对无资产的美方作出留难或置之死地了。请留心美方律师没有反驳我方几次的指控美方没有资产，如果不是事实，精明的美方律师会避而不谈吗)。

legal fees to date are a small fraction of those expended by（中方）.[44]

（ii）with respect to the amount for the security for the claim, we note that（中方）willingness to expend US ＄4.3 million in getting to this stage demonstrates that（美方）request for US ＄40 million for security for the claim is quite reasonable.[45]

（iii）with respect to the amount for the security for the claim, we also submit that（中方律师）suggestion that Your Lordship should apply the factors which would apply in the case of a Mareva injunction is incorrect.[46] It is also inconsistent with the broad language of the SIAC Rules #27.4（which do not impose such restrictions）.[47]

（iv）we otherwise adopt and repeat the submissions already made in our Brief of Submissions dated July 17, 2000.

This is an issue of fundamental importance to our client as the whole purpose of the arbitration may be undermined if there is no effective provision for enforcement.[48] Accordingly, if Your Lordship requires any further information or assistance in deciding this issue, including oral submissions if necessary, we would be pleased to make ourselves availa-

---

〔44〕 我方（美方）的所有律师费只是中方所花费的一小部分（看来中方确实在律师收费做了“大头”，要不是让外国律师乱收费就是自己不懂得如何去好好使用昂贵的律师/法律服务。例如，笔者在该案件被委任后才一个多月，已经被要求飞去北京四次之多，目的只为了见领导人，这明显是浪费。但笔者一旦提出，中方即会说：“多花钱无所谓，最主要是打胜官司。”问题是：浪费与是否会打胜官司是毫无关联的）。

〔45〕 另在索赔担保的金额方面，我方（美方）觉察到中方既愿意花4,300,000美元的律师费用到今天的程式阶段，就表示我方要求的40,000,000美元索赔担保是十分合理的（在这里美方律师亦说得差劲。首先，他没有针对我方/中方的指称是费用担保与索赔担保是两码事。这样一来，既是不同的两码事，也不能去拉在一起比较。其次，索赔金额低，诉讼费用高［因为案情复杂、双方过度恶斗等原因］不是没有听过。最后，要求40,000,000美元［是索赔金额约1/10］的担保本身有说不通之处，因为若要求担保被允许，笔者从未曾听过只作出1/10索赔的担保。美方律师说40,000,000美元十分合理，笔者不同意。若是原则上美方可享有担保，这一让步对美方是太不合理了。美方应可获得全数4亿美元加利息及费用的担保，这正是美方如果要以Mareva禁令冻结中方财产/银行账号所希望取得的担保，绝对不会是自说自话的1/10）。

〔46〕 我们（美方律师）认为以Mareva禁令所考虑的因素作出同样考虑的建议并不正确。（但美方律师没有指出怎样考虑才是正确。这种空泛的讲话，十分欠缺细节［details］，不应多给予分量）。

〔47〕 这也是与新加坡仲裁中心规则（Singapore International Arbitration Centre Rules，简称“SIAC Rules”）的27.4条文不一致，因为条文中没有这些局限（这条文只简单说“仲裁员有权下令任何当事人去提供争议金额的担保”［The Tribunal shall also have the power to order any party to provide security for all or part of any amount in dispute in the arbitration］。但仲裁员有权（这一点笔者不反对）并不表示仲裁员不去考虑许多其他个别案件的事实。例如，有否必要指令Exxon公司或Bill Gates本人提供担保？或是，下了命令但被告说：“我没钱去提供担保，但我有理去抗辩索赔！”仲裁员能作出什么惩罚呢？总不能不准被告抗辩，这样做严重违反自然公正，而原告取得这样的裁决书也是没有用处的，难执行）。

〔48〕 这一争端有基本性重要之处，因为如果仲裁裁决书最终不能执行，仲裁就失去了作用。

ble.[49]

9.1.9 中方关键电文之二

再接下去是中方律师的答辩，如下：

To：独任仲裁员(英国贵族院勋爵)

Copy：美方律师

We shall very briefly respond to the fax from (美方律师) of 20 July 2000, as follows:[50]

1) We emphasize again having agreed to put up security for costs, the whole point must be to adequately secure—not just 10% or 20%.[51]

2) Whether it is "exorbitant" sums our client have expended (which we deny) and whether it is wholly or partly recoverable is not the point here. It will be dealt with in awarding of costs and/or taxation much later on. In seeking security for costs, costs up-to-date is surely included. It is not even an estimation.[52]

3) We have in fact forgotten to include one further important item in our US $ 6.5 million. That is, the sums we have paid to SIAC and Your Lordship, which is US $ 300,000.[53]

Thus, the total security we seek now amounts to US $ 6.8 million.[54]

4) With regard to US $ 40 million being security for (美方) claim, we have said it is premature to deal with it now.[55] (美方律师) said the test in Mareva injunction is irrelevant. They know it too well that their client will never get a Mareva injunction against a substantial entity like (中方) in any competent court.[56]

In our tentative view, to be consistent, if security for (美方) claim has to be lodged,

---

〔49〕 如果你(仲裁员)有什么需要进一步查询或考虑有关这个争端的帮助，包括开庭(如果需要)，我们(美方律师)会随时效劳。

〔50〕 我们(中方律师)十分简短地回复美方律师的7月20日传真。

〔51〕 我们再次强调双方当事人既然同意提供费用担保，就必须提供足够的金额而不是仅付10%或20%。

〔52〕 至于我们客户(中方)已支出的费用是否过高/乱来(我们否认)与它们最终胜诉时可否成功向对方败诉方取回在目前并非是要点。这方面会在将来面对费用核算。在费用担保方面，没有理由不去包括已经支付的费用(这是指4,300,000美元，表示担保金额不应低于此数)，这一笔钱根本不是估计得来的(是事实)。

〔53〕 我们也忘了加入已经支付给新加坡仲裁中心与您(仲裁员)的300,000美元。

〔54〕 这令需要提供费用担保的总金额升至6,800,000美元。

〔55〕 至于40,000,000美元的索赔担保，我们已说过现在处理此事为时过早。(因为需要进一步了解这笔钱的"详细说明"[particulars]或"澄清"[clarifications]后才能吃准索赔包括什么与是否有项目还是完全无理取闹。)

〔56〕 美方律师说与Mareva禁令的考虑无关，他们完全知道申请Mareva禁令针对我方的中国大公司是毫无机会成功的。

why it is only 10%?[57] Is it meant to be an oppressive/tactical move?[58] Or, we are talking about more than US $ 400 million in security, failing to put up in cash would debar (中方) from defending?[59]

All these issues point to the need to separate the issue of security for costs with security for (美方) claim.[60] The latter has to be further refined, particularised and made accountable before this issue is even to be raised again.[61]

5) We have to make it clear that it is no point to have an oral hearing to deal with this one issue (out of several).[62] It is making an expensive arbitration even more expensive.[63] We are also unable to find time to make the trip or else the schedule of this arbitration must be put back.[64] Last but not the least, we from civil law countries do find written submissions like these more stable and capable to present what we wish to say.[65]

9.1.10　总结美方主要错漏：把费用担保与索赔担保混淆以及不提因修改而浪费的费用

总结上述“针锋相对”的传真往来，笔者再去多讲几方面的重大错漏、要点及技巧如下：

（I）美方律师的重大错漏有几方面，较重大的已经提过，就是把费用担保与索赔担保的两种不同课题混为一谈。但另有一个至关重大的错漏就是在知悉了中方上一位的美国律师收费竟然高达4,300,000美元，唯一反应只是批评收费“高昂”（exorbitant），却没有提笔者一直以来最担心的事：就是指出这笔钱（加上美方律师同期花的律师费用）都应由中方承担，因为是“修改文书请求”（amendments of pleadings）所引致的“浪费费用”（wasted costs）或/与更换律师所引致。美方这样去争议并且被仲裁员接受的话，弄不好中方一毛钱的费用担保都不会有。当然，若美方律师真去

---

〔57〕 况且，一致地看，若要提供索赔担保，为何只是10%？（注意是我们判断仲裁员不会下令要求中方提供四亿多美元的担保，明知办不到，也无法因此去惩罚中方，故一直强调仲裁员要么就下令四亿多美元担保，要么就不下令，但不能“和稀泥”地只下令10%。对中方而言，也知道40,000,000美元或四亿美元都不去提供担保。）

〔58〕 这显然只是一种压迫性/战略性手法。

〔59〕 是否要提供超过4亿美元的担保，不提供就不准我方/中方抗辩？（我们内心知道仲裁员不会如此下令。）

〔60〕 以上所述均显示了费用担保与索赔担保是两码事，不能混为一谈。

〔61〕 索赔担保要容后处理。

〔62〕 没有为这一个争端（还有其他对中间程式上的争端会陆续而来）去开庭的必要。（确有其他程式上的争端会陆续跟随，例如已经提到的有关详细说明/澄清的要求。这也间接警告美方开庭审理没有这么简单，麻烦事情陆续而来。）

〔63〕 为一个小争端开庭将令这个仲裁更加昂贵。

〔64〕 我们（中方律师）也没有时间，因为开庭审理在即，有许多准备工作要做。

〔65〕 加上，我们大陆法国家（中国）也更习惯以文书形式作出合辩。

提出，笔者也准备了应对办法/回答，如下：

（i）目前只在谈论费用担保，有关修改文书请求引致的“浪费费用”怎样分摊与谁应承担等问题仍没有定论。目前时间匆忙，故只谈费用担保，不去让尚没有定论的各方面问题扯进来造成混乱与延误。笔者担心美方律师对这说法会马上回答说：“好，美方原告现在马上申请中方承担因修改引致的浪费费用，总数是4,300,000美元加××美元。这是标准/惯常做法，请马上下令。”如果仲裁员先下令有关修改的“浪费费用”要中方承担后，才考虑费用担保，这时就会有危险。

（ii）有关修改文书请求，这次是来自双方当事人达成的协议。在该协议，已清楚说明了中方的各种让步以交换美方的同意修改。故没有理由在事后再去要求中方承担美方的律师费用。这里没有明示条文，也不应有默示条文，因为不合理，不会是在谈判时提出来双方会理所当然同时接受。

（II）在双方对立的争议中，知己知彼固然重要，在本案件的情况下更要了解独任仲裁员的心中在想什么。知道了（希望比对手的美国律师知道更多）会在讲话时掌握轻重，知道什么需要多讲及什么不必再纠缠下去。笔者对该仲裁员（一位英国贵族院勋爵）很熟悉，看过他不少著作与判例，故清楚他对费用担保、索赔担保等课题的看法。所以，知道他曾经说过：“难以惩罚不提供索赔担保的被告，因为不能违反自然公正去否决被告抗辩的机会，所以无法惩罚或/与执行，干脆不去下令。”故中方律师/笔者只略及以提醒仲裁员，但不去长篇大论以免美方律师被惊动后也长篇大论回应。

（III）笔者反而担心仲裁员不高兴开庭在即，太晚去申请费用担保会被拒绝。但幸运的是美方律师不提这一点，没有强调我方/中方这一弱点。而中方律师/笔者就隐晦地向仲裁员说成是执行/延续上任仲裁员作出的命令，除了金额上美方原告要提供6,800,000美元而再不是1,500,000美元。

（IV）笔者也担心仲裁员不认同上任仲裁员的费用担保命令，进而去根本否定掉。毕竟，仲裁员对以往自己的命令也可去改动（The “Smaro”（1999）1 Lloyd’s Rep. 225），更何况是其他人的命令。故中方律师/笔者为了肯定与稳定，多次提到提供费用担保是来自双方当事人同意，现任仲裁员最好不要太偏离上任仲裁员的命令/决定，特别是双方当事人没有太大意见。

9.1.11　仲裁员的命令与中方的跟进行动

反正最终是该名仲裁员（再重复他是一位英国贵族院勋爵）终于指令双方当事人相互提供1,200,000美元的费用担保。仲裁员也不为这个决定作出任何解释。笔者怀疑他精明过人，已经看穿了因修改文书请求而大量浪费费用。

有了这个命令，笔者仍在担心，因为金额上与美方律师较早的自动提出给500,000美元不是相差太远，美方原告可能会提供这1,200,000美元的费用担保。所以马上发一份传真给美方律师，但不抄本给仲裁员，内容如下：

“We are very disappointed at the Tribunal’s Order on security for cost which is at a sum even lower than the previous order of US $ 1.5 million. The Tribunal failed to take into account of the actual costs spent by us of well over US $ 4.5 million completely. But due to the pending trial, we decided not to go back to the Tribunal at this moment with a request to review his order and to substantially uplift the figure as security for costs. But we reserve our position to do so and we plan to take this up at the outset of the trial."

1. 我们(中方律师)对仲裁庭的费用担保指令十分失望,指令的金额竟然比以前的1,500,000美元更低。

2. 仲裁庭完全不顾我方真正支付了比4,500,000美元还要多的费用(支付给中方的美国律师的收费加上支付给仲裁员/新加坡国际仲裁中心的费用)。

3. 但由于开庭在即,我们决定暂不与仲裁庭争论。

4. 并保留权力在开庭时一开始再度提出要求。

这份传真的目的是去警告美方原告别以为提供了1,200,000美元的费用担保即可以"安枕无忧"。这样一来,美方原告即使是"东拼西凑"筹到这笔1,200,000美元,也会想想:如果仲裁庭稍后再下令多提供1,000,000美元,那怎样办呢?

9.1.12 向仲裁员申请惩罚美方

笔者接下去的工作一方面是协助与督促中方通过新加坡中国银行提供担保,并在同意了保函文字/措辞后[以"伦敦海事仲裁员协会"(LMAA)的建议标准文字/格式为准(见本章4.1.2小段)],向美方律师发出取得对方同意该保函的要求。同时也向美方律师追问有关美方原告到底是什么银行提供费用担保。但美方律师没有回答,也没有提供美方原告的银行,处处显示无意去提供费用担保。

于是,追问了几次但没有回复,中方律师/笔者向仲裁员(抄本美方律师)发出如下的传真,申请向美方原告订下时限,并预告除非按期提供费用担保,否则会作出惩罚。传真内容如下:

"Further to our fax dated 26.8.2000, we hear nothing from (美方律师) with regard to their client's security.[66] On our part, our client's security by Bank of China is ready and the original copy can be sent to (美方律师) without delay.[67] We do not imagine (美方律师) will have anything to criticise our side as we have complied fully with your Order whereas they have failed.[68] Accordingly we apply for the appropriate sanctions which we suggest to be a dismissal or permanent stay of all the counterclaim (the de facto claim in this arbitration) unless security for costs in accordance with your Order is put up

---

[66] 我们(中方律师)仍未听到美方律师有关美方的担保。

[67] 对我们而言,我们的客户出的中国银行保函已经备妥,正本可随时送给美方律师。

[68] 我们难以想象美方律师会有任何方面可去批评,因为我们已完全依照你的命令行事,但美方律师却没有依照。

within 7 days from today.[69] We look forward to your Order as the hearing is near and we are thinking of topping up further on security[70] … The matter is still outstanding and unresolved unless Your Lordship will impose strict sanctions.[71]'

9.1.13 美方的回应及质疑中国银行作为担保人

接下去很自然的一步是仲裁员下令美方律师要尽快回复解释并订了一个颇短的时间(2天)。显然仲裁员也感觉到快要开庭。可以想象，当时对美方律师压力十分大。但美国律师也非要回应不可，他在时限前提出了一个新的争论，就是指称中国银行的担保不能接受，因为他不接受它的信誉。美方律师同时抖出了好几个英美案例报道有关中国银行被索赔的诉讼。至于美方原告自己要提供的费用担保，美方律师仍是避而不谈。

笔者看见这种软弱无力的回应是心中暗喜，它进一步肯定了美方原告有极大困难，甚至是不会去提供费用担保。至于恶意攻击中国银行的信用，别说不容易被接受，中方/我方也完全可以提供现金担保，例如把1,200,000美元支付给"新加坡国际仲裁"(SIAC)作为"托管人"(stakeholder)。

笔者与中方律师于是马上反驳，但由于涉及一来一往的好几个传真(虽然在一段很短的时间内)，笔者不想去节录，以免本书大部分内容就是讲这一个案件。只是我方/中方反驳之处，也最终被仲裁员接受，有以下几点：

(i) 中国银行涉及全世界各地的业务多的是，不去全面调查/披露，而只去面抖出几个对中国银行表面看来不利的案例并不公平，并不足信。

(ii) 抖出几个案例的大纲即使是它们本身也不是详细节录，不足以对中国银行信用下判断。

(iii) 美方原告自己绝口不提它要提供的费用担保(例如是以什么方式，什么银行)，只去挑中方的毛病，实是用心不良。

(iv) 美方原告已在多天前获知是中国银行提供保函并被告知保函内容，为何一直不提出异议，直至中方备妥保函并被迫向仲裁员提出作出惩罚的申请，美方律师才"迫不得已"首次提出这个异议，明显只是一个借口，并非是真正的异议。

(v) 担保的金额毕竟是小数(1,200,000美元)，以中国银行的资产值(在一些公开资料可找到)而言，简直是不成比例。只要中国银行有资产可在新加坡执行，何

---

[69] 故此，我们只能向你申请一个恰当的惩罚，我们要求把美方的反索赔(其实就是本仲裁的真正索赔)撤销或永久中止，除非美方在7天(今天起计)内提供费用担保。

[70] 因为开庭在即，加上我们考虑在现担保金额上再去申请费用担保，我们等待你的命令。(要求更多的费用担保是去再度阻吓美方原告，别以为筹足了这笔1,200,000美元就可以告一段落。我们故意多提一句，因为不怕仲裁员会坏事，例如回应说："马上要开庭，你再申请我也不会再多批准！"有经验的仲裁员不会在另一方(美方)没有机会讲话前下决定，他也不会把话事先就说死，更不会不让我方/中方作出任何申请。)

[71] 这个问题(双方提供费用担保)仍然存在并且没有解决，除非勋爵大人强加严格的惩罚。

必理会它是否愿意或不愿意在担保下支付。

已经提到仲裁员接受我们（中方律师与笔者）的争辩/反驳，至于接受哪一点或不接受哪一点则无法得知，因为明智的仲裁员作出“中间命令”（interlocutory 或 interim order）都会避免长篇大论给予理由，以免失望的一方当事人把争议延续下去。故此仲裁员只是下令：（1）中国银行的担保可被接受；（2）美方必须在7天内提供费用担保，否则索赔或反索赔将被中止与进一步撤销。

9.1.14　美方突然撤退/撤败

才过了几天，出现了急转直下的重大发展，美方律师突然告诉我们他的客户“同意”更换仲裁员并要目前的仲裁员辞职，这样做也等于10月初在新加坡的开庭必须押后。这“同意”原来曾经一度由中方提出，理由是仲裁员不了解中国国情。当时中方受压，笔者也尚未参与此案。当时美方不同意（这是可想得到），现在突然提出“同意”。其实以“合约法”原则去分析，中方先前提出更换仲裁员的提议早已不存在。显然，这只是用作借口作出体面的退兵/撤退。

笔者建议中方不要做任何事情去“逼虎跳墙”，例如不同意要目前的仲裁员辞职或坚持准时开庭或要求美方支付部分费用后才同意。当务之急仍是击退这4亿美元的索赔。至于美方体面的撤退，尽量让他这样做，重要的是美方肯撤退。

取得中方同意后，笔者/中方律师向仲裁员抄本美方律师以下传真（只去注解有关费用部分的内容）：

To：仲裁员（英国贵族院勋爵）

Copy：（美方律师）

We refer to the fax from（美方律师）and Your Lordship's fax.

We note the urgency of the decision by reason of the latest change of mind on the part of the（美方）which we have expressed great surprise and disappointment.[72]

We further noted that no witness statement has been served as ordered. This is putting us in a difficult position because we have worked on a very tight schedule including today. Thus, without our agreement yet, the（美方）is already acting in a way to frustrate the arbitration and/or more particularly, the October hearing.[73]

However, our client does share the sentiment spelt out in paragraph of the reasons stated by（美方律师）in the challenge. Indeed we have raised the issue before. Our client is still worry over it.

But, the amended pleadings are an interlocutory stage that happened long time ago - even if new issues of credibility were raised therein. The recent statements of witnesses filed

---

〔72〕我们知道中方要马上决定的紧迫性（因为开庭在即），这是美方最近突然改变想法所导致，令我们感到十分惊奇与失望。

〔73〕美方在其他方面的做法或不行动也表明了它根本不想去破坏这个仲裁与10月份的开庭。

by our client have nothing new therein which is beyond any reasonable expectation. Thus, we strongly protest at the late challenge by（美方律师）which has caused so much wasted costs on our part.

If the（美方）believes that by changing a tribunal, he could perhaps avoid the lodging of security for costs and/or getting away from other obligations, we can assure him and（美方律师）that this will not be the case.〔74〕We shall definitely press for a lot higher security because we have been caused to waste so much costs.〔75〕

We are also minded to demand the（美方）to pay all your costs and our wasted costs because of this late change of mind.〔76〕But we are mindful of the imminent hearing dates. If we shall remain indecisive, it will unduly affect Your Lordship's (and our) schedule.〔77〕But we make it clear that our determination to claim back wasted costs (which in our view is utterly fair and unavoidable), and to be paid to our client forthwith, is firm.〔78〕

Therefore, having balanced all factors, our client confirm that:〔79〕

1) Reluctantly, our client agrees with（美方）that Your Lordship is to resign.〔80〕

2) The October hearing in Singapore will proceed no further.〔81〕

3) We have wasted a lot of costs since our earlier challenge and we demand the confirmation of payment immediately (subject to agreement on the figure and breakdown will be provided without delay) by（美方律师）.〔82〕

4) Should（美方律师）fail to come back on, we make it clear that:〔83〕

(i) we shall pay our share of fees to Your Lordship but "under protest". Your Lord-

---

〔74〕美方不要以为替换了仲裁员，就可避免提供费用担保与其他责任。

〔75〕我们肯定在新仲裁员面前继续追迫要更高的担保，因为我们又多浪费了许多费用。

〔76〕由于美方这样晚才改变主意，我们本想要求美方先支付我们与您（仲裁员）的所有浪费的费用。

〔77〕但我们警觉开庭在即，若我们不马上决定而去纠缠（例如坚持美方先支付浪费的费用作为同意的条件），将会影响勋爵大人（与我们）的安排。（例如是以为10月初开庭，仲裁员把所有其他工作往后推至11月。当然，这句话主要仍是去说中听的好话。）

〔78〕但我们先说清楚我们的决心以取回所有在十分不公平与无可避免情形下所遭致的浪费费用，并且必须马上支付给我方客户（中方）。

〔79〕因此，在平衡了所有因素后，中方确认如[7]、[8]、[9]。

〔80〕第一是在不情愿下，同意美方请勋爵大人辞职。

〔81〕第二是取消10月份在新加坡的开庭。

〔82〕第三是我们要求美方律师确认会马上支付浪费的费用（当然要同意数字，这笔账将会提供资料）。

〔83〕若美方律师不确认上述第三点，我们在此说清楚。（这样说法/措辞清楚表示第三点不是第一点、第二点的先决条件，而是只会有其他后果。原因已说过，我们主要想先去击退4亿美元索赔，无期地押后开庭，相对来说，浪费的费用只是小钱。）

ship will not of course be affected by our position.[84]

(ii) we shall immediately apply to the new Tribunal both for security for costs and the immediate payment (after taxing) of wasted costs due to this late change. Because of your resignation, we feel it is an application that has to be taken up before the new Tribunal rather than to come to Your Lordship.[85]

We hope the above sets out our client's position.[86]

9.1.15 总结本案

本案至此可说是全盘胜利。正如所料，美方再也不回头，也回不了头。回头也多了一个很强的对付办法，就是“以原告懈怠为由撤销诉讼请求”(strike out claim for want of prosecution)。当然其他的重重困难，更使美方原告无法去超越，否则它本来就不必撤退。但美方不轻易言退，它曾试图接触中方寻求“友好”和解。笔者知悉后大力劝阻，美方不久前才想要中方的命，现在无路可去就来“友好”，希望捞点油水。这里要敌友分清楚，中方要“友好”的对象是笔者，不是美方原告。但事实上，笔者在这案件的收费不多，原因是笔者插手后，大约2个月多一点就全案急转直下地告终。虽然这段期间的工作十分紧张，但一天24小时不能以26小时收费吧。这是“欺诈”(deceit)。所以在这么短的时间内，笔者也来不及收足费用，反正与其他几位律师(特别是首位的美国律师)的收费有天壤之别。

最后一提的是，中方的其中一位北京律师(笔者认为他水准很好)私下对笔者说他也看过笔者的《国际商务仲裁》一书与其他书籍，知悉何谓“费用担保”(security for costs)。但不知道为何办起案来，就不懂得利用。笔者的回答是：

(i) 熟能生巧。

(ii) 就算是知悉/记起费用担保这回事，怎样去灵活精明利用它，是涉及全面/多方面的思维水准、知识与经验等。例如，在上述节录的传真明显可看到高水准的谈判技巧。又或是，了解中方领导的心态就促使笔者努力不懈地尽力去说服他们同

---

[84] 第一是在“抗议”下(表示将来会向美方追讨)承诺支付中方的一半仲裁员费用(这笔钱会不少，当然与索赔金额不能比)，务求不影响仲裁员的地位。(注意这一点自动提出是明知/预知仲裁员会在见到索赔方/美方在打退堂鼓的同时，开始担心自己工作了的费用怎样办。我们提出后，除了给他好感外，也可避免在这方面节外生枝。此外，这个承诺其实十分有利。因为美方这个“穷光蛋”在不继续索赔的情况下，是不可能掏钱全部支付仲裁员的费用的。这样一来，仲裁员会转向中方追讨，而中方赖不掉，除了本身是大公司外，英国仲裁法说明双方当事人是“共同与分别负责”(jointly and severally liable)这笔仲裁员费用。另外把话说得早是一人一半，漂亮堂皇，美方律师也无话可说，他的客户也不会马上扯皮赖债。但时间一久，美方也决定了完全放弃索赔，美方就会不管什么勋爵不勋爵了。结果正如所料，美方很快支付仲裁员一半的费用，中方则支付另一半。)

[85] 第二是如果美方不肯确认第三点，我们就在新仲裁庭成立后马上申请费用并且担保与加上马上支付因这次延误改变主意而浪费的费用(在核算后)。但由于你(仲裁员)已经辞职，这申请不再麻烦你。(注意这里是预告美方，原告若是将来再想重新推进索赔，即将面对沉重代价。)

[86] 上述列出了中方的立场/地位。

意提供费用担保(请看本章9.1.6小段)。但英国律师同样熟悉费用担保的课题，并且已成功申请，却在中方领导一句话不同意就轻易地放弃了大好机会。否则，案件早就结束了，根本没有笔者去发挥的机会。

9.2 实例二

9.2.1 简介

这是一个香港海事仲裁，涉及外国船东向外国承租人的仲裁。船东/原告委任了一位英国律师为他的仲裁员，而承租人/被告则委任了一位“海事/商事仲裁员”(shipping / commercial man)，即是本书作者之一(莫世杰)。承租人在案中有反索赔。在有关费用担保，先是由承租人律师提出申请，但船东随即就“反索赔”(counterclaim)，要求承租人提供费用担保。这带来两位仲裁员之间的商讨，同意后才能下指令。

9.2.2 在中间程序中三人仲裁庭通常的做法

这里顺带一提为何三人仲裁庭变成只有两个仲裁员？答案是：部分香港与伦敦海事仲裁员经常会遇上明示或默示的要求三人的仲裁庭。在香港仲裁是按照联合国示范法，当中说明若仲裁条文没有订明仲裁员人数，应被视为三人的仲裁庭。明示的情况如著名的“纽约土产”(NYPE)期租合约格式规定了三位仲裁员。在两位当事人各自委任了仲裁员后，理应由他们去委任第三名仲裁员来完成仲裁庭。但一般有经验的仲裁员，都会同意押后委任第三名仲裁员，因这样做会带来许多如下好处：

(i)“中间程序”(interlocutories)一般只是“例行公事”(formalities)，往往一个仲裁员去操纵与推进仲裁也就够了，何必有三人之多？笔者就经常授权“共同仲裁员”(co-arbitrator)决定一切“正常的中间程式”(normal interlocutories)。这一来，太早去委任第三名仲裁员只会浪费费用与拖慢仲裁程式的推进。

(ii) 若最后双方当事人不要求开庭，仅是以“文件裁决”(documents-only arbitration)(这种做法在外贸/海事仲裁很普遍)，双方当事人委任的仲裁员(party-appointed arbitrator)可向双方当事人提议不先去委任第三名仲裁员(或是首席)，而只由他们两人考虑、研究与商讨，看能否达成同一结果。如果能够，就可以更快更省钱地作出裁决书了。毕竟他们两位意见一致，就算第三位仲裁员被委任后有不同意见，这也只是少数意见，不足以改变裁决的结果。或说，有了第三位仲裁员后，他的意见可能会改变其中一位当事人委任的仲裁员原来的看法。这理论上可能，但在两位当事人委任的仲裁员是有经验与水准的先决条件下，这可能性很低。

(iii) 在中间程序的过程中，往往是在两位当事方委任的仲裁员有不同意见时，才需要委任第三位仲裁员，以便有多数人的意见去向双方当事人下令。若是中间程式顺顺利利，就只要在开庭前才委任(这与上述(ii)的“文件裁决”做法有别)。而当时已多少了解是什么争议，更可去挑选一个适合人选以补充现有仲裁庭的不足。

上述做法已在The LMAA Terms 2002第8条文中说明如下：

“8. If the tribunal is to consist of three arbitrators:

…

（b）the two so appointed may at any time thereafter appoint a third arbitrator so long as they do so before any substantive hearing or forthwith if they cannot agree on any matter relating to arbitration；

…

（d）before the third arbitrator has been appointed or if the position has become vacant，the two original arbitrators，if agreed on any matter shall have the power to make decisions，orders and awards in relationship thereto；…"

9.2.3 费用担保与相关问题的双方争议

再回去讲费用担保方面的争议，两位当事人委任的仲裁员有不同看法，差一点要提前去委任第三名仲裁员才能有决定，能去下命令。这些争议主要是：

（i）在"反索赔"（counterclaim）方面的费用担保。

（ii）仲裁庭的裁量权涉及的各种考虑，如"海外公司"（foreign company）、对方财政状况调查、案件本身的好坏、反索赔的本质、人权法等。

在两位仲裁员之间的传真往来，本书只能去节录部分以飨读者。

9.2.4 船东委任的仲裁员的电文

首先节录船东委任的仲裁员（英国律师）给另一位共同仲裁员（笔者之一）的一份传真，如下：

"As regards security for costs it seems to me that given the directions sought that costs independent of the main arbitration are going to be incurred in relation to the counterclaim.[87] Therefore on established principle it seems to me that owners must be entitled to an order for security for costs.[88] Once it is established that the Claimant / Counterclaimant is resident overseas，on established principles the proper exercise of discretion is to order security for costs[89] unless there is some compellingly unusual feature regarding this case[90] or that the merits are so compelling against the Owners.[91] Obviously neither of those is applicable in our case and therefore it seems to me that we must grant their application.[92] Owners have not misconducted themselves in any way and indeed if anything the

---

〔87〕 在我看来这反索赔会带来额外费用。

〔88〕 所以原则上，船东（原告）有权要求对方提供费用担保。

〔89〕 只要证明索赔方或反索赔方是居住在海外，指令提供费用担保是原则上合适的裁量权。

〔90〕 除非是有其他迫切与不寻常的因素（有关因素见本章的3.2小段）。

〔91〕 或是案件本身的利弊，对船东不利（有些案件从文书请求一看已对双方的利弊心中有数。例如索赔方交了货物但对方被告不给钱，而被告抗辩是上一次交易账目未清或是自承资金暂时有困难。这一来，不应该再去下令索赔方提供费用担保。但仲裁员不应在尚未全面聆询了证据与争辩前，作出任何判断/估计"谁是谁非"，所以复杂一点的案件或在仲裁的初期已经要处理费用担保，不应对此多加考虑）。

〔92〕 上述两点不适用在本案件，所以我们仲裁庭必须接受船东的申请（看来，这位仲裁员有点误解，以为承租人是外国公司就必须提供费用担保）。

opposite is the case as Charterers have failed to comply with any of our orders.〔93〕 Therefore it seems to me that we must exercise discretion in the usual fashion and I propose allowing Owners application and asking them to address us on the amount of costs sought.〔94〕 I believe that we should also make clear that this should not be used as a vehicle for obtaining security in relation to the claim.〔95〕"

9.2.5 承租人委任的仲裁员的回电

下列是笔者作为共同仲裁员的回电/回应：

"Regarding Owners' application for security for costs against Charterers in respect of their Counterclaim, it seems to me that we have different opinions here.〔96〕 While I appreciate your comments which you have kindly expressed in the previous correspondences, may I allow to state my observations as follows〔97〕：

1. Owners sought security for costs on the ground that Charterers are a foreign company. They said that it was 'in principle' that foreign claimant who had no assets in Hong Kong must provide security for costs.〔98〕 They relied on this (and no other) to make up their application. They said that Article 17 of the Model law should apply in this application. Whether Article 17 alone would confer the power on the Tribunal to consider security for costs application is still a question mark.〔99〕 However, after the amendment (see Section 2 GB) to the Arbitration Ordinance, this sort of controversy is no longer existed.〔100〕

2. My question is: is it really 'in principle' that Charterers, being a foreign counterclaimant in this arbitration, should provide security for Owners' costs?〔101〕

3. Owners did not go further to elaborate the 'principle' they had referred to in their application. 6 Assuming that the 'principle' they were talking about is the R. S. C. Order 23, then I must say that it is no longer a rule of thumb to grant such an Order against a for-

〔93〕 船东没有不良行为，承租人反而多次不遵守我们仲裁庭的命令（照说，这不应是考虑费用担保的因素之一）。

〔94〕 建议允许船东的申请，并询问船东要求担保的金额是多少。

〔95〕 我相信要说明白这不能借用费用担保来要求承租人提供索赔担保。

〔96〕 有关船东要求承租人就反索赔提供费用担保，看来我们之间有异议。

〔97〕 我了解你的说法，可否让我去说出我的以下观察。

〔98〕 船东要求外国的承租人提供费用担保，说原则上只要是外国索赔方在香港没有资产就必须提供费用担保。

〔99〕 船东说联合国示范法的第17条文适用，但该条文是否允许仲裁庭考虑费用担保申请仍有疑问（本章7小段）。

〔100〕 但在1996年修订香港仲裁法（有了Section 2GB）后，再没有这方面的争议。

〔101〕 我的问题是：是否有因承租人是外国公司，所以要向船东提供费用担保这一"原则"？船东没有进一步去解释这个"原则"。

eign claimant now after the amended Arbitration Ordinance.[102] Under the provisions of Section 2GB（3）of the Ordinance, they specifically stated that:

'An arbitral tribunal must not make an order requiring a claimant to provide security for costs only on the ground that the claimant… is a body corporate that is incorporated… under a law of a place outside Hong Kong, or whose central management and control is exercised outside Hong Kong.'[103]

These provisions are copied from the English Arbitration Act 1996（see Section 38）.[104] The need of amendment is obvious. As commented in para. 366 of the DAC Report on the Arbitration Bill（the English Arbitration Bill）that:

'One of the grounds on which an order for security for costs may be made in Court is that the plaintiff is ordinary resident out of the jurisdiction… it would be very damaging to this country's position as the leading centre for international arbitrations to make this ground available to arbitral tribunals. It would reasonably appear to those abroad who are minded to arbitrate their claims here that foreigners were being singled out for special and undeserved treatment.'[105]

This really makes sense as most of the parties to London or Hong Kong maritime arbitration are foreign parties. To allow this unpopular practice of the court to subsist in arbitration would only continue importing the element of discrimination and would do no good to the reputation of Hong Kong arbitration.[106]

As a result of the amendment, there is now a divergence with the practice of the court in Hong Kong. Arbitrator must not order security solely on the ground that the claimant（or counter-claimant）is foreign.[107]

4. This change has raised another interesting point. How should the arbitrator consider

---

〔102〕 如果该"原则"是指香港的"高院规则"（Rules of Supreme Court, R. S. C.）第23条命令，我一定要说在仲裁法修改后这不再适用于仲裁。

〔103〕 修改后所加的 Section 2GB（3）说："仲裁庭不应下令要求索赔方提供费用担保，只因为索赔方是香港以外的公司，或其中央管理与控制是来自香港地区以外。"

〔104〕 这条文抄自1996年英国仲裁法的 Section 38。

〔105〕 修改的需要很明显，在"仲裁法咨询委员会"（Departmental Advisory Committee 或简称 DAC）对有关仲裁立法的报告中第366段说："这对英国作为国际仲裁中心的地位不利。因为外国索赔方到英国仲裁被强加了特别与不必要对待。"

〔106〕 这说法或考虑很对，因为大多数的当事人（索赔方）来伦敦或香港海事仲裁都是外国人/公司。继续这不受欢迎的做法（特别是伦敦已改变了）去歧视外国人/公司会对香港仲裁的名誉不利。

〔107〕 这仲裁法修改的后果是：香港法院做法与香港仲裁不一样。（会否是船东委任的仲裁员习惯了香港法院的一套，加上没有注意香港仲裁法的改变，故此误以为"外国"索赔方或反索赔方不能免除提供担保？）

such application now?[108] I would suggest that the applicant must provide evidence for assessment.[109] In one of my company's London arbitration cases under the Arbitration Act 1996, a company search against our opponent U. S. Charterers was conducted in order to support our application for security for costs against them.[110] This is a logical consequence of the amendment. So far as the present application is concerned, I would disallow the application on the ground of no evidence.[111]

5. Even if there were some evidence, Owners still need to show that there are substantial risks of not obtaining payment from Charterers should they succeed in defending the counterclaim.[112] As discussed, the 'resident outside the jurisdiction' is not sacrosanct anymore.[113] If I am correct, the rationale behind security for costs is not based on impecuniosity.[114] Other factors, including enforcement, should be considered. I agree with (承租人的律师) that as far as enforcement is concerned, I see no difficulty for Owners to enforce the costs award in (承租人所在地), being a signatory of the New York Convention, in the same way as in Hong Kong.[115]

6. As to the characteristics of the counterclaim, I do not agree that it is separate and independent or not an integral part of the defence of the claim.[116] It was a voyage charter.

---

〔108〕 这立法修改带来有趣的一点是仲裁员现在应该考虑什么因素?(因为费用担保的课题仍然存在,而且处理的权力从法院转移给了仲裁员)

〔109〕 我认为申请人应提供证据以供持平考虑(有关对方的经济/财力有问题故需要担保等)。

〔110〕 我的公司就有一个伦敦仲裁是涉及对美国承租人公司进行公司调查后以有关报告(显然是不良报告)支持申请费用担保。

〔111〕 这是立法修改后的合乎逻辑的后果。在本申请中,船东没有提供任何有关承租人的证据,所以我拒绝申请。

〔112〕 就算有一点证据,船东仍要显示有很大危险是成功抗拒了反索赔也无法去向承租人取回花掉了的费用。

〔113〕 已经说过,光指称对方是外国公司,在香港管辖范围外,再也不是神圣不可侵犯的理由了。

〔114〕 如果我是正确的,费用担保的合法性不是基于穷困。

〔115〕 应要考虑其他因素。我同意承租人的律师的说法,就是承租人所在地承认 1958 年《纽约公约》,船东若是胜诉,可通过当地法院向承租人执行。

〔116〕 至于"反索赔"的本质,我不同意它是独立与分开的争端或不属抗辩的一部分(注意这里涉及的是本质不同的"反索赔"(cross action)或是与索赔本质一样的"对冲"(set-off)。前者只是为了方便省钱去加入原告索赔方的同一诉讼。而被告若是不提供费用担保,仲裁庭可以把该独立与分开的反索赔决定中止甚至是撤销,但这不会影响被告抗辩索赔的权利,也无妨自然公正。但后者的反索赔实是抗辩的一部分,被告不应被要求向原告提供费用担保才能继续抗辩。这会严重违反自然公正,仲裁员不能作出这种惩罚。这种反索赔可举例是双方只争议同一事件,如货方指称船东疏忽导致货损而索赔货价,但船东抗辩他并没有疏忽,同时提出一笔反索赔是代货方处理损坏货物的费用。这一反索赔明显是同一回事,被告不能将此独立与分开处理,如稍晚才以另一个仲裁向原告追索。若被告真这样做,也会被原告指称应在较早同一争议的仲裁中提出,不这样做而在后来的一个新的诉讼提出属"禁止反供"(issue estoppel))。

Charterers agreed to pay freight for the service of the vessel provided by Owners.[117] In consideration of the freight, Owners agreed to ship the cargo from Port A to Port B under the terms as defined in the Charterparty.[118] However, the voyage was abandoned by Owners at Port C in an unusual fashion.[119] They justified their action by saying that Charterers were in repudiation by not paying freight and demurrage.[120] There was an ancillary argument like lien of cargo.[121] But they made themselves clear that due to the losses that had already incurred and the small quantity of cargo carried, Owners had no practical option but to dispose the cargo at Port C.[122]

Charterers argued that by sailing away and proceeding to Port C, the vessel was unlawfully deviated from the agreed voyage and Owners were therefore in repudiatory breach of the contract.[123] Alternatively, the contract had come to an end when Owners had sold the cargo and abandoned the voyage at Port C.[124] Furthermore, Charterers argued that Owners were not entitled to exercise lien on cargo and sell it without their authority.[125] As a result, Charterers were entitled to claim for damages.[126]

The Charterers' counterclaim is therefore the normal consequence of the alleged breaches by Owners.[127] If Owners succeeded in their case, then Charterers' counterclaim will be defeated either entirely or in part. If Charterers' position is upheld, they of course have a valid counterclaim.[128]

I ,therefore, see Charterers' counterclaim as defence or set off in real nature and, if succeeded, will no doubt defeat Owners' claim for freight either in whole or in part.[129] Charterers are substantive respondent to Owners' claim and no security for costs should be granted to Owners.[130] The present situation is similar to Hitachi Shipbuilding & Engineer-

---

〔117〕 这是一个程租，承租人要支付船东运费。

〔118〕 根据租约，船东收取运费的约因是要从A港装港运货去B港卸港。

〔119〕 但船东很不寻常地在中途的C港放弃了航次。

〔120〕 船东这样做的依据是承租人没有支付部分运费与装港的大笔滞期费。

〔121〕 另有关留置货物的权力的论据。

〔122〕 船东说已产生损失及只装了少量货物，这是唯一现实可行的做法。

〔123〕 承租人反驳说是船东毁约，因船舶非法绕航。

〔124〕 或是，当船东在C港把货物私下出售并放弃了完成航次时合约已中止。

〔125〕 承租人争论说船东无权留置货物以及在没有授权下出售货物。

〔126〕 因此，承租人有权索赔损失。

〔127〕 承租人的反索赔实是船东指称违约的自然后果。

〔128〕 如果船东胜诉，承租人的反索赔就会全部或部分被否定。如果承租人胜诉，反索赔自然会成功。

〔129〕 我看承租人的反索赔实是抗辩或对冲，争议的本质同一，若是成功，可用来全部或部分击退船东的运费索赔。

〔130〕 承租人既是实质性地抗辩，就不应指令他向船东提供费用担保。

ing Co., Ltd. v Viafiel Compania Naviera SA (1981) 2 Lloyd's Rep. 498.[131]

7. Regardless of whether the counterclaim is defence, Owners admitted that they had sold the cargo and retained the proceeds.[132] So far, they had skillfully avoided mentioning the legal basis behind their sale.[133] However, their clear and unequivocal admittance, together with their continual retention of the Charterers' money, forced me to conclude that Owners are in a far better position than Charterers in respect of the Charterers' counterclaim.[134]

8. Charterers' counterclaim is bona fide and not a sham.[135] Regardless of whether or not Charterers were in repudiatory breach in the first place, I have great doubt as to the allegation of lien on cargo at Port C and the legitimacy of the subsequent selling of it (especially when the Owners only claimed that they had no practical option other than to dispose the cargo at Port C).[136] I should stop here for the time being.[137] However, if you think that the merits of the counterclaim are relevant to the application (and I believe they are (as allowed by the law)), I am happy to discuss further.[138]

9. I do not think that I need to consider the position of Charterers under the Human Rights Act 1998.[139] Under the negative stipulation of Section 2GB (3), the party's nationality is no longer an influential or decisive factor and as far as I am concerned, I have given little weight on it, save my consideration of the enforcement of the award in (承租人所在地).[140]

The power we have is a discretionary one. It should be exercised fairly and impartial-

---

〔131〕 在此举有关先例以支持。

〔132〕 撇开反索赔是否只是抗辩，船东承认他已出售了(承租人)的货物并且扣起了货价。

〔133〕 至今，船东的律师十分技巧地避免谈及出售船上货物的法律依据(因为货物并不属于船东所拥有)。

〔134〕 船东虽然清楚明确地承认，但却继续扣起承租人的钱(即不把货价退还给承租人)，逼使我认为船东目前的地位比承租人优胜多了。(即何必再要承租人为反担保提供费用担保?)

〔135〕 承租人的反索赔是善意的而不是虚假的。

〔136〕 不论承租人是否首先毁约/违约，我对有关把货物在C港留置及出售的整个做法的合法性有很大的怀疑，虽然船东只是说他没有其他实际可行的做法选择。

〔137〕 我不再多说（毕竟仍未开审，不应太早对案件下定论，只能表面说说，但这也是考虑费用担保因素之一）。

〔138〕 但如果你(指共同仲裁员的英国律师)觉得要继续探讨有关反索赔的利弊，以及在有关申请方面的影响，我很愿意谈下去。

〔139〕 我不认为需要考虑承租人在1998年《人权法》的地位（这是承租人的律师提出来的，《人权法》有条文说明每人都有权去获得一个公正的审判）。

〔140〕 鉴于香港仲裁法已有 Section 2GB(3)的否定性条文，不再去歧视外国当事人，我不认为这是一个决定性的因素。

ly.[141] As far as I am concerned, I consider that it is fair and just for us not to grant such an Order.[142]

It may be that my analysis is wrong. I maintain an open mind here and am prepared to hear and consider any comments from you."[143]

9.2.6 总结上述仲裁员之间的讨论

经过商讨后，船东委任的仲裁员接受笔者的意见，不去对反索赔下令提供费用担保。

此费用担保申请一事，可带出许多地方/问题值得深思。例如：

（i）即使是表面看来高水准的仲裁员对同样的事实与争论会作出完全相反的判断，可以想象社会科学的不稳定。看来，对水准差距极大的成年人士，要理性地交换意见，更加困难。

（ii）仲裁员之间存在不同意见是平常事，当中的差异与仲裁员的道德操守说不上关系，有些人会简单地批评如说船东委任的仲裁员为船东讲好话，承租人委任的仲裁员为承租人讲好话。但这说法只流于表面，没有实质证据支持。笔者自问以持平及客观的态度看待该申请，从案件的整体环境作出考虑，不会因承租人的委任而故意作出偏袒的决定，不能亦不需要，因对笔者的名声没有多大好处。至于另一位共同仲裁员的内心世界，难以知悉，但从他肯被说服的态度看来，道德上也不成问题。

（iii）这样说来，关键问题仍是在水准的差异，即使是高层次人士之间仍会在难度高的细节认识与掌握上有巨大差异，这根本不是外行人/局外人看得出来的。

（iv）仲裁员之间闭门作业，一般外行人士（当事人或他/她的代表律师）很难知道他们个别人士的真正水准。要接触得多（例如一起合作过做共同仲裁员）才会感受到。但即使感受到，也是个人与机密的资料。例如笔者认识不少香港、伦敦及纽约的知名仲裁员，也感受到他们之间的水准差异。但由于成人的世界难以毫无保留地坦率讲话，加上笔者也害怕自己的感受有偏差，所以笔者不会轻率地作出评论。看来，若希望挑选一个高水准人士当仲裁员，与其道听途说，倒不如多看看他（候选人）在“公开范围”（public domain）发表过的文章与书籍，这会更可靠。若在某争议方面的有关权威书籍是由某位候选人所写，他应是错不了的。

（v）要去说服任何成年人都不是易事，但对高思维与有基本逻辑的人士而言，加上有一套制度（英美法律）作为依据，会较容易去说服。这是笔者的个人感受。当然要说服这种人士是需要更高水准的表达能力、说服力、逻辑与知识。希望在上述节录的例子可说明这一点。

---

〔141〕 是否下令费用担保是我们的裁量权，但要使用得公平与持平。

〔142〕 对我而言，我认为仲裁庭不应下此指令。

〔143〕 如果我的分析有错误，我会准备接受你的意见。

(vi)英语水准好固然是好事，但更难学习与无可替代的是思维与知识水准。

9.3　实例三

9.3.1　简介

笔者再介绍近期的英国伦敦仲裁，争议涉及外国船东向中国一家造船厂索赔8000万美元。由于外国船东订购是以巴拿马空壳公司订约，故此中方被告向他提出费用担保的要求，他应是自知难以抗拒，很爽快答应了。当然估计是另有原因，主要是外国船东有互保协会(defence club)的支持，所以不怕诉讼费外，也很容易出担保。在航运界，互保协会作出的保函普遍被接受，特别是13家在“国际组织”(International Pool Club)内的互保协会。另一原因是想借中方被告也有一笔“反索赔”(counterclaim)，要求双方去相互提供费用担保。外国船东估计中方被告若被命令去提供费用担保，将会有极大的困难，而不会像外国船东那样容易提供。

中方被告的律师大力抗拒去为反索赔提供费用担保，而且，也不肯接受外国船东建议的美国互保协会作出的保函，要求是伦敦的一流银行(first class London bank)作出的保函。最后是文字/措辞与格式，双方都有争议，例如中方要求以“契据”(deed)的形式作出(有关契据的课题，请参阅杨良宜先生所著的《船舶买卖法律与实务》一书第一章之第4段)。

双方解决不了的争议，最终免不了要仲裁庭作出“中间命令”(interlocutory order)。本来，仲裁庭不必为中间命令的决定去给予原因，也经常是如此：见Three Valleys Water Committee v. Bunie (1990) 52 BLR 47; Fletamentos v. Effjohn (1997) 1 Lloyd's Rep. 295。但仲裁庭(成员包括笔者杨良宜与两位英国退休大法官)，决定去给予原因。这一方面是对自己的决定有信心，另一方面是作出一个有说服力的书面理由，以支持中间命令更能服众。接下去段节主要是介绍该书面理由。

9.3.2　仲裁员之间的探讨

首先提到的是首席仲裁员向笔者发了一份传真说他对美国互保协会不了解，难以下令强制中方被告接受这笔约385,000美元的担保以此形式作出。笔者(杨良宜)的回应如下：

“Thank you for your fax of yesterday. As to your queries, my views are:

1) I understand the American Club used to be a small club mainly for the US-flag vessels trading in the U. S. Before becoming a Pool Club, London Steamship used to underwrite the American Club. But after joining the International Group (the 'Pool'), it became independent.[144]

2) I believe it is not specifically stated in the LMAA Terms (2002). But it is the usual practice in LMAA arbitration (and indeed in international shipping) to accept 'appropriate' P. &I. or Defence Clubs' LOU — see for example the LMAA Terms (2002), The

[144] 这一段简单说明笔者(杨良宜)对该美国互保协会的了解。

First Schedule, Clause 5.[145]

3) It is my belief that 'appropriate' in this context means a 'Pool' Club.[146]

4) One possible doubt over the minds of the Respondents and their lawyers is the American Club is not based in UK and it may cause them difficulty in enforcement. The trouble is — there are several other leading Clubs (P. &I. and Defence) like Gard, Skuld, Nordisk, Japan P. &I. etc., are all domiciled outside of UK. As a matter of fact, the largest P. &I. Club, the UK Club, has its domicile in Bermuda, no doubt for tax reason. Their undertakings are invariably accepted in the international shipping world.[147]

5) I recall having experienced as a party many years ago that a leading HK bank's LOU was rejected by the London tribunal in favour of a London bank, no doubt due to enforcement reason.[148] But when it comes to P. &I. Clubs / Defence Clubs, it is much more difficult for us to differentiate. With firms like (原/被告律师事务所) being involved, I am afraid it is 'politically incorrect' to treat 'UK-based' and 'non UK based' Clubs differently.[149]

6) I have been thinking of (原告律师事务所) issuing the LOU, as requested by (中国被告). But (原告律师事务所) did not respond.[150] I believe for a firm to issue an LOU, it has to go through certain formalities such as, a partners' meeting. Counter-security must also be worked out in advance. Time is getting very tight to wait for all these.[151]

7) Realistically, I do not think the LOU of the American Club is a problem.[152] The amount involved here is actually very modest.[153] An arrest of ship will lead to much higher

---

〔145〕 这一段说出了伦敦海事仲裁员协会（London Maritime Arbitrators' Association, LMAA）的仲裁规则中也提到了接受“合适”互保协会的担保或保函（固然，LMAA 仲裁规则在此只针对仲裁员的费用担保，不是原告提供给被告的费用担保，但理念上可见互保协会的保函是一种可接受的担保方式。另一点重要之处是双方当事人的仲裁条文中约定了以 LMAA 仲裁规则进行仲裁）。

〔146〕 我认为“适当”是指国际组织内的互保协会。

〔147〕 被告与他的律师可能担心美国互保协会并不在英国，执行起来困难或较麻烦。但有好几家著名的互保协会也是属于国际组织，它们作出的保函，也是普遍在国际航运市场被接受。

〔148〕 我曾经历过在另一个早期的伦敦仲裁，我方（当事人/原告）提供香港银行的保函，但被仲裁庭否决，一定要我方提供伦敦银行的保函。

〔149〕 但很难以同样的做法去区分国际互保协会。特别有原/被告的著名律师事务所参与（表示我们作了不正确的决定很快会“天下知道”，毕竟仲裁员也是著名的），所以区分“英国”与“非英国”的互保协会（并只去接受前者的保函）是政治上不正确的做法。

〔150〕 我曾想到中国被告曾要求原告律师事务所作出保函，但后者没有回应。

〔151〕 我相信律师事务所作出保函会有一些例行手续如合伙人会议、反担保要办妥等。开庭在即，没有太多时间去慢慢安排。

〔152〕 现实看，我不认为美国互保协会的保函会有问题。

〔153〕 费用担保金额不大。

security and a 'Pool' Club's LOU is always acceptable.[154] One possible problem here is (中方律师), notwithstanding the fact that they have so far handled the reference with high competence and skill, they may not conversant with the International Pool Clubs.[155] Therefore, I am in favour of supplementing your draft reasons by covering this decision with regard to the format of LOU. Such as, a brief explanation of the International Group, the reference to 'appropriate' P. &I. / Defence Clubs in the LMAA Terms and the parities' agreement to adopt LMAA Terms. It might be able to pacify the Respondents and (中方律师).[156] Again, I leave this matter entirely to your discretion."

9.3.3 仲裁庭对费用担保申请发出的命令

所作出的命令如下：

"ORDER AND DIRECTIONS — Security for Costs:

The Claimants are to provide security for the Respondents' costs of the arbitration in the sum of US $ X by way of a letter of undertaking given by the American Club in favour of the Respondents. The form of such undertaking shall follow wording of the 1993 LMAA Standard Letter of Guarantee / Undertaking for Security for Costs save that within 7 days of this order either party may raise objections to the suitability of that wording. Subject to further order, the said security shall be furnished by [date]."

9.3.4 仲裁庭对费用担保的理由

Reasons for Orders on Security for Costs:

We have had to reach a decision on two applications under Section 39(3) of the Arbitration Act 1996 which provides that, unless otherwise agreed, the tribunal may order a claimant to provide security for the costs of the arbitration. The expression "claimant", includes a counterclaimant; Section 82(1). The meaning of "the costs of the arbitration" is widely defined so as to include the arbitrators' fees and expenses and the legal or other costs of the parties; Section 59(1).

The first application is one made by the Respondents that the Claimants provide security for the Respondents' costs in the sum of US $ X by way of a bank guarantee in favour of the Respondents. The Claimants do not dispute that an order for security should be made in favour of the Respondents; nor do they contest the quantum of the security. The only issue is as to the form in which, that security should be given.

The Claimants' main point however is that, if fairness requires that an order for security should be made in favour of the Respondents, similar considerations of fairness involve

〔154〕 扣船往往涉及更高的担保，而国际组织的互保协会所发出的保函也往往被接受。

〔155〕 中方律师水准很高，办案很好，但会对海事不熟悉而引致对互保协会的结构了解不足。

〔156〕 所以，我建议在理由中多作解释，可以说服被告与被告的律师。

that the Respondents should likewise give security for the Claimants' costs. The Claimants say that otherwise an award of costs may not be enforceable against 被告中国船厂 in China. The Claimants seek an order, not just in relation to the costs of the counterclaim, but in respect of the Claimants' costs generally.

So far as our powers are concerned, we are inclined to accept that we have the power to order the Respondents, who have advanced a counterclaim and therefore must be regarded as "a claimant", to give security for the Claimants' costs of the arbitration. We say this in the light of the wide provisions of the Act and in particular the definition in Section 59(1). The Claimants also relied on three reported cases dealing with cases where; under previous legislation, orders for security for costs could be made by the Court. We do not find these decisions very helpful because the statutory framework was different.

Accepting that we have the power to make the order sought by the Claimants, the question becomes whether, in the exercise of our discretion, we should do so. Before answering this question we have to analyse to what extent the Respondents are acting as true respondents, seeking to defend themselves against claim advanced by the Claimants and to what extent they are acting as claimants. We think that this must be a relevant consideration since if we ordered the Respondents to provide security and they failed to provide it, we would have no power to prevent the Respondents from putting forward any defence that they wished. To attempt to do so would involve us in a breach of our duty under Section 33(1)(a). Our only sanction would be to make an award dismissing the counterclaim under Section 41(6).

It is presumably for somewhat similar reasons that in Neck v. Taylor (1893) 1 QB 560, 562 there appears the following passage in the judgement of Lord Esher.

"Where, however, the counterclaim is not in respect of a wholly distinct matter, but arises in respect of the same matter or transaction upon which the claim is founded, the Court will not, merely because the party counterclaiming is resident out of the jurisdiction, order security for costs; it will in that case consider whether the counterclaim is not in substance put forward as a defence to the claim, whatever form in point of strict law and of pleading it may take, and, if so, what under all the circumstances will be just and fair as between the parties; and will act accordingly."

It is of course true, as pointed out by the Court of Appeal in The Silver Fir (1980) 1 Lloyds Rep. 371 that the above passage does not go so far as to lay down that it is a decisive factor against ordering security that the same issues are likely to arise on both the claim and counterclaim. Considerations of equity always arise and the question remains "what is fair and just in all the circumstances?" However "if the counterclaim is a defence and nothing more, then normally the discretion should not be exercised in favour of ordering security"; p. 374 per Lawton LJ.

In the present case the following main issues seem likely to arise:

(1) Were the shipbuilding contracts on which the Claimants rely authorised by the Respondents?

(2) Was it a condition to invoking arbitration that the Claimants must first have attempted to refer the dispute to a classification society under Article 14 of the contracts?

(3) If the shipbuilding contracts were authorised by the Respondents, did the Respondents commit an anticipatory repudiatory breach of those contracts? If not, did the Claimants, by accepting the Respondents' conduct as a repudiatory breach bringing the contracts to an end, themselves commit an anticipatory repudiatory breach of the contracts?

In relation to the first and second groups of issues, the Respondents are seeking merely to defend themselves against the claims being brought against them. They cannot be regarded as claimants in those respects. If they succeed on either defence they will be unable to advance a counterclaim for damages on the basis of an alleged repudiation by the Claimants.

On the third issue (if it arises) it would seem that one or other party must necessarily have committed a repudiation of the contracts. The Claimants rely on the conduct of the Respondents as constituting an anticipatory repudiatory breach of contract. If they fail, it would seem to follow that the letter dated 2nd May 2003 (written on behalf of 外国单船船东(A)), the letter dated 22nd May 2003 (on behalf of 外国单船船东(B)) and the letter of 16 September 2003 (on behalf of the 外国单船船东(C)) themselves constituted repudiatory breaches of the contracts. It would seem therefore that in this regard the counterclaim raises the same issue as the claim, namely did the Respondents or the Claimants repudiate the contracts? The Claimants, therefore, will not incur significant additional costs as a result of the counterclaim being made.

The overall balance therefore is an arbitration where the Respondents, though they have advanced a counterclaim, are in essence seeking to defend a claim which has been brought against them. It cannot be said that, even had the claim not been brought against them, the Respondents would have commenced an arbitration to recover damages from the Claimants. Nor can it be said, as in Flender Werft [1990] 2 Lloyds Rep. 27 that if the Claimants' claims are stayed through failure to provide security, the Respondents will continue to pursue their counterclaim. Indeed, 被告律师的 letter of 21st May 2004 contains an unconditional statement by 中国船厂"that it is prepared to abandon, its counterclaims if the Claimants' claims are dismissed through failure to provide security".

Finally, we have to look at the matter in the round and consider what is the fair order to make in the interests of justice. 原告/外国船东律师 in their submissions on behalf of the Claimant accept that it is a factor against ordering a respondent to provide security that the claim and the counterclaim arise from the same matters. They do not of course accept that this is the position in the present case since they say that "the Respondent's counterclaim is a counterclaim properly so called and does not operate, as a defence." But while this in our view is not a strong point, they argue more persuasively that there are other factors suggesting that the Tribunal's discretion should be exercised in the Claimants' favour. These are said to include the difficulties associated with enforcing any arbitral award in China, that the Respondents' liabilities exceed their assets, that they have no assets outside China, that the costs of the arbitration are substantial, that a large proportion of those costs will be devoted to the issues of jurisdiction and authority raised by the Respondents and that, in proportion to the other costs of the arbitration, the costs to the Respondents of providing security would be negligible.

We do not think that these factors, whether considered individually or cumulatively, are sufficient to counter the factor that the counterclaim arises out of the same matters as the claim and that the Respondent's stance is primarily defensive in nature. If it be true that an award of costs cannot be easily enforced in China or that the Respondents' liabilities exceed their assets, still it was the Claimants who took the initiative in commencing this arbitration and whether or not an order for security is made against the Respondents, the Claimants, if they succeed in establishing their claim, will be in the position of having an unsecured claim to enforce the arbitration award against the Respondents in China.

Accordingly, in relation to the application that the Respondents should give security for the Claimants' costs, we accept that we have jurisdiction to make such an order but, in the exercise of our jurisdiction, we decline to do so.

We turn to the question: in what form should the security requested by the Respondents be given? The application before us is that the security be given by way of a bank guarantee in favour of the Respondents although they have indicated that they would be content with a letter of undertaking provided by the Claimants' solicitors. The Claimants, on the other hand, contend that the security should be given by the American Club in the form of the standard letter of undertaking given by that Club. The proposed wording is attached to 原告律师的 letter of 5th July 2004.

It is usual in arbitrations governed by the LMAA terms for parties to accept letters of undertaking given by P. & I. Clubs within the International Group. Although the Clubs within the Groups are independent entities and indeed compete with each other, they are all parties to a Pooling Agreement under which they reinsure each other for P. & I. Risks over and above a minimum retention. The existence of the Pooling Agreement, which is well known in shipping circles, serves to provide some assurance to third parties that Clubs within the Group enjoy a substantial credit and financial rating and that their financial undertakings can be relied on.

The American Club, though described as a "boutique provider", has been a signatory to the Pooling Agreement since 20th February 1998. This does not involve that any liability of the Club under a letter of undertaking given to the Respondents could constitute a claim under the Pooling Agreement. It does however suggest that the American Club enjoys a sufficient credit and financial rating for undertakings given by it to be generally relied on.

Paragraph (E) (5) of the Second Schedule to the LMAA Terms (2002) provides that where the Tribunal requests security for the estimated costs of its award, "normally an undertaking from an appropriate firm of lawyers or a P. &. I. or Defence Association will be acceptable." An "appropriate" P. &. I. or Defence Association is commonly regarded as including one within the International Group.

In these circumstances it is difficult for us to differentiate between different Clubs within the International Group and to say that an undertaking given by one of those Clubs provides less than reasonable security. Unlike many of the Clubs with the Group, the American Club is not managed from the UK. This however cannot be a reason for rejecting an undertaking given by the Club as several other leading Clubs within the Group of the highest standing are also based outside the UK and their undertakings are invariably accepted in the international shipping world.

Had there been any reason to doubt the reliability of an undertaking given by the American Club, then the Respondents could have provided us with relevant evidence of this, such as articles or comment in the shipping press, and we would no doubt have taken it into consideration. No such evidence has been provided.

We consider therefore that an undertaking given by the American Club ought to be accepted. With regard to the wording of that undertaking we think that, as the parties have agreed to arbitrate on the LMAA terms, the wording should follow as closely as possible the 1993 LMAA Standard Letter of Guarantee / Undertaking for Security for Costs.

第十二章　中间程序(interlocutory proceedings)

首先去给“中间程序”下一个定义:它包括从仲裁庭组成后直至开庭或作出裁决书(以文件裁决)的所有程序。这一程序的应用十分广泛,差不多所有在仲裁过程中做的事都属“中间程序”。中间程序包括的程序只是为去推进仲裁,例如,针对“文书请求的交换”(exchange of pleadings)或针对“文件披露”(disclosure of documents)与订下时效/时限等。它也包括一种称为“中间措施”(interim measures)的程序(这在第十章有过介绍),例如,针对保存证据、“费用担保”(security of costs)与作出中间禁令。

在这些程序中,只有在双方当事人或代表律师达不成一致的情况下,才会有一方或双方向仲裁庭提出申请并要求指引(directions)或命令(orders)。例如,原告在送达了“索赔请求”(claim submissions)后向被告查问何时可送达“抗辩请求”(defence submissions),被告若是回答30天内,而原告也同意了该时限,双方代表律师就根本不必去麻烦仲裁庭。但若是被告不同意送达,或是被告回答3年后才可送达“抗辩请求”,又或是双方同意了30天,但30天过后,被告又要求原告再延长30天,很像在故意拖延时间。这样,原告只能向仲裁庭提出申请,要求仲裁庭下令被告在一个合理时限内送达“抗辩请求”,这可被称为“中间程序申请”(interlocutory application)。仲裁庭会给被告一段短时间(如1~2天)回答或回应有关申请,然后作出命令,例如,被告必须在28天内送达“抗辩请求”,这命令可称为“中间程序命令”(interlocutory order)。

1. 中间程序存在的重要原因

中间程序的重要性可以用下列几点说明:

(A)每一个仲裁,都不可避免地存在中间程序。虽然作出裁决书亦是非常重要,但是,不少案件是在中间程序的过程中就和解了。例如,在海事仲裁方面,大约5个仲裁中只有1个才会在最后作出针对实质性“是非曲直”(merit)的裁决书。这样一来,好的仲裁员必须掌握中间程序才能胜任。

1.1　恰当/公正的中间程序命令与双方当事人和解谈判的关系

(B)无论是对于和解的案件还是对于最后需要作出裁决书的案件,中间程序都有可能产生重大影响。这种例子不胜枚举。以仲裁庭下命令要求一方当事人披露某类文件这种常见的中间程序为例,即会带来以下变数:

(i)若是这些文件太多,过于麻烦,就会产生延误和增加费用的效果。对于一些怕麻烦与文件保留不全的当事人,如果争议金额不大,往往会导致被命令的一方放弃的后果(若是原告,会撤回或放弃索赔;若是被告,会与原告和解与作出赔偿)。笔者遇到过几次中方当事人特别怕麻烦,结果放弃很好的索赔的情况。如果下令披露的文件恰当或有必要,被下令的一方当事人怕麻烦放弃索赔则无话可说。但若是下令披露的文件并非必要,甚至是无关,就只会劳民伤财,延误时间并导致不公正的结果。

(ii)即使要求披露的文件不多,但申请人要求披露的特定文件包括关键性资料并且对披露方很不利,披露方抗拒披露并成功说服仲裁庭不下命令,在少了这份重要文件证据的情况下,最后判决也会不公正。更有可能,在下了"中间程序命令"(interlocutory order)之后,披露方会"投降"式地和解,因为该文件中有对他严重不利的资料(如欺诈、走私或漏税等),如果是一家上市公司,则顾虑会更多。再或是索赔方自动抖出了修理报价单或发票,但被下令特定披露已确实支付这笔钱的文件证明,如银行汇票等。但这提供不出来,因为钱其实没有汇出,与文书请求有矛盾,或汇出的钱有大的折扣,索赔方严重夸大了索赔金额。

1.2 自然公正、省时与省钱的大原则

(C)中间程序命令是要去平衡一些根本原则的,而这些原则之间又多少有些相互矛盾的,所以一定要掌握好轻重。在1996年《仲裁法》之Section 33中有三个必须遵守的大原则,这些原则不能以合约条文去减免,是"强制性"(mandatory)的。它们是:自然公正、省时和省钱。"自然公正"(natural justice)在仲裁程序中指的是让双方当事人有合理机会自辩、陈词与提供有利证据,能充分了解对方的争辩与指控,并有合理机会去反驳。如此一来,该原则就与省时和省钱原则产生了不可避免的矛盾。

例子(1)是开庭审理十分昂贵并且省不了时间。在这个时间就是金钱的现代商业社会,大家的时间都非常宝贵,不容易安排出很多时间开庭。但是英国一直以来的观念是口头争辩、陈词十分重要,加上会有口头证据及向对方证人质询问题、反盘问。故认为拒绝一方当事人申请开庭是违反自然公正。固然,在1996年《仲裁法》之Section 34(2)(h),以初次立法允许仲裁员决定是否开庭。但这个决定必须根据三个大原则来恰当平衡,不是说为了省时与省钱就必须拒绝开庭,即使案件本身与争议的本质确实需要有开庭必要也给予拒绝。

例子(2)是文件披露,它也是颇为昂贵与费时的一个中间程序。但若是针对文件确会是非常有关甚至对争议的事实真相有关键性的启示,仲裁员只是为了省时与省钱而拒绝下令特定披露,就会对申请方不公平,也令最后的裁决对事实真相的认定有误。

这种例子多不胜数,几乎在仲裁中间程序中每一步都须做到恰到好处的平衡。这是社会科学的艺术,在不同人眼中这平衡也经常有差异。只能说是在高水平与有经验的仲裁庭成员之间，差异不大，也通常可在内部协调后决定。

1.3　仲裁员是程序的“超级主人”

(D)中间程序虽如此重要，但法律在1996年《仲裁法》中规定将其完全放手给仲裁员去裁量，法院只有很小的监督权力。在1996年立法生效前已有仲裁员是“程序主人”(master of the procedure)的说法：Bremer Vulkan v. South India (1981) 1 Lloyd's Rep. 253。1996年立法生效后可进一步说仲裁员成为“超级主人”(super-master)。以下简单介绍1996年《仲裁法》生效前后的区别：

(i)法院对仲裁程序的管辖权与复审权：

这方面的说法，直至贵族院的案例 Bremer Vulkan v. South India (1981) 1 Lloyd's Rep. 253之后才稳定下来。之前在上诉庭，Denning勋爵仍说：

“the High Court has an inherent jurisdiction to supervise the conduct of arbitrators. It is not confined to statutory powers.”(高院有一个潜在管辖权去监督仲裁员的行动。这不仅是局限在立法内[主要是1950年《仲裁法》]的权力)

但这说法被贵族院推翻。Diplock勋爵说：

“For the moment I confine myself to rejecting the notion that the High Court has a general supervisory power over the conduct of arbitrations more extensive than those that are conferred upon it by the Arbitration Acts…”

这之后在 Fletamentos Maritimos v. Effjohn Int'l (1997) 2 Lloyd's Rep. 302，上诉庭的 Waller 大法官说：

“I have always understood the position to be that there are no circumstances which could give rise to a power to review an interlocutory direction not made in the form of an award. Basically the position is, as I understand the authorities, that the Court has never had some general power to supervise arbitration and review interlocutory decisions.”(笔者一直认为不存在法院有权力去复审一个中间指令的情况，除非该决定以裁决书形式作出*。基本情况是法院从来没有一般性权力去监督仲裁与复审中间决定)

1996年《仲裁法》的理念也在后来的法院判例中重申，如 Rix 大法官在 The “Smaro” 1999 1 Lloyd's Rep. 225中说：

“The general rule was that there was no inherent supervisory jurisdiction in the Courts over the conduct of a reference; and that suggested that there should not be the same jurisdictional strictness in matters of procedural decision-making within the arbitral process as there was in litigation.”(一般规定法院对仲裁的行动没有潜在的监督权力，这表现在程序的决定上，仲裁没有法院诉讼严格)

---

* 这方面稍后介绍，即什么情况下中间决定才能以仲裁书作出，而不仅是一个命令。

事实上,1996 年《仲裁法》之 Section 1 (c)说明法院是没有潜在或者剩余的权力介入仲裁,除非是《仲裁法》明示的情况。条文如下:

"in matters governed by this Part the court should not intervene except as provided by this Part."

(ii)法院在 1996 年《仲裁法》仅有的明示监督权力。

1.4 法律能对中间程序错误作出的救济办法

针对仲裁中间程序,依据 1996 年立法法院只有大幅减少十分局限的监督权力。以前,根据 1950 年《仲裁法》,法院有 5 种办法对仲裁庭有问题的中间程序决定作出救济:

(1)法院可以授权一方当事人撤销他委任的仲裁员的权力(revoke the authority):依据 1950 年立法之 Section 1。

(2)法院可以赶走或更换具有不良行为或者不肯行动的仲裁员(remove and replace):依据 Section 23 与 Section 95。

(3)对有偏袒或不公正行为的仲裁员,法院也可以赶走或更换:依据 Section 94。

(4)对裁决书撤回(remit)重审的救济方式一直存在,也是一种最常见的救济做法。但这个做法可否用在中间程序决定上不明朗。有先例说不可以:K/S A/S Bill Biakh v. Hyundai Corporation (1988) 1 Lloyd's Rep. 181; Three Valleys Water Committee v. Binnie & Partners (1991) CSW 90。但在 Fletamentos Maritimos v. Effjohn International (1997) 2 Lloyd's Rep. 302,上诉庭确认可撤回裁决书让仲裁庭另外作出一个正确的中间程序决定。

(5)作出的裁决书可以被撤销(set aside):依据 Section 23。

1996 年《仲裁法》排除了两种救济方式,就是(1)中的"撤销权"与(4)中的"撤回"(remission)。而剩下的救济方式也在一定程度上减少与排除。"撤回"(removal)仲裁员之 Section 24 与"挑战裁决书"(challenge an award)之 Section 68,都会因受害当事人没有及时提出而失去质疑的权利:依据 Section 73。

但更重要的是,法院作出监督或救济的尺度变得十分局限或更加严格。不论是"撤回"(removal)仲裁员或是"撤销裁决书"(set aside an award),都不再是 1950 年《仲裁法》中宽松说法之"不良行为"(misconduct),而是局限到"严重不正常"(serious irregularity)与"重大不公正"(substantial injustice)。更危险的(对寻求法院救济的人而言)是在 DAC 报告中说明的立法理念,有数个先例依从。这是在 280 段的内容:

"Thus it is only in those cases where it can be said that what has happened is so far removed from what could reasonably be expected of the arbitral process that we would expect the Court to take action.[1] The test is not what would have happened had the matter

---

[1] 只有发生在一些可以合理估计到不适用仲裁程序的案件,我们才预计法院采取行动。

been litigated.〔2〕To apply such a test would be to ignore the fact that the parties have agreed to arbitrate, not litigated.〔3〕Having chosen arbitration, the arbitration, the parties cannot validly complain of substantial injustice unless what has happened simply can not on any view be defended as an acceptable consequence of that choice.〔4〕In short, Clause 68 is really designed as a long stop, only available in extreme cases where the tribunal has gone so wrong in its conduct of the arbitration that justice calls out for it to be corrected.〔5〕”

上述说法与1950年《仲裁法》之“不良行为”(misconduct)有天壤之别。笔者有时候也觉得社会科学总有话说,因为英国法律坚持“自然公正”(natural justice)是众所周知,这是大原则,但对于细节,1950年《仲裁法》与1996年《仲裁法》可以说有大的差异,但它们都是符合“自然公正”。

“不良行为”发生“有可能令司法公正有所偏差”(a likelihood of a miscarriage of justice)的后果,即会招来法院的干预与救济。今天在1996年《仲裁法》中,仲裁员犯了小错,也通常是毫无救济可言,特别是:

(i) 涉及著名仲裁员;

(ii) 犯的小错不造成不利后果或只是影响小钱(这种情形不存在“重大不公平”);

(iii) 是其他仲裁员也易犯的错误(这就不是DAC中所说的选择仲裁也不能合理估计会发生这种事);

(iv) 有关仲裁员为自己辩护得头头是道(今天的大气候下,疑点利益[benefit of doubt]总会归仲裁员)。

随便举一个例子。一般说法是,仲裁员应听取双方意见再去作出中间程序命令。但现实中会发生没有问“非申请方”或觉得问也没有多大用,就根据申请作出命令的情况。这会犯错误,但很难相信这种小错会有救济,因为:

(a)“非申请方”往往不能说明他预先被要求对申请方的申请提出意见,会合理或实质性导致仲裁员作出不一样的中间程序命令。若说被问及才去下命令自己心里会舒服一点,这不是“已造成或会造成重大不公正”。

(b)即使命令已作出,“非申请方”便要求仲裁员“重新考虑”(reconsider),并说出自己的意见。若不走这一步,何来“已造成或会造成重大不公正”?

(c)这种错误难说是在选择仲裁时无法合理预见会发生,或者说是“极端”(ex-

---

〔2〕 这不是与法院会怎么做进行比较。

〔3〕 这样比较是漠视了当事人选择仲裁而不是法院诉讼的事实。

〔4〕 既然选择了仲裁,他们双方不能去埋怨存在重大不公平,除非所发生的事,无论如何都不能被反驳说这是选择仲裁的可接受后果。

〔5〕 Clause 68(立法后变为Section 68)设计了一个遥远机制,只在极个别案件中,也就是仲裁庭的行为存在原则性错误,令法院去更正。另外在DAC报告之105~106段也有同样的说法。

treme)的案件或事件。

在 Conder Structures v. Kvaerner Construction Ltd. (1999) ADRLJ 305 中,仲裁员没有问双方当事人意见就作出了一个对原告有利的中间程序决定,但后来改变主意,这样原告不满意并失去信心了,向法院申请把仲裁员赶走。但 Dyson 大法官拒绝,说没有造成或会造成"重大不公正"(substantial injustice)。

再多举一个中国内地在 2004 年 5 月巴西大豆事件的例子。在该事件中,许多进口商面对国际谷物贸易商的大量索赔诉讼,在伦敦的 FOSFA 商会仲裁。一些著名的商会仲裁员都与国际贸易商有着千丝万缕的关系。并且 A 公司的仲裁委任 B 公司的法律顾问为仲裁员,B 公司的仲裁委任 C 公司的法律部主管为仲裁员等情况。但 A、B、C、D 公司都同时对中方进口商在进行一样的索赔,所以中方进口商担心不会判他们胜诉。

笔者曾几次听中方进口商埋怨小圈子仲裁不公道,想寻求救济。但在 DAC 报告的说法下,中方进口商在同意 FOSFA 仲裁条文时,是应该知道或可以查到 FOSFA 的结构、仲裁员名单等情况的。所以,埋怨的只是一些订约时可以合理估计到的情况。而且,商会仲裁独立性不比法院,但仲裁员是中方进口商一起选的。事实上,通常真正的原因是中方进口商不懂 FOSFA 仲裁的利弊而随意同意产生的后果。可是,无知(ignorance)不是合法抗辩的理由。

(E)这样说来,几乎没有任何制衡(unfettered)仲裁员的"裁量权"(discretion)在中间程序下命令十分危险。这裁量权不是要与法院的"judicial discretion"做法看齐的,因为法院管不了。唯一而且局限的救济就是在极端的案件中依据 Section 24 把仲裁员赶走。但除了 Section 24 的立法理念与 Section 68(把裁决书撤销)一样外,前者会比后者更苛刻。因为一些仲裁中间程序上的命令虽然看来是错的,也不是小事,但实质的影响与是否造成"重大不公正"(substantial injustice)要等待作出裁决书才能判断。例如,由于有重要口头证据或者是双方当事人同意开庭审理,但仲裁员不理会,仍以文件作出裁决书。但若是裁决书内容说明只是依时效已过(time bar)就决定了结果,使得与案件的"是非曲直"(merits)无关,口头证据与开庭更是无关或不重要。这样,何从出现"重大不公正"? 所以,一些案例显示了这种心态,就是不给予"赶走"仲裁员的救济,反正可以等待作出裁决书之后才去考虑是否有真正的"重大不公正",是否要撤销,如 Dredging and Construction Co. Ltd. v. Delta Civil Engineering Ltd. (2000) 68 Con LR 87。

再举一个例子是仲裁员拒绝披露一份特定重要文件,法院表面看来过分,因为文件有关且可能重要。但法院不能"重估"(second guess)中间程序的决定,也不能去改变或"撤回"(remit)。如果该仲裁员同时讲了一些愚蠢的话如:"我要与家人暑期休假约 2 个月,在 7 天后出门,要完成裁决书,所以不去等待该文件,不论重要不重要。"这话听来有些"严重不正常"(serious irregularity),但未必会造成"重大不公正"(substantial injustice),可能会有法院认为等待作出裁决书为宜,该特定披露的文件可能无关,因为申请披露的一方胜诉。再次,时间上已接近作出裁决书,何必去赶走该仲裁员再重新裁决,费时又花钱。但这种考虑有可能造成的不公正是等待裁决书出来才会有救济的可能,令申请披露一方心寒,索性马上去投降和和解。

总的来说,中间程序的重要性显而易见。它是必需的,不像作出裁决书不一定会发生。要做到1996年《仲裁法》的三个基本大原则,就要在这方面决定、平衡、处理得好。加上这是仲裁员"无限制裁量权"(unfettered discretion),仲裁员说什么就算什么。处理得不好,案件在作出裁决书前就造成了无可弥补的不公正。这种事情发生得多,会令仲裁的声誉受到影响(disrepute)。

2. 学习中间程序处理的困难

学习中间程序处理的困难在几个方面:

(1) 仲裁的"机密"(confidentiality)与"随意性"(ad hoc)外人难以知道与学习。这不像法院程序,英国法院的一套"民事诉讼程序规则"(Civil Procedure Rules,简称CPR)是完全公开与完整的。

(2) 仲裁员的背景差异会很大,例如来自普通法或大陆法,曾受过英国法律的培训或不曾受过,曾有过民事或商事诉讼经验或很少涉及官司等。当然说白了,差异很大往往在于人与人之间的水平。这样,差异很大的几位仲裁员共在一个仲裁庭,但又有至高无上、法院管不到的中间程序权力,其不稳定及不可预察可想而知。这与英国法院很不同:英国的商事庭大法官都是从资深的商业大律师中选拔的。他们在同一小圈子里有多年经验与磨炼,相互认识与在同一法院制度(CPR)下操作,可以说他们之间想法或思维方式十分接近。加上,有先例的约束或指导,可以说他们升上去做大法官,他们作出的决定不论在程序或在实质辩论中都在一定程度上较易预测(predictable)与稳定。当然,像海事的LMAA(London Maritime Arbitrators' Association)仲裁,来来去去十几个伦敦仲裁员,他们的背景相同,大家合作无间多年,所以差异会较小。不像一些大型国际仲裁的仲裁庭会把3个很可能背景相异、完全互相不认识的、未听说过的仲裁员拖在一起去作出决定。唯一希望是通过教育让多一些已在做仲裁或将来会做仲裁员的人士多去学习国际上的一套与各种做法的利弊,才会有机会减少这方面的问题。

(3) 笔者(杨良宜)在四五年前发展了一个"document-only pupilage course",内容主要是一些自己在仲裁程序中经历过的实例与笔者如何应付与作出"中间程序命令"(interlocutory orders)的各种考虑。这些经历与应对都是挑一些较复杂的去介绍,如遇上一方当事人质疑笔者的背景、资格、公正性或收费怎么办?遇上共同仲裁员是有偏见怎样办?如何去自动询问(inquisitorial approach)等。这种课程已在多地举办过,如中国的北京和上海、新加坡、吉隆坡与中国香港。香港更是举办多次,因为实例在不断变化,不断有新的经历。但无论如何,听过这种课程的人毕竟有限,所以在本书(特别在本章)会多介绍实例,并解释与节录有关来往电文的恰当措辞,以期更多人能看到。更重要的是,通过实例把一些背后的精神说清楚,使读者将来遇到类似的问题也知道怎样去应对而不会犯错,毕竟每次发生的事实都有所不同。

3. 仲裁中间程序的不同种类

英国的1996年《仲裁法》写明由仲裁庭去设计在每一个不同案件中的适合程序,只要去避免不必要的延误与费用,并提供一个公正的解决争议办法。在 Section 33 (1)(b)中说:

"The tribunal shall adopt procedures suitable to the circumstances of the particular case, avoiding unnecessary of the matters falling to be determined."

当然,这是惯常做法,在1996年立法生效前伦敦仲裁一直是这样做的。

大致上,可以分为4种不同的程序做法,如下:

3.1 种类之一:传统的法院程序

仲裁与英国法院诉讼法的做法基本上分不开。如"正规简式的文书请求"(formed skeleton pleadings),"自动全面披露"(automatic full disclosure/discovery),"开庭审理"(oral hearing),"彻底反盘问"(thorough cross-examinations),双方当事人都有大律师代表等。另是必须采取"对抗制"(adversary system)与采纳的证据须与法院采纳的一致等。这种程序常出现在一些大型的仲裁中,例如金融、合资(joint venture)、建筑(construction)、造船(ship-building)等。大概多少与争议金额庞大有关,所以有关当事人都舍得花律师费去恶斗,导致事务律师与资深大律师从一开始就参与,例如给予"大律师意见"(Counsel's opinions)、大律师代为拟定文书请求等。而在一步步的做法中,大律师自然地把他习惯的法院做法用在仲裁中。例如,在没有特定的要求下,他不会去写一封信列出"索赔请求"(claim submissions)并同时去书面争辩与提交文件证据,他几乎必拟定一份法院所用的"简式索赔请求"(skeleton points of claim 或 statement of claim),只列出一些争议的"主要事实"(material facts),不会有争辩(argument)与证据(evidence),这是在开庭审理才做的事,而开庭亦是在所难免。有说法是这种仲裁与法院诉讼的分别只是仲裁员与双方大律师没有戴上假发与穿上长袍。

法院的诉讼费用昂贵是众所周知的,否则也不会有1999年CPR的大改革。在著名的Bremer Vulkan v. South India(1981)1 Lloyd's Rep. 253,它是一个造船合约的争议,Diplock 勋爵提到这种仲裁程序与法院做法一样,说:"Much reliance was placed by Mr. Rokison(代表大律师) upon the similarity of what he called 'this kind of arbitration' to an ordinary heavy action in the Commercial Court. No doubt where heavy claims for damages under a shipbuilding contract are the subject-matter of a reference to English arbitration before a legal arbitrator familiar with the procedure of English Courts, and the parties are represented in the arbitration by English solicitors and Counsel, the way in which the proceedings in the arbitration are, in fact, conducted, expect that they are not held in public or wigs and gowns, will show considerable resemblances to the way in which an action to enforce a similar claim would be conducted in the Commercial Court. The method of trial when it comes to the hearing will be substantially the same. So, it is suggested on behalf of Bremer Vulkan, by agreeing to an English arbitration clause the parties to the contract are, in practical reality, doing no more than to make a choice between one trier of fact, the arbitrator, and another trier of fact, the commercial Judge, by whom, in the absence of such clause, the case would fall to be decided. There is no reason, they submit, why the consequences of delay in prosecuting the claim before one trier of fact should not be the same as before the other; what is good for English High Court action is good for English arbitrations."

所以,这种仲裁是十分昂贵与缓慢的。它比法院诉讼昂贵,因为一比较明显多了两项费用:(1)是当事人不必支付费用给法官,但要支付仲裁员的收费(但这说法有改变,因为英国商业法院也已经开始收费);(2)是开庭的地方在法院亦是免费,但仲裁开庭要租用地方,如酒店、饭店或仲裁机构,除非双方当事人的代表律师同意免费提供他的会议室而对方也同意使用。以上是随意仲裁,若是机构仲裁,更另会有一笔给仲裁机构(如国际商会[ICC])的管理费用,这在法院诉讼中也是不会产生的。

英国商业法院已开始收取费用,不再免费。看来,这方面的"少许"差异("少许"是因为在最昂贵的费用项目像律师或大律师与专家证人费用在法院或仲裁诉讼基本一样)正在缩小。但支持仲裁的人也不要高兴,即使英国法院因为诉讼费用昂贵而要以 CPR 进行大改革,仲裁也难以安枕。在 1996 年《仲裁法》之"大原则"(General Principles)的 Section 1 与 Section 33 中,也写清楚其中一点是要"避免不必要的费用"(without unnecessary expense)。当然,仲裁的做法比法院诉讼更具弹性,这表示只要大家(包括仲裁员、双方律师与有水平的当事人自己)一致去节省费用,在许多案件中,都不难做到,这在接下去介绍的其他种类的程序做法中可明显看到。

3.2　种类之二:商品质量争议的简易仲裁

这是相比种类一的另一相反极端的做法。这种所谓的"看看、闻闻"(look-sniff)仲裁已有上百年历史,至今仍被视为"最佳仲裁做法"(arbitration at its best)的代表。但事实上,这种做法所能适应的情况并不多。而且今天有了准确仪器的替代,不必再去依赖内行的商品贸易商作为仲裁员对商品质量争议裁决,这种仲裁做法业已式微。

在 Naumann v. Edward Nathan Co., Ltd.(1930)37 Ll. L. Rep. 249 之 260 页,Scrutton 大法官有提到这种做法,说:

"He(仲裁员)performs the mystic operations of smelling, tasting, touching and handling…and these tell him about the quality of the goods. There is never any further meeting; and there is never any intention of a further meeting; and he makes his award on his own judgment of the stuff submit to him."(仲裁员实施一些神秘的举动如闻闻、尝尝味道、摸摸与处理……与听一些告诉他有关货物质量的争论,就再没有进一步的会面[如开庭],也没有这个意图,就根据本人交给他的东西去作出裁决)

其实何止是没有开庭审理,这种仲裁也没有其他任何诉讼几乎是必经的程序,如没有"文书请求"(pleadings)、没有文件披露、没有证人证言、没有专家证人(仲裁员本人就是专家)、当事人没有法律代表(一些商会仲裁规则不允许律师出面)、没有法院对裁决结果的上诉(因为主要是对事实的认定)等。程序上也是倾向"询问制"(inquisitorial)多于"对抗制"(adversarial)。简单说,就是双方当事人(买方或卖方)把争议的商品样本(sample)交给一位独任仲裁员,然后他凭自己的经验与感觉作出对有关商品质量是否符合买卖合约的描述的裁决。

显然,对这种局限的争议,这种仲裁的做法很有吸引力,是法院诉讼无法相比。主因是这种对专业知识的掌握,"五谷不分"的法官不会有的。这样,要去法院就要依赖专家证人的"教导"或协助法官,结果难免是一场昂贵与费时的诉讼,而且最后对事实的认定(即有关质量的争议)不一定准确或偏差的可能性较大。

今天仍然普及的做法,针对技术方面事实的争议,是一种称为"专家决定"(expert determination)的方法。例如,在造船合约中经常有一条文规定遇上技术上的争议,由在场的"船级社检验师"(classification surveyor)作出决定,并说明决定对双方(船厂与船东)是"终局与约束"(final and binding)。这样,根据双方的约定,法律不允许再去"重估"(second guess)这个决定,不论对错。唯一例外是可以否定它涉及欺诈(fraud),例如该检验师受贿。因为在英国法律,"欺诈超越一切"(fraud unravels all),或从另一角度看,这违反公共政策,明示条文也要"靠边站"。

这种"专家决定"与较早介绍的"商品质量简易仲裁"有什么分别呢?主要是"专家决定"并不是一种司法过程或行为,不能直接去强制执行该专家决定的结果。故若有一方当事人不予理会(例如船厂不去执行船级社检验师的决定),另一方当事人要去通过仲裁(若合约有仲裁条文)或法院诉讼,指控对方违约,要求赔偿或强制履约命令(specific performance order)的救济。换言之,专家决定只是合约条文之一,不像仲裁可以一裁终局。

此外,专家决定也不受 1958 年《纽约公约》或 1996 年《仲裁法》等的管制或支援。这样一来,专家决定也不必去理会"自然公正"(natural justice),因为专家决定不是一个司法程序(judicial process)(当然不能过度,否则会变成欺诈或将来被不服的当事人以专业疏忽起诉索赔)。像仲裁著名的 Fox v. P. G. Wellfair (1981) 2 Lloyd's Rep. 514(案情涉及专家仲裁员自说自话,自己进行调查,给自己提供证据,但当事人不知道),在专家决定不适用。事实上,在专家决定过程中专家经常会自己调查取证,也不告诉当事人。

专家决定如果希望公正的话是要双方当事人在谈判与约定条文时争取。例如,不能让一方自己决定去找专家,是要双方当事人约定且说明所委任的专家。

最后要提的是:不像仲裁员在 1996 年《仲裁法》之 Section 74 可对一般性的专家疏忽免责,专家决定的专家是不享有这个特权:Edward Mayers v. Brian Dlugash (1994) 1 HKL 442。

3.3 种类之三:以文件为主或"半正规"的仲裁(documents — only or semi — formal arbitration)

这是在上述种类一与二做法中间落墨的仲裁做法。这种仲裁在一些行业的随意仲裁中大量存在,例如海事,一直以来的数据是 10 个仲裁案件有 8 个是 documents — only arbitration。以海事争议之多,可见这种类型的仲裁实在不少。

如果种类一的传统法院程序属"正规"(formal)做法,则在本小段的做法可称为"半正规"(semi - formal)。当然,"半正规"会有颇大的伸缩性。它是较接近传统法院的程序,也会是相隔很远、接近一个十分简单的程序。

大致上,与传统法院程序的做法有以下差异:

3.3.1 文书请求的做法差异

通常不是法院的"正规简式的文件请求"(formal skeleton pleadings)做法:双方只在文书请求中提出有关的"主要事实"(material facts),其余的像证据、法律、争辩等都留待开庭,因为一定会开庭。但"半正规"的文书请求做法通常是全面的事实/案件,有关法律争辩与证据都包括,并附上(annex)所依赖的文件证据。这样,不必开庭审理已可以让仲裁庭知道双方当事人各自的"案子"(case)、所持立场与所依赖的文件证据。

文书请求有许多不同名称,但本质与作用相同。索赔请求可以是"statement of claim","statement of case","memorial","claim submissions"或"points of claim"。而抗辩请求可以是"statement of defence","counterdefence submissions","rebuttal"或"points of defence"。表面看来,"statement"或"point"是简式的味道,但"statement of case","memorial"或"claim submissions"则包括全面抗辩的味道。但准确名称在现实中也不重要,实质内容才重要。笔者多次见过称为"points of claim"的文件,内容却包括全面陈述案情与法律争辩。这若在法院诉讼就不可以。

1996 年《仲裁法》之 Section 34(2)(c)已清楚说明文书请求的格式/做法(正规与简式或非正规与全面陈述/争辩)由仲裁庭决定,除非双方当事人同意。条文说:

"Whether any and if so what from of written statements of claim and defence are to be used…"

这方面争议确实有,如原告送达一份"索赔请求"(claim submissions)足足有 50 页纸并附上 70 多页的文件证据。被告的代表律师向仲裁庭申请下令原告重写后再送达一份正规与简式的"索赔要点"(points of claim),否则被告的代表律师与大律师无法对每一点或每一个“指称”(allegation)回应与抗辩。这种情况笔者(杨良宜)在25或30年前已遇过,在近年仍有见过。可说,今天遇上一些海事的仲裁员(如笔者),几乎肯定在没有特殊原因的情况下,总是会选择非正规与可全面陈述/争辩的做法的文书请求。

3.3.2　文件披露做法的差异

不是传统法院的自动全面披露文件做法:在种类一仲裁的模拟法院程序做法,在“文书请求”(pleadings)完结后,即在短时间内(如14天)双方当事人自动与全面披露自己“拥有、托管与/或控制”(possession, custody & control)的所有文件。在英国法院的披露,当事人有责任把对自己有利或不利的文件都全部披露。这不容易执行,尤其是当事人来自外国,英国法院管不到。所以,英国法院把坦率与诚实的披露责任加在双方当事人的代表英国律师上,把他/她们当做“法庭的官员”(officers of the court)。通常,双方代表律师经过调查取证后,往往会比他/她们的当事人知道更多的案件资料。所以,加压给他/她们以强制坦率与诚实的披露是明智的。

披露可分三个步骤:(1)双方交换详细的文件名单(exchange of list of documents);(2)去对方代表律师所检查对方是否在名单上披露一些自己不拥有的文件(inspect);(3)复印有用的文件(copy)。

以上更详细做法在笔者(杨良宜与杨大明)的《国际商务游戏规则——英美证据法》有谈及,不再重复。

现在探讨上述法院做法在大部分国际商务仲裁案件的一些难处,如下:

(i)仲裁庭成员(仲裁员)可能来自大陆法背景的国家,根本没有这一套披露做法,也很可能不认同。很难去依赖他/她去推动,例如下令被告代表律师在7天内提供给原告代表律师一个合理时间与地点以进行文件检查(inspection),不准再拖延。或是,解释何谓“控制”(control)下的文件,等等。

(ii)双方代表律师会是来自外国,不像英国法院可以去管辖与吓唬英国律师。再说,外国代表律师可能来自大陆法背景,会出现的问题同上(i)。最后会是双方根本没有代表律师(英国或外国),或只有一方有委任。这样一来,更是无法依赖代表律师作出坦率与诚实的披露。事实上,有经验的伦敦仲裁员在一方当事人有英国律师代表但另一方当事人没有法律代表或由一位外国大陆法背景律师做代表时,要小心不下令全面披露或要求作出“宣誓书”(affidavits)证明已经作出坦率的披露。这会造成对有英国律师代表的一方不公平。

(iii)即使双方当事人均委任了英国律师在伦敦仲裁,也未曾听过英国律师的披露责任有“仲裁庭官员”(officer of the arbitral tribunal)的说法。只能依赖英国律师非强制性的“专业操守”(professional ethics)作出坦率与诚实的披露。

(iv)其他的一些小问题例如双方代表律师不都住在英国(主要在伦敦),去安排检查原文文件也不容易。

总结上述几点,可明显看到在国际商务仲裁,必须要有另一套的披露做法。再

者,法院的一套自动与安全披露适用了仲裁到底有多大好处,特别是这一步骤的费时与昂贵的考虑,也遭受不少质疑。例如:

(A)文件证据(特别是“当场文件”[contemporaneous documents])虽然在理论上十分重要,但对于高水平、想得远的西方公司,它们早已掌握这方面技巧。例如,对自己有利的事情留下文书记录,对自己不利的事情不留下文书记录或不在其他文件中提及(cross reference),以利将来可以毁掉;档案文件完整与内容有说服力;有良好的“文件管理”等。故此,能否凭这些披露的文件去找出事实真相不无疑问。当然,对低水平的发展中国家公司(包括中方公司),它们往往就不掌握这方面的技巧。经常发生应该有文书记录的东西却没有记录或文件,但不应该留下的“永不磨灭”的事情如“杀人放火、走私漏税”却详细记录,甚至“添油加醋”;或“词不达意”地去表述应该记录的事情;或无端端到了1年就去销毁有关文件,虽然诉讼已经开始;等等。处理过程中方公司与西方公司对敌的案件,都会经历过在披露中,西方公司会抖出五六箱以上有关文件,但中方公司只有20~30份文件。光看文件数目,不讲内容好坏,中方已是明显处于下风。这也容易令不了解中国国情的西方仲裁员有了敌意,以为中方公司想去隐瞒有关但不利于中方的文件。像一般人一样,部分仲裁员也不会去区分无知而失误与存心隐瞒的分别。所以,笔者作为发展中国家人士,不认为英国法院的披露做法(虽然有它的优越性)可去找出针对发展中国家发生的事实真相。

还有一个问题在国际商务仲裁中越来越明显,就是一些精明的西方公司经常不肯去作出文件披露,因为当场文件(contemporaneous documents)总不会什么事情都预见到,变了或多或少总是对找出事实真相有一点帮助。这些精明的西方公司大概为了避免一点点真相都不要抖出来,就越来越喜欢以证人证言(witness statements)替代当场文件的披露。在笔者看来,没有文件证据去支持的证人证言其实就是在讲故事,对这种所谓的证据笔者认为分量很低。但不是所有的仲裁员都是以同一态度对待。

(B)文件实在太多,轻易去披露上万张文件,而其中99.9%所披露的文件没有用场,造成大量浪费。连英国法院在CPR的改革下,也去刻意减少与限制披露文件的数量。

所以,伦敦(与中国香港)仲裁早在1996年《仲裁法》生效前已在“半正规”(semi-formal)或“文件仲裁”(documents-only arbitration),如海事仲裁流行另一种披露的方法,就是双方当事人在较早的全面陈述案情与法律争辩文书请求(submissions)中,附上了所有想依赖的文件证据。这样,出示的有关文件有限。当然,尚欠缺的是对方当事人没有出示对他/她不利的文件或全面的文件(例如一份重要的检验报告只出示一页而不是全部)。这要靠“特定披露”(specific performance),甚至要强制。做法是向仲裁庭申请“特定披露”某一份或其中一类的文件,要求下令对方在14天或21天不等的时间内出示,否则仲裁庭会作出惩罚(例如Section 41[7][b]的“不利推断”)。而仲裁庭会下令是要听取双方的争辩并被申请方说服有关文件可能是十分有关、有针对性或文件数量不多。总而言之,整个程序过程应比法院的自动/全面披露快且文件少,可减少浪费。

到了1996年《仲裁法》,仲裁庭以这种较局限的做法对待文件披露的权力更是被明确写明,Section 34(2)(d)规定如下:

"whether any and if so which documents or classes of documents should be disclosed between and produced by the parties…"

最后一提的是,有说法这种较局限披露做法是混合了大陆法与普通法做法的优点。双方先出示自己要依赖的文件是大陆法的做法;接下去的"特定披露",尤其是下令一方当事人出示不利文件,是普通法的做法。对笔者而言,什么制度都无所谓,最主要是能解决问题且在实际及节省金钱和时间的情况下找出事实真相,这就是"好制度"。

3.3.3 开庭审理做法的差异

开庭审理十分昂贵,是诉讼程序中最昂贵的,这是毫无疑问的。它也费时,光是要多名十分繁忙人士(仲裁员与代表律师或专家、证人等)找出一个共同有空的时间(即去排期)去开庭审理,也非易事,除非是1~2年后,特别是需要一段较长时间的开庭,如一两个星期以上。以笔者(杨良宜)为例,在6个月内(2005年下半年)没时间出席开庭审理而要推辞一宗巨额与紧急仲裁案件的委任。

3.3.3.1 当场文件的重要与减少开庭

实际上,在今天的国际商业环境下,大家(只要是稍有水平)都习惯于制造大量文件把大大小小的事情都记录下来。所以,再去开庭重复这些文件证据不无疑问。若有口头证人试图扭曲或否定"记录在案"的当场文件内容,有水平的仲裁员也不会轻信。毕竟,今天的说法与二三十年前或更长时间已很不一样。以前,一贯的说法是口头证据最为优越,因为可以反盘问(cross-examination)与观察证人的"言行举止"。但今天的说法是"当场文件"(contemporaneous documents)最优越、最可信的证据,因为当时刚出事不会有太多人能预见将来事态的全面发展,而能在当场文件中天衣无缝地"做手脚"。又或是,当时出事尚未来得及委任称职律师,故此所制造的文件(例如一些通讯往来)也会比较真实与坦白(例如承认自己犯了怎样的疏忽)。当然,水平高低不等的当事人在制造当场文件过程中仍会有差异,预见将来事态发展也会有或多或少的差异。

造成这个重大改变的原因笔者也说不清。是否是今天的世界级商业人士都是越来越精明,有英国法律修养,参加过"super-witness"课程,等等,令大家对昂贵开庭审理的反盘问能否查出事实真相感到怀疑?是否是今天的通讯与复印机越来越方便与便宜,导致可能通过追查文件(paper trial)找出事实真相?

当然,已经说过,有水平的当事人能稍比对手想得远,故能在当场文件"避重就轻",绝口不主动提及对自己不利的事,反正比对手做得好。但相比事发后两三年甚至更长时间后的口头证据,证人何尝不能"避重就轻",甚至是"讲故事"或作伪证?

反正有了这种改变,英国法律也已作出重大改变,不再认为开庭审理与取证是司法的必然一步。这是规定于1996年《仲裁法》之Section 34(2)(h),说明是除非双方当事人同意开庭或不开庭,否则是由仲裁庭决定:

"whether and to what extent there should be oral or written evidence or submissions."

3.3.3.2　双方当事人不同意是否开庭的原因

现实中,在不少案件中双方不同意开庭或不开庭,因为各有打算,例如:

(i)原告不想多花钱,也想快点、简单点取得裁决书。但被告想拖时间,更想原告为避免昂贵费用而自动弃诉。若有可能取得"费用担保"(security for costs),被告更希望在确认要开庭后,就随即向原告"漫天开价"要求一笔金额担保,务求迅速吓跑原告。所以,原告常是不想开庭,而被告坚持要开庭。

(ii)对案件在文件上很弱、有疑点的一方当事人(原告或被告),想以开庭审理的口头证据(事实证人或专家证人)扭转劣势。感觉这是西方公司或当事人喜欢使用对付中方公司的手段,因为明知他们的证人比中方证人更能说服由西方人组成的仲裁庭。这也有点像西方人与中方有了争议或问题,特别是处于劣势时,就经常想与中方见面谈判,因为这会带来转机,也经常会有此效果。

(iii)如果怀疑对方当事人没有坦率作出文件披露,也会希望开庭审理,争取一个向对方证人反盘问的机会并去丑化他/她。但对方就会抗拒开庭,特别是真的存在过错。

(iv)双方的法律代表也有问题或关系。除了像不同法律背景外,一般不在伦敦的代表律师相对伦敦律师所不想去伦敦开庭,因为花钱、花时间还不方便。固然,外国律师可直接委任英国大律师(barrister)出庭,但这仍要花钱,加上自己不去参与会失控或不知道开庭过程,无法掌握许多变数如当场和解(有些情况是一天裁决书未曾作出,双方仍旧谈判和解)。现在笔者看到一些中国律师直接处理中国客户在伦敦的商事或海事仲裁,没有英国律师参与,而且个别人士也处理得称职。笔者的感觉是他们尽量以"文件仲裁"(documents-only)而抗拒开庭,即使案件涉及金额稍高或有专家证人等,本质上比较适合开庭。这毫不奇怪,笔者(杨良宜)在成为全职仲裁员之前也处理过大量的伦敦仲裁,有着同样的心态。

3.3.3.3　仲裁庭决定是否开庭考虑的因素

双方当事人不同意,仲裁庭可根据1996年立法决定是否开庭。但不要忘记了Section 33的大原则,就是"自然公正"(natural justice)的"天条"与避免不必要的时间与金钱浪费。在考虑这3个因素下,仲裁庭应视每一个不同案件的环境决定,包括:

(a)争端(issues)多少与案情是否复杂,能否仅靠双方交换的文书请求充分掌握,不必再开庭补充与引导?

(b)有否双方矛盾的重要口头证据。如果有,显然仅靠几份"各说各"的书面"证人证言"(witness statements)是难以判断的,应比较相信谁及信至什么程度。

(c)同样道理,在专家证人的情况下,外行或"半桶水"的仲裁庭是难以从两份不同意见并有冲突的"专家报告"(experts reports)中了解到真相的,更不用说从中学习或获得帮助(这是专家证人的作用)。事实上往往会令仲裁庭更混乱、更无助。开庭的好处是双方会向专家证人“反盘问”(cross examination)。双方各自的代表律师与专家在开庭前做好充分准备,或是私下调查对方的专家证人(例如把他/她过去发表过的文章或书籍细阅,看看能否挑出一些与专家报告内容有不协调之处),或是细阅刚交换的专家报告找出需要进一步质疑或澄清的内容。反正在开庭全面与严厉的反盘问后,外行或“半桶水”的仲裁庭更能作出“专业性”的决定。

(d)有关文件证据是否足够与完整。

(e)争议金额(quantum)的高低,这是最重要的考虑因素。通常,金额高(例如数千万或上亿美元),往往会开庭。照理说,争议金额高低与案件是否复杂、事实争端是否多项没有必然的关系。例如,笔者近期处理一个争议只在谈判中的一个条文是否属“先决条件”(condition precedent),也就是双方当事人能否达成了一个约束性合约。仅就责任方面而言,双方当事人只要在文书请求时提出他们对该条文的各自的“解释”(construction 或 interpretation),再强调一些对自己有利的相关“解释规则”(rules of construction)与有关先例或权威性资料,就可以让仲裁庭依据文件作出裁决。但由于争议金额高,结果仍是开庭。开庭中,许多时间花在已有文件记录与双方没有什么争议的事实(合约谈判过程)上,而最终仲裁庭不认为开庭有何益处,反而是浪费。原因有好与不好:“好”是既然争议金额高,大家重视也是应该。“不好”是代表律师或仲裁员看见的是一个大案件,所谓“多汁案件”(juicy case),内心深处或不自觉地会不想只收取当事人几千或几万元就结案吧!换句话说,争议金额很低,即使案件本身需要开庭,也只能达到“粗略公正”(rough justice)。

(f)若要开庭,仲裁庭与双方律师能提供的时间。例如,是否要排期至1年后?

(g)是否紧急案件。如果是,时间上要快才能帮助双方当事人。这样,仲裁员要不能马上腾出时间来开庭(这要双方当事人合作才行),或只是以文书去作出裁决(勤快的仲裁员可以通宵不眠在1天内作出裁决书,笔者曾有过这种经验)。但若是开庭无法避免(例如有口头证据或专家证据),但有关仲裁员没有时间,他/她应该辞职让其他有时间的“替代仲裁员”(substitute arbitrator)接手。

(h)其他。

3.3.3.4 仲裁庭对自然公正、省钱与省时之间的取舍与平衡

上述的介绍,考虑的因素主要是“自然公正”,如(a)、(b)、(c)、(d),也主要考虑省钱、省时间。仲裁员或仲裁庭作出好的裁量权决定是否开庭审理就是协调与综合各方面的考虑因素。笔者本人的先后排列大约是“自然公正”是“天条”而且若严重违反会被法院惩罚(如被赶走或裁决书被撤销),一定要顾及。省钱也要兼顾,但至少不会被法院惩罚,故排在“自然公正”考虑之后,除非涉及“比例”(proportionality)上完全失调。例如争议金额只有1万美元,若开庭会花上10万美元律师及仲裁庭费用。这样,开庭审理即使较佳(例如有专家证据)也要退居其次。至于省时间的考虑因素应排列最后,除非案件本质上紧急。因为时间上延误往往有利息的救济,这在一般情况下也已足够。

笔者见过仲裁员在被委任后不久(例如“预先会议”[preliminary meeting])就提出要双方当事人马上“预定”(booking)他在接下去半年或9个月中唯一的一个空当期,否则要等上2~3年。笔者知道他是很忙,但一开始就要双方当事人决定开庭会把事情搞大,会令这个仲裁省不了钱。笔者也知道对仲裁员而言,赚钱主要是靠开庭。因为去“梦游”(dreaming)或不必动脑筋地听取向证人取证(特别在中文翻译英文时段)仍可收取每小时4000~5000港币的费用。所以,这里有一个利益冲突:1996年立法是要仲裁员考虑省钱,但一省钱他/她就赚不了钱。所以,双方当事人在不能达成一致的情况下(这经常发生),他/她有全权决定开不开庭。这决定也无法质疑,他/她只要不乱讲话,只要坚持已考虑过省钱,但认为案件本质应该去开庭,其他人就无话可说了。

这种“半正规”(semi-formal)或以文件为主的仲裁程序,例如海事仲裁,通常也不会在一开始双方就同意或坚持以文件仲裁,除非案件明显简单与争议金额很低。通常,双方或一方代表律师会等到“文书请求”(pleadings)与“披露”(disclosure)完结或告一段落才肯作出最终选择。一般仲裁庭到了这个阶段才迫使双方当事人确认开不开庭。这是恰当时间,因为双方代表律师与仲裁庭都已经知悉了有关案件。例如,代表律师知悉了文件证据是否充足,要否再带入口头证据?是否原来争议的事实在文件披露后已是大部分减少或同意?对仲裁庭来说,到了这个阶段,也可以去知悉有关案件,如果双方当事人对于开庭或不开庭无法达成一致,去依据1996年《仲裁法》之Section 34(2)(h)给予的“权力”(power)作出适当的程序决定。

3.3.3.5　决定不开庭的做法

如果决定不开庭,这就是典型的“文件仲裁”(documents-only arbitration)了。下一步也是最后一步的“中间程序”(interlocutory proceedings)就是双方去交换一份“最后请求”或“最后陈述”(final submissions)。这与一开始的“文书请求”(pleadings)不同之处是会更详尽、更有针对性(focus),也会避重就轻(但对方会提出)。另外,也会涉及批评或质疑对方披露的文件,例如,挑出矛盾之处、含糊之处、不完整之处、欠缺之处、应作出“不利推断”之处等。这是因为已经查看了对方证据(文件证据),对案件的强弱有了全面了解(因为只有文件证据),故只能这样做,而“final submissions”也就是“结案陈词”一样。之后,仲裁庭可作出裁决书完成任务。

3.3.3.6　决定开庭的做法

如果决定开庭,仲裁庭更有一连串的其他“中间程序指引”(directions)或“命令”(interlocutory orders)要相应作出,以做好开庭准备。例如:

3.3.3.6.1　开庭长短

开庭昂贵,而时间长的开庭更加昂贵。所以仲裁庭应尽量缩短时间。但由于了解案情与准备开庭工作的是双方代表律师,例如准备了多少问题去质问或反盘问对方的哪几个证人,所以开庭长短(要多少天)通常都是让双方律师达成一致然后告诉仲裁庭去确定。如果在表面看来不大合理,例如案情复杂、有很多矛盾,加上有10位以上证人,但双方只预定2天开庭,仲裁庭凭经验判断预留时间不够,会追问是否可行因为可能到时无法延长,临时多给一两天。双方当事人代表律师仍是坚持只需2天,仲裁庭也不好再质疑了。

仲裁庭可以采用的缩短开庭时间的方法是:

(1)尽量要求双方能以文书代替的程序就以文书形式来做;例如,“开始的发言”(opening speeches/statements)、“证人证言”(witness statements)、“专家报告”(expert reports)、“结案陈词”(closing speeches/statements)。剩下的只是在取证中去反盘问对方的事实证人或/与专家,这需要“攻其不备”才会有效果及作用(例如令对方证人或专家证人“哑口无言”),所以不能先以文书代替。

(2)把预定的开庭时间平均分摊给双方,时间一到必须闭口。这是所谓的“国际象棋程序”(chess clock procedure)。它往往可以迫使双方代表律师加速程序的进程,因为时间有限非常宝贵。例如,不去反盘问一些不重要的对方证人或不重要的问题。

(3)其他程序上的改变或改善,如双方专家证人一起对质与接受反盘问而不是依次来,等等。

3.3.3.6.2 开庭地点(seat and place)

照理说,既然双方同意(通过在合约中的仲裁条文)仲裁法定地点(seat of arbitration)是伦敦,开庭也应在伦敦了。但这不必是一成不变的,因为1996年《仲裁法》之Section 34(2)(a)中说明除非双方当事人同意外,是由仲裁庭决定:

“when and where any part of the proceedings is to be held.”

事实上,笔者近年已见过几次本来是一个在伦敦的仲裁,但是伦敦仲裁员却飞到中国香港或新加坡开庭。原因是双方当事人都是亚洲的公司,甚至都是中国内地的公司,他们委任的亦是驻亚洲的律师所,但莫名其妙地委任了伦敦的仲裁员。一旦开庭,要么是双方当事人十位八位(当事人、代表律师、证人、专家证人)地飞去伦敦,要么是伦敦仲裁员3位或独任飞到中国香港,造成金钱上的浪费。其实,即使同意伦敦为仲裁地点(seat)而且有合理但不见得是太重要的原因,例如在一连串的合约链上,上一个合约已经是伦敦仲裁,为了将来统一或要进行“同步仲裁”(concurrent arbitrations)(这在“伦敦海事仲裁员协会”仲裁规则[LMAA Terms]中有此规定),也可在出了争议要委任仲裁员之时考虑究竟在什么地方仲裁,因为伦敦仲裁的开庭不必一定要在伦敦。故若是委任了笔者(杨良宜)为独任仲裁员,开庭大可以是中国香港(或深圳),对中方或亚洲当事人来说既省时又省钱。这不影响法定地点(seat)为伦敦,只是开庭地点(place)是中国香港(或深圳)。

事实上,笔者杨良宜与莫世杰曾处理过一个伦敦仲裁,但一切所做都是在中国香港,只在裁决书中写的是伦敦为仲裁地点。该仲裁条文中有“缺席机制”(default mechanism),是说明被告在14天内不委任仲裁员,原告可代为委任。这样一来,原告委任杨良宜后,过了14天被告未及时委任,原告于是代被告委任了莫世杰。这是明智之举,尤其在被告稍后出面抗辩,并把事情搅大或案情需要开庭时,就可以不必劳师动众地一大帮人飞去伦敦,大可以在中国香港或邻近地区进行,反正大家都住在亚洲。

笔者(杨良宜)目前正有一个伦敦仲裁,双方当事人一方是北京公司,另一方是上海公司,而且,它们都是百分之百的内地公司,但却莫名其妙地同意了伦敦仲裁。出了争议后,北京公司委任了香港律师(是英国海事律师所的分所律师),同时又指定了一位伦敦仲裁员。而上海的公司则委任了上海一家著名的海事律师所,并指定了笔者为仲裁员。在指定第三位仲裁员(或是首席),由于是伦敦仲裁,也自然指定了一位伦敦仲裁员。在文书请求交换后,发觉争议金额颇大(几百万美金),而且案件的本质难逃开庭审理(例如争端涉及欺诈的指控与口头证据)。这一来,在哪里开庭变为要考虑的因素。是双方当事人加上律师(包括笔者)浩浩荡荡地飞去伦敦,还是请伦敦的两位仲裁员飞来上海或北京开庭?肯定是后面的做法省钱与方便得多。可惜仲裁员被委任时不知道案件的本质,以上海律师为例,如果他能一开始告诉两位伦敦仲裁员本案可能要开庭,因为涉及口头证据与欺诈的指控,至少有可能笔者本人会坚持或希望指定一位住在中国香港或中国内地的人士(可以是中国人或西方人)作为第三位仲裁员(或是首席)。北京公司的原告更应该有警觉,因为他一开始应该知道案件的本质与争端是什么,就应该委任一位住在亚洲而不是住在伦敦的仲裁员。

换一个话题,仲裁庭若要决定在哪里开庭(place of hearing),也千万别忘了1996年《仲裁法》之 Section 33 中的大原则"自然公正"(natural justice)、省钱与省时间。这里的变化可举例如,不要选其中一位证人无法去或很难去的一个地方,比如签证问题,该位证人行动不便或是中央领导等,这是"自然公正"的考虑。笔者记得多年前,中国内地的证人很难尽早取得签证前来香港出庭,导致笔者曾在两个仲裁里把开庭地点(place)从香港改为深圳与蛇口。这问题今天已不再存在。但估计仍有个别地方是中国内地证人不容易去或要长时间申请签证之后才能去的,比如美国,所以在选择开庭地点时一定要考虑到这些特殊情况,避免选择这些地点作为仲裁开庭而产生麻烦。至于走不动或走不开的证人,一个做法是把开庭地点搬到证人所在地,例如北京。另一个做法是开庭地点仍是香港,但通过视像会议向走不动或走不开的证人取证。另涉及向某位国家领导人证人取证,也可以只是仲裁庭加上双方当事人、代表律师飞去中南海取证,然后再回到香港继续开庭向其他的证人取证,变成实际上有两个仲裁开庭的地点:北京与香港。这样做当然可以。相比之下,英国(或者任何其他国家)法院就没有这样的伸缩性了,开庭审理离不开要在伦敦。虽然英国法院也会有视像会议的设备,但不适用于一些主要的证人与某些情况。

笔者曾听说过一个大型的国际仲裁在印度尼西亚的巴厘岛(Bali)开庭审理,这是旅游地点。笔者不了解案件,只是表面看怎么会去巴厘岛开庭?就算有一位证人住在巴厘岛(可能性不高吧),让他/她飞去新加坡或伦敦开庭总比拉大队人马从伦敦等地飞去巴厘岛便宜得多。

3.3.3.6.3　仲裁员的档期

这是有关省时的考虑因素,若是个别仲裁员在合理短时间内没有档期,他/她应该辞职让有档期的人士被委任为替代仲裁员。毕竟,省时也是 Section 33 的三大考虑原则之一。这在 LMAA 的仲裁规则也有说明。

若是仲裁员肯辞职(因为他在 2 年后才有档期),在 1996 年《仲裁法》之 Section 25(1)是要双方当事人同意。此外,双方若能同意,也可以 Section 23(1)“撤销”(revoke)该仲裁员的权力。这方法与“辞职”(resignation)不同是不必要该仲裁员的同意。但仍有问题是可能想拖延的被告一听说开庭排期要在 2 年后,会“大喜过望”,又怎会与原告同意撤销或接受辞职,另换上一个马上有时间开庭的替代仲裁员呢?这一来,剩下仍有两条路:一是肯辞职或想辞职的仲裁员依据 Section 25(3)向英国法院申请批准辞职,因为有一方当事人(被告)不同意,而不得不这样做,但这不大会发生,因为该仲裁员主动采取行动要承担昂贵的律师费。而且若是双方肯耐心等两年开庭,该仲裁员才不管。二是想推进仲裁的一方当事人以 Section 24(1)(d)(ii)向英国法院以仲裁员的延误为由申请把他/她赶走(remove)。

3.3.3.6.4 开庭场地

这不像法院,仲裁的开庭场地可以是许多不同地方:仲裁机构(它们常会设有开庭地方或房间)、饭店、酒店、教堂(笔者在伦敦试过一次)、会议中心等。伦敦仲裁案件众多,开庭也自然多。故多了一种商业性的仲裁地点,出租场地以谋取利润。由于这种老板通常是内行人,如是律师出身,所以有关系去招揽生意。加上能了解大家在开庭时的需要,好好配合。所以,据悉生意不错,但香港未听说过有这种商业性质的开庭场地。

香港国际仲裁中心(HKIAC)也有开庭场地提供,而且收费比酒店或饭店便宜。但经常满座,不易预订。在近年繁忙的月份,使用率会高达 90%,这表示难以容纳更多的开庭了,导致一些外国律师来中国香港开庭时的不满与投诉。在 HKIAC 开庭的一个好处,举例说来,是 HKIAC 有一个拥有很好很丰富的仲裁方面书籍和资料的图书馆。在香港的一些大型律师所无所谓,它们自己也有很好的图书馆可随时查资料或做研究。但前来香港开庭的外国律师(如美国律师就难了),如果不在 HKIAC 开庭,要中途查资料也很困难或不便。

去其中一方当事人的代表律师所提供的开庭场地也是常见的做法。可能有人会嫌不是中立地点,但这是心理多于实际。仲裁的开庭没有“拉拉队”,不存在“地利人和”因素。充其量的“地利”就是开庭的律师所查资料比较容易,但这种情况出现不多,双方代表的大律师自己也往往把有关书籍带在身边,若真遇上问题要另查其他书籍或先例,也可以打一个电话让自己的助手(只要是香港代表律师)去查。肯使用一方代表律师所的开庭场地一个好处就是可能免费。在伦敦不少大型律师所,已设有永久的开庭场地,只为开庭使用,不像香港一些律师所能提供的只是会议室,故开庭场地不能太长期占用。

饭店或酒店作为开庭场地的最不利因素就是十分昂贵,尤其在伦敦或中国香港等地。好处是比较容易预订,因为选择多。笔者记得最昂贵的一次开庭场地是在一家六星级饭店的顶楼法国餐厅,因为该饭店的最大会议厅也容纳不下该大型案件的开庭审理,而仲裁庭部分成员拒绝在一个局促的环境下开庭(其实这又何必呢)。结果安排法国餐厅停业两个星期,用作开庭。代价是多少笔者不想回忆,倒霉的是中方败诉方,因为它要付账。

3.3.3.6.5 证人证言(witness statement)

这种做法最先是为了让对方对事实证人的口头证据有一定了解,以做好准备,不会被对方"突击"(ambush)。所以,要求双方交换简式的证人证言。但这并不阻止证人到开庭是作出"主证据"(evidence-in-chief),即从他/她口中说出事实(或"故事")经过。这是十分浪费时间与金钱的过程,因为证人的律师不能问直接的问题,即"引导性问题"(leading question),经常要绕圈子。若证人需要翻译(如中国或日本证人),更是灾难性的缓慢。所以,仲裁与法院近二十年来发展出一种"标准"做法,就是要求全面以书面的证人证言替代双方证人的主证据。典型的仲裁庭作出命令是:"The parties shall exchange witness statements 4 weeks before the hearing and they shall stand as evidence-in-chief."这可省下大量开庭时间,因为一开庭,在证人确认了证人证言正确无误后,马上可进入"反盘问"(cross-examination)。

但证人证言做法也有不利之处:

(A)为了防止遗漏,证人再没有机会多讲(反盘问只是回答问题,加上对方律师不一定要求反盘问,证人再没有发言的机会),故此书面的证人证言越来越长,事无大小均包括,是一份厚厚的文件。

(B)已经说过,口头作证对证人的律师不能问"leading question"。但难以相信在草拟证人证言时,证人的律师不去参与、商讨与提点。难怪有说法是证人证言其实是一份"引导性证言"(leading statement),可靠性有疑。事实上,证人证言极有可能是律师或者大律师草拟的或至少是主编的。

(C)这样一来,若涉及严重的案情如欺诈,而证人的可信性是关键,最好不以交换书面证人证言的做法替代口头"主证据"或"主询问"(examination-in-chief)。

(D)此外,这做法下"反盘问"(cross-examination)更是重要了。这会导致总体取证要花的时间与金钱节省得并不是想象中那么多。

证人证言应是同时交换,否则先收到的一方当事人可在自己的证人证言上做手脚。一般来说,双方的证人证言总会有或多或少的矛盾,否则也不必要证据了。例如,自己的证人本来不敢"说死"一件事的经过,因为对方的证人也在场,若是一看对方证人证言中也说是"吃不准"与没有留下证据或记录,就敢去"说死"了。别忘了,这证人证言是"主证据",没有在开庭时再作补充的机会。若双方都有伦敦代表律师,他们不难安排同时交换。但若是双方由不同地点的律师或法律代理人代表,会要向仲裁庭求助,要求在收齐双方的证人证言后,才交换并快递送给双方当事人。

笔者见过一宗大仲裁案件,中方律师为了"更改文书请求"(amend pleadings)(他们刚从一家中方当事人嫌收费太昂贵的美国律师所手中接过这案件),竟然答应了对方西方律师提出的一连串不利甚至苛刻的条件。其中之一是中方的证人证言先交出,对方美国公司的证人证言在两个星期后才交出。这实是"外行"引致吃大亏,因为更改文书请求几乎肯定没有问题,又何必去求对方并作出重大程序上的让步。

如果有一方当事人,例如被告(也可以是原告)不在规定的期限内交换证人证言,这会导致预定的开庭无法进行而要延期,但延期又会带来严重的延误。遇上这种情况,仲裁庭可以马上作出一个最后命令(peremptory order),下令在一两天内或不等的时间内作出交换,而不作出交换的被告就再也不允许提出该证人的证据。这一来,原告就可放心地在期限前交出自己的证人证言,而不必怕被告做手脚,因为被告的证人证言再也不会被接纳。

3.3.3.6.6 专家报告(expert's report)

这方面的程序做法与"证人证言"(witness statement)大致相同,今天的做法通常是仲裁庭下令要求全面以书面的专家报告替代双方专家证人的"主证据"(evidence-in-chief)。典型的命令是:"The parties shall exchange experts reports latest 3 weeks before the hearing and they shall stand as evidence-in-chief."时间上通常会在交换事实证人的证人证言后,以利于专家证人在考虑了所有事实的证据后才在专家报告中作出意见证据。

3.3.3.6.6.1 仲裁庭是否批准专家意见证据的考虑

专家证据在《国际商务游戏规则——英美证据法》一书有详论,不再重复。只说香港最近有一个说是诉讼费用最昂贵的民事案件,有关争端实是笔者从报道看来简单不过,故百思不得其解怎会是这样昂贵。争端是有关一位已故富有地产商遗嘱的真伪。从报纸看来竟然在一审时有很多位国际上著名的笔迹专家前来就遗嘱的签字真伪给出意见。除费用昂贵外(除了多位专家的费用,也令开庭审理时间大大增加,这里的费用更不得了),专家意见一多,说法又不会完全一样,徒然令审理大法官更加混乱,完全失去了专家意见证据的本意——帮助法院或仲裁庭了解有关专业知识的证据。所以,对仲裁员的教训是他/她应严格控制专家人数并考虑是否需要。例如,笔者在近期的一宗案件,是有关船舶经纪人的租约佣金,金额有限。但代表船舶经纪人的英国律师表示将有专家证人就租船的佣金做法给予意见证据。若让一方当事人引进(adduce)专家证据,就会迫使对方也要这样做以去对抗,否则仲裁员可能只听到一方的意见。所以笔者在自问了解租船与经纪人佣金做法的情况下(例如在《船舶买卖与法律实务》一书之第六章就全章分析这方面),回应双方当事人说:

"I note that the claimants(船舶经纪人)want to adduce expert evidence with regard to chartering and brokering practice and I must express my concerns even before seeking the comments of the respondents(船东), as follows:

(1) Although it is my discretion to give leave to adduce expert evidence, however, if both parties agree to do so, this tribunal will have no choice but to allow it. Hence, it is the reason why I send this fax prior to the comments(if any) from the respondents and urge

them to consider before making a decision over this matter.

(2) My prime concern is the small amount or quantum in dispute. In these days of grave concern to the costs of litigation, one must closely look at the proportionality aspect in order to adopt any expensive procedural steps(such as, the use of experts) even if they are helpful, but perhaps not absolutely essential.

(3) In this case, I have the confidence of both parties in agreeing to appoint me as the sole arbitrator(which I am grateful). In doing so, the parties must have some knowledge to my background. In early years, I was working in the chartering business for many years and I can say that I am still familiar with the practice today.

(4) Therefore, my other concern is whether or not I need the assistance and will be assisted by expert evidence. On the face (because I have not yet looked into the submissions and documents), this is a very ordinary fixture of 6 months time charter based on the NYPE form. I see no complicated arrangement or peculiar feature was involved (please advise otherwise if my assumption is wrong).

(5) So I urge the parties to consider whether the expert evidence can be dispensed with in order to save the time and expense. Instead, to entrust me to deal with the matter all by myself.

(6) Obviously, if I encounter difficulty in the course of my deliberation, I will not hesitate to come back to the parties inviting clarification or inviting expert evidence.

Please advise."

结果是,被告(船东)很快说不必有专家证据,而随即船舶经纪人的英国律师也改变初衷说不需要专家证据。

这也带出另一个问题,就是若仲裁庭认为有关的争端只涉及"常识"(common sense)或仲裁庭拥有一般性专业知识,不需要专家证据的帮助去了解证据和真相,一旦涉及尖端科技或仲裁庭不拥有的专业知识(如太空科技或核电技术),就只能依赖专家证人了。否则,连"猜测"也是"瞎猜"。所以笔者在近期的另一宗仲裁案件中"反过来"督促双方当事人提供专家证据。案情有关美国进口的芦笋种子,中方/买方指称质量有问题,因为有太多的雌性种子,而合约规定限额,因为雄性种子才能生长得更好并能防虫,等等。美方/卖方承认有少数过量的雌性种子,但否认这会造成任何严重结果。而中方提出的生长不好和带来的损失,被美方指称为主要原因在于管理差,没有足够施肥、淋水,等等。双方当事人都要求笔者以"常识"(common sense)去裁决。看来,中方主要为了省钱与省麻烦,笔者的感觉与经验是中方经常犯这方面的错误,就是在案件尚未备妥的时候,就匆匆地要求仲裁庭去裁决。要知道,像本案中,对雌性种子造成什么金额的损失的举证责任毕竟是在中方。在没有提供较好与较科学的证据(如一份当时的检验报告或专家意见)证明损失的情况下,会是危险的。而美方律师说这是常识,例如在自己的花园种花也会因管理不好(如不去施肥或淋水)而成长不好。但笔者的香港住处没有花园(也从未有过),连阳台也从未有过,所以没有这方面的常识。加上笔者也不相信光凭常识可准确地区分收成失败的损失多少是来自管理差(如果这是因素之一),多少是来自雌性种子,等等。所以,笔者自问无能力裁决,只好一再向双方当事人解释,要求双方要么各自找专家证人(这是"对抗制"的做法);要么双方同意笔者或仲裁庭委任一位这方面的专家(笔者不知道应找谁,即使双方同意这样做也要给笔者建议人选)协助(这是"询问制"的做法,当然,要兼顾"自然公正",该仲裁庭的专家报告在被依赖前,应给双方当事人细读并让他们有机会陈述对该报告的反驳或补充);要么,在双方同意下,笔者辞职,让双方另外指定一位有这方面"常识"的独任仲裁员。

3.3.3.6.6.2 攻击/质疑对方专家证人

再转一个话题,就是仲裁庭真要双方专家证人的帮助,也通常不能光凭双方当事人交换的专家报告作出裁决。因为两份报告肯定有不同意见(否则双方也不会继续争议/对抗了)。但"外行"的仲裁员往往也不能凭两份书面的对立的报告去挑一个"明智的选择"。这表示往往要开庭,因为可从双方的对抗与反盘问过程中进一步了解两份专家报告的强弱或欠缺。因为双方在有自己专家的支援下,会事先准备与调查,包括向对方的专家证人进行"摸底",找出对方专家报告中的矛盾或需要进一步以反盘问去澄清之处,等等。反正,到了开庭时,反盘问不外是侧重在几个方面,如:

(1)从对方专家的资格、水平、经历与是否对口等方面去挑毛病。这能否成功要看多方面,如对方证人是谁,例如是不是爱因斯坦或牛顿先生,而且是完全对有关争端"对口"? 如果"是",则应去"自量",别反过来自己去丑化自己,让仲裁庭看到"自不量力"。此外,准备工夫是否足够,如充分调查也是关键。

(2)从对方专家报告内容着手。(这要看个别情况,因为爱因斯坦或牛顿先生所拟定的专家报告也会有质量上的波动或忙中有错,故报告中会挑出矛盾或含糊其辞,或准备不足,或没有看了所有有关事实证据就下结论等)。

(3)直接攻击对方专家证人的意见不对或有错漏相对来说十分困难。对方专家证人若有水平与经验,不难对付专业方面的反盘问,并能借此机会进一步向仲裁庭解释或强调。一般由非专家的大律师(即使有专家在旁边提点)盘问专家有关专业问题,企图问倒对方专家是很不容易的事。

3.3.3.6.6.3 称职专家证人应小心之处

这方面在笔者(杨良宜与杨大明)合著的《国际商务游戏规则——英美证据法》一书有详述,不再重复。只在此介绍一个在该书没有提到的近期香港案例,有关称职专家证人应小心之处之 Hong Kong Housing Authority v. Hsin Yieh Architects Limited and others (2 September 2005; HCCT 39/2001)。Reyes 大法官难以相信,一些专家证人在一些非常明显与直接的地方,也去回避或不接受(unwilling to admit a straight-forward point),或者是替他的当事人作出没有太大说服力的辩护(vague justification for the party appointed him),或者是在举证与被反盘问时过分地保护自己与含糊(unduly defensive and obscure),或者是过分地代替当事人争辩陈词,而这本来是代表律师的工作(made submissions for the party appointed him)。说到底,称职的专家证人是为了帮助法院或者仲裁庭了解专业性的证据,理论上不应该偏帮委任他的当事人。

另在一个仲裁案子,美方当事人代表律师向仲裁庭申请下令要求中方当事人所要提供的有关中国法律的专家报告中必须有以下内容:

"1. A curriculum vitae or similar summary of the expert's education, training and experience regarding Chinese law;

2. The name and address of each employer and each other professional affiliation of the expert from January 1, 2001 to date;

3. A statement of the expert disclosing any past affiliation or employment with any party or a corporate parent, subsidiary, or affiliate of any party, and indicating any and all past and present government positions held by the expert;

4. A list of all materials and information consulted by the expert in forming his expert opinion;

5. A copy of each item of source material or other information relied upon by the expert which forms any part of the basis of the expert opinion given (excluding any materials already submitted by any party to this Tribunal);

6. A list of all court cases, arbitration cases, or other matters in which the expert has provided written or oral expert opinion evidence from January 1, 2001 to date;

7. A statement specifying the total amount of compensation, if any, already paid or to be paid in the future to the expert by (or for the benefit of) the party retaining the expert, and indicating whether such compensation is cash or otherwise."

笔者的仲裁庭对这方面的回应是说:"With regard to the contents of the Expert Report, I noticed the items 1 to 7 in the fax of (美方当事人代表律师). There are some of the items like 6 and part of other items which I do not normally require. But I would need a statement of truth and a confirmation of the expert witness's understanding that he or she must be impartial and objective, with the sole purpose of assisting the Tribunal to better understand the issues under the Chinese law. Also, I need the confirmation in both parties' experts' reports."

3.3.3.6.6.4　双方专家证人的无损害会面

仲裁庭也经常会作出指令双方专家证人在开庭前或者在开庭中会面,尽量同意一些专家报告中的争端。之后,向仲裁庭作出一份双方专家证人签字确认的同意争端名单(list of agreed issues)与不同意争端名单(list of dispute issues)。作用与效果是缩小争端范围并往往可以减少开庭时间。在笔者最近的一个香港仲裁中,就下令要求双方针对海事专业方面的两位住在香港的专家证人在开庭前会面。其他不是住在香港的有关其他方面(包括一方面是对中国法律的争议)的专家证人要等到他们在开庭后到达香港后才会面。结果这些方面都做到了,而且成功地减少了海事方面的争端。至于有关中国法律方面,双方当事人的法律专家更能全部同意争端,再也不需要出庭接受反盘问而以一份“同意了的陈述书”(agreed statement)替代,而这些专家更可以提早返回中国内地。

3.3.3.6.6.5 延误交换专家报告的例子

笔者也在不久前遇上延误交换专家报告的情况,就是一方当事人在开庭前的三天送达了三份有几百页的专家报告。这是比仲裁庭对专家报告要求的最后送达期限(开庭前三个星期)晚了很久。在开庭的第一天,导致整天浪费在对待另一方申请漠视或者置之不理这三份迟交的专家报告上。迟交当事人的解释是他在等待另一方备妥专家报告后交换,但迟迟没有对方的通知,也不知道对方原来没有专家证人,所以造成了延误。对这个借口,笔者难以接受。因为通讯十分方便,随便一个电话或者一份传真就可以知道对方的情况。但包括笔者在内的仲裁庭并不愿意排除专家报告或者其他证据,但也要对另一方当事人公平,因为他根本不会有时间看这三份专家报告与附件,更谈不上去反驳了。结果碰巧开庭三个星期后大家都有一个空当,可允许多加几天对付专家证据,特别是让受到突击(ambush)的一方当事人有机会在调查之后反盘问对方的三位专家证人。而惩罚是这额外的开庭费用由迟交专家报告的一方承担。估计如果不是刚好三个星期后有空当而要等上一两年,仲裁庭就可能只能命令漠视这三份迟交的专家报告了。

3.3.3.7 对开庭或不开庭做法的总结

笔者理解上述讲的许多内容涉及开庭,这看来与本小段介绍的“以文件为主的仲裁”(documents-only arbitration)好像离题。但事实上,本小段主要介绍的是“半正规”(semi-formal)仲裁,这也是绝大多数海事仲裁的做法。虽然有80%的案件最终以文件审理,但较少是双方一开始就同意以文件审理。双方通常在文书交换(pleadings)与文件披露(disclosure)后才决定。所以,笔者不把这种“半正规”仲裁说死是“文件”仲裁。也会是,例如只开庭向双方的专家证人取证,而其他全以文书方式处理。反正是,仲裁可以十分有弹性,正如Simon大法官在The “Dynamic” (2003) EWHC 1936(Comm.)中所讲:

“Any inflexible approach to the way in which arbitrations are conducted is, in my view, undesirable.[6] Many cases will be suitable for disposal on the basis of written submissions;[7] however, there may be some which appear to be suitable but which, on proper analysis, will prove not to be so.[8] The parties should be alert to the convenience of a

〔6〕 一个没有弹性的仲裁程序在我看来并不理想(例如,双方当事人已同意不开庭,仲裁庭只能去依服)。

〔7〕 许多案件适合以文书处理。

〔8〕 但会有情况看似适合,但一仔细分析,会证实并非如此。

short oral hearing,[9] and, if necessary, the arbitrator should be empowered to order such a hearing.[10] Although this case concerns a relatively small amount of money,[11] costs were incurred which might have been avoided if the arbitrator had been vested with powers which enabled him to call for a short oral hearing, rather than have to rely on discursive written submissions with the attendant risk that key points may be overl-ooked.[12]"

笔者遇上好几次也是双方当事人同意了不开庭(通常情况都是小金额的争议),但笔者在仔细考虑了文件证据后,认为有开庭的必要。例如文件对一个双方关键性的会面没有好好记录,而会面中双方的交谈内容有严重争议或矛盾。又例如,欠缺专家证据(比如较早介绍的芦笋种子案件)。在这种情况下,笔者会去提醒双方当事人,看看他们是否会改变原先的协议。若是双方不肯改变,笔者也只能"半桶水"裁决(毕竟证据多少只是程度问题,不会有百分之百的证据都能提供出来)或要求辞职。

3.4　种类之四:以询问制进行的仲裁(inquisitorial arbitration)

以往英国法律是要求伦敦仲裁必须以"对抗制"(adversarial)进行,这在 Mustill 和 Boyd 合著的"Commercial Arbitration"(第 2 版)一书第 288 页有说:

"Two propositions can, however, be stated with reasonable confidence.

First, the procedure must be of an adversarial nature. That is to say, the function of the arbitrator is not to exercise his own initiative by carrying out an enquiry into the factual and legal issues, but instead to act as the passive recipient of evidence and argument presented by the parties, and to arrive at his decision by choosing between them.

Second, the arbitrator is not required to follow minutely the procedures of a High Court action, but can exercise a broad discretion, so long as he adopts a procedure which complies with the essential features of the English adversarial procedure. We suggest that the most important of these are as follows —

1. There must be a hearing at which the parties or their representatives have an opportunity to adduce evidence and address argument.

2. The arbitrator must not receive evidence or argument from one party in the absence of the other.

3. The arbitrator must act only upon evidence which would be admissible in a court of law.

---

〔9〕 应提醒双方当事人短短开庭审理的方便之处或好处。

〔10〕 如有必要让仲裁员有权下令开庭。

〔11〕 本案涉及的钱不多(故双方能同意不开庭)。

〔12〕 为了省钱而令仲裁员只能依赖一些有分歧的文书请求作出决定,带来一些争议要点被仲裁员看漏的风险。

4. Where there is more than one arbitrator, they must all act judicially throughout; they must not assume the roles of arbitrator-advocate, or representatives of the parties.

5. The arbitrator should not carry out his own investigations into the issues without the prior consent of the parties. If he obtains such consent, he must disclose the results of his investigation and give the parties an opportunity to comment, and to adduce their own evidence upon the issues.

6. He must, if called upon to do so, exercise a judicial discretion on whether to order discovery of documents, although it does not necessarily follow that he need order full discovery or any discovery at all. ”

至于一些接近询问制做法的仲裁,如介绍过的“商品质量争议的简易仲裁”(look-sniff arbitration),可视为英国仲裁的例外与出于双方当事人的默示同意选择这种类型仲裁程序做法。

但到了1996年《仲裁法》,已在Section 34(2)(g)中说明仲裁庭有些询问的权力:

“whether and to what extent the tribunal should itself take the initiative in ascertaining the facts and the law; …”

伦敦仲裁员有了这新的权力,但笔者感觉不到现在的伦敦仲裁程序做法与1996年《仲裁法》生效前的做法有什么重大不同。原因是:

(1)仲裁员积习难改,也不知道或不熟悉询问制的做法。

(2)今天的所谓询问制与对抗制特别是在民商事案件已是经过取长补短后,分别不大,即使法院的不少法官也会主动提出看法与询问。

(3)在国际商事仲裁,今天许多做法亦是融合了两种制度的长处,难以区分。

在此,笔者不妨去分段更深入地探讨询问制与对抗制。

3.4.1 大陆法与普通法/对抗制与询问制的差异

笔者经常被中国内地青年问及的其中一个问题是大陆法(civil law)与英美普通法(common law)之间在国际仲裁程序上做法的差异。笔者总觉得这方面根本不是一个大问题,但既然被问得多,不妨在此涉及。

一般认为,普通法在诉讼程序上由双方当事人主导,法官到了开庭审理时才去根据双方当事人的争辩与提出的证据去作为一个好像足球比赛的裁判一样的“公证人”(referee),对事实认定与法律裁定作出决定。有说法是,法官在开庭开始时应是对案件一无所知,像一张白纸,完全客观地接受双方当事人在开庭中的陈词与举证。而双方当事人各自在开庭前“备战”,务求在开庭审理时击倒或丑化对方,具体是在举证与争辩中去压倒对方,去成功地说服法官。备战的工作主要在调查取证,钻研证据与有关的法律等。所以,是双方当事人在法官面前的对抗,程序做法上被称为“对抗制”(adversarial system)。英美,北欧(Scandinavia),英国以前的殖民地如加拿大、澳大利亚、新西兰、新加坡与中国香港等地都是这一套诉讼程序的做法。

大陆法在诉讼程序上是由法官主导去查询事实与法律的争端,双方当事人与他们的律师只是从旁协助。法官要去主导,就无可避免在程序与证据方面主动与积极了,例如在盘问证人就不像"对抗制"完全是让双方当事人的代表律师去进行,而是法官自己去进行。涉及专家证人,也通常是法官自己去委任一位中立的专家,不像"对抗制"是由双方当事人各自委任支持自己的当事人专家证人,然后在开庭审理时去丑化或驳倒对方的专家证人。所以,这种诉讼程序被称为"询问制"(inquisitorial system)。在欧洲一些重要国家,如法、德、意等以及日本、中国等都属于这一套的做法。

但笔者看来是不必去太强调两种制度的差异,部分与简单的原因在于:

(1) 近年来互相的学习与改善。毕竟,不同制度的最后目的是一致的:就是为达致一个公平的结果或是找出争议事实的真相。所以,与其去强调制度上的传统差异,倒不如去找出它们当今的优劣。加上这些年来,通过互相学习与改善,特别是像英国这样十分现实的民族,这些年来不断在改良,例如,通过一连串的立法,如《民事证据法》(Civil Evidence Acts)去放松以往严格的普通法地位。1996 年实施的《民事诉讼法程序规则》(Civil Procedure Rules,简称 CPR)已把英国法院的主导地位大大提升为"case manager"的角色等。这特别体现在民事/商事的国际仲裁方面(后详)。

(2) 大陆法国家不存在稳定明确的一套做法。笔者对大陆法了解不多,但表面看来,大陆法特别在民事诉讼方面并不存在一套稳定明确的做法。例如,一位著名瑞士法学家 Claude Reymond 教授在(1989 年)8"Arbitration"159 说:

"My first remark is that there is no such thing as 'Civil Law Procedure' in civil and commercial litigation. In common law countries, there are undoubtedly certain common basic principles of procedure, which go back to the procedure practiced in the English courts. In continental Europe, there is no such common origin. In each country, one finds a different blend of civil procedure, largely influenced by local custom, the legal education received by judges and by counsel, and to a varied extent, by the influence of the procedure practiced in the old ecclesiastical courts, although such courts were abolished in Protestant countries, at the time of the Reformation…

The result of this is that there is possibly as much difference between the outlook and practice of a French avocat and of a German Rechtsanwalt as between those of English and of an Italian lawyer. The same applies within my own country, Switzerland, where civil and criminal procedure remain in the realm of the 26 sovereign states of the confederation, thus leading to the existence of 26 different codes of civil or criminal procedure, plus a Civil Procedure Act for the Federal Supreme Court. There is as much difference between the type of civil procedure practiced in Geneva and that practiced in Zurich as between those featured in Madrid and Stockholm."

中国内地是大陆法国家,但谈不上是大陆法的领导国家,要带领德国/法国等国去捍卫大陆法。据悉,中国的制度是从日本引进的,而日本又是源自德国。但笔者相信这些年来,中国的一套应与日本与德国很不一样吧!既然是学习外国,何不去学习一套更好、更普及与更实用的?记得多年前,笔者熟悉的中国海事法院已作出改变。据好友告知,海事法院鉴于法官无法去主动查询一宗国际海事案件的事实真相,因为连外国的签证也不容易获得,更不用说去劳民伤财在外国调查取证如何进行了,故只能任由双方当事人去各自"备战",以英美的"对抗制"进行诉讼审理。

3.4.2 英国仲裁以前的地位

看来英国仲裁在 1996 年《仲裁法》生效以前是被要求以"对抗制"进行,除非双方当事人另有约定。在 Mustill 和 Boyd 的"Commercial Arbitration"(第 2 版)一书第 288~289 页,他说:

"…Two propositions can, however be stated with reasonable confidence.〔13〕

First, the procedure must be of an adversarial nature.〔14〕 That is to say, the function of the arbitrator is not to exercise his own initiative by carrying out an enquiry into the factual and legal issues,〔15〕 but instead to act as the passive recipient of evidence and argument presented by the parties,〔16〕 and to arrive at his decision by choosing between them."〔17〕

但在注脚,Mustill 和 Boyd 却说在伦敦仲裁许多种类在一定程度上采取询问制,特别是在商品质量争议与"波罗的交易所"(Baltic Exchange)的海事争议,它们不再是对抗制,而合法性可依据双方当事人既然同意了这种仲裁做法,可被视为默示接受了询问制。注脚是这样说:

"…for the majority of commercial arbitration (if not of large-scale arbitrations) are to some degree inquisitorial in forms. In a straightforward quality dispute the umpire inspects a sample or visits the warehouse or quay where the goods are stored. The parties do not usually tender evidence or argument but are content to rely on the umpire's expertise; although he must receive evidence and argument if they are tendered. In a shipping arbitration on the Baltic Exchange, the arbitrators look at the files, call for any necessary further documents, and discuss the matter between them. These are not adversarial procedures, and yet they have long been sanctioned by the courts. The reason is that the procedures are regarded as the results of an implied choice by the parties."

3.4.3 英国仲裁当今的地位

到了 1996 年《仲裁法》,在英国仲裁的程序已是完全放任,让仲裁员或/与双方

---

〔13〕(在仲裁程序)有两点可有合理信心去说明。

〔14〕第一程序必须是对抗制。

〔15〕仲裁员的作用不是自动查询有关事实与法律争端。

〔16〕只是被动地去接受双方当事人的证据与争辩。

〔17〕然后两者间可选一个作为裁决。

当事人同意下主导。并且明言以“对抗制”或“询问制”或混合两种制度进行都可以。这些有关立法条文是:

“Section 34(1)—It shall be for the tribunal to decide all procedure and evidential matters, subject to the right of the parties to agree any matter.

Section 34(2)—Procedural and evidential matters include …

(g) whether and to what extent the tribunal should itself take the initiative in ascertaining the facts and the law;…”

香港《仲裁法》之 Section 2GA(6)亦有同样文字。

英国立法在这方面的改变或确立原因是:

(1)这是国际仲裁(不论仲裁地点是否在英国)的惯常做法。在仲裁庭成员或/与双方代表律师会来自普通法与大陆法背景的国家,加上像“当事人自主”(party autonomy)的说法与放任仲裁庭去以任何方式主导程序,难免在不少案件经常或多或少地混合了两种程序的制度。例如,这惯常做法反映在《联合国示范法》(UNCITRAL Model Law)之 Article 19(a)中:“…the parties are free to agree on the procedure to be followed by the arbitral tribunal in conducting the proceedings.”

(2)正如 Mustill 和 Boyd 所说,这种不是“对抗制”的仲裁程序,在伦敦仲裁早已存在,特别是在重要的海事仲裁。

(3)对有专业知识的仲裁员来说,要他/她被动地只能接受双方当事人的证据与争辩,然后只能去挑选两者中的其一,也会是很痛苦的,因为他/她可能另有想法与/或知道双方争辩的都不对或不是真相。只有在仲裁程序允准一定程度的询问制的做法,仲裁员才能主动去向双方当事人提出他/她的另一种想法是与双方所争辩的不一样。

(4)英国法院的大气候也在变,例如已经提过,在 CPR 下法官从完全被动成为了“case manager”。

3.4.4　英国以外国际仲裁的做法

已经提到:国际仲裁不论在哪里作为仲裁地点,都惯常会或多或少地混合了两种制度在仲裁程序。例如,著名的 M. Holtzmann 先生就在“Fact-finding by the Iran-United States Claims Tribunal” in Fact-finding by International Tribunals(1991, Transnational Publishers, Inc.)提到了在该“伊朗—美国索赔仲裁”的做法是混合了询问制与对抗制程序。

现实中,程序以什么制度进行在很大程度上取决于双方的代表律师的背景。这些律师熟悉的诉讼程序是他/她日常在自己法院的一套做法。参与仲裁,他/她自然搬习惯的一套去处理。例如,若是双方当事人都委任了英国业务律师与大律师作为代表,不论仲裁地点在哪里,双方的英国律师特别是大律师都会搬出英国法院的一套,毫无异议,他们甚至往往会相互同意不必惊动仲裁庭,例如去自动全面披露文件证据。这样一来,仲裁庭根本无法插手。笔者多年前更有一次见到是双方代表的

“御用大律师”(Queen's Counsel)同意了以高院规则(Rules of Supreme Court)(注意不是CPR)去适用,这是百分百的“对抗制”做法了。

例如,在“Law and Practice of International Commercial Arbitration”(第4版)一书提到Orazio de Nora lmpianti Elettrochimci v. The Government of Kuwait的瑞士仲裁案件,开庭的地点是日内瓦、洛桑与科威特,双方当事人与英国毫无关系,合约的适用法是科威特法。但由于双方当事人都委任了英国业务律师与大律师,所以整个程序以“对抗制”进行。

这样一来,可以推断世界大部分的国际仲裁(随意或机构)都是以“对抗制”或接近对抗制进行,两大原因是:

(1)本来国际商务仲裁很大部分以伦敦或纽约为仲裁地点,以海事为例,估计有80%—90%以伦敦为仲裁地点。

(2)剩下的各种国际商务仲裁即使是以大陆法国家为仲裁地点,当双方代表律师是英美背景的律师所,仍是难逃以双方代表律师所熟悉的“对抗制”进行仲裁程序。而委任英美律师的可能性颇大,可以有本事处理国际商务仲裁的跨国律师所绝大多数来自英美。即使是只有一方当事人委任了英美律师,而另一方是大陆法国家律师,由于前者习惯“对抗”会能言善辩,咄咄逼人,往往导致在仲裁程序上取得主动或占优势。笔者也数次见过原先委任大陆法国家律师的客户(例如是意大利当事人原先委任意大利律师),半途眼见自己律师可能或好像招架不来,去更换一家英美律师所为代表。结果自然是仲裁程序走回“对抗制”。在这方面,笔者记得“国际商会”(ICC)仲裁院主席Dr. Robert Briner(他本人是瑞士律师)曾在近期一个公众场合说他不理解为什么这么多公司喜欢委任英国律师,很多ICC仲裁案件经常出现是双方由英国御用大律师代表相互对抗。

(3)在此一提的是:向笔者询问的中国内地青年若是想虚心去参考笔者的看法,答案是仅从实用角度出发,将来事业有发展机会,就应走英美法与对抗制的道路。更不用说英美法若不是世界上当今最好、最完善与思维高的一套,英美两国怎会这样富强?所以,真想在国际层次学好的中国内地青年,千万别走错路,学什么日本法、德国法,或只去钻研中国法。中国想真有一天去“超美赶英”(在法律而言),也必须走对方向。

(4)说实在的,当今在国际上越来越壮大的跨国律师所绝大部分都是英美律师所。这些年来,它们也合并了一些著名的德、法、日等国律师所,若想去找一家跨国的日本律师所(为例),根本也找不到。

3.4.5 对抗制与询问制特定的差异

现在不妨去谈谈一些特定差异的地方。在一些著名的文章如:Siegfried H. Elsing and John M. Townsend “Bridging the Common Law – Civil Law Divide in Arbitration”刊登在(2002)18 “Arbitration International” 159与William W. Park,“Arbitration's Protean Nature:The Value of Rules And The Risks of Discretion”刊登在2004年“Mealey's International Arbitration Report"中提到有五个方面,如下:

3.4.5.1　差异之一:文件披露的问题

在大陆法国家(欧洲大陆为主),双方当事人只需要交出各自在开庭要去依赖的文件证据给对方,以避免开庭时突击对方。但在英美的普通法国家法院,双方当事人是自动要交出广泛全面的有关争端文件,包括对自己不利的文件。披露过程好像是吸尘器把所有的相关文件(即使是只有很少关系,或会进一步带出有关文件)全部吸进来。

英美认为这做法的好处是能更全面更好地找出事实真相的真伪与案件的强弱,不会被对方单方面提供的片面文件误导,进而令双方当事人更愿意在披露阶段或之后去庭外和解。

这也是事实,如果任由一方当事人去披露他愿意出示的文件证据,人性(human nature)使他只会出示对自己一方有利的文件。虽然,法官可以要求多出示某一份或某一类的相关文件。但大陆法的法官不一定会这样做,也不会太了解案件,这不像普通法是以自动全面披露作为起点,甚至英国法院可要求有关当事人或代表律师以宣誓书(affidavit)形式去确认已作出了全面披露。

但现实中也不必太强调英美普通法对披露做法的优点,因为对精明的西方公司来说,它们有预见的本领,一开始就会把对自己有利或中性的事情写下来(例如在通讯往来或各种报告、记录中),但对自己不利的就不会留下文书记录。所以,很少有机会在精明的西方公司作为对手时能去从披露获得或挑出对它们不利的文件证据,也就是披露没有达致它在理论上的优点。倒是对水平低的发展中国家公司,披露往往会出示一些对它们十分不利的文件,因为它们把杀人放火、走私漏税或其他不该写下的东西全部记录在案。

即使英美普通法的全面披露在程度上有一定的好处,它的弊病也不少。主要是费时与昂贵。现在文件越来越多,一个中型的争议案件就轻则涉及上万张文件的披露,加上自动披露后往往再有"特定披露"(specific discovery 或 disclosure),即向对方索取某种类或某份的文件,令披露没完没了。例如在航运争议经常涉及适航问题,就会向对方(船东)要求披露船舶过去3年所有的检验报告与修理记录。而对方若是肯去披露,这些文件的内容中又会带来更多要披露的文件。例如修理记录提到一个有关毛病是在5年前已经存在,反正有危险是没完没了。现实中,想去扯皮与拖时间的被告很希望以披露去留难原告。笔者仍记得代理过一宗替中方船业公司向欧洲承租人索赔约50万美元的案件,争议是有关交船时船舱是否清洁,因为被告承租人以此为借口在突然急促下跌的运费市场去拒绝接船。但他没有任何证据去证明船舱不清洁,只是在"讲故事"或"臆猜"。但在文件披露,被告说服伦敦仲裁庭下了命令要求中方船东披露过去6个航次的所有装卸货物文件,这些文件数量很多。被告的想法或是去看看以往航次中装的是否清洁货物(如散装谷物),或在装货前是否对船舱有检验报告,或是否出现过货物受污染的索赔等。但笔者觉得仲裁庭不该下此命令,因为这种漫无头绪的披露,希望能去"钓大鱼"(fishing expedition)不应去支持。况且,这些文件是否有关也有疑问,上一个航次船舱不清洁不表示这一争议航次也不清洁,更关键是船员有否充足时间把船舱好好清洁(有关本航次,这些文件业已自动披露了)。船舶在本航次被拒绝后接下去装的货物是否对清洁严格,与有关检验报告及卸货时完全没有问题(这些文件证据业已披露,而且看来对船东十分有利)。这些理由中方船东也向伦敦仲裁庭力争了,但就是无法说服它。之后,中方船东的领导"嫌麻烦",坚决放弃一个十分有把握的50万美元索赔,真是可惜。

说到披露费时,在一个大中型案件花上一两年才完成的例子并不罕见。至于昂贵有几个方面可去感受。一是大量文件披露了总要有懂行与有水平的人去查看,否则怎能挑出毛病?这人士往往就是代理律师本人。他/她会是每小时收费四五千元人民币以上,要求查看一两万张文件,要花多少时间可想而知。更不说对一些文件内容要去进一步调查。二是披露的文件不论有关或无关要去大量复印,开庭时使用或以防万一的需要。仲裁庭的三位成员各要给一套,另是原告与被告各要两套,三套之多给大律师、业务律师与/或专家证人/当事人等使用,在"证人箱"(witness box)往往也放一套。这一来,1万张文件去复印10套等于是10万张文件。难怪,在一个大中型案件开庭审理后,经常说笑的是:"我们刚毁了一个热带雨林。"要指出的是,律师所收取客户的复印费十分高昂,是大约3元人民币一张或更高,有笑言诉讼律师所的复印部门是全所最赚钱的部门。三是既然披露了,就要给有关人士看得懂,故此更有可能部分或全部的原始披露文件要翻译,例如中文或日文译为英文。

有这严重的弊病,难怪英国也要改革,在1999年生效的《民事诉讼规则》(Civil Procedure Rules,简称CPR)已去把披露范围缩小(但本质与做法上仍是要去全面披露)。这些方面杨良宜与杨大明合著的《国际商务游戏规则:英美证据法》一书有详论,不在此重复。

至于国际仲裁(指伦敦国际仲裁)更是路走得远。除非是大型案件,双方当事人的代表英国律师同意下或默认下去把英国法院的一套做法搬过来仲裁,自动去全面披露,也不去惊动仲裁员,否则今天普遍做法是去把双方当事人各自依赖的文件去附在文书请求(written submissions)后。例如是"索赔请求"(claim submissions),就会另有一档卷附上索赔请求所依赖与提及的文件证据(如有必要加上英文翻译)。而之后的"抗辩请求"(defense submissions)亦是这样做。文书请求完毕后,双方不会再有自动披露的一步,但双方会向对方提出要求披露特定的文件。对方若拒绝,就会去向仲裁庭申请,并希望在双方争辩后可成功说服仲裁庭下披露命令。若是对方仍不去披露或只披露一部分,仲裁庭就会作出惩罚。这惩罚一般是对有关事实在考虑裁决书时作出对拒绝披露一方当事人"不利判断"(adverse inference)。这是接近大陆法国家的做法。当然,是好是坏难说。笔者有感觉是精明的当事人越来越不肯在国际仲裁出示可能不利自己的文件,反正不怕"不利推断"的轻微惩罚,而另以一份"证人证言"(witness statement)替代,说是"证据",实是讲故事。

伦敦仍有大型仲裁案件双方的代表律师在披露的一步是完全照足英国法院的做法。在文书请求(pleadings)中不存在附上依赖或有关的文件证据(但要提供一些特别去提到的文件,因为这变成是pleadings的一部分)。Pleadings完毕后,开始自动与全面的披露程序。首先是双方代表律师交换一份完整的"文件名单"(list of disclosure documents)。其次是双方代表律师相约去检查对方手中的正本文件(inspection of documents),检查当然集中在名单中自己一方没有的文件。最后是有权去把自己欠缺与需要的文件复印(copying)一套(当然要承担复印费用)。便完成了自动披露的程序。但由于各种原因,例如是认为对方文件有欠缺(即有关文件披露不足),或在已披露的文件内容中挑出另有未曾披露的文件(例如是一份修理单提到另一份欠缺的检验报告),等等。所以伦敦仲裁会延续有特定披露(specific disclosure)及进一步特定披露的过程。这会是费时的一步,原因例如是:要求披露的特定文件很多很麻烦(会是想扯皮延误的被告要求原告披露),被要求方会抗拒部分或全部的披露要求,被要求方去寻找或取得要求披露的文件需时,等等。

总之,伦敦仲裁是两种做法(大陆法与普通法或两种混合)并存。现实中哪种做法往往由双方代表律师去主导,仲裁庭不去理会。但双方若有争议,要向仲裁庭申请,这才改为是仲裁庭主导。在今天的仲裁大气候下,除非仲裁庭一看文书请求就知悉是一宗大案件,是数以百万、千万美元的索赔,否则通常是不会下令自动全面披露,因为划不来。今天的公正也要讲"比例相称"(proportionality)。

这些做法的合法性也已在1996年《仲裁法》中说明,如下:

"Section 34 (1) If shall be for the tribunal to decide all procedural and evidential matters, subject to the right of the parties to agree any matter.

(2) Procedural and evidential matters include…

(a) whether any and if so which documents or classes of documents should be disclosed between and produced by the parties and at what stage…

(b)… and whether translations of any relevant documents are to be supplied."

所以,今天在国际仲裁再去强调大陆法与普通法或询问制与对抗制在文件披露的差异没有意义,因为基本上已不再存在。

话说回来,小的差异仍是有,作为国际仲裁员应小心。已经说过,双方当事人的代表律师如果来自同一法律文化背景(比方都是英国律师),这问题不大。但若是一方是美国律师代表,另一方是德国律师代表,就会在小地方冲突,如:

(1)美国律师要求大量的特定披露,包括是为"钓大鱼"(fishing expedition),但德国律师只肯提供他所依赖的文件。有看法是:仲裁员的决定应是最宽容的准则,以避免引起不满,将来会在裁决书执行时败诉方做文章。这会是表示去支持美国律师的要求,但这又会是太费时和昂贵。看来正确做法应以英国法为准,因为双方当事人同意了去伦敦仲裁,伦敦作为仲裁地点(seat)也就难逃英国的1996年《仲裁法》适用了。这种做法可能在美国与德国律师之间的各自立场去"中间落墨"。

(2)大陆法不接受一方当事人的雇员作为证人,但普通法接受这种证据,只会在重量上减低,因为涉及利益冲突。若是双方的美国与德国律师在这方面有争议,仲裁员的裁量权或决定又是以英国做法为准,道理同上。这会表现在以伦敦作为仲裁地点的国际商务仲裁,当事人的雇员会被接受为证人。但若在仲裁地点与程序上做法不明确的情况,例如在"Iran-US Claims Tribunal",仲裁庭就要变通去让双方当事人满意。做法上仍是让雇员出庭,但该"有利益冲突人士"(interested person)不会当做证人,只视为提供"资料"(information)。这一来,目的一样达到,但在"裁决书"(award)的拟定上要小心别把当事人雇员的话说成"证言"或是"证据"。

(3)西方大公司有自己的法律部门或"公司律师"(in-house counsel)。英美法下承认它们的一些文件(例如给董事局的法律意见)可享有"特权"(privilege),即不必去披露。但在大陆法下有不同看法。仲裁员若去下令披露这会对美国律师一方不公道,因为他们以为可享有特权,所以在文件上乱说话毫不顾及。要是预先知道文件要去披露,公司律师很可能不留下书面证据,只是以口头向董事局提供法律意见了。况且,特权是英国的公共政策,不仅是证据法,所以把伦敦作为仲裁法定地点(seat)的仲裁员也不应该下令披露这种文件。

再次重复,上述各种问题已在《国际商务游戏规则:英美证据法》一书详及,请参阅。最后简述两事作为总结:

(1)在《国际商务游戏规则:英美证据法》一书第五章之4.3小段介绍了"国际律师协会"(International Bar Association,简称IBA)作出了一套适用在国际仲裁的证据规则程序,名为"IBA Rules on the Taking of Evidence in International Commercial Arbitration,1999"(1999 IBA规则有关在国际商务仲裁的取证)。它是由16位普通法与大陆法背景人士所拟定。笔者第一感觉是普通法与大陆法之间的差异并不大。第二感觉是好事,对大家有不同法律文化背景的人士(仲裁庭成员或/与双方代表律师),该规则提供了划一的做法准则。已经介绍过,大陆法国家之间做法并不统一。事实上英美之间也有差异之处。唯一是"规则"(rules)非强制性法律,要靠双方同意才能以合约法理论适用。或是仲裁庭看到双方代表律师的背景不同,互有敌意,尽快去诱导双方同意适用该套IBA证据规则。

(2)近年来有一些中国内地律师参与伦敦与中国香港仲裁,小部分也干得十分称职。但大概他/她们是大陆法的文化背景,笔者感觉是他/她们没有充分掌握或利用披露的程序。往往只顾及自己"讲故事"与提供自己依赖的文件,但不去或多或少去逼出对方没有披露(也会是不利对方)的文件。举一些笔者近期所见的例子:

(i)中方指称对方依赖的一页文件是伪造的。这是严厉的指讼,没有明确的证据最好别乱指控。但中方只是"讲故事",不去要求对方把整份文件(估计有好几页)披露出来,而不光是去出示其中一页。笔者是仲裁员之一,当然不会去提点。若真去全份披露了,而且是伪造,对方就会麻烦多了,而且会容易从中找到更大、更多漏洞。

(ii)中方船东向欧洲承租人索赔在印度卸港近百万美元的滞期费,承租人抗拒。

中方船东从他的印度律师那取到了一份在印度法院是承租人(也是 CIF 卖方)与印度收货人之间的诉讼,看来争议是有关该批货物的质量,并且会引致船舶的滞期或卸货延误的真正原因。承租人对该份不完全明确的文件提出反驳,所用的"证据"是承租人代理/代表的证人证言或宣誓书。这当然可能只是"讲故事"(虽然英美法下仍是证据)或不是全面的真相。笔者不明白的是中方船东的代表律师为何不去要求对方披露所有与印度收货人的文件往来、买卖合约与印度法院的诉讼文件?若真去披露,岂非中方可省下麻烦自己去通过印度律师作片面调查?加上会是真相大白。毕竟,中方已取得一份有关文件,再去要求这些特定披露,应不会被视为无关或是在"钓大鱼",至少,笔者作为仲裁庭的一员会有强烈倾向去下令承租人披露。

(iii)在另一个仲裁中的一个事实争议是有关美国当事人是否在某一天去北京与第三者见过面。美国当事人出示一份机票证明,但中方代表律师指称该机票不真实或与美国当事人更早时已另去过一次北京。但这不能凭空去争辩,笔者不明白为何中方代表律师不提出要求美方去披露有关文件,例如与第三者的所有往来文件,它的内容应提到是否去过北京,干什么与在什么时候。但中方代表律师就不去要求披露。

3.4.5.2 差异之二:文件证据在开庭的使用

这方面是说:"Civil law practitioners may be less likely to expect that documents will be authenticated and explained by life witnesses."(大陆法背景人士不太会预计文件需要去确认并要由证人去作口头解释)

笔者不明白这一点的差异。一般而言,这是小事一件。在确认一份文件会让对方提出质疑,解决办法之一会是提供文件正本。至于文件要由证人去口头解释,在伦敦仲裁或香港仲裁的做法是文件若是不明确或内容不完整会要文件制作人(maker of the document)出庭作为证人去解释与被反盘问。若是文件明确完整,就无须再解释。若证人去唱反调,重量远比不上当场文件的说法,不应被轻信。

3.4.5.3 差异之三:证人口头证据

这方面是说:"Judges rather than lawyers ask most of the questions in civil law jurisdiction."(大陆法管辖下是法官而不是律师主要去盘问证人)

这一点确实与对抗制诉讼在伦敦或中国香港仲裁的做法相异,大概这就是为何叫"询问制"吧。但笔者对大陆法的询问制的做法是否优越有怀疑。凭过去的经验,深深感到仲裁员是不会对案件/案情了解透彻,即使在裁决书作出后。这是因为双方的代表律师都只会把"过滤"之后的案情与证据告诉与呈交给仲裁员。试想,既然没有法院的强制自动与全面披露,也没有律师要承担"法院官员"(officer of the court)的责任,代表律师也乐得轻松了。弄不好是去隐瞒证据或是诱导仲裁员。反正是,仲裁员不会知道全部事实与真相。再说,双方当事人会在背后不断地友好谈判,但这些都是"特权"(privilege)资料,是双方的律师知悉或参与,但仲裁员是毫不知情。

所以,仲裁员千万别把自己当做上帝或神仙,是无所不知的。事实上,他/她会是毫无所知,特别在开庭前。这一来,让对方有了充分准备的代表律师去向证人盘问会是有效与实际。如果改为让法官或仲裁员去盘问证人往往是问不到关键之处或是把问题越扯越远。笔者有自知之明,很少在开庭审理期间开口,特别在早期。笔者也见过多嘴的共同仲裁员“乱讲话”,吓坏了双方律师,打断他们的发言或盘问,并导致延误。

或说, 仲裁员可否多做事先准备,到了开庭就可以“言之有物”。答案是不可能,就算多做准备,也很难达到一个水平可以去有效盘问证人。加上像仲裁员忙碌,开庭的文件卷与部分文件很迟才交给仲裁员,双方当事人可能在任何时间达成和解。所以,双方当事人也不会希望仲裁员在开庭前花上几天或更长去熟读文件与了解案情,等等,都说明了要求仲裁员去负主要责任向证人盘问并不可行。

3.4.5.4　差异之四:委任专家证人

众所周知,专家证人的作用是以专业知识提供意见去帮助仲裁庭了解有关争辩的技术性证据。理论上,专家证人是谁委任没有关系,因为他/她必须公正、客观地提供专家意见,是帮助仲裁庭而不是帮助当事人。但现实是当事人委任的专家证人总是倾向于帮助委任人(也是支付费用的人)。表面看来公正客观,只是做戏。反正只是给意见,给对给错都不是伪证。这个问题英美不像有太好的解决办法可去根治。

差异是:大陆法背景律师与当事人会预期仲裁员去直接委任一位中立的专家证人,但普通法背景的律师与当事人会自己去寻找适当的专家证人,并通过对抗如盘问或丑化对方的专家证人以说服仲裁庭。

表面看来,仲裁庭自己委任一位中立专家证人应是较佳,因为不中立或去偏袒的意见是最危险的事。但这做法,也有它的问题,包括像:(i)费用高了,本来双方当事人就各自委任了自己的专家,现在多了一位由仲裁庭委任,但费用仍是要双方当事人承担。(ii)这位中立专家会对仲裁庭有至高无上的影响力,但双方当事人不容易去捉摸他/她的取向,特别在无法盘问的情况下(例如他/她没有出过书面报告)。(iii)仲裁员没有专业知识,有时候不知道应去委任谁,需要双方当事人建议与同意,但双方都能接受与同意的人选并不容易。(iv)当事人失去主导,无法通过自己的专家证人去影响与说服仲裁庭。(v)其他。

大陆法与普通法在这方面差异或可以重提目前在发生的一个涉及金额不大的仲裁案件为例。争议有关芦笋的种植,中方被告向美国原告反索赔,指称向原告进口的雄性种子不足,引致收成不佳。换言之,货物(种子)质量成问题。但美方指称有其他原因如管理差、浇水不足、施肥、害虫,等等才是主因。笔者作为仲裁员是“五谷不分”,向双方当事人坦言这些技术问题是笔者在没有专家证人协助下难以判断各不同原因所造成的损失比例。中方随即提供了两个中国人的名字,要求笔者去委任其一作为仲裁员的专家。但美方反对,要求笔者以“常识”(common sense)去裁决。笔者认为有困难,并要求双方当事人同意是否要笔者去委任与委任谁。笔者在《仲裁法》下虽有此权力,但最好仍是有双方同意,因为涉及适当人选(笔者自己并不认识这行业的专家)与委任前要求双方预付一笔钱(笔者直接委任就会要负责该专家的费用)。但过了很久,双方不像会达成协议,而美方对中方的两位专家名字明显不接受。由于对这个行业笔者一无所知,也无处去查,这不像一些普及的行业如建筑或钢材,仲裁员自己也可去找到一个合适与双方当事人难以反对的著名专家作为中立专家证人。所以,为了解决这种僵持局面,也为了推进仲裁程序,笔者只能放弃委任中立专家证人的做法,改为下令双方当事人去各自委任自己的专家证人,并定下时间表在开庭前三四个星期不等交换“专家报告”(expert reports)。换言之,从偏向大陆法做法改为普通法做法。

这在伦敦或中国香港仲裁是完全有这个伸缩性做法。在3.4.3小段已经介绍过1996年《仲裁法》允许仲裁员决定以大陆法的询问制或普通法的对抗制去推动仲裁程序。针对委任专家证人,更有Section 37,说:

“37(1) Unless otherwise agreed by the parties —

(a) the tribunal may —

(i) appoint experts … to report it and the parties; or

(ii) appoint assessors to assist it on technical matters,

And may allow any such expert, …or assessor to attend the proceedings…”

3.4.5.5　差异之五:法律的争辩

这方面是说,普通法是争辩主要依赖先例或更可以说伦敦仲裁员是受英国法院(高院、上诉庭与贵族院)判决的约束,除非是:(i)可在不同案情、不同事实中挑出合理的差异并与先例区别(distinguish)。简单例子是先例有关“程租”(voyage charter),但仲裁案件是“期租”(time charter),两者之间有很大不同,所以先例的法律观点不能直接套用。(ii)先例的大法官只是“随口说说”(obiter dictum),并非在当时是必须要去针对与判决的法律争议。(iii)高院的不同法官有不同看法判决,在没有更高(上诉庭或贵族院)的先例前,理论上仲裁员可随意选其中一个判决去依赖。

英国虽有不少立法,例如是《海上运输法》,但进一步对个别句子或措辞的定义/解释仍是要依赖先例,例如是何谓“恪尽职守”(due diligence)。

由于在法律问题伦敦仲裁是受制于法院的控制。在1996年《仲裁法》是以Section 69的上诉法院。所以,伦敦仲裁员是不敢明目张胆地不理会先例的约束。这带来伦敦仲裁一定程度的稳定与“可预测性”(predictability)。只是“一定程度”而不是“大程度”因为法院只控制法律问题,但对事实问题就完全放手给仲裁员去认定,不会去也无法去“复核”(second guess)证据。不同人士(特别是有文化背景差异)的仲裁员会对同一样的证据作出不同的推断或想法,好像日常所见的普通人一样。唯一有一点分别是企望大部分仲裁员或多或少掌握一些证据法理论,而不会去天马行空地对事实作出认定。

香港仲裁理论上与伦敦仲裁一样,仲裁员必须受先例的约束。但有两个问题会使此理论不可行:一是香港在1990年引进《联合国示范法》后并适用在所有国际仲裁,已完全切断法院对法律问题的控制或管制。所以,仲裁员“乱来”,也难以获得救济。二是在1997年后,中国香港在宪制上已脱离英国,故英国先例不再是中国香港的约束性先例,必须依从,而只是"有说服力先例"(persuasive precedent)。但香港本土的实质性先例十分有限,例如在海事/海商方面。幸亏香港仲裁员一直在做法上依赖英国先例,做法上与1997年前没有分别,更何况有不少仲裁条文约定:"香港仲裁,英国法适用"(Hong Kong arbitration, English Law to govern)或类同文字/措辞。

大陆法说是不依赖先例,也不受约束。它主要是依赖一些法律权威如著名法学教授的评论与说法。笔者对大陆法不了解,只能道听途说,加上臆猜地讲几句。一是以案例去解释、分析、说明与发展法律会否更快速、具体、现实、有针对、透彻、有血有肉与有事实支持?在日常生活中想去表达若能以实际例子说明也会是较佳吧。二是英国也不光是靠案例去澄清或发展法律,因为对口案例可遇而不可求,败诉的当事人也不一定上诉让法院有机会去审理。故此,英国也立了很多法例,好像1996年《仲裁法》,内容有部分根本没有先例针对过,是立法者自己想出来的一套做法。而在有先例作进一步解释前,往往也只有法律权威人士与教授对立法作出评论与说法,例如像Merkin教授对1996年《仲裁法》的名著,是后来的法院或仲裁庭审理时会去参考。当然有了约束性的先例后在某句条文或要点,给了权威解释,这些方面的评论与说法就要靠边站了。

总之,普通法与大陆法之间的差异也在缩小,大家在相互取长补短。再说有两点可显示这方面并不重要:

(1)在民事、商事诉讼,当事人可预选合约适用法,也经常有人这么做。所以去伦敦或中国香港仲裁,大可以适用中国法或德国法。笔者就遇到过几次合约条文说明是:"香港仲裁,适用中国法"。这一来,就不会再受任何先例约束。疑问是:既然适用中国法,何不约定在中国内地仲裁?乱去伦敦或中国香港仲裁,让一些不懂中国法的西方仲裁员去依据中国法审理,再多花费用雇用了解中国法的专家证人去协助西方仲裁员,这又何苦呢?

(2)从现实角度出发,国际上商贸关系都建立在合约关系,而商贸合约双方(特别是与西方国家人士,但也包括中日双方、中韩双方)只要想到加上一条合约适用法条文,百分之八九十离不开填上英国法。若一方是西方国家,更会是99%约定是英国法。笔者(杨良宜)这二三十年来少说也看过数万个国际商贸合约,只见过一个是德国法,一两个是日本法及法国法,中国法倒有几个,其余都是英国法。笔者若是学德国法或日本法的早已饿死了,遑论可以不断强大。

3.4.6 仲裁员采取主动询问的难处

在3.4.3小段提到1996年《仲裁法》在仲裁程序明文规定,允许仲裁员可任意采取"对抗制"或"询问制"。事实上,在1996年立法生效前,仲裁员已不会是完全被动,只让双方当事人的代表律师去主导与只接受他们的争辩与提供的证据。笔者记得以前的一些经验例如向双方律师主动提出一个有关先例是他们没有提到,或是合约另有一条有关条文也是双方律师没有涉及,又或是一方要求对方披露大量文件而对方没有反对但笔者不认为有关或有用等。顶多是在1996年立法生效后,仲裁员会更放心去采取主动。毕竟,仲裁员也想找出事实真相。去这样做,主要是别忘了“天条”的“自然公正”,即公平对待双方当事人。这一来,关键在双方当事人或他们的代理人水平。若是他们都是十分懂行的代表律师,往往仲裁员没有采取主动或提出询问的余地。或必要去做,也要小心,别多此一举或闹出笑话。又或是他们都自认不懂,例如是双方当事人为了省钱,不去委任代表律师并要求仲裁员作出指引。这一来,又会是好办,仲裁员可完全控制与主导,向双方或其中一方提出问题,要求澄清或交出哪些证据。反正是,目的为找出双方争端与事实真相或正确法律地位。最麻烦是一方十分精明而另一方没有经验与不像太懂,甚至是强弱分明。例如一方是著名英国海事律师代表,而对方委任了一家香港的地产律师。这一来,仲裁员主动提出往往被精明的一方视为偏袒弱方。例如仲裁员表面看是双方律师漏争了一条重要有关条文,其实并非是漏掉,只是对精明的一方不利,故水平差的一方不提出也就乐得不去提。如果对方不提却由仲裁员提出,最后亦是在这一点上判精明一方败诉,他的感受可想而知。但偏偏又有案件是强弱分明,而不是双方都懂的第一种情况,经常就存在有漏争的情况出现,令懂行的仲裁员感到矛盾,不知道应不应该去主动提出与提多少。毕竟在一个重大的案件,仲裁员明知道错判但仍是非得去这样判,因为只能局限在双方的争辩,感觉上很不好。

3.4.6.1　例子之一:造船合约的提点

近期在一个涉及数以千万美元的仲裁,是有关希腊船东向中国船厂索赔。前者指称后者毁约,而后者声称双方仍在谈判,合约尚未达成。当时船价急升,加上涉及几条新船,所以损失这么庞大。中方主要的抗辩是签约一方代表(是在欧洲签约)没有中方船厂的授权。在伦敦开庭几天后,仲裁庭的三位成员(包括笔者)在私下的交谈中认为中方在授权的抗辩成功机会不大,反而签订了的造船合约中有另一条文更富争议。它针对一连串的“后续条件”(conditions subsequent)如双方提供“履约担保”(performance guarantee)及“还款保证”(refund guarantee),并说明若1个月内无法取得担保/保证,例如中国进出口银行拒绝为船厂出担保,因为国家造船政策有变,造船合约即因为这“后续条件”无法达致而中断,双方不必向对方负责。但在杨良宜的《造船合约》一书中,在第二十二章之1.9小段清楚说明犯错一方或因自己行为导致“后续条件”无法达致是毁约,原因是大前提已经有了一个有效合约,故要严格解释“后续条件”,不能让合约方随意地从合约中脱身。这方面有好几个先例如:New Zealand Shipping Co., Ltd. v. Societe des Ateliers et Chantiers de France (1919) AC 1; Cheall v. Association of Professional Executive Clerical and Computer Staff (1983) 2 AC 180; ASDA—MFI plc (1988) 1 Ch. 241 与 Gyllenhammer & Partners International Ltd. v. Sour Brodogradevna Split (1989) 2 Lloyd's Rep. 403。在 New Zealand Shipping, Atkinson 大法官说:

“If the …contract shall be void on the happening of an event which one or either of them can by his own act or comission bring about, then the party, who by his own act or comission brings that event about, cannot be permitted either to insist upon the stipulation himself or to compel the other party, who is blameless, to insist upon it, because to permit the blamable party to do either would be to permit him to take advantage of his own wrong…"

另在 Cheall,Diplock 勋爵是说:

"… the rule of construction is that, except in the unlikely case that the contract contains clear express words to the contrary, it is to be presumed that it was not the intention of the parties that either party should be entitled to rely upon his own breaches of his primary obligations as bringing the contract to an end…"

Diplock 勋爵的说法是"后续条件"既然是合约条文之一,解释起来就要客观与合理,是有法律默示任何一方不能以自己过错去把已存在的合约中断或者否定掉。在订约自由下去清楚写明可以这样做会是:"即使中国船厂不去申请或不够积极去申请还款保证,亦可令本合约因后续条件无法生效而中断。"但现实中估计不会有人这样同意。

或问, 为何双方不干脆取得了履约担保与还款保证后才签订合约,就不必需要这些"后续条件"了? 答案是银行,特别是官方的进出口银行是不会接受申请的,如果造船合约仍未存在,双方尚在谈判阶段。他们也不会去看传真/信函的往来(很可能很多文件的一份文件卷),去整理并尝试了解合约各条文已全部谈妥只欠还款保证。所以,一定要把谈判整理出一份合约,而且签订了,只把还款保证的申请当做是"后续条件",以保护中国船厂在不是它自己不作为或犯错的情况下申请不到还款保证,也不至于是变成"毁约"(repudiation)而要面对损失索赔。故此在本仲裁案件,例如是希腊船东不向银行申请怎会有"履约担保"或中国船厂不向进出口银行申请怎会有"还款保证"? 这种行为是毁约,只有在申请后希腊船东或中国船厂没有错的情况下被银行拒绝才可令"后续条件"有效。"后续条件"不同"先决条件"(conditions precedent),"先决条件"是合约仍未生效,双方仍在谈判,谁也可以去任意退出谈判也不会是毁约,因为合约仍未存在/出现。租船最常见的"先决条件"的表达就是"subject details"。

在该伦敦仲裁案件中,由于中国船厂没有向进出口银行申请,只是与希腊船东中止"谈判",所以不能去依赖这"后续条件"。不是说双方已经签订了合约吗? 怎会是"谈判"? 原因是双方仍有一点尚未谈拢。是有关船舶主机应从韩国进口或是由中国生产。这是一件大事,理应谈拢后才签订合约。但双方莫名其妙地签订了合约,只在"后续条件"的同一条文中不伦不类地多加了一项是双方要谈妥/同意主机是韩国进口(希腊船东的要求)或是中国生产(中国船厂的要求), 条文文字是:"agreement between the parties as to the supplier of the main engine described under clause ××, while the parties shall use their best and endeavors to agree within 15 days from the date of this contract."

这做法十分奇怪,若是双方后来谈不拢造船合约也说不清这是“后续条件”或是“先决条件”。如果是“先决条件”怎样去解释双方已去签订了合约?若是“后续条件”(毕竟它与履约担保/还款保证放在同一条文),并且最后双方谈不拢,例如是中国船厂坚持要用中国生产主机而导致谈不拢,也难去指责中方有错或不作为而导致“后续条件”无效。毕竟,这是中方一贯的谈判立场。所以,造船合约这一条文奇怪而且不伦不类。但考虑到中国与西方国家签订的合约,笔者从未见过一份是中方有利的或有能力去设下地雷以利将来或可全面保护自己,也就见怪不怪,甚至觉得理所当然。试想,中国内地与外商签订的合约,即使是涉及数以千万或上亿美元,中方什么时候出过一个或见过有一个谈判者或领导是了解合约法,特别是英美合约法?或更细一点说:知道什么是“先决条件”与“后续条件”。反过来可以肯定说:外商多数知道这些合约法概念,像本仲裁案件的希腊船东本是一位英国的海事律师。

再回去讲该伦敦仲裁的开庭,在仲裁庭认为这“后续条件”条文更富争议性后,主席(是一位英国退休法官)说会对双方提点。结果在第二天继续开庭时对双方当事人说:“我对这有关‘后续条件’条文更有兴趣,希望双方代表律师在余下的时间多对这方面去争辩/陈词。”中方船厂大律师很精明,马上收到信息,把主要抗辩从签约代表没有中国船厂授权改为主机的来源是“先决条件”或“后续条件”之争。而最后,仲裁庭在裁决书是双方对主机的来源(从韩国进口或中国生产)没有达成协议(虽然希腊船东坚持双方在电话中已经口头同意了进口韩国主机,额外差价或费用由他承担,但不被仲裁庭相信)。不论主机问题是“先决条件”或“后续条件”,都不应有合约。而即使有,也在双方谁也没有错的情况下令“后续条件”生效而中断了合约。换言之,中国船厂抗辩成功,但授权之争中国船厂败诉,这可不影响终局。

这导致希腊船东十分不满,除了在传真向仲裁庭表达外,他的“律师团”中有一位中国律师(是笔者好友)更在事后对笔者说得更白,就是仲裁庭偏帮了中国船厂,去提点它,才导致希腊船东败诉。笔者也没有反驳或进一步解释,反正笔者只是仲裁庭一员。但心里想:

(i)中方船厂代表律师并非是没有在 pleadings 中提到这一点,顶多是重点是在授权,这只是“替代争辩”(alternative argument)。

(ii)更重要的是,这不是更好更能找到事实真相吗?

(iii)在 1996 年《仲裁法》下,已经说过,Section 34 允许仲裁庭这样做,只要顾及“自然公正”(natural justice)的“天条”。在本仲裁案件,希腊船东有充分机会去争辩这一点(也有这样做)。在这种情况下,希腊船东应难以以 Section 68 的“严重不正常”(serious irregularity)去向法院寻求救济。加上仲裁庭主席在“提点”之时,希腊船东不马上提出抗议也会被视为弃权,Section 73。

(iv)事实上,如果可向法院申请并有机会获得 Section 68 的救济,笔者深信希腊船东也会这样做,但他没有。

总结说,笔者在尝试或理解希腊船东的不满之余,也要说明这仲裁庭成员十分有审案经验,不存在有任何不公正意图或行为。在本仲裁,希腊船东代表律师与大律师都十分精明与有经验,也会出现这种强烈不满情绪,这不禁令笔者深刻感到仲裁员主动询问的难处与危险。

3.4.6.2 例子之二:主动要求文件证据

另一案件已在本书第三章之2.6.2.1小段有介绍,是有关船长是否在抵达卸港外锚地马上以电文/传真的形式递交"通知书"(Notice of Readiness 或 NOR)。船东没有提供一份 NOR 的关键文件,笔者去要求这份文件,但感觉到对方承租人律师有所不满。之后在船东说 NOR 这份文件已不存在,笔者不敢再去"教"船东有关如何举证,即"你没有文件证据也有口头证据,可让正在休假的船长作出一份证人证言与开庭接受盘问吧"。所以,仲裁庭即使能够主动询问也很难掌握询问到什么程度。

3.4.6.3 例子之三:主动解释有关专家证据的处理

在另一宗近期案件,中方公司的抗辩是根据中国的《合同法》第54条与《民法通则》第59条,它可以以有关合约显失公平为由去中断合约。大致上,《合同法》说的情况有:

(i)合约因一个重大错误而达成(a material mistake);

(ii)订约时有重大不公平(grossly unconscionable)。

另也提到欺诈、胁迫与乘人之危的情况。

《民法通则》说的情况是:

(i)严重误解(seriously misunderstood)。

(ii)明显不公平(obviously unfair)。

该案件是明示适用中国法,所以《合同法》与《民法通则》确实有关。但中方代表律师只去提出,不像会找法律专家(中国内地的法学权威)作证。这一来,笔者作为仲裁员发出以下传真给双方律师说:

"The governing law of the contract is PRC law. So far, I read the submissions of both parties on the PRC Civil Law and Contract Law. There is no expert evidence. Whilst there is nothing wrong, I say that the law and practice in English law is to treat foreign law the same as the local law unless it has been proven otherwise by a party. There are established meanings to terms such as 'grossly unconscionable' which may or may not differ with PRC law. If the Respondent considered Chinese law has a meaning different to the meaning under English law, he should adduce expert evidence. Or else, I shall decide accordingly based on my understanding under English Law."

这份传真有几点想法如下:

(i)"外国法"在英国法而言属于事实问题。这一来,光去空口争辩但没有证据并不成。

(ii)证据是专家意见证据,这专家往往是中国合同法权威。

(iii)若没有证据,笔者会以英国法(香港是依据英国法)角度去审理并假设"外国法”与英国法没有差异。笔者是不需要学习一两年或更久的中国法后才能裁决。

(iv)即使有证据,举证责任仍是中方被告去说服仲裁员中国法与英国法不同之处。

(v)表面看来,中国法对一份合约的中断有可能比英国法宽松。例如英国法下不像有合约“明显不公平”(obviously unfair)的说法。另在“重大不公平”(grossly unconscionable)也是一样,因为英国法传统的强调“订约自由”(freedom of contract)与合约的约束力,特别在国际商业上。但笔者不会乱猜,也不会自己去给自己证据,要靠中方代表律师去举证。

(vi)笔者一般对外地的律师前来中国香港或伦敦仲裁,总喜欢在程序方面多讲两句,怕他/她们不熟悉,也同时鼓励他/她们前来多多支持香港仲裁。

但这样的上述电文/传真出去,中方的对手(外国公司)代表英国律师就不会高兴了。因为他们是知道做法,故此中方代表律师若真不委任中国法专家证人,应对中方大大不利,又何乐而不为?再说,笔者的传真会把事情搞大,令双方都要去委任专家证人与可能开庭审理。

3.4.6.4 例子之四:提点被告除了时效以外其他也要抗辩

真遇上水平不足的一方或代表律师,仲裁员去“提点”了也没有用。例如,笔者在伦敦的文件仲裁中被双方当事人的代表律师要求去作出裁决书。一般到了这个时候仲裁员才细看双方的争辩陈词与证据。这时才发觉中方承租人只对船东的滞期费索赔提出唯一一点的抗辩,就是租约规定时效已逝。但在其他方面特别是像滞期费计算很可能多算,中方并没有提出。笔者与伦敦共同仲裁员在商量后觉得应去“提点”中方承租人,于是发出一份传真说:

“The tribunal appreciate that you have argued the issue of time bar forcefully. Without deciding yet and with a completely open mind, we like to ask if your client Respondent had also argued other issues raised in the claim submissions, in particular, the demurrage calculation/quantum. Or, the Tribunal has missed something? If your client would like to come back without delay, the Tribunal is prepared to entertain. No doubt the Claimant will have his chance to make a reply.”

照说,仲裁庭在考虑仲裁书之时这样说,总有道理,这应是对租约规定时效已逝的抗辩并不乐观。所以,既然提出了,中方怎样也应再想想,不应去漠视。怎知中方代表律师回答说他坚信/深信时效已逝,所以,其他不必多说了。笔者估计对方的英国律师看到这样的回答,恐怕从心里笑出来了。

结果难逃是中方的租约规定时效抗辩因为写得不够明确而被否定,并且全面败诉。

3.4.6.5 例子之五:巴西大豆索赔的 FOSFA 的违约条文

中国内地在2004年四五月份发生的巴西大豆因为掺入有毒的红豆而导致许多外国卖方被中国政府列入黑名单一事,致使大豆市场价格大跌,许多进口商面临庞大外商的索赔。该案件就是一些有毒的红豆掺在巴西进口大豆中,导致13个婴儿死亡的所谓大头婴儿事件,令中国特别对这方面关注,并且陆续把好几家外国大豆出口商/卖方列进黑名单。这导致相关的中国买方纷纷去采取相应措施例如不去开出信用证,或者不提供额外担保,或者干脆说一句:“我再不履行买卖合约了”等。这纷纷带来外国卖方对中国买方提出索赔,总金额是大豆市场前所未见的庞大,达好几十亿美元,其中绝大部分是在伦敦的 FOSFA 仲裁,因为这些大豆买卖合约几乎都去合并了 FOSFA No. 22。许多中国买方作为被告都采取了“沙漠鸵鸟”政策,不去伦敦应诉。这导致外国卖方很快就可以取得一个缺席裁决书来中国执行,估计败诉的中国买方能拖的时日不会太久。当然要去抗辩的话除了肯花钱也要找到好律师与知道自己的法律立场。据悉,这些合约通常都会合并 FOSFA No. 22 格式合约中有一条第 27 条的违约条文(default clause),对索赔金额的上限有局限,但是很多面临被起诉的中国买方并不知道他有一个这么好的抗辩理由,可能会把几十亿美元的总索赔减为几千万美元或者几百万美元。这里不妨先去以英文节录这有关的违约条文,它是第 27 条关键的一句如下:

“The damages awarded against the defaulter shall be limited to the difference between the contract price and the actual or estimated market price on the day of default.”

它有关的案件是英国上诉庭的 Toprak v. Finagrain (1979) 2 Lloyd's Rep. 98,虽然它是有关 GAFTA No. 27 的第 28 条,但用字上是几乎一样。该先例的小麦市场当时也是与 2004 年的大豆市场一样,一直在下跌。这一来,如果以买方违约(拒绝开信用证)的 1975 年 3 月 31 日为准,损失会是比以卖方接受违约(也等于中断了买卖合约)的 1975 年 4 月 30 日少得多。但问题是应该以哪一天为准? Goff 大法官对该违约条文的第 28 条文作出以下解释:

“The first question … is whether the damages to be awarded to the sellers are limited to the difference between the contract price and market price calculated at March 31 or at April 30, 1975, the former date being the date by which the buyers were bound to open the letter of credit, and the latter the date on which the sellers treated the buyers as in default. The buyers submitted that the correct date was March 31; the sellers submitted it was April 30. The choice of the date by the parties was of course dictated by the movement of the market between the two dates; the market having moved against the sellers during that period, it was in their interest to take the later date, and in the buyers' interest to take the earlier …

The clause provided, therefore, that (in the absence of special circumstance) the damages shall not exceed the difference between the contract price and the market price ‘on the date of default’. The buyers' submission was that these words meant, quite simply. The day on which they failed to perform the obligation which entitled the sellers to determine the contract, and that was, of course, March 31. In answer to this simply submission, the sellers submitted first that, having regard to the opening word of clause, ‘in default of fulfillment’, here must mean a default in fulfillment of the contract; and that there is no default in fulfillment of the contract until there is an acceptance of repudiation, because until that point of time the contract is still open. I cannot accept that argument; the words 'in default of fulfillment of contract' mean precisely what they say-a failure to carry out the contract on due date… I do not however think that it is open to the sellers to pick and choose in this way for present purpose. In many cases, one default by a contractual party is followed inevitably by a number of others, and the innocent party cannot, I think, simply obtain the benefit of a later date by pointing to a later default which has occurred before the acceptance of the repudiation…"另说除了 Toprak 先例,另有同样判法的 Fleming v. Sanofi (2003) 2 Lloyd's Rep. 473。

笔者记得在2004年4月已陆续出现了一些早期的巴西大豆案件,即中国买方纷纷去拒绝开出信用证。但当时在整个4月,国际大豆市场保持平稳没有下跌。即使中国买方在责任方面败诉,金钱赔偿的损失恐怕只有很少或者是零,恐怕外国卖方只要中方一去提出这一点就会罢手不继续诉讼了。现在许多的案子据闻外国卖方都是以2004年6月的最低市场价格索赔,说是该时才接受中方违约,把买卖合约中断,并纷纷提出了以6月为基础的损失计算,提出数以千万美元的索赔。但据笔者所知,好像没有中国买方提出这一点十分有力的抗辩。

当然,这违约日期也会依不同案件的事实而定。例如双方曾去更改合约或者中方有弃权行为例如想拖时间去告诉外国卖方要求多1个月的时间才开信用证,这些都会把违约的日期延后,带来损失计算所依据的市场价格不一样。但估计很多案件并没有发生这种事情。

笔者在其中一个相关仲裁中,仲裁庭也发觉了同样的问题,但发觉是在开庭审理中不久看文件的时候才注意到。结果在第二天开庭,仲裁庭成员之间就激烈地讨论应该怎样去处理。有两位仲裁员十分强烈地认为应该主动向双方当事人提出,并希望他们在知道后就会去和解结案,因为争议的钱可能大幅度减少。结果在当天开庭结束时,首席向双方含糊地提出问双方是否对 FOSFA 第27条文有意见。外国卖方/原告的大律师马上回应说这一点双方并没有在文书请求中提出,应该是没有关系。但中国买方,也就是被告的大律师刚好像是为另一宗事情(有关特定披露文件申请)在专心,好像没有太去注意。结果在第三天三位仲裁员就讨论是否再去追问或者是到此为止。结果多数意见仍是认为要再追问下去,笔者的另一位共同仲裁员更是明确说在瑞典或者瑞士的仲裁中(他有大量经验),仲裁庭在同样情况下几乎是肯定会去下令双方在一个期限内对这一点去作出陈词/争辩。这一来,在当天开庭完毕,仲裁庭再去向双方提出并去追加的文书的命令如下:

"Written Submissions with regard to the 'Default Provision' in the FOSFA Contract

As mentioned, the Tribunal has some concerns with regard to the relevance of this particular provision. It is fully understood that this issue has not been pleaded by the parties. But in light of the current 'Arbitration Ordinance' which gives to the arbitrators inquisitorial powers, the Tribunal is minded to exercise this power over an issue which has troubled the Tribunal. Accordingly it is requested that both parties deal with this issue, which is essentially a matter of law, by written submissions to be exchanged simultaneously on latest (date). The Tribunal looks forward to the parties' submission in the hope that by doing so its concerns can be addressed."

这一经验也给了笔者不少感想:一是很有经验但习惯是对抗制的仲裁庭也会在有了询问制的权力下感觉到难以掌握轻重。二是发觉怎样去看公平合理,一方面的看法锄强扶弱会是做不到公平对待双方当事人,但另一方面的看法是把双方表面看来是遗漏的要点(不论是法律还是事实方面)提出来,可以对整个案件达到真正的公平,这也是多数仲裁员希望能达致的结果。在笔者有限的经验中,虽然有双方遗漏的情况,笔者在提出后实际上是高水平的一方得益。但估计更多的情况遗漏是在低水平的一方,提出会让另一方感到不满。三是这样也与另一个观点相配合,就是在"缺席裁决"(default award)的情况下,仲裁庭也不应该在被告不出席的情况下,把原告的索赔照单全收。仲裁庭是有责任去对索赔感到满意才能去作出有关裁决:Fairclough Bldg Ltd. v. Vale of Belvoir Superstore Ltd. (1990) ST Build LR 74。这表示被告缺席仲裁庭仍有责任去取得尽量是真正的公平结果,怎会在被告确实出庭甚至有法律代表,但因为水平问题或者有遗漏,反而仲裁庭明知道也不去提出呢?四是能去主动向双方当事人提出的仲裁庭应是有水平而且对被遗漏的要点必须是十分有把握,否则提出来只是去浪费双方当事人的金钱与律师的工作。五是笔者考虑到在伦敦FOSFA仲裁,大部分巴西大豆的索赔案件都是在少数的几位仲裁员手中,而笔者也知道已有案件在他们面前争辩过这条FOSFA违约条文,所以他们不会不知道。在他们知道的情况下,如果在其他的案件中他们并没有去主动提出,令中方当事人被告蒙受夸大了的损失,看来也是他们并没有行使1996年《仲裁法》之Section 34(2)(g)给他们的主动询问权力。所以笔者说是不稳定,好像每一个不同的仲裁庭都会有不同的做法。

3.5 四大类仲裁中间程序内外的特殊程序

在介绍了以上四大类的仲裁中间程序后,笔者可在此多介绍两种十分普及与受欢迎的程序。一是"即时仲裁"(instant arbitration);二是"小金额索赔程序"(Small Claims Procedure,简称SCP)。它们不能说是另一大类的仲裁程序,而是接近或非常接近上述的四大类程序之一。例如,"即时仲裁"肯定不能是以传统法院程序的一套,而会是接近3.2小段的"简易仲裁"。例如,很快与一些常见的诉讼程序如文书请求交换与文件披露等都会去省掉。而"小金额索赔程序"会是接近3.3小段的"以文件为主的仲裁"。例如,通常只看文件,不会开庭审理,除非是独任仲裁员自己觉得有必要。但笔者未曾见过有仲裁员在SCP提出要双方出庭审理。以下小段去稍加探讨这两种仲裁程序。

3.5.1 即时仲裁(instant arbitration)

这方面课题已在以前的《国际商务仲裁》一书的第四章第6段有详论。为了方

便阅读,节录如下:

“即时仲裁应不会在机构仲裁发生,只会在随意仲裁才有可能做得到,而且做法一定要是非正式的、灵活的。但即使是在随意仲裁,亦要有以下的先决条件:

(1)双方必须合作,都希望去尽快要一个最后裁决来打破当前僵局,以免损失扩大。这合作会是去改变(vary)仲裁协议的两个或三个仲裁员,而成为独任仲裁员才会动得快。再进一步,双方去同意任命谁为独任仲裁员。接着的书面请求的交换亦要快,甚至在一天完成。而在事实方面(matter of fact),会是双方不去争论,去列出一份同意的事实(agreed facts)交给仲裁员。

要是双方不合作,是根本无法即时仲裁。比如,被告说我要以 LMAA 规则的 28 天来递交抗辩(defence)或自然公正下的 28 天合理时间去作出抗辩,否则时间不够去准备。难道仲裁员可去说:不成,你要在一天内递交?

(2)必须要是争议面窄,不能是有十个八个不同的争议,令仲裁员根本无法有信心去马上下决定。另外,也不应该有事实上的争论,因为这会涉及证据,甚至口头证据。即使是有事实上的争论,也应是不复杂的有关证据也只有少数的几份传真或文件。最恰当会是争议只关于如何去解释合约内一条条文,这是法律上的问题(matter of law)。

所以,一个航速慢或晚到卸港的争议是不能去即时仲裁,这种性质的案子可能有太多的事实上争论(天气是否坏,水流是否急,有否污底,有否主机不妥,等等)。但是,如争议是某种损失(不论是数目多少或双方同意一个金额),可否在租金或运费中扣起则完全可去即时仲裁,因为它只是法律上的争论,往往只是关系到去考虑有关的合约条文与这争议点的有关案例法。

(3)仲裁员有时间来处理,但一般在任命前双方当事人会问清楚这一点。他/她也要有水平,懂这专业,才可去很快吸收争议的要点并有信心马上作出裁决。

即时仲裁处理得好,会很能解决问题。笔者试去举几个例子如下:

(i)在 1979 年的以埃合约下,带来第二次苏伊士运河的重开。但当时传言运河中的水雷与爆炸品还没有清理干净,所以会给通过的船舶带来危险。因此伦敦的战争保险商要求对准备去通过的船舶加收很高的加保费(additional premium)。在当时的一个期租合约,航次是印度去地中海的意大利,所以运河一开租船人急不可待地要船去通过苏伊士运河,不必去绕南非的好望角,多花很多天的时间与燃油。但对船东没有好处,只有坏处(危险),当然是不肯。船东说,还有什么比这更清楚呢?租约规定埃及不能去嘛。但租船人反驳说苏伊士运河不是埃及,它是国际水道。换句话说,租约中不准租船人去印度尼西亚,但马六甲海峡仍是可以去通过的。结果,船舶停在苏伊士外面,双方僵持不下,每天的延误都会令损失扩大。双方总算能意识到僵持下去的严重后果,双方同意去找一独任仲裁员,并后来任命了 Clifford Clark 先生。在任命的当天,双方用电文去争辩自己的立场与意见。第二天,仲裁员就用电文宣布裁决结果,判决苏伊士运河应是埃及的一部分,所以租约是豁免,租船人不准行走。这在国际海洋法是对的,天然的航道才会是国际航道(international waterway),而苏伊士运河是人工的航道。判了之后,该船舶只得起锚去绕航好望角了。

(ii)大家知道美国法律会把一个所谓"Recap fixture subject details"当做一个有效的合约:Interocean Shipping v. National Shipping & Trading (1972)462F 2d. 673(2d. Cir); The "Cluden"(1982)462 F 2d. 673(2d. Cir.)等著名案例。但这与英国法律的说法不一样而且也不配合实际做法,大家搞过租船是知道谈判到 subject details 只算是把最基本要点(main terms)谈妥,离整个租约全盘谈妥仍只是走了一半路程。所以,有几位纽约仲裁员对这几个案例不以为然,常会找理由作出相反的裁决。

笔者曾代表一位香港船东处理同类的争议,仲裁案件为 1983 年底的"Bontrader" SMA No. 1924,它与一位美国租船人谈判租船,大家都心急,因为圣诞节/阳历新年来临:租船人急着要赶在节前运出一批货;船东急着去找一个租约,否则船是没有生意下去过节了。

但大家在 subject detail 下去谈条文有好几方面谈不拢,结果大家另去找对象了。事实上,船也很快地另租给船东的一位友好租船人。但几天后,美国租船人突然回头来找香港船东,并找了律师给同样通知来加强压力,说是:你这船已租给了我,依照美国法律,我们之间已有一个有效的租约,谈不拢的细节(details)就由纽约仲裁员来定度。美国租家与律师警告说船东如不交船履行,会带来极大损失因为货无法在圣诞节前运出,他会马上抓船要担保。

估计是,美国租船人几天前与香港船东也是谈不拢就算,另去找其他船舶,也确与其他船东谈判过,但最后失败。这一来,另外运费市场也会有所上升,所以就回来打香港船东主意了。

可是香港船东已把船租给了另一租船人,但幸亏双方友好,那位租船人只要香港船东赔他一点的费用,即愿意放弃租约,让香港船东去履行美国租船人的租约,但求把事情平息。

但香港船东不服气,也不愿意毫无反击之力就去投降,于是允许笔者去试试即时仲裁。笔者与对方美国律师商讨,得到他同意来个即时仲裁决定有否一个最后与有效的租约(final and valid fixture)。接着笔者建议独任仲裁员为 Michael van Gelder 先生,对方律师也同意了,但私下笔者是知悉他是一位对美国有关案例判法不以为然的纽约仲裁员。

之后是双方用电传作出争辩,笔者列举出香港船东无法去谈拢细节的理由,并举出二三个细节其实对船东是极其严重的条文,让步不了。

在当天晚上香港时间约三四点,Michael van Gelder 先生打电话把我叫醒,说已裁决没有一个租约存在。我一早马上打电话告诉香港船东,那样船就可以继续开往已订下租约的装港了,该美国租船人可以不再理会。

(iii)在另一个不幸的案子,船为"Kin Wai",时为 1980 年船被期租一个航次(time charter trip),说明是意图在美湾装粮去意大利。也因是这个原因,香港船东大意去漏了把一些他不想去的国家地区去豁免,这包括了以色列。在美湾货装了一半,船长突然告诉船东这货不是装去意大利,而是去以色列。这一来,船东马上中止装货,而且设法要去把已装了一半的货卸下来。最后双方同意并合作去即时仲裁,而且任命 Cedric Barclay 先生为独任仲裁员。在该案,我代表香港船东有去聘用了伦敦律师与大律师,因为任命后第二天来一个半天的即时开庭。我方争的是期租并没有去豁免以色列;租船人一直是说他“意图”(intention)装粮去意大利,只是意图而已,不受其约束,所以也不会是误导。

Cedric Barclay 判租船人胜诉,“Kin Wai”轮只好重新靠泊美湾的码头,继续装余下的货去以色列。

船东对这判决是愤愤不平,裁决确与大律师较早的意见也有相异。但我的看法是这不能抹杀即时仲裁的好处,可马上打破僵局,减少损失。即使是仲裁员裁决有不妥的地方,凭什么认为在损失扩大后,双方花很多的律师费用仲裁拖了几年,而最后的裁决书会有不同之处?不妥变了妥?反正是败诉方只要他有一定道理,总是不服气的。加上裁决出错也是经常现象。

(iv)笔者自己作为一独任仲裁员在“Golden Yi”(1995 年)是处理了一个程租的纠纷。船是在南通装货去高雄,航程很短,但船东不肯出提单。这一来,船到了高雄也不可能卸货,损失会扩大。船东的理由是虽然租船人已把预付运费付清,他仍未付清在装货港约两天的滞期损失,因为这两天是去等装货、等开信用证。而租船人反驳说另有一条文说明滞期费要在卸完货后十天才结算,即钱也仍未欠下。

笔者是在星期一被双方任命,当天双方用电传来争辩自己的意见与立场。笔者在星期二裁判,是租船人胜诉,原因是滞期损失(damage for detention)与滞期费(demurrage)本质上是一样,英国法律也不会轻易去区分。所以一条条文说明该笔钱要在卸完货十天才结算,是一条局限的(narrow)、特定的(specific)条文,船东不可提前要求支付,并且不去履行他自己的合约责任,即是去出提单。

只在短于一天内,笔者已出裁决书,后来亦知悉船东马上出了提单,而信用证是星期四才过期。

上述节录介绍了 4 个案件/例子,其实笔者经历过知悉的案件远不止此数。在不久前(2005 年 11 月初),笔者就在一个涉及 200 万美元以上的争议,在两天之内作出裁决。争议有关一个期租还船的准确时间。由于租约的租金很低,导致早还船对船东有利而晚还船对承租人有利,双方根据租约内的一条复杂租期条文有相差四五个月的争议。如果是以船东坚持的最早的还船日子为准,就在 2005 年 11 月中下旬。由于这个争议,船东与承租人都不敢去市场找下一票货,所以要笔者作为独任仲裁员在两天内作出即时裁决,而笔者也的确是做到了,判船东胜诉,但细节就无法多讲了。

最后,只去多提一个,就是著名的 The “Nema” (1981) 2 Lloyd's Rep. 239,它也是一个“即时仲裁”。案情有关一个连续航次的租约,所走的航次是美加大湖(Great Lakes)装矿砂去欧洲。但由于大湖一年有 3 个月左右的冰封期,所以租约(租期二年)订得很怪,就是在冰封的3个月把船舶交还给船东自己去经营,然后约3个月后再把船舶投进租约的约定航次。在1979年后期,由于加拿大工人罢工而令船舶在装港等待。在等了好一会儿后,船东看来罢工不像会在大湖冰封前终止(天知道是何时,但不像短期能解决),换言之,在1979年是再装不了这租约的矿砂了。而当时市场的运费上涨,船东难免有很大诱因去提早离开大湖的加拿大装港去投入市场赚更多的钱。但承租人不想船舶开航,因为"希望在人间",运气好的话罢工会在冰封期前终止,刚好来得及拉走一船矿砂,这会赚大钱。而双方的争端是租约是否"部分受阻"(partial frustration)? 船东说有,所以可以让船舶开航。但承租人说没有,况且合约没有"部分受阻"的说法,要就连下一年度(1980年)的租约部分亦受阻,但罢工显然是不会拖这么久。

由于紧急,结果双方同意了一个"即时仲裁"(instant arbitration),并委任了一位著名的仲裁员Donald Davis先生为独任仲裁员。Davis先生告诉笔者他接了律师所一个电话问他能否很急在这几天处理一个仲裁,须马上作裁决。在Davis先生应允后,他被要求去一方律师所开庭。而开庭前双方根本没有交换文书请求与披露文件的仲裁中间程序。到了开庭,Davis先生也在双方同意下带同他读法律的女儿一起,也是在当时Davis先生首次知悉有关案件的案情与有关争端。开庭后Davis先生很快作出了裁决,判决是租约部分受阻。

由于这是法律问题,败诉方的承租人随即申请在1979《仲裁法》新引入的"上诉批文"(leave to appeal)。这案例一直上诉至贵族院,结果贵族院立下了著名的"Nema指引"(Nema Guidelines),说明了下级法院应在什么情况下才能给予上诉批文。这已在本书第四章详及,不再重复。只说,贵族院也说明这种"即时仲裁"(instant arbitration)不该给上诉批文,否则用以对待紧急的争议就失去意义。

3.5.2　小金额索赔程序 (small claims procedure)

由于有些争议涉及的金额不多,这所谓不多,是相对的,这是与仲裁的使费比较,比喻说一个五六万美元的争议,钱是不少,也不能说多,若以正常的仲裁程序解决,即使是单以文件来仲裁,所需时间不用说,双方的律师费以及仲裁庭的费用,往往是争议金额一半或以上,若加上开庭的费用(虽然这机会不大,因为金额少),不就是广东人所说的"妹仔大过主人婆"的情况,这不是叫当事方放弃这争议吗?但很多时候五六万美元的争议,已是一宗生意的利润,是否因为费用的考虑,便把它当坏账处理掉就算了,这不单是可惜,有时更是身中有气。因为这缘故,一些仲裁机构或组织,发展出一套小金额索赔程序,当中以伦敦海事仲裁员协会(LMAA)的小金额索赔程序(The LMAA Small Claims Procedure)在国际仲裁上最为普遍使用,这主要是由于海事仲裁,尤其是涉及租约的争议,很多时候涉及的金额不多。

这些小金额索赔程序,规定由独任仲裁员审理,主要是以文书控辩,附以双方提供的文件以支持,它没有正式的披露程序,也不用开庭,一般是由索赔的一方期限内先提供索赔文书请求及有关文件证据,抗辩的一方在指定的时间内提供抗辩及其反索赔(如果有),这当然包括提供相关的文件证据。跟着索赔方便要在一指定期限内对答辩方的抗辩作出回应及对其反索赔提出抗辩,再之后,答辩方可在指定期限内对索赔方就其反索赔作出回应。这时,仲裁的文书控辩便完成,独任仲裁员便需在一期限内作出裁决,而双方同意不对裁决书提出上诉。

显然,这些小金额索赔程序是希望以一简化的程序,尽快地、便宜地为争议提供一最终的解决方法。程序一般说明仲裁员所收取的费用,例如 The LMAA Small Claims Procedure 的是 1,500 英镑;仲裁双方仍然可以委托律师进行仲裁,但在胜诉后可以向对方收回的律师费用是有上限的,例如 The LMAA Small Claims Procedure 的是 2000 英镑。这做法令争议的金额与仲裁所需的时间及花费回到可接受的比例。

小金额索赔程序原意是针对一些不复杂而金额不多的争议,但由于这程序的吸引,许多人都在仲裁条文上刻意提高适用该程序的争议金额上限,例如 10 万美元,这可能已违反程序的原意。另一问题是小金额索赔程序在程序上有严格的规定,不容易偏离,这造成一些取巧的情况,例如当事双方明知争议是什么,但索赔方在索赔书上刻意不提,只说答辩方欠多少钱不付,答辩方面对这索赔书,会指那是关于什么争议,并附上文件,但由于不了解索赔方在此争议上的理据,答辩方未必能或根本不能在抗辩书中一一详列其拒付的论据,但这对索赔方而言,他可以在看过答辩方不成熟的抗辩书,而作出十分详尽的回复,由于程序上的严格规定,答辩方再没有机会对他没有争辩过的事情作出答辩,造成不公平的情况。这问题在 The LMAA Small Claims Procedure 下时有发生,笔者(莫世杰)就曾遇过一位伦敦仲裁员不准答辩方在索赔方回复后再作出答辩,即使是有新的问题需要答辩方的回应,理由就是小金额索赔程序需要严格遵守,而这伦敦仲裁员也曾以同样的理由,拒绝接纳一十分有名的贸易商的律师提出长达二三十页的回应。这样做是否恰当?这很难说,因为程序是当事双方的约定,一旦偏离,便有可能造成失控,例如仲裁员若接纳上述提及的二三十页的回应,索赔方当然要有机会再作出回复,这一来,程序的意义已失,当事方及仲裁员的工作量大增,但律师费及仲裁员的费用仍是限制在一个低水平;但换个角度看,这又是否与自然公正中的需要给予机会给一方提出其理据,尤其是一些他从没有争辩过的事情(见 1996 年《仲裁法》的 Section 33 [1][a])?

有关 SCP 的做法,稍后在本章 4.1.2.2 段会再详论。

4. 谁主导仲裁程序

本章开始时说过,仲裁员是"程序的主人"(master of the procedure)或者是"超级主人"(super-master)。但这也不表示仲裁员对程序的裁量权(discretion)是绝对的"毫无节制"(unfettered),这些制衡可分三方面谈谈:一是 1996 年《仲裁法》强加的仲裁员必须遵守的最低准则/原则;二是双方当事人同意了的仲裁程序仲裁庭必须遵守;三是英国法院的监督。

4.1 制衡之(一):必须遵守的最低准则/原则

针对仲裁程序,1996 年《仲裁法》在 Section 33 说清楚仲裁庭必须遵守的最低准则/原则如下:

"33(1) The tribunal shall:

(a) act fairly and impartially as between the parties, giving each party a reasonable opportunity of putting his case and dealing with that of the opponent; and

(b) adopt procedures suitable to the circumstances of the particular case, avoiding unnecessary delay or expense, so as to provide a fair means for the resolution of matters falling to be determined."

上述的准则/原则是仲裁庭在行使对程序的权力/决定时必须遵守的,这从两处可见:

(i)条文一开始是说"必须"(shall),语气很强。

(ii)Section 33 是 1999 年立法的"强制性"(mandatory)条文,即不能通过双方当事人的协议豁免或减轻。

4.1.1 准则/原则之(一):自然公正

在上述准则/原则,(a)是必须公平与不偏袒地对待双方当事人,给各方一个合理机会去陈述他/她的案子(present his/her case)与对付/反驳对方的陈述/指控。这是"天条"的"自然公正"(natural justice)的第二条准则/大原则,而第一条的"法官/仲裁庭不能审理与自己有利益冲突的案子"(one cannot be a judge in his own cause)主要针对委任与避席。这一条已经在本书第七章有详述。

这个准则/原则一直存在,如 Diplock 勋爵在 Bremer Vulkan v. South India (1981) 1 Lloyd's Rep. 253 就有强调。在 1996 年《仲裁法》只是以明示条文说清楚而已。考虑到仲裁也是一种司法程序(judicial process),有此"天条"约束也是理所当然的。

一直以来的仲裁程序做法,都与这个准则/原则有密切关系。例如,不要听一面之词,不要与单方面接触,不要没有听另一方当事人(非申请人)的意见就针对一个申请作出决定,等等。原因是仲裁员没有给另一方的非申请人合理机会去对付/反驳。非申请人可能有话说,但没有机会说仲裁庭就已下了程序的命令,这违反 Section 33(10)(a)。至于私下只听一面之词,这样的违反更是明显。因为对方当事人根本不知道一面之词的内容,无从去反驳。加上,人性就是这样,能有机会向仲裁庭私下讲一面之词,总会为了自己的利益想方设法添油加醋。

以下介绍笔者近期遇到的一个案子,案情涉及一家著名的"国际粮商"向中方买方索赔庞大损失,因为指称中方违约,没有去预付押金。而损失的计算是简单的合约货价与违约时的市场价差别,十分简单。表面看来,这计算符合英国的 1979 年《货物销售法》(Sale of Goods Act, 1979)第 50 条说:

"50(1) Where the buyer wrongfully neglects or refuses to accept and pay for the goods, the seller may maintain an action against him for damages for non – acceptance.

…

(3) Where there is an available market for the goods in question the measure of damages is prima facie to be ascertained by the difference between the contact price and the market or current price at the times when the goods ought to have been accepted or (if no time was fixed for acceptance) at the time of the refusal to accept."

但需稍加注意的是上述条文针对的违约类别是"买方拒绝去接收货物与支付货款"(buyer refuses to accept and pay for goods)。但买方不一定只是这种类别的违约。例如在该案件,卖方指控的违约是刚订立买卖合约不久就发生的没有预付押金。这不同于买方拒绝接受货物,因为货物业已生产与运送,届时买方拒绝接受,卖方只好把该票货物转售或是自用。为了防止买方把损失计算搞得复杂,如指控卖方没有减少损失,或没有证明损失,或卖方应等待几天才转售因为市场价格当时在上涨,或卖方早几天就应转售因为市场价格在下跌,等等。所以 Section 50(3)说明"表面"(prima facie)计算方法是违约一天的"合约价"(contract price)与"市场价"(market price)的差别。但同样的考虑不在预付押金等的违约,因为这条文之(1)的文字没有针对这种违约,损失计算照说仍应根据普通法的一些大原则,如"复原"(restitutio in intergrum)与受害方对损失有举证责任:这方面《国际商务游戏规则——英国合约法》一书之第十四章有详论。

事实上,中方买方怀疑原告的国际粮商没有这方面损失或者这么大的损失,因为在市场价格急挫前估计/知悉原告已在期货市场"卖出"(hedge)。故中方向原告要求澄清这方面的细节(与稍后文书请求完毕后要求特定披露有关文件),但被原告多次拒绝,指称只要指出违约时的市场价即可,而市场价是"公开资料"(public domain),证明十分容易。这样一来,中方只好向伦敦的裁决庭作出这方面的申请。在申请中,当然在"第一炮"也不会有长篇大论,稍后去看原告如何抗拒或反驳再详细回应也来得及。怎知道,原告过了几天仍没有给予任何意见去抗拒申请。但伦敦仲裁庭(不涉及笔者在内)也没有催促原告尽早给予意见,就贸然地下令说不批准申请。他们并指出,合并了的买卖合约的一条"毁约条文"(default clause),这是双方从来没有提出过的。而这"毁约条文"内容基本上与 1979《货物销售法》第 50 条一样,换言之,中方买方的抗辩指称它不适合在本案的毁约性质仍是管用的。但若是原告的国际粮商先去提出《货物销售法》或/与"毁约条文",中方买方大可以去抗辩/反驳他们的不适用,然后才让仲裁庭下决定。不管决定是对是错(以中方的角度而言),至少程序上已做到了自然公正,即仲裁庭已听取了双方的陈述/争辩后才下决定。若是原告的国际粮商不提,仲裁庭自己主动提出,方式是以询问提出,如"双方对'毁约条文'(default clause)是否有问题请给予意见"(Can the parties comment the relevance of the default clause in the sale contract to this matter)? 这至少不影响中方买方去争辩/解释本案件毁约的性质不管用的机会。但仲裁庭自己主动提出的同时,并作出了决定拒绝中方买方要求澄清与特定披露的申请,这就暴露了几个严重的问题,如:

(i)违反自然公正,没有听取双方陈述/争辩就下了裁量权结论。

(ii)中方买方没有取得原告对期货市场"卖出"(hedge)的"细节"(particulars),无法在这方面抗辩,因为不能全面知道对方的 case。这又违反自然公正。

(iii)在很大程度上,也显示了仲裁庭已对这个问题有了定论,中方买方再去争并想改变他们的想法就困难多了。这也违反自然公正。

说到这里,不妨先去节录伦敦仲裁庭下决定的电文,如下:

"The Tribunal thanks you(中方) for your letter of 22nd May 2004 on the subject of above arbitration together with copies of correspondence between you and the Claimant and note your request for further and better particulars (and specific disclosure later when pleadings are closed). The Arbitrators have discussed your request and would reply as follows:

We would draw your attention to the Default Clause of the Contract, which provides that damages are to be based on the actual or estimated prices ruling on the date of default.

It is clear that the Claimant is claiming on the basis of his estimation of the prices ruling on the date of default.

It is therefore open to you, that if you consider that the basis of their claims are wrong or incorrectly calculated then you are entitled to submit evidence that, for example, the market evidence is incorrect.

We therefore cannot accept your request for further and better particulars and repeat our order that your submission shall be served within 21 days of today's date and trust you will comply with this Order.

Kind regards."

这样一来,中方买方只能发出以下另一电文/传真,希望仲裁庭重新考虑已作出的命令(拒绝申请):

"We thank the Tribunal for the Order set out in (下令仲裁员名字) fax of 31st May 2004. The Tribunal raised the point of 'Default Clause' in the FOSFA 22. It was unfortunately not raised by the Claimant (who had said nothing. It was never in any documents including the pleadings) so far. Or else, we would have a chance to explain our views with regard to this 'Default Clause' before the Tribunal decides.〔18〕

Accordingly we hope to have the chance to do so now (belatedly) and will be grateful if the Tribunal will reconsider the Order. Obviously if the Claimant has something to say,

---

〔18〕 我们(中方被告)谢谢仲裁庭在2004年5月31日作出的命令,并提出了 FOSFA 22 标准合约格式(该格式合并了)内的"毁约条文"。不幸的是原告从来没有提过(包括在文书请求)。

we welcome him to do so. We say as follows[19]:

1) We submit the 'Default Clause' is no different in spirit to the prima facie rule of measure of damages under Section 50 of the Sale of Goods Act 1979.[20]

2) We have already paid attention to this issue and consulted Counsel for advice just to get ready, because the Claimant had never raised it. Although the advice is privileged, we are prepared to say or disclose that our Counsel advised that it is clearly arguable that the Claimant cannot claim this prima facie rule in the measure of damages. The alleged breach occurred not at the 'payment' stage but relating to matters well before the payment, and no question of refusing to accept the goods has arisen in this case.[21]

3) There is also the argument in the construction of the 'Default Clause' in the FOSFA 22 in that the prima facie rule operates as a limitation but not a rule applicable under any circumstance, whether or not there was actual damages suffered.[22]

4) Last but not the least, FOSFA 22 did not contain any provision similar or even closely relevant to the disputed issue in this case of initial security. Under the circumstances, it would be difficult to accept that FOSFA 22 covers the express provisions in the actual sales contracts agreed upon by the parties subsequently.[23]

We look forward to your favourable reconsideration in a revised Order.[24]

Best regards."

仲裁庭对这个局面的回应也不妨探讨一下。笔者认为最不好的回应是不予理睬或粗暴地回绝去重新考虑。法律允许对"中间程序命令"(interlocutory orders)所下的决定作出改变,故可去重新考虑:The "Smaro"(1999)1 Lloyd's Rep. 225。下了决定不能再去改变是另一种决定,是对双方实质争议的决定,这决定通常以裁决书(award)的形式作出。一旦作出,仲裁庭对已决定的实质争议无权再改变,它是终局的"res

---

〔19〕 否则,我们有机会在仲裁庭下决定前去解释有关于这"毁约条文"。现在是晚了,但希望仍有机会表达看法并希望仲裁庭重新考虑命令。当然之后如果原告有话说,我们欢迎(这是漂亮话,表示我们欢迎双方都有机会表达后才让仲裁庭决定。话中也暗去刺一下仲裁庭原先自说自话的不当)。

〔20〕 意见一是"毁约条文"与《货物销售法》第50条针对表面损失计算的大精神是一样的。

〔21〕 虽然原告没有提出,我们已注意到这一方面争端并已向大律师查问过以做好准备(指出大律师意见是显示我们准备的充分,不是在此随口去争)。虽然大律师意见可享有特权(这是"诉讼特权",即法律保护不必出示),但我们愿意放弃特权去披露是大律师清楚说是原告可否依照这表面的损失计算很有疑问。原告指称的违约不是有关于支付货款而是远在这一步之前,在本案不存在拒绝货物。

〔22〕 另也可以说该"毁约条文"解释只是一个限制赔偿(即真正损失金额更大也只能获赔合约价格与违约时市场价的差价)而不是作为任何情况下的违约都适用,不管真正损失是什么。

〔23〕 最后一点是合并的FOSFA 22标准格式内根本没有条文有关于预付押金,这是双方另在买卖合约的主要条文后来约定的,也很少出现(这表示FOSFA 22的"毁约条文"在拟定时根本不会想到适用预付押金的可能违约)。

〔24〕 我们希望仲裁庭能重新考虑。

judicata”。若双方再没有其他尚待裁决的其他实质争端(substantive issue),仲裁员便工作完毕,失去仲裁员的身份,是所谓的“functus officeio”。故针对实质争议/争端的仲裁庭决定,要改变只能通过英国法院的救济,如英国1996年《仲裁法》之Section 69的上诉法院批文(leave to appeal)。

当然,也不是对“中间程序命令”可改变就动不动改变。这轻重一定要掌握得好,否则中间程序的推进就不再顺利,而作出的命令也失去了应有的尊严与权威性。例如,被命令的一方当事人不断回来要求仲裁庭重新考虑,令大家多做工作与费时,这不是好事。但本例较为严重地违反自然公正,即没有听取双方意见就自说自话地提出“毁约条文”(default clause)而下决定,笔者认为仲裁庭应去重新考虑,以对较早的可能错误作出补救。

笔者认为仲裁庭较好的反应/回应是在本案子中虚心接受有必要去重新考虑的提议,当然先要求原告的国际粮商在一个时限内回复中方买方的上述传真,然后一并作出考虑。这之后作出的决定可能是对原来命令的改变,好像是Conder Structures v. Kvaecner Construction Ltd. (1999) ADRLT 305。也会是,仍觉得原来的命令不必改变。当然,要求重新考虑的中方买方会不满意,怀疑仲裁庭说是重新考虑,但其实没有这样做。所以,若是重新考虑后决定不改变,仲裁庭最好去解释几句。本来,对“中间程序命令”(interlocutory orders)仲裁庭是不必给理由或原因为何这样决定,这与实质争议/争端的决定不同,法律要求为决定作出有“原因裁决书”(reasoned award)的是1996年《仲裁法》Section 52(4)。

上述的案子,真正的结果是该非常有经验的仲裁庭的反应应是初步拒绝重新考虑。这令中方买方感到面对不公平的对待,甚至一度想去英国法院把仲裁庭赶走。笔者知道上述的案子/例子讲的很细、很复杂,原因是不想只给一些太肤浅的例子,以配合本书的层次。

顺便介绍Conder Structures先例的案件,它正是独任仲裁员没有听取双方意见/陈述就去作了一个对原告有利的“中间程序命令”。之后,仲裁员改变主意改变了原先对原告有利的命令。这带来原告的不满,向法院申请把仲裁员赶走(remove),但被法院拒绝。

话说回来,在罕有的情况下也会没有听取一方当事人的意见/陈述就下命令,这一般是针对一些没有什么争议或复杂的申请,例如命令不理睬的被告在21天或28天作出“抗辩请求”(defence submissions),或是批准一两天延期的申请。在前一种情况去要求与等待不理睬的被告给意见是浪费时间,何不干脆下命令?但仍要表面做得很公道,符合“自然公正”。笔者通常加一句说你若需要更多时间,请尽快答复,我将去重新考虑此命令,如:

“I order that the Respondents to deliver defence submissions within 21 days from today. If the Respondents require more time please come back without delay and apply, I promise to reconsider favorably.”

这样一来,被告不答复要求更多时间,就不能怪仲裁员没有给他机会与合理时间去提出意见/陈述就匆匆下命令。

至于对待一两天延期(例如延期去递交"抗辩请求")的申请,由于根本没有时间去问对方意见/陈述,加上是小事一件,笔者也经常马上下命令。再多举一个例子是笔者作为仲裁员要明天出门 10 天,申请也很急,不能等 10 天后处理,笔者的做法是也会不等待对方意见/陈述就下命令,特别是没有什么争议或者不重要的申请,但会对被告说如果有意见可在某一个时限中回复让笔者重新考虑。

4.1.2　准则/原则之(二):避免不必要的延误与浪费

这是新的原则,在 1996 年《仲裁法》生效前是没有的。近年来,昂贵的官司费用与延误已经严重影响了司法公正。例如打不起官司人士(这会是社会一大批中产阶级)就会"有冤无处说"或是一被起诉就马上投降,不论是"有理无理"。难怪,英国法院在 1999 年的重大程序改革之"民事诉讼程序规则"(Civil Procedure Rules,简称 CPR)也主要着眼在降低民事诉讼费用。Woolf 勋爵曾说英国法院制度如果是 Royce Rolls(英国名牌车),而只有最有钱的人才负担得起这制度也是对大部分人不公正。

至于延误,在 20 世纪 70 年代英国法院的排期开庭一度要等待 10 年之久,Denning 勋爵曾讲了一句名言说:"延误的公正就是没有公正"。(Justice delayed is justice denied)看来,诉讼的省钱与省时间也与自然公正扯上了关系。

延误与费用的增加(即省时与省钱)也往往有连带关系。一般动得快的仲裁,费用也是有限。注意这两个新原则与 Section 33 (1)(a)的"自然公正"(natural justice)的大原则会产生矛盾,仲裁员应兼顾并作到恰到好处的平衡。但若是无法协调,笔者认为仍应较重去考虑"自然公正",因为:

(1)自然公正之双方当事人有合理的机会去陈词与提供有利证据等是"天条",违反会导致法院作出救济(如裁决书被撤销或发还,或被拒绝执行)。但绝少听说过裁决书因为程序昂贵或延误了被撤销或发还或被拒绝执行。笔者知悉新加坡在 2005 年有一个仲裁,是开庭后 10 年才作出裁决书,但败诉方仍无法成功去申请救济,新加坡法院拒绝撤销该裁决书。而在 1958 年之《纽约公约》,也没有一项针对延误或昂贵的裁决书签约国可以去拒绝执行的条文。

(2)再说,延误或昂贵的程序也难以造成 Section 68 的"重大不公正"(substantial injustice)。延误对胜诉方的利息补偿一般也已足够。至于在昂贵方面而言,1996 年《仲裁法》也有许多机制去对付,如 Section 63(5)(a)的仲裁庭或法院可决定胜诉方当事人可向对方要回的合理费用与 Section 64 的法院可决定仲裁庭的合理收费。

所以,Section 33 (1)(b)的省时与省钱的新原则好像是一种"道德"(moral)的原则,现实中没有办法去强制执行或作出救济。精明的仲裁员只要在口口声声说是想省时与省钱,但实在内心怎样想或所作所为并非如此,也拿他/她没有办法。

这里有一定的矛盾,把仲裁搞大才有利于仲裁员收费,否则一个简单的"文书仲裁"(documents-only arbitration)能收费多少？恐怕 2 万 ~3 万港币已是差不多了。一旦开庭审理，这才是仲裁员赚大钱的好机会。开庭的昂贵是仲裁程序之最，因为一个人在讲(如一位证人在作证)的同时就有好几个人(如3位仲裁员、双方大律师与业务律师、双方专家证人等)在听或在梦游甚至在睡觉(笔者就见过几次)。但一涉及书面，往往是一位人士在干活(例如是一方当事人律师在草拟"抗辩请求"[defence submissions]或一位仲裁员在拟定裁决书)，其他人士在干其他事，不能对该案件收费。

所以，撇开确有案件是需要开庭(因为有重要口头证据)，笔者一般看其他仲裁员是否道德高(想省钱)或是贪念无穷就是看他/她是否尽量避免开庭或去鼓励开庭。例如，笔者知道有个别仲裁员(名字不能提)在双方不能达成一致意见关于开不开庭，要根据1996年《仲裁法》之Section 34(2)(h)去下决定，他经常决定不开庭。笔者也知道另一个极端是另一位仲裁员朋友在仲裁庭一组成后，马上要求大家各方去开一个"预先会议"(preliminary meeting)让大家见见面，这已是一个昂贵的程序。在会议中，该仲裁员会诱迫双方去定下开庭日子，例如说他在5个月后有两个星期的空当，要是双方不预定，就会施加压力说要把空当留给其他案件，而再有空当要等2~3年后。照说，当时尚早，该仲裁员不会知道案情太多。例如，是否会没有太多的事实争议？又或是，文件证据十分完整(这要在披露后才知道)，没有或不必依赖口头证据。甚至是，会挑出一个"初步争端"(preliminary issue)后一旦裁定整个案件终结，根本无须再开庭针对责任与赔偿金额进行裁决，例如有关管辖权或时效之争的"初步争端"。

双方当事人(尤其是原告)怕一早得罪仲裁员，加上原告也想快一点审理，经常同意暂定下这5个月后的两个星期空当(例)。反正不会有一方当事人敢对他说："既然你的时间这么紧张，可否辞职让其他有更多时间的仲裁员来替代?"

一旦预定了开庭日期后，该仲裁员就会发出收费单，会是两个星期费用的一半甚至全部，这是很大的一笔所谓的"预定费"(booking fee或commitment fee)。将来若有变化(如双方达成和解)不再需要开庭也会面对"取消费用"(cancellation fee)。

总之，1996年立法在Section 33说明了仲裁庭必须(shall)考虑三方面："自然公正"、省时与省钱。以怎样去平衡可以开不开庭外的其他仲裁程序为例，如下：

4.1.2.1 省时/省钱例子之一：特定披露(specific disclosure)

这方面仲裁庭有权决定，是1996年立法之Section 34(2)(d)的说明。但披露也会是昂贵(当然不比开庭)与耗时。可是披露也会与自然公正"息息相关"，因为可能从对方披露的文件中更进一步了解对方的争辩与指控，并可从中去反驳。这就涉及在听取双方的争论后(申请方说明应披露的理由，被申请方说明不应披露的理由)，仲裁庭作出适当的披露命令。这命令会是拒绝申请(因为觉得特定披露的文件无关或关系较小，故拒绝不影响自然公正，但可省时与省钱)，或是接受申请要求在限期内披露(因为觉得特定披露的文件很有关系，不出示会严重影响自然公正)，更或是在涉及多份特定披露文件中，下令披露其中的几份但拒绝其他文件的申请(这又会是觉得要披露的几份文件很有关系,但拒绝申请的其余几份无关或关系小)。

4.1.2.2　省时/省钱例子之二:局限仲裁费用(capping costs)

这是1996年《仲裁法》新给仲裁庭的程序权力,法院没有这种权力。它就是在仲裁庭的主动下或一方当事人申请下,双方在将来有了胜负结果后,胜诉方只能取回一个限额。这在Section 65中提道:

"(1) Unless otherwise agreed by the parties, the tribunal may direct that the recoverable costs of the arbitration, or of any part of the arbitral proceedings, shall be limited to a specified amount.

(2) Any direction may be made or varied at any stage, but this must be done sufficiently in advance of the incurring of costs to which it relates, or the taking of any steps in the proceedings which may be affected by it, for the limit to be taken into account."

显然,这新增的权力是鉴于现实中有太多的中小金额争议的仲裁案件一不小心就会造成诉讼费用比争议金额更高的不合理现象。这完全是违背了CPR的"比例"(proportionality)精神。

市场上已有对付中小案件的对策,就是像"香港国际仲裁中心"拟定的"小金额索赔仲裁规则"(HKIAC Small Claims Procedure)或"伦敦海事仲裁员协会"的相同规则(LMAA Small Claims Procedure)。以HKIAC的SCP为例,它把仲裁员的收费限制在1.5万港币(伦敦海事仲裁协会的"LMAA SCP"是1500英镑),而胜诉方可向败诉方取回的费用(recoverable costs)限制在3.5万港币。当然,仲裁程序也必须相对简单,如独任仲裁员,有限度的文书请求交换,有限度的披露,不开庭审理等。这样一来,它只适合小金额争议的案件。固然,小金额争议也许本质复杂,而巨额争议也许是本质简单,金额高低与案件是否复杂没有必然的关系。但争议金额一高,双方当事人就在感觉上舍得花钱去恶斗,例如在程序上每一步都去对抗或为难对方。如被告向原告要求费用担保,这是小案件不大会发生的。而争议金额一低,双方当事人对胜负也不大关心了,愿意让独任仲裁员去"草草"作出裁决,希望讲句公道话就算了。这种SCP十分受业界欢迎,笔者曾听过一位欧洲著名船东说他已经以LMAA SCP作出过二十多份裁决书,十分满意,并赞SCP是LMAA对业界所做的最好的一件事。

问题是:合约中的仲裁条文经常没有一方约定SCP。这样一来,遇上中小金额争议案件,就会有危险了。特别是不太懂的一方当事人,往往找一位(甚至是多位)昂贵的律师代表,并摆出一副为"原则"而死战的样子。这样一来,对仲裁庭或对方当事人而言就应该去考虑这个新权力,就是"局限费用"(capping costs)。一旦cap costs,就可让没有事先约定SCP的当事人仍能在1996年《仲裁法》Section 65下享有同样省钱的做法。当然,想去恶斗死战的一方当事人仍可去乱花钱,例如在一个小案件中委任一位全伦敦收费最昂贵的御用大律师。这管不了他/她,但他/她即使胜诉,也只能向败诉方收取回如1万英镑(例)的费用,因为已经是cap这笔钱。这一好处是:败诉方不会过度承担昂贵的胜诉方费用。而且,一旦cap costs,总会令想去恶斗死战的一方当事人想想,乱花钱值得吗?特别是十分明显再无法吓怕对方,迫使对方放弃索赔或投降和解。

但仲裁庭要小心的是 cap costs 不同于 SCP,后者是双方当事人自己约定,与仲裁庭无关。但 cap costs 是仲裁程序的一步,仲裁庭决定下令是必须兼顾"自然公正"的"天条"或大原则。例如,抗拒 cap costs 的一方当事人会有各种理由提出,像本案的法律问题十分复杂,必须开庭审理并雇用最好也会是最昂贵的资深大律师与需要也是昂贵收费的专家证人,所以,不能接受对方的申请去 cap costs 至 2 万英镑(例),因为这金额不足以支付资深大律师与专家证人的费用,这是不利或违反自然公正的。

仲裁庭的可能处理办法是先看争议金额多少,若是金额低(如只有 5 万英镑)或是较低(如只有 1.5 万英镑),显然 cap costs 很重要,仲裁庭别忘了在 Section 33(1)(b)的强制性原则之一是"避免不必要的费用"(avoid unnecessary expense)。但由于申请 cap costs 在仲裁中间程序的早期,可能当时案情是否有复杂的法律问题尚未浮现。故此,可下令 cap costs 至 2 万英镑并对抗拒 cap costs 的一方当事人简单说明:

(i)若是仲裁发展下去在后期显示了确实有必要去雇用资深大律师与专家证人,可前来申请把 2 万英镑提高到合理水平。

(ii)需要雇用并要花大钱的时间应是在仲裁程序的后期(开庭前),故可稍后再调整。

到了后来,如果真有申请去把 cap costs 的 2 万英镑提高至 7 万英镑,仲裁庭可在届时仔细去看已浮现出来的法律问题争议,然后考虑是否真有复杂法律问题的涉及。若有,是否必须开庭审理?若要开庭,是否有必要雇用资深大律师或一般大律师已足够应付?另外仲裁庭是否有需要专家证人的协助,等等。然后决定是否维持原来的 2 万英镑,或是提高至 4 万英镑或甚至是 7 万英镑不等。

另外需注意的是 cap costs 也可以是"任何部分的仲裁程序"(any part of the arbitral proceeding)。所以,可以是针对大律师费用去 cap costs,以限制不得雇用昂贵的资深大律师,因为案件相当简单。当然,被 cap costs 不能阻止一方当事人仍去雇用最昂贵的资深大律师,甚至不止一位。但问题是胜诉后也只能向败诉方取回已被 cap costs 的金额而已。

笔者也知道有一位仲裁员曾去 cap costs 复印文件只能收 1 元港币 1 份,以图减少文件,因为在律师所复印文件昂贵,有人说笑复印部门是律师所最赚钱的部门。这样做仲裁员要小心得罪有关律师,除非他/她不在乎将来再没有其他仲裁案件被这些律师所委任。

有关这一个课题,另在本章是 7.10 段会增加其他的内容。

4.1.2.3 省时/省钱例子之三:双方的文书请求(pleadings)

这通常是仲裁程序的第一步,虽然有一些仲裁如"建筑仲裁"(construction arbitration)会有更早的一步,就是大家见个面,开一个"预先会议"(preliminary meeting),然后同意一连串的中间程序,包括文书请求交换的时间表。

文书请求一步的本身就显示了“自然公正”(natural justice):让双方当事人去“陈述自己的案件”(state its own case),并让双方知道对方的指控与抗辩,可去调查取证并作出反驳。

对仲裁庭而言,他/她就有责任在每次下这方面的“中间程序命令”(interlocutory orders)时,都要考虑与平衡1996年《仲裁法》之Section 33(1)的3个强制性最低原则:自然公正、省时与省钱。

例如,Damond Lock Grabowskie v. Laing Investments (Bucknell) Ltd. (1993) 60 Build LR 112先例,说明仲裁庭必须“让双方当事人有一个合理时间去准备他/她们各自的案件”(the parties should have a reasonable time to prepare their respective cases)。但什么才是“合理时间”呢?众所周知,“合理”是要看个别情况而定的,而每一个仲裁案件都有不同的事实与情况,这也表示每一个案件都会有它最合理的时间。

举例说,以递交“抗辩请求”(defence submissions)为例,若是一个十分复杂的索赔,光是“索赔请求”(claim submissions)已是长篇大论的上百页纸。加上索赔的有关事实已是多年前的事与被告从来不知道这些“指控”(allegations),没有任何预先的准备(例如,双方没有在仲裁开始前进行详尽的和解谈判)。这一来,被告在收到上百页纸的“索赔请求”后,首次面对许多陌生的指控,要能够好好与准确地提出抗辩,就马上要对这些指控进行调查取证(针对事实的指控)与研究(如去取得“大律师意见”针对法律的指控)。这样一来,只给予被告14天或21天提出与递交“抗辩请求”是不现实的,也不符合自然公正。“合理时间”会是2~3个月不等,否则只会迫使被告去草草递交一份“买时间的抗辩”(holding defence),然后在将来完成调查取证后再去对原先草率的抗辩请求作出“修改”(amendments)。这一来,难免带来金钱与工作上的浪费,也对后来的仲裁程序推进造成干扰,又何必呢?

4.2 制衡之(二):双方当事人约定同意的仲裁程序

在一开始提及的另一个对仲裁员是“程序的超级主人”(super-master of proceedings)的制衡方法是双方当事人同意。原因是仲裁是以“当事人意愿”(party autonomy)为依据的。这也在1996年《仲裁法》之Section 34中有说明,内容如下:

“It shall be for the tribunal to decide all procedural and evidential matters, subject to the right of the parties to agree any matter.”

4.2.1 不理会的后果与救济

以前有案例说明仲裁员不理会双方当事人同意了的仲裁程序构成“不良行为”(misconduct):Kingwell v. Elliott (1839) 7 Dow 423; Allen v. Francis (1845) 4 Dow & L 607n; Re Morphett (1845) 2 Dow & L 967; Amalgamated Metal Corporation v. Khoon Seng Co., Ltd. (1977) 2 Lloyd's Rep. 310,等等。

但在1996年《仲裁法》下,要针对仲裁员不理会双方当事人同意了的仲裁程序去法院申请救济就难多了,因为“不良行为”变成了“严重不正常”(serious irregularity),加上必须要造成或会造成“重大不公正”(substantial injustice),如Section 24(1)

之申请把仲裁员"赶走"(remove)。这样一来,如果某些仲裁员不理会双方约定的仲裁程序,当事人很难获得救济。如双方当事人是中国公司,但同意去伦敦仲裁,为了大家方便与省钱,将开庭地点约定在中国香港或深圳,并要求独任伦敦仲裁员到中国香港或深圳开庭。这种情况出现过,在1996年《仲裁法》之Section 34(2)(a)中已完全可以。但伦敦仲裁员不愿意飞太远,坚持要在伦敦或巴黎开庭。从该例子中,笔者很难看到有什么"重大不公正",虽然仲裁费用高了一点,但在一个金额很大的案子中,多出的费用比例很有限,所以也不会有把仲裁员"赶走"的后果。当然,双方当事人可以同意把该仲裁员"撤销"(revoke),这是根据Section 23。但很有可能双方同意不了这一点。仍接着上一个例子来说,如果仲裁员不肯到中国香港或深圳开庭,被告要求原告撤换仲裁员,但原告想快一点仲裁出结果或者对该仲裁员有信心再有可能是认为又要重新进行委任程序不一定省钱而达不成"撤销"仲裁员的意见。当然,被告如果单方面想办法,只有考虑法院的救济,把该仲裁员"赶走",但已经分析过,可能性不大。

但话又说回来,好的做法仍是仲裁员应该依照双方当事人同意的仲裁程序办事。若真不想这样做,最好是去说服双方改变约定。例如,借口身体不适宜长途飞行。一般双方当事人在裁决之前都怕得罪仲裁员,故成功说服双方的几率很高,特别是有合理的表面理由支持时。

4.2.2 仲裁员无法接受双方约定的仲裁程序怎么办

如果双方在仲裁条文内约定:"在香港仲裁,而争议金额小于5万美元,以HKIAC的'小金额索赔程序'(SCP)处理。"仲裁员在知道该仲裁条文的情形下接受委任,就不能事后反悔说无法接受SCP。但若是仲裁条文只说:"伦敦仲裁",但委任后双方同意LMAA SCP,有关仲裁员一看这是复杂的大案件就肯定不高兴了,因为SCP下只收取固定的1,500英镑,绝大可能是亏本生意。这样一来,如果无法说服双方改变约定,就只能去辞职不干了。但若是一方或者双方当事人不肯放人,仲裁员只好以Section 25(3)向英国法院申请批准他辞职了。估计在这种情况下,应获得批准。

笔者也听说过有一位仲裁员在被委任后不久被双方代表律师告知双方已经同意仲裁程序以法院的程序去进行。该仲裁员认为不妥并大力说服双方放弃这个念头,结果成功了。如果不成功,该仲裁员可以如上述的方法"辞职"(resign)。

4.2.3 双方同意的仲裁程序违反自然公正怎么办

双方当事人约定的仲裁程序若违反自然公正(即不公正),仲裁庭是否仍要依照?例如,在本章3.3.3.6.5段提到双方同意被告(中方)先送达"主询问"(evidence-in-chief)的"证人证言"(witness statement),然后在一个月或不等时间才由原告(外方)送达他的"证人证言"。这不是同时交换,对中方严重不利。外方的"证人证言"可针对中方去写或"编故事"。在笔者接受该案件后,鉴于事态严重,因为有关"证人证言"是关键性证据,与估计有重大矛盾,曾向独任仲裁员(一位退休的贵族勋爵)申请下令双方同时交换证人证言。外方反对,指出这一程序已经经过双方同意,该仲裁员表示没有能力改变双方的约定。

这是在 1996 年《仲裁法》生效前，在该法生效后，由于 Section 33(1)(a)中强制性规定仲裁庭“必须”(shall)顾及自然公正的“天条”。强制(mandatory)也表示不能以双方约定去改变或豁免。所以，如果同样的情况在今天发生，笔者则应有颇大的机会说服该勋爵(Law Lord)下令双方同时交换“证人证言”，因为双方同意的程序并不符合“自然公正”。

这在 Merkin 的名著“Arbitration”一书之 14.8 段有说明：

“…for that reason Section 33 is a mandatory provision. Accordingly, the arbitrators have the duty not to adhere to a procedure which has been agreed between the parties but which does not conform to Section 33.”

4.2.4　与 1958 年《纽约公约》的冲突

问题也不是这么简单，因为在 1958 年《纽约公约》Article(V)列出的几个可以拒绝执行仲裁裁决书的理由中包括了“仲裁程序不依照双方当事人的约定”(the arbitral procedure was not in accordance with the agreement of the parties)(参见 Article [V][1][d])。这就与 1996 年《仲裁法》中双方当事人因为仲裁庭认为双方的约定违反自然公正，或仲裁员的做法不足以构成“重大不公正”(substantial injustice)而不依照双方当事人约定的仲裁程序而得不到救济有所不同。故有危险就是最后作出的裁决书以《纽约公约》去英国以外的国家申请执行时所带来的困难。因此，如果办得到，安全的办法仍是仲裁庭说服双方当事人改变或放弃已经约定好的不妥的仲裁程序。

4.2.5　结论

在现实中，以双方当事人约定的仲裁程序去制衡仲裁庭至高无上的裁量权(discretion)，作用并不是很大。因为，争议中的双方很难同意任何重要的事情。当然，双方在订约时的约定是在友好的状态下进行的，可是那时很难会对仲裁程序想得太细，顶多是同意一套仲裁规则，如争议金额低于 5 万美元适用“小额索赔程序”(SCP)，等等。

4.3　制衡之(三)：英国法院的监督

这方面已在本书第四章详及，故不去重复。在本章一开始，也详细论及这方面的监督，不去重复。在 1996 年《仲裁法》下，这一方面的制衡作用与强度也不是很大。

所以，虽有制衡之(一)的 Section 33(1)的三个最低强制性准则，但在欠缺英国法院的制衡下，其作用都不是很大。可以说，现在对仲裁员的放任是从未有过的。希望这目前所作出的平衡是对的，并且会持久，而不是“吊钟很快又摆回来”。

5. 中间程序与裁决决定的分别

作为一个仲裁员，他/她主要有两类争议要作出决定：第一大类的决定是中间程序(interlocutory proceeding)；第二大类就是对实质性争议的裁决。而第二大类，又可

以再细分为事实与法律之争。它们都有非常不同的做法与法律救济,以下作出介绍:

5.1 中间程序决定

这些决定是在程序上双方有争议,且千变万化,例如说,原告想推进仲裁,被告想拖延时间。这也不能说被告就是不对,因为常会有原告过分心急,被告需要更多的时间去准备才符合"自然公正"。在这些方面,1996 年《仲裁法》已经是几乎全权让仲裁员决定,法院不去插手,除非仲裁员是明显违反了"自然公正"与带来"严重不公正"(substantial injustice)。实际上在 1996 年立法前,贵族院 Bremer Vulkan v. South India Shipping (1981) 1 Lloyd's Rep. 253 已经明确说明,法院无权改变仲裁庭的中间程序命令。即使在 1996 年《仲裁法》下,法院在严重情况下去插手,也是根据 Section 24 把仲裁员"赶走"或者 Section 68 把裁决书发还(remit)或者撤销。本质上可以看到这些救济行为都不是法院改变仲裁庭错误的命令,而是让原来仲裁庭或者新的仲裁庭重新考虑中间程序决定。

它的原因很简单,就是双方当事人既然选择了仲裁来解决争议,法院就应该尊重当事人的意愿(party autonomy)。这种严格尊重双方的约定,尤其是在国际的层面,近年来,越来越受重视与贯彻。这相比英美本土的合约,特别是一方属于弱势群体(比如是未成年人士与消费者),合约不被当做一回事,是有天壤之别的。这也可以理解,在国际层面,西方人士订合约订的精明,处处占便宜,当然会倾向法律是严格要求遵守与尊重合约了,而且越严格越好。相反的,发展中国家人士乱订合约将来在执行时要他去严格去遵守或尊重简直就是要了他的命或者带来灾难性结果,不赖怎么行!

不离题了,法院过度插手中间程序,也会令仲裁难以推进。这是因为中间程序的决定非常多,不比一个实质性争议的裁决书只有一个。所以法院确实需要忍受,并为仲裁庭/仲裁员留下一些空间。

中间程序的决定是以一个命令(interlocutory order)的形式作出,虽然也经常见到有仲裁庭给一些不准确的名称,例如,在 Biakh v. Hyundai (1988) 1 Lloyd's Rep. 187 仲裁庭把决定以"中间最后裁决"(interim final award)作出。另在澳大利亚 Resort Condominiums International Inc. v. Bolwell and another (1993) 118 ALR 655 (Lexis),涉及一个美国仲裁庭对中间程序的决定以"中间命令与裁决书"(interim arbitration order and award)作出。笔者也曾经在一个仲裁庭,其他成员坚持把决定称为"decision"。这方面的问题是,如果称为裁决书,就有以下的大疑问:

(1)仲裁庭是否要对中间程序命令的"裁决书"给予原因,因为 1996 年《仲裁法》之 Section 52(4)说明裁决书"必须"(shall)有原因,而且是要全面的原因,因为根据 Section 70(4),法院可强制仲裁庭作出更全面的原因。但事实上中间程序的决定本来是不需要给任何原因的,法院与有经验的仲裁员也建议不要给原因。其中是因为这种决定往往涉及个人的裁量权(discretion),难给出准确的原因,例如给被告 35 天的时限去作出抗辩。换了另一个仲裁员,可能裁量权会是 28 天。如果企图给出原因,只会带来不满的一方当事人回来再争论,带来额外的工作量与拖延时间。这方面可节录 Morison 大法官在 Fletamentos v. Effjohn (1997)1 Lloyd's Rep. 295 所说的:

"Arbitrators are not obliged to give reasons for their rulings on such matters as these. This was an interlocutory ruling which did not require reasons: Three Valleys Water Committee v. Bunnie (1990) 52 B. L. R. 47. Thus, a failure to give reasons in this case certainly does not constitute misconduct."

(2)这种决定如果是裁决书的形式,1996 年《仲裁法》之 Sectioon 69 会带来可否不服的一方向法院上诉有关的法律观点。答案当然是不应该允许,否则在中间程序中每一个决定都可拖延,没完没了。加上允许上诉岂非是违反了中间程序的决定只是仲裁庭的事而不是让法院去决定?

(3)众所周知,裁决书下了决定,是仲裁庭无权去改变的,有限的改变权力只是在法院下令发还裁决书后才重新考虑。其中的大道理一个是仲裁员作出最后裁决书后已不再是仲裁员(Functus officio),另一个是已经下了决定,该争议就有了定论(res judicata)。也另有说法是"issue estoppel",即以后不能去重审决定了的争端,这包括其他友好法院也不会受理:The "Sennar"(No. 2) (1985) 1 Lloyd's Rep. 521。但中间程序命令即使下了决定,也经常因为环境的改变而作出改变。例如,已经下了命令要从船舶上去取得航海日志作出披露,但尚未取得船舶已经沉没,该披露命令就非得改变不可了。

(4)更重要的是在国际层面有 1958 年的《纽约公约》可在 140 个国家执行裁决书,这样一来,就带来混乱。是否签约国都要执行其他纯粹是针对中间程序决定的裁决书?是要看名称的形式,或者是该决定的实质的内容是针对什么?而这在 Resort Condominiums International Inc. v. Bolwell and another (1993)118 ALR 655(Lexis)中出现了这个有趣问题,这在本章 5.7.1 段详论。

5.2　实质争议决定

仲裁员作出的另一类决定是针对实质性争议,例如船舶是否适航,货物质量是否符合 1979 年《货物销售法》(Sale of Goods Act)的满意质量默示条件与买方是否可以拒货,损失是否太遥远,等等。这些问题都不会在 1996 年《仲裁法》找到答案。它们都是实质争议,仲裁庭要下决定是以裁决书的形式作出。这些争议可细分为两方面:一是事实问题;二是法律问题。前者是以证据作出决定,由于证据再去重审并不科学,尤其是口头证据,所以只要整体不违反自然公正与造成了重大不公正(substantial injustice),法院根本不会作出任何救济。还有一个重要原因是,每一个案件的事实都不一样,判对判错是对公众不造成影响,也不会考虑体系的问题。但法律观点就完全不一样了,在英国的法制社会,法律只能有一个体系,不能说去法院有一套,去仲裁又有另一套。而且法律的统一与稳定对公众或者商业社会是有重大影响的,让大家知道怎样做才是合法与正确。所以,仲裁庭对实质争议涉及法律问题(注意是英国法律问题),法院就要插手了。插手的办法就是上诉,甚至上诉到最后的贵族院。这是仲裁庭在各种不同的决定之中唯一的一种最后让法院拍板的,其他的决定空间基本上都留给仲裁庭。

英国法院对于裁决书法律问题的上诉以前一直是自动的,所谓以"特殊案件"(special case)的方式,这也是在1950年《仲裁法》中规定的。到了1979年《仲裁法》生效后,上述做法已是困难重重,又要申请批文(permit),又要满足所谓"Nema Guidelines":The "Nema" (1981) 2 Lloyd's Rep. 239。同样地位是在取代了1950年和1979年《仲裁法》的1996年立法。这方面在本书第四章有详论,不去重复。

5.3 法院无权更改仲裁庭在中间程序上的决定与命令

以下更详细地讨论上述涉及的这些重要方面。该原则在Bremer Vulkan先例中已有说明。后来的Biakh v. Hyundai (1988) 1 Lloyd's Rep. 187,Steyn大法官在第189页中说:

"In an extreme case it is conceivable that an arbitrator's failure to observe the principles of natural justice in the making of interlocutory rulings may lead either to the revocation of the mandate of the arbitrators under s. 1 of the 1950 Act or the removal of the arbitrator under s. 23 (2),[25] but it follows from the decision in Bremer Vulkan v. South India Shipping (1981) 1 Lloyd's Rep. 253 that the Court has no inherent jurisdiction to correct procedural errors,[26] even if they can be categorized as misconducts, during the course of the reference, and that the statutory scheme of the Arbitration Acts does not authorize such corrective measures.[27] The remedies are therefore revocation of the authority of the arbitrator in the exceptional cases where that might be appropriate, or resisting enforcement of the award.[28]"

另一个Fletamentos v. Effjohn (1997) 2 Lloyd's Rep. 302,在上诉庭的Waller大法官也说:

"I have always understood the position to be that there no circumstance which could give rise to a power to review an interlocutory direction not made in the form of an award. Basically the position is, as I understand the authorities, that the Court has never had some general power to supervise arbitration and review interlocutory decisions. The power which it does have comes from the Arbitration Acts. It follows that there can be an examination as to whether there has been misconduct at any stage which may lead to the arbitrator being re-

---

〔25〕 极端例子中,仲裁员不去注视"自然公正"大原则,会在中间决定时剥夺仲裁员的权力或将仲裁员"赶走"。

〔26〕 但在Bremer Vulkan先例,已明确了法院没有潜在的管辖权(潜在是因为《仲裁法》没有明示)去更改或改正程序上的错误。

〔27〕 即使这错误可归纳为"不良行为"(1950年《仲裁法》的叫法),《仲裁法》的立法结构并不授权法院采取更改或改正的救济。

〔28〕 顶多是在特别严重与适当案件中剥夺仲裁员的权力或允许抗拒执行该裁决书。

moved. But the power to review and remit under s. 22 applies to awards… In so far as the Judge relied on s. 22(1) (which speaks of matters rather than awards) as providing the power to review and remit a decision not in the form of an award, it seems to me with respect his view is inconsistent with well established authorities."

这原因 Steyn 大法官有说明:这不是英国法有了漏洞,而是刻意的安排。因为不像裁决书,程序命令是不断作出,从一开始直到最后作出了裁决书会有无数不同的程序命令。法院若一有当事人去申请,立即要插手去看看仲裁庭的裁量是对是错,能否改正或改得更好,就会令仲裁程序简直推动不了,也会造成严重浪费。这种法院的干预是不可以接受的。Steyn 大法官说:

"This is not a lacuna in our law. In the interests of expedition and finality of arbitration proceedings, it is of the first importance that judicial intrusion in the arbitral process should be kept to a minimum. A judicial power to correct during the course of the reference procedural rulings of an arbitrator which are within his jurisdiction is unknown in advanced arbitration systems, as is clear from the valuable Year Books published by the International Council of Commercial Arbitration, and the creation of such a power by judicial precedent in this case would constitute a most serious reproach to the ability of our system of arbitration to serve the needs of users of the arbitral process."

5.4　仲裁庭可以重新考虑,更改已经作出的命令

这原因 Steyn 大法官在 Biakh v. Hyundai (1988) 1 Lloyd's Rep. 187 有说明。大致上是,程序命令根据双方较为简单的争辩并根据当时的环境作出这个"裁量权决定"(discretional decision)。之后的环境或情况若有改变,自然公正要重新去考虑,仲裁庭应该这样做。从数不清的例子中举一个简单例子是下令船东披露文件,必须从船上才可以取到。但下令后不久,该船舶沉没。再一个经常发生的例子是时间表或限期虽下了命令(甚至是最后命令),事后也会根据环境情况而去更改,重新考虑,以符合自然公正。这会是被下令的一方当事人所在地出了突发的天灾,无法工作,要申请延期。或是一个一直默不作声的被告在要作出"缺席裁决书"(default award)前的"最后命令"(peremptory order)届满前的一两天内,突然冒出一位代表律师说要抗辩,申请延期一个星期。

Steyn 大法官说:

"It has of course to be appreciated that interlocutory, procedural or discretionary decisions may be of many different kinds. There is the sort of decision which is finally determinative of a claim (or part of a claim), such as decisions to the effect that a claim is barred, or that a claim should be struck out. There is the sort of decision which can never be a formal bar to the revisiting of a question, because it depends on changing circumstances, such as par excellence, timing decision regarding the conduct of a reference, or decisions not to permit amendment or discovery: in theory circumstance can change so materially as to make it proper not only to revisit the question, but for a tribunal to alter its decision. And there are decisions which may be entirely a matter of discretion, but which would prima facie appear to be final, such as a decision to allow an amendment to be made. I am doubtful that a single rule could appropriately deal with every type of such decisions. I would, however, attempt to formulate the present state of the authorities as follows:…"

当然,在操作上会有危险一方当事人已被下令仍不断前来申请要仲裁庭重新考虑。这一来,会带来延误与浪费。所以,仲裁庭不应对当事人造成一个印象是"立场不定"(indecisive)。有经验的仲裁庭懂得怎样去抵抗当事人的申请压力。例如,在环境、情况与事实均预见不到的大改变,就不要重新考虑。申请的当事人若是继续麻烦,可以"费用命令"(cost award)对付。

Rix 大法官在 The "Smaro" (1999) 1 Lloyd's Rep. 225 中说:

"Finally, there is the matter of policy. I can see that it would be undesirable for arbitrators to be under constant pressure to revisit or amend their decisions on the basis that they had jurisdiction to do so and that the Courts could not intervene. Nevertheless, I am confident that arbitrators can look after themselves and know how to resist pressure of that sort. It will or may arise in any event in circumstance where procedural decisions must respond to changing circumstance."

5.5 程序上决定应称为命令还是中间裁决书

看来,会有例外的情况程序上决定可以命名为裁决书。例外情况是面对十分困难并且影响大众的程序上的决定。作出了一个裁决书允许可以去上诉法院:The "Nema" (1981) 2 Lloyd's Rep. 239。但在此例外情况外,所有中间程序命令都只应称为是命令(orders)。

Rix 大法官在 The "Smaro" (1999) 1 Lloyd's Rep. 225 之 247 页说:

"None of this is intended to encourage arbitrators to state procedural decisions in the form of an interim award, but it could be that a procedural or evidential decision raises a question of such principle or importance that an interim award would be appropriate."(这不是去鼓励仲裁员把程序决定以中间裁决书形式作出,但会有特殊情况是该程序或证据的决定涉及重大原则。这一来,以中间裁决书的形式作出也是适合的。)

上述所讲是以能够去上诉法院为着眼点,因为裁决书可以上诉(在 1996 年《仲裁法》之 Section 69),但命令不能。可见,绝大部分在程序上的决定都应是以"命令"(orders)作出。

但混乱仍是有。在 Biakh v. Hyundai (1988) 1 Lloyd's Rep. 187,仲裁庭决定不提前作出一个"没有争议的滞期费索赔"(undisputed demurrage claim)的中间裁决书,直至有机会考虑"反索赔"(cross-claims)。但这决定以"中间最后裁决"(interim final award)作出。结果该决定被上诉。Diamond 大法官对此上诉给予关注与感到迟疑,因为法院若对这种程序上的决定也去干预,就会是干预太多。但由于文件写作是裁决书,他结果认为是被迫去考虑上诉并判断该程序决定的对错。当然,他也可以判文件的称呼不重要,更重要的是内容显示只针对仲裁中间程序,是 Bremer Vulkan v. South India Shipping (1981) 1 Lloyd's Rep. 253 先例说明法院不得去干预的。Diamond 大法官这样说:

"In the present case, however, the arbitrators have themselves embodied their decision in a document which they describe as an 'Interim Final Award' and they have given detailed reasons with a view, presumably, to the possibility of an appeal under the 1979 Act. Had they not done so I would have declined to review the arbitrators' decision on the ground that they had not issued an award within s. 14 of the 1950 Act and on the further ground that they had made a purely procedural decision in the course of a current reference.[29] Since, however, the arbitrators themselves issued a document entitled 'Interim Final Award' and since I find it impossible to say that this document, being a decision in respect of matters referred to the arbitrators for decision, is incapable by reason of its procedural nature of constituting an award within s. 14 of the Act[30] (see for a discussion of the nature of an interim award Fidelitas Shipping Co., Ltd. v. V/O Exportchleb, [1965] 1 Lloyd's Rep. 223 at p. 228, and The Kostas Melas, [1981] 1 Lloyd's Rep. 18, at pp. 25—26). I have, albeit with considerable reluctance, been compelled to accept that the Court does have jurisdiction in the present case to review the arbitrators' decision.[31]"

另在 The "Smaro" (1999) 1 Lloyd's Rep. 225,涉及原告申请"修改"(amend)索赔请求,而仲裁庭以命令形式允许修改。但之后,仲裁庭突然写一封信函给双方当事人,说在重新考虑后,决定其中的一项修改不允准。该修改是增加一个事实说经纪人曾在船舶买卖的谈判时,说了一句:"主机已多年操作良好"(main engine had been operated without problems for years),并以此事实去提出卖方即被告曾"误导"(misrepresentation)。至于为何不一开始在文书索赔请求(claim submissions)中提出,而要隔很久才提出要修改,原因有多种,不必深究。例如很久才找到这份经纪人传真,或是上一位律师不警觉,换了律师后才挑出来,认为是一个强而有力的索赔理由。

这样一来,原告即买方就去阻止仲裁庭改变主意或较早的决定。做法是指该信函类同一个裁决书,不得重新考虑。但 Rix 大法官不同意,说:

"It follows that since Mr. Kazantziss'(仲裁员名字)letter is neither a decision on merits, nor finally dispositive of any issue referred, nor expressed by the arbitrators to be an interim award, there is no basis in term of Mr. Berry's second submission to hold that

---

〔29〕 如果仲裁庭不把决定写作"裁决书",我会拒绝重新考虑,理由之一是这并非是《仲裁法》的"裁决书",之二是这纯粹是程序决定。

〔30〕 但既然仲裁庭称为"裁决书",也就再难唱反调。

〔31〕 我虽然不情愿,但被迫接受法院有管辖权去重新考虑(上诉)该仲裁庭的决定。

the arbitrators lack jurisdiction to revisit their decision."(仲裁员的信函没有去对案件的是非曲直作出决定,也没有处理掉任何双方的争端,另外也没有任何表示是一个裁决书,所以没有根据说仲裁员缺乏管辖权而考虑他们较早的程序决定。)

5.6 什么是争端(issue)

已经清楚说明,决定针对一个或多个双方的争端,应该以裁决书形式作出,但什么是"争端"呢?

Diplock 大法官在 Fidelitas Shipping v. V/O Exportchleb (1965) 1 Lloyd's Rep. 223 曾说:

"Arbitration, like litigation, is concerned only with the legal rights and duties of the parties thereto.[32] It is concerned with facts only in so far as they give rise to legal consequence.[33] The final resolution of disputes between parties as to their respective legal rights or duties may involve the determination of a number of different 'issues',[34] that is to say, a number of decisions as to the legal consequences of particular facts,[35] each of which decisions constitutes a necessary step in determining what are the legal rights and duties of the parties resulting from the totality of the facts…[36]"

举一个有关于海水进入船舱损坏货物的简单例子。第一个争端会是船舶是否适航,也就是进海水的舱盖是否水密(watertight)。第二个争端会是天气是否太坏,风浪太大。第三个争端可能是即使舱盖不够水密,船东也知道,并告知船长修妥才能开航或加上防水胶纸,但船长疏忽,这算是管船疏忽还是管货疏忽(原因是:海牙规则只对管船疏忽可以免责)?第四个争端是损失的计算。第五个争端是货方把海水浸坏的货物不论坏多坏少全部毁掉,会否可以以次货出售以减少损失?第六个争端是海牙规则的一年时效刚好届满。

以上有"事实争端"(issue of fact),也有"法律争端"(issue of law)。理论上,每一个争端都可作出一个个别的裁决书。但除非是双方当事人共同要求,令仲裁庭失去裁量权的决定而必须听从双方。否则,让仲裁庭决定程序,就必须考虑到省钱省时。分太多个裁决书,特别要多次开庭,是会造成大量浪费,例如是同一证人往返的作证。所以,上述例子较多可能是作出三个中间裁决书:第一个中间裁决书(First Partial Award)是针对一年时效,因为若是时效届满,就可以不必再花钱去针对船东责任与索赔金额。第二个中间裁决书(Second Partial Award)是针对责任方面,这里包括了上述例子的第一个至第三个争端。第三个中间裁决书(Third Partial Award)针对索赔金

---

〔32〕 仲裁,好像法院诉讼,是针对当事人的法律权益与责任。

〔33〕 它只涉及会带来法律后果的事实。

〔34〕 对双方当事人的法律权力与责任争议作出最后判断需要决定几个不同争端。

〔35〕 即是有几个决定关于一些特定事实的法律后果。

〔36〕 每一个决定都是必经的一步,以达到最后全面判断谁是谁非。

额(quantum),这包括第四个和第五个争端。而最后裁决书(Final Award)是针对官司费用。

可见,每一个裁决书都解决与处理(dispose)了一个或多个"争端"(issues)。而在处理过后,仲裁庭对该项争端已是functus officio,不能再改变主意,除非是法院的"发还"(remit)。而在作出了最后裁决书,仲裁庭对整个仲裁案件是functus officio。

一般而言,双方当事人的争端都会在"文书请求"(pleadings)或如有修改,修改后的文书请求中找到。仲裁庭应不多不少地去裁决/处理所有文书上争辩了的争端。若是不清楚,不论是否有开庭审理,仲裁庭都可向当事人澄清或要求交出一份双方同意的"争端名单"(list of issues)。

在少有或极端的情况中,会在仲裁程序中出现复杂与重要的争端,仲裁庭决定以一个中间仲裁书作出。这争端不在文书请求中出现。例如The "Smaro" (1999) 2 Lloyd's Rep. 225,仲裁庭针对原告懈怠为由撤销诉讼请求(strike out claim for want of prosecution)的决定作出一个中间裁决书。而笔者(杨良宜)也曾在一个仲裁庭作出一个中间裁决书而不仅是一个命令,它是针对《联合国示范法》之Article 17让仲裁庭作出"中间措施"(interim measure),包括了对原告要否给予被告"费用担保"(security for costs)。

最后一种情况的仲裁庭决定要以裁决书形式作出而不仅是一个很可能没有原因(reasons)的命令是在"管辖权"(jurisdiction)。它在1996年《仲裁法》之Section 31 (4)(a)说明是要以裁决书形式作出(是一个"award as to jurisdiction")。换言之,这是不应该以命令形式去作出的决定。

5.7 《纽约公约》下可以执行裁决书但不可以执行中间程序命令的有关案例

在上述解释了裁决书与命令及其他方面的区别后,现在介绍一下在《纽约公约》执行的有关案例。第一个是著名的澳大利亚案例,第二个是美国的案例。

5.7.1　有关案例之一:澳大利亚的Resort International案

在Resort Condominiums International Inc. v. Bolwell and another (1993) 118 ALR 655 (Lexis)的案例中,涉及美国仲裁协会AAA(American Arbitration Association)的一个仲裁庭作出了一个"中间仲裁命令与裁决书"(Interim Arbitration Order and Award),内容主要是下令住在澳大利亚的被告提供与披露广泛的文件证据与口头证据(口供书/deposition)。有关内容节录如下:

"Respondent… are directed and ordered to do the following during the pendency of this arbitration: … provide RCI(原告) and its auditors with … all records and data generated or created by or for respondents during the course of their operations under the License Agreement(特许/许可协议); … all available information concerning the current list of members/subscribers maintained by or on behalf of the respondents …copies of the annual audit, monthly reports, resort affiliation agreements, membership lists, and membership agreement; … make the following available for copying and/or inspection in Australia, documentation from 1990 to the present; (2) all monthly reports generated in the course of the operation of respondents' business; (3) a copy of all resort affiliation agreements currently in respondents' possession or control … (8) a copy of any and all documents relating to any revenues received by the respondents in the course of their operations under the License Agreement since 1990; (9) a copy of any and all documents relating to any expenditures by RCI, its predecessor or successor, in the course of their operations under loan, gift, payment, or other transfer of any funds from or between RCI to Ray Bodwell(被告) or his wife, Lee Harris,(被告妻子) or to any company or other entity which Ray Bobwell or his wife own in whole or in part; … (12) all documents respondents intend to introduce into evidence at the final arbitration hearing; …(14) all documents including but not limited to any letter of intent, notes, summaries of agreements in principle, draft agreements or signed agreements, concerning any agreements to enter into a management buy-out agreement or any other type of sale of any interest in RCI … Further, respondents Ray Bodwell and RCI are hereby ordered to make available for deposition in Australia, any necessary witness to this proceeding who currently are directors, officers, employees or otherwise representatives of RCI on or before the final arbitration hearing date in this matter."

以上下令披露的文件之多,根本是美国法院的一套(US-style discovery),这是笔者作为仲裁员不会下达的命令。例如,要求 1990 年至今(1993 年)的"所有"(all)文件都去披露以供原告检查与复印,这就根本不去考虑是否有关(relevance)与重要(materiality)了。虽然笔者不知道案情,但粗略来看,在上述的命令下,随时要披露的文件达 3 万 5 万张也不奇怪,这是庞大的工作。要知道,"all means all",少了一份文件仍算是违令。若这命令是来自法院,这即是"蔑视法院"(contempt)了。

再回去探讨"Resort International"的案例。原告取得仲裁庭的"中间程序命令与裁决书"后,在被告不合作下,前往澳大利亚法院以 1958 年的《纽约公约》要求执行。但被澳大利亚法院拒绝说:

"These orders were interlocutory and procedural in nature and in no way purported to finally resolve the dispute or legal rights between the parties."(这些命令只是中间程序的本质,并非去最后或终局解决争议或双方的法律权力。)

5.7.2 有关案例之二:美国的 Publicis 案

这是一个"合资争议"(joint venture dispute)在伦敦仲裁的案例:Publicis Commun v. True North Communs. Inc. 206 F3d 725 (7th Cir. Ill. 2000)。英国的仲裁庭命令 Publicis 披露所有有关合资的税单或报税表等文件(tax records)。这个"命令"(order)也就被 True North 向美国法院以 1958 年《纽约公约》申请强制执行。美国上诉庭判决如下:

"Publicis says the tribunal's decision was an interim order and, under the Convention, only arbitral 'awards' are final and subject to confirmation. Publicis insists that until the order was final, True North was confined to seeking relief from the tribunal itself or the courts of England, the site of the arbitration. True North says the convention allows judicial confirmation of final rulings, whether they are termed 'awards' or 'orders', and insists that the tribunal's October 30 opinion was final. Although Publicis suggests that our ruling will cause the international arbitration earth to quake and mountains to crumble, resolving this case actually requires determining only whether or not this particular order by this particular arbitration tribunal regarding these particular tax records was final. If the arbitration tribunal's October 30, 1998, decision was final, then Judge Gottschall had the authority to confirm it. If the arbitrators' decision was not final, then the district court jumped the gun …

Publicis position is that an arbitral ruling can be final in every respect, but unless the document bears the word 'award' it is not final and is unenforceable. This is extreme and untenable formalism. The New York Convention, the United Nations arbitration rules, and the commentators' consistent use of the label 'award' when discussing final arbitral decisions does not necessarily mean that synonyms such as decision, opinion, order, or ruling could not also be final. The content of a decision - not its nomenclature - determines finality…

Publicis and True North's arbitration is controlled by the New York Convention, not the Federal Arbitration Act. But the New York Convention supplements the Federal Arbitration Act, and the logic of decisions applied to the latter may guide the interpretation of the former. As to whether Publicis had to turn over to True North tax records from 1994 to 1996, the arbitration tribunal's October 30 order appears final. The tribunal summarized True North's position that its claim 'is extremely urgent' and Publicis' contention that 'no urgency exists and that the matter … may be decided … together with the other claims'. The tribunal concluded that True North's claim 'is well founded', said that interim measures were necessary, and directed Publicis to provide the 1994—1996 tax records to True North by November 23, 1998.

Publicis argues that the deadline does not make this decision any more final and immediately enforceable than a discovery order setting a specific date for compliance. This analogy is inapt. Discovery involves compiling information needed to reach a resolution; it is an early step in moving toward the end result. In the situation at hand, whether or not Publicis had to turn over the tax records is the whole ball of wax. The tribunal's order resolved the dispute, or was supposed to, at any rate. Producing the documents wasn't just some procedural matter - it was the very issue True North wanted arbitrated. The finality of the tribunal's ruling is demonstrated by the deadline. The tribunal explicitly carved out the tax records issue for immediate action from the bulk of the matters still pending, stating that '[t]he delivery of the documents should not await final confirmation in the Final Award'. Requiring the unrelated issues to be arbitrated to finality before allowing True North to enforce a decision the tribunal called urgent would defeat the purpose of the tribunal's order. A ruling on a discrete, time-sensitive issue may be final and ripe for confirmation even though other claims remain to be addressed by arbitrators (emphasis added)."

Publicis(在仲裁是被告)指称仲裁庭的决定是中间命令,在《纽约公约》下,只有仲裁裁决书才是最后/终局的,可被承认。

Publicis 坚持直至命令是最后/终局。

True North(在仲裁是被告)只能向仲裁地点的仲裁庭或英国法院寻求救济。

True North 说这是最后决定,不论它被命名为"命令"或"裁决书"。

虽然 Publicis 有暗示我们的判决会令国际仲裁的圈子震动甚至瓦解,其实作出决定只须考虑该"披露命令"是否最后/终局。

如果英国仲裁庭在 1998 年 10 月 30 日的命令是最后/终局,就可承认。

如果不是,美国地方法院承认就言之过早了。

Publicis 说即使仲裁的决定在所有方面都是最后/终局,但除非文件说明是裁决书,否则就不能去强制执行。

这是极端与站不住脚的形式要求……用"裁决书" 来表示最后与终局,并不意味着改称"决定"、"意见"、"命令" 或"判决"就不能是最后/终局的,主要看其实质内容。

决定的内容,不是命名,去确定是否最后/终局。

英国仲裁庭在 10 月 30 日的命令看来是最后/终局。

英国仲裁庭总结是 True North 的索赔看来很好,有必要作出"中间措施"(interim measures),下令 Publicis 在 1998 年 11 月 23 日前披露 1994—1996 年的税务记录给 True North(估计是税务记录会显示"真正"的收入和利润等。说是"真正"是因为很少美国人敢去弄虚作假,因为这是犯法,而且美国税务局精明难对付,一旦盯上谁就会查得水落石出。但相比下不少美国人敢对他国际上的合作公司或伙伴在账目中弄虚作假或吹嘘)。

Publicis 争辩他/她有一个时效/限期不表示是最后/终局与马上可以强制执行。

这说法不恰当。

披露是为了收集资料以利于达成裁决,这是第一步为走到最后一步。

仲裁庭的命令是为了解决争议,或理应如此。

披露文件不仅是一步程序——它就是 True North 要求仲裁的争端(这说法在笔者看来有点难以接受)。

这命令的终局性可从时效/限期中显示出来。

仲裁庭说披露不应等待至最后裁决书。

判这个分立,时间敏感性的争端会是最后/终局的决定,已足够成熟去承认它,即使其他的争议仍待仲裁庭的裁决。

上述的说法,一定程度反映了美国法院对披露的宽松态度,与英国/澳大利亚法院有差距。但仍可以看到的是终局性/最后性十分关键,而这一般不会在一个“中间程序命令”(interim procedural order)中出现,因为会因环境改变了而要去重新考虑。另外,虽然命名(name)不是关键,决定的内容才是,但为了免除争议,仲裁员还是应小心区分“命令”(order)与“裁决书”(award)。前者针对一步步去推进仲裁的中间程序,后者是针对一个或多个的“实质争端”(substantial issue)。

在上述的美国案例,上诉庭把英国仲裁庭(tribunal)的“披露命令”视为是一个争端,不仅是一步仲裁程序,这说法不无疑问。

5.7.3 总结

从以上看来,应该说“中间命令”(比方是披露文件的命令),目前在多数国家法院应是不能以《纽约公约》执行,除非是世界个别国家或者是管辖权有独特的立法,例如是香港《仲裁法》的 Section 2GG。当然这方面的问题众所周知,当前有联合国组织的 UNCITRAL 在想办法通过国际公约,希望有一天仲裁员的有关中间程序命令能够像《纽约公约》下的裁决书一样在世界上广泛地被其他国家法院承认与执行,这要将来再看。有关这方面在本书第十章有详及。

故此,以一个香港仲裁庭作出的披露命令而言,如果被命令方漠视,而申请方觉得仲裁庭的惩罚仅是停留在不利推断(adverse inference)上力度严重不足,会设法根据 Section 2GG(在英国就会根据 1996 年《仲裁法》之 Section 42)申请法院去变为法院命令强制执行仲裁庭的披露命令。这会对作为被命令方一家香港上市公司施加很大的压力而产生效力。但对一家是日本公司的被命令方,中国香港与英国法院都管不到,就毫无作用了。所以,香港法院要谨慎与平等对待双方(equal treatments)。UNCITRAL 如果能够通过类似《纽约公约》的做法去执行“中间程序的命令”,令仲裁的当事人不管是中国香港还是英国的上市公司或是日本公司都能较对等地对待,这应是好事。

一个预防措施会是:如果很需要对方披露一些文件,最好在合约中写明。因为有条文规定的披露与仲裁庭作出的一般性披露命令是有很大差别的。因为合约写明会令对方拒绝披露变成是违约。如有争议,作为合约条文之一也成为一个独立的“争端”(issue)。这会有巨大分别,特别是对方当事人是外国人或外国公司,因为这可以容许仲裁庭作出一个特定披露(specific disclosure)要求的“中间裁决书”(interim award),可以在国际上获得 1958 年《纽约公约》协助得以强制执行。这是一个仅是仲裁程序中的命令(interlocutory order)所做不到的。

此外,一旦写明,在披露的一步中再也不存在“有关无关”、“重要与否”的争议,仲裁庭也再没有“裁量权”(discretion),是一定要下令去披露的。而且,也会受到法院或仲裁庭的重视。例如 Hiscox Underwriting Ltd. v. Dickson Mancester & Co., Ltd. (2004) EWHC 479(comm.)先例,正是合约有明示针对条文。笔者所知在许多保险经纪人与保险人之间的合约或者是涉及特许专营的合约中都会有条文针对在保险人或者是批准专营一方的要求下，对方必须提供有关文件，例如保险经纪人代为接受的保单或者是账目与销售记录（用来计算专营的费用）。

难得是文件太多，在订约时不会预先知道将来会出什么争议，所以很难写下太多的披露文件。只能像期租租约选一种重要文件（航海日志）去写明要披露，因为有许多争议会需要这份文件证据，甚至从中可以挑出新争议，如停租（off-hire），航速耗油索赔（performance claim），绕航（deviation），雇佣与代理争议（employment and agency dispute），货损货差（cargo claim）等。或索性是一个条文说明："在一方当事人要求下，对方必须在合理时间内对要求的文件作出全面与坦率地披露。"（At the request in writing by the charterers, the shipowner must immediately make full and frank disclosure of all the documents so demanded.）当然，应想到与小心对方若是稍懂与稍会用脑子去想远一点，就一定会去严厉拒绝。

6. 证据的处理

众所周知，证据是为了对双方争辩的事实作出认定。由于诉讼包括仲裁经常涉及大量的事实认定（finding of facts），相对而言法律问题简单或者不涉及昂贵的裁决（例如去解释一条合约的条文），所以证据的恰当处理十分重要。尤其是，事实的认定（finding of facts）是法院不去插手或"重估"（second guess），完全尊重仲裁庭对所有证据给予的分量轻重裁量权，导致对证据处理不当并违反自然公正变成是唯一有效的救济途径。换句话说，仲裁庭只要做对了这一点，他对事实的认定是对是错就都无法获得救济或者作出批评，这完全是仲裁或诉讼的风险（litigation risk）。

6.1 1950 年与 1996 年《仲裁法》针对证据的权力不同之处

先介绍一下立法的改变。在 1950 年《仲裁法》，针对证据基本上局限在仲裁庭去接收。有关条文如下：

（a）to require evidence and documents from the parties（Arbitration Act 1950, Section 12 [1]）;

（b）to examine witnesses on oath or affirmation（Arbitration Act 1950, Section 12 [2]）;

（c）to administer oaths or to take affirmations from witnesses（Arbitration Act 1950, Section 12 [3]）.

至于其他针对证据的权力都在法院，例如保存证据，把第三者证人传到庭（subpoena）。甚至是一般性的披露命令英国法院在 1950 年《仲裁法》下也同时拥有该权力，导致申请人向仲裁庭申请披露被拒绝后，可向法院再重新申请：The"Lorenzo Halcoussi”（1988）1 Lloyd’s Rep. 180；The “Peter Kirk”（1990）1 Lloyd’s Rep. 154。虽然法院在这种情况下没有太好的理由是不会同情与唱反调的。法院这种权力在 1950 年《仲裁法》Section 12(6)中规定如下：

（a）discovery（现在改为叫 disclosure）（Arbitration Act 1950, Section 12 [6][b]），法院可下令披露的权力已在更早一个立法中取消掉：the Courts and Legal Services Act 1990；

（b）the giving of evidence on affidavit（Arbitration Act 1950, Section 12 [6][c]）；

（c）the examination on oath of any witness, and the issue of a commission or request for the examination of a witness outside the jurisdiction（Arbitration Act 1950, Section 12 [6][d]）；

（d）the inspection of any property which was the subject of the reference to arbitration（Arbitration Act 1950, Section 12 [6][g]）；

（e）by subpoena, a person to appear before the arbitrators and to give evidence or produce documents（Arbitration Act 1950, Section 12 [4]）, even in the case where the person was in prison（Arbitration Act 1950, Section 12 [5]）.

到了 1996 年的立法，在理念上是把法院的权力尽量交给仲裁庭，特别是在证据方面。这导致了以前是法院的权力，例如保存证据，现在变成仲裁庭的权力。它们是在以下的条文中：

（a）direct that a party or witness be examined on oath or affirmation, and to administer the oath or affirmation（Arbitration Act 1996, Section 38 [5]）；

（b）give directions in relation to any property which is the subject of the dispute, including its inspection, testing, sampling and preservation（Arbitration Act 1996, Section 38 [4]）；

（c）order the preservation of evidence（Arbitration Act 1996, Section 38 [6]）；

（d）determine which documents and classes of documents are to be disclosed and produced（Arbitration Act 1996, Section 34 [2][d]）；

（e）enforce their directions on the above matters either by making a peremptory order which can be enforced on application to the court if there is continued non-compliance（Arbitration Act 1996, Section 42）, or by proceeding but drawing the necessary inferences from non-compliance（Arbitration Act 1996, Section 41）.

英国法院的权力仍保留一小部分，这主要是用在仲裁员无法作出命令，例如在发生事故的早期，仲裁庭尚未成立，或者是涉及第三者证人例如要去把他传唤到庭。这些如下：

（a）the taking of evidence of witnesses（Arbitration Act 1996, Section 44 [2][a]）；

（b）the preservation of evidence（Arbitration Act 1996, Section 44 [2][b]）；

（c）making orders as to the inspection, testing and preservation of the subject matter of the dispute (Arbitration Act 1996, Section 44[2][c]);

(d) a party may seek to obtain the attendance of a witness and the production of evidence by him by using the same court proceedings as are available in judicial proceedings (Arbitration Act 1996, Section 43).

6.2 普通法的地位要求依照证据法

1996年《仲裁法》生效以前,普通法的地位是要仲裁庭依照证据法,如在 Attorney-General v. Davison (1825) M'Cle & Yo 160 和 Land Securities plc v. Westminster City Council [1992] 44 EG 153。在权威的"Commercial Arbitration"(第二版)第352页说道:如果仲裁庭接受了法院不接纳的证据就犯了错,会导致裁决书被上诉或者撤销,如下:

"Thus, if an arbitrator admits evidence which is inadmissible, he commits an error of law which may be appealed against. Furthermore, if the arbitrator deliberately accepts evidence which is obviously inadmissible, he commits misconduct and the award will be set aside, at any rate if the evidence is important."

但实际上一直有海事与商事仲裁不依照证据法的情况,其根据的合法理由不外乎双方的默示(imply)或者是弃权(waiver)理论。加上法院在近期也不愿意撤销或者发还一个裁决书,除非不接纳的证据是对裁决结果有重大的影响。

这可以从伦敦海事仲裁员协会(LMAA Terms)以前有一条是说仲裁员有权"去接受法院严格不能接纳的证据"(to receive and act on such or written evidence as it determines to be relevant, whether or not the evidence is strictly admissible in law)。这一句已经不再出现在1996年《仲裁法》生效后的 LMAA Terms(2002年)。

当然,即使在英国法院,在民事诉讼中已经对严格的证据法作出极大的放宽。例如在1995年已经把最重要的不可接纳证据的"传闻证据"(hearsay evidence)全面放宽,也不需要先向对方作出通知,变了现在对证据的理念法院与仲裁一样,只追究证据有多少分量(weight)而不是依据优质或者是劣质而排除后者。

在1996年《仲裁法》之 Section 34 (2)(f)已经用立法说明证据法或者证据规则适用不适用完全由仲裁庭来决定。所以,普通法地位已经没有关系了。

6.3 必须让双方知道对方递交的证据与仲裁庭的裁决会依赖的证据

自然公正的第二条规则就是让双方当事人知道对方的指控与有机会作出调查取证与反驳。这方面的精神表现在仲裁程序的许多步骤里,比如双方的披露文件就包括有检查正本文件(inspection)与要求特定文件(request for specific disclosure)。这里的例子很多,先简单介绍一个,一方只披露了一份报告的其中一页,仲裁员就应该在对方申请下几乎肯定会下令去把整份报告出示,因为这是自然公正,对方有权知道报告中全面的指控而不是断章取义的一页。

仲裁庭要小心一方当事人给他/她的文件并没有同样给对方当事人一份。这表示在做法上要小心,例如,在收到什么文件都向双方以文书(例如传真)确认,比方说刚收到索赔方的一封信,其中有23份附加文件。这一来,抗辩方就马上知道自己也应该收到23份文件,如果收不到就马上提出质疑。又例如在开庭的时候,一方当事人当场给了仲裁庭一份文件,仲裁庭在看之前应先交给对方当事人,并在没有异议下才能去看。这是给对方当事人一个机会去提出异议,例如说是无关或是享有特权(privilege)或者是太晚披露造成损害(prejudice)。

这样会带来仲裁员为难的时候,笔者记得很早以前的一个罕有的例子是一方当事人的中方律师,显然是水平很差与道德也成问题,竟然打来一份传真而没有抄本给对方的英国律师,对笔者大致上说:"希望你判我方当事人胜诉,作为中国人永远记得您的恩惠并会作出回报。"笔者觉得十分矛盾,要不要把这份传真抄本给另一方的英国律师。要知道这种事情如果发生在先进国家甚至在香港地区,该中国律师就会为自己带来天大灾难。首先有该份传真就是确实的证据,而且试图行贿是明显犯了刑事罪,而且香港的律师协会几乎肯定会把他取牌。可以说,如果这份文件给了英国律师是给了他天大的喜讯。最后笔者还是把该文件撕掉了事,反正认为它无关案情(因为反正笔者在裁决考虑时不会考虑这个因素)与不想把事情扩大与恶化。该中国律师也实在傻得可爱,就是要做坏事也不要留下文书证据,打一个电话来反正一提到有不轨的行为,笔者至少可以把电话挂掉,但这一来中国律师也不会有犯罪的证据被抓到。

在 Top Shop Centre Ltd. v. Bellhaven Estates (1992)(未被报道)的案例中,涉及一份住客(一方当事人)的专家报告,只给了独任仲裁员,没有给房东(对方当事人)。该裁决书被法院撤销,因为房东失去了去反驳或者去盘问住客专家的机会。类似的另一案例是 The "Santa Cruz Tres" (1995) 1 Lloyd's Rep. 208。

6.4　当事人需要等待重要新证据的情况

再举一例,这是让被指控的一方有一个合理机会作出调查取证,是否可以延迟仲裁程序为了等待新证据的取得。笔者最近已经有两个案件涉及这个问题:一宗是有关农产品的收成不佳,可是各种复杂的成因是需要到秋天收成的时候作出一个检验报告,仲裁庭认为这个报告十分重要,所以把仲裁程序拖延了四五个月,希望等待该报告的完成。另一个案件涉及中国船东向欧洲租船人索赔一笔很大的船舶滞期费,因为船舶在斯里兰卡的卸港严重延误。延误的表面原因看来是港务与海关当局的干预,承租人故以此不可抗力(force majeure)与当局干预(restraint of authority)的两个租约免责理由去抗拒支付滞期费。但船东通过自己的渠道在斯里兰卡取得一些有关法院诉讼的文件,包括一份判决是收货人与海关当局的有关该批货的问题。大致上显示是该批货的白糖向海关误述为黄糖,可能是为了减税或逃税。反正这样一来,船舶延误的主因看来是货物的问题而不是当局的干预,看来承租人对滞期费的承担是难以逃避了。但承租人的英国律师大力地在抗拒船东把该判决书递交给仲裁庭考虑,说是片面与时间上太晚。仲裁庭的回答是,如果承租人不想有片面的情况出现,他就有责任与能力把更多的在斯里兰卡诉讼的文件披露出来,中国船东作为局外人的能力有限。至于时间方面,披露文件的责任是在整个诉讼程序里面都有,并不仅是在早期的披露一步。一般做法是到了开庭前,双方会把后来再取得或制造的有关文件交换,并作出一份额外的名单(supplementary list of documents)。而到了开庭,如果当时取得了什么有关的文件,当事人仍然可以和有必要披露出来。只是如果文件早应该取得与早应该出示,太晚披露就会被仲裁庭惩罚,例如因此带来的费用浪费或不予考虑。

承租人的英国律师也说斯里兰卡还有其他文件尚未出示,因为诉讼并没有告一段落,这应是指上诉吧。承租人于是申请把伦敦仲裁暂停,等斯里兰卡诉讼终结后再重新继续仲裁程序,中国船东大力反对,因为这会带来严重延误,并要求仲裁庭以最后披露的一份判决书去作出裁决。笔者作为仲裁庭一员作出以下命令:

"The Admission of latest judgment from Sri Lanka:

Not having read the Sri Lanka judgment yet, we cannot finally decide on relevance. But even in the Defence Submissions as early as on 24/8/04, many of the exhibits are documents relating to the Sri Lanka proceedings. It does not make sense that the judgment in the same proceedings should be singled-out as inadmissible, due to the piece-meal evidence and too late in its disclosure.

Unless much better reason is given, this matter should not be further debated which is a waste of time and money…

Stay of London arbitration:

If the charterers feel that new and important evidence will emerge soon in the Sri Lanka proceedings, they are always entitled to apply to this Tribunal for a stay of London arbitration pending the forthcoming of those evidence. No doubt details (or even evidence) will have to be provided which we believe you are seeking from Sri Lanka, such as: whether an appeal is being lodged; on what basis is the appeal; how long will it take; is there any further appeal; formal advise from Sri Lanka lawyer; …"

这种等待新证据,仲裁庭是要兼顾自然公正,但同时也要避免延误,这是1996年《仲裁法》之Section 33加于仲裁庭的责任,要平衡抓好。例如认为新证据没有太大作用或者要延误太久,仲裁庭就不应该等待。法院也会支持仲裁庭适当的决定。在Lachin v. Ellis (1863) 11 WR 281,就是败诉方申请押后伦敦仲裁,以给予时间把一位海外的证人带来取证,但仲裁庭拒绝,认为证据不重要,以手头已经有充分的其他证据作出裁决。事后,败诉方向法院申请救济把裁决书撤销,但被法院拒绝。

同样情况也出现在Chandmull Moolehand & Co. v. Weis & Co. (1921) 9 Lloyd's Rep. 412。

除了要平衡新证据可以带来的好处与延误外,也会有情况是仲裁庭善意地以为再没有新证据了。这在The "Aros" (1978) 1 Lloyd's Rep. 546,仲裁庭以为已经收齐了双方要递交的证据就以文件证据作出裁决书。但败诉的承租人说他还有进一步的文件证据要递交,但由于不晓得这么快会作出裁决书,加上仲裁庭没有告诉作出裁决书的进度,所以失去机会这样做,造成不公正,要求法院救济。法院从通信的往来中觉得仲裁庭是善意地以为没有进一步证据,所以拒绝把裁决书撤销,并说这种情况若是真有重要的新证据该出示但没有出示,也只是一种程序上的不幸(procedural mishap),这在1950年《仲裁法》的不良行为是有这种说法,但在1996年《仲裁法》就不再有此说法,所以The "Aros"是绝对不会有Section 68的救济了。

这种情况也出现在The "Yperagia" (1977) 1 Lloyd's Rep. 29。所以,做一个好的仲裁员也应该小心尽量把作出裁决书的进度向双方当事人说明。例如笔者要作出裁决书的一步前总向双方说明并告诉双方大概会在多少时间内作出裁决书,这一来,将来谁败诉就难以说是没有机会及时地做一些最后陈述、反驳或者递交新证据。

6.5　仲裁员如何处理自己取得的机密证据(secret evidence)

在这一个自然公正的大原则下,仲裁庭自己也要小心,就是自己要肯定什么该向双方当事人出示与什么不该出示。因为仲裁庭自己也可能去调查与取证,例如自己去问朋友或者去查书,毕竟仲裁庭自己也想去裁决得正确。这在今天英国法允许仲裁庭有主动询问的权力下,是可以这样做,但别忘了"天条"的自然公正。另一种要小心的情况是仲裁庭自己有这方面的专业知识甚至对案情有内幕消息,仲裁庭要使用的话也要小心该不该预先披露或者出示。笼统的说法是仲裁庭自己去给自己证据或者是取得机密证据(secret evidence),都是十分危险的。在1950年与1996年《仲裁法》下都是不允许的。说到这方面,英国最出名的先例Fox v. P. G. Wellfair Ltd. (1981) 2 Lloyd's Rep. 514是仲裁讲座的典型教材。但在1996年《仲裁法》之后,这种案例只有多没有少,在本书第九章有详细介绍,例如是The "Pamphilos" (2002) 2 Lloyd's Rep. 681, Checkpoint Ltd. v. Strathclyde (2003) 14 EG 124 (GA)和Warborough Investments Ltd. v. Robinson & Sons (Holdings) Ltd. (2003) EWCA Civ. 751 (CA)。

当然,仲裁庭要使用机密证据,认为这与正确无误的裁决非常有关,并非是不允许。但为了符合自然公正就要事先向双方当事人披露,并给他们以合理的机会去作出调查后反驳、调整或者认同。仲裁庭要这样做也该十分小心,别把自己当做无所不知的上帝或神仙。在双方当事人有高水平的律师作为代理人的情况下,他们很难会漏掉一些东西是仲裁员才看得到、要向双方提醒的事情。

在同一精神下,在1996年《仲裁法》之Section 68是要求证明造成重大不公正(substantial injustice)后才会作出救济,对仲裁庭与裁决书有了一定保障。在Sanghi Polyesters Ltd. v. The International Investor KCC (2001) 1 Lloyd's Rep. 480,独任仲裁员私下依赖了并非是双方当事人提供的书籍与案例,所以双方没有机会进一步反驳或陈述。法院拒绝作出救济,认为裁决书看来这一个行为并没有造成重大不公正,甚至没有影响。

笔者作出裁决书也经常有这种矛盾,因为笔者知道很多新的案例并不一定是双方当事人与他们的律师所知道的，并去提出过。但笔者又很想把这些新的案例加进裁决书，也可以显示裁决书的水平与正确。这里笔者的思维是，如果新案例或者新发展是与双方所提出过的有差异，笔者就一定会去向双方披露并允许他们进一步反驳或者陈述后才作出裁决。虽然笔者可能不去听从这些进一步的反驳，但至少在程序上已经做到了符合公正。另一种情况是新的案例或者新发展是与双方或一方当事人提出的完全吻合，这一来，笔者就不去浪费时间了。而且再去提出这些新案例明显是支持其中一方当事人也会导致整个仲裁出现变数，因为另一方知道不妙会作出一些其他的行动比如拖延或者另找麻烦。这一来，笔者如果在裁决书中去加进新案例，往往是会说明自己的裁决是什么，然后提笔者也知道有某某新案例有同样判法。换言之，措辞上是以该案例作为辅佐或者加强了笔者原来的想法与裁决，并非是根据该案例而作出这样的裁决。因为道理很简单，该新案例虽然十分有关甚至重要，但双方从来没有提过。

法律明确的是仲裁庭有些方面使用在裁决书的内容是不必向双方当事人预先披露的，有以下两点：

（1）双方当事人一般可以去合理估计到仲裁庭应有的经验与专业知识，不少被委任的仲裁员是某一方面的专家。例如笔者（杨良宜）是一位船长，所以一般关于船舶的知识是双方当事人都可以知道，所以笔者使用在裁决书中也不需要向双方先去披露。例如在裁决书提及一些一般性的船舶知识是双方没有提过。但是一些双方当事人不可以合理估计到的经验，例如是在 2001 年 10 月的船舶价格是多少有争议，但碰巧笔者刚好在当时也交易了一宗买卖，知道船价市场。这一来，要去使用就必须向双方当事人先作披露，因为笔者在当时的有关交易并不是一般性的船舶知识。

（2）在 The “Pamphilos” (2002) 2 Lloyd’s Rep. 681 先例，Colman 大法官说认定事实的证据必须让双方都知道与有合理机会去反驳，但仲裁庭对证据作出一些推断（drawing of inferences）是不需要向双方提出的。简单作一个比喻，仲裁庭在向一个证人取证后，不相信他部分或全部的讲话，这在裁决书里作出决定是不需要事前去告诉当事人。同样道理，在看了文件后发觉一方当事人拒绝对方去进行一个共同的检验，例如是船东拒绝对他的船舶进行检验或者是买方拒绝卖方参与对货物质量的检验，仲裁庭有了他/她的看法或者不利推断，例如是买方心中有鬼，这也是完全可以，不必向双方当事人事先说明。否则有危险没完没了，因为这一说明后，不利的一方肯定会想去扭转。

或者说拒绝检验背后另有真相并非仲裁庭所想的“心中有鬼”。这就涉及要双方当事人自己机灵，知道在出示的证据中会有导致仲裁庭有不利于自己的看法，而真相是另有原因的，他就应该向仲裁员自动陈述或者提供更多证据，例如另有重要与合理原因无法作出共同检验，务求仲裁庭接受解释，不作出不利的推断。

仲裁庭要明白提供证据是双方当事人与他的律师的责任，包括优质的证据与充分证据。仲裁庭要避免对一方的证据作出建议（advice on the evidence）。否则，会被对方当事人认为仲裁庭在偏袒被建议的一方。但是,仲裁庭也有权力要求更多的证据以知道真相,特别在今天1996年《仲裁法》下所增加的主动询问权力(inquisitorial power)。但两者之间的分水岭就要十分小心了。例如笔者在近期一个仲裁中,涉及一方当事人的律师出示一些很不利于对方的文件,但明显文件是片面的。可是对方的中方律师要求仲裁庭尽快作出裁决。结果仲裁庭在商讨后,决定向中方律师要求多给几份一定或应该存在的文件,说是希望知道争议的全部真相。但这一来,另一方当事人的律师显示出很不高兴,暗示了仲裁庭在提供证据方面帮助中方律师。虽然在1996年《仲裁法》下,这种不愉快的事情也难获得任何法院的救济。但一个好的仲裁员仍是要注意这方面:就是有权去主动询问以期裁决正确,但不能去偏袒任何一方,例如"advice on the evidence"。

说到机密证据(secret evidence),笔者可再以专家意见证据为例。众所周知,对一些技术很专的争议,仲裁庭成员(或者法官)不一定拥有这方面的知识,例如太空技术或者核电技术,这一来解决的办法就要靠专家证人。在普通法的对抗制(adversarial system)中,一贯做法是依赖当事人提供的专家意见,再加上反盘问去澄清、丑化与攻击对方专家证人。这种做法的毛病就是当事人专家证人偏袒自己的当事人,虽然表面会做得很好看,完全客观与公正地帮助仲裁庭了解技术性的证据。但大陆法系的做法是经常由仲裁庭去委任专家证人。这样一来好处是客观与公正不成问题,但带来了其他问题,例如仲裁庭的专家证人不太了解内情与真相等。不离题了,如果仲裁庭的专家向仲裁庭作出一份专家报告,这正是"secret evidence"的一种,双方当事人不会知道,除非仲裁庭自动披露并且给双方当事人机会去认同、反驳或陈述。这种做法在1999年的国际律师协会(International Bar Association,简称IBA)规则有关于国际商务仲裁的取证(IBA Rules on the Taking of Evidence in International Commercial Arbitration)之Article 6(5)有说明,如下:

"The Arbitral Tribunal shall send a copy of such Expert Report to the Parties. The Parties may examine any document that the Tribunal-Appointed Expert has examined and any correspondence between the Arbitral Tribunal and the Tribunal-Appointed Expert. Within the time ordered by the Arbitral Tribunal, any Party shall have the opportunity to respond to the report in a submission by the Party or through an Expert Report by a Party-Appointed Expert. The Arbitral Tribunal shall send the submission or Expert Report to the Tribunal-Appointed Expert and to the other Parties."

记得香港曾经有一个有名的法院判决就是拒绝去执行贸仲(CIETAC)的裁决书,名为Paklito Investment Ltd. v. Klockner East Asia Ltd. (1993) 2 HKLR 39。该案例中,涉及贸仲仲裁庭自己找了专家,但没有把专家的报告给双方当事人并让他们去作出反驳或者进一步的陈述,结果被香港法院判决裁决书依赖了"secret evidence"是违反了自然公正的公共政策而被拒绝执行。据知,贸仲的仲裁规则也因为此案例而作出了修改。但笔者依然知道有个别仲裁员喜欢自说自话,私下调查取证不向双方当事人披露的情况存在。

这带来英国或者中国香港的仲裁庭一些其他的小心做法。例如在仲裁庭委任了一位专家证人去了解专业性的证据,可能会一开始告诉专家证人所有建议用口述而不要以文书记录或陈述,因为一旦有了文书记录仲裁庭就有责任作出披露。另外,较佳的做法是如果一个三个人的仲裁庭能有一位成员拥有相关的专业知识,就比要去委任专家证人优越得多。因为,这一来仲裁庭之间的讨论案件与做出决定过程就根本不需要向双方当事人披露或者出示,也不存在任何人有权向仲裁庭盘问与要求披露。所以笔者很喜欢这样一种委任仲裁庭的做法,就是一个三人的仲裁庭不一早组成,因为当时不会对案件与争议了解太多。最好是在早期的中间程序的推进中,只有双方当事人委任的两位仲裁员去处理,这一般也足够了。然后到了案情与争议是什么明确后,在开庭前或者作出裁决书前再去委任第三位仲裁员或者是首席仲裁员,就可以选出相匹配的人选了。笔者记得有一次是与一位资深大律师作为双方当事人委任的仲裁员,到了开庭前发现争端实际是非常复杂与技术性高的炼钢技术,结果我们同意委任一位著名大学的炼钢教授作为首席仲裁员,仲裁结果笔者认为非常满意与省钱。如果一开始就去委任首席仲裁员绝对不会找到他,很可能去找另一位资深大律师,这样效果就会差多了,而且花费也多了。这在英国的伦敦海事仲裁员协会的仲裁规则(LMAA Terms 2002)中有规定,在 Article 8 (b)中说:"The two so appointed may at any time thereafter appoint a third arbitrator so long as they do so before any substantive hearing or forthwith if they cannot agree on any matter relating to the arbitration;…"这可让适用 LMAA Terms 的伦敦海事仲裁员(绝大部分的案子都是如此),都自动这样做。但在香港仲裁,就需要每一次向双方当事人取得同意后延后委任第三位仲裁员。虽然大部分情况下他们都会同意,但笔者看到如果双方当事人敌意很深或者被告不加理睬(会是缺席的情况),笔者也就不浪费时间去问了,尽快同意委任谁做第三位或首席仲裁员以组成完整的仲裁庭才能开始程序上的推进。

再多提一个要小心的地方:就是在开了庭后千万不要再去问仲裁庭委任的专家证人任何意见,因为该问的也应该问了。如果再去问而专家证人给一些补充意见或者是新意见,难道仲裁庭会再向双方当事人披露或出示,然后再来一次开庭吗?所以,为了避免违反自然公正与省钱、省时间就根本不应该再去冒取得"secret evidence"的任何危险了。

7. 仲裁中间程序的主要步骤

这里介绍仲裁中间程序的主要步骤,然后挑一些各方面是如何在平衡了自然公正、省钱与省时间这三大考虑因素后,仲裁庭应该做出的命令。

这些主要步骤与法院诉讼基本一样,但伸缩性大得多了,而且仲裁也会省去一些步骤,因为为了省钱或者是作用不大等原因。例如,香港法院的自动与全面文件披露的一步就很少在仲裁中出现,除非是十分大型的依照法院程序的正规仲裁(formal arbitration)。另一个步骤是开庭,法院特别是香港仲裁是在所难免的。但大家也知道仲裁很多时候是不开庭的。

当然法院对处理仲裁有十分悠久与不断改善的经验与做法,仲裁没有理由不参照与学习一些基本做法,除非是有特别理由。

7.1　预先会议(preliminary meeting)

在英国法院一直以来都有规定得很仔细的程序法或者程序规则,目前就是"Civil Procedure Rules" 1998 或简称 CPR。但仲裁就没有这种规定,如果是随意仲裁甚至机构仲裁都会有很不同的做法,这种做法的差别在不同的行业例如建筑仲裁与海事仲裁更加明显。这一来,有部分仲裁(特别像建筑仲裁)就在仲裁庭组成后先召开一个预先会议。在这个会议中,仲裁庭或者双方当事人会准备好一份会议章程(agenda)把双方要商讨与尽量同意的议题列出来,然后在会议中一项一项针对讨论。以下是一份常见的会议章程:

(a) identification of the parties and their representatives;

(b) confirmation of the arbitration agreement, the arbitration rules (if any) under which the arbitration is to be conducted, and the documents appointing the arbitrators;

(c) whether there are any preliminary issues on jurisdiction, including the qualifications of the arbitrators, the scope of the arbitration clause or the existence of a dispute (these are matters which can be determined by the arbitrators themselves unless the parties agree to the contrary, and it may be necessary to decide whether they should be resolved by a partial award or in some other way);

(d) identification of the applicable law of the arbitration agreement and the substantive agreement, and determination of the seat of the arbitration, if these matters have not previously been agreed (the parties may also be requested to consider whether the arbitrators are required to adhere to strict rules of law and whether the range of remedies available at common law may be extended, eg., by the award of punitive damages);

(e) confirmation of time-table for exchange of pleadings/statement of case;

(f) decide whether documents to be relied on should be appended to the pleadings/statement of case;

(g) how discovery of documents is to be dealt with;

(h) mode of service of documents/pleadings/statement of case;

(i) whether oral evidence will be required;

(j) if there is no oral evidence, whether documents-only arbitration should be adopted; and

(k) if there is oral evidence, whether directions leading to the main hearing can be dealt with:

(i) exchange of factual witness statements;

(ii) number of expert witness (if any) and areas of expertise/issue to be dealt with;

(iii) exchange experts reports and meetings of experts;

(iv) venue, duration and dates of oral hearing;

(v) preparation of hearing bundles;

(vi) exchange of opening submissions;

(vii) agreed lists of facts/issue; and

(viii) other supporting facilities such as interpretation, transcripts, video conference.

这个会议的理念看来是有吸引力,就是没有像法院的 CPR 去引导往后的仲裁程序下,也可以去预先由仲裁庭根据不同案件度身定做一套完整的仲裁程序,大家跟着去做。但实际上这个做法对笔者带来很大疑问,估计主要的原因是很少在笔者熟悉的领域适用。它主要的问题在:

7.1.1 费用昂贵

任何会议会带来昂贵的费用,应是可想得到,特别是在国际仲裁更是要双方当事人与可能是外国的代表律师非要去花钱花时间飞去伦敦(或者中国香港),只为了开半天或者一天的会议。有时候,更会见到莫名其妙的事情,例如一方当事人为了这个会议去委任御用大律师甚至有专家证人陪同下出现。这又不是开庭审理,笔者觉得花这种钱是莫名其妙。如果有对方当事人提出申请,在这种情况下笔者会想去作出费用的惩罚,就是不论最后谁胜谁负,这些御用大律师与专家证人的费用都要由委任的当事人自负。

今天通信发达与便宜,笔者就想不出为什么双方不能以文书通信去达成协议。如果达不成协议,就由仲裁庭作出决定。任何争议与作出决定对笔者来讲是文书更胜于口头。

花了昂贵的费用外,这价值也成疑问。笔者曾经与一些著名的仲裁员在同一仲裁庭合作,他们坚持要开预先会议的一大理由是能让大家见见面。但笔者觉得这代价太大了。

所以,在 LMAA Terms 2002 是没有这第一步开预先会议的硬性规定,只在第 15(a)条去允许仲裁庭决定在仲裁程序中任何时段如果有必要就去召开(the tribunal may decide at any stage that the circumstances of the arbitration require that there should be a preliminary meeting to enable the parties and the tribunal to review the progress of the case…)。反而在第 15(b)条去规定开庭超过 5 天应召开一个预先会议,因为表示案件复杂,会要准备开庭考虑的事情比较多,大家见面谈会比较快点解决。但估计这也主要适用在双方当事人律师都在伦敦,如果一涉及外国律师或者仲裁庭有住在伦敦以外的成员,就很少会这样做。像笔者涉及的伦敦仲裁,不论是代理当事人或者仲裁庭成员,都没有飞去伦敦为了开半天预先会议的经验。就算是有,今天也没什么大不了,因为有其他的替代,例如是视像会议(video conferencing),像香港国际仲裁中心(HKIAC)就有这种设备可供使用。毕竟这种会议也只是谈程序,不是开庭,所以双方没有什么太大争议或者是十分复杂的问题要解决。

笔者倒是经历过一些国际仲裁,在仲裁庭一组成后,一方的律师(通常是外地律师)就马上通知仲裁庭说:请不要召开预先会议。估计,背后最大的考虑就是为了省钱。

7.1.2 双方当事人律师不一定能充分掌握案情去作出任何承诺

这是一个更大的问题,也使笔者一度对建筑仲裁十分重视预先会议感到大惑不解。因为在笔者熟悉的领域,像海事或国际买卖,往往是随着仲裁的推进才一步步加深了解争议与有关证据,比如说是文件披露后才能决定是否需要开庭审理,更不说是要去决定如果要开庭,应该有多少事实证人与是否需要专家证人。甚至简单的文书请求交换的时间表,双方当事人也不一定能说死。例如不知道或者不详细了解索赔的被告就不愿意在没有看到索赔请求前说死他会在 14 天或者 28 天内递交抗辩请求。这一来,表示在预先会议中,双方律师在一些主要的章程项目下都会说要稍后才能确认,目前无法说死,这一来,这预先会议的作用就成疑问了。

在建筑仲裁,他们都是本土的仲裁。通常双方当事人与代表律师都会住在同一地点,所以开一个会议的费用相对很低外,而且有一个特点是香港建筑仲裁通常到了仲裁程序的开始,已经经过了两个程序去设法解决争议:一是工程师的证明(engineer certificate),二是调解(mediation)。加上工程合约经常会规定要整个工程完结后才能去仲裁。这导致了一去仲裁,双方已经对有关争议非常了解与处理过,以至能够连开庭有多少事实证人与什么专家证人都能一早在预先会议中商讨和决定。但不少人说建筑仲裁费用太高,笔者怀疑动不动开预先会议也可能是原因之一。像海事中经常有便宜的文件审理仲裁(documents-only arbitration)如果去开一个昂贵的预先会议简直就是本末倒置了。

7.1.3 参加预先会议的双方代表

真要去举行这个会议,适合参加的双方代表应该是熟悉仲裁程序与本身的案件,才不会乱答应了对自己不利的程序做法。这一般来说,有水平的当事人自己或者是代表事务律师(solicitor)已经足够有余了,不必去聘用一般大律师甚至御用大律师代表。笔者认为较重要的反而是当事人应该派出有权力去当场下决定的高层代表。如果没有这些人选,就经常会发生代表律师动不动说:我需要取得客户的命令或指示后才能去回应或者同意,结果是在预先会议能够定得下来的程序很少。另外,即使只有代表律师出席,也需要是真正的处理案件的律师(case handler),而不是随便找一个什么都不知道也没有被授权的年轻律师去凑数。这是另一个极端,危险特别是在扯皮的被告。笔者在最近一个经验就是被告一直在拖时间并要求开庭,虽然案件只涉及 7 万美元,而且很适合只是以文件去审理。根据英国《仲裁法》,笔者就会以 Section 34 (2)(h)去否定被告开庭的要求。但这是香港仲裁,根据《联合国示范法》之 Article 24 (1),仲裁庭是无法去拒绝被告开庭的要求。结果仲裁庭(包括笔者与另外一位仲裁员)下决心去马上开一个预先会议,希望去说服被告与他的律师放弃开庭。即使是要开庭,也可马上定下日期不再拖延与只在笔者与另一位仲裁员中选择其一(这可避免要为开庭多去委任一位仲裁员来组成三人仲裁庭)。这本来都是已经拟定好的预先会议议程表,但真的去开会议的时候,原告是有合伙人出席并取得当事人的授权去同意这些事项,但被告竟然只是派了一个刚出道的实习律师出席,说是合伙人刚好抽不出时间。他/她什么都不知道也无法去同意开庭日期。他/她也要求再多给两三个月时间去取得当事人的确认后再同意是否选一个与选谁为独任仲裁员,或者仍是坚持要三人仲裁庭。结果是大家白走一趟令一个预先会议变成了一场空。笔者是大力建议在今后召开预先会议一定提前说明是规定双方代表律师必须有授权与处理案件的合伙人亲自出席。这一来,如果是办不到就可以名正言顺地以浪费费用作出惩罚。

7.2 文书请求(pleadings)

在仲裁庭组成后,通常第一步是双方的文书请求(pleadings)交换。这一步本身就是有很大的自然公正的精神,就是让双方通过文书请求去知道对方的指控与抗辩是一些什么事实与法律,然后去作出调查取证或者有关法律的研究后,作出反驳与陈述。

文书请求通常是几个往来:首先由原告作出索赔请求,然后在合理时间内由被告作出抗辩请求。被告如果有反索赔,也应该在抗辩请求一并提出。再下一步会是由原告作出答辩请求,答辩只是针对抗辩请求中作出的一些新观点。如果抗辩请求只是去否认索赔请求中的指控,也就没有什么需要答辩了,双方的不同立场将来是要看证据的强弱与充分去作出决定了。当然如果有反索赔,答辩请求也要同时加上"抗辩反索赔的请求"(defence to counterclaim submissions)。这一来,还有最后一个文书请求的交换,就是被告的针对抗辩反索赔请求的答辩请求(reply submissions)。这一来文书请求一步程序应是完结了。因为文书请求的作用只是让双方知道对方的案子(case),另一说法是双方把战线(battleline)摆出来。这也是法院不允许双方当事人在"pleadings"去争辩法律与针对证据,因为这不是"pleadings"的原意。至于真正的交战机会有的是,就是在开庭审理。就算是不开庭,文件处理的"documents-only arbitration"也几乎一定在双方文件披露后,看了对方的证据后,再来一次"最后文书请求"(final submissions)交换的一步。在最后文书请求,双方当事人才去争辩法律与在披露了的文件中挑毛病,让仲裁庭更深入了解案件全面的强弱。

文书请求的交换正常的做法应该是轮流(sequential),首先是原告的索赔请求(claim),其次是被告的抗辩请求(defence),最后是原告的答辩请求(reply)。原因是双方不会清楚与肯定知道对方请求中想讲什么去逐一作出回应。所以需要知道索赔请求中的每一项指控才能去逐一作出抗辩。而在抗辩中如果提出新的指控或者说法,原告才需要去作出答辩,而答辩也不是去重复索赔请求已经说过的东西。

但在少见的情况下,就是双方都非常了解争议是什么,加上是时间紧迫例如是即时仲裁(instant arbitration)与争议面局限的情况下,双方同意同时(concurrent)交换索赔与抗辩的文书请求。顶多在几天后双方再同时交换一次答辩的文书请求,去简略针对较早时的文书请求中没有去针对的一些内容。这样的文书请求做法会缩短时间。

7.3　澄清或要求对方提供进一步细节(clarification or request for further and better particulars)

这一步通常发生在对方的文书请求比较含糊,无法明确知道对方的指控或者抗辩时就会提出。一种典型的例子是对方指控双方当事人曾经在电话里面同意过一件事,但自己一方不认同,就要向对方提出的澄清有以下几点:(i) 是在哪一天与什么时间通话? (ii) 通话时间多长? (iii) 是谁与谁在通话? (iv) 通话所讲的大致内容与措辞等。

这一来,在对方提供了澄清后知道对方的指控是与自己一方当事人的某某人通话,就可以去进一步调查与取证。比方说该某某人否认曾作出这种措辞,这就要他将来做事实证人去针对对方的指控作出反驳了。如果该某某人是进一步否认曾经在当天有任何通话,这又要涉及在文件披露中要求对方去出示长途电话的记录,例如是电话公司的账单。再换一个变数,就是该某某人只是一个小职员或者是代理人,就可让自己一方当事人作出另一种抗辩,就是该某某人即使在电话中同意过这件事,他也是没有授权。

再去多举一个简单的例子说明澄清的重要:如果有一个争议是有关修理房子,而原告的房东指称修理不当造成漏水,被告的修理人就应去提出澄清房子的哪些部位有漏水。是主人房间的窗门或者是屋顶,否则要去调查取证也会是无从着手。

对仲裁庭来说要去作出这方面的中间程序命令,就要小心提出澄清的一方是否在拖时间或者是"钓大鱼",例如是房东向修理人要求澄清他有多少年的经验与做过什么工程。这应是无关而且会把案件扩大。又或是,去澄清有什么证据,但文书请求并非去处理证据。所以仲裁庭应该想在当前的文书请求会否是令申请方无法知道对方的案子而导致去调查取证困难与无法去充分准备反驳? 如果是,就一定要去批准申请并去下令非申请方在合理时间内作出澄清,否则就会是违反自然公正。

7.4　文书请求的修改(amendment)

这一步的中间程序,是往往发生在较后的阶段,甚至会在开庭审理的中途。但笔者在这里先去提到是因为它与上一小段的澄清都算是文书请求(pleadings)的部分。

简单说,文书请求的修改,有必要是因为当事人在起初文书请求完毕后,接下去的各种调查取证过程发现了新的争端(issue)或者重要事实,令原来的文书请求有不足之处或者有站不住之处,就要在开庭前或作出裁决书之前去修改,务求准确与全面地代表自己的案子(case)去让仲裁庭作最后裁决。

这种情况经常见到是在文件披露后,从对方取得许多原先文书请求时见不到的文件。例如是对方文件显示了船舶最近才作出了有关方面的修理与严格检查,就可能对原先文书请求的不适航指控有了犹豫,想去作出修改把不适航的指控删去。因为仍保留在文书请求会导致对方在不适航方面去全面准备开庭,包括有口头证人出庭例如是船长或轮机长,这明显会带来昂贵的金钱上的浪费。对方若是在不适航的指控能去成功驳回,也会导致可成功取得这部分的所有诉讼费用,不论是整个争议谁胜谁负。这特别在今天,法院/仲裁庭越来越根据每一个重大争端的成败去分摊有关费用,而不是粗略地只看全盘的结果。这所谓"issue-base award of costs"也有可能在对方披露文件(航海日志)中同时发现了船舶在航次中曾经不合理绕航,这是一个严重的事情,但也是没有在原先的文书请求中提到,就会在放弃不适航的指控的同时去加上不合理绕航。这些行动都属于修改,恰当的时间就会在披露之后发生。

当然,这也会发生在开庭的时候,例如,不合理绕航是对方的口头证人(船长)在反盘问中漏了口,这一来就马上要去申请开庭当天晚上把文书请求修改。

当然,调查取证有新发现也不只是披露或向对方证人反盘问。这也会发生在自己一方当事人在调查取证时出现,例如,自己律师与主要证人会面时交谈去挑出来,这也需要去修改文书请求。

其他还有许多原因带来文书请求的修改,例如,当事人半途去换上另一个大律师或者事务律师做代表,就经常会出现对原先的其他律师所拟定的文书请求不满意要修改。

对仲裁员来说,他有3个考虑因素要去平衡对待文书请求修改的申请。但主要的考虑因素在这方面仍是自然公正。理由不足的情况下拒绝修改申请会构成是不合理否定了申请方有合理机会去陈述他的案子(present the case)。会导致裁决书被撤销或者发还(remit),甚至是被拒绝执行,因为违反了1958年《纽约公约》。

所以,大精神是仲裁庭几乎一定是允许修改,甚至是多次修改,但一般的命令是修改方必须承担对方因修改而导致浪费的费用,不论争议最后谁胜谁负(to pay wasted costs in any event)。所以在上述的例子中,由于原来文书请求已向对方提出不适航的指控,对方很有可能花了一部分钱去调查取证,例如律师与船长会了面。这一来,一去放弃不适航的指控,这些就是浪费的钱。至于省的钱是将来更大的一笔费用,因为要继续调查下去与把船长带来开庭做口头证人。但修改中包括加上不合理绕航的一个新增争端,这当然会带来对方要去调查取证然后反驳,这可不是浪费费用,因为不合理绕航在原先的文书请求中提出也必然要带来花费同样的金钱与工作。

说法是,只有在浪费费用的给予不足补偿对方,并会带来其他的损害(prejudices),这一来仲裁庭就要拒绝修改的申请了,因为这也是自然公正。这可举下列两个例子来说明:

第一个例子是开始仲裁两年后才开庭审理。但在审理前被告提出需要修改抗辩请求,是加上一个指控(allegation)说原告的董事、总经理曾经向被告作出口头承诺不去追偿一笔债务,但该原告的董事、总经理在不久前去世。这一来,原告自然大力反对修改了,因为被告有证人(不论是真实或伪证),但原告就根本没有证据了。问题是这若是在原来两年前的文书请求中提出,原告一调查就有充分时间向已去世的董事、总经理拿到一份文书的证人证言,这份文件在证人去世的情况下一样可以作为非常有力的证据,完全是可以接纳的(admissible)。这一来,仲裁庭就拒绝了修改申请,因为对原告造成损害。讲得远一点,如果原告的董事、总经理在提出仲裁开始前已经死亡,被告的原先文书请求已经有这一争端,或者后来修改才去增加,这就谈不上对原告造成任何损害了。因为原告自己的证据不足是自己的问题,这不仅是董事、总经理的去世,也会是另一份重要文件找不到。这一来,原告可能设法庭外和解或者去找其他的方法(如反盘问)来丑化被告证人对去世董事、总经理的指控,例如说这么重要的事情怎么会没有任何文书记录,包括在事后该董事、总经理没有向董事会报告,或被告证人为何不早讲?

第二个例子是修改涉及一项新的争议(cause of action),与本来文书请求的争议没有关系,而提出修改的时候,已经是过了时效。这一来,仲裁庭也不应该允许修改,因为除了时效的问题,也会或多或少造成对对方的损害。简单说,上述的不适航请求再去加上不合理绕航而导致同一货损应该算纯粹是修改索赔请求。另外,损失本来是10万美元,再修改去增加为20万美元,也属于纯粹的修改,不受时效的影响。但多去加了一项新的争议,例如被告的船东去加上一项反索赔(cross claim)的不安全港口或者是滞期费,而提出修改或增加的时候已经时效过了,这就不能算是纯粹的修改了。

笔者本人作为香港仲裁庭的成员也曾经遇到过这种问题。这是涉及原告(船东)申请修改索赔请求去加上一个新的争议,就是提单下的货损货差的补偿,但申请时已过了一年的租约时效。结果被仲裁庭拒绝修改申请,也拒绝了去延长时效。仲裁庭的最后命令是如下:

"The tribunal refers to the latest correspondence from the parties and can very briefly summarise the arguments as follows:

1) It starts with the Claimant's application for amendment of pleadings, which in substance is to add another claim of indemnity for cargo damage arising out of bills of lading as presented by the Respondent/Charterer.

2) The Respondent resisted the application by reasons of:

A) The amendment of pleadings is a misnomer. It has nothing to do with the original pleaded claim of off-hire and other indemnity claim under the 'employment clause' (Cl. 8 under the governing C/P). Being a separate claim and a new cause of action, the addition is too late and has already been contractually time barred (being 12 months after redelivery of vessel as per the governing C/P in Clause 35). To allow it will cause prejudice to the Respondent.

B) In the alternative, at the time of appointment, even though the appointment notice used the widest possible words of 'all disputes arising out of or in connection with', factually the dispute concerning the indemnity for cargo claim has not yet arisen, therefore, this Tribunal has no jurisdiction to decide.

3) The Claimant denied the application is not an amendment of pleadings.

Alternatively, the Claimant applies under Section 2GD for an extension of time. The Claimant further argued that the dispute concerning the cargo claim (by the threat of the cargo owner to arrest the vessel for security) has arisen at the time of appointment albeit the true extent of the cargo claim has nor yet crystallized even until now.

The Tribunal's decisions are as follows:

A) The Tribunal accepts the cargo claim has arisen at the time of appointment of this Tribunal. There is nothing to stop the Claimant from seeking a declaration from the Tribunal even though the cargo claim will take time to crystallize or even finalize for the purpose of an actual monetary indemnity.

B) The Tribunal is satisfied that the cargo claim, albeit also an indemnity claim under Clause 8 of the C/P, is new, separate and distinctive. Therefore it would not be proper to allow its addition if the contractual time limit has expired.

C) As to an extension of time, although the Tribunal is empowered to do so, the Arbitration Ordinance in Section 2GD(5) has imposed 2 alternative condition of:

(a) the circumstances were such as to be outside the reasonable contemplation of the parties when they entered into the arbitration agreement, and that it would be just to extend the period; or

(b) the conduct of one party makes it unjust to hold the other parties to the strict terms of the agreement.

The Tribunal is not satisfied with either of the above conditions being met in this case and therefore must reject the application to extend the time bar.

D) To therefore conclude, the Claimant's application to amend or to add the indemnity for cargo claim is rejected."

7.5 文件披露(disclosure/discovery)

7.5.1 文件证据的重要性

文件证据的重要性今天已是人所共知,在1996年《仲裁法》之Section 34(2)(h),仲裁庭已经可以去拒绝开庭审理的申请,除非双方当事人同意。而能去这样决定,适当的情况一是只有法律观点,没有事实的争议,这种案子当然是不多;二是已有足够的文件证据可去认定争议的事实,不再需要口头证据,也帮不上忙。

事实上,国际仲裁涉及国际贸易/交往,其中涉及的人士一般都比较高水平与思维高(sophisticated),他/她们在交往中往往会把所有发生的事情(事无大小),双方当

事人讲过的话等,都去以文书记录在案。这里有几个好处如下:

(i)帮助回忆,因为光靠回忆既不准确,也没有人(包括法官或仲裁庭)愿意相信。记得曾有一位著名的英国大法官说(在1982年"Arbitration"104):"The courts are full of honest witnesses whose memories as time passes become more and more certain and less and less accurate."(法院充斥着诚实的证人,在时间的逝去中,他/她们的记忆越来越肯定但也越来越不准确。)

(ii)不说打官司,就是从公司管理的角度来看也是好事。档案中有完整文件记录,方便公司其他同事或新同事去接管并迅速熟悉情况。

(iii)留下完整良好的文件档案("良好"是指正确但同时又能够"自我保护"的文件,而不是"杀人放火、走私漏税"都去写上),将来有了争议就有了优质的证据,就会在谈判或诉讼中占尽先机。

7.5.2　寻找文件证据的渠道

既然文件证据是如此重要,怎样去收集有用的文件证据变得是诉讼中非常重要的一环。有用与有关的文件可能到处都有,可分为在三个不同渠道会能找到:

(1)自己的文件档案,对代表律师而言就是他客户的文件档案。这里如果客户干得好或者是一个管理完善的公司/企业,会留下完整良好的文件档案,加上案件不太复杂,代表律师就能从中知道很多的案情,并能进一步给予初步的法律意见在案件是否适合或值得去开始起诉索赔(如果尚未开始仲裁),或是胜诉机会(如果已经开始仲裁),或是和解的百分比。

(2)对方当事人的文件证据。根据普通法的 Compagnie Financiere v. Peruvian Guano (1882)11 QBD 5 先例,对方是要把所有的有关文件都披露/出示,不论有利或不利,或者可能有这个结果。在英国现在的《民事诉讼规则》(Civil Procedure Rules,简称 CPR),在31.6条有说明"标准披露"(standard disclosure)的文件亦明确包括了对披露方不利的文件,如下:

"Standard disclosure requires a party to disclose only:

(a) the documents on which he relies[37]; and

(b) the documents which—

(i) adversely affect his own case[38];…

(ii) support another party's case[39]…"

但人性总是不愿自动出示对自己不利的文件。若对自己有严重不利的文件被法院或仲裁庭下令要出示,多数披露方宁可从速和解或投降(若是被告)或撤销索赔(若是原告),也不肯去出示。反正民事案件相比刑事案件是收发自如得多,问题只

〔37〕　他依赖的文件。

〔38〕　对他的案件有不利影响。

〔39〕　支持另一方当事人的案件。

在金钱的得失。

所以,披露文件是仲裁中十分重要的一步/一环,在部分案件,它会是胜负的关键所在。能去做得好包括是:

(i)能够去找出与注视到(identify)关键的问题,自己的强项与对方的弱点。这句话说起来容易,但笔者在无数案件中看到弱势的一方,也往往是败诉方,就是在这里犯错。能去做得好,是需要许多的优点,如机灵客观、高水平、高思维、懂业务、懂法律与经验足够,等等。例如笔者见过的中国内地案件,中方公司与中国代表律师在10个案件中有9个总喜欢争一些无关或关系很小或胜不了的问题或争端,例如是有否授权(warrant of authority)或适用中国法或英国法的实体法(governing substantive law)。相反,一些十分有利之处如合约中的其他条件的解释或损失的计算却不去争。

(ii)下一步是去了解该关键问题或争端(如果是涉及事实问题),对方会拥有的文件证据。显然,如果是对对方有利的文件,对方会自动交出。但若是对对方不利的文件,对方不会甚至会抗拒出示。这一来,要去做好这一步,当事人或/与他的代表律师就需要有很强的业务知识与机灵,能知道什么事实争端对方就应该有什么种类与重要的文件证据。若对方不自动出示,这已经是初步迹象对方可能有鬼或心虚之处。若是正式向对方提出要求,但对方仍是严拒,这更会加强了疑心对方有鬼/心虚。这一来,要去迫使对方出示该份或该类文件变得是首要任务。但怎样去迫使呢?显然,马上想到的就是向仲裁庭申请去下令对方当事人对该份/该类文件去"特定披露"(specific performance)。若能说服仲裁庭这文件确实有关与重要,加上仲裁庭本身也有同样的业务了解与机灵,就很可能去作出命令要求对方出示有关文件。对方当事人如果在平衡利弊后仍然不想去披露,他/她会有两种或两种以上的反应。(A)很快去试图和解,以防止要出示该文件后果更坏。对精明机灵的申请人或他的代表律师,如果看到对方当事人在仲裁庭下令后前来寻求和解,就千万不要客气,应看得出对方的弱点,去尽量迫出一个很有利的和解条件。(B)干脆不去从命或是去"阳奉阴违"。在上述(B)的情况,涉及了各种问题如怎样去加强仲裁庭的命令?怎样去作出适当的惩罚?仲裁地法院可否作出协助?如果对方是外国公司怎么办?等等。这是本段所重点探讨之处。

最后顺便一提是披露虽然会是十分重要,但毕竟在一些情况是来得太迟。故若想在一早能去向法院成功申请(向法院申请是因为时间上会早过仲裁庭的组成),迫使对方出示文件,请参考 Hiscox Underwriting Ltd. v. Dickson Mancester & Co., Ltd. (2004) EWHC 479 (Comm),案情请看第四章之2.2.9.2小段。

(3)第三者手中的文件证据。这第三者包括了任何人士、法人或机构,只除了对方当事人与他的证人。看争议本质是什么,会有情况是有用或重要的文件证据在全球到处都有,在外国法院、美国海岸巡逻队(US Coastguards)、公司注册处、公安局、船级社、代理公司或经纪人。上述文件证据有部分是随意取得,属公开文件(public domain)。但有部分文件证据是拥有者不会肯出示给外人,这就要依赖法院的协助了。

在仲裁地点的法院,通常提供协助都不是问题,例如是英国法院协助伦敦仲裁庭。但如果第三者是身在仲裁地点外的外国,就涉及该外国法院的法律是否愿意作出协助。在香港《仲裁法》之 Section 2GG 是有规定可以这样做,据说新加坡的"International Arbitration Act"也有 Section 12(7)。而在英国,也有同样的法律与案例:Viking v. Rossdale (2002) 1 Lloyd's Rep. 219 (是有关英国法院去协助一个纽约仲裁,在本书第二章之6.6段有介绍)。举一个简单例子是一个争议涉及船舶在新加坡加油时,停了3天半之久。承租人怀疑船舶在新加坡有鬼,例如偷偷使用承租人的时间去进行修理。但估计船东绝对不会出示这些文件在伦敦仲裁。所以一个办法是先在仲裁中申请披露,在被拒绝后去新加坡法院以希腊船东缺席(ex parte)的情况下申请一个 Anton 禁令去强制取得希腊船东代理手中的文件,特别是与希腊船东之间的往来文件。需要 ex parte 的原因是怕希腊船东一旦知道就会通知他的代理在法院下令前毁灭相关证据。当然希腊船东如果机灵就会在伦敦的仲裁被要求披露的期间已经这样做了,但也有一半以上的可能没有这样及时的警觉。这方面在本书第十章之2.2.4段也有涉及。

上述三个不同渠道去挑出与迫出有用或重要的文件证据在笔者(杨良宜与杨大明)的《国际商务游戏规则——英美证据法》一书有详述,不去重复。以下只去讲仲裁程序中的文件披露,也就是上述(2)的各种困难与可能的解决办法。

7.5.3　国际仲裁的困难与精明当事人只以证人证言替代文件证据的趋势

有关文件披露在《国际商务游戏规则——英美证据法》一书有详论,不去再次重复,只简单地介绍如下。

文件披露是文书请求(pleadings)第二步的重大的中间程序。已经详细说过在香港法院则是自动与全面的披露,而且法院可以下令代表律师以宣誓书证明已经尽了这方面的责任。法院也是通过这方面的做法来强制双方当事人作出坦率的文件披露,因为法律的责任是对自己有利还是不利的文件都必须披露。如果披露责任只放在当事人,尤其是外国公司的当事人,他们有严重的利益冲突就有很大危险去漠视法院的披露责任。但法院把责任放在代表律师就不一样了,因为法院管得到,而且明智的律师不会为了一宗案件去冒犯上欺骗法院的刑事罪与被取消律师资格的危险,反正律师是胜是败也是照样收费。所以法院的制度很明智地把自动与全面的披露责任放在当事人代表律师头上,把他们称为法院的官员(officers of the Court),其中包括了文件披露的责任是面对法院而不是面对客户。加上对文件证据的拥有一般说是代表律师会比当事人更多更全面。毕竟代表律师会要去作出进一步的调查取证与给当事人的法律意见,如果当事人收藏起一些重要文件,首先是代表律师会发觉并向当事人要求提供,而且是律师欠缺这些文件也是会无法作出正确的法律意见。当事人如果不想披露不利文件恐怕是要连他的代表律师也一并要隐瞒,这不是一般水平低的当事人所能做到的,他恐怕什么是有利与什么是不利也分不清。相反,水平高的当事人恐怕手中也不会有太不利的文件,这不是因为他老实,而是他能预见什么是有利不利,去作出文件的时候都是懂得自我保护(self-serving documents)的。

在英国的法院改革之后理论上再也不是自动的文件披露,但在一般的民事诉讼法院仍然是会下令,所以这一步程序仍是必然的一步中间程序。香港法院目前仍在考虑作出同样的改革,所以稍有不同,而文件的披露层面也是更广泛的。

显然在法院的一套做法是无法在仲裁中做得到,因为:其一,仲裁庭没有法院对于律师的约束力与严厉的刑事惩罚;其二,国际仲裁今天是什么人都可以去代表当事人,甚至当事人自己来处理仲裁。所以,仲裁庭在处事的时候也必须要注意对等(equal treatments)。例如一方是英国律师代表,另一方是外国的索赔代理代表,仲裁庭就不能去下令双方的代表去以宣誓书支持与证明作出坦率的披露。因为这是对英国律师不公平,虽然仲裁庭欠缺了法院的阻吓力量,但英国律师会在道德上,习惯做法与惧怕被律师协会除名的一定压力下,仍去坦率披露。

本来当场文件(contemporaneous documents)是非常优越的证据,可惜缺点仍是不少。在国际仲裁中,已经是公认的现实就是当一方当事人说死了没有一份重要文件,在当今的法律下仲裁庭是毫无办法的,除了去作出不利的推断(adverse inference)。

笔者也感觉到最近有很多精明的欧洲当事人不去作出坦率的文件披露,而喜欢以证人证言(witness statement)去讲故事。

7.5.4 特定披露

由于有上述的文件披露困难,现在国际仲裁经常就去跳过了双方当事人自动去披露的一步,任由双方当事人先去提供他们依赖的(显然也是对他们有利的)文件。做法上就是去作为文书请求的附件,并会在文书请求中去提及。这些附件会是有厚厚的好几十份。但显然这不会是事实的全面真相。这一来,下一步在文书请求后就任由双方当事人向对方提出对某些文件的特定披露。这特定披露如果是双方当事人自己同意去提供,也不必去麻烦仲裁庭。但现实中很少会是这样无风无浪,变成仲裁庭要面对当事人特定披露某些文件的申请而要去处理是经常要做的事。仲裁庭要谨记它的三个责任与考虑,就是符合自然公正、省时或省钱。

上述的特定披露命令能去做到恰到好处,很重要还是涉及仲裁庭的专业水平。以部分海事争议为例,船舶的"航海日志"(log book)是十分重要的文件,例如是航速争议、货损货差等。但对一些争议如滞期货、不准时支付租金而撤船、签发提单或无单放货等,就会是无关或关系小,或另有更好的或结论性的文件已经被披露了。能去掌握就会做到恰到好处,这涉及知道航海日志会有什么内容。若去下令披露但作用不大或没有,就会造成延误(可能要1—2个月取得)与浪费不必要的费用(中国船员的航海日志会以中文记载,需要大量翻译)。另举一个近例是在一个案子涉及原油慢卸与短卸,这可能是涉及去卸港的航次中油温维持不足或者是其他技术的原因,例如是石油原油清洗的(Crude Oil Washing)操作。以下是承租人(也是FOB的买家与收货人)的代表律师所提出的一系列特定文件要求披露,十分对口与技术性强:

"1. deck and engine logs for the period immediately prior to arrival at load port and after sailing from discharge port;

2. all documentation concerning the technical defect suffered by the vessel at the discharge port;

3. the class survey report referred to in the statement of facts following the class survey conducted on 2 August 2000;

4. vessel logs/oil record book in connection to the 'technical problem' which occurred soon after commencement of discharge (requested at paragraph 3 of the Points of Defence);

5. engine logs indicating boiler consumption as to whether steps were taken to 'immediately heat the cargo to 120F' as per charterers' instructions (requested at paragraph 14 of the Points of Defence).

In addition to the above, please produce the following documents:

1. The Vessel Crude Oil Washing (COW) operations and Equipment Manual.

2. Vessel Cargo Operations Manual and ISM Procedures in respect of COW, Carriage of Heated Cargos and Loading and Discharge Operations.

3. Owners standard Instructions to Masters/Vessels for loading, carrying and discharging heated cargos.

4. The Vessel pre-loading and pre-discharge plans and the actual loading and discharge sequence adopted that documents the sequence in which the cargo was loaded and discharged and tanks were 'COWed'.

5. Working Cargo Logbooks and Records showing the operation carried out at Marsa Bashayer and Ningbo.

6. Cargo Heating Coil pressure test and the repair and maintenance records for the Steam Plant and Heating Coils.

7. Freshwater and Boiler Water consumption and production records on the subject voyage.

8. Fuel Oil consumption records showing the consumption for the Maine Engine, Generators and Boilers for the subject voyage.

9. Voyage and Port records/Abstracts showing speed and consumptions for the vessel when in ballast or loaded condition, fuel oil consumption when the vessel is carrying heated cargoes and non heated and when in port loading, discharging etc. These include the Main Engine, Boiler and Generators. To cover the three previous and three subsequent voyages and if these do not include heated cargoes the additionally the two previous and the two subsequent heated cargoes.

10. Large Scale Cargo and Ballast Pipeline Plans showing Cargo System Ballast System and Cow system."

除了技术性的知识外,对实体法律的争议也应该了解。例如笔者最近遇到一个争议涉及一方当事人要求披露他们在谈判时提到的其他交易,用来协助笔者作为仲裁员去解释一个已经签订了的合约条文。照说去解释合约条文是不应该去考虑谈判时的双方的来往,就是英文所说的“parol evidence rule”是不可接纳的用来解释已签订合约的条文。这也有它的道理,因为谈判时大家都会改变主意,并不稳定,不能明确显示最后同意了什么。但在贵族院的 Prenn v. Simmonds (1971) 1 WLR 1381 与著名的 The “Diana Prosperity” (1976) 2 Lloyd' s Rep. 621 与后来的一些著名先例中,英国法律有了一个说法就是法官或者仲裁员可以去考虑订约时的语境(The matrix of fact or factual matrix)来协助更准确找出双方在合约中的用字背后的意思,而不光是去照字面解释。这一话题在《国际商务游戏规则——英国合约法》一书之第十章之3.2 段有介绍。在该仲裁,笔者无法接受特定披露的申请,因为即使去考虑谈判中的factual matrix,也只可能是双方谈判中来往的文件,这一些双方都已经拥有,不可能要求再去披露,而且披露的文件数量也不会太少。试想想,既然要求披露,就不会是谈判时双方都看得到,只会是一方拥有,这就不可能是谈判时双方都知悉的语境。所以,笔者马上就拒绝特定披露的申请,以阻止双方当事人的代表律师在这方面扯下去,以下就是笔者的传真内容:

“I am happy to express my initial impression to the arguments with regard to specific disclosure and factual matrix.

If I am to consider factual matrix in my construction of the executed C/Ps, I must consider what transpired between the parties during the earlier negotiation. No doubt I will receive the fixture files including all the correspondence for the negotiations in due course.

But my rough understanding of factual matrix or ‘relevant circumstance’ which then exit ought to be limited to those within the common knowledge of the parties at the time when they made their fixture or contract. Thus, I am not altogether persuaded that further disclosure should be ordered, which are the documents the Applicant did not see during negotiations.

No doubt, I will hear from the Applicant with regard to this interlocutory matter and I can assure the parties that I will decide it with an open mind notwithstanding my initial impression or query as stated above.”

笔者说是初步印象或者意见(initial impression)指双方当事人的代表律师还在争议中,所以笔者不能把它说成是最后决定,这是违反自然公正的,因为没有让双方充分去争辩后下决定。但在上述传真发出后,申请人的英国代表律师也就不再坚持了,令整个麻烦的特定披露申请告一段落。这就是一个好的仲裁员应该做的事情,就是能做到自然公正又顾及省钱与省时间,不作出无谓的特定披露。

另要注意的是程序的考虑只是这三方面原则,千万别去增加其他的条件或考虑,特别是与这三方面有冲突的。例如说:“我只会下令披露除非你(被告)同意我的收费”。或是“我只会下令披露除非你(被告)先去支付较早作出的中间裁决书”。这是严重犯错,试想,如果应披露的文件十分有关,这一来去下了条件但申请人做不到难道就能做到"自然公正",不去下令披露吗?再说,在第二种情况,作出裁决书的执行与仲裁员无关,执行是法院的事,仲裁员何必去做"急先锋"?这情况确是发生在 The "Peter Kirk"(1996)1 Lloyd's Rep. 154 先例。

反正走完这披露的一步后,以文件审理的(documents-only arbitration)就可以去邀请仲裁庭作出裁决了,根本不必开庭。这通常会是非常节省金钱的,这也是笔者在大量处理这种案件的现况下坚持认为仲裁可以比法院诉讼省钱得多的原因。当然是否适合以文件审理仍要看个别案件,主要是文件证据充足,或者事实争议不大,或者没有太重要的事实争议,或者争议金额很小开庭划不来,等等。但这种案件其实是不少的,情况都会在文件披露这一步完结后应是明确的。

7.6　文件审理的最后请求(final submissions)

这是文件审理(documents-only arbitration)中披露后的最后一个中间程序。这个做法会是双方同时交换最后文书请求(final submissions),而内容比起原来的文书请求通常是更有针对性,并加上了对双方披露出来文件的强弱作出强调,希望去说服仲裁庭作出对它有利的裁决。如果有必要,通常仲裁庭会允许再一个循环的答辩文书请求,只针对对方在上一次交换文书请求所讲的内容作出简短的回应。

这一来就所有的中间程序告一段落,留下的只是等待裁决书了。

7.7　开庭审理的准备

如果无法以文件审理仲裁(documents-only arbitration),就要在文件披露阶段完结后,不必再去双方交换最后的文书请求(final submissions),因为这都是以开庭审理去替代了,而要做的就是一连串的开庭审理的准备工作。

7.7.1　一次或者多次开庭?

在伦敦或者中国香港仲裁,通常只来一次开庭审理,之后就可去作出裁决书。当然整个案件会有多次开庭,因为可能有好几个针对不同预先争端(preliminary issues)的裁决书。

但笔者在中国内地仲裁,虽然经验不多,但感觉到的差异其中一样就是同一个争端分多次开庭审理。每次开庭后不尽快作出裁决也就很快忘掉,到了几个月后再来一次开庭又好像重新开始了解案件与证据。这在笔者看来是浪费金钱与时间,何不去全面准备妥,然后只来一次的"最后决战"?

联合国也针对这种不同做法有过一些建议,称为"UNCITRAL Notes On Organizing Arbitral Proceedings"中说:

"Whether one period of hearings should be held or separate periods of hearings.

76. Attitude vary as to whether hearings should be held in a single period of hearings or in separate periods, especially when more than a few days are needed to complete the hearings. According to some arbitrators, the entire hearings should normally be held in a single period, even if the hearings are to last for more than a week. Other arbitrators in

such cases tend to schedule separate periods of hearings. Advantages of one period of hearings are that it involves less travel costs, memory will not fade, and it is unlikely that people representing a party will change. On the other hand, the longer the hearings, the more difficult it may be to find early dates acceptable to all participants. Separate period of hearings are easier to schedule and they leave time for analyzing the records and for negotiations between the parties aimed at narrowing the points at issue by agreement."

从上述所讲,如果分开多次去审理的好处只是因为每次开庭可以时间较短,容易排期,并留下时间给双方当事人去谈判达成某些争端的协议,看来理由并不充分。相对来讲只有一次开庭光是省费用已经是很重要,例如,仲裁员、代表律师、当事人、证人与专家等都只需要走一次或飞一次。加上多次开庭总共加起来的时间几乎肯定比一次开庭要长,因为总免不了有重复。另一大危险,大家都是忙人,像笔者不说是两次开庭相隔半年,就是相隔一个月笔者也可能忘掉上一次开庭主要证人的面貌。所以,笔者还是喜欢一次过开庭,然后一开了庭趁印象深刻就马上作出裁决书。如果笔者另有 documents-only arbitration 的裁决书也要同时作出,笔者也会放一放,先去作出刚开庭审理的案件的裁决书。千万别像 The“Kitsa”(2005)1 Lloyd's Rep. 432 先例中的三人仲裁庭要在开庭后一年才作出裁决书,因为大家工作忙,这导致被大法官批评并指出裁决书因此质量欠佳。笔者完全同意,隔得这么久实际上就令昂贵的开庭审理完全浪费。倒不如是 documents-only arbitration 可省钱多了。即使像开庭审理过程中有开庭记录(transcripts)也不会有用。第一是仲裁庭很少会回头细看,第二是即使看了也不会有开庭时的强烈感觉和效果。笔者曾经听说过最厉害的开庭后拖延作出裁决书,是在新加坡有一个案件拖了十年才作出裁决书,但该案件有特殊情况就是独任仲裁员期间有病。

7.7.2 开庭时间长短与分摊的“国际象棋程序”(chess-clock procedure)

开庭时间的长短一般是仲裁庭去要求双方代表律师去作出同意,因为他们比仲裁庭更加了解案件与有关证据。只会在双方有争议的时候或者表面看来明显有问题(例如在一个复杂案件并且有十几个需要翻译的证人但双方只预定开庭时间为一天)仲裁庭才会去澄清或者质疑。

如果预定开庭时间过长,就会造成浪费。因为预定后往往仲裁员会要求支付预定费用(booking fee)。而且,即使缩短开庭时间,一些仲裁员也不会少收费用。像笔者去伦敦开庭,预定是 7 天开庭,结果只需要 5 天,就会出现当事人知道 7 天的费用省不了,就干脆中间停顿一两天给多一点时间让双方的代表律师做准备,例如是最后陈词(closing speeches)。这毕竟是估计的时间,所以相差不远的预定开庭时间在所难免。但如果估计的时间差得太远,而开庭中也没有出现什么突发事件,这就表示代表律师估计错误或者诉讼经验不足,浪费了客户的金钱。

但如果预定开庭时间过短,可能后果更加严重。会拖长的可能性总比缩短的大,例如在反盘问证人中一直问不出关键东西,需要不断旁敲侧击地追问。又或者反盘问中出现了新争端,需要进一步盘问或者修改文书请求,或关于翻译是否需要,或突然停电,等等。这一来,只去向一般证人取证,然后另去排期向其余的证人取证不是办法,这正是多次开庭审理的毛病,因为下一个排期可能是大半年后。但去延长预定开庭的时间继续下去只会在仲裁庭成员与代表律师都不是"成功人士",非常空闲可去临时延期。像笔者就已经是一宗大事跟一宗,日期排得满满,根本无法去这样做。但比笔者更忙与更成功的国际仲裁员大有人在。所以,只要所有参与一个仲裁开庭的重要角色其中一个是忙人,就已经表示临时延期无望。

固然,开庭十分昂贵,所以能缩短就缩短。所以,能够以文书去替代的工作,现在都很普遍这样做了。例如:开庭陈词(opening speeches),证人证言(witness statements),专家报告(expert reports),结案陈词(closing speeches),等等。这一来,开庭审理主要留下工作只是在取证的反盘问(cross examination)与再盘问(re-examination)了,它们预先不能以文书替代。如果所有的工作都留待开庭审理,则开庭半途遇上意外带来延误或者发觉开庭进度不如理想,也可以有更多伸缩性,例如把本来准备以口头的结案陈词改为开庭后14天内以文书作出。但如果现在的开庭预算根本没有把它估计在内,就无法去这样做了。另一个可能做法是把开庭的每天五六个小时延长,这一般对仲裁员问题不大,但双方代表律师可能会受不了。因为他们在每天开庭后要回去有许多工作,例如是与客户或与专家开会商讨,准备第二天开庭的工作,当天开庭过程中有了新问题要去调查或者研究,仲裁庭可能下了命令去做一点事,等等。这一来双方代表律师是无法去承受开庭再延长一两个小时。

如果预定开庭时间已经十分紧凑,任由双方当事人代表律师去花这些时间也会造成不公道。例如被告代表律师先去盘问原告的证人,他会想到占用的时间越长就会让原告代表律师回过来盘问被告证人的时间越短。但仲裁庭也不好去禁止被告代表大律师去继续盘问,因为会埋下了将来因违反自然公正为由让被告败诉去向法院要求对裁决书作出救济的可能性。

所以,现在在国际仲裁中开始流行一种在预定了开庭时间后,仲裁庭就会在听取双方意见后把预定的时间去分摊给双方当事人。并下命令说明这个时间任由当事人自己喜欢怎样用,一用光就再也不准发言。这就是称为国际象棋程序(chess-clock procedure)或断头台程序(guillotine procedure)。这一来,如果事先答应了这个时间的分摊,但到时候不够用,就不能很有说服力地说仲裁庭是违反了自然公正。因为,如果觉得不够,大可以在一开始就把预定的开庭时间延长,也就可以多分摊了。举一个近例,笔者在新加坡开庭,预定的时间是5天,从星期一到星期五,而笔者也一定要星期五晚上赶回来在星期六的一个会议上发言。但到了星期一开庭,双方当事人面对面估计首次想到去谈判和解。于是要求如有必要下午再开庭。说实在的,这种情况笔者遇过几次,不明白为何双方不先去尝试,到了开庭才想到就劳民伤财了。到了下午,双方都说仍在谈判,要求第二天星期二再开庭。这一来,浪费了1天,余下的时间紧张了。于是包括笔者在内的仲裁庭要求双方若是谈不拢,就马上同意如何分摊余下的时间,并警告如果谈不拢,仲裁庭会在第二天下令把余下的4天时间分摊,以保证能去完成取证。

这带来了肯定性,就是开庭审理一定可以在预定时间内完成。如果开庭中有变数或者预先估计失误了,一方当事人代表律师只能去自己想办法了。例如,去斩掉一些准备好但不算是重要的盘问问题,或者对一些次要的对方证人干脆不去盘问,讲话速度加快,等等。笔者见过一次是甚至要求不用翻译,证人直接以蹩脚英文回答以缩短时间。

一般预定了开庭时间会每人各一半去分摊。也有可能是仲裁庭自己留下半天以防万一,例如,开庭地点电力发生故障等。

这每人一半的分摊通常不受证人多寡的影响,因为一家大公司可能有四五个证人去各自做了与争议有关的部分工作,但对方是一家小公司就可能只有一个人把与争议有关的工作做了。这一来表示小公司的唯一证人作证的时间就会是长得多了,所需时间不能与大公司的四五个证人相提并论。比较困难的反而是翻译的问题,例如是中方与美方的两位当事人,美方的证人全部讲流利的英语,而中方的证人却需要翻译。这一来,中方分摊的时间比美方的多一倍恐怕才能勉强够用。这一来很可能双方当事人会谈不拢,而要仲裁庭去作出决定,这就要考虑到自然公正的问题了。

最后也去节录联合国的开庭组织建议"UNCITRAL Notes On Organizing Arbitral Proceedings"中说:

"Whether their should be a limit on the aggregate amount of time each party will have for oral arguments and questioning witness:

78. Some arbitrators consider it useful to limit the aggregate amount of time each party has for any of the following: (a) making oral statements; (b) questioning its witnesses; and (c) questioning the witnesses of the other party. In general, the same aggregate amount of time is considered appropriate for each party, unless the arbitral tribunal considers that a different allocation is justified. Before deciding, the arbitral tribunal may wish to consult the parties as to how much time they think they will need.

79. Such planning of time, provided it is realistic, fair and subject to judiciously firm control by the arbitral tribunal, will make it easier for the parties to plan the presentation of the various items of evidence and arguments, reduce the likelihood of running out of time towards the end of the hearings, and avoid that one party would unfairly use up a disproportionate amount of time."

7.7.3 开庭的法律代表(representation)

众所周知,国家法院通常是规定了在本国有资格的律师才能出庭作为当事人的法律代表,这也不仅是保护主义的问题,而是涉及了许多复杂的考虑,例如是本国有资格的律师才会知道当地法院的操作,本国法院也比较容易去管制这批律师,令他们向法院负责,例如作为"officers of the Court"不向法院作伪证或在证据上误导法院。

在英国与香港,在有资格的律师中区分为大律师(barrister)与业务律师(solicitor),在高院以上的法院只能是大律师才有发言权,而除非只是一些在内庭(chambers)决定的工作。英国这种制度有它的道理,其中对笔者很有说服力的一个理由是可去允许大律师钻研某一方面的法律,而他/她的工作是来自许多不同的业务律师所,因为知道他/她是某一方面法律的专家,而越多的工作也就表示他/她越来越专业与经验丰富。这是个别业务律师做不到的,因为同类型的案子会有很多家律师所可去委任,不会是所有客户都去只委任一两家律师所中的几个人,让他们去钻研与累积在某方面的经验。

中国香港比起伦敦是国际性案件少多了,复杂程度也比不上。所以制度归制度,虽是一样,但经常会遇到一些案件是英国有很专业甚至收费也不太高的大律师(一个主要原因是伦敦人才辈出,所以竞争激烈),但在香港法院得不到批准去聘用这些大律师,而必须去聘用在香港的大律师。

这些问题在伦敦与中国香港的仲裁都不会发生,因为立法已经是明确规定了任何人士都可以去在仲裁中作为法律代理人。在英国的 1996 年《仲裁法》,Section 36 简单地说明:"Unless otherwise agreed by the parties, a party to arbitral proceedings may be represented in the proceedings by a lawyer or other person chosen by him."

在香港,是有更清楚的一条 Section 2F ,Representation and preparation work:

"For the avoidance of doubt, it is hereby declared that Section 44, 45 and 47 of the Legal Practitioners Ordinance (Cap 159) do not apply to —

(a) arbitration proceedings;

(b) the giving of advice and the preparation of documents for the purpose of arbitration proceedings;

(c) any other thing done in relation to arbitration proceedings except where it is done in connection with court proceedings arising out of an arbitration agreement or arising in the course of, or resulting from, arbitration proceedings."

在这方面理念上仲裁与国家法院很不一样,也无法去保护本国的律师,否则就会令该国或者该地的国际仲裁无法发展起来。在新加坡曾经有一个案例:Turner Pte Ltd. v. Builder Federal Ltd. & Anor (1988) 2 MLJ 280,判一个美国律师在《律师法》下不准去参与仲裁,这导致了新加坡马上通过一个立法为:"The Legal Professional (Amendment No. 2) Act 1991"去向所有外国律师全面开放,但当然这只是在新加坡仲裁而不是新加坡法院。

在这方面看来,仲裁是比法院优越,例如上述所讲在香港法院想去聘用一个更专业与可能更便宜的英国或者澳大利亚大律师(大家背景都是英国法),会被拒绝,但去了香港仲裁就完全没有局限。难怪随着世界上越来越多国家的仲裁可向外国的律师开放(近期听说是日本),世界上的大部分国际仲裁,不论是什么仲裁地点,都越来越垄断在几十家主要是英美的跨国律师所手中,他们只要懂得商贸与英美合约法的一套(这是国际上普遍使用的实体法),加上懂得国际的一套仲裁法例如是联合国的《仲裁示范法》与《纽约公约》,再加上处理复杂事情的机灵与谈判手段,就可以无往不利了,不管是中国的北京、东京、首尔、中国香港、新加坡、伦敦或者是斯德哥尔摩的仲裁。

除了律师,其他人代表仲裁也是可以的。现在在建筑仲裁与海事仲裁就有不少索赔顾问公司(claims consultancy firms)。它们是以一个有限公司的形式处理仲裁,并去雇用大批的各方面的专才,例如是律师、建筑师、测量师,等等。

在开庭审理,尤其是涉及技术性很高的争议,或者是盘问对方的专家证人,很多时候通过没有这方面专业知识的大律师去盘问反而会是不对口,有遗漏与拖慢时间。有时候感觉有这方面专长的人士例如是测量师去进行盘问纯技术问题会是更好。这在仲裁的宽松环境下全都可以做到。

总之,仲裁是只需要你有这方面的水平,任何人都可以去作为当事人的法律代表,没有任何人为的限制。

上述也带来了其他方面的考虑如根据英国的胜诉方可向败诉方取回诉讼费用的大原则下,外国律师与索赔顾问公司照样可像伦敦律师去向对方败诉方取回诉讼费用。曾遇到过是某外国律师的收费比伦敦律师更高,结果笔者作为仲裁员把它限制在伦敦海事律师收费的平均标准,原因是当事人大可以聘用伦敦律师作为一个合理的替代(reasonable alternative)。

另一个近期遇到的问题有关这方面是,在一个伦敦仲裁中一方当事人的伦敦律师要求中方在广州的律师去亲自把正本文件送去伦敦给他检查(inspection)。笔者建议中方律师回应说检查文件是要去对方文件所在地检查,这是一个法院诉讼涉及披露文件也有同样做法。唯一的分别就是仲裁允许外国律师作为法律代表,但要去对方文件所在地检查的做法与道理没有改变。这虽然是伦敦仲裁,但1996年《仲裁法》并没有排除外国律师(中方律师),所以英国律师不能提出这种要求,等于中方律师不能向伦敦律师提出要求把正本文件送到广州检查一样道理。随便一提是已经看到一些详尽的仲裁条文有去说明与约定双方检查正本文件的地点,这就是仲裁比较独特的细节。

为了自然公正,仲裁庭要比法院更加小心是由于什么人都可以做法律代表,就要在开庭前让双方都知道对方是什么人,以便考虑自己有对等的代表(equal representation)。例如,对方委任了一位御用或资深大律师,自己就要想想是否也要去委任一位具有同等水平、名气与经验的大律师。这涉及几个考虑,例如,这些人士工作很忙与费用很高。举一个近例,笔者(杨大明)有一个英国案件要开庭,一位不算是伦敦最昂贵的大律师所要求的接受委任加上第一天开庭的 brief fee 就要10万英镑之多。这一来就要去想想所争议的金额是多少与意向的人选是否有空。另一个重要考虑是最关键的因素应是仲裁庭的水平,这等于法官一样,如果他们很懂这方面的争议,就不会轻易被人说服,即使该人是名气很大的御用或资深大律师。但一般性的水平或者甚至是不懂的法官或者仲裁员就很容易被名气吓倒或者受影响了。

当然双方的法律代表水平差异也不能是太大，即使是不完全对等。因为在伦敦仲裁做法毕竟还是对抗性，仲裁庭不能在水平差的一方代表律师连提都没有提的情况下，去插手干预或者提醒。这方面的困难较早在探讨对抗制和询问制时已提及。所以要双方在开庭前说明什么人做法律代表后，就只能留给当事人自己去考虑了。例如，外方委任了一位非常著名与高水平的御用大律师，但中方在知道后仍去选择一个对英国仲裁法与实体法了解极少的中国律师作为法律代表去出庭，仲裁庭也顾不得了，反正应尽的自然公正的义务已尽了。

另一个变数是双方事先所告知的法律代表到了开庭有了变动，原来说是张飞结果突然来了一个诸葛亮。这一来，仲裁庭应考虑到自然公正而作出以下的行动与命令。首先当然是问受到突击(ambush)的对方当事人的意见，如果他不反对当然是不必再理会。但如果他反对，一个方法是不许诸葛亮作为代表发言，但这有一定危险，因为你去否定了他所选择的法律代表。另一个方法是暂时休庭半天或者一天，甚至是延后开庭，让受到突击的一方当事人去另聘请同等水平的代表，例如是司马懿，而且下令要突然委任诸葛亮的一方当事人承担所有浪费的费用。他或者会讲出一些表面看来合理的理由例如张飞突然病了，但这也不能解释为什么换人不去尽快告知对方，就算在开庭前半天一天也至少让对方有所准备，毕竟诸葛亮也不会是随叫随到吧！

再介绍一个变数是因为什么人都可以做代表，加上对仲裁庭的畏惧与法院无法相比，就会带来有个别代表或/与当事人态度不好甚至是大吵大闹，甚至笔者见过有一次发生了罕见的殴打事件。仲裁庭遇到这样的情况只能是尽量使用外交手段去控制局面，但如果不成功，仲裁庭可以把闹事的一方视为不愿意参与开庭审理，把他驱逐后然后按缺席审理。重要的是把事情经过与决定理由写进裁决书，以对抗闹事一方将来在对抗执行的时候，向执行法院投诉他被排除了陈述他案子的机会(present his case)。

7.7.4　仲裁开庭地点与开庭场地

在英国1996年的《仲裁法》下，Section 34 (1)说明由仲裁庭去决定Section 34 (2)(a)的仲裁开庭审理地点，除非是双方当事人另有约定。当然仲裁庭的决定是要考虑Section 33加在他头上的三个责任，就是自然公正和省时与省钱。所以，如果是一个地方令其中部分证人无法及时出庭作证，甚至是得不到签证，就要避免了，因为这是与自然公正有莫大关系的。当然，对双方当事人与证人方便的地方是首选，但会有其他重要考虑。例如在一个约定印度尼西亚雅加达为法定地点的仲裁，因为亚洲金融危机后，雅加达局面十分混乱，结果仲裁庭决定改去新加坡开庭审理。后来在执行的时候，败诉方以此理由抗拒，但新加坡法院不予接受。

会有情况是仲裁地点由双方当事人直接同意了，这一来决定权不再是在仲裁庭。但如果是仲裁庭成员有个别人士不想去，例如是身体健康状况不适宜长途飞行，他/她在无法改变双方当事人的决定下也只能是辞职了，估计双方当事人应该会同意。但如果双方当事人不同意，甚至要求中断合约就要求该仲裁员赔偿已经浪费了的诉讼费用，仲裁员当然不肯，也就只能向法院申请去允许他/她辞职。这是在 1996 年《仲裁法》之 Section 25，如下：

"(1) The parties are free to agree with an arbitrator as to the consequences of his resignation as regards —

(a) his entitlement (if any) to fees or expenses; and

(b) any liability thereby incurred by him.

(2) If or to the extent that there is no such agreement the following provisions apply.

(3) An arbitrator who resigns his appointment may (upon notice to the parties) apply to the court—

(a) to grant him relief from any liability thereby incurred by him; and

(b) to make such order as it thinks fit with respects to his entitlement (if any) to fees or expenses or the repayment of any fees or expenses already paid.

(4) If the court is satisfied that in all the circumstance it was reasonable for the arbitrator to resign, it may grant such relief as is mentioned in subsection (3)(a) on such terms as it thinks fit…"

由于仲裁员与双方当事人有合约关系，可见仲裁员不是随意不干就能不干，甚至会是在开庭审理的半途。这是违约行为，要承担严重被索赔的后果，而且这是不可以享受 Section 29 的豁免责任(Immunity of arbitrator)，因为这不是仲裁过程中的疏忽或者遗漏，而接近是恶意行为(bad faith)。

当然向法院申请允许合法辞职，仲裁员也必须有一个有说服力的理由与提交相关证据，例如是医生证明书，说明健康状况不适宜长途飞行。

有了仲裁开庭地点的决定后，也要去考虑开庭的场地。这已经提过是可以在任何地方进行，例如是律师所的会议室或者是专门用来仲裁开庭的房间、大饭店、学校、教堂、香港国际仲裁中心等仲裁机构等。笔者不久前曾经在一个香港仲裁去租用了深圳贸仲作为开庭地点之用。反正这是考虑方便与哪里以合理代价租得到的地方为准。仲裁庭通常在双方同意或者决定后，要求当事人去预先租借这场地，因为这涉及要支付费用或者要附上承担费用的责任。仲裁庭除非手头已有足够保证金，就千万别去冒险代劳。因为仲裁员也会遇上坏账，例如双方当事人在开庭前达成友好和解，或者是被告宣告破产令原告也省得再花钱去追偿了。这一来，不再需要仲裁员的服务，原告就会有可能会能赖就赖。

7.7.5 证人证言与专家报告

这重要的中间程序已在较早时候介绍过。只去简单说这种证据代表了文件证据以外的其余两种证据：口头证据与专家意见证据。当然，交换的文书证人证言与专家报告只是代表了证人与专家的主证据(evidence-in-chief)，要去完成整个取证的一步还要有反盘问与再盘问，这就要留待开庭审理了。

通常证人证言是会被命令在开庭前的一段短时间内双方去同时交换，例如在开庭前四个星期,因为去拟定证人证言需要大量工作,这需要时间。加上接近开庭才把有关的证据去全面稳定下来,因为不能在没有充分理由下再去更改。

至于专家报告通常会是再晚一点才交换,例如在开庭前的三个星期。因为是专家去作出一个报告时应该把所有的事实证据(文件或是口头),都去一并考虑后再作出意见。如果不去全部看看,有危险在开庭审理时被对方律师丑化。

7.7.6　要求仲裁庭在开庭前作出实地视察与阅读文件

在1996年《仲裁法》生效前,仲裁就已有这种做法。在1996年立法生效后,这个权力就更加明确了。这是在Section 38(4)如下:

"The tribunal may give direction in relation to any property which is the subject of the proceedings or as to which any question arises in the proceedings, and which is owned by or is in the possession of a party to the proceedings —

(a) for the inspection, photographing,…of the property by the tribunal… or

(b) …"

在以前的先例可举Naumann v. Edward Nathan & Co., Ltd. (1930) 37 Lloyd's Rep. 249有关仲裁庭使用专家去进行检查与Heaven & Kesterton Ltd. v. Sven Widaeus A/B (1958) 1 Lloyd's Rep. 101有关一批木材的质量争议,而仲裁庭去进行检查与有关检查的方法。

对一些商品争议的仲裁,仲裁员去进行检查有关货物是通常会有。另在建筑争议也会经常发生,这可以说是另一种办法让仲裁庭取证。

如果去有关现场取证有一定困难,也可以用模型、图片、绘图与录像作为替代给仲裁庭观看。

这种情况在笔者的海事仲裁中也会有发生,例如造船合约的争议。另外笔者记得有一次在新加坡开庭前去了樟宜机场,在特别安排下对一些吊桥(bridge)进行实地视察,因为仲裁是有关这方面的争议。这一来在后来开庭一去涉及技术方面的证据,外行的仲裁庭就比较容易吸收,能去形象化。

至于阅读文件,这是要有选择性的,因为一些大型的仲裁案件会是有大量的文件,大部分是双方披露出来的与争议没有太大关系的文件。所以,仲裁员不适宜去漫无目的地多看这些文件,因为这要花时间与花当事人的费用。笔者(杨良宜)记得在30年前首次在一个中大型的仲裁中开庭,结果在预定了三个星期开庭前的一个星期,笔者就向公司请了假,在家里把好几个档案的文件全部细读了。但在没有人引导下也可以说是越看越糊涂,但到了开庭发觉双方争议的东西与笔者阅读文件所得到的初步印象没有太大关系。当然,笔者也遇过几次在去了开庭的第一天就被双方当事人告知他们已经庭外和解了。所以,笔者很早就学到千万别浪费时间去看文件,除非是在双方的要求下。通常双方在估计开庭的确需要举行,就会在这方面要求仲裁庭去阅读双方的文书请求、证人证言与专家报告。这通常也就很足够了。在比较少有的情况下,一方当事人也会要求仲裁庭去阅读某一本权威书籍的第几章,等等。

一般开庭前去看了文书请求、证人证言与专家报告,虽然会只是一个模糊的概念,但往往可以帮助仲裁员在一开始就能了解证据,马上就跟得上。毕竟,有了证人证言与专家报告就不会再有主讯问,会马上去反盘问,而仲裁庭要马上了解。

7.7.7 其他以文书作出的事情

已经多次说过,为了节省开庭时间,能以文书作出的事情就应该尽量去做。但预先以文书作出并且互相交换也有其他好处,主要是双方透明度提高,可去充分作出准备与防止一方当事人受到突击(ambush)。所以,仲裁庭会考虑有以下的事情:

(1) 开庭陈词(opening speeches)—— 这是原告与被告的代表律师去向仲裁庭介绍案情与有关的争议,然后才带领仲裁员去了解证据,不论是口头或者是文件。为了让仲裁庭与双方了解对方律师会讲什么,加上为了缩短开庭时间,这是一个好的做法。就算是仲裁员不去作出任何命令,特别对原告这也是一个好的做法,因为这可让仲裁庭容易跟得上原告律师的开庭陈词,因为这一般是时间上最早会发生的,当时仲裁庭会是对案件了解很少。另外在开庭后过了一段时间才去考虑裁决书,有这份文件也更容易让仲裁庭重温。这开庭陈词一般不需要长篇大论,因为很可能大部分的内容已经在较早的文书请求中提到。一般是一份简式的 skeleton 文件已经足够了。当然,也会有代表律师是去长篇大论地以文书陈述,这也无所谓。

(2) 双方同意与不同意的争端与事实清单(lists of agreed and disagreed issues and facts)—— 这是在争端与事实争议很多的情况下,为了仲裁庭更明确了解有哪些是不需要多争及证据与哪些是需要去认定的事实会大有好处。这好处包括在事后考虑去拟定裁决书时,仲裁庭可依照双方提供的清单去一项一项地针对与认定,就可以防止有任何遗漏了。而仲裁庭遗漏了其中一项争议的争端/事实在现实中也经常会发生,导致要法院去发还等的救济就浪费时间与金钱了。这方面做法也可以包括在双方的专家证人,就是仲裁庭会下令双方专家报告交换后要双方专家去开一个“无损害”(without prejudice)会面,去试图把双方不一致的意见收窄,并列出清单说明什么是同意与不同意的意见(lists of agreed and disagreed opinions)。这通常也会有一定帮助,因为专家之间在私下会面是很难扭曲专业意见的,毕竟,他们有一定的专业操守。但要小心是这种会面最好没有当事人或代表律师去参与,所以有时候仲裁庭的命令是说明只有专家间的会面。另一个要考虑的是专家会面是否方便与会否太昂贵,这情况在国际仲裁经常有,例如笔者经历过一次,一方是日本专家证人,但另一方是美国专家证人,结果两位专家证人在夏威夷会面,但这仍然花费不少。笔者是觉得在这种情况下,何不要求双方专家证人早半天一天先抵达开庭地点去会面,然后把会面后的清单到了开庭后才交出给仲裁庭。反正他们要来开庭接受反盘问,故此这样安排就花费少了。

7.7.8 视像会议(video conferencing)

这可能会发生在其中一位海外证人因为健康或者其他理由不能出庭接受盘问,也可以是为了省钱,视像会议就可能会提供一个替代做法。在一个英国法院的判决中,Continental Enterprises Limited v. Shandong Zhucheng Foreign Trade Group Co. (2005) EWHC (92),它是一个有关30万吨的豆粕买卖,被指称违约的中方被告指买卖合约对集团公司没有约束力,因为公司章程内并不包括进口业务。而其中有关两位中方的证人,英国法院是以视像会议取证,并不需要他们从北京飞去伦敦出庭。现在在英国与中国香港等的法院,都安置了这种设备。而在香港国际仲裁中心(HKIAC),也有这种设备,可供租用。笔者最近也试用过一次,觉得也可以,其中一项证人是一位中国商检(CCIB)的退休验货师,因为患病在床,无法前来香港出庭。另有一次证人因为在美国犯了罪,不愿意去英国出庭,怕被引渡去美国,于是采用视像会议这种方法。可想象,一位证人如果在英国或者欧洲,可以用同样的办法举证。视像会议特别适合一些证人是不需要全部开庭的时间都要在场(例如不是关键性或者只是在一个局限争端的专家证人),不会有太大偏袒的危险与一些比较次要的证据。

7.7.9　文件档案(bundles of documents)

文件档案是去把所有有关文件组织好,方便在开庭时去寻找与翻阅。这有关文件(relevant documents)会是很多,因为同样的文件是在披露的中间程序中由双方出示。所以在一个大中型的案子里,再加上有全面的披露,涉及的文件可能是一两万张甚至更多了,相当于20~30个档案。但这不是一套就已足够,因为有关人士每人都需要一套,以便作出个人批注或者标出重要内容(highlight)。所以仲裁庭如果有三个人,就会要制造三套。加上双方有一位以上的大律师,加上业务律师与他们的助手,再加上专家证人、当事人,还要放一套在证人台上,表示要制造共10套或者更多。这涉及大量的文件与大量的工作。所涉及的问题可在以下探讨。

对英国律师所而言,复印是相当赚钱的工作,也是它们习惯的工作。所以,如果有英国律师所去代表当事人,通常会有一方很愿意做这方面的工作,往往也不必麻烦仲裁庭去命令。

但如果双方当事人有争议(特别是一方或者双方没有英国律师代表的情况下),通常仲裁庭会去下令原告负责复印与制造文件档案是比较明智的,因为想推进仲裁的一方往往是原告。

文件档案不能让各方自己去制造一套,因为这一来编码等都不会一致,开庭时就会在寻找的时候产生不明朗与延误。所以,应该是要求制造文件档案的一方尽快(如开庭前两个星期)去送上一套给对方当事人查阅,例如看看是否有所遗漏。加上对方律师要在该套新档案做开庭准备,如去加标签。所以这会涉及仲裁庭会要下命令定下一些时限去制造文件档案。

有关制造档案与如何编码,这在《国际商务游戏规则——英美证据法》一书中有详及。倒不如在此去提提有关大量文件带来的浪费,这是因为全面披露的文件中许多是没有什么用的资料或者是与在开庭时依然存在的实质争议关系不大,导致在开庭时会去需要翻阅的文件百分比很低,通常只是在5%~10%。可是为了安全,又不得不把所有披露的有关文件准备妥。为了开庭时方便查阅,通常会去把几乎肯定要看的文件去准备一个主要档案(key bundle)。有什么好办法可减少这种浪费,笔者也说不出。理论上是可以要求双方当事人删除一些在披露中出示的文件,但明显是不会在开庭审理中去涉及的。但这会要双方当事人律师去花时间查阅与区分,而且这刚好是开庭前最忙碌的时候,所以去要求反而会增加大家的负担与省不了钱。估计实际做法能在较早局限与减少披露文件,也就会是可以同步地减少文件档案的数量。

通常这些文件档案都只是副本(copy),不会需要把正本也(original)带来开庭审理。如果较早在披露的阶段中有双方当事人互相检查文件(inspection of documents),也应该已经把正本查阅了。但如果没有这一步,通常也就不会去检查正本文件了。仲裁庭只会在一方当事人指控与质疑对方某一份文件的真伪时,才会下令对方提供正本文件以供检查。但这种情况很少,因为在西方的法治国家中,没有什么正当生意人敢去伪造文件,犯上严重刑事罪。但也不表示他们是老实人,而是在巧妙制造自我保护(self serving)的文件,例如是只说对自己有利的地方,避开不谈对自己不利的地方。这与中国内地十分不一样,动不动就去指控对方是假文件,而这种情况也的确是有出现,而且手段低劣很容易被拆穿。这也正常,因为做假的比做真的是困难多了,如果有这个本领令精明的对方律师也调查不出来,他/她就一定有本领可以一开始就做好自我保护的文件。

对中方律师动不动就去指控与质疑外方(对方)文件的真伪,导致要去检查正本文件,是要小心如果查不出什么东西(也经常是如此),是会遭受仲裁庭作出有关浪费费用的惩罚。

7.7.10　文件翻译(translation)

另一个话题是有关语言的翻译,这是对中方当事人一件重要与昂贵的事情,也经常会导致翻译是否准确的争议。这是由于中方当事人几乎在所有的有关文件都是中文,这也毫不奇怪,因为日本、法国与韩国等的当事人也会是如此。在 Bayer AG v. Harris Pharmaceuticals Ltd. (1991) FSR 170 中,涉及原告披露了 800 张德文的文件,Hoffmann 大法官判披露方在对方的要求下没有提供英文翻译(因为是在英国诉讼)的责任。这一点对中方当事人十分重要,因为经常涉及大量的中文文件,翻译成英文是艰巨且昂贵的工作。法院诉讼又不是马马虎虎、随便翻译可以充数的。当然民事诉讼中双方永远可以同意翻译译本,但争议双方总是扯皮多于合作。

当然中方也难逃有这方面的困扰,因为如果他委任了英国的代表律师,仍需要去把中文文件作出翻译后才能处理。而对方出示的文件,中方也要去翻译了才知道内容。而最后在准备文件档案准备开庭或者要求仲裁员以文件作出裁决(documents-only arbitration),需要给仲裁庭翻阅与考虑的文件都会需要翻译。这除非是仲裁庭成员懂得有关的语言。所以,香港国际仲裁中心最近收到委任仲裁员的申请中,经常有明示的要求是仲裁员必须懂中文,这应该可减少昂贵的翻译工作。但这通常也不容易做到,因为不少仲裁条文允许双方当事人各自去委任自己的仲裁员,这导致仲裁庭经常有不同种族的成员。这一来,难逃是要以英语这一国际语言去进行仲裁了。这也表示所有的中文文件都会要去翻译成英语。

在英国1996年《仲裁法》之Section 34 (2) (b),说明是仲裁庭有权去决定(除非双方当事人同意):

"the language or languages to be used in the proceedings and whether translations of any relevant documents are to be supplied."

通常在仲裁,仲裁庭会宽松对待这个问题。例如让双方当事人决定哪些文件需要作出英文翻译,因为他们会更加清楚哪些文件是会要在开庭审理中提到。另外,也会要双方当事人同意这些翻译,以免在开庭时浪费时间去争论翻译是否准确。至于翻译是以什么形式也不必去深究,大可以让双方当事人或者他们的代表律师去安排。反正只要双方同意了翻译,也不成问题了。

最后一提的是翻译文件的费用是谁先去支出,并不是太重要,因为最后的分摊仍是谁败诉谁就要承担对方与自己的翻译费用。

7.7.11 证人宣誓或者确认(oath and affirmation)

开庭准备也会去考虑这一方面,就是如果需要证人举证前作出宣誓或者确认,就会要准备在开庭时有一本圣经或者可兰经(这要看证人的宗教信仰了),因为开庭场地可能是在饭店,不一定有。

仲裁庭在1996年《仲裁法》是有权力在这方面去监誓,这是在Section 38 (5):

"The tribunal may direct that a party or witness shall be examined on oath or affirmation, and may for that purpose administer any necessary oath or take any necessary affirmation."

宣誓与确认的分别是,前者是针对有宗教信仰人士,而后者适用在没有宗教信仰人士去确认他/她会讲真话与全部的真话。这证人也包括了事实证人(factual witness)与专家证人(expert witness)。

由于有这一步,所以较早时交换的证人证言也并不需要去以宣誓书(affidavit)形式作出。因为有关证人在开庭审理去确认证人证言是他/她的主证据(evidence-in-chief)之前,先是要宣誓或确认。

理论上,如果证人在宣誓或者确认下讲假话,这是犯了刑事罪的发假誓(perjury),后果与在法院讲假话应该是一样的:The Perjury Act, 1911, Section 1(1)&(2)。但笔者从来没听说过出这种事(除了一个很老的案例:R. v. Vreones [1891] 1 QB 360。它涉及小麦买卖,合约中有仲裁条文,而被告在袋装小麦中做手脚,试图制作假证据而被刑事起诉),虽然估计有不少证人其实是在讲假话。这原因应该是本来民事诉讼就算在法院也多不会发生这种事,因为法官不相信某一个证人只是根据可能性(balance of probability),这离开刑事的举证责任有相当距离。至于在仲裁会是更罕见了,因为有机密的要求。加上仲裁庭不像法官,不会想去涉及刑事,例如去向律政司(等于中国内地的检察院)投诉,通知律政司某位证人自己承认讲假话,并要求向他提出检控。笔者从来没听说过有这种情况,笔者自己也不愿意这样做。

要说明白的是仲裁庭不相信一个证人,能从刑事上去证明该证人作伪证还十分遥远。不说仲裁庭成员自己可能是会判断错误,例如文化背景的差异而不相信另外一个种族,民事诉讼的相信与不相信可能只是一线之差,这即 51 与 49 之分。但刑事罪名的成立百分比就高得多了。

由于上诉的原因加上仲裁即使是有证人明显在讲假话,也会是很难去报警变为刑事案件处理,因为在机密与仲裁庭自己也不想搞大的原因下,现在在国际仲裁中已经越来越少见仲裁庭或者双方当事人要求证人去宣誓。留下的就是仲裁庭自己公正地根据水平作出判断该不该信有关证据与给多少分量的问题。

这一来,由于监督的作用不大,只是形式,所以除非是一方当事人要求,有不少仲裁已经省掉了这一步。反正主要是看口头证据的实质内容,以作出真假可能性的区分与决定的分量。

7.7.12　开庭记录与翻译员等(transcripts and interpreters,etc.)

开庭审理还会有其他的东西要准备,例如是否需要开庭记录与翻译等。开庭记录在一个大中型的案件,通常会作出安排。有这些专业的公司与人士当场去记录开庭的每一句话,并在开庭的当天晚上准备好马上或者第二天一早送给有关人士各一份以备查阅。

如果没有这些安排,就会要仲裁庭自己去全面地记录。这不好的地方自然是仲裁庭写得慢就会拖延了开庭的进程,例如要求发言的大律师说得慢一点。而且仲裁员只顾写,就会分心。所以在笔者(杨良宜)刚开始做仲裁员时,曾想学习速写(shorthand),但后来科技的进步已经令速写无处学习了,也不再需要。

现在开庭记录普遍使用一种叫 Word Wave 的做法,就是在每个人(仲裁庭成员与双方律师)面前放置一个电脑屏幕,而电脑连接开庭记录的打字员。打字员把开庭中每一句话记录下来的同时,也出现在每个人面前的电脑屏幕中。如果有错,可以马上发觉并提出修改,这可以省去将来的争议。如果有仲裁员认为某一句话(不论是来自当事人大律师的陈词还是证人的证据)十分重要,也可以自己在电脑中作出标记。这个做法可令仲裁员十分轻松地听取双方证人的证据。缺点当然是带来额外的费用,而且并不便宜(在香港大约是 13,000 港币一天)。在开庭审理的当天晚上,也会马上把电脑中的开庭记录印出来一份交给各有关人士。对笔者而言,其实也可以有节省得多的办法。这就是安排把开庭审理录音然后在事后大约一个星期内整理出一份完整的开庭记录(transcript)。这个做法的毛病是记录错误比较多,因为不会有当场的警觉与修改。反正在仲裁庭要去作出裁决时,甚至在双方大律师作出书面的最后陈词时,大家都已经有一份完整的开庭记录可肯定某一位证人的确讲过什么话。

这些开庭记录会在后来仲裁员作出裁决的时候去翻阅,例如在仲裁庭成员之间对某证人的说法了解有所不同时,就会去翻阅开庭记录看看他/她的准确语言。另一种情况会使用是在 1996 年《仲裁法》之 Section 67 有关仲裁庭对自己管辖权的裁决上诉法院,已经在 Azov Shipping Co. v. Baltic Shipping Co. (1999) 2 Lloyd's Rep. 159 与多个其他相同先例明确了要全面复审(retrial)有关争议,包括证据。这一来,在仲裁事实与证据有大量争议的案件,仲裁的一审就要小心留下开庭记录,以防一方当事人在上诉法院的复审时改口(改变证据)。有了开庭记录,对方就可以向法官指出这不同说法的证据不足为信。

至于翻译员是否需要,这主要是看证人能否以英文(如果英文是开庭审理的语言)举证。当然使用翻译会严重拖慢开庭的进程,但对不能掌握流利英文的人士,这也是没有办法的。翻译同时会带来其他的缺点如:

(1)经常会发生翻译是否准确的争议,令开庭进度更加延误。

(2)双方当事人会另安排多一位懂得证人语言的人士从旁聆听与监督翻译给仲裁庭的证据。

(3)笔者与一些国际著名仲裁员曾经谈过与认同在国际仲裁中,能够以流利英语作证的证人被相信与接受的机会较需要翻译的证人为高。当然这问题也不能说学好英语就可以解决。因为即使一位中国或日本证人能说出与英美证人同样流利的英语,相信或者不被相信也会是另一个层次的偏向了,例如了解文化背景与表达方法。

(4)笔者也曾见过一次中方证人需要翻译去作证,但马上被对方的美国律师以严厉的语言反盘问说:"英文的证人证言是否出自你的话?如果是,为什么你现在需要翻译?如果不是,这证人证言是否出自你的律师?"笔者作为仲裁庭成员之一,觉得这说法有问题,因为能写能看不表示能流利地对付反盘问。而且众所周知,证人证言通常是由代表律师根据证人的口头证据去拟定与修葺,这变得证人只是阅读后认为是他想讲的话即会认可。在一般国际贸易的亚洲人士,他/她的英语水平这样做通常是不成问题,但再强调,他/她的英语水平不足以去应付反盘问。

多值得一提的是,有说法说证人可利用翻译多争取时间想清楚才回答。笔者对这个说法抱有怀疑,因为脑子动得很快,就会懂得如何是恰当的回答,就马上可以回应,要是不懂,给他/她多少时间也不会有分别。

对笔者而言,由于上述的缺点,深深感到中方当事人应该尽量避免口头证据,也就是不要开庭审理。而对事实的争议,尽量依赖文件证据对中方当事人应该比较有利。但这里又涉及一个先决条件,就是中方有充分的自我保护文件,但在目前仍有太多的中方公司并没有做好这一点。

如果需要翻译员,应该是什么资格通常需要让双方当事人去协商。HKIAC 也有资料提供去找一些有经验的各种语言的翻译员。一般在伦敦或者中国香港不难找到任何语言的适当人才。如果双方有争议,就只能由仲裁庭决定应委任什么人做翻译员了。通常这也只能看他/她的纸面资格(paper qualifications)与有否在诉讼做翻译员的经验。笔者觉得找好的翻译员十分重要,这"好"不仅是指语文方面,也包括了对有关专业与法律的了解,甚至加上做人的机灵。否则就常常见到一些翻译员无法准确翻译大律师的盘问与表述证人的回答,导致浪费大量的时间。笔者由于理解中英文,遇上中方的证人需要翻译举证,就常有很强的这种感觉。但由于笔者是仲裁员,也不能事事去插口与打断翻译员的工作。在最近的一两次开庭审理中,由于翻译员几乎是错漏百出,笔者作为仲裁员建议反盘问由当事人的英国大律师(barrister)先以英文提出问题,然后由同一阵线的中国人业务律师(solicitor)或者中国人专家翻译为普通话直接向对方的中方证人提出,而不必通过不懂行的翻译员。至于对方证人的普通话回答,才需要翻译员去工作,因为翻译员是中立方,而这些英文的回答是证据,也是开庭记录的一部分。但这个做法发展下去仍然不满意,笔者甚至建议证人的普通话回答由证人一方的中国人业务律师协助翻译员。固然该中国人业务律师身份不中立,但由于双方当事人都有精通普通话的中国人,翻译有问题可以马上提出来,所以这问题也不应该太大。说到这里,笔者希望找翻译员时,别光是着眼懂不懂语言,不是这么简单。笔者在想如果需要中立翻译员,可否另去找一家不涉及本案(例如是海事案件)的律师事务所,例如是海事律师事务所,它们可能会有更适合的人选。即使是收费比一般的翻译员高,但恐怕也是物有所值。另一个可能的做法是双方先准备一份中英文详细名单说明有关“技术术语”(technical terms),让翻译员先在开庭前把它念熟了。

7.8 可能有的中间程序之一:预先争端(preliminary issue)

这是在一个稍复杂的争议中不能以简单的文件审理快速省钱的解决,经常要面对的一步重要中间程序。这就是挑出一个争端,先作出裁决,裁决书称为中间裁决书(interim/partial award)。这种做法的普遍性可以从一些资深的仲裁员经验中作出的“partial award”数量大大超出了最后裁决书(final award)看出。笔者知道在伦敦的一个历史上最昂贵的海事争议,涉及船舶改装(conversion),仲裁庭作出了12个partial awards,至今(2005年10月)仍未曾作出final award。

预先争端会有一小部分是非要先解决一些争议,否则无法推进下去。这最好的例子是合约的适用法有争议,一般在国际性的合约中没有规定,这就要涉及法律冲突(conflict of laws)的问题了。但不先去找出合约的适用法就无法推进仲裁,例如找什么外国法律专家证人?所以这个问题非要先以中间裁决书作出肯定的答案,双方当事人才能在接下来的仲裁程序中有所适从。

但是大部分去挑出预先争端的考虑是为了省钱与省时间,但同时也要平衡自然公正。例如质疑仲裁庭管辖权就通常会以中间裁决书先处理掉,因为如果明确了没有管辖权,就可以很快与很省钱地把有关仲裁终结。但如果质疑管辖权是在中间程序的后期才提出,或者是案件本身就是一个金额不大与适合文件审理,又或者是争议管辖权与实质争议是涉及同一批证人与证据(例如说双方在会议中没有达成合约,导致仲裁庭如果认为达成合约就同时解决了管辖权与实质的争议,而且赔偿的金额双方没有多大的争议)。这一来,作出一个全面的最后裁决书(final award),即针对管辖权与实质争议就应该是最省钱的做法,这都是仲裁庭所要作出的平衡判断。

另一种经常见到的预先争端是合约时效问题。如果时效已过,这是一个强而有力的抗辩,对其他的索赔指控(不论在责任方面还是在索赔金额方面)都不必理会了。所以,这也是经常会挑出来作为预先争端来处理。笔者曾经遇到过一次是双方当事人在组成仲裁庭后马上要求笔者对一条关于时效的合约条文作出解释,连文书请求也省掉了。但在仲裁庭考虑后还是要求双方当事人先作出文书请求后才决定是否以预先争端处理。仲裁庭的传真是这样说的:

"It seems to us that it does make considerable sense for claim submissions and defence submissions to be served before a preliminary issue is identified and, if appropriate, dealt with separately. We agree entirely that a time bar issue is one that can usefully be dealt with as a preliminary issue. However, we have had unfortunate experiences of cases in which a tribunal has been asked to determine a preliminary issue before claim and defence submissions have been served and the result has not dealt with all the relevant issues that emerged only when subsequently claim and defence submissions were served."

上述所讲的"不幸运的经验"笔者曾经历过,这是一个预先争端的时效,双方文书请求的来往中越争越多,包括像:就算是时效已过也在本案涉及弃权与禁止翻供,另外也涉及了一个非法威逼(duress)。这涉及大量事实的争议,也需要证据包括口头证据。这根本不应该以一个简单的预先争端去处理,可能是为更省钱与让双方做好准备在"一次过"开庭审理去同时处理。

如果有了文书交换(pleadings),就有可能看见在被告的抗辩请求中提出了其中一项抗辩就是时效已过,但接下来会看到原告的答辩请求作出回应,说被告对时效已经弃权与禁止翻供。这一来仲裁庭就知道这不仅是涉及合约条文的时效解释,而是有其他事实的争议与证据的处理否定了以预先争端的做法去解决争议。

7.9　可能有的中间程序之二:问答(questionnaire)

这个做法是英国法院的"Civil Procedure Rules"或简称CPR所发展起来的,现在在笔者的仲裁中也有使用。它是在文书请求的中间程序告一段落后的一段时间内例如是14天,如果不是以文件仲裁的方式进行,就会需要开庭,就会要求双方填妥一份问答,以方便仲裁庭决定以后的程序,特别是有关开庭审理。这一份问答在伦敦海事仲裁员协会(LMAA)的仲裁规则中有所规定,如下:

"As many as possible of the procedural issues should be agreed by the parties. If agreement has been possible, then please make that clear in the answers to the Questionnaire.

1. A brief note of the nature of the claim (e.g. 'unsafe port' or 'balance of accounts dispute').

2. Approximate quantum of the claim.

3. Approximate quantum of any counterclaim.

4. The principle outstanding issues requiring determination raised by the claim and any counterclaim.

5. Are any amendments to the claim, defence or counterclaim required?

6. Are any of the issues in the reference suitable for determination as a preliminary issue?

7. Are there any areas of disclosure that remain to be dealt with?

8. Would a preliminary meeting be useful, and if so at what stage?

9. What statement evidence is it intended to adduce and by when; and (if there is to be hearing) what oral evidence will be adduced?

10. What expert evidence is it intended to adduce by way of reports and/or oral testimony and by when will experts reports be exchanged? Generally a meeting of experts will be useful. Unless the parties agree or the tribunal rules that such a meeting would not be appropriated, when should the meeting take place?

11. Suggested timetable for preparation for the close of submissions if the case is to go ahead on documents along or for a hearing if that is appropriate.

12. Estimated length of the hearing, if any.

13. Which witness of fact and experts is it anticipated will be called at the hearing, if there is to be one?

14. Is it appropriate for a hearing date to be fixed now (Save in exceptional circumstances, a hearing date will not be fixed until the preparation of the case is sufficiently advanced to enable the duration of the hearing to be properly estimated; this will normally be after disclosure of documents has been substantially completed)?

15. Estimated costs of each party:

(i) up to completion of this Questionnaire; and

(ii) through to the end of the reference.

16. Does either party consider that it is entitled to security for costs and, if so, in what amount?

Have the parties considered whether mediation might be worthwhile."

7.10 可能有的中间程序之三:对仲裁费用作出局限(capping of costs)

这是一个1996年《仲裁法》给予仲裁庭的新权力,它在Section 65,节录如下:

"(1) Unless otherwise agreed by the parties, the tribunal may direct that the recoverable costs of the arbitration, or of any part of the arbitral proceedings, shall be limited to a specified amount.

(2) Any direction may be made or varied at any stage, but this must be done sufficiently in advance of the costs to which it relates, or the taking of any steps in the proceedings which may be affected by it, for the limit to be taken into account."

显然这新的条文是针对费用的问题。固然上述已经谈过有不少来香港或者英国的海事仲裁都会加一条小金额索赔仲裁程序(Small Claims Procedure),但缺点是限制在一定金额内,通常是5万美元以下,加上程序的处理简单与在LMAA SCP是不允许上诉与给予一个没有原因的裁决书(unreasoned award)。并不是每个人都喜欢这样定死,毕竟就算是6万美元也不能乱花诉讼费用。加上也会使金额不高的争议但因为涉及其他同类案件与有口头证据需要开庭等更复杂与仔细的程序处理。可是有这种想法就不能适用LMAA SCP了。但也不表示这样就可以乱花诉讼费用,毕竟要顾及CPR的“比例”(proportionality)精神。这样一来1996年就带来这样的新条文与新权力,就是让仲裁庭限制双方最终能向对方要回来的费用,定下一个限额。这个问题已经在本章之4.1.2.2段有详细叙述,笔者只在此多加一些内容而尽量不去重复。

笔者的经历中是有这种申请,但为数不多,估计与许多人不了解还是有一定关系。例如现在经常见到有中国内地的律师参与伦敦或者香港仲裁,可能是中方非常害怕昂贵的费用,极少见到中方律师提出这种申请,估计是他们并不完全了解1996年《仲裁法》的操作。其实它非常适合中方经常面对的几种情况:索赔的金额小但没理由去无端端放弃几万美元甚至十几二十万美元;外国被告摆出一个样子想去过度的斗争(overfight)务求把明知惧怕律师费/诉讼费的中方原告吓跑;申请方是自己在处理案子或者是互保协会(defence club)或者是费用较低的当地律师例如是中国内地律师,但被申请方是由世界最昂贵的律师所代表而导致费用的高低不对等;小公司面对财雄势大的大公司;穷国家面对跨国公司,等等。很明显中方作为原告(也可以是被告)会遇到这样的情况,例如被告想拖或者过度斗争,明明是不需要开庭的案件却要求开庭并准备聘用费用昂贵的大律师与专家证人,中方大可以先去或者同时申请仲裁庭根据1996年《仲裁法》之Section 34(2)(h)下令不需要开庭与即使开庭也去限制胜诉方能向败诉方最后要回的费用。如果仲裁庭下命令是金额限制在10万美元,这样一来中方败诉后对方也只能要回10万美元,令中方官司虽仍在打但心里就已经有了底。当然对方若仍然喜欢聘用费用昂贵的大律师与专家证人,这是仲裁庭管不到的,因为任何一方都可以任意去找他信任的代理人。只是对方若花了100万美元官司费用后,即使是胜诉,也只能向败诉的中方拿回十分之一的花费。如果败诉的话,对方的外国公司可就惨了。可想而知,稍微明理的对方在仲裁庭下了限制令后应该是有效冷却他的过度斗争雄心,甚至会愿意合理和解。

这方面命令可去让仲裁庭主动作出,当然是问了双方意见后,但更多是由当事人提出,一般会是原告。但问题是这种情况出现的频率不高,一是不懂(例如中国律师);二是大家有利益冲突。再加上仲裁员不太了解案情与过早关注某一个案子。大家有利益冲突要稍微解释一下,就是这限制的金额也包括了仲裁庭费用,因为胜诉方向败诉方取回的费用分为两部分:一方是仲裁庭的费用;另一方是胜诉方自己的费用。所以不须特别写明,这10万美元的限制等于也把仲裁庭的费用包括在内。当然如果写明这10万美元是当事人自己的费用,仲裁庭费用不包括在内,仲裁庭最后去收10万美元以上的费用就太难看了,因为在英国的对抗制下一般当事人的代表律师会做大量调查取证与准备案子的工作,通常是远远超过仲裁庭的工作量。至于当事人律师包括原告律师不去提出是因为一旦下了限制,他能做的工作与将来能向当事人收费的数量也就有了限制。所以,水平高的当事人即使委托了律师也懂得提出,这一来律师也不好意思不照办,除非他能够以很好的理由说服当事人,这不是恰当的做法,不该省钱。

再重复限制金额是可以针对整个仲裁或者是一部分仲裁程序(or any part of the arbitral proceedings)。所以一般的说法是申请限制费用应尽早提出,以免对方已经花了大钱就不能去限制了:Eirikur Mar Peursson v. Hutchison 3G UK (2005) Building Law Reports 210。当然也往往需要在文书请求交换以后,仲裁庭才能从双方的争议中去考虑应否下令限制与限制多少。但稍后的申请也是可以的,例如决定了开庭就限制开庭只能让胜诉方取得回一定金额的费用。前面已提过,笔者听说香港一位仲裁员只局限双方当事人的律师的复印文件费用,限制在一元港币一张的古怪命令。

这个费用限制令也与另一个重要步骤的费用担保(security for costs)有密切关系。被告会根据1996年《仲裁法》之Section 38(3)向仲裁庭申请要求原告提供费用担保,要求的金额很高,因为其中一个意图可能是吓退原告。一旦让仲裁庭限制了10万美元,显然费用担保也只能是这个数字了。

仲裁庭考虑这方面申请的主要因素是省钱与比例(proportionality)。例如索赔金额低要去限制的诱因就极大了,务求不要出现诉讼费用大大超越了索赔金额的可笑与可悲局面。但若是索赔金额是天文数字,即使是争议相对简单,不必去过度斗争,但多花了钱恐怕当事人自己也不会太心疼,仲裁庭就会让当事人随意委任英国最昂贵的大律师与专家证人,不去限制或者限制金额定得非常高。笔者也在一个金额虽然不低,但双方同意委任笔者为独任仲裁员与文件审理(documents-only arbitration),笔者以看不见有过度斗争与过度费用的危险而拒绝了当事人的申请,以免增加工作量。

如果决定了下令限制费用,就要考虑什么是适合的金额。这里就要考虑到省钱以外的自然公正,就是在该特定的案件中,有什么费用是双方合理要花的,例如专家费用。此外,也要考虑到将来会有什么仲裁程序,例如是否需要开庭审理,如果需要,是否需要聘用御用大律师或者是普通大律师,是否有需要为口头证人作翻译的费用等,然后定出一个限制金额。但注意Section 65(2)第一句说明这金额可以稍后作出更改,通常是提高,甚至完全取消。这是有必要的,因为仲裁发展下去会有其他变数令原来的限制金额再也不适合。例如,其中一方当事人对原先的文书请求作出重大的修改(amendment),引进了一个新的重大争端。

英国法院现在也在CPR下有这种裁量权,但估计行使会比较罕见,毕竟法院更要顾及对公众利益有兴趣的案件(这表示应该充分让双方当事人去斗争),这是仲裁不必考虑的。另外,法院甚至要顾及像《人权法》的立法。所以Simon Brown大法官在R. v. the Prime Minister ex parte CND (2002) EWHC 2712 Admin中说:"Both those decisions emphasized that the discretion to make [a pre-emptive costs capping order] even in cases involving public interest challenges should be exercised only in the most exceptional circumstances."

另一上诉庭的 Brooke 大法官在 Adam Musa King v. Telegraph Group Ltd. [2004] EWCA Civ. 613 中说:"In my judgment Gage J and Hallett J were correct to consider that the court possessed the power to make a costs capping order in an appropriate case…Needless to say, in deciding what order to make the court should take the principle set out in CPR 44. 3 (which govern the retrospective assessment of costs) as an important point of reference…

I have…no doubt, for the reason given by Sir Christopher Staughton in Solutia UK Ltd. v. Griffiths (2001) EWCA Civ. 736, that it would be very much better for the court to exercise control over costs in advance, rather than to wait reactively until after the case is over and the costs are being assessed."

限制费用的重要性在 Eirikur Mar Peursson v. Hutchison 3G UK (2005) Building Law Reports 210 先例的案情中也可以见到,就是索赔大约是 150,000 英镑,但被告律师估计的所有费用是大约在 233,000 英镑,这是原告律师估计所有费用的八倍。而原告当事人(是一对夫妻)说明如果败诉,要付被告律师这笔钱就会令他们破产。所以如果能够限制费用,除了可以减少浪费,也可以防止一方当事人利用财雄势大去压逼另一方当事人,并把双方当事人放在同一个层次去对抗(level plain field)等的好处。

最后一提的是,香港法院没有类似的做法,因为香港法院目前是没有这个权力去 cap costs,但在香港不久后即将进行的民事诉讼的改革(civil procedure reform)就会跟英国法院看齐了。目前香港法院诉讼会导致当事人一旦诉讼,就可能要面对昂贵与心里没有底的诉讼费用,这也是一般当事人最害怕的事。但事实上,除了这个限制仲裁费用的权力有些保障,也的确很难保证当事人在法院诉讼最终会花多少钱,因为案件以外看不见的变数已经太多,主要包括像自己一方的律师是不是安好心与做事负责与懂行,对方是否过度斗争,法官是否判错需要上诉,对方败诉后是否不惜一切去上诉,等等。

另在以下去节录立法理念的 DAC 报告之 272 段有关 Section 65,如下:

"[S]uch a power, properly used, could prove to be extremely valuable as an aid to reducing unnecessary expenditure… [It] enables the tribunal to put a ceiling on costs, so that while a party can continue to spend as much as it likes on an arbitration it will not be able to recover more than the ceiling limit from the other party. This will have the added virtue of discouraging those who wish to use their financial muscle to intimidate their opponents into giving up through fear that by going on they might be subject to a costs order which they could not sustain."

7. 11　可能有的中间程序之四:费用担保(security for costs)

这一个中间程序步骤在本书第十一章有详细论述,所以不再重复。只说几点如下:

(1)这一步应该在仲裁的早期提出,因为太晚提出一贯以来是仲裁庭可拒绝费用担保申请的理由之一。当然,会有后来才出现的变数如原告起初经济雄厚,但后期传出不稳,这样一来太晚提出仍应被接受。

(2)通常是被告向原告提出这方面的要求,而原告只能向被告提出要求费用担保只局限在被告有一个反索赔,而且这反索赔是一个与索赔本质不一样且独立的索赔。因为反索赔与索赔本质一样,等于是抗辩(defence proper),也不会因为抗辩性质的反索赔增加任何诉讼的额外费用。要知道,任何人都有权去为他自己抗辩,不论他有钱没钱。所以,绝对不能作出命令要被告提供费用担保,否则就剥夺他抗辩的权利。这也是只会向原告作出费用担保的原因,因为它不作出就不能推进索赔的仲裁程序。而对被告也只对他提出的独立反索赔可作出费用担保命令,如果违令,就可作出相应的惩罚,就是不让他推进此独立的反索赔,但对被告抗辩的权利完全没有影响,这也包括了抗辩性的反索赔也可以完全不受影响。另需要注意是涉及独立反索赔的费用担保金额,不会与原告的索赔费用担保金额一样,并且通常是低很多。因为仔细分析,会发现大部分仲裁工作都与索赔有关,而且独立反索赔的增加所增加的工作量并不多。如后者不需要开庭审理,或是7天开庭多了2天。所以,见过命令要双方当事人各自提供200万美元的担保给对方,这应是错误的。

(3)以前,在1950年《仲裁法》下,一直是外国(英国以外)的原告都要提供费用担保,这不管原告(或是提出独立反索赔的被告)是外国的大公司或者财雄势大,除非他们在伦敦有分公司或者有不动产。所以,中国原告如中石油或中石化都难逃在伦敦法院或者仲裁诉讼被对方要求提供费用担保的命运。但到了1996年《仲裁法》,就有了重大的改变,就是在Section 38 (3)说明仲裁员不应去提供费用担保的命令只因为原告是外国个人或公司,条文节录如下:

"This power shall not be exercised on the ground that the claimant is —

(i) an individual ordinarily resident outside the United Kingdom; or

(ii) a corporation or association incorporated or formed under the law of a country outside the United Kingdom, or whose central management and control is exercised outside the United Kingdom."

改变的理由主要是裁决书不像法院判决,可以全世界根据1958年《纽约公约》执行,就没必要强制原告先提供费用担保后才推进诉讼,因为被告如果胜诉可以裁决书形式向原告取回诉讼费用,而且这个裁决书一样可向外国的原告以《纽约公约》执行,这是法院所做不到的。其他的理由也应是使伦敦仲裁对外国的当事人(特别是原告)更具吸引力,就是伦敦仲裁起诉不需要先掏出一大笔保证金的原因。

这一来,变了唯一在1996年《仲裁法》生效后的要求原告提供费用担保的理由就剩下了被告去证明原告会在败诉后并要承担被告的诉讼费用时赖皮或者付不起。这表示,被告需要做一些工作提供比较确实的证据去证明外国(也包括本地)原告的财政状况,而不是泛泛地说中国公司,或者印度公司不容易执行费用裁决书(costs award),因为当地法院有过拖延或者拒绝执行外国裁决书的不良记录。笔者作为仲裁员一般是不接受这种说法的,因为曾经有过个别事件的国家实在太多了,不能通用。最近笔者知悉了一件事倒是可能影响中国公司的原告,就是笔者的一个裁决书在中国内地法院执行,但法院说中国诉讼没有败诉方要承担胜诉方诉讼费用的做法,所以不予承认,这是胜诉方律师告诉笔者,而事情未告一段落。照说,中国法院这样做是严重不依照 1958 年《纽约公约》或/与香港的双边协议。费用是裁决书的一部分,当事人去伦敦或香港仲裁应完全了解败诉后是要承担对方费用的。中国法院若是以中国的一套做法去否定,岂非是同样说法下可同时否定裁决书的其他部分,如说中国法律下不会有这样的判决或裁决?

笔者处理的国际仲裁案件在 1996 年《仲裁法》生效前是十宗有九宗会涉及费用担保的中间程序的申请,因为原告是外国公司或个人的机会太大了。到了 1996 年《仲裁法》生效后,笔者估计会出现的机会下降到十宗只有一两宗案件才会发生。而中石化或中石油这种公司在今天再也不必担心这种麻烦事情了,除非中国法院今后拒绝承认诉讼费用裁决书(costs award)成为普通做法并获得最高院支持。但要小心如果是法院诉讼,像香港法院,外国原告仍是难逃要提供费用担保的命运。

(4)对费用担保英国法院与仲裁做法另有不同之处是前者可考虑被告是否对原告作出过和解提议(sealed offer)。如果有,这显示了被告愿意付原告部分索赔,这就会令被告再要求原告提供费用担保不合理了。但法院另有当值法官去看该有关的机密和解协议或者 payment into court,不怕受影响,因为后来审理的法官不会是他/她。但仲裁庭是一手一脚去处理所有中间程序与审理是非曲直,所以不适合去看该享有"特权"(privilege)的和解提议(sealed offer)。

(5)当然,即使决定了费用担保,也要看个别的案件去决定担保金额是多少,例如需不需要开庭审理。所以,适当的时候提出申请是在文书请求交换后,因为这时大家,包括仲裁庭都对有关的争议是什么有了初步的了解。而仲裁庭为了不一下子命令一大笔的担保,把原告吓得不敢继续索赔,也往往喜欢分阶段命令提供担保。例如,先下令三分之一的费用担保,至披露完毕后再考虑是否追加担保与多少。

(6)千万不要看轻了费用担保所造成的心理障碍,尤其是对一些没有太多诉讼经验的原告,例如是中国内地公司,笔者曾经多次见过这种原告往往只看自己的一本账目,例如原告只去问他的律师要花多少律师费用。也不知道是原告律师为了不想在早期吓坏原告而失去一宗很好的案件,或者是无意中作出误导,只说出自己会要收取的费用,而且是偏低以诉讼是一帆风顺为基础,而避开提到如果败诉(有一半机会吧)后要去承担对方被告的诉讼费用,这毕竟是泄气的话。这一来,对没有诉讼经验的原告,会在第一次被告提出一大笔的费用担保要求时才警觉要面对承担的诉讼费用。例如是四五百万港币甚至更大的金额。笔者经历过好几次原告吓坏后而打退堂鼓。就算是有一定诉讼经验的原告,也会在他不是财雄势大,提供担保有一定困难或者是原告自问索赔并非是太有把握的情况下打退堂鼓。

不多去重复有关费用担保的话题,笔者只举一个很近期的实例,就是中方被告向外国原告要求后者提供二百多万港币的费用担保,而外国原告也因为中方被告有反索赔提出要求150万港币的费用担保。中方被告对外国原告中作出了仔细的调查,证明是一个空壳的子公司。但无可否认外国公司的母公司是一个财雄势大的国际贸易商。而外国原告是泛泛指称中国法院执行《纽约公约》不力,所以要中方被告应为反索赔提供费用担保。结果在一个包括了笔者(杨良宜)的国际仲裁庭中作出了以下的命令:

"With regard to the applications for security of costs relating to the claim and the counterclaim, the Tribunal had considered the various submissions and arguments put forward by the parties. In particular, the Tribunal closely considered and discussed matters such as: the status of the Claimant and the parent company, the nature and possible strength of claim and counterclaim, the additional work that may be attributed to the counterclaim, the possible duplication of work by having two sets of law firms engaged by the Respondent, the breakdown of the skeleton Bill of Costs, etc. The Tribunal had also taken into account of the closeness of the hearing date and other circumstantial factors.

We have come to the following decisions:

a) No security of costs for the counterclaim;

b) The security of costs for the claim is fixed at HK $1,800,000.00;

c) The form of security shall be a letter of understanding/guarantee from the parent company (With reasonable wording to be agreed between the parties. The parties are of course at liberty to apply to the Tribunal if necessary);

d) The Tribunal are not minded to set any deadline because of the need of some further agreement per (c). If necessary and appropriate, the Respondent's lawyers can always come to the Tribunal later for assistance.

Please take the above as the Order of the Tribunal with regard to the applications for security of costs.

Very briefly, a few of the considerations the Tribunal had in mind are, for instance, the Claimant's lawyer did not defend the Claimant's status and neither had the Respondent's lawyer commented about the Claimant's parent company's financial strength; The saving of costs and time in the provision of a letter of undertaking or letter of guarantee by the parent company, etc. The Tribunal also emphasize that the decision above had little, if at all, to do with the possible strength or lack of strength of the claim and counterclaim. It is too early for us to look into this aspect, especially after the amendments of pleadings. Likewise, we are not forming any views nor trying to clarify further as to the possible duplication of costs and certain items in the skeleton bill. Now is just a question of security rather than taxation/assessment."

对以上费用担保的命令,有几点要作出解释:

a）仲裁庭决定中方被告的反索赔不需要提供费用担保，因为表面看反索赔与索赔的本质十分接近，是属于抗辩性的反索赔。

b）但对于中方申请的200多万港币的费用担保，并且有清单（bill of costs）作出细项的估计费用，仲裁庭就删去了一部分的费用。其中是中方被告聘用上海的律师加上香港的律师，当然另有大律师。这一来，有两家律师所总难免有工作的重复。这没有理由要对方（外国原告）承担。笔者也见过中方当事人委任四五个律师所，共办同一案件。好像是人多好办事或者是三个臭皮匠顶个诸葛亮。这是不错的想法，这种高层次的工作，数量是不能去替代质量的。而中方这样做，增加了大量费用，是没有理由要求对方承担的，即使胜诉。当然，定金额在180万港币，只是一个大致数字，这不是去核算，不需要太仔细。

c）好玩的是，仲裁庭只是下令外国原告的母公司提供费用担保，因为中方被告说服了仲裁庭名义上的外国原告的确是一家空壳公司，而外国原告的代表律师也没有为此作出反驳。但要求外国原告提供昂贵的银行担保，就会是劳民伤财了。既然母公司是一个大公司，就让它出一个保函，既省钱又快捷。

d）至于保函的措辞与文字，仲裁庭要求双方当事人自己谈妥。毕竟最重要的是中方被告满意。如果双方有争议，这会是外国原告肯提供的并不合理，也会是中方被告所要求的并不合理，到时候可向仲裁庭申请作出决定怎样的措辞或者文字才是合理。

e）由于双方还有一个谈判过程，所以仲裁庭也不会定下一个期限要求外国原告提供担保，例如是28天内。如果外国原告拖延，中方被告大可以再向仲裁庭申请规定时限，提供费用担保，否则把索赔中止（stay），甚至撤销（dismiss）索赔。这是在1996年《仲裁法》之Section 41（6）。

f）外国原告也曾力争他的索赔理由十分充足，胜诉机会极大。的确在决定是否需要提供费用担保时也会有这个考虑因素。但笔者认为只适用在明确是一面倒的案件，例如是欠下运费，而被告根本提不出什么抗辩，甚至承认了一部分债务。这一来，就根本没有理由下令原告提供费用担保了。但在较复杂的案件中，仲裁庭早期考虑表面看来索赔理由充足或者抗辩理由充足并不明智，会有在没有充分了解双方争辩与取证前就先下判断（pre-judge）的危险，即使只是表面的判断。这是违反自然公正的，会有将来被败诉方去法院要求撤销裁决书的危险。所以，最好仲裁庭在决定费用担保的阶段别去多管双方在案件表面的强弱。

g）最重要一点是在上述命令最后一段列出了仲裁庭曾经考虑过的各种因素与方面，尽量是包罗万象，以显示双方提到的理由都考虑过。但又不个别去给决定的原因，因为对中间程序命令是不需要给任何原因的，而且说太多也不明智，因为不服的一方，像外国原告可能会来向仲裁庭继续力争，要求重新考虑。

7.12　可能有的中间程序之五：索赔担保（security for claims）

7.12.1　索赔担保与费用担保的不同之处

这与7.11段的费用担保完全不一样，表现在以下几方面。其一，费用担保由被告向原告要求,但索赔担保是原告向被告要求,因为索赔的一方是原告。当然,如果被告也在同一诉讼中提出了反索赔,也会有需要被告要求原告提供担保的可能。其二,索赔担保通常涉及的金额比费用担保高,而且,往往是高得多。索赔担保包括了索赔的本金加上利息再加上原告索赔的估计费用。其三,索赔担保要提供的先决条件与费用担保并不一样。例如费用担保以前的先决条件是原告来自外国外地(foreign),在 1996 年《仲裁法》生效后,是要被告证明原告将来会无法偿还败诉后所要承担的诉讼费用。但索赔担保就要看是以什么手段去取得,例如在海事争议的扣船(arrest of ships)就通常没有什么先决条件,但以 Mareva 禁令的手段就会有一连串的先决条件,例如原告有一个强而有力的索赔(good arguable case)与证明被告会有转移资产逃避最后败诉裁决书执行的可能性。

严格地说,索赔担保不能算是仲裁的中间程序(interlocutory procedure),因为原告是否成功取得担保与仲裁程序的推进无关。一般来说,索赔担保也通常是仲裁以外的独立法律行动。例如像历史悠久的扣船,原告是要通过恰当地点的海事法院进行,与仲裁无关,仲裁员也不加理会。

7.12.2 原告要取得诉前担保的各种考虑

原告设法取得索赔担保甚至会在仲裁之前发生,而原告一天没有成功取得也不想花钱在仲裁,因为对被告的经济实力有怀疑。有时候即使是开始了仲裁,也只是为了保护时效或者是希望逼使被告坐上谈判桌,但不去推进仲裁中间程序。

毕竟,会有诉讼拖到五年至十年以上。这一来,世界上虽然有很多财雄势大的跨国公司,估计它们一百年后仍会是强大甚至更强大,但这些公司毕竟是有限的而且绝大多数是在西方国家。至于小一点的公司,特别是在发展中国家的公司,即使是眼前风光,但一拖上十年,有多少依然存在或者仍有经济实力实在没人说得准。就算是中国内地,试想,20 年前是什么样的光景?所以,要想得更远,毕竟律师费用并不便宜,千万别去花冤枉钱再坏账(throw good money after bad)。而到了被告公司出现了经济问题的时候,再设法去取得诉前担保,就会是难上加难了。

取得索赔担保还有其他重大的好处,例如会逼使被告去坐上谈判桌。这是因为在提供了一大笔担保(索赔担保会包括三个部分,即索赔本金,估计执行时累积的利息/复息,与原告索赔所要花的费用)后,被告也想尽早和解,因为或多或少他/她也会取回一部分被冻结的资金。

还有的好处是,通常索赔的原告只是一位一般性的债权人(ordinary creditor),遇上被告发生经济困难而被清盘(好像是美国的安然公司),一般性债权人是难以取回欠债的。即使他取得了索赔担保,这担保也必须退还给清盘人,因为有了索赔担保并不表示一般性债权人可提升为有担保债权人(secured creditor),有担保债权人通常只是一些银行对破产公司的财产有各种担保和某些可能要登记的抵押(mortgage)或押记(charge)或质押(pledge)。但通常一早取得索赔担保的一般性债权人会提升至比有担保债权人更高的地位。这是因为在扣了船后,作为被告(债务人)的船东通常不会以他自己的名义把索赔金额存放在扣船地的法院或者提供当地的担保人(bail bond)来放船。他通常会通过以互保协会担保或者是银行担保的私人方法去放船。这一来,以后者的私人方法提供索赔担保就会不受将来被告船东的清盘的影响了。因为原告可诉请出担保的互保协会或者银行去要求支付。

同样道理在Mareva禁令,即使成功冻结了被告一大笔钱,本来并不能让原告在被告破产清盘的时候有任何保障或者优先地位。原告需要马上放掉这笔钱归还给清盘人。但经常是被告会尽快想办法去解除Mareva禁令,以保障商誉,特别是针对支持他的债权银行。一些在香港或者伦敦的银行都会定期向法院调查,一旦发现有银行的客户面对Mareva禁令或者是一个诉讼,就会进一步查询。所以,被告要想办法尽快解除禁令,而通常的办法是提供给原告一个银行担保,除非能够马上和解。一旦有了银行担保,原告再也不用担心被告将来会面临经济困难而清盘,道理同上。

当然,仍有情况是索赔担保会涉及仲裁庭,所以在这里的仲裁中间程序也去略为涉及。

谈索赔担保的两种主要方式:一就是扣船;二就是Mareva禁令。这是指英国法。

7.12.3　取得索赔担保方法之一:美国的扣押(attachment)

美国另有新办法可先一提,这是一种扣押,主要用在海事争议。在美国海事扣押(maritime attachment)最近有了十分危险的新发展,就是可去对付电汇(Electronic Fund Transfers,简称EFT)。这就是所有以美元作出的电汇通常都需要通过美国主要十来家银行的结算。如果有原告想对付被告并估计后者迟早会需要作出美元的电汇,就可以委托美国律师耐心地等待,并每天向法院作出申请扣押令送达给这十来家银行,针对的钱是说明"被告名下的钱由中间银行所持有"(funds held by the intermediary bank for the account of the originator)。这originator就是指被告。要每天去申请扣押令是因为在扣押令送达给银行后,如果当时没有被告的金钱,该扣押令就会无效。在2002年,美国的上诉庭在Winter Storm Shipping, Ltd. v. TPI, 310 F. 3d 263 (2d Cir. 2002)允许这种扣押。接下去有其他支持的先例,如Noble Shipping Co. v. Euro-Maritime Chartering Ltd., 2003 U. S. Dist. LEXIS 23008 (S. D. N. Y. 2003)与HBC Hamburg Bulk Carrier GMBH & Co., K. G. v. Proteinas Y Oleicos, S. A. de C. V., 2005 U. S. Dist. , A. M. C. 1586 (S. D. N. Y. 2005)。尤其危险的是,原告作出这些准备与行动是被告不会知道的。加上今天在国际贸易中几乎都是以美元进行支付与作出电汇。一旦汇出的一笔钱在美国被冻结了,也会造成"雪球效应"(snow ball effect)。例如,一笔汇款准时支付船舶租金,一旦被扣押而到不了船东的银行账号,就会被船东撤船。加上对美国法院作出这种扣押令是否有英国法院作出Mareva同样严格的先决条件要求也不无疑问(答案应是否定),导致笔者有点担心。这是因为海事扣押令并不存在需要原告显示他有一个强而有力的案子与被告的财产会被转移。笔者可节录在《海事法》一书之第一章17.1段所说如下:

"可见,这诉人扣押是可针对任何东西,不光是船舶,它可针对船上燃油,银行存款等。但必须是:(i)被告是在'诉人'下有责任;(ii)属海事争议;(iii)被告必须在境外/外国。表面看来,扣押银行存款好像是英国的 Mareva 禁令一样。但实质大不相同,美国的'诉人扣押'对原告而言肯定容易与安全多了。它不存在需要原告去显示一个'强而有力的案子'(good arguable case),与被告将来败诉后会赖债等。它也不存在要申请人的原告提供'保证赔偿损失'(undertaking in damages)。等于没有错误'诉人扣押'的说法,好像没有错误扣船的说法一样。"

虽然目前这个危险只在海事索赔,但这会扩展到其他非海事的索赔,特别是美国的个别州,已有立法(state law)允许非海事的扣押。

注意这些扣押成功所取得的索赔担保,是可以用在其他非美国诉讼。所以在伦敦、北京或是香港的仲裁,原告大可以美国以这种手段对付与取得索赔担保。

不久前听说纽约一家著名的海事律师所就是以此守株待兔的手段进行突击(ambush),成功把一笔 250 万美元的汇款扣押下来。看来,对债务人士,安全的做法是从美元电汇转为英镑电汇或者欧元电汇,当然在今天的商业现实中实际上是做不到的。另一个可能的办法是不要以自己的名义汇钱。当然这个世界最关键性的还是知识,因为中国公司也不一定总是被告,他们可以是原告,需要以此方法取得索赔担保。

7.12.4 取得索赔担保方法之二:对物诉讼之扣船(in rem action)

这一课题在笔者(杨良宜)之《海事法》一书第一章有详细介绍,另在本书的第十章有关中间措施(interim measures)也有涉及,不在此重复。只在此一提这是一种历史悠久的方法对付海事索赔。在几百年前,国与国之间毫无通信与交往办法,英国的原告是没有办法向外国被告进行诉讼或者调查。当然在那些年代英国公司也不会与外国公司发生这种关系与交往。唯一可能就是发生在海事与海商,例如外国船舶在英国产生债务或者造成伤亡,等等。这一来,英国法律就设计英国原告可向外国船舶(不论它是否是财雄势大的如马士基或者中远)进行对物(in rem)诉讼,因为要求他们去对外国船东不论在英国法院还是外国法院进行对人的诉讼(in personam)都是不可行与不现实的。比方说,外国船东的名字都不会调查得到。但去对物诉讼,英国的原告只需要知道给他造成债务或者是损害的船舶名字就可以起诉,而英国法院也对境内的外国船舶有管辖权,可把对物诉讼的告票送达。当然,光是有权起诉并不足够,因为外国船东大可以在应诉的同时并不妨碍外国船舶同时启航。该外国船舶的船长名字可以是罗滨逊·克鲁斯先生,所以光是有对物诉权对英国原告并不足够,还需要英国的原告有取得对外国船舶的索赔担保才是万无一失,这就需要通过扣船的"in rem right"了。这就是对物诉讼的历史来由。在英国法律也一度对不是英国法院诉讼的被告而是在外国/外地的仲裁被告有所怀疑,就是在英国海事法院通过扣船取得的索赔担保可否去保全:The"Rena K" (1978) 1 Lloyd's Rep. 545; The "Tuyuti" (1984) 2 Lloyd's Rep. 51。这到 1982 年的立法"Civil Jurisdiction and Judgement Act"才取得解决:The "Jalamatsya" (1978) 2 Lloyd's Rep. 164。这立法业已在 1996 年《仲裁法》之 Section 11 被搬过来如下:

"(1) Where Admiralty proceedings are stayed on the ground that the dispute in question should be submitted to arbitration, the court granting the stay may, if in those proceedings property has been arrested or bail or the other security has been given to prevent or obtain release from arrest —

(a) order that the property arrested be retained as security for the satisfaction of any award given in the arbitration in respect of that dispute; or

(b) order that the stay of those proceedings be conditional on the provision of equivalent security for the satisfaction of any such award.

(2) Subject to any provision made by rules of court and to any necessary modifications, the same law and practice shall apply in relating to property retained in pursuance of an order as would apply if it were held for the purposes of proceedings in the court making the order."

在香港的《仲裁法》下仍没有类似条文,故在香港扣船所取得的对物诉讼索赔担保,若想保全成功,仍需依赖普通法的有关案例。如:The"Rena K" (1978) 1 Lloyd's Rep. 545; The "Tuyuti" (1984) 2 Lloyd's Rep. 51。而新加坡的《仲裁法》已做了相关修改,承认扣船对物诉讼担保的保全效力用在仲裁中。目前中国内地并没有与扣船相关的法律,并且还有外汇管制等措施,某种程度上这也导致外国索赔方除非情势所迫,一般会选择中国香港、新加坡等地来扣船,这也可谓是一种损失,特别是中国海事律师失去了办案的机会,也加上丧失了发展中国海商法的好机会,因为有很多的船舶经常靠挂中国港口,实际上是索赔方希望扣船的好地点。

7.12.5　取得索赔担保方法之三:Mareva 禁令/冻结禁令(Freezing Injunction)

这个课题在笔者的《禁令》一书有详述,另在本书的第十章中间措施(interim measures)中也有详细介绍,所以不再重复。

在 1996 年《仲裁法》下,这权力是归法院,除非双方同意。有关的 Section 44 节录如下:

"(1) Unless otherwise agreed by the parties, the court has for the purposes of and in relation to arbitral proceedings the same power of making orders abut the matters listed below as it has for the purpose of and in relation to legal proceedings.

(2) The purposes are —

…

(e) the granting of an interim injunction or the appointment of a receiver."

Mareva 禁令就是中间措施(interim measures)的一种。应注意的是,Section 38 的仲裁庭在中间措施的权力中,并没有这一条。这种安排的确也是合理的,因为一直以来的说法是仲裁员的权力与命令是不能延伸到第三者的,例如银行,而银行的合作在 Mareva 禁令中是绝对需要的。虽然在 Section 42(1)有说法是法院可把仲裁庭的最后命令变为法院命令(the court may make an order requiring a party to comply with the peremptory order),但明显 Mareva 禁令不是这种对被告下达的最后命令,所以并不适用。

加上 Mareva 禁令是由原告单方面(ex parte)提出的,这表示违反了 Section 33(1)(a)的自然公正大原则(注意这是强制性条文)。而且,仲裁庭也不可能有法院对付这种禁令申请的一连串约束,例如申请必须有代表律师作出的宣誓书支持,而宣誓书内容必须提供全面与坦率的披露(full and frank disclosure)。如果没有严格做到,在被告向法院指出后,Mareva 禁令就有可能被撤销与/或者原告代表律师受到惩罚。这一些权力的惩罚与约束都是仲裁庭不会有的。

但由于 Section 44 不是强制性条文,可由双方以订约自由排除法院的权力并交给仲裁庭,所以在 Kastner v. Jason & Ors (2004) EWHC 592 (Ch.),由于双方书面同意适用犹太法律并交给名为 Beth Din 的犹太法庭仲裁,而其中有可能作出类似 Mareva 禁令的权力,结果在该案例中,Beth Din 也的确作出了这个命令禁止被告出售他的房子(注意这禁令不是单方面,而是双方争辩后[inter parte]才作出的,不违反强制性之 Section 33 大原则)。但结果仍是不理想,因为被告不予理睬,仍把房子出售并把钱汇去了美国。换了是法院的命令,原告就可以把有关命令到英国土地登记处作出注册,这房子就卖不出去了,更不用说法院的命令是一般人士不敢违抗的。所以在上诉庭,大法官强调这个权力最好仍是由法院去行使。

在香港《仲裁法》Section 2GB (1) (f)把这中间禁令的权力交给仲裁庭,说:

"(1) When conducting arbitration proceedings, an arbitral tribunal may make orders or give directions dealing with any of the following matters —

…

(f) granting interim injunctions or directing other interim measures to be taken."

虽然法院在 Section 2GC (1) (c)也有同样的权力,但在 Section 2GC (6)说明了仲裁庭对中间措施的权力是先于法院的权力,如下:

"The Court or a judge of the Court may decline to make an order under this section in relation to a matter referred to in subsection (1) on the ground that —

(a) the matter is currently the subject of arbitration proceedings; and

(b) the Court or the judge considers it more appropriate for the matter to be dealt with the relevant arbitral tribunal."

这与英国法律不同,香港法律实际上是依从《联合国示范法》(UNCITRAL Model Law)之 Article 17,尽量排除国家法院的插手。但这不是好的做法,笔者曾经作为仲裁庭成员之一在一个香港仲裁中尝试过,并聆听了原告的一面之词就作出了冻结令,但感觉很不好与觉得不能对双方公平对待。所以笔者也不准备在以后会去行使这种权力。遇上原告作出申请,笔者就会以 Section 2AA 的公平原则与自然公正下,去拒绝听取一面之词的申请,并让原告去法院作出申请。

7.12.6 取得索赔担保方法之四:仲裁庭作出中间裁决书要求被告提供索赔担保

请先注意这种方法与上一小段的 Mareva 禁令并不相同,这里是一种情况,仲裁庭聆听了双方争辩后作出中间裁决书,要求被告提供索赔担保。在香港的法律,也就是《联合国示范法》,Article 17 说明了仲裁庭有这个权力:

"The arbitral tribunal may require any party to provide appropriate security in connection with such measure."

但在1996年的英国《仲裁法》,这权力就不大明确了,虽然Section 47 (1)说明仲裁庭可作出中间裁决书:

"the tribunal may make more than one award at different times on different aspects of the matters to be determined."

但问题是要求被告提供索赔担保谈不上是一个争端(issue),也不是索赔的一部分(part of the claims),所以能否以中间裁决书去要求被告提供索赔担保也很有疑问。作出该中间裁决书后能否在《纽约公约》下的其他国家中执行,也存有疑问:请看澳大利亚的Resort Condominiums International Inc. v. Bolwell and another (1993) 118 ALR 655(Lexis)。

但更加大的问题是被告如果被仲裁庭下令提供索赔担保,但被告拒绝,并且或真或假自称没有钱做此担保,仲裁庭甚至是法院能够做什么? 总不能因为被告没钱就不允许他提出抗辩? 这是严重地违反自然公正,作出的裁决书也帮不了原告,因为是无法执行。仲裁庭也不能对被告说:"你不提供索赔担保,裁决就会对你不利。"这也是严重违反自然公正,因为裁决应该根据证据与双方争辩的是非曲直(merits),不能考虑被告在提供索赔担保中(或任何其他中间程序命令中)是否合作。所以,笔者没有见过伦敦仲裁作出过这种裁决书。笔者在香港《仲裁法》下虽然有此权力,但也不会考虑作出这种很可能是无用的中间裁决书。

但笔者见过不少纽约的海事仲裁曾经作出这种要求被告提供索赔担保的裁决书:M/V "ADAMASTOS", S. M. A. 3416 (1998) (Berg, Spitz, Laing); M/V "TRANSPORT", S. M. A. 3788 (2003) (Berg, Nichols, Engelbrecht); and M/V "MUSTAFA NEVZAT", S. M. A. 3784 (2003) (Bulow, Nichols, Sheinbaum)。笔者尝试问纽约海事仲裁员有关这些裁决书是否能够有效地执行(特别是对美国以外的被告),但也没有得到很确实的答复。

7.12.7　取得索赔担保方法之五:有先决条件的程序命令(Procedural Orders Nisi)

有关这一个取得索赔担保的方法在笔者的《国际商务仲裁》一书第八章之6.5段有详细介绍,不在此重复,只在这里谈谈一些新发展。

这种方法只能用在一些较为局限的情况中,就是原告想要被告提供索赔担保之余,自己也欠下了被告一笔钱。换言之,被告有一个反索赔,可能在金额上比索赔低,但责任清楚,反而索赔仍有颇大争议。这种情况其实在海事争议中也经常发生,例如承租人的原告向船东的被告索赔货损货差达100万美元,但同时欠下了一笔10万美元的剩余运费或者租金。身份也可以倒过来,看谁先去起诉,即船东是原告,去索赔

10 万美元,而承租人反索赔 100 万美元货损货差。这一来,由于审理货损货差需要时间,故此,船东会向仲裁庭申请先作出一个中间裁决书,只针对承租人欠下的 10 万美元,因为这笔钱是责任明确甚至是承租人承认的欠债。但这一来,会造成对承租人不公道,因为索赔与反索赔都留待一次过裁决,这两笔钱就有机会在最后的裁决书中对冲了。如果先以中间裁决书判了给船东,并且执行了,但事后船舶沉没或者出售,导致承租人在货损货差胜诉后无法执行,就要埋怨仲裁庭处理不公了。

所以比较公平的做法应该是由仲裁庭对船东说:"我愿意作出一个中间裁决书针对欠下的运费,但有一个先决条件是你必须提供给承租人 100 万美元货损货差的担保。"

或者会怀疑,船东怎会肯去提供 100 万美元的担保只为了取回 10 万美元的运费?答案是船东货损货差的责任是由互保协会承担,10 万美元的运费是直接进船东的口袋。所以船东会要求互保协会提供给原告担保,现实中互保协会也通常会答应。如果是在没有互保协会的情况下,仲裁庭也可以比较现实地要求被告提供给原告 10 万美元的部分索赔担保以换取 10 万美元反索赔的中间裁决书。

这种做法曾有过先例支持,例如:The "Angelic Grace" (1980) 1 Lloyd's Rep. 288。另较近期的 The "Trade Fortitude" (1992) 1 Lloyd's Rep. 169, Judge Diamond QC 在 177 页中说:"I can see no reason, therefore, why arbitrators should not, if they think fit, make it a condition of the issue of an interim award for freight or hire that the owners must provide reasonable security for the charterers' cross claim. This is a matter which falls entirely within an arbitrators' discretion."

这种 Procedural Orders Nisi 也可以使用在非航运的争议中。例如笔者曾在一个争议中,涉及双方对一项争议达成了和解,说明由中方被告在 3 个月内支付给美国原告 25 万美元,这笔钱在和解协议中说明了是不准任何对冲的(not entitle to any set-off or deduction)。但结果中方被告没有支付,而美国原告就开始在香港仲裁索赔这笔 25 万美元的索赔。但中方被告在同一仲裁案件内提出了一连串的其他与和解无关的反索赔项目,对这 25 万美元的索赔却没有任何抗辩。这一来,笔者愿意对索赔的 25 万美元作出中间裁决,但对美国原告说明有一个先决条件,就是向中方被告提供 25 万美元的部分反索赔担保。

另值得一提的新发展是笔者在一个 2003 年的伦敦仲裁庭(另两位仲裁员是著名的伦敦海事仲裁员,其中一位是 LMAA 主席),判承租人不能要求仲裁庭以"Procedural Orders Nisi"换取一个针对欠下运费的中间裁决书。换言之,就是不能以此换取船东提供承租人的货差(原油短缺)。原因是贵族院的 Brandon 勋爵曾在 The "Dominique" (1989) 1 Lloyd's Rep. 431 重申了运费是不可以任何实质或者"程序手段"对冲的,因为运费由于历史原因被认为是神圣不可侵犯的。所以包括笔者在内的仲裁庭判是不能要求船东提供承租人索赔担保作为先决条件,否则违反了 Brandon 勋爵所说的:"using rules of procedure to bring about a result contrary to the rights of the parties under the substantive law."但笔者知道多位伦敦海事仲裁员之间对这一点尚没有达成共识,因为The "Dominique"先例并非针对仲裁。所以仍会有仲裁员作出不同决定,就是对欠下的运费在作出中间裁决书之前,要船东提供索赔或反索赔担保为先决条件。

注意上述是只针对运费一项的独特法律地位,并不影响租金或者其他欠下的债务。

重要的是仲裁庭小心并非是所有的中间程序决定都可提出先决条件才去作出。例如不能对被告说你必须提供给原告索赔担保,否则我不对你所申请的特定披露的文件下命令,或者说否则不许开庭。这是因为这些中间程序的决定与命令都受自然公正大原则的约束,不能与被告是否肯提供担保混在一起。只有是否作出中间裁决书的取舍,或所有索赔与反索赔(不论是否明确或有争议)都留待最后裁决书一并处理与对冲,才是仲裁庭可全权决定的,故可提出先决条件,要求提供担保作为交换。这一点已经在 Mustill & Boyd 的"Commercial Arbitration"2002 Supplement 之 343 页有清楚说明,如下:

"It is not legitimate, for example, to make an order for discovery on a counterclaim dependant on payment of an interim award on a claim The 'Peter Kirk' (1990) 1 Lloyd's Rep. 154. In the light of the latter decision it must be open to doubt whether an arbitrator can under S. 12 [of the 1950 Arbitration Act] make any order nisi to procure a result which would otherwise lie outside his powers."

7.12.8　仲裁庭会涉及索赔担保的其他情况

已经说过,原告向被告要求索赔担保不严格是仲裁中间程序,但仍有不少情况下会涉及仲裁庭,例如被告要求仲裁庭下令原告减少担保金额或者退还担保;或原告要求把扣船所花的费用也包括在内;或被告要求仲裁庭禁止原告采取行动(如扣船)强制提供索赔担保,等等。

仲裁庭常会遇到这种问题,双方当事人向仲裁庭提出各种有关担保的申请,这里涉及仲裁庭是否有管辖权去处理这种索赔担保或者诉前保全。答案应该是否定的,原因与有关先例在本书之第五章的管辖权之3.4.2段有详细介绍,不在此重复。

7.13　可能有的中间程序之六:合并或同步仲裁程序的命令

这一个问题十分复杂与常见,已在《国际商务仲裁》一书的第十章整个章节去详细论述,不在此重复。有说法这是仲裁比不上法院的一个主要缺点,就是今天在同一事件中有多位当事人的参与,法院可把他们合并在一起一次审理,但仲裁就无法这样做。像海事、商事与建筑争议,都通常会有涉及一连串合约(chain contracts)的情况。例如,船东把船舶租给第一位承租人,后者以二船东(disponent owner)名义转租给第二位承租人,后者再以三船东(disponent owner)名义再转租给第三位承租人,而转租会延续下去六七次才到了真正的用家,也就是最后的承租人,他会是 CIF 卖家或者是 FOB 买家。一出了任何争议例如是货损货差或者是停租或者是不安全港口损坏船舶等,都会是证据掌握在第一位真正船东(head owner)与最后承租人(end charterer)手中,例如船长的证人证言或者是对货损的处理。而中间的几位二船东、三船东或者四船东都是没有参与的中间人,不会知道争议,也不会拥有证据。但第一位船东的合约关系是与二船东的,起诉的对象也只能是二船东。但二船东除非能够把最后承租人拖进来提供证据否则是无法作出有效抗辩的。在法院起诉二船东就可以申请法院把所有的有关人士都列为第二、第三、第四等被告,逼使最后承租人作出有效的抗辩。但仲裁由于机密与合约的相对性(privity of contract)必须独立处理,无法合并或者同步处理。这有很多的先例明确说明了这一点,例如 The "Eastern Saga" (1984) 2 Lloyd's Rep. 373。

当然在出了争议后,在所有当事人的同意下,进行合并或者同步仲裁是完全可以的,这毕竟是符合当事人意愿(party autonomy)的大原则。但问题是大家各有不同利益,不容易达成协议。在中间的当事人,他们一般最愿意合并或同步仲裁。但第一位索赔的原告肯定不会愿意,因为他不想被合并或同步仲裁拖慢程序,而且去面对一个有困难作出抗辩的被告,因为他是中间当事人,实在是一件好事。另是最后的一位抗辩被告,他也喜欢越麻烦越好,而且有多位中间当事人通常会增加变数令一连串合约中间断掉,导致索赔到不了他的头上。

7.13.1 组成共同或者有相同成员的一连串仲裁庭

但仲裁这一个主要缺点也不是没有解决办法,这方面在本书的仲裁条文/仲裁协议有过介绍,不在此重复。在这里只是介绍如何操作,例如同步仲裁程序应作出怎样的命令与怎样组成一个共同的仲裁庭(common tribunal)。

先讲讲组成一个共同仲裁庭涉及多位当事人的一连串合约,这显然很重要,否则无法保证裁决的一致性,更不要说去协调一个同步仲裁的程序。但如果涉及多个合约串在一起,多位当事人各有想法,每一个仲裁庭都是由同样成员去组成也不是很容易的。所以如果在一连串的合约中每一个不同的仲裁庭最少有一位仲裁员是都被委任,他/她就可以带领一个同步的仲裁程序。当然,这还需要在一个比较特殊的环境中才能操作,否则该仲裁员不见得会被其他仲裁庭(会有好几个)的多位不同成员所信任让他/她带领同步程序。故笔者所知道在 LMAA 这种小圈子才可以有这种做法。例如在 The "Rays" (2005) 2 Lloyd's Rep. 479 就涉及了 3 个不同合约的同步仲裁。3 个合约是提单,程租合约与期租合约,而争议是有关货损货差。提单的仲裁员 David Farrington, Richard Faint 与 Alan Oakley。程租的仲裁员是 David Farrington, Richard Faint 与 Timothy Rayment。期租的仲裁员是 David Farrington, Alan Oakley 与 Timothy Rayment。

如果有一个相同仲裁庭,就算程序上无法同步,要一个仲裁裁决之后第二个才跟上,再裁决的结果也会大大增加稳定性与一致性,除非在其间出现了重要的新证据。

在英国 1996 年《仲裁法》下的默示仲裁人数是只有一位:Section 15(3),并在双方不能同意下由法院来指定。这情况在 Abu Dhabi Gas Liquefaction Company

Limited v. Eastern Bechtel Corporation and Chiyoda Chemical Engineering and Construction Company Limited (1982) 2 Lloyd's Rep. 425, (C. A.)案例中出现过。Denning 勋爵说:

"It seems to me that there is ample power in the Court to appoint in each arbitration the same arbitrator. It seems to me highly desirable that it should be done so as to avoid inconsistent findings. On the other hand, it is equally desirable that it should be done so that neither party should feel that any issue has been decided against them beforehand; or without their having an opportunity of being heard in the case. It seems to me that the solution which was suggested in the course of the argument should be adopted, namely that the same arbitrator should be appointed in both arbitrations: but, at an early stage, he should have what may be called a 'pre-trial conference' with all the parties in the two arbitrations. At that pre-trial conference there should be a segregation of issues. There will be some issues which can be separated and can be decided by themselves. They should be decided in the first arbitration at that stage."

所以在有第三者委任独任仲裁员的情况下,不论这第三者是法院或者是香港国际仲裁中心,中间当事人都可预先说明在争议会涉及多方当事人的情况下,该第三者都会委任同一个独任仲裁员。但这仍不解决合并仲裁程序可去进行,因为双方很少会有协议这样做,法律也不允许:The "Eastern Saga" (1984) 2 Lloyd's Rep. 373。

7.13.2　LMAA 仲裁规则中对同步仲裁程序的规定

笔者熟悉的伦敦海事仲裁,在伦敦海事仲裁员协会的仲裁规则(LMAA Terms 2002,最近已有了 LMAA Terms 2006)中设计了一套做法,在很大程度上解决了这方面的问题。而这个 LMAA 仲裁规则几乎伦敦的海事仲裁都会适用,因为 LMAA 的仲裁员在接受委任时说明"subject to current LMAA Terms",笔者在接受为伦敦海事仲裁作仲裁员亦有同样做法。当然另有一些仲裁条文明示了适用 LMAA Terms 2002,但如果没有而只是在租约中简单地说伦敦仲裁与仲裁庭人数是三位(这通常是修改过的 NYPE 租约约定),LMAA Terms 2002 的约定与适用就是在委任仲裁员之时,LMAA 的仲裁员一定会说明他的接受是以 LMAA Terms 2002 为准。通常他们会印在他们的空白信函内,这就不会遗漏了。这一来如果委任的当事人不愿意接受这些 LMAA Terms 2002,并提出异议,估计 LMAA 的仲裁员就不会接受委任了。但这种情况笔者没有听说曾经发生过。

这个做法在海事争议中十分普遍也很有帮助,但不曾听说其他种类的仲裁发展出这种做法。所以,仲裁的这方面缺陷(无法合并或者同步)依然大量存在,需要用《国际商务仲裁》一书中介绍的其他方法来解决。

首先说明租约纠纷是海事仲裁案件中比重最高的纠纷争议,而今天的租约大部分是期租,而使用的标准格式通常是纽约土产(NYPE),它的仲裁条文规定是三位仲裁员的仲裁庭。在这种最普遍的情况下,在原告委任了他的仲裁员与被告委任了他的仲裁员后,LMAA Terms 2002 之 Article 8(b)与(d)说明了第三位仲裁员不需要马上委任就可以推进仲裁程序。这一来,如果涉及是 A、B、C 三位当事人的两个不同租约(这是最常见的),他们都会各自委任自己的仲裁员,例如是 a、b、c 先生。换言之,A 与 B 之间的仲裁只有委任了 a 与 b 先生,第三位仲裁员仍未指定。同样情况是 B 与 C 之间的仲裁也只有委任了 b 与 c 先生。

在仲裁开始后,B 就可以向两个不同的仲裁庭同时根据 LMAA Terms 2002 之 Article 14 (b)申请,条文内容如下:

"Where two or more arbitrations appear to raise common issues of fact or law, the tribunals may direct that the two or more arbitrations shall be heard concurrently. Where such an order is made, the tribunals may give such directions as the interests of fairness, economy and expedition require including:

(i) that the documents disclosed by the parties in one arbitration shall be made available to the parties to the other arbitration upon such conditions as the tribunals may determine;

(ii) that the evidence given in one arbitration shall be received and admitted in the other arbitration, subject to all parties being given a reasonable opportunity to comment upon it and subject to such other conditions as the tribunals may determine."

在说服了两个仲裁庭的确是有背靠背事实或者法律争议下,仲裁庭就会互相组成一个共同的仲裁庭,就是 a 与 b 先生委任 c 先生为第三位或者是首席仲裁员,而 b 与 c 先生委任 a 先生,这一来两个仲裁庭是同一批人了。显然,如果 B 当事人(他夹在中间)委任两位不同仲裁员不是一个 b 先生,他是自找麻烦,就很可能无法同步仲裁了,因为有可能两个不同仲裁庭的成员没有一位相同。所以说 LMAA Terms 2002 只是在伦敦海事仲裁中很大程度上解决了该问题,并不是全部解决了。

7.13.3 同步仲裁程序命令的实例

在仲裁庭组成与决定同步仲裁后,仲裁庭就会作出命令给两个以上不同的仲裁各当事人去同步仲裁,这是他们在 LMAA Terms 2002 下的明示权力。同时,仲裁庭会作出同步仲裁的中间程序命令。以下是给一个这种命令的实例:

"TO : Respondent's/Claimant's lawyer〔40〕

ATTN:

DATE: 8 September 2003

RE: Case Name (Charter-parties)

Also to: Claimant's lawyer (in 1st reference)〔41〕

---

〔40〕 这是夹在中间一方的当事人,他既是被告也是原告,在本案就是第一承租人与二船东了。

〔41〕 这是原告,在本案就是船东。

Respondent's lawyer (in 2nd reference)〔42〕

Copy to: My 2 co-arbitrators

Referring to the latest exchanges, the Tribunal has now carefully considered and deliberated upon the applications for concurrent hearings of the above two references. The Tribunal is persuaded that an order for concurrent references should be made. As all the appointments were made pursuant to the LMAA Terms (2002), the Tribunal has the power to make such an order under Clause 14(b).

The concurrent hearing shall be on(date, end of September 2003)and the period fixed is for 5 days. The Tribunal decides that the hearing should be limited only to the liability issue, leaving over all issues of quantum. This is to ensure that the liability aspects can be dealt with properly in the limited time available.

Accordingly, the Tribunal now direct as follows (deadline in each case to be London time):

(1) That there be concurrent hearings of the head and sub-arbitrations. We also direct that the documents disclosed in each arbitration shall be made available to the parties to the other arbitration and that the documentary witness and expert evidence given in one arbitration shall be received and admitted in the other arbitration.

(2) Experts' reports in the head arbitration are to be exchanged by 12 August 2003, with copies simultaneously being provided to the Sub-Charterers (Respondents in 2nd reference).

(3) Any outstanding disclosure from the Head Owners is to be provided by 16 August 2003, together with promised 'Statement of Truth' in relation to proper and frank disclosure of the specified documents (including a 'Statement of Truth' from the Head Owners concerning the steps taken by them to comply with our order of 4 June 2003 regarding their best efforts to obtain documents from the vessel's classification society).

(4) The Sub-Charterers are to disclose their documentary evidence and serve their witness statements by 26 August 2003, with copies of both being provided to the Head Owners.

(5) Any experts' reports that the Sub-Charterers wish to rely on are to be served by 2 September 2003, with copies to the Head Owners.

(6) Delivery of trial bundles (excluding the Sub-Charterers' experts' reports and supplementary experts' reports) to take place on 2 September 2003.

(7) A meeting of the experts to take place within the week commencing 1 September 2003.

---

〔42〕 这是分租约下的被告,在本案就是分承租人了。

(8) Supplementary experts' reports to be exchanged by 8 September 2003.

(9) Exchange of skeleton arguments and authorities by 15 September 2003.

(10) Costs in the reference.

Whilst the parties no doubt have the liberty to apply, the Tribunal believes that the above timetable should be realistic and achievable. The Tribunal is not minded to grant further time unless with very good reason(s) due to the closeness of the hearing."

7.13.4 谁会申请同步仲裁程序

显然,最想申请同步仲裁程序的当事人应该就是夹在中间的当事人。而最不想同步仲裁的应该就是开始想索赔的原告,因为他会面对真正来自最后被告的强而有力的抗辩,加上整个索赔程序会被拖慢与变得复杂。但有时候也会有变化,笔者(杨大明)在最近处理一个案子,怀疑第一个仲裁的原告(希腊船东)有非常重要的文件不披露出来,这是在仲裁还没开始之前的谈判中已经出现的现象。到了开始仲裁,夹在中间的一方当事人(也就是二船东),不打算去申请同步仲裁程序。这一来,笔者代表的被告(也就是分承租人)就要考虑在披露文件的时候,面对的二船东可以说有关文件并非在他的拥有、托管与控制下(possession, custody or control)而正大光明地拒绝披露要求。但变了是一个同步程序把希腊船东也拖了进来,虽然估计希腊船东仍会大力抗拒披露对他不利的文件,但至少笔者有机会向同步的仲裁庭施加压力或者丑化他。还有在庭外和解谈判,中间夹了二船东会令事情更难搞。因为他一毛不拔,认为自己无辜,也不怕施加压力,所以能够同步仲裁会有更好机会去直接向希腊船东谈判。结果分承租人要提出申请同步仲裁程序,而不是夹在当中的二船东。

7.13.5 其他

有关同步仲裁还有很多其他方面的操作问题。例如其中双方的仲裁涉及多个争议,并且不是与另一个串联的仲裁有关。但只要有一个大争议是对所有当事人即使在不同仲裁是一致(common to all parties)的,就可把该大争议先抽出来以同步仲裁程序推进。至于其他并非一致的,就可分别独自处理。也会有仲裁庭被说服了是有一个一致的争议,并下了命令去同步仲裁。谁知道,到了最后的被告(也就是分承租人)提出了抗辩,竟然完全是另一码事。笔者的一个例子是船东指称有一个租约被非法中断,看来争议主要是解释该租约的一条条文是否是条件条文。但在承租人也就是二船东根据同步仲裁向分承租人以同样理由索赔或者要求补偿时,分承租人提出的抗辩竟然是说二船东与他的分租约是没有授权的。这一来,仲裁庭就马上要重新考虑同步仲裁的命令而改下令分开处理了。也经历过起初是同步仲裁,但到了半途,分租家突然中止他的律师委任并在多次催促下缺席(default),这一来仲裁庭只能重新考虑并下令分开处理。结果很快就是第一个仲裁的船东与第一承租人之间的裁决书就作出了。

最后一提的是同步仲裁程序不影响各自的不同合约/租约。这等于在最后出裁决书,也是船东与承租人是独立一份,而二船东与分承租人又是另外一份。他们也是要自己分开去向自己的合约方执行裁决书。唯一就是这些裁决书的结论应该是一致的。这与合并仲裁(consolidated arbitration)只是作出一份裁决书不一样。

8. 开始仲裁时效的延长

把开始仲裁时效在本章的最后探讨看来在时间控制上有点问题,因为它往往是在一开始就会出现。但它也不能称为是仲裁的中间程序之一,因为很可能原告一早就发现了这个问题,就需要向法院申请延长时效。在英国1996年《仲裁法》之Section 12,申请延长仲裁时效是要向英国法院申请,申请的当时仲裁往往还没有开始。这与香港的《仲裁法》之Section 2GD是不一样的,香港把延长仲裁时效的权力交给仲裁庭。所以,延长仲裁时效在香港是中间程序的一种,但在英国就不是。

有关这个问题,1950年《仲裁法》与1996年《仲裁法》有很大不同,这问题在本书已有详述,不再重复。

9. 时限与时间表(time table)

在推进上述的各种中间程序时,仲裁庭往往要定下时间表让双方当事人或者一方当事人遵守。这就涉及时间的长短,而考虑的大原则也就是1996年《仲裁法》之Section 33(1)的自然公正,省时与省钱。由于仲裁程序(特别是随意仲裁)是千变万化的,所以很难说死什么时间表可通用在所有的仲裁案件中。笔者见过下令被告作出抗辩的时间表从短至1天、2天到长达6个月。显然这要看案件的复杂性,案件的性质,被告的所在地,原告是否大力反对,期间是否有长假期,其他原告与被告提出的各种理由或者借口。

举一个例子,经常有被告说原告出了争议并启动了仲裁,但过了半年之后才作出索赔请求,所以被告也应该有半年时间去作出抗辩请求。但笔者作为仲裁员是不会接受这种理由/借口,因为情况不一样。如果原告不动,被告可去要求仲裁庭下令推进仲裁,只不过被告通常不会这样做。如果没有任何当事人作出申请,仲裁庭不会主动推进,其中的原因可能以为双方当事人都不想去推进或者在背后和谈,这种情况经常有。现在不同的情况是原告在送达了索赔请求后,并向仲裁庭申请下令被告在一个期限内作出抗辩请求。一面对申请,仲裁员就有了省时与防止延误的责任了,非要作出回应。所以被告不能以原告有半年送达索赔请求为由要求相同对待。反而是被告如果指出索赔请求有50页纸,另加上附件的150份,而内容中涉及了20项不同的争端，被告需要作出大量调查才能抗辩，特别是有一两位与争端有关的主要证人（例如船员）目前下落不明，需要时间进行寻找与作出调查才能抗辩等，笔者在原告没有实质性的反驳这种理由的情况下，可能会给长达一两个月以上的时间去让被告作出抗辩请求，但恐怕半年之长的时间就会是太极端了。

反正是，仲裁庭在考虑下命令与定下时间时，一定要考虑到别下一些命令是违反自然公正与被命令一方当事人无法办到的。例如，被命令的船东披露船上的航海日志，在船东已经告诉了仲裁庭该船舶的动态后，特别是在 20 天之后才会靠岸有机会把航海日志以快递寄出，仲裁庭就千万别下令要求船东在 14 天内披露。这看来是明显不过的，但现实中下一些命令是办不到的情况笔者还是有见到，特别是西方的仲裁员对发展中国家（例如中国内地）了解不足，就会出现这种情况。

上述的例子中也带出了一点，就是希望争取时间的一方当事人，他/她必须向仲裁庭多提供至少表面可信的资料（例如主要证人仍在寻找，中国新年的长假期将临，等等）。这表示尽量多给细节（details），因为这是从表面讲话中仲裁庭判断是否可信的其中一个准则，而在对待中间程序时不会有证据的披露，一般只是看表面讲话。如果不讲，或者只是泛泛地讲，仲裁庭由于有责任去省时与避免延误，就不会善待了。

在一些非海事的仲裁庭，经常会立下从头到尾的时间表（complete time-table），针对每一步重要的中间程序，例如文书请求披露，双方交换证人证言与专家报告，开庭等。例如建筑仲裁，就经常是这种做法，而定下一个完整的时间表往往就是在一开始仲裁庭组成后的预先会议（preliminary meeting）时决定。笔者在海事与国际货物买卖的仲裁中就喜欢一步一步地走，并根据申请作出命令与定下时间表。因为变数太多，很难在一开始就定下了完整的时间表，并期望会被准确地依照。

到了原先定下的时间或者限期过了，但被命令的当事人并没有遵守的情况下，如果对方当事人再度提出申请，仲裁庭就要追加另一个命令了，这命令就是最后命令（peremptory order）。在下命令之前，仲裁庭也必须先问问被命令的当事人有什么意见，有可能他/她会说出很值得同情的理由，例如它是小公司，唯一负责人在两个星期之前遇上交通意外一直住在医院，公司现在根本没有人可去处理这个案件。这一来，仲裁庭可能根本不愿意作出最后命令，而会要求被命令的当事人继续提供该负责人的情况才再作决定。当然，不是这么极端的理由下，仲裁庭会是或长或短地作出最后命令，要求被命令的当事人去遵守，或送达抗辩请求，或披露一份文件，或交换专家报告，或提供费用担保，等等。这最后命令当然是要清楚地说明时间或者限期，并应该指出不遵守的惩罚。这些惩罚是 1996 年《仲裁法》之 Section 41(7)，并会在下一段进一步介绍，例如什么样的惩罚适用在什么样的违反中间程序命令。

另值得一提的是有关时间的计算，例如仲裁员的命令会是 7 天或者 14 天不等的时间交换证人证言，这 7 天或 14 天是怎样计算的？在 1996 年《仲裁法》之 Section 78 有针对，也在本书第三章 4.2 段中也有介绍。当然，时间表是仲裁庭的裁量权，这 7 天或者 14 天想怎样计算都可以，但仲裁庭应该把它说清楚，例如 7 天中的周末是否计算在内？为了小心，也有仲裁庭干脆说明期限到哪一天为止，例如11月27日。

这又带来了另一个问题就是国际商务仲裁经常会涉及不同地点的当事人与代表律师。如果是一个同步仲裁，涉及的有关人士就更多了。这会在时间上带来混乱，因为时差可能带来不同的理解（如上述的11月27日）。所以仲裁庭可在定下时间或限期时，说明以哪里的时间为准。例如："local time at seat of arbitration"或者"local time at chairman's office at New York"。

10. 对不遵守中间程序命令的惩罚(sanctions)

如果仲裁庭下了"中间程序命令"(interlocutory order)，被下令的一方当事人不予理睬或阳奉阴违（可称违令方），仲裁庭可以做什么或法律有何制裁或强制办法？这一点十分重要，否则仲裁庭的命令只是笑话，被遵守的机会也会大减，变成只靠道德的约束，这肯定是不成的。

10.1 《仲裁法》下的最后命令(peremptory order)

在1996年《仲裁法》由Section 41与Section 42去针对这方面的问题。其中Section 41(5)说到惩罚前的行动，说：

"If without showing sufficient cause a party fails to comply with any order or directions of the tribunal, the tribunal may make a peremptory order to the same effect, prescribing such time for compliance with it as the tribunal considers appropriate."（若没有足够原因，一方当事人没有遵守仲裁庭的任何命令或指令，仲裁庭可作出一个同样事项或同样针对的最后命令，说明遵守的时限。）

上述条文，可作出下列结论或看法：

(1)显然，文字上显示有两个命令：一是一般性的"中间程序命令"，例如命令被告作出抗辩请求并在28天内送达原告与仲裁庭。二是"最后命令"，只能在一般命令不被遵守而且没有足够原因下才作出。

(2)在Section 41(7)与Section 42，文字上说明只有在作出了"最后命令"后而且不被遵守时才可以去惩罚或/与强制。所以，笔者常会一开始就被要求作出"最后命令"，这并不正确。一种情况例如原告私下与被告同意了允许后者30天送达抗辩请求，但被告过了30天仍在拖，而且不肯说还要多久才能送达。这一来，原告向仲裁庭求助并申请作出一个"最后命令"。但这可不行，顶多仲裁庭先作出一个较短时限的一般性命令如14天内，然后在被漠视后再做出一个"最后命令"。或说，原告应怎样办，特别是仲裁庭要求双方当事人自己同意一般性的程序时间表？答案会是：双方一旦同意例如是30天送达抗辩请求，原告应会来仲裁庭"例行公事"地作出一个"同意命令"(consent order)。这一来，下一步就可以很快做出"最后命令"了。

（3）由于一般命令不被遵守还没有"足够原因"（sufficient cause），显示了仲裁庭在做出"最后命令"前，应让违令方做出解释的机会。这是违令方的举证责任，说明漠视或阳奉阴违的原因。通常，解释不会有文件证据或太多的文件证据。只要对方（非违令方）不提出反驳或质疑，仲裁庭也就接受表面解释的真实性，特别是解释通过违令方代表律师（而有关律师所名望）。至于解释是否有"足够原因"这要看内容了。例如，违令方代表律师解释说当事人在某天遇上车祸，进了医院，无法对索赔请求中的指控向当事人做出调查取证，所以无法依命令的时限送达抗辩请求。明显，这解释应令仲裁庭满意，故不作出"最后命令"。可信之处包括是把详情细节说清楚，若不真实，是很容易被对方查出的，例如被告当事人并没有进医院，打电话到办公室仍能找到他。再多举一例说明：笔者最近收到被告的申请延期，而原告大力反对，指被告违令。而被告的解释只是短短的一句话说：需时去翻译一些中文文件。结果，包括了笔者在内的仲裁庭做出了一个14天的"最后命令"。若是被告解释是在什么时间收到客户的文件，内中有多少是中文，何时去翻译与尚需多久完成工作，很可能仲裁庭会做出更长时限的"最后命令"或只是再作出另一个一般性命令。

（4）注意不遵守命令也包括部分地不遵守。例如，下了命令去披露一些文件，但披露不足，这仍是违令，违令方要解释，否则会吸引仲裁庭做出"最后命令"。

（5）已经提到过，仲裁庭可去或不去做出"最后命令"，因为所用的字是"可去"（may）而不是"必须"（shall）。所以，是否做出"最后命令"与在什么时间做出的裁量权在仲裁庭。一种情况是对违令方的解释满意或不满意。其他考虑可以笔者一个近例来说明：被告在被下令披露一些文件，文件要从一个通信交往颇为困难的地方取来。在原先的一般命令无法遵守下，仲裁庭再下了第二个命令，但说明不是"最后命令"，虽然原告代表律师强烈要求做出"最后命令"。原因是：被告代表律师的解释很仔细与有说服力，加上，去取文件的困难不一定能在第二个命令的14天时限内克服。这可看到适时的再度解释与证明才是考虑是否作出"最后命令"的关键。

（6）一般而言，被下令方最好在原来的一般时限命令仍未届满时（即仍未违令）向仲裁庭申请延期，这会有较佳机会被善待。仲裁庭会能明白申请人的需要或困窘，而作出解困。

（7）"最后命令"必须是针对"同样事项"（to the same effect）。即原来一般性命令是针对送达抗辩请求，则"最后命令"也必须是针对同样事项。不能多加一个特定披露，因为特定披露并没有下过一般性命令。

（8）不论是一般性命令还是"最后命令"，都应清楚说明时限。这时限应是合理与足够使被下令方去履行。

（9）"最后命令"最好是说明/注明"peremptory order"，因为这是《仲裁法》中的用字。当然，仲裁庭也可说明是依据Section 41（5）做出的命令，但稍嫌不是最好，因为被下令方不一定熟悉英国《仲裁法》。笔者也见过命令只说明若不依服，仲裁庭将会做出惩罚或走下一步，如："被告若不在14天送达抗辩，仲裁庭将依据原告的提供文件做出裁决”。这种命令虽然内容明确,但仍会被指不清楚是 Section 41(5)的“最后命令”,故违令后仍不能惩罚。

(10)“最后命令”除了说明时限,也最好说明会有什么惩罚或后果,这有点像法院做出的“unless order”。

10.2 《仲裁法》下最后命令与法院“unless order”的异同

法院也有类似的权力做出最后命令。命令会说明,“除非”(unless)你在某一时限内依照命令去做,否则就会有什么的后果。这种命令称为“unless order”。法院这种“peremptory”或“unless order”区别于仲裁庭的“peremptory order”是在于法院有更大的阻吓力与广泛权力。一个通常违令方会面对的阻吓是法院诉讼行动被撤销(strike out),另更会涉及刑事罪如蔑视法院(contempt of court)。例如,命令涉及文件披露或回答“质询”(interrogatory)。但仲裁庭不会有此阻吓力与广泛权力,不能以一方当事人违令去披露文件就去撤销它的请求,一般顶多惩罚只能是 Section 41(7)(6)的“不利推断”(draw such adverse inference from the act of non-compliance as the circumstances justify)。

它们之间的分别在著名贵族院先例的 Bremer Vulkan v. South India (1981) 1 Lloyd's Rep. 253。Diplock 勋爵讲到了国家法院涉及“宪法权利与功能”(constitutional rights & function),是强制性管辖(compulsory),为什么要有很大权力去防止/阻止法院被滥用等。他说:

“The High Court's power to dismiss a pending action for want of prosecution is but an instance of a general power to control its own procedure so as to prevent its being used to achieve injustice. Such a power is inherent in its constitutional function as a Court of justice. Every civilized system of government requires that the state should make available to all its citizens a means for the just and peaceful settlement of disputes between them as to their respective legal rights. The means provided are Courts of justice to which every citizen has a constitutional right of access in the role of plaintiff to obtain the remedy to which he claims to be entitled in consequence of an alleged breach of his legal or equitable rights by some other citizen, the defendant. Whether or not to avail himself of this right of access to the Court lies exclusively within the plaintiff's choice; if he chooses to do so, the defendant has no opinion in the matter; his subjection to the jurisdiction of the Court is compulsory. So, it would stultify the role of the constitutional role of the High Court as a Court of justice if it were not armed with power to prevent its process being misused in such a way as to diminish its capability of arriving at a just decision of the dispute.”

说到仲裁,Diplock 勋爵指出与法院最大的不同是权力来自双方当事人的协议,仲裁员不像法官,只能在程序上依《仲裁法》办事,并引用了 Goddard 勋爵在 Reg. v. National Joint Council for the Craft of Dental Technicians (1953) 1 QB 704 中的说法:

“…A person goes to arbitration because he does not want to go to the Court. Therefore, he sets up his own private judge to decide the case, but the arbitration is not deciding it as a judge, he is deciding it as an arbitrator, and procedural rights and all matters relating to procedure are to be found in the Arbitration Act, 1950. ”

同时,Diplock 勋爵也否定了法院对仲裁有剩余的管辖权力,例如撤销一个不妥的仲裁,是《仲裁法》内所没有针对的,说:

“For the moment I confine myself to rejecting the notion that the High Court has a general supervisory power over the conduct of arbitration more extensive than those that are conferred upon it by the Arbitration Acts. ”

这著名先例的直接结果就是:法院可撤销在法院诉讼的原告索赔请求,因为他的懈怠(strike out claim for want of prosecution),但法院管不了仲裁的同样情况,而仲裁庭在以前 1950 年版本的《仲裁法》内没有这个权力。这个严重问题到了“Courts & Legal Service Act”1990 年,才通过立法解决,把撤销权力交给仲裁庭,但这只是在原告的懈怠下。

这方面在《国际商务仲裁》一书之第八章有详细介绍,所以不去多讲。只说,在 1996 年《仲裁法》把这些法院与仲裁庭的惩罚权力说得更清楚。例如,原告因懈怠而导致索赔请求被仲裁庭撤销的权力是在 Section 41(3),如下:

“If the tribunal is satisfied that there has been inordinate and inexcusable delay on the part of the claimant in pursuing his claim and that the delay —

(a) gives rise, or is likely to give rise, to a substantial risk that it is not possible to have a fair resolution of the issues in that claim; or

(b) has caused, or is likely to cause, serious prejudice to the respondent, the tribunal may make an award dismissing the claim. ”

注意这个撤销权力是有许多条件的,例如不正常与不可饶恕的延误造成或造成重大风险令公平审理无法达致(例如主要证人业已死亡或失踪)或对被告造成严重不利。还有在普通法中加了补充如 James Lazenby & Co. v. McNicholas Construction Co., Ltd. (1995) 2 Lloyd's Rep. 30 要求索赔时效已逝才能撤销(会长达六年,而如果是盖章的[under seal]合约更是有 12 年之久:Indescon Ltd. v. Ogden [2004] EWCH 2326 [TCC])。所以,不是贸然让仲裁庭行使裁量权去撤销。

在近期的一个案件中,被告要求仲裁庭下令原告尽快送达“索赔请求”(statement),原告代表律师自己提出在 30 天会送达后,被告代表律师要求仲裁庭作出一个“unless order”,即若是不在 30 天内送达,索赔会被撤销。笔者代表仲裁庭回答说:

“I refer to your fax a while ago. I am not sure if it is proper for the tribunal to make an ‘unless order’ against the Claimants as you have suggested/requested. The power to sanction the Claimants for their delay in prosecution a claim is in the ‘Arbitration Act’. It has the requirements or preconditions of ‘substantial risk’ or ‘serious prejustice’. Furthermore, there is the case law requiring that the original claim must be time-barred.

Having said the above, I urge the Claimants to expedite as any further delay in the service of Claim Submission will not look good and may cause ‘substantial risk’ or ‘serious prejudice’ to develop."

事实上,在整个1996年《仲裁法》中,只有两处讲到仲裁庭有权力撤销。除了上述的Section 41(3),另一处是针对原告不提供费用担保的Section 41(6):

"If a claimant fails to comply with a peremptory order of the tribunal to provide security for costs, the tribunal may make an award dismissing his claim."

上述措辞可见只有仲裁庭的"最后命令"(peremptory order)是针对费用担保而不是其他事项的"最后命令",才会有权撤销。而其他"最后命令"的违令惩罚是Section 41(7),后详。但今天的费用担保申请(在Section 38[3])中并不多见,加上仲裁庭不一定行使权力撤销,因为文字上是"可以"(may)而不是"必须"(shall),它大可以中止(stay)仲裁程序等待原告提供费用担保而不去撤销(dismiss),所以这个权力使用并不多。

仲裁庭只有这两种特定的撤销权力,英国法院没有相同的权力,而且有条文说明法院对仲裁没有剩余管辖权力在Section 1(c):

"In matters governed by this part the Court should not intervene except as provided by this part."

总结是,不像法院,英国仲裁基本上除了"费用担保"(security for costs)与"原告懈怠"(want of prosecution)外,不存在作出撤销索赔或抗辩的权力。这种理念也与国际仲裁一致。但现实中,笔者仍是不断遇到撤销对方请求的申请。例如近期笔者遇到的一个申请是船舶经纪人起诉船东要求索赔佣金。在船东质疑经纪人的身份后,经纪人在答辩中把公司名称改了,这带来船东申请撤销经纪人的索赔请求。但笔者不认为在1996《仲裁法》下有此权力,这顶多只是管辖权争议的一种:谁是正确的当事人。最终代表船舶经纪人的英国律师也同意并来电说:

"… it is not for us to make good the application, we also believe that the application by the (Shipowners' lawyer) should perhaps more properly have been made as an application contesting the substantial jurisdiction of the tribunal to determine a claim brought by (Brokers' name).

Subject to the (Shipowners' lawyer) confirmation as to whether they wish to pursue that application to dismiss/strike out, we believe you would have the ability to rule on the issue at this stage. In this respect (and as the arbitration is governed by English procedural law) we believe the appropriate provisions are Sections 31(2) and 31(4) of the Arbitration Act 1996, Which provide as follows:

Section 31 (2)

Any objection during the course of the arbitral proceedings that the arbitral tribunal is exceeding its substantive jurisdiction must be made as soon as possible after the matter alleged to be beyond its jurisdiction is raised…

Section 31 (4)

Where an objection is duly taken to the tribunal's substantive jurisdiction and the tribunal has power to rule on its own jurisdiction, it may

a) rule on the matter in an award as to jurisdiction; or

b) deal with the objection in its award on the merits.

If the parties agree which of these courses the tribunal should take, the tribunal shall proceed accordingly.

The suggestion that (Brokers' name) are not the appropriate party to bring this claim is obviously a matter which our clients do not wish to have pending until the very end of these proceedings. Although, for the reasons explained in detail in our submissions, we are very strongly of the view that the application is without merit, the prospect of incurring the entire costs of these proceedings, only to find that the claim fails for want of locus standi, is very unattractive for our clients (no matter how remote that prospect is). For these reasons, we respectfully suggest that this is very much the sort of application which should be dealt with as soon as it is raised.

We therefore invite the (Shipowners' lawyer) to confirm whether it intends to proceed with its application. If so, and given their previous request that the matter be dealt with "forthwith" we assume they agree that the matter should be determined now. We should be grateful if they would confirm that this is the case.

If so, we should be grateful if you would proceed to issue a reasoned award."

10.3 仲裁庭作出的一连串中间程序命令样本

在此可给一些样本有关一连串的"中间程序命令"(interlocutory orders)。例子是常遇到的"缺席被告"(defaulting respondent)。这一般有先兆,如果被告不去委任仲裁员,要原告根据1996年《仲裁法》之Section 17把自己委任的仲裁员变为独任仲裁员,完成组织仲裁庭。在这一刻,就可预计被告会一直缺席下去,不理会仲裁,直至将来裁决书真去执行时才会硬着头皮出面。反正是,仲裁庭组成后,原告会很快或马上送达"索赔请求"(claim submission)与所依赖的文件,并同时向仲裁庭或独任仲裁员申请一个中间程序命令,就是下令被告在限期内送达"抗辩请求"(defence submissions)。在给了被告一二天回应但没有消息后,仲裁庭会作出以下命令,是第一个一般性命令:

"Without hearing your comment but the arbitration proceedings must progress, I hereby order that you serve the defence within 14 days from today. If you ask for more time, please freely say so and I shall entertain."

以上命令的时限只有14天,对国际仲裁而言是十分短暂的。但由于原告好像十分焦急,加上仲裁庭看被告会继续缺席,多给时间也是浪费。但为了避免被告将来的投诉借口,说是时间不足以提出抗辩,所以多加了最后一句很好听的话,就是被告提出要求更多时间,仲裁庭会允许。但现实是缺席被告不会提出,这一来,将来也不能怪时限太短了。

但这案件很奇怪,到了14天时限将届满,突然有一家律师所出面说刚被被告委任并请求仲裁庭延长时限。这一来,考虑到一家新被委任的律师所把有关文件/案卷接过来并作出研究与调查后才能提出抗辩,加上是在14天届满前提出延期,这显示了诚意。所以,仲裁庭作出了另一个一般性命令,延长时限,但不是"最后命令",如下:

"In view of the fact that you are newly instructed and must be given time before you are able to deliver the defence for your client, I hereby extend the original deadline (which is due tomorrow) for another 21 days counting from today for the service of defence. This is not a peremptory order yet but there will be one for a short time limit when the 21 days has expire and no cogent reason can be given to satisfy me why the delay in the service of the defence."

之后,21天届满,在原告的申请下,仲裁庭向被告律师追问情况,后者回答说仍未收到被告客户进一步的指示。这是什么原因不必去深究,这会是被告律师要求先预付一大笔费用才开始工作,或会是被告换了领导,或会是被告公司发生经济危机,等等。反正缺席(default)是很明确了。因此,仲裁庭只能去作出一个"最后命令",如下:

"Peremptory Order

In light of what the Respondent's lawyer has said, it is clear that the Respondent is not going to deliver the defence in this arbitration.

In order to press on with this reference I have no choice but to issue this my Peremptory Order which is for the Respondent to deliver the defence latest within 7 days from today failing which I shall proceed to my award base on the submissions and documentary evidence presented by the Claimant to me without the benefit of Respondent's defence, which is in accordance with Section 41(4) and Section 41(7)(c) of the Arbitration Act 1996."

这个"最后命令"会直接以传真发送给被告(怕将来推说律师没有转给他)与被告律师(因为他仍代表被告,只是没有进一步指示),仲裁庭然后等待时限届满与原告再度申请要求裁决书(他可能因被告经济不稳定而不想再花钱在裁决书上),才最后作出裁决书完成工作/任务。

10.4　违反或漠视 peremptory order 的一般性惩罚

已经提及,只有一种"peremptory order"被违反或漠视,仲裁庭才可以撤销索赔请求,这就是在 Section 41(6)的"费用担保"(security for costs)。而所有其他的"最后命令"(peremptory order)被违反或漠视,仲裁庭所能作出的惩罚在 Section 41(7)中说明，如下：

“If a party fails to comply with any kind of peremptory order … the tribunal may do any of the following：

(a) direct that the party in default shall not be entitled to rely upon any allegation or material which was the subject matter of the order；

(b) draw such adverse reference from the act of non-compliance as the circumstances justify；

(c) proceed to an award on the basis of such materials as have been properly provided to it；

(d) Make such order as it thinks fit as to the payment of costs of the arbitrations incurred in consequence of the non-compliance.”

说真的，这四种惩罚也没有太大新意，在1996年《仲裁法》生效前已经是伦敦仲裁员在做的事了，立法只是说清楚有此权力。以下逐一解释适用的情况：

10.4.1 惩罚之一：不准违令方依赖命令有关的指控或资料

这是Section 41(7)(a)的第一项惩罚，它可能适用在以下一项例子的情况：

(1) 文书请求的澄清

常会遇到文书请求（索赔或抗辩）不充分、不清楚或甚至故意回避，这一来，对方当事人为了更明确知道他所面对的指控，就会提出要求“澄清”（clarifications）或“进一步的详节”（Further and Better Particulars，简称FBP）。当然，也不能忽视的是要求FBP会是一种拖延手法或是不必要（因为它实际是证据问题，稍后自有分解）。仲裁庭在客观看亦认为请求中的一项指控并不清楚，令对方当事人无法明确知道与进一步去调查取证。例如在抗辩请求中一项重要的指控是“双方已经口头同意了最终和解”。显然，原告不知道或不认为有过和解，否则也不会起诉。所以，为了进一步调查取证与迫使被告稳定一个说法，别将来改来改去，就必须澄清例如谁代表原告口头同意？他有否授权？他到底同意些什么？等等，就会需要向被告要求FBP在以下方面：①谁与谁的口头同意？②在哪一天发生？③以什么方式（见面，电话）？④是否有第三者在场？⑤口头同意的语言/说法？等等。

这一来，由于是“自然公正”的“天条”要求双方必须能够知道对方的指控是什么以便去反驳，所以仲裁必须插手与下令被告作出澄清。若是被告漠视命令或是“阳奉阴违”，仲裁庭下一步就会作出“最后命令”，并说明若是违令，就会不准被告依赖这个指控（即说是有了口头同意最终和解）。

想想，这也是最合适的惩罚。一是违令的严重性，故不去做出严厉的惩罚（相等于撤销这一项特定指控）难以相称。二是下一种惩罚的“不利推断”（adverse inference）虽然表面看来也可以适用，但不妥之处是不够肯定与严厉，会令被告证人仍可能出庭指证有了口头协议。天知道，他/她（证人）会很有说服力与懂得做戏，令仲裁庭相信他/她的“故事”而忘掉作出“不利推断”。

(2)特定披露

特定披露(specific disclosure)一般不适合以这种惩罚针对违令方,往往更适合下一种的"不利推断"。例如,"最后命令"是披露船舶主机过去半年的维修保养记录,但被告(船东)违令的解释也不被接受。若因此撤销被告对船舶不适航的抗辩,会嫌过分严厉,因为:其一,无法知道这些没有披露的记录是否重要甚至有关。其二,更重要的是,被告往往又提供了其他的文件证据,例如自动披露了所有的船级社与其他检验报告。此外,被告将会有轮机长的口头证据等,故若不准违令的被告依赖对于不适航的抗辩,等于不去看与听其他的有关证据,这有点过分。而且,会埋下地雷使将来被告若是败诉,他会以没有合理机会去陈述他的抗辩(unable to present his case)为由抗拒执行。这是1958年《纽约公约》之Article v. (1)(b),也是最常见的抗拒执行理由,所以仲裁员必须要恰当平衡,不得过火或过度严厉。

但会有情况是适合不准违令方依赖命令有关的"资料"(material)。例如被告(船东)披露了一份检验报告其中的一页,内容会对他有利。原告申请仲裁庭下令被告披露整份检验报告。这十分公道,否则有莫大危险是被告"断章取义",而整份报告根本不是这样说,或有其他可让原告反驳批评的地方,或会带出其他相关文件进一步要求特定披露等。这一来,若被告违反"最后命令"不去披露,适合的惩罚是被告抖出来的一页报告也不准依赖。

再多举几个例子:

其一,一方当事人自动披露了一份有利的大律师意见或专家意见。这本会是可享有"特权"(privilege)的文件,不必披露。但既然是自动抖出来的,也等于是放弃了特权。但又是怕"断章取义"或意见是在误导或不全面资料被告知的情况下做出,仲裁庭在对方当事人的申请下命令把所有有关文件例如通信往来问大律师的问题与其他会有的意见全部披露,否则不准依赖这份有利的意见。

其二,在下了特定披露的命令后,但被下令方依然拒绝抖出来,在作出惩罚时(通常是不利推断)也会同时说明这些有关的文件今后再也不许抖出来,与去依赖。这是怕被下令方稍后回心转意觉得抖出来比不抖出来好,结果在开庭中途作出披露,但这就会带来不公平(对方没有时间调查)与把开庭搞乱。

其三,如果开庭中途一方当事人突然抖出大量的文件,仲裁庭也会拒绝让他依赖这些资料。话说回来,也有不少仲裁庭不愿意这样做,以防止该当事人如果败诉时以此理由抗拒执行。但仲裁庭会不给这些资料任何分量甚至在考虑裁决书时看也不看,以作惩罚。

(3)证人证言或/与专家报告的交换

众所周知,现在的仲裁庭通常在开庭审理前一个月或半个月不等,要求双方当事人交换完整的"证人证言"(witness statements)或/与"专家报告"(expert reports),并会被当做是"主讯问"(examination-in-chief),到了开庭时可以马上向证人或专家进行"反盘问"(cross examination)。这可:其一,省开庭时间;其二,双方不会在开庭时有意外惊奇(surprise),因为所有证据已是“摊开在桌面上”(all cards on the table);其三,双方有充分的时间准备反盘问的问题。

笔者近日遇到一个情况是一方当事人不合作,不肯说明他要提供的专家意见证据是针对什么或哪一方面。这对他的对方不公道,因为他也需要时间去委任对口与适当的专家并在定下的时间表内交换专家报告。在该事件中,笔者已考虑到惩罚不合作的一方不准依赖专家意见证据,但幸亏他在最后说明了他的专家证据是针对什么争端。

同样道理,这也可以发生在事实证人中,因为有许多事实存有争议。不去说明,对方无法及时准备。

再多举一个例子是仲裁庭下了命令双方当事人在开庭前 3 个星期交换专家报告,并在开庭前一个星期交换补充专家报告(supplementary)。但双方在第一个阶段什么都没有动,只到了开庭前一个星期约只有 3 个工作日,一方当事人送达了给另一方不准备有专家证人的当事人共 3 份厚达几百页的几位不同专家的报告。这一来,另一方当事人认为是遭受突击(ambush),根本没有办法在开庭时有充分的时间作出对专家报告的反驳,就只能向仲裁庭要求不准对方依赖这些专家报告。仲裁庭面临两个选择:一是接受申请;二是把开庭延后,但要迟交专家报告的一方承担浪费的费用。最后仲裁庭还是选了第二个做法。

10.4.2 惩罚之二:不利推断

这是 Section 41(7)(b)的第二项惩罚,它可能适用在以下一些例子的情况中:

(1)拒绝披露文件

这是最常见的情况,就是一方当事人不提供一些被要求披露的文件,又说不出有说服力的理由,仲裁庭即会在“最后命令”被漠视后作出“不利推断”的惩罚。这是完全适合的,因为违令方不抖出应该有的文件,最可能的原因就是文件内容有对他不利的地方。

一般做法是在“最后命令”除了说明会作出“不利推断”的惩罚,另加上了违令方以后改变主意也不准再披露以逃避这个“不利推断”。原因是怕违令方到了仲裁程序后期或在开庭半途,看不对头就把有关文件抖出来。但这会搅乱仲裁程序或/与造成对对方的不公道(因为对方没有充分时间去调查取证以利反驳)。

另一点要提的是笔者近期感觉越来越多的情况是一些对仲裁十分有经验与厉害的当事人(如一些欧洲承租人或船东)不履行披露的责任或对有关命令“阳奉阴违”,而提出的理由也是难以接受的。例如一次是希腊船东被下令特定披露一段有关时间内的正本/手写航海日志。但他的说法是一次被喝醉酒的大副抛下大海。说实在的,真发生这件事也应有通信往来可作证明,例如,船长在第二天向船东报告并请示怎样做。希腊船东不提供这些可信的“当场文件证据”(contemporary documentary evidence),只是随口说“抛下大海”,实在令人难以接受。这些“善战”的当事人,充分知道仲裁庭能作出的惩罚力度大大不比法院,这在法院就会被撤销索赔或抗辩请求了。

所以,仲裁庭在作出"不利推断"的惩罚命令之余,也要去确实执行以免仲裁员沦为"无牙老虎"。笔者见过多次仲裁员到了开庭审理时,被一些有说服力与表现好的证人或专家吸引,而忘掉了该当事人曾经违令去披露一份十分关键的文件证据,是证人的"口头证据"(其实是"讲故事")不能,也不应改变的事实。否则,今后的仲裁会有更多的违反特定披露命令,肯披露的是"傻瓜"。

(2)拒绝质询

有关"质询"(interrogatories),请参阅笔者(杨良宜与杨大明)合著的《国际商务游戏规则——英美证据法》一书之第二章6.10.10.4小段。例如在Model Farm Diaries (Bournemouth) Ltd. v. Newman (1943) K. B. 5是有关牛奶被污染,而质询是问:"To the best of your present knowledge, information and belief, were you not a carrier of a typhoid germ in the year 1936?"(在1936年你是否为伤寒病带菌者)若是被下令回答质询方拒绝遵守"最后命令"去确实回答,仲裁庭不像法院可撤销索赔或抗辩,看来也只有作出"不利推断"的惩罚。

(3)拒绝检查或取样本以保留证据

这是一种仲裁员新获得的权力,是一种"中间措施"(interim measure),在1996年《仲裁法》是Section 38(4),说:

"The tribunal may give directions in relation to any property which is the subject of the proceedings or as to which any question arises in the proceedings, and which is owned by or is in the possession of a party to the proceedings —

(a) for the inspection, photographing, preservation, custody or detention of the property by the tribunal, an expert or a party; or

(b) Ordering that samples be taken from, or any observation be made of or experiment conduced upon, the property."

这是仲裁庭最多见到的仲裁中间措施申请。原因不难明白,一出事尽早保存证据是最重要的一步。在绝大部分情况下,当场取得的证据是最准确与最有说服力的。它往往能做到"捉奸在床,捉贼拿赃",令官司不必打下去,因为对方投降。时隔太久才找出来的证据总有借口去丑化或做文章。

这种中间措施命令传统做法是向有关法院申请。但到了1996年《仲裁法》,虽然法院仍有这方面的权力(在Section 44[2][c]),但另有Section 44(4)说明情况不紧急时,申请人应先向仲裁庭(若已经组成)作出申请:

"If the case is not one of urgency, the court shall act only on the application of a party to the arbitral proceedings (upon notice to the other parties and to the tribunal) made with the permission of the tribunal or the agreement in writing of the other parties."

所以,贸然在向法庭申请而不先向已组成的仲裁庭申请会被拒绝,导致劳民伤财:请看香港上诉庭的The "Lady Muriel" (1995) No. 87(Civil)。

这一来,若是仲裁庭下了"最后命令"要求被告的船东允许原告(海水进舱的货损收货人)派人上船检查在修理中的舱盖(hatch covers),但船东推三阻四,而原告无法去当地法院申请强制检查(例如修理是在印度尼西亚),仲裁庭作出“不利推断”的惩罚应是恰当与必需的。

10.4.3 惩罚之三:以手中恰当提供的文件作出裁决书

这是 Section 41(7)(c)的第三项惩罚,它经常适用在一种经常发生的情况,就是被告“缺席”(default),不予理睬。这种情况业已介绍过。这一来,仲裁庭在作出“最后命令”后,可在下一步根据原告提供的文件(索赔请求加上依赖的文件证据)作出裁决书。显然,在只听“一面之词”,裁决书几乎肯定是原告胜诉。有时候会有更坏的情况,例如北京一家主要的国有企业法律部朋友告诉笔者曾有一次是外国公司在伦敦仲裁索赔 15 万美元,中国内地的被告是一家怕打官司与怕付律师费的公司而不去应诉。结果很快外国原告就取得了“缺席裁决书”(default award)并去执行,但成功索赔金额变了是 150 万美元。估计是,原告看见被告缺席,索性作出对“索赔金额”(quantum)的夸大,并把索赔请求作出适当“修改”(amendment)。照说,这修改应送达给缺席被告,否则就难说是“适当提供”(properly provided),而且缺席被告也可成功抗拒执行裁决书,因为 1958 年《纽约公约》之 Article v. (1)(b)说明“没有通知仲裁程序”(the party against whom the award is invoked was not given proper notice…of the arbitration proceedings)是抗拒执行理由之一。但怕是“修改索赔请求”(amendment claim submissions)事实上给了中方缺席被告一份,但他看不懂, 也不警觉, 也就继续“缺席”(default)不理睬。

总之,该朋友说今后再也不敢缺席,这太危险了。说实在的,中方被告真正的问题在于不懂。说是怕付律师费只是借口,因为他大可以自己向仲裁庭提出抗辩。即使是抗辩的差劲,导致原来应是胜诉变为败诉,但至少在应诉的情况下,原告不敢单方面把 15 万美元索赔提高为 150 万美元,因为在被告警觉下,一旦改为 150 万美元就很可能激发被告委任代表律师作出大力的抗辩了。

另外,对西方人的部分仲裁员而言,面对缺席被告一贯的想法是他心里有鬼,无法或难以抗辩,所以索性不抗辩。但笔者的看法有所不同,至少在被告是中国公司或一些亚洲公司(如泰国或印度尼西亚公司),因为见太多了,就是有好的抗辩理由,但因为不懂而看不出来,再加上怕麻烦,怕打官司与短视,造成频频缺席的不利情况。只要看看英国的一句名言:“对有水平的人,不论是如何不可能抗辩,也有得争。”(on liability I would only add that Mr. Johnson's[买方大律师]powerful arguments only demonstrated he truth of the adage that no case, however impossible, is unarguable):Cumming - Bruce 大法官在 Toprak v. Finagrain (1979) 2 Lloyd's Rep. 98 所说的话。所以,怎么会是被告缺席是因为无话可说呢？当然,笔者与部分西方人仲裁员之间的文化差异在这方面对双方实质结果是不会有分别的。只要是被告缺席,不论是什么原因,总难逃“凶多吉少”的命运。

10.4.4 惩罚之四:因为违令而导致的费用

这是 Section 41(7)(d)的第四项惩罚,它可以适用在许多不同的违反或漠视“最后命令”情况中。例如：

(i)违令方拒绝或是“阳奉阴违”提供文书请求的澄清命令；

(ii)违令方拒绝或“阳奉阴违”特定披露的命令；

(iii)违令方在仲裁庭下令到上船检查以保存证据，但申请人的检查员被船长拒绝上船；

(iv)违令方在下令开庭审理的第一天失踪，仲裁庭决定多给违令方一次机会，押后开庭；

(v)仲裁庭下令以英语为仲裁语言，但违令方仍是以中文通信，令对方产生翻译费用；

(vi)其他。

但以费用作为惩罚的问题或力度不足是：

(1)有不少或部分的违令以费用惩罚会使力度不足，例如违令方拒绝或漠视特定披露的命令。有关的费用可能只是几份通信往来，包括使仲裁庭做成申请命令与“最后命令”。这些“浪费费用”(wasted costs)不会多，难以阻吓违令方。或说，可否加重惩罚，要违令方承担从开始仲裁至违约产生的费用，不局限在“浪费费用”。笔者近期也一度遇到这样的申请去惩罚违令方。答案是“不可以”，首先是《仲裁法》之Section 41(7)(d)说明只是费用“incurred in consequence of the non-compliance”，所以，仲裁庭不得超越权力。其次是针对费用的大原则是败诉方要承担的“costs follow the event”。若是把无关违令的费用强加在违令方，会有违反这大原则的味道，因为最后违令方可能胜诉。

(2)仲裁庭为了防止分心，阻慢仲裁程序(特别是快开庭审理时)，往往下的有关中间费用命令(interlocutory costs order)只是在开庭完结后才去核算是多少金额，措辞可以是：“determination of costs shall be deferred until after the hearing”，而不是“马上”(forthwith)。若是后者命令，非违令方很快会在违令方不同意“浪费费用”的金额下转而向仲裁庭申请核算并做出一个“中间费用裁决书”(interlocutory costs award)。但这一来，若是双方当事人达成和解，这些“interlocutory costs order”往往被遗忘，反正钱不多，不了了之。即使无法和解而作出了裁决书，在“costs follow the event”下，这些“interlocutory costs order”相对总金额不成比例或根本无关(违令方本来就是败诉方)而显得无关痛痒。

总之，有关违令的费用命令虽然在一些情况有力度不足的问题，但可以加在其他的惩罚之上如作出“不利推断”，这会稍有阻吓力。另外，这种“浪费费用”的“interlocutory costs order”也经常适用在非违令的情况中，如：

(i)一方当事人申请对文书请求的修改(amendment)，带来“浪费费用”。

(ii)仲裁庭应允申请人的特定披露要求，但对大量文件有一定担心，怕被滥用，所以命令如果申请人事后无法证明特定披露文件是有关的，将要承担有关“浪费费用”，“不论成败”(in any event)。

(iii)一方当事人质疑/挑战仲裁员"管辖权"(jurisdiction),例如是他/她的资格。但半途知道无望而放弃,可是已令双方做了大量工作。

(iv)其他。

10.5 不能强制或惩罚的情况不应去下令

照说,大部分的仲裁庭命令被违反或漠视在1996年《仲裁法》之Section 41都能找到了适合的惩罚。若是找不到,仲裁庭就最好只是去督促,而不是下命令或"最后命令",省得"自讨没趣"。马上想到的情况有:

10.5.1 情况之一:原告迟迟不作出索赔请求

原告迟迟不动,也不去送达"索赔请求"(claim submissions),令心急推进仲裁程序的被告向仲裁庭申请下令原告在14天或21天不等的时限内送达索赔请求。本来,被告除非本人有"反索赔"(counterclaim 或 cross claim),他何必心急?即使他有"十分肯定的抗辩理由"(cast-iron defence),也有"不利风险"(downside risks),因为诉讼不是严格的自然科学,不会百分百吃得准。

估计被告心急的情况主要是他提供了一大笔"索赔担保"(security for claim)。但担保是通过法院,例如"冻结命令"(freezing order)或扣船的结果,法院会有条件是原告不得懈怠,应尽快去起诉。例如中国海事法院或一些国家法院(如葡萄牙:请参阅 The "Epsilon Rosa"[2003] 2 Lloyd's Rep. 509)都有规定在扣船后的一段时限内(如6个月内)必须起诉,否则归还索赔担保。但这往往不足以阻吓懈怠的原告,他可以在6个月的时限内起诉(开始在伦敦仲裁,因为有伦敦仲裁协议),但之后不动(inactive)。更会是,双方有了私人协议提供索赔担保,例如一份银行保函,而扣船或许根本尚未发生,只是用做威吓迫使船东的被告作出索赔担保。

遇到上述情况,心急被告若刚好碰巧有反索赔(即使是小金额),他可摇身一变成为原告,先把"反索赔请求"当做是"索赔请求"送达,然后向仲裁庭申请命令与最后命令迫使原告(变成被告)作出抗辩与"反索赔"请求。

但若是心急的被告没有一个反索赔,就只能以1996年《仲裁法》之Section 41(3)去申请撤销原告的索赔。但这要等待好几年,等到索赔时限已逝:James Lazenby & Co. v. McNicholas Construction Co., Ltd. (1995) 2 Lloyd's Rep. 30。另外,有其他条件如"更大风险令公平审理无法达致"与"对被告造成严重不利"。所以,在仲裁庭组成后不久(如三四个月),被告申请下令原告在28天内送达索赔请求,仲裁庭不应作出命令,顶多只去"督促"(urge)原告尽早尽快。因为撤销索赔条件尚不成熟,若向原告作出一个"最后命令",想不出写上什么适合的惩罚。要说清楚是如果原告在送达了索赔请求后,被告已能知悉是什么正式指控与索赔金额,就可作出"抗辩请求"(defence submissions),以完成文书请求(pleadings)的中间程序。这之后原告就无法拖延了,心急的被告大可以向仲裁庭申请走下一步仲裁中间程序的时限,如特定文件披露。若原告仍是"沉睡"(sleeping),仲裁庭照样可在"最后命令"中作出惩罚如"不利推断"或以手中文件作出裁决。

10.5.2　情况之二:当事人显示要修改请求但迟迟不提出申请

修改文书请求(索赔或抗辩)现实中经常遇到,要求修改的原因很多,如更换律师,新的代表律师对较早的文书请求另有看法;或在继续调查取证过程中又发现新争端;或在对方披露文件中对原先的指控强弱有了新的看法;或改变想法等。这些原因都无妨,法官或仲裁员通常都会宽松对待"修改申请"(application to amend),因为最后修改的请求才是当事人想表述的案情与地位,不让他作出修改有违反"自然公正"的味道,也会令裁决书将来执行时造成明显阻碍,因为1958年《纽约公约》之Article v.(1)(b)说明一个拒绝执行裁决书的理由是"unable to present his case"。

修改会发生在仲裁程序的任何时间内,甚至会迟至开庭审理的中间,因为在反盘问对方证人时他漏了口,例如发生的事故被承认是故意或恶意造成的。这会多了一项"重要指控"(allegation)是以前在文书请求中没有提到的。这种修改申请也应被允准,因为这才是公正的。

当然,修改带来的"浪费费用"(wasted costs)应该由申请修改一方去承担。但这没有什么大不了,因为通常不会太多。例如增加争端或指控一般不是"浪费",它一早去提出对方仍是要花同样工夫及费用作出反驳或抗辩。

唯一的两种例外是:

(1)新增加的争端与原来请求的争端不同,是"新事物"(new matter),业已过了时效(time bar)或在仲裁条文下对新事物没有管辖权。

(2)修改会令对方造成"损害"(prejudice),是光凭支付"浪费费用"不足以弥补的。另延误亦会带来损害,但一般情况是本金的利息(如果胜诉)足够弥补的。

上述两种例外情况都很少发生,所以一般的说法是申请修改请求是不成问题的。

以(2)为例,若是修改一早可提出。但该当事人到了开庭审理的后期才作出申请。仲裁庭若是允许,就要押后开庭让对方有时间对修改作出调查与回应。这一来,仲裁庭会以造成损害为由拒绝修改申请。

以下介绍一个近期的相关案件:被告在仲裁程序后期多委任了一家律师所与资深大律师后,向仲裁庭申请作出颇多的抗辩请求修改。这也是公正,修改后的抗辩请求看来强而有力多了。估计修改是资深大律师的意见吧!

在申请之前,被告已在传真中提到要作修改。当时离开庭只有约3个月时间。于是原告大力要求被告尽早申请并说明是什么修改。之后,原告向仲裁庭申请下令被告在14天内必须正式提出申请。笔者代表仲裁庭要求被告对申请作出尽快的意见,以便仲裁庭可考虑与决定。被告回复说不应对修改下令。笔者想想亦对,难道遇上违令仲裁庭可在"最后命令"中指出惩罚是"今后不准申请修改"吗?所以,笔者主要改为督促(urge)被告尽快申请修改,电文如下:

"You are probably right in saying that a Tribunal will rarely impose a deadline for amendments. After all, parties can apply for amendments any time. But closer to the hearing, there is a greater danger of causing prejudice to the opponent and the Tribunal will not be sympathetic to the application. Furthermore, wasted costs will be likely to jack up.

The hearing is not far off. Therefore, it is appropriate for you to chase after your client for an early application for leave to amend, especially if the amendments appear to be rather substantial."

幸亏,该电文起了作用,被告很快正式提出申请并被允准,即使在原告的大力反对之下。

10.6 英国法院强制执行仲裁庭的"最后命令"做法

读者或许注意到,虽然大部分仲裁程序的"中间命令"(interlocutory orders)与相关"最后命令"若不遵守都会带来或轻或重的惩罚,唯独其中一些"中间措施"(interim measures)在 Section 41 找不到适合的惩罚。

像"费用担保"(security for costs)是有 Section 41(6)针对。命令检查或取样本以"保留证据"(preservation of evidence)也可以 Section 41(7)(b)的不利推断去针对。但在同一条文之 Section 38(4)(a)也包括了另外的中间措施,就是可下令"保存、托管或扣押有关的财产"(preservation, custody or detention of the property)。另是像在 Section 48(5)中说的:

"The tribunal has the same powers as the court—

(a) to order a party to do or refrain from doing anything;

(b) to order specific performance of a contract (other than a contract relating to land)…"

上述的(a)作出禁令(中间或最后,但不应包括"一面之词"[ex parte]的冻结令),(b)作出履约指令(除了有关土地的,这里的共识是复杂与本土问题应由当地法院去处理或指令,而不是由外国法院或国际仲裁庭去作出指令)。

在这些扣押财产,中间禁令等的中间措施(interim measures),Section 41 就找不出适合惩罚去针对违令方。它们没有像"费用担保"专门有条文针对,而 Section 41(7)的四种惩罚也不适用。因为对扣押财产或中间禁令的违令方不能以"不利推断"等手法对付,违令与案件的实质性争议无关,不能乱扯在一起。这种违令也不至于引起"浪费费用"。故此,必须要有强制执行与惩罚的机制,否则把这种权力下放给仲裁员也只是笑话。

在 1996 年《仲裁法》之 Section 42,有一条文是针对法院帮助强制执行仲裁庭的"最后命令",内容如下:

"Enforcement to peremptory orders of tribunal

42 (1) unless otherwise agreed by the parties, the court may make any order requiring a party to comply with a peremptory order made by the tribunal.

(2) An application for an order under this section may be made —

(a) by the tribunal (upon notice to the parties);

(b) by a party to the arbitral proceedings with the permission of the tribunal (and upon notice to the other parties); or

(c) where the parties have agreed that the powers of the court under this section shall be available.

(3) The court shall not act unless it is satisfied that the applicant has exhausted all available arbitral process in respect of failure to comply with the tribunal's order.

(4) No order shall be made under this section unless the court is satisfied that the person to whom the tribunal's order was directed has failed to comply with it within the time prescribed in the order or, if no time was prescribed, within a reasonable time…"

上述条文有以下几点需要注意：

(1)法院会强制执行的只是"最后命令"。

(2)在 Section 42(2)第一句是"除非双方当事人同意"(unless otherwise agreed by the parties)这表示有订约自由可排除本条文。但现实中不会有仲裁条文写得这么细。

(3)在 Section 42(1)第二句其中一个关键字是"可以"(may)而不是"必须"(shall)。这表示法院不一定会强制所有的仲裁庭作出"最后命令"。由于 Section 42 的申请案例仍不多,暂时看不出法院的态度与取向。是否是:已经有惩罚手段可去针对,不管轻重,法院都不会想多插手？例如,针对"特定披露"(specific disclosure),由于已有"不利推断"与"浪费费用"的惩罚,法院不愿多管呢？但在 Professor Merkin 的"Commercial Arbitration"一书之 Para. 15. 16 是说(有关检查命令):"However, if a party refuses to allow inspection by entry to premises, or indeed obstructs inspection in any other way, the arbitrators can either make a peremptory order so demanding, which can then be enforced by the court, or they can draw the appropriate inferences from such refusal and make an award accordingly."

(4)对申请人而言,若是估计特定披露涉及一份十分关键并对对方不利的文件,当然是希望法院协助强制了,因为光凭"不利推断"或/与"浪费费用"会力度不足。若对方是一家伦敦上市公司,更有信心英国法院会帮助强制执行应是一定能把该份文件取到手。对法院而言,还有的考虑是不知道案情与双方争辩陈词,难以知道要去强制执行的"最后命令"是否合理？另是像披露命令会被仲裁庭更改,如特定披露的航海日志要从船上去取,但尚未得手船舶已沉没。向仲裁庭申请更改(vary)"最后命令"不论未届或届满是易事:The "Smaro" (1999) 1 Lloyd's Rep. 225,但迟了才向法院申请更改会是技术上已犯了蔑视法院的刑事罪。最后,也要顾及对双方公平与对等,如光对伦敦上市公司下令是十分有效,但另一当事人的巴拿马公司又如何呢？

在同样道理下,像"费用担保"(security for costs)或被告缺席等,由于 Section 41 已有充分的惩罚方法去针对,法院是否会不肯去任意插手强制执行？

(5)在 Section 42(2)的(a)与(b),向法院申请协助可由仲裁庭或一方当事人(但需获仲裁庭批准)提出。由于律师费用昂贵,仲裁庭自己不应提出,因为要承担这笔费用。仲裁庭应让想提出申请的一方当事人前来申请,然后给予批准，让他去花这笔律师费用。

(6)在 Section 42(3)是要申请人先去仲裁的层面尽力,无办法可想后才能前来法院申请。

法院一旦把一些“最后命令”强制执行,就是法院命令,力度之强(特别是对英国公司)是 Section 41(7)的四种惩罚不能相提并论的。例如,在扣押财产(detention of property),违令方(违反的是法院命令)会是“蔑视法院”(contempt of court)。法院也可强制扣押(sequestration)违令方的财产等。

第十三章　仲裁的机密性（confidentiality of arbitration）

1. 序　　言

解决商业纠纷的方法不多，若当事方未能私下协商解决，争议通常会透过法院诉讼或仲裁来解决。法院属于政府宪制的一部分，有其独特的社会角色及功能，往往被大众视为主持公正的象征，因此，法院对处理诉讼的要求十分严谨，不单要对诉讼方做到公平及公正，还要清楚地给公众看见，只有这样，法院的公信力才得以建立，正如 Lord Hewart 在 Rex. v. Sussex Justices, Ex parte McCarthy（1924）K. B. 256,259 一案中说："it is of fundamental importance that justice should not only be done, but should manifestly and undoubtedly be seen to be done."因此，法院的诉讼基本上是公开聆讯的，公众可以旁听，记者可以采访报道，而法院的判决会向公众公开。这公开的做法在世界各地的法院都被采用，如中国香港、新加坡、英国及美国等地的法院。可是，法院公开聆讯的做法对诉讼方来说，变得没有秘密可言，这可从最近在中国香港闹得热烘烘的争夺遗产案，报刊每日报道诉讼双方在庭上互揭隐私的详情，可见一斑。

在英国，公开聆讯及审理案件是基本人权，在欧洲人权公约（European Convention on Human Rights）内清楚订明。公开聆讯及审理案件能提高诉讼程序的透明度，使犯错或被滥用的情况比较容易察觉得到，相对减低这方面的发生机会。以军事法庭（military tribunal）的审讯为例，由于属秘密审讯，会有审判不公（miscarriage of justice）的事情发生，公众未能知悉。（仲裁应该没有军事法庭的审讯那么差，但这永远是机密性的一个坏处。另按英国法，当事方选择以仲裁来解决争议，明显地放弃欧洲人权公约在这方面的保障。）

但对商业人士来，上述绝不是理想的做法，因为商业秘密如合作伙伴的名单、营运数据、营运手法、产品设计或技术等会因在法院诉讼而被公开，为竞争对手大开方便之门；即使争议未必涉及商业秘密，有关诉讼过程及结果被公开，也可能会对公司的声誉、生意、信贷构成影响。试想一家涉及巨额索赔诉讼的上市公司，每天在法院聆讯的内容被公开报道，公司股价很可能会随着诉讼而产生强烈的波动。另外，一些涉及国家参与的商业活动（所谓 supra-national contract），当中的内容固然是机密不容向外透露外，这些国家又怎能接受到法院诉讼，尤其是外国的法院如英国法院，赤裸裸地把争议公之于世？

仲裁比法院诉讼优胜的地方是，它源自当事方的私下协议，属私人性质(privacy)，不容许无关系的第三者旁听，而后来的裁决书，属于当事方的私产，也无须向公众公开。事实上，在一个仲裁中，只有有关系的人参与其中，这包括仲裁方及其法律代表、仲裁员和证人(包括专家)，文书控辩、文件证据及证人证言亦只会在这些人互传；开庭(hearing)会在私人地方闭门进行，例如在酒店或仲裁中心提供的房间；仲裁裁决书亦只会发给仲裁方。这重要的分别，吸引了不少的商业人士选择仲裁为解决争议的方法，当中包括一些机密的、敏感的、涉及科学技术及资讯科技的研发及应用、涉及政治的及大型的商业合约，如政府与公共服务机构订立的专利合约与涉及个人的经济状况。这亦是商业仲裁兴起的其中一个主因。但问题是这私人性质是否就等同机密(confidential)？若是机密，它适用的范围及程度？是否有例外的情况？违反机密的救济如何？

在 Hyundai Engineering v. Active (unreported 9 March 2004)一案中，Philips 法官自己承认：

"The … authorities demonstrate that the nature and extent of the duty of confidentiality applicable to documents and information obtained in arbitration proceedings is by no means fully chartered."

虽然在一般人的眼中，仲裁的机密性看似是毋庸置疑，但事实上这方面的法律在最近才发展起来，而且不同地方的仲裁法律对此有不同的看法，这把仲裁世界划分为两大阵营:一是支持仲裁的机密性;二是则持相反看法。

对于承认仲裁的机密性的国家及地区，往往需要面对这机密性带来的问题。当中最实质而又经常发生的，是涉及一连串互有关联的诉讼或仲裁，由于仲裁的机密性的关系，对披露(disclosure)、能否合并(consolidate)或同步(concurrent)仲裁等带来技术上的困难。例如在一连串的合约链(chain of contracts)或多位当事人同一争议(multi-parties dispute)的情况下，如商品买卖合约、租船合约、受保人(assured)与保险公司及保险公司(insurer)与再保险公司(re-insurer)之间的保险合约等，夹在中间的一方，往往需要依赖他与另一当事方在仲裁产生的证据，甚至该仲裁的裁决书，向属另一仲裁或诉讼的另一当事方索赔或抗辩。但基于仲裁的机密性，他又能否向第三者披露在仲裁产生的文件，以支持其索赔或抗辩？Colman 大法官在 Hassneh Insurance Co. of Israel and others v. Steuart J. Mew (1993) 2 Lloyd's Rep. 243 中这样说：

"I consider first the ordinary course of commerce. There are many circumstances where one party to an arbitration may require to establish against a third party that the arbitrating party is or has been under an obligation to satisfy an award. One example is where an insurer must establish his liability to the primary assured for the purpose of claiming on his reinsurers. Another in the context of the insurance market is where an assured under a professional indemnity policy has to establish that he has become liable for breach of his professional duty and needs to place before the insurer an award which has been made against him to this effect. In the quite different field of ship-chartering a head charterer may be able to make good his claim against the shipowner only be reference to an arbitration award made against the head charterer in favour of a sub-charterer. A closely analogous position might also arise as between the parties to commodity trade contracts whereby goods were sold and purchased down a line of buyers and sellers, but where there was no applicable string contract provision enabling disputes to be resolved in one arbitration between the first seller and the last buyer. In all these cases the arbitrating party may require for the purposes of establishing his legal rights against the third party to produce the award against him to that third party…"

当然，最佳的解决方法是把同一争议“合并”（consolidation）审理或“同步”开庭（concurrent hearing），但在私人及机密等大原则下，除非仲裁条款容许或仲裁方另有协议，否则，不同的仲裁不能“合并”审理或“同步”开庭。

事实上，在一连串有关联的诉讼或仲裁，先前的诉讼或仲裁针对某争端作出判定，在另一个仲裁或诉讼下，一方当然希望借此判决以证其权利或责任。但如该裁决属仲裁裁决，它本身受仲裁机密性的保护，是不能向另一个诉讼或仲裁的第三者作出披露。但如果有关的披露能有助于了解或解决某些关联的争端，法律又应如何看待这文件？是否可以披露？即使能够披露，其对现有的争议又有什么的价值？对现有的争议的约束力如何？现今的法律，尤指英国普通法，倾向于以公平为前提去考虑上述问题，但总的来说，还没有定下准则，正如 Toulson 大法官在 Lincoln National Life Insurance Co. v. Sun Life Assurance Co. of Canada, American Phoenix Life and Reassurance Co., Phoenix Home Life Mutual Insurance Co. (2004) 1 Lloyd's Rep. 737 中说：

"It is probably only at the level of the House of Lords that the rules about the extent to which a judgement or award between A and B may be relied upon by or against B in proceedings between B and C, where those proceedings involve an issue about the rights between A and B, could be comprehensively reconsidered. The modern tendency when tackling the diverse problems of serial litigation involving common issue has been to move away from technical rules towards a broader consideration of what is fair … In considering whether and to what extent the findings of a competent tribunal in proceedings between A and B should be able to be relied upon by or against B in proceedings between B and C, there is a strong argument for saying that the real considerations should be what is most fair to the parties and will avoid bringing the administration of justice into disrepute. The fact that C was not a party to the earlier proceedings … would in many cases make it unfair that the earlier judgment should be relied upon by B, but not necessarily against B,… one could i-magine circumstances in which it might make a difference in terms of justice whether the earlier decision was the product of an informal arbitration, in which the arbitrator had not properly addressed the arguments, compared with proceedings in which the issues had been fully and properly investigated and addressed in a reasoned decision. Where the previous decision was an arbitration award, the confidentiality of the arbitration proceedings could also be a relevant factor."

除了上述情况外，严格看待仲裁的机密性，会带来其他的困难，当中有些可能会在日常商业运作时发生，但未必受人注意：

（i）在一个涉及公众利益的仲裁，例如公共服务机构按专营协议申请加价的仲裁、公营机构面对外国公司的巨额索赔的仲裁，当事方是否需要向政府、议员及公众披露有关仲裁的进程、仲裁的材料/资料(arbitration materials)或仲裁裁决书？可否拒绝有关要求？在没有立法支持的情况下，应否容许这些公共政策的考虑凌驾在仲裁的机密性之上？见 Esso Australia Resources Ltd. v. Plowman (1995) 128 ALR 391。

（ii）一家公司可否将仲裁裁决书，或仲裁本身的存在(existence)，披露予其核数师(auditor)或有关的监管当局(regulatory authorities)，例如证券交易所(stock exchange)(如某一方是上市公司而仲裁的金额非常大)？

（iii）母公司可否要求子公司披露仲裁裁决书以便整理合并账目(consolidated accounts)？

（iv）一家公司可否将仲裁裁决书披露予投资者或贷款银行等，用意是对某事情作出澄清，吸引这些第三者对公司作出投资或借贷。见 Department of Economic Policy and Development of the City of Moscow and The Government of Moscow v. Bankers Trust Company and International Industrial Bank (2004) EWCA Civ. 314; LMLN 637。

（v）船东互保协会可否要求其会员告知仲裁的过程？或要求会员披露在仲裁中获得的文件？或披露仲裁裁决书？

（vi）仲裁裁决书可否刊登？仲裁员可否引用他在仲裁时作出有关程序指令(procedural order)为例子作教育用途？

（vii）能否向有关机构或向市场披露仲裁裁决书的内容，以商业压力迫使仲裁的一方履行仲裁裁决书所列举的责任？

（viii）等等。

若仲裁保密的责任是绝对的，任何有关仲裁本身及相关的文件及仲裁裁决书，将不能向仲裁当事方以外的第三者公开，上述的情况根本没办法解决。

本章先从英国的普通法出发，尝试了解仲裁的机密性及适用范围，再看其他国家或地区的法律在这方面的发展，及以仲裁规则或仲裁条款对仲裁的机密性作出明示的约定，并探讨因仲裁的机密性而带来值得思考的问题。

2. 英国普通法下的仲裁机密

2.1　仲裁机密的来源及性质

仲裁的机密性一般源自以下三个范畴：

（1）仲裁地(the seat of the arbitration)的法律

（2）仲裁是按仲裁规则(arbitration rules)或机构仲裁规则(institutional arbitration rules)进行，而有关规则有机密条款

（3）仲裁条款有明示规定保密责任

在一般随意仲裁(ad-hoc arbitration)如海事仲裁，仲裁条款未必会列明对仲裁保密的责任，或明示按某仲裁规则或机构仲裁规则进行仲裁，而该规则有仲裁保密条款，那么要考虑仲裁的机密性便只好看仲裁地(the seat of the arbitration)的法律。已经说过，不同地方的法律对仲裁的机密性有不同的看法，这将会在本章后面提及。由于英国的商业仲裁在世界上占有领导地位，我们先去看看英国的普通法在这方面的看法及发展。

首先要指出，英国并没有立法为仲裁的机密性定下适用法则，有关这方面的法律是由法院一个一个的案例慢慢建立起来。

一直以来，仲裁的机密性是英国仲裁一个重要的特征。仲裁法咨询委员会在1996年的草案报告(Departmental Advisory Committee on Arbitration Law, Report on the Arbitration Bill, February 1996)对此有以下评论：

"11. Privacy and confidentiality have long been assumed as general principles in English commercial arbitration, subject to important exceptions. It is only recently that the English Courts have been required to examine both the legal basis for such principles and the breadth of certain of these exceptions, without seriously questioning the existence of the general principles themselves…

12. In practice, there is also no doubt whatever that users of commercial arbitration in England place much importance on privacy and confidentiality as essential features of English arbitrations (e. g. see survey of users amongst the "Fortune 500" US corporations conducted for the LCIA by the London Business School in 1992)…"

这机密性源自仲裁的私人性质(privacy)，属一有效的私下解决争议的方法。传统上仲裁方,其法律代表及仲裁员都自觉地尊重仲裁的私人性质，不会在没有对方同意的情况下容许第三者旁听，亦不会把仲裁的进程、仲裁过程中产生的文件如仲裁方披露的文件、仲裁裁决书等对外人透露或利用在与该仲裁无关的事情上。一直以来，这说法不曾受过挑战，英国普通法在这方面的先例也不多。

直到 The “Eastern Saga” (1984) 2 Lloyd’s Rep. 373，仲裁的私人性质得到确认。该案关于租约链的争议，夹在中间的承租人就该争议分别与船东及分承租人展开仲裁，两个仲裁庭的仲裁员都是一样，这是典型的多位当事人同一争议(multi-party dispute)的例子。对承租人来说，最好的处理方法是两个仲裁“同步”开庭(concurrent hearing)。仲裁庭也同意并认为它有权这样做。船东拒绝接受仲裁庭的“同步”开庭指令，并向法院申请把指令撤掉，理由为仲裁法没有赋予仲裁员这样的权力，而且仲裁条款理应有一默示条款，规定有关仲裁属船东与承租人之间的事。在当事方自决(party autonomy)及合约相互关系(privity of contract)的大原则下，Leggatt 大法官在判词中确认仲裁的私人性，判船东胜诉：

“…It seems to me that, as is graven upon the heart of any commercial lawyer, arbitrators in the position of these arbitrators enjoy no power to order concurrent hearings, or anything of that nature, without the consent of the parties. The concept of private arbitrations derives simply from the fact that the parties have agreed to submit to arbitration particular disputes arising between them and only between them. It is implicit in this that strangers shall be excluded from the hearing and conduct of the arbitration and that neither the tribunal nor any of the parties can insist that the dispute shall be heard or determined concurrently with or even in consonance with another dispute, however convenient that course may be to the party seeking it and however closely associated with each other the disputes in question may be. The only powers which an arbitrator enjoys relate to the reference in which he has been appointed. They cannot be extended merely because a similar dispute exists which is capable of being and is referred separately to arbitration under a difference agreement.”

因此，在没有征得所有当事方的同意，任何一方(包括仲裁员在内)都不能把所有当事方拉进来“合并”(consolidation)审理或“同步”开庭(concurrent hearing)。顺带一提，在 1996 年的英国仲裁法没有透过立法去解决多位当事人同一争议所带来仲裁程序上的困难，它只是在 Section 35 重申英国普通法对“合并”审理或“同步”开庭的观点，明确指出仲裁员在没有当事方的授权的情况下不享有指令“合并”仲裁或“同步”开庭的权力。要改善这种不理想的情况，看来只好透过仲裁规则如伦敦海事仲裁员协会规则(The L. M. A. A. Terms)的第 14 段，赋予仲裁员相关的权力。本书第五章对“合并”仲裁及“同步”开庭有详尽解说，在此不赘述。

The “Eastern Saga” (1984) 2 Lloyd’s Rep. 373 一案针对的是仲裁员是否有权力指令“同步”开庭，该判决依赖的就是仲裁的私人性质，源自仲裁双方的协议把争议提交仲裁解决，若允许“同步”开庭，仲裁条款以外的第三者便能够获悉该仲裁当事双方的证据及各自的理据，这私人性质变得没有意义。已经说过，仲裁与法院诉讼不同，后者要向公众公开，前者则属于私人性质，不容第三者旁听，其目的本就是不想把仲裁的内容向外公开。若单单禁止第三者旁听，而又容许当事方随意使用或披露从仲裁而获得的资料及文件如文件证据及仲裁裁决书等，那与向外公开仲裁内容无异。要维护这私人性质，除了不准第三者旁听外，仲裁条款是否应有一默示条款(implied term)规定所有的仲裁的材料/资料(arbitration materials)及仲裁裁决书(arbitration award)都属于机密(confidential)，当事方应对仲裁有保密的责任(duty of confidentiality)，不可对外泄露？

在 Dolling Baker v. Merrett (1990) 1 WLR 1205 一案中，上诉庭判由于仲裁的私人性质，理应有一默示责任约束仲裁当事方要对仲裁的文件保密。Parker 大法官在判词中说：

"… As between parties to an arbitration, although the proceedings are consensual and may thus be regarded as wholly voluntary, their very nature is such that there must, in my judgment, be some implied obligation on both parties not to disclose or use for any other purpose any documents prepared for and used in the arbitration, or disclosed or produced in the course of the arbitration, or transcripts or notes of the evidence in the arbitration or the award, and indeed not to disclose in any other way what evidence had been given by any witness in an arbitration, save with the consent of the other party, or pursuant to an order or leave of the court. The qualification is necessary, just as it is in the case of the implied obligation of secrecy between banker and customer."

但 Parker 大法官上述的讲话没有清楚说明这保密的默示责任是依事实默示的条款(implied term in fact)、依习惯默示的条款(implied term by custom)还是由法律默示的条款(implied term in law)，而只是把它等同银行与客户之间的保密责任(见 Tournier v. National Provincial and Union Bank of England (1924) 1 K. B. 461)。若该责任属依据事实默示的条款，则每一案件都必须要考虑事实上是否需要有此默示条款，要构成事实上的默示条款要通过两个验证：第一，从商业意义上看，默示引入该条款是否赋予仲裁条款完整的效用(give efficacy to the arbitration clause)；第二，要达到"好事看官"的验证标准(the "officious bystander" test)，即是说，一好事的旁观者问仲裁条款应否有对仲裁保密这一默示条款，当事双方都异口同声说当然有，那么即使仲裁条款没有明言仲裁属机密，也构成事实上的默示条款。若属按习惯而默示的条款，则要考虑是否去仲裁都有保守秘密这习惯。若属由法律默示的条款，有关的默示条款的存在是由于仲裁条款的本质有此需要而需由法律硬性规定。

在 Hassneh Insurance Co. of Israel and others v. Steuart J. Mew (1993) 2 Lloyd's Rep. 243 一案，高院 Colman 大法官对 Parker 大法官在 Dolling Baker v. Merrett (1990) 1 WLR 1205 一案所指的默示责任有以下的看法：

"… Such an obligation can exist only because it is implied in the agreement to arbitrate and like any other implied term must be capable of reasonably precise definition. The implication of the term must be based on custom or business efficacy.

If the parties to an English law contract refer their disputes to arbitration they are entitled to assume at the least that the hearing will be conducted in private. That assumption arises from a practice which has been universal in London for hundreds of years and, I believe, undisputed. It is a practice which represents an important advantage of arbitration over the Courts as a means of dispute resolution. The informality attaching to a hearing held in private and the candour to which it may give rise is an essential ingredient of arbitration, so essential that if privacy were denied by an officious bystander, I have no doubt that, in the case of practically every arbitration agreement, both the parties would object."

不难看到，Colman 大法官认为这私下开庭，不许外人旁听是英国仲裁的一贯做法，而这亦是支持他对仲裁的材料/资料及仲裁裁决书予以保密。

但在最近的一个上诉庭的权威案件 Ali Shipping Corporation v. Shipyard Trogir (1998) 1 Lloyd's Rep. 643，Potter 大法官认为这一默示条款不是来自习惯上的做法或商业效用的考虑，而应属于法律上的默示条款，从仲裁过程不受公众注目而推断仲裁的机密性：

"… I consider that the implied term ought properly to be regarded as attaching as a matter of law. It seems to me that, in holding as a matter of principle that the obligation of confidentiality (whatever its precise limits) arises as an essential corollary of the privacy of arbitration proceedings, the Court is propounding a term which arises "as the nature of the contract itself implicitly requires"… As Lord Bridge observed in Scally v. Southern Health Board, [1992] 1 A. C. 294 at p. 307, a clear distinction is to be drawn —

… Between the search for an implied term necessary to give business efficacy to a particular contract and the search, based on wider considerations, for a term which the law will necessarily imply as a necessary incident of a definable category of contractual relationship.

In my view an arbitration clause is a good example of the latter type of implied term."

总结上述案例，英国普通法一直承认仲裁的机密性质，是源自当事方订定的仲裁条款，有一个对仲裁保密的默示责任，而按 Ali Shipping Corporation v. Shipyard Trogir (1998) 1 Lloyd's Rep. 643 的上诉庭先例，这默示责任是根据法律默示的条款，硬性规定引入于仲裁条款中，不需像事实默示的条款般，每次考虑所有事实或当事人在订约时的意愿(parties' intention)，决定仲裁保密的默示责任的条款能否通过"发挥合约的效用"(give efficacy to contract)及"好事看官"(the "officious bystander" test)这两项验证。

2.2 谁对仲裁有保密责任

除了合约的当事方外，通常牵涉在仲裁内的人还包括仲裁员、当事方的法律代表、证人及专家证人等，这些人对仲裁是否有保密责任？明显地，由于仲裁的机密性源于双方约定的仲裁条款，当事方对另一方当然有责任去保密。至于其他牵涉在内的人呢？

在 London & Leeds Estates Ltd. v. Paribas Ltd.（No. 2）2 EG 134 一案中，该仲裁的争议属物业租务纠纷，租客向法院申请要求业主委任的专家证人披露他在先前的仲裁所给予的证人证言（witness statement），理由是该专家证人给予的意见与先前的不同。Mance 大法官判专家证人不单对其委托方有保密的责任，对另一方亦然；对仲裁保密的责任同样适用于仲裁员，依据的是该委任附有一默示保密责任，委任一经接受，仲裁员便当受约束。这样推展下去，作为代表当事方的法律代表，也有此责任。至于其他证人，是否有此责任？这看来不太肯定，他可不是仲裁协议中的其中一方，也不像专家证人般因受仲裁一方或仲裁庭委托而产生保密责任，但仲裁方可以对这些证人作出事前通知，提醒他们仲裁的机密性。事实上，在一般的违反机密的法律下（law of breach of confidence），对于本质属机密的仲裁的材料/资料，证人在得悉其机密性质后，便有责任保密。

谈到当事方的法律代表，在最近一个英国上诉庭的案例 Koch Shipping v. Richards Butler（2002）EWCA Civ. 1280，仲裁原告所委托的律师，在仲裁中途辞职并转投被告律师楼当顾问，而被告当时正代表该仲裁的另一方，原告认为这位律师有可能非故意地把她在当原告的代表律师时所知悉的机密资料，向代表仲裁另一方的被告律师披露，原告基于这风险的存在，向法院申请禁令，禁止被告继续担任仲裁另一方的法律代表。为此，被告、该律师本人及被告律师楼中代表另一方的律师愿意向原告提供担保书，包括承诺该名律师（现为顾问）不会与任何人谈论该仲裁，亦不会与代表另一方的律师接触，而代表另一方的律师也不会在其他人面前谈及或讨论该仲裁。事实上，该律师受过专业的法律训练，清楚了解律师与客户间的保密关系，及违反机密的巨大后果，不见得她会这样做，即使有，要原告提出真凭实据指控该律师泄露机密，会是十分困难。至于指有非故意地泄露仲裁机密这风险（inadvertently disclose confidential information），上诉庭认为有关风险属凭空想象，Tuckey 大法官在判词中说：

"I would advocate a robust view. In these days of solicitor and client mobility, it is important that client confidentiality is maintained but there is a danger of the Courts being persuaded that risks exist when the risks are no more than fanciful."

上诉庭判该律师为人诚实正直，她一直清楚了解自己的责任，特别是有责任不去作出任何事情，使有关机密资料直接或间接地交给仲裁另一方的代表律师。加上只有她知悉机密资料，然而被告亦已作出行动（提供担保书及种种保证）去保护原告免受此风险伤害，因此否决原告的禁令申请。

这案件的影响深远，尤其是对一些专门提供如海事、建筑或资讯科技等法律服务的律师事务所，他们服务的对象是一群专业的客户，面对的是同业间的激烈竞争，律师从一家律师事务所加盟到另一家是经常发生的事情，他们的律师事务所可能与以前的客户站在对立的位置，若因此而作出禁制，将对律师事务所聘用人才带来极大不便，脱离现实。事实上，这种情况同样地出现在其他地方，例如同一 Chamber的大律师，其中一位代表仲裁的一方，另一位是仲裁员；同属一间船东互保协会的仲裁原告及被告。当然，这些组织或机构应制定措施，避免泄露或误用前客户的机密资料，其中一种做法叫"Chinese Walls"，是把同一律师事务所的律师分开，他们之间互不沟通，由不同的律师处理案件中不同的利益，详见杨良宜先生及杨大明先生合著的《禁令》一书第三章3.2.5.1.2.2.2小段。

2.3 仲裁保密责任的适用范围

一个仲裁往往会产生大量的文件，由最初期的文书控辩，到双方的文件披露，之后双方交换的证人证言、专家意见，开庭前各自准备的控辩纲要(outline submissions)，开庭记录及证据誊本(transcripts of evidence)，或在一个文件仲裁中的最后文书控辩(final submissions)，以至最后的仲裁裁决书。若这些文件被披露给无关系的第三者，等于向外人揭示当事方的争议的全部或部分，那么仲裁何来机密可言？因此，仲裁保密责任理应适用于仲裁的各个方面。事实上，在Dolling Baker v. Merrett (1990) 1 WLR 1205一案中，Parker大法官认为这责任适用于任何因仲裁而制作、产生、披露及提供的文件、证人的证据以及仲裁裁决书，而这些从仲裁中获得的文件及证据等，只能用于该仲裁本身。在Hassneh Insurance Co. of Israel and others v. Steuart J. Mew (1993) 2 Lloyd's Rep. 243一案中，Colman大法官认为每一仲裁条款都有一默示条款说明开庭应私下进行，这私人性质理应延伸至为了开庭而准备的文件；至于在仲裁中产生的文件，当事人双方应有默示责任保持这些文件的机密性，不会应用于与该仲裁无关的地方。这一默示责任与到法院诉讼的情况类同，在英国民事诉讼规则(Civil Procedure Rules)的Part 31.22对在法院诉讼而披露的文件的使用有如此规定——

"31.22 (1) A party to whom a document has been disclosed may use the document only for the purpose of the proceedings in which it is disclosed, except where:

(a) the document has been read to or by the court, or referred to, at a hearing which has been held in public…"

因此，当事方可向其证人或专家披露仲裁的材料/资料，以便这些证人提供证据或让专家有充足的资料去理解争议并提供意见，但不可应用这些仲裁的材料/资料于与该仲裁无关的其他用途上。

虽然在这方面英国法庭和仲裁程序同样阻止任何一方应用披露的文件于其他用途，但在法定程序下，如果文件在法庭上被公开或在判决中提及，这一保障就会消失，因为这文件已经变成公开资料(public domain)了。所以，在这方面会使仲裁保障比较好。详情请阅杨良宜先生及杨大明先生合著的《英美证据法》一书第二章6.4.4.2.3小段。

需要注意的是，这些仲裁的材料/资料及仲裁裁决书需要受到保密的原因不是因为它们本身的内容属于机密，它们可以是无关痛痒，即使向外披露也未必会对当事方造成伤害。事实上，很多涉及租船合约的海事仲裁，争议本身可能只是关于标准合约内的条款解释，当中不涉及什么重要资料需要保密，即使第三者得悉仲裁内容，亦不见得会对仲裁当事方带来影响，因此，仲裁当事方未必会反对他们的仲裁裁决书以摘要形式在一些相关的刊物中发布（如 Lloyds Maritime Law Newsletter）。这些材料/资料以至仲裁裁决书需要保密，是由于仲裁的机密性质，使它们不能使用于与该仲裁无关的其他用途上。有关机密不单纯指文件本身，文件的内容也属机密，例如仲裁的一方在仲裁中提供的专家意见，另一方除了不可把对方这专家意见的证言披露给无关的第三者外，亦不应把这证言内的内容以另一形式对外泄露或使用于其他地方上。

2.4 除外情况

若严格看待这保密责任，所有仲裁的材料/资料以及仲裁裁决书都不能向无关的第三者披露或用于与该仲裁无关的用途上，这会带来一连串实务上的困难，因此法律在承认仲裁的机密性的同时，亦容许了除外情况，但由于这方面的法律还是在发展阶段，不排除将来法院碰上合适的案子，会订立更多的除外情况。被法律接受的除外情况不多，主要有关的先例可见 Hassneh Insurance Co. of Israel and others v. Steuart J. Mew (1993) 2 Lloyd's Rep. 243；Insurance Co. v. Lloyd's Syndicate (1995) 1 Lloyd's Rep. 272；London & Leeds Estates Ltd. v. Paribas Ltd. (No. 2) 2 EG 134。在 Ali Shipping Corporation v. Shipyard Trogir (1998) 1 Lloyd's Rep. 643 这上诉庭权威的案例，Potter 大法官综合过去的先例，例出下列 2.4.1 小段至 2.4.5 小段的除外情况。而 2.4.6 小段的除外情况则是源于仲裁法下容许的情况。

2.4.1 除外情况之一：双方同意（consent）

既然仲裁的机密性源自仲裁双方同意的仲裁条款，在尊重当事人自决（party autonomy）的大原则下，仲裁双方当然可以在事前或事后明示或默示同意对第三者披露某些仲裁的文件或资料。这种情况经常发生，例如同意让第三者在开庭审理中旁听。

2.4.2 除外情况之二：法院指令（order of the court）

法院在合适的情况下可指令披露仲裁的文件，尽管它属于机密。Potter 大法官在 Ali Shipping Corporation v. Shipyard Trogir (1998) 1 Lloyd's Rep. 643 一案中举例说明法院可强制一方在法院诉讼中披露在先前的仲裁所产生的文件。法院在作出指令时，当然要考虑到仲裁文件的机密性，正如 Parker 大法官在 Dolling Baker v. Merrett (1990) 1 WLR 1205 一案中说：

"… When a question arises as to production of documents or indeed discovery by list or affidavit, the court must, it appears to me, have regard to the existence of the implied obligation, whatever its precise limits may be…"

当然，仲裁的机密性只是法院考虑是否指令披露的因素，而不可作为拒绝披露的原因。Colman 大法官在 Hassneh Insurance Co. of Israel and others v. Steuart J. Mew (1993) 2 Lloyd's Rep. 243 一案中这样说：

"… the documents engendered by or in the course of an arbitration to which an obligation of confidence attaches, cannot in principle have any different status from any other documents which are the subject of a duty of confidence. Accordingly, the approach adopted to such documents by the House of Lords in Scientific Research Council v. Nasse, [1980] A. C. 1028 must equally apply to arbitration documents.

It is thus clear that, as Lord Wilberforce put it at p. 1065:

… there is no principle in English law by which documents are protected from discovery by reason of confidentiality alone.

However he added:

But there is no reason why, in the exercise of its discretion to order discovery, the tribunal should not have regard to the fact that the documents are confidential, and that to order disclosure would involve a breach of confidence."

有关"机密内容"的考虑，请阅杨良宜先生及杨大明先生合著的《英美证据法》第二章6.4.4.2小段，在此不赘述。

2.4.3 除外情况之三：法院批准披露(leave of the court)

在Ali Shipping Corporation v. Shipyard Trogir (1998) 1 Lloyd's Rep. 643一案中，Potter大法官提到另一除外情况是法院批准披露仲裁材料/资料或仲裁裁决书，但法院基于什么理由作出批准，则没有详细解释。可以肯定的是，法院支持批准披露的其中一个原因是下述的"合理地有需要"(reasonably necessary)的考虑。

2.4.4 除外情况之四：合理地有需要(reasonably necessary)

由于仲裁的机密性，仲裁双方有责任对仲裁的材料/资料以及仲裁裁决书保密，这保密的责任是双向的，因此，即使其中一方想披露某些仲裁文件或仲裁裁决书予第三者，借此说服或证明该第三者在某争议上的法律地位、权利或责任，但基于仲裁本身属于机密，如果得不到仲裁的另一方同意，作出有关披露会违反保密责任。但明显地，如果能够向第三者作出披露，对解决仲裁方与该第三者的争议很可能有很大地帮助。比如一个再保险合约(re-insurance contract)，被保人亦即是原保险合约的承保人(insurers)，要证明他在原保险合约下对被保险人(assured)的索赔负有法律责任，才可向再保人(reinsurers)依据再保险合约提出索赔，而这证明会是原保险合约下的仲裁裁决书。又或是承租人与货主因货物损坏而仲裁，仲裁判有关货损是由于船舶不适航所致，承租人按合约需要向货主赔偿损失，这时承租人当然希望拿着该仲裁裁决书向船东要求补偿(seeking for indemnity)，先不说船东是否受该仲裁裁决书约束或船东与承租人在租约中是否有Inter-Club Agreement，单是在保密的责任下，如果货主反对，承租人是否能向船东披露该仲裁裁决书？再举一例，仲裁的当事方希望披露他在以前的相类似的仲裁案件中有关仲裁员发出的特定披露的指令(order of specific discovery)，借此尝试影响仲裁员就披露的决定；又或是在先前的一个仲裁对相类似的争议作出了对当事方有利的判决，他当然想利用该仲裁裁决书来说服另一方或影响仲裁员的判决。

在没有仲裁的另一方的首肯下，希望作出披露的一方只好向法院求助，要求法院批准披露该仲裁的材料/资料或仲裁裁决书。这情况常发生于仲裁的一方与第三者进行诉讼或仲裁。面对有关申请，法院应以什么准则作出决定？总不能只要申请人有丁点需要，便批准申请。

在 Dolling Baker v. Merrett（1990）1 WLR 1205 一案中，Parker 大法官认为在考虑仲裁保密这一默示责任的同时，若有关披露对公平处理诉讼有需要，则应优先考虑，但作出决定前也要看其他情况如是否有其他途径获得有关资料而不用违反保密责任：

"… If it is satisfied that despite the implied obligation, disclosure and inspection is necessary for the fair disposal of the action, that consideration must prevail. But in reaching a conclusion, the court should consider amongst other things whether there are other and possibly less costly ways of obtaining the information which is sought which do not involve any breach of the implied undertaking."

在 Hassneh Insurance Co. of Israel and others v. Steuart J. Mew（1993）2 Lloyd's Rep. 243 一案中，涉及再保人与被承保人透过保险经纪人订定多份再保合约（reinsurance contracts），因发生争议而仲裁，再保人在仲裁中作出多项抗辩，包括没有披露（non-disclosure）、误导（misrepresentation）、承保范围及更正合约（rectification）等。在仲裁中双方提交了文书控辩，作出了大量的文件披露，交换了证人证词及开庭誊本，不难想象当中会有针对保险经纪人的资料。结果仲裁员在其附有理由的中间裁决书（interim award including reasons）中，不接受被承保人对再保人的索赔。被承保人转移向保险经纪人索赔，指保险经纪人有疏忽（negligence）及违反作为投保经纪人的职责（breach of duty as placing brokers）。明显地，再保人与被承保人之间的中间裁决书以及在仲裁时披露的材料/资料，对被承保人针对保险经纪人而作出的指控有关及有帮助，被承保人自然希望向保险经纪人披露，但基于仲裁的机密性，再保人只允许被承保人披露仲裁裁决书及部分理由，反对披露全部理由及其他仲裁材料如文书控辩、证人证词及有关誊本，并向法院申请禁令；被承保人则要求法院批准披露。

Colman 大法官确认仲裁的机密性后，认为在此责任下，仲裁裁决书及其理由与其他在仲裁产生的文件有别，要分开考虑，因为前者有如下特性，有需要向第三者披露：（1）仲裁裁决书及其理由对有关争议作出判定，界定当事双方的权责，双方有一独立的合约责任去履行仲裁裁决书中的裁决；（2）仲裁裁决书受仲裁法管理/监督，在仲裁法容许的情况下对仲裁裁决书作出撤销（set aside）或发回重审（remit）的指令，例如按仲裁法向法院上诉；（3）在法院执行仲裁裁决书。因此，他认为若仲裁当事方合理地有需要（reasonably necessary）去披露仲裁裁决书及其理由，从而保护他对第三者的权力，这披露不违反仲裁保密的责任：

"… Accordingly, I conclude that the exception to the duty of confidentiality which I have held to apply by implication to arbitration awards applies equally to the reasons. If it is reasonably necessary for the protection of an arbitrating party's rights vis-à-vis a third party that the award should be disclosed to that third party, so to disclose it, including its reasons, would not be a breach of the duty of confidence. That Counsel has advised the arbitrating party of such reasonable necessity should in practice normally be conclusive of the matter."

随后在 Ali Shipping Corporation v. Shipyard Trogir (1998) 1 Lloyd's Rep. 643 一案中，Colman 大法官所提到的"合理地有需要"(reasonably necessary)这适用于仲裁裁决书的验证(test)被上诉庭伸展到仲裁材料/资料。Potter 大法官在该案中说：

"…Although to date this exception (指"reasonably necessary for the establishment or protection of an arbitrating party's legal rights viz-a-viz a third party") has been held applicable only to disclosure of an award, it is clear… that the principle covers also pleadings, written submissions, and the proofs of witnesses as well as transcripts and notes of the evidence given in the arbitration…"

也就是说，普通法容许仲裁的当事方为了保护或证明他对第三者的法律权利，在合理地有需要的情况下向第三者披露仲裁材料/资料及仲裁裁决书，从而对该第三者建立诉讼原因(cause of action)或对该第三者提出的索赔或反索赔抗辩(defend)。

何谓"合理地有需要"？Potter 大法官认为法院在考虑是否容许披露时，应给予一定程度的灵活性，如要考虑有关被要求披露材料的诉讼的目的与本质、仲裁的程序及仲裁员的权力、导致要求披露的争议及从其他渠道获取该仲裁材料的内容所需花费及可行性。这"合理地有需要"的验证排除了一些情况如要求披露本身只是从商业角度看对第三者具说服力的影响(commercially persuasive impact on the third party)，又或者是有关披露只对仲裁的当事方带来帮助(merely helpful)，而这些情况都不是真的有需要去对一方的法律权利作出保护或证明。典型的例子如前述的一方希望披露以前相类似的仲裁案件，来说服另一方或影响仲裁员的判决。

在 Ali Shipping Corporation v. Shipyard Trogir (1998) 1 Lloyd's Rep. 643 一案中，原告向法院申请禁令禁止被告造船厂披露他们在仲裁产生的材料及仲裁裁决书予另一个仲裁庭。该案涉及六家公司向造船厂订定造船合约建造六艘船只。这六家公司的成立主要是与造船厂签约及作为将来新船的船东，它们由一控股公司拥有，并透过该控股公司拥有的另一家公司作为代理及经理人，与造船厂联系。这是典型航运公司的营运模式，可以说，他们全是一家人。由于造船厂未能按其中一份合约完成建造船舶，合约的买方，亦即是本案的原告，解除合约并向造船厂展开仲裁索赔损失。在该仲裁，造船厂辩称它为原告造船的责任完全依赖其他同系的买方履行合约，但其中三个买方没有支付首期款项，因此造船厂应有权以该欠款对原告的索赔作出对冲(set-off)。但仲裁员不接受造船厂的论点，他认为尽管该三个买方没有按各自与造船厂的合约付款是违反合约，而他们提出的借口看来是没有希望成立的，但这与造船厂按合约替原告造船无关，判造船厂要对原告的损失负责。造船厂没有支付原告的损失，而是向另外三个买方展开仲裁，追讨合约欠款。造船厂认为这三个买方根本没有依据不去付款，为了支持它向仲裁庭申请中间裁决书(interim arbitration award)，造船厂希望向该仲裁庭披露在先前与原告仲裁时产生的材料及仲裁裁决书，以便对三个买方的抗辩作出反驳，并指出有关问题已在先前的仲裁处理了，属一事不理(issue estoppel)。原告知悉造船厂披露的意图后(它当然知道，因为这些公司本来就是一家人，由同一个代理代表)，便向法案申请禁令。上诉庭推翻高院的判决，认为原先的仲裁员对这三个买方没有理由不付款的看法是基于它们是独立的法律个体，与原告的索赔无关，不足以在现在的仲裁对这三个买方构成一事不理(issue estoppel)；加上，判定这三个买方不去付款的解释/论据是否有理，是现在的仲裁庭的责任。因此，造船厂的请求不符合“合理地有需要”的验证，在仲裁的机密性下，先前的仲裁材料及仲裁裁决书，不能在现在的仲裁向仲裁庭及三个买方披露。

顺带一提，在该案中被告辩称由于原告及这三个买方由同一控股公司拥有及管理，披露仲裁文件给予这三个买方，不算违反仲裁的保密责任，因为它们本质上不是“陌生的第三者”(third party strangers)。Potter 大法官认为没有必要为此再添加一个除外情况，况且，其后的仲裁庭本身就是无关系的第三者，他这样说：

“…First, whatever the position in this case, it is possible to envisage a situation where, despite the feature of common beneficial ownership between them, one entity may wish to keep private from another the details of materials generated in an earlier arbitration. Second, where the problem arises in relation to disclosure in later proceedings, to propound such an exception is to leave out of account that (as appears to be the position in this case) the real interest of objecting party is to withhold disclosure of such materials from the subsequent decision maker. In this context the latter is the “third party stranger” in respect of disclosure to whom the objecting party seeks protection. While such motives may not be “worthy” in the broad sense, and certainly do not assist the course of justice, they may yet be a permissible tactic in advancing or protecting the interests of the objecting party…”

从判词中可见，即使关系是多么密切的公司(如母公司与子公司)，在仲裁的机密性下，仲裁当事方如子公司都不能随便向关系密切的母公司披露仲裁的文件或资料，否则属违反仲裁保密的责任。

在另一个案例 Insurance Co. v. Lloyd's Syndicate (1995) 1 Lloyd's Rep. 272，原告再保人与被告承保人订立再保险合约承保某百分比的风险，余下部分则由其他再保人承保。被告承保人之后向原告再保人及其他再保人按再保合约提出索赔，原告再保人拒绝赔付，理由是该索赔包括一些风险是原告再保人在订约时不知悉的，指称被告承保人没有作出披露(non-disclosure)，该再保合约应被视做无效。被告随后向原告展开仲裁，结果仲裁庭裁定被告胜诉。被告于是希望把该仲裁裁决书送给其他再保人。原告拒绝同意，认为仲裁裁决书属于机密，不可向其他再保人披露。法院认为原告与其他再保人虽然同时承保被告的风险，但他们之间没有任何关系，再保合约亦没有条款明示其他再保人须跟随原告对被告索赔作出的决定或仲裁的结果，该仲裁裁决书对其他再保人没有约束力，即使容许披露亦不见得其他再保人会同意该仲裁判决。况且，拒绝披露对被告不会带来困难，因有关争议涉及再保合约的解释，被告大可以请律师或大律师提供意见支持其论点。因此，对被告来说，作出披露只是用来说服其他再保人，不是“合理地有需要”去保护或证实其法律权利。在仲裁当事方对仲裁有保密责任的原则下，作出披露会违反机密。

上述先例说明，若仲裁的一方向无关的第三者披露仲裁的材料及仲裁裁决书，除非能通过“合理地有需要”的验证，否则单单对向第三者索赔或抗辩带来帮助或加强说服力，例如仲裁当事方希望披露的仲裁裁决书就类似争端作出判决，明显地，有关披露不是为了保护或证明仲裁当事方对第三者的法律权利，而只是加强仲裁当事方对争议的看法，披露实属违反机密责任，不应容许。

再看近期的一个案例 Glidepath BV and Others v. Thompson and Others (2005) EWHC 818 (Comm)，该案涉及一个不属于仲裁当事方的第三者向法院申请要求披露存在法院有关该仲裁的文件。案情是这样的，原告与被告之间有一合资协议，协议内有一条仲裁条款，原告按该协议指控被告诈骗，更带来一连串的法院申请及诉讼，这包括 Freezing Injuction 及 Norwich Pharmacal 的申请及法院指令。这之后有关的法院诉讼按 1996 年英国仲裁法的 Section 9 被中止(stay)，理由是协议中的仲裁条款适用于有关争议。这时，一位名叫 Onwuka 的人，按民事诉讼规则第 5.4(5)，向法院申请索取原告与被告因早前的诉讼而存放在法院档案的文件，这包括索赔书、Freezing Injuction 及 Norwich Pharmacal 的申请及法院指令、证人证言等。原来，Onwuka先生是有关合资协议下的一家公司的一名前雇员，他与雇主有一雇佣纠纷，并已展开在劳资审裁处的诉讼，他认为他申请索取的文件将有助其索赔。法院拒绝申请，认为有关申请必须要获得仲裁当事方的同意，或基于公正利益的考虑，才可下达。法院更指出，在诉讼因 1996 年英国仲裁法的 Section 9 被中止(stay)前作出的申请如 Freezing Injuction 及 Norwich Pharmacal 的申请，法院作出裁量权的考虑，应与考虑有关仲裁机密的原则相类似。法院认为 Onwuka 先生未能证明有关文件对保护或证实其法律权利有帮助，或基于公正利益而需要向其公开(见本章 2.4.5 小段)，故否决申请。这案例的判决其实只是按照 Ali Shipping Corporation v. Shipyard Trogir (1998) 1 Lloyd's Rep. 643 一案的指引而作出。

在本章起首曾提及，争议涉及一连串的合约链(chain of contracts)或多位当事人同一争议(multi-parties dispute)的情况下，夹在中间的一方要保护或证明其对合约链另一方的权利，往往只能依赖并披露他在另一仲裁所获得的文件，当中尤以仲裁裁决书至为重要，因它判定这中间方的权责。针对这合约链（chain of contracts）或多位当事人同一争议（multi-parties dispute）的情况，英国普通法容许一方依赖先前的一个仲裁裁决书，向另一方提出补偿（indemnity）索赔，而不用就争议再重新争辩一次。有关先例见 The "Sargasso" (1994) 1 Lloyd's Rep. 412，该案船东把船期租予承租人，承租人随后以程租形式把船转租给分承租人，在航次中有货物受到污染，分承租人向承租人索赔损失并展开仲裁，仲裁判承租人须赔付分承租人的损失。承租人之后依赖该仲裁判决要求船东补偿他对分承租人赔付的损失及费用。法院判船东与承租人订定期租合约时应合理预计到船东的违约会导致承租人在程租合约违约，故此船东应向承租人补偿仲裁判定的损失及利息及费用。该案确立了以下法律：

(i) 甲、乙双方有一个仲裁裁决书确定了一方（假设是乙方）对另一方（假设是甲方）因某违约而应负上的法律责任。

(ii) 合约双方一般都可以预计到其中一方（假设是乙方）会与第三者（假设是丙方）另有一个合约，当中的条款与原合约（指甲、乙之间的合约）相若（这里尤指被违约的条款），而且同样有一伦敦仲裁条款。这情况经常出现在背对背的租船合约、商品买卖合约等。

(iii) 若因为丙方在他与乙方的合约中违反某条款，而使无辜的乙方在其与甲方的合约中作出相同的违约，那么乙方因违约而需对甲方负上仲裁裁决书判定的责任（如损失金额、利益及费用），以及因为在仲裁中抗辩而产生的费用，全都是由于丙方的违约而所导致的后果。因此，丙方需对其违约的后果向乙方负责，这包括乙方需对甲方负上仲裁裁决书判定的责任及乙方的费用。

(iv) 除非丙方能够证明乙方没有减轻损失（failed to mitigate their loss），又或者是没有一个合理的仲裁庭会得出这么一个罔顾事实的仲裁裁决书（the arbitrators have acted perversely or have reached a conclusion which no reasonable arbitrators could have reached on the evidence before them）。

有关法律对夹在中间的乙方带来保障及方便，他只需通知丙方他与甲方的仲裁，以便将来向丙方要求补偿。当然，乙方可以要求丙方提供资料及证据，以便乙方在与甲方的伦敦仲裁中作出抗辩，甚至要求丙方接手代为抗辩。若乙方抗辩失败，乙方只需要依赖该仲裁裁决书向丙方要求补偿。这时，丙方不能再就违约争议重新抗辩（reopen any of the issues raised in the arbitration），即使是丙方拥有一些在该仲裁庭中没有提出来的证据，否则这样做对乙方带来不公，因为乙方在仲裁时没有丙方拥有的证据；而丙方亦应向乙方提供有关证据以协助乙方抗辩，若丙方因某些原因没有这样做，而乙方在处理整个仲裁中的表演合理，乙方应可把仲裁裁决书判定的责任转到丙方身上。

明显地，该仲裁裁决书对乙方来说是十分重要，因为关系到乙方对违约方丙方的法律权利，向丙方披露是合理地有需要的，甲方应不能以仲裁的机密性阻挠披露。

对丙方而言，他只有在两个除外情况下可以否定乙方按仲裁裁决书的补偿请求，一是乙方没有减轻损失，二是没有一个合理的仲裁庭会得出这么一个罔顾事实的仲裁裁决书。后者或许还能够从仲裁裁决书中看出端倪，但前者涉及的是乙方在处理与甲方的仲裁有否失当，这包括乙方是否已提供他应该可以提供的证据，又或者是乙方是否已充分作出法律上容许的抗辩，这些都未必能够从仲裁裁决书中看出来。如果丙方当初得悉有关仲裁的展开时，没有积极回应及参与伦敦仲裁，例如要求乙方知会他仲裁推展的每一步，将来面对乙方的补偿请求，丙方很难指称乙方没有减轻损失或仲裁裁决书有问题，所以不接受该仲裁裁决书判定的责任，反而要就相同的违约重新再审一次。在这情况下，丙方是否可以要求乙方把整个仲裁的文件全都作出披露，以便他作出衡量甚至证明其原先属于空泛的指控？要知道，仲裁文件尽管属机密，但不代表不能披露。在 The "Sargasso" (1994) 2 Lloyd's Rep. 412 一案中，Clarke 大法官提到丙方应该对该仲裁有足够的认识去决定乙方是否有没有减轻损失或没有一个合理的仲裁庭会得出这么的一个罔顾事实的仲裁裁决书请求，在个别例外情况下，法院未必能作出合适的程序或披露指令（In the exceptional case where that might not be so it is I think most unlikely that the court does not have power to make an appropriate order for interrogatories or discovery）。那么，在什么例外的情况下，法院或仲裁庭可指令要求披露？申请指令与仲裁的机密性如何取得平衡？若乙方在仲裁展开的初期已要求丙方协助，而丙方却不闻不问，当乙方向丙方提出补偿请求的诉讼或仲裁时，丙方才要求披露该仲裁文件，从公道出发（The "Sargasso" (1994) 2 Lloyd's Rep. 412 一案对补偿请求的判决本来就是从公道方面作出考虑），丙方的请求应否被接受？

看来，身为丙方，为了避免上述情况的出现，还是在仲裁的初期便积极参与并协助乙方，尤其是那些有经济实力或有声誉的公司，说到底，既然他是始作俑者，对违约争议理应最清楚，既然跑不掉，倒不如与乙方合作。假若丙方有心协助，但仲裁的另一方甲方却以机密为由，禁止乙方向甲方透露仲裁的每一步，那又如何是好？事实是就该仲裁来说，丙方是无关系的第三者，他不应看仲裁的文件，不应与乙方讨论案情，更不应参与开庭聆讯。否则，这岂不是把丙方拉进该仲裁，变相进行另类"合并"审理/"同步"开庭这 1996 年英国仲裁法下仲裁员不能享有的权利？在 Dolling Baker v. Merrett (1990) 1 WLR 1205 一案，Parker 大法官指出："… there must, in my judgement, be some implied obligation on both parties not to disclose or use for any other purpose any documents prepared for and used in the arbitration, or disclosed or produced in the course of the arbitration, or transcripts or notes of the evidence in the arbitration or the award, and indeed not to disclose in any other way what evidence had been given by any witness in an arbitration…"但不是说在"合理地有需要"的情况下，乙方可以披露仲裁文件以保护及证明他的法律权利吗？而按 The "Sargasso" (1994) 2 Lloyd's Rep. 412 一案，Clarke 大法官不是提到丙方应该对该仲裁有足够的认识去作出判断吗？那么，这"合理地有需要"的除外情况应否扩展到丙方参与该仲裁或针对该仲裁而要求的披露？看来，这方面的法律还有待发展及澄清。

2.4.5　除外情况之五：公正利益（the interests of justice）

另一除外情况是基于公正利益（the interests of justice）的考虑，向第三者披露仲裁材料/资料不应被视为违反对仲裁保密的责任。在 London & Leeds Estates Ltd. v. Paribas Ltd.（No.2）（1995）2 E. G. 134 一案，涉案的专家证人在一连串的租金评估仲裁中提供的专家意见，在其中一个仲裁被仲裁当事方指其意见与他在先前的仲裁中提供的不同与不一致，要求法院指令该专家证人披露他在先前的仲裁提供的报告。可以想象，若仲裁庭依赖该专家意见而作出裁决，但该专家在不同的仲裁就类似的争议作出不同甚至互相矛盾的看法，仲裁庭如何能作出公正的裁决？该案有趣的地方是仲裁当事方之所以能知悉该专家证人在先前的仲裁提供不同的专家意见，是由先前的仲裁员透露给仲裁当事方，法律上该仲裁员已违反了对仲裁保密的责任。另外，反对作出披露的是该专家证人本身而非先前的仲裁当事方。Mance 法官在该案中判有关指控比维护仲裁的机密性更为重要，他说：

"… if a witness were proved to have expressed himself in a materially different sense when acting for different sides, that would be a factor which should be brought out in the interests of individual litigants involved and in the public interest."

但他提到的公众利益（public interest），实为公正利益（the interest of justice），不然会给人以错觉以为凡涉公众利益者皆可避开仲裁的机密性而向外披露，事实上该案考虑的是公正的问题。Potter 大法官在 Ali Shipping Corporation v. Shipyard Trogir（1998）1 Lloyd's Rep. 643 一案对 Mance 法官所指的公众利益有以下看法：

"… It seems to me clear that, in that context, Mr. Justice Mance was referring to the "public interest" in the sense of "the interest of justice", namely the importance of a judicial decision being reached upon the basis of the truthful or accurate evidence of the witnesses concerned."

这里可以带出一个仲裁的现实值得大家去思考，就是仲裁当事方委任的专家就某争议作出的意见，他的意见无可避免地是会倾向委任他的当事方，否则请他作甚？这意见当中的可信性又有多高？仲裁员应如何甄别接受这些专家的意见？当然，仲裁法容许仲裁庭委任专家向仲裁庭提供意见，这做法理应可获得比较独立的专家意见，但实行起来仍是困难重重，因为仲裁当事方仍会委任自己的专家去审阅仲裁庭的专家意见，新的观点/看法/论据自自然然的又会提出来，费用大增及延误当然是免不了。同一争议，代表不同当事方的专家总有自己的看法，但若把他们代表的角色调换，他们又能够说出另一套可信性高的意见。当然，一些复杂的争议有不同的看法是可以理解，这可能难与前述的租金评估案例中前后不一致的专家意见来得容易看出是否有违公正。对一些专业知识或技术要求很高的争议，能够提供专家意见的人不多，这些有能力的人时常代表不同的当事方就类似的争议提供意见，他们的意见大有机会是不一致的，例如在海事仲裁常见涉及装硫磺后导致船舱严重损坏的争议，对硫磺特性及船壳有认识及能详细地说出两者间在不同的环境/因素下产生不同的化学反应的专家不多，在伦敦，这类争议通常都是由两家十分有名的海事顾问公司担当专家证人，时而为船东说话，时而为承租人说话，不一致的看法总会有，分别在于程度及表达技巧，在处理上会十分小心。但在 London & Leeds Estates Ltd. v. Paribas Ltd.（No. 2）（1995）2 E. G. 134 的先例下，在公正利益的前提下，他们有可能被要求披露为先前客户提供的意见。问题是，这不一致的程度要多大？是否需要十分明显？还有就是这原则的程度到哪里？若对象不是专家，而是仲裁员，例如怀疑仲裁员在几个情形十分相似的案件中有不同的裁决，法庭又会否接受申请，指令把全部仲裁裁决书公开？

有关专家证人这方面的探讨，请阅杨良宜先生及杨大明先生合著的《英美证据法》第四章。

2. 4. 6　除外情况之六：仲裁法下容许的情况

除了上述的情况外，仲裁的材料/资料及仲裁裁决书的内容亦有机会透过 1996 年英国仲裁法所容许向法院寻求协助的情况而向公众公开，这包括以下常见的情况：

（i）如依据 Section 67 向法院申请挑战仲裁庭在其仲裁裁决书就管辖权作出的判决；或宣告因仲裁庭没有管辖权，其裁决书的全部或部分无效。

（ii）如依据 Section 68 所述的“严重不正常”的事项向法院对仲裁裁决书作出挑战。在近期一个英国高等法院案例 Tame Shipping Ltd. v. Easy Navigation Ltd.（The Easy Rider）（2004）EWHC 1862（Comm），该案涉及二手船买卖仲裁，仲裁是依照伦敦海事仲裁员协会的小额索赔程序（Small Claims Procedure）进行。按照该程序，仲裁双方同意放弃上诉的权利，因此，仲裁裁决书不会附有理由，而仲裁员的理由通常会以另外一份文件出现，文件的起首一般都会标示该理由是在裁决之后发出，是独立于仲裁裁决书，并不属于它的一部分，不适用于与仲裁裁决书有关的诉讼程序。可以说，这是仲裁员的机密理由。该案的买家不满意仲裁裁决，向法院上诉，所持的其中一个理由是仲裁员有“严重不正常”。但由于有关指控只能从仲裁员的机密理由中看出，但机密理由不属于仲裁裁决书的一部分，若不容许披露，买家根本不能举证。法院判由于这机密理由是唯一的证据，法院应该去看并加以考虑，不去这样做会容许由于“严重不正常”而可能造成的“重大的不公正”（substantial injustice）得不到纠正。现在伦敦海事仲裁员协会的小额索赔程序（LMAA Small Claims Procedure）已经稍微改变，仲裁员已经不需要去给予与仲裁裁决书分开的机密理由（confidential reasons not forming part of the award），他现在只需给予一个非常简短的理由（brief reasons），参考作用不大。虽然如此，在一般适用 2002 年伦敦海事仲裁员协会规则（LMAA Terms 2002）的案子，若双方都没有要求仲裁员给予附有理由的仲裁裁决书（reasoned award），仲裁员就需要给予与仲裁裁决书分开的机密理由。凭借 The

Easy Rider 一案，看来如果任何一方对仲裁裁决书提出上诉，法院都会有权参考这机密理由。这使所谓机密理由的实际意义不大。笔者听说伦敦海事仲裁员协会正在考虑应否修改这方面的条文。

（iii）如依据 Section 69 向法院申请就仲裁裁决书中涉及的法律问题上诉。

（iv）其他 1996 年英国仲裁法容许向法院寻求协的事项如 Section 24。

一直以来，法院诉讼是公开的，即使允许公众旁听，法院判决向公众公开。因此，若仲裁的一方按 1996 年《仲裁法》，针对仲裁本身或仲裁裁决书而向法院寻求协助，有关的法院聆讯及判决便须公开，这样便与当事方希望透过仲裁私下解决争议的原意不符。有见及此，英国的民事诉讼规则（Civil Procedural Rules）的第 62.10 条，把仲裁请求（arbitration claim）应私下或公开开庭的决定，交给法院衡量，该条文如下：

“（1）The court may order that an arbitration claim be heard either in public or in private.

…

（3）Subject to any order made under paragraph（1）—

（a）the determination of —

（i）a preliminary point of law under section 45 of the 1996 Act；or

（ii）an appeal under section 69 of the 1996 Act on a question of law arising out of an award，

will be heard in public；and

（b）all other arbitration claims will be heard in private.

（4）Paragraph（3）（a）does not apply to —

（a）the preliminary question of whether the court is satisfied of the matters set out in section 45（2）（b）；or

（b）an application for permission to appeal under section 69（2）（b）.”

按照以上条文，若涉及法律争议的上诉，应作出公开聆讯；至于其他的仲裁请求，则须私下聆讯。当然，大前提还是法院有权作出公开或私下聆讯的决定。这条文只针对公开或私下开庭，但有关仲裁请求的法院判决，一般还是要向公众公布/刊登。这一来，原先仲裁可享有的保密，无可避免地被削弱。现实中，读者随便翻开英国的劳氏法律报告（Lloyd's Law Report），不难发现很多被报道的海事案件，都是源自仲裁请求，例如 The“Hill Harmony”（2001）1 Lloyd's Rep. 367 一案船东就仲裁裁决书中期租承租人的指定航行路线属于航行的指令或雇佣的指令这法律问题向法院上诉；The“Pamphilos”（2002）2 Lloyd's Rep. 681 一案期租承租人声称仲裁有“严重的不正常”（serious irregularity）而向法院作出申诉。

问题是，当事方选择仲裁来解决争议的其中一个原因就是其机密性，若因寻求法院协助而被迫放弃机密，是值得商榷的。但公开判决的做法是要法院接受公众的监察，并由此建立法院的公信力，确立法院权威，同时推进法律的发展。这两者应如何取得平衡呢？

在近期的一个英国上诉庭的案例 Department of Economic Policy and Development of the City of Moscow and The Government of Moscow v. Bankers Trust Company and International Industrial Bank（2004）EWCA Civ. 314；LMLN 637，原告莫斯科政府与被告银行因一笔债务索赔而在伦敦仲裁，与此同时，莫斯科政府透过金融机构发行债券，在认购书中对该伦敦仲裁略有提及，指莫斯科政府从没有收过被告的贷款，又指该贷款可能被一家俄罗斯银行不恰当地挪用；而被告则在仲裁完结后，向有份参与贷款的金融机构，暗示他在仲裁中未能指出原告有过失而败诉，是由于仲裁员令人惊奇地采用俄罗斯法律。被告随后向法院申请，指称仲裁员有“严重不正常”（见1996年英国仲裁法的Section 68），有关申请在法院私下聆讯。Cooke法官向当事双方宣判，其时双方同意申请的结果可向公众披露，但不同意把判决完完整整地公开公布。但此时一家专门把法院判决放在网上供订阅人士观看的法律出版公司，已把该判决放置在在线资料库（on-line database）中，并向订户发出电邮摘要（summary）。当知悉公布判决有争议时，该公司即时把有关的判决从资料库清除。

该案原告认为应公开判决，可能希望向投资者就该贷款产生的争议作出澄清，但被告反对公开判决。上诉庭指出仲裁请求的判决应否公开，需要衡量所有情况，包括支持公开的因素以及保护仲裁机密性的愿望。仲裁请求在私下聆讯，不等于有关判决就不能公开；而一方对公开判决表示关注或担心亦不是一个主要考虑的因素。若公开判决会对一方带来实质的损害或披露一些一方或双方都认为十分机密的事情，这将会是一个重要的考虑。至于该案本身，上诉庭支持高院的不公开的判决，认同法院就仲裁请求作出的判决，当中存在敏感及十分机密的事情，而公开判决会损害机密。至于以电邮发放的判决的摘要，由于内容简述有关争议及当中的法律问题，没有涉及案中的机密事情，因此法院容许公开。

从这一案件可以看到：

（i）英国法院尊重仲裁的机密性质，因此，若要保护此特征，在有需要的情况下，法院除了对仲裁请求的聆讯可私下进行外，更扩展到其判决亦不需要向公众公开，或在判决内删除当事双方的名字。

（ii）1996年英国仲裁法Section 69容许一方就仲裁裁决书内法律的问题上诉，但批准与否的其中一项验证是该法律问题对普罗大众来说是重要的（the question is one of general public importance）。因此，涉及法律问题的仲裁请求，通常都会公开聆讯，而法院的判决也会向公众公布，理由是这些法律问题，对公众十分重要，公开判决有助对同类争议释疑，属公众利益，况且，有关判例是英国普通法的一部分，怎能避免公开？例如The“Happy Day”（2002）2 Lloyd's Rep. 487一案，涉及船长递交无效的备妥通知书的情况下，装卸货的时间能否起算及何时起算，争议原先由伦敦的仲裁庭裁决，其后就该法律问题一直上诉至上诉庭。这法律问题对计算装卸货的时间十分重要，法院的判决不单影响案中当事方的利益，还直接影响市场对此课题的争论。据悉，当时已有多个类似争议等候上诉庭对 The Happy Day 的判决。不难想象，该判决一公布，这些类似的争议便容易解决。

（iii）其他仲裁请求，一般都会私下聆讯，至于有关判决是否公开，则由法官衡量所有情况后作出决定。但单单因为仲裁的机密性，不足以影响对法院公开判决。

（iv）法院不公开其判决令人担心会阻碍针对仲裁的先例的建立，尤其是那些透过 1996 年英国仲裁法 Section 68 有关“严重不正常”而提请法院干预的案件，因为它们多数涉及事实的问题。这忧虑未必不对，但正如上诉庭指出，有关“严重不正常”的判决，法官在撰写理由时，一般只会针对指控的要点，尽量避免披露与此无关的资料，因此，会从判决中看出的机密资料十分有限。从上诉庭在本案的判决态度，看来还是支持向公众公布，除非在衡量所有的情况后，认为公布会带来实质伤害。

（v）该案只是针对有关涉及仲裁的法院判决应否被公开，但它对仲裁及辅助仲裁的申请或诉讼的机密性，仍需要保护：见本章 2.4.4 小段提及的 Glidepath BV and Others v. Thompson and Others（2005）EWHC 818（Comm）。

除了上述情况外，仲裁裁决书也会因为到法院执行（不论在英国或其他国家或地区的法院执行）而需要披露。有关本段所提的法院如何针对机密的问题，许多已在 Civil Procedure Rules 有针对，将在本章第 8 节去总结介绍。

2.5　英国普通法不足之处及将来的发展

英国的上诉庭在 Ali Shipping Corporation v. Shipyard Trogir（1998）1 Lloyd's Rep. 643 尝试为仲裁的机密性定下通用原则及除外情况，Potter 大法官在判词中认为这做法最能为对仲裁的保密责任定下适用范围，他说：

“…While acknowledging that the boundaries of the obligation of confidence which thereby arise have yet to be delineated… the manner in which that may best be achieved is by formulating exceptions of broad application to be applied in individual cases, rather than by seeking to reconsider, and if necessary adapt, the general rule on each occasion in the light of the particular circumstances and presumed intentions of the parties at the time of their original agreement.”

但透过一些通用原则及除外情况去涵盖所有的情况，看来还是不大可能。举例来说，“合理地有需要”这除外情况容许仲裁的当事方为了在另一诉讼或仲裁中保护或证实他对第三者的法律权利而披露属于机密的仲裁文件或资料予第三者；但同样是为了保护本身的法律权利，或履行法律责任，仲裁当事方看来是不能向核数师出示仲裁裁决书，从而核实该仲裁裁决书判定的债务，因为有关披露不是由于诉讼或仲裁而有所需要，尽管这可能会违反公司监管法律。事实上，仲裁或其结果对很多不是仲裁当事方的第三者有利益关系，例如船东互保协会、承保人、债权人、担保人（如履约担保人）、母公司及债券持有人，甚至是一般公众（如仲裁涉及公众利益）等，基于仲裁的机密性，仲裁的文件/资料及裁决书是不能向他们披露。但不容许这些人去接触仲裁的文件/资料，是脱离现实，或者可以说是不可能，例如中国香港海底隧道申请加价的仲裁，在仲裁提交的数据及论点属于机密，但有关收费调整的裁决是必须向公众公开，这样做亦只是行使仲裁裁决书作出判定的权利，不用公开的可能只是支持裁决的理由；同样地，船东互保协会作为船东的责任承保人，它时常替船东处理索赔，委托律师代表船东仲裁，及按互保协会的承保条款作出赔偿，仲裁的文件/资料又怎能不经过这第三者。

在近期的一个英国枢密院的案例 Associated Electric & Gas Insurance Services Ltd. v. European Reinsurance Company of Zurich（Bermuda）（2003）UKPC 11，枢密院对上诉庭在 Ali Shipping Corporation v. Shipyard Trogir（1998）1 Lloyd's Rep. 643 一案尝试定下通用的原则及除外情况提出异议：

"…However Potter LJ, who delivered the leading judgment, having followed Dolling-Baker v Merrett（sup）affirming the privacy of arbitration proceedings, went on to characterise a duty of confidentiality as an implied term（p. 326）and then to formulate exceptions to which it would be subject（pp. 326—327）. Their Lordships have reservations about the desirability or merit of adopting this approach. It runs the risk of failing to distinguish between different types of confidentiality which attach to different types of document or to documents which have been obtained in different ways and elides privacy and confidentiality. Commercial arbitrations are essentially private proceedings and unlike litigation in public courts do not place anything in the public domain. This may mean that the implied restrictions on the use of material obtained in arbitration proceedings may have a greater impact than those applying in litigation. But when it comes to the award, the same logic cannot be applied. An award may have to be referred to for accounting purposes or for the purpose of legal proceedings（as Aegis referred to it for the purposes of the present injunction proceedings）or for the purposes of enforcing the rights which the award confers（as European Re seek to do in the Rowe arbitration）. Generalisations and the formulation of detailed implied terms are not appropriate."

由于该案涉及明示保密条款（confidentiality clause），枢密院没有对 Ali Shipping Corporation v. Shipyard Trogir（1998）1 Lloyd's Rep. 643 的看法作出详细解释，但它明确指出 Potter 大法官对仲裁机密性的诠释是不合适的。枢密院的意见认为应按个别案件的情况，对从不同渠道获得的文件或不同种类的文件（如证人证言、仲裁裁决书）所附有的机密性质作出考虑，而不应为仲裁的机密性定下通用的法律规则。这看法实与仲裁法咨询委员会在 1996 年的草案报告（Departmental Advisory Committee on Arbitration Law, Report on the Arbitration Bill, February 1996）时所提出的想法相近，仲裁法咨询委员会认为有关仲裁的机密性的法律还在发展阶段，不适宜以立法形式把有关法律定死，否则只会带来更多的争议，因此倾向支持继续由法院采取务实态度就个别案件作出判决：

"17. … the formulation of any statutory principles would be likely to create new impediments to the practice of English arbitration and, in particular, to add to English litigation on the issue. Far from solving a difficulty, the DAC was firmly of the view that it would create new ones. Indeed, even if acceptable statutory guidelines could be formulated, there would remain the difficulty of fixing and enforcing sanctions for non-compliance. The position is not wholly satisfactory… As to English law itself, whilst the breath and existence of certain exceptions remains disputed, these can be resolved by the English courts on a pragmatic case-by-case basis…."

亦因此结论，1996 年英国仲裁法不为仲裁的机密性定下任何条文。事实上，为仍在发展的法律立法只会带来更多的不稳定。如新西兰的 1996 年仲裁法明示仲裁的机密性，但在 2003 年的法律委员会的报告书便指出现行的仲裁法下对机密的默示除外情况不足以包含所有需要披露仲裁文件/材料的情况，报告更指出，立法根本不能完全地定下所有除外情况，反而需要为个别情况作出考虑。

有论者认为枢密院在 Associated Electric & Gas Insurance Services Ltd. v. European Reinsurance Company of Zurich（Bermuda）（2003）UKPC 11 针对 Ali Shipping Corporation v. Shipyard Trogir（1998）1 Lloyd's Rep. 643 的看法或许会为英国法律对仲裁的机密性这课题带来重大的转变，甚至可能会追随美国及澳洲等法律，不承认对仲裁有一默示保密责任。枢密院不认同现有法律为仲裁的机密性定下框架，认为应对不同种类的仲裁文件所附带的机密性作出个别考虑，当中尤以仲裁裁决书所拥有的独特功能，应如何与仲裁保密责任协调。若要为不同文件作出个别考虑，是否否定仲裁本身属于机密的说法？是否不认为法律有此默示保密责任？是否意味着不同的文件，如仲裁裁决书，应有更大的空间向第三者作出披露？但枢密院看来是认同 Ali Shipping Corporation v. Shipyard Trogir（1998）1 Lloyd's Rep. 643 一案作出禁令的决定。这看来，是同意仲裁的机密性，但不同意为此设定通则，而应由法院采取务实的态度为个别案件作出考虑。这方面的法律看来还有待发展。

尽管按照英国的法律体系，枢密院的意见（obiter-dicta）对英国法律没有约束性，但由于枢密院的大法官本来就是由贵族院的大法官出任，他们的看法具权威性，不容忽视。但话又说回来，除非将来贵族院面对合适的案件作出指导性的判决，有关仲裁的机密性的法律仍以 Ali Shipping Corporation v. Shipyard Trogir（1998）1 Lloyd's Rep. 643 最为权威及有约束力。现阶段，英国普通法对仲裁的机密性的大原则还是没有改变。

3. 其他国家/地区对仲裁的机密性的看法

在本章开始已指出不同国家或地区对仲裁的机密性有不同的看法。已经看过英国普通法透过 Ali Shipping Corporation v. Shipyard Trogir (1998) 1 Lloyd's Rep. 643 定下仲裁的机密性的法律(它认为仲裁协议有一法律默示条款去保密，这保密责任有除外情况)，理论上采用普通法的国家或地区如中国香港及新加坡等在这方面的法律会是跟随英国普通法。香港的仲裁法源用联合国的示范法(UNCITRAL Model Law)，但示范法本身并没有对仲裁的机密性作出规定，而香港仲裁法的 Section 2D、Section 2E 亦只对由于仲裁法容许的事宜向法院进行诉讼的情况下，赋予法院权力决定有关开庭是否公开或私下进行，以及法院的判决是否公开，因此香港仲裁法对仲裁机密性的地位，应是依据英国普通法的相关判决。

但也不是绝对，如源用英国普通法的澳洲却唱反调，同意仲裁裁决书可以向第三者公开，否定了仲裁的机密性这一说法。有关这不同看法的重要先例可见 Esso Australia Resources Ltd. and Others v. Plowman (Minister for Energy and Minerals) and Others (1995) 128 ALR 391 这澳洲高等法院的判决。该案的争议本身涉及原告按合约向两家公用事业公司提供天然气，合约有一条供气价格调整条款。其时当地政府提高税收，原告希望按照合约提高收费，但两家公用事业公司认为政府已取消探掘费，供气价格有下调空间。双方意见分歧，最终以仲裁解决。此时，当地政府的能源部长希望了解争议，于是向法院申请容许两家公用事业公司向他提供有关争议的资料，包括价格调整的理据。这供气价格调整，正影响当地市民在此方面的开支。原告认为基于仲裁的机密性，公用事业公司不能向被告能源部长披露有关资料；被告则认为没有此机密。澳洲高等法院在考虑英国上诉庭在 Dolling Baker v. Merrett (1990) 1 WLR 1205 一案的判决后，不认为仲裁的机密性这说法在澳洲适用，主要原因是仲裁的私人性(privacy)有别于机密性(confidential)；在 Dolling Baker v. Merrett (1990) 1 WLR 1205 之前没有先例说明仲裁的机密性；要做到完全机密是不可能；双方的专家证人对仲裁是否机密的意见完全不同；仲裁文件在很多情况下需对第三者披露等。澳洲高等法院不接受仲裁协议本身有一默示保密责任，否定了 Dolling Baker v. Merrett (1990) 1 WLR 1205 及 Hassneh Insurance Co. of Israel and others v. Steuart J. Mew (1993) 2 Lloyd's Rep. 243 对此默示条款的说法，认为仲裁双方若希望为仲裁保密，应事先同意明示保密条款。

澳洲高等法院的判决引起国际仲裁社会的广泛讨论及批评，为这一课题带来了不稳定、两极的看法。若这澳洲的案件发生在英国上诉庭的 Ali Shipping Corporation v. Shipyard Trogir (1998) 1 Lloyd's Rep. 643 之后，判决会否不同?

至于美国，也与澳洲持同一看法，不认为有仲裁保密的责任：见 Giacobazzi Grandi Vini Spa v. Renfield Corp. (1987) US Dist Lexis 1783；USA v. Panhandle Eastern Corp. (1988) 118 FRD 346。

瑞典同样认为该国法律没有规定仲裁方有须对仲裁保密的责任。在瑞典最高法院的判决 AI Trade Finance Inc. ("AIT") and the Bulgarian Foreign Trade Bank Limited ("Bulbank")，法院指瑞典仲裁法没有订定机密的责任，法院需要考虑是否如英国普通法般有一默示条款。法院认为仲裁的私人性与机密性不同：

“The real meaning of this, compared with judicial proceedings, is instead obviously that the proceedings are not public, i. e. that the public does not have any right of insight by being in attendance at the hearings or having access to documents in the matter…”

纵使仲裁在私下进行，除非当事方有明示条文约定，瑞典法律不认为有默示保密责任。

至于新西兰，由于澳洲不受欢迎的判决，他们透过修改仲裁法从而定下仲裁保密的责任。有关条文在 1996 年新西兰仲裁法（The Arbitration Act 1996（New Zealand））的 Section 14：

“14. Disclosure of information relating to arbitral proceedings and awards prohibited —

（1）Subject to subsection（2）, an arbitration agreement, unless otherwise agreed by the parties, is deemed to provide that the parties shall not publish, disclose, or communicate any information relating to arbitral proceedings under the agreement or to an award made in those proceedings.

（2）Nothing in subsection（1）prevents the publication, disclosure, or communication of information referred to in that subsection —

（a）If the publication, disclosure, or communication is contemplated by this Act; or

（b）To a professional or other adviser of any of the parties. ”

尽管新西兰对仲裁保密立法，但若仲裁方向法院寻求协助如执行或挑战仲裁判决，由于法院的判决会向公众公开，仲裁的内容便有机会被公开。见 Television New Zealand Ltd. v. Langley Productions（2002）2 NZLR 250 一案判：

“The confidentiality which the parties have adopted and embraced with regard to their dispute resolution in arbitration cannot automatically extend to processes for enforcement or challenge in the High Court. Although the process occurs pursuant to the [Arbitration] Act … one party has sought to register the award and enforce it in the High Court. Once either of those steps occurs then… it is the principles applicable to the High Court which must determine the question of access and public knowledge. ”

但新西兰的立法不善之处在于除外情况考虑不周，例如在一个补偿索赔的仲裁或诉讼（如前述的 The “Sargasso”（1994）2 Lloyd’s Rep. 412 一案），狭窄的立法迫使寻求补偿的一方不能披露先前的仲裁裁决书作为证据，这情况如何解决？看来只好在订立合约时订明仲裁机密的除外条款，但在一般商业人士所制定的合约时，会想到并考虑合约标的以外这枝节的人不会多。

已经在本章第 2.5 小段提及新西兰对现行的仲裁法提出不足之处，并为进行修改作出探讨。在中国香港，“香港仲裁法委员会”在 2003 年 6 月发表“最终报告”，为香港现行的仲裁法把脉，其中一项建议是以立法形式订立类似新西兰对仲裁保密的立法，但当新西兰对仲裁保密的法律进行检讨，而英国普通法在此课题的看法不明确，如何以数段文字去涵盖商业社会千变万化的情况，可是一个十分艰巨的工作。

4. 仲裁规则及仲裁条款

除了透过仲裁地的法律肯定仲裁的机密性外，另一情况会是透过仲裁机构或组织本身制定的仲裁规则，而这些规则说明有关仲裁保密的责任。当然，这些仲裁规则不会无缘无故地被应用，它们的适用主要来自合约中的仲裁条款有所规定，或仲裁双方同意适用，或是仲裁员在任命之时明确说明该任命适用某仲裁规则而当事方没有异议。

以伦敦国际仲裁法院(London Court of International Arbitration)的仲裁规则为例，它的 Article 30 对仲裁机密有详细的规定：

"Article 30 Confidentiality

30. 1 Unless the parties expressly agree in writing to the contrary, the parties undertake as a general principle to keep confidential all awards in their arbitration, together with all materials in the proceedings created for the purpose of the arbitration and all other documents produced by another party in the proceedings not otherwise in the public domain - save and to the extent that disclosure may be required of a party by legal duty, to protect or pursue a legal right or to enforce or challenge an award in bona fide legal proceedings before a state court or other judicial authority.

30. 2 The deliberations of the Arbitral Tribunal are likewise confidential to its members, save and to the extent that disclosure of an arbitrator's refusal to participate in the arbitration is required of the other members of the Arbitral Tribunal under Articles 10, 12 and 26.

30. 3 The LCIA Court does not publish any award or any part of an award without the prior written consent of all parties and the Arbitral Tribunal."

也不是所有仲裁规则都明文规定对仲裁保密，例如海事仲裁常见的伦敦海事仲裁员协会规则(The L. M. A. A. Terms)，便没有条文说明对仲裁保密；国际商会的仲裁规则(ICC Rules of Arbitration)亦然。虽然仲裁规则没有规定，但不代表不用对仲裁保密，这还要看仲裁地(the seat of the arbitration)在这方面的法律。

为了肯定，最好的做法当然不是依赖仲裁地的法律或仲裁规则的保密条款，而是在订约时以明示条款约定合约方对仲裁的保密责任与程度，或是在仲裁开始前明示同意有关保密责任。这类明示条款与合约中常见的机密条款有所不同，针对仲裁所产生的文件如文书控辩、文件披露、证人证言及仲裁裁决书等，若不加以约束，容易被利用于与该仲裁无关的地方上。

机密条款的内容可以如示范仲裁条款（Model arbitration clauses）的第 11 条，原文如下：

11 Confidentiality

Generally：

"The arbitration shall be kept confidential and the existence of the proceedings and any element of it (including but not limited to any pleadings, submissions or other documents submitted or exchanged, any evidence, and any awards) shall not without prior written consent by all parties be disclosed beyond the parties to the arbitration and their representatives, the arbitral tribunal, the administering institution (if any) and any person necessary to the conduct of the proceeding, except as may be lawfully required whether in judicial proceedings or otherwise in the normal course of business of the parties."

To avoid publication of any parts of the award.

"The parties hereby agree that no person shall publish or otherwise make available to the public any award, decision or ruling even if the same has been edited to delete the identity of the parties or identifying details."

详细的明示条款，内容一般说明所有与仲裁有关的资料及文件不能向第三者披露，除非法律或监管机构有所要求（条款这样草拟是有道理的，因为在某些情况下，仲裁一方会有法律责任去透露仲裁的存在，例如对核数师或有关监管当局）；仲裁裁决书亦是，除非是双方同意，或因执行裁决书时有需要公开，或为了保护本身对第三者的法律权益，否则不能披露。在 Associated Electric & Gas Insurance Services Ltd. v. European Reinsurance Company of Zurich (Bermuda) (2003) UKPC 11，争议焦点就是以下一条详细的仲裁保密条款：

"Confidentiality

30. The parties, their lawyers, and the Court of Arbitration agree as a general principle to maintain the privacy and confidentiality of the arbitration. In particular they agree that the contents of the briefs or other documents prepared and filed in the course of this proceeding, as well as the contents of the underlying claim documents, testimony, affidavits, any transcripts, and the arbitration result will not be disclosed at any time to any individual or entity, in whole or in part, which is not a party to the arbitration between AEGIS and European Re.

31. The parties acknowledge that certain AEGIS' claims documents and information, such as coverage opinions and communications with defense counsel, may be subject to attorney-client, work product, and or other privileges and immunities. Any disclosure by AEGIS to European Re of such documents and information will be made with the expectation of privacy and for the sole purpose of this arbitration. By disclosure of underlying

claims information to European Re for this purpose, AEGIS does not intend to waive, nor should be construed to waive, any privilege that may apply to such documents and information as to third-parties to this dispute.

32. It is understood that, despite this confidentiality agreement, parties to this arbitration may consult with their experts and share necessary information with those experts and that parties to this arbitration may contact, interview, and request documents from non-parties. It is understood that any documents obtained from third parties must be produced to the other party in order to be submitted to the Court of Arbitration.

33. In the event members of the Arbitration Tribunal retire and new members are appointed, information described in paragraphs 30 and 31 above can be shared with the new Court of Arbitration without violating the confidentiality provision.

34. If either party receives a subpoena from anyone seeking information concerning this arbitration, notice of that subpoena shall be provided immediately to lawyers for the other party so as to afford the opposing party the opportunity to oppose or seek protection from such subpoena.

35. Nothing in this Order shall be construed to preclude European Re from reporting to its retrocessionaires, compliance with rights of inspection (if any), or otherwise enforcing its rights against retrocessionaires, subject to European Re taking reasonable steps to ensure that retrocessionaires respect the confidentiality of that information.

36. Nothing in this Order shall be construed to preclude either party from sharing information with its auditors or regulatory authorities, subject to the party taking reasonable steps to ensure that the recipients of this information respect the confidentiality of that information.

37. Within thirty (30) days of the final disposition of the last gradual pollution claim subject to arbitration, each party will destroy all material obtained from the other party in discovery, and will provide assurances at that time to each other that these materials have been destroyed."

需要注意的是，这些明示条款对仲裁当事方有约束力，但不包括仲裁员、证人以及仲裁机构，要彻底保密，看来有需要与这些人或机构另外订立仲裁保密条款。

即使有这样一条密不透风的机密条款，也有例外情况容许仲裁当事方向第三者披露仲裁裁决书，若该披露的本质是执行仲裁当事方在裁决书判定的权利：在 Associated Electric & Gas Insurance Services Ltd. v. European Reinsurance Company of Zurich (Bermuda) (2003) UKPC 11 一案，原告与被告在早前的一个仲裁就合约中某一条款作出解释，在其后的另一个仲裁(由与早前的仲裁不同的仲裁员组成仲裁庭)，被告希望披露早前的仲裁裁决书，以证明该条款的解释，但原告反对披露，依赖的就是前述的仲裁机密条款。照说该机密条款的第 30 段清楚说明仲裁的结果不能向仲裁当事方以外的任何人披露，所以在之后的仲裁向仲裁庭作出披露已是违反保密责任。枢密院判由于仲裁裁决书的作用是去解决争议，对仲裁双方有约束力，而仲裁双方更有一默示责任去履行仲裁裁决书的裁决，被告披露该仲裁裁决书是执行其法律权利，并无不妥，有关的机密条款不应被解释为防止一方向另一方行使仲裁裁决书赋予的权利。

5. 违反仲裁机密的救济

按照英国法律，不论是默示的仲裁保密责任或明示的保密条款，提出要求保护机密的一方可向法院申请禁令(injunction)，禁止另一方不能对外披露有关的仲裁材料/资料或仲裁裁决书。除了紧急情况外，申请一般都会是 inter-partes，大家都有争辩的机会。法院面对这种申请，出发点是对仲裁机密作出保护，因为这机密是源自仲裁协议私下解决争议的方法，这私人性质属应予保护的合法利益。当然，若出现法律所允许的除外情况，法院应同意披露。至于其他情况诸如申请方拒绝披露的原因、要求披露的文件或资料内容是否机密、披露对希望保护机密的一方是否会带来损害等，不属考虑的因素。除非对象是合理的而又不会不理会后果的情形下把机密的仲裁资料或裁决书透露，一般要求保密的一方出了警告或律师信后，就可以向法院申请 inter-partes 开庭。但如果另外一方是不合理或不合作，那事情就可能变得紧急，这是因为当另一方透露了机密的仲裁资料或裁决书，带来的后果可能是无法挽回的，而法院亦因为这资料或裁决书已成为公开资料(public domain)，而拒绝颁发禁令。在此情况下，最安全的做法是先单方面 ex-parte 地向法院申请中间禁令(interim injunction)，日后再与另一方争辩仲裁资料或裁决书可否透露。

除了禁令外，原告亦可向违反仲裁机密的被告以金钱赔偿损失作为替代救济，但可以想象，量化损失会是十分困难的，有时更是无法评估。举例来说，若被披露或使用的仲裁文件或资料涉及某专门技术，而被第三者利用，这或可计算无辜的一方因这技术而丧失的市场，或第三者因此而赚取的利润。但大多数的情况会是损失难以计算，例如仲裁裁决书对某一条款的解释，被披露的原因是希望以此说服有相类似争议的第三者或另一个仲裁庭的仲裁员，这对无辜的一方又有什么金钱的损失？因此，禁止披露仲裁的文件或资料可能是无辜的一方最想见到的结果。

现实是，一个国际仲裁涉及的人物众多，包括仲裁员、仲裁当事方、法律代表或索赔代理、证人或专家证人等，他们可以是来自世界各地，要以禁令完全禁止他们不要违反机密，可以说是十分困难，甚至是不可能的。试想一下，如何以英国法院的禁令禁止居住在中国的证人披露他在仲裁中获得的资料；至于向他们索赔损失，不是不可以，而是可能根本上没有什么实质损失，又或者是难以计算。

况且，无辜的一方很多时未必知道仲裁的文件或资料将会被披露或使用，这又如何可以及时向法院申请禁令？等发现后，仲裁的文件或资料已被披露或使用，披露或使用的一方目的已达到，这时才向法院申请禁令又有什么作用？当然，他可以申请索赔损失，但已经说过，证明损失会是很困难的。

6. 仲裁的机密性与公众利益

仲裁的兴起主要源自频繁的商业活动，其中最蓬勃的要算是国际贸易及海事仲裁，这些商业活动属私人性质，没必要向公众公开，因此他们选择仲裁来解决争议，取其机密性质。事实上有关仲裁机密而被报道的案例，一般涉及私人利益而希望向某些人或某一界别的人披露仲裁的文件/材料，例如 Ali Shipping Corporation v. Shipyard Trogir (1998) 1 Lloyd's Rep. 643 一案，原告希望披露与被告在早前的仲裁所获得的文件及仲裁裁决书，予与被告同属一集团成员的第三者；Hassneh Insurance Co. of Israel and others v. Steuart J. Mew (1993) 2 Lloyd's Rep. 243 一案被告被承保人请求向保险经纪人披露他与原告再保人之间的仲裁裁决书及其他仲裁文件，以证明保险经纪人在安排投保时有错；Insurance Co. v. Lloyd's Syndicate (1995) 1 Lloyd's Rep. 272 一案，被告承保人希望向其他再保人披露他与原告再保人之间的仲裁裁决书，因该仲裁裁决书就被告投保时是否没有作出披露(non-disclosure)的指控作出判决；Department of economic Policy and Development of the City of Moscow and The Government of Moscow v. Bankers Trust Company and International Industrial Bank (2004) EWCA Civ. 314 一案，原告希望透过披露与被告的仲裁裁决书，澄清投资者的忧虑；Associated Electric & Gas Insurance Services Ltd. v. European Reinsurance Company of Zurich (Bermuda) (2003) UKPC 11 一案，原告与被告在先前的一个仲裁就合约中某条文的解释及应用作出判决，被告希望在同一合约下的另一个仲裁(仲裁庭成员与先前的不同)披露该仲裁裁决书，以证明该条文的解释及应用已有定论，属一事不再理(issue estoppel)。

但随着仲裁的普及及其所展示的好处，政府部门、公营机构以及从事公众服务的商业机构也乐于以仲裁来解决合约纠纷，这些合约可以是兴建机场的大型建造合约或填海合约、专营合约如公共汽车服务合约或供电合约、提供物料设备或技术合约等，它们本质上属于商业活动，但与其他商业活动最大不同之处是，这些合约涉及的是普罗市大众的金钱，或者是影响着市民的生活，无可避免地必受市民及传播媒体的注视。这些合约以仲裁作为私下解决的方法，原意便是不想、不应及不需要向公众公开，免受公众审视。但现实是，若有关纠纷涉及的金额庞大，或是影响民生的仲裁如在专营权下电力收费调整的仲裁，又或是已被广泛报道的争议如年前的中国香港九广铁路公司兴建的东铁支线与德国西门子公司之间就系统合约纠纷达成的一份价值一亿港元的和解协议，站在公众立场，他们当然希望这些政府部门、公营机构或专营机构披露有关争议内容、是否有人士疏忽并需要负责、如何达成和解协议或仲裁裁决书的判决及理由，只有这样，公众才能知道有关和解协议或仲裁裁决是否合理。毕竟，始终这是涉及公众的利益，越公开透明地处理，越能平息群众的疑虑及不满。但对这些机构或政府的负责人来说，他们要考虑的不再单纯是商业利益，而是背后的公众舆论，尤其是当社会互信程度低的时候，这给他们带来巨大的无形压力，面对争议不敢尝试私下和解或仲裁，怕将来可能要接受公众或议会或媒体的质询及批评。

从现在的英国普通法来看，它承认仲裁的机密性，但公众利益不是其中一个除外情况容许向第三者披露仲裁的材料/资料及仲裁裁决书。香港法律源用英国普通法，这方面的法律与英国相同。这对政府部门或公营机构等选择伦敦或香港仲裁，实际上是拥有保密这一好处，面对公众要求可以按此拒绝披露仲裁的内容，除非仲裁双方同意披露。以中国香港为例，中国香港政府在败诉后赔钱，向立法会请求拨款时，难免被要求解释争议的内容及仲裁的详情，据悉政府经常以仲裁机密为由抗拒披露详情，导致部分立法会议员十分不满。当然，若仲裁处理的争议是直接影响公众的利益，如电费调整的仲裁或交通工具加价的仲裁，有关裁决的内容（如裁定的价格增或减幅）迟早会向公众公开，但在仲裁中提交的营运数据及依据等，在保密的前提下，不用公开。尽管如此，但很多时有关仲裁涉及公共行政等影响民生的事情，政府怯于民间压力而作出披露，也是无可厚非。例如近期的一个在香港发生的案例，有关香港政府与东区海底隧道的营运人就收费加价争议按专营协议提交仲裁解决，结果仲裁庭同意营运人的加价幅度申请。任何的加价都不会受社会欢迎，东隧收费加价亦然。政府在舆论压力下披露仲裁庭的依据，这引来一些大学学者的非议，认为在计算回报与香港经济的立论出错，这导致最终由两名计程车司机以隧道使用者的身份向香港法院入禀，提出司法复核。这申请注定是失败，理由是仲裁协议属私人协议，当事方是香港政府和隧道营运人，与两名计程车司机何干；况且，隧道使用者的利益，早就由香港政府在仲裁中代表；大学学者提出的依据，只是属于专家意见，香港政府在仲裁中想必亦曾提出其专家意见，但明显地被仲裁庭否定了，在这事实的判定后，仲裁条例已没有空间容许仲裁当事方向法院提出上诉，更何况是其他外人提出的不同意见。事实上，法院亦以仲裁协议属私人性质、两名计程车司机是仲裁以外的第三者，否决有关申请。

但其他国家或地区的法律未必承认仲裁的机密性，如源用英国法律的澳洲则不承认仲裁的机密性这一说法，见 Esso Australia Resources Ltd. and Others v. Plowman (Minister for Energy and Minerals) and Others (1995) 128 ALR 391。Esso Australia Resources Ltd. and Others v. Plowman (Minister for Energy and Minerals) and Others (1995) 128 ALR 391。这澳洲高等法院的判决中的仲裁正是关系到重大的公众利益

（见本章第3节），该案不认为仲裁有默示条款去保密，法院不需要考虑仲裁保密责任下的除外情况，但认为若有关仲裁资料/文件涉及政府机构或公用事业，公众利益的考虑应被视为其中一个除外情况。这看法是源自一般机密法的考虑。新西兰的法律改革委员会更认为公众利益除外，除了适用政府机构牵涉在内的情况外，更应涵盖一些行使政府功能的公共机构在内，这在其对改善仲裁法的报告中这样提及：

"…Public policy concerns about transparency (achieved through disclosure of information) with regard to business enterprises operated in both the public and private sector must be recognised in formulating any recommendations which we make. For example, we suggest that it would be wrong for state-owned enterprises not to be required to make available relevant information arising out of an arbitration if that arbitration raised issues of public concern. Similarly, we believe that information derived from an arbitration which is relevant to the regulatory functions of the New Zealand Stock Exchange should also be disclosed. Those examples are not intended to be exhaustive.

It is necessary to ensure that administration of justice considerations are not undermined by making the obligation of confidence too rigid. Where information, which has emerged from the arbitration, is required to enable justice to be done between the parties, confidentiality must yield in favour of the public interest concerning the administration of justice."

看来，大趋势是接受公众利益凌驾在仲裁保密之上。

要再强调的是，有关仲裁保密责任的法律，在英国还是在发展阶段，尤其是在Department of Economic Policy and Development of the City of Moscow and The Government of Moscow v Bankers Trust Company and International Industrial Bank (2004) EWCA Civ. 314一案枢密院对现有的法律提出不同意见，当中更提及仲裁裁决书的特别用途，将来是否会承认公众利益为其中一个除外情况？要等合适的案件出现才有定论。只可说，若接受公众利益（机会很大），则要小心它的程度/范围及不应容许一方以此作为威吓手段迫使另一方妥协或让步。

由于不同国家或地区的法律对仲裁的机密性看法不同，最稳当的做法是政府部门、公营机构以及从事公众服务的商业机构在订定合约时放进一条仲裁机密条款（confidentiality clause）。遇上争议时，最好寻求独立的法律意见，如涉及重大的公众利益问题或巨额的索赔，多拿一两份的独立的法律意见，绝对恰当，从而减低法律意见中可能潜在的疏忽问题，跟着便可按此进行协商和解，不果后才仲裁。即使将来受公众舆论的压力，亦不用担心和解或仲裁的决定不当，因已有独立的法律意见支持。若受公众或议会质询，并要求提交更多有关仲裁的文件及资料时，便可依赖合约中的仲裁机密条款，指披露资料需得到另一方的同意，并已修函查询。受公众关注的事情本已是十分高调，仲裁的另一方未必同意披露。又或者，干脆指合约中的机密条文禁止披露详情便是。当然，上述做法只是解决要求披露的一时压力，但却可能造成更大的伤害，看来更重要的是如何避免争议的发生，如订立周全的合约，说到底这些部门或机构是需要向公众负责。但订约时如何小心或谨慎，亦只能局限于订约者本身的识见，首要的还是提高知识水平及素质。

本章主要讨论国际商务仲裁中机密性这一课题，但值得一提的是国与国、地区与地区之间签署的协议如世界贸易组织(World Trade Organization)的协议，这些协议本身一般会有一条仲裁条款，以解决在协议框架下发生的争议。要注意的是，这些仲裁条款不属私人商务仲裁协议，而是国与国、地区与地区之间的一些贸易或投资条约下解决纠纷的机制。以世界贸易组织的解决争议机制为例(the WTO Dispute Settlement Understanding)，有关争议的解决属于机密，与争议有关的国家或地区以及有利害关系的第三者可以出庭，但其他成员国则无权列席。但由于这些仲裁涉及国家或地区本身的利益，尽管文书控辩属于机密，有关国家仍可向公众阐述本身的论据。事实上，各国亦希望能进一步提高解决争议过程的透明度。可见，在这层面上，大趋势是尽量向公众公开。

7. 仲裁的机密性与刊登仲裁裁决书(publication of the arbitration award)

由于不同地方的法律对仲裁的机密性有不同的看法，刊登仲裁裁决书的态度也不同。而应否刊登仲裁裁决书变成近期的争论焦点。读者或许会问：仲裁裁决书解决的是私人纠纷，它属于当事方的财物，没有得到当事方的同意，仲裁裁决书为何会被刊登？

以海事仲裁为例，由于美国的法律不认同仲裁的机密性，美国的海事仲裁员协会(Society of Maritime Arbitrators, Inc.)透过其仲裁规则(SMA Maritime Arbitration Rules)，清楚说明除非当事方事前另有协议，当事方同意海事仲裁员协会刊登他们的仲裁裁决书(该条款原文为：Unless stipulated in advance to the contrary, the parties, by consenting to these Rules, agree that the Award issued may be published by the Society of Maritime arbitrators, Inc. and / or its correspondents)。因此，到纽约仲裁的海事案件总是会自动地、完完本本地被刊登出来，这包括当事方的名字、仲裁员的名字、当事方的法律代表及裁决书的日期等。

到伦敦仲裁的海事案件，基于仲裁的机密性，在未征得当事方的同意之前，不能刊登。若仲裁是按伦敦海事仲裁员协会规则(The L. M. A. A. Terms)进行，该规则的第26段有这样规定：

"If the tribunal considers that an arbitration decision merits publication and gives notice to the parties of its intention to release the award for publication, then unless either or both parties inform the tribunal of its or their objection to publication within 21 days of the notice, the award may be publicised under such arrangements as the Association may effect from time to time. The publication will be so drafted as to preserve anonymity as regards the identity of the parties, of their legal or other representatives, and of the tribunal."

按上述条款，伦敦的仲裁庭会选择一些值得刊登的裁决书，然后向当事方发出通知，告诉他们刊登的决定，若在时限内收不到反对，便会在 Lloyd's Maritime Law Newsletter 刊登以不记名的形式刊登。可以看到，这不是一个自动刊登的机制，以笔者为例，便曾多次拒绝刊登。

伦敦海事仲裁员协会的取态有他们的考虑，一来是一直以来仲裁保密是伦敦仲裁的特征，加上后来英国普通法对仲裁的机密性加以肯定；况且，刊登仲裁裁决书的工程庞大，以及很多裁决书的争议本身不值得刊登等，伦敦海事仲裁员协会对刊登一事一直都反对或持不积极的态度。

伦敦几近垄断世界上大多数的海事仲裁（近年纽约海事仲裁的微式愈发明显），而这些仲裁多数是由伦敦海事仲裁员协会的 full members 当仲裁员，人数 30 ~ 40 人，而当中活跃的可能只有数十人，形成一个细小但影响力十分庞大的组织。正因为此，人们希望透过刊登裁决书的内容，审视这一小撮人的素质，亦可了解行业间遇到的争议，以及仲裁员对争议的看法，从而起了警惕及教育作用。

这要求刊登的呼声随着 1996 年英国仲裁法的立法更加响亮。在这之前的 1950 年仲裁法，容许仲裁的当事方以"特殊事项"（special case）为由，要求法院插手仲裁，对争议出现的法律问题作出判决。这做法却带来了一个严重的问题，就是当事方滥用这程序，利用"特殊事项"为由把争议由仲裁带到法院去，目的是拖延时间。由于大量这样的仲裁案件积压在法院，形成严重的延误，最恶劣时可能要排十年之久才开庭。另一个问题是，原先仲裁是私人性的，不会对外公开，但以"特殊事项"去法院上诉，仲裁的内容无可避免地全部公开，变得没有机密可言。但无可否认的是，这制度为英国的商业法律（尤其是海商法）建立了一套稳定、合理及丰富的普通法先例，亦因此而巩固英国海商法在世界上的领导地位。

但由于上述缺点，保留这项制度不单占用了法院大量的宝贵资源，也打击了商业人士选择伦敦作为仲裁地，因此在其后的 1979 年仲裁法作出修改，废除"特殊事项"的做法，使当事方不能就法律问题自动地向法院上诉，取而代之是要当事方向法院申请批准（leave to appeal），得到批准才可向法院上诉。由于上诉的权力大大被收紧（见 Pioneer Shipping Ltd v. BTP Tioxide Ltd., The Nema (1981) 2 Lloyd's Rep. 239），经由法院审理及刊登的仲裁案件的数量下跌。到了 1996 年的仲裁法，针对仲裁裁决书而提出上诉的原因更是局限于仲裁员的法律观点明显错误或该法律问题对公众有重大影响，而解决这问题会直接影响当事方的权利。因此，按现在的仲裁法，当事方到法院对裁决书进行上诉的机会微乎其微，有关例子如 CMA CGM S. A. v. Beteilligungs-Kommanditgesellschaft MS Northern Pioneer (2003) 1 Lloyd's Rep. 212。

这立法的目的是尽量减少法院对仲裁的干预，为仲裁带来真正的终局。正如 Mance 大法官在 Department of economic Policy and Development of the City of Moscow and The Government of Moscow v. Bankers Trust Company and International Industrial Bank（2004）EWCA Civ. 314 一案中说：

"…The object of modern arbitration legislation, starting from at least the 1979 Act, has been to offer the international community an attractive framework within which to arbitrate in England. Previous legislation and practice were regarded as offering too much scope for court intervention, although the objection was, I think, rooted more in the consequent lack of finality and the exposure to further delay and cost than in any consequent publicity."

事实上，在1996年仲裁法立法后，过去几年有关仲裁而被公开报道的英国法院判决数量减少。这样下去，最终会阻碍普通法（尤其是海事、商业法律）的发展。

这令人担心的情况，加强了要求刊登仲裁裁决书的呼吁，因为仲裁会是争议最终解决的地方，若不刊登裁决书，业内人士很难知道出过什么问题，仲裁员的看法如何，又怎样从别人的错误中吸取教训，避免争议？加上，刊登裁决书或能为相类似的争议带来稳定、一致的判决（当然，不要忘记，仲裁裁决书只是对相类似的争议有说服力，而不像法院判决的先例带有约束力的作用）。从学术角度看，刊登裁决书可带来讨论，有助仲裁知识的传播及提升思维。

伦敦海事仲裁员协会就刊登一事最近向选择伦敦仲裁的世界各地的用家作出问卷调查，但得到的回复十分少，而且大部分来自伦敦，可以看出调查的代表性不大。调查结果是没有明显支持刊登，亦没有多少人愿意付款订阅，反而最明显的是大多数回复者都支持仲裁裁决书连同仲裁员的名字一起刊登。看来人们对个别仲裁员在某一类争议所持的意见较为有兴趣，以便将来面对类似的争议时可以选择对自己有利的仲裁员！不难想象，在未来一段时间，应否刊登仍会是一个激烈讨论的课题。

谈到伦敦对刊登裁决书的争论，尽管不赞同刊登的人所持的理由主要是要遵守及维护仲裁的机密性这一法律，但不刊登是否等于仲裁的内容会是完全保密？事实上，一些专门处理某行业争议的机构，如"谷物及饲料贸易协会"（The Grain and Feed Trade Association，简称 GAFTA）、"油脂、油籽及脂肪联合协会"（Federation of Oils, Seeds and Fats Associations，简称 FOSFA）（FOSFA 会向其会员传阅经过整理的仲裁裁决书，但非会员如中方则不享有此服务）及精制糖协会（Refined Sugar Association，简称 RSA），仲裁是按它们的仲裁规则进行，仲裁员则是组织内合资格的成员，这些成员与仲裁当事方本来就是同行，甚至可能曾经有过过节（见 Rustal Trading Ltd. v. Gill & Duffus S. A.（2001）1 Lloyd's Rep. 14），不难想象，这些仲裁员可能会不自觉地私下披露仲裁内容，或与其他成员讨论案情。

除了上述的机构仲裁外，海事仲裁也面对同样的、更令人忧虑的情况。现今绝大部分的海事仲裁都是在伦敦进行，而受委托的仲裁员大都是居住在英国的伦敦海事仲裁员协会的 full members(根据伦敦海事仲裁员协会的会规，英国以外的海外人士不能被选为 full members。如笔者般的“外人”以 supporting member 身份在伦敦仲裁中被委任为仲裁员，可以说是少之又少)；而经常作出委任的也是在英国的海事律师，其他地方的律师参与伦敦海事仲裁的比例相对较少，而当中大部分的律师是伦敦一些著名律师事务所在海外的分支，这些海外分支的合伙人很多都是来自伦敦的西方人士，他们习惯委任伦敦海事仲裁员协会的 full members 作为仲裁员(但实情是，除非仲裁条款另有规定，伦敦以外的人士也可在伦敦仲裁担当仲裁员)；这些英国或海外的律师背后的委托方或最终承担其费用的可能是在英国的互保协会(P&I Club)或抗辩协会(Defence Club)，它们“控制”了大部分的案子；而仲裁当事方也习惯让互保协会(P&I Club)或抗辩协会(Defence Club)代他处理伦敦仲裁，即使没有保险，他们也习惯委托英国的律师处理伦敦仲裁，一经委托，这些仲裁当事方亦不太在意应选择什么人当仲裁员，任凭律师决定，这里可能有很多原因，但归根究底可能是由于当事方不懂。久而久之，形成英国海事仲裁的一个牢不可破的“小圈子”，所谓“小圈子”不是指人数不多，反而是多得很，只是这些人大都是在英国的西方人士，但他们却主宰了世界各地的海事争议，为英国带来庞大的无形收入。由于是“小圈子”，仲裁员、律师及互保协会或抗辩协会之间都认识对方，而且关系密切(例如伦敦海事仲裁员协会的会员便与英国的海事律师定期举办聚会)；仲裁员之间可能会私下讨论他们碰到的争议，或者当面对相同的争议时提及过往的仲裁；律师及互保协会或抗辩协会也会对仲裁的过程及裁决作出私下内部讨论。事实上，这些英国律师(尤指一些主要的、规模大的律师事务所)及互保协会或抗辩协会由于经常处理伦敦仲裁，他们比其他人更清楚不同仲裁员对不同争议的取向，这些宝贵的知识及经验，有助于他们将来选择对仲裁当事方有利的仲裁员。因此，尽管仲裁属于机密，仲裁的内容还是会针对有限的“听众”公开；在这保护罩之下(加上能到法院上诉的仲裁案件愈来愈少)，知识及经验的传播受到严重阻碍，上述的“小圈子”的优势愈见明显。当亚洲经营海运的公司不断地把争议交给这“小圈子”的同时，除了关心争议的最终结果外，可有想到打破垄断所带来的好处，例如能直接提高区内航运人士的水平及素质。中国航运业要建立千秋基业，就要靠智慧的年轻一代齐心合力想办法去打破卡在中国航运人士头上的“金钟罩”。

除了上述刊登仲裁裁决书的探讨，另类的刊登也常见到，这是指当事方因为仲裁败诉的另一方没有履行仲裁裁定的责任，而向市场作出公开指控，希望借市场压力逼使败诉方履行仲裁裁定的责任。这一做法在海事及国际货物买卖的争议中常见，主要原因是这些行业的国际性质，涉及的当事方来自世界各地，这导致执行仲裁裁决书的难度很高，很多是在别无他法之下，当事方唯有寻求一些国际性的组织协助，逼使仲裁的另一方履行仲裁裁定的责任。这些国际性的组织包括国际海事局(Baltic and International Maritime Council，简称 BIMCO)及国际商会(International Chamber of Commerce，简称 ICC)内的国际海事局(International Maritime Bureau，简称

IMB）。一般做法是这些组织会运用其影响力，代身为会员的仲裁方向仲裁的另一方要求履行仲裁裁决书的责任，否则便会把他不履行责任这件事，刊登于组织的刊物（例如 BIMCO 的 Notices to Members 及 ICC-IMB 的 Confidential Bulletin to Members），发布给世界各地的会员，用意是警告在世界各地的会员要当心与这不履行责任的一方做生意。这时，即使是皮包公司，只要他仍想继续做生意，也会认真考虑这些组织的要求，不希望被列入黑名单。这一做法可以说是法律以外的另一种向败诉方执行仲裁裁决的方法。从仲裁的机密性角度看，寻求这些组织协助自然不需要向他们披露仲裁裁决书以证明有关债务，有关披露可能已违反机密，但程度未必严重，因为这些组织是以仲裁一方的代理身份与仲裁的另一方接触，会对仲裁裁决书保密。但当这些组织介入后，该仲裁方继续不履行仲裁裁决书的责任，这些组织便会作出上述的刊登，被披露的仲裁内容通常十分有限，例如不履行裁决书责任的一方的名字、联络地址及电话/电传/电邮及负责人名字、争议的性质如涉及装卸时间的争议及仲裁的结果。尽管这刊登不会详细透露仲裁的内容，但所涉露的资料，可能对受影响的一方可能带来不便甚至损失，例如银行因这不履行而收紧信贷或追收贷款。不难看出，有关刊登不符合英国普通法容许的“合理地有需要”这除外情况，违反仲裁机密的一方是否需要负上责任？面对被威吓刊登的一方又可否向法院申请禁令禁止刊登？由于被刊登的仲裁内容十分有限，而且都是事实，例如按仲裁裁决书甲方欠乙方某金额的债务，是否仍属机密？仲裁的机密性应否对此严格对待？

8. 仲裁的机密性与法院诉讼

这方面的问题实际上已在本章之 2. 4. 4 小段与 2. 4. 6 小段有详论，包括介绍了有关的先例如 Department of Economic Policy and Development of the City of Moscow and The Government of Moscow v. Bankers Trust Company and International Industrial Bank（2004）EWCA Civ. 314；LMLN 637 与 Glidepath BV and Others v. Thompson and Others（2005）EWHC 818（Comm），在此只去总结一下，由于 2. 4. 4 小段与 2. 4. 6 小段的标题不太突出法院怎样处理仲裁的机密性的内容。大致上这显示在 Civil Procedure Rules 或简称 CPR 之 r62. 10，就是所有有关仲裁的法院行动，包括了 1996 年《仲裁法》之 Section 9 的中止申请，都会是去闭门聆讯，除了是 Section 45 之初步对法律观点的判决，与 Section 69 的上诉申请是要公开审理。但这里是法院有一个裁量权可去命令去公开聆讯，因为是涉及重要的观点对大众有重要性。这也解释了为什么本书写了这么多关于仲裁的上诉法院的各种申请。

至于在第三者想去检查仲裁申请在法院递交的文件，也比法院诉讼更严格。Colman 大法官在 Glidepath BV and Others v. Thompson and Others（2005）EWHC 818

(Comm)一案中说,仲裁的第三者不应被允许去检查文件,除非是仲裁双方当事人同意或者是有一个公正利益(interest of justice)。法院在考虑是否允许是去考虑到仲裁是机密的大原则。

9. 实务与总结

(i)仲裁的机密性应依照仲裁地的法律去看待,但由于不同地方对此有不同看法,要对仲裁保密最有效的做法是在订约时加上仲裁保密条款。

(ii)尽管仲裁的机密性看似神圣不可侵犯,但细心地去想,现有法律所指的机密不是由于仲裁的文件及资料本身属于机密,而是仲裁的私人性质使仲裁内的一切都要保密,例如仲裁庭发出的指令本身未必存在什么机密资料值得保护;加上违反仲裁机密的救济是禁令或索偿损失,两者都不是十分有效的救济(但始终还是要当心)。在权衡轻重后,向第三者披露或使用某些仲裁文件或资料,只要是这些文件或资料内容本身不是机密或敏感,分寸掌握的好,违反机密的后果可能有限。例如仲裁方可以向核数师披露仲裁裁决书;仲裁员可以披露他在某仲裁发出的指令作教育用途;甚至如笔者般在一个租约链的争议中,向伦敦仲裁庭及船东(head owners)完完整整地披露较早之前的另一个伦敦仲裁庭就相同的争议作出的裁决书,尽管该裁决书是属于笔者代表的二船东(disponent owners)及分承租人(sub-charterers),当中内容主要是涉及相同的事实及争议,而争议是关于合约条文的解释,船东完全知道分承租人的存在,而分承租人亦明知二船东会利用裁决书向船东索赔,加上披露裁决书的另一原因是要向船东要求补偿因船东违约而导致二船东与分承租人仲裁所产生的仲裁费用,是有点"合理地有需要"的意味。

(iii)在另一个法院诉讼或仲裁,法官或仲裁员不会理会当事方披露的文件是否有违反仲裁保密的责任(甚至是偷来或抢来),他们关心的只是当中的内容能否被接纳为有效的证据。

(iv)一般而言,人只会做对自己最有利的事情。仲裁的一方若认为有需要向仲裁以外的第三者披露仲裁的文件或资料,在衡量有关文件或资料的内容后,可作出披露,但这做法始终是违反仲裁的机密性,是需要承担后果。当然,更好的做法是征求仲裁另一方的同意,但通常会被拒绝或乘机要好处,这本是人性。这时,希望披露的一方可寻求大律师的意见,说明向第三者披露是合理地有需要的,这做法在在 Hassneh Insurance Co. of Israel and others v. Steuart J. Mew (1993) 2 Lloyd's Rep. 243 一案中有提及:"… hat Counsel has advised the arbitrating party of such reasonable necessity should in practice normally be conclusive of the matter."当然,若对方还是反对,便需要向法院申请。

若仲裁的一方在另一诉讼/仲裁被要求向该仲裁以外的第三者披露仲裁的文件或资料，而他本身不想披露，他可借仲裁的机密性来拒绝，或说仲裁的另一方不同意披露为借口。但要知道，"机密"不是拒绝披露的理由，对方仍然可以向法院或仲裁庭请求披露。这时，被要求披露的一方可向法院申请容许披露，逼使仲裁的另一方出来抗辩，禁止披露。当然，走到了这一步，对方除非有重要原因，一般都会让步。

（v）参考过去的英国案例，有关能否向第三者披露的申请都是向法院提出，由法院决定，当中的好处是法院的裁决能约束原告及被告以外的其他人，例如若法院禁止披露某仲裁文件予第三者，该第三者亦只能遵从。除了向法院申请外，另一途径会是以仲裁解决应否披露这争议，只要仲裁条款的适用范围够广泛，例如条款有这样的规定："Any dispute or difference arising out of or in connection with this contract (including this arbitration agreement) shall be referred to arbitration in Hong Kong（或London）." 但需要注意，若可否披露仲裁文件或资料的争议发生在仲裁完结之后，原先的仲裁庭因完成任务(functus officio)而没有管辖权去处理有关争议，因此需要委任新的仲裁庭来处理。但由于仲裁庭的裁决只对仲裁双方有约束力，而要有效地执行仲裁裁决，最终可能还需透过法院的协助，如执行仲裁裁决书。

案 例 目 录